中央高校基本科研业务费项目

华东师范大学精品力作培育项目资助
（批准号：2021ECNU—JP001）

桂世勋文集

桂世勋 著

（上）

人民出版社

责任编辑:宫 共
封面设计:源 源

图书在版编目(CIP)数据

桂世勋文集:上、下/桂世勋 著. —北京:人民出版社,2023.6
ISBN 978-7-01-024355-9

Ⅰ.①桂… Ⅱ.①桂… Ⅲ.①人口社会学-文集 Ⅳ.①C92-05

中国版本图书馆 CIP 数据核字(2021)第 262758 号

桂世勋文集
GUISHIXUN WENJI

(上、下)

桂世勋 著

人 民 出 版 社 出版发行
(100706 北京市东城区隆福寺街 99 号)

北京汇林印务有限公司印刷 新华书店经销

2023 年 6 月第 1 版 2023 年 6 月北京第 1 次印刷
开本:710 毫米×1000 毫米 1/16 印张:82.25 字数:1250 千字

ISBN 978-7-01-024355-9 定价:246.00 元(全二册)

邮购地址 100706 北京市东城区隆福寺街 99 号
人民东方图书销售中心 电话 (010)65250042 65289539

目　录

一、人口理论

二、人口与经济社会发展

三、人口社会学

四、计划生育

五、人口老龄化

前　言

一、我的学术生涯

我的籍贯为浙江省湖州市（原吴兴县）南浔镇。1938 年我的父母亲从浙江省吴兴县南浔镇逃难到上海市公共租界，我在 1940 年 1 月 26 日（农历 1939 年 12 月 18 日）生于上海。1958 年在上海市虹口中学毕业，1962 年在华东师范大学政治教育系毕业后以大学各门课程全优成绩留校任政治经济学教师，讲授政治经济学、《资本论》选读等课程。1976 年起从事人口经济学、人口社会学、社会老年学、社会保障学的研究和教学工作。1981 年任人口研究室副主任，1983 年任人口研究所副所长，1986 年由讲师破格晋升为教授，1989 年任人口研究所学术委员会主任，1993 年任国际商学院院长，1998 年任人口研究所所长，2000 年任人口学博士点建设责任人，2006 年被聘为二级教授，2008 年被聘为华东师范大学终身教授，2010 年办理退休手续。

我现任中国老龄协会老龄科研基地（华东师范大学）主任、中国社会保障学会荣誉理事、中国老年学和老年医学学会理事、中国国际养老院院长协会顾问、世界华人地区长期照护联会副会长、上海市老年学学会顾问等。曾兼任全国哲学社会科学研究人口学学科规划小组（学科评审组）成员、国家计划生育委员会（后改为国家人口和计划生育委员会）人口专家委员会委员、国务院侨务办公室专家咨询委员会委员、中国老龄协会专家委员会委员、国家应对人口老龄化发展战略研究专家委员会委员、上海市人民政府决策咨询研究专家、上海市政协特聘委员、中国社会保障学会荣誉理事、教育部人文社会科学重点研究基地——中国人民大学人口与发展研究中心学术委员、华东师范大学现代城市研究中心教授、中国人民大学残疾人事业发展研究院学术委员、中国社会保险学会常务理事、上海市社会科学联合会常务委员、上海市人口学会会长、上海市老年学学会副会长、上海市老龄科学研究中心副主任、日本高龄化社会综合研究中心东亚研究员、加拿大维多利亚大学老龄中心客座研究教授、香港大学教育资助委员会资助项目通讯评审专家等社会职务。

　　我的主要研究方向为人口学、老年学、社会保障学，主持完成国家社会科学基金跨学科类重大项目"未来十年我国城市老年人口居家养老保障体系研究"、教育部人文社会科学重点研究基地重大项目"中国未来区域经济社会发展中差别人口战略研究"、国家社会科学基金重点项目"21世纪中国人口的发展趋势及其对策"等79项课题，其中联合国人口基金援华项目、世界卫生组织项目、日本、美国、加拿大等境外资助和合作课题20项。独著、合著、主编或副主编著作21部、论文200多篇、呈送省部级及以上领导专报7篇，其中获省部级优秀著作或论文、报告一等奖1项、二等奖11项、三等奖5项。1995年经国务院学位委员会批准任中国人民大学人口学专业兼职博士生导师，2000年领衔申请华东师范大学人口学专业博士点被国务院学位委员会批准，成为中国高校建立的第三个人口学博士点。2001年华东师范大学校庆50周年时获学校授予的"多年来为学科建设和发展作出重大贡献"的奖励证书。我指导研究生38名，其中博士生15名，并50多次被邀请赴美国、加拿大、日本、英国、芬兰、韩国、泰国、新加坡及我国香港、澳门、台湾地区等地讲学、合作研究和参加研讨会。

　　我于1986年被国家科委批准为国家级有突出贡献的中青年专家，1991年获国务院颁发的政府特殊津贴。我在人口学研究领域，2005年获中国人口和计划生育委员会、中央宣传部、科技部、人力资源和社会保障部、中国人口福利基金会联合颁发的"中华人口奖（科学技术奖）"；在老年学研究领域，2010年获中国老年学学会颁发的"中国老年学—杰出贡献奖"；在社会保障领域，获"中国社会保障三十人论坛创始成员和荣誉成员"纪念牌，被中国社会保障学会聘为荣誉理事。

　　按华东师范大学的规定，除两院院士外，其他教授最迟延聘到70岁退休。我在2000年满60岁时申请延聘共10年，到2010年1月满70岁时办理了退休手续。然而我感到作为一名资深学者，只要身体条件许可应该发挥"余热"，继续从事一些科研和社会工作。2012年，我在我校吴瑞君教授、钟仁耀教授、黄晨熹教授、中国人民大学陈卫教授、姜向群教授，同济大学李斌教授、香港大学秀圃老年研究中心楼玮群总监的积极参与和大力支持下，申报的国家社会科学基金重大项目"未来十年我国城市老年人口居家养老保障体系研究"在13家单位申报的激烈竞争中获批（项目批准号为"12&ZD212"），成为我校获得的首个跨学科类国家社科基金重大项目。经过本项目组全体成员长达8年的奋力拼搏，完成了75万字的课题报告，由我执笔撰写的4个"专报"获省部级主要领导肯定性批示并被实际部门采纳，全国哲学社会科学工作办公室于2021年3月18日颁发了《结项证书》，批准由我任首席专家的该项目"准予结项，等级免于鉴定"。从2009年至今，我还担任了我校社会发展学院关心下一代工作委员会副主任，大力倡导"精准关心"和"孝亲敬老"两个特色品牌。特别是我认为关工委不仅应该让我们的年轻人在老一辈的关心下更好成长，也应弘扬中华民族孝亲敬老的传统美德，培养年轻人主动关爱为祖国建设奉献一生的老一辈。2020年11月，我被上海市教育系统关心下一代工作委员会评为"上海市教育系统关心下一代工作先进工作者"。中国老龄协会是参照公务员法管理的副部级事业单位，在2018年向全国发布了《中国老龄协会关于遴选首批"老龄科研基地"的公告》，我就积极组织我校跨学部、学院、系（所）的20多位从事老龄科学研究教师主动申报。2020年7月7日中国老龄协会经"自主申报、研究筛选、审核确认和公示"，将我校列入了"中国老龄协会第一批老龄科研基地名单"。2020年12月5日，"华东师范大学中国老龄协会老龄科研基地"正式成立，我任首届基地主任。2021年8月，中国人口学会与抖音联合发起组建"银色闪耀专家顾问团"，旨在通过学术界、媒体、社区、老年大学等多方协作，助力打造老年友好型数字社会，服务积极应对人口老龄化战略。首期专家研讨会暨启动仪式于2021年8月底在北京举行。2021年10月应中国人口学会会长邀请，我担任中国人口学会与抖音联合建立的"银色闪耀专家顾问团"成员。2021年11月4日在上海举行第二期专家研讨会，我针对新时代背景下老年人的情感、精神、心理需求的缺失如何填补，提出抖音拍摄的短视频应关心老年人从繁忙的工作中实际退下来、配偶不幸去世、自己确诊患疑难重病的"三个半年"精神需求，希望"银色闪耀专家顾问团"的咨询工作常态化。

二、力求将"创新"渗透到学术研究

我在20世纪50年代末就读我校政治教育系时提出的座右铭："虚心学习，敢于创新，持之以恒，必见成效"。我认为"虚心学习"是"敢于创新"的基础，虚心学习包括向书本学习、向老师学习、向同学学习、向实践学习、向一切有益于自己长知识和长才干的古今中外人士学习。然而如果没有"创新"，"学习"就将成为"死读书"，收益甚微。"创新"是学习的灵魂和目的，它包括要有不断创新的意识、敢于创新的勇气、善于创新的策略。我坚信只要将"虚心学习，敢于创新"的品质长期坚持下去，必会成为对国家和对人民的有用之士。

早在1978年9月刚开展真理标准讨论、上海理论界"空气一度比较沉闷"时，我作为一名讲师就被上海市哲学社会科学学会联合会邀请参加该年9月22日在上海市政协会议室召开的"理论与实践问题座谈会"。应邀参加该座谈会的有冯契、刘佛年、孙怀仁、吴泽、罗竹风、周抗、周原冰、周谷城、施平、姚耐、夏征农、曹漫之、巢峰等德高望重的众多师长前辈。我当时只有38岁，在会上以"初生牛犊不怕虎"的精神，列举典型事例说明实践的检验是经济理论和经济改革是否正确的唯一标准，批判了"两个凡是"的错误观点。同年12月9日，我还在《解放日报》以整版篇幅发表了"奖金要与企业的经济活动成果相联系"论文。在这次选入《桂世勋文集》的论文中，有我发表的理论创新、学科创新、制度创新、政策创新、措施创新等研究成果。

1. 理论创新

1981年1月，我在第三次全国人口科学讨论会上提交了《毛泽东同志的人口思想初探》论文，不同意当时有些人对毛泽东同志的人口思想全盘肯定或全盘否定的两种倾向，全面论述了毛泽东同志的人口思想"经历了一个逐步形成和发展的过程，其中个别论点并不完全正确。"当时中国人民大学著名人口统计学家查瑞传在给我的信中写道："论文的重要意义和价值在于它是第一篇系统阐述毛泽东人口思想的文章，而且态度鲜明，观点正确。这既是正确对待真理，对待科学的态度，也是尊重革命前辈的正确态度。"该文曾于1981年4月28日在文汇报总编办公室编的《理论探讨》1981年第4期刊载。不久中共中央公布了《关于建国以来党的若干历史问题的决议》，表明我的论文符合该《决议》的精神。《人口研究》杂志也来函将在1980年第4期刊载我的论文，问我有何修改。我当即表示对该论文没有修改，但希望在论文发表时加注"1981年1月撰写"。1986年，该论文被中共上海市委宣传部、上海市哲学社会科学优秀成果评奖委员会评为"上海市（1979—1985年）哲学社会科学论文奖"。

2. 学科创新

1981年秋，我应上海市复旦大学分校（后改为上海大学文学院）社会学系袁辑辉主任的邀请，给该校第一届、第二届社会学系本科学生讲授"人口社会学"，共54学时。我在广泛搜集和整理国内外有关人口社会问题的各种资料基础上，探索比较科学和为学生乐于接受的人口社会学体系，并力求用马克思主义的立场、观点和方法进行分析讲解。1982年，我又应《社会》杂志编辑部的要求，把这部分讲课内容压缩成九讲，作为《人口社会学讲座》陆续发表，当即受到了日本、美国及我国同行的关注，他们希望我能在此基础上早日写出《人口社会学》专著。1986年，我著的国内第一部高等学校教材《人口社会学》由山东人民出版社出版，被中国/联合国人口基金"大学人口学研究与培训"项目选入《全国高校人口学研究优秀成果汇编》。费孝通先生认为该书是"中国应用社会学方面的一个可喜尝试"。时任中国人口学会副会长的老一辈社会学家张乐群教授在《人口研究》1987年第2期上也发表了题为《一本出色的〈人口社会学〉》书评。其中特别指出："在这些议论中根据原著（如马尔萨斯的《人口论》）澄清了一些似是而非的引用误解"；"对错误的当代人口社会思想，注意了其著作中仍有某些值得我们借鉴的东面，如对梅多斯等人的《增长的极限》中社会因素的一些可参考的东西。"该书在1990年被上海市人口学会评为"1986—1990年人口科学著作奖"。

3. 制度创新

1986年10月，民政部在江苏省沙洲县（现张家港市）召开农村基层社会保障工作座谈会，我在会上作了"关于研究农村社会养老保险制度的建议"学术发言，提出开展农村社会养老保险制度研究的必要性和紧迫性，探索农村社会养老保险制度必须深入研究的几个重要问题。时任民政部部长的崔乃夫对我的建议十分重视，由时任民政部办公厅主任、民政部社会福利和社会进步研究所所长的张一知委托我主持研究"上海农村养老保险制度的改革"课题。我的发言被全文刊载在《中国民政》1987年第1期，后被收入民政部社会报障报社、农村社会保障课题组编的《农村社会保障探索》一书，由湖南大学出版社于1987年11月出版。1987年初，我在上海组建了40多名教师和政府部门干部参加的课题组，经过两年的调查研究和试点，完成了总报告《上海农村养老保险制度的改革》和40篇分报告，在上海市嘉定县南翔镇（镇带乡建制）和马陆乡探索试点农村社会养老保险制度的新制度，创建了"以乡为单位"，"由农民个人缴费为主、集体适当补贴、国家政策扶持"的筹资模式和"个人资金积累型与社会资金半积累型（现收现付，部分积余）相结合"的基金运行模式。专家鉴定组认为该课题"研究成果完成了民政部的预期要求，具有中国特色，达到国内领先水平，预计将产生较大的国际影响"。1989年9月该课题研究成果《上海农村养老保险制度改革》由华东师范大学出版社出版，1991年1月25日《中国社会报》发表了《寻求农村养老保险事业的正确道路——访桂世勋教授》，1994年7月该著作被评为上海市哲学社会科学优秀成果（1986.1—1993.12）著作类二等奖。后来我又在《人口与经济》1991年第6期发表了《中国人口老龄化与县级农村社会养老保险试点》；在《华东师范大学学报》（哲学社会科学版）2012年第1期发表了《完善我国新型农村社会养老保险的思考》，并被全部译成英文收入ECNU REVIEW Volume2，由华东师范大学出版社2013年12月出版。

4.政策创新

2007年，我在主持国家社科基金重点项目"21世纪中国人口发展趋势及其对策"时，撰写的《适时适度调整我国现行生育政策的建议》，被全国哲学社会科学规划办公室选入《成果要报》2007年第39期，报送中央政治局委员和国务院总理。当时我针对我国有的著名学者和领导因担心生育政策调整可能引起出生人数大幅反弹而不赞成2020年前实施"全面两孩"政策的情况，在综合分析未来我国改善人口结构、减缓家庭养老压力、减少出生人口波动、合理调控总人口规模、妥善解决劳动就业等因素和预测我国 20—29 岁女性人口数将从 2015 年的超过 1 亿逐渐减少到 2025 年的 7000 多万基础上，明确提出"按照统筹解决人口问题的要求，在 2015 年后调整现行生育政策较为合适"。2013 年 11 月中共十八届三中全会通过的《中共中央关于全面深化改革若干重大问题的决定》中明确指出："坚持计划生育的基本国策，启动实施一方是独生子女的夫妇可以生育两个孩子的政策。"2015 年 10 月 29 日，在《中共中央关于制定国民经济和社会发展第十三个五年规划的建议》中又提出："全面实施一对夫妇可生育两个孩子政策。"同年 12 月 27 日，全国人大常委会通过了《关于修改〈中华人民共和国人口与计划生育法〉的决定》，要求"从 2016 年开始实施全面两孩政策"。

　　2009 年，我撰写的《关于改革我国事业单位养老保险制度的思考》在"中国人口六十年的中国人口学会年会（2009）"上作了介绍，指出国务院印发的《事业单位工作人员养老保险制度改革试点方案》未解决"前言"中要求事业单位养老保险改革试点"妥善处理好改革前后退休人员待遇水平的平稳衔接"等深层次问题，提出并论证了"事业单位职工养老保险制度改革试点最好与公务员养老保险制度改革试点同步进行"、机关公务员和事业单位工作人员应"双缴费"（个人同时缴纳基本养老保险费和职业年金）、实施"过渡性退休津贴与职业年金消长互补机制"等进一步完善的对策建议。2010 年该论文在《华东师范大学学报》（哲社版）2010 年第 3 期发表并被"人民网"全文转载后，我又在"人民网"上连续发表了《关于我国事业单位养老保险制度改革前后平稳衔接的建议》（2010）、《关于改革公务员养老保险制度的再思考》（2011）、《改革机关和事业单位养老保险制度刻不容缓》（2013）三篇观点性论文（"人民网"要求每篇论文不超过 3000 字）。2015 年 1 月，国务院发布的《机关事业单位工作人员养老保险制度改革的决定》（2014 年 10 月 1 日起实施），与我建议的基本思路一致。2010 年，《关于改革我国事业单位养老保险制度的思考》论文获国家人口计生委和中国人口学会联合颁发的第五届中国人口科学优秀成果（论文类）二等奖。

　　此外，我撰写的《控制人口和经济政策》在 1979 年 11 月第二次全国人口科学讨论会上作大会发言，否定了长期以来把控制人口的经济政策斥之为

"修正主义物质刺激"的错误观点，从理论上概括了当时我国制定控制人口经济政策的客观依据，在于"社会主义国家同人民群众的每个家庭在控制人口方面的物质利益上还存在一些矛盾，需要运用经济手段采取奖惩措施加以正确处理"，并首次提出了选择最优控制人口经济政策的四项基本原则：要从科学地确定我国现阶段控制人口的重点出发来制定经济上的奖惩政策；在实行奖励政策时要正确兼顾国家、农村社队集体同每个家庭在控制人口增长上的经济利益；要从实际出发果断地修改那些对控制人口增长阻碍很大而改革中又不要专门花钱的经济政策；在对超生多育户的经济制裁上要实行惩罚比较重而又不损害妇女和儿童健康的政策措施。1981年该论文的全文近1.2万字收入胡焕庸等著《人口研究论文集》第一辑由华东师范大学出版社出版，1983年该论文近1.2万字被日本学者大野静三全部翻译成日文，与费孝通等著名老专家的文章一起收入日本《当代精神》杂志第190号，日本厚生省人口研究所的主任研究官若林敬之撰文评论称这是"今天中国有代表性的人口学家的五篇论文"之一，并认为该文"从经济学方面充分地有说服力地给我们说明，为什么在农村中多子多福"，其中提出了一些"值得注目"的建议。

　　5. 措施创新

　　1988年，我受国家计生委的委托，主持了"我国城乡流动人口计划生育管理研究"课题。在开展上海、重庆、西安三市流动人口计划生育状况问卷调查和深入扬州、深圳及上海莘庄镇进行实地调查，并在江苏省常熟市进行试点的基础上，首次指出在中国一个地区流出育龄妇女的生育率是否低于她们常住户籍地非流出育龄妇女的生育率，主要取决于两个因素特别是流出育龄妇女的常住户籍所在地对非流出育龄夫妇的计划生育管理与流出育龄夫妇在流出期间所受到的计划生育管理的差异，提出了搞好中国流动人口计划生育管理应区别一般对象和重点对象、完善激励机制、探索各部门齐抓共管的配套措施等一系列对策建议。时任国家计划生育委员会主任的彭珮云为我主编的该研究成果《中国流动人口计划生育管理研究》写了"序"，指出"他们的调查材料比较充分、扎实，分析也是实事求是的。他们从我国实际情况出发，强调了对流动人口的生育加强管理的必要性，并且提出了一些很好的建议。他们的研究结果对我们做好这方面工作很有帮助。"该研究成果在 1991 年 8 月获国家计划生育委员会颁发的"七五"期间人口与计划生育课题研究的最高奖励；成果于 1992 年 9 月由华东师范大学出版社出版后，在 1994 年 1 月获国家计划生育委员会和中国人口学会联合颁发的首届中国人口科学优秀成果（著作类）二等奖。

三、力求将"真诚"溶入专家咨询、合作研究和学术交流全过程

1. 将"真诚"溶入专家咨询工作

我在 1988 年 48 岁至 2007 年 67 岁期间，任国家计划生育委员会（后改为国家人口和计划生育委员会）第一届至第六届人口专家委员会委员。2008 年 4 月，国家人口和计划生育委员会给我颁发的《荣誉证书》中写道："桂世勋同志：您从 2003 年—2007 年担任国家人口和计划生育委员会第六届人口专家委员会委员，为人口和计划生育事业做出了突出贡献，特发此证。"我在 2004 年 64 岁至 2013 年 1 月 73 岁期间，任国务院侨务办公室第一届至第三届专家咨询委员。2013 年 8 月，国务院侨务办公室给我颁发的《荣誉证书》中写道："桂世勋教授：您在担任'国务院侨务办公室第三届专家咨询委员'期间，认真履行职责，积极建言献策，充分发挥了专家咨询委员的智囊作用。特发此证，以示感谢。"我在担任部委级咨询专家长达 25 年的时间里，每年与部长、副部长面对面交换意见至少 1 次。我认为咨询专家如果都顺着领导讲话，那就失去了"咨询"作用；要成为一个称职的咨询专家，就应该针对我们党和国家在这个部门最迫切需要解决的问题或广大群众迫切需要但尚未引起领导重视的问题，直率地向领导提出咨询建议。但咨询专家在领导面前发表意见，并不是为了显耀个人才能，而是为了使该部门的工作搞得更好。鉴于某项工作一旦决策实施后要改变的难度往往很大，所以咨询专家应力求在决策前提出供领导参考的建议。同时，作为咨询专家还应有"自以为非"的精神，自己提的咨询建议有的未被领导采纳可能因为不正确，也有的可能因为实施条件不成熟，自己应该不断总结经验，力求提出更好的咨询建议。我在国家计划生育委员会担任咨询专家的 19 年间，得到了彭珮云主任、张维庆主任及其他各位领导的热情关心、指导和帮助，使我成

为一名称职的咨询专家。彭珮云主任专门为我主编的"中国人口研究丛书"和《中国流动人口计划生育管理研究》写"序",她在担任全国人民代表大会常务委员会副委员长后还多次到上海约请我和其他几位上海人口学者座谈,商讨如何更好调整我国的生育政策。2015年6月,她又亲笔题写"赠桂世勋同志",将自己著的《关于人口政策与人口工作的思考》一书赠送给我。张维庆主任也为我在2002年撰写的"专报"《关注大城市低生育水平下的出生人口波动》作了详细的肯定性批示;赵炳礼副主任还专门与时任上海市人口和计划生育委员会主任的周剑萍联系,促成了不久修订的《上海市人口和计划生育条例》采纳了我提出的两项建议。后来他邀请我参加《中共中央国务院关于全面加强人口和计划生育工作统筹解决人口问题的决定(征求意见稿)》座谈会,2006年该《决定》发表后我发现自己提出的三点具体修改意见均被采纳。在担任国务院侨务办公室咨询专家时,我曾于2007年1月李海峰主任主持召开的专家咨询委员会会议上提出五个"更加重视"的咨询建议,其中一项有关"更加重视和切实解决华侨、归侨和侨眷中的民生问题,进一步推动实施华侨农场富余劳动力的转移就业培训工程、经济困难归侨和侨眷的社会救助工程、高龄独居归侨和侨眷的社区关爱工程、新归侨和常住或在国内工作的华侨纳入社会保障工程等"建议,被国务院侨务办公室采纳,以"关爱工程"品牌在全国推广实施。时任国务院侨务办公室副主任的许又声还在全国侨务工作会议上热情地给予肯定。

2. 将"真诚"溶入境内合作研究和学术交流

1978年,我在参加北京召开的"第四次全国按劳分配学术会议"时,适逢紧接着在国务院第二招待所召开"第一次全国人口科学讨论会",就与承办该次会议的中国人民大学著名人口学者刘铮、邬沧萍、查瑞传、林富德相识。我曾在刘铮教授患病住院时看望过他,在查瑞传教授赴台湾参加"海峡两岸第一届中国现代化学术会议"时跟随他后面协助拎"行李箱",在林富德教授健康不适时到他家看望。其中邬沧萍教授是我相识时间最长、交往最密切的一位学术前辈。邬教授是当代中国人口学和老年学的主要奠基人之一,特别是在中国老年学的创建和发展中,邬教授功勋卓著。1989年,国家教委启动了联合国人口基金援华P04项目,邬教授不仅是总项目的主要负责人,而且也是其中一个课题"改革开放中出现的最新人口问题"的组长,我作为该课题的第一副组长，竭尽全力协助他搞好课题研究，并与该课题另一位副组长兰州大学人口研究所所长张志良教授通力合作，由邬沧萍主编、我和张志良副主编先后出版了《改革开放中出现的最新人口问题》（高等教育出版社1996年版）、《中国经济开发区外来人口研究》（华东师范大学出版社1996年版）等著作。在20世纪90年代后期我主编"中国人口研究丛书"时，邬老师欣然同意担任顾问，并将他和杜鹏博士合著的《人口老龄化过程中的中国老年人》加入其中，为该《丛书》获中国人口科学优秀成果（著作类）一等奖作贡献。20世纪末在大连召开的全国老年学会议上，邬老师和我一起作为全国著名的10位老年学学者，联名起草并签名给李鹏总理的信，建议国家建立由国务委员或国务院副总理主持的更高层次更有权威老龄工作领导议事协调机构，不久我国建立了国家老龄工作委员会，并由民政部长任老龄工作委员会办公室主任。他不仅邀请我担任中国人民大学人口学专业早期多名博士生学位论文的校外评阅专家，而且在他热情推荐下我于1993年2月任中国人民大学人口研究所兼职教授、1995年5月经国务院学位委员会评审通过任中国人民大学人口学专业博士生兼职指导教师，为2000年我领衔申报华东师范大学人口学专业博士点成功获批创造了重要条件。几十年来邬教授将自己独著或主编的所有人口学和老年学著作都赠送给我，让我能及时仔细地学习书中的创新见解。他还亲自题写真诚难忘的赠言，如2008年1月他亲笔书写"桂世勋老友雅正：我十分珍惜我们近三十年来合作共事和友谊"。在庆祝邬沧萍教授90寿辰和百岁华诞时，我都深深感谢他长期以来对我的关心、指导和帮助，衷心祝愿他健康更健康、长寿更长寿。

　　在我与境内学者的合作研究中，有部分我主持的课题邀请了许多其他学者和政府部门干部一起进行调查研究。比如，20世纪80年代初，我与我校数学系控制论教研室胡启迪、杨庆中、吕乃刚、马国选等老师一起合作，在上海市人口预测、人口普查、人口迁移、人口控制等课题上用现代控制理论方法，做了开拓创新的定量研究，撰写了《1982—1990年上海市市区的人口预测》（桂世勋、狄菊馨、刘幼慈、杨庆中、张长平）、《关于1982—2000年上海市人口自然变动预测方法的探讨》（杨庆中、胡启迪、吕乃刚、马国选、桂世勋、狄菊馨）、《上海市区人口迁移预测模型的研究》（胡启迪、杨庆中、桂世勋、马国选）、《分县的近期人口区划定量计算的初步研究》（胡启迪、桂世勋、杨庆中、马国选)、《1987—2000年上海市生育控制方案的探讨》(杨庆中、桂世勋、胡启迪)、《"1984年世界经济预测"的"人口"部分》(桂世勋、华煜铣、吕乃刚、张雪野、姚以蓓)、《"世界经济发展趋势"(1985年年度预测与1985年—1989年中期预测)的"人口"部分》(桂世勋、华煜铣、吕乃刚、张雪野、陈阳明)"等论文和研究报告。在跨文科与理科的合作研究中,大家各展所长、优势互补、深入切磋,按各自在每项研究成果中的实际贡献署名排序。其中有的研究成果在杂志和书籍中刊载,有的在编制《上海市城市发展总体规划》《1984—1990年上海市智力开发倍增计划》《上海市八年解决居住困难户住房的研究(1983—1990年)》等工作中发挥了实际作用。

又如,我于1987年主持民政部委托的"上海农村养老保险制度的改革"课题,聘请了民政部社会福利和社会进步研究所张一知所长、中国社会科学院朱传一研究员、上海市民政局曹匡人局长和钱关林副局长、上海市老龄问题委员会李德鸿主任、上海市农业委员会罗大明副主任担任课题组顾问,邀请了上海市民政局办公室胡增耆副主任、上海市老龄问题委员会联络组葛正民副组长、中共嘉定县委办公室叶祖成主任担任副组长。课题组成员包括华东师范大学李立奎副研究馆员、杨庆中副教授、梁小筠副教授及吉祖英、黄毓平老师,上海财经大学葛寿昌副教授及沈志义、王隆西、陈伟明、胡政华、顾玲尔老师,上海大学袁辑辉教授及张钟汝、董嘉华老师,上海农学院孙仲彝副教授,复旦大学陈先准副教授,上海人口情报中心情报研究室马利中副主任及步金龄、何义庆、林霞萍研究人员,上海市民政局王文琪和张庚治副处长及吴仲新、陈学彪同志,上海市农委浦承铨副处级调研员,上海市老龄问题委员会胡仁喜同志,中共嘉定县委政策研究室李奎华同志,嘉定县民政局王长城局长、王秀琴副局长及叶大根同志,嘉定县老龄问题委员会齐凤年和张湘球副主任,嘉定县税务局许占琪同志,南翔镇顾秀英副镇长及孟凤祥同志,马陆乡老龄问题委员会陈金山主任及沈勤荣同志。正是在大家通力合作下,不仅撰写了较高质量的总报告和40篇分报告,从各个侧面阐述了我国农村养老保险制度改革迫切需要研究和如何解决的重大问题,介绍并借鉴了当时国外社会养老保险制度的概况及经验教训,而且较好地将课题研究与当时嘉定县南翔镇(镇带乡建制)、马陆乡的改革试点紧密结合起来,以课题研究为试点提供咨询，以改革试点为课题研究提供实验基地，从而既深化了课题研究，提高了研究成果的可行性，又促进了试点工作的顺利开展，为在国家尚不能给予农村居民参加社会养老保险专项补贴的情况下我国经济发展水平较高、集体经济力量较强、乡镇企业较发达的农村地区建立社会养老保险制度提供了示范基地。此外，也正是课题组成员中吸纳了税务局干部，得到了中国农业银行上海分行余亚屏同志等的大力支持，使上海农村在试点和推广研究成果中更顺利争取到把过去乡、村、队从集体企业税后上交净利润中支付给务农老人的养老补贴金额，改为参照城区企业一样从集体企业纳税前营业外支出中支付；增强了上海农村社会养老保险基金的安全性和保值增值功能。

再如，我在 1991 年至 1993 年期间与中国人民大学邬沧萍教授、兰州大学人口研究所所长张志良教授合作，具体主持了联合国人口基金资助的"中国经济开发区外来人口研究"课题。我们组织了华东师范大学、辽宁大学、河北大学、天津社会科学院、兰州大学、南京大学、复旦大学、杭州大学、武汉大学、厦门大学、深圳大学、海南大学等 10 多名学者，分别深入大连、秦皇岛、天津、甘肃连海、江苏昆山、上海闵行和漕河泾、武汉南湖等经济技术开发区和浙江温州"农民城"、厦门、深圳、海南特区，对各地外来人口状况进行深入调研，提出了进一步重视和搞好我国经济开发区外来人口管理的对策建议。该课题研究成果于 1996 年由华东师范大学出版社出版，并作为我主持的"中国人口研究丛书"中 9 部著作之一，在 1998 年获国家计划生育委员会和中国人口学会联合颁发的第二届中国人口科学优秀成果（著作类）一等奖。

我在几十年合作开展课题研究中，坚持无论是自己作为主持人当"红花"还是自己作为参与者当"绿叶"，都应竭尽全力尽可能搞好课题研究，而不是在当"绿叶"时让副教授或研究生去做，自己草草交稿；坚持不管是著名教授还是青年教师和研究生为了提高研究课题的质量，相互之间可毫无顾虑地发表个人意见和修改文稿；坚持涉及完善重要政策建议的应用研究课题，尽量争取有关政府部门干部作为课题组成员共同研究，并赴有关政府部门实地调查，征求他们对政策建议可行性和可操作性的意见；坚持课题的各项成果或研究报告由撰写者署名的原则，在以往尚未标名"通讯作者"的情况下，凡自己没有花较多精力修改补充的研究成果决不挂名（除极个别论文因作者未在发表前征求我意见外）。

3.将"真诚"溶入中日合作研究和学术交流

1987年上半年，中国国家计划生育委员会与日本高龄化社会综合研究中心达成了《关于中日合作开展老龄人口对比调查》的协议。鉴于上海市与东京都均是人口老龄化水平较高的大城市，中日双方决定首先在上海市与东京都这两个大城市进行人口老龄化问题对比调查研究，由上海市计划生育委员会与日本高龄化社会综合研究中心具体负责实施。我当时被上海市计划生育委员会聘请为"中方技术专家"参加了"上海市与东京都老龄化问题对比调查研究项目"。该课题研究成果均以每个作者在各自撰写的论文或报告前署名并最后由主编、副主编修改统稿的方式汇集在桂世勋主编、李洁萍副主编的《独生子女父母年老后的照顾问题——上海与东京老龄化对比研究》一书。1996年10月，该书作为桂世勋主编的"中国人口研究丛书"中9部著作之一，由华东师范大学出版社出版。1998年，"中国人口研究丛书"获国家计划生育委员会和中国人口学会联合颁发的第二届中国人口科学优秀成果（著作类）一等奖。同时在上述中方课题组成员撰写的研究报告中，有的还被日方翻译成日文收入日本高龄化社会综合研究中心编印的《中国·上海市的高龄化社会调查研究协力报告书》和发表在该中心出版的《高龄化》杂志上。1992年8月，在日本高龄化社会综合研究中心的资助和中国国家计划生育委员会的领导下，我又作为"中方技术专家"应邀参加"中日老年人生命周期调查"课题组，参与了当时浙江省和上海市的计划生育委员会领导主持开展的"浙江省和上海市的老年人生活经历及生活现状抽样调查"，并以"撰稿人"名义在《中国人口科学》1994年第4期发表了《中国老年人生命周期调查与研究》（后又被译成英文收入《中国人口科学》英文版1995年第1期）。在上述两个课题的合作研究过程中，日本高龄化社会综合研究中心事务局吉田成良局长和萨摩林康彦总务部长倾注了大量心血，热情周密地安排课题组主要成员于1987年9月、1988年9月、1990年6月、1993年4月赴日本调研，访问了日本政府长寿社会对策室、东京都老人综合研究所及日本各地的养老服务设施和项目，给我留下了深刻难忘的印象。1988年9月8日，《健康报》发表了我撰写的《日本老龄化对策见闻》。1997年，我被日本高龄化社会综合研究中心聘为东亚地区老龄化研究委员会委员。1998
年 6 月，日本高龄化社会综合研究中心又邀请我参加日本人口学会成立 50
周年庆典，在"东亚城市老龄化问题与对策"研讨会上，作《中国城市老龄
化问题与对策探讨》报告。1999 年 6 月，日本高龄化社会综合研究中心邀
请我赴韩国汉城参加第 6 届亚太地区老年学大会，主题为"21 世纪家庭制
度的变化与老人照料"，我在专题组会上作了《21 世纪中国家庭演变与老人
照顾》报告，后该报告被收入第 6 届亚洲大洋洲地区老年学会议组委会编的
《从老年学角度看 21 世纪对老人的照顾——第 6 届亚洲大洋洲地区老年学会
议文集》，由韩国老年学会联合会在 2000 年出版。会后他们又邀请我在韩国
庆北大学公共卫生研究院作学术报告，并赴日本进行合作研究。此外，1993
年 10 月，我还应日本船舶振兴会、笹川医学医疗研究财团、读卖新闻社联
合主办的"第四届老年保健国际研讨会"邀请，在东京都新高轮皇子饭店国
际会议厅面对 1200 位参加会议人士作了《中国老年人照顾问题及对策建议》
讲演；会后又参加了日本读卖新闻社召开的多国老龄化及老年人照顾对策专
题座谈会。1998 年，我还应日本鹿儿岛经济大学邀请，作《中国人口增长
与经济可持续发展》讲演，并在"中国的社会问题"恳谈会上作介绍。2000
年我又参与了由日本九州市政府设立的亚洲妇女交流研究论坛资助的李秀
英教授主持项目"上海城市老年妇女状况研究"；2001 年 3 月与研究生刘晶
合作撰写了《上海市女性高龄者的生活状况与意愿研究》，刊载在李秀英编
著《上海市女性高龄者生活状况的访问调查》，由日本亚洲妇女交流研究论
坛出版；参与了篠崎正美教授主持项目"中国大陆家庭政策与妇女运动"；参
与了日本九州大学资助的合作项目"中老年人终身参与社会意识的中日比较
研究"，作为第二作者与小川全夫教授、陈晓娴博士合作撰写了论文《关于
终身参与社会意识的中日比较研究》，刊载在《华东师范大学学报》（哲学社
会科学版）2006 年第 5 期；参与了日本大阪府立大学资助的合作项目"中国
老年人的居家养老服务需求和意识调查""日本与中国老年宜居社区研究"。
在 2006 年应日本学者若林敬子邀请，撰写了《80 岁以上后期高龄者的长期
护理需求与对策》，被收入她编著的《中国人口问题现状》，由日本米内露屋
书房株式会社 2006 年 9 月 10 日发行；2011 年，在日本公众卫生协会会长、
大阪大学名誉教授多田罗浩三设计并征求我和日本 NPO 法人日中健康福祉

协力研究所所长赵林博士同意的有关日本应对超高龄社会医疗保健和社会保障研究书稿总体框架下，由日本6位著名学者分工执笔撰写日文书稿，将日本在应对"超高龄社会"的卫生保健、养老保险、医疗保险、照护保险、照护认知症老人、帮助困难老年人方面的经验教训"无遮掩""无保留"地介绍给中国读者。赵林所长不仅邀请了日本著名学者多田罗浩三会长、日本国立保健医疗科学院医疗福祉服务研究部首席主任研究官冈本悦司、日本神户学院大学西垣千春教授、日本关西大学高鸟毛敏雄教授、日本关西大学黑田研二教授一起分工执笔撰写日文书稿，而且亲自撰写了"第五章日本照护保险制度的建立和完善"、把日文书稿中五章译成中文书稿（我指导的张雨明博士帮助翻译了两章日文书稿，我指导的张抚秀研究生和黑田研二教授曾指导的郑小华博士对书中图表进行加工修改）、对中文书稿进行了最后修订、联系了出版社印刷出版。我在合作过程中，也对中文书稿进行了逐字逐句的仔细修改，并提出了一些希望日本学者补充修改的意见，撰写了11000多字的"前言"，具体指出该书中值得中国有关部门和学者关注的至少有22个"要点"。正是在大家的通力合作下，赵林、多田罗浩三、桂世勋主编的《日本如何应对超高龄社会——医疗保健·社会保障对策》一书于2014年9月由知识产权出版社出版。

4. 将"真诚"溶入中美、中加合作研究和学术交流

1990年我在山西省左云县参加民政部召开的县级农村社会养老保险试点会议时，经中国社会科学院美国研究所研究员、我国社会保障领域的著名学者朱传一教授介绍，认识了时任中国民政部顾问的美国加利福尼亚大学柏克利分校东亚研究院副院长高若思（Joyce.K.Kallgren）教授。她热情邀请我于1992年10月2日赴美合作研究，在该校东亚研究院作《20世纪上海人口变迁与计划生育》报告，开创了我人生中首次赴北美合作研究和讲学生涯。当时我还顺访了美国芝加哥大学社会学系，与该系学者交流了中国农村社会保障的新进展，参观了芝加哥大学图书馆收藏的20世纪30年代以来该校学位论文；赴美国伊利诺伊州立大学社会学系和老龄研究中心作《中国城市老年问题及对策研究》报告；赴加拿大维多利亚大学地理系作《中国的人口政策》报告，并在该校太平洋与亚洲学系作《21世纪中国人口与教育》报告。1994年我校人口研究所聘请高若思教授为1983年建所以来第三

位兼职教授。当时她在我校作有关《美国社会福利制度》学术报告时，专门撰写了详细的"有关美国社会福利制度的参考资料"，内容包括美国的农村、美国老年人（65 岁及以上）、食品券项目和私人食品援助、美国历史上有关社会福利的大事一览表、专业术语库编、全国医疗改革工作队等，并请她的老朋友中国社会科学院美国研究所贾蔼美副研究员译成 14 页中文，发给听讲者。1996 年，高若思教授热情邀请我作为该校访问学者赴美国 1 个月，较深入考察了美国的社会福利政策，以及美国的老年公寓、老年人日间服务中心等设施，并与加利福尼亚大学旧金山分校老年健康研究所所长福克斯（Patrick Fox）教授进行学术交流。在 20 世纪 90 年代初我们赴香港地区参加老年学会议时，高若思教授又热情介绍我与香港大学、香港城市大学等著名老年学者认识，为我在香港地区访问、讲学和开展合作研究创造了很好条件。1996 年我校人口研究所聘请加拿大维多利亚大学老龄中心卓宝莲（Neena L.Chappell）教授和黎全恩教授为兼职教授。1997 年，我应加拿大维多利亚大学老龄中心卓宝莲教授邀请，参加"太平洋地区华裔老年人学术会议"，作为会议特邀代表作了《中国一孩家庭的老人照顾问题及对策研究》报告；应加拿大马拉斯比那大学商学院邀请，作了《中国人口增长与可持续发展》报告。1998 年，我应加拿大维多利亚大学地理系黎全恩教授和我校赴该校访问学者周乃晟教授的约请，在他们主编的英文《中国的龙头城市：上海》一书中，撰写了"上海人口负增长：对规划的意义"一章，作为西方地理出版文集第 34 卷，由西方地理出版社出版。1999 年 1 月 22 日至 27 日，我应加拿大维多利亚大学老龄中心主任卓宝莲教授邀请，赴该校开展合作项目"上海与维多利亚脆弱老人的主要照顾者状况和意愿比较研究"。1999 年 1 月 27 日至 2 月 11 日，我又应美国加利福尼亚州立大学旧金山分校老龄与健康研究所所长福克斯（Patrick Fox）教授邀请，赴该校开展合作项目"中美老年人长期护理制度比较"研究。该年我校人口研究所聘请美国加利福尼亚大学旧金山分校老龄与健康研究所张秀兰研究员为兼职教授。1999 年 7 月 18 日至 7 月 27 日，我应英国谢菲尔德大学社会政策系邀请，与我国著名学者杨团、唐钧研究员一起参加该校举办的"中国社会政策研讨会"，作了《中国人口因子对社会政策的影响》报告，不久该论文以《人口因子对中国社会政策的影响》为题在北京大学主办的《市场与人口分析》2000 年第 1

期发表。2000年6月，我被加拿大维多利亚大学老龄中心聘为客座研究员。在与美国、加拿大学者的合作研究和学术交流中，我们相互学习、真诚相处，结下了终身难忘的友谊。

　　5.将"真诚"溶入中国内地与香港、澳门、台湾地区合作研究和学术交流

　　1991年12月，我应香港"救世军安老服务部"邀请，赴港作了《中国内地人口老龄化与安老服务》报告，并应香港社会服务联会邀请，赴港参加了由国际老年学交流中心、国际老龄问题联合会发起，由香港社会服务联会主办的"照顾老年人国际会议"。1991年12月30日，我作为联合国人口基金资助的中国高校人口学者代表团团长赴泰国朱拉隆功大学人口研究所研讨近1个月后，率团于1992年1月顺访香港中文大学亚太研究中心，举行了研讨会。1993年7月，我作为中国大陆社会科学学者交流访问团成员，赴台湾地区参加"海峡两岸第一届中国现代化学术研讨会"，获台湾地区财团法人促进中国现代化学术研究基金会第一届董事会颁发的研究员聘书，作《中国现代化过程中的养老问题及对策研究》报告。1993年8月，我应邀赴港参加由香港大学主办的"第34届亚洲及北非洲研究国际学术会议"。1994年4月，我应邀赴港参加由香港社会服务联会主办的"家庭与社区照顾国际会议"，在分组会上作《未来中国内地老年人的家庭与社区照顾模式研究》报告；被香港城市学院公共与社会行政学系聘为"顾问"，在该系作《中国内地提倡"一孩政策"的利弊得失研究》报告；在香港城市学院应用社会科学系作《中国内地老年人生活照顾的现状及对策研究》报告。1995年11月，我应邀赴港参加中国社会工作者协会与香港社会服务联会联合主办的"内地与香港社会福利发展第三次研讨会"，作为大会主持人；在香港救世军安老服务部与香港城市大学应用社会科学系联合主办的"内地老年人照顾问题及对策报告会"上作主报告；参加了"第5届亚太地区老年学会年会"，提交的论文《上海市独居老人求助电铃的设计及应用》在会上展览。1996年11月，我应香港城市大学公共及社会行政学系邀请，列入该校设立的"中国学人访问计划"，赴港作《中国内地生育政策的探讨》《中国内地人口老龄化与对策建议》《中国内地经济开发区外来人口研究》等报告，访问了香港许多安老院。1997年，香港大学齐铱博士邀请我参与"中国老年人在新城区中

适应状况的综合研究"合作项目，后来由齐铱主编，卓宝莲、桂世勋、陆斌副主编的中文著作《华裔老人问题研究》，由香港汉川中国专业管理中心于 1999 年出版。1998 年 2 月，我应香港大学邀请，开展合作研究，参加了香港大学秀圃老年研究中心成立庆典，与香港著名的资深老年学家周永新教授亲切交谈，并征求齐铱博士对上海市老龄科研中心首次开展"上海市老年人口状况和意愿综合调查"的问卷设计意见；在香港城市大学公共及社会行政学系作《上海市老年保障体系及其运行机制研究》报告。1998 年 8 月，我应香港召开的"国际康复总会第 11 届亚太区会议暨亚太区残疾人士十年（1993—2002）九八推广大会"组委会的邀请，作为会议"特邀代表"，在大组会议上作《中国内地残疾老年人康复和支持的挑战》报告，该文不久以《中国残疾老人发展趋势及残疾状况研究》为题，在《中国人口科学》1999年第 1 期发表。20 年后，香港复康会和澳门扶康会又邀请我作为"专题讲者"，参加 2019 年 6 月由澳门扶康会承办的"康复国际亚太区会议 2019"，在"认知障碍症（失智症）患者"专题会上作《中国内地应对未来老年失智挑战的思考》报告。1998 年香港城市大学黄黎若莲博士邀请我合作主持由该校公共管理及社会政策比较研究中心资助的"社会政策的挑战——香港与上海研究"项目，我们分别组建香港与上海的 10 多位著名学者从 20 世纪 90 年代教育政策、就业政策、医疗政策、住房政策、交通政策、救助政策、安老政策、移民政策等方面撰写书稿，并由我们两人分别撰写了序论"香港社会政策的发展与挑战"和"上海社会政策的发展与挑战"，进行全书统稿。鉴于该成果在 2002 年出版中文本申请华东师范大学出版社"跨世纪学术著作出版基金"的规定，第一作者必须是我校教师，所以经我们共同商议决定中文本由桂世勋、黄黎若莲为主编，以《上海与香港社会政策比较研究》为书名，由华东师范大学出版社 2003 年出版。2004 年，在美国东门书局出版的英文书籍《香港与上海社会政策变革——两个城市的神话》排序的第一编辑则为黄黎若莲（Linda Wang）。1998 年香港城市大学庄明莲博士也邀请我参与"老年人住养老院舍决策研究"合作项目。1999 年 4 月，我应邀赴港参加由香港社会服务联会主办、香港特别行政区政府社会福利署合办的国际老人年亚太区研讨会，作《中国大陆城市老年志愿者的工作状况及改善对策——以上海为例》和《为老年人就业创造新机会——以上海城市老人为例》报告，后来这两个报告分别发表在《全国老龄工作》1999年第2期和《华东师范大学学报》（哲学社会科学版）2000年第3期。1999年10月，我应香港科技大学涂肇庆教授邀请，参加由香港科技大学主办的"海峡两岸四地人口学者研讨会"，作《中国大陆独生子女父母年老后的照顾问题研究》报告。2000年1月，我应邀赴港，参加与香港城市大学开展"上海与香港社会政策比较""香港与中国内地老年人入住养老院决策"等课题成果交流。2010年，香港东华三院资助我在上海主持"上海市老年人口灵性研究"课题，将对个体老年人的关爱扩展为"身、心、灵"三个方面。2011年，我应香港东华三院社会服务科安老服务部徐李健明主任邀请，赴港参加"幸福晚年：探讨及提升香港与上海长者灵性研究"新闻发布会暨研讨会，参观了东华三院的安老服务设施。特别是香港大学社会工作与社会行政学系秀圃老年研究中心楼玮群总监邀请我具体主持"2009年上海市高龄体弱老人的主要家庭照顾者支援需求状况及其对香港的启示""2013年上海市高龄体弱老人状况与主要照顾者需求跟踪调查"和"2016年上海市高龄体弱老人状况及其主要照顾者需求跟踪调查"课题在上海的调查，深入调查了上海中心城区75岁及以上需要照顾的城市居家老人的基本状况、健康和生活自理能力状况、日常照顾状况、家庭和社会支持状况、生活满意度的差异性及影响因素，以及这些居家高龄失能老人主要亲属照顾者的基本状况、照顾状况、照顾产生的影响、社会支持需求等。2018年3月，在香港大学秀圃老年研究中心成立20周年之际，我又应楼玮群总监邀请，在香港大学秀圃老年研究中心作《中国内地长期护理保险试点的探索和需注意问题》研究讲座。在与香港、台湾地区的合作研究和学术交流中，我校人口研究所、公共管理学院和中国老龄协会老龄科研基地（华东师范大学）也分别邀请了香港救世军安老服务部郭原慧仪主任和吴纯纯主任、香港大学齐铱教授和楼玮群教授、香港城市大学黄黎若莲教授和庄明莲教授、香港理工大学钱黄碧君教授、台湾长期照顾协会周丽华理事长到我校作学术报告。1996年和1998年我校人口研究所分别聘请齐铱博士和黄黎若莲博士为兼职教授，2012年我邀请楼玮群副教授作为我主持的国家社会科学基金重大项目"未来十年我国城市老年人口居家养老保障体系研究"的子课题负责人，2020年中国老龄协会老龄科研基地（华东师范大学）聘请楼玮群总监为基地专家委员会委员。我还先后推荐了黄晨熹老师和王裔艳硕士到香港大学攻读博士学位，推荐了陈丽梅硕士到香港城市大学攻读博士学位。

我在与香港、澳门、台湾地区学者合作中的一个重大进展，是成立"世界华人地区长期照护联会"。2002 年，由香港老年学会梁万福会长和时任台湾耕莘医院永和分院院长的邓世雄医生、时任上海市老龄科学研究中心副主任的桂世勋教授联合发起，先后在香港、台湾、上海举办了三届世界华人地区长期照护会议。在 2005 年 10 月 21 日我参与起草的由梁万福、邓世雄、桂世勋署名的《关于成立"华人地区长期照护联会"的倡议》中，明确写道："为使未来世界华人地区长期照护的工作能更好地开展，需要成立一个组织来推动。"该"联会"是一个"跨地区的非政府组织，其成员将来自中国大陆的各省市、香港、台湾、澳门及其他华人地区的有关长期照护的非政府组织、社会团体、研究机构和个人。"它的主要任务包括"定期策划、协调和帮助各承办单位举办世界华人地区长期照护研讨会；促进各地区长期照护研究团体和照护机构的联系、人员交流及互访；推动长期照护管理人员和操作人员的培训工作；联系及推动各地区开展有关长期照护的专题研究和比较研究"等。联会秘书处设在香港老年学会，"联会"的活动经费主要由香港老年学会向社会争取赞助。最初梁万福医生任联会会长，邓世雄院长任联会副会长兼秘书长，我任联会副会长。不久又增补了澳门镜湖护理学院院长尹一桥教授、中国人民大学老年学研究所所长杜鹏教授和上海市老年学学会会长左学金教授为联会副会长、上海市老年学学会秘书长孙鹏镖为联会副秘书长。2005 年后，联会基本上按每两年在香港、澳门、台湾地区主办一届研讨会；中间一年在中国大陆主办一届研讨会的原则，至 2022 年共主办了 16 届世界华人地区长期照护会议（除"非典"和"新冠"病毒流行的个别年份未召开会议外）。2023 年 10 月，澳门镜湖护理学院将隆重庆祝建校 100 周年，承办第十七届世界华人地区长期照护会议。在历届会议中，既有海峡两岸暨香港、澳门地区及国外从事长期照护研究的学者参加，又有海峡两岸暨香港、澳门地区及国外负责长期照护政策制定的政府官员、从事长期照护实务的养老机构和社区为老服务负责人参加；既有大会专题报告研讨，又有各地图文并茂的实际经验海报展示、当地长期照护先进基层单位的参观考察，增进了海峡两岸暨香港、澳门地区及国外从事长期照护研究人员和实务工作者的友谊，促进了世界华人地区长期照护的发展。

四、力求将"爱生"用于教学和指导学生

1. 将"爱生"贯穿于给学生讲好每一堂课

我认为每个大学生和研究生的一生中，在高校读书时期是精力最旺盛、学习时间最集中、求知欲最强、记忆力最好的阶段。而课堂教学是他们向老师学习的重要环节，一个老师爱学生，就应该珍惜学生在大学和研究生期间的宝贵时间，高度重视并竭尽全力讲好每一堂课，使他们真正获得这方面的真才实学。我在 1962 年秋分配到政治教育系政治经济学教研室的三个学年内，先后在我校生物系和化学系、中文系和历史系、政教系担任政治经济学助教，辅导学生学习政治经济学。在主讲老师讲课时，我都认真做笔记，即使他们举的事例，我也立即记在听课笔记中，学习他们几年甚至 10 多年积累下来的教学经验。当时我每周都有 1—2 个晚上在规定教室内对学生进行这门课的个别答疑辅导，每学期有 3—4 次集体系统复习辅导。我为了更好地进行个别辅导，撰写了几十张《政治经济学》疑难问题解答"纸质卡片。有一天晚上我在对学生进行集体辅导时，刘佛年校长悄悄走进教室坐在最后一排听课，督查我的讲课质量，下课后给予了肯定和鼓励。我经过了 3 年的学习和准备，从 1965 年下半年起才给学生主讲政治经济学，后来又给政教系学生讲授政治经济学、马列主义经典著作选读、《资本论》选读；其中在 1977 年恢复高考后给外语系和物理系"七七"级、"七八"级学生专门讲授社会主义政治经济学；从 1980 年起我给政教系学生讲授人口经济学。同时从 1981 年起我还给复旦大学分校（后改为上海大学文学院）社会学系第一届、第二届社会学系本科学生讲授"人口社会学"。在 1981 年我校成立人口研究室后，我又给人文地理学、人口学、社会学的研究生讲授人口经济学、人口社会学、社会老年学、社会保障学等课程。

我感到一位老师要上好课，不仅需要对该门课涉及的主要领域有高水平的学术造诣，"老师有一桶水，才能针对学生需求给予最好的一杯水"；而且需要认真备课和认真讲课。即使是最好的教科书（或主要参考书），教师也要"站在教科书上讲课，而不是躺在教科书上讲课"。对教科书中已写得

很正确、很清楚的内容，讲课时可指导学生直接看书，突出重点简要讲解；对教科书中那些学界有争议或未写清楚甚至写错、在教科书出版后有新进展的重要内容，则应在讲课时给予补充，启发学生创新思维，使学生感到听课与不听课收获明显不同，不认真听课是很大损失。所以，我力求精心备课，即使对非常熟悉并多次使用过的讲稿，均不断在旁边或增页补充新内容。遇到自己的科研工作非常忙时，我仍坚持至少在讲课的前一天晚上再仔细复阅讲稿并思考明天讲课时应补充哪些新内容。

为了培养和启发学生的创新思维，我从 20 世纪 80 年代起每讲一门课的"开场白"就要学生对自己讲的每一堂课思考三个问题：一是老师讲的哪些内容对自己有启发？二是老师讲的哪些内容未讲清楚，应怎么讲才更清楚？三是老师讲的哪些内容是错的，应怎么讲才正确（当然也许老师并未讲错，而你的判断有错）？同时希望他们用"☆""△""?"分别标在纸质听课笔记旁边（也可用不同颜色分别标在电脑打字笔记上），在课后通过查阅有关文献资料或相互切磋探讨进一步深化认识。在 2019 年 1 月由我招收的第一位人口学硕士研究生倪波倡议和制作的"桂门众弟子敬献导师桂世勋教授80 大寿生日特别礼物"：《桂门的精彩瞬间》中，收录了我曾指导部分研究生的难忘回忆。一位学生写道："桂老师上课认真严谨，一丝不苟，这点给我留下了非常深刻的印象。"另一位学生写道："研一下学期时，桂老师看我们上课不是很认真，就将我和另外两位同门的课堂笔记收了上去，并通知我们周末到他家里。当时我们几个真是傻眼了，也非常忐忑。桂老师没有批评我们，只是给我们三人的笔记作了一个排名，同门的女生做得比较仔细认真自然是第一，我还好比研二的师兄略好。桂老师还将他几十年前的笔记本拿出来给我们看，字虽然非常小，但是非常清晰，一笔一划工工整整，边上专门折页留白的地方也记满了备注。再看看我们自己的简直不忍直视。自此之后，每门课我都尽量认真仔细地做好笔记，也养成了笔记留白的习惯，以便复习时再补充内容。"

2. 将"爱生"倾注于指导学生参与课题调查研究

我认为高校学生特别是研究生应该在确保认真听课及课后有较多时间有针对性地研读参考资料的基础上，积极参加老师主持的研究课题，深入实际进行调查研究。老师的"爱生"也应体现在满腔热情和深入细致地指导他们参与调查研究，切实提高他们掌握科学进行调查研究、清理复核调查数据和撰写调查报告的能力。

在《桂门的精彩瞬间》收录我曾指导部分研究生的难忘回忆中，一位学生写道："1990—1991 年期间，我负责对桂老师主持的世界卫生组织资助课题'上海已婚育龄妇女非自愿妊娠因素研究'10000 余份调查问卷数据录入处理，这也是我学业和职业生涯第一次实战录入处理课题调查数据。当时用人口所机房的 286 电脑利用 dBASE 数据库录入数据，1 万余份纸质调查问卷差不多堆了半个办公室，录入的数据库执行一次简单的拷贝备份命令，都要花费数分钟时间。好不容易数据录入完，我马上就想用 SPSS 软件做变量频数统计和交叉表分析。桂老师得知我的想法后，立即对我说，现在还不能做数据统计分析，还需要对数据做质量检查，需要查各个问题之间的答案是否符合逻辑要求。在提出这个要求的同时，桂老师跟我分享了他参加国外专家组织的一个研究项目，亲自感受了国外专家同行对调查数据 100% 逻辑质量近似严苛的高标准要求。我是数理统计专业背景，比较熟悉抽样误差和随机误差概念，知道调查过程中人为错误率不可能为 0，所以对调查数据误差率的容忍度反而比社会科学背景的人来得高些。我把自己对数据质量的想法跟桂老师说了，桂老师说不行，研究报告中出现明显数据错误特别是逻辑性数据错误，会让人质疑你的专业精神，进而怀疑甚至否定你整个调查研究的价值。这也是我第一次感受到桂老师对调查数据的严谨科学态度。在桂老师的指导下，我和他一起分析了那份调查问卷各个变量之间的逻辑关系，我将这些逻辑关系写成电脑命令，经过电脑运行，一下子发现了数千份问卷存在多少不一的逻辑质量问题。我把所有这些不符合逻辑质量要求的问卷编号和数据错误打印出来，竟打了数百页带孔打印纸。接下来，我正准备用写程序命令的方式统一修改这些数据错误，桂老师又及时制止了我，他说不能这么简单修改，需要对照原始问卷一份一份检查，如果是录入错误，就需要重新录入修改错误数据；如果是问卷记录本身错误，还需要前后数据对照修改；如果仍无法判断，就需要再找到被访者核实修正调查数据。数千份有数据错误的调查问卷，人口所几位课题组老师在桂老师带领下，从堆放半屋子捆扎好的问卷中一一抽出来核对修改，光是这项数据核对修改工作就花了数个星期才完成！桂老师对待调查数据的严峻态度，不放过一个数据错误的执着精神，让我这个研究生和当时人口所老中青所有教师都深深敬佩！这种严谨态度也一直正向影响着我后来的学习和工作，非常感谢桂老师传递我们这样宝贵的精神力量！"另一位学生在《桂门的精彩瞬间》中写道："让我记忆犹新的是我第一次拿到桂老师修改后的课题初稿。那是 2002 年左右我们做的有关长宁区适度人口规模的课题。我负责撰写长宁区人口现状部分内容。当我拿到桂老师修改后的初稿时，我看到上面密密麻麻的修改痕迹，很是惊讶：不论是标点符号、字体格式，还是文字数据，老师一笔一划都标注得清清楚楚！老师这样严谨治学的态度，让我肃然起敬，并一直影响和激励着我。"又一位学生在《桂门的精彩瞬间》中写道："我第一次写课题报告，拿到桂老师帮我修改的初稿时我惊呆了，上面满满都是桂老师写的批注修改，细到连标点符号的用法都会一一纠正。就算是满篇的批改，桂老师的字迹也是工整清晰，完全不会看不懂或者不清楚。正是在桂老师的悉心教导下，在这样一遍又一遍地修改纠正过程中，从治学研究到写作表达，我逐步地成长起来。这种学习经历让我受益终身，直到毕业后我进入政府研究部门工作，写政府工作报告和调研报告时，我都运用到读研时学到的方法技能。我的研究和写作能力水平受到当时的领导青睐，把部门最重要的报告都交给我写，我撰写的报告也获得了上级部门的认可。"

3. 将"爱生"体现于指导学生写好学位论文

我在指导人口学专业的硕士研究生和博士研究生撰写的学位论文中，有关人口老龄化、老年人口和老年社会保障的学位论文，主要有《中国计划生育利益导向政策研究》《市场经济运行机制对养老保险模式选择的作用机制研究》《中国公务员养老保险制度改革研究》《中国进城农民工养老保险研究》《中国农村社会养老保险资金交付平衡模型及其软件设计》《日本护理保险制度及其对上海的启示》《社会养老保险基金保值增值研究》《老年人生活质量及其指标体系建立的初步研究》《城市居家老人生活质量评价指标体系研究》《贫困地区农村老年人社会资本对生活质量的影响研究——以贵州省黄果树社区为例》《老年人参与社会的中日比较研究——以上海市嘉定区和日本山口县为例》《老人社区照料服务：基于福利多元主义比较研究》《社会福利社会化背景下的上海养老机构发展研究》《上海市空巢老人照料状况研究》《上海高龄独居老人研究》《城市居家老人的主要照顾者研究》《中国女性老年人的生活现状与需求研究》《空巢女性老年人口社会支持研究》《大城市独生子女父母家庭养老研究》《城市年老独生子女父母养老担忧研究——上海市闸北区为例》《上海市归侨侨眷民生关爱研究》《改革中农村家庭"结构—养老功能"变动趋向的社区分析——前港村个案例证》《农村部分计划生育家庭奖励扶助制度研究》《上海城市社区为老服务资源整合研究》《中国内地老年人灵性研究——以上海为例》等。

在指导研究生撰写学位论文的过程中，我从论文的选题、章节体系、创新要点、不足之处，一直到文字、标点符号，均倾心指导和仔细修改。我有时因实在太忙、时间紧迫，在铁路车站的候车大厅、飞机场的候机楼甚至乘坐动车和飞机时，仍挤时间阅改。为便于研究生修改，我还用不同符号或颜色，标出希望他们修改或推敲、补充之处。

在《桂门的精彩瞬间》收录我曾指导部分研究生的难忘回忆中，一位学生写道："让我受益匪浅的是桂老师对研究主题的选择，老师一向主张"伤其十指不如断其一指"。意思是与其研究追求大而全，不如选准一个切入点，研究小而深。这个选题方法指导了我博士毕业论文的选择。最终我选择了一个比较小的研究主题，即对上海高龄独居老人的群体开展了较深入的研究，并在老师的指导下顺利完成答辩，获得博士学位。"另一位学生写道："在桂老师门下求学期间，记忆深刻的是在我写博士论文期间，2010 年 9 月底 10 月初桂老师为了我撰写好博士论文，通过人力资源和社会保障部打电话给江西省人力资源和社会保障厅帮我联系了调查事项，令我非常感动的是桂老师还亲自从上海乘坐四五个小时动车到南昌带领我去江西省人力资源和社会保障厅进行调查，充分体现了桂老师指导学生高度认真负责的精神和对学生的关心爱护。"后来该学生在博士论文基础上修改成著作，请我写了"序"，由中国社会科学出版社 2014 年出版，获江西省社会科学优秀成果一等奖。

4. 将"爱生"扩展于关心学生的日常生活

我指导的研究生大部分是从外地考入华东师范大学的，他们进校后除寒暑假外都在上海度过。部分学生家在农村，经济条件差，自己生活很节俭，有的甚至在学校食堂中舍不得买中等价位的饭菜，到外地继续深造的交通费和生活费都很拮据。他们不仅学习勤奋刻苦，而且还主动报名义务献血。我认为老师的"爱生"，还应经常关注学生在日常生活中遇到的困难，尽可能提供一些力所能及的帮助，使他们在上海攻读硕士或博士学位期间生活愉快，欢乐度过每个节假日。

在我指导的一位研究生提交学位论文"后记"中写道："桂老师总是亲切而慈祥，对待我们就像对待自己的孙辈一样，不仅关心我们的学习和科研，还不忘关心我们的日常生活，天冷天热总会给我们发邮件提醒我们要注意身体健康状况。"在《桂门的精彩瞬间》收录我曾指导部分研究生的难忘回忆中，一位学生写道："桂门三年的趣事很多的，我献血的时候，严正元老师告诉我，桂老师给你买了 call 机，我一激动，跑到桂老师家里，拿到了一只烤鸡！"另一位学生写道："刚入学不久，先生让我报销经费，报销好后我便直接到他中江路的家中，见面就从口袋里掏出了现金。此时，先生有些犹豫，问我怎么没用皮夹或者信封。当时，我也没在意，但是先生已经将这个事情记下来了。过完年他从深圳回来就送我一个鳄鱼牌的皮夹。这令我非常感动，身边的同学也非常羡慕。这个皮夹刚刚才'光荣退休'，我已经将它好好保存起来。"还有一位学生写道："我刚上研究生不久，桂老师出资给我买了一台笔记本电脑，这可让当时我身边的同学朋友羡慕不已。这台笔记本电脑虽然现在已经停止工作，但是我一直珍藏着，并把它带到了美国，家人都好奇我为什么不处理了它，那是因为他们无法理解我收到它时的心情，以及对于我来说它的纪念意义。看到它，我总能想起桂老师教我的点点滴滴，想起桂老师就像我的父辈，在平时的学习生活中给予我无微不至的关怀。想起桂老师在 70 多岁的高龄还依旧在奋发拼搏，想起他总是在电话中给予我的鼓励，他就是这样一位亦师亦友的长辈，能够设身处地为他人着想，而这些都将是我的精神财富。"再有一位学生写道："回忆起在华师大的三年，深刻在心里的是温暖。桂老师是导师、是长辈、是亲人，在学业上悉心指导，在生活上关怀有加。每逢节日，桂老师和师母都会请我们一众师兄弟姐妹们，共聚学校河西'秋林阁'食堂，共度佳节，缓解我们异乡求学学子的思家之情。大家一起吃饭、唱歌，欢声笑语不断，真的很开心。"

五、力求将"严谨"对待承担的所有工作

1. 注重对策建议措辞的严谨

2002年，我撰写的《关注大城市低生育水平下的出生人口波动》，指出我国许多大城市由于20世纪80年代出生"堆积"的惯性作用与符合政策要求可生二孩的人群大幅增加，在低生育水平下仍有可能在2010年左右出现户籍出生人口数比目前大幅增长的波动态势，严重不利于教育、就业等社会事业的平稳和可持续发展。该文在提出制定"削峰补谷"的综合措施时写道："当我国一些大城市的平均初婚年龄已超过晚婚年龄（如2000年上海市常住人口的平均初婚年龄女性为23.75岁、男性为26.69岁）的情况下，为了有助于一部分年轻夫妇有可能积极参与'削峰补谷'的计划，适当提前或推迟生育，更自由负责地决定自己的生育行为，我们建议在一些条件成熟的大城市可以对现行生育政策做些'微调'，将生育第二孩与第一孩的间隔时间改为应在两年以上，或者干脆取消有关间隔时间的规定。"该论文发表后，我又把它改写成3000字的专报，被中国人口学会刊载在《领导参阅》件上。时任国家计生委主任的张维庆批示："桂世勋教授的研究，提出了一个重要问题，即如何关注出生人口数量的起落，减少对社会的负面影响。……政法司和信息中心应组织有关专家对全国情况加以认真研究。"不久该建议被写入《上海市人口和计划生育条例》修订版，不仅要求市人口和计划生育部门每年公布未来出生人口数的预测情况，而且取消了生育第二孩与第一孩的间隔。该论文获上海市第七届哲学社会科学优秀成果（2002—2003）论文类二等奖；该"专报"获上海市人民政府颁发的上海市决策咨询研究成果（2001—2003）三等奖。当时曾有人口学者打电话给我，质疑缩短及取消第二孩与第一孩的间隔，不利于控制我国人口过快增长。我就回答讲该论文提出这项建议是有前提条件的，即"平均初婚年龄已超过晚婚年龄"的大城市。

2. 注重批评意见措辞的严谨

2009年，我在《人口研究》上发表的《中国人口老龄化和老年保障60年回顾及探讨》中，批评国家统计局编的《中国统计年鉴2008》表3–5"五

次全国人口普查人口基本情况"的各年龄组人口和表3-10"各地区人口年龄构成和抚养比（2007年）"仅提供65岁及以上老年人口的有关数据。我在引用1982年联合国召开的第一届世界老龄大会文件和1996年颁布的《中华人民共和国老年人权益保障法》关于老年人的起始年龄均为60岁的规定后，"建议中国统计部门在公布反映中国老龄化状况的统计数据时，应把60岁及以上人口数及其占总人口比例作为必须列入的数据……在分析老年人口抚养比时也尽可能使用15—59岁人口抚养60岁及以上人口的比例。"在我提出批评意见的第2年，即2010年，国家统计局发表的《2009年中华人民共和国国民经济和社会发展公报》中，首次公布了2009年末60岁及以上老年人口数和比例、65岁及以上老年人口数和比例，并公布了15—59岁人口数和比例。

3. 注重撰写成果鉴定意见的严谨

我在2007年被全国社科规划办关于国家社科基金项目"成果管理数据库"中列入"鉴定工作信誉良好专家榜"，其中写到在2006年全国共有4200多人次的社科界专家学者参加国家社科基金项目成果鉴定工作，"有169位鉴定专家高度重视国家社科基金项目成果鉴定工作，以极其认真负责的治学精神仔细阅读课题成果，撰写的鉴定意见全面、客观、中肯，所提修改建议也十分准确、具体。"以后我又多次被列入"成果鉴定工作认真负责的专家名单"，包括全国社科规划办发布的"2011年5月，我办共审核、审批了125份国家社会科学基金项目结项材料"，"参与6月验收成果鉴定工作的630位专家……其中45位专家因鉴定态度非常认真负责、评价意见客观中肯，被记入'成果鉴定工作认真负责的专家档案'。"2012年"参与1月份验收成果鉴定工作的近千位专家绝大多数能够按照要求履行鉴定专家职责，其中98位专家因鉴定态度非常认真负责、评价意见客观中肯，被记入'成果鉴定工作认真负责专家档案'。"2013年11—12月被列入"国家社科基金项目认真负责的鉴定专家名单。"

4. 注重媒体报道措辞的严谨

本世纪初我发现有一家著名媒体的记者在报道采访我有关提倡一对夫妇只生育一个孩子政策是否需要调整时，误写成"应该取消计划生育"。这使我感到媒体报导的失误不仅会误导读者，而且有损作者形象。一旦新闻发出后，又不可能再加"更正启事"。为了在媒体中纠正上述误解，我就在《社会观察》2005年第5期发表的《中国现行人口政策是否需要调整?》一文，第一部分专门论述了"现行生育政策不等于基本国策"，明确指出"按照党的十二大通过的政治报告，'实行计划生育，是我国的一项基本国策。'所谓实行计划生育，就是要求从我国实际情况出发有计划地生育，它表现为有时候使人口增长慢一些，有时候使人口零增长或负增长，有时候使人口增长快一些。由此可见，现行的提倡一对夫妇只生育一个孩子的生育政策并不等同于我国实行计划生育的基本国策，调整现行生育政策不等于改变基本国策。"经历了上述报道的失误，也使我高度重视媒体采访报道措辞的准确性，在以后每个采访报道刊载前都力求让记者将采访我的文字发给我仔细校阅修改。

5.注重成果文字标点的严谨

为了将自己成果（包括论文、课题报告、著作、PPT、鉴定意见等）中的个别文字、标点符号的疏漏"消灭"在公开发表或给他人前，我形成了将电子版打印成纸质版的校改习惯，力求减少差错。

六、衷心感谢

我是生在抗日战争时期、长在红旗下的一名人民教师和科研工作者。回顾我在大学毕业后60多年间的工作经历及取得的成绩，我衷心感谢中国共产党和各级党政有关领导对我的培养和指导，特别是1978年实施党的改革开放基本方针后给我的成才提供了大好机遇；衷心感谢从小学到大学各位老师的辛勤教育和帮助；衷心感谢同事、朋友、家人的热情关心和支持；衷心感谢学生的积极参与和协助！

在《桂世勋文集》的申请出版、经费资助、资料收集、论文整理、文字校改、编排印刷过程中，我校领导及人文与社会科学研究院老师给予了热情关心和支持；我指导过的研究生周元鹏、张水辉、王裔艳、王章华、洪娜、张航空、周江涛、焦亚波等做了大量深入细致的工作；我在文印社的老朋友俞佳耀帮我重新制作二三十年前论文中的几十张图表；人民出版社的王萍编审及其他有关编辑、排版工作人员多次认真核改编辑文稿，提出修改意见。在此深表感谢!

最后我对在几十年工作中存在的某些问题,包括由我主持的极个别研究课题及合作研究成果、由我指导的极个别研究生学位论文,因各种原因未能圆满完成,深感内疚。本《文集》中收集的论文及资料,因时间跨度长,遇到了将几十年前发表的论文扫描成 PDF 文档转换成 WORD 文档后出现了意想不到的大量文字和标点符号错误,甚至整段缺失;在几十年前用手工绘制的附图由于不清晰、格式不统一,而现在又找不到当时制图时的有关数据等情况,延迟了交付印刷出版时间。现在虽经反复校改,可能仍存在一些疏漏之处,希望读者谅解和指正。

一、人口理论

马克思主义人口理论研究的八大进展

  党的十一届三中全会以来的十年，是我国人口科学蓬勃发展、取得丰硕成果的十年。在党的实事求是的思想路线指引下，我国人口学者思想空前活跃，不断破除马克思主义人口理论研究中的许多"禁区"，提出了一系列新的见解。尽管其中有些观点至今还没有被大家所公认，但在理论探索上却迈出了极为可喜的一步。

  这些新的进展，概括起来至少有以下八个方面：第一，推倒强加在恩格斯"两种生产"论述上的不实之词。1947 年，苏联的马克思、恩格斯、列宁研究院在出版恩格斯的《家庭、私有制和国家的起源》俄译本时加了一条"注"，认为恩格斯在该书"第一版序言"中有关"两种生产"的论述是一个"不精确的地方"，并写道："恩格斯在这里将种属的繁衍和生活资料生产同等当作决定社会及社会制度发展的原因来看待是不确切的。"十一届三中全会后，我国人口学界对此展开了深入研究，不仅发现了"两种生产"的理论是马克思和恩格斯的一贯思想，而且对如何正确理解"两种生产"归根结底是历史中的决定性因素进行了热烈的讨论。多数同志认为恩格斯所说的"直接生活的生产"是指物质资料生产和人类自身生产的辩证统一。这两种生产和再生产归根结底是历史中的决定性因素，只是就它们是人类社会存在和发展的决定性的前提条件而言的。在人类社会发展的进程中，物质资料生产为人的生产提供必要的生活资料，人的生产又为物质资料生产提供劳动力。如果两种生产不能连续不断地进行下去，不可能有人类社会的存在及历史的发展。至于决定人类社会形态变革的终极原因，马恩始终坚持是物质资料生产内部生产力和生产关系的矛盾运动，而人的生产状况只对社会发展有一定的影响作用。现在，中国人口学界虽然在如何理解恩格斯"两种生产"论述的原意上还存在着某些分歧，但普遍感到恩格斯的这个论述是正确的，它应该成为马克思主义人口理论的一个基本观点。

第二，纠正关于社会主义人口规律概括的片面性。1955年，苏联科学院经济研究所编的《政治经济学教科书》把"人口不断迅速增加"作为"社会主义的人口规律的实质"之一。当时我国许多人由于缺乏经验和思想方法片面，认为苏联《政治经济学教科书》的上述概括是正确的，只要是社会主义国家，就应该努力促使人口不断迅速地增长。十一届三中全会后，我国人口学者根据恩格斯关于在共产主义社会才能对人的生产进行有计划调整的科学预见和中国的实践经验，纷纷指出苏联《政治经济学教科书》把当时苏联及东欧一些社会主义国家按照自己的特殊国情要求人口迅速增长的情况，作为普遍适用于所有社会主义国家任何时期人口发展的共性，概括成社会主义人口规律的一个重要特点，是错误的。

事实上，在社会主义生产方式下人口再生产的一个重要特点应该是人口有计划地发展。这种人口发展可以表现为有计划地鼓励人口增长，也可以表现为有计划地控制人口增长，以致使人口在一段时期中保持零增长或负增长。只有人口有计划地发展，才是社会主义人口规律的一个重要特点。

第三，发现社会主义社会也可能会出现"相对过剩人口"。马克思虽然说过"不同的社会生产方式，有不同的人口增长规律和过剩人口增长规律"[①]，但对社会主义制度下是否会出现相对过剩人口的问题却持否定态度。他在《资本论》中写道："如果明天把劳动普遍限制在合理的程度，并且把工人阶级的各个阶层再按年龄和性别进行适当安排，那么，要依照现有的规模继续进行国民生产，目前的工人人口是绝对不够的。"[②] 十一届三中全会后，我国有些人口学者根据马克思、恩格斯关于相对人口过剩的一系列论述及部分社会主义国家劳动者就业的实际情况，发现在一些社会主义国家的某段时期中也可能会出现比较严重的相对过剩人口，不过这种相对人口过剩与资本主义制度下的相对人口过剩在具体含义、性质、产生的根本原因和解决的根本途径上有着本质区别。

它是劳动人口相对于国民经济发展和经济管理体制所能提供的就业岗位的过剩，反映了失业或待业的劳动群众与社会主义国家在根本利益一致基础上的矛盾。在社会主义制度下，出现相对人口过剩的根本原因是领导部门的工作失误，人口增长同经济和社会发展不协调。然而它完全可以通过社会主义制度本身，努力发展国民经济，改革经济管理和政治管理的体制，有计划地调节人口增长来解决。现在，也有些学者认为社会主义社会出现相对过剩人口是繁荣和发展商品经济、搞活劳动人事管理制度、实现生产资料和劳动力最优配置的需要，因而应该在一个相当长的时期内允许适度的过剩人口的存在，并对其实施必要的限制、管理和组织，以更好发挥他们的积极作用。

第四，承认并研究社会主义国家的"适度人口"问题。尽管恩格斯曾经指出过"人类数量增多到必须为其增长规定一个限度的这种抽象可能性当然是存在的"③，但长期以来我国学术界在批判"人口决定论"时则笼统地一概排斥"适度人口"的主张。

十一届三中全会后，我国人口学者明确提出社会主义国家也存在"适度人口"问题。他们认为适中人口数量的存在是现代定量人口学的一个重要结论，也是辩证唯物主义和历史唯物主义哲学的合乎逻辑的结论。既然一个国家或社会的人口数量不可能无穷多，也不应逐步减少到衰亡消失，那么在人类文明发展的每一个历史时期必然存在一个适中的人口数量，以便和该国的经济发展水平、自然资源的多寡以及生态系统的负载能力保持平衡。即使社会主义国家，也不能例外。为了测算我国未来"适度人口"或"理想人口"的数量，探讨如何使中国人口的发展逐渐向这个目标接近，近年来许多人口学者开展了大量的研究工作，提出了各种很有参考价值的方案。

第五，探索前资本主义生产方式的各种特有人口规律。马克思明确指出："事实上，每一种特殊的、历史的生产方式都有其特殊的、历史地起作用的人口规律。"④ 他揭示和论证了资本主义生产方式特有的人口规律，但没有对前资本主义的各种社会生产方式特有人口规律的特点作过概括。

十一届三中全会后，一部分中国人口学者在撰写人口学教科书时对此进行了有益的探索。有些学者认为原始社会人口规律的基本要点是在生产力水平极其低下的条件下，同共同占有生产资料、共同劳动和平均分配产品的生产关系相适应，人口在维持生存和延续后代的共同斗争中极其缓慢地发展；奴隶社会人口规律的基本要点是在生产力水平比较低的条件下，同奴隶主占有奴隶的生产关系相适应，奴隶人口再生产以低出生率、高死亡率所形成的不断萎缩的规模进行，人口比较缓慢地不平衡地发展；封建社会人口规律的基本要点是在生产力缓慢发展的条件下，同以封建所有制为基础的经济发展相适应，并受封建制改朝换代和生产力的恢复、发展、破坏、衰落的周期变动的制约，人口再生产表现为周期性的增长和衰退，人口波浪式地发展。另一些学者则感到上述概括还需进一步完善，特别是在人口迁移的特征上应补充为：在原始社会，由于部落成员需要有大片土地以维持生存和发展生产，导致人口成群地往荒无人烟地带不断迁徙；在奴隶社会，小生产者日益丧失生产资料成为过剩人口被迫迁移；在封建社会，被剥夺土地的农民被迫向城市迁移。

第六，论证人类社会存在着共有的人口规律。长时期以来，我国学术界把马克思在《资本论》中关于"抽象的人口规律只存在于历史上还没有受过人干涉的动植物界"⑤那段话，理解为人类社会中根本不存在适用于一切社会形态的人口规律。

十一届三中全会后，我国人口学界的许多同志通过研究认为，马克思所否定的"抽象人口规律"，只是指像马尔萨斯宣扬的那种撇开人的社会性和历史上各种不同的社会结构形式，把人口规律说成是一种超历史的自然规律，而不是指人类社会各种生产方式共有的人口规律。根据马克思主义关于共性和个性辩证统一的原理，既然各个社会生产方式都有其特殊的人口规律，那么我们通过科学的抽象，一定能揭示共有的人口规律。特别是战后世界各国的实践愈益证明，不管在哪一种社会制度的国家中，客观上都存在着人口发展与经济和社会发展、资源利用、环境保护之间的必然联系。只是由于社会生产方式的不同，共有人口规律发生作用的社会条件、实现形式和后果有所不同而已。关于人类社会共有人口规律的表述问题，至今仍存在各种不同的意见，有些学者把它概括为"人口发展必须同经济和社会发展、环境容量相适应的规律"，并认为这个规律的主要内容和基本要求应包括两个方面：劳动人口的数量、结构和质量必须同生产资料的生产及其它物质条件相适应；全体人口的数量、结构和质量必须同生活资料的生产和环境容量相适应。

第七，指出斯大林关于人口在社会发展中作用的论断尚有欠缺之处。斯大林在《论辩证唯物主义和历史唯物主义》中指出："人口的增长对社会的发展有影响，它促进或者延缓社会的发展，但是它不可能是社会发展的主要力量，它对社会发展的影响不可能是决定的影响，因为人口的增长本身并不能说明为什么某种社会制度恰恰被一定的新制度所代替，而不是被其他某种制度所代替。"⑥ 长期以来，我国学术界认为斯大林的这个著名论断是完全正确的。十一届三中全会后，我国的人口学者在充分肯定斯大林批判"人口决定论"的重要意义的前提下，也指出了他的这个论断的欠缺之处：一是把人口对社会发展的影响，只看作是人口数量的变化及由此而来的居民密度的高低对社会的影响，完全忽视了人口质量的高低对社会的影响。这样，就容易使人误解为人口多，增长快，就会加速社会生产的发展，相反就会延缓社会生产的发展；二是斯大林所说的人口增长对社会发展有影响，究竟是指人口增长直接对社会生产力的发展有影响，还是直接对社会制度变革有影响，并不明确。事实上，人口因素不能直接对社会制度的变革起促进或延缓作用，它只是通过直接影响社会生产力的发展而对社会制度的变革起作用。

第八，肃清"两个凡是"在研究毛泽东的人口思想中的影响。对于毛泽东的各种人口论述，人们在长时期中都认为是完全正确的。十一届三中全会坚决批判了"两个凡是"的错误方针后，我国有些人口学者在研究毛泽东的人口思想中发现他关于有计划地控制我国人口增长的思想经历了一个逐步形成和发展的曲折过程，其中个别论述并不完全正确。比如，在1958年上半年，毛泽东由于对中国经济发展形势作了不切实际的乐观估计，过分夸大了人作为生产者的积极作用，忽略了我国人口过多所带来的困难，尽管当时他也讲了人口"要控制"，"要节育"，但在一些具体问题上却违背了自己在1957年提出的正确主张。原来他认为中国人口多也好也坏，中国的好处是人多，坏处也是人多，而这时则认为现在还是人多好，原来他认为少生一点就好了，不然人口达到8亿再搞就晚了，这时则认为现在还是人口少，实际人口到7.5亿至8亿时再控制。毛泽东的这些错误，使中国本来已经开始的提倡计划生育的工作中断和推迟了，造成中国人口在一个时期中继续盲目增长。然而，毛泽东在晚年对中国的计划生育工作却十分重视。直至他逝世前一年，还强调"人口非控制不行"。这对于促使1970年后我国人口出生率的大幅度下降，无疑具有重大意义。

由此可见，近10年来我国人口学界在马克思主义人口理论研究上所取得的成绩是巨大的，它将在中国的人口思想研究史上留下光辉的篇章。我希望今后的 10 年我国人口学界能有更多的同志在加强人口学应用研究的同时，重视人口学基础理论的研究，为在实践中坚持和发展马克思主义人口理论作出新贡献。

【注释】

① 《马克思恩格斯全集》第 46 卷下，第 104 页。

② 《马克思恩格斯全集》第 23 卷，第 698 页。

③ 《马克思恩格斯全集》第 35 卷，第 145 页。

④ 《马克思恩格斯全集》第 23 卷，第 692 页。

⑤ 《马克思恩格斯全集》第 23 卷，第 692 页。

⑥ 《斯大林选集》下卷，第 440—441 页。

（本文原载《中国人口科学》1988 年第 6 期）

完整地理解马克思的相对人口过剩学说*

在人类历史上，马克思第一次科学地阐述并论证了相对人口过剩的学说，深刻地揭示了资本主义制度下工人群众失业和贫困的社会根源，为无产阶级和劳动人民的解放指明了正确的方向。可是，长期以来理论界的不少同志认为相对人口过剩是资本主义的特有现象，如果承认社会主义社会还可能会出现相对人口过剩，便违背了马克思的相对人口过剩学说，抹杀了社会主义制度的优越性。其实这种传统观点是对马克思关于相对人口过剩学说的误解，是不符合社会主义国家实际情况的。为了正确地认识社会主义社会的相对人口过剩问题，必须完整地准确地理解马克思的相对人口过剩学说。

相对人口过剩不是资本主义社会特有的

马克思在《资本论》中详细地论述了资本主义社会中存在的相对人口过剩问题，指出了这种相对人口过剩的含义、性质、产生原因、具体形式及解决途径。但他并不认为相对人口过剩是资本主义社会特有的现象。

在马克思和恩格斯的一些著作中，曾几次谈到相对过剩人口作为一种社会现象早在资本主义社会前就出现过。马克思在 1853 年 3 月 4 日为《纽约每日论坛报》撰写的《强迫移民——科苏特和马志尼——流亡者问题》一文中，分析资本主义制度下的强迫移民与古代的强迫移民完全不同时，明确指出：在古代的有些国家中，"过剩人口对生产力的压力，迫使野蛮人从亚洲高原侵入古代世界各国。"① 以后，马克思在《政治经济学批判》中又指

---

* 本文由桂世勋、吴评理合著。

出："不同的社会生产方式，有不同的人口增长规律和过剩人口增长规律"，他还列举了"狩猎民族在各个部落的相互争斗中出现的过剩人口""由变成移民的自由雅典人构成的过剩人口"② 等，说明过剩人口在资本主义产生以前已出现过。至于中国封建社会的人口过剩问题，马克思和恩格斯在《国际述评（一）》中也写道："在这个国家，缓慢地但不断地增加的过剩人口，早已使它的社会条件成为这个民族的大多数人的沉重枷锁。"③ 这句话虽然是马克思和恩格斯在 1850 年写的，但从他们使用"早已"这个词以及紧接着写的"后来英国人来了，用武力达到了五口通商的目的"一语来看，显然是指在我国进入半殖民地半封建社会之前已经存在着严重的过剩人口问题。

马克思和恩格斯所说的这些"过剩人口"是不是绝对过剩人口呢？不是的。因为这些"过剩人口"的出现并不是由于当时的人口数量真的超过了生活资料所能养活的限度。马克思在批判"马尔萨斯愚蠢地把一定数量的人同一定数量的生活资料硬联系在一起"的错误时指出："狩猎民族在各个部落的相互争斗中出现的过剩人口，并不证明地球已不能养活这些为数不多的人，而是证明他们再生产的条件要求少数人占有大量领土。"④ 他在谈到古代雅典出现的过剩人口时，也说："对雅典的奴隶来说，除了所能生产的生活必需品以外，他们的繁殖没有任何限度。我们从未听说古代曾有剩余奴隶。相反，对他们的需求不断增长。但是，曾经有过非劳动者（就直接［参加生产］意义上说）的过剩人口，他们不是就已有的生活资料来说人数过多了，而是他们失去了为使他们可以占有这些生活资料的条件。"⑤ 由此马克思认为"这种过剩纯粹是相对的，它同整个生存资料没有任何关系，而同生存资料的生产方式有关。"⑥ 在我国鸦片战争前出现的大批过剩人口，也不是说当时的生活资料已不能养活这些人了，而是因为在封建社会中土地兼并的加剧以及地租和赋役的加重，使迅速增加的农业劳动力少地或无地耕种，成了隐蔽的或公开的相对过剩人口。可见，在马克思和恩格斯那里并不认为只有在资本主义社会才会出现相对人口过剩。

当然，马克思也坚决反对马尔萨斯"把经济发展的不同历史阶段上的过剩人口看成是一样的，不了解它特有的差别"这种错误观点。根据马克思的论述，古代历史上出现的相对过剩人口同资本主义社会中出现的相对过剩人口有着三方面的"差别"：一是性质不同。资本主义社会中的相对过剩人口，是相对于资本平均增殖需要而过剩的人口。所以，"从性质来看，由变成移民的自由雅典人构成的过剩人口，同收容在贫民习艺所里的工人构成的过剩人口极不相同。"⑦ 二是与生产力发展水平的关系不同。古代的人口过剩属于"人口压迫生产力"，"是由于生产力的不足而造成"，而资本主义社会中的相对人口过剩属于"生产力压迫人口"类型，"是生产力的增长要求减少人口，借助于饥饿或移民来消除过剩的人口"⑧。三是数目不同。"[以前各时代的过剩人口]是有限的。那些表示雅典人的过剩人口的数字，在我们看来是多么微不足道!"⑨

　　正是鉴于资本主义社会中的相对人口过剩同古代社会中的相对人口过剩有所"差别"，所以马克思在《资本论》中论述资本主义社会特有的相对人口过剩时，往往加上一定的"限制词"。比如，在第一卷第十三章"机器和大工业"中谈道："一旦工具由机器来操纵，劳动力的交换价值就随同它的使用价值一起消失。工人就像停止流通的纸币一样卖不出去。工人阶级的一部分就这样被机器变成了过剩的人口，也就是不再为资本的自行增殖所直接需要的人口。"⑩ 在第三卷第十三章"规律本身"中说："生产资料的这种增加已经包含工人人口的增加，包含同剩余资本相适应、甚至大体说来总是超过这个资本的需要的工人人口的创造，即过剩工人人口的创造。"⑪ 又比如，在第一卷第二十三章"资本主义积累的一般规律"中，马克思在概括资本主义特有的人口规律时指出："工人人口本身在生产出资本积累的同时，也以日益扩大的规模生产出使他们自身成为相对过剩人口的手段。这就是资本主义生产方式所特有的人口规律。"⑫ 在第一卷第二十五章"现代殖民理论"中也说："资本主义生产最美妙的地方，就在于它不仅不断地再生产出雇佣工人本身，而且总是与资本积累相适应地生产出雇佣工人的相对过剩人口。"⑬ 即使在《资本论》的个别句子中，马克思对"相对过剩人口"没有直接加"限制词"，但只要我们把句子的前后文联系起来看，便不难看出也无非是指上面所举两种特定意思。可见，马克思在《资本论》中实际上认为只有超过资本增殖需要的相对过剩人口才是资本主义社会特有的；伴随资本积累必然产生的这种相对过剩人口才是资本主义特有的人口规律。然而在过去的许多政治经济学教科书和参考书中却简单地把资本主义特有的人口规律归结为"相对人口过剩"，笼统地说什么"相对人口过剩是资本主义社会特有的"。这就成为长期以来引起人们对马克思的相对人口过剩学说产生误解的一个重要原因。所以，我们认为，应该把资本主义的特有人口规律概括为"随着资本积累必然产生相对过剩人口"一语来表述。这样，才能反映出"资本主义的相对人口过剩"同"资本积累"这个资本主义特殊现象的内在联系的规定性，才能同其它社会形态出现的相对人口过剩相区别。

社会主义社会也可能出现相对人口过剩

对于社会主义制度下是否会出现相对过剩人口的问题，马克思在当时是持否定态度的。他认为社会主义革命将在资本主义最发达的一些国家同时取得胜利，社会主义制度将会建立在比资本主义经济要高得多的生产力水平上。即使生产技术构成不断提高，也完全可以通过减少在业人口的劳动时间和劳动强度，合理安排不同年龄和性别的劳动人口，从而避免出现劳动力的相对过剩。所以，他在《资本论》中写道："如果明天把劳动普遍限制在合理的程度，并且把工人阶级的各个阶层再按年龄和性别进行适当安排，那么，要依照现有的规模继续进行国民生产，目前的工人人口是绝对不够的。"⑭

可是，后来的实践并不完全像马克思所设想的那样。由于帝国主义阶段资本主义经济和政治发展不平衡规律作用的加剧，社会主义革命首先在那些资本主义有一定发展而经济还比较落后的国家中取得胜利。在有些社会主义国家基本上完成了对生产资料私有制的社会主义改造，进入了社会主义社会以后，不仅生产力水平总的来说还比较低，而且由于各种复杂因素的交互作用，在一段时期内出现了相当数量的失业人员或待业人员。比如，南斯拉夫解放以来，随着经济的发展，就业人数有了较大增长。1979 年的就业人数达 561.5 万人，约为 1945 年的 12 倍。1979 年每千人口的就业人数为 247 人，比 1953 年的 108 人约增加 1.3 倍。然而从 50 年代初、特别是 60 年代中期起，南斯拉夫的失业人数也不断增加。1952 年失业人数只有 4.5 万人，1960 年为 15.9 万人，1969 年达 33 万多人，1979 年增加到 76.2 万人。失业率 1952 年为 2.5%，1957 年为 4.6%，1961 年为 5.6%，1965 年为 6.1%，1970 年为 7.7%，1975 年为 10.2%，1979 年为 11.9%。这种失业人口的存在，反映了南斯拉夫目前劳动人口的过剩问题是比较严重的。不过这种人口过剩也只是一种相对人口过剩，而不是绝对人口过剩。因为1978年南斯拉夫按人口平均的农副产品的产量，谷物为1268斤，肉类为96.67斤，奶类为398.08斤，蛋类为20.54斤。可见，目前南斯拉夫生产的生活资料用来养活这些过剩人口，还是绰绰有余的。

我国在20世纪50年代曾经胜利地解决了旧社会遗留下来的400万失业人员的就业问题，但是从70年代以来市镇中却出现了严重的待业问题。粉碎了江青反革命集团，特别是党的十一届三中全会后，党和政府花了很大的力量解决就业问题，全国市镇安置待业青年和其他人员以及国家统一分配的大中专应届毕业生数，1979年为902.6万人，1980年为900万人，1981年为820万人，然而当前市镇的待业人员数仍比较多，据估计从1982年到1985年间我国还必须解决市镇近2000万人的劳动就业问题。从1980年我国市镇1100万待业人员的构成来看，其中当年新成长的劳动力为300万，回城知识青年为200万，上年从事临时工作的为200万，上年结转过来的待业人员为400万，可见其主体是：市镇新成长的劳动力初次要求就业而暂时尚未从事社会劳动并取得劳动报酬或经营收入的人口。这种待业人员虽然不同于原是在业人口的失业，但也是一种相对过剩人口。因为根据1954年在日内瓦举行的第八届国际劳动统计会议的决议，"失业"人员应包括从未被人雇佣，在规定的调查期间又具备工作条件（有小病者除外），并正在为得到工资或收益而寻找工作的人。社会主义国家南斯拉夫在统计失业人数（或"要求就业者""寻找工作的人"）时，也不管是"过去处于劳动关系的人"，还是"第一次要求就业者"，只要是向职业介绍机构登记寻找工作的人，甚至包括每个月最后几天内的失业者，都算在内。如在南斯拉夫的失业人数中，属于第一次要求就业的，1955年为20553人，占失业者总数的30.57%；1960年为59591人，占失业者总数的37.42%。我们感到鉴于世界各国的失业统计对于初次找工作者的处理有所不同，我国现在把新成长的劳动力初次要求就业并已登记而尚未在业的市镇人口称作"市镇待业人员"，也是可以的。但是，如果说南斯拉夫的失业人员（包括初次寻找工作者）属于一种相对过剩人口这个结论，在理论上行得通的话，那么，我国的待业人员也应算作一种相对过剩人口。事实上，现在谁都承认我国目前的大量待业人员已经超过了国民经济所能提供的就业岗位的容量，给国家解决就业问题带来很大的压力。当前很多地方出现的为解决大量待业人员的就业，"人浮于事""三个人的工作五个人做"，严重影响企业全员劳动生产率提高的情况，也充分表明了这一点。

综上所述，在社会主义社会仍然有可能出现相对人口过剩。那种认为在社会主义社会中绝不会出现相对过剩人口的观点，是不符合实际情况的。要想笼统地从字面上去划清待业和相对人口过剩、待业和失业的根本界限，实际上是划不清的。重要的问题是应该划清社会主义社会的待业或失业和资本主义社会失业的本质界限，划清社会主义社会的相对人口过剩和资本主义社会的相对人口过剩的本质界限。

两种不同社会制度下相对人口过剩的本质区别

马克思在论述各种相对过剩人口时，尽管没有谈到社会主义社会的相对过剩人口，然而他强调必须把不同社会经济发展历史阶段上出现的相对过剩人口加以区别的基本观点和分析方法，对于我们今天认识社会主义社会和资本主义社会存在的两种不同相对过剩人口的本质区别，具有很大启示。我们认为社会主义社会出现的相对人口过剩与资本主义社会存在的相对人口过剩的本质区别，主要表现在以下三个方面：

首先，相对人口过剩的具体含义和性质不同。资本主义社会中存在的相对过剩人口正如马克思所说的是"相对的，即超过资本增殖的平均需要的，因而是过剩的或追加的工人人口"[15]，是"不再为资本的自行增殖所直接需要的人口"[16]。也就是说，这种相对人口过剩是劳动人口（甚至包括相当一部分非劳动年龄人口）相对于资本增殖的平均需要而过剩，它建立在资本主义私有制的基础上，反映着资产阶级剥削无产阶级的经济关系。而社会主义社会出现的相对人口过剩却是劳动人口相对于国民经济发展所能提供的就业手段的需要而过剩。它是建立在社会主义公有制基础上的，反映的是作为工人阶级和劳动群众整体利益代表的社会主义国家同一部分要求就业的劳动者个人之间的矛盾。这种矛盾是在根本利益一致基础上的矛盾，完全不具有阶级剥削的性质。

其次，相对人口过剩产生的根本原因不同。资本主义社会存在相对过剩人口的根本原因是资本积累。资本主义的相对人口过剩是资本积累过程中资本有机构成提高的必然产物，是资本主义生产方式存在和发展的必要条件。"没有它，资本主义经济既不能存在，也不能发展。"⑰马克思所概括的资本主义人口规律，正是揭示了资本积累与相对过剩人口之间这种客观的经济必然性。可是，在社会主义社会中，社会主义公有制及作为国民经济主体的计划经济本身，不仅不需要相对过剩人口的存在，相反要求尽力消除相对过剩人口。相对过剩人口之所以在有些社会主义国家的某个时期出现，其根本原因在于工作中的某些失误（包括国内外阶级斗争因素的影响）。具体考察，主要有这样两类情况：

一类是在社会主义社会生产技术构成没有很大变化的条件下，因工作失误而产生的相对过剩人口。它属于"人口压迫生产力"的类型。在社会主义制度下，劳动者虽然成了生产资料的主人，然而他们要成为现实的生产者，必须使劳动力同一定的生产资料相结合。即使多增加一些各种服务性行业的就业人员所需要的投资比物质生产部门要少得多，但仍需要一定数量的固定资产，何况由于各种服务性行业人员的收入属于国民收入的再分配，主要来自生产领域的职工收入，因而它的发展规模也要受到生产发展和人民生活水平的制约。所以，如果社会主义国家的工作失误，人口和劳动力增长过快，国民经济发展又突然遭到重大挫折，在短时期内没有那么多财力和物力来安置新成长的大批劳动者就业，其它劳动就业的正常渠道受到堵塞，便会出现较多的相对过剩人口。我国在"文化大革命"期间，正是由于受到林彪、江青反革命集团的严重干扰，整个国民经济几乎到了崩溃的边缘，仅1974 年到 1976 年全国大约损失工业总产值 1000 亿元、财政收入 400 亿元，而五六十年代由于受"左"的错误影响，对人口增长过快影响经济发展和人民生活改善的严重性认识不足，缺乏明确有效的控制人口增长的政策和措施，当时出生过多的人口又恰恰在这时陆续进入劳动年龄，这就使现阶段求业和就业的矛盾非常突出。再加上过去在"左"的思想指导下，我国的国民经济部门结构、所有制结构、教育结构、劳动管理体制和劳动就业政策不合理，"十年动乱"期间在动员全国 1400 万知识青年上山下乡的同时，全国市镇又从农村招收职工约 1400 万等原因，更使得近几年来我国市镇的待业问题十分严重。

另一类是在社会主义社会生产技术构成提高很快的条件下，因工作失误而产生的相对过剩人口。它属于"生产力压迫人口"的类型。尽管目前许多社会主义国家的生产技术构成的水平总的说来远远不及发达资本主义国家，然而从社会主义制度的本质来看，它的生产技术构成的提高速度必然会快于发达资本主义国家。在社会主义制度下，生产技术构成的提高，也会相对减少生产过程对劳动力的需求。当整个社会生产总规模的扩大速度赶不上生产技术构成提高的速度时，便会使一部分劳动者从生产过程中退出来，需要重新安置就业。在这种情况下，如果社会主义国家工作失误，制定的国民经济计划和有关政策不妥，没有及时安置好因生产技术构成的迅速提高而从原有企业退出来的大批劳动者，也会产生较多的相对过剩人口。铁托在1969年3月南共联盟九大上的报告中，谈到"就业问题"是1965年至1969年期间南斯拉夫"遇到的最大困难之一"时指出："当转向集约化经营时，就出现了如下现象：由于实行合理化和现代化，某些工人要离厂，甚至某些企业也关闭了。因此，一定数量的工人，甚至是熟练干部就业的可能性受到了限制。"⑱他认为，"现代化的、高生产率的生产，要求的劳动者相对地日趋减少。但它引起对各种服务行业需要的迅速增长、包括现代化生产本身所不可缺少的需要和具有高度生活水平和发达的文化习惯的人们所不可缺少的需要。"这些服务部门"可容纳许多劳动者"，"又不需要很多资金"，而且其中的许多行业"现在我们已不能满足需要"，因此，"在长远地解决就业问题中，我们应该转向上述方向。"当时南斯拉夫之所以没有解决好就业问题的原因，"是对这个部门没有给予足够的重视，是认为就业问题仅仅通过盖新工厂就能解决，是忽视发展利用自己资金进行的个人劳动。"此外，他认为教育结构不合理，"从学校毕业的、但其专长和知识都不适应经济部门需要的人材也影响了正常就业"。⑲正是由于南共领导在当时工作中的这些失误，使南斯拉夫在1965年实行经济改革企业转向集约化经营的过程中，就业人数不仅停止增长，而且暂时有所减少。据统计，1967年南斯拉夫的就业人数就比1965年约减少10万人。再加上南斯拉夫从1948年至1954年间每年人口出生率都高达27‰以上，其中1949年、1950年甚至达到或超过了30‰。战后"婴儿热"时期出生的大批婴儿在60年代中期陆续成长为新的劳动力，也影响到当时南斯拉夫就业问题的加剧。1969年，南斯拉夫全国失业人数比 1952 年增加了 6 倍多。

总之，不管是生产技术构成变化不大，国民经济受到严重挫折，还是生产技术构成提高很快，国民经济有比较迅速的发展，在社会主义社会中出现相对过剩人口的根本原因，都是由于工作上的失误，劳动人口与国民经济的发展不相适应所造成的，而不是根本制度造成的。

第三，解决相对人口过剩的根本途径不同。资本主义社会中存在的相对人口过剩是由生产社会性和生产资料私人资本主义占有制这个资本主义社会基本矛盾决定的。在资本主义制度下，不管生产力发展的水平多高，人口的增长率多低，仍始终存在着相对过剩人口。1980 年，美国、西德、法国、日本、英国按人口平均的国内生产总值分别为 11367 美元、13305 美元、12136 美元、8873 美元、9335 美元，人口自然增长率分别为 7‰、－2‰、3‰、9‰、1‰，可是失业人数（其中不包括那些由于长期找不到工作而已经放弃寻找工作希望的人及只有部分时间能找到工作做的人）分别为 744.8 万、88.8 万、145 万、114 万、179.4 万。在这些发达资本主义国家中，即使遇到本国劳动人口短缺，也宁可通过多招收一些外国劳动力，使国内仍保持相当数量的产业后备军，以满足资产阶级榨取更多剩余价值的需要。正如马克思所指出的："在资本主义的基础上，劳动生产力的提高必然会产生永久性的显而易见的工人人口过剩。"[21] 因此，资本主义社会的相对人口过剩具有必然性、普遍性和经常性。它只有通过无产阶级革命，彻底消灭资本主义制度，才能根本解决。而社会主义社会出现的相对人口过剩，完全可以依靠社会主义制度本身，通过努力发展生产力，有计划地调节人口发展和经济发展的比例关系，使国民经济部门结构、所有制结构、技术结构、教育结构、劳动管理体制和劳动就业政策日趋完善和合理，积极组织劳务输出，广开就业门路，合理安排劳动时间，实行计划生育等来解决。世界上社会主义国家的几十年实践经验也表明，相对人口过剩并不是所有社会主义国家在任何时候都存在的。

由此可见，在社会主义社会，相对人口过剩并不是社会主义制度本身造成的，它不具有一种客观的经济必然性，而那种随着资本积累产生相对过剩人口的经济必然性，仍然只是资本主义生产方式所特有的。因此，只要我们真正划清了社会主义制度下和资本主义制度下两种相对人口过剩的本质区别，那么在理论上承认社会主义社会由于工作上的失误也会出现相对人口过剩的问题，不仅无损于马克思关于相对人口过剩理论的光辉，反而进一步证明了马克思所揭示的资本主义特有人口规律的无比正确，不仅不会妨碍人们对社会主义制度优越性的认识，反而更有助于人们从本质上认识社会主义制度的优越性，对社会主义社会有可能出现相对人口过剩的问题保持清醒的头脑，积极研究并采取切实有效的措施尽量减少以至于完全避免相对过剩人口的出现，使社会主义优越性能更充分地发挥出来。

【注释】

① 《马克思恩格斯全集》第 8 卷，第 619 页。

② 《马克思恩格斯全集》第 46 卷下，第 104 页。

③ 《马克思恩格斯全集》第 7 卷，第 264 页。

④ 《马克思恩格斯全集》第 46 卷下，第 104 页。

⑤ 《马克思恩格斯全集》第 46 卷下，第 107 页。

⑥ 《马克思恩格斯全集》第 46 卷下，第 108 页。

⑦ 《马克思恩格斯全集》第 46 卷下，第 106—107 页。

⑧ 《马克思恩格斯全集》第 8 卷，第 619 页。

⑨ 《马克思恩格斯全集》第 46 卷下，第 106—107 页。

⑩ 《马克思恩格斯全集》第 23 卷，第 471 页。

⑪ 《马克思恩格斯全集》第 25 卷，第 243 页。

⑫ 《马克思恩格斯全集》第 23 卷，第 692 页。

⑬ 《马克思恩格斯全集》第 23 卷，第 838 页。

⑭ 《马克思恩格斯全集》第 23 卷，第 698 页。

⑮ 《马克思恩格斯全集》第 23 卷，第 691 页。

⑯ 《马克思恩格斯全集》第 23 卷，第 471 页。

⑰ 《列宁全集》第 2 卷，第 146 页。

⑱ 《铁托选集（1961—1973)》，第 165 页。

⑲ 《铁托选集（1961—1973)》，第 181 页。

⑳ 《马克思恩格斯全集》第 25 卷，第 249 页。

（本文原载《华东师范大学学报》(哲学社会科学版) 1983 年第 2 期）

学习毛泽东同志有关人口问题论述的体会

今年是毛泽东同志诞辰 90 周年。为了纪念这位伟大的无产阶级革命家、战略家和理论家，重温毛泽东同志对于中国革命和建设的许多正确教导，对于我们在新的历史条件下建设社会主义物质文明和精神文明具有重要意义。今天我就毛泽东同志的有关人口问题论述谈点粗浅的学习体会。

现在有些同志一谈到我国目前人口太多，往往就认为这是毛泽东同志的过错，我认为这种观点是片面的。

诚然，我国的计划生育工作是抓迟了。毛泽东同志在 50 年代末、60 年代初没有始终坚持自己在 1957 年最高国务会议上提出的有关实行计划生育的正确主张。但是，必须看到，毛泽东同志在他的晚年对我国计划生育工作是十分重视的。1962 年底，中共中央和国务院发布了《关于认真提倡计划生育的指示》，明确指出："在城市和人口稠密的农村提倡节制生育，适当控制人口自然增长率，使生育问题由毫无计划的状态逐渐走向有计划的状态，这是我国社会主义建设中既定的政策。"1965 年 1 月，毛泽东同志在对斯诺的谈话中表示"不满意"我国计划生育的进程，特别是农村还没有推广。不久，他在对卫生部负责人谈话时又强调"你们开展农村卫生工作后，要搞节制生育。"1971 年，在毛泽东同志的关怀下，国务院专门批发文件，提出了在第四个五年计划期间的人口增长规划。1973 年，毛泽东同志又建议成立国务院计划生育领导小组。直至他逝世前一年，还在《"计委"关于一九七五年国民经济计划的报告》中批示："人口非控制不行"。正是由于毛泽东同志及中央其他一些领导同志大力倡导实行计划生育，才使我国城乡从 70 年代起普遍开展了计划生育工作。人口出生率从 1970 年的 33.59‰ 降到 1979 年的 17.9‰，下降了 46.7%。这在我国历史上和世界各国中都是罕见的。据估计，从 1970 年到现在我国共少生约 7900 万人。尤其是上海市，在 1962 年中央指示下达后，于 1963 年成立了市计划生育办公室，从 1964 年开始人口出生率大幅度下降。市区的人口出生数在 1963 年为 14.7 万，1964 年减少到 8.8 万，1965 年进一步减少到 6.7 万，以后一直到 1980 年出生人数始终没有超过 6 万人，特别是在整个 70 年代，上海市区每年的平均出生人数只有 4 万人。正是由于六七十年代本市的计划生育工作成绩显著，因而从 1982 年开始上海市区每年进入 18 岁的人数比过去大大减少，成为我们当前缓解待业问题，提高高中毕业生升学率的一个重要因素。

毛泽东同志不仅在晚年切实抓了计划生育，而且他的许多人口问题论述发展了马克思主义的人口理论，为我国进一步搞好计划生育工作奠定了理论基础。恩格斯在 1881 年给考茨基的信中，曾经对社会主义制度下人口发展的特点作过科学预见。他认为只有到共产主义社会，人们才能"像已经对物的生产进行调整那样"，同时也"毫无困难地""对人的生产进行调整"。然而恩格斯并没有回答共产主义社会"是否应当"对人的生产进行调整，"在什么时候，用什么办法，以及究竟是什么样的措施"等问题，他相信这将会由生活在那个社会中的人们自己来决定。对于恩格斯当时没有回答的问题，列宁和斯大林由于各种历史条件的限制，没有作明确的回答。正如周恩来同志所说的"社会主义制度对人口没有计划这也算是个短处，马克思、列宁没有遇到这个问题，也没有提出解决的办法，我们要来研究。"在人类历史上，第一次正确回答恩格斯提出的问题是毛泽东同志和刘少奇、周恩来、邓小平等同志。正是毛泽东同志提出了在社会主义制度下，不仅对物的生产要有计划，而且对人的生产也要有计划，并明确指出："人类要控制自己，做到有计划地增长。"正是毛泽东同志从我国国情出发提出在我国现阶段不是有计划地鼓励人口增长，而是有计划地控制人口增长，强调"除了少数民族的地区以外，在一切人口稠密的地方，宣传和推广节制生育"；正是他建议我国"政府应该设一个部门或一个委员会"，"研究"如何使人口"有计划地生产"；正是他提出了"计划生育，要公开作教育"，"重男轻女这个风俗要改"；正是他提出了避孕药不收费和避孕药具要"送货上门"，并希望"最好能制造一种简便的口服避孕药品"。由此可见，在毛泽东同志的晚年对实行计划生育问题是有功绩的。

　　此外，我感到毛泽东同志还有许多对人口问题的论述对我们今天仍有重要的指导意义。比如，关于向生产的深度和广度进军，发展多种经营来解决我国农村过剩劳动力的论述；关于中国妇女是伟大的人力资源，要充分发挥这种资源，实行男女同工同酬的论述；关于在我国社会主义建设中要正确处理沿海和内地关系，合理调节沿海和内地的人口分布的论述；关于"控制大城市，合理发展中等城市，积极发展小城市"的我国人口城镇化道路的论述；关于正确处理我国重工业同农业、轻工业的关系，合理调节在业人口的行业构成的论述；关于应十分重视农村的教育和医疗卫生事业，提高全民族的人口素质的论述；关于在工作方法上要注意人口的年龄构成和性别构成，不照顾不同年龄和性别的特点就会脱离群众的论述，等等。

　　总之，毛泽东同志有关人口问题的论述是很丰富的。今天我们纪念毛泽东同志，就应该认真地学习毛泽东同志的这些重要论述，在新的条件下坚持和发展这些光辉思想，把我国的社会主义现代化建设搞得更好。

（本文原载上海市哲学社会科学学会联合会学术情报组编《社联通讯"纪念毛泽东同志诞生九十周年特刊"》，1983 年 12 月）

毛泽东同志的人口思想初探

毛泽东同志的人口思想继承和发展了马克思主义的人口理论，对我国人口问题的研究和有计划控制人口增长的实践，具有重大的指导意义。然而它本身也经历了一个逐步形成和发展的曲折过程，其中个别论点并不完全正确。实事求是地研究和评价毛泽东同志的人口思想，是我国当前人口理论工作者的一项重要任务。本文将就这个问题作些初步探讨。

一

旧中国是半殖民地半封建的国家，在帝国主义、封建主义和官僚资本主义的残酷剥削和压迫下，广大劳动人民饥寒交迫，大批失业，生活在水深火热之中。当时，我国的一部分知识分子由于受到资产阶级思想文化的影响，用马尔萨斯人口论去解释旧社会的这种社会问题，发表了不少错误的人口观点，甚至有的写道："最大者莫如'无教养的小孩哭声比别的国家独多'。这种哭声比帝国主义者的军舰在我国领海内河所发出的炮声，尤令人感觉不安。"[①] 帝国主义者为了扑灭中国人民的革命思想，掩盖其侵略本质，更是大肆鼓吹马尔萨斯人口论。特别是 1949 年 8 月 5 日，美国国务院发表了题为《美国与中国的关系》的白皮书和美国国务卿艾奇逊给杜鲁门总统的信，艾奇逊胡说中国革命的发生是因为中国人口太多，没有"足够的东西吃"；中国人口过多，不仅对于中国是"不堪负担的压力"，同时也成为美国的重大负担；他还恶毒诬蔑中国共产党也无法"使这个问题得到""解决"。

正是在这种情况下，毛泽东同志于 1949 年中华人民共和国成立前夕，发表了《唯心历史观的破产》。在这篇著名的论文中，毛泽东同志为了驳斥艾奇逊所宣传的马尔萨斯人口论，正确说明中国革命的发生和胜利的原因，比较集中地阐述了自己的人口思想。他继承和发展了马克思主义关于社会发展过程中的决定因素是物质资料生产方式的原理，提出了革命的发生并不是由于人口太多所决定的论断，在新的条件下批判了"人口决定论"；他继承和发展了马克思主义关于相对过剩人口是资本主义生产方式特有的人口规律的原理，提出了"革命加生产即能解决吃饭问题"的论断，批判了中国只有变为美国的殖民地才有出路的谬论；他继承和发展了马克思主义关于人是生产力中起决定性作用的要素的原理，提出了"世间一切事物中，人是第一个可宝贵的"论断，批判了把人看成是消极的消费者的错误观点。毛泽东同志的这些光辉论断，丰富了马克思主义的人口理论，对于当时揭露美帝国主义的掠夺和侵略本质，教育国内一部分知识分子认清马尔萨斯人口论的反动实质，迎接新中国的诞生；对于指导我们今天研究和解决我国的人口问题，都有十分重要的意义。

然而，当时苏联并没有碰到因人口增长过多而带来的各种困难；新中国成立前我国虽然人口众多，但死亡率高使人口自然增长率并不高。据国民党反动政府实业部公布的 1936 年的极不完全的统计资料，当时全国 18 个省区的人口出生率为 38.9‰，死亡率为 27.6‰，自然增长率为 11.3‰，比我国 1979 年的自然增长率还低；解放区也因处于战争环境，人口自然增长率很低；再加上当时我们党的主要任务是推翻三大敌人的统治，建立人民民主专政的新中国。由于当时国内外这些客观条件的限制，所以毛泽东同志在那时还没有对人口增长给予社会发展的一定影响作用这个问题引起足够的重视，更没有认识到在我国社会主义制度下，有计划地控制人口增长的必要性和紧迫性。这种认识上的局限性，使他当时在人口问题上的个别论述存在着某些片面性。

比如，当时他认为"中国人口众多是一件极大的好事。再增加多少倍也完全有办法，这办法就是生产。"[②] 也就是说，在人民政府领导下，只要发展生产，中国人口再增加多少倍也不成问题。诚然，在社会主义制度下，发展生产是无产阶级最根本的任务，也是解决人口问题的根本途径。但是，人口发展是否同经济发展相适应，也会反过来影响生产的发展。尤其是在我国底子薄、人口多的情况下，人口如果过快地增长，必然会相对减少用于扩大再生产的资金和物资，严重影响全民族科学文化水平的提高，严重影响人民生活的逐步改善。实践证明，现在我国人口比1949年只增加了不到一倍，可大家已经感到在经济和社会生活的许多方面增加了很大的困难，使整个国家很不容易在短时间内改变贫穷落后的面貌。如果不是从1971年开始大力抓好计划生育工作，现在的困难会更大。

再比如，当时他认为"上海等处的失业问题即吃饭问题，完全是帝国主义、封建主义、官僚资本主义和国民党反动政府的残酷无情的压迫和剥削的结果。在人民政府下，只消几年工夫，就可以和华北、东北等处一样完全地解决失业即吃饭的问题。"③也就是说，劳动者失业"完全"是旧社会制度造成的，只要改变了社会制度，很快就会"完全地"解决失业问题。确实，在旧社会造成失业的根本原因是人剥削人的社会制度，那种把旧中国的失业归罪于中国人口太多的论调是极其荒谬和反动的。但是，如果完全排除劳动人口自然增长对失业问题的影响作用，也是不科学的。恩格斯在谈到德国俾斯麦时代比法国拿破仑第三时代失业人数"大得多"的原因时，就曾指出："这部分地是由于我国同只生两个孩子的法国相比人口增殖得要多得多。"④在社会主义制度下，生产资料公有制决定了生产目的是为了满足人民的物质和文化需要，它本身不仅不需要失业人口的存在，而且要求想尽一切办法解决失业问题。可是，如果社会主义国家不能很好地协调劳动人口和生产资料的按比例发展，当劳动人口的供应量超过了能够提供的就业岗位时，也会出现失业现象。我国目前出现的大量待业青年和南斯拉夫在解放后很长时期中存在的失业问题，都表明了这一点。

二

新中国成立后，由于生产的迅速恢复和发展，卫生工作的进步和人民生活条件的改善，婴幼儿死亡率大大降低，人口平均寿命不断延长，而生育仍处于无政府状态，出生率很高，因此，人口增长相当快。1953年举行第一次全国人口普查后，发现我国人口总数已达到了60193万多人。全国人口的年自然增长率，1950年至1953年间为20‰，1954年为24.8‰，1955年为20.3‰，1956年为20.5‰。在我国底子薄、经济比较落后的条件下，人口一下子增长这么快，已开始显露出它给国家在解决吃饭、穿衣、文教卫生等问题上增添了不少困难。这就在人们面前提出了一个严峻的问题：我国作为一个社会主义国家，究竟要不要实行计划生育和有计划地控制人口增长呢？

关于这个问题，在过去的马克思主义发展史上是没有完全解决的。恩格斯虽然曾预言在未来的共产主义社会"才能毫无困难地""像已经对物的生产进行调整那样，同时也对人的生产进行调整"，但是，他并没有阐明怎样进行调整，而把这个任务留给将来生活在共产主义社会的人们去解决。⑤苏联在十月革命胜利以后，由于当时主要任务是镇压资产阶级的反抗，粉碎帝国主义的武装进攻，恢复经济，巩固新生的苏维埃政权，加上当时苏联的人口问题不很突出，因此，列宁在逝世前并没有解决在社会主义国家中，人类自身的生产究竟应该怎样进行的问题。斯大林在领导苏联的革命和建设中，对解决失业问题是很关心的，但也没有提出在社会主义制度下人口应该有计划地增长的问题。他在说明苏联人口增加的特点时曾说："在我国现在大家都在谈论着，劳动者的物质状况大大改善了，生活更美好、更愉快了。这当然是对的。但这必然使得人口比往时繁殖的快得多。死亡率降低，出生率提高，于是纯增殖率无比增长。这当然好，我们是喜欢这点的。"⑥在苏联由于人口密度和人口自然增长率比较低，特别是在几次战争中死亡了许多人，经常感到劳动力的缺乏，因此，他们除了在新经济政策时期曾一度实行节制生育外，在人口政策上采取的是鼓励人口增长。1955年，苏联科学院经济研究所主编的《政治经济学教科书》还把"人口不断迅速增加"作为"社会主义的人口规律的实质"的一个重要内容。

从我国当时的情况来看，虽然自1953年起逐渐提倡节制生育，该年8月政务院批准了中央卫生部修订的避孕和人工流产办法，指示卫生部帮助群众做好节育工作。1954年12月刘少奇同志主持召开了节育问题座谈会后，国务院责成有关部门组织节育问题研究小组，对节育工作提出了若干意见。1956年初党中央发出适当地节制生育的指示，指出这是关系广大人民群众生活的一项重大政策性问题。在1956年9月党的八大上，周恩来同志代表党中央所作的《关于发展国民经济的第二个五年计划的建议的报告》中，更明确指出："为了保护妇女和儿童，很好地教养后代，以利民族的健康和繁荣"，"在第二个五年计划期间"应该"适当地提倡节制生育"。但是，对于我国为什么要提倡节制生育，以及要不要在全社会范围内使人口有计划地增长等问题，在人们的思想认识上并不一致。当时尽管有像邵力子、马寅初等有识之士提出了节制生育的主张，可是大多数人对此并不重视，更有人把他们的意见说成是马尔萨斯的那一套。有的学者虽然并不反对对"多子女者或生产过密者采行种种节育的办法"，但却认为"虽然我们今天的人口，为苏联人口的三倍，但在社会主义制度下，较多的人口，不是理解为更大的什么自然压力，而是理解为更大的社会的生产力。"⑦

正是在这种情况下，毛泽东同志科学地总结了新中国成立以来的实践经验，把马克思主义普遍原理与我国的具体实际相结合，接受并支持了邵力子、马寅初等有识之士关于提倡节制生育的建议，在1957年就有计划地控制我国人口增长问题作了许多精辟的论述，逐步形成了自己的更加完善的人口思想。这主要表现在以下几个方面：

第一，在社会主义制度下，不仅对物的生产要有计划，而且对人的生产也要有计划。他认为，人类对他自己最不会管理自己，对于工厂的生产，生产布匹、生产桌椅板凳、生产钢铁，他有计划，对于生产人类自己就是没有计划，就是无政府主义。明确指出："人类要控制自己，做到有计划地增长。"⑧他并"设想"这种有计划地生产，可以是有些时候使它能够增加一点，有时候停顿一下子。

第二，"我国人多，是好事"，"也有困难"。⑨应该"除了少数民族的地区以外，在一切人口稠密的地方，宣传和推广节制生育"。⑩为了提高大家节制生育的自觉性，当时毛泽东同志几次带头算了我国人口增加太多给国家在安排小孩子、安排工作、解决吃饭、交通运输，以至于逛公园等许多方面会带来很大困难的经济账。他认为，我们这个国家的好处就是人多，缺点也是人多，人多就嘴巴多，嘴巴多就要粮食多。1949年没有粮食，1956年我们增加了1400多亿斤粮食，可还是不够。

第三，我国政府应该设一个部门或一个委员会，研究如何使人口有计划地生产。还要组织一个人民团体来提倡、研究这个问题，要解决一些技术问题，要拨一笔经费，要想办法，要做宣传。他还特别强调要加强计划生育的宣传教育工作，主张中学也加一门节育课。

毛泽东同志的这些人口思想是在我国进入社会主义社会的新的历史条件下提出来的，它比过去更全面和更丰富了。特别是其中关于在社会主义制度下，人口要有计划地增长，以同经济和社会生活各个方面的发展相适应的光辉思想，极大地丰富了马克思主义的人口理论宝库。

三

1957 年我国工业总产值超过了第一个五年计划规定指标的 17.3% 左右，农业在遭受不小的自然灾害的情况下，粮食比 1952 年增加了 610 多亿斤，棉花比 1952 年增加了 670 多万担。虽然我国第一个五年计划提前完成，社会主义制度已经建立，但我们对社会主义经济发展规律和中国经济基本情况认识不足，而毛泽东同志和我们的一部分领导同志在胜利面前又不够谨慎，在经济工作的指导思想上，"左"的错误逐渐露头，轻率地和盲目地追求一些不切实际的高指标。当时很多地方还纷纷提出了一些所谓"破除迷信"的口号和经验，什么"十年指标一年完成"，"人有多大胆，地有多大产"，"不怕做不到，只怕想不到"，等等。这种"全面大跃进的形势"影响之一是造成了我国农村劳动人口不足和物资很富裕的虚假现象。

1958 年上半年出现的这种经济工作中的"左"的错误，同样也反映在人口思想上。当时，毛泽东同志尽管也讲了人口"要控制"，要"节育"，但却过分夸大了人作为生产者这一面的积极作用，忽略了我国人口多所带来的困难，认为"我国在工农业生产方面赶上资本主义大国，可能不需要从前所想的那样长的时间了。"[11] 我国人口增长太快同耕地面积少的矛盾也不那么尖锐了，耕地每人 2.5 亩就够了。于是，他违背了自己在 1957 年提出的一些关于有计划地控制我国人口增长的正确主张。比如，原来他认为中国人多也好也坏，中国的好处是人多，坏处也是人多，而这时则认为现在还是人多好。原来他认为少生一点就好了，不然人口达 8 亿再搞就晚了，这时则认为现在还是人口少，实际人口到 7.5 亿至 8 亿时再控制。

毛泽东同志在人口问题上的错误论述引起的不良后果有两个：一是使我国原来已经开始的提倡计划生育的工作推迟了，造成人口继续盲目增长。本来，我国政府提出节制生育，控制人口增长，在世界各国中是比较早的，可是由于人口思想上的片面性，在 1958 年以后的一段时间中我国实际上没有真正抓计划生育，一直到 1962 年，特别是 70 年代初才开始切实有效地抓了起来。有人测算，如果我国在 1957 年就大力控制人口增长，使人口自然增长率像 1971 年以来那样每年递减 1.63‰，那么 1978 年全国总人口可以不超过 8.1 亿，比实际人数要少 1.5 亿，各方面的困难也就可以少得多。二是在客观上助长了对马寅初的"新人口论"的批判。回顾我国报刊公开批判马寅初"新人口论"的情况，最早是从 1958 年上半年开始的。该年 2 月 17 日，《经济研究》第 2 期发表了《"新人口论"批判》的署名文章。在这篇文章中，虽然只点了"新人口论者费孝通、吴景超"的名，但从全文列举的所谓马克思主义人口论同新人口论的几个分歧，以及批判引用的"他们说，就粮食而论亦非控制人口不可"，"从工业原料方面着想亦非控制人口不可"等句子，可以看出它实际上也系统地批判了马寅初在《新人口论》中提出的正确观点。4 月 19 日，《光明日报》发表了公开点马寅初名的批判"新人口论"的文章，文中写道："马老把中国人口众多完全看成是一件大坏事，这难道不是道道地地的马尔萨斯观点吗？"紧接着，全国很多报刊也先后登载了各种批判马寅初"新人口论"的文章。可见，这场批判的开始正是在当时毛泽东同志发表了错误的人口问题论述后不久。尤其是毛泽东同志在 1958 年 3 月的成都会议上，还专门批判了那种"人多了不得了，地少了不得了"的"悲观论"。联系到党的八大二次会议的决议"一致同意"的、刘少奇同志"代表中央委员会"在 1958 年 5 月 5 日所作的《中共中央向第八届全国党代表大会第二次会议工作报告》，就可以更清楚地看到，当时批判的所谓"悲观论"，正是指以马寅初为代表的"新人口论"。因为在这个报告中写道："某些学者甚至断定，农业增长的速度还赶不上人口增长的速度。他们认为，人口多了，消费就得多，积累就不能多。由此，他们对于我国农业以至整个国民经济的发展速度作出了悲观的结论。这种思想的本质是轻视我国组织起来了的革命的农民，因而不能不受到事实的反驳。今年我国农业的生产建设的大跃进……彻底推翻了他们的人多了妨碍积累的论断。他们只看到人是消费者，人多消费要多，而不首先看到人是生产者，人多就有可能生产得更多，积累得更多。显然，这是一种违反马克思列宁主义的观点。"而马寅初在 1957 年发表的很多有关"新人口论"的文章中就讲过：我国"由于人口的增加，每人平均分到的耕地，已自 1953 年的二亩八分降至 1955 年的二亩七分"⑫；我国"人口增加率是千分之三十，粮食增加率几年来是千分之四十到五十，可见粮食增加得快，但是粮食增加的速率不能长期地这样下去，因为耕地有限，将来总要成为问题的。"⑬"我国人口太多，本来有限的国民收入被六亿多人口吃掉了一大半，以致影响积累，影响工业化"⑭，"必然推迟工业化的完成"⑮。由此表明，毛泽东同志当时在人口思想上的错误同对马寅初"新人口论"的批判还是有关的。不过，这种认识上的错误并不是毛泽东同志一个人的问题，它反映了我们党在人口理论上的不成熟。至于康生后来插手对马寅初《新人口论》的批判，欲置马寅初于死地，则完全是性质不同的两回事。

四

　　1962 年，我国严重的经济困难情况开始有所好转，在生育无政府状态下，人口出生率一下子提高很快，加之人口基数比过去大，因此，这 1 年的人口出生数超过了前 11 年中的任何 1 年，约为 2400 万人左右。扣除死亡数后，净增加了 1794 万人，自然增长率为 27‰。当时，周恩来同志预计到这种人口盲目迅速增长的趋势，在同年 11 月接见全国安置工作会议代表时指出：宣传节育过去抓迟了，要公开宣传节育。接着，党中央、国务院在 12 月发出了认真提倡计划生育的指示，重申了在城市和人口稠密的农村提倡节制生育，适当控制人口自然增长率，使生育问题由毫无计划的状态，逐渐走向有计划的状态，是我国社会主义建设中既定的政策。从 1963 年起，全国各地、特别是大城市陆续成立了计划生育委员会，又开展了提倡计划生育的工作。1964 年全国人口出生率由 1963 年的 43.6‰ 下降到 39.3‰，自然增长率也相应由 33.5‰ 下降到 27.8‰。我国人口发展的这种深刻的经验教训，使毛泽东同志进一步认识到有计划地控制我国人口增长的必要性和紧迫性。他在 1965 年 1 月对斯诺的谈话中，明确表示不满意我国计划生育的进程，特别是因为在农村还没有推广。不久，他又强调医疗卫生部门开展农村卫生工作后，要搞节制生育。1971 年，在毛泽东同志和周恩来同志的直接关怀下，国务院专门批发文件，提出了在第四个五年计划期间的人口增长规划。这是我国和世界社会主义国家历史上第一个人口增长的规划。1973 年，毛泽东同志又建议成立国务院计划生育领导小组。直至他逝世的前一年，还在一个文件中批示："人口非控制不行。"不仅如此，从毛泽东同志在 1965 年后对人口问题的一些论述中，可以看到他在关于如何有计划地控制人口增长的问题上，比过去有了更进一步的发展。

首先，毛泽东同志指出了我国广大农村经济和文化的落后，旧的思想、风俗影响很深，造成了推广节制生育的困难。他认为中国的农业还是靠两只手，靠锄头和牛耕耘。现在有些进步了，但还很落后，识字的人还不多，女人节育的还不多。农村中的"重男轻女"思想甚至使有的妇女一连生了 9 个女孩子。因此，他强调"重男轻女"这个风俗要改，但又感到要有一个时间才能改变。这就告诉我们计划生育，既要十分抓紧，又不能强迫命令，应该把思想工作放在首位，坚持耐心细致的说服教育工作。

其次，毛泽东同志提出了国家在控制人口方面应从财政上给予支持，以有利于计划生育工作的开展。他认为，避孕药不收费，看来国家出了钱，实际是划得来的，国家出点钱保护生产力是合算的。因为在高生育率的条件下，提倡节制生育，有利于母亲和子女的健康，有利于育龄夫妇把更多的精力用于社会主义建设事业上。同时，在我国经济比较落后，人口增长过快的情况下，有计划地节制生育，也有利于使人口发展同经济发展相适应。在人口密集的大城市中，出生率受到控制，城市各方面工作都容易安排了。

此外，毛泽东同志还指出避孕药和避孕工具的研究制造和供应方式应考虑如何有利于计划生育在广大农村的推广。他提出来最好能制造一种简便的口服避孕药品。考虑到几千年封建思想在我国农村的影响，他认为避孕药和避孕工具要送货上门。

综上所述，毛泽东同志的人口思想是在实践中产生、发展并受到检验的。经过实践证明是正确的毛泽东同志的人口思想，是我们研究人口问题，开展计划生育工作的指导思想。我们应该认真学习，深入研究，大力宣传，并结合实际加以坚持和发展。

【注释】

① 陈长蘅：《三民主义与人口政策》，商务印书馆 1930 年版，第 248 页。

② 《毛泽东选集》第 4 卷，人民出版社 1960 年版，第 1515 页。

③ 《毛泽东选集》第 4 卷，人民出版社 1960 年版，第 1515 页。

④ 《恩格斯致奥古斯特·倍倍尔（1883 年 3 月 7 日）》，《马克思、恩格斯〈资本论〉书信集》，第 410 页。

⑤ 《恩格斯致卡尔·考茨基（1881 年 2 月 1 日）》，《马克思恩格斯全集》第 35 卷，第 145—146 页。

⑥ 转引自阿历山大罗夫：《美帝国主义的思想体系是吃人者的思想体系》，《学习译丛》1952 年第 6 号。

⑦ 王亚南：《马克思主义的人口理论与中国人口问题》，科学出版社 1956 年版，第 41 页。

⑧ 转引自《红旗》杂志 1978 年第 6 期，第 60—61 页。

⑨ 毛泽东：《关于正确处理人民内部矛盾的问题》，《人民日报》1957 年 6 月 19 日。

⑩ 《一九五六年到一九六七年全国农业发展纲要（修正草案)》，《人民日报》1957 年 10 月 26 日。

⑪ 毛泽东：《介绍一个合作社》，《毛泽东著作选读》甲种本下册，人民出版社 1964 年版，第 518 页。

⑫ 马寅初：《新人口论》，《人民日报》1957 年 7 月 5 日。

⑬ 《马寅初谈人口问题》，《文汇报》1957 年 4 月 27 日。

⑭ 马寅初：《我国人口问题与发展生产力的关系》，《大公报》1957 年 3 月 9 日。

⑮ 马寅初：《新人口论》，《人民日报》1957 年 7 月 5 日。

（本文原载《人口研究》1981 年第 4 期）

指导解决新世纪中国人口问题的
创新理论成果

——学习《江泽民论有中国特色社会主义》（专题摘编）的体会

最近中共中央文献研究室编辑出版了《江泽民论有中国特色社会主义》（专题摘编）一书，内容非常丰富。其中有关人口问题的论述，是江泽民同志运用马克思主义基本原理，集中全党全国人民的智慧，正确回答建设有中国特色社会主义实践中迫切需要解决的人口问题所形成的创新理论成果。它对于我国在新世纪解决人口问题，坚持人口与经济、社会、资源、环境的协调发展和可持续发展，具有十分重要的指导意义。

一、全面把握人口问题的丰富内涵

马克思曾经指出，作为全部社会行为的主体，"人口是一个具有许多规定和关系的丰富的总体"。与此相应，人口问题也是一个包含丰富内涵的概念。然而由于在马克思主义发展史上很长一段时期内认为社会主义社会不存在人口问题，所以便没有具体论述社会主义条件下人口问题的内涵。直到20世纪50年代中期，毛泽东、周恩来、邓小平等老一辈无产阶级革命家才从当时我国的国情出发，明确指出中国存在人口数量过多、增加很快的人口问题，主张节制生育，实行计划生育。毛泽东同志在1957年召开的最高国务会议第十一次（扩大）会议上讲："在这里，我想提一下我国的人口问题。我国人口增加很快，每年大约增加1200万至1500万，这也是一个重要的问题。"邓小平同志在同年的谈话中强调"我们要想尽一切办法实行节育"，也是针对当时我国每年净增长人口过多的人口问题而提出来的。

随着我国社会主义建设事业的发展，特别是改革开放深入进行，我国各方面人口问题逐渐显露，江泽民同志在 1995 年召开的中央计划生育工作座谈会上率先指出："人口问题不只是数量问题，还包括人口素质、人口结构与分布等问题。"他在 1996 年召开的中央计划生育工作座谈会上又进一步认为促进人口与经济、社会、资源、环境的协调发展和可持续发展创造良好的人口环境出发，强调"所谓良好的人口环境，是指适度的人口总量，优良的人口素质，合理的人口结构"。当我国在经济还不发达的情况下，有效地控制了人口过快增长，使生育水平下降到更替水平以下，实现了人口再生产类型从高出生、低死亡、高增长到低出生、低死亡、低增长的历史性转变后，江泽民同志在 2002 年召开的中央人口资源环境工作座谈会上告诫全党："人口与计划生育工作的主要任务是稳定低生育水平，提高出生人口素质，同时要高度重视劳动人口就业、人口老龄化、人口流动与迁移、出生人口性别比等问题。"

学习江泽民同志有关人口问题的内涵及其在我国现阶段主要表现的论述，可以使我们更全面地把握人口问题的丰富内涵，在认识人口过多仍是我国现阶段人口方面的首要问题的同时，还要清醒地看到目前我国存在的其他一些比较严重和突出的人口问题，如人口整体素质较低、劳动适龄人口的失业率较高、人口老龄化发展迅速及老年保障压力很大、人口城镇化严重滞后、出生人口性别比偏高等。而且有许多人口问题又是相互影响的，它们之间的关系错综复杂。比如，人口数量过多制约了人均教育经费的增加，影响了年轻一代人口素质的较快提高，而人口素质尤其是育龄夫妇的科学文化素质较低又使稳定低生育水平、控制总人口规模的任务仍很艰巨；人口出生率的迅速下降，虽然会使 60 年后的老年人口数相应减少，从而减轻那时老年保障经费的总支出额，但它又会减慢 60 年内的总人口数量增长，相对加剧人口老龄化，加快老年抚养比的上升；在低生育水平下育龄妇女总和生育率的适当回升，虽然会减缓未来人口老龄化的严重程度和家庭养老的压力，但它又会在今后一定时期内增加劳动适龄人口的数量，加大就业压力。这就要求各级党政领导干部在解决新世纪的各种人口问题，创造良好的人口环境时，应充分认识人口问题的复杂性，统筹兼顾，权衡利弊，寻求最佳结合点，研究制定最优的综合性的人口发展战略和政策措施。

二、深刻认识人口问题的重要战略地位

毛泽东和邓小平同志在谈到中国人口问题及计划生育工作的重要性时，都认为这问题解决得好不好对未来中国的经济和社会发展具有重要和深远的影响。毛泽东同志在 1957 年 2 月 14 日接见全国学联委员时曾经很生动形象地谈道："北京现在有三百六十万人口，将来要是三千六百万人口，北京市市长如何得了。你们将来当了市长怎么办？要安排工作，安排小孩子，解决交通运输问题，那时逛公园也要排队。"邓小平同志在 1957 年 2 月 11 日所作的关于节育问题的谈话中也指出："节育问题，不是个小问题，它涉及我国人民长远生活的改善问题。"他在 1979 年 7 月在青岛接见中共山东省委常委时讲道："人口问题是个战略问题，要很好控制。"他后来在 1986 年 4 月会见日本前首相福田赳夫时又谈道："中国对人口增长实行严格控制……是中国自己的一项重大战略决策。"

江泽民同志在论述人口问题的重要战略地位时，吸收了当今国际社会关于可持续发展的先进思想成果，从我国人口过多、资源相对不足的基本国情出发，深刻地阐明了人口问题在我国实现可持续发展中的重要作用。他在 1996 年 3 月召开的中央计划生育工作座谈会上明确指出："要实现可持续发展，首先必须合理控制人口规模。如果人口盲目地膨胀，与社会生产力的发展不相适应，不仅难以满足当代人的生活需要，而且势必破坏资源与环境，危及后代人的生存与发展。"以后江泽民同志又在 1999 年和 2002 年召开的中央人口资源环境工作座谈会上把上述思想概括为"人口、资源、环境三者的关系，人口是关键""人口问题是制约可持续发展的首要问题"这两个符合中国国情的精辟论断。

同时，江泽民同志还用三个"有利于"和三个"关系到"来高度概括解决我国人口问题、实行计划生育的重要战略意义。他在 1993 年 3 月召开的中央计划生育工作座谈会上指出："实践证明，实现计划生育有利于发展社会主义社会的生产力，有利于增强国家的综合国力，有利于提高人民的生活水平，因而不仅过去是十分必要的，在确立社会主义市场经济体制以后，

也仍然是十分必要的。"他在 2000 年 3 月召开的中央人口资源环境工作座谈会上进一步强调"能不能坚持做好人口资源环境工作，关系到我国经济和社会的安全，关系到我国人民生活的质量，关系到中华民族生存和发展的长远大计。"

学习江泽民同志有关我国人口问题的重要战略地位的论述，可以使我们从贯彻"三个代表"重要思想、实现可持续发展的高度，加深认识解决中国的人口问题，抓紧抓好计划生育工作的重要战略意义。从人口与资源、环境的关系考察，在中国这样一个人口占世界总人口约五分之一的发展中国家，如果人口继续盲目地膨胀，不仅会通过人口的"分母效应"降低各项人均占有资源的指标值，并且还会因满足数量过多的当代城乡居民的生存和发展需要而过度消耗各类非再生资源与再生资源，引起非再生资源的锐减和生态环境的严重失衡，危及子孙后代的生存和发展；也会因人口素质不高、财力有限、保护资源和环境的意识薄弱，在人口数量过多的地区未对日益增多的生活污水、生活垃圾和生产性"三废"的妥善处理而加剧生态环境的恶化。因此，要使中国在新世纪实现可持续发展，在应对人口问题上代表广大人民群众的根本利益，就应该像江泽民同志指出的那样，"始终坚持发展经济与控制人口两手抓"。

三、努力搞好依法治理与综合治理的人口宏观调控

我国是一个生产力水平较低、农村人口占大多数的发展中大国。在这样的国家中究竟应该如何搞好人口与计划生育工作呢？毛泽东同志在 1957 年最高国务会议第十一次（扩大）会议上曾指出"政府应该设立一个部门或一个委员会，人民团体可以广泛地研究这个问题"。同年，他在中共八届三中全会上主张"计划生育，要公开作教育"，"计划生育，也来个十年规划"。邓小平同志在 1957 年也指出："节育宣传工作要像爱国卫生运动那样做到家喻户晓，深入人心。"他最早提出控制人口增长应该立法的思想，在 1979 年中共中央政治局会议上明确指出："人口增长要控制"，"在这方面，应该立些法，限制人口增长。"

江泽民同志在我国的经济管理体制由计划经济向社会主义市场经济转

变、人口发展处于新中国成立后第三次出生高峰的关键时期，对如何搞好我国的人口与计划生育工作发表了一系列重要讲话，创造性地阐述了中国社会主义市场经济体制下人口与计划生育宏观调控的新思想，明确地指出要走具有中国特色的综合治理人口问题的道路。他针对当时有些人认为社会主义市场经济条件下人口控制也应当由市场调节的观点，在 1994 年召开的中央计划生育工作座谈会上鲜明地指出："在建立社会主义市场经济体制的条件下，控制人口增长属于政府调控的职能。""如果想通过发展市场经济自然而然地降低出生率，那将是一个漫长的过程，不利于加快现代化建设的进程，也不符合中国的国情。"

为了搞好人口与计划生育的宏观调控，江泽民同志特别强调要在党政一把手亲自抓、负总责下搞好综合治理。他在 1991 年召开的首次中央计划生育工作座谈会上就提出："各级党委和政府要高度重视计划生育工作，特别是党政一把手必须亲自抓，并且要负总责。……今后要把计划生育工作的好坏，作为考核各级党委、政府的一项重要内容。"他在 2002 年召开的中央人口资源环境工作座谈会上，总结 10 多年来坚持党政一把手亲自抓、负总责的经验时，又把它的具体要求概括为三个"到位"，指出："党政领导班子要定期研究本地区人口资源环境工作，每年都要认真解决一两个影响和制约本地区人口资源环境工作的突出问题，做到责任到位、措施到位、投入到位。要坚持和完善责任制，明确有关部门的职责分工，协调各方面力量齐抓共管，加强督促检查，把任务和措施落到实处。"

为了搞好人口与计划生育的宏观调控，江泽民同志十分重视完善依法治理和相关社会经济政策。他在 2002 年召开的中央人口资源环境工作座谈会上指出："人口资源环境工作要切实纳入依法治理的轨道，这是依法治国的重要方面。人口资源环境几方面的工作都有了基本的法律依据，既然立了法，就要坚持有法必依，执法必严，违法必究。""全社会都严格依法办事，是做好人口资源环境工作的重要保证。"江泽民同志还从我国实际出发，及时吸收 20 世纪 90 年代以来国际社会关于要在实现经济增长，促进经济和社会全面发展以及保护生态环境的大框架内解决人口问题的新理念，在 1995 年召开的中央计划生育工作座谈会上提出："要把计划生育工作与发展经济、消除贫困、保护生态环境、合理开发利用资源、普及文化教育、发展医疗卫生事业、提高妇女地位、完善社会保障等方面的工作结合起来，统筹规划，综合考虑，实现相互促进，协调发展。"他满腔热情地赞扬广大基层干部和群众在计划生育实践中的首创精神，高度评价"三结合"的新经验，在1996年召开的中央计划生育工作座谈会上指出："在我国广大农村，把计划生育与发展经济、帮助农民勤劳致富奔小康、建设文明幸福家庭相结合，是干部和群众在实践中的一个创造，是计划生育工作的一项重大改革，也是我们党的群众路线在计划生育工作中的体现。"

学习江泽民同志有关社会主义市场经济体制下如何搞好人口宏观调控的论述，可以使我们认识到尽管市场经济体制是以市场上的供求变化作为实现各类资源配置的基本手段的经济运行方式，但由于人口生产具有增长惯性和滞后效应的显著特点，特别是在我国经济和社会发展水平不高、人口数量过多、每年人口增长的绝对量很大的情况下，如果要像发达国家那样完全靠市场调节育龄夫妇的生育行为，让经济和社会发展到很高水平时再自然而然地使育龄妇女的生育水平降到更替水平以下，则需要一个漫长的过程，不利于加快现代化建设的进程。因此，我国在实现社会主义市场经济体制的条件下，仍需要通过加强政府的宏观调控职能来实行计划生育，控制人口增长。江泽民同志提出的人口与计划生育工作要依法治理和综合治理，为我们在社会主义市场经济体制下进一步完善人口与计划生育工作的调控体系和管理机制，提高新世纪我国人口与计划生育工作的整体水平指明了方向。现在《中华人民共和国人口与计划生育法》已正式施行，它充分体现了江泽民同志"三个代表"的重要思想，坚持以人为本、以人的全面发展为中心，把国家采取综合治理、依法管理人口与计划生育工作，同强化人民群众在人口与计划生育工作中的主人翁地位、维护公民的合法权益有机统一起来。我们应该按照江泽民同志的要求，加强法制宣传教育，普及有关法律知识，使各级领导干部知法、懂法，努力做遵守法律和法规的模范，使企事业单位和广大群众自觉守法，为加快人口与计划生育工作的改革创新步伐，把我国人口与计划生育事业推向新阶段，实现党的十六大提出的全面建设小康社会，开创中国特色社会主义事业新局面的宏伟目标而努力奋斗。

（本文原载《人口与计划生育》2002年第12期）

马尔萨斯的《人口论》是怎样一本书

托马斯·罗柏特·马尔萨斯著的《人口论》，一共出了七版。第一版是在 1798 年匿名发表的，当时全名为《论影响于社会改良前途的人口原理，并论葛德文先生，马·康多塞和其他作家的推理》。以后各版虽经多次增补，但其主要观点并无多大改变。概括起来，大致包括以下四个方面：

（一）"两个公理"。马尔萨斯在书中首先"定下"了两个公理："第一，食物为人类生存所必需。第二，两性间的情欲是必然的，且几乎会保持现状。"他认为，这两个"公理"，"自从我们有任何人类知识以来，似乎就是我们本性的固定法则"。

（二）"两个级数"。从"两个公理"这个前提出发，他提出了"两个级数"的论断，即"人口在无妨碍时以几何级数率增加，人类生活资料以算术级数率增加。"他还具体写道："随便假定世界有多少人口，比方假定有十亿罢，人类将以一，二，四，八，一六，三二，六四，一二八，二五六，五一二那样的增加率增加；生活资料却将以一，二，三，四，五，六，七，八，九，十那样的增加率增加。二百二十五年内，人口对生活资料即将成五一二对十之比。三百年内，将成四〇九六对十三之比。二千年内，生产物虽有极大量的增加，差额亦会弄到几乎不可计算。"

（三）"两种抑制"。为了使"两个级数"引起的人口增加与生活资料增加之间的不平衡恢复到平衡，他认为存在着对人口增加的"两种抑制"。一是"积极的抑制"，即"人口开始增加后才予以抑压的妨碍"。比如，因幼儿的保育不良、疾病、饥馑、战争等等提高死亡率，使已经出生的人口大量减少。二是"预防的抑制"，即相当部分人因"抚养家庭困难的预见"，"不遵从早婚的自然性向"或"自愿继续其独身生活"，从而减少人口的大量出生。

从第二版开始，马尔萨斯又把"预防的抑制"分为两类：属于罪恶一类的预防的抑制（如非法的房事等）和"道德的节制"，即"在各种预防的抑制中，不带来不正当性生活后果的那种对结婚的克制"，并极力宣扬实行"道德节制"。其实，这种"道德节制"无非仍是指"要等到对子女的抚养有了相当把握的时候才去结婚"而已。

（四）"三个命题"。这是他在书中"想加以证明的""命题"，也是全书的结论。那就是："1. 人口必然地为生活资料所限制。2. 只要生活资料增长，人口一定会坚定不移地增长，除非受到某种非常有力而又显著的抑制的阻止。3. 这种抑制，和那些遏止人口的优势力量并使其结果与生活资料保持同一水平的抑制，全部可以归纳为道德的节制，罪恶，和贫困。"由此，他认为贫困与罪恶是由于人口增加超过了生活资料增加这个"自然法则的必然不可避免的结果"，那种把当时的资本主义财产制度看成为"一切罪恶的大源泉"的观点是"一个大谬误"。而平等的社会制度"即令在最完善的情形下确立了，不用说不要几万世纪，甚至三十年不到，就会由一个单纯的人口原理，全行破坏。"因为"财产平等化了，全社会的劳动又主要归向农业，其趋势必大增农产物无疑。但人口增加会更迅速"，于是只要经过几十年，"使现社会状态堕落的暴行、压迫、虚伪、贫穷，各种可恶的罪恶，以及各种形式的穷困，就会由最急迫的事情，由人性中内在的绝对与人为法规无关系的法则，再生出来。"

马尔萨斯《人口论》在政治上的反动性是显而易见的。对于马尔萨斯《人口论》的理论体系及主要论点的荒谬性，无产阶级革命导师作过许多论述。他们指出：马尔萨斯鼓吹"人口决定论"，根本违反历史唯物论关于社会发展的基本原理；马尔萨斯从"两个公理"出发论述人口问题，抹杀了人类和动物的本质区别；马尔萨斯的"两个级数"是"纯粹空想的假设"；马尔萨斯关于"人类生活资料以算术级数率增加"的理论基础——"土地肥力递减律"，完全不适用于技术正在进步和生产方式正在变革的情况；马尔萨斯宣扬"世界人口已超过生活资料供应量而过剩"的观点，是不符合当时历史实际的，是对资本主义生产方式特有的相对人口过剩规律的歪曲，等等。

那么，马尔萨斯《人口论》中有否可以肯定的合理因素，值得我们借鉴呢？对这个问题，近年来在我国人口学界中有争议。我认为《人口论》中存在着某些合理因素，但需要作具体的深入的分析。如有些同志提出马尔萨斯主张的"道德节制"有合理因素。我感到这种笼统说法是不科学的。因为马尔萨斯鼓吹的"道德节制"虽然表面上也讲"所有的成员"都要"遵守"，但其真实含义是"非等到有抚养子女的能力时候不去结婚"。在资本主义制度下，所谓"道德节制"，实际上只是要广大劳动人民去实行"晚婚"，以至于"独身"。它与我们计划生育要求每个青年男女从国家利益、民族利益和远大的革命理想出发，提倡适当晚婚有本质上的区别。同时，马尔萨斯的"道德节制"是反对一切避孕措施的。他认为"一切避孕的男女关系必然冲淡高尚爱情和大大降低女性人格"，而且避孕节育会使劳动者摆脱负担子女的压力而懒惰起来。至于马尔萨斯在宣扬"道德节制"时的合理因素，那只是他把结婚的早晚与人口增加的快慢联系起来分析，指出晚婚可以抑制人口迅速增加。仅就这一点来说，包含着合理成分，对我们今天提倡晚婚仍有一定的借鉴作用。诸如此类的问题，在《人口论》中还有不少。限于篇幅，仅举一例。总之，我感到为了准确地评述马尔萨斯的《人口论》，当前很有必要重新仔细阅读一下《人口论》原著。

（本文原载《书林》1982 年第 3 期）

高度重视和积极支持人口理论创新

　　我是在 1976 年起开始涉足人口学研究和教学领域的，从 1978 年起先后参加了第一次至第八次全国人口科学讨论会。《人口研究》创刊 30 年来，我是它的最忠实读者之一。我喜欢看《人口研究》，也经常给研究生介绍和指导在《人口研究》上发表论文中的一些新观点、新思路、新方法和新建议。

　　创新是中华民族的灵魂。在党的十七大报告中多次使用"创新"一词，诸如"理论创新""实践创新""改革创新""自主创新""创新人才""创新精神"等，要求"大力推进理论创新，不断赋予当代中国马克思主义鲜明的实践特色、民族特色、时代特色"。回忆过去，我觉得《人口研究》最具"闪光点"并应在今后继续发扬光大的是高度重视和积极支持人口理论创新。

　　《人口研究》早在 1979 年第 1 期上，就发表了我国著名经济学家、中国人口学会首任会长许涤新的论文《有关人口理论的几个问题》。该文对社会主义社会的人口规律及其同社会主义基本经济规律的关系进行了深入探讨，指出要做好计划生育工作，解决广大群众尤其是农民存在的"传宗接代""养儿防老""重男轻女"等问题，"单靠行政命令是不行的，更重要的是要做好思想工作，特别要在经济方面，采取合理的措施。这都需要我们长期不懈地努力"。在该年第 3 期上，又发表了我国人口学界前辈刘铮、邬沧萍、林富德合作的论文《对控制我国人口增长的五点建议》。文章在论述新中国成立后我国人口增长过快对国民经济带来很大困难和对我国人口发展前景几种估计的基础上，指出"现在比较切实可行的做法是：千方百计杜绝一对夫妇生育三个和三个以上孩子（现在农村有 30%、城镇有 10% 以上三胎），大力提倡一对夫妇生一个孩子"，并提出了控制我国人口增长的五点建议。该论文的发表，对党中央和国务院在 1980 年 9 月作出在今后三四十年特别是二三十年内普遍提倡一对夫妇只生育一个孩子的重大决策，起了很重要的积极作用。

对于《人口研究》杂志积极支持理论创新的精神，笔者在 20 多年前就有切身体会。1981 年 1 月，我在提交给第三次全国人口科学讨论会的论文《毛泽东同志的人口思想初探》中，冲破了"凡是派"的禁区，运用大量资料指出了毛泽东同志的人口思想"经历了一个逐步形成和发展的曲折过程"，其中《唯心历史观的破产》的个别观点有片面性；他在 1958 年初讲的"实际人口七亿五到八亿再控制"，违反了 1957 年自己提出的"要提倡节育"的正确观点。会后查瑞传老师给我写信，在肯定"它是第一篇系统阐述毛泽东同志人口思想的文章"，"内容是有深度的，文字也是有水平的"，"为以后的研究工作奠定了初步基础"的同时，又向我解释由于当时党中央还未对毛泽东同志在新中国成立后的功过作出明确评价，因此该文未收入第三次全国人口科学讨论会的论文集。1981 年 6 月，中共中央十一届六中全会通过了《关于建国以来党的若干历史问题的决议》，表明我的这篇论文符合中央决议精神，《人口研究》杂志编辑部立即写信给我，要在该年第 4 期上发表，并问我需作什么修改。我回信表示不作修改，并提出在发表文章的结尾注明是 1981 年 1 月完稿的。《人口研究》非常尊重我当时还是一个"无名小卒"的意见，给我以很大的鼓励。

在 20 世纪 80 年代中期，人口学界对影响我国生育率变化的因素展开了热烈讨论。当时《人口研究》发表了两篇有代表性的富有创见的论文。一篇是 1986 年第 3 期登载的现任全国人大常委会副委员长蒋正华的论文《社会经济因素对中国生育率的影响》。该文运用定量研究的方法，深入分析了中国社会、经济因素对生育率的影响，人均收入水平和收入分配对生育率的影响，教育对生育率的影响，指出"社会经济因素对生育率有复杂的影响，同一因素可能对生育率同时起刺激和抑制的作用，其影响是非线性的，在各个时期和各种不同条件下，其作用是不同的"。"在中国的现状下，人均收入和文化教育是对生育率影响最大的两项社会经济参数，婴儿死亡率、都市人口比例等参数作为各种社会经济因素的综合反映会起重要的作用"，并认为"人均收入较低时，收入增加在某些条件下反而会对生育率起刺激作用，只有收入增长到一定水平以上时，才对抑制生育显示明显的作用。这一水平约为 500—1000 元／人"。"文化教育无论在城市或农村对抑制生育都有很重要的作用，特别在农村中，这一作用更加强烈。从全国来说，初中文化教育很重要，在这一阶段，每年的教育可使妇女生育减少约 0.2 名孩子，高中以上文化教育对进一步减少生育的作用减弱"。另一篇是 1987 年第 1 期登载的林富德老师的论文《我国生育率转变的因素分析》。该文也运用定量研究的方法，深入分析了经济因素、文化水平、城镇化程度、妇女从事的社会劳动性质、国家提倡计划生育、初婚年龄分布与孩次生育率的结构对我国生育率变动的影响，并指出在我国影响生育率的经济、文化和城镇化程度等三个因素中，"影响生育的最强因素是文化程度，最弱因素是城镇化水平，处于中等影响程度的是经济因素"。而且在"我们业以查明生育率转变的主要因素"中，"上述三方面就能解释生育率总离势中的 53%"。作者在文章最后还声明："当然我们并未找出影响生育率的全部因素，其他尚待探索的原因中显然还包括一些难以进行定量分析的因素。"

1992 年前，在我国中央领导人的讲话和不少人口学者撰写的文章中往往不注意低出生率与低生育率的区别，把新中国成立后第三次出生高峰称为"生育高峰"。为此，查瑞传教授专门撰写了论文《我国第三次出生高峰不是一次生育高峰》，并在《人口研究》1991 年第 3 期上发表。该文指出：新中国成立后第一次、第二次出生高峰时，因当时出生率和总和生育率都比较高，所以可同时称为"出生高峰"和"生育高峰"；而第三次出生高峰的总和生育率均在 3 以下，所以"只能称之为出生高峰，不是生育高峰"。后来在查老师晚年接受《中国人口报》记者夏京京采访时说："你可不要小看这一字之差啊。只有分清了这差别，我们才能对症下药，争取工作上的主动，所以说，理论研究不能有半点模糊啊！"（《中国人口报》1999 年 9 月 6 日）

针对 20 世纪 90 年代初以前人们往往认为生育的特征主要表现在生育的数量、生育的时间（包括初育年龄和生育孩子的间隔）等情况，《人口研究》1992 年第 6 期发表了顾宝昌教授的论文《论生育和生育转变：数量、时间和性别》。该文首次提出了"生育作为一种社会现象，同时兼有三个特征：即数量、时间和性别。换句话说，任何生育都是一定数量、一定时间和一定性别的生育。我们把它称为生育的'三维性'"。作者认为考察生育转变应从这三个方面去考虑，而不应该只说成是一个从高生育率到低生育率的过程。一个国家或地区的人口是否"彻底实现了生育转变",必须看它是否"实现①从多生到少生;②从早生到晚生;③从性偏好到无性偏好的转变"。以后顾宝昌又在《综论中国人口态势与实践的对话》(上海社会科学院出版社 1996 年版)中,把生育的性别扩展为"生育的质量(性别、健康和智力)",使其的生育转变"三维性"理论表述得更全面。

随着我国人口研究和计划生育工作中更广泛地使用"总和生育率"这个人口统计的指标,该指标的局限性和缺陷也逐渐暴露出来。为了使大家更全面理解和准确把握总和生育率这个指标,《人口研究》2000 年第 5 期发表了郭志刚教授的论文《总和生育率的内在缺陷及其改进》。该文指出:总和生育率的第一个缺陷是"对终身生育水平的背离",而"这种背离产生的原因是婚育年龄的变化,或者说是队列的年龄别生育模式的改变"。总和生育率的第二个缺陷是"不能控制育龄妇女的孩次结构",即"没有容纳育龄妇女的曾生孩子信息,也就不能控制曾生孩次这种结构影响",在比较孩次结构差别较大的年份或地区之间的总和生育率时,不能区分其差异到底出于生育水平不同还是孩次结构不同。作者认为 Bongaarts 和 Feeney 在 1998 年提出的"去进度效应总和生育率",是改进总和生育率第一个缺陷的较好方法;Feeney 在 1985 年和马瀛通在 1986 年分别以不同思路创建的"孩次递进生育指标体系",是改进总和生育率第二个缺陷的较好方法。

总之,上述几篇论文只是我感受较深的几个事例。《人口研究》创刊 30 年来发表了许多人口理论创新之作,它对繁荣发展中国人口科学和培育支持中青年人口学者成长所作的贡献,将永远载入中国人口科学史册。

(本文原载《人口研究》2007 年第 6 期)

中国高校人口学者代表团访泰纪实

根据中国联合国人口基金《大学人口学研究与培训》项目（P04）1991年活动计划，由华东师大人口研究所学术委员会主任桂世勋教授为团长、南京大学人口研究所所长马淑鸾教授和国家教委国际合作司高级项目官员张艺华为副团长的中国高校人口学者代表团一行17人于1991年12月30日至1992年1月24日到泰国朱拉隆功大学人口研究所参加了关于人口研究方法和机构管理研讨班。全团成员来自中国接受联合国人口基金援助的15所重点高校人口研究所。在泰期间，大家积极努力，虚心学习，团结友爱，互相帮助，圆满完成了预定的研讨任务。代表团成员普遍反映这次研讨班接待单位选得好，研讨内容针对性强，对今后科研和管理工作很有帮助。

活动概况

我们这次研讨活动主要在朱拉隆功大学人口研究所进行。在研讨班上，除了由朱拉隆功大学人口研究所的7位教授和博士进行专题介绍外，还邀请了正在该所从事合作研究的2位美国人口学家和泰国马赫多大学人口与社会研究所的2位人口学家参加了研讨。研讨内容大体可分为三小方面，一是关于人口研究的理论与方法，包括研究目标的确定和理论框架的形成、研究模型设计和抽样技术、调查数据的收集加工和分析、研究报告的撰写等；二是关于泰国的人口发展和家庭计划开展的现状与经验、泰国人口老龄化等；三是关于人口研究机构的管理问题，包括行政管理、研究项目管理、研究生的教学与培训管理、图书馆自动化与信息传播管理等。这次研讨班不仅内容充实，针对性强，而且由于代表团在出国前分头作了较充分的业务准备，因此研讨气氛活跃，基本上改变了过去那种"外国专家当教师、中国专家当学生"的名为"研讨"、实为"培训"的模式。外国专家也从研讨中对中国高校人口学者的学识、能力及研究成果有了初步了解，并给予了好评。

在泰期间，我们还访问了联合国亚太经社理事会人口司和泰国国家统计局，还去泰国北方城市清迈参观了以扶助北部贫困山区农民为重点的泰国皇家发展研究中心北部项目和泰国家庭计划协会北方项目。代表团所到之处都受到了主人方面热情隆重的欢迎和接待。

研讨班期间，大家的学习积极性很高，当得知美国布朗大学哥德斯坦教授要到朱拉隆功大学人口研究所进行短期访问的消息后，我们便利用自由活动时间，请这位名教授专门作了"泰国和中国人口迁移对比研究"的学术报告。

主要收获

第一，增强了关于课题研究应该紧密联系实际，为政府正确决策服务的意识。

朱拉隆功大学人口研究所自 1966 年成立以来承担的许多研究项目不仅是根据泰国人口发展过程中出现的实际问题而设置的，而且有不少问题的研究具有明显的超前性，而这些问题在当时并不为政府部门所认识。在 60 年代后期，当泰国政府还在实行鼓励生育的政策时，该所却已预见到人口过快增长的后果，他们通过开展"波撒拉姆研究"项目，运用泰国人民对家庭计划的态度和接受程度的资料，向政府提出实行家庭计划的咨询意见。不久这一意见为政府所采纳，并被作为制定新的人口政策和指导全国家庭计划规划的基础。当泰国生育率迅速下降和经济开始"起飞"时，该所又把研究重点转到人口迁移与城市化方面，开展了"国内迁移调查"等课题研究。当泰国生育率已降到接近更替水平，经济有了较快发展时，该所又把研究重点放在人口老龄化、妇女就业、健康保健、预防艾滋病等方面，通过这些课题研究向政府提出今后生育率继续下降在家庭养老方面可能出现的问题及应采取的对策，以及关于人民收入提高后出现的食物结构不合理损害健康的问题及应采取的对策等。

朱拉隆功大学人口研究所由于立足于本国人口问题的研究并对政府制定政策起了重要的咨询作用，因此受到了泰国政府的重视和支持。现在该所与有关政府部门建立起了固定的联系，他们的研究人员被聘请担任泰国经济与社会发展局人口政策委员会、泰国公共卫生部家庭计划委员会、泰国国家环境局人口再分布委员会的委员，同时该所又得到了政府部门的资助和使用政府部门掌握的数据、资料及设备的方便。在研讨中大家联系到自己主持或参加的 P04 项目一些课题，纷纷表示回国后一定要更加注重联系实际，在对策建议的可行性上狠下功夫，努力提高课题研究成果的社会效益。

第二，提高了按国际有关规范要求进行人口研究的能力。

朱拉隆功大学人口研究所历年来承担的 100 多个研究项目中，有 80% 是属于国际基金资助的项目或国际合作项目。该所在进行项目合作中积累了丰富的经验。其中使代表团成员感触最深的，是切身体会到如要高质量地完成 P04 项目的课题，争取国际上其他基金的资助或开展国际合作研究，除了需及时了解信息，选好研究题目外，关键是要把好"课题申请报告设计关""调查数据质量关""深入进行定量分析关"和"研究成果报告撰写关"。在研讨中，泰国同行结合他们所承担的研究项目实例及有关经验教训介绍了美国人口理事会编写的《计划生育研究设计操作手册》一书，使大家对国际人口学界的规范要求有了更深入的了解。我们有些学者讲，过去虽然也知道要抓好调查数据的质量，采取了培训调查员、抽查调查问卷、编码和录入的质量、进行逻辑检查等方法，但与国际上的质量控制的规范要求相比，还不够细，今后应当改进。

第三，了解了国外人口学界的最新研究动态和调查研究方法。

研讨班上，国外专家与我们着重交流了人口迁移和人口老龄化两个专题。目前，国际上人口迁移研究的最新热点是暂时性迁移问题，重点是研究如何综合评价暂时性迁移对个人、家庭、社区和整个社会的影响，以及暂时性迁移对生育率的影响。在人口老龄化研究方面，我们也了解到国际上最新热点是家庭养老，主要研究生育率迅速下降和家庭规模变化对家庭养老的影响。当我们有的学者结合自己对家庭养老的研究与国外学者进行讨论时，美国密执安大学诺特尔博士插话称赞道："完全同意你的意见"，"你提了一个非常好和重要的问题"。总之，通过研讨交流，不仅使我们对国外人口学界的研究动向更清楚了，而且也增强了大家抓住学科研究前沿、继续深入探索的信心。

在介绍调查研究方法时，大家最感兴趣的是重点组讨论的调查方法。这种方法在国际上也是 80 年代中期才开始采用的。它首先按研究问题的目标，在不同地区确定讨论组和选择调查对象；然后采用分组讨论式的调查方法，围绕讨论提纲让调查对象充分发表意见，最后把录音记录和文字记录进行加工整理，编码后输入计算机，用一个专用软件进行处理，根据统计结果对每个问题给予评分。在研讨中，我们不仅看了幻灯图片、听了介绍，而且又具体翻阅了输入计算机的编码资料。大家感到这种方法把定性的调查资料量化，比问卷调查省时间、省人力、省经费，可以了解到一些深层次的信息，在调查经费比较少、有些调查问题又很难用问卷获得信息的情况下，这种调查方法具有事半功倍的效果。我们许多学者反映，这次具体了解了这种新型的调查研究方法，便于我们在研究方法上较快地赶上国际研究发展的前沿。

第四，借鉴了国外人口研究机构管理体制严密、分工明确、工作效率高等经验。

朱拉隆功大学人口研究所之所以取得那么多重要研究成果和享有较高的声誉，是与他们严密的管理体制及科学的管理方法分不开的。该所除由所长及由所长主持的研究所行政管理部全面负责领导所内的各项工作外，还设有一个由校长、分管科研的副校长、学校有关所系领导和亚太经社理事会人口司专家组成的研究所顾问委员会，其职能是决定所的发展方向，审查所内申报的重大研究项目，组织和协调校内所系间的合作。在所长领导下，全所分设秘书处、研究部、学术部、学术服务部等四个部门，人员分工明确，各司其职。朱拉隆功大学对所长的聘任非常重视，规定担任所长的标准是学术水平高，在国际上有较大影响；有较强的行政管理能力，品行端正。所长一经任命，便有权选择副所长和所长助理。这样就保证了领导意志的统一和所长才能的充分发挥。他们对于研究人员主要通过审批和检查研究项目的进度进行管理，效果也十分显著。

几点建议

第一，应继续积极组织高校中年骨干人口学者到国外参加专题研讨班。

在 90 年代，我国高校人口研究和培训任务，大部分仍由 50 年代末和 60 年代大学毕业的中年人口学者承担。他们中的大多数虽然因历史原因不能达到英语的"四会"要求，但由于他们过去长期承担了许多人口科研项目及培训任务，有较高的理论水平和较丰富的实践经验，因此在出国学习研讨过程中起点较高，能及时发现哪些是国内迫切需要借鉴的研究方法和成果，并较快吸收到自己主持的研究项目中。此外，在国外办研讨班，使我们的中年骨干人口学者有可能在较短时间与东道主国家的许多一流人口学者及国际上的其他著名人口学者接触交流，及时了解世界上最新的人口研究信息，同时使他们也了解中国的人口研究新进展。因此，我们认为组织中年骨干人口学者到国外参加研讨班，对提高高校人口研究课题的质量，是非常有益的，应该继续积极组织。

第二，为了有效控制当前我国人口的过快增长，应进一步完善计划生育的综合配套措施。

在发展中国家，泰国的家庭计划成绩显著，育龄妇女的总和生育率从 60 年代的 6 左右迅速下降到目前的接近更替水平。他们的一项重要经验就是采取综合配套措施，把实施家庭计划与深入开展宣传教育、搞好妇幼保健、推广群众乐于接受的避孕方法、发展经济和改善人民生活、提高青少年的文化教育程度、加强与各个有关政府部门的合作等措施有机结合起来，着力于改变群众的生育观和为实际生育水平高于生育意愿的育龄夫妇提供服务。泰国家庭计划协会北方项目主任给我们介绍说，他们在 60、70 年代主要是通过在北部农村地区建立固定诊所和流动诊所，提供长效避孕针等避孕方法服务，促使生育率下降的。从 80 年代开始，为了吸引更多的育龄夫妇接受家庭计划，他们改过去的"单目标服务"为"多目标服务"，把提供优良的避孕方法服务与搞好农村居民的基本保健、妇幼保健、性教育、检查乳腺癌、预防性病等服务结合起来。目前，他们又把家庭计划的实施重点放在山村少数民族部落，大力帮助这些部落发展家庭经济，将接受家庭计划的山村妇女组织起来，建立家庭妇女俱乐部，进行手工艺品的生产，由项目提供原料和帮助推销产品。在我们参观该项目总部时，就见到大厅里陈列着许多由妇女俱乐部所生产的精美手工艺品。我们感到泰国的这些经验，很值得我国农村，尤其是经济发展水平较落后的农村地区借鉴。

第三，课题研究中应充分利用国外免费提供的各种人口信息服务。

在研讨期间，我们利用朱拉隆功大学人口研究所具有的美国霍布金斯大学资料检索光盘，在不到半天时间内就查到并打印出近年来国际上发表的84篇有关生活质量定义和指标体系的研究成果摘要、89篇有关发展中国家人口迁移与社会经济发展关系的研究成果摘要。这使大家受到很大启发，表示回国后要充分利用中国人口情报研究中心和上海人口情报中心的这种免费检索设施。我们在参观亚太经社理事会人口司时，也看到了他们的人口信息处向各国人口研究机构和学者免费提供的许多最新人口资料。在此，我们建议国家教委最好能委托中国人民大学人口研究所资料室将国际上免费提供人口资料的机构、刊物名称、地址、联系人整理后印发给各高校人口研究机构，并且每半年印发给大家一份这些机构免费提供的最新专题资料目录，同时，也希望P04项目每年派出的团组成员在国外看到免费提供的其他课题急需的最新人口资料时，能代为收集和转寄。

第四，注意拍摄和整理介绍研究机构和重大研究课题活动情况的幻灯图片资料。

过去国内在介绍人口研究机构及重大研究课题活动情况时，除少数单位播放录像片外，往往照本宣科，听起来比较单调。这次我们在听取朱拉隆功大学人口研究所、亚太经社理事会人口司和泰国家庭计划协会北方项目的介绍时，主人们都使用了幻灯图片资料，给大家留下了很深的印象。在此，建议每个接受联合国人口基金资助的高校人口研究机构和课题研究组应注意拍摄和整理反映研究机构发展和课题组活动过程的幻灯图片资料，以增强介绍的视听效果。

第五，从每年项目购买图书经费中拿出一部分经费委托短期出国人员采购急需的外文图书。

目前P04项目购买外文图书采取的是请有关人员从各种国外图书目录参考文献和新书预告中挑选的采购方法。这样做不仅订购周期较长，而且针对性不是很强，有些书只看书名往往并不能完全了解其内容、质量和实用价值。我们建议在加强项目对购买外文图书经费管理、尽可能避免重复购书的前提下，最好能从每年的项目购书经费中拿出 1/4 至 1/5 金额，委托短期出国参加研讨班、国际会议或进修、合作研究的人员购买一部分国内人口研究急需的最新出版图书。有的书随身带不了，也可在购买后邮寄回国。

第六，加强对公费出国学习人员的管理。

朱拉隆功大学人口研究所历年来派出许多教师和研究人员出国学习，但没有一个不按时回国的。究其原因，他们说该校规定凡公费出国学习的人员不管是长期还是短期，都必须在出国前偕同经济担保人一起与派出单位签订合同，写明不得推迟回国时间。如果逾期不归，经济担保人应给派出单位支付资助出国学习者经费的 3 倍和出国期间派出单位发给工资数额的 3 倍（包括利息）。我们认为他们的上述管理办法，对我国减少今后项目派出人员逾期不归的现象，具有一定的借鉴作用，希望有关部门考虑。

（本文以"简书"笔名发表，原载《人口与经济》1992 年第 6 期）

上世纪我校人口研究所的发展回顾

我校人口研究所从教育部批准起已有 32 年。在 20 世纪 80、90 年代，人口研究所经历了最为繁荣的时期，不仅硕果累累，而且专职人员达到 20 多名。我是那个时期人口研究所发展的亲力亲为者之一，为了更准确地回顾这段历史的重要细节，我在学校档案馆老师的帮助下查阅了人口研究机构初创时期的珍贵档案，回忆和感谢曾经热情帮助和积极参与我校人口研究机构创建发展的所有领导、老师、同事和朋友。

从人口地理研究室到人口研究室

1957 年，由我校地理系著名的人口地理和自然地理专家胡焕庸教授发起并经教育部批准建立了华东师范大学人口地理研究室。它是新中国成立后教育部第一次批准的全国 18 个研究室之一，也是新中国成立后建立的第一个高校人口研究机构。当时人口地理研究室主任为胡焕庸教授，其他 4 名研究人员为言心哲教授、林莉莉老师、王素卿老师、吴建藩老师。在胡焕庸教授主持下，人口地理研究室继续了他在 20 世纪 30 年代从事的人口地理研究工作，发表《南通地区的人口分布》（《地理学报》，1958 年）、《江苏省的人口分布和农业区域》（《华东师范大学学报》[理科版]，1957；《华东师范大学地理集刊》，1958 年）、《宜兴县的人口密度》（《华东师范大学学报》[理科版]，1957；《华东师范大学地理集刊》，1958 年）、《常熟的农业生产和人口分布》（《地理学资料》，1958 年）、《法国研究人口地理学的近况》（《资本主义国家经济地理学研究动向》，商务印书馆 1964 年版）。1957 年夏，该室曾派林莉莉老师到北京公安部摘抄江苏、安徽等省的分县人口数，当时接待林老师的公安部王新法处长，后来开会见到我时谈起当年情况很有感触，记忆犹新。不久由于受到极左思潮的影响，特别是马寅初先生的《新人口论》遭到错误批判，我校人口地理研究室的研究工作在 1959 年被迫中断。当时地理系总支书记代表组织找胡焕庸教授，正式宣布"人口数据是保密的，应该内外有别"。于是人口地理研究室辛苦积累起来的全部人口资料都被送入绝密资料室。

1979 年，时任地理系总支书记的马鼎山同志在地理系全系大会上正式宣布："1958 年撤销人口地理研究室是错误的，应平反恢复。"然而在 1964 年我校成立西欧北美经济地理研究室后，胡焕庸、严重敏、张善余、周之桐等老师在从事西欧、北美经济地理研究的同时，已兼做人口地理方面的研究工作。1980 年，我校西欧北美经济地理研究室扩建为西欧北美地理研究所，人口地理和城市地理成为正式建制的一个研究室，他们又在该研究室继续从事人口地理的教学和研究工作。1981 年 2 月，胡焕庸教授应邀在第三次全国人口理论科学讨论会上作了《我国各省区人口的五十年来演变和地区差异》报告，并被聘为中国人口学会顾问。我是 1976 年 1 月开始从事人口学研究工作的，当时上海市南市区计划生育办公室邀请我作有关我国计划生育与马尔萨斯"人口论"本质区别的辅导报告。1978—1981 年，我参加了第一、二、三次全国人口理论科学讨论会，在第二、三次讨论会上分别发表了《控制人口与经济政策》《毛泽东同志的人口思想初探》论文。不过从当时我校情况看，专职从事这方面研究的教师很少，要单独成立人口研究机构的条件尚不成熟。胡焕庸教授为了尽快成立人口研究机构，适应对内对外开展人口研究工作的需要，与地理系严重敏教授、图书馆学系系主任陈誉副教授、政教系吴铎副教授和我商议，决定先成立人口学和社会学研究会。1981 年 3 月 4 日在周原冰副校长的积极支持和校教务处指导下召开了人口学和社会学研究会的筹备会，到会的有地理系、外国地理研究所、政教系、图书馆学系等单位从事人口学和社会学研究的教师共 9 人。3 月 6 日，在校教务处向校长提交的《关于成立人口学与社会学研究会的报告》[(81) 教字第 011 号]中写道："经讨论，决定如下几项事宜：1. 成立华东师范大学人口学和社会学研究会，公推胡焕庸教授为会长，严重敏、陈誉、吴铎同志为副会长，桂世勋同志为秘书长。同时，一致决议聘请周原冰教授担任研究会顾问。2. 研究会系学术研究团体。它对外作为我校人口学社会学研究机构，与有关部门挂钩，与兄弟单位联系，并与国外同学科的研究机构进行联系，开展必要的国际交流，取得有关研究机构的资助。3. 研究会统一协调我校有关单位进行的人口学社会学的研究课题，统一向学校申报研究项目、科研经费。经常开展学术活动，统一安排参加国内人口学社会学学术活动。"签报当天，周原冰副校长批示："这个会，我是支持的。胡焕庸教授对此很积极，谈了一年了，但成立教研室一时无条件，捏不拢。所以我同意先搞这个半民间性的组织，以便逐步积累资料建设这两门学科。"袁运开副校长也立即批示："拟同意周校长意见，请刘校长审定。"

1981 年 11 月 2 日，在当时袁运开副校长、周原冰副校长及校教务处陈子良副处长的积极倡导和热情支持下，经校长办公会议讨论通过决定成立人口研究室，直属校部领导。恢复人口地理研究室，并同意改名为人口研究室，由胡焕庸教授任主任，桂世勋任副主任。研究方向为人口地理学、人口经济学、人口社会学、上海人口问题。人口研究室刚成立时，胡焕庸教授已80 高龄，其他 4 名专职研究人员为桂世勋（41 岁，讲师，专业特长为人口经济学、政治经济学）；严正元（49 岁，讲师，专业特长为世界人口地理）；伍理（41 岁，教师，专业特长为经济地理、人口地图）；胡崇庆（48 岁，助理研究员，专业特长为人口地理）。

1981 年 12 月 3 日，我校向教育部提交了《关于成立人口研究室的报告》[华师（81）133 号]，并抄送中国社会科学院规划联络局、上海市教委、市高教局、市科委、市经济研究中心、市统计局、市人口普查办公室。该报告写道："为了开展人口学的研究和教育工作，培养人口学的人才，经十一月二日校长办公会议讨论通过决定成立人口研究室，直属校部领导，并由我国著名的人口地理学家胡焕庸教授担任研究室主任，桂世勋同志为副主任。我校人口研究室的研究方向拟以人口地理学、人口经济学、人口社会学及上海市的人口问题为重点，其基本任务：积极承担中央和地方有关部门交给的人口研究项目；为本校有关系开设人口地理学、人口经济学、人口社会学课程；招收研究生，培养人口学的科研和教学人才；与国际人口学研究机构开展学术交流和人员交往。特此呈报备案。"

1982 年 4 月 8 日，教育部办公厅给我校发文《同意恢复人口地理研究室》[（82）教高一厅字004号]，并抄送中国社会科学院、国家计划生育委员会、上海市高教局。该文写道："我部曾于一九五七年以高师教陈字第161号文批准你校成立人口地理研究室，一九五九年，在批判马寅初先生的过程中，该室研究工作中断。现经中央同意，已给马寅初先生恢复名誉，因此你校恢复人口地理研究室是完全应该的。该室有关学者当年在人口地理方面所做的研究工作是有益的。如在批判马寅初先生的同时，对他们有过不正确的评价，应予以澄清。望该室同志在新的历史条件下努力工作，为发展我国的人口学作出新贡献。"我校在接到教育部办公厅的上述批文后当即回复"我校在上报教育部的报告中，已说明过要把人口地理研究室改名为人口研究室。"于是教育部高等教育一司在1982年4月19日专门发函给"华东师范大学人口研究室并胡焕庸先生"，其中写道"来函悉。人口研究室的名称，我们行文时，注意了历史上的情况，没有详加斟酌。现你们拟用'华东师范大学人口研究室'，我们同意。今后即以此名称为准。"

不到两年迅速扩建为人口研究所

我校人口研究室成立后不到2年内，承担了国家和上海市有关部门下达的重点科研项目，研究人员发表了人口问题研究论文10多篇，并编写出版了胡焕庸等著《人口研究论文集》（第一、二辑，其中载有当时人口研究室专兼职研究人员严重敏教授的《我国城镇人口发展变化特点初探》，严正元副教授的《丹麦的人口》《苏联人口的演变》《从人口生态学探讨人口限度》，胡崇庆讲师的《苏联城市与城市人口的演变》，伍理讲师的《上海市黄浦区的人口问题》，刘君德讲师的《试论江西人口的演变及其发展趋势》《从土地资源利用看江西人口的适度规模和合理分布》，肖德贞讲师的《关于人类寿命的地理学问题》，洪建新讲师的《东汉末年至三国时期我国人口惊人减耗问题初探》，周之桐讲师的《法国的人口及其分布》《法国农村人口与农业现代化》，张务栋讲师的《上海市人口密度的地理分布剖析述略》，以及我的《控制人口和经济政策》等）、胡焕庸著《中国人口地理概要》（中文版、英文版，上海外语教育出版社，1982年）、胡焕庸、张善余著《世界人口地理》等著作，我主持完成了中国人民大学刘铮教授主编《人口学辞典》的中国人口史条目，并与我校数学系控制论教研室吴启迪、杨庆中、马国选老师合作承担了上海市经济研究中心下达的《"六五"期间上海市区人口机械变动的预测和需要研究的几个问题》等研究任务；并且还请胡焕庸教授任《中国人口丛书》常务编委和主编《上海人口》分册，主持承担国家计划生育委员会下达的重大课题《中国人口密度和人口政策》，组织严正元、胡崇庆、伍理等教师从 1982 年 9 月起开展黑龙江省、河南省、新疆维吾尔自治区和上海市的人口密度调查研究工作；我当时任《上海人口》分册第三副主编和上海市人口学会秘书长，正与我校数学系控制论教研室吴启迪、杨庆中、马国选老师合作主持承担上海市科学技术委员会下达的《上海市中长期人口发展预测及人口与经济和社会发展相互关系的研究》课题。人口研究室老师还在我校地理系开设了"人口地理学"课程，我在我校政教系开设了"人口经济学"课程，并应邀在复旦大学分校社会学系开设了"人口社会学"课程。1982 年夏，人口研究室开始招收 2 名人口地理学专业的硕士生，其中朱宇硕士生后来到澳大利亚国立大学攻读博士学位，成为国内外著名的人口迁移和城市化专家，现为福建师范大学人口与发展研究中心主任、亚洲太平洋地区迁移研究网络主席；胡琪硕士生后在上海人口与发展研究中心工作，现为上海市人口学会秘书长。1982 年秋，胡焕庸教授邀请陈涵奎教授共同推荐刚从地理系本科毕业留在我室工作的青年教师曾毅，获得中国与比利时文化交流协定的资助，赴荷兰和比利时布鲁塞尔自由大学攻读硕士和博士学位，后在美国普林斯顿大学从事博士后研究，成为国内外著名的人口学和老年学专家；现为北京大学国家发展中心教授、美国杜克大学教授、德国马普研究院人口研究所杰出研究学者和荷兰皇家艺术与科学院外籍院士。2011 年，曾毅教授给我校人口研究所捐赠设立了"胡焕庸奖学金"。

1982 年 10 月，上海市教卫办、市科委在下达的 [(82) 沪科第 536 号]文件中批复同意我校建立人口咨询预测中心，成为我国人口研究机构中第一个被政府部门批准开展人口咨询服务的机构。在该中心建立后半年内，已完成了太湖地区农业区域规划和上海市科委、中国人民银行上海市虹口区分行等单位委托的有关上海市人口预测、全国缝纫机、自行车需求量预测的部分咨询工作，受到有关单位的好评。同时，我校人口研究室也初步建立了一支以胡焕庸教授为学术领导人的科研梯队。当时人口研究室已有专职研究人员

8 人，其中教授 1 人，副教授 1 人，讲师、助理研究员 2 人，教员 4 人；兼职研究人员 11 人，其中教授 2 人，副教授 3 人，讲师 5 人，助教 1 人。

1983 年 4 月 2 日，教育部发文《同意华东师范大学建立人口研究所》[(83) 教高一字 018 号]，并抄送中央宣传部、国家计划生育委员会、中国社会科学院。该文件写道："华东师范大学：同意你校建立人口研究所。研究方向以人口地理学、人口经济学、人口社会学及上海市人口问题为主，继续重视实际应用，发展人口咨询业务，为社会主义现代化建设服务。该所编制三十五人，由校内调剂。"1983 午 4 月 9 日，我校校长办公室给校内各单位下发了《关于建立人口研究所的通知》[华师校（83）第 011 号]，任命胡焕庸教授为所长，桂世勋、孙文华为副所长。据我后来了解我们比北京大学人口研究所被教育部批准要早一年。我校人口研究所之所以这么快被教育部批准，是与教育部高教一司章学新司长的热情关心、我校各级领导的大力支持，以及在胡焕庸教授主持下人口研究室全体专职和兼职人员的努力工作分不开的。在 1986 年我校人口研究所专职人员最多时达到 27 名，其中正教授 3 名、副教授 1 名、讲师 7 名、助教 9 名，行政教辅后勤人员 7 名；兼职研究人员 13 名。所下设立了人口地理研究室（主要有胡焕庸、程潞、严正元、伍理、胡崇庆、朱宝树、沈颖、范公正）；人口经济与人口社会研究室（主要有桂世勋、李立奎、狄菊馨、沈哲宁、张景岳、黄毓平）：办公室（主要有孙文华、江荷珍、凌小妹、陈正章）；资料室（主要有吴评理、吴爱珠）；绘图室（主要有何福英、姜梦）；计算机房（主要有陈阳明）和复印机房。

上世纪人口研究所成立后的新进展

我校人口研究所从 1983 年建立后，在上世纪先后由胡焕庸教授、程潞教授、朱宝树教授和我担任所长，我和朱宝树、孙文华、王大奔、丁金宏曾相继担任副所长，吴评理、范公正、吴爱珠、王大奔也曾相继任所直属支部书记；胡焕庸教授在 1985 年后虽然不再担任所长职务，但被学校聘为"人口研究所终身名誉所长"。人口研究所的第二任所长（1985—1989 年）程潞教授是经济地理学、特别是农业地理学专业领域国内外著名学者，曾任我校地理系副主任，兼任国际地理联合会人口地理委员会委员、中国地理学会副理事长、国家教委自然科学委员会委员兼地理组副组长、中国科学院自然资源研究会委员、上海市地理学会理事长等社会职务。他的代表作有《中国经济地理》（主编）、《中国综合农业区划》《上海市经济地理》等。人口研究所的第三任所长（1989—1998年）朱宝树教授师从胡焕庸教授，1982年获人文地理硕士并留所任教，主要研究农村劳动力转移、城市化、人口与环境、人力资源管理等，他的代表作有《人口生态学》（主编）、《从离土到离乡——上海农村劳动力转移》《城市化再推进和劳动力再转移》等。我任人口研究所第四任所长（1998—2001年）。20世纪80、90年代，人口研究所在各任领导带领下，在全所研究人员和行政教辅管理人员的共同努力下，取得了以下主要新进展：

1. 成为接受联合国人口基金援助的重点研究机构

从1980年起联合国人口基金（UNFPA）开始了对中国高等学校人口学研究的全方位、多层面援助。按当时规定除北京市可同时援助中国人民大学和北京大学等高校人口研究机构外，其他省、自治区、直辖市一般只资助1所高校人口研究机构。在20世纪80年代初，复旦大学人口研究室已被批准作为联合国人口基金援华P01项目受援单位。我们要在上海市高校中争取成为第二个联合国人口基金援助单位，难度很大。早在1982年，我们从教育部高教一司获悉联合国人口基金P01项目组受援的我国第一批10个高校将在广州开会，联合国人口基金来华使团也参加会议，听取两年工作汇报并研究开展P02项目援助工作，胡焕庸教授就主持人口研究室有关人员于1982年12月29日为学校起草了《华东师范大学人口研究中心介绍》，打印中英文各20份，送教育部高教一司，并抄送教育部外事局国际合作处和联合国人口基金P01项目组。1985年，我校人口研究所终于被批准成为"中国大学人口学研究与培训"P02项目单位，获联合国人口基金的援助。当时学校将小教楼5楼约500平方米的教室全部作为人口研究所的办公用房。联合国人口基金也给我校人口研究所资助了当时最新的复印机、计算机等设备和1辆供调查用的中巴。所领导商议后也决定将这辆中巴无偿交给学校车队使用，只要求学校车队保证人口研究所研究人员优先使用。

在联合国人口基金援助下，我校人口研究所主办了全国第一个"人口地理讲习班"，邀请了国际著名的人口地理学专家——美国罗杰斯（Rogers）

教授和英国克拉克（Clark）教授来我所讲学，所长程潞教授也在讲习班上作了专题报告；主办了"人口生态学术研讨会"和"人口发展与环境科学"研讨会；主办了"地球村的人口与环境"国际学术研讨会暨国际地球村学会第四次年会；我协助中国人民大学人口研究所邬沧萍教授，与兰州大学人口研究所所长张志良教授一起主持了P04项目课题"改革开放中最新人口问题研究"，并由我所主办"我国治理整顿、深化改革和人口发展"研讨会。我所由联合国人口基金资助，先后推选了严正元教授赴西欧国家考察交流人口研究新进展、朱宝树教授赴马来西亚和泰国考察人口研究新进展、王大奔副教授赴智利和墨西哥考察交流人口研究新进展、王桂新教授赴日本女子大学访学，我也作为中国高校人口学者代表团团长赴泰国朱拉隆功大学交流人口学教学和研究成果；先后选送了所内青年教师狄菊馨和我校地理系毕业生周凯来、数学系毕业生钱方和黄建萍、外语系毕业生顾全忠分别前往荷兰、美国、英国接受系统的人口学专业教育或攻读硕士学位。在此期间，人口研究所的青年教师林丹瑜于1984年获美国人口理事会资助，赴美国宾夕法尼亚大学攻读硕士学位，后成为国际著名的统计学家；现为美国北卡罗来纳大学教授、国际学术刊物《生物统计》和《美国统计协会杂态》副主编。

20世纪90年代后期，联合国人口基金鉴于中国高校已具备培养人口学专门人才和独立开展人口学领域研究的能力，决定结束对中国高等教育领域内人口学培训与研究项目的援助，我校人口研究所也不再成为联合国人口基金的援助单位。

2. 成为中青年施展研究才华和迅速晋升专业技术职务的载体

上世纪人口研究所在老一辈专家胡焕庸教授和程潞教授热情指导和积极支持下，在科研方面取得了丰硕成果。1983年，胡焕庸著《论中国人口分布》出版；胡焕庸与张善余著《世界人口地理》出版；胡焕庸等《人口研究论文集》（第二辑）出版。1984年，胡焕庸与张善余著《中国人口地理》（上册）出版；1985年，胡焕庸等《人口研究论文集》（第三辑）出版。1986年，胡焕庸著《论中国8大区人口增长、经济发展的过去和未来》出版；胡焕庸与张善余著《中国人口地理》（下册）出版；胡焕庸《人口地理简编》出版；我著《人口社会学》出版。1987年，胡焕庸主编《中国人口·上海分册》出版。1989年，胡焕庸著《中国东部、中部、西部三带的人口、经济和生态环境》出版；胡焕庸与伍理制作《中华人民共和国人口分布图》《中华人民共和国人口密度图》出版；我主编《上海农村养老保险制度改革》出版。1990年，胡焕庸自选《胡焕庸人口地理选集》出版；朱宝树著《人口生态学》出版。1992年，胡焕庸、严正元编著《人口发展和生存环境》出版；我主编《中国流动人口计划生育管理研究》出版。1996年，我主编《中国人口研究丛书》（包括我主编《独生子女父母年老后的照顾问题——上海与东京老龄化对比研究》、我任第一副主编《中国开发区外来人口研究》[主编为邬沧萍]、张善余著《人口垂直分布规律和中国山区人口合理再分布研究》、朱宝树主编《从离土到离乡——上海农村劳动力转移研究》）出版。1997年，骆克任编著《现代实用统计与计算机应用》出版；王桂新著《中国人口分布与区域经济发展》出版。1999年，张善余著《人口地理学概论》出版。2000年，王桂新著《区域人口预测方法及应用》出版。当时人口研究所还与日本、美国、加拿大、澳大利亚及我国香港、台湾地区的一些研究机构开展了广泛的学术交流与合作研究，取得了一批与海外合作研究的成果。在这期间，我作为人口研究所的专职研究人员、张善余作为西欧北美地理研究所的专职研究人员，均于1986年1月同时由讲师破格提升为教授；该年12月，我被国家科委批准为有突出贡献中青年专家。人口研究所的专职研究人员严正元、朱宝树、王桂新、骆克任也在20世纪先后被评为教授或研究员。

3. 成为人文地理专业（人口地理研究方向）和人口学专业的博士生培养基地

1983年，胡焕庸教授要我协助填写人文地理博士点人口地理研究方向的申请表，经协商由胡焕庸教授领衔，与程潞教授、严重敏教授、钱今昔教授一起组成导师组，当时我把他们的代表性研究成果，以及人口研究所其他专兼职研究人员的相关代表性研究成果都写进去了。1984年，我们的申请被批准了，胡焕庸教授开始招收人文地理专业人口地理研究方向的博士生。其中第一批培养的博士生李若建，毕业后到中山大学人口研究所工作，成为国内著名的人口学和社会学专家，曾任中山大学人口研究所所长和社会学系系主任；第二批培养的博士生丁金宏、杨云彦、徐庆凤，除徐庆凤不幸患病去世外，丁金宏毕业留所后先后任地理系副系主任、人口研究所所长和首届社会发展学院院长；杨云彦毕业后先后任中南财经政法大学副校长、湖北省人口计生委主任和湖北省卫计委主任。1985 年，我所申报的人口学专业硕士点被批准，1986 年开始招收人口学专业的硕士生。1995 年，我经国务院学位委员会评审通过，任中国人民大学人口学专业博士生兼职指导教师。2000 年，由我牵头，与朱宝树教授、王桂新教授、骆克任教授一起组成导师组，申请人口学博士点，该年 5 月经国务院学位委员会批准被授予人口学博士点，成为全国继中国人民大学、西南财经大学、中国社会科学院后的第四家具有人口学专业博士点的人口研究机构。截至 2011 年 10 月，我校人口研究所已累计培养博士生 70 余名、硕士生 120 余名；其中包括在 20 世纪 80、90 年代获得博士或硕士学位的李若建、杨云彦、王桂新、丁金宏、季增民、朱宇、胡琪、戴淑庚、高向东、黄晨熹、岳华、张得志、徐铭东、杨晓勇、宋宪东、倪波、王忠宏、吕德才、艾丽娟、孙中锋、谭友林、冷熙亮等一批活跃在国内外人口学界的著名人口学家、优秀的中青年干部和学者。现任社会发展学院院长的吴瑞君教授，虽是 1988 年人口研究所从复旦大学引进的优秀硕士，但在 2005 年获我校人口学博士学位。现任复旦大学人口研究所所长的王桂新教授，是我校培养的人文地理学博士。现任我校公共管理学院党委书记的高向东教授，是 1997 年留所任教的人口学硕士，于 2002 年获人文地理学博士学位。现任我校社会发展学院社会工作系主任的黄晨熹教授，则是 1996 年留所任教的人文地理学硕士，于 2003 年获香港大学社会工作与社会行政学系哲学博士学位。

　　总之，20 世纪我校人口研究机构经历了一个艰辛的发展壮大历程。1998 年，受教育部有关研究机构体制改革的影响，我校著名的自然辩证法暨自然科学史研究所被并入哲学系，虽然对外仍可继续用该所名称，但该所原来跨院系的强大研究团队实际上已不复存在。当时，我校人口研究所也面临被"撤销"的困境。于是我作为当时的人口研究所所长直接到办公楼校长室找了王建磐校长，我说"人口研究所是胡焕庸教授亲自创建的，是经教育部批准的，能发展到今天在全国高校人口研究机构中名列前五位十分不易。如果现在学校'撤销'了人口研究所，那么今后华东师范大学就永远不可能再有人口研究所了。请学校领导研究决策。"后来在学校领导的关心支持下，我校人口研究所的建制和人员终于被保留下来。2001 年，我从所长岗位退下来后，我校人口研究所在丁金宏教授、吴瑞君教授、黄晨熹教授、刘大卫副教授、李强副教授的相继领导下，在张善余、朱宝树、王大奔、骆克任和我等前辈帮助下，全所老师正传承以胡焕庸教授为首老一辈学者的优良传统，努力拼搏，再创辉煌。

　　　　　　（本文的标题及部分内容在 2017 年收入华东师范大学老教授

　　　　　　　协会组编《文脉——华东师范大学学科建设回眸》

　　　　　　　[华东师范大学出版社] 时略有删改）

二、人口与经济社会发展

中国人口增长与经济可持续发展

"可持续发展"的概念早在 1972 年世界环境大会上就提出来了，1987 年世界环境与发展委员会在《我们共同的未来》报告中，将可持续发展定义为"既满足当代人的需要，又不对后代人满足其需要的能力构成危害的发展"。1992 年 6 月召开的"联合国环境与发展"大会上，可持续发展的思想得到了国际社会的普遍关注和充分肯定。会议通过的《21 世纪议程》把可持续发展又具体分解为经济可持续发展、社会可持续发展、环境可持续发展，该文件成为指导各国制定和实施可持续发展战略的纲领性文件。1994 年 9 月"世界人口与发展"大会通过的《行动纲领》中，进一步提出了以人的全面发展为中心的可持续发展。

1992 年，当时中国政府总理李鹏参加了"联合国环境与发展"大会并代表中国政府在《21 世纪议程》文件上签署。不久，中国政府决定组织中央的几十个有关部门，共同编制《中国 21 世纪议程》，并于 1994 年 1 月报中国国务院批准。在《中国 21 世纪议程》中专门有三章分别论述农业、工业与交通、通信业、能源生产的可持续发展，要求中国的经济在 21 世纪继续保持较快的增长速度。现在中国政府已经把实现可持续发展作为在现代化建设中的一个重大战略，中共中央总书记、国家主席江泽民在中共第十五次全国代表大会上的报告中明确指出："我国是人口众多、资源相对不足的国家，在现代化建设中必须实施可持续发展战略。"

中国人口增长之所以对经济可持续发展有重大影响，主要是因为人口有两个重要特点：一是人既是消费者，又在一定条件下是工作者和投资者。人口的数量多少、增长快慢，会对经济可持续发展产生各种错综复杂的影响。二是人口增长具有很大的惯性作用。在婴幼儿及青少年死亡率很低的条件下，现在每年的出生人口数量多少，将会影响 20 多年后进入婚育期的人口数量，从而影响那时的出生人口数量。由于中国人口基数非常大，因此这种人口惯性作用也就相当大。新中国成立后曾出现过两次出生高峰期：第一次是 1950—1954 年及 1957 年，共为 6 年，每年出生人数稍多于 2000 万；第二次是 1962—1975 年，时间长达 14 年，其中有 10 年每年出生人数都超过 2500 万。由于中国 60、70 年代后婴幼儿及青少年死亡率很低，因此，我预计从 1985—1998 年间中国将有一个进入 23 岁（生育高峰年龄）的女性人口数高峰期，从而影响该时期的全国出生人数和出生率。现在事实证明，中国的第三次人口出生高峰在有效地开展计划生育工作的情况下，从 1986 年（出生率为 20.8‰）开始，到 1997 年（出生率为 16.6‰）已平稳度过。在这期间中国每年的出生人数都在 2000 万以上，其中有 4 年每年出生人数都超过 2400 万。

展望 21 世纪上半叶中国人口的发展趋势，尽管目前中国育龄妇女的总和生育率已降到 2.0 个，处于生育更替水平以下，但由于人口惯性作用，未来 40 年内中国的总人口数量还将继续增加。联合国人口司在 1996 年修订的世界人口预测中，对未来中国人口发展假设了高、中、低三个方案，高方案假设 1995—2000 年育龄妇女总和生育率为 2.4 个，2000—2050 年为 2.1 个；中方案假设 1995—2000 年育龄妇女总和生育率为 2.1 个，2000—2050 年为 1.8 个；低方案假设 1995—2000 年育龄妇女总和生育率为 1.8 个，2000—2050 年为 1.5 个。预测结果表明，中国的总人口数在 2000 年为 12.70 亿—12.83 亿，在 2010 年为 13.30 亿—13.94 亿，在 2050 年为 11.98 亿—17.65 亿（见表 1）。现在有的中国学者也以 1990 年人口普查的有关数据为基础，假设了高生育率（2000—2050 年均为 2.1 个）、中生育率（2000—2010 年从 2.1 个下降到 1.8 个，并保持到 2050 年）、低生育率（2000—2010 年从 2.1 个下降到 1.8 个，再逐步下降到 2050 年的 1.6 个）3 个方案，进行中国人口长期发展预测。预测结果表明，中国在 2050 年时的总人口数将分别为 16.93 亿、15.02 亿和 14.62 亿[①]。根据国内外的各种预测并结合中国的实际情况，我认为即使在下个世纪计划生育工作开展得很好，中国总人口数仍将在 2040 年左右接近 16 亿后才开始缓慢下降，到 2050 年时总人口数仍将在 15 亿以上。

表1 1995—2050年中国总人口数的变动趋势 单位：亿人

年份（年）	中方案	高方案	低方案
1995	12.20	12.20	12.20
2000	12.76	12.83	12.70
2010	13.65	13.94	13.30
2020	14.49	15.09	13.66
2030	15.00	16.08	13.53
2040	15.18	16.90	12.93
2050	15.17	17.65	11.98

资料来源：联合国人口司编《世界人口预测》（1996年修订）。

那么，中国人口增长对经济可持续发展的影响主要表现在哪些方面呢？

第一，严重影响经济发展资金的投入。要加快中国经济的发展，必须追加大量的资金。尤其是要开发大规模集成电路、生物工程、新材料和新能源等高新技术，发展新兴产业和改造传统产业，更需大量基本建设和更新改造投资。1995年中国国家财政支出中用于经济建设费达2855.78亿元，相当于该年国家财政总支出额的41.9%。在中国劳动年龄人口过多的情况下，如果每年出生人口过多，就会使国家财政支出中不得不把大量资金用于培育未成年的劳动者，从而相对减少了用于经济建设的费用、特别是用于生产性基本建设的费用、挖潜改造和新产品试制的费用、支援农业生产的费用；就会使每个家庭因抚养孩子较多而不可能有更多资金直接或间接地用于经济建设投资。由于没有更新的全国资料，因此，我们只能用1987年的资料。该年中国国家统计局曾通过抽样调查推算当时中国抚养一个新生儿到16岁所需的抚养费，在市镇为18740元，其中社会承担36.5%，家庭承担63.5%；在农村为6695元，其中社会承担20.1%，家庭承担79.9%（见表2）。这里的抚养费，包括生育费、教育费、医疗费及市镇中的市镇建设费等。据中国国家统计局的数据换算，1996年中国城市居民消费价格指数为1987年的299.2，1996年中国农村居民消费价格指数为1987年的279.0（1987年为100）。假使1996年中国城乡抚养一个新生儿到16岁所需的抚养内涵及构成与 1987 年一样的话，那么 1996 年中国市镇抚养一个孩子所需的抚养费将增加到 56070 元，中国农村抚养一个孩子所需的抚养费将增加到 18679 元。如果按上述标准计算，目前中国每年若少生 500 万个婴儿，其中 20% 在市镇，80% 在农村，那么社会承担这 500 万个婴儿到 16 岁的抚养费总额就能节省 354.84 亿元，相当于 1995 年中国国家财政支出用于经济建设费用的 1/8。

表 2　1987 年中国培养一个劳动力的费用　　　　　　单位：元

地区	市镇	农村
总费用	18740（100.0%）	6695（100.0%）
社会支出	6840（36.5%）	1346（20.1%）
家庭支出	11900（63.5%）	5349（79.9%）

资料来源：转引自《中国人口科学》1989 年第 1 期。

第二，严重影响劳动力素质的提高。劳动力文化素质的高低对经济的发展具有重大影响。目前中国许多企业和单位经济效益低的一个重要原因，也是由于劳动力的文化素质低。1990 年河北省部分市举办了青工技术比武，从百万青工中逐级选拔产生出的技术尖子，按照 5 级工应知应会标准命题，结果石家庄市参加技术比武的青工操作考试合格率为 65%，理论考试合格率为 40%；唐山市车、电、钳三个工种比武中，操作考试合格率分别为 48%、27%、26%，理论考试合格率分别为 4%、3%、0。1990 年参加辽宁省青工技术比武的 403 名青工，都是各企业的技术尖子、骨干，结果仅有 189 人技术理论考试合格。[②] 据中国国家统计局进行的 1996 年人口变动情况抽样调查资料，中国城乡从业人员中不识字的占 13.0%，小学教育程度的占 35.3%，初中教育程度的占 37.5%，高中教育程度的占 11.3%，大专及以上教育程度的仅 2.8%。[③] 在下个世纪"以知识为基础的经济"（即"知识经济"）的作用愈来愈大的情况下，提高各类劳动者的教育水平及增加科学技术、管理和行为科学的知识，对于促进经济可持续发展将显得更为重要。然而在现阶段中国经济还比较落后的情况下，如果每年出生人口过多，就会使若干年后各类学龄人口数大量增加，影响入学率的提高，或者影响按在校学生数计算的人均教育经费、人均教育设施的提高及按每个专任教师计算的平均负担学生数的合理化，使少年儿童不能受到良好的学校教育。最近，中国国家统计局公布的数据表明，1997 年中国小学学龄儿童的入学率为 98.9%，初中学龄人口的入学率为 87.1%。④ 1990 年中国在校大学生总数为 206 万，每万人中在校大学生数只有 18.2 人。根据联合国人口司预测的 1995—2050 年间中国每年 5—14 岁组人口数的变动趋势，高方案数值比中方案数值在 2010 年增加 1792.8 万，在 2025 年增加 3090.9 万，在 2050 年竟增加 6990.5 万，可见，如果在下个世纪中国计划生育工作不继续抓好的话，将会严重影响未来劳动力科学文化素质的提高，从而影响经济的可持续发展。

表 3　1990 年部分国家在校大学生状况

国别	中国	美国	日本	英国	法国	加拿大
年份（年）	1990	1990	1989	1989	1990	1990
在校大学生总数（万人）	206	1398	268	118	170	136
每万人中在校大学生数（人）	18.2	599.3	217.7	206.3	301.2	511.3

资料来源：根据《中国统计年鉴》（1991、1992、1993）的有关数据计算而来。

　　第三，严重影响人力资源充分发挥作用。劳动年龄人口多只是意味着潜在的劳动力多，要使他们真正变为现实的劳动力，创造社会财富，必须让他们就业，才能充分发挥他们劳动能力。然而在中国农村，1995 年耕地总面积只有 1952 年的 88.0%，由于同期中国人口增长了 110.7%，1995 年的人均耕地面积仅为 1952 年的 41.1%。1952 年中国人均耕地面积为 2.8 亩（0.19 公顷），1995 年减少到 1.2 亩（0.078 公顷）（见表 4）。在这种情况下，每年出生人口过多所造成的 10 多年后新进入劳动年龄的人口过多，必然使农村中从事种植业的劳动力大量多余出来。目前中国农村剩余劳动力约有 1.5—1.9 亿，他们纷纷到城市中寻找工作。而城市中由于年轻劳动力也很多，再加上许多国有企业不景气或正在进行"减员增效"的改革以及产业结构调整，使中国市镇的失业问题突出起来。据中国国家统计局公布的数据，1997 年末全国市镇登记失业率达 3.1%。⑤ 目前全国企业下岗职工 1150 万⑥，如果考虑到下岗职工中有一部分"隐性就业"和自愿不工作的情况，估计真正需要再就业的比例最多不会超过下岗职工人数的一半。因此，我认为目前中国市镇登记失业的人数与下岗职工中要求重新就业的人数合计将在 1000 万以上。

表4　1952—1995 年中国的人均耕地面积

年份（年）	1952	1957	1980	1990	1995
耕地总面积（百万公顷）	107.93	111.80	99.31	95.67	94.97
年末总人口（万人）	57482	64653	98705	114333	121121
人均耕地面积（亩）	2.8	2.6	1.5	1.3	1.2

资料来源：根据《中国统计年鉴》（1996）计算而来。

　　1990 年中国第四次人口普查资料表明，中国 15—59 岁的劳动年龄人口为 7.23 亿。据上述联合国人口司的中方案预测，在 1995—2050 年间中国每年 15—59 岁劳动年龄人口数将由 7.86 亿波浪式地增加到 8.36 亿，其中 2007—2026 年间每年的劳动年龄人口数均超过 9 亿（见表5）。由于 21 世纪上半叶中国的耕地总面积将进一步减少，经济增长方式将继续由粗放型转变为集约型，因此那时的就业压力之大、持续时间之长，在中国历史上将是空前的。所以，如果中国在今后不很好地控制人口增长，不尽可能减少出生人口，将会给下个世纪劳动力的充分就业带来更大的压力和困难，严重影响经济可持续发展。

表5　1995—2050 年中国 15—59 岁人口数的变化趋势　　单位：亿人

年份（年）	15—59 岁人口数	年份（年）	15—59 岁人口数
1995	7.86	2020	9.34
2000	8.31	2025	9.18
2005	8.92	2030	8.88
2010	9.27	2040	8.65
2015	9.31	2050	8.36

资料来源：根据联合国人口司编《世界人口预测》（1996 年修订）的资料计算而来。

　　第四，严重影响人均经济发展水平的提高。现在中国的国民生产总值及一些工农业产品的总产量比过去有了较大的增长，然而由于人口基数大，每年增加的人口绝对量仍很大，因此使人均水平还相当低，这也就是所谓"人口的分母效应"。以国民生产总值为例，1990 年中国的国民生产总值为4740.42 亿美元，在世界各国中居第 8 位，而人均国民生产总值只有 418 美元，处于第 100 位之后。

邓小平同志曾经提出中国基本实现现代化应该分"三步走"的设想，他认为到下个世纪中叶，中国实现第三步经济发展的战略目标应为人均国民生产总值 4000 美元，达到中等发达国家的水平。按照联合国人口司的预测，如果 2050 年中国总人口数控制在"中方案"的数值内（即为 15.17 亿），那么要实现上述经济发展战略目标，该年的国民生产总值只要 60680 亿美元就可以了；如果 2050 年中国总人口数达到了"高方案"的数值（即为 17.65亿），那么要实现同样的经济发展战略目标，该年的国民生产总值就必须达到 70600 亿美元，也就是说要比"中方案"的人口预测值多增加 9920 亿美元。这意味着按中国 1995 年创造的国民生产总值水平（人民币为 57495 亿元，按 8.2 比 1.0 的汇率折算为 7012 亿美元），全国人民要白干 1 年零 5 个月，才能抵销当时总人口增加 2.48 亿对实现中国第三步经济发展战略目标所带来的不利影响。

第五，严重影响资源的合理利用与环境状况的改善。中国的许多资源在总量上是很丰富的，但也由于人口众多，使中国的人均资源占有量大大低于世界的人均水平。1985 年，中国的土地总面积居世界第 3 位，次于苏联和加拿大，但人均土地占有量仅为世界人均水平的 32.9%；中国的耕地和园地总面积居世界第 4 位，次于苏联、美国和印度，但人均耕地和园地占有量仅为世界人均水平的 32.3%；中国的森林和林地总面积居世界第 5 位，次于苏联、巴西、加拿大和美国，但人均森林和林地占有量仅为世界人均水平的 15.5%；中国的永久草地总面积居世界第 3 位，次于澳大利亚和苏联，但人均永久草地占有量仅为世界人均水平的 9%；中国的河川径流总量居世界第 6 位，次于巴西、苏联、加拿大、美国和印尼，但人均河川径流占有量仅为世界人均水平的 25.7%；中国的可开发水能资源总量居世界第 1 位，但人均可开发水能资源占有量仅为世界人均水平的 76.6%；中国的矿产储量总值（即按 45 种主要矿产储量计算的潜在价值）居世界第 3 位；次于苏联和美国，但人均矿产储量值占有量仅为世界人均水平的 58.8%。[⑦]

在上面这些自然资源中，有些是非再生资源，如矿物资源，它的形成需要很长时间，消耗后很难再生。如果人口过多，开采和消耗过度，其储量就会大幅度减少，严重影响子孙后代的开发和使用，从而影响未来经济可持续发展。即使是再生资源，也会因为它的有限性及人们的过度消耗而产生危机，引起生态环境严重失去平衡。比如，目前中国的人均河川径流占有量只相当于世界人均水平的四分之一，再加上淡水资源的分布与耕地资源不相匹配，在长江流域及以南地区，耕地只占全国的 38%，淡水资源却占全国的83%，而黄河、淮河、海河、辽河流域，耕地占全国的 42%，淡水资源却只占全国的 9%。正是由于淡水资源的短缺，使目前中国 300 多个城市的居民生活和工业生产受到不同程度的影响，农村约有 5000 万人和 3000 多万头牲畜的饮水有困难，每年因得不到充足灌溉导致粮食减产 50 多亿公斤。如果在未来半个世纪内中国总人口增长过快，必将带来各类人均资源占有量的严重短缺，引起生态环境的恶化，不利于中国经济可持续发展。而且人口增加过多，还会排出更多的生活污水和生活垃圾，如不妥善处理，也将会污染环境；在那些人多耕地少的地区，又往往引起毁林开荒、过度采伐，加剧洪水灾害和土地沙漠化。

为了使未来中国的人口增长有利于经济可持续发展，我认为中国政府在人口发展方面应采取以下三方面对策措施：

首先，正确处理控制人口数量增长与妥善解决人口老龄化问题的关系，在继续搞好计划生育的前提下，既不要使总人口数量过多，又要对人口老龄化程度进行调节。

1995 年中国 1% 人口抽样调查资料表明，中国 65 岁及以上老年人口占总人口的 6.7%，人数已超过 8000 万。按照联合国人口司在 1996 年修订的世界人口预测，中国在高方案下 2050 年的 65 岁及以上老年人口占总人口比重虽然只有 16.5%，但总人口却要多达 17.65 亿，将对当时中国的经济可持续发展带来极大压力，因而是不可取的；中国在低方案下 2050 年的总人口虽然只有 11.98 亿，但 65 岁及以上老年人口占总人口的比重却要高达24.3%，而且按这个方案要求，中国在 2050 年育龄妇女总和生育率要降到1.5 个。所以，中国在下个世纪上半叶的人口增长只能按照既不要使总人口数量过多，又不要使人口老龄化程度过高的总目标进行调节。

其次，正确处理控制人口数量增长与全面提高人口素质的关系，在合理控制未来人口出生数量的同时，做好优生、优育、优教的工作，大力开展终身教育与终身保健。

在中国人口基数大、增长快的情况下，把控制人口数量作为人口政策的重点，是完全必要的。特别是在 20 世纪内和 21 世纪前期，更应如此。然而现阶段中国的人口素质仍较低，90 年代初全国出生缺陷婴儿发生率为 13.07‰，个别省甚至达 20‰；全国 15 岁及以上文盲、半文盲的人口占总人口 15.9%，人数达 1.8 亿，其中 15—40 岁的青壮年文盲、半文盲人数达 6718 万，同时 6—14 岁学龄人口中有 2324 万不识字或识字很少的人口不在校，他们将成为潜在的文盲人口。中国人口素质方面的问题，不仅严重制约了经济增长方式由粗放型转变为集约型，阻碍了劳动生产率和经济效益的提高，而且也影响了育龄夫妇生育观和价值观向少生、晚生、优生、优育的转变，不利于控制人口数量，不利于增强全民的节省资源意识和保护环境意识。因此，随着中国人口数量的增长得到进一步控制，中国政府应该愈来愈重视全面提高人口素质，加大对教育和卫生保健事业的投入，积极开展终身教育与终身保健，切实实施"科教兴国"的战略。

这样做的结果，还有利于推迟未来劳动年龄人口进入社会劳动力队伍的年龄，使一部分已进入社会劳动力队伍的人群在中途暂时全退出或半退出就业岗位，使中国在 21 世纪上半叶取得既提高劳动力素质、又相对减缓就业压力的双重效益，促进经济可持续发展；有利于减少未来老年人口常见病、多发病的发生率，提高平均预期健康寿命，实现健康的老龄化，在 21 世纪上半叶取得既提高劳动力的身体素质、又相对减缓人口老龄化带来的老年医疗费用和生活照料压力的双重效益，促进经济可持续发展。

第三，积极创造条件组建人口委员会或人口与计划生育委员会，全面制定 21 世纪中国人口发展战略及长远规划，为实现经济可持续发展提供良好的人口环境。

江泽民总书记指出："所谓良好的人口环境，是指适度的人口总量，优良的人口质量，合理的人口结构。良好的人口环境，将促使人口与经济、社会、环境、资源协调发展和可持续发展。"我认为"合理的人口结构"，不仅包括合理的人口年龄结构、性别结构、婚姻和家庭结构、在业人口的行业结构和职业结构，还包括合理的人口分布的地域结构。20 世纪后期中国的市镇人口尤其是大中城市人口急剧增长。1950 年全国城镇人口仅 5800 万，1990 年增加到 2.14 亿。90 年代初城市流动人口已达 6000 万。⑧ 如何正确处理好城市居民与外来流动人口的就业、生活、居住等问题，使人口迁移、人口流动及人口再分布有利于与经济、社会、环境、资源的协调发展和可持续发展，对 21 世纪的中国发展也至关重要。

　　然而，现在有关中国的人口数量增长控制、人口先天与后天的素质提高、人口结构包括分布的合理化等重大问题，分别由政府的许多部门，如国家计划生育委员会、卫生部、教育部、公安部、劳动与社会保障部、人事部、民政部等主管，往往政出多门，各成一体。而目前的国家计划生育委员会也因为工作职能的局限，难以制定全方位的人口发展战略及长远规划，难以有效协调各部门制定的有关人口政策和行为。所以，我认为中国应积极创造条件在 21 世纪组建人口委员会或人口与计划生育委员会，履行这方面的职能。在现阶段，可以先从适当扩大国家计划生育委员会的协调职能，协助国家发展计划委员会开展这方面工作入手。

【注释】

① 杜鹏：《中国人口老龄化过程研究》，中国人民大学出版社 1994 年版。

② 《工人日报》1991 年 8 月 14 日。

③ 《中国统计年鉴（1997 年)》，中国统计出版社 1997 年版。

④ 《人民日报》1998 年 3 月 4 日。

⑤ 《人民日报》1998 年 3 月 4 日。

⑥ 《中华老年报》1998 年 3 月 12 日。

⑦ 《中国自然资源手册》，科学出版社 1990 年版。

⑧ 《中国 21 世纪议程》，中国环境科学出版社 1994 年版。

（本文原载《人口与计划生育》1998 年第 6 期）

人口因子对中国社会政策的影响

　　中国是世界上人口最多的国家。在中国这样一个人口大国中深入研究和探讨人口因子对未来社会政策的影响，具有重要的现实意义和深远的战略意义。

一、人口状况对生育政策的影响

　　为了考察中国人口增长的惯性作用对 20 世纪 80、90 年代人口出生状况的影响，我在 1983 年撰写的"未来人口自然变动要有利于社会的发展"一文中，曾把 1949—1980 年间中国每年出生人口数量超过 2000 万人的年份定为出生高峰年。发现在此期间中国曾出现过两次出生高峰期：第一次是 1950—1954 年及 1957 年，共为 6 年，每年出生人数稍多于 2000 万；第二次是 1962—1975 年，时间长达 14 年，其中有 10 年每年出生人数都超过 2500 万，特别是 1963 年出生人数达到 2959 万。由于中国 60、70 年代后婴幼儿及青少年死亡率很低，我曾预计从 1985—1998 年间中国将有一个进入 23 岁（生育高峰年龄）的女性人口数高峰期。以后其他中国学者的预测也证明了这点（见表 1）。因此，中国在这个时期为了避免出现比 60、70 年代还要严重的出生人口高峰，相对减轻人口过多对经济、社会发展的压力，以及对资源合理利用和环境改善的负面影响，党中央和国务院于 1980 年 9 月宣布"在今后二三十年内""除了在人口稀少的少数民族地区以外，要普遍提倡一对夫妇只生育 1 个孩子"（《政府工作报告》，1980 年）的生育政策。现在事实证明，中国在有效地开展计划生育工作和不断提高计划生育服务质量的情况下，新中国成立后的第三次出生高峰期从 1985 年（出生率为

21.0‰）开始，到 1997 年（出生率为 16.0‰）已平稳度过，在这期间中国每年的出生入数虽然仍在 2000 万以上，但其中只有 1987 年 1 年出生人数超过 2500 万，为 2529 万（国家统计局，1998）。

表 1　1990—2000 年中国育龄妇女人数　　　　　　　　　单位：万人

年份	15—49 岁妇女数	20—29 岁妇女数	23 岁妇女数
1990	30913	11573	1154
1991	31375	12117	1262
1992	31802	12254	1303
1993	32221	12141	1269
1994	32621	12031	1224
1995	32963	11814	1188
1996	33337	11601	1162
1997	33727	11365	1091
1998	34018	11021	1015
1999	34238	10640	957
2000	34476	10264	919

资料来源：孙怀阳、李希如：《80 年代以来中国的人口增长》；李慧京：《人口与社会经济发展》。

在中国的人口出生率波浪式迅速下降的过程中，平均预期寿命也逐步上升，从而导致人口老龄化的加剧。1998 年末中国 65 岁及以上老年人口占总人口 6.7%，老年人口达到 8375 万（国家统计局，1999），按照联合国经济社会信息与政策分析部在 1996 年修订的世界人口预测，中国在高方案下 2050 年的 65 岁及以上老年人口占总人口比重虽然只有 16.5%，但总人口却要多达 176500 万，将对中国的可持续发展带来极大压力，因而是不可取的；中国在低方案下 2050 年的总人口虽然只有 119800 万，但 65 岁及以上老年人口占总人口的比重却要高达 24.3%，比联合国经济社会信息与政策分析部中方案预测的 2050 年世界发达地区的老年人口比重仅差 0.4 个百分点，而且按这个方案要求，中国在 2050 年育龄妇女总和生育率要降到 1.5（见表 2），所以，中国在 21 世纪上半叶的生育政策只能按照有利于实现既不要使总人口数量过多，又不要使人口老龄化程度过高的总目标进行调整。

表2 1990—2050 年中国总人口数的变动趋势　　　　单位：万人

年份	中方案	高方案	低方案
1995	122000	122000	122000
2000	127600	128300	127000
2010	136500	139400	133000
2020	144900	150900	136600
2030	150000	160800	135300
2040	151800	169000	129300
2050	151700	176500	119800

资料来源：联合国经济社会信息与政策分析部：《世界人口预测》（1996 年修订）。

　　鉴于下个世纪上半叶中国经济发展水平和中国传统文化的影响，未来中国城乡老人的生活照顾问题仍将在很大程度上依靠亲属的帮助，并辅之以社区服务的支援。如果中国连续几代实行普遍提倡每对夫妻只生 1 个孩子的政策，将会对未来老人的照顾问题带来愈来愈大的困难，成为一个严重的问题。因此，我感到为了妥善解决下个世纪 20 年代后中国大批独生子女父母年老后的照顾问题，除了强化独生子女的尊老、敬老意识，积极推进社区养老服务以外，还应在适当时候调整中国现行的生育政策。1983 年，我在上述论文中曾提出"可考虑允许独生子女在将来结婚后生 2 个孩子。这样当现在的独生子女家长达 70 岁高龄时，孙子或外孙一辈约为 15 至 20 岁左右，已可逐渐照顾老人了。而且现在生育的独生子女通婚时，我国已度过了新中国成立后第三次出生高峰期，允许他们生 2 个孩子也将有利于我国年龄构成的合理化。"（桂世勋，1983）在这以后，中国的大部分省、自治区、直辖市陆续采纳了这个建议，规定夫妻双方为独生子女的可以有计划地生育第二个孩子，上海市更明确规定农业人口中夫妻一方为独生子女的也可有计划地生育第二个孩子。我根据上海市的生育意愿调查，预计在下个世纪初，中国，特别是城市新结婚的夫妇至少有一半会生育第二个孩子，2005 年后中国城市中将会有一大批第二个孩子出生，未来中国城市的家庭代际数量关系中"四二二"模式可能占一半左右。至于中国在什么时候能平稳地过渡到每对夫妻都可有计划地生育 2 个孩子的生育政策，我认为最早也要在 2010 年以后。因为在 2000—2010 年间中国即使抓紧抓好计划生育工作，总人口仍将增加 10000 万左右，控制人口数量增长的任务仍十分艰巨，而且由于下个世纪初各省、自治区、直辖市的生育旺盛期（20—29 岁）女性人口数高峰期的出现时间差异较大，所以很可能生育政策平稳过渡的起始年时间也不能简单地"一刀切"。

二、人口状况对就业政策的影响

自 20 世纪 50 年代以来，中国的劳动年龄人口比重一直比较高，随着总人口的迅速增长，劳动年龄人口数也迅速地增加。中国历次人口普查资料表明，全国 15—59 岁年龄人口数在 1953 年为 32007 万（占总人口 56.4%），在 1964 年为 36678 万（占总人口 52.8%），在 1982 年为 59002 万（占总人口 58.8%），在 1990 年为 72336 万（占总人口 63.8%）。据 1995 年中国 1% 人口抽样调查资料推算，1995 年全国 15—59 岁人口数为 78034 万（占总人口 63.1%）。中国的劳动年龄人口数量多，一方面提供了丰富的人力资源，同时也增加了就业压力。特别是中国的耕地总面积由 1952 年的 107.93 百万公顷波浪式减少到 1995 年的 94.97 百万公顷，同期人均耕地面积由 0.19 公顷也减少到 0.078 公顷（见表 3）。就这使大量劳动力从农村种植业中多余出来，对城镇的就业形成更大压力。

表 3　1952—1995 年中国的人均耕地面积

	1952	1957	1980	1990	1995	1995：1952（%）
耕地总面积（百万公顷）	107.93	111.80	99.31	95.67	94.97	88.0
年末总人口（万人）	57482	64653	98705	114333	121121	2107
人均耕地面积（公顷）	0.19	0.17	0.10	0.084	0.078	41.1

资料来源：《中国统计年鉴》（1996）。

在劳动年龄人口过多及增长过快的态势下，为了尽可能利用人力资源，缓和城镇失业问题，稳定社会，中国在计划经济下不得不采取"国家统包统配""严格控制农村劳动力进入城镇"和"低工资、高就业"的就业政策。随着改革开放的深入，特别是社会主义市场经济的逐步建立，中国政府于1992年提出了"国家宏观调控，城乡协调发展，企业自主用人，劳动者自主选择就业，市场调节供求，社会提供服务"的新的就业方针。然而由于过去中国的许多国有大中型企业接收的职工过多，如果为了"减员增效"，把企业中所有富余职工在短期内全部辞退，将会使目前已较突出的失业问题进一步加剧，严重影响社会稳定。因此，中国便采取"下岗分流"的政策，让这些"下岗职工"进入由本行业或企业办的"再就业服务中心"，让"中心"委托管理，在一定时期内给他们发放基本生活费、缴纳基本养老保险费、医疗保险费与失业保险费的同时，通过转业训练、职业介绍、提前退休等实现"分流"，促进大批下岗职工在本企业内部的其他岗位上或到社会上再就业。1998年，中国在各级领导的高度重视和积极努力下，通过各种途径使609万名下岗职工实现了再就业（中国国家统计局，1999），但估计该年末全国下岗未就业的人数仍有600万，如果与全国城镇登记失业人数近600万（城镇登记失业率为3.1%）（杨宜勇，1999）相加，全国城镇要求工作而未就业的人数将接近1200万。1999年，中国国有企业新增下岗职工还将达到300万以上。据最近中国劳动和社会保障部对全国3000多个企业进行的抽样调查，国有企业下岗职工95%进入了再就业服务中心，其中有94%发放了基本生活费（《上海经济报》，1999）。同时，在中国的一些大城市还采取了规定允许使用外地劳动力的工种、提高征收外地劳动力管理费等办法，以适当控制大批外地劳动力尤其是农村剩余劳动力流入就业。

从下个世纪上半叶中国劳动年龄人口数据和变化趋势考察，全国15—59岁年龄人口数还将比现在来得多。联合国经济社会信息与政策分析部及一些中国学者的预测表明，从2010年前夕起，中国15—59岁人口数至少有15年时间均超过90000万（见表4）。在这种情况下，中国城镇职工的退休年龄是否仍要长期保持在20世纪50年代初规定的男职工60岁、女职员55岁、女工人50岁退休的政策呢？笔者根据复旦大学、华东师范大学、上海社会科学院等单位的人口研究所分别进行的1995—2050年上海市户籍人口发展趋势预测，发现在2010—2020年间上海男59岁、女54岁户籍人口数将减少 131—160 万；与此同时，男 60 岁、女 55 岁及以上的户籍人口数增加 120—150 万（桂世勋，1998）。最近，中国人民大学人口研究所的学者进行了 1996—2025 年北京市常住人口发展趋势预测（未考虑未来 30 年的人口流动），其中方案也显示在 2010—2020 年间北京市 15—59 岁人口数将减少 94 万，而 60 岁及以上老人数将增加 121 万（杜鹏，1998）。为此，我感到像上海、北京这种城市存在着从 2010 年开始全面推迟城镇职工退休年龄的契机。如果在那时开始调整退休年龄，既有利于发挥这两个城市中 50—64 岁年龄段人力资源的作用，又不会过多地增加当时城镇户籍社会富余劳动力与失业人口的压力。由于这样做推迟了上海与北京的城镇职工退休高峰期，延长了在职职工及其单位缴纳基本养老保险费的年限，缩短了退休人员领取基本养老金的年限，因而在很大程度上减轻了这两个城市的基本养老保险基金的压力。当然，在下个世纪上半叶中国各省、自治区、直辖市的城镇人口年龄结构的变动情况不完全一样，我们需要从实际出发因地制宜地捕捉各个地区全面推迟城镇职工退休年龄的最佳时机，决不能在时间上搞"一刀切"。到那时，中国城镇的外来流动人口仍然会有相当数量，关键是要妥善处理好适度吸纳外地流入劳动力与推迟城镇户籍职工退休年龄的关系。不要一出现城镇劳动力供需的缺口，就简单地沿袭常规，让外来流入劳动力来弥补。

表4 1995—2050 年中国 15—59 岁组人口数变化趋势   单位：万人

年份	联合国方案	杜鹏的方案	于学军方案
1995	78600	77400	76600
2000	83100	82200	81200
2005	89200	88300	87000
2010	92700	93500	90800
2015	93100	95700	92200
2020	93400	97000	93400
2025	91800	94900	92700
2030	88800	91800	90000
2035	—	90000	87400

续表

年份	联合国方案	杜鹏的方案	于学军方案
2040	86500	89900	86800
2045	—	88400	86000
2050	83600	84900	83500

资料来源：联合国经济社会信息与政策分析部：《世界人口预测》（1996年修订）；杜鹏：《中国人口老龄化过程研究》；于学军：《中国人口老化的经济学研究》。

为了减少21世纪上半叶全面推迟中国城镇职工退休年龄时的社会震荡，可考虑采取分步到位的实施方案。在上海与北京可从2011年开始，男职员每年推迟1岁退休，女职员也每年推迟1岁退休，女工人则每年推迟2岁退休，到2015年时达到城镇男职工65岁退休、女职工60岁退休的目标。在将来再创造条件，将中国城镇男女职工的退休年龄都延长至65岁。

三、人口状况对教育政策的影响

自20世纪50年代以来中国人口的文化素质有了较大提高。在全国总人口中小学及以上文化程度人口的比重，1946—1947年为24.9%（国民党政府内政部，1947），1964年为34.7%，1982年为60.4%，1990年为69.8%。

然而1990年人口普查资料表明，中国总人口中平均每人受教育年数仅为5.45年。全国大专及以上文化程度的人数虽然由1964年的288万增加到1990年的1576万，但在每1万人口中大专及以上文化程度人口的比重仅为1.4%。1990年时中国还有不识字或识字很少的人口20485万，占6岁及以上人口总数的20.6%；特别是在15—40岁的青壮年中仍有不识字或识字很少的人口6718万，同时6—14岁学龄人口中仍有不识字或识字很少、又不在校的人口3287万。中国人口素质的这种状况，与经济和社会发展，特别是知识经济时代的要求严重不相适应，迫切需要加快教育事业的发展，努力提高整体人口的文化素质。

加快中国教育事业的发展也是减缓目前及下个世纪上半叶就业压力的迫切需要。我在1990年撰写的《世纪转换之际的中国人口与教育》中就指出："在我国大力发展各类教育事业，具有提高劳动力素质和减少需要就业的劳动力数量、缓解就业压力的双重效益。"在下个世纪上半叶中国劳动年龄人口有较大幅度增加的态势下，为了减轻那时的就业压力，提高劳动生产率和经济效益，就应该在切实保证义务教育健康发展的同时，调整现有的教育体系结构，扩大高中阶段教育和高等教育的规模，大力发展各级各类职业技术教育，加强就业前的岗位培训和职后的各种成人教育，尽可能使 16—59 岁年龄人口中有相当一部分人能晚些进入社会劳动力队伍或中途暂时退出社会劳动力队伍。现在有的发达国家已把劳动年龄的实际起始年龄推迟到 18 岁或 20 岁。如果在下个世纪中国的城市能把劳动年龄人口实际进入社会劳动力队伍的平均年龄推迟 2 岁的话，就会至少减轻 600 万人的就业压力，相当于目前中国城镇登记失业的人员总数。

中国的人口特点不仅对加快未来教育事业的发展提出了迫切的需求，而且也为加快下个世纪上半叶教育事业的发展创造了有利条件。这主要表现在以下两个方面：一是随着 20 世纪 70 年代以来中国人口出生率的不断下降，在下个世纪初中国各类学龄人口数将呈现波浪式的负增长态势。据中国国家统计局人口与就业统计司的预测，中国的小学学龄人口数与中学学龄人口数在下个世纪初达到峰值后也将出现持续负增长，大学学龄人口数在 2010 年前后达到峰值后也将出现持续负增长。预计 2050 年时全国小学学龄人口数将比 2000 年下降 28.8%，净减少 3830 万；同期全国中学学龄人口数下降 29.8%，净减少 3789 万；全国大学学龄人口数将下降 18.0%，净减少 1759 万（见表 5）。这种趋势将使国家有可能在加大教育投入的同时更快地提高按各类学龄人口数计算的人均教育经费，更快地普及义务教育，提高高中阶段教育和高等教育的入学率。二是随着育龄夫妇平均生育子女数的大幅度减少，每个家庭需要培养青少年儿童受教育的人数也大大减少。据中国的有关部门及有的学者统计，中国育龄妇女的总和生育率在 20 世纪 50 年代平均为 5.87，60 年代平均为 5.68，70 年代平均为 4.01（许涤新等，1988），80 年代平均为 2.46（姚新武等，1994），目前已低于 2.1（《中华人民共和国人口与发展报告》，1994）。这种状况使中国特别是城市中的许多家庭在人均收入水平不断提高的基础上，有可能较多地增加家庭对每个孩子的教育投入，扩大教育尤其是非义务教育阶段的教育消费。

　　90年代初以来，随着中国大批外来劳动力特别是农村剩余劳动力流入城市，而且其中许多人在城市滞留的时间愈来愈长，还对中国城市现有的教育政策提出了新挑战。比如，中国在80年代中期曾开始调整中等教育结构，要求大力发展初中后的中等职业教育，全国提出普通高中与职业类高中在校学生的比例为4：6的目标。现在笔者认为中国有关部门在80年代中期提出的上述比例，不仅未考虑到现阶段城市持续升温的"普通高中热"，而且还没有充分估计到大量年轻的外来劳动力流入城市就业的情况。事实上下个世纪中国的大中城市将长期存在数量相当可观的外来流入劳动力，他们中除一小部分属于中高级专业技术人员外，大部分是具有中等文化程度的生产或服务第一线的操作工。这就使大中城市各个层次的后备劳动力并不需要都从本市户籍青少年中培养，从而在客观上有可能适当提高普通高中在校学生的比例，使本市居民中有较多的青年进入普通高中并在将来就读大学本科。我建议中国政府教育部门在宏观调控时可提出指导性意见，各个大中城市应根据自身的实际情况，将普通高中与职业类高中在校学生的比例修改为6：4或7：3。又如现阶段中国流入大中城市就业的许多外来劳动者是携儿带女的，他们的孩子大多处于接受义务教育的年龄段。然而这些城市的教育部门往往对如何搞好外来劳动者子女的义务教育关心不够，甚至还怕这类教育办得愈好，将会有更多的外来人口携带子女涌入本市，义务教育经费的压力也会更大。笔者认为这些孩子的父母亲正在为流入城市的经济发展作贡献，各个城市的教育部门理应把外来劳动者的子女实施义务教育的任务纳入本市的义务教育计划之内，在经费上可采取市政府财政多投一点、社会力量作为"本市希望工程"多捐赠一点、外来流动人口的常住户口所在地政府从当地义务教育经费中酌情拨一点这样一些统筹的办法加以合理解决。

表5　1995—2050年中国各类学龄人口数变化趋势　　　单位：万人

年份	小学	中学	大学
1995	13012	11703	10624
2000	13299	12716	9747
2010	11338	12285	11150
2020	11248	10782	9468

年份	小学	中学	大学
2030	10659	11230	9296
2040	9635	10083	8892
2050	9469	8927	7988

资料来源：中国国家统计局人口与就业统计司：《中国经济信息报》1997 年 2 月 3 日。

四、人口状况对卫生政策的影响

在过去很长一段时间内，中国的卫生服务体系存在着重医疗，轻预防、保健、康复的倾向。即使在预防方面，也偏重于各类传染性疾病的预防和控制，对慢性非传染性疾病的预防和控制往往研究不够，措施不力。这种卫生服务体系的模式，在 20 世纪 50、60 年代中国的传染性疾病发病率较高时曾起到一定的积极作用，但是随着中国日益加速的人口老龄化，该模式已愈来愈显露出弊端与不足。

自 20 世纪 70 年代初以来，中国全面开展了计划生育工作，人口出生率由 1970 年 33.4‰波浪式地迅速下降到 1998 年的 16.0‰，加上人口平均预期寿命由 1957 年的男性 55.8 岁、女性 56.0 岁提高到 1997 年的 70.8 岁，使中国的人口老龄化速度逐渐加快。中国的历次人口普查资料表明，1953 年全国 65 岁及以上老年人口占总人口的 4.4%，1964 年占 3.6%，1982 年占 4.9%，1990 年占 5.6%。据联合国人口司与有的中国学者预测，在 2000—2050 年间中国 65 岁及以上老年人口占总人口的比重将由 6.7%迅速上升到 19.2%—20.4%，同期 65 岁及以上老年人口数将由 8550 万—8740 万迅速增加到 29120 万—30680 万，50 年内增长 2.4—2.5 倍（见表 6）。与此同时，中国的老年人口高龄化也愈来愈明显。全国 80 岁及以上老年人口占总人口的比重也将由 2000 年的 0.9%迅速上升到 2050 年的 5.5%，同期 80 岁及以上老年人口数将由 1236 万迅速增加到 8246 万，50 年内增长 5.7 倍（杜鹏，1994）。

在中国人口老龄化及老年人口高龄化的过程中，老年人口的疾病谱与死因谱都发生了很大变化。在目前中国老年人中，慢性非传染性疾病患病率高，其中以高血压、白内障、冠心病、慢性支气管炎为主；他们的主要死亡原因，则是恶性肿瘤、脑血管病、慢性支气管炎、心血管病。为了在中国有效地推进"健康老龄化"，使下个世纪老年人口的平均预期健康寿命的增长速度快于平均预期寿命的提高，笔者认为中国必须强化终身健康教育与终身保健观念，尽快构建医疗、预防、保健、康复有机结合的卫生服务体系，加强社区卫生服务网络建设。同时，在预防控制传染病的基础上，逐步调整现有专业防治机构的规模和功能，适当减少传染病专科医院和以收治传染病为主的综合性医院、防治中心的床位数，并更多地承担起慢性非传染性疾病的防治功能。对使用率较低的医疗机构也要进行功能调整，逐步向老年护理和慢性病康复转化。

当前，中国各地都在编制区域卫生规划。由于 20 世纪 90 年代以来中国的许多大城市进行了大规模的基础设施建设，市中心区的大批土地使用权有偿地转让给了企业，使原来居住在中心城区的居民大量搬迁到市区边缘。以上海为例，在 1990—1997 年间市中心区中有 52 个街道净减少户籍人口74.58 万，相反在市中心区边缘的 41 个街道却净增加户籍人口 88.83 万。这种市内人口再分布的变动，迫切要求卫生资源的布局也相应有所调整，以更好地满足居民的基本卫生服务需求。

表 6　2000—2050 年中国人口老龄化趋势

年份	联合国中方案		杜鹏的方案	
	≥65 岁人口比重（%）	≥65 岁人口数（万）	≥65 岁人口比重（%）	≥65 岁人口数（万）
2000	6.7	8551	6.7	8740
2010	7.7	10510	7.7	10790
2020	10.8	15647	10.9	16080
2030	14.4	21597	14.6	22390
2040	19.1	28997	19.6	29890
2050	19.2	29120	20.4	30680

资料来源：联合国经济社会信息与政策分析部：《世界人口预测》（1996 年修订）；杜鹏：《中国人口老龄化过程研究》。

以上就中国人口因子对社会政策的影响问题作了简要的探讨。我认为人口因子对社会政策的影响，主要通过人口状况及其变动对社会发展的影响这个中介因素，间接影响社会政策的制定和调整。在中国这样一个人口大国中，未来的人口和变动错综复杂，它要求我们在制定和调整一些重大的社会政策时，应该深入研究和把握人口的特点及变动趋势。

【参考文献】

[1] 桂世勋：《未来人口自然变动要有利于社会的发展》，《社会》1983 年第 4 期。

[2] 孙怀阳、李希如：《80 年代以来中国的人口增长》，见李慧京主编《人口与社会经济发展》，陕西人民出版社 1993 年版。

[3] 中国国家统计局：《中国统计年鉴》（1996、1998），中国统计出版社 1996 年、1998 年版。

[4] 联合国经济社会信息与政策分析部：《世界人口预测》（1996 年修订），1999-10-24。

[5] 中国国家统计局：《中华人民共和国 1998 年国民经济和社会发展统计公报》，《人民日报》1999 年 2 月 27 日。

[6] 杨宜勇：《失业是"地雷阵"，更需"持久战"》，《科学时报》1999 年 3 月 24 日。

[7] 《今年新增下岗职工 3 百万》，《上海经济报》1999 年 7 月 13 日。

[8] 杜鹏：《中国人口老龄化过程研究》，中国人民大学出版社 1994 年版。

[9] 于学军：《中国人口老化的经济学研究》，中国人口出版社 1995 年版。

[10] 桂世勋：《上海城镇职工基本养老保险基金的可持续运作》，《上海综合经济》1998 年第 11 期。

[11] 杜鹏：《北京市人口老龄化发展趋势及其社会经济影响》，刘宝成主编《迎接人口老龄化挑战的战略构想》，北京市老龄协会（1998）。

[12] 许涤新：《当代中国人口》，中国社会科学出版社 1988 年版。

（本文原载《市场与人口分析》2000 年第 1 期）

上海人口与中国人口之比较

上海是中国的上海。它在人口发展的基本特点上，既有同全国相同的方面，又有不同之处。深入地分析和研究这些问题，对于实事求是地有计划控制上海人口，具有重要意义。

一、上海和中国人口发展基本特点的异同

（一）相同的方面

1. 人口数量都很多

1979 年底，中国人口为 97092 万人（不包括台湾省），是世界上人口最多的国家；上海人口为 1132 万人，是世界上人口最多的特大城市之一。据日本《读卖年鉴（1979 年）》公布的 1976 年的世界大城市人口数，当时墨西哥城为 1390.6 万人，阿根廷的布宜诺斯艾利斯为 905.3 万人，而上海在 1976 年为 1081.3 万人。所以，1976 年上海是世界上人口最多的第二特大城市。

2. 人口密度都很高，人口分布都很不平衡

1979 年底，中国平均人口密度每平方公里为 102 人（不包括台湾省），比目前世界人口平均密度每平方公里 31 人要高得多。其中在东南沿海地区人口密度更高，如江苏省每平方公里达 577 人，在西南、西北地区人口密度却很低，西藏自治区每平方公里只有 1.5 人。1979 年底，上海平均人口密度每平方公里为 1830 人，其中市区高达 3.7 万人，郊区为 904 人。市区人口密度为广州的 1.25 倍，为北京的 1.48 倍，为天津的 1.90 倍，居全国首位。

在世界各大城市中,上海市区的人口密度也是屈指可数的。据日本《读卖年鉴(1979)》公布的 1976 年的世界大城市人口密度数,当时上海市区人口密度约为印度加尔各答的 1.2 倍,约为西班牙马德里的 1.7 倍,约为巴黎的 1.8 倍,约为东京的 2.6 倍,约为纽约的 4.0 倍,约为墨西哥城的 5.3 倍,约为伦敦的 8.5 倍。1979 年底,上海市区的 10 个行政区中,有 5 个区(静安、卢湾、南市、黄浦、虹口)人口密度每平方公里 6 万人以上,最高的静安区每平方公里 6.62 万人,而徐汇、杨浦、闸北、普陀人口密度则较低。即使在同一个行政区中,人口分布也很不均匀,一般情况是浦西大于浦东,老市区大于新市区,中心区大于边缘区。如黄浦和南市两区扣除密度较低的浦东部分则每平方公里分别高达 10.8 万人和 8.7 万人。可是卫星城镇人口密度却很低,1979 年底每平方公里平均只有 0.8 万人。

3. 在人口年龄构成上,30 岁以下人口比重都比较大

1979 年,中国 30 岁以下的人口占全国总人口的 65%,为 6.3 亿人左右;上海 30 岁以下的人口约占全市总人口的 54%,为 610 万人左右。

4. 农村人口出生率在 1964 年后明显高于城市

一般国家城市人口出生率低于农村人口出生率,可我国在 1949 年至 1963 年间城市人口出生率却高于农村人口出生率。从 1964 年后农村人口出生率则明显高于城市,如在 1971 年至 1978 年的 8 年中,1974 年为最高,当时农村人口出生率为城市人口出生率的 1.74 倍。1978 年农村人口出生率为 18.91‰,城市人口出生率为 14.04‰,即农村出生率为城市出生率的 1.35 倍。从上海市的市区和郊县(包括郊县城镇)的人口出生率来看,在 1949 年至 1963 年间,有两年市区人口出生率高于郊县(1956 年市区 39.7‰,郊县 38.6‰;1961 年市区 23.8‰,郊县 20.4‰),其余的大多数年份,郊县人口出生率稍高于市区人口出生率。但在 1964 年后,郊县人口出生率明显高于市区人口出生率,其中 1966 年为最高,当时郊县人口出生率为市区人口出生率的 2.67 倍。1979 年,上海郊县人口出生率为 16.94‰,市区人口出生率为 8.01‰,即郊县出生率为市区出生率的 2.11 倍。

（二）不同的方面

1. 新中国成立后上海的人口出生高峰比全国最大的一次人口出生高峰早出现 11 年，早消失 11 年

新中国成立 30 年中，全国人口出生高峰（每年出生人口 2000 万以上）有两次：第一次是从 1954 年至 1957 年；第二次是从 1962 年至 1975 年。由于第一次人口出生高峰时间短（只有 4 年），且每年出生人数均稍高于 2000 万人，而第二次人口出生高峰时间长达 14 年，且其中有 10 年每年出生人数都在 2500 万人以上。所以，从全国人口发展看，对人口再生产影响特别大的是第二次人口出生高峰。然而在 30 年中，上海人口出生高峰（每年出生人口 20 万以上）只有一次，即从 1951 年到 1964 年，时间长达 14 年，且其中有 9 年每年出生人数都在 30 万人以上（按现在市辖区范围测算）。这种人口出生高峰的差异，使 70 年代后上海市人口出生率、出生数等的正常回升（指不是因为生育率的提高所造成的回升）比全国要早出现 10 年左右。如按晚婚要求，上海从 1975 年左右开始正常回升，全国将在 1984、1985 年左右开始正常回升。同时，这种人口出生高峰上的差异也使人口年龄结构上，目前上海市 16 岁至 30 岁的人口占总人口的比重比全国约高 9%，而上海市 15 岁以下的人口占总人口的比重比全国约低 20%（包括过去 30 年的人口机械变动因素在内）。

2. 新中国成立以来上海人口机械变动的幅度要比全国大得多

人口机械变动指人口迁入数与迁出数的变化。它对一个国家或地区的人口总数，以及人口的各种结构、出生、死亡情况都有影响。新中国成立后，我国人口的机械变动比较小，但上海市的人口机械变动却很大。30 多年中，上海有过 3 次大的人口迁出：（1）1955 年、1956 年疏散城市人口共迁出 119 万人；（2）1958—1962 年支内、支边、支农、精简职工、动员回乡等共迁出 119 万人；（3）1968—1971 年知识青年上山下乡共迁出 89 万人。同时，上海也有过 3 次大的人口迁入：（1）1950—1954 年共迁入 269 万人；（2）1957 年迁入 38 万人；（3）1978—1979 年迁入 56 万人。从当前及今后一个时期的总趋势看，由于国家之间、地区之间经济文化发展极不平衡，要求迁出中国的比迁入中国的要多，而要求迁出上海市的比迁入上海市的要少。

3. 现阶段上海 65 岁及以上老年人的比重要高于全国

据 1978 年抽样调查推算，我国 65 岁及以上老年人只占总人口的 4.8% 左右。如果从 1980 年起每年总和生育率为 1.5，那么在 2000 年，65 岁及以上老人所占的比重为 8.3%。可是，1980 年上海市 65 岁及以上老年人占总人口的 7.2%。如果按今后每年总和生育率 1.5 推算，在 1990 年，65 岁及老年人所占的比重为 9.8%，即接近于人口"老龄化"指标；在 2000 年 65 岁及以上老年人的比重将为百分之 13.3%。

二、上海市在解决今后人口问题上应注意研究的几个问题

首先，在贯彻普遍提倡一对夫妇只生一个孩子的方针上，上海市在今后十年多一点时间中比全国更紧迫。

由于在这期间本市人口迁入可能大于迁出几十万，且 1979 年底 15 岁至 30 岁的人占总人口的比重比全国又约高 9%。因此，为了使上海已经出现的进入婚龄和育龄期的人口高峰不同时变为人口出生的特大高峰，从而影响本市近期、中期和远期的经济建设、社会生活的许多方面，我们在整个 80 年代特别需要普遍提倡一对夫妇只生一个孩子。同时，上海的经济、文化水平比全国其他地区高，计划生育工作的基础也比较好，使我们有可能将独生子女领证率提高到全国平均水平以上。至于在 90 年代，特别是从 90 年代中期到 2010 年左右，上海要不要继续大力提倡一对夫妇只生一个孩子的问题，是值得认真研究的问题。我认为一方面要看到本市目前 15 岁以下的孩子占总人口的比重比全国约低 20%，从 90 年代开始每年进入婚龄和育龄期的人口数量比较少，而且由于提高独生子女领证率及其他原因，人口"老龄化"现象很可能在 90 年代开始出现，因此，同 80 年代相比，上海市普遍提倡一对夫妇只生一个孩子的要求可以适当放宽一点；但另一方面又要看到上海市是全国的上海，当时全国广大地区正在大力提倡一对夫妇只生一个孩子；同时政策还有一定的连贯性。如果本市在 90 年代初期计划生育政策放宽，可能会引起 80 年代末期一部分已领取独生子女证的育龄夫妇的"退证"问题；加上上海市人口密度在 90 年代仍相当高，所以，本市在 90 年代，特别是90 年代初期还不能将这方面的政策要求放得太宽。

由于我们普遍提倡一对夫妇只生一个孩子并不是长期不变的方针，因此，在宣传解释这个方针时应该注意科学性。我认为不能笼统讲一对夫妇只生一个孩子对于我国每个家庭都是理想的家庭结构，而应该讲在今后二三十年中普遍提倡一对夫妇只生一个孩子（人口稀少的少数民族除外），有利于我国的人口发展同经济发展和社会生活相适应。

其次，在制订人口规划上，应该允许上海市在今后五六年内人口出生数、出生率和自然增长率回升的幅度比前几年大一些。

由于本市解放后的人口出生高峰比全国最大的一次人口出生高峰要早11年出现，所以在1980年至1984年期间，当全国还未出现进入婚龄和育龄期的人口高峰时，上海却正处于这种高峰中。而且由于上海知青离城和回城的变动、结婚住房的困难，以及从今年1月1日起《新婚姻法》的正式贯彻等因素的影响，将使今后几年中本市初婚人数大大增加。因此，上海市在今后五六年内，即使计划生育工作做得更好，人口出生数、出生率和自然增长率仍将比前几年回升的幅度要大。当然，我们也要防止产生那种认为反正在今后几年中人口出生数、出生率和自然增长率要允许回升，计划生育工作便可以松一点的思想。

这里就涉及到如何科学地衡量计划生育工作好坏的标准问题。我认为，人口自然增长率可以作为我国及各地区控制人口增长的主要计划统计指标，但如果把它当作衡量各地区计划生育工作开展好坏的主要指标，则是不科学的。因为人口自然增长率的高低同人口死亡率的高低有密切联系，而人口死亡率在一般情况下同计划生育工作开展的好坏无直接联系。同时，在死亡率不变的条件下，人口自然增长率的高低虽然同人口出生率的高低朝同一方向变动，但由于人口出生率的高低不完全取决于计划生育工作开展的好坏，它与每年新进入婚育龄期的妇女人数也有密切关系，因而人口自然增长率的高低并不能准确反映计划生育工作的好坏。比如，上海市区在1977年至1980年期间，每年的计划生育率（即当年出生的符合晚育、第二胎与第一胎间隔在4年以上和第三胎以下的人口在该年出生人口中所占的百分比）分别为88.68%、90.5%、97%、98.56%，但每年的人口出生率却分别为7.2‰、7.4‰、8‰、8.92‰，人口自然增长率也分别为0.2‰、0.7‰、1.68‰、2.08‰。

那么，在我国现阶段究竟应该用什么指标才能比较准确地反映各地区计划生育工作的好坏呢？我认为，主要应看计划生育率和独生子女领证率。此外，还应看四个辅助指标：人口出生率、人口自然增长率、计划生育手术质量合格率和人工流产率（其中应注明中期引产率）。只有这样，才能全面促进计划生育工作的开展，比较准确地反映计划生育工作的好坏。

第三，上海在现阶段控制人口自然增长的重点在郊县，控制人口机械增长的重点在市区。

1979 年底，上海市郊县人口比市区人口少 51 万，育龄妇女占总人口的比重也小于市区，但由于郊县 18 岁至 49 岁育龄妇女的生育率为 53.39‰，比市区的 22.72‰要高出 1 倍多，因此，郊县的人口出生数和出生率都比市区高很多。1979 年，上海市区出生人口为 4.6 万，出生率为 8‰；而郊县出生人口为 9.16 万，出生率为 16.9‰。从当年市区和郊县的出生人口分析中表明，属于第二胎的比率，市区为 17.2%，郊县则为 32.6%；属于第三胎及三胎以上的比率，市区为 0.2%，郊县则为 1.6%。可见，在目前上海市人口出生数和出生率处于正常回升的总趋势下，郊县计划生育工作的潜力比市区大得多。1980 年，市区出生率比 1979 年回升 0.91‰，但正因为郊县出生率比 1979 年降低了 2‰，才使整个上海市的出生率比 1979 年下降了 0.55‰。再加上本市郊县的人口出生率在 1964 年后明显高于市区，即在人口机械变动不大的情况下，目前郊县 17 岁以下的人口在总人口中所占的比重比市区要大得多。所以，我认为在今后十多年内把上海市控制人口自然增长的重点放在郊县是极为必要的。问题是由于目前上海郊县、特别是农村地区的经济文化水平仍比较落后，"重男轻女""养儿防老"等封建思想残余一般比市区严重一些，因而在贯彻普遍提倡一对夫妇只生一个孩子的方针时，我们应该从具体情况出发，考虑到市区和郊县、郊县的城镇和农村以及各个县之间生育水平的差别，实事求是地研究本地区哪些育龄妇女应该有计划地安排照顾生育第二胎，切忌"一刀切"。做到即使上海郊县的独生子女领证率不断提高，又尽可能消除计划生育工作中违法乱纪、强迫命令的现象。

现阶段上海市区的经济文化生活水平比郊县要高得多，它对市郊和外省市居民的"吸引力"相当大，且上海市区人口已十分臃肿，1979 年底，市区的人口密度比郊县每平方公里要多 3.61 万人。因此，控制上海市人口机械增长的重点无疑在市区。从近几年来上海市区人口增长的情况来看，人口机械增长数大大超过了人口自然增长数。1978 年、1979 两年，市区人口的自然增长为 1.38 万，而机械增长却达 41.3 万，为自然增长数的 30 倍。1980 年市区人口的自然增长为 1.24 万，而机械增长却达 8.28 万，为自然增长数的 6.65 倍。可以预料，由于上山下乡知识青年和其他各种落实政策回城的问题已基本解决，以及贯彻经济上进一步调整、政治上进一步安定的方针，今后几年内上海市区人口机械增长的数量虽不会像前几年那么多，但仍将有可能超过人口自然增长的数量。所以，深入研究上海市区解放以来人口机械变动的特点和规律，实事求是并切实有效地制订各种措施控制好今后市区的人口机械增长，已成为当前上海人口问题研究的一个重要课题。

第四，当前上海市比全国更要考虑人口逐步扩散，合理布局的问题。

由于我国和上海的人口地区分布都很不平衡，因而从长期看人口必须逐步扩散，合理分布。问题是目前上海人口高度集中在市中心区所形成的"膨胀病"愈来愈厉害，使生产发展受到限制，解决住房问题非常困难，环境质量日趋恶化，交通运输日益拥挤，给生产发展和人民生活改善带来了许多严重困难，已成为本市城市建设中迫切需要解决的突出问题。同时，上海市中心区同卫星城镇之间比我国东南沿海大城市同内地、边疆之间在经济文化生活上的差距相对要小得多，国家用于上海市范围内的人口扩散比用于全国范围内的人口扩散所花的投资也可以少得多。因此，现阶段上海市范围内的人口扩散比全国更有必要和可能。

我认为，只要我们真正重视和搞好上海市卫星城镇的建设和配套工作，加强深入细致的思想政治教育，制订一些鼓励中心区的企事业单位及职工迁往卫星城镇的政策措施，是完全可以搞好上海市范围内的人口扩散的。目前许多卫星城镇缺乏"吸引力"，职工带眷比例小的一个重要原因，是过去在建设卫星城镇上缺乏经验，采取了"加胡椒面"的办法，把有限的资金分散使用，想搞个"全面开花"，结果使每一个卫星城镇都无法在较短时期内开出艳丽的花朵，建成为配套合理和齐全的、比较现代化的相对独立的小城市。因此，在当前国家和地方基本建设总投资紧缩的情况下，我们更应吸取过去的教训，集中力量首先重点搞好一二个卫星城镇的配套建设，把市中心区相当数量的企业事单位集中迁往那里。在动员企事业单位迁往这些重点发展的卫星城镇时，要考虑好重工业、轻纺手工业、商业及其它服务行业的配套，考虑好男女职工、特别是未婚男女青年的比例协调，考虑好迁入一部分重点学校和医院等。这样突出重点地搞，也便于以后更好地总结卫星城镇设计布局和建设的经验，加以推广。

（本文原载上海市人口学会、上海市计划生育
委员会编《人口科学》1981 年第 1 辑）

新技术革命与上海市的人口问题*

当前，电子计算机、遗传工程、激光、光导纤维、海洋开发等新技术在一些发达国家中已经突破或将要突破，并逐渐被广泛运用于生产，运用于社会。不少西方学者认为，以微电子、生物工程和新材料这三大基础技术为中心的"第四次产业革命"正在形成和出现，它将推动社会生产力的飞跃发展，并给社会生活的各个领域带来巨大的影响。

正在形成的世界新技术革命，对我国的社会主义现代化建设既是一个有利的时机，又是一次严峻的挑战。在迎接新技术革命的挑战中，人口问题是一个至关重要的社会问题。从上海市的人口现状和今后变动趋势来看，为了抓住新技术革命的有利时机，尽快缩小我们同发达国家在经济技术上的差距，在制定上海市的长远规划中应该注意解决好以下几个人口问题。

一、人口的自然变动和机械变动要有利于迎接新技术革命

目前上海市区人口高度密集。1982 年，在城市中心区的 141.7 平方公里的范围内，常住人口 607.9 万人，人口密度为每平方公里 4.3 万人。市区 121 个街道中，有 20 个街道每平方公里常住人口在 10 万人以上，其中有 5 个街道甚至每平方公里超过 15 万人。在联合国公布的 5 个人口最多的特大城市（上海、东京、墨西哥，纽约、圣保罗）中，市区人口密度以上海为最高。这种状况，给市区的经济发展、住房、环境、交通等方面带来了一系列问题。

---

* 本文由桂世勋、朱宝树合著。

　　从国外来看，发达国家的"产业革命"都伴随着显著的人口变动。欧洲工业发达国家在历史上曾通过大量向外移民的办法藉以缓和人口增长太快的压力。例如英国在 1844 年到 1858 年的 15 年间，对外移民达到 340 万，正如马克思所说，英国"在人口外流而使人口缩减的同时，生产力和资本都空前增长"。战后的日本则在进入 50 年代以后促使人口出生率迅速下降，从而为 60 年代的经济高速增长提供了有利条件。在他们的许多大城市中，不仅人口出生率和自然增长率很低，而且从 60 年代起逐渐出现了城市中心区人口向外疏散的趋势。而上海市的人口发展恰恰相反，尽管目前上海市的育龄妇女生育率已进入低水平，但由于人口惯性作用，在 80 年代上海市仍面临着人口出生的回升高峰。与全国其它地区相比，它的回升时间早，幅度大，并具有一定的"跳跃性"；特别是人口继续向城市中心区集中的趋势还在增强。仅 1981 年和 1982 年两年内市区常住户口净迁入就达 9 万多人。根据我们对上海市人口自然变动的预测，本市在度过 80 年代的出生高峰期以后，将于 90 年代中期逐渐转入人口自然变动负增长，其中市区 1992 年开始就将出现负增长。即使这样，全市总人口在 20 世纪末仍将达到 1300 万人左右，即比 1982 年增长 80 多万人。因此，从人口变动趋势来看，80 年代是控制上海市人口自然增长的关键时期。

　　在严格控制上海市总人口增长的前提下，为了减轻城市中心区的人口压力，治理市区的"膨胀病"，还应该在继续严格控制迁入市区人口的同时，适当扩大市区用地范围，集中力量先综合开发市区边缘的几个住宅小区，以及以一二个重点发展的卫星城为基地的"分市区"，使之尽快形成适应新技术革命需要的、生产合理发展和生活条件比较完善的地区，以增强对城市中心区居民的吸引力，促使市区人口的疏散。此外，还可考虑结合上海经济区的建设，将本市一部分企业及职工转移到杭、嘉、湖等地区；结合"智力支边"，轮流派遣本市一部分管理人才和科技、医务、文教人才定期到边远地区帮助开发，以减少实际人口数量。

　　还应指出，上海郊区也是世界上大城市郊区人口最密集的地区之一。1982 年上海郊县人口密度为每平方公里 929 人，每平方公里耕地（按郊县人民公社耕地计算）承载的农村人口达 1457 人。在上海郊县总人口中，城镇人口仅占 11.85%，低于全国平均水平。从今后发展来看，在新技术革命的影响下，随着农业劳动生产率的不断提高，农村人口逐渐向城镇集聚也是一种必然趋势。问题是必须妥善处理城市中心区人口向郊区扩散与郊区农村人口向城镇集聚的关系。如果说市区人口的郊迁应以"集中式的扩散"为主，即在地域上应相对集中的话，那么，郊区农村人口的集聚则应以"分散式的集聚"为宜，即向散布于郊区的众多小城镇和农村集镇集聚。为此，必须有计划地加强郊区小城镇建设，以有效地防止和减少郊县大批农村人口盲目流入市区。

二、解决好新技术革命可能带来的新就业问题

近年来，上海市镇的待业问题已基本缓和。据 1982 年人口普查资料，上海市城镇待业人口只有 11.7 万人，其中市区占 89.3%。截至 1983 年 11 月底，市镇待业人员已不到 10 万，且其中绝大部分已在集体工厂、劳动服务公司、个体和家庭手工业等方面从事临时性劳动，收入基本有着落。由于上海市计划生育工作开展较早，从 60 年代中期起人口出生率便呈现大幅度下降趋势。因此，上海 1982 年新进入劳动年龄的人口（按 16 岁计算）约降为 1979 年的 61%，市区则为 1979 年的 44% 左右。根据我们预测，如撇开人口机械增长的影响，上海市每年新进入劳动年龄的人口将从 1982 年的 17.2 万人比较平稳地发展到 2000 年的 17.9 万人，其中有 14 年还低于 16 万人。同期上海市区每年新进入劳动年龄的人口虽由 6.3 万人波浪式地上升到 8.7 万人，但其中也有 14 年低于 1982 年的水平，甚至有 4 年连 5 万人都不到，只是从 1998 年开始才一下子猛增到 9.2 万人。这样，从 1983 年至 1997 年，市区中学毕业生扣除进入高校学习人数后，剩下要求立即就业的人数不会很多。可见，在 20 世纪内上海市区不会因新技术革命的影响而出现严重的应届中学毕业生的待业问题。本市计划、劳动等部门也可由前些年忙于解决待业问题转到重点研究解决如何适应新技术革命的需要，合理调整在业人口的行业构成和职业构成的问题。

不过值得注意的是发达资本主义国家在新技术革命过程中，往往会伴随出现大规模的"结构性失业"现象。其特点是传统产业部门因采用微电子等新技术，实现资本主义自动化后失业率特别高，而新兴产业部门虽需增加

一些劳动力，但由于对工人的熟练技术和知识水平要求很高，使被传统产业部门解雇的工人不易找到新的工作。这种"结构性失业"人口是现阶段资本主义产业后备军的新形式。在我国，尽管社会主义制度保障每个公民有劳动的权利和义务，但在新技术革命的影响下，随着技术结构和产业结构的调整，仍然会出现相当数量的在业人口需要改行转业的现象。如不及早做好准备，可能也会引起新的就业问题。

从上海市的实际情况来看，由于前几年大量安置待业青年的需要，许多企业的劳动密集程度过高，存在着"人浮于事"的状况。根据我们对上海市区人口自然变动的预测，从1982年至2000年间每年的劳动年龄人口总数（按男性16岁至59岁、女性16岁至54岁计算）虽然呈现下降趋势，但下降幅度并不大，只是从439万人减少到400万人。也就是说，在20世纪内市区现有企业不可能通过自然减员大量减少在职职工。在迎接世界新技术革命的挑战中，上海市除了大力发展以微电子等新技术为主的新兴产业，扩大目前比较薄弱的商业服务业、城市公用事业、交通邮电业、旅游业、金融业等部门外，本市的大部分传统产业将采用新技术进行改造，知识、技术密集的程度逐步提高，这就必然会相对以至绝对地减少这些产业对劳动力数量的需要，产生更多的剩余劳动力。同时，部分向市外转移的产业（或企业）职工也不可能全部随之外迁。因此在20世纪90年代后，上海市区传统产业部门职工需要改行转业的数量可能将不会太少。

为了使上海在今后不至于出现新的严重的就业问题，目前劳动和人事部门应从战略高度确定新就业职工在各行各业的合理分配比例。对那些未来需要大发展的部门分配新职工比例可大些，对那些将要大规模进行改造的传统产业部门分配新职工比例可小些，对少数行将转移的产业（或企业）则可少分配或不分配新职工。在制定上海市的经济和社会发展规划时，应考虑贯彻知识、技术密集型产业和劳动密集型产业并重的方针，采取积极发展人民生活迫切需要、经济效益大而对职工技术要求不太高的商业服务业和旅游业，大力举办适应改行转业需要的速成技术培训的职工教育，以便适应改行转业的需要。

郊区劳动年龄人口的变化与市区有所不同，在20世纪内基本上呈现持续增长的趋势。根据我们预测，将从1982年的351万人增加到2000年的

402万人。目前上海郊区人多地少，劳动力过剩的矛盾已经相当突出。1982年郊县从事种植业的农业劳动力约155万人，按每个劳动力承担2亩蔬菜田或4—4.5亩粮棉田计算，现有耕地只需要114万多人，即1982年郊县的剩余农业劳动力就达40余万人。国外有的学者认为，21世纪知识最密集的产业将是农业，农村结构将有很大变化。可以预计，当未来新技术革命的浪潮波及郊区农村时，有限耕地所需要的劳动力数量还将大幅度减少。因此，在迎接世界新技术革命的挑战中，应该把市区和郊区作为一个整体来加以考虑。可结合市区产业结构的调整，促使部分劳动密集型工业产品的加工任务继续向郊区扩散，进一步开展郊区农副工商综合发展的多种经营，以便使大部分农业剩余劳动力"离土不离乡"，实现"就地"转移。

三、努力提高青年一代的劳动力素质
以适应新技术革命的需要

上海市的劳动力队伍文化技术水平较高，各类专业人才比较配套，在劳动力素质方面具有一定的传统优势。但因"十年动乱"和劳动力队伍新老交替等因素，优势已有减弱趋势，与迎接世界新技术革命挑战的需要很不适应，特别是在青年在业人口中问题更为突出。

根据上海市第三次人口普查10%提前抽样汇总资料，1982年全市35岁以下的青年在业人口占总在业人口的59.9%，而在工业部门在业人口中则占到65.2%。可是，在这部分青年在业人口中具有大学程度的仅占1.4%，比35岁及以上在业人口中大学程度的比重7.6%要低得多；实际文化程度未达到初中水平的约占三分之二，尚处于文盲、半文盲状态的青年职工约有2万多人。

从技术水平来看，按普查结果，青年在业人口中的专业技术人员仅占7.3%，明显低于中老年在业人口中的专业技术人员比重15.7%。在上海全民所有制企业的职工中，自然科学技术人员仅占7%，在全国各省、直辖市、自治区中列居第11位。以上海技术力量较强的机电行业为例，某些大型骨干企业的工程技术人员比重已比同类型、同规模的外地部属企业低一半左右。从技术人员配备比例来看，目前还未恢复到60年代中期的水平。

由于文化技术素质差，许多青年工人既不了解传统工艺，更不能很好消化引进设备。近年来各系统、部门以大量精力忙于青年职工的"双补"（补习文化和技术），虽然对提高青年一代的劳动力素质起了一定作用，但由于目前新招收的不少中学毕业生的实际文化水平仍很低，因此一些单位反映"补不胜补"，难度较大。

为了迎接世界新技术革命的挑战，适应未来"信息社会"对科学文化知识提出的更高要求，上海市劳动力素质优势日趋减弱的状况必须尽快扭转。除了要充分重视本市各类全日制学校教育和业余教育事业的发展，舍得花本钱进行智力投资外，还应大力提倡尊重知识和知识分子的社会风尚，向全社会灌输"终身教育"的观念。在青年职工的文化技术培训中，应研究改革课程设置和教学内容，使之既能从各行各业的实际需要出发，有效地提高生产工人的技术等级，又能适应未来新技术发展的需要。据预测，在 20 世纪末上海市的劳动年龄人口中，80 年代和 90 年代新进入劳动年龄的人口将约占 35% 以上。当前普通中小学的质量如何，直接关系到今后肩负迎接世界新技术革命挑战重任的劳动大军的质量。今年年初，邓小平同志在视察上海工作时曾指出，计算机普及要从娃娃抓起。因此，在继续抓好重点普通中小学教育的同时，必须及时更新教学内容，努力开设一些反映最新技术成就的课程，以培养一大批能够适应新技术革命需要的后备劳动者。

四、妥善处理严重的人口老龄化与新技术革命的关系

1982 年上海市男性 60 岁、女性 55 岁及以上的老年人口数在总人口中已占 14.16%。根据我们对上海市人口自然变动的预测，1990 年老年人口比重将占 17.91%。20 世纪末将达 20.78%，而市区老年人口在 2000 年将占到 24.15%。如果考虑到本市在 50、60 年代百余万支边、支内职工中将有一部分陆续退休回沪的因素，则市区老年人口比重在 2000 年可能将会接近 30%。

上海市的人口老龄化速度快于全国，也快于许多发达国家。在国际上，一般把 65 岁及以上的老年人口占总人口比重 7% 以上称为老年型人口。根据我们预测，上海市 1982 年 65 岁及以上人口的比重为 7.4%，20 世纪末将达 14.2%。日本是人口老龄化速度较快的发达国家，65 岁及以上老年人口的

比重由 7% 上升到 14% 只经过了 43 年，比法国约少 127 年，比瑞典约少 62 年，比英国约少 27 年。即使这样，日本的老年人口比重从 70 年代初的 7.4% 左右上升到 14.2%，仍需近 30 年时间，比上海市约多近 12 年。特别是从新技术革命和人口严重老龄化的关系来看，在有的发达国家中，人口严重老龄化与这次新技术革命在时间上是同步的。根据联合国经济和社会事务部人口署在 1980 年所作的统计和预测，日本 1950 年的老年人口比重为 4.9%，2000 年上升到 14.5%；苏联 1950 年的老年人口比重为 6.1%，2000 年上升到 12.0%；加拿大 1950 年的老年人口比重为 7.7%，2000 年上升到 10.4%；美国 1950 年的老年人口比重为 8.1%，2000 年上升到 11.3%。这使它们有可能利用新技术革命所提供的巨大财力、物力来应对人口老龄化问题。在另一些发达国家中，虽然比较严重的人口老龄化出现在新技术革命之前，但老龄化的进程却比较缓慢。根据联合国的上述预测，西德 1950 年的老年人口比重为 9.4%，2000 年将上升到 15.4%；英国 1950 年的老年人口比重为 10.7%，2000 年将上升到 15.3%；法国 1950 年的老年人口比重为 11.4%，2000 年将上升到 14.6%。这样也使他们可有较充裕的时间试验各种对策。可是，上海市在面临世界新技术革命挑战的前夕就已出现急剧的老龄化趋势，因此不能不引起充分注意，并尽早研究相应对策。

由于 20 世纪内上海市的劳动年龄人口将基本稳定在 65% 左右，因此总负担系数不会发生明显的变化。但是，劳动年龄人口负担老年人口（男性 60 岁、女性 55 岁及以上人口）的系数将由 1982 年的 21.26% 上升到 2000 年的 32.09%。1982 年全市退休退职人数（不包括郊区人民公社社员）116 万人，支付的退休退职费用相当于全部职工工资总额的 21%。随着今后退休老人的大幅度增加，退休金的支付量也将相应地显著增大，因此，必须充分估计这部分开支的增大趋势，搞好本市财力上的综合平衡，进一步改进退休金的提取方式和发放渠道，妥善解决迎接世界新技术革命挑战中抚养老年人口负担将会加重的问题。

同时，随着老年人口的增加，社会上的退休孤老也将有所增加。大力提倡和推行一对夫妇只生一个孩子的政策，又会使 20 世纪末、21 世纪初子女不在身边的退休老人数急剧增加。为了进一步解决好"老而不孤，孤而不独"的问题，从现在起就应进一步倡导"尊老、敬老"的社会风尚，大力发展为老年人服务的各种社会福利事业。目前上海已经出现的"孤老包护组"等组织形式，花钱少，效果好，符合大多数孤老的意愿，也顺应"信息社会"中向"自助"变化的趋势，值得进一步推广。

还应注意，20世纪内随着上海市人口老龄化趋势的发展，45岁及以上的老年劳动人口在劳动年龄人口中的比重也将由1982年的22%上升到2000年的31%。目前相当数量的高学历、高技术等级在业人口都集中在中老年年龄段内。随着年龄推移，这部分人才将逐渐进入老龄阶段。为了适应新技术革命的需要，减少人口老龄化的消极作用，应该十分重视解决"老有所用"的问题。而未来社会劳动信息化倾向的愈益明显，对体力劳动强度要求的逐渐减弱，也将为充分发挥老年人口的"余热"提供更大的余地。因此，可以考虑在今后对从事某些职业并身体健康的劳动者适当推迟退休年龄。即使是退休老人，也可通过提供咨询、担任顾问等多种形式向青年人传递知识、技能、经验等信息，继续在社会劳动中发挥作用。社会应积极建立专门机构，为充分发挥退休老人的"余热"牵线搭桥、沟通渠道和创造条件。

当然，为了减缓上海市人口老龄化在下个世纪的发展速度及控制老龄化的水平，也应该有计划地调节本市已婚育龄妇女的生育率和人口机械变动。根据我们预测，如果撇开人口机械变动的影响，在继续提倡和推行一对夫妇只生一个孩子的政策下，上海市65岁及以上老年人口的比重在2020年将上升到23.5%，2030年进一步上升到35.7%。可见，在研究计划生育分类指导，制定人口发展区域规划时，必须考虑21世纪初上海市的生育率回升时间应适当早于全国其他地区。

【注释】

本文中所采用的上海市未来人口自然变动发展趋势的预测数据，均按我们所设计的中方案推算，即1981年上海市区和郊县的总和生育率保持到1983年后开始逐步均匀下降，从1988年起，市区的总和生育率稳定在1.05，郊县的总和生育率稳定在1.2。

（本文原载《社会》1984年第2期）

上海市区人口迁移的特点和对策 *

　　长时间来，人们比较重视上海市的人口自然变动状况及其规律的研究，而对于上海市解放 30 多年中的人口迁移状况及其规律的调查研究工作却做得很少，特别是在迁移人口的各种构成及其具体流向等方面几乎一无所知。今年七八月间，我们华东师范大学人口研究所在上海市公安局户政处的大力协助下，进行了有史以来第一次大规模的上海市人口迁移抽样调查，具体调查了 1954 年、1964 年、1973 年和 1982 年上海市区、郊县城镇、郊县农村的人口迁移状况。这次抽样调查采取整群分层机械随机抽样的方法，从上述各年上海市的人口迁移量中分别抽取 3‰ 至 5‰ 的样本，然后按每年各层的实际迁移量进行比例分配，共调查了全市 37 个街道（或公社）中 111 个居民委员会（或生产大队）的迁移者 11600 多名。具体地分析研究这次抽样调查所得的各种数据，有利于深入了解上海市解放以来人口迁移的各种状况，正确认识人口迁移的特点和规模，探讨在"对外开放，对内搞活经济"的新形势下，上海市的人口迁移对策。鉴于上海市区的人口迁移在研究上海市人口迁移中具有特别重要的意义，因此本文中我们将着重分析和探讨上海市区人口迁移特点及在新形势下合理调节上海市区人口迁移的对策。

上海市区人口迁移的主要特点

　　上海市是我国最大的城市，也是世界上人口最多的特大城市之一，从 1949 年至 1983 年末，全市占地面积从 636 平方公里逐步扩大到 6185.8 平方

---

* 本文由桂世勋、沈哲宁、朱慈合著。

公里，人口由 502.9 万增加到 1191 万（常住户口数，下同）；其中市区占地面积从 82 平方公里逐步扩大到 320 平方公里，人口从 418.9 万增加到 639.1 万。解放以来，上海市区的人口迁移主要具有以下几个特点：

第一，市区的年人口迁移率起伏变化很大，但各年累计迁出人数仍大于迁入人数。

在 1950 年至 1983 年间，上海市区每年的人口迁移率起伏变化很大，曾出现三次大的净迁入高峰期和三次大的净迁出低谷期。第一次人口净迁入高峰期为 1951 年至 1954 年，时间为 4 年，上海市区净迁入人口共达 84.01 万人；人口净迁移率的最大峰值出现在 1951 年，净迁移率为 93.0%（在第一个特点中迁移人口数和迁移率均按当时上海市区行政范围统计）。第一次人口净迁出低谷期为 1955 年至 1956 年，只有两年，上海市区净迁出人口共达 59.71 万人；人口净迁移率的低谷值出现在 1955 年，净迁移率为 −99.3‰。第二次人口净迁入高峰期为 1957 年，该年上海市区净迁入人口达 26.11 万人，人口净迁移率为 44.5‰。第二次净迁出低谷期为 1958 年至 1966 年，为期 9 年，上海市区净迁出人口共达 85.37 万人，人口净迁移率的最大低谷值出现在 1958 年，净迁移率为 −55‰。第三次人口净迁出低谷期为 1968 年至 1977 年，时间长达 10 年，上海市区净迁出人口共达 99.98 万人；人口净迁移率的最大低谷值出现在 1970 年，净迁移率为 −50.0‰。第三次人口净迁入高峰期为 1978 年至 1983 年，时间为 6 年，上海市区净迁入人口共达 61.26 万人；人口净迁移率的峰值出现在 1979 年，净迁移率为 58‰（见图 1）。

如果将各年累计起来，在这 34 年中，上海市区有 22 年人口净迁出，有 12 年人口净迁入。净迁出人口与净迁入人口相抵后，上海市区仍净迁出 84.69 万人，平均每年净迁出 2.47 万人，年平均净迁移率为 −4.3‰。

第二，市区重大人口迁移政策的变化对主要迁移原因和迁移人口数量变动的影响很大。

从 1950 年至 1983 年间，影响上海市区人口迁移数量变化的原因是多方面的，有政治经济、婚姻家庭、文化教育、军事和社会治安等各种因素。但是，上海市区各年的主要迁移原因之所以会不同，年人口净迁移人数和年净迁移率之所以会出现三次大"起"大"落"的变化，主要是受到当时某些重大人口迁移政策的影响。

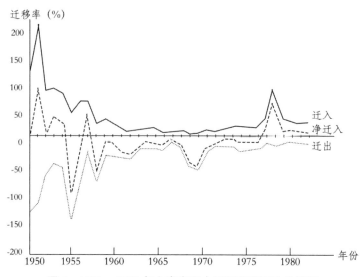

图1　1950—1980年上海市区人口迁移率变动曲线图

　　1951年至1954年，由于国民经济的迅速恢复和发展，人民生活安定，职工队伍急需扩大及当时上海市区尚未实行严格控制常住户口迁入的政策，因而造成大批农村劳动力和职工家属涌入上海市区。从我们这次调查1954年上海市区2219名迁移者（其中迁入者为1353人，迁出者为866人）的迁移原因来看，明显地反映了在当时这种政策影响下的迁移特点。在该年的迁入原因中，谋生和招工分别被列入前五位原因之内，合计占全部迁入原因的29.34%，而它们在迁出原因中却被排除出前五位原因，只占全部迁出原因的2.77%。另外，投亲和随迁这两项原因虽然在迁入和迁出原因中都被列入前五位原因之内，且在迁出原因中所占比重要比在迁入原因中高23.28%，但由于该年上海市的总迁入人数为总迁出人数的1.6倍，所以在人口绝对数上，因投亲和随迁而迁入市区的人数仍比由于同类原因而迁出市区的人数多得多。

　　1958年至1966年，由于上海市区在严格控制人口迁入的同时，贯彻执行了支内、支农、支边的政策和精简机构的政策，使大批职工和家属以及知识青年迁出上海市区。从我们这次调查1964年上海市区699名迁移者（其中迁入者为290，迁出者为409人）的迁移原因来看，也明显地反映了在这些政策影响下的迁移特点。在该年的迁出原因中，第一位的原因是支农支边，占 30.32%；而它在迁入原因中所占比重却为零。同时，因毕业分配和升学进修而迁出上海市区的也被列入迁出原因的前五位之内，合占全部迁出原因的 29.58%，可是它们在迁入原因中不仅只占 9.31%，且升学进修还被排除出前五位原因。鉴于该年上海市区的总迁出人数为总迁入人数的 1.4 倍，所以，因支农支边、毕业分配和升学进修而迁出上海市区的人数更要比由于同类原因而迁入市区的人数多得多。

1968 年至 1977 年，由于上海市区贯彻执行了知识青年"上山下乡"接受再教育和干部下放劳动政策，造成大批大、中学毕业生和干部迁出上海市区。从我们这次调查 1973 年上海市 676 名迁移者（其中迁入者为 266 人，迁出者为 410 人）的迁移原因来看，也非常明显地反映了在当时这种政策影响下的迁移特点，在该年的迁出原因中，毕业分配和支农支边分别为前两位原因，且只占 0.75%。在该年上海市区的总迁出人数为总迁入人数 1.5 倍的情况下，因毕业分配和支农支边而迁出上海市区的人数必然大大超过由于同类原因而迁入市区的人数。

1978 年至 1983 年，由于上海市区落实党的各项方针政策，特别是贯彻"上山下乡"和知识青年可按有关规定回城的政策和职工退休后外地子女可以顶替的政策，以及近年来部队整顿，使大批知识青年和一部分军人迁回上海市区。1982 年时虽然大批知识青年按政策回城的高潮已过去，但从我们这次调查该年上海市区 946 名迁移者（其中迁入者为 583 人，迁出者为 363 人）的迁移原因中仍然可以看到这种政策对迁移的影响。在 1982 年的迁入原因中，第一位的原因是顶替，占 45.97%，而它在迁出原因中所占的比重为零。同上述大量人口因顶替而迁入密切相关的是，退休退职竟成为该年迁出原因中的第一位原因，占 23.69%；而它在迁入原因中所占比重只有 3.09%。此外军人复员转业也被列入 1982 年迁入原因的前五位之内，它不仅在迁入原因中所占的比重要比在迁出原因中高 6.30%，而且由于该年上海市区的实际总迁入人数为总迁出人数的 1.6 倍，所以在人口绝对数上因复转业而迁入市区的人数要比由于参军而迁出市区的多得多（见表 1）。

表 1　上海市区人口迁移的前五位原因　　　　单位：%

原因顺位	1954 年				1964 年			
	迁入原因		迁出原因		迁入原因		迁出原因	
	类别	比重	类别	比重	类别	比重	类别	比重
一	投亲	45.01	投亲	63.86	投亲	33.1	支农支边	30.32
二	谋生	25.94	随迁	12.12	复转	11.38	毕业分配	16.87
三	随迁	7.69	工作调动	7.85	随迁	11.03	投亲	15.65
四	工作调动	4.73	住房原因	3.93	工作调动	9.66	开学进修	12.71
五	招工	3.40	逮捕	3.00	毕业分配	8.97	随迁	7.82

原因顺位	1973 年				1982 年			
	迁入原因		迁出原因		迁入原因		迁出原因	
	类别	比重	类别	比重	类别	比重	类别	比重
一	复转	33.08	毕业分配	56.1	顶替	45.97	退休退职	23.69
二	工作调动	25.94	支农支边	26.1	释放	12.52	投亲	18.46
三	投亲	9.4	工作调动	4.15	工作调动	8.92	住房原因	15.15
四	招工	9.02	投亲	4.15	复转	8.23	逮捕	14.33
五	随迁	4.14	参军	3.17	毕业分配	5.32	工作调动	10.74

第三，市区迁移人口的年龄性别构成和婚姻状况受主要迁移原因的影响很大。

从迁移人口的年龄构成来看，不管是迁入上海市区还是迁出上海市区，迁移活动最频繁的一般是 15 岁至 34 岁年龄段的人口，在这次抽样调查的四个年份中，除 1982 年 15 岁至 34 岁年龄段的迁出人数只占全部迁出人数的39.95% 外，其余都达到或超过了当年全部迁入或迁出人数的一半。迁移人口的中位年龄除了在迁出人口中表现 1964 年、1973 年偏低和 1982 年偏高的情况外，其余都在 22 岁至 28 岁的幅度内（见表 2）。这是符合国内外正常人口迁移的一般规律的。

表 2　上海市区迁移人口的年龄构成

年龄组 （岁）	1954 年		1964 年		1973 年		1982 年	
	迁入	迁出	迁入	迁出	迁入	迁出	迁入	迁出
0—14	26.55	26.79	22.41	15.64	5.64	1.67	6.35	5.51
15—24	31.21	30.37	31.38	54.55	50.75	88.75	32.76	20.94
25—34	21.01	19.86	18.62	9.29	32.33	4.07	40.99	19.01
35—44	11.46	10.74	11.03	4.65	3.76	1.44	7.33	8.54
45—54	5.7	6.58	7.69	0.98	1.5	0.72	5.15	19.28
55—64	2.22	3.7	6.9	2.93	3.76	1.91	4.3	13.77
65—	1.85	1.96	2.07	1.96	2.26	1.44	2.57	12.95
计	100.00	100.00	100.00	100.00	100.00	100.00	100.00	100.00
中位年龄（岁）	22.59	22.85	24.45	17.98	24.37	18.47	25.99	39.75

至于某些年份上海市区迁移人口的年龄构成出现异常变化，究其原因往往是由于该年主要迁移原因的特殊性造成的。比如，在 1954 年和 1973 年由于第一、二位迁出原因是支农支边和毕业分配，因这两项原因而迁出的人数分别占当年全部迁出人数的 47.19% 和 82.20%，致使这两年迁出人口中 15 岁至 24 岁年龄段的比重特别高，竟分别占当年全部迁出人数的 64.55% 和 88.75%；反映在这两年迁出人口的中位年龄上也特别低，分别为 17.98 岁和 18.47 岁。相反，在 1982 年由于第一位的迁出原因是退休退职，因这项原因而迁出的人数占全部迁出人数的 23.69%，并且当时有很大部分职工提前退休，于是使 1982 年迁出人口中 45 岁至 64 岁年龄段的人数占全部迁出人数的比重要比 1954 和 1964 年大很多，竟多达 33.05%，特别是 45 岁至 54 岁年龄段的迁出人数占了全部迁出人数的 19.28%。又如，在 1954 年由于第一位的迁入或迁出原因都是投亲，随迁分别为第三和第二位的原因，因投亲和随迁而迁入或迁出的人数分别占该年全部迁入或迁出人数的 52.70% 和迁出人数的 75.98%，这样也使 1954 年 0 岁至 14 岁年龄段的迁移人数分别占全部迁入人数的 26.55% 和迁出人数的 26.79%，比 1973 年和 1982 年要大得多。同样，在 1964 年由于投亲和随迁是第一、三位的迁入原因，所以

也使该年 0 岁至 14 岁年龄段的迁入人数占全部迁入人数的 22.41%。

从迁移人口的性别构成来看，不管是迁入上海市区还是迁出上海市区，在大多情况下男性迁移者多于女性，即迁移者的性别比高于 100（见表 3）。在这次调查的某些年份中迁移人口的性别比出现过高或过低的情况，往往也是由该年主要迁移原因的特殊性所决定。例如在 1982 年由于因职工退休退职等而迁出的人数占全部迁出人数的 38.02%，他们中间绝大部分是男性人口；再加上近年来外地一些城市急需技术干部和熟练工人，通过解决夫妻分居、照顾他们在农村的家属进城等措施来吸引上海市区的干部和职工，于是也使因投亲和工作调动而迁出的人口中男性大大增加，这样就造成了 1982 年迁出上海市的人口性别比比往年高得多，竟高达 242.45。又如在 1973 年由于因军人转业而迁入的人数占全部迁入人数的 33.08%，成为该年第一位的迁入原因，在他们中间基本上又都是男性，致使该年迁入上海市区的人口性别比也大大提高，达到了 216.67。此外，1954 年迁入人口的性别比为 96.66，也与该年因投亲和随迁而迁入的人数比重较大及当时投亲和随迁中妇女较多有关，1973 年迁出人口的性别比为 95.24，也与该年因毕业分配和支农支边而迁出的人数比重大及其中女性人数较多有关。

表 3　上海市区迁移人口的性别构成

	1954 年		1964 年		1973 年		1982 年	
	迁入	迁出	迁入	迁出	迁入	迁出	迁入	迁出
性别比（女＝100）	96.66	123.20	128.35	123.50	216.67	95.24	188.61	242.5

从迁移人口的婚姻状况来看，在 15 岁及以上的迁移人口中，不管是迁入上海市区还是迁出上海市区，未婚者和在婚者合计所占比重都超过了 90%，离婚者和丧偶者所占比重分别在 3% 以下和 8% 以下（见表 4）。这与新中国成立后离婚率低、平均预期寿命比较高和迁移人口中 55 岁及以上人数较少等情况有关。至于这次调查各年迁移人口中未婚者和在婚者的比重变化较大，一般也是由该年主要迁移原因的特殊性决定的。比如，在 1954 年和 1973 年由于第一、二位的迁出原因是支农支边和毕业分配，迁出人口中

绝大部分是青年，因此未婚者迁出的比重就相当大，分别占全部迁出人数的79.08% 和 86.82%。在 1973 年由于军人复员转业和招工而迁入的人数占全部迁入人数的 42.1%，致使迁入人口中未婚者的比重也达到了 69.17%。在1982 年由于因顶替、军人复员转业和毕业分配而迁入的人数占全部迁入人数的 59.52%，于是也使迁入人口中未婚者的比重加大，达到了 72.21%。相反，1954 年由于在迁入和迁出的原因中投亲、随迁和工作调动都列入前五位原因之内，因此使在婚者占全部迁入人口和迁出人口的比重很大，分别为62.83% 和 60.83%。在 1982 年也由于退休退职、投亲、工作调动和住房原因而迁出的人数占全部迁出人数的 68.04%，使在婚者也占全部迁出人数的61.45%。

表 4　上海市区迁移人口的婚姻状况　　　　　　　单位：%

婚姻状况类别	1954 年		1964 年		1973 年		1982 年	
	迁入	迁出	迁入	迁出	迁入	迁出	迁入	迁出
未婚	29.19	31.85	42.41	79.08	69.17	86.82	72.21	29.57
在婚	62.83	60.83	48.21	17.77	28.85	11.44	22.98	61.45
离婚	1.31	0.64	1.79	0.57	—	—	2.92	1.15
丧偶	6.06	6.69	7.59	2.01	1.98	1.74	1.89	7.83
不详	0.61	—	—	0.57	—	—	—	—
合计	100.00	100.01	100.00	100.00	100.00	100.00	100.00	100.00

第四，市区迁移人口的文化程度构成受教育事业的发展和主要迁移原因的影响很大。

从迁移人口文化程度构成变化的总趋势来看，不管是迁入上海市区还是迁出上海市区，迁移者的文化程度均逐年提高。这首先表现在具有小学及以上文化程度的迁移者在全部迁移者的迁移人数中所占比重呈不断增大的趋势，大致由 1954 年的将近 50% 逐步提高到 1982 年的 90% 左右；其次表现在从小学到大学本科的各类文化程度的迁移者中，占首位的文化程度组由1954 年的小学组逐步提高到 1964 年和 1973 年的初中组、1982 年的高中组（迁入人口）和初中组（迁出人口）。其中 1964 年和 1973 年占首位的文化

程度组虽然都是初中组，但该组的迁入人口中的比重却由 1964 年的 29.27%
增大到 1973 年的 69.06%，在迁出人口中的比重也由 1964 年的 45.86% 增大
到 1973 年的 91.44%。第三还表现在大学本科组的迁移者所占的比重也呈不
断增大的趋势，在迁入人口中由 1954 年的 0.67% 增大到 1982 年的 6.97%，
在迁出人口中由 1954 年的 0.12% 增大到 1982 年的 2.75%（见表 5）。这种迁
移人口文化程度不断提高的趋势，从一个侧面反映了新中国成立以来我国教
育事业的蓬勃发展。

表 5　上海市区迁移人口的文化程度构成　　　单位：%

文化程度类别	1954 年		1964 年		1973 年		1982 年	
	迁入	迁出	迁入	迁出	迁入	迁出	迁入	迁出
小学	33.09	36.67	18.82	25.06	4.91	2.2	9.06	23.14
初中	9.67	7.98	29.27	45.86	69.06	91.44	32.58	41.6
高中	2.75	3.45	19.86	12.28	16.98	3.67	44.25	18.73
大专	0.3	1.19	5.23	0.75	1.89	0.24	2.96	1.93
大学本科	0.67	0.12	2.79	2.01	1.51	0.24	6.97	2.75
合计	46.48	49.41	75.97	85.96	94.35	97.79	95.82	88.15

　　然而，在有的年份中上海市区迁移人口的文化程度构成也出现了异常
情况。这往往同该年主要迁移原因的特殊性和教育事业发展中的某些问题有
关。比如，在 1982 年由于退休退职成为第一位的迁出原因，而很多退休老
工人因历史因素造成有学历的文化程度较低，致使该年小学组的迁出者竟占
全部迁出人数的 23.14%。又如，在 1973 年由于毕业分配和支农支边成为第
一、二位迁出原因，并且当时因"十年动乱"，高中停办，大学也没有应届
毕业生，这就造成该年大专组和大学本科组的迁出者所占比重特别小，只占
全部迁出人数的 0.48%，而初中组的迁出者竟占全部迁出人数的 91.44%。

　　从迁入人口同迁出人口的文化程度构成相比较来看，在这次抽样调查
的四年中，大学本科组的迁入者所占比重都大于同类文化程度的迁出者所占
的比重，但在 1954 年、1964 年和 1973 年中，具有小学文化程度及以上的
迁入者所占比重却小于同类文化程度的迁出者所占的比重，这说明在这几年

人口迁移中，上海市区相对地把初级和中级文化程度的人员多输送出去一些，而把较高文化程度的人员多吸收进来一些。

第五，市区迁移人口的社会经济构成受经济建设的发展和主要迁移原因的影响很大。

从迁移人口社会经济构成变化的总趋势来看，不管是迁入上海市区还是迁出上海市区，迁移者中家务人员和无业待业人员的比重在逐年缩小，在业人口（尤其是工人）的比重在逐年增大。在这次抽样调查各年的迁移人口中，迁入者在迁入后的社会经济构成非常明显地反映了上述特点。家务人员在全部迁入人数中所占比重由 1954 年的 23.63% 逐步缩小到 1982 年的 1.38%。无业待业人员在全部迁入人数中所占比重由 1954 年的 13.41% 逐步缩小到 1982 年的 7.23%；在业人口在全部迁入人数中所占比重由 1954 年的 39.04% 逐步增大到 1982 年的 77.45%，其中工人在全部迁入人数中所占比重由 1954 年的 18.15% 增大到 1982 年的 50.95%。至于迁出者的社会经济构成，由于这是按他们迁出前的情况统计的，因此只是大致反映了上述特点（见表 6）。这种迁移人口社会经济构成的变化趋势，从一个侧面反映了新中国成立以来经济建设的较快发展和城镇人口就业率的大大提高。

表 6　上海市区迁移人口的社会经济构成　　　　　单位：%

社会经济构成类别	1954 年		1964 年		1973 年		1982 年	
	迁入	迁出	迁入	迁出	迁入	迁出	迁入	迁出
一、在业人口	39.04	34.49	43.21	12.90	80.90	7.09	77.45	62.6
专业技术人员	2.74	2.19	11.50	0.73	4.87	1.22	10.18	5.54
负责人	0.59	0.81	3.14	0.24	3.37	—	2.37	2.77
办事人员	1.85	1.61	2.44	0.24	5.99	—	3.96	4.43
商业工作人员	5.48	5.07	1.74	1.22	1.50	0.24	6.34	6.09
服务性工作人员	9.48	5.54	1.74	1.70	1.12	0.98	3.65	3.60
农林牧渔劳动者	0.22	1.04	0.35	0.24	—	0.24	—	—
工人	18.15	17.76	22.30	8.03	64.04	4.40	50.95	40.17
其他劳动者	0.52	0.46	—	0.49	—	—	—	—

续表

社会经济构成类别	1954 年		1964 年		1973 年		1982 年	
	迁入	迁出	迁入	迁出	迁入	迁出	迁入	迁出
二、不在业人口	59.56	59.86	53.31	76.89	19.1	92.42	22.38	37.12
学龄前儿童	14	14.65	12.89	5.60	3.37	0.73	3.10	3.05
在校学生	7.93	8.19	7.32	41.61	3.37	87.53	4.13	14.4
家务人员	23.63	19.38	14.29	8.27	1.12	1.96	1.38	4.99
待升学	—	—	—	—	—	—	—	—
待分配	0.52	0.46	3.48	1.70	1.12	1.71	2.07	—
无业待业	13.41	17.19	12.20	18.49	5.62	0.24	7.23	6.93
退休退职	—	—	2.44	0.49	4.49	0.24	4.48	7.76
其他	0.07	—	0.70	0.73	—	—	—	—
三、不详	1.41	5.65	3.48	10.22	—	0.49	0.17	0.28
合计	100	100	100	100	100	100	100	100

但是，在有的年份中上海市区迁移人口社会经济结构的变化也出现了一些异常情况。这往往是受到该年主要迁移原因及经济建设发展中存在的某些问题的影响。比如，在 1964 年和 1973 年由于毕业分配和支农支边成为第一、二位迁出原因，因此使迁出前为在校学生的迁出者分别占当年全部迁出人数的 41.61% 和 87.53%；而迁出前为在业人口的迁出者所占比重则相应地大大缩小，分别占当年全部迁出人数的 12.90% 和 7.09%，其中迁出前为工人的迁出者只分别占当年全部迁出人数的 8.03% 和 4.40%。又如，在 1954 年的迁入、迁出人口中和 1964 年的迁入人口中投亲和随迁所占的比重特别大，因此也影响到这些年迁移人口中的学龄前儿童和家务人员所占的比重很大（其中还有人口年龄构成和就业率等的影响）。此外，在 1964 年和 1973 年的迁移人口中，商业工作人员和服务性工作人员所占的比重明显地小于 1954 年和 1982 年，这在某种程度上也是由当时经济建设中不重视发展商业和服务业所造成的；在 1982 年的迁出人口中，迁出前为无业待业和家务人员的迁出者所占的比重要比 1973 年大得多，也反映了 1982 年上海市区存在的较严重待业问题对迁移人员构成的影响。

第六，市区迁移人口的流向受主要迁移原因的影响很大。

从同一年份的迁移人口流向来看，不管是迁入上海市区还是迁出上海市区，在一般情况下距离上海市区愈远，迁移人口所占的比重也愈小，在这次抽样调查的各年迁入人口的流向中明显地反映出这种趋势，当年从内地省区迁入上海市区的人数多于从边缘省区迁入的人数，从沿海省区迁入上海市区的人数又多于从内地省区迁入的人数。同样，1954年和1982年的迁出人口流向中也反映了这种趋势。

从不同年份的迁移人口流向来看，不管是迁入上海市区还是迁出上海市区，总趋势是上海市区和上海郊县、特别是郊县城镇之间的迁移人数所占比重在不断增大。据这次抽样调查的汇总资料，从上海郊县迁入市区的人数占全部迁入人数的比重由1954年的9.20%增大到1982年的43.55%，同期从上海郊县城镇迁入市区的人数占全部迁入人数的比重由2.60%增大到8.78%；从上海市区迁往上海郊县的人数占全部迁出人数的比重也由1954年的8.66%增大到1982年的34.99%，同期从上海市区迁往上海郊县城镇的人数占全部迁出人数的比重由2.54%增大到29.48%。此外，上海市区和我国的香港、澳门、台湾地区及外国之间的迁移人口所占比重也呈现逐渐增大的趋势（见表7）

表7　上海市区迁移人口的流向　　　单位：%

地区类别		1954年		1964年		1973年		1982年	
		迁入	迁出	迁入	迁出	迁入	迁出	迁入	迁出
本市郊县	小计	9.20	8.66	18.47	18.96	34.08	67.73	43.55	34.99
	城镇	2.60	2.54	12.20	10.59	3.37	6.85	8.78	29.48
	农村	6.60	6.12	6.27	8.37	30.71	60.88	34.77	5.51
沿海省区	小计	79.52	74.36	36.24	10.96	14.98	10.75	16.87	35.53
	特大城市	5.12	15.59	13.24	8.13	5.24	1.22	3.10	8.26
	大、中、小城市	12.09	10.16	5.23	2.96	3.00	2.20	2.07	2.48
	非城市	62.31	48.61	17.77	8.87	6.74	7.33	11.70	24.79

续表

地区类别		1954 年		1964 年		1973 年		1982 年	
		迁入	迁出	迁入	迁出	迁入	迁出	迁入	迁出
内地省区	小计	8.09	11.43	25.43	20.44	12.36	14.66	8.95	4.96
	特大城市	3.41	5.20	4.53	7.88	1.50	0.73	2.58	0.83
	大、中、小城市	1.34	1.73	3.83	4.43	1.50	1.71	1.72	1.10
	非城市	3.34	4.50	17.07	8.13	0.36	12.22	4.65	3.03
边远省区	小计	—	1.51	3.14	32.51	3.74	0.73	9.82	0.28
	特大城市	—	0.58	0.70	1.23	0.37	—	0.52	
	大、中、小城市	—	0.12	1.05	0.49	0.75	—	0.52	
	非城市	—	0.81	1.39	30.79	2.62	0.73	8.78	0.28
我国港、澳、台地区和外国		0.45	—	0.70	0.99	0.75	0.98	0.86	7.16
其他[注]		2.74	4.04	16.03	7.14	34.08	5.13	19.97	17.08
合计		100.00	100.00	100.01	100.00	99.99	99.98	100.02	100.00

[注]：这部分包括上海市区与部队、监狱、劳改农场、劳教所等单位之间的迁移人口，以及少数流向不详的人员。

但是，在有的年份迁移人口的流向也出现异常的情况。这往往也是该年主要迁移原因的特殊性所造成的。比如，在 1964 年由于支农支边是第一位的迁出原因，并且其中绝大部分是支援边疆农村（或建设兵团），致使该年从上海市区迁往边远省区的人口比重在该年迁出人口的各种流向中跃居首位，占全部迁出人口的 32.51%，特别是迁往边远省区非城市（包括城镇和农村）的占该年全部迁出人数的 30.79%；相反，在 1973 年的第一、二位迁出原因虽然也是毕业分配和支农支边，但由于当时上海市区的绝大部分中学毕业的知识青年迁往市郊农场，致使该年从上海市区迁往郊县的人数占全部迁出人数的 67.73%，其中迁往郊县农村的竟占全部迁出人数的 60.88%。又如，在 1973 年由于第一位的迁入原因是军人复员转业，因此使该年从"其他"地区迁入上海市区的人数占全部迁入人数的 34.08%。

综上所述，新中国成立以来上海市区人口迁移的特点，不仅反映了上海市人口迁移本身的特殊性，而且也包含了新中国成立后大城市人口迁移受重大政策变化影响大和迁移人数大"起"大"落"等共性。我们只有紧紧抓住影响人口迁移的重大政策这个中心环节，从重大政策的变化推论到主要迁移原因的变化，从主要迁移原因的变化推论到迁移人口的各种构成和具体流向的变化，才能在调查到的一大堆看起来"杂乱无章"的迁移资料中寻找出符合我国国情及带有规律性的人口迁移特点。

合理调节上海市区人口迁移的对策

既然上海市区的人口迁移受重大政策变化的影响极大，因此正确制定上海市区人口迁移的对策，对于尽快治理上海市区的"膨胀病"，逐步把上海建设成为一个经济繁荣、科技先进、文化发达、交通便捷、信息灵敏的社会主义现代化城市，具有十分重要意义。我们认为：在当前"对外开放、对内搞活经济"和改造上海、振兴上海的新形势下，上海市区的人口迁移主要应采取以下几个对策：

第一，从提高城市综合效益出发，积极控制上海市区的人口规模。近年来，上海市还在积极开拓"外扩、内联、改造、开发"的新路子，外商纷至沓来洽谈合作项目，各兄弟省市和中央各部所属单位也陆续在上海开店办厂，许多农民建筑队更是竞相来沪投标承包建筑工程。在这种情况下，我们既要看到目前上海市区人口已严重超负荷，如果不加任何控制地让大批人口涌入高密集的市中心区，将会加剧上海市区的"膨胀病"；同时又要看到大力发展同国内外的各种经济联合和技术协作，可以大大加快上海市区的改造和振兴，迅速增强缓解市区社会问题和环境问题，缩小市区和郊县间综合生活质量的差距，从而在根本上有利于今后上海市区人口向外扩散。因此应该坚决摒弃那种以大城市人口愈少愈好的消极控制人口规模的方针，采取积极控制大城市人口规模的方针，从最有利于迅速提高大城市的经济效益、社会效益和环境效益出发，细致地研究在新形势下究竟某个大城市应该进多少人、进一些什么样的人、安排在哪些地区等等。贯彻这种积极控制的方针，虽然在一段时期中大城市的人口增长会较快些，但从长远看更有利于大幅度减少大城市中心区的人口。鉴于目前全国经济形势大好，上海市区同外地在综合生活质量方面的差距还很大，以及上海市区过去又有大批人员外迁支农支边和支内，我们感到要特别注意吸取过去在经济发展较快时往往容易放松控制大城市人口的教训，避免重犯人口迁移大"起"大"落"的错误，根据流入或要求迁入上海市区的各类人员的不同情况，实行分类指导：对要求申报常住户口的人员应继续从严控制；对只要求解决寄住户口而不改变常住户口的人员应在统筹安排下适当控制；对既不要求申报常住户口，也不要解决寄住户口的人员则应在计划指导下让其自由流动。

　　第二，密切结合城市的科技、经济和社会发展战略，合理调节上海市区的迁入人口及分布。上海是全国的重要经济中心，为了使它在我国现代化建设中发挥"开路先锋"的作用，应该积极进行改革，加速技术进步，改造和发展传统工业，扩大新兴工业的比重，合理调整工业布局，大力发展"第三产业"，把上海市建设成为具有多功能的经济中心和布局合理、群体组合的社会主义现代化城市。在上海市区的人口迁移和分布上，我们过去往往偏重于单纯控制净迁入人口的数量，忽视对迁入人口社会经济构成和文化程度构成等的合理调节，忽视迁入人口在全市范围内的合理分布。显然，这是不利于城市的改造和发展的。在当前国内外许多部门和单位要求到上海来开店办厂，许多人要求迁入上海市区的形势下，我们要注意克服过去的缺点，不能认为只要项目谈成就是好，搞个"来者不拒""照单全收"，而应该密切结合上海市的科技、经济和社会发展战略有选择地加以"引进"。比如，在洽谈和批准开店办厂的项目时，要考虑是否有利于加强上海市迫切需要发展的薄弱环节，改善不合理的经济结构。对于那些耗用能源多、运输量大、"三废"污染严重、占用土地多和上海市根本不需要发展的行业和产品，即使条件再优惠，也不能"引进"。在调进技术人员的专业知识结构上也要考虑符合上海优先发展的科技领域和产业的需要。同时，在开店办厂的选址上要瞻前顾后，合理布局，尽可能安排在综合分区、新建居民住宅小区和重点开发的卫星城镇内。为了鼓励人们到这些地区开店办厂，还可以发挥经济杠杆的作用，在征收税收、发放贷款等方面给予优惠。

　　第三，抓住搞活经济、加强协作的有利时机，因势利导地扩散上海市区人口。当前，全国各地广泛开展经济技术协作和对口支援，许多中小城市和农村地区争先恐后地与上海市挂钩，热烈欢迎上海的部门和单位去那里投资兴工经商，合作开发当地急需发展的项目，以非常优惠的待遇聘请上海市的科技人员和有业务专长的退休职工。在这种情况下，我们应抓住有利时机，充分利用上海市的经济技术和人才优势，积极组织人才输出。我们可以结合解决夫妻长期分居两地的困难，鼓励上海市区的一部分科技人员接受中小城市和乡镇企业的招聘，迁往那里工作，使其在农村的配偶及未成年的子女同时转为居民户口，合家团聚；结合发挥退休职工"余热"，改善退休职工的生活，鼓励一部分身体健康，确有技术或业务专长的退休职工前往外地接受聘用，帮助企业（特别是乡镇企业）解决生产技术难题、传授技艺、培训专门人才；结合开展经济技术的对口支援，鼓励上海市的区、县、局以至企业，同某个中小城市、农村地区和外地企业挂钩，派遣一部分科技人员、管理干部和熟练工人定期到那里考察、指导和开展咨询服务。在上述的人才输出中，尽管许多人的常住户口仍保留在上海市区，但实际上还是相应减少了上海市区人口对农副产品、市内交通、水电等的压力，发挥了上海市对全国各地输送人才的作用。

总之，在当前新的经济形势下如何解决好大城市的人口迁移问题，是一个十分复杂的新问题。我们只有从实际出发，认真总结新中国成立以来大城市人口迁移的历史经验，全面地辩证地进行科学分析，才能作出正确的对策。

（本文原载上海市人口学会、上海市计划生育

委员会编《人口科学》1984 年第 6 辑）

略论控制大城市的人口规模

　　党的十一届三中全会以来，我国大城市人口增长很快，特别是大城市市区的人口机械增长速度更快。目前，大城市中新建和扩建项目大量增加，人口成批、成建制（包括相当数量的三线企业）进入大城市的数量很大，"三投靠"（妻子投靠丈夫，子女投靠父母，老人投靠子女）的人数日益增多，从外地进大城市市区开店办厂、设立各种办事处、承包建筑工程和务工经商等各种流动人口急剧增加。在这种情况下，有些人提出大城市人口不应该再控制了，过去提出的"控制大城市"的方针是"违背城市发展规律""脱离中国国情"和"限制经济发展"的，在新形势下应当废除。我认为，这种观点存在片面性，值得进一步商榷。

　　众所周知，"控制大城市，合理发展中等城市，积极发展小城市"是我国在 20 世纪 50 年代后期提出来的城市发展基本方针。"控制大城市"，不是指控制大城市的经济发展，而是指控制大城市的人口规模和用地规模。其中控制人口规模又是控制用地规模的前提和基础。在城市经济管理体制改革的新形势下，我们既要坚定不移地贯彻"对外开放，对内搞活经济"的政策，又要继续坚持执行"控制大城市"的方针，控制好大城市的人口规模。这是因为：

　　首先，控制大城市人口规模符合目前我国的国情，体现了中国式城市化道路的要求。

　　人口城市化是经济发展和城市发展的客观规律。但是，人口城市化并不等于人口大城市化。在战后的各国、特别是许多发展中国家中，大城市人口的发展速度确实超过了城市人口的发展速度。这里的原因，既有经济发展和城市发展客观规律的内在要求，又有大城市人口盲目发展的因素。特别是像墨西哥、印度等国家，人口迁移无政府状态，城市化的畸形发展非常突出。因此，对于上述这种过度大城市化的现象，许多发展中国家的政府和学者也不认为是合理的，更不认为是一种必然规律。我国是社会主义国家，实行的是公有制基础上的有计划的商品经济，我们完全有必要和可能根据自己的国情开创一条具有中国特色的城市化道路，尽可能避免出现资本主义国家城市化过程中的弯路和弊病。

我认为，目前我国国情中有三个特点决定了我们必须继续控制大城市人口规模：第一个特点是我国 10 亿人口中有 8 亿农村人口，随着近年来农村经济体制的改革和农业现代化水平的提高，目前已经并将会有大批农业剩余劳动力要求转移。我们不可能让几亿农村人口都涌到大城市来，因此必须继续贯彻城市发展的基本方针。第二个特点是目前我国农村的一部分农民虽然依靠勤奋劳动先富裕了起来，但总的说来大城市的经济文化发展水平和生活条件（或"综合生活质量"）仍然大大高于其他地区。如果大城市人口规模不加控制，必然会出现大量人口由中、小城市和农村迁往大城市、由边远和内地大城市迁往沿海大城市的状况。现在有些同志往往只看到目前一部分大城市人口控制得不太合理而影响专门人才迁入大城市这一面，但没有看到如果大城市人口不加控制又会引起我国大批人才倒流回城市，从而影响我国经济和人才的合理布局这一面。第三个特点是目前我国大城市的市区（或建成区、中心城）都不同程度地存在着人口超负荷的状况，加剧了住房和水、电、煤气供应的紧张，交通的拥挤，环境的污染等。在今后较长一段时期，我们还不可能提供大量的财力、物力来根本改善大城市基础设施和治理环境的条件下，如果不控制大城市、特别是市区人口机械增长，就会使大城市人口更加超负荷。

其次，控制大城市人口规模有利于大城市经济的合理发展，更好提高大城市的经济效益。

控制大城市人口规模不仅不会限制经济的发展，相反可以使大城市经济更合理更协调地发展，使大城市的经济效益全面地、持续地得到提高。因为在大城市的经济效益、社会效益和环境效益之间存在着辩证统一的关系。一般说来，经济效益在三种效益中居主导地位，大城市的经济效益高就能大大增强解决社会问题和环境问题的经济实力；但大城市的社会效益和环境效益对经济效益又有反作用，大城市的社会问题和环境问题的严重程度会直接或间接地影响经济效益的进一步提高。在当前我国大城市的市区（或建成区、中心城）人口已超负荷的情况下，如果再在市区盲目地大量新建和扩建企事业单位，过多地增加人口，虽然单个企事业单位的经济效益在短期内可能会比较高，但从长远来看由于人口进一步超负荷会使大城市的社会问题和环境问题更加严重，从而挫伤城市职工的劳动积极性，增加生产成本，影响生产能力的充分发挥，不利于宏观和微观经济效益的持续提高。而且，城市经济的发展，主要应靠改革经济体制，增强企业活力，调动城市职工积极性和采用先进技术，而不是单靠增加人口。像上海市区人口在过去20多年中并没有多大增加，但经济效益却提高很快；现在江苏省有些中小城市和县城的经济效益也很高。可见，城市经济要大发展，城市人口不一定要大增长。

再次，控制大城市人口规模被实践证明是行之有效的。

在50年代后期提出"控制大城市"的基本方针后，虽然由于多种原因各大城市的人口仍增长较快，但总的说还是起到了控制作用，有的还控制得较好。事实上，对大城市人口规模，"大控制就小发展，小控制就大发展，不控制就乱发展"。如果没有这个方针，不控制大城市人口规模，那我国现在大城市人口膨胀的状况将更严重得多。在当前，我们特别要注意吸取过去在经济形势较好时往往容易放松控制大城市人口机械增长的教训，避免重新出现人口迁移大"起"大"落"的不正常状态。

当然，我国城市发展的基本方针从提出到现在已20多年了，国内情况有了很大变化。同时，在过去理解和贯彻这个方针上也存在着一些问题。因此，我认为在新形势下对这个方针的理解和贯彻，应该改变过去一些传统的观念和方法，补充和发展新的内容。概括起来，有以下几个方面：

第一，控制大城市人口规模不是消极的，而是积极的。控制人口要服从于更好地搞活经济，全面提高大城市的经济效益、社会效益和环境效益，充分发挥中心城市在四化建设中的积极作用这个根本目的。

第二，控制大城市人口规模不能搞"一刀切"，而要因地制宜。要打破那种贪大求全，追求所有大城市都搞成综合性的、功能齐全的大工业城市的传统观念。在控制大城市的人口规模和人口机械增长的程度上，应根据各个大城市的性质和功能、自然资源和经济社会发展水平、人口超负荷的程度等实际情况的不同而有所区别。

第三，控制大城市人口规模并不是控制一切要求迁入和流入大城市的人口，而是控制大城市市区（或建成区、中心城）的常住户口的人口规模。对大城市的流动人口则应根据其不同情况统筹安排，加强管理。其中准备长期在大城市内开店办厂的外地单位，应由市有关部门根据城市经济和社会发展的需要审核批准，并尽可能分散到准备开发的综合分区、居民住宅小区边缘地带。对其中主要骨干人数要审批并办寄住户口手续，其他人员则招收本市人口。

第四，控制大城市人口规模，并不是"冻结"市区常住户口的人口迁移，而是有进有出，有宽有严，以促进人才的合理对流。一方面要密切结合各个城市的科技、经济和社会发展规划，优先照顾本市急需的外地人才的迁入；另一方面又要抓住搞活经济、对外协作的有利时机，鼓励本市一部分人才从市区迁往市郊、其他中小城市和农村地区，积极组织劳务出口。

第五，控制大城市人口规模，不仅要控制市区人口增长的数量和注意迁移人口的合理结构，而且更要注意城市人口的合理分布。要根据全国区域规划和每个城市发展的总体规划，结合旧城市的改造和经济结构的调整，促进市中心区人口的合理疏散。

第六，控制大城市人口规模不能孤立地进行，应该同时大力促进中等城市的合理发展，积极扶持市郊卫星城、小城市和小城镇的发展，充分发挥他们的"截流"作用，尽快使我国形成一个以大城市为中心、大中城市协调发展的合理城镇体系。

第七，控制大城市人口规模不能单纯依靠行政的手段，而应该深入研究和逐步改变那些不利于控制大城市人口规模的经济管理体制和政策措施，自觉地利用各种经济杠杆来调节人口的合理迁移和分布，把行政、经济和立法等手段有机地结合起来。在控制办法上可适当搞活，允许一部分外迁人口保留返回权利，允许少部分"空挂户"存在。

（本文原载解放日报理论宣传部、文学艺术部编
《新论》第 106 期，1984 年 12 月 26 日）

采取综合措施控制上海中心城区
人口机械增长

　　1982 年人口普查时，上海市中心城区 148.9 平方公里上，居住着常住人口 607.93 万，人口密度高达 4.08 万 / 平方公里。按我国城建部门规定的比较合理的人均城市用地的下限标准计算，当时上海中心城区人口已超载 421.81 万。人口的严重超负荷，不仅影响本市中心城区经济效益的迅速提高，而且也损害了中心城区的社会效益和环境效益，加剧了住房、交通、环境污染及市政基础设施等许多方面的问题。

　　要逐步改变上海中心城区的人口严重超负荷的状况，降低人口密度，不仅要有计划地控制中心城区的人口自然增长，而且还要有计划地控制中心城区的人口机械增长。尽管 1982 年以来上海市区每年的人口自然增长数超过了人口机械增长数的一倍左右，但根据我们预测，在继续普遍提倡每对夫妇只生一个孩子并不考虑人口迁移的影响下，上海市区从 1992 年开始将出现人口自然变动的负增长，因此，控制人口的机械增长，势必日益成为改变上海市区、特别是中心城区人口严重超负荷的主要途径。

　　那么，怎样才能有效地控制上海中心城区的人口机械增长呢？我认为上海市政府相关部门应该下决心采取综合措施，有计划有步骤地促使中心城区的人口迁出和控制好中心城区的人口迁入。在当前拟采取以下四个方面的措施：

　　首先，在深入研究和充分论证的基础上，尽快确定最优的中心城区人口疏散战略和规划。

　　关于疏散上海市中心城区的人口问题，近年来有关部门已进行过不少的调研工作，也提出过各种不同的设想，但至今仍众说纷纭，拿不出一个经过充分论证的最优的疏散战略和规划。我感到在我国大陆范围内，上海市中心城区人口可以向外疏散辐射的地域至少有五个层次：第一层次是除原中心城区 148.9 平方公里以外的广大市区，按调整后的市区范围计算，这个层次的面积为 190.54 平方公里，包括漕河泾、长桥、高桥、五角场等近郊工业区和吴淞、闵行、吴泾等卫星城镇；第二层次是市郊的卫星城镇及县属镇，包括金山卫、嘉定、安亭、松江等卫星城镇、8 个县的县城和其他 20 个县属镇；第三层次是市郊广大农村地区，包括目前还没有建制的为数众多的乡镇、村镇和农场集镇；第四层次是除上海市以外的上海经济区；第五层次是除上海经济区以外的我国大陆各省、市、自治区。在制定最优的中心城区人口疏散战略和规划时，应该根据上述五个层次的不同情况，确定各个时期疏散人口的重点去向，采取不同的疏散人口的对策。

从上海市的市情、市力及我国大陆其他地区的情况来看，在本世纪内将大批中心城区的人口迁往第三、第四和第五层次的可能性不大。因此，我们在本世纪内积极鼓励中心城区人口向五个层次疏散时，只能把疏散人口的地域重点放在第一和第二层次上。特别是由于第一层次属市区范围，本世纪内许多新的居住区建造在那里，中心城区的居民迁往那里后不仅可以大大改善住房条件，还不用担心将来常住户口能否迁回中心城区的问题，同时国家也不需要给这些搬迁职工发放专门的搬迁补助费及地区津贴，因此，这个层次应该是本世纪内疏散人口的重点的重点。至于第二层次，在本世纪内也不可能全面铺开，把许多卫星城镇及县属镇都同步建设成人口规模和经济结构比较合理、生产和生活条件比较完善、交通便捷、相对独立的城市，我们应该集中有限的财力、物力和人力，先重点建设好两三个城镇，如金山卫、嘉定等，大大增强这些地区对中心城区人口的"吸引力"，树立样板，总结经验；其余的卫星城镇及县属镇在本世纪内只能做到改善现有条件，争取目前已在那里工作的绝大部分职工较乐意地把全家迁往那里定居。

在疏散中心城区人口的方法上，也应按不同层次而有所区别。在本世纪内，对于前往第一、二层次居住和工作的居民，应着眼于鼓励他们的常住户口从中心城区迁往那里；其中第一层次应主要以新建住宅区，改变居住地来带动人口的疏散，第二层次应主要以迁建或新建企事业单位，改变工作地来带动人口的疏散。对于前往第三、四、五层次居住和工作的居民，则主要以承担市郊和外地企事业单位的合同任务，暂时改变工作地来带动人口的疏散；他们中除了少数愿意迁出常住户口者外，应允许相当一部分人继续保留上海市中心城区的常住户口，单身外出一段时期。这种人口变动虽然并不反映在常住户口人数的统计上，但它对疏散中心城区的实有人口还是有重要意义。

其次，果断地采取那些不要国家专门花钱而对疏散中心城区人口又有较大作用的政策措施。

现在有些人一提起疏散人口马上就想到要花许多钱，于是便"狮子大开口"，伸手向国家要一大笔专款，否则就消极悲观，认为疏散人口难以办到。我感到在现阶段中心城区的经济文化发展水平和生活条件仍高于其他地区的情况下，把中心城区的人口向外疏散，确实需要花一大笔钱，进行基础设施的建设，采取一些经济优惠措施，但是目前许多中心城区的职工之所以不愿迁出去，原因是多方面的。根据我们研究所于1985年5月对迁往嘉定县城厢镇的上海合金厂和上海磁钢厂职工进行的抽样调查，家住市区的职工在填写自己不愿意定居嘉定的主要原因（每人最多选五项原因）时，就涉及十多项原因，其中前五位的原因依次是交通不便、医疗条件差、污染严重、担心将来不能迁回市区、工资津贴低（见表1）。

表1　上海合金厂和上海磁钢厂职工不愿意定居嘉定的原因　　　单位：%

原因	比重	原因	比重	原因	比重
交通不便	17.10	工作不理想	7.69	教育质量低	3.72
医疗条件差	12.45	买东西不便	7.43	文体活动少	3.16
污染严重	10.97	家属分居	6.69	找对象困难	2.42
担心将来不能迁回市区	9.85	探亲访友不便	6.13	住房条件差	0.93
工资津贴低	9.29	副食品供应差	4.65	其他	0.19

尽管上述两个厂职工不愿在嘉定城厢镇定居的主要原因及其所占的比重带有某些特殊性，然而共性寓于个性之中，它大体可以反映出目前上海市区职工在决定是否迁往卫星城镇定居时所考虑的一些问题。

在上述影响职工迁往卫星城镇及县属镇的各种原因中，有些并不是由经济方面的因素造成的。比如，担心将来不能迁回市区的问题，就是由目前本市的户口管理办法造成的。如果我们有针对性地改进户口管理办法，在户口迁徙上贯彻"有出有进"的原则，允许从市区迁往郊县卫星城镇和其他地区的职工及其家属保留市区户口；只要原单位同意、在市区又能自己解决住房的，他们随时可以按规定审查批准迁回市区，那对于消除迁郊职工及其家属的后顾之忧，促进中心城区人口的疏散，无疑有重要作用。再如，工作不理想的问题，主要也是由职工的思想状况和劳动工资管理制度造成的。如果我们能深入细致地对职工进行理想教育，实行合理的人才流动，并切实贯彻按劳分配的原则，就能促使职工专心在当地长期工作下去，以利于疏散人口。又如，找对象困难的问题，虽然对上海合金厂和上海磁钢厂职工不愿定居嘉定的影响很小，但对有些卫星城镇职工不愿定居那里的影响还是较大的。据周祖根等同志在 1982 年 10 月对金山卫地区职工定居意愿的调查，当时对本地区的恋爱问题表示不满意的，占全部表态的未婚职工的 65%。因为在金山卫的未婚职工中男多女少，即使未婚女职工全部在本地区找配偶，仍有 47.7% 的未婚男职工无法在本地区找到对象。这种未婚职工男女比例失调的问题，完全是由于某些卫星城镇或地区经济结构的单一性及招收职工的不合理所造成的。如果我们在制定卫星城镇及地区的发展规划时注意了各个经济部门的合理布局，在招收未婚职工时注意了合理的年龄性别构成，那么也有利于未婚职工在当地安家落户。

还有一些影响市区职工迁往卫星城镇及县属镇的原因，虽然与经济方面的因素有密切关系，但只要我们在制定规划时合理布局，也可以在不另外追加一大笔疏散中心城区人口投资的情况下加以妥善解决。比如，交通不便的问题，往往是许多职工不愿定居卫星城镇的一个重要原因，也是部分职工不愿迁往市区边缘的新建居住区的一个重要原因。现在上海市已在兴建或即将兴建第二条黄浦江过江隧道、自市区至嘉定县城厢镇的快速交通线和南起金山、北至宝山的一百公里快速有轨交通线，如果我们能因势利导，在本世纪内重点发展处于这些快速交通线上的金山卫、闵行、吴淞、嘉定等卫星城镇，重点安排新建浦东陆家嘴地区及位于金山—宝山快速有轨交通线沿线的徐家汇至闵行、五角场至吴淞的带状居住区，不仅可以大大促进中心城区人口的疏散，而且也有利于充分发挥这些交通干线的经济效益。再如，在现阶段中心城区住房困难户很多的情况下，只要其他地区能较好地解决住房问题，对于中心城区人口的吸引力还是较大的。据我们研究所对 1982 年上海市区 5‰。迁出者所进行的抽样调查资料，该年由于住房原因而迁出市区的占迁出者总数的 15.15%，成为第三位迁出原因。如果我们在确定今后上海市镇建造住宅面积的基础上合理布局，先着重建造非中心城区的居住区住宅，分配给大批住房困难户，尤其是那些精力充沛没有大家庭牵挂的结婚无房户居住，也必然会在解决住房问题的同时，有效地疏散中心城区人门，并便于以后对中心城区的大规模改造。

第三，千方百计广开门路，多层次、多渠道筹集用于鼓励中心城区人口疏散的资金。

为了从经济上鼓励中心城区人口向卫星城疏散，需要搞好重点开发地区的市政基础设施，需要给迁建企事业单位一些补贴、减少一部分土地使用费和城市维护建设税，需要给迁居职工（包括单身搬迁和全家搬迁）一些地区津贴、搬迁补助费，需要给按合同短期去那里工作的好教师、好医生等一些较优厚的补贴。在筹集这些资金时，除了靠国家及市政府直接投资外，还可通过采取减免税收、发放低息贷款、发行城镇建设公债等措施来吸引尽可能多的外商、国营企业、集体单位和致富个人到重点开发区投资，通过向中心城区企事业单位征收较高的土地使用费、城市维护建设税及类似国外的"拥挤税"等措施来弥补在重点开发区适当减税的损失。目前，上海市已对缴纳产品税、营业税、增值税的单位和个人（即所谓"纳税人"）开始征收城市维护建设税，并按"纳税人"所在地的不同规定了不同的税率。但我认为《上海市城市维护建设税实施细则》把"纳税人"所在地在市区或金山石化总厂地区的税率不加区别地规定为 7%，不利于鼓励中心城区的"纳税人"向闵行、宝山、金山石化总厂等地区疏散。应考虑第一步先将"纳税人"所在地在中心城区（按原来的 148.9 平方公里范围计算）的税率提高到 10% 左右；第二步再将"纳税人"所在地在中心城区最繁华地段的税率提高到 13%—15% 左右，而且还要研究如何把"纳税人"的范围扩大到那些不缴纳产品税、营业税、增值税的单位。

同时上海市政府及城乡规划建设委员会也可在制定好 1986—2000 年本市重点开发地区详细规划的基础上，有计划地组织中心城区的 10 个区与准备重点开发的几个大型住宅区和卫星城镇长期挂钩，集中力量分工包干支援这些重点开发区的较大工程项目，在那里开办市区重点中小学校、一级医院的分校和分院（有的可由几家重点学校联合起来办分校、几家一级医院联合起来办分院），开设市区名牌商店的分店。至于位于重点开发区的大型企业，如金山石化总厂、宝山钢铁总厂等，都有较雄厚的资金，其中有些企业过去已经花了很多钱，用于当地的市政基础设施及住宅、医院、商业网点的建设，对本厂职工实行一些包括享受民用煤气、民用水和房租优惠价格的经济措施，以较高待遇聘请居住在中心城区的好教师到那里工作等。我们应深入总结这方面的经验，在今后尽可能地将更多的新建和迁建的大型企业有意识地安排在少数几个重点开发区，更好地依托和发挥这些大型企业的经济优势，建设好重点开发区。

第四，把行政、法律和经济手段有机结合起来，继续严格控制上海市中心城区人口迁入。

过去，本市的公安、劳动、人事等许多部门在严格控制外来人口迁入上海市区的工作中，取得了很大成绩。前一段时期，有人主张在对外开放、对内搞活经济的新形势下，应该大大放宽甚至取消过去实行的控制政策，他们认为控制人口迁入大城市市区，就是限制大城市经济的发展。其实，这种观点存在着一定的片面性。他们忽视了现阶段上海市区、特别是中心城区的人口已严重超负荷及经济文化发展水平、生活条件仍然高于其他地区等特点，没有充分认识大城市的社会效益和环境效益对经济效益的反作用。他们只看到某些部门对人口控制得不太合理而影响专门人才迁入上海市区这一面，却没有看到如果上海市区的人口不严格控制又会引起我国大批人才从内地及边远地区倒流回来，使许多农村人口盲目迁入上海市区这一面。

为了在今后继续严格控制外来人口迁入上海市区，应在市城乡规划建设委员会下设有关研究和管理上海市人口合理迁移和流动的办公室，为市人大常委会和市政府正确制定这方面的有关地方法规和中长期规划出谋献策，协调全市各部门通力合作，做好严格控制人口盲目流入中心城区和人口合理分布的工作。严格控制上海市区人口，并不排斥优先照顾那些本市经济、科技和社会发展急需的外地人才迁入，我们应该有进有出，做到人才的合理对流，要抓住对内搞活经济、对外协作的有利时机，鼓励一部分人才从市区迁出。对于那些按政策规定必须迁入上海市的企事业单位，如最近将要陆续迁入本市的许多小三线企业，虽然也要合情合理给予解决，但在一开始审批时就应尽可能相对集中地安排在本市准备重点开发的郊县卫星城镇及其他县属镇，并注意这些地区经济结构和职工年龄性别结构的合理性。即使经有关部门批准迁入上海市的承建制单位，也应考虑向他们收取一次性的按人计算的较高的城市维护建设费，其具体数额还可根据迁入地区的不同而有较大差别。此外，市政府及城乡规划建设委员会也要尽快制定市郊城镇体系合理发展和布局的规划，有计划有步骤地加快乡镇、村镇、农场集镇等的发展，用经济办法来截留大批从农村中转移出来的剩余劳动力。

总之，这些综合措施如果能切实加以贯彻，在本世纪末上海中心城区的人口通过合理迁移（包括市区内部人口的合理移动）比 1982 年减少几十万，还是大有希望的。

（本文原载《人口》1986 年第 3 期）

专家解读"居转户"新政：
外来人才落户有盼头*

今天下午，上海市政府新闻发布会上关于《持有上海市居住证人员申办本市常住户口试行办法》及《实施细则》一经出台，就引起了社会各界，尤其是已经持有上海落户人口的关注。是不是只要符合条件就可以转成常住户口？大量人口转成常住户口是否会带来一些问题？对此，华东师范大学人口研究所教授桂世勋给予了全方位的解读。

一、《履行细则》是外来人才进入上海的可盼望渠道

桂世勋表示，今天《实施细则》的出台从总体上来说反映了上海的人才政策，是欢迎和鼓励外来人才来沪为上海的建设多做奉献的。这项政策有利于上海建设人才高地，也有利于上海市加快"两个中心"的建设目标。对很多外来人才渴望真正成为上海市"户籍大家庭"中的一员，带来了希望，是他们可能申办上海常住户口的有效渠道。

但他同时也认为上海市政府及有关部门一定会制定兼顾到 2020 年的总体"居转户"人口数量调控规划，采取既适度增加在这个时期户籍人口迁入的数量，解决外来人才渴望转入上海的愿望，又有利于实现上海人口合理调控、减缓户籍人口就业压力、搞好社会保障等的应对措施。

＊ 本文由记者桑怡采访。

二、总体迁入人数需配额控制

很多市民担心《实施细则》出台以后会造成本市户籍人口过度膨胀的问题，桂世勋表示，人口数量的增加与很多因素有关，外来人口迁入城市是其中一个重要因素。但他表示政府对上海市人口规模的总量会有总体考虑。"例如，今后5年内上海市人口迁入总量会依据上海市城市总体发展规划有一个调控数量标准，平均每年究竟迁入多少人口也会有一个最佳调控数量标准，其中调配到通过居转户渠道迁入本市户籍的人数又会有一定配额比例，假如某年符合居转户条件的人数超过了该年调控迁入数，一部分人就可能要排队等待明年或更晚些迁入。"桂世勋举例说。

那么在这个"排队"过程中，谁先谁后就成为大家关心的问题。桂世勋个人提出可借鉴某些发达国家审批移民的两个较好的方法。首先可以优化完善"打分制"，也就是对所有符合居转户前提的人员依照科学、合理、公正的"打分"办法进行打分，那些社会发展更需要并对社会做出更大奉献的人员就能获得更高分数，就可优先获得转入机会。另外一个方法就是对同样合乎社会发展需求的人员（包含总分相同），则采取电脑随机摇号抽签的办法，以此决定谁先迁入上海。这样一来既体现了客观、公正和公平，又有利于实现上海户籍人口总量的有效调控。

三、缩小城乡差别是未来户籍政策放开的先决条件

对有些网友提出的，是否取消户籍制度的说法，桂世勋给出了自己的见解。他认为，上海作为一个特大型城市，户籍政策需要逐步放开，一点一点地适当放宽。其实这次《实施细则》的出台就是对人才类人口的户籍放开政策，是一个可喜的探索。

然而如果现在马上要上海全面放开户籍，就会出现一些发展中国家"过度城市化"所带来的众多问题。桂世勋认为在这方面最迫切需要解决的就是尽快缩小城乡特别是东部大城市与中西部农村之间在经济社会发展、居民收入及福祉水平上差距过大的问题。今后，假如地区差距缩小了，人们无

论在哪里工作和生活，都能享受到基本相同的福祉待遇，那么附加在户籍上的福祉规定就有可能完全被剥离。这需要中央和各省级地区坚持不懈的长期努力。

（本文原载《东方网》2009 年 6 月 17 日）

城市人口应按发展需要合理调控*

东方早报：上海现有常住人口数量已明显超过上一轮规划中的预期目标，这是不是当初预测不够准确？

桂世勋：这一方面是当初的统计口径与现在不同；另一方面，虽然户籍人口增加与预期基本吻合，而外来人口的增加则明显超出了预期。

东方早报：和国内其他一些大城市类似，为什么近年来会有越来越多的外来常住人口涌入大城市？

桂世勋：这可以用"推拉理论"来解释这一现象。一方面是大城市的吸引力即拉力，另一方面是原户籍地的推力（包括农村、中小城市、中西部大城市），推拉两个环节间还存在着障碍。如果障碍是有效的，也就是这堵墙是有效的，就能较好控制人口迁移流动。即使拉力和推力都很强，方向也都是正方向，但人口迁移障碍的存在使得其不能轻易进来。

而现有的障碍其实就是户籍制度，除此之外没有其他有效手段阻止外来人口增加，所以户籍人口的数量预测相对较为准确，但同时，现有的户籍制度已不是进入大城市工作和生活的基本约束条件了。

世界上实际常住人口最多的前10位特大城市，除东京、纽约外，其他都在发展中国家。之所以出现这种状况，一个重要原因就是大城市与中小城市间经济和社会发展水平差距过大，综合生活质量相差大，至于和农村相比更为明显。

另外，从全国人口的增长来看，新中国成立后第二个出生人数高峰期是1962—1975年，在这14年中每年出生人口都超过2000万，其中有10

---

* 本文由记者李继成、蒋子文采访。

年每年出生人口竟超过 2500 万，所以从 1985 年开始到 1997 年，尽管生育率降低，但还是不可避免地出现了出生人口的高峰，只是每年出生人口超过 2500 万的仅有 3 年。1985 年后出生的孩子，到 2005 年也逐步进入 20 岁。从人口的惯性作用来看，也助推了近一段时期上海市外来常住流动人口的增长。

东方早报：外来常住人口快速增长的阶段，也正是上海经济快速发展的时期，二者是否存在某种正相关？

桂世勋：在外来人口大量增加的同时，也给上海带来了充足的劳动力资源。因为其中大量是劳动年龄人口，他们在上海创造了财富，为上海赢得了更多的人口数量红利。

东方早报：那您预测这样的人口红利还能维持多久？

桂世勋：上海在 2010 年人口普查时，20—34 岁非户籍常住人口已经达到 422.03 万，占全市该年龄段常住人口数的 57.7%，这也说明上海一半多的年轻劳动力是外来人口，如果没有这一部分人口的大量流入，上海本地户籍人口的劳动力资源是远远不够的。

同时，2010 年普查时上海市 65 岁及以上常住老年人口系数（占总人口比例）10.12%，不仅低于重庆，比 2000 年上海的 11.46% 还低；15—59 岁常住劳动年龄人口的总抚养比率也从 2000 年的 37.4% 下降到 2010 年的 31.1%，这意味着从常住人口的年龄结构来看更有利于上海的经济和社会发展。本来按照上海户籍劳动年龄人口计算，人口数量结构的红利到 2020 年就即将结束，但现在这样一来，常住人口的红利到 2030 年还能享受。

东方早报：人口数量的增长也会给城市带来某些压力，我们该如何理解人口规模在城市规划中的意义？

桂世勋：人口概念有广义和狭义之分。广义的人口包括数量、素质、结构和分布四大因素，狭义的人口就是指人口数量，人口数量一般来讲就是指一个城市或地区的总人口。无论是广义还是狭义的人口，在城市总体规划中都是非常重要的，有基础性的作用，且对城市的发展带来长期影响。

城市总体规划要更有前瞻性、更科学性地引领人口合理再分布，上一轮上海市总体规划在引领人口合理再分布方面起了很大作用，提出了逐步疏解中心城区人口，改变中心城区人口密度过高的局面，并通过产业、住房建设以及合理的交通布局达到较好疏解中心城区人口的目的。

东方早报：我们该如何理解对城市人口的合理调控？

桂世勋：依照目前上海常住人口总量的增长趋势，预计到 2020 年，上海常住人口总量有可能控制在 2700 万左右。尽管人口总量会继续增加，人口红利也会持续，然而我们既要看到大量年轻的外来常住人口让上海更有活力，也要看到对上海社会发展和基本公共服务及其他方面带来的压力，所以应根据发展要求合理调控人口总量。合理调控人口并不是人口越少越好，也不是说低端的全部不要只要高端的。根据上海市国民经济和社会发展的中长期规划有针对性地吸引人才，尤其是上海未来发展关键性、支柱性产业所需要的紧缺人才，而不是笼统的人才。

这就促使上海要更加审慎地思考继续产业优化、调整结构。有些产业虽然低端，但是耗能排污并不严重，并且事关改善百姓民生，从事这些产业的人员像菜场卖菜的、清扫工、保姆、医院护工、养老机构护工等等，虽然受教育程度低但却需要，不能简单地认为愈少愈好；而同时很多与百姓生活联系并不那么密切的非支柱型产业就应该考虑转型或转移。上海应该进一步研究根据人口发展的不同功能区定位，决定哪些地区应集聚人口，哪些地区应严格控制人口，同时，继续推进长三角城市群建设，把周边的大中小城市能够进一步发展起来，增强它们的吸引力，减小人口迁入流入上海的推力。

今后对本市的户籍常住人口，随着生育政策的调整完善，会逐步引导夫妻按政策生育，逐步提高 4—2—2 的家庭比例，这对于减缓上海户籍人口老龄化以及儿童身心健康成长都是有利的。年轻人应该要从整个家庭生命历程来看到底生一个还是两个孩子对家庭幸福和发展更有利，而现阶段不少年轻人往往只看到眼前在经济与非经济成本上的负担，但没有考虑今后孩子参加工作特别是自己将来年老失能、失智、丧偶后所带来的好处，所以我们不能因为要严格控制常住人口的规模而希望符合法律法规可以生育两孩的育龄夫妇最好放弃生育第二孩。

对于外来常住人口，未来上海应通过调整完善产业政策、住房政策和公共服务政策等综合手段，调控外来常住人口总量增长过快的状况。同时，由于外来常住人口长期居住在上海，而且他们的子女不愿意再回到户籍地了，那么不管未来他们及其子女能不能进上海户口，都是上海市的实际市民。我们怎么善待他们，促进外来常住人口的市民化，应该进一步加以考虑并逐步完善有关政策措施。

（本文原载《东方早报》2014 年 5 月 7 日）

90 年代上海人口特点与
社会发展的对策建议

　　20 世纪 90 年代是上海振兴和腾飞的关键时期。正确认识这个时期上海人口变化的主要特点及其对社会发展的影响，对于我们更好地为上海经济发展提供一个良好的人口环境，促进本市经济与社会协调发展，具有重要意义。本文将根据第四次人口普查资料及由我主持的 1990—2050 年上海人口自然变动趋势的预测，对上述问题进行一些初步探讨。

　　由于我们的预测是以 1990 年 7 月 1 日零时上海市常住人口的分年龄性别的人口数作基数，在 1989 年上海市常住育龄妇女生育模式和常住人口死亡模式的基础上假设了各种变动方案，因此，本文所指的各种人口数均为常住人口数。它虽然与上海市的常住户籍人口数及其构成存在着某些差异，但其变动趋势及特点基本相似。

一、90 年代中期将出现全市人口自然变动负增长

　　1989 年 7 月 1 日至 1990 年 6 月 30 日，上海市人口出生率为 11.3‰，比 1981 年的出生率 16.4‰减少 5.1 个千分点。假设上海市区和郊县的育龄妇女总和生育率分别从 1990 年的 1.14 和 1.2 逐步上升到 2000 年的 1.3，并不考虑未来人口迁移和流动的影响，90 年代全市的出生率将进一步下降，到 2000 年时降至 6.8‰，其中市区将低达 5.9‰。本市人口出生率的下降主要是由人口惯性作用引起的，它最明显地反映在每年进入生育高峰年龄（23 岁）的女性人数变化上。1990 年全市 23 岁女性人数为 7.13 万，在 1992 年上升到 10 万的顶峰后便开始迅速下降，到 2000 年为 6.31 万，比 1992 年减

少 36.9%；特别是市区，2000 年 23 岁女性人数仅 2.99 万，比 1992 年减少 40.2%。

1989 年 7 月 1 日至 1990 年 6 月 30 日，上海市人口死亡率为 6.36‰，比 1981 年的死亡率 6.44‰减少 0.08 个千分点。如果不考虑未来迁移和流动的影响，并假设上海市人口平均预期寿命在 90 年代的 10 年中提高 1 岁，那么由于人口年龄结构老化的影响，90 年代全市的死亡率将逐步上升，到 2000 年时达 8.4‰，其中市区将达 8.8‰。

在 90 年代上海市人口出生率下降和死亡率上升的共同作用下，本市人口的自然变动将发生历史性的重大变化。1989 年 7 月 1 日至 1990 年 6 月 30 日，上海市人口自然增长率为 4.96‰，比 1981 年的自然增长率 9.70‰减少 4.7 个千分点。按我们的上述中方案预测，90 年代全市的自然增长率将进一步下降，从 1997 年开始出现负增长（−0.5‰），到 2000 年时降至 −1.7‰。特别是上海市区，人口自然变动负增长的出现时间早于全市，负增长的水平低于全市，到 2000 年时低达 −3.0‰。如果不考虑未来人口迁移和流动的影响，即使下个世纪初由于大批独生子女通婚，上海市区和郊县的育龄妇女总和生育率分别由 2000 年的 1.3 上升到 2004 年的 1.7 和 2.1，并一直保持到 2050 年，那么除 2004—2012 年间全市自然增长率略高于 0 以外，其余各年仍处于负增长，至 2025 年低达 −6.1‰（见图 1）。

据估计，上海市人口自然变动进入负增长至少比全国人口自然变动负增长的出现约早 40 年左右。它是本市人口变动超前性的又一个重要表现，在总体上有利于减少过多的人口规模，有利于降低过高的人口密度，有利于减轻劳动就业的压力，有利于搞好全民企事业单位劳动用工制度的改革，有利手提高劳动生产率和经济效益。

90 年代上海市人口自然变动的这一历史性的重大变化，将使控制本市的人口机械增长和加强对流动人口的管理工作逐渐突出出来，将使提高本市的人口素质和优化人口结构、改善人口分布愈益具有重要的意义。现在全国已经有 27 个省、市、区根据《中共中央、国务院关于加强计划生育工作，严格控制人口增长的决定》成立或调整充实了由地区党政负责同志任组长的人口与计划生育领导小组，上海市在已经建立的市控制人口机械增长联席会议制度和市老龄工作联席会议制度的基础上，市人大法制委员会又向市政府

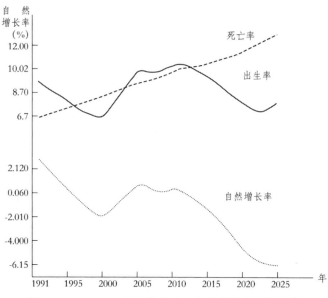

图1　1990—2025年上海市人口自然增长率变化趋势

提出了建立外来流动人口管理联席会议制度的建议。我认为上海市不仅应尽快成立人口与计划生育领导小组，而且应该从本市人口变动的实际情况出发，因地制宜地拓宽该领导小组的职责，使之成为高于市计划生育委员会、市控制人口机械增长联席会议、市老龄工作联席会议、市外来流动人口管理联席会议，能全面规划和协调上海市人口发展的领导机构，以促使人口的发展同经济、社会的发展相适应，同资源的合理利用和环境保护相协调。

二、各类学龄人口高峰期的波浪式前推异常明显

随着80年代前期和中期上海市出生高峰期生育婴儿的成长，全市入托（指托儿所，下同）适龄人口和入园（指幼儿园，下同）适龄人口的高峰期将在90年代前期结束，全市小学学龄人口的高峰期将在90年代中后期结束，全市初中学龄人口的高峰期将从90年代中期开始出现并持续到下个世纪初，全市高中学龄人口的高峰期将从90年代后期开始出现并持续到下个世纪第一个十年的中期。

从入托和入园的适龄人口数变化来看，上海市特别是市区在90年代将

呈现较大幅度下降趋势。全市入托适龄（1—3 岁）人口数将从 1990 年的 52.95 万逐渐减少到 2000 年的 27.69 万，下降 47.7%，其中市区将从 1990 年的 33.08 万逐渐减少到 2000 年的 12.25 万，下降 38.3%。全市入园适龄（4—6 岁）人口数将从 1990 年的 50.10 万波浪式地减少到 2000 年的 31.72 万，下降 36.7%；其中市区将从 1990 年的 33.77 万波浪式地减少到 2000 年的 17.22 万，下降 49%。这种情况表明，上海市的入托高峰压力和入园高峰压力将分别在 1993 年和 1996 年开始逐渐缓解，有关部门不仅可以把发展托幼事业的工作重点从解决数量上的"入托难"和"入园难"逐步转到提高托儿所和幼儿园的教养质量，而且可以考虑把一小部分基层社区办的托儿所和幼儿园改成托老所或敬老院。以上海市区的入托适龄人口数变化为例，如果不考虑未来人口迁移和流动的影响，即使下个世纪初由于大批独生子女通婚市区育龄妇女总和生育率从 2000 年的 1.3 上升到 2004 年的 1.7 并一直保持到 2025 年，那么在 1995—2008 年间市区每年 1—3 岁人口数均低于 20 万，即 1990 年 1—3 岁人口数至少要减少 1/3，而且在 2014 年市区出现 1—3 岁人口数的最高峰时，人数也只有 25.48 万，比 1990 年 1—3 岁人口数仍下降 23.0%（见图 2）。因此，我认为上海市区的托儿所在 90 年代末、下个世纪初比目前减少 1/5 左右是适宜的。这样做既可提高托儿所的规模效益，基本保持"就近

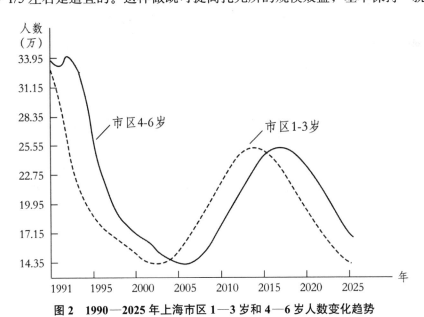

图 2　1990—2025 年上海市区 1—3 岁和 4—6 岁人数变化趋势

入托"的优点，又能有利于发展社区养老事业。再从上海市的入园适龄人口数变化看，1990年全市4—6岁人口数为50.15万，当时全市有幼儿园4774所，入幼儿园儿童数为41.75万人。随着1992年和1993年全市4—6岁人口数分别增加到53.48万和52.84万的高峰，本市的幼儿事业在数量上还需继续发展。但是从1996年起上海市4—6岁人口数将减少到40万以下，并将继续到2009年，其中低谷出现在2004年，仅26.96万；而且在2010—2020年间出现高峰时峰值也只有44.27万。可见，在本世纪末和下世纪初上海市的幼儿园比1990年减少1/10左右，也是适宜的。事实上，本市在1987年至1990年间由于入园适龄人口数有所减少，幼儿园从5822所减至4774所，下降了18%。

从小学、初中和高中的学龄人口数变化来看，在1988年上海市区的虹口、南市、黄浦、闸北、普陀等5个区由于小学学龄人口数进入高峰期而初中学龄人口数还较少，因此采取了小学五年级学生提前毕业进入初中预备班的方法，以减缓市区小学的入学压力。1989年市区的静安、杨浦、徐汇、长宁等4个区也由于同样原因采用了上述方法。根据中方案预测，在1992—1998年间，上海市区每年7—12岁人口数均超过60万，即使到2000年市区7—12岁人口数仍达50.86万，比1990年下降2.2%；然而在1996—2003年间上海市区每年13—15岁人口数均超过30万，比1990年至少增长68%，在1999—2006年间上海市区16—18岁人口数均超过30万，比1990年至少增长34%（见图3）。鉴于90年代上海市区将出现的这种小学学龄人口高峰期与初中学龄人口高峰交叉重叠、初中学龄人口高峰与高中学龄人口高峰交叉重叠的现象，我建议在1996—1998年间市区初中二年级学生应提前进入高中、中专和技校预备班。

在1999年至2003年间市区小学可恢复六年教学，初中可恢复三年制教学；在2004—2006年间市区初中三年级学生应推迟一年毕业，读完高一后再报考高中、中专和技校。当然，这是从整个上海市区的情况考虑的，在市区的各个区由于人口出生率和区间人口移动的差异，未来各类学龄人口高峰期的交叉重叠现象也会有所不同，因此，在合理调节各类学校的在校学生年级层次上也可因区制宜。

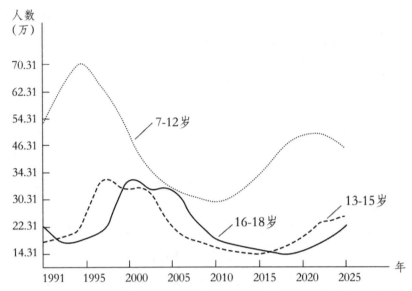

图 3 1990—2025 年上海市区 7—12 岁、13—15 岁和 16—18 岁人数变化趋势

三、老年人口特别是高龄老人迅速增长

在 90 年代，上海市 60 岁及以上老人数将由 1990 年的 189.11 万增加到 2000 年的 237.89 万，十年内增长 25.8%，比下世纪最初十年的增长率 17.8% 要高 8 个百分点，其中市区 60 岁及以上老人数将由 1990 年的 127.30 万增加到 2000 年的 159.91 万，十年内增长 25.6%，竟比下个世纪最初十年的增长率 10.9% 要高 14.7 个百分点；郊县 60 岁及以上老人数将由 1990 年的 61.81 万增加到 2000 年的 77.98 万，十年内增长 26.2%，比下个世纪最初十年的增长率 31.8% 却要低 5.6 个百分点。

从下个世纪上半叶上海市 60 岁及以上老人的变动趋势来看，如果不考虑未来人口迁移和流动的影响，增长速度最快的是 2010—2020 年。在这十年间，全市老人数将增长 54.5%，其中市区增长 59.0%；郊县增长 47.9%。在 2020 年，上海市 60 岁及以上老人数将达到 434.03 万，比 1990 年增长 1.3 倍；其中市区 60 岁及以上老人数将达到 282.05 万，比 1990 年增长 1.2 倍；郊县 60 岁及以上老人数将达到 151.98 万，比 1990 年增长 1.5 倍。从国外的经验看，如果能在老龄化高峰前二三十年，建立由国家、企业（或集体）、个人共同合理负担的社会养老保险制度，储备较多的养老基金，对于应对未来"白发浪潮"的冲击，协调在业劳动年龄人口与老年人口之间的代际关系，增强社会稳定机制，将具有十分重要的意义。现在上海市距老年人口高峰期只有 20 多年时间了，比全国约要少 20 年左右的回旋余地。因此，我认为在当前我国深化改革、扩大开放，加大养老保险制度改革力度的形势下，上海市政府更应增强养老保险制度改革的紧迫感，加快市镇全民所有制和集体所有制企事业单位退休金制度的改革，尽快地在"三资"企业、私营企业、个体工商业者和郊县广大农民中建立形式有别的养老保险制度。

在上海市人口平均预期寿命已经达到男性 73 岁、女性 77 岁的情况下，为了更好发挥老年人力资源的作用，减轻社会在筹集支付养老金方面的负担，本市理应考虑如何适应推迟退休年龄的问题。然而，根据我们中方案预测，如果不考虑未来人口迁移和流动的影响，上海市区 16—男 59 岁、女 54 岁的人数在 1990 年至 2008 年间始终保持在 505 万—527 万的幅度内，2000 年为 519.08 万，比 1990 年的 522.25 万仅下降 0.6%。可见，在 90 年代市区全民企事业单位广泛开展劳动用工制度改革的形势下，尚不具备全面推迟市区全民和集体企事业单位干部和职工退休年龄的条件，只能在一部分急需知识和技术层次较高人才的部门和企事业单位试行适当推迟退休年龄的"弹性退休制度"。不过在 2010 年后上海市区每年 16—男 59 岁、女 54 岁的人数将出现较快的下降趋势，2020 年只有 342.19 万，比 2010 年的 485.67 万下降 29.5%（见图 4），同时，上海市区每年退休年龄（男 60 岁、女 55 岁）的人数在 90 年代虽呈现波浪式地逐晰下降趋势，2000 年只有 6.93 万，比 1990 年的 9.68 万下降 28.4%，但在 2010—2019 年间却出现高峰期，每年人数始终保持在 15 万—21 万的幅度内（见图 5）。鉴于上述情况，我认为上海市区从 2010 年开始全面推迟全民和集体企事业单位干部和职工的退休年龄是较为适宜的。它既不会过多地增加市区社会富余劳动力和待业人口的压力，又有利于适当推迟市区退休人员的高峰期，减轻社会筹集和支付养老金的压力。

在 90 年代，上海市高龄人口的增长速度大大快于老年人口的增长速度。根据我们的中方案预测，如果不考虑未来人口迁移和流动的影响，全市80 岁及以上高龄老人数将从 1990 年的 17.20 万逐渐增加到 2000 年的 28.23

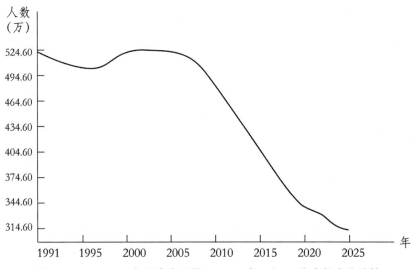

图 4　1990—2025 年上海市区男 16—59 岁、女 54 岁人数变化趋势

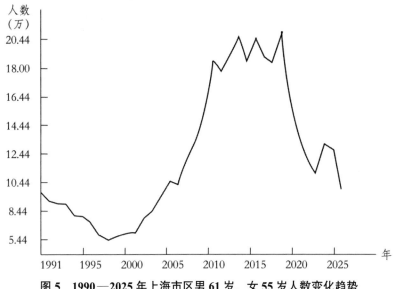

图 5　1990—2025 年上海市区男 61 岁、女 55 岁人数变化趋势

万，10 年内增长 64.2%，比同期全市 60 岁及以上老人的增长率要高 38.4 个百分点；其中市区将从 1990 年的 10.60 万逐渐增加到 2000 年的 18.98 万，10 年内增长 79.1%，比同期市区 60 岁及以上老人的增长率要高 53.5 个百分点；郊县将从 1990 年的 6.60 万逐渐增加到 2000 年的 9.26 万，十年内增长 40.3%，比同期郊县 60 岁及以上老人的增长率仍要高 14.1 个百分点。值得注意的是，在 2010—2020 年上海市 60 岁及以上老人数高速增长的阶段，80 岁及以上高龄人数的增长却较缓慢，10 年内全市只增长 9.4%，其中市区仅增长 4.8%，郊县则增长 20.3%。这就告诉我们，本市要妥善解决好由于高龄老人增多而加剧的"老有所医"和老年人生活照料问题，在 90 年代将显得更为迫切。今年 4 月，上海市政府已把加强社区建设，开展为老年人服务，作为 1992 年要办的与人民生活密切相关的一件实事。我感到这是非常及时和十分正确的。它应该成为整个 90 年代市政府高度重视、常抓不懈的一件大事和实事，不断完善和深化。做好这件事，不仅有利于发扬上海市民的社会主义精神风貌，使广大老年人安度晚年，而且也有利于这些老年人的子女及孙辈把更多的精力用于振兴上海、加快开发和开放浦东的事业，使上海早日成为国际上第一流的现代化多功能的大都市。

（本文原载上海市人口普查办公室编《90 年代上海人口》，
中国统计出版社 1992 年版）

关于未来我国区域差别
人口发展战略的思考

胡锦涛总书记在 2004 年中央人口资源环境工作座谈会上指出："要加强人口发展战略研究，制定人口长期发展规划。要在稳定低生育水平的基础上，认真研究解决人口发展的突出矛盾和问题，研究人口和经济发展、社会进步、资源利用、环境保护之间的关系，提出科学的预测和应对方案。"自 2003 年以来，我国的长江三角洲地区、珠江三角洲地区、京津冀地区、东北地区及许多省、自治区、直辖市都先后开展了区域性的人口发展战略研究。这对于落实科学发展观、重视和关注人口安全问题，更好地制定本地区中长期人口发展规划和"十一五"经济社会发展规划，调整和扩大计划生育部门的职能，具有重要意义。本文就如何搞好区域人口发展战略研究，注意各个区域的差别人口战略问题作一些初步探讨。

一、关于区域人口发展战略差别性的客观依据

在我国，各个地区的经济和社会发展严重不平衡。这种不平衡的状况，随着全面建设小康社会和构建和谐社会的推进，将会逐步改善。但要根本改变这种不平衡的状况，需要经过半个世纪甚至更长时期。各个区域的人口发展战略，之所以要高度关注差别性问题，一个很重要的原因，正是由于区域间的经济和社会发展的现有状况存在很大差异，而且为改变这种状况而制定的区域经济和社会发展目标也存在着很大差异。

（一）每个区域的具体经济和社会发展目标存在差异

在 21 世纪头 20 年，我国的每个区域虽然都必须为实现党的十六大提出的全面建设小康社会总目标而努力奋斗，但是中央已经注意到各个区域的经济和社会发展的差别，在十六大的报告中明确指出："有条件的地方可以发展得更快一些，在全面建设小康社会的基础上，率先基本实现现代化。"因此，在我国东部沿海的一些经济发展水平较高的地区，就把"率先基本实现现代化"作为 2020 年的奋斗目标。同时，近年来我国从促进区域经济协调发展、构建和谐社会的高度，又对东部地区、中部地区、西部地区的经济发展提出了不同要求，实施了西部大开发战略、振兴东北老工业基地战略和中部崛起战略。这就使这些地区制定的具体经济和社会发展目标，也需要相应体现中央的不同要求。

现在我国已有不少地区根据中央的分类指导要求和本区域实际情况，制定了具体的经济和社会发展战略目标，在一些大城市的城市总体规划中也提出了不同的城市发展目标定位。比如，上海市定位为建成现代化国际大都市，国际经济、贸易、金融、航运中心之一。北京市定位为国家首都、国际城市、历史名城、宜居城市。[1]

鉴于制定区域性人口发展战略的一个重要目的是为实现本地区经济和社会发展的目标提供一个良好的人口环境，因此，各个区域的具体经济和社会发展目标的差异，必然要求注意制定本区域人口发展战略的差异性。

（二）每个区域制约人口发展的经济、社会、资源、环境因素存在差异

所谓良好的人口环境，包括适度的人口总量，优良的人口素质，合理的人口结构和分布。然而，每个区域的人口总量究竟多少为适度，则受到当地经济、社会、资源、环境因素的制约。其中经济发展水平及其结构对人口经济容量影响很大，土地资源特别是淡水资源对人口资源容量影响很大，自然环境对人口环境容量影响很大。

其次，每个区域的人口素质究竟能提高多少，也受到当地经济、社会、资源、环境因素的制约。其中经济发展水平、医疗卫生事业发展状况、生殖健康服务和环境污染因素对降低出生缺陷儿发生率影响很大，经济发展水

平、教育事业发展状况对提高本地人口文化素质影响很大，经济发展水平、就业及收入状况、人居环境、成才机遇及户籍管理政策对各地引进或留住高素质人才影响很大。

第三，每个区域的人口结构和分布究竟能改善多少，也受到当地经济、社会、资源、环境因素的制约。其中经济发展水平、社会保障状况、社区文明程度、男女性社会地位和家庭地位是否平等、计划生育工作状况等对出生人口性别比影响很大；经济发展水平、自然条件及地区间综合生活质量的差异对人口的地域结构，即分布影响很大。

综上所述，各个地区的经济、社会、资源、环境状况的不同，使它们的区域人口发展战略也具有差异。特别是我国幅员辽阔，地区间经济和社会发展很不平衡，资源和环境状况存在很大差异，更使每个区域的人口发展战略具有明显差异。

（三）每个区域的现实人口状况存在差异

人口变动有自身的发展规律。未来的人口变动将会受到人口惯性作用的影响。我国各个地区由于过去几十年中人口变动状况不完全相同，因此，使它们之间的现实人口状况及未来人口变动趋势也必然具有差异。比如，江西省从1979年才开始"大抓"计划生育工作，比全国起步晚6年。该省1973—1978年间的高出生率（比全国高出9.6个千分点），将周期性地影响到未来江西省的人口发展。[2] 在21世纪头20年中，由于各地区现实人口状况的差异，在人口惯性作用下，新中国成立后第四次人口出生高峰期的出现时间也存在差异：山东省为2004—2015年[3]，甘肃省为2005—2013年[4]，山西省为2008—2022年[5]。

二、研究区域差别人口发展战略应注意的问题

为了搞好区域人口发展战略的研究，增强课题成果的科学性、针对性、前瞻性和可行性，除了坚持理论与实际相结合、政府部门干部与学者相结合、人口学者与其他相关领域的学者相结合、定性分析与定量分析相结合、认清现状与预测未来相结合以外，笔者认为还应注意以下几个问题：

（一）正确处理兼顾全面与突出重点的关系

作为从"大人口"视角制定的区域人口发展战略，无疑应该涉及人口的总量、人口的素质、人口的结构、人口的分布等四大板块，从回顾历史、认清现状、预测未来开展全方位多侧面的研究，以稳定低生育水平、提高人口素质、改善人口结构、引导人口分布、开发人力资源。然而笔者认为又要突出重点，针对当前及未来本地区人口发展的突出矛盾和问题，围绕本地区党政领导关心的人口发展中的重点和难点问题、本地区人口发展方面已经显露或潜在的不和谐因素、危及当前和未来本地区人口安全的重大问题，梳理出各个地区人口发展战略研究要解决的主要问题。

比如，山西省认为该省的人口发展，在今后面临四大挑战：人口总量继续增长；贫困地区生育水平较高；出生缺陷发生率较高；人口发展与资源环境存量矛盾尖锐。以此作为他们人口发展战略研究的重点问题。[6] 河南省在 2005 年则确定了该省人口发展战略研究的六个重点课题：科学发展观与河南省人口发展战略决策研究；"十一五"人口和计划生育事业规划研究；河南人口发展回顾与未来发展趋势预测研究；河南人口控制效果评估及人口发展对经济持续增长影响研究；计划生育事业投入问题研究；河南人口与计划生育工作新机制研究。[7]

（二）正确处理服从全国人口发展战略要求与为本地区经济社会发展战略服务的关系

区域人口发展战略作为一个局部，应该服从全国人口发展战略的全局。比如，东部地区在制定人口发展战略时应充分考虑中西部地区人口特别是农村人口向东部地区流迁的大战略，尽可能吸纳较多的外来流动人口。然而笔者认为区域人口发展战略又要从每个地区的实际出发，为实现本地区的经济和社会发展战略目标服务。从东部地区吸纳中西部地区的人口数量来看，并不是愈多愈好，而是要研究未来本地区适度的经济容量、资源容量和环境容量，研究未来常住人口总量的增加对达到本地区按常住人口计算的人均 GDP 目标，促进人口与经济、社会、资源、环境的协调发展和可持续发展，构建和谐社会的影响，寻找一个合理的"度"。

据上海市 2003 年 8 月 15 日进行的来沪流动人口抽样调查，来沪流动人口总量为 498.79 万人，其中居住半年及以上的流动人口为 383.07 万人，按此计算上海市每平方公里吸纳和集聚的跨省市常住流动人口已达 604 人[8]，成为全国按土地面积计算吸纳外来流动人口最多的城市。根据笔者主持的未来上海市户籍人口净迁入中方案与生育中方案预测，即使 2020 年上海市常住人口总量扩大到 2500 万人，当时能吸纳的外来常住流动人口也只能是 1182 万人，即比 2003 年的外来常住人口数增加 2 倍；如果 2020 年上海市常住人口总量要控制在 2000 万人，那么当时能吸纳的外来常住人口只有 682 万人，即比 2003 年的外来常住人口数增加 78.0%。

（三）正确处理本地区内协作攻关与跨地区协作攻关的关系

鉴于区域人口发展战略必须密切联系本地区的实际，综合考虑本地区的人口数量、人口素质、人口结构、人口分布之间的相互影响，全面把握本地区人口发展与经济、社会、资源、环境之间的协调发展和可持续发展，因此，在本地区组织课题组，注重本地区内部协作攻关是十分必要的。然而笔者认为部分地区人口发展战略所要解决的重点问题可能具有相似之处，或者相互之间存在着密切联系及可以借鉴启发的经验教训，再加上地区间研究力量发展的不平衡，因此，应该积极倡导跨地区的协作攻关。

比如，在安徽、广东、江西、河南、陕西等省的人口发展战略研究中，都把有效治理出生人口性别比升高列为本地区人口发展战略研究中需要重点研究解决的一个问题。那么，笔者建议上述省份能否就这个问题相互交流、协作攻关呢？又如，在吉林、黑龙江等省的人口发展战略研究中，都提出要重点研究制约振兴老工业基地的人口因素，提出解决振兴老工业基地中人口问题的对策。那么，吉林、黑龙江与辽宁省能否就这个问题相互交流、协作攻关呢？再如，在安徽省的人口发展战略研究中，针对 2003 年跨省外出务工人员超过 700 万的状况，提出重点研究外出流动人口的管理与服务问题；[9] 而广东省的人口发展战略研究中，针对 2004 年登记在册的来自外省市流动人口达 1606 万的状况，提出了重点研究外来流动人口的管理与服务问题。[10] 那么能否将全国流出人口最多的地区与流入人口最多的地区就搞好流动人口的双向管理与服务问题相互交流、协作攻关呢？

（四）正确处理为本部门提供人口基础信息与为其他部门急需的人口基础信息服务的关系

科学制定区域人口发展战略的一个重要内容和前提是进行多方案的中长期人口发展趋势预测。在现阶段及未来我国跨地区的人口机械变动十分频繁情况下，区域人口发展趋势预测与全国人口发展趋势预测的一个很大的差别是必须考虑未来人口机械变动对总人口数量及性别年龄结构变化的影响。这也是搞好区域人口发展趋势预测的重点和难点之一。

从笔者主持的上海市户籍人口发展趋势预测和苏州市、扬州市、徐州市的人口发展战略研究中感到，由于公安部对各省、自治区、直辖市公安厅（局）没有布置汇总统计每年年末本地区分性别和年龄（1岁1组）的户籍人口数要求，只是从2003年开始在《人口及变动情况统计年报表》中增加了年末总人口数的4个年龄分组（18岁以下，18—35岁，35—60岁，60岁以上）。因此，使我们在区域户籍人口发展趋势预测中难以确定基期的分性别和年龄的户籍人口数，难以计算户籍人口的分性别和年龄的死亡率，难以构建户籍人口分性别和年龄的净迁入模式。因此，建议国家人口和计划生育委员会尽快与公安部协商，希望他们把这项统计列入下属公安部门的统计年报表中。

【参考文献】

[1] 李朝俊、刘磊：《北京在人口与发展战略研究中注意高起点实用性》，中国人口网，http：//www.chinapop.gov.cn/rkkx/gdkx/t2005042621760.htm.

[2] 江西：《省人口计生委副主任朱菊芳就加强人口发展战略研究工作接受中国人口报记者专访》，江西人口计生网，2004-3-21，http：//www.chinapop.gov.cn/rkkx/gdkx/t20040326_8959.htm.

[3] 山东：《第四次人口出生高峰期到来，应对不宜迟》，中国人口网，2004-12-29，http：//www.chinapop.gov.cn/rkkx/gdkx/12004121518206, htm.

[4] 甘肃：《省人口发展战略研究取得首项成果》，中国人口网，2004-12-29，http：//www.chinapop.gov.cn/rickx/ztbd/t2004070214116.htm.

[5] 江西：《省人口计生委副主任朱菊芳就加强人口发展战略研究工作接受中国人

口报记者专访》，江西人口计生网，2004-3-21，http：//www.chinapop.gov.cn/rkkx/gdkx/t20040326_8959.htm.

　　[6]　山西：《人口总数达 3335 万，计划生育面临四大挑战》，中国人口网，2005-01-17，http：//www.chinapop.gov.cn/rkkx/gdkx/t2005011118767.htm.

　　[7]　河南：《省确立六大课题加强人口发展战略研究》，中国人口网，2005-03-29，http：//www.chinapop.gov.cn/rkkx/gdkx/t2005032820731.htm.

　　[8]　上海市统计局：《上海市 2003 年外来流动人口调查数据手册》。

　　[9]　常松、康福升：《人口发展战略：安徽省人口发展战略研究规划》，中国人口网，2005-01-17，http：//www.chinapop.gov.cn/rkkx/ztbd/t2005010418517.htm.

　　[10]　广州：《人口调研报告年底出台，人口总数过亿》，中国人口网，2004-12-29，http：//www.chinapop.gov.cn/rkkx/gdkx/t2004102716909.htm

（本文原载田雪原、王国强、王胜今主编《中国区域人口
与发展研究》，吉林人民出版社 2006 年版）

改革开放以来上海区域人口变动与
经济社会协调发展

　　搞好大城市人口与经济、社会、资源、环境的协调和可持续发展，不仅需要深入研究大城市总体人口与经济、社会、资源、环境的协调和可持续发展，而且还要深入研究大城市下辖的各区域人口与经济、社会、资源、环境的协调和可持续发展。本文将以上海市为例，着重探讨改革开放以来常住人口增长最快的区（县）所面临的人口调控问题，提出促进未来这些区域人口与经济社会协调发展的若干对策建议。

一、统筹兼顾加快中心城人口疏解与
防止未来近郊区人口严重超载

　　在上海市下辖的区（县）中，由于各区与上海市其他区（县）间的人口机械变动、该区（县）与上海市外地区间的人口机械变动，区域人口的数量、素质、结构、分布都会不断发生变化。自改革开放以来，上海市在城市发展总体规划关于"疏解中心城过高人口密度、促进人口合理再分布"的规划思路引领下，随着大批从事第二产业的企业向中心城外围和近郊区不断搬迁、大批居住用房在中心城外围和近郊区不断兴建、商品房价格因"级差地租"的影响形成以市中心为峰顶的倒 U 型分布、城市道路和公共交通特别是轨道交通逐渐向市郊延伸，使上海市中心城户籍人口郊区化扩散流与上海市户籍农村人口城镇化集聚流高强度融合于城市近郊区，使大量外来常住流动人口也集聚在上海市的中心城外围和近郊区。全市在常住总人口数快速增长的同时，人口增长重心不断向近郊区转移。笔者以 1982 年上海各大区域在现行区划范围内（浦东新区单独列出并不包括最近归并为浦东新区的南汇区，下同）的常住人口数（朱宝树，2009）为基础，在1982—2007年间上海市常住人口数增长了56.67%，在中心城增长了11.42%，其中核心区（包括黄浦、卢湾、静安、虹口）下降了36.26%，边缘区（包括徐汇、长宁、普陀、闸北、杨浦）增长了57.40%；在郊区增长了78.06%。其中近郊区（包括闵行、宝山、嘉定）增长了142.37%，远郊区（包括金山、松江、青浦、南汇、奉贤、崇明）增长了44.38%；在浦东新区增长了218.61%；与此相应，在上海市的常住人口密度从1982年末的1870.47人/平方公里上升到2007年末的2930.49人/平方公里的同时，中心城核心区的常住人口密度却从55490.69人/平方公里迅速下降到35370.44人/平方公里；中心城边缘区的常住人口密度从12469.73人/平方公里迅速上升到19627.96人/平方公里；近郊区的常住人口密度从1576.85人/平方公里迅速上升到3821.82人/平方公里；远郊区的常住人口密度从754.70人/平方公里较快上升到1089.60人/平方公里。

如果从上海市的各区（县）常住人口考察，笔者以1982年上海各区（县）在现行区划范围内的常住人口数（朱宝树，2009）为基础，在1982—2007年间常住人口数增长幅度在100%以上的区（县），由高到低依次为浦东新区、闵行区、宝山区、松江区和普陀区；常住人口数增长幅度在0—100%的区（县），由高到低依次为徐汇、嘉定、青浦、长宁、奉贤、南汇、杨浦、金山、闸北和虹口；常住人口数增长幅度在0%以下的区（县），由高到低依次为崇明、卢湾、黄浦和静安（见表1）。

表1　2007年上海市各区（县）常住人口数比1982年增长幅度　　单位：%

区（县）	>100%	区（县）	0—100%	区（县）	<0%
浦东新区	218.61	徐汇	92.30	崇明	−13.00
闵行	203.98	嘉定	91.64	卢湾	−46.30
宝山	122.39	青浦	79.58	黄浦	−50.91
松江	106.73	长宁	61.38	静安	−51.46
普陀	102.43	奉贤	47.57		
		南汇	47.15		

续表

区（县）	>100%	区（县）	0—100%	区（县）	<0%
		杨浦	37.15		
		金山	34.02		
		闸北	15.49		
		虹口	0.28		

资料来源：根据《上海统计年鉴（2008）》和1982年人口普查有关资料计算而来。

　　随着上海市各区（县）常住人口数的迅速变化，迫切需要研究区（县）内部人口与经济、社会、资源、环境的协调和可持续发展，高度重视区（县）人口经济、人口社会的重构问题。特别是那些因大量中心城户籍人口导入和大量外来常住流动人口集聚而引起常住人口数迅速增长的区，常住人口数的迅速增长虽然会促进本地区经济建设和房地产业的发展，增加地方财政收入，相对减缓常住人口中老龄化和老年抚养系数的严重程度，然而它又会加大该区域的常住人口密度，影响该区域按常住人口计算的人均地区生产总值和平均受教育年限的提高，增加该区域的就业、城市基础建设和治理环境污染的负担，不利于该区域的生态环境改善。

　　值得注意的是，这些区如果未来每年常住人口的增长数继续保持2000—2007年间的年平均增长数规模，那么到2020年末它们的常住人口总数将分别多达426.26万（浦东新区）、315.53万（闵行）、152.54万（宝山区）、163.38万（松江区），不同程度地明显突破目前本区域总体规划所预计的2020年常住人口总数控制目标。比如，按《关于浦东新区综合发展规划编制情况的报告》，"预计常住人口在规划期末2020年总量控制在300万至350万人"的目标计算，将从超过42.1%减少至21.8%；按《闵行区总体规划实施方案（2005—2020)》"预测至2020年规划人口为200万左右"（2006）的目标计算，将超过57.8%；按《上海市宝山区区域总体规划纲要（2003—2020)》"至2020年宝山区常住人口总量控制在130万人以内"（2004）的目标计算，将超过17.3%。可见，这些迫切需要进一步研究未来本区的合理人口规模，重新审定2020年本区的常住人口调控目标，从现在起就要注意防止未来人口过分超载的问题。

在《上海市城市总体规划（1999—2020 年）》中，明确规定"合理人口布局，严格控制中心城人口规模，加快中心城人口向郊区重点发展城镇疏解，吸引农村人口向新城和中心镇集中，中心城常住人口 2010 年控制在 850 万人以内，2020 年控制在 800 万人以内。"笔者认为上海市政府及有关部门强调上海中心城人口加快向郊区疏解是完全必要的，但时至今日还应高度重视近郊区人口的合理布局，尽快研究并明确提出 2020 年上海市近郊区和浦东新区常住人口数的控制目标，防止闵行、宝山、嘉定等区和浦东新区在 2020 年时出现常住人口总量严重超载的状况，尽可能减少今后居住人口的"二次搬迁"。

二、统筹调控常住人口总量迅速增长区域的人口自然变动与人口机械变动

在上海市常住人口总量迅速增长区域，要切实防止 2020 年常住人口总量的严重超载，应该按《中共中央国务院关于全面加强人口和计划生育工作统筹解决人口问题的决定》精神，从上海面临的前所未有的复杂人口市情，以及有利于未来本区的人口与经济、社会、资源、环境协调和可持续发展出发，统筹调控本区域的人口自然变动与人口机械变动，注意避免"以人口机械增长压人口自然增长"的倾向。不能因为本区在这个时期外来常住流迁入人口过多，而要求人口和计划生育部门继续长期保持该区户籍育龄妇女总和生育率在 1.3 以下的极低生育水平内。

上海市是我国最早进入户籍老年型人口和目前户籍人口老龄化程度最严重的省级地区。2008 年末，上海市 60 岁及以上户籍老年人数已达 300.57 万，60 岁及以上户籍老年人口占户籍总人口的 21.61%；65 岁及以上户籍老年人口占户籍总人口的 15.4%。按美国人口咨询局公布的《2008 年世界人口数据表》，上海市户籍人口老龄化的程度已超过美国（13%）、澳大利亚（13%）、新西兰（13%）、加拿大（14%）、挪威（15%）、荷兰（15%），接近英国（16%）、瑞士（16%）等老龄化水平较严重的发达国家（见表 2）。据笔者主持的 2000—2050 年上海市户籍人口老龄化变动趋势生育中方案和净迁入逐渐增加中方案预测，在 2010—2020 年间上海将面临空前绝后的 60

岁及以上户籍老年人数高速增长期，比全国 60 岁及以上老年人数的高速增
长期要早出现 10 年，届时上海市 60 岁及以上户籍老年人数将从 2010 年末
的 319.73 万迅速增加到 2020 年末的 496.60 万；如果在此期间上海市人口迁
入政策没有很大松动的话，全市 60 岁及以上户籍老年人口数占户籍总人口
数的比例将从 22.8% 迅速上升到 33.4%。未来上海市户籍老年人数及人口老
龄化增长得如此迅速，将会大大加剧全市老年收入保障、老年医疗保障和老
年照料护理的压力。

表 2　2008 年世界部分国家的老龄化严重程度　　　　单位：%

国家名	65＋比例	国家名	65＋比例	国家名	65＋比例
日本	22	瑞典	18	奥地利	17
意大利	20	法国	17	比利时	17
德国	19	葡萄牙	17	英国	16
希腊	19	西班牙	17	瑞士	16

资料来源：美国人口咨询局：《2008 年世界人口数据表》。

　　然而，据上海市人口和计划生育委员会的统计，上海市户籍育龄妇女
的总和生育率在 1990 年为 1.31，1991 年为 0.98。从 1991 年至今全市户籍
育龄妇女的总和生育率在长达 17 年中均处于国际社会公认的极低生育水平
（1.3 及以下），其中 2003 年达到谷底 0.64，2008 年为 0.88。笔者认为上海
市作为一个开放型的国际大都市，可以通过引进外来常住流动人口特别是上
海经济和社会发展迫切需要的外来人才（包括符合条件的"居转户"人才）
来缓解未来全市户籍劳动力短缺的状况；可以通过进一步完善社会保险制度
来减缓未来全市户籍城乡居民养老保险、医疗保险的收支缺口压力；可以通
过大力发展市区居家养老服务和机构养老服务来减缓未来全市户籍老人的生
活照料护理困难，但是引进不来上海市城乡户籍居民的"亲生子女"。如果
上海市户籍育龄妇女的总和生育率在未来 10 多年中继续保持极低生育水平，
其主要负面影响是将加快未来上海市户籍人口老龄化的速度，加剧户籍人口
老龄化的严重程度，使未来上海市户籍家庭代际结构中"四二一"的比例大
幅上升，严重削弱家庭养老尤其是子女和孙辈照料护理老年亲属的功能，大

大加重未来社会养老的负担；不利于从总体上促使未来上海市户籍新一代少年儿童的身心健康成长，影响人口整体素质的提高；不利于使未来上海市户籍育龄夫妻在现行生育政策下尽可能规避万一独生子女不幸严重伤残或死亡给家庭带来的巨大悲痛和困难风险；不利于"稀释"未来上海市常住出生人口性别比偏高的"浓度"，影响常住出生人口性别比趋于正常。

众所周知，早在1985年上海市已规定本市户籍夫妻双方都是独生子女的，可以有计划生育两个孩子；在1990年时已规定本市户籍夫妻一方为农业户口且有一方为独生子女的，也可以有计划生育两个孩子。在当前上海市进一步加大对现行生育政策"微调"的力度、允许上海市户籍夫妻双方均为非农业户口且有一方为独生子女的可以有计划生育两个孩子的条件还不成熟时，笔者认为要使上海市户籍育龄妇女的生育水平和出生人数适度回升，以利于在稳定低生育水平下统筹解决人口问题，只能采取观念引导、精神鼓励、提高托幼事业的质量、增加家务劳动社会化、合理调整家庭养育孩子的人均支出等措施，尽可能使更多的符合法律法规可以有计划生育两个孩子的户籍育龄夫妻申请生育第二个孩子。当今后条件成熟时，再进一步实施调整现行生育政策的"软着陆"方案。

当然，这样做的结果会较明显地增加未来上海户籍出生人口数，有可能使2009—2020年间全市户籍人口自然变动正增长，使上海市这些常住人口总量迅速增长的区进一步加大常住人口对经济、社会、资源、环境的压力。笔者认为这些区在2009—2020年间继续保持户籍人口很高的计划生育率和努力提高外来流动人口计划生育率、依法加强对违反法律法规超生行为的宣传教育和处置的前提下，理应让城乡符合法律法规可以生育两个孩子的户籍育龄夫妻生育两个孩子，使城乡户籍育龄妇女的总和生育率比现在有所回升。要使这些区在2020年常住人口总量不超载，主要办法就是调控好上海市中心城区户籍人口的导入数量和外来常住流动人口的集聚数量，特别是要加大本区产业结构优化升级的力度，引导更多产业向常住人口密度较低的上海远郊转移；防止本区居住用地占建设用地的比例过高和住宅建设的过度开发，除有利于本区农村人口向中心城集中外应严格控制本区大型居住区的规划建设，引导更多住宅在常住人口密度较低的上海远郊兴建。这既是上海市这些常住人口总量迅速增长的区在制定"十二五"人口发展规划及到 2020 年人口长期规划时应高度关注的问题，也是上海市政府在制定全市"十二五"人口发展规划及到 2020 年人口长期规划时应充分重视的问题。

三、统筹协调不同区域外来常住流动人口数量及其比例的 差异给地区公共服务和区级财政带来的压力

在上海市各区（县）中，目前外来常住流动人口数及其占该区（县）常住人口总数的比例存在很大差异。《上海统计年鉴（2008）》的资料表明，从 2007 年末本区（县）外来常住流动人口的数量考察，外来常住流动人口数最多的浦东新区（98.34 万）比最少的静安区（2.91 万）要多 95.43 万，为静安区外来常住流动人口数的 33.79 倍；其中外来常住流动人口数超过 40 万的区（县）由多到少依次为浦东新区（98.34 万）、闵行区（79.17 万）、松江区（44.00 万）和嘉定区（43.57 万）（见表 3）。从 2007 年末本区（县）外来常住流动人口数占该区（县）常住人口总数的比例考察，外来常住流动人口数占常住人口总数比例最高的松江区（44.51%）比最低的杨浦区（10.23%）要增加 34.28 个百分点，为杨浦区比例的 435.09%；其中外来常住流动人口数占常住人口总数的比例超过 40% 的区（县）由高到低依次为松江区（44.51%）、嘉定区（43.61%）、闵行区（41.77%）和青浦区（41.00%）（见表 4）。可见，在目前上海市各区（县）中，浦东新区和闵行、松江、嘉定、宝山、青浦等区，不仅外来常住流动人口数量均在 30 万以上，而且外来常住流动人口数占常住人口总数的比例也在 25% 以上。

表 3　2007 年上海市各区（县）外来常住流动人口数　　　单位：万人

区（县）名	>40	区（县）名	20—39	区（县）名	<20
浦东新区	98.34	宝山	34.52	金山	14.94
闵行	79.17	青浦	31.88	徐汇	13.51
松江	44.00	奉贤	26.25	杨浦	12.02
嘉定	43.57	南汇	24.90	虹口	10.08
		普陀	23.77	闸北	9.97
				长宁	9.66

续表

区（县）名	>40	区（县）名	20—39	区（县）名	<20
				崇明	8.24
				黄浦	7.99
				卢湾	3.50
				静安	2.91

资料来源：《上海统计年鉴（2008）》。

表4　2007年上海市各区（县）外来常住流动人口占常住人口的比例　单位：%

区（县）	>40%	区（县）	20—39%	区（县）	<20%
松江	44.51	奉贤	35.05	黄浦	15.31
嘉定	43.61	浦东新区	32.20	长宁	14.86
闵行	41.77	宝山	25.91	徐汇	13.99
青浦	41.00	南汇	25.74	闸北	13.40
		金山	22.37	卢湾	13.06
		普陀	20.96	虹口	12.89
				崇明	12.54
				静安	11.54
				杨浦	10.23

资料来源：根据《上海统计年鉴（2008）》有关资料计算而来。

大批外来常住流动人口的集聚，在为流入区域的经济和社会发展做出很大贡献的同时，也给流入区域的公共服务和区级财政带来了很大压力。在《中共中央国务院关于全面加强人口和计划生育工作统筹解决人口问题的决定》中，明确指出："将流动人口管理服务纳入地方经济社会发展规划，促进流动人口融入城市生活。解决流动人口在就业、就医、定居、子女入托入学等方面的实际困难，逐步将进城务工人员纳入社会保障体系，保护其合法权益。"而且针对人口和计划生育工作，规定应"按照常住人口规模比例配备人口和计划生育工作人员。"2006年颁布的《上海市人民政府关于本市做好农民工工作的实施意见》，又对如何为上海市外来常住流动人口数量最多的农民工服务提出了具体要求。主要有：①"进一步完善对农民工的就业服务。……免费为来沪农民工与用人单位提供政策咨询、就业信息查询、就业指导、职业介绍等服务。""加强对农民工的职业培训工作。……坚持向在沪农民工免费提供培训信息查询，开放职业培训和技能鉴定。"②"保障农民工同住子女平等接受义务教务。……坚持'以流入地政府管理为主，以全日制公办学校就读为主'的原则，采取多种形式，依法保障农民工同住子女接受义务教育的基本权利。建立以农民工现居住地所在区县政府为主的就学管理体系，积极探索以公办中小学为主、社会力量办农民工子女学校为辅的多渠道运作办法，将农民工同住子女义务教育纳入本市教育事业发展规划。"③"加强农民工的卫生防疫和疾病预防控制。……继续保证农民工子女享受免费的计划免疫服务。对农民工发生重点传染病的检测、治疗费用，实行与本市居民同样的减免政策。搞好农民工职业病防治，农民工享受与本市职工同等职业病防治待遇。"④"进一步完善以现居住地为主的计划生育管理机制。按照国家规定，落实农民工免费计划生育基本项目技术服务和避孕药具发放。为农民工提供婚检咨询服务，努力提高婚检率和咨询率；加强对农民工中孕产妇的管理，落实孕期保健服务，努力降低孕产妇死亡率。"⑤"推进居住证制度，加强农民工的属地化管理。……其中，符合'两个稳定'（即稳定就业和稳定住所）条件的农民工，可以申领上海市民居住证。持有上海市居住证的农民工，可以享有社会保险、教育培训、计划生育、卫生防疫等相关待遇。"⑥"加强社区建设，完善民主管理。……以社区事务受理服务中心、社区卫生服务中心、社区文化活动中心为服务载体，完善农民工服务措施，增加农民工服务内容。"⑦"强化各相关部门和社会团体维护农民工权益的作用。司法行政部门要广泛开展对农民工和用工单位的法制宣传教育，切实搞好对农民工的法律援助和法律服务。"

　　然而对那些常住人口总量迅速增加、外来常住流动人口数量多且占常住人口总数比例高的区，要真正落实中央及上海市有关外来流动人口特别是农民工提高综合服务的要求，妥善解决因本区常住人口迅速增加所带来的就业、入托入学、医疗卫生、计划生育、老年福利等区域公共服务资源需求猛增的社会问题，需要投入大量的人力、物力和财力。鉴于上海市各区（县）

的人均地区生产总值和区级财力存在较大差异，市级财政虽然对这方面的服务增加了投入，但仍有相当部分服务需要各区（县）财政配套投入或全部投入；同时，在财政投入和管理服务人员编制上往往又按照各区（县）的户籍人口数计算。这样就使那些外来常住流动人口数量多且占常住人口总数比例高、区（县）级财力又相对较弱的区，在搞好上述各项服务时存在很大的公共服务资源和区级财政的缺口。

　　最近，国家人口和计划生育委员会副主任江帆在《解放思想扎实工作努力提高出生人口素质》一文中指出："根据各试验点经验，'孕前优生健康检查'是减少出生缺陷发生的关键环节。各地应创新思路，在全国有条件的地方全面开展'孕前优生健康检查'。目标对象是新婚准备怀孕的夫妇和政策允许准备怀孕生育二孩的夫妇。可对四部分人群优先实行免费，即：农村计划生育家庭、城镇无业人员、低保家庭、进城务工的农民工，所需经费可由中央财政承担。""建议：可按照'4、6、8'的原则，即东部中央财政出40%，中部中央财政出60%，西部中央财政出80%，其余由省和地方财政支付，以体现中央和地方政府的高度重视。"笔者感到上海市政府及有关部门应进一步完善城市人口管理体系、财政投入机制和公共服务体系，统筹协调不同区域外来常住流动人口数量及其比例的差异给公共服务和地方财政带来的压力，在市财政对各区（县）公共服务财力的支持机制上，不仅应该按常住人口数计算人均投入额，而且还应根据上海市各区（县）按常住人口数计算的上年人均区级财政收入及外来常住流动人口状况，按照"4、6、8"或"4、5、6"的原则，由市财政给予不同比例的支持。

【参考文献】

[1] 朱宝树：《人口分布和城市化》，载谢玲丽主编《上海人口发展 60 年》，2009 年。

[2] 上海市统计局：《上海统计年鉴（2008）》，中国统计出版社 2008 年版。

[3] 上海市政府人口普查办公室、上海市统计局：《1982 年人口普查资料》，中国统计出版社 1984 年版。

[4] 陈建：《关于浦东新区综合发展规划编制情况的报告》，2004 年。

[5] 上海市闵行区人民政府：《闵行区总体规划实施方案（2005—2020）》，2006 年4 月。

［6］上海市宝山区人民政府：《上海宝山区区域总体规划纲要（2003—2020)》，2004 年 10 月。

［7］上海市人民政府：《关于印发上海市城市总体规划（1999—2020 年）中、近期建设行动计划的通知》，2003 年 12 月。

［8］美国人口咨询局编、中国人口与发展研究中心编译：《2008 年世界人口数据表》，2008 年。

［9］上海市人民政府：《上海市人民政府关于本市做好农民工工作的实施意见》，2006 年。

［10］江帆：《解放思想扎实工作努力提高出生人口素质》，《人口与计划生育》2009 年第 3 期。

（本文原载《人口研究》2009 年增刊）

80 年代上海人口特点与人口普查

我国第三次人口普查即将开始。这次人口普查共有 19 个项目，按 1980 年底上海市总人口和总户数计算，全市通过普查获得的单项数据将超过两亿个，经过电子计算机汇总的各种专项和交叉分组的表式还可能达 100 多种。那么，取得这些准确的普查资料究竟有何用处呢？我想结合 80 年代上海人口的几个特点，对这个问题作些探讨。

一、80 年代本市人口的几个主要特点

解放 30 多年来，上海人口出生高峰（按每年出生人口超过 20 万计算）有一次，即从 1951—1964 年。其中有 9 年每年出生人数都在 30 万人以上。而全国人口出生高峰（按每年出生人口超过 2000 万计算）有两次：第一次是 1950—1954 年和 1957 年，每年出生人数稍多于 2000 万人；第二次是 1962—1975 年，其中有 10 年每年出生人数都超过了 2500 万人。由于上海人口出生高峰比全国第二次人口出生高峰早出现 11 年，早消失 11 年，再加上解放后本市市区三次人口大迁入和三次人口大迁出的影响，80 年代上海市的人口变动除将出现市区人口机械增长的高峰外，还将具有如下一些主要特点：

第一，结婚高峰和生育高峰正在出现，并将延至 80 年代末。

1979 年底，上海市 16—30 岁的人口占总人口的比重比全国约高 9%，15 岁以下的人口占总人口的比重比全国约低 20%。在大力提倡晚婚和一对夫妇只生一个孩子的条件下，本市每年初婚人数和出生人数的正常回升从 70 年代中期就开始了，目前正处于回升高峰期，至 80 年代末、90 年代初将

逐渐下降；而全国每年初婚人数和出生人数的正常回升期则将从 80 年代中期开始延至 90 年代末。

第二，市区劳动年龄人口由净增转为净减。

1980 年，上海市区新进入劳动年龄人数（按 18 岁计算）约 13 万多人，新进入退休年龄人数（按男 60 岁、女 55 岁计算）约 7 万多人，劳动年龄人数净增近 6 万人。如撇开人口机械变动的影响，市区从 1984 年至 1998 年间，每年新进入劳动年龄人数始终在 6 万人以下，个别年份甚至低于 4 万人；市区从 1983 年开始，每年劳动年龄人数将出现净减少的状况，1985 年约净减近 4 万人，1990 年约净减近 5 万人。而全国每年新进入劳动年龄人数要至 90 年代初才会逐步减到 2000 万人以下。

第三，市区中学学龄人口逐渐下降到"谷底"。

1980 年，上海市区初中学龄人数（按 13—15 岁计算）约 16 万人，高中学龄人数（按 16—18 岁计算）约为 35 万人，两项共达 51 万人。如撇开人口机械变动的影响，1985 年，市区中学学龄人数约 29 万人，到 1990 年将下降至 25 万人左右，为 1980 年的 49%。从 1991 年开始市区中学学龄人数便渐趋回升。而全国的中学学龄人数要从 80 年代末才有较大幅度下降，直至 90 年代末才接近"谷底"。

第四，老年人的比重及人口死亡率将逐渐上升。

1980 年，上海市 65 岁及以上的老人约占全市总人口的 7.2%，达到及超过退休年龄（按男 60 岁、女 55 岁计算）的老人约占总人口的 15%。如果按照从 1980 年起每对夫妇平均生育始终保持 1.2 个孩子的方案推算，到 1990 年全市 65 岁及以上的老人约占当时总人口的 10%，正常退休老人约占当时总人口的 19%。这表明上海从 80 年代后将出现显著人口老化趋势，而那时全国并不会出现人口老化趋势。在人口预期寿命不变甚至略有提高的条件下，老年人比重的增加必然使人口死亡率也相应上升。上海市区人口死亡率 1980 年约 7‰，1990 年将逐渐上升为 10‰左右。

二、这些特点对经济和社会发展的影响

人不管是作为消费者，还是在一定年龄时作为劳动者，都同经济和社

会生活发生错综复杂的关系。本市 80 年代出现的上述人口特点，必将直接或间接地给经济和社会发展带来各种影响。

首先，结婚高峰和生育高峰及随之而来的本市总人口的增加，将要求各种农副产品以及日用消费品供应量的增加。在基本上都是独生子女的情况下儿童人数的回升，将对儿童的食品、服装、鞋袜、玩具等消费品及儿童读物在数量和质量上提出更高要求。同时，生育高峰也使本市的产科和小儿科、托幼事业已出现的供不应求的矛盾进一步突出，需要在 80 年代采取各种措施妥善解决。

其次，结婚高峰将使结婚用房的需要量大大增加。据统计，1973 年至 1979 年间上海市平均每 10000 对登记结婚的人中约有 3000 对登记申请结婚用房。在目前人口死亡率比较低的情况下，结婚人数的大幅度增加将引起对住房需要量的相应增加。特别是市区每年新结婚人数扣除死亡人数的差额，将由 80 年代平均净增加约 10 多万人逐渐转变为本世纪末的净减少约 3 万多人，更需要我们在 80 年代采取非常措施增加住宅建设及其它配套工程建设的投资，广开建房门路，努力发展建材工业和建筑队伍。在住房分配政策上，80 年代以解决困难户为主，90 年代中期后逐渐转到以改善为主。

第三，市区劳动年龄人口由净增转为净减，将使每年劳动力的供给总量出现较大幅度的减少。在继续努力发展生产、广开就业门路的前提下，上海市区待业青年的就业问题完全可能在近几年内基本解决。由于过多地安排劳动就业而影响本市工业企业劳动生产率下降的因素也将逐渐减弱。在 80 年代中期，本市的计划、劳动等部门可以有更多的精力，由这几年忙于解决待业青年的就业问题转到重点研究如何使各种劳动年龄人口在职业和行业上更合理的安排问题。

第四，市区中学学龄人数的较大幅度下降，将会相应地减少对中学师资、校舍和设备的需要量。90 年代初市区中学学龄人数又将开始回升的情况，要求教育部门十分珍惜 80 年代这个时机，有计划地抓紧搞好部分中学教师的业务进修，在师资、校舍和设备上多为职工业余教育的发展分担些困难，等到 90 年代初职工的中学文化补课任务大大减轻而普通中学人数逐渐增加时，再回过头来逐步扩大中等教育的规模。

此外，老年人比重及人数的增加将会使本市的各种老人问题，如组织退休不久的老人适当参加一些社会服务工作、兴办为老年人生活和健康服务的社会医疗设施、更多地生产和供应老年人的日用消费品及延年益寿的营养保健品、开辟老年人所需的文体活动场所、妥善解决老年人的赡养和孤老的照顾安排等问题愈益突出，有关部门对此应及早规划。

三、人口普查有利于准确认识人口特点

认识 80 年代上海人口的特点，对于正确研究本市在这个时期的经济和社会发展战略，更好制订"六五""七五"规划，合理调节人口的自然变动和机械变动，具有重要意义。然而，目前我们对上述人口特点的认识还只能是比较粗略的；有的可以说还是一种估算。这是什么原因？主要是缺乏全面的准确的人口资料，其中很多预测是根据有关部门在少数区、县搞的 1980 年底分性别年龄的人口数和 1980 年分性别年龄的人口死亡数等基础数据推算出来的。这些数据虽然很宝贵，但由于它带有一定的特殊性，用来推算全市的现有人口性别年龄结构模式和人口性别年龄死亡结构模式时，必然存在着一定的误差。同时，有些预测还是根据 1980 年前的有关上海人口状况的一些抽样调查和典型调查所得的基础数据进行推算的。由于近两年来本市的人口迁入和迁出数都比较大，且结婚人数和出生人数又出现跳跃式回升，致使这些调查数据显得陈旧了，据此来推算其误差也就较大。

最近，我们华东师范大学人口研究室同市有关部门合作预测"六五"期间上海市区和郊县的人口自然增长数，碰到的一个很大困难就是如何科学地确定上海市区和郊县各个年龄的育龄妇女在今后每年可能结婚者占该年龄妇女数的比率（即标准结婚率）。如果这个结婚模式比较准确，我们便可根据今后每个年龄的育龄妇女的存活人数算出各年龄妇女在某一年中的结婚人数，然后再按婚后初育时间的一般分布规律，预测出今后各年所生的第一胎婴儿数。最后按一胎率变化发展的现实可能趋势，推算出今后各年所出生的全部婴儿数。可是，从我们前一段进行调查所取得的 1981 年 1 月至 11 月分年龄育龄妇女的部分结婚率资料看，本市的各个区、近郊和远郊的各个公社、城镇存在着很大差别。以 20 岁妇女为例，有的区为 0.8%，有的区为 1.2%；有的公社为 2.6%，有的公社为 12.6%……在这种情况下，要比较准确

地确定市区和郊县 20 岁妇女在 1981 年的结婚率便非常困难，预测的误差也可能较大。这次人口普查中除了性别、年龄等项目外，还专门列了各年龄育龄妇女的婚姻状况和 1981 年生育状况、本户在 1981 年死亡人数（包括死亡人口的性别、死亡时年龄）等项目，这就便于取得上海市区和郊县的分性别年龄的人口数、分性别年龄的人口死亡率、分年龄育龄妇女的婚姻状况、1981 年分年龄的育龄妇女生育率等许多全面而准确的资料。这样，我们可以通过推算分年龄育龄妇女标准结婚率和分年龄育龄妇女的生育率等两种方法，分别预测本市市区和郊县在整个 80 年代以至于更长一段时期内的年人口出生数、出生率及发展变化趋势，再相互补充修正，得出比较精确的预测数。至于对 80 年代上海市区、郊县城镇和公社的中学学龄人口、劳动年龄人口、老年人口等变化趋势，有了人口普查的上述资料后，更易准确地推算预测了。

值得指出的是，这次人口普查还列了不在业人口的状况、在业人口的行业、职业等项目，而且分类非常详细。全国行业分类为 15 个大类、62 个中类、222 个小类；全国职业分类为 8 个大类、64 个中类、301 个小类。这些普查项目的登记、编码比较复杂，容易搞错，却很重要。它使我们可以准确了解上海市以至于各个区、城镇、县究竟目前还有多少需要安置的待业人员，在业人口的行业和职业的构成状况究竟如何。特别是通过电子计算机，把在业人口的行业、职业构成同性别、年龄、文化程度、民族等等项目交叉分组后，更便于深入地掌握全市在业人口的男性、女性、各种年龄、各种文化程度、各种民族的行业和职业分布情况，研究本市在 80 年代如何更好地贯彻经济调整方针，选择和确定最优的行业结构和职业结构，合理地分配、使用和培训劳动力，尽可能做到在基本解决待业青年的就业基础上，使本市的劳动力合理地分配到各个部门中去，有计划、按比例、高效益地发展社会主义经济，逐步满足人民的物质和文化生活的需要。

总之，第三次全国人口普查是一次大规模的国情调查。对上海市来说，是查清市情和市力，准确认识 80 年代人口特点的一项重要工作。我们应该充分重视，齐心协力，高标准、严要求地完成这项任务。

（本文原载《解放日报》1982 年 6 月 17 日；后收入胡焕庸等著
《人口研究论文集》第二辑，华东师范大学出版社 1983 年版）

上海人口的三个负增长与人口普查

我国第五次人口普查已于今年 11 月 1 日开展，笔者曾于 1982 年 6 月 17 日在《解放日报》"新论"第 84 期上发表过《80 年代上海人口特点与人口普查》，为改革开放后我国进行的首次人口普查"摇旗呐喊"。与那时的普查相比，这次人口普查由原来的一张表改成了一张短表和一张长表，长表根据国家规定的科学抽样办法，抽出 10% 的户填报，短表由其余 90% 的户填报。同时，在 1999 年 11 月 1 日至 2000 年 10 月 31 日期间内有死亡人口的户，还应加填《死亡人口调查表》；暂住本乡、镇、街道，离开户口登记地不满半年的人口又要加填《暂住人口调查表》。上海为了加强对外来流动人口的管理和服务，还设计了《上海市外来流动人口普查表》，在这次普查规定的标准时间，对全市外来流动人口的状况进行普查。那么，增加这么多普查内容，取得这些准确的普查资料究竟有何用处呢？这里结合上海人口的三个负增长，对这个问题作些探讨。

一、人口自然变动的负增长

上海市户籍人口自然变动的负增长是从 1993 年开始的，至今已持续了 7 年。1999 年本市户籍人口的出生率为 5.01‰，死亡率为 7.28‰，自然增长率为 −2.27‰。从全国的人口预测资料看，上海户籍人口自然变动负增长的出现约比全国早半个世纪左右，它有效地减轻了本市人口过快增长对城市经济、社会、资源和环境的压力，从人口数量要素上有力地促进了 2000 年本市按户籍人口计算的人均国内生产总值达到 4000 美元目标的实现。

21 世纪上半叶，本市户籍人口自然变动将长期呈现波浪式负增长的趋势。然而其中至少有两个问题需要在这次人口普查取得准确数据后进行科学测算：一是在 2006 年后由于本市人口老龄化的影响，户籍人口死亡率将较快上升。那时户籍人口自然变动虽然仍基本呈现负增长趋势，但因 80 年代本市出生"小高峰"期生育的女孩将陆续进入婚育期及近年来引进较多年轻人才的影响，再加上独生子女夫妇结婚后可有计划生育两个孩子的政策，每年户籍出生人口数会明显增加。近年来的预测估计，2010 年全市户籍出生人口数将达到 14 万左右，比 1999 年增加 1 倍。那么究竟上述预测估计的数据是否准确？如何尽可能"削峰补谷"，减少对产科床位、托幼事业和中小学发展大起大落的负面影响？要回答并解决这些问题，就离不开这次人口普查提供的最新准确数据；二是自 90 年代以来本市每年两地婚姻登记的对数迅速增加，由 1991 年的 5112 对（占该年全市婚姻登记总数的 5.4%）增加到 1998 年的 13988 对（占该年全市婚姻登记总数的 18.5%）。由于两地婚姻中大部分是外地户籍的育龄妇女与上海户籍的男青年结婚，按本市有关规定，这些妇女及其婚后生育子女的户籍要经过若干年后才能在本市落户，那么现在上海究竟有多少育龄妇女属于这种情况？她们到底生育了多少子女？对此，仅靠日常统计资料，还很难准确掌握。

二、劳动年龄人口变动的负增长

近年来的各种预测资料表明，本市在未来每年人口迁移数量变动不大的前提下，上海户籍劳动年龄人口（按 16 岁—男性 59 岁、女性 54 岁计算），将在 2005 年左右开始出现负增长，比全国约早 16 年，特别是在 2010 年至 2020 年期间本市平均每年约减少 15 万多人。

21 世纪上半叶上海户籍劳动年龄人口的上述变动趋势，将会进一步减轻未来本市城镇户籍人口就业的压力，使本市有可能在 2010 年甚至更早一些时候逐步推迟城镇职工的退休年龄，在人口整体素质提高的基础上更好地发挥人力资源的作用，并相对减缓城镇职工基本养老保险基金入不抵支的困境。然而其中至少有三个问题需要在这次人口普查取得准确数据后进行科学测算：一是根据 2000 年的本市户籍劳动年龄人口数量及未来自然变动、迁移变动的影响，更准确地预测上海户籍劳动年龄人口负增长出现的时间及未来变动态势，寻求本市何时开始全面推迟职工退休年龄的最佳方案。二是在未来本市户籍劳动年龄人口持续负增长的同时，劳动年龄人口老化的情况究竟如何？近年来的预测估计，本市 45 岁—男性 59 岁、女性 54 岁的户籍人口占劳动年龄人口总数的比重，将有可能从 2000 年的 30% 迅速上升到 2010—2015 年间的 40% 以上。如果在这次人口普查基础上进行的预测再次验证了上述情况，那么今后 10 年及更长一些时间内，上海制定的产业结构新一轮调整方案及就业政策，就应考虑如何兼顾这一情况。三是目前上海所有外来流动人口中究竟有多少劳动年龄人口？他们来沪从事主要活动、文化程度及在本市居住时间如何？上海在这次人口普查中同时进行了外来流动人口的普查，这样不仅便于掌握目前本市常住人口与实有人口中的劳动年龄人口数量，还可了解目前外来流动人口中来沪从事主要活动及其他许多信息，必须更好地采取柔性流动的办法引进人才，控制外来人口总量。

三、老年人口变动的负增长

根据过去进行的各种预测，在未来本市每年人口迁移数量变化不大的前提下，上海市 60 岁及以上户籍老年人口数量将在 2025 年左右开始出现负增长，约比全国老年人口负增长的出现至少要早近 30 年左右。这就需要在这次人口普查基础上进行新的预测后再次验证。然而即使验证结果仍是这样，也还有三个问题需要在这次人口普查取得准确数据后进行科学测算：

一是在 2025 年前本市户籍老年人口的高速发展期究竟呈现哪些特点？每年老年人口数量的增加有多大？通过这次人口普查进行的新预测，我们可以清晰地了解未来本市老年人口高速发展期的"浪潮"究竟在何时出现、峰波有多高、持续时间有多长，以及对经济和社会发展将产生多大影响，以便从现在起作好充分准备。

二是未来本市户籍老年人口的高龄化趋势究竟如何准确估计？据近年来的各种预测估计，2040 年上海 80 岁及以上户籍高龄老人占总人口的比重将由 1999 年的 2.2% 上升到近 10%，也就是说目前全市户籍人口中，平均 45 个人中有 1 个高龄老人，在 2040 年时平均每 10 个人中有 1 个高龄老人。为了更准确地预测未来本市户籍高龄老年人口数量及其占老年人口和总人口比重的变动趋势，测算未来的老年医疗保健和生活照料的需求，也需要取得这次人口普查提供的各种有关准确数据。

三是目前本市常住人口与实有人口中人口老龄化与老年人口高龄化状况究竟如何？如果按常住人口计算，上海老年人口的负增长大约在什么时候出现？通过这次人口普查，既可查清 2000 年 11 月 1 日零时上海常住人口与实有人口的老龄化状况，又可为今后预测本市常住人口老龄化的趋势提供有价值的基础数据。

（本文原载《解放日报》2000 年 11 月 5 日）

世纪转换之际的中国人口与教育

最近，我看了联合国秘书处国际经济社会事务部人口司在 80 年代末提供的一篇很好的报告《世纪转换之际的世界人口》，其中最后一章专门论述了中国的人口变化趋势。我想，如果不是一般地阐述人口与教育的关系，而是通过展望世纪转换之际的中国人口变化趋势，具体分析这些人口变化特点与教育发展的关系，可能会对研究未来我国教育事业的发展有更大的参考价值。因此，本文拟从未来我国人口发展的三个主要特点来阐述人口与教育的关系。

一、未来总人口增长与教育发展

人口多是中国的一个基本国情。1949 年末我国（不包括台湾省和香港、澳门地区，以下同）的总人口是 5.42 亿，经过 38 年总人口翻了一番，到 1987 年末为 10.81 亿。目前中国总人口究竟有多少，要等今年 10 月份国务院人口普查办公室发表的第四次人口普查汇总数据才能较准确地了解。仅就国家统计局根据 1982 年第三次人口普查及每年进行的人口变动状况抽样调查资料推算而公布的 1989 年末我国总人口数，已达 11.12 亿，约占世界总人口的 21.2%。

我国未来总人口的增长，主要受 1949 年后第二次出生高峰期的惯性作用影响。如按我国每年出生人口超过 2000 万为出生高峰年计算，在 1949—1980 年间我国曾出现过两次出生高峰期：第一次是 1950—1954 年及 1957 年，共为 6 年，每年出生人数稍多于 2000 万；第二次是 1962—1975 年，时间长达 14 年，其中有 10 年每年出生人数都超过了 2500 万。由于我国的婴幼儿死亡率很低，上述第二次出生高峰期出生的婴儿从本世纪80年代后期至90年代末将陆续进入婚育期。据预测，在1991—1995年，全国每年进入23岁的妇女人数均在1200万以上，特别是1992年将达1325万；在1991—1994年，全国每年处于生育旺盛期（20—29岁）的妇女人数均在1.2亿以上，其中1992年将达1.24亿。因此，如果90年代不能有效地降低育龄妇女的生育水平，则不仅会使我国在90年代出现出生婴儿的特大高峰，而且会使今后每隔20多年周期性地重复出现出生婴儿高峰期，严重影响未来我国总人口的增长状况。

　　根据近几年来我国学者进行的各种长期的人口发展趋势预测，如果全国育龄妇女在今后100年内按不同的总和生育率生育孩子的话，那么对总人口数变动的影响，将会随着时间的推移而增大。1988年全国生育节育抽样调查资料表明，1987年我国育龄妇女的总和生育率为2.59（个）。按我们进行的1986—2080年中国人口自然变动趋势预测，即使在近100年内我国育龄妇女生育第一孩的峰值年龄始终为24岁，生育第二孩与第一孩的间隔始终为4年，那么如果总和生育率分别为2.0（个）或2.3（个），将使我国总人口在2000年时相差0.71亿，在2050年时相差3.96亿，在2080年时相差6.57亿。中国科学院国情分析研究小组所作的1985—2100年中国人口发展趋势预测和中国人民大学人口研究所刘铮、林富德教授等所作的1987—2087年中国人口发展趋势预测，都表明了未来中国总人口数变化的这种特点（见表1）。

表1　未来中国总人口变化趋势　　　　　　单位：亿人

预测单位	华东师大		中科院		人民大学	
总和生育率	2.0	2.3	2.0	2.3	变动[注]	2.58
2000年	12.52	13.23	12.05	13.05	12.93	13.10
2050年	14.41	18.37	14.06	17.38	16.29	20.10
2080年	13.26	19.83	12.86	18.76		
2087年					16.52	26.10
2100年			12.12	19.77		

注："变动"方案为总和生育率从1987年的2.58（个）下降至2010年的2.10（个），然后保持到

2087 年。

资料来源：中国科学院国情分析研究小组：《生存与发展》，科学出版社 1989 年版，第 103 页；刘铮、林富德、路磊、刘金塘、刘爽：《稳定政策后的人口形势》（修订稿）。

为了有效地降低我国育龄妇女的总和生育率，使我国的总人口在下个世纪中叶后实现负增长，需要做多方面的努力，其中包括大力发展教育事业。因为育龄妇女的文化程度高，往往会推迟初婚和初育年龄，并比较容易克服"传宗接代"等封建残余思想的影响和掌握科学的节育方法。同时，她们为了能在业余时间使自己多进修提高和指导小孩取得优良成绩，也希望少生孩子。我国 1982 年进行的第三次人口普查资料表明，全国文盲半文盲、小学、初中、高中、大学文化程度的育龄妇女在 1981 年生育的孩子中，属于第三孩及以上的分别占 40.19%、26.75%、9.15%、3.41%、1.23%。我国 1987 年 1% 人口抽样调查资料也表明，1986 年全国文盲半文盲、小学、初中、高中、大学文化程度育龄妇女的总和生育率分别为 2.95（个）、2.48（个）、2.31（个）、1.81（个）、1.26（个），即 1986 年我国文盲半文盲妇女的生育水平分别是小学、初中、高中、大学文化程度妇女的 1.19、1.38、1.63、2.34 倍。正如联合国人口司在《世纪转换之际的世界人口》中指出的："在生育率与教育……之间存在着负相关关系，看来这一规律对中国也不例外。"可见，在我国大力发展教育事业，不仅有利于提高人口素质，而且也有利于控制人口数量。当然，发展教育事业对降低育龄妇女生育率的作用需要有一个过程，但并不是"遥遥无期"，只要我们通过一二十年坚持不懈的努力，是一定能收到巨大效果的。所以，从中央到地方的各级领导干部如果真希望我国总人口早些降下来，造福子孙后代，就应该高度重视和大力发展我国的教育事业。

反之，如果我国育龄妇女的总和生育率能够较快降低的话，就会减少每年的出生婴儿数。按我们进行的 1986—2080 年中国人口自然变动趋势预测，如果在本世纪 90 年代全国育龄妇女的总和生育率不是 2.3（个），而是 2.0（个），那么仅 1991—2000 年间我国就能减少出生婴儿 3025.21 万，平均每年减少出生婴儿 302.52 万。在婴幼儿死亡率很低的条件下，婴儿出生数的减少意味着若干年后各级学龄人数的减少。如果各级学校招收的学生数不变，学龄人数的减少便会相应提高各级学龄人口的入学率。如果各级学校招收的学生数随学龄人数的减少而减少，在总教育经费不变的情况下，便会相应提高按每个学生平均计算的教育经费；在总专任教师数不变的情况下，便会相应减少按每个专任教师平均计算的所教学生数，从而有利于提高学校的教育质量，有利于提高我国未来人口的素质。因此，大力发展教育事业的结果，将会使我国在下个世纪的人口与教育关系上，逐渐形成一个"发展教育——控制人口——发展教育"的良性循环。

由于我国五六十年代出生人口的惯性作用及 80 年代育龄妇女初婚年龄、生育水平波动的影响，使我国 80 年代每年出生人数变化很大，形成一个"高——低——高"的状况。按国家统计局公布的 1981—1989 年出生数峰值和低谷数据推算，我国 1982 年、1984 年、1989 年出生婴儿之比为 1.00：0.85：1.08，1989 年出生婴儿比 1984 年要多 492 万。同样，在各个城市、各个县，80 年代每年出生人数也变化很大。这将使全国各地在 90 年代的各级学龄人数起伏很大，给各级学校、特别是幼儿园、小学、初级中学的发展带来不少困难。比如：上海市区由于五六十年代出生人口的惯性作用和 60 年代中期以来人口迁移的影响，在 1982—1989 年间每年出生婴儿均在 10 万左右，比 70 年代平均每年出生婴儿 4 万要多得多。随着 80 年代出生高峰期生的婴儿成长，将逐渐波及上海市区幼儿园、小学、初级中学、高级中学的发展。然而，根据我们进行的 1989—2050 年上海市区人口自然变动趋势的预测，在不考虑未来人口迁移因素的影响下，如果上海市区育龄妇女总和生育率在 1989—2000 年保持 1.2（个）水平，那么在 90 年代每年出生婴儿又将下降到 8 万左右，因此，在目前不断扩大上海市区小学专任教师队伍和校舍规模的同时，又要考虑到 90 年代中期后的适当收缩，尽可能减少各种人力和物力的浪费。我认为现在上海市采取的让市区小学五年级学生提前进入初中预备班的办法，是一种减少浪费的好办法，建议过几年后上海市区再让高中教师支援初中教学或让一部分初中二年级学生提前进入高中或中专、技校预备班。当然，从我国的计划生育工作来看，也要采取适时调整育龄妇女生育水平和初育年龄的办法，逐渐使全国及各地的未来出生婴儿数不要起伏变化过大，以有利于教育事业的发展。

二、未来人口老龄化与教育发展

目前我国的人口老龄化水平较低，1987年全国1%人口抽样调查资料表明，65岁及以上老人占总人口的比重（即老年比）只有5.5%，我国人口的年龄结构还处于成年型。然而由于我国的出生率从1970年的33.43‰迅速下降到目前的20‰左右，人口平均预期寿命从1933年的男性34.85岁、女性34.63岁迅速上升到1987年的男性67.3岁、女性70.6岁，使我国未来的人口老龄化速度相当快。

联合国人口司在《世纪转换之际的世界人口》中指出："中国目前正在经历着前所未有的高速老龄化过程。"据该司在1988年所作的中方案预测，2000年中国65岁及以上老年比将达到7.0%，进入老年型国家，2025年将达13.0%。根据近几年来我国学者进行的各种长期的人口发展趋势预测，在2050年前中国老年人数最多和老年比最高的时候约在2040年。那时全国60岁及以上老人数将从现在的9000多万人增加到3.3亿以上，60岁及以上老年比将从现在的不到9%上升到21%以上，65岁及以上老人数将从现在的6000多万人增加到2.5亿以上，65岁及以上老年比将从现在的不到6%上升到16%以上。从上述这些预测中估计，我国65岁及以上老年比达到14%的年份大约在2033年，也就是说中国65岁及以上老年比从7%上升到14%只需要花33年左右的时间。与世界上一些发达国家65岁及以上老年比从7%上升到14%所需时间相比，我国未来人口老龄化的速度还是相当快的（见表2）。

表2　部分发达国家65岁及以上老年比从7%上升到14%所需年数

国家	老年比的到达年份		所需年数
	7%	14%	
法国	1865	1995	130
瑞典	1890	1975	85
澳大利亚	1940	2020	80

续表

国家	老年比的到达年份		所需年数
	7%	14%	
美国	1945	2015	70
意大利	1935	1990	55
英国	1930	1975	45
联邦德国	1930	1975	45
民主德国	1930	1965	35
日本	1970	1995	25

资料来源：日本高龄化社会综合研究中心编：《高龄化社会基础资料年鉴（1988）》，日本中央法规出版株式会社 1988 年版，第 579 页。

未来我国老年人数及老年比的迅速增长，将使老年负担系数迅速上升。据近几年来我国学者进行的各种预测，2000 年时全国 15—64 岁劳动年龄人口负担 65 岁及以上老年人口的系数将从 1987 年的 8.3% 上升到 10% 以上，2040 年时将高达 25% 以上。与此同时，尽管少年儿童负担系数有所下降，但由于老年负担系数上升的速度超过了少年儿童负担系数下降的速度，因而使总负担系数仍然上升。据预测，2040 年时我国总负担系数将超过 57%，也就是说，那时平均每 1.75 个 15—64 岁的劳动年龄人口要负担 1 个 0—14 岁或 65 岁及以上的被抚养人口。鉴于劳动年龄人口是潜在的劳动力、0—14 岁人口和 65 岁及以上人口是潜在的被抚养人口，实际上在我国参加劳动的人数大大小于 15—64 岁的人数，因此，每个在业人口负担不在业人口的比重在未来人口老龄化的过程中将会更高。据国家计委进行的 1985—2050 年我国城镇退休职工及退休金增长趋势预测，如按 2000 年以前平均每年新增职工 360 万，2000 年后每 10 年递减 20 万新增职工，新增职工来自城镇 18 岁青年人口及农村 18—40 岁人口，职工平均退休年龄为男 58 岁、女 53 岁计算，那么 1985 年平均每 7.7 个在职职工负担 1 个退休职工，2000 年平均每 4.1 个在职职工负担 1 个退休职工，2030 年平均每 1.8 个在职职工负担 1 个退休职工。即使考虑到今后退休职工人数的变化、在职职工工资总额年平均递增 4%，假设人均退休金与人均工资总额比例由 1985 年的 78% 逐渐下降到 2000 年的 68%、2030 年的 58%，全国城镇退休职工退休金支出总额也将由 1985 年的 142 亿元增加到 2030 年的 2815 亿元（未含物价变动因素，以下同），即 2030 年的职工退休金支出总额将要比 1985 年增长 18.8 倍；全国城镇退休职工退休金支出总额相当于在职职工工资总额的比重也将由 1985 年的 10.7% 上升到 2030 年的 31.6%（见表 3）。

表 3　未来中国城镇退休职工及退休金增长趋势

年份	退休职工		在职职工	
	年末人数（亿人）	退休金支出（亿元）	年末人数（亿人）	工资总额（亿元）
1985	0.16	142	1.23	1370
1990	0.25	253	1.41	1856
2000	0.43	464	1.77	2747
2010	0.73	921	2.11	4067
2020	1.08	1505	2.43	6020
2030	1.52	2815	2.73	8911

资料来源：中国老龄科学研究中心编：《老年人口统计资料汇编》，华龄出版社 1990 年版。

党的十三大报告指出："要注意人口迅速老龄化的趋向，及时采取正确的对策。"为了减缓未来我国人口老龄化迅速发展对扩大再生产基金积累和人民生活改善的影响，除了在各个地区的全民所有制企业、集体所有制企业范围内实行职工退休金统筹，逐步将目前实行的职工退休金由企事业单位包下来的制度改为由国家、企事业单位和个人三者合理负担的法定养老保险制度外，还需要大力发展教育事业，提高未来劳动者的整体素质，使我国的劳动生产率和经济效益迅速上升。在 2030—2040 年我国城镇退休职工数和全国老人数趋于高峰时的劳动者，绝大部分是本世纪 90 年代起逐步进入幼儿园、小学的儿童，因此，增加基础教育的投入，努力搞好义务教育，提高学前教育和中小学教育质量，不仅关系到下个世纪中叶我国能否实现第三步经济发展战略目标，而且也是妥善解决好未来我国人口迅速老龄化问题的重大对策。同时，为了使更多的本人愿意、身体尚好的低龄老人再就业，充分发挥"第二劳动力资源"的作用，也需要加强成人教育，对退休前后的人员进行短期培训，特别是要根据不同时期经济和社会发展的需求搞好转业培训，提高他们在退休后进一步为社会服务的适应能力。

从广义上考察，养老的内容包括对老人的经济赡养、生活照料和精神慰藉；养老的方式包括家庭（或亲属）养老、社会养老和本人自养。现在一些发达国家从解决养老的经验教训中体会到家庭是照料老人的最有效的单位，传统家庭解体的趋势必须通过适当的帮助和教育加以制止。何况我国是在经济发展低水平的情况下出现人口老龄化迅速发展的趋势，中华民族历来又有尊老、敬老和家庭养老的优良传统，因此更应在建立和完善具有中国特色的社会养老保障体系的同时，坚持和搞好家庭养老。在下个世纪三四十年代我国老人数最多时，现在的独生子女父母将占很大比重，尤其是城市将更为突出。那时的独生子女父母在年老后可能有 60% 以上身边没有第二代一起居住。所以，在全社会，特别是独生子女中坚持不懈地进行尊老、敬老和赡养照料年老父母的教育，对于妥善解决好未来我国人口迅速老龄化问题同样具有重大的战略意义。建议在制定未来的教育大纲和编写教材中，应该增加尊老敬老的内容，从幼儿园直至高等学校都要把尊老敬老作为德育的一个重要内容。此外，为了促使下个世纪更多的老人健康长寿，减少老年医疗费用的支出，还应该在教育内容中增加有关预防老年慢性病的知识，不仅要在成人教育（包括老年教育）中加强健康教育，提高老年人的自我保健能力，而且要从少年儿童时期就开始进行这方面的教育，使他们在幼年起就逐渐养成不抽烟、不酗酒、低盐、低糖、合理营养及健康的生活方式。

三、未来劳动年龄人口增长与教育发展

据 1987 年我国 1% 人口抽样调查资料推算，15—64 岁的劳动年龄人口约为 7.06 亿。近几年来我国学者进行的各种长期的人口发展趋势预测都表明，2000 年我国 15—64 岁的劳动年龄人口将超过 8.4 亿，在 2020 年后的半个多世纪中我国 15—64 岁的劳动年龄人口将始终超过 10 亿（见表 4）。中国科学院国情分析研究小组认为，在那么庞大的劳动年龄人口中，除去在校学习、智力低下等原因不参加社会劳动的人口外，实际劳动供给人口数在 1990 年为 7.57 亿，2000 年为 8.45 亿，2020 年为 10.18 亿，2050 年为 10.47 亿。

可见，下个世纪中劳动年龄人口数量之多，就业压力持续时间之长，在中国历史上是空前的。

表4　未来中国劳动年龄人口变化趋势　　　　　单位：亿人

年龄组别	15—64 岁		15—59 岁	
预测单位	中科院	人民大学	中科院	人民大学
总和生育率	2.2	变动	2.2	变动
1990 年	7.57	7.55	7.30	7.19
2000 年	8.45	8.48	8.13	8.06
2010 年	9.59	9.66	9.18	9.09
2020 年	10.18		9.61	
2030 年	10.29	10.57	9.48	9.46
2050 年	10.47	10.62	9.79	9.67
2075 年	10.65		9.96	
2087 年		10.54		9.56
2100 年	10.85		10.15	

注："变动"方案同表1。

资料来源：中国科学院国情分析研究小组：《生存与发展》，科学出版社1989年版，第103页；刘铮、林富德、路磊、刘金塘、刘爽：《稳定政策后的人口形势》（修订稿）。

　　为了充分发挥下个世纪我国丰富的劳动资源的作用，减轻就业压力，同样需要大力发展教育事业。1982年我国第三次人口普查资料表明，全国在业人口中，文盲半文盲占28.26%，小学程度占34.35%，初中程度占25.99%，高中程度占10.53%，大学毕业和肄业程度只占0.87%。而1980年美国和日本25岁及以上人口中，高中程度分别占45.2%和39.7%，大学程度分别占31.9%和14.3%。目前我国在业人口的文化程度究竟比1982年提高了多少，要等今年进行的第四次人口普查资料汇总后才能较准确地了解。然而可以预料，现在我国的在业人口文化程度素质，与发达国家相比，差距仍然很大。特别值得注意的是，在改革开放的过程中，我国许多地区少年儿童弃学务工、务农、经商的问题有所加剧，严重影响未来劳动者文化素质的提高。这次人口普查项目中，专门增加了有关学业完成情况的调查内容，要求全国每个 6 岁及以上人员在填报自己的文化程度时，同时回答究竟是"在校""毕业""肄业"，还是"其他"。这对于我们查清全国及各地中小学生的辍学情况，研究采取相应对策，具有重要意义。

其实，从宏观上考察，为了减轻就业压力，提高劳动生产率，不仅不需要 15 岁以下的少年儿童就业，而且还要尽可能使 15—64 岁的劳动年龄人口中有一部分晚一些进入或中途暂时退出社会劳动力的队伍。这里的一个有效措施就是大力发展中专、技校和各种职业学校，加强就业前的岗位培训，适度发展全日制高中和高等教育，并通过各种渠道多层次、多职业地进行成人教育。现在有的发达国家在统计本国的劳动年龄人口数量时，已把起始年龄推迟到 20 岁；并按平均每 100 个 20—64 岁的劳动年龄人口负担多少 65 岁及以上的老年人口，来表示他们国内的老年负担系数。这明显地反映了教育的发展对 15—64 岁劳动年龄人口推迟进入社会劳动力队伍的重要作用。所以，在我国大力发展各类教育事业，具有提高劳动力素质和减少需要就业的劳动力数量、缓解就业压力的双重效益，其最终结果必将极大地有利于提高劳动生产率和经济效益，促进我国经济更好地发展。

目前我国的人口城市化水平还较低，联合国人口司在《世纪转换之际的世界人口》中估计我国的城市人口"大约是 20%"。他们预计"到 2000 年中国人口中将有四分之一的人生活在城市，而到 2025 年城市人口将达到全国人口总数的一半不到一些"。随着今后我国农村的耕地总面积日益减少和劳动力供给数量的大量增加，本世纪 90 年代和下个世纪将会继续有更多的农村剩余劳动力在地域上和职业上进行转移。为了适应大批农村剩余劳动力转移的形势，真正做到既促进城市化和农村工业化，妥善解决农村剩余劳动力的就业问题，又使农业这个基础反而有所加强，提高农业劳动生产率，就需要大力发展农村的义务教育、职业技术教育和岗位培训，不断提高农村人口的素质。

在下个世纪我国劳动年龄人口数量很多的情况下，积极开展劳务输出，尽可能多地组织劳动力到其他国家从事劳动服务工作，也有利于扩大对外经济技术合作，增加外汇收入，减缓国内的就业压力。现在我国虽有 6.6 万劳务人员派往国外工作，但不到全世界劳务输出人员总数的 3%，而且由于我国派出人员中 80% 是低技术工人，派出地区主要在中东、苏联、非洲及东欧国家，因此劳务出口创汇额竟不到全世界劳务输出收入总额的 0.33%。总之，我国劳务输出的规模和发展速度，还远不及印度、埃及、巴基斯坦、泰国等。为了使我国在今后有更多的劳务人员派往国外，并逐步完成劳务输出由低价市场向高价市场转向，由普通劳务为主向技术劳务为主转向，也需要大力发展教育事业，特别是根据国际劳务市场的需求，建立不同级别、不同水平的劳务输出培训中心及培训班，对劳务人员进行外语和业务的定向培养。

鉴于未来我国劳动年龄人口及劳动力供给数量很大，就业压力持续时间很长，因此在本世纪 90 年代和下个世纪的很长时期，我国产业结构的技术创新类型将要以劳动密集型产业为主，并努力创造条件逐渐向知识密集型产业为主的方向转化。这就要求我国的教育层次结构、学校类型结构和专业结构相应进行调整，在中小学教学内容上适当拓宽基础知识面，在成人教育内容上努力贯彻学习与工作的实际需要结合、讲求实效的原则，并加强择业指导，以培养适应我国社会主义现代化建设所需要的各种层次的劳动者。

以上仅就未来我国人口发展的三个主要特点简要阐述了人口与教育的关系。我希望它对于我们更好地贯彻教育发展的"三个面向"，特别是"面向未来"能有所启示，并愿今后更多的教育工作者来研究人口与教育的相互关系问题。

（本文原载《华东师范大学学报》（教育科学版）1990 年第 3 期；后收入俞立中主编《大学之道——华东师范大学教育理念与实践》，华东师范大学出版社 2006 年版）

从上海市区人口发展的特点看住宅问题

科学地研究目前上海市区的住宅问题及其解决办法，需要认真调查分析上海市区人口发展的特点。本文试就这一问题作些初步探讨。

一、人口年龄结构的变化是住宅需求量大增的重要原因

目前上海市区住宅出现严重供不应求的原因是多方面的。根本原因是，长时期来经济工作中的"左"倾错误，偏重于抓生产建设，忽视了住宅建设和人民生活的逐步改善；特别是由于林彪、"四人帮"的严重破坏，本市在1966—1976年间平均每年建造的住宅面积只相当于1977—1979年间平均每年建造住宅面积的28%。然而从这几年住宅需求量迅速增加来看，一个重要原因是由于30年来市区人口年龄结构发生了很大变化。

据统计，1979年比1957年上海市区的面积扩大了42平方公里，人口减少了18万，可是，1957年全市（包括当时的郊县）平均2.4人中有一个是15岁以下的人，而1979年底市区平均7.4人中才有一个15岁以下的人，尤其是市区学龄前儿童占总人数的比重，由1957年的24.6%急剧下降到1979年的4.9%。在市区人口绝对数没有很大变化的情况下，市区常住户口中婴儿及少年儿童的比重大大减少，青年、壮年及老年人口的比重大大增加，必然引起当前对住宅需求量的剧增，使结婚无房户和居住不方便户在住房困难户中所占的比重愈来愈大，成为住宅问题上旧债未清、新债累累的一个重要原因。

上海市区的人口年龄结构发生这样大的变化，取决于许多因素：（1）解放前的10多年中人口机械增长很快，人口自然增长率比较高。1934年上

海市总人口只有 195 万，而至 1949 年却为 503 万。（2）解放后在婴幼儿死亡率比较低的情况下，市区从 1950—1963 年期间平均每年出生率降低到8.3‰。（3）解放 30 年来，上海市人口的平均寿命提高了近 30 岁。1951 年男性 42.0 岁，女性 45.6 岁；1979 年男性 70.6 岁，女性 75.5 岁。（4）解放后人口的机械变动对年龄结构的影响，特别是近 3 年来大批知识青年按政策回城，增加了目前成年人的比重。

二、市区人口发展特点对制定住宅建设总体规划的需求

为了提高制定住宅建设总体规划的科学性，我认为应该特别注意上海市区人口发展的以下两个特点：

第一，在人口机械变动不大的情况下，上海市区在今后 20 年内每年新结婚户口数将呈现由多到少的变化趋势，而老年人死亡数将呈现由少变多的变化趋势。据 1979 年底上海市区各年龄组的人口数推算，假设目前 30 岁以上的人都已结婚，而 26 岁至 30 岁的青年中有 70% 的人也已结婚，25岁以下的人都未结婚，并且今后男女平均结婚年龄为 25 岁，那么上海市区在1980—1984 年间平均每年约有 10 万多青年结婚，在 1985—1989 年间平均每年都有 7 万对青年结婚，在 1990—1998 年间平均每年有 2.8 万对青年结婚，在 1999 年至 2005 年间平均每年只有 2 万对青年结婚；相反，尽管我们可以通过努力，使上海市区的人口平均寿命进一步提高，但由于上海市区在今后 20 年内 65 岁及以上老年人口的绝对数逐年增加，因而必然会使老年人的死亡数呈现一个逐渐由少到多的变化趋势，有人预测，如果撇开人口的机械变动，上海市区人口的死亡数 1978 年为 3.7 万，1983 年为 4.6 万，1988年为 5.5 万，1993 年为 6.3 万，1998 年为 7 万，2003 年为 7.6 万。把上述两项预测综合起来考察，上海市区在本世纪 80 年代的前 5 年中，每年新结婚人数将大大超过老年人的死亡数，到 90 年代初期两者将大体持平，从 90 年代中期开始每年老年人的死亡数将逐渐超过新结婚人数。上海市区人口发展的这一特点表明，在整个 80 年代，特别是从 1980 年至 1985 年间，上海市区需要解决的结婚住房困难户数将大大增加，而在 90 年代特别是 90 年代中期后将大大减少。根据上海市区在 1973 年至 1979 年间每年结婚登记户数和

申请结婚用房户数的比例测算，平均每一万对新结婚户中约有 3000 对结婚无房户。可是，从我国和本市的财政经济状况来看，80 年代比 90 年代恰恰要困难得多。因此，我们应该考虑在整个 80 年代，特别是 1980—1985 年间，果断地采取非常措施，全力解决好住宅建设问题，尽可能地增加用于住宅建设及其它配套工程建设的投资。在当前贯彻调整方针，压缩市区基本建设总投资的情况下，这部分投资的比重更应高于新中国成立以来的任何时期。当然，在住宅建设上也要量力而行，搞好综合平衡。在目前财政经济比较困难时，不可能在短期内解决所有的住房困难户。但是，也不能使每年解决的住房困难户数赶不上住房困难户增长数的状况长期存在下去。

从上海市人口发展的这个特点出发，在制订住宅建设的总体规划时，还应考虑到在住宅建设的主要目标上，80 年代着重解决住房困难户，90 年代逐渐转到进一步改善住房条件。住宅建设的方针，在 80 年代也应以新建为主。因为从 1977—1979 年上海市区统建住宅的分配使用情况看，建造的住宅面积虽然比过去增加很多，但其中 56% 用于解决拆迁和其它动迁，加上落实住房政策等因素，剩下真正用于给房管部门解决结婚无房户和其它住房困难户的只占 23%。而在拆迁和动迁的居民中，属于住房困难户的一般只占 15% 左右。这样，就使本来已经很有限的住宅建筑面积中真正用于解决住房困难户的净增面积更少了。所以，尽管大量新建住宅在征地等问题上还有不少困难，但在当前住宅建造能力不可能增加很多，大量建造的又是五六层住宅的条件下，只有以新建为主才能有效地解决更多的住房困难户。

第二，目前上海市区人口密度极高，分布又很不平衡。1979 年底，上海市区人口密度为每平方公里 3.7 万人，约为巴黎的 1.8 倍，东京的 2.6 倍，纽约的 4 倍，伦敦的 8.5 倍，人口分布一般是浦西多于浦东，老市区多于新市区，中心区多于边缘区。1979 年市内 10 个区中有 5 个区人口密度为每平方公里 6 万人口以上，其中黄浦和南市两区如扣除浦东部分后每平方公里高达 8 万人以上，可是本市 12 个卫星城镇人口密度每平方公里平均只有 0.8 万人，71% 的职工仍居住在原市区。

上海市区人口分布的这种特点，要求我们采取"合理布局，逐步扩散"的方针，从制定城市规划，包括住宅建设的总体规划来看，我认为要大力发展卫星城镇，首先重点搞好一二个卫星城镇的配套建设，使其成为一个相对独立的小城市，其它的一些卫星城镇，则应少搞些迁厂的项目，多解决些目前已经前往那里的工厂、企事业单位职工的住房问题以及完善必要的配套设施，这样就可以集中基建的优势力量加快住宅建设及其必要的配套工程。

其次，还要考虑在市中心区地质条件许可的情况下，适当多搞些中高层建筑，尽管这些建筑比五六层住宅每平方米耗工要多，材料和施工技术要求也高，但它占地面积少，在人口密度高的地区可以更多地就近解决一些居民的住房困难户，减少因上下班路途遥远所带来的劳动者的时间、交通运输力量和能源的浪费。

三、考虑劳动人口供求特点适时扩大建筑工人队伍

目前上海市区劳动就业安排矛盾非常突出，去年市区高中毕业生有 18 万多，可是由于从 1964 年开始计划生育工作深入开展，市区年出生婴儿数在 1965 年就降到了 6.7 万，以后一直未超过这个数目，特别是整个 70 年代平均每年出生婴儿只有 4 万。由此可预料，在市区人口机械增长没有很大变化的条件下，从 80 年代到 90 年代中后期，市区高中毕业生除去进大专院校学习外，剩下不会很多，劳动就业问题将会缓和，因此，我认为要振兴建筑业，加快住宅建设，除了把目前停建、缓建的生产性基本建设项目中的相当一部分施工力量转到建造住宅方面来以外，还应该在发展建筑工人的队伍时，自觉利用劳动力需求规律的影响作用，在今后两三年中采取"较大发展"的方针，改变建筑业的职工人数在全部职工总数中的比重过低状况。这完全可以在严格控制国营企业职工总数的前提下，根据调整任务的需要，通过调节全民所有制各部门、各行业的招工指标和大力发展集体所有制的建工队伍来实现。当然，要发展建筑工人队伍，还需要提高建筑工人的社会地位、政治地位、文化水平，并且逐步改善福利待遇，以增强对择业青年的吸引力。

（本文原载《解放日报》1981 年 2 月 19 日）

上海市区住房特点及住房建设战略*

1982 年 7 月 1 日，上海市结合第三次人口普查进行了住房普查。在这次住房普查中，房管部门先后组织了 2400 多人的住房调查专业队伍，在各级人口普查机构的配合支持下，对上海市区的 160 多万户、586 万多人的居住状况作了比较全面的调查。现在，手工汇总和机器汇总的各种数据已经处理完毕。本文将通过对这些资料的分析，探讨目前上海市区的住房特点及今后住房建设的一些战略问题。

一、当前上海市区的住房特点

这次住房普查，包括了上海市区的市、区房管部门直接管理的公房住宅，机关、部队、各单位自行管理的住房及私有住房。调查项目按户填写，划分为住房家庭人口构成、住房类型和性质、居住状况等 3 大类 20 个项目，通过对这些普查资料的分析，可以看到当前上海市区住房存在以下几个主要特点：

第一，近年来居住水平有所提高，但居住困难情况仍然相当突出。

党的十一届三中全会以来，上海市的基本建设调整了投资方向，改善了"骨"与"肉"的比例关系，大大加快了住房建设的速度，市民的居住水平有了一定提高。1977—1982 年，上海市区新建住房 933 万平方米（其中 1979—1982 年市区新建住房 752 万平方米），平均每年 155.5 万平方米，为 1950—1976 年间每年平均数的 2.5 倍，达到历史最高水平。1982 年，市区

---

* 本文由桂世勋、邵瑞华、吴评理合著。

平均每人居住水平比 1949 年及 1978 年分别提高 25% 与 8.7%。但是，由于市区总人口数的增长较快，特别是 15 岁及以上人口占总人口比重的大大增加及过去住房建设"欠账"太多，目前居住困难情况仍然相当突出。

从住房拥挤户的数量看，市区有 22.6% 的居民户居住条件相当拥挤，其中每人平均居住面积在 3 平方米以下的拥挤户，占全部居民户的 14.5%，零平方米即全家居住在厨房、过道、室内外搭建的公用部位及阁楼的（包括少量无房户），占全部居民户的 8.1%。

从住房不方便户的数量看，市区有 37.6% 的居民户居住条件很不方便，处于父母同 12 岁以上大儿大女同住一室、成年兄妹姊弟同住一室、祖孙三代同住一室或两对夫妻同住一室等情况。

从结婚无房户的数量看，市区有 66.0% 已进入法定最低婚龄的未婚女性家中无结婚用房，其中 35.6% 为 25 岁至 29 岁的未婚女性，7% 为 30 岁及以上的未婚女性。

当然，上述三项数字是从不同角度考察汇总的，在各种类型的居住困难户之间存在着重复交叉的情况。不过根据市房管部门及有关研究机构在住房普查基础上进行的五百分之一的抽样调查资料，在排除各种重复交叉的现象后，上海市区实际居住困难户仍占全部居民户的 36.5%。其中每人平均居住在 3 平方米以下的拥挤户占全部居住困难户的 31.2%，每人平均在 3 平方米至 5 平方米的不方便户占 49.3%，已婚无房和待婚无房户占 19.5%。

第二，新中国成立以来住房质量有较大改善，但质量差的住房仍占相当比重。

1949 年以来，上海市区拆除了旧社会遗留下来的许多简屋、棚户，建造了大批房屋质量较好、有卫生设备的新工房。1982 年，市区新工房的居住面积已占居住总面积的 28%，加上新式里弄、公寓和独立住宅等质量较好的住房，共占市区居住总面积的 41.1%。

但是，在市区住房类型中，房屋结构陈旧、内部搭建多的旧式石库门房屋仍占居住总面积的 49.8%，房屋结构简陋、居住条件差的简屋、棚户还占 7.6%。在市区房屋设备上，目前仍有 20.3% 的居民户无自来水，28.8% 的居民户无厨房，67.0% 的居民户无厕所，83.0% 的居民户无洗澡设备。在这些质量差的房屋集中的地段，往往还存在着建筑密度高、没有绿化用地和活动场地、居住拥挤等问题。

第三，平均居住水平和住房质量的地区分布很不平衡。

从平均居住水平看，新开辟的边缘区高于城市中心区。在市区边缘的吴淞、闵行两区，平均每人居住 3 平方米以下的仅占居民户的 2.9%，比市区平均水平低 19.6 个百分点；平均每人居住 10 平方米以上的占 17.4%，比市区平均水平高 7.2 个百分点。属于城市中心区的黄浦、卢湾、徐汇、长宁、静安、普陀、杨浦等 7 个区的平均水平，与整个市区的平均居住水平相差无几。居住最困难的是老的市中心区南市、闸北、虹口等 3 个区，平均每人居住 3 平方米以下的占 27.4%，比市区平均水平高 4.9 个百分点，平均每人居住 10 平方米以上的占 8.8%，比市区平均水平低 1.4 个百分点。

从住房质量看，住房质量好的公寓、独立住宅、新式里弄主要集中在徐汇、静安、长宁等 3 个区，占这 3 区全部居住面积的 29.8%，比市区平均水平高 16.7 个百分点。在这 3 个区中，无自来水的居民只占 18.0%，比市区平均水平低 2.3 个百分点。住房质量中等的新工房集中在闵行、杨浦、吴淞、普陀等 4 个区，占这 4 个区全部居住面积的 36.3%，比市区平均水平高 8.3 个百分点，其中闵行竟高出 56.5 个百分点，除闵行区外，在上述其他 3 个区中住房较差的旧式里弄还占 44%。旧式里弄最集中的是黄浦、南市，虹口、卢湾 4 个区，这类房屋占其全部居住面积的 60.9%，高于市区平均水平 11.1 个百分点。住房质量差的简屋、棚户在闸北区最多，占该区全部居住面积的 22.8%，比市区平均水平高 15.3 个百分点。

第四，家庭户人数愈多、家庭结构愈复杂的居民户，平均居住水平一般也较低。

从家庭户人数的多寡看，平均每人居住 3 平方米以下的拥挤户，在单身户中占 18.2%，两人户中占 13.8%，三至四人户中占 19.7%，五至六人户中占 30.3%，七人及以上户中占 62.8%，相反，平均每人居住 10 平方米以上的居民户，在单身户中占 46.7%，两人户中占 18.4%，三至四人户中占 5.1%，五至六人户中占 1.8%，七人及以上户中占 1.1%。

从家庭结构的复杂程度看，平均每人居住 3 平方米以下的拥挤户，在单身户中占 18.2%，一代夫妇户中占 12.5%，两代户中占 21.6%，三代及以上户中占 29%；相反，平均每人居住 10 平方米以上的居民户，在单身户中占 45.3%，一代夫妇户中占 15.6%，两代户中占 6.4%，三代及以上户中占 3.9%。

此外，在目前上海市区的居民住房中，由房管部门直接管理的住房占全部住房面积的 68.8%，由私人自管的住房占全部住房面积的 25.1%，由机关、部队和各单位系统自行管理的住房占全部住房面积的 6.1%。

二、上海市区住房建设的几个战略问题

进行住房普查的目的，不仅是为了认清上海市区的住房特点，更主要的还是为了正确制定今后上海市区的住房建设发展战略。从这次住房普查和人口普查所提供的各种资料来看，在本世纪八九十年代上海市区的住房建设中有三个战略问题值得充分注意。

首先，在住房建设的目标上，80 年代应以解决住房困难户为主，90 年代逐渐以改善住房条件为主。

当前，上海市区的住房困难状况相当突出，住房拥挤户、居住不方便房和结婚无房户达 58 万多户。根据我们运用人口普查资料对上海市区未来人口自然变动所作的预测，在今后 18 年中影响上海市区住房需求量的人口变化将呈现以下两种趋势：一是每年的初婚人数及 12 岁—男 26 岁、女 24 岁的人数将呈现逐渐由多到少的下降趋势。以上海市区每年进入晚婚年龄的女性人数（即 25 岁女性人数）为例，从 1982 年至 1989 年将由 9.20 万人波浪式地下降到 5.93 万人，从 1990 年至 2000 年将进一步由 3.54 万人下降到 2.39 万人。这类女性人数的大幅度减少，必然引起结婚用房需求量的相应减少。同时，上海市区每年的 12 岁—男 26 岁、女 24 岁人数也将从 1982 年的 165.16 万人逐渐下降到 1987 年的 102.93 万人，从 1988 年至 2000 年间人数虽有起伏，但均未超过 100 万人。这类男女青年人数的减少，也会使居住不方便户的状况有所缓和。二是由于上海市区在今后 18 年内中老年人数的不断增多，每年的中老年死亡人数将呈现逐渐由少到多的上升趋势。以 45 岁及以上人口的死亡数预测为例，1982 年为 3.69 万人，1985 年为 4.09 万人，1990 年为 4.72 万人，1995 年为 5.43 万人，2000 年为 6.21 万人。这类中老年死亡人数的增加，又必然在客观上减少住房的需求量。如果把上述两种变

化趋势综合起来考察，便不难发现上海市区在 80 年代（尤其是前半期）中每年进入晚婚年龄的女性人数将大大超过中老年死亡人数，到 90 年代初两者将大体持平，以后每年中老年死亡人数将逐渐超过进入晚婚年龄的女性人数（见图 1）。这种情况表明，在 80 年代（尤其是前半期）上海市区每年新出现的住房困难户增加速度将比 90 年代要快得多。可是，从我国的财政经济状况来看，80 年代比 90 年代恰恰要困难得多。因此，我们认为上海市区 80 年代的住房建设目标，必须放在"雪中送炭"上，以解决住屋困难户为主，只有到 90 年代才能逐渐转到以改善一般居民户的住房条件为主。

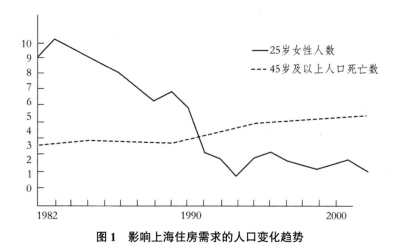

图 1　影响上海住房需求的人口变化趋势

　　为了在 80 年代更多地解决住房困难户，应该在现阶段的住房建设方针上以征地新建为主。因为拆迁改建虽然可以改善居住条件，但住房困难户在拆迁户中往往只占一部分，特别是由于上海市区人口密度高，建筑密度大，在拆迁基地上建造的房屋除高层住宅外一般只能做到就地平衡，不少地段还必须拿出其他地区的一些住房来补贴这些拆迁户。因此，通过拆迁改建净得的房源很少，不能大批解决 80 年代数量众多的住房困难户。相反，征地新建住房一般可以有 80% 左右的净增房源，这不仅能区别轻重缓急，加快解决住房困难户的速度，而且还能为今后旧区进行大规模改造提供相当数量的周转房。当然，在征地新建时也要注意节约用地，少征比较肥沃的耕地。

　　为了在 80 年代更多地解决住房困难户，还应充分调动中央、地方、企业和个人的造房积极性，广开建房门路。在 80 年代，除了国家（包括中央和地方）要采取非常措施，尽可能增加上海市的住宅建设及其配套工程建设的投资外，还要采取企业自筹资金建房、民办公助建房、吸收私人投资和侨汇建房、建造商品住宅、结婚过渡用房及积极支持对旧房进行"搭、放、升、抬"，扩大居住和使用面积等办法。

其次，在住房建设的布局上，城市中心区建房与市区边缘新辟地区建房、重点开发的卫星城镇建房要同步。

目前上海市区人口高度密集。1982年，在城市中心区的141.7平方公里范围内，常住人口607.9万人，人口密度平均每平方公里4.3万人。其中黄浦、南市、卢湾、静安等四个区的人口密度在每平方公里6万人以上，市区有20个街道人口密度都在每平方公里10万人以上，甚至有5个街道每平方公里超过15万人，上海市区人口密度这样高，给市区的经济发展、就业、住房、环境、交通等带来了一系列问题。

从1982年的居住水平看，在市区121个街道中有28个街道平均每人居住面积在4平方米以下，其中有两个街道平均每人居住面积竟不到3平方米。在上述20个街道中人口密度每平方公里超过5万人的有23个，超过10万人的有7个，超过15万人的有2个。在这种情况下，如果把新建住房完全安排在城市中心区内，不仅会增加建造上的许多困难，而且还会进一步加剧上海城市中心区的"膨胀病"。

过去我国城建总局曾规定了比较适当的城市市区人口密度为每平方公里1—1.25万人，即每人占地80—100平方米，其中生活居住用地40—50平方米。上海目前的情况与此要求相距很远。如按上述标准计算，以现有市区常住人口632万人计算，需要把市区面积扩大为505.6—632平方公里，即比现在扩大282.7—409.1平方公里（相当于现有市区面积的1.27—1.84倍）。显然，在上海市区边缘农田十分肥沃的条件下，要完全采取"摊大饼"的方式扩大这么多范围，并在这些新征土地上建造大批住宅，是不恰当的。实际上，从这次人口普查资料中也可看到，上海城市中心区的人口虽然高度密集，但全市人口分布又很不平衡。在上海市区边缘的吴淞、闵行两个区，人口密度分别为每平方公里0.34万人和0.31万人，其它十多个卫星城镇和近郊工业区的人口密度最高不超过每平方公里2万人，像金山卫石化地区每平方公里只有0.47万人。同时，目前这些地区经济结构比较单一，人口一般都在三四万左右，最多不超过 7 万人，没有形成合理的城镇规模，使符合城市要求的各种设施配套困难。因此，从战略上考虑，上海城市中心区的人口在全市范围内应向两个方面扩散：一是逐步扩大市区的用地，使原城市中心区的人口向市区边缘新开辟的地区扩散；二是有重点地发展卫星城镇和近郊工业区，使原城市中心区的人口向这些城镇扩散。与此相适应，在上海市区的住房建设布局上，也应该使城市中心区建房与市区边缘新辟地区建房、重点开发的卫星城镇建房同步进行。

在上海市中心区要适当多建一些中高层住宅。尽管这些建筑比五六层住宅每平方米耗工要多，材料和施工技术要求也高，但它可以增加建筑面积密度（即容积率），降低建筑密度，节约住房用地，在人口密度高的地区更多地就近解决一些居民的住房困难，减少劳动者因上下班路途遥远所带来的时间、交通运输力量和能源等的浪费，提供更多的室外场地和绿地。鉴于旧式里弄的住房面积占市区住房总面积的 49.8%，因此，还应十分重视对那些屋龄不太高、结构较好的旧式里弄房屋逐步进行改造。

1982 年，上海市区边缘的吴淞、闵行两个区的平均居住水平虽占各区首位，但住房质量差，简屋、棚户和旧式里弄比重过大。新工房的居住水平只比市区平均水平高不到 0.5 平方米 / 人。因此，在目前市区住房困难户很多的情况下，有重点地在吴淞、闵行及其他一两个卫星城镇中结合全市工业布局的调整，集中建造一大批质量较好的新工房，适当提高住房分配水平，努力发展商店、医院、学校、电影院、煤气、自来水等公用配套设施，将有利于增强这些地区的"吸引力"，使其尽快形成人口规模在 20 万左右、生产和生活条件比较完善的城市，把解决住房困难户同治理上海市区的"膨胀病"完美地结合起来。

第三，在住房建设的施工队伍上，应在努力扩大市区建工队伍的前提下，尽可能多争取市郊和外省市建筑力量的支援。

本世纪末以前，上海市区（包括重点开发的卫星城镇）的住房及基础工程、配套设施的建筑任务十分繁重。由于 80 年代住房困难户的数量多、增长快，对加速住房建设的要求更为迫切，然而目前上海市区建筑业的人员数量过少。1982 年人口普查百分之十提前抽样汇总资料表明，上海市区建筑业人员只占各行业在业人口数的 4.9%，大大低于现在发达国家建筑业人

员的比重。在许多发达国家中，建筑业人员一般要占在业人口总数的 10%
左右，有的国家甚至还把建筑业列为国民经济的三大支柱之一。

那么在今后 18 年中能否在上海市区招收大批新工人来扩充建筑业的队
伍呢？根据我们所作的未来上海市人口发展趋势预测，如撇开人口机械变动
的影响，在 1982 年至 2000 年间上海市区每年新进入劳动年龄的人数（以
16 岁人数计算）将由 6.27 万人波浪式地上升到 8.72 万人，其中有 14 年都
低于 1982 年的人数，甚至有 4 年连 5 万人都不到。只是从 1998 年开始才一
下子猛增到 9.19 万人。这样，从 1983 年至 1997 年，市区中学毕业生扣除
进入高等学校学习的人数后，剩下要求就业的人数不会很多。加上现阶段建
筑业工人的劳动强度大，工资水平比较低，高空、露天作业没有津贴，以
及旧社会传统观念的影响，上海市区很多青年不愿报名当建筑工人。比如，
1983 年上海市建工局本来准备在市区招收几千名建筑工人，结果因考虑到
合格工人的来源无法保证而放弃招工；今年建工局所属的两个建筑公司的技
校也准备招收 100 多名学生，但在考生的第一志愿中没有一个是报考这两个
技校的。当然，如果今后加强了对青少年的理想教育和选择职业的指导，建
筑工人的经济待遇、社会地位有了较大改善，在上海市区招收建筑工人的困
难也可能会少一些。

为了解决本世纪内上海市区住房建设的迅速发展同市区施工力量严重
不足的矛盾，一项重要的战略措施是应该迅速扩大市郊的建筑工人队伍，争
取他们的支援。目前上海郊县农村和城镇的建筑业人员占全市建筑业人员的
43.47%，其中土木工程建筑业人员占全市同类人员的 47.18%。根据我们所
作的预测，如撇开人口机械变动的影响，在 1982 年至 2000 年间上海郊县每
年新进入劳动年龄的人数将由 10.94 万人波浪式地发展到 9.23 万人，其中有
12 年人数都在 8 万人以上，甚至有 5 年超过 10 万人。在上海郊县耕地少、
劳力多，农村剩余劳动力大大过剩的情况下，在今后 18 年内从郊县多招收
一些建筑工人是完全可能的。1982 年，上海建工局就从市郊招收了合同工
800 人，并把 100 万个人工的建筑任务包给市郊的建筑队。此外，上海市建
工局在今年还请了外省市承包建筑任务指标约 50 万个人工。我们感到今后
本市有关部门应该积极创造条件，提供方便，争取外省市有更多的建筑队来
上海承包住房及各种基础工程、配套设施的建筑任务。

由此可见，进行住房普查和人口普查，对于正确制定上海市区的住房建设战略，搞好城市住房建设规划，加快住房建设的速度，具有重要意义。我们应该充分利用这些普查资料，为促进社会主义现代化建设服务。

（本文原载《人口与经济》1984 年第 2 期）

新中国 70 年人口平均预期寿命增高的特点、原因及未来举措*

人口平均预期寿命是指同时期出生的一批人，参照当前分年龄组的死亡率预期能存活的平均时间。它排除了人口死亡率变化受年龄结构影响的偏差，成为世界各国公认的反映一个国家人口健康和长寿状况的重要指标。新中国成立 70 年来人口平均预期寿命有了明显增高，本文将概述我国人口平均预期寿命增高的主要特点，深入分析增高的主要原因，提出未来在促进人口平均预期寿命增高时应更重视人口平均健康预期寿命增高的主要举措。

一、新中国成立以来人口平均预期寿命增高的主要特点

（一）70 年来中国人口平均预期寿命明显增高

新中国成立 70 年来人口死亡率的变化清楚表明该指标受年龄构成影响，不能准确反映一个国家的人口健康和长寿状况。据国家统计局公布的资料，1949 年中国（不包括香港、澳门、台湾地区及福建省的金门、马祖等岛屿）人口死亡率为 20.00‰，逐渐降到 1979 年的 6.21‰，随后由于受年龄中位数上升（1964 年"二普"为 20.4 岁、1982 年"三普"为 22.7 岁、1990 年"四普"为 25.3 岁）的影响，开始缓慢回升到 2018 年的 7.13‰。从人口平均预期寿命的变化来看，新中国成立前，据 1931 年南京金陵大学计算，当时中国的人口平均预期寿命为 34 岁，在新中国成立后，据国家统计局公布的资

———————
* 本文由桂世勋、陈杰灵合著。

料,中国(不包括香港、澳门、台湾地区及福建省的金门、马祖等岛屿,下同)的人口平均预期寿命从 1953 年的 40.3 岁较快增高到 1963 年的 61.2 岁、1981 年的 67.7 岁、2000 年的 71.4 岁、2010 年的 74.8 岁;据国家卫生和健康委员会规划发展与信息化司发布的《2018 年我国卫生健康事业发展统计公报》(以下简称《2018 年公报》),2018 年中国的人口平均预期寿命为 77.0岁。可见,在 1953 年至 2018 年期间中国的人口平均预期寿命增高了 36.7 岁。

(二)当前中国人口平均预期寿命已明显超过世界发展中国家平均水平

从全球来看,中国人口平均预期寿命在新中国成立 70 年来的增长也是明显的。据世界银行世界发展指标数据库提供的数据,中国的人口平均预期寿命在 1978 年为 65 岁、2017 年为 76 岁;在 1978 年位于世界 238 个国家或地区中的第 106 位,在 2017 年提升到世界 264 个国家或地区的第 76 位。据美国人口咨询局编、中国人口与发展研究中心编译的《2017 年世界人口数据表》提供资料,2017 年中国人口出生预期寿命为男性 75 岁、女性 78 岁,明显超过世界不发达地区(不含中国)的人口出生预期寿命男性 67 岁、女性 71 岁;远超世界最不发达地区的人口出生预期寿命男性 63 岁、女性 66岁;2016 年中国按购买力平价计算的人均国民总收入为 15500 美元,如果与该年中国人均国民总收入接近(假设 15000—20000 美元)的其他 17 个国家(其中委内瑞拉和伊朗为 2016 年前数据)相比,2017 年中国男性出生平均预期寿命高于 14 个国家(赤道几内亚、加蓬、博茨瓦纳、巴巴多斯、阿根廷、委内瑞拉、阿塞拜疆、伊拉克、土库曼斯坦、泰国、白俄罗斯、保加利亚、黑山、瑙鲁),等于 2 个国家(墨西哥、伊朗),低于 1 个国家(哥斯达黎加);中国女性出生平均预期寿命高于 7 个国家(赤道几内亚、加蓬、博茨瓦纳、伊拉克、土库曼斯坦、伊朗、瑙鲁),等于 3 个国家(巴巴多斯、阿塞拜疆、保加利亚),低于 7 个国家(哥斯达黎加、墨西哥、阿根廷、委内瑞拉、泰国、白俄罗斯、黑山)。

(三)中国分区域人口平均预期寿命不同程度增高

虽然中国的人口平均预期寿命已高于大多数发展中国家,但是不同地区仍存在着较大的差异。苟晓霞在《发展》2011 年第 2 期发表的《我国平均预期寿命地区差异分析》中，根据 2000 年第五次人口普查资料数据，发现中国的东、中、西部人口平均预期寿命差异明显，具体表现为东部较高（≥73 岁），中部居中（70—73 岁），西部较低（66—70 岁）；但各地平均预期寿命差距相较于 1990 年第四次人口普查由 15.26 岁减少到 13.77 岁，说明平均预期寿命的地区差异有一定缩小的趋势。关于省级地区差异方面，张山山、刘锦桃在《西北人口》2014 年第 4 期发表的《中国各地区人口预期寿命及地理分布分析》中，根据 2000 年第五次人口普查资料数据，发现上海、北京、天津的人口平均预期寿命最高，而西藏、云南、贵州、青海最低。第六次人口普查资料中也发现了人口平均预期寿命的地区差异。具体来说，人口平均预期寿命大于 80 岁的城市主要分布在东部地区，包括上海、北京、天津和海南，而人口平均预期寿命最低的城市主要分布在西部的青藏高原和云贵高原地区，包括西藏、青海、云南、宁夏和贵州。此外，王记文在《老龄科学研究》2017 年第 5 期发表的《中国城乡居民平均预期寿命变化趋势：2000—2010 年》中，比较第五次和第六次人口普查结果发现，人口平均预期寿命表现为市最高，镇次之，而乡村最低，但无论城乡人口的平均预期寿命均在增高，且乡的增高幅度大于市和镇。总之，2000 年以来中国人口平均预期寿命基线较低的省级地区虽增幅较大，但东部地区人口平均预期寿命高于西部地区、市和镇人口平均预期寿命高于乡村人口的格局仍未被打破。

二、新中国成立以来人口平均预期寿命增高的主要原因

（一）人口平均预期寿命明显增高的直接原因

在人口平均预期寿命的计算上，不管是采取直接法还是间接法，其基础数据都是年龄别死亡率。新中国成立 70 年来人口平均预期寿命明显增高的直接原因，主要是婴儿死亡率、5 岁以下儿童死亡率、孕产妇死亡率的明显下降。婴儿死亡率在新中国成立 70 年来呈现较快下降态势，据《中国人口资料手册》《中国人口统计年鉴》的资料，中国婴儿死亡率在 1929—1931 年为 200‰ 左右，然后从 1954 年的 138.5‰ 经小幅波动下降到 1963 年的 84.3‰；据国家卫生健康委员会发布的《中国妇幼健康事业发展报

告（2019）》（以下简称国家卫健委《报告》），中国婴儿死亡率从 1991 年的 50.2‰降低到 2018 年的 6.1‰，下降了 87.8%。

5 岁以下儿童死亡率在新中国成立 70 年来也呈现出较快下降态势。据世界银行世界发展指标的资料，中国 5 岁以下儿童的死亡率在 20 世纪 70 年代下降快速，从 1970 年的 111.5‰下降到 1979 年的 65.7‰；在 20 世纪 80 年代下降速度放缓，在 1980 年到 1999 年每年约下降 1.15‰；在 2000 年后再次快速下降，在 2000 年到 2017 年间平均每年下降 1.52‰，并在 2016 年降至 10‰以下（见图 1）。"联合国千年发展目标"是 2000 年 9 月联合国首脑会议上由 189 个国家签署《联合国千年宣言》制定的以 1990 年为标准到 2015 年完成的行动计划目标。在作为《宣言》核心的八项目标中，第四项目标为"从 1990 年到 2015 年将 5 岁以下儿童死亡率降低三分之二"。据中国外交部发布的《中国实施千年发展目标报告（2000—2015 年）》，"2013 年中国 5 岁以下儿童死亡率为 12.0‰，较 1991 年下降了 80.3%"，"提前实现了千年发展目标中降低儿童死亡率目标"。国家卫健委《报告》进一步指出"中国于 2007 年提前 8 年实现了这一目标"。该《报告》还显示，中国 5 岁以下儿童死亡率从 1991 年的 61.0‰迅速降低到 2018 年的 8.4‰，下降了

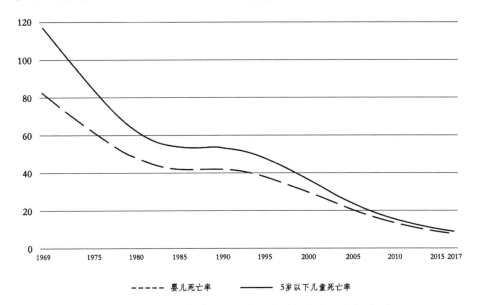

图 1　1969—2017 年中国婴儿和 5 岁以下儿童死亡率（‰）

资料来源：世界银行世界发展指标（http://datatopics.worldbank.org/world-development-indicators/）。

86.2%。并通过测算得出"5 岁以下儿童死亡率的下降对我国人均预期寿命延长作出了重要贡献。在 2000—2015 年间，中国人均预期寿命提高的 4.9 岁中，有 23.5% 归因于 5 岁以下儿童死亡率的下降"。

孕产妇死亡率在新中国成立 70 年来也呈现明显下降态势。该指标是指一个国家或地区某年妇女在妊娠期或妊娠终止后 42 天内由于任何与妊娠或妊娠处理有关的或由此而加重的原因导致的死亡人数占该年孕产妇总数的比例。在《联合国千年宣言》制定的八项目标中，第五项目标为"1990 年到 2015 年，将孕产妇死亡率降低四分之三"；"到 2015 年使人人享有生殖健康服务"。据中国外交部发布的《中国实施千年发展目标报告（2000—2015 年）》，"中国孕产妇死亡率已从 1990 年的 88.8/10 万下降为 2013 年的 23.2/10 万，降低了 73.9%，实现了降低四分之三的千年发展目标。"据国家卫健委《报告》，2018 年中国孕产妇死亡率为 18.3/10 万，比 1990 年下降了 79.4%。

此外，在直接影响新中国成立 70 年来人口平均预期寿命明显增高的因素中，还有青年人口、中年人口和老年人口年龄别死亡率的下降。从黄荣清、刘琰编著《中国人口死亡数据表》（中国人口出版社 1995 年版）提供的"全国总人口生命表（1981 年）"和"全国总人口生命表（1989—1990 年）"中年龄别死亡概率的比较可以清晰反映。他们将 1982 年和 1990 年两次人口普查资料得到的 1 岁 1 组年龄别死亡率数据换算成年龄别死亡概率，表明已经活到某个确切年龄 x 岁的一批人在年龄区间（如 1 年内）死亡的可能性，发现不仅 0 岁和 5 岁人口的死亡概率从 1981 年到 1990 年有较明显下降，而且青年组 20 岁和 34 岁人口的死亡概率分别从 1981 年的 0.00144 和 0.00189 下降到 1989—1990 年的 0.00128 和 0.00167，中年组 40 岁和 50 岁人口的死亡概率分别从 0.00289 和 0.00684 下降到 1989—1990 年的 0.00254 和 0.00564，老年组 60 岁、70 岁、80 岁人口的死亡概率也分别从 1981 年的 0.01804、0.04552、0.11019 下降到 1989—1990 年的 0.01514、0.04183、0.10150。

（二）人口平均预期寿命明显增高的经济、教育、环境因素

新中国成立 70 年来经济发展为人口平均预期寿命的明显增高创造了经济基础。从横向看，经济发展水平高的地区，一般人口平均预期寿命高于

经济发展水平低的地区；从纵向看，经济发展水平较高的时期，人口平均预期寿命也相对增长较快。据齐亚强、李琳在《中国卫生政策研究》2018 年第 8 期发表的论文《中国预期寿命变动的地区差异及其社会经济影响因素：1981—2010》中估算，总体来看中国人均 GDP 每增长 10%，人口平均预期寿命约增加 0.3%。中国改革开放以来，经济发展水平逐渐提高，为医疗卫生服务、社会保障、教育事业的发展提供了物质基础，对改善国民健康状况和提高预期寿命有积极的贡献。然而当经济发展到一定程度后，其对人口平均预期寿命的影响往住会出现边际递减的效应，即进一步的经济发展对预期寿命的提升作用在变小。

新中国成立 70 年来教育事业的较快发展及人口平均受教育年限的增高，也有利于人口平均预期寿命的增高。人口受教育程度越高，人们更可能了解到健康管理和疾病预防的知识，更可能以有利于健康的方式工作和生活，减少危害健康的危险因素（如吸烟、酗酒等）；而且由于受教育程度较高人群的工作收入也比较高，使他们有可能改善自身及家庭成员的营养水平、接受自付负担较重的医疗服务，从而有利于提高人口平均预期寿命。中国改革开放以来，随着义务教育的普及和"科教兴国""人才强国"等战略的提出，人们的文化教育水平得到了很大的提升，这也能在一定程度上促进人口平均预期寿命的增高。

新中国成立 70 年来环境的改善有利于增进人口的健康水平，从而进一步促进人口平均预期寿命的增高。据全球疾病负担研究，在 1990—2017 年间中国与死亡相关的环境危险因素中，除室外颗粒物污染仍在缓慢上升、室外臭氧污染没有明显下降外，不安全的水源、不安全的环境卫生、室内空气污染（如使用煤、柴做燃料）对中国死亡发生的解释率呈现显著下降态势（见图 2）。使用安全饮用水、安全的卫生设备（如厕所卫生条件改善等），能降低传染性和非传染性疾病的发生，有利于人口平均预期寿命的增高。

（三）卫生部门、计划生育部门和社会保障部门的通力合作

新中国成立 70 年来在中央层面先后建立了主管城乡医疗卫生的"卫生部"（并曾长期主管新型农村合作医疗）、主管有计划控制人口增长和优生优育的"国家计划生育委员会"（后改为"国家人口和计划生育委员会""国家

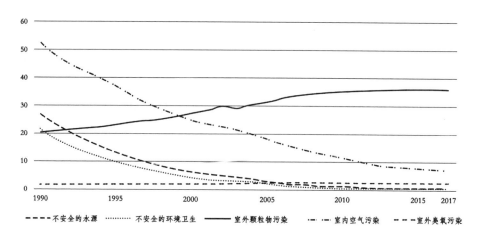

图 2 1990—2017 年中国与死亡相关的环境危险因素的变化（每 10 万人死亡，校正值）
资料来源：全球疾病负担研究（http://www.healthdata.org/gbd）。

卫生和计划生育委员会""国家卫生和健康委员会"）；主管社会救助、社会
福利及养老服务的"民政部"、主管企业职工社会保险的"劳动部"和主管
机关事业单位工作人员社会保障的人事部（后合并为"人力资源和社会保
障部"），2018 年又新建了主管职工和城乡居民医疗保险及长期护理保险的
"国家医疗保障局"，新建的退役军人事务部又将主管退役军人军属优待抚恤
等社会保障职责从民政部、人力资源和社会保障部进行整合。由于上述这些
部门及其工作人员长期的卓有成效工作，使中国成功地控制了由天花、霍
乱、疟疾、肺结核、血吸虫病等传染性疾病导致的死亡率，从全球疾病负担
研究中显示，中国肠道感染、呼吸道感染、结核病和其他感染性疾病导致的
死亡比率从 1990 年到 2017 年下降了 77.7%，被忽视的热带病和疟疾导致的
死亡比率在 27 年间下降了 77.3%（见图 3）；使中国强化了婚前检查、遗传
咨询、产前诊断、围产期保健、推广新法接生等工作，有效降低因遗传性和
各种有害因子导致的出生缺陷发生率和 5 岁以下儿童因早产或低出生体重、
肺炎、出生窒息、先天性心脏病、意外窒息而死亡的占比；从实施农村"三
无"（无法定扶养义务人或虽有法定扶养义务人但无扶养能力、无劳动能力、
无生活来源）人员的"五保"供养（保吃、保穿、保住、保医、保葬〔未成
年人保义务教育〕）发展到城乡"低保"家庭成员的"生活救助""医疗救
助""教育救助""养老服务补贴"，特别是近年来倾全国之力开展"精准脱
贫攻坚战"，"确保到 2020 年我国现行标准下农村贫困人口实现脱贫、贫困

县全部摘帽"；从实施残疾人以就业、救助、教育、康复为重点的社会福利扩展到"全面建立困难残疾人生活补贴制度和重度残疾人护理补贴制度"；从实施职工劳动保险、干部公费医疗发展到城镇职工基本养老保险、农村基本养老保险、城镇职工基本医疗保险、城乡居民基本医疗保险和大病保险、工伤保险、失业保险、生育保险及农村计划生育家庭奖励扶助制度、计划生育困难家庭特别扶助制度；从开展拥军优属活动发展到不断提高伤残军人和警察等优抚对象的残疾抚恤金标准、"三属"（烈士遗属、因公牺牲军人遗属、病故军人遗属）的定期抚恤金标准、在乡老复员军人和带病回乡退伍军人等人员的生活补助标准、农村籍老义务兵的补助标准，保证优抚对象特别是农村义务兵及其家属一定的生活水平和生活质量等。尽管新中国成立 70 年来开展的城乡医疗卫生事业及优生优育工作还有待深化医疗卫生体制改革、促进优质医疗卫生及妇幼保健资源在东中西部地区和城乡的均衡发展；建立的社会保障制度还需要按照习近平总书记在党的十九大报告中提出的"兜底线、织密网、建机制的要求，全面建成覆盖全民、城乡统筹、权责清晰、保

图 3　1990 年和 2017 年中国死因顺序变化

障适度、可持续的多层次社会保障体系"目标进一步完善,但是新中国成立70年来这些工作取得的重大成就,在有效保障和改善民生、促进人口平均预期寿命明显增高中发挥了重要作用。

三、在继续提高人口平均预期寿命的基础上
更重视人口平均健康预期寿命的增高

(一)建设"健康中国 2030"提出的有关目标和指标

随着人口平均预期寿命的增高,如何在继续延长人口平均预期寿命的同时提升健康生活质量已成为世界各国研究和政策关注的一个重点。一方面,中国相对于一些人口平均预期寿命已达到 80 岁以上的发达国家或地区(如中国香港 85 岁、日本 84 岁),未来人口平均预期寿命仍有进一步增高的空间。同时,加快提高人口平均健康预期寿命也日益成为未来中国的关注重点。人口平均健康预期寿命是指同时期出生的一批人,参照当前分年龄组的健康率预期处于良好健康状态下的平均时间。世界卫生组织认为提高健康预期寿命比增加没有生活质量的生存年数更为重要,并在 2000 年将其作为评价人口健康状况和卫生系统绩效的一个重要指标。2016 年 10 月 25 日,在中共中央、国务院印发的《"健康中国 2030"规划纲要》中指出"实现国民健康长寿,是国家富强、民族振兴的重要标志,也是全国各族人民的共同愿望。"不仅要求到 2030 年"人均预期寿命达到 79.0 岁""婴儿死亡率降到 5.0‰""5 岁以下儿童死亡率降到 6.0‰""孕产妇死亡率降到 12.0/10 万",而且要求"人均健康预期寿命显著提高"。

(二)中国人口健康预期寿命的现状

人口平均健康预期寿命的测量是在人口平均预期寿命的基础上识别健康和非健康的部分,对健康概念的界定和测量是健康预期寿命中最重要的部分。世界卫生组织将健康定义为"躯体健康、心理健康、社会适应良好和道德健康四个方面皆健全"。虽然这个定义反映了个体健康的生理、心理、社会、价值等综合因素,但在人口平均健康预期寿命的估算上,世界卫生组织

对健康的界定仍以躯体健康为主，即没有疾病、残疾和损伤的状态。通过对各种疾病、残疾、损伤等状况进行权重调整，测算出非完全人口平均健康状态对预期健康寿命的影响，得到处于健康状态下的预期寿命。

关于中国人口健康预期寿命的数据，据乔晓春在《人口与发展》2009年第 2 期发表的《健康寿命研究的介绍与评述》中回顾，最早来源于 Grab 和 Dowd 于 1991 年提交给健康寿命国际组织（REVES）第四届年会的论文。他们根据中国 1987 年全国残疾人调查和 1982 年全国人口普查数据，估算了 1987 年中国出生时非残障健康预期寿命，其男性的非残障健康预期寿命为 62.3 岁，占男性人口平均预期寿命 92.5%；女性为 64.5 岁，占女性人口平均预期寿命 91.3%。世界卫生组织从 2000 年开始约每 5 年公布成员国的健康预期寿命。在 2000—2016 年间中国人口出生时平均健康预期寿命呈现小幅增长的态势：2000 年中国人口出生时健康预期寿命为 64.8 年，占人口出生时平均预期寿命的 89.9%；2016 年中国人口平均健康预期寿命提高到 68.7 年，占人口平均预期寿命的比例仍为 89.9%。然而与世界卫生组织公布的 2000 年日本人口出生时平均健康预期寿命为 72.5 岁、2005 年为 73.2 岁、2010 年为 73.8 岁、2015 年为 74.7 岁、2016 年为 74.8 岁相比，未来中国人口平均健康预期寿命到 2030 年"显著提高"的任务仍任重道远。至于中国出生时人口平均健康预期寿命的性别差异在近 20 年里基本维持稳定，其中 2016 年男性的健康预期寿命比女性低 1.3 年，但男性的健康预期寿命占预期寿命的比例比女性略高 1.7 个百分点（见表 1）。

表 1　2000 年以来中国分性别的人口平均健康预期寿命

年份	总体			男性			女性		
	出生时预期寿命（岁）	出生时健康预期寿命（年）	出生时健康预期寿命占比（%）	出生时预期寿命（岁）	出生时健康预期寿命（年）	出生时健康预期寿命占比（%）	出生时预期寿命（岁）	出生时健康预期寿命（年）	出生时健康预期寿命占比（%）
2000	72.1	64.8	89.9	70.7	64.1	90.7	73.7	65.6	89.0
2005	74.2	66.7	89.9	72.8	66.1	90.8	75.6	67.3	89.0
2010	75.2	67.6	89.9	73.8	67.0	90.8	76.7	68.3	89.0

年份	总体			男性			女性		
	出生时预期寿命（岁）	出生时健康预期寿命（年）	出生时健康预期寿命占比（%）	出生时预期寿命（岁）	出生时健康预期寿命（年）	出生时健康预期寿命占比（%）	出生时预期寿命（岁）	出生时健康预期寿命（年）	出生时健康预期寿命占比（%）
2015	76.2	68.4	89.8	74.8	67.8	90.6	77.7	69.1	88.9
2016	76.4	68.7	89.9	75.0	68.0	90.7	77.9	69.3	89.0

资料来源：世界卫生组织全球卫生观察站数据（https://www.who.int/gho/zh/）。

（三）努力缩小中国各地区的人口平均健康预期寿命差异

关于中国人口出生时健康预期寿命的地区差异研究很少，相关报告主要针对中国老年人口健康预期寿命的地区差异。早在上世纪 90 年代初，中国人民大学博士王梅曾在中国经济出版社 1993 年出版的著作《活得长不等于活得健康》中，根据 1992 年中国老龄科研中心主持的"中国 12 个省、自治区、直辖市老年人口供养体系调查"资料中有关分性别城乡老人的患病率和 1990 年中国人口普查资料，计算了 1992 年中国 60 岁及以上老年人口的平均预期健康期，得出当时中国 60 岁老年人口平均预期健康的年限，城市 60 岁男性老人为 5.95 年，城市 60 岁女性老人为 5.03 年；农村 60 岁男性老人为 6.75 年，农村 60 岁女性老人为 5.98 年。他们分别占其平均剩余寿命的 36.5%、26.1%、42.8%、32.6%。张文娟、杜鹏在《人口研究》2009 年第 5 期发表的《中国老年人口健康预期寿命变化的地区差异：扩大还是收缩？》中，使用 1994 年和 2004 年由国家统计局进行的全国人口变动抽样调查的数据，分析了东、中、西部地区老年人口平均健康预期寿命的差异。在 1994 年，东部地区 60 岁老年人口平均健康预期寿命最高，西部居中，而中部最低。在 1994—2004 年间，不同地区的 60 岁老年人口平均健康预期寿命均有一定增高，但东部地区的增长比中部和西部地区更多；在 60 岁老年人口平均健康预期寿命占其 60 岁平均剩余寿命的比例上，东、中、西部 60 岁老年人口在 1994—2004 年的平均剩余寿命增长速度上高于 60 岁平均健康预期寿命增速，而东部的 60 岁女性老年人口的平均健康预期寿命的增速高于 60 岁平均剩余寿命的增速。

关于中国 60 岁老年人口平均健康预期寿命的省级地区差异方面，乔晓春、胡英在《人口与发展》2017 年第 5 期发表的《中国老年人健康寿命及其省际差异》中，根据 2010 年第六次全国人口普查的数据估算，60 岁男性老年人口的平均健康预期寿命最长的是上海（14.27 年），其次是天津、浙江和北京，而最短的是西藏（9.14 年）和甘肃（9.49 年）；60 岁女性老年人口的平均健康预期寿命最长的仍是上海（16.10 年），其次是广东和浙江，而最短的也是西藏（10.39 年）和甘肃（9.98 年）。另外，广东、福建、上海、浙江、江苏等地的 60 岁老年人口平均健康预期寿命占其 60 岁老年人口平均剩余寿命的比例较高（大于 84%），而西藏、甘肃、湖南的 60 岁老年人口平均健康预期寿命占比较低（低于 70%）。

针对以上突出问题，在《"健康中国 2030"规划纲要》中将"公平公正"作为推进未来健康中国建设应遵循的一项主要原则，强调"以农村和基层为重点，推动健康领域基本公共服务均等化，维护基本医疗卫生服务的公益性，逐步缩小城乡、地区、人群间基本健康服务和健康水平的差异，实现全民健康覆盖，促进社会公平。"

（四）高度关注不良生活方式和空气污染的负面影响

总体来看，新中国成立 70 年来人口平均预期寿命和健康预期寿命有了明显增高，然而人们的不良生活方式和行为习惯、空气污染仍将严重影响未来中国人口的健康状况，制约人口平均预期寿命和健康预期寿命的进一步增高。

随着未来中国经济高质量发展和城乡居民可支配收入较快增长，不良的生活方式和行为习惯对增进健康和提高人口平均预期寿命带来的负面影响将可能进一步凸显。据全球疾病负担研究，2017 年与 1990 年中国死因顺序变化比较中，在传染病导致的死因顺序下降的同时，非传染性疾病（如心血管疾病、肿瘤、慢性呼吸系统疾病、糖尿病和肾病等）导致的死因顺序却在上升（见图 3）；饮食风险、吸烟、饮酒、身体活动不足是导致中国人群死亡的危险行为因素，并且这些因素的负性作用在 1990 年以来呈现增长态势（见图4）。针对以上突出问题，在《"健康中国2030"规划纲要》有关健康中国建设的主要指标中，列入了"城乡居民达到《国民体质测定标准》合格以上的人数比例"到2030年为92.2%，"居民健康素养水平"到2030年为30%，"经常参加体育锻炼人数"到2030年为5.3亿人，"重大慢性病过早死亡率"到2030年比2015年降低30%；并且在行动纲领中强调"推进全民健康生活方式行动，强化家庭和高危个体健康生活方式指导及干预"；"将健康教育纳入国民教育体系，把健康教育作为所有教育阶段素质教育的重要内容，以中小学为重点，建立学校健康教育推进机制"；在"开展控烟限酒"中要求"到2030年，15岁以上人群吸烟率降低到20%""加强限酒健康教育，控制酒精过度使用，减少酗酒。加强有害使用酒精监测"。

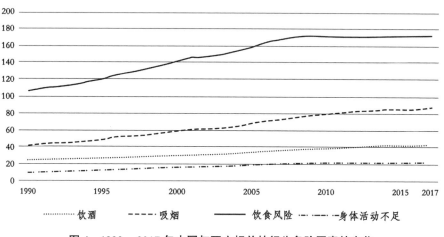

图4　1990—2017年中国与死亡相关的行为危险因素的变化
（每10万人死亡，校正值）

　　同时，据本文前面所引的全球疾病负担研究，中国室外颗粒污染、室外臭氧污染对死亡发生的预测力在1990年以来仍处于稳定上升的趋势（见图3）。据Chen，Ebenstein，Greenstone，&Li在美国科学院院报（PNAS）2013年第32期发表的论文中对中国淮河南北地区的研究发现，淮河以北地区的总悬浮颗粒物比淮河以南地区平均高55%，而人群长期暴露在空气污染中能增加心肺疾病，并导致寿命的损失。针对以上突出问题，在《"健康中国2030"规划纲要》有关健康中国建设的主要指标中，列入了"地级及以上城市空气质量优良天数比率"到 2020 年＞80%，到 2030 年"持续改善"，"地表水质量达到或好于Ⅲ类水体比例"到 2020 年＞70%，到 2030 年"持续改善"；并且在行动纲领中强调"深入开展大气、水、土壤等污染防治""实施工业污染源全面达标排放计划""加强食品安全监管"等。2018 年中国已把"污染防治"列为倾举国之力打好三大攻坚战之一，要求坚持从源头做好防治工作，加快调整和优化经济结构，从根本上减轻污染排放压力；要强制度严法律，努力构建生态环保的长效机制。这不仅是 2020 年中国决胜全面建成小康社会的迫切要求，而且它必将有利于未来中国在继续提高人口平均预期寿命的基础上有效提高人口平均健康预期寿命。

（本文原载《人口与健康》2019 年第 9 期）

三、人口社会学

人口社会学是研究什么的

人口社会学是第二次世界大战以后、特别是近十多年形成的一门新兴学科。十多年来，在西方国家里这方面的著作层出不穷，不少大学专门开设了人口社会学的课程，例如：法国里尔第三大学开设的人口社会学，要讲授25学时；法国波尔多大学文学和人文科学学院人口学专业开设了"发展中国家的社会人口学概况"的课程，要讲授20学时。至于同人口社会学的内容有关的课程，如人口与社会、人口问题的心理—社会方面、社会学和人口学、人口与环境、贫穷问题、劳动问题、伤残问题、人口老化问题等等，在国外开设课程研究就更多了。

在我国，对人口社会学研究得很少。新中国成立后，有些同志虽然也发表了一些有关人口和社会发展相互关系的文章，但在1957年都遭到了错误批判。直到党的十一届三中全会以后，我国的人口学和社会学才获得了新生。现在，人们愈来愈清楚地看到，国家的经济建设、城市建设、住房、就业、家庭与学校教育以及广大劳动人民生活水平的提高等许多问题的解决，莫不与肃清"左倾"思想影响有关，也莫不与处理好人口和社会发展的关系有关。研究人口社会学，弄清人口变化和社会发展的相互影响，探索其规律，对促进我国社会主义建设和安定团结政治局面的发展，意义是十分重大的。

人口社会学的研究对象

毛泽东同志在《矛盾论》中指出："科学研究的区分，就是根据科学对象所具有的特殊的矛盾性，因此，对于某一现象的领域所特有的某一种矛盾的研究，就构成某一门科学的对象。"那么，人口社会学研究的特殊矛盾是什么呢？

人口社会学，顾名思义，是和人口学、社会学都有关联的一门学科。社会学下面有许多分支学科，是属于社会学同其他学科结合起来进行研究的边缘科学；人口学下面也有许多分支学科属于边缘科学。人口社会学既是社会学的一个分支，又是人口学的一个分支，它是介于社会学和人口学之间的一门边缘科学。

关于社会学的研究对象，现在各有关学派还有许多不同的意见。比较多的社会学家认为社会学的研究对象应是狭义的社会问题，即其它学科不进行专门研究的那些社会问题，如贫穷、就业、犯罪、伤残、福利救济、乞讨、婚姻家庭，以及将社会中的各个侧面、各种因素联系起来进行综合研究的问题。所以，人口社会学研究的特殊矛盾就是人口和狭义的社会问题之间的矛盾。

人口和狭义的社会问题之间的矛盾，看起来似乎很简单，其实不然。所谓人口，是指生活在特定社会和特定地区具有一定数量和质量的人的总称。它可以从静态与动态两个方面来具体考察。

从静态来考察，人口的状况通过一定时点上的人口数、人口密度及各种人口构成反映出来。人口的构成可粗略地分为自然构成和社会构成两大方面。人口的自然构成，包括性别构成、年龄构成、残疾人员（盲、聋、哑、残缺、痴呆等人员）的状况；人口的社会构成，包括阶级构成、民族构成、文化程度构成、社会劳动力资源构成、在业人口的行业构成和职业构成、人口的地区分布及其构成、宗教信仰状况、语言状况、婚姻状况等。

从动态来考察，人口的状况通过在一定时期内各个时点发生的有关人口变动的总和反映出来。人口的变动可分为自然变动、机械变动和社会变动三大方面。人口的自然变动是通过新一代人口的出生来代替老一代人口的死亡而形成的人口变动过程，也叫人口再生产过程。它用人口的出生数、死亡数、自然增长数等绝对指标和人口的出生率、死亡率、自然增长率等相对指标来表示。某一地区在某一年内的人口自然增长率等于该地区在这一年中的出生人数减死亡人数的差额除以年平均人口数。它一般用千分比（‰）表示。人口的机械变动是指人口在空间上的移动，它通过人口的迁入和迁出来改变人口的地区分布，因而也叫人口迁移。它用人口的迁入数、迁出数、机械增长数（或净迁移数）等绝对指标和人口的迁入率、迁出率、机械增长率（或净迁移率）等相对指标来表示。某一地区在某一年内的人口机械增长率等于该地区在这一年中的迁入人数减迁出人数的差额除以年平均人口数。人口的社会变动是指人口的各种社会构成的变化。人口系统的这种静态部分和动态部分同各种狭义的社会问题之间存在着对立统一关系，它们既相互区别，又相互依存和相互制约。一方面，人口系统的静态部分和动态部分对许多狭义的社会问题的产生和发展变化具有各种影响。比如一个地区人口的数量、密度、各种构成及其变化，会直接或间接地影响贫穷问题、居住问题、保健问题、教育问题、资源问题、环境问题、福利问题、家庭问题、婚姻问题、民族问题、犯罪问题、闹事问题、乞讨问题等等。据美国世界观察研究所所长布朗分析，人口的增加要产生22个方面的影响。他把这些影响分成三大类：政治、经济、社会类，生态类，医疗健康类。他所列举的22个方面的影响中，有许多是同狭义的社会问题有关的。比如人口的增加会影响渔业、矿物、木材、食用水等资源和能源的供应，影响个人收入和饥饿人数的变化，影响住宅的供应，影响失业人数，影响文盲的数量，影响物价，影响城市建设，影响环境污染和疾病增加，影响医疗服务质量，影响劳动者的营养和健康状况，影响个人自由等等。另一方面，各种狭义的社会问题（或社会因素）也会影响人口系统的静态部分和动态部分。因为人口的出生、死亡、迁移和各种社会构成的变化，不仅受到许多自然条件如气候、矿藏、水流及人类自身的遗传、变异、发育、衰老等自然因素的影响，而且受到各种社会条件如经济、政治、军事、思想、道德、文化、教育、婚姻、家庭、宗教、风俗习惯的影响。

　　这种人口与社会问题相互影响的情况，无论从历史和现实来看都是表现得十分明显的。比如，人口的变化与社会的安定有很大关系。我国西汉元始二年，由于那时社会比较安定，全国人口有近6000万人；三国时连年战乱，人口剧降到767万人。明朝初期洪武二十六年，由于社会比较安定，经20多年休养生息，我国人口超过6000万人；明末清初由于战争频繁，又降至2100万人。政策和意识形态对人口的影响也是明显的，在对待马寅初的《新人口论》人口学说问题上，"误批一人，错增几亿"即为一例。反过来说，人口对社会问题的影响也很大。五届全国人大四次会议的《政府工作报告》指出，在人口问题上有两种可能，"或者是严格地有效地控制人口的增长，使全体人民的生活水平逐步提高，国家建设逐年扩大；或者是控制不严，措施不力，听任人口继续大量增长，从而既不能改善人民生活，也不能很好地进行经济、文化、国防的建设"，就说明了这个道理。

人口社会学的研究任务

人口与狭义的社会问题（或社会因素）的关系历来是世界各国的一些思想家和政治家比较关心的问题，但为什么在第二次世界大战以后这个问题愈来愈引起人们的注意，并专门分离出一门人口社会学来加以集中研究呢？主要是由于战后世界人口迅速发展，人口和狭义的社会问题（或社会因素）的关系日益成为国际社会生活中的重大课题，迫切需要一门学科加以研究。

从世界人口发展情况看，公元1年约2.5亿—3亿人，1650年为5亿人，1830年为10亿人，1930年为20亿人，1960年为30亿人，1976年为40亿人，1980年底为44亿人。如果自1830年算起，世界人口每增长10亿的时间，从100年减为30年，再减为16年。可见战后世界人口增长的速度是非常快的。1975年后，世界人口的年增长率虽然开始下降，但由于人口基数大，人口增长率下降的幅度比较小，世界人口绝对数的增长速度仍相当惊人。联合国估计，本世纪末世界人口将超过60亿，2025年世界人口将达到83亿。第二次世界大战以后世界人口发展得如此迅速，对各种社会问题影响很大。当前世界上的一些很紧迫的问题，如粮食问题、能源问题、资源问题、环境问题都同人口问题有关。人口问题同资源、环境和发展等问题已成为目前国际社会面临的一系列错综复杂问题中的几个最普遍的重大问题。许多人认为应该把这些问题及相互关系作为世界性的重大战略问题来对待。

战后发展中国家和地区的人口发展速度更是快于世界平均速度。从1950—1978年，全世界年平均人口增长率为19‰，而亚洲、非洲、拉丁美洲分别为20‰、26‰和27‰。1980年，全世界人口的出生率为28‰，而发展中国家和地区为32‰，其中亚洲、非洲和拉丁美洲分别为28‰、46‰和34‰。甚至有些发展中国家在较长一段时期中，人口增长速度超过了农业生产和国内生产总值的增长速度。同时，很多发展中国家和地区在收入低水平、城市工业及各种设施发展较慢的情况下，城市人口又迅速膨胀。这一切都严重影响了贫穷、粮食、就业、居住、福利、教育、保健、资源、环境等一系列社会问题的改善。新中国成立 30 多年来，虽然生产发展速度快于人口增长速度，但从 1949—1980 年人口净增加了 4.4 亿多，为 1840—1949年的 109 年中净增加人数的 3.4 倍。这就使全国人民在吃饭、穿衣、住房、交通、教育、卫生、就业等方面，都遇到很大困难，使整个国家很不容易在短时间内改变贫穷落后的面貌。拿上海来讲，当前面临的社会问题是三个高峰：就业高峰、结婚高峰和生育高峰，而这三个高峰的形成和缓和都同本市人口的各种构成及变动有非常密切的关系。

发达国家和地区的人口发展速度，在第二次世界大战以后，除了在 40年代后期一度比较快以外，都是比较慢的。自 1969 年以来，东德、西德、卢森堡、奥地利、捷克、英国、比利时、丹麦、匈牙利、挪威、瑞典等十多个国家的人口自然增长率陆续降为零或几乎等于零。1980 年发达国家和地区的出生率只有 16‰。在这些国家中人口老化问题愈益严重，使有关老年人的心理、健康、社会福利和社会保险等老人问题更加突出。有些国家由于人口出生率的急速下降，还影响了劳动力和兵力的正常供应。而少数发达国家在近十多年来出现的大批人口由大中城市中心区向郊区倒流的新情况，又引起了这些城市日趋衰败等社会问题。

此外，第二次世界大战以后的人口国际迁移也影响到外籍劳工、人才外流、难民、民族、各国的风俗习惯和语言状况的变化等社会问题。

面临战后的这些新情况，越来越需要有一门专门的学科——人口社会学来研究人口系统的静态部分和动态部分对各种狭义的社会问题的直接或间接的影响作用，以使人们更全面、更科学地认识各种狭义的社会问题的产生、发展及变化的规律性，并寻求包括调节人口变动在内的尽可能完美的综合措施逐步妥善地解决这些社会问题。同时，战后各国为了调节人口变动，协调在人口变动方面的宏观（国家或地区）和微观（家庭或个人）之间的分歧，还需要人口社会学研究哪些狭义的社会因素在对人们的意识发生作用，并进一步影响到家庭和个人的人口行为，以此作为制定调节人口变动的各种社会政策的重要依据。所以，人口社会学是在第二次世界大战以后人们十分重视人口和狭义的社会问题、社会因素间相互关系问题时应运而生的，它的任务就是要研究人口与各种狭义的社会问题、社会因素间的相互关系及其变化发展的规律，使各种社会因素的变化有利于调节人口的变动，从而最终有利于经济的发展和各种社会问题的解决。

人口社会学的研究方法

人口社会学研究对象的性质，决定着人口社会学的研究方法；而正确的研究方法又是完成人口社会学研究任务的重要条件。要学好和研究好人口社会学，应注意掌握以下几个主要方法：

第一，要以历史唯物论的基本原理作指导。马克思主义的历史唯物论运用辩证唯物主义的世界观研究社会发展的一般规律，研究社会生活各方面的相互关系，它为社会科学提供了唯一正确的指导思想。人口社会学要正确研究作为社会主体的人及其各种变化同狭义的社会问题、社会因素的关系，同样也离不开历史唯物论的指导。比如，现在国外对当前世界人口发展前景有各种不同的观点：一种是"悲观派"，认为世界人口行将"爆炸"，人类灾难就要来临；一种是"乐观派"，相信历史进步，人类自己能解决问题。但在"乐观派"中也有盲目乐观的，认为随着社会经济发展会自然导致人口增长率下降，现在控制不控制人口无足轻重；在主张控制人口的人们中，也有持"人口决定论"的，认为推广"家庭计划"是解决发展中国家贫困的根本措施。这些观点究竟是否正确，我们只有在历史唯物论指导下，才能给予科学评价。

第二，要深入实际，进行周密的调查研究。人口社会学研究的大量课题是当前存在的人口与狭义的社会问题、社会因素的关系问题，这些关系不仅错综复杂，而且千变万化。比如，现在上海市中心区的人往往不愿迁到卫星城镇去居住，即使工作单位已搬到那边了，职工仍不顾路途劳累要求回市中心区居住。这除了经济上的原因以外，究竟还有哪些狭义的社会因素在起作用呢？我们要找出问题症结，提出综合性的解决方案，就需要到现实生活中去进行深入调查，收集大量实际材料。同时，通过这种典型调查又可丰富和完善我们对影响人口迁移的各种社会因素的规律性的认识，不断地充实人口社会学的内容。

第三，要坚持全面地、辩证地分析各种问题。在现实生活中，每一个狭义的社会问题的产生和发展变化或者每一种人口现象的变动，一般都受到许多因素的交互作用，其中有主要和次要之分，有直接和间接之别，有作用和反作用的消长。而且在不同的时间、地点和条件下，作用的情况还会发生变化。比如，影响某一地区婚姻问题的人口因素，可能是人口迁移不合理的问题，也可能是溺婴、战争等人口非正常死亡的问题，又可能是人口的出生率变化所造成的年龄结构不协调的问题，还可能是上述某几种因素相结合产生的问题。因此，为了科学地讲清楚问题，我们应该从实际出发，全面地、辩证地进行分析。

第四，要学会运用一些统计的和数学的方法来分析问题。在研究人口和狭义的社会问题、社会因素的相互关系时，有不少是间接的影响关系。比如，人口对犯罪问题的影响，往往通过就业问题、住房问题、教育问题、粮食问题等许多中间因素发生作用的。这等于像数学上的复合函数关系一样：如 $y = f(u)$，$\mu = \varphi(x)$，那么，$Y = f[\varphi(x)]$。在这里自变量 x 的变化正是通过中间变量 u 的变化，来影响因变量 y 变化的。我们在研究人口社会学时，通过各种统计资料的对比和绘制统计图，以及设计一些数学模型，将有助于对各种复杂关系进行更准确和更清楚的定量分析。

（本文原载《社会》1982 年第 2 期）

马克思主义产生前的人口社会学思想

人口社会学作为一门独立的学科，固然是在最近十多年内逐渐产生的，然而对有关人口同狭义的社会问题、社会因素之间相互关系的问题，自古以来很多思想家和政治家都有不少论述。从这一讲开始，将分两讲介绍古今中外有关人口社会学的思想，重点是阐述马尔萨斯与马克思主义的人口社会学思想。在人口社会学的整个体系中，理论人口社会学部分是应用人口社会学部分的指导思想和理论基础，我们只有真正掌握了科学的人口社会学理论，才能更好地研究和解决各种有关人口社会学的实际问题。

我国古代有关人口社会学的思想

春秋战国时期是我国奴隶制崩溃、封建制兴起的社会大变革时代。由于诸侯兼并，战争频繁，人口增长极其缓慢。从东周庄王十三年到秦统一中国的 460 多年中，全国人口只增加了 300 多万。加上人口分布的不平衡，使大多数小国出现了地广人稀的现象。当时除了韩非因生活在人多地少的韩国而对人口增长过快表示忧虑外，齐国的管仲、越国的勾践、鲁国的孔丘、宋国的墨翟、秦国的商鞅等都主张鼓励本国人口增长。

他们在论述人口是否要加快增长时，谈到人口对社会的影响问题主要有两个观点：一是管仲提出的"地大国富，人众兵强，此霸王之本也"的思想，强调"众民"是霸王的开始，强国的基础。以后商鞅也讲："人众兵强，此帝王之大资也。"二是韩非提出的"人民众而财货寡，事力劳而供养薄，故民争"的思想。他认为当时祖孙三代，每一代生五个子女还不算多，这样必然出现人口多财货少，做事很辛劳而生活水平下降，从而引起社会不安定。

为了使人口迅速增长，墨翟对影响人口增长的社会因素作了较多的分析，并提出了相应的社会措施。主要有：（一）实行早婚。他认为当时很多男子不遵守"圣王之法"，到40岁才娶妻，故人口增加不快，因而主张男20娶妻，女15嫁人。（二）停止战争。他认为战争不仅使大批人死亡，而且会减少生育子女数。因为"兴师以攻伐邻国，久者终年，速者数月，男女久不相见，此所以寡人之道也"。（三）节制蓄妾。他认为王公贵族大量"蓄私"，使"天下之男多寡无妻，女多拘无夫，男女失时故民少"。（四）实行节葬短丧。他认为厚葬使王公贵族大批"杀人陪殉"，丧期过长，居丧名目过多，使人经常处于悲伤之中，除了"作疾病死者不可胜计外"，还会"败男女之交"，减少人口出生数。（五）减轻赋税徭役。因为"横征暴敛"会"使冻死饿者不可胜数"。当时，孔孟又通过宣扬"孝悌"的伦理道德观来鼓励人口增长。孔丘认为"孝"是仁德之本，它的一个重要表现是繁衍子孙，传宗接代，使其对祖先的祭祀不断继续下去。孟轲则进一步提出"不孝有三，无后为大"。此外，管仲、商鞅等还主张用"利"（如给田、宅、粮、款、衣服等）来吸引国外移民，减轻赋税徭役，以减少本国人口外流。

从秦统一中国至明朝末年的1800多年中，全国人口基本上在一二千万至六七千万左右的幅度内波动着。历代封建统治者为了扩大租税和劳役的来源，增强军事实力，一般都鼓励人口增长。同时，每个大朝代末期往往发生大规模的战争、灾荒、瘟疫，人口大批死亡，使下一个大朝代初期的统治者更积极主张增加人口。所以，在这段长时期中除了东汉末的荀悦主张"民寡则用勿足"和明末的冯梦龙提出"若二男二女，每生加倍，日增不减，何以养之"等赞成人口少一些的思想外，大多数思想家和政治家都主张多增加一些人口。他们为了鼓励人口增长，也分析到一部分影响人口增长的社会因素。如南朝的周朗就指出"华夷争杀""急政严刑"、徭役过长、税收过多和聘金、嫁妆过重等是当时人口锐减的重要原因，提出了宽役减税、"女子十五不嫁，家人坐之"，减轻聘金和嫁妆，使奴婢"各有所配"，"使天下不得有终独之生，无子之老"等一系列鼓励人口增长的社会措施。

在提高人口素质方面，东汉的王充提出的"胎教"思想也包含了某些优生的因素。他认为"人有性"，"性定命"，人的身体好坏和智力、外观等自然生理机能，以及人的善恶等封建道德有遗传性，决定着后代的成长。因此，他主张人在配偶时要有选择，妇女在怀孕时要实行"胎教"。

清朝康熙、雍正、乾隆时期，由于国内比较安定，生产发展，以及康熙五十一年宣布"以后滋生人丁永不加赋"、雍正元年实行"摊丁入亩"等政策措施，全国人口迅速增长。从清初至鸦片战争的 196 年中全国人口由几千万猛增到 4.1 亿。在封建制度下，人口如此迅速增加，对土地、住宅及其他许多生活资料带来很大压力。特别是清朝后期封建统治者更趋腐败，使劳动群众的生活愈益恶化，阶级矛盾尖锐。在这种情况下出现了洪亮吉、汪士铎等主张减少人口的思想。洪亮吉认为当时田屋"不足"，物价上涨，"遭风雨霜露饥寒颠踏而死者"很多，除了由于在"升平之世"，人口增长经常快于耕地和住宅的增长这个主要原因外，还因为"兼并之家，一人居百人之屋，一户占百户之田"。要解决这些社会问题，既要靠通过"水旱疾病"来减少人口的"天地调剂法"，更要靠采取垦荒、移民、减重税、抑兼并，"遇有水旱疾病则开仓廪、悉府库以赈之"等措施的"君相调剂法"。汪士铎的人口思想则把当时人多作为"世乱之由"，用中国人太多来解释太平天国农民运动的起因，并主张主要通过加强封建专政，"威断多杀"和溺女婴等来大量减少人口，消除"祸源"，但其中关于实行晚婚，严禁男子 25 岁以内、女子 20 岁以内嫁娶；"广施不生育之方药"和一对夫妇最多生两男一女，否则要加倍交税等意见，仍包含了某些合理的因素。

欧洲古代与近代的有关人口社会学思想

在古希腊，柏拉图和亚里士多德的人口思想比较突出。当时，奴隶反对奴隶主的斗争渐趋剧烈，很多城邦国家人口增加比较迅速，人口压迫生产力的严重状况驱使他们去探求维护和巩固奴隶制度和奴隶主国家的办法和途径。其中涉及人口社会学的思想主要有：（一）确定每个国家的人口限度必须考虑社会因素。柏拉图认为一国的人口数量究竟多少为好，不仅应考虑本国的土地能抚养多少人居住并且能使他们过最低生活的能力，还应考虑有多少人才能"当邻国一旦受他国侵略时又能够给予充分援助"。亚里士多德认为"一国人口的最好限度"应考虑既要有益于"在一切必需品方面达到自给"，又要有益于实行"立宪政治"，便于国家管理。（二）国家应通过规定结婚年龄和调节结婚数量等办法来干预人口增长。柏拉图主张妇女 20—40 岁、男子 25—55 岁为结婚年龄，"结婚的数量应该完全交给领导者去考虑，并把战争、流行病及其他类似事项都考虑在内，不能使我们的国家过大或过小"。亚里士多德主张国家应规定妇女 17 岁、男子 37 岁是结婚最适合的年龄，当"夫妇已经拥有过多子女时，在妊娠和出生以前就应使其堕胎"。（三）只有健康的孩子才能得到国家的抚养。柏拉图提出凡是"恶劣父母生下的孩子或者虽是优秀父母的孩子但生下来就属于残废的孩子，就应送到奇怪的秘密场所扔掉"。为了生育尽可能多的健康孩子，他甚至认为"对于在战争中勇敢或在其他某一点表现突出的青年们"，"应该给以更广泛的性交自由"。亚里士多德则主张国家"必须制定一条不准生育残废或畸形儿的规定"。

从中世纪至资本主义发展初期的欧洲，在人口思想上占支配地位的是鼓励人口增长的观点。在欧洲封建社会后期，战争和饥荒频繁，尤其是 14—17 世纪反复发生的鼠疫，使大批人口死亡。当时有些思想家从人口社会学的角度强调了保持一定人口数量的问题。如法国的琼·波丁提出人口最稠密的国家不仅总是最富裕、最坚强的，同时对艺术科学及产业发展也最为有利。他认为古希腊哲学家们强调限制人口应该排斥。凡是经神创造的最优良的生物，如果已经出生就不应该把他杀害，而且对尚未出生的胎儿也不应该加以杀害。特别是意大利的乔万尼·保泰罗认为人类的"生殖力"虽然是无限的，但现实人口的增加要受到有限度的"营养力"（即生产食料的土地的地力和城市从他国采集食料的能力）的制约。而城市的食料获得能力又要受到地势状况、气候不调、交通不便、海盗横行、战争、宗教上的斗争等的限制。这就是说，某些社会因素也会间接地影响人口增加。他还提出人口比货币和国土是构成国家的财富和势力的更为重要的源泉，如果城市的"市民少了就会因某种流行病或战败而带来贫困"。为使人口增加，他认为可采取"繁殖"与"获得"（即从国外移民）两种方法，不过"繁殖"仅仅依靠奖励结婚和生育是不够的，因为"增加结婚数目虽能提高出生，同时如果缺少抚育儿童的有效资源，也只能增加死亡"。所以，要真正达到增加人口，"君主必须对于有劳动能力的人给予工作，对于没有劳动能力的人要给予生活的手段"。

18 世纪 60 年代后，英国发生了产业革命。资本主义工场手工业向机器大生产逐渐过渡，使失业工人大量增加，无产阶级的生活状况急剧恶化，无产阶级和资产阶级的矛盾也日益加剧。面对这种情况，当时的许多思想家都纷纷提出自己的人口思想，说明工人贫困、失业等社会问题究竟是否由人口数量增多所造成的。魁奈、杜尔哥、马尔萨斯和李嘉图等都把工人贫困、失业归咎于人口的增多。魁奈认为人口多于财富，人口增长永远超过生活资料的界限，因此到处都是乞丐。李嘉图说："人口的增加比维持人口所必须的基金增加更快。每一个努力勤劳，除非伴随着人口繁殖率的减退，否则便适足以助长灾害，因为生产赶不上人口的增殖。"至于马尔萨斯更是系统地宣扬这种观点。而西斯蒙第、欧文则批判了马尔萨斯的人口论，认为工人贫困和失业的原因在于资本主义制度的不合理。西斯蒙第明确指出了资本主义的矛盾，认为"归根到底"工人的贫困化和人口过剩等"各种灾难是我们的社会制度不良的必然结果"。欧文也指出："私有财产是贫困以及由此而在全世界造成的无数罪行和灾难的唯一原因。"当然，西斯蒙第和欧文的思想也存在着区别。前者主张通过改革财富分配的不平等和村社、行会的联合等办法，使资本主义社会回到被他所理想化了的中世纪宗法式的农业和行会手工业的生产方式中去；后者则反对一切形式的私有制，主张通过和平改造资本主义来实现以合作公社为基层组织的、没有阶级、没有剥削、人人劳动的社会。

马尔萨斯的《人口论》

托马斯·罗伯特·马尔萨斯于 1766 年出生在英国的一个土地贵族家庭，曾在剑桥大学学习古代历史、哲学和神学。22 岁担任牧师职务。1805 年起，他在伦敦附近的东印度学院担任历史和政治经济学教授，直至 1834 年逝世。

马尔萨斯著的《人口论》第 1 版是在 1798 年匿名发表的。当时，英国广大劳动群众因失业、贫困对政府强烈不满。1789 年爆发的法国资产阶级民主革命又进一步促使英国劳动群众革命情绪的高涨，出现了一批像英国的葛德文和法国的康多塞所写的批判现存制度并提出改革意见的著作。在这种历史条件下，马尔萨斯发表了第 1 版《人口论》，把全名定为《论影响于社会改良前途的人口原理，并论葛德文先生、马·康多塞和其他作家的推理》。以后他经过五年的旅行和研究，补充了很多材料，在 1803 年出版了第 2 版，公开了自己的姓名，并把书名改为《论人口原理及其对于人类幸福的过去和现在的考察，附我们预测将来关于除去或缓和由人口原理所生的弊害的研究》。马尔萨斯的《人口论》前后共出了 7 版，虽经多次增补，但其主要观点并无多大改变。概括起来，大致包括以下四个方面的要点：

（一）两个"公理"，即"食物为人类生存所必需"，"两性间的情欲是必然的，且几乎会保持现状"。他认为这两个"公理"，"自从我们有任何人类知识以来，似乎就是我们本性的固定法则"。

（二）两个"级数"。从两个"公理"这个前提出发，他提出了两个"级数"的论断，即"人口在无妨碍时以几何级数率增加，人类生活资料以算术级数率增加"。

（三）两种"抑制"。为了使两个"级数"引起的人口增加与生活资料增加之间的不平衡恢复到平衡，他认为存在着对人口增加的两种"抑制"：一是"积极的抑制"，即"人口开始增加后才予以抑压的妨碍"。比如，因幼儿的保育不良、疾病、饥馑、战争等等提高死亡率，使已经出生的人口大量减少；二是"预防的抑制"，即相当部分人因"抚养家庭困难的预见"，"不遵从早婚的自然性向"或"自愿继续其独身生活"，从而减少人口的大量出生。从第 2 版开始，他又把"预防的抑制"分为两类：属于罪恶一类的预防的抑制（如非法的房事等）和"道德的节制"，即"在各种预防的抑制中，不带来不正当性生活后果的那种对结婚的克制"，并竭力宣扬实行"道德节制"。

（四）三个"命题"。这是他在书中"想加以证明的""命题"，也是全书的结论。那就是："1. 人口必然地为生活资料所限制。2. 只要生活资料增长，人口一定会坚定不移地增长，除非受到某种非常有力而又显著的抑制的阻止。3. 这种抑制，和那些遏止人口的优势力量并使其结果与生活资料保持同一水平的抑制，全部可以归纳为道德的节制、罪恶和贫困。"由此，他认为贫困与罪恶等社会问题是由于人口增加超过了生活资料增加这个"自然法则的必然不可避免的结果"，葛德文的《政治正义论》把当时的资本主义制度看成为"一切罪恶的大泉源"的观点是"一个大谬误"。而平等的社会制度

"即令在最完善的情形下确立了，不用说不要几个世纪，甚至三十年不到，就会由一个单纯的人口原理，全行破坏。"因为"财产平等化了，全社会的劳动又主要归向农业，其趋势必大增农产物无疑。但人口增加会更迅速"，于是只要经过几十年，"使现社会状态堕落的暴行、压迫、虚伪、贫穷，各种可恶的罪恶，以及各种形式的穷困，就会由最急迫的事情，由人性中内在的绝对与人为法规无关系的法则，再生出来"。

对马尔萨斯《人口论》在政治上的反动性和理论体系、主要论点的荒谬性，无产阶级革命导师进行了深刻的批判。他们指出：马尔萨斯"这种著作的实际目的，是为了英国现政府和土地贵族的利益，从经济学上证明法国革命及其英国的支持者追求改良的意图是空想"；马尔萨斯鼓吹"人口决定论"根本违反历史唯物论关于社会发展的基本原理；马尔萨斯从两个"公理"出发论述人口问题，抹杀了人类和动物的本质区别，马尔萨斯的两个"级数"是纯粹空想的假设；马尔萨斯关于"人类生活资料以算术级数率增加"的理论基础——"土地肥力递减律"，"完全不适用于技术正在进步和生产方式正在变革的情况"；马尔萨斯宣扬"世界人口已超过生活资料供应量而过剩"的观点，是不符合当时历史实际的，是对资本主义生产方式特有的相对人口过剩规律的歪曲，等等。

那么，马尔萨斯《人口论》中有否可以肯定的合理因素呢？对于这个问题，近年来我国人口学界中有争议。分歧主要集中在马尔萨斯提出的"人口增加应与生活资料的增加保持平衡""人口在无妨碍时每25年加倍""道德节制"等观点是否合理。我们认为，笼统地肯定这些观点是不科学的。对马尔萨斯《人口论》中存在的某些合理因素需要经过具体分析后加以严格的限定。比如，马尔萨斯提出的"道德节制"尽管也要求晚婚，但它与我国计划生育提倡晚婚有本质区别。因为"道德节制"的真实含义是"非到有抚养子女的能力时候不去结婚"，这在资本主义制度下实际上只是要广大劳动人民去实行"晚婚"，甚至"独身"，而我国的计划生育则要求每个青年男女从国家利益、民族利益和崇高的革命理想出发，适当晚婚。同时，"道德节制"也是反对一切避孕措施的。马尔萨斯认为"一切避孕的男女关系必然冲淡高尚爱情和大大降低女性人格"，而且会使劳动者因摆脱负担子女的压力而懒惰起来，这与我国计划生育提倡通过避孕或绝育措施"少生""优生"更是截然不同。至于马尔萨斯在宣扬"道德节制"时的合理因素，那只是在于他把结婚的早晚同人口增加的快慢联系起来分析，提出晚婚可以抑制人口迅速增加。仅就这一点来说，它包含着合理成分，对我们今天提倡晚婚仍有一定的借鉴作用。

（本文原载《社会》1982 年第 3 期）

马克思主义产生后的人口社会学思想

19 世纪 40 年代以来，马克思、恩格斯、列宁、斯大林和毛泽东同志创立和发展了马克思主义，把社会学置于完全科学的基础上。他们论述人口与社会相互关系的许多观点，为我们学习和研究人口社会学指明了正确方向。然而，现代的各种人口社会学思想由于其不同的阶级根源、历史根源和认识论根源，并不因为马克思主义的产生而随之都变成科学，其中有些是符合马克思主义的，有些是不符合马克思主义的，有些甚至是同马克思主义根本对立的。我们只有完整准确地理解和掌握马克思主义人口社会学思想，才能正确评价和对待现代的其它各种人口社会学思想。

马克思主义有关人口社会学的思想

马克思主义有关人口社会学的思想，主要是在马克思的《政治经济学批判》序言、导言和《资本论》、恩格斯的《家庭、私有制和国家的起源》和《恩格斯致卡尔·考茨基（1881 年 2 月 1 日）》、列宁的《民粹主义的经济内容及其在司徒卢威先生的书中受到的批评》《评经济浪漫主义（西斯蒙第和我国的西斯蒙第主义者）》及《工人阶级和新马尔萨斯主义》、斯大林的《论辩证唯物主义和历史唯物主义》、毛泽东的《唯心历史观的破产》和《做革命的促进派》等著作中阐明的。归纳起来，他们着重论述了以下几个观点：

（一）人类和动物有本质的区别，人口现象和人口问题在本质上是一种社会现象和社会问题。

马克思主义认为人类虽然具有一般动物所共有的自然属性，但人类同

"狭义的动物"又有本质区别。这首先在于人类能够从事生产劳动，改造自然界，创造出合乎自己需要的生活资料。恩格斯指出："人类社会和动物社会的本质区别在于，动物最多是搜集，而人则能从事生产。仅仅由于这个唯一的然而是基本的区别，就不可能把动物社会的规律直接搬到人类社会中来。"而人类要进行生产活动，就必然要结成一定的、归根到底与生产力水平相适应的生产关系。在阶级社会中，各阶级的社会成员又以各种不同的方式结成一定的生产关系，从事生产活动。他们能否获得以及能够获得多少生活资料，固然与当时的生产力发展水平有一定关系，但直接取决于生产关系特别是生产资料所有制（或阶级关系）的性质。同时，在一定的生产关系上建立起来的上层建筑，也对人类的生产活动有各种反作用。可见，人类和动物取得生活资料的方式存在着本质区别，人类是通过在一定社会制度下从事生产活动才取得生活资料的。其次，人类和动物的增殖条件也有本质区别。人是社会的人，人类的生育总是通过一定的婚姻家庭关系来实现的，因而人类的增殖不仅表现为自然关系，而且表现为社会关系，是两性的生育现象和婚姻家庭关系的统一。正如马克思所说的"生命的生产——无论是自己生命的生产（通过劳动）或他人生命的生产（通过生育）——立即表现为双重关系：一方面是自然关系，另一方面是社会关系。"由于一定的婚姻家庭关系又是由一定的社会生产方式决定并受各种社会意识形态、文化教育、伦理道德、医疗卫生等社会条件影响的，所以，人类的增殖决不像动物的繁殖那样单纯是一种超社会、超历史的自然现象，而是在受到各种社会条件制约的、一定的婚姻家庭关系下进行的。

因此，任何离开一定的生产方式及其它许多社会条件来孤立地分析人口现象和人口问题，是违反马克思主义的，因而是不科学的。

（二）不同的社会生产方式有不同的人口规律。随着资本积累必然产生相对人口过剩是资本主义生产方式特有的人口规律。在社会主义和共产主义社会中，既有可能也有必要有计划地调节人口的增长。

马克思在批判马尔萨斯的《人口论》时，针对他把人口规律说成是与社会生产方式无关的永恒的自然规律，鼓吹资本主义制度下工人大量失业是由于人口数量的增加超过了生活资料的增加等谬论，详尽地阐述和论证了随着资本积累必然产生相对人口过剩是资本主义生产方式所特有的人口规律，并强调指出："事实上，每一种特殊的、历史的生产方式都有其特殊的、历史地起作用的人口规律。抽象的人口规律只存在于历史上还没有受过人干涉的动植物界。"这就使广大无产阶级和劳动群众认识到资本主义社会中大批工人失业的根本原因在于资本主义制度，只有消灭资本主义私有制，这种相对人口过剩规律才能退出历史舞台，工人失业的社会根源才能根本消除。以后，列宁在批判俄国民粹派和"合法马克思主义者"否认当时俄国人口过剩的资本主义性质、反对无产阶级革命和无产阶级专政的学说时，毛泽东同志在批判艾奇逊鼓吹中国革命的发生是由于人口太多，即使共产党也解决不了吃饭问题时，都继承和发展了马克思主义的上述原理。

可是，现在有些人鉴于南斯拉夫失业问题和我国当前大量待业青年的存在，便否认上述相对人口过剩是资本主义特有的人口规律，我们认为这种看法是错误的。因为尽管在社会主义制度下也会出现人口相对过剩的现象，但它与资本主义制度下的人口相对过剩有着本质区别：一是具体含义和性质不同。资本主义社会的相对人口过剩是劳动人口相对于资本增值的平均需要而过剩，社会主义社会的相对人口过剩是劳动人口相对于社会主义经济发展的需要而过剩。二是产生的根本原因不同。资本主义社会的相对人口过剩是资本积累过程中资本有机构成提高的必然产物，是资本主义生产方式存在的必要条件。社会主义社会的相对人口过剩是由于社会主义国家的工作失误，经济发展和人口增长不协调而造成的。从社会主义公有制本身来说，它不仅不需要相对过剩人口的存在，而且要求尽力解决相对过剩人口。三是解决的根本途径不同。资本主义社会的相对人口过剩只有通过无产阶级革命和无产阶级专政，才能根本解决。社会主义社会的相对人口过剩完全可以通过社会主义制度本身，有计划地调节经济发展和人口增长的比例关系，搞好所有制结构、经济结构和经济体制的改革来解决。可见，在社会主义制度下，相对人口过剩并不具有必然性。

关于社会主义生产方式特有的人口规律，恩格斯曾提出过一些光辉思想。他在1881年给考茨基的信中认为，只有到共产主义社会，人们才能"像已经对物的生产进行调整那样"，同时也"毫无困难地""对人的生产进行调整"。至于在共产主义社会"是否应当"对人的生产进行调整，"在什么时候，用什么方法，以及究竟是什么样的措施"，将会由生活在那个社会中的人们自己来决定。毛泽东同志在我国进入社会主义社会的历史条件下进一步发展了恩格斯的这个思想，明确指出："人类要控制自己，做到有计划地增长。"毛泽东同志的上述论断为我们揭示社会主义人口规律的本质特征指明了方向，对所有社会主义国家的人口发展具有普遍指导意义。

（三）一个国家的人口状况及其变化虽然不能决定社会制度性质、决定社会从这一制度发展到另一制度，但它能够促进或延缓社会的发展，影响各种社会问题。

马克思主义历来承认人口对社会发展及各种社会问题的影响作用。即使对资本主义社会的失业问题，恩格斯仍认为一个国家的人口增殖快慢对失业人口的多少有一定的影响。他在谈到德国俾斯麦时代比法国拿破仑第三时代失业人数"大得多"的原因时曾指出："这部分地是由于我国同只生两个孩子的法国相比人口增殖得要多得多"。特别是恩格斯后来在《家庭、私有制和国家的起源》里把"人类自身的生产"包括在"直接生活的生产和再生产"内，作为历史发展中"归根结蒂"的"决定性因素"，进一步强调了人的生产的重要性。斯大林在《论辩证唯物主义和历史唯物主义》中则明确指出："人口的增长对社会的发展有影响，它促进或者延缓社会的发展"。对于社会主义制度下人口的这种影响作用，毛泽东同志则在 1957 年就生动地讲过，我国人口增加太多将会给国家在安排小孩子、安排工作、解决吃饭、交通运输以致逛公园等许多方面带来很大困难，并主张我国"除了少数民族地区以外，在一切人口稠密的地方，宣传和推广节制生育"。

"新人口论""人口爆炸论"和"适度人口论"

现代国内外有关人口社会学思想是比较多的。下面我们主要介绍在国内外影响较大的几种观点：

（一）"新人口论"

"新人口论"是我国马寅初先生在 20 世纪 50 年代中期提出来的人口理论。它因马老在 1957 年 7 月 5 日《人民日报》发表文章《新人口论》而得名。

"新人口论"的主要观点是："我国人口增殖太快"；人口迅速增长必然同加速资金积累、提高劳动生产率、提高科学技术水平、增产粮食、增加工业原料和设备、提高人民生活之间存在着矛盾，"影响工业化"；因此，我们必须"提高人口的质量，控制人口的数量"。

在"新人口论"中，马老不仅具体阐述了人口与经济的关系，而且对人口与社会因素的关系作了很多分析。他在说明为什么我国从1953年至1957年间人口增长率很可能在20%以上时，列举了许多社会因素对人口出生与死亡的影响。其中影响人口出生增多的社会因素有：新中国成立后，"大家都有职业"，"经济情况改善"，"促使结婚人数增加"；"旧思想的残余"如"五世其昌，儿孙满堂，不孝有三，无后为大"等"到处传播"；"尼姑与和尚大半还俗结婚"，"妓女也没有了，多了许多生孩子的人"等。至于影响人口死亡减少的社会因素则有：新中国成立后"国内秩序空前安定"，"人民死于非命的减少"；"孕妇、产妇、儿童有许多优待，乡村都有新法接生，小孩死的少了"；"对孤寡老人政府有照顾，退休有养老金"，"老年人死亡率减少了"等。正是在这种科学分析的基础上，马老一面强调了我国人口问题的严重性，一面指出了要有效地控制我国人口数量，"第一步要依靠普遍宣传"，使每个人"都能明知节育的重要性"，同时国家应"干涉生育"，提倡晚婚晚育，实行以避孕为基础的计划生育。

"真金不怕火炼"。马寅初的"新人口论"尽管在50年代末遭到了错误批判，被打成"马尔萨斯人口论"，然而以后我国20多年的实践充分证明，"新人口论"是符合马克思主义人口理论和我国国情的卓识远见。当然，如同许多新的思想在刚提出时并不是完美无缺的一样，"新人口论"中的个别说法也有欠妥之处，如在强调我国人口问题的严重性时，认为"我国最大的矛盾是人口增加太快而资金积累似乎太慢"；在强调避孕的重要性时，认为"人工流产"是"杀生"等。但这影响不了"新人口论"基本思想的正确，它完全可以通过贯彻"双百"方针更趋完善。

（二）"人口爆炸论"

"人口爆炸论"是二次大战后国外很流行的一种人口理论。它的代表作是美国的保罗·凡·伊尔里奇在70年代初出版的《人口爆炸》一书。

　　"人口爆炸论"的主要观点是:"世界行将人口爆炸,人类灾难就要来临";"人口爆炸"来自第三世界;"人口爆炸"是发展中国家贫穷落后的根源,它将"威胁世界和平",因此,要解决发展中国家贫穷问题的根本途径就是推行"家庭计划"和依靠超级大国给予"经济援助"。

　　"人口爆炸论"在人口与社会问题关系上的主张是十分错误的。它完全否认当前许多发展中国家贫穷问题的根本原因在于帝国主义、新老殖民主义、特别是超级大国推行侵略政策、掠夺政策和战争政策,严重地摧残了这些国家的生产力,而认为发展中国家贫穷落后的根源是人口过多,说什么"正是由于人口爆炸,使穷国的发展停滞不前,使穷国与富国疏远,使两者之间已经达到危险的差距加大。"从这点出发,"人口爆炸论"便鼓吹推行"家庭计划"、节制生育在解决发展中国家的贫穷问题上具有根本意义,并起主要作用。可见,即使都主张要节制生育,但马克思主义的人口社会学同"人口爆炸论"是截然不同的社会学说。正如列宁在《工人阶级和新马尔萨斯主义》一文中指出的那样,我们无产阶级尽管也"拥护传播有关避孕方法的医学著作","要求无条件废弃一切惩罚堕胎的法律",但与新马尔萨斯主义的社会学说是根本对立的两回事。

　　"人口爆炸论"在总体上是荒谬和反动的。不过它所引用的有些人口统计资料对我们研究世界人口问题具有一定的参考价值。它要求推行"家庭计划",在发展中国家坚持独立自主的原则下,也可以有条件地接受和利用。

(三)"适度人口论"

　　"适度人口论"是本世纪初和二次大战后国外非常流行的人口理论。它的代表作是英国经济学家艾德温·坎南在1914年出版的《财富》和法国人口学家阿·索维在50年代出版的《人口通论》。

　　"适度人口论"的主要观点是:在一定条件下,国家(或地区)能够保证其中特定标准或指标达到最高水平所需要的那种人口数量,称为"适度人口",否则,便是人口"不足"或"过剩";一个国家(或地区)只要人口达到适度,就可获得"按人口平均的最高收入",一切政治经济问题以致整个社会面貌都会焕然一新;为了确定适度人口的数量或人口适度增长率,应该从经济、文教卫生、生态等许多因素和许多方面进行研究。

在人口与社会的关系上，"适度人口论"的主要问题是宣扬人口决定论。有的"适度人口论"者认为，"适度人口"是能"最令人满意地保证实现""强壮、长寿、健康、文化、国民收入、家庭和睦、社会和谐"等一定目的的人口。他们从如何保证最良好的就业状况，如何保证人口的教育、文化、医疗卫生、生活构成的质量提高，如何保持生态平衡等各方面来预测若干时期后的适度人口，说什么只要达到了适度人口，许多社会问题就能完满地得到解决。其实，在资本主义社会中的许多社会问题，虽然与人口数量或人口增长率有一定关系，但主要还是由其社会制度造成的。在资本主义制度下，不仅不可能真正达到"适度人口"，而且也不可能通过实现"适度人口"来从根本上解决这些社会问题。

对国外的"适度人口论"，我国人口学界在过去的很长时期内持全盘否定态度。现在看来，其中还是有合理部分，值得借鉴的。恩格斯曾经指出："人类数量增多到必须为其增长规定一个限度的这种抽象可能性当然是存在的。"从一个国家（或地区）的自然条件、经济条件及其增长趋势，探讨若干年后的适度人口和在这期间的人口适度增长率，是必要的。特别是在社会主义国家中，也是有可能逐步实现的。国外的"适度人口论"者在预测适度人口时所考虑到的某些相关因素和所运用的数理统计、计算机处理等方法，也是我们应该学习和参考的。近年来，我国有些人口学者借鉴了"适度人口论"，运用了一些现代的预测方法，从自然资源可能提供的生活资料、从生产性固定资产、劳动者技术装备程度及工农业劳动者人数今后可能的增长速度和比例、从保持生态平衡等角度来预测我国100年后的理想人口，即适度人口，得出了7亿左右为好。虽然这种研究还是初步的，但它对科学地制定我国的人口政策，搞好计划生育，无疑是十分有益的。

（本文原载《社会》1982年第4期）

人口对贫穷和就业问题的影响

人口社会学研究的各种实际问题非常广泛。从本讲起，将在马克思主义人口社会学思想的指导下，分别阐述人口状况及其各种变动对贫穷、就业、饥饿、住房、教育、环境、老人、婚姻和民族等社会问题的影响。胡耀邦同志在党的十二大报告中明确指出："在我国经济和社会的发展中，人口问题始终是极为重要的问题。实行计划生育，是我国的一项基本国策。到本世纪末，必须力争把我国人口控制在十二亿以内。我国人口现在正值生育高峰，人口增长过快，不但将影响人均收入的提高，而且粮食和住宅的供应、教育和劳动就业需要的满足，都将成为严重的问题，甚至可能影响社会的安定。所以计划生育工作千万不能放松。"通过对这部分论述的学习，将有助于我们进一步领会十二大文件的精神，加深对产生社会问题的人口方面原因的认识，提高实行计划生育的自觉性。

人口对贫穷问题的影响

贫穷问题是一个世界性的社会问题。1977 年在全世界 184 个国家和地区中，有 21 个最贫穷国家，有 39 个贫穷国家和地区。这些国家和地区，按人口平均的国民生产总值在 500 美元以下。他们的人数为 22.7 亿，占上述 184 个国家和地区总人口的 56%。据联合国报告，现在世界上每天有 20 万人加入贫穷的行列。在美国，1979 年人均国民生产总值已高达 10820 美元，可是官方承认收入在"贫困线"以下的人数 1981 年竟有 3180 万人，占全国人口总数的 14%。新中国成立 30 多年来，特别是党的十一届三中全会以来，人民生活有了较大的改善，但整个说来还是很贫穷的。1981 年我国人均国民收入 392 元，相当于 220 美元。在农村中，1980 年全国有三分之一农民人均年纯收入（包括家庭副业收入）在 60 元以下；在城市中，1980 年第一季度，人均月生活费收入在 15—25 元之间的比较困难户，占被调查的 44 个城市中 86955 户职工家庭的 21.4%，人均月生活费收入在 15 元以下的困难户占上述被调查户总数的 2.1%。

造成贫穷问题的原因是多方面的，而且各国的具体情况又有很大差别。从根本原因考察，在发达资本主义国家中应归罪于资本主义制度，在发展中国家则是由于殖民主义的长期残酷剥削，本国民族经济没有独立自主地得到很好发展造成的。人口对贫穷问题的影响作用，主要表现在以下几个方面：

第一，一个国家总人数增长过快，会影响人均国民生产总值、人均国民收入的提高速度。据世界银行《1979 年世界发展》报告，按 1975 年固定价格计算，发展中国家和地区在 60 年代和 70 年代的国内生产总值的年平均增长率分别为 5.9% 和 5.2%，都超过发达国家和地区的 4.9% 和 3.4%，但同期发展中国家和地区由于人口增长速度过快，使其人均国内生产总值的年平均增长率只有 3.4% 和 2.8%，低于或略高于发达国家和地区的 3.8% 和 2.7%。我国的国民收入，1950 年约 410 多亿元，1979 年为 3350 亿元，平均每年增长 7.3%，速度并不低，但由于人口由 5.5 亿增加到 9.7 亿，人均国民收入每年只增加 9 元多。同期财政收入从 65 亿元增加到 1103 亿元，平均每年增加 10.2%，但人均财政收入只增加 3.5 元。因此，为了尽快改变我国贫穷落后的面貌，使人民的物质文化生活在本世纪末达到小康水平，就应该在不断提高经济效益的前提下，力争使全国工农业的年总产值翻两番的同时，力争把全国人口控制在 12 亿以内。据推算，如果这两个"力争"都能实现，2000 年我国的人均国民收入约为 1200 元左右；如果只实现了前一个"力争"而总人口却达到了 13 亿，那么 2000 年我国的人均国民收入只有 1107 元左右。

第二，人口年龄构成的变化，既会影响人均国民生产总值、人均国民收入的变化，也会影响家庭收入的变化。在国际上，一般把 15—64 岁的人口定为劳动年龄人口，在 15 岁以下和 64 岁以上的人口则定为被抚养人口。被抚养人口数除以劳动年龄人口数为抚养系数（也称负担系数），一般用百分比表示。在每一劳动年龄人口的净产值不变的条件下，抚养系数比较低，人均国民收入就会比较高。据世界银行《人口政策和经济发展（1974 年）》

报告，1950 年和 1970 年世界发达地区的负担系数分别为 55% 和 57.4%，同期世界不发达地区的负担系数却为 78.7% 和 80.4%。其中负担少年儿童系数，世界发达地区为 43.3% 和 42.3%，不发达地区竟高达 72.4% 和 74.8%。这就表明，发展中国家和地区由于在总人口中被抚养人口尤其是抚养少年儿童人口的比重过大，也会延缓其人均国民生产总值或人均国民收入的增长速度。在我国，1979 年有些科研机构曾按照当时的生活水平，计算过我国培育一个劳动力（到 16 岁为止）所花的费用，城乡平均为 2214 元，其中国家和集体支出为 610 元，家庭支出为 1604 元（见表 1）。

表 1　我国培育一个劳动力的费用　　　　　　　　　单位：元

项目	城市		城镇		农村		城乡平均	
	金额	%	金额	%	金额	%	金额	%
培育一个劳动力的费用	6907	100	4830	100	1630	100	2214	100
国家支出	2218	32	974	20	434[注]	27	610[注]	28
家庭支出	4689	68	3856	80	1196	73	1604	72

注：包括集体支出。

资料来源：刘铮、邬沧萍、查瑞传编：《人口统计学》。

由于新中国成立后我国出生人口过多，仅以 1949 年至 1979 年的 30 年中出生的 6 亿左右的人口计算，国家和集体支出的抚养费用大约相当于同期累计积累基金的三分之一。这就势必严重影响我国积累基金的增加，从而影响生产发展速度和人均国民收入的增长速度。同时，人口出生过多还会影响人均消费额的增长速度。从 1953 年至 1978 年间，我国消费基金增长了 2.8 倍，但人口增加 66.7%，人均消费额只增长了 1.3 倍。特别是因为出生人口过多，结果使每年新增消费额中有 58% 用于满足新增加人口的需要，剩下用于提高原有人口消费水平的部分只有 42%。

从每个家庭来考察，在每一个劳动年龄人员的生活费收入不变的条件下，劳动年龄人口占家庭成员的比重愈小，这个家庭的人均生活费收入就愈少。目前我国市镇职工的平均工资虽比过去提高不多，但由于在劳动年龄人口增加的同时，就业面不断扩大，因而使职工家庭人均生活费收入提高较多。1981 年，我国市镇每个就业者所赡养的人口（包括本人）由 1952 年的 3.6 人减少到 1.77 人，职工家庭人均年收入（工资和奖金）也由 1952 年的 124 元增加到 453 元。那些人均生活费收入比较低的困难户，除了家庭中劳动者的收入低的因素外，往往与该家庭的抚养系数比较高、劳动年龄人口在家庭中的比重较小有关。

第三，在业人口的行业构成和职业构成是否合理，会影响人均国民生产总值、人均国民收入的增长速度。在业人口的行业构成和职业构成是由经济结构决定并从劳动者的要素上反映经济结构状况的两个指标。在生产力水平比较落后的国家中，从事轻纺工业的工人创造的产值和提供的利润一般比重工业工人要多。以 1978 年上海市全民所有制企业每个工人在一年中所提供的利润量为例，冶金行业的工人平均要比机电行业工人多提供 61% 的利润，纺织行业的工人平均又比冶金行业工人多提供 101% 的利润，轻工行业的工人平均更比纺织行业工人多提供 55% 的利润。在我国过去很长一段时期中，由于经济建设"左"的指导思想的影响，过分重视重工业，轻视轻工业，结果影响了国民收入的迅速增长，使人民迫切需要的各种工业消费品不能很好满足。因此，在调整重轻工业的经济结构时必须适当调整工业工人的行业构成和职业构成。当然，我们也不能由于轻纺工业工人提供的利润多而盲目地发展轻纺工业，大幅度增加轻纺工业工人。因为轻纺工业也不能脱离为其提供燃料、动力、技术装备和相当一部分原材料的重工业而独立发展，它的发展必然要求相应发展重工业及农业、交通运输业，并保持一定的比例。这次人口普查，把全国在业人口的行业分为 15 个大类、62 个中类、222 个小类，职业分为 8 个大类、64 个中类、301 个小类，将便于我们更清楚地了解在业人口的行业、职业构成的现状，研究和确定能使我国较快地摆脱贫穷落后面貌的最优行业结构和职业结构。

第四，人口的文化程度构成的变化也会影响人均国民生产总值、人均国民收入的变化。国外有人研究估计，美国现在的国民生产总值的平均增长额，大约有一半是由于改善劳动力的教育水平取得的。据日本有关研究报告说，工人的技术革新建议程度与他们的教育水平是互相对应的，工人教育水平每提高一个年级，技术革新者的比例平均增加 6%。在 1930 年至 1955 年，日本国民收入总增长额中，约有 25% 是由于增加教育经费获得的。从 1970

年世界 22 个国家中 25 岁以上受过中高等教育的人数占本国 25 岁以上总人数的百分比与人均国内生产总值的相关关系中表明，除少数例外，一般说来受过中高等教育的人数占总人口比重愈小的国家，人均国内生产总值便愈少，也就是说愈贫困（见表 2）。

目前，我国的人口文化程度构成比过去有了较大提高，但文盲与半文盲人口还占总人口的 23.5%，具有大学文化程度的人数只占总人口的 0.599%。因此，为了使我国人民的物质文化生活在本世纪末达到小康水平，无疑应该把教育作为经济发展的一个战略重点来抓。

表 2　1970 年部分国家的人口文化程度构成与经济发展相关表

国名	25 岁以上受过中、高等教育人数占 25 岁以上总人数的比重（%）	人均国内生产总值（美元）	国名	25 岁以上受过中、高等教育人数占 25 岁以上总人数的比重（%）	人均国内生产总值（美元）
尼泊尔	0.4[2]	77	阿根廷	19.3	1053
阿尔及利亚	2.5[2]	320	意大利	20.1[2]	1727
肯尼亚	3.6[1]	143	西德	22.3	3092
赞比亚	4.3[1]	429	新加坡	22.9	916
印度	5.0[2]	100	菲律宾	23.8	186
泰国	5.5	181	智利	26.0	739
印度尼西亚	5.6[2]	77	芬兰	30.1	2251
叙利亚	5.6	269	比利时	37.4	2652
西班牙	9.5	1089	日本	38.5	1887
巴西	11.6	497	加拿大	63.5[3]	3884
希腊	14.5[2]	1134	美国	73.0[2]	4789

注：① 1969 年统计数。② 1971 年统计数。③ 1972 年统计数。
资料来源：林富德、沈秋骅编：《世界人口与经济的发展（1950—1978）》。

人口对就业问题的影响

就业问题也是世界上许多国家存在的一个很大的社会问题。在发达的资本主义国家，尽管生产力发展水平很高，人口出生率和人口自然增长率很低，仍存在着庞大的失业队伍。1980 年美国、英国、法国、日本、西德的失业人数分别为 744.8 万、179.4 万、145 万、114 万、88.8 万。据国际劳工组织 1980 年的一项公报估计，全世界不包括中国在内的发展中国家和地区现有失业或半失业人数高达 4.55 亿人，相当于发达国家和地区失业或半失业人数的 27 倍。在社会主义国家中，虽然消灭了造成失业的社会制度方面的原因，但在有些国家中由于工作上的某些失误，也出现了劳动年龄人口数超过了国民经济发展所能提供的就业手段需要的状况。1979 年，南斯拉夫的失业人数为 76.2 万。我国在 1980 年需要安置就业的市镇待业人员达 1100 万，其中新成长的劳动力为 300 万，回城知识青年为 200 万，上年从事临时工的为 200 万，上年结转过来的待业人员为 400 万。

从人口状况及其各种变动对就业问题的影响作用来考察，主要有这样几方面的表现：

第一，人口出生数的变化，既会影响到十多年后进入劳动年龄人口数的变化，又会影响到社会用于安排净增劳动年龄人口就业的投资数量的变化。在 0—14 岁年龄组的死亡率比较低的条件下，人口出生数过多必然引起 15 年后进入劳动年龄人口的大量增加。影响目前和今后很长一段时期发展中国家就业问题的一个重要因素，正是 60 年代以来这些国家在婴、幼儿死亡率下降的同时继续保持高出生率。据估计，现在全世界劳动力每年增长 1.8%，而发展中国家和地区达到 2.5%。今后发达国家和地区需要就业的人数每年以 1% 强的速度增加，而发展中国家和地区需要就业的人数每年将以 3.9% 的速度增加。从 1980 年到 2000 年，发展中国家和地区共有 8.8 亿人需要安置就业。据测算，新中国成立 30 年中，每年出生人口数在 2000 万以上的生育高峰有两次：第一次是 1950 年至 1954 年和 1957 年，为时 6 年，每年出生人数稍高于 2000 万人；第二次是 1962 年至 1975 年，长达 14 年，且其中有 10 年每年出生人数都在 2500 万以上。在目前我国 0—14 岁年龄组死亡率很低的情况下，上述第二次生育高峰将使我们从 70 年代末至 90 年代初每年进入劳动年龄人口数都超过 2000 万（见表 3），给就业问题带来了很大压力。

表 3　1981 年至 1995 年我国每年进入劳动年龄人口数　　单位：百万人

年份	1981	1982	1983	1984	1985	1986	1987	1988	1989	1990	1991	1992	1993	1994	1995
进入劳动年龄人口数	27.4	24.4	24.9	24.2	23.8	26.6	25.6	26.4	25.7	24.7	23.8	21.5	20.2	18.0	16.1

注：每年进入劳动年龄人口数以年满 18 岁为准。

资料来源：宋健等著：《人口预测和人口控制》。

　　同时，人口出生过多也会相应增加抚养未成年劳动力的费用，从而影响用于扩大再生产，安排净增劳动年龄人口就业的投资。我国国营工业平均每个工人装备的生产用固定资产，1953 年为 5273 元，1954 年为 6072 元，1955 年为 6835 元（以上均包括公私合营工业在内），现在增加到 10000 元左右。即使是目前我国各地建立的劳动服务公司，国家在 1980 年和 1981 年，也给予补助费每年 1 亿元。所以，如果人口出生数过多，还会使抚养费过大，相对地减少社会用于安排净增劳动力就业的投资，增加就业的困难。可见，在经济比较落后，劳动力资源很丰富的国家中，有计划地减少出生人数，将有利于缓和就业问题。

　　第二，在业人口的行业构成、职业构成是否合理，会影响就业问题。在社会用于固定资产（或资本）投资总量一定的情况下，那些固定资产（或资本）装备费用高的行业、职业的劳动者占全部在业人口的比重愈大，整个社会所能安排的就业人数便愈少。1955 年，我国国营工业（包括公私合营工业）中，各个部门平均装备每个工人所花的生产用固定资产就相差很大，钢铁冶炼部门为 14411 元，化学加工部门为 11114 元，纺织工业部门为 5107 元，食品工业部门为 3566 元，缝纫部门为 1292 元。也就是说，当时安排一个钢铁冶炼部门的工人所花的生产用固定资产额，可用来安排 11 个多一点的缝纫部门的工人。现在，我国每百万固定资产额，投在重工业上只能安排 94 人，投在轻工业上可安排 257 人，特别是投在轻工业中的工艺美术、服装、皮革、日用五金 4 个行业上竟可安排 800 人。当然，我们也不能只顾多安排一些工人就业，损害各经济部门的协调发展。只有在重工业过"重"，轻工业过"轻"，各种商业、服务业远远满足不了社会有支付能力的消费需要的情况下，适当多发展一些轻工业、商业、服务业，才能既有利于安排更多的就业人口，又有利于国民经济的协调发展，提高宏观的经济效益。

第三，人口的国内迁移及地区分布是否合理，也会影响就业问题，目前许多发展中国家城市化过程中面临的严重问题是，在城市经济没有很大发展，提供的就业机会比较少和农村人口继续增长的情况下，城市人口在较短的时期中迅速增长。从 1950 年至 1975 年，发达国家和地区的城市人口只增加了 71%，同期农村人口却减少了 8.6%；而发展中国家和地区的城市人口竟增加了 188.7%，同期农村人口仍增加了 48.6%。这样，使许多发展中国家不仅存在着大量潜在的过剩人口，而且加剧了城市的就业问题。比如，现在非洲约 1000 万的失业者中，30% 集中在城市里，半失业者和就业不充分者为数更多。我国近年来市镇存在的严重待业问题，也是与"十年动乱"中不合理的"城乡人口大对流"有关的。从 1966 年至 1976 年间，一面"动员"了全国 1400 万市镇知识青年"上山下乡"、到农村去，另一面市镇的国家机关和企业单位又从农村招收职工 1400 万人。结果当后来大批"上山下乡"的知青按政策回城后，使市镇中的劳动年龄人口更加膨胀，给安置就业带来了很大困难。

第四，人口的国际迁移是否合理，对就业问题也有影响。在国内劳动力过剩的情况下，适当允许一部分人员迁往国外，积极组织劳务出口，既有利于减缓国内的就业问题，又可给国家带来一笔相当数量的外汇收入。1981年菲律宾有 24 万多人到 114 个国家去做合同工，换回了外汇收入近 6.5 亿美元，为国内提供了五分之一的就业机会，即当年菲律宾每 5 个新的就业机会中有 1 个是在国外解决的。目前，我国组织劳务出口的比重还很小。在 1981 年世界劳务承包工程成交总额 400 亿美元中，我国仅占 1.25%；在1981 年亚洲各发展中国家和地区向中东产油国输出劳务的总人数 300 万中，我国只有 1.7 万人。因此，为了发展对外经济关系，解决国内的一些待业问题，我国应积极创造条件，增强劳务出口的竞争能力，有计划地大力扩大国际劳务合作。当然，在人口国际迁移上也要注意"人才外流"问题，以及世界资本主义国家经济危机对移出国劳动力流向的反作用。比如，南斯拉夫政府为了减少国内失业人员，曾采取便利人口向国外迁移的政策，1973年南斯拉夫在国外就业的人数高达110万。可是近年来由于西方国家经济不景气，国外的就业机会减少，致使1979年在国外就业人数减少到77.5万。目前这种每年回国人数大于出国人数的状况，又增加了南斯拉夫国内的就业问题。1979年南斯拉夫的失业人数达到76.2万，比1969年增加了1.3倍。可见，发展中国家要减缓国内的就业问题，也不能主要靠人口的国际迁移来解决。

（本文原载《社会》1983年第1期）

人口对饥饿、住房和教育的影响

上一讲已分析了人口对贫穷问题和就业问题的影响。这一讲将继续阐述人口状况对饥饿、住房和教育等社会问题的影响。在商品生产和商品交换存在的条件下，食品、住房、上学等都需要每个家庭支付一定数量的货币，而各个家庭所拥有的货币量又与家庭成员的就业状况密切相关。因此，人口对贫穷问题和就业问题的影响，也会在不同程度上间接地影响饥饿问题、住房问题和教育问题。

人口对饥饿问题的影响

饥饿问题是当前世界上许多国家中存在的社会问题。目前世界上有 5.3 亿人，即全球 44 亿人口的八分之一正忍受着饥饿的痛苦。据联合国粮食与农业组织的统计，在发展中国家和地区（中国除外），有 23% 的人营养不足，其中包括 3.03 亿亚洲人，0.72 亿非洲人，0.19 亿阿拉伯人和 0.13 亿拉丁美洲人。他们认为，尽管 1980 年至 1981 年工业化国家提供了 840 万吨粮食的"援助"，但"如果要保障这些缺粮人口足够的食品供给，则需要有 3700 万吨粮食才行"。现在拉丁美洲平均每天有 2000 名 4 岁以下的儿童死于饥饿。在美国，人均粮食产量近 3000 斤，但资本主义制度仍使相当一部分穷人处于饥饿之中。据美国农业部 1965 年的调查，有 14% 的美国家庭，即 2000 多万人得不到必需的食物热量。新中国成立后我国消灭了人剥削人的制度，农业生产、特别是粮食生产有了较大发展，基本上保证了 10 亿人口的粮食供应。可是，在 50 年代末、60 年代初部分地区曾出现过粮食严重不足的情况，现在粮食供应仍比较紧张，每年约要进口 1000 多万吨粮食。

1979 年全国还有 30.7% 的生产队每人分得口粮（原粮）在 400 斤以下。

从人口对饥饿或粮食紧张问题的各种影响来看，主要表现在以下几个方面：

第一，人口数量增长过快会相对甚至绝对减少按人口平均占有的食物数量，加剧饥饿问题。从全世界范围看，食物（包括粮食、牲畜及其他一些农作物）生产的增长速度超过了人口的增长速度。1962—1972 年，世界人口年平均增长率是 1.9%，而食物的年平均增长率为 2.7%。不过发展中国家和地区由于同期的人口年平均增长率为 2.4%，比发达国家的 1% 要高得多，结果在食物的年平均增长率都为 2.7% 的情况下，人均食物产量的年平均增长率只有 0.3%，比发达国家的 1.7% 要低得多。在五六十年代，还有不少发展中国家和地区的人口增长速度超过了食物生产的增长速度。许多国家和地区因粮食不能自给，只得花大量外汇进口粮食。1979 年有 90 个发展中国家和地区缺粮 3600 万吨，这些国家为了应付本国需要，进口了粮食 8000 万吨。

在我国，人口增长过快也严重影响了粮食供应紧张状况的减缓。最典型的是 1956 年至 1976 年，我国粮食的年产量由 3855 亿斤增加到 5700 多亿斤，但人均粮食产量竟一点没有增加，仍然为 614 斤。即使照第六个五年计划要求，我国人口自然增长率在 1985 年控制在 13‰ 以内，每年净增人口 1300 万，如按每人平均供应口粮 500 斤原粮计算，每年就需增产粮食 65 亿斤。而农业生产受气候条件和耕地面积等影响，每年要保证增产 65 亿斤粮食，却非易事。以我国 1978 年至 1981 年的粮食年产量为例，1979 年比 1978 年增长了 547 亿斤，可是 1980 年比 1979 年减少了 231.2 亿斤，1981 年只比 1980 年增长了 89.3 亿斤。所以，为了尽快减缓我国的粮食紧张状况，除了努力搞好农业生产外，必须严格控制人口增长，否则，粮食供应将成为严重的问题。

第二，在开垦荒地的可能性不大的情况下，人口数量增长过快和劳动年龄人口比重大，不仅会使人均耕地数量减少，甚至会影响耕地质量的下降，从而影响粮食供应问题。耕地是农业最基本的生产资料，是人们获得粮食的主要基地。在目前粮食单位面积产量不可能大幅度提高的条件下，保证有足够的可供种植的耕地，对于提高人均粮食产量具有重要意义。一般来说，世界上哪个国家的人均耕地多，人均粮产就比较高。如果一个国家的后备土地资源不足，开垦荒地的可能性不太大，那么人口增长过快，不仅会影响人均耕地的相对减少，而且还会因新建住宅、企业和道路等占用许多耕地，使人均耕地绝对数减少。据国外有的专家计算，平均每人需要 1.5 亩非农业用地，按目前每年世界人口净增 7500 万计算，一年就得占用土地（其中包括大量耕地）11250 万亩。新中国成立后我国耕地最多的一年是 1957 年，当时全国耕地为 16.77 亿亩。在 1957 年至 1977 年间，虽然开荒造田增加了耕地 2.6 亿亩，但由于人口特别是劳动年龄人口增长过快，需要进行工业、交通等基本建设，建造住宅，以及自然灾害报废等原因，耕地减少了 4.4 亿亩，结果使 1977 年总耕地只剩 14.9 亿亩，人均耕地只有 1.5 亩，为世界人均耕地的三分之一。我国后备土地资源只有 18.47 亿亩，其中可以用作粮、棉等农作物基地建设的净面积仅 1 亿多亩，而且这类土地主要还是目前的草地和疏林地。据有关部门推算，从 1980 年至 2000 年，我国耕地将新增 1 亿亩，消耗 3 亿亩，净减少 2 亿亩。即使在 20 世纪末总人口为 12 亿，人均耕地也只有 1.03 亩，比 1952 年要减少 1.77 亩。

值得注意的是在市镇周围，人们为了解决市镇劳动年龄人口的就业和住房问题，往往占用近郊比较肥沃的耕地，而新开垦的不少耕地在开始时又比较贫瘠，所以，即使两者面积相等，耕地质量仍比原先下降了，从而会影响粮食产量的提高。

特别是在人口增长过快又忽视生态平衡的情况下，人们为了解决粮食问题而毁林毁牧造田，为了解决生活能源而滥砍滥伐，烧掉大量作物秸秆，结果使耕地的有机质得不到很好补充，肥沃的表土大量流失，河流淤塞，干旱地带的草原沙化，自然灾害加剧，严重影响粮食生产。目前我国仅水土流失的泥沙每年就达 50 多亿吨，相当于损失 4000 多万吨化肥，折算经济损失达 24 亿元。

第三，人口的迁移和分布不合理也会影响粮食供应问题。苏联自 1979 年以来农业连续三年大歉收，每年粮食短缺都在 4000 万吨以上。连勃列日涅夫也不得不承认"食品问题"已成为苏联"最紧迫的政治和经济问题"。苏联农业歉收的原因很多，其中一个重要原因是农村人口大量涌向城市，农业劳动力不足。据统计，在近 10 年内苏联人口增加了 2400 万，而农村却减少了 700 多万人。尤其是长期以来受忽视的苏联欧洲部分的"非黑土带"地区，现在要大规模地整治和开垦，却遇到了严重缺乏劳动力的困难。在一些发展中国家，战后许多农民因丧失土地和就业困难，被迫大量流入城市，造成城市人口恶性膨胀，也加剧了城市的粮食供应问题。新中国成立30年中，城镇非农业人口增长了6700多万，其中机械增长1400多万，并不算多，但在1957年至1961年曾走过弯路。当时从农村吸收了过剩劳动力约2000万人，城市人口由9900万一下子增到1.3亿，后来碰上严重自然灾害，国家养不起那么多吃商品粮的人，结果不得不精简了1650万职工回乡。可见，调节好人口的迁移，使城乡人口比例适当，也有利于解决粮食紧张问题。

此外，农业劳动力的文化教育程度构成过低，也会影响粮食单产的提高，从而影响饥饿问题。人口出生数过多又会增加国家、集体和家庭用于培养未成年劳动力的抚养费，影响农业投资的增加，不利于粮食产量的提高和饥饿问题的解决。

人口对住房问题的影响

住房问题是当前城市中一个比较突出的社会问题。在美国那样的发达资本主义国家中，一方面建造了很多房屋卖不出去或租不出去，空房率达5%—6%，另一方面大城市的贫民窟仍占房屋总数的3%，一些大小城市中有20万人以上无家可归的流浪者。在广大发展中国家和地区，住房问题更为突出。目前印度有近2500万人住在贫民窟里，在班加罗尔，贫民窟由1971年至1972年的159个增加到1981年的350个，贫民窟居民人数也由3.2万猛增到90万以上。在我国，党的十一届三中全会后非常重视解决住房问题，仅1979年至1981年全国城镇住房竣工面积就达2.3亿平方米，使2400万居民（相当于北京、上海、天津、广州、武汉、沈阳等6个大城市市区人口的总和）改善了居住条件。不过目前我国城市的住房问题仍较紧张，1982年6月上海还有居住困难户99700户。

从人口对住房问题的影响来看，主要表现在以下几个方面：

第一，人口增长过快会影响人均住房面积相对或绝对地减少。在1950年至1975年间，发展中国家和地区的城市人口增加了2倍。由于原有的城市住房已经极端紧张，无法容纳新迁入的居民，于是棚户区和贫民窟大量增加。在有些大城市里，居住棚户区和贫民窟的人数达到全部居民人数的三分之一至二分之一，甚至更多。在拉丁美洲，棚户区居民人数每年的增长率达到 12%—15%，即不到十年就翻一番。我国北京市从 1949 年至 1978 年新建住宅面积相当于解放初全部住宅面积的 2.18 倍，平均每年建筑 100 万平方米，可是由于同期城镇人口从 164.9 万增加到 462.8 万，即增加了 1.8 倍，反而使人均居住面积比 1949 年的 4.75 平方米减少了 0.2 平方米。1978 年，北京市等房结婚、已婚无房户有 2.6 万户，大儿大女、几代同堂的不方便户有 10.8 万户，拥挤户有 16.41 万户（其中平均每人不足 2 平方米的极端困难户有 1 万多户）。

第二，人口的年龄构成变化会影响到住房的需要量。在总人口数不变的条件下，15 岁以上特别是进入法定最低婚龄的人口占总人口的比重愈大，对住房的需求量也愈大。以上海市区为例，1979 年比 1957 年减少了 18 万人（面积扩大了 42 平方公里），可是因为同期 15 岁以上的人口占总人口的比重由 58.8%（包括当时郊县在内）上升到 86.47%，便使居住不方便户和结婚无房户大大增加。据测算，从 1973 年至 1979 年上海市区平均每 100 对新结婚登记户中约有 30 对结婚无房户。因此，现在每年进入婚龄的人数愈多意味着结婚无房户数也愈多。如果每年解决结婚无房户的速度赶不上新增结婚无房户的速度，还会出现累计无房户愈来愈多的现象。所以，为了适应当前结婚高峰的需要，不仅应加快一般的住宅建设，还可以兴建一些主要供新婚一时分配不到住房者用的"旅馆式"住宅，现在有的地方已在进行。

第三，人口出生数过多还会增加国家培养未成年劳动力的抚养费，相对减少用于建造住宅的投资。1981 年我国各地区竣工住宅的平均造价为每平方米 128 元，仅按当年全国竣工住宅面积 7834 万平方米的造价计算，就得投资 100 多亿元（当然其中部分住宅的施工是跨年度的），加上该年施工而尚未竣工的住宅面积 6810 万平方米，需要的投资更多了。如果那个市镇征用集体的土地来建房的比重大，支付土地补偿费、青苗费及土地上附着物的补偿费、劳动力安置补助费便愈多，造价更要超过全国平均数。可见，解决住房问题需很多投资。然而我国目前的财政还比较困难，人口出生数过多又会增加新增人口抚养费的开支。因此，为了尽快解决城市的住房问题，除了严格控制人口增长外，还应采取国家建房、企业自筹资金建房、私建公助、吸收私人投资和侨汇建房，以及积极支持对旧房进行"搭、放、升、抬"，扩大居住和使用面积等办法，广开造房门路。

此外，在业人口的行业构成不合理，建筑材料短缺，建筑工人的比重过小，也会影响住宅的建造速度。在业人口的数量过多往往会使企事业单位占用较多的住房，从而影响住房的供应量。人口密度过大，还会给建房带来许多困难。

人口对教育问题的影响

教育问题也是当前世界上的一个社会问题。在美国，20% 的成年人基本上是文盲，他们无法处理日常生活中最一般的问题，如填写就业申请书，开一张支票或看懂一份公共汽车时刻表。在不少发展中国家和地区，文盲和半文盲的比重更大。厄瓜多尔青年中有 31.2% 没有上过学或没有上完小学三年级。巴西青年中有 50% 处于半文盲状态。萨尔瓦多青年中有 84% 没有上满六年小学，其中约 55% 没有通过扫盲的大门。1982 年 1 月，埃及的文盲比重虽由 1960 年的 72% 下降到 53%，但文盲人数却由 1750 万增加到 2300 万，其中妇女有 1500 万。新中国成立 32 年来，全日制高校、中专和中小学校已为国家培养了 318 万名大学生、580 多万名中专生、5250 多万名高中生、15710 万名初中生、32520 万名小学生，然而仍远远不能适应国家社会主义现代化建设的需要。我国 12 岁以上的人中文盲和半文盲还占 23.5%，即还有 2.36 亿文盲和半文盲。在全国青年职工中，有 70%—80% 的人文化水平在初中以下。我国每 10000 人中在校大学生只有 13 人。特别是我国的农业技术队伍严重不足，平均每 10000 农业人口中仅拥有农业科技人员 4 人，每 10000 亩耕地拥有农业科技人员 2 人。

从人口对教育问题的影响来看，主要表现在以下几个方面：

第一，在婴幼儿死亡率很低的条件下，人口出生数决定了若干年后的学龄人数。现在世界上通常把 5—14 岁的人称为学龄儿童。战后发展中国家和地区在婴幼儿死亡率下降很快的情况下，人口出生率高于发达国家，因而使它的学龄儿童数的增长速度也高于发达国家。据测算，发达国家的学龄儿童在 1970 年为 1.94 亿，1985 年为 2.15 亿，15 年的增长率为 10.8%，而发展中国家和地区的学龄儿童在 1970 年为 6.42 亿，1985 年为 9.14 亿，增长率为 42.1%。所以，人口出生数增长过快，就要相应增加若干年后的教育经费、教师、校舍和设备。否则，要么学龄儿童不能全部入学，要么降低按在校学生平均计算的教育经费、教师等的标准，不利于学校教育质量的提高。在我国，1965 年平均一个小学生一年的教育费用是 19.96 元，中学生一年的教育费用是 88.89 元。可是在 1978 年因学生数不断增加，而教育经费不能按比例增加，以致使平均一个小学生一年的教育费用下降到 12.61 元，中学生一年的教育费用下降到 35.57 元。反之，我国在 1975 年后人口出生率比较低，出生婴儿少了，因此预计 1985 年全国小学在校学生数（按 5 年制计算）将比 1980 年减少 3800 多万。目前我国小学师生配备比例一般是 1比 27，小学生减少那么多，小学教师不仅可以减少一部分，还可安排一批参加业务进修。可见，在人口过多的情况下，实行计划生育，严格控制人口增长，有利于提高教育质量，让更多的学龄儿童受到良好的学校教育。

第二，劳动年龄人口比重的大小和文化教育程度的高低，也会影响在业人员教育的需要量。在总人口不变的条件下，劳动年龄人口比重愈大，文化教育程度愈低，在业人员的教育任务也就愈重。据 1981 年底统计，我国 1966 年以来参加工作、年龄在 35 岁以下的青年工人已达 6000 多万，约占职工总数的 60% 左右。他们中间绝大多数没有达到初中毕业的实际文化水平，也没有经过专门业务技术培训。因此，这就使当前我国职工教育的任务特别繁重，需要采取各种办法广开学路，如鼓励有条件的厂矿承担社会招生任务，提倡普通中学办职工夜校、普通大学和中专举办干部或职工的专修科、机关举办干部业务学校、办好电视中学和电视大学、函授学校、夜大学和夜中专等，以便在省、市、区范围内形成一个从扫盲班到大专班的职工教育体系。

第三，人口的国际迁移是否合理，也会影响本国教育事业的发展。战后发展中国家和地区的教育事业有了不同程度的发展，但由于"人才外流"严重，实际上变成了用本国有限的教育经费为发达国家培养大批人才。近 30 年中，拉丁美洲有一半以上的工程师和有才能的人到美国去工作。近年来东南亚具有高度熟练技能的外流人才占整个移民的 15%，占这个地区高级专业人才的 35%—40%。医生、科学工作者和技术人员，在自己祖国非常需要他们时，不断地到美国、加拿大和西欧去，这对发展中国家和地区的经济、文教、卫生事业的发展极其不利。据估计，从 60 年代末到 70 年代末，发展中国家和地区共"外流"了 30 万有专业技术的干部，发达资本主义国家仅专业培训的费用就节约了 850 多亿美元。所以，在发展中国家加强爱国主义教育，调整对知识分子的政治和经济政策，注意防止"人才外流"，将有利于促进本国教育事业的发展，提高全民族的科学文化水平。

此外，教师的国内迁移和分布不合理，也会影响教育事业的发展。人口出生数的"跳跃式"变动，会使若干年后各级学校的适龄学生数起伏变化过大，给教育事业的合理发展带来一定的困难。在各级学校招生数量变化不大的情况下，人口出生数过多，会影响若干年后的升学率。育龄妇女生育孩子过多，还不利于儿童的家庭教育。

（本文原载《社会》1983 年第 2 期）

人口对环境、婚姻和老人问题的影响

人口对环境污染的影响

近年来，国际上许多学者和联合国的一些机构把环境污染和破坏列为国际社会面临的四大关键问题之一。美国世界人口观察研究所在最近发表的人口与环境的研究报告中指出："世界已处在一场正在使全球经济遭到破坏的环境危机的边缘。"一些发达国家自70年代以来为了"保护"本地区的空气清洁，纷纷推行"高烟囱政策"，但结果适得其反。"有毒的云从美国飘到加拿大"，"来自日本的酸雨降落在美国"，"西欧排放的废气使斯堪的纳维亚上空的雨变成了'酸的'"。在工业区硫酸酐喷出物的作用下，西德雨的酸度从1965年以来增加了9倍，土壤中的镉含量近几年来从每公斤100微克增到了400微克。现在西德居民所吞食的包含在食物中的镉数量已达到世界卫生组织所规定的"极限"的百分之七八十。在瑞典和挪威，酸雨使"两万个晶莹清澈的湖泊从生物学观点来看已经死亡"；还有10000多个湖泊面临严重的威胁。在一些发展中国家和地区的农村，只有29%的人能用上干净的水。特别是在一些城市中，环境污染非常严重。巴西圣保罗地区的库巴坦，是巴西的主要石油化学工业中心，每天有1000多吨有毒气体排入空间，已经没有任何鸟类存在。1980年，四分之一的急诊都是与鼻子、喉部和肺部有关的疾病。当地人把它称为"死亡的峡谷"。在我国，当前空气污染、水污染、土壤污染和噪声等相当严重。许多城镇，特别是工业集中区，每月每平方公里的降尘量往往超过国家卫生标准的四五倍。在全国的主要河流中，有56%受到比较严重的污染。

环境污染的原因是错综复杂的。人口对环境污染的影响，主要有以下几个方面：

第一，在人均生活排污量不变的条件下，人口愈多，生活排污量也愈多。一个地区的人口过多和密度过高，必然排放出大量的生活污水、生活垃圾。如果不很好处理，就会污染环境。汉城，目前有780多万人，一天排出的粪尿达7800千升，几乎大部分都原封不动地流进了江河。尼日利亚的伊巴丹，全市100多万人的生活污水全都流入未经覆盖的明沟里。在北京市区，现在平均每个居民日产生活垃圾近1公斤。1980年全市区生活垃圾共150万吨，粪便92万吨，1981年生活垃圾增加到167万吨，粪便94万吨。如果把全北京市区一年的生活垃圾堆放在一起，便可以造出一座景山。这些垃圾，过去大多被运往郊区，填埋洼地；还有一部分被送给农民做肥料。近年来，由于郊区的洼地已经填满，农民也开始拒绝使用带有砖瓦块和玻璃碎片的垃圾做肥料，结果近年来每天约有1500吨垃圾无处堆放，临时找地方卸车，已多次同当地居民发生纠纷。不仅如此，城市居民过多，他们生活用的煤在燃烧时还会排放出大量的煤烟和二氧化硫，污染空气。在伦敦，冬季壁炉造成的空气污染达80%。目前上海市区还有90多万户居民用煤炉，其中约80%是烧煤饼的。煤炉中放出来的二氧化硫往往停留在地面以上10公尺左右，一时很难消失。特别是煤饼在未完全燃烧的封夜过程中会产生一种容易致癌的有毒气体，对人体危害更大。

同时，劳动年龄人口过多和过于密集又会增加各种机动车辆，不仅加剧噪声，而且严重污染空气。美国的洛杉矶有汽车500万辆，据美国环境保护署统计，该市一年之中空气纯度在卫生标准之下的日子达240天之多。

为了减少环境污染，在人口过分密集的地区除了提倡节制生育和扩散人口外，还应大力研究和推广垃圾无害化和资源化的处理办法，通过焚烧法、高温发酵法等变废为宝。

第二，劳动年龄人口尤其是工业人口过多，工业生产所排出的大量废水、废气、废渣又没有很好处理，就会污染环境。希腊的雅典集中了全国三分之一的人口和工业，工厂和汽车排出的废气笼罩在城市上空，二氧化硫啃啮着城市中宝贵的历史遗迹。据统计，最近40年来，污染造成的文物损失比以往400年的总和还要多。墨西哥城目前居住着1500万人，在那里有131000家厂商，每天排出的废气量达5500吨。加上其它的各种污染，每年有近 10 万人死于与污染有关的疾病。上海由于工业污水还没有很好地进行净化处理，目前全市 60% 的污水来自工业废水。有人测算，上海工业生产每增加 1 亿产值，每天就要增加排放 3 万吨污水。1956 年后，上海市区的劳动年龄人口逐步增加，重化工业发展很快，近年来上海每天平均有 415 万吨工业废水排入黄浦江，最高的一天达到 580 万吨。工业污水不仅色度浓黑和气味恶臭，还包含酚、汞、镉、氯化物等有毒物质。

第三，人口密度过高和增长过快，会影响绿化，从而不利于防治环境污染。一个人每天需要 0.75 公斤氧气。如果每人有 10 平方米的树林覆盖面或 50 平方米的草坪，就可以有足够他需要吸入的氧气。同时，树木还可利用它的叶子从空气中吸收废气中的一些有害物质，降低噪音，减少对人类的危害。可是，人多与耕地少、粮食紧、能源缺的矛盾往往导致人们大量砍伐树木。目前亚洲、太平洋地区的 16 个国家和地区每年丧失掉的森林面积达 80 万公顷。其中泰国的森林覆盖面积在 1970 年占国土的 50% 以上，但在这短短的十年中已迅速下降到不足 25%。近年来我国每年仅烧柴、开荒、乱砍滥伐和火灾毁坏的森林就占全年总消耗量的三分之二。而且人多、住房和企事业单位等建筑密集，又会给扩大绿化带来许多困难。现在上海市区公共绿地面积平均每人只有 0.47 平方米。为了减少环境污染，必须努力植树造林，利用一切条件"见缝插绿"，包括在城市中利用阳台、屋顶、窗户，开辟家庭"微型花园"，建立"自管门前树"的义务责任制等等。

人口对婚姻问题的影响

婚姻问题涉及的面很广，从人口对婚姻问题的影响来看，主要有以下几个方面：

第一，人口的非正常死亡会影响未婚和已婚男女性比例失调，从而影响婚姻问题。在国际上，男女性比例一般以同一时间同一地区范围内和每 100 名女性人口相对应的男性人口数来表示。如我国 1982 年普查大陆人口的男性与女性之比为 51.5∶48.5，性比例可表述为 106.3。在医学上把受精时的性比例称为第一性比例，出生时婴儿的性比例称为第二性比例，婚龄青年的性比例称为第三性比例。大量资料表明，在一个大的群体中，不管其民族、种族如何，也不管其生活的自然条件和社会经济状况如何，就人口再生产的自然过程而论，性别构成基本上是平衡的。第一性比例一般为120左右，第二性比例一般为105左右，第三性比例一般为100左右。也就是说，它不会出现未婚男女性比例失调而影响正常的婚姻问题。可是，在现实社会中，有时会有一些人为的因素破坏性比例的基本平衡。

其中最突出的是战争的影响。由于在前线服役的绝大多数是青壮年男性人口，因此大规模战争往往伴随着大批青壮年男性人口的死亡，引起性比例大幅度下降。1975年世界各大洲的性比例亚洲和大洋洲为103—104左右；欧洲只有92，而且其中15岁以下人口，男性比女性多。欧洲这种15岁以上人口中女性较多地超过男性的状况，除了受到妇女平均寿命比男子高（如芬兰妇女比男子平均寿命高9.1岁，法国高8岁）的影响外，主要是由两次世界大战造成的。苏联在1913年性比例为98.81，男女性别基本平衡。两次世界大战以及其它各种事故、疾病、酗酒等因素的影响，使苏联青壮年男性人口死亡率比妇女高得多，1951年性比例为78.57。直至1979年，苏联性比例才恢复到87.27，全国女性比男性多1780万。性比例过低的状况使社会上存在一大批女单身户。据莫斯科大学经济系70年代中期的调查，当时全国年龄在40—49岁的过单身生活的人中妇女占78.6%。相当多的女单身常常与有妇之夫往来，又成为许多家庭不和直至离婚以及私生子大量增加的一个原因。

其次便是堕女胎、溺杀女婴的影响。在印度一些地区男方索取嫁妆的风气很盛。在上层社会，有的索取嫁妆竟高达4万美元，外加其它奢侈品；中等家庭的青年妇女出3000—5000美元还不一定能嫁出。因此许多家庭认为生女儿是赔钱货。70年代，印度医学界为了诊断胎儿是否患有遗传性神经错乱或是否畸形，成功地进行了一种可以查明胎儿性别的羊膜穿刺试验。近年来，孟买及一些中小城镇中有些人便利用这种检验胎儿性别的技术，大量堕女胎。目前印度的性比例为106.95，如果不制止这种堕女胎的行为，若干年后印度将可能出现严重的社会问题。在我国重男轻女的封建思想曾使新中国成立前有些地区溺女婴成风，以致出现当地许多男子娶不到妻子，有的竟到外地买妻或兄弟数人合娶一妻等社会问题。现在个别地区这种苗头又开始出现，必须及时纠正。但是我们又要看到在总体上我国的性比例比过去进一步协调了：1938 年为 109，1949 年为 108，1957 年为 107，1982 年为 106，特别是要注意在说明一个地区男女婴幼儿性比例严重失调时，调查样本不宜过小。前一段时间，有些同志以农村生产大队的婴幼儿中男性比女性多好几倍的材料来说明这个问题的严重性，这种方法不很科学。因为就一个生产大队考察，这种个别例子在任何时候都能找到，同样我们也可找到在少数大队的婴幼儿中女性多于男性好几倍的事例。比如，以 1981 年上海市川沙县中各个大队（甚至一个村庄）的出生婴儿性比例为例，既有男婴为女婴 3.67 倍的大队，也有女婴为男婴 5 倍和 13 倍的大队，但全县平均的性比例为 102.73，男婴的比重较正常范围的第二性比例标准要偏低些。所以，要用性比例指标来反映一个地区婴幼儿性别是否平衡，至少要取一个县或更大范围地区的数据。

第二，人口机械变动不合理会影响一个地区未婚男女性比例失调，从而影响婚姻问题。一般说来，新兴的工业区和城市由于从外地迁来的青壮年人口中男子多于妇女，因此性比例较高。莫斯科 1970 年的性比例为 78.49，可是在俄国资本主义由工场手工业向机器大生产过渡时，由于当时从农村到莫斯科的基本上是年轻男子，即使已婚的也较多是只身来到城市找工作，所以在 1897 年时莫斯科城居民的性比例高达 132.45。同时，城市的性质和功能不同，也会影响该城市的性比例。在男性职业活动为主导地位的工业城市，如矿业、冶金业城市中，往往性比例高。1975 年，日本的工业城市本田性比例为 114.8，自卫队基地千岁市为 115。在我国，像抚顺市这样的老煤矿城市，1975 年性比例为 106.61，男女人口数差别不大，可是在新煤矿城市中男女人口数差别很大。1978 年阳泉市矿区的性比例为 215.46，尤其是 17 岁至男 60 岁、女 55 岁的人口中，性比例竟高达 292.16。在这种性比例失调的情况下，再加上部分城里人看不起矿工，使矿区的许多矿工在当地找不到对象，只好在原籍农村找，于是大大加剧了夫妇分居两地的问题。

第三，青年的年龄结构不合理也会影响婚姻问题。根据我国大部分地区的婚配习俗，丈夫的年龄平均要比妻子大两岁左右。在这种情况下，衡量某个地区未婚男女性比例是否平衡并影响结婚问题时，还需要将 X 岁男子的人数同 X－2 岁妇女的人口数相比较。有时即使这个地区中同一年龄的男女数基本保持平衡，但往往因为进入婚龄人口的各个相近年龄人口总数变化过大而影响婚姻问题。从目前上海市区的人口金字塔中可以看到，在 34 岁以下的各个年龄中性比例是基本平衡的，一般男性略多于女性。但由于历史上每年出生婴儿数波动的影响，在市区 34 岁到 24 岁的年龄组中，各年龄人数随时间推移呈现逐年增长的趋势，如按男子平均与他小两岁的妇女成婚计算，估计从 34 岁到 24 岁的妇女大约要过剩 5.6 万，而在市区 24 岁到 7 岁的年龄组中，各年龄人数随时间推移呈现逐年下降的趋势，如按男子平均与他小两岁的妇女成婚计算，估计从 25 岁到 9 岁的男子大约要过剩 19.4 万。为了妥善解决好现阶段上海市区的婚姻问题，必须搞好青年男女的年龄构成变化预报，逐步改变恋爱结婚非要女小男大的习俗。

人口对老人问题的影响

老人问题涉及的面也很广，有人把它概括为五大问题，即老有所养、老有所用、老有所学、老有所乐，老有所医。在一些发达资本主义国家中，不少退休老人依靠他们一生辛勤劳动所得和通过长期斗争争取来的许多老年社会福利过着比较宽裕的物质生活，但精神生活十分空虚，孤独和伤感成为他们当前的一个很大问题。另外还有些接受救济的老人往往住在比较低级的养老院内，设备和服务都比较差。少数老人往往与世隔绝，用海洛因和酒来自我麻醉，有的甚至"因饿得发慌，竟把一些骨头煮软了吞吃"或"好几天只靠喝冷水来熬日子"。新中国成立后，全民企事业单位对职工实行了退休制度，现在上海市的 109 万退休工人享受着社会给予的年老退休、疾病医疗等福利待遇，市郊农村 2900 多个生产大队中已有 50% 的大队对老年社员实行了退休制度，55 个公社还先后办起了"敬老院"，收养孤寡五保老人近900 名。但由于我国目前经济水平还比较低，老有所养的水平仍比较低，全国绝大部分农村的老年社员尚不能享受退休待遇，不少问题有待妥善解决。

从人口对老人问题的影响来看，主要表现为以下几个方面：

第一，人口"老龄化"会使老人问题更加突出。所谓人口"老龄化"也称人口老化，它是指在人口年龄构成中 60 岁或 65 岁及以上的老年人占总人口的比重较高的一种发展趋势。据统计，1980 年 65 岁及以上的老年人占总人口的比重，全世界为 6%，不发达国家和地区为 4%，发达国家和地区为 11%，其中加拿大为 8%，日本为 8.6%，苏联为 10%，美国为 11%，法国为 14%，西德为 15%。预计在今后几十年中 65 岁及以上老人占总人口的比重，除了少数目前老龄化比较严重的发达国家可能比 1980 年略有下降外，绝大多数国家和地区将不断增长。日本在 2000 年将上升为 13.2%，2010 年将继续上升到 18.28%，2020 年则将高达 21.5%。在我国，1980 年 65 岁及以上老人占总人口的比重只有 5%，但如果按全国妇女平均生育 1.5 个孩子计算，到 2000 年将上升为 8.32%，2010 年为 10.54%，2020 年为 16.26%。特别是上海市，1980 年 65 岁及以上老人占总人口比重已达 7.2%，如果也按妇女平均生育 1.5 个孩子计算，到 1990 年将上升到 9.8%，2000 年则为 13.3%。在总人口继续增长的情况下，老年人比重的提高必然会使社会上的老年人愈来愈多，从而使各种老人问题愈来愈突出，需要人们更多地关注并妥善地解决。

人口老龄化趋势的出现，主要是由于人口出生率的下降和平均预期寿命的延长引起的。因为出生率下降，意味着儿童以至几十年后劳动年龄人口的减少，相应地增加老年人在总人口中的比重。而平均寿命的延长又会使 60 岁或 65 岁及以上的老人数量增加，提高老年人在总人口中的比重。至于死亡率下降对人口老龄化的影响，要作具体分析。如果死亡率的降低主要表现在小年龄组尤其是婴儿和幼儿中，那将使人口总体的年龄构成趋向年轻，反之，如果死亡率的降低主要表现在老年人口中，那将会促使人口总体的年龄构成趋向老化。

人口老龄化虽然会使各种老人问题更加突出，不利于社会的发展，但它是人口再生产类型从"高出生率、低死亡率、高增长率"过渡到"低出生率、低死亡率、低增长率"必然出现的一种社会现象。问题是应该深入研究每个国家"低出生率"波动幅度的最佳方案。在那些因人口过少、增长过慢而不利于经济发展的国家，应使"低出生率"适当向上回升，这样既有利于经济发展，又有利于减缓人口老龄化所引起的一些社会问题；在那些因人口过多、增长过快而不利于经济发展的国家，应权衡利弊，寻找既能使人口较快地降下来，又不使人口老龄化过于严重和持续时间过长的"低出生率"的波动方案。在人口老龄化出现时，通过兴办各种老人福利事业，建立为老人生活和健康服务的各种行业及各种服务项目，尽可能使老人问题解决得更好些。

第二，人口的家庭规模和类型是否合理也会影响老人问题。如果家庭规模过小，家庭类型几乎都是父母与未婚子女两代组成的核心家庭，祖孙三代同堂的扩大家庭很少，那将不利于解决好老有所养和老有所乐等社会问题。现在发达资本主义国家老人退休或儿女成家后，一般都与小辈分居，这样便使独居和住养老院的老人急剧增加，不少老人得不到家庭的温暖。如果老夫妻的一方去世，留下的一方更是形单影只，境遇凄凉。在新加坡，由于年轻一代近年来仿效西方生活方式，许多人不愿奉养父母，小家庭在家庭总数中所占的比重从 1970 年的 71.5% 增加到 1980 年的 77.9%，1980 年由 50 岁以上的老年夫妇组成的住户达 7777 家，有 5950 人过着鳏寡的独居生活。现在新加坡政府提倡保留传统的三代同堂的制度，决定立法规定子女必须照顾或供养年老的父母，至少要让一个婚后的子女同父母同住。当然，即使是祖孙三代同居的家庭，也并不等于不存在老人问题。如果不发扬尊老敬者的社会风尚，仍然会出现虐待父母的现象。

第三，在老年人口中年龄构成的不同会影响老人问题的类型。世界各国规定的退休年龄有所不同。一般说来，从退休至 64 岁年龄组的老人所占老年人口的比重愈大，解决好老有所学尤其是老有所用的问题便愈重要。特别是当这部分老人的文化技术程度比较高时更是如此。相反，如果 75 岁或 80 岁以上的高龄老人在老年人口中比重愈大，老有所养和老有所医的问题便会显得愈突出。因为这些老人往往体弱多病，生活自理有困难，有的甚至生活完全不能自理，这就需要妥善安置和精心照料。特别是闲散的高龄孤老更需要社会各个方面给予很好的照顾。

（本文原载《社会》1983 年第 3 期）

未来人口自然变动要有利于社会的发展

人口状况及其各种变动既然对贫穷、就业、饥饿、住房、教育、环境、老人、婚姻等社会问题有着错综复杂的影响，因此，为了有利于缓和各种社会问题，促进社会的发展，必须深入地研究人口的各种变动，探讨最优的人口发展目标。鉴于人口发展目标问题内容非常复杂，涉及面很广，既包括人口自然变动，又包括人口机械变动、人口分布和人口社会变动，既包括人口数量变动，又包括人口质量变动，不可能在本讲中面面俱到地进行分析，所以在这里将着重阐述确定最优的人口自然变动目标的问题。

确定未来人口自然变动最优目标的原则

当前，世界上的许多国家政府和人口研究工作者都在纷纷研究未来人口自然变动的最优目标问题。据 1977 年联合国公布的《世界人口趋势与政策》的报告，在世界各国中，"认为人口自然增长率对该国发展有影响，需要接受并希望通过干预改变目前人口发展状况"的国家和地区约有 156 个，其中态度积极的有 40 个（包括 21 个发达国家和地区及 19 个发展中国家和地区），态度明显的有 87 个（包括 15 个发达国家和地区及 72 个发展中国家和地区），态度较差的有 29 个（包括 6 个发达国家和地区及 23 个发展中国家和地区）。1974 年世界银行在《人口政策与经济发展》一书中对实行不同人口政策的国家进行了统计分类，指出世界上采取鼓励生育人口政策及采取倾向鼓励生育态度的国家所占人口只有世界人口的 15%（其中鼓励生育的国家为 4.3%，倾向鼓励生育的国家为 10.2%），计有苏联、法国、西班牙、保加利亚、阿根廷、巴西等；世界上采取节制生育人口政策及采取倾向节制生育态度的国家所占人口将近世界人口的 80%（其中节制生育的国家为 71.3%，倾向节制生育的国家为 7.1%），计有日本、美国、加拿大、英国等发达国家和亚非拉的大多数发展中国家。在主张节制生育、控制人口数量的国家中，有不少国家政府都规定了未来人口自然变动的目标，有的提出了未来人口的出生率或自然增长率下降的目标，有的提出了未来某一年人口总数的控制目标，有的提出了未来育龄妇女总和生育率下降的目标，有的提出了每对夫妇最好生几个孩子的目标等等。比如，巴西政府希望在 1981 年至 2000 年内，把人口的年增长率控制在 1.5%—2% 之间，到 2000 年人口总数不超过 1.6 亿。印尼政府希望在 1990 年时达到每户农民两个孩子的目标。

那么，如何正确地评价各种人口政策，确定一个国家未来人口自然变动的最优目标呢？我认为，既不能笼统地把该项政策在世界各国中占少数或多数作为衡量人口政策正确与否的标准，也不能以主张控制人口增长或鼓励人口增长作为区别人口政策正确与否的标准；既不能简单地把未来人口自然变动的最优目标理解为人口总数愈多愈好，也不能把未来人口自然变动的最优目标理解为人口总数愈少愈好，而应以这种人口政策和未来人口自然变动的目标是否最能使人口发展与经济、社会的发展相适应和促进生态平衡作为衡量标准。从我国及其他国家的人口自然变动对经济、社会、生态的影响来看，有时候一种人口自然变动可能对某一方面产生积极作用，而对另一方面却带来消极作用；可能在近期起积极作用，而在远期却起消极作用。比如，有的国家生育率下降很快，虽然缓和了 10 多年后的就业问题，但却加剧了几十年后的人口老龄化问题。所以，在制定人口政策、确定未来人口自然变动的最优目标时，应该瞻前顾后，权衡利弊，综合考察，选择不同方案进行反复比较，做到两利相权取其重，两害相衡取其轻，使人口数量的变动最有利于经济和社会的发展，最有利于促进生态平衡。在具体进行比较时，因素是错综复杂的，至少应遵循以下几个原则：

第一，保证能源源不断地为国民经济的合理和迅速发展提供必需的合格劳动者。一个国家的劳动力供应超过了国民经济发展的客观需要时，固然会加剧就业问题，但如果本国劳动力供应不足，又不能及时地补充外籍劳动力，那也会影响国民经济的发展。有时尽管在劳动力的供应总量上是符合国民经济发展需要的，但年轻的、身强力壮的劳动者的比重过小，也会影响国民经济的发展。在预测中长期国民经济各部门对劳动力的需求时，既要考虑整个社会固定资产的增长速度，又要考虑今后经济发展、消费结构和消费水平等变化对经济结构及各部门在业人口需求变动的影响；既要考虑随着科学技术的进步，某些部门对劳动力的需求会相对或绝对地减少，又要考虑因科学技术的发展又会开辟一些新的部门和行业，需要吸收一部分社会劳动力。

第二，保证能在不破坏生态平衡的条件下使人们的物质和文化生活不断改善。人类既是大自然的能动改造者，又是生态系统中的成员。如果一个国家人口过少，劳动力严重不足，会影响各种自然资源的合理开发利用，不利于人们生活的改善；但人口过多，增长过快，对自然资源过度开发，又会使生态系统的平衡遭到严重破坏，反过来影响人类自身。由于各国和各地区的自然资源的种类、数量及质量千差万别，因此，在预测每个国家未来人口自然变动的最优目标时，应该深入调查和分析本国的资源状况，实事求是，因地制宜。既要考虑合理开发本国资源所需的劳动力数量，又要考虑本国资源合理开发后所能承担的人口数量，做到既促进生态平衡，又使人们在目前和长远的物质、文化生活水平不断提高。

第三，保证能源源不断地为维护国家独立提供必需的合格现役军人。帝国主义是现代战争的根源。当前威胁世界各国和平共处的主要根源是帝国主义、霸权主义和殖民主义。当一个国家的人口密度过低，兵源少到不利于本国征集保卫边疆所需的最低数量的武装人员时，便会影响国防的巩固和国家的独立。预测一个国家的正常兵源数量，既要考虑今后每年某一年龄组（如18岁至22岁）的青年总数，更要考虑其中的男性青年人数；既要考虑加强国防的需要，又要考虑发展国民经济的需要，使这两方面的需要都能得到充分满足。

第四，尽可能使人口老龄化不要过于严重。人口老龄化是人口再生产由高出生、低死亡、高自然增长向低出生、低死亡、低自然增长过渡时，必然产生的人口现象。这种过渡进行得愈快，人口老龄化就有可能愈严重。而老龄化过于严重，便会使老人问题更加突出，社会负担不断加重。因此，在确定人口自然变动的最优目标时，必须预测中长期的老龄化程度变化状况，在人口老龄化尚未达到非常严重时，适当提高育龄妇女的生育率。

第五，相近年龄的出生人数不宜"跳跃式"地起伏过大。由于人口惯性的作用，每一次人口出生数的大波动往往会影响 20 年后人口出生数的波动。在这种惯性作用下，要使人口发展在一两个周期内完全消除影响是不大可能的。但如果相近年龄的出生人数"跳跃式"地频繁起伏过大，呈犬牙交错状，那就会给社会带来许多人力、物力和财力的浪费，或者加剧其中出生高峰年的产妇分娩住院及出生婴儿将来入托入幼、看病、接受中小学义务教育等的困难。所以，在确定人口自然变动的最优目标时，应考虑如何适时地调节育龄妇女的生育率和平均初婚年龄、年初婚人数、婚后初育的间隔时间等，使相近年龄的出生人数尽可能均衡些。

第六，为达到未来人口自然变动目标所提倡的初婚年龄和每对夫妇平均生育数，应是大多数群众可能接受的。确定未来人口自然变动的最优目标，不仅要考虑必要性，还要考虑可能性，使大多数群众赞成。在预测和分析群众的接受可能性时，既要考虑到乐意接受的群众人数，又要考虑到经过各种工作能不太勉强地接受的群众人数；既要考虑到现代化的大城市的群众意愿，又要考虑到经济和文化比较落后的农村、山区的群众意愿；既要考虑到目前的群众意愿，又要考虑到随着经济、文教卫生事业不断发展后远期的群众意愿。因此，在确定总的人口自然变动的最优目标时，应更具体地确定不同地区、不同阶段的人口发展最优目标，因地因时提出不同要求，区别对待，分类指导。

我国未来人口自然变动的最优目标

我国的人口政策是控制人口数量，提高人口素质。在今后二三十年，甚至三四十年内，除人口稀少的少数民族外普遍提倡和推行一对夫妇只生一个孩子，严格控制第二胎，坚决杜绝多胎生育，力争在本世纪末把我国人口控制在 12 亿以内，是在我国特定历史条件下所采取的必要措施，是比较符合我国现阶段实际情况的最优人口控制目标。

首先，这个目标和要求不仅有利于解决我国现阶段人口发展同经济、社会发展和生态平衡严重不相适应的矛盾，而且也是有效地调节和缓解我国在今后二三十年中的出生高峰，以利于中华民族子孙后代长远利益的重大战略措施。

新中国成立 32 年来，我国大陆人口净增 4.59 亿，相当于 2 个美国或 4 个日本的人口。近十多年来，我们切实抓了计划生育，人口自然增长率从 1971 年的 23.40‰逐步下降到 1979 年的 11.70‰，1982 年人口自然增长率有所回升，为 14.49‰。由于目前我国人口基数比过去大得多，1982 年的净增人口仍达 1469 万，相当于南斯拉夫或罗马尼亚总人口的三分之二。我国人口发展这么快同经济比较落后之间严重不相适应，既不利于充分发挥人作为劳动者这一面的积极作用，又加重了人作为消费者这一面所带给国家和集体的负担，使就业、吃饭、穿衣、住房、教育、卫生等社会问题比较突出。因此，普遍提倡和推行一对夫妇只生一个孩子，严格控制人口增长，将会缓和这些矛盾，有助于本世纪末我国现代化经济建设宏伟目标的实现。

特别是新中国成立后出现的第二次出生高峰对今后一二十年人口自然变动的影响非常大。为了便于了解现阶段我国每年进入婚育期的大致人数，拟把每年出生人口超过 2000 万的年份作为出生高峰年。在新中国成立后 30 年中，我国出现了两次出生高峰期：第一次是 1950 年至 1954 年及 1957 年，每年出生人数稍多于 2000 万人；第二次是 1962 年至 1975 年，其中有 10 年每年出生人数都超过了 2500 万人。如果按照晚婚要求，全国妇女平均 23 岁结婚，那么受第二次出生高峰的影响，从 1985 年至 1998 年全国将出现结婚高峰。在这种情况下，即使多胎生育完全杜绝，每对夫妇都生两个孩子，从 1986 年至 21 世纪初我国每年出生人口还将平均超过 2000 万。加上人口稀少的少数民族地区在计划生育要求上适当放宽，每对夫妇可能生三四个孩子，全国在这个时期每年出生人口可能平均接近 2500 万。据有些同志测算，如一对夫妇平均生育 2.2 个孩子，我国人口总数在本世纪末将达到 13 亿，在 40 年后超过 15 亿。可见，假使我们现在不下决心普遍提倡和推行一对夫妇只生一个孩子，有计划地调节和缓和今后二三十年中可能出现的出生高峰，那这个人口发展同经济、社会的发展和生态平衡不相适应的矛盾将继续留给子孙后代，让他们不断地尝到因人口过多而带来的各种"苦头"，并且由于那时的人口基数更大，将要花费比现在更多的时间才能逐步调整合理。所以，与其让将来子孙一代下决心，还不如我们现在就下决心，作点"牺牲"，普遍提倡和推行一对夫妇只生一个孩子。

其次，这个目标和要求也是根据我国今后 100 年内人口自然变动和年龄构成变化的状况及广大群众可能接受的每对夫妇平均生育数等实际情况而提出的比较稳妥的人口控制方案。据有些同志的预测，如果从 1978 年开始逐步实现全国平均每对夫妇只生一个孩子，也要到 2002 年总人口在 10.6 亿时，人口自然增长率才达到零。何况由于人口稀少的少数民族每对夫妇不可能一下子降到都只生一个孩子的水平，其它地区还将有少数夫妇按政策规定经过批准可照顾生育第二胎，因此如果全国规定平均每对夫妇只生一个孩子的话，实际上将有一部分夫妇连一个孩子都不能生。显然，这种要求是不符合我国人民的传统习惯，不易为广大群众所接受的。现在我国政府提出力争在本世纪末总人口不超过 12 亿的目标，根据有些同志测算，全国平均每对夫妇可以生育 1.7 个孩子左右。如扣除人口稀少的少数民族计划生育适当放宽一些要求、农村某些群众确有实际困难要求生二胎的，经过审批可有计划地安排等情况，其他每对夫妇至少可以允许生一个孩子。这就体现了实事求是、区别对待的原则，较易为广大群众所接受。当然，如果我们在今后 100 年中始终这样要求的话，又会带来一些严重的社会问题。据测算，假使从 1978 年开始逐步实现全国平均每对夫妇生 1.5 个孩子并一直保持到 2080 年，那么在 2045 年至 2080 年间，65 岁及以上老人占总人口的比重将长期高达 36%—41% 之间。所以，为了使我国在今后 100 年内人口老龄化不至于这样严重，我们现在只提出在今后二三十年，甚至三四十年内普遍提倡和推行一对夫妇只生一个孩子。

诚然，我国未来人口自然变动的最优目标和要求，只是同其它目标和要求相比较而言的，并不是说它一点没有弊病。现在看来，在今后三四十年中普遍提倡和推行一对夫妇只生一个孩子，也可能会引起一些新的社会问题，需要我们高度重视，从现在起就采取各种措施尽可能减少或避免这些社会问题。我认为有两个社会问题是值得引起充分注意的：

一是关于老年人身边缺人照顾问题。党中央的《公开信》指出："实行一对夫妇只生一个孩子，到 40 年后，一些家庭可能会出现老人身边缺人照顾的问题。这个问题许多国家都有，我们要注意想办法解决。"因为两个独生子女长大后结婚，不管是女到男家还是男到女家，经常照顾的只能是一家老人。当现在的独生子女家长年老体弱或患严重的心脏病、高血压病，基本生活不能自理时，这个矛盾可能会非常突出。虽然那时可以通过增加社会福利和社会保险设施解决一部分老人照顾问题，但如果全要靠社会解决，无疑将是一个很大的负担。所以，为了减轻那时的社会负担，妥善解决好独生子女家长年老后的照顾问题，我们除了要大力宣传尊敬老人，赡养父母的社会风尚外，还可考虑允许独生子女在将来结婚后生两个孩子。这样当现在的独生子女家长达 70 高龄时，孙子或外孙一辈约为 15 岁至 20 岁左右，已可逐渐照顾老人了。而且在现在生育的独生子女通婚时，我国已度过了新中国成立后第三次出生高峰期，允许他们生两个孩子也将有利于我国年龄构成的合理化。此外，如果现在就明确规定这一条，还将有助于消除当前一部分育龄夫妇的后顾之忧，促进独生子女领证率的提高和巩固。

二是关于部分独生子女不愿到外地工作和参军的问题。由于我国人口基数大，年龄构成轻，在今后三四十年内普遍提倡和推行一对夫妇只生一个孩子，不会出现劳动力和兵源人数不够的问题。然而，它会增加分配青年人到外地工作和征兵的困难。对于独生子女的成才问题，国外有不同看法，美国和西欧的有些专家认为，独生子女在才能、成就等方面，比有一个兄弟姐妹的子女更聪明、更富于创造性、更具有雄心壮志。他们还列举了参加美国太空计划的头两批 16 名宇航员中，有 14 人是独生子或长子。但苏联的有些学者却认为，独生子女很难有突出成就，竭力宣传著名化学家门捷列夫是 17 个兄弟姐妹中最小的，马克思和列宁都是第三个孩子，等等。其实独生子女与非独生子女相比，既有长处，也有短处。这里的关键在于后天的培养和教育要得法。比如，独生子女家庭的经济负担相对要轻些，可能有较充分的经济和物质条件保证孩子身心都得到健康发展，但如果父母不懂教育学和营养学，对孩子一味宠爱，尽给好的吃，食物过于单一，不敢放手让他锻炼，结果往往走向反面，养成独生子女骄娇二气，体质比较单薄，吃不起苦。再加上我国的传统习惯，一般父母总希望有一个子女长大后留在身边。在这种情况下，独生子女长大后要分配到外地工作或参军，不少父母可能会感到"舍不得"，拖后腿；一些独生子女也可能由于怕艰苦而不愿离开大城市。因此，在普遍提倡和推行一对夫妇只生一个孩子时，更需要加强对广大群众尤其是独生子女的爱国主义和艰苦奋斗的教育，树立"四海为家""保家卫国"的思想。

（本文原载《社会》1983 年第 4 期）

社会因素对生育率变动的影响

　　社会因素对人口自然变动的影响应该包括两个方面，即对人口出生的影响和对人口死亡的影响。但由于篇幅有限，本讲只分析社会因素对人口出生的影响，介绍世界各国所采取的有利于调节生育率变动的社会政策措施。

影响生育率变动的各种社会因素

　　所谓人口出生率，一般是指一定时期内的出生人数同平均总人数之比。然而这只是出生率的简化公式，如果把这个公式具体化，则可变为一定时期内的出生人数同平均育龄妇女数之比（即育龄妇女的一般生育率）乘以该时期内的平均育龄妇女数同平均总人数之比（即育龄妇女占总人口的比重）。这就告诉我们，在人口性别构成比较平衡的情况下，一个地区人口出生率的高低不仅取决于育龄妇女生育率的高低，而且同育龄妇女数的多少及其在总人口中的比重有很大关系。不过后者主要又是由十几年前、甚至几十年前的出生状况决定的。因此，育龄妇女的生育率是人口出生率水平的基础。在分析和研究影响出生率变动的社会因素时，应着重考察影响育龄妇女生育率变动的社会因素。那么，究竟有哪些社会因素会影响生育率变动呢？

　　为了认识这个问题，先要了解一下社会因素影响生育率变动的特点。这就是社会因素对育龄妇女生育率变动的影响作用往往不是直接的，而是通过某些中间变量来间接地影响的。在这方面，早在本世纪50年代，戴维斯和布雷克就提出了有关中间生育变量的见解。他们并且把直接影响生育率变动的中间生育变量分为3大类11个。这11个中间生育变量是：男女开始同居（包括初婚）的年龄；永久性的独身；不同居的时间；自愿的不同房；非自愿的不同房；性交频率；无生育能力；避孕；绝育；非自愿的胎儿死亡；人工流产。这些中间生育变量在各个国家和地区是不一样的，它们对生育率的影响，有的是正相关，有的是负相关。戴维斯和布雷克提出的这种中间生育变量的观点，尽管存在着不够完善之处，但给人以较大启示。只要我们顺着中间生育变量这些线索去追根寻源，就比较容易弄清社会因素和经济因素对生育率变动的影响。比如，初婚年龄的大小对育龄妇女平均生育子女数的多少影响较大，但为什么在不同地区、不同时期的育龄妇女平均初婚年龄不一样呢？这就需要进一步深入分析影响妇女初婚年龄大小的社会因素和经济因素。

在制约和影响育龄妇女生育率变动的诸因素中，经济因素是归根到底的决定因素，但社会因素也是很重要的。下面，把影响各种中间生育变量并进而影响生育率变动的主要社会因素归纳如下：

第一，思想意识。不同的思想意识对生育率变动的影响是不同的。比如，近年来在美国要求"性解放"、极力追求个人"自由自在"生活的风气盛行。在这种思想影响下，许多青年把建立家庭、养育后代看成是一个"包袱"，不愿生孩子。据统计，1966 年美国年满 30 岁而不生孩子的妇女占13%，到 1978 年已上升为 21%。这会促使生育率下降。相反，在目前我国农村，"不孝有三，无后为大""多子多福"等封建残余思想还不同程度地存在着。有些地方把没生男孩的家庭视为"绝后""缺德"，有的妇女因连续生了几个女孩而遭公婆和丈夫的打骂。生了女孩还想生男孩，这种思想必然会阻碍生育率的下降。

第二，妇女就业率。一般说来，生育率的变动同妇女就业率的变化成负相关。这是因为妇女就业后，不仅提高了她们的社会地位和家庭地位，而且会感到多生孩子将使其在相当长的时期内陷于"怀孕—分娩—哺乳—再怀孕"的循环之中，增加大量繁琐家务，影响她们参加社会劳动。60 年代中期，苏联人口学家曾将整个苏联按妇女就业的情况分成三组不同的行政区域，结果发现在第一组行政区域里，有 51.3% 的妇女参加工作，人口出生率为 13.9‰；第二组有 49.3% 的妇女参加工作，人口出生率为 15.9‰；第三组只有 41% 的妇女参加工作，人口出生率则为 19.5‰。日本每日新闻社在 1977 年进行的第 14 次全国家庭生育计划调查也表明，往往担任家庭主妇的妇女现有子女数就多些，参加社会工作的妇女现有子女数就少些。比如，在妻子年龄为40岁至44岁组中，如是家庭主妇，现有子女数为两个的占57.7%，三个的占25.6%，一个的占10.7%，四个的占2.6%，五个及以上的占2.1%，如是参加工作的，现有子女数为两个的占57.0%，三个的占20.7%，一个的占18.2%，四个的占1.7%，五个及以上的占0.8%。

第三，妇女文化程度。生育率的变动同妇女文化程度的高低也是成负相关的。因为妇女文化程度高，就比较容易克服"传宗接代"等传统的封建残余思想的影响和掌握科学的节育方法，同时也往往为了在业余时间多学习一些文化科学知识而要求少生孩子。正如倍倍尔在《妇女与社会主义》一书中所说的："从事智力活动的妇女，通常不愿因神赐而生很多子女，以致她一生中最宝贵的部分为妊娠、哺乳及育婴所耗费。"据1981年初对上海市郊区七一公社5000多个育龄妇女生育率的调查，已婚妇女是文盲的平均现有子女数为2.90个，文化程度是初小的平均现有子女数为1.94个，文化程度是高小的平均现有子女数为1.49个，文化程度在初中及以上的平均现有子女数为1.01个。

第四，老人的社会保险和社会福利。生育率的变动同这个因素的变化也是成负相关的。在老人的社会保险和社会福利条件较差的地区，许多育龄夫妇常常因忧虑自己晚年的生活照顾问题而多生子女。这一点在我国目前的农村中表现非常突出。据1981年初对湖北省800多个农村妇女想多育的原因调查中发现，为了养儿防老的竟占51%。同样，在1981年末对陕西省九县、二市的900多例计划外二胎生育原因的调查也表明，为养老而生男孩的占27.5%，为各类原因之首。

第五，卫生和营养条件。在1972年召开的第二次亚洲和太平洋人口会议报告中指出："生活在边际条件的人，死亡率几乎和出生率一样高，他们是不大愿意接受家庭生育计划的。""必须具备最低水平的卫生、营养条件，才可能接受家庭生育计划。"因为卫生和营养条件差，婴幼儿死亡率高，育龄夫妇常常由于怕孩子将来发生意外而多育。比如，在南非（阿扎尼亚），1970年有色人口的婴儿死亡率高达132.6‰，白色人口的婴儿死亡率只有21.6‰，结果有色人口中育龄妇女的生育率也相应高达160.2‰，白色人口中育龄妇女的生育率则为97.9‰。

第六，宗教信仰。宗教信仰对生育率变动的影响可以是不同的。比如，天主教只承认采取安全期法的避孕，把其它避孕方法和人工流产谴责为"一种杀人的形式"，并宣扬"子孙越多，天堂越大"。所以，已婚天主教徒的生育率往往比已婚新教徒的生育率要高。不过近年来在世界许多国家宣传节育措施，颁布允许人工流产法令的影响下，不少天主教徒也开始有所改变。据估计，1970 年美国有三分之二的天主教徒不顾教会的反对而实行避孕。1973 年，法国天主教徒也开始对有关人工流产的条文作了更为自由的解释，撰写了很多要求政府改变人工流产的规定和放宽这方面禁令的文章。相反，在佛教盛行、存在大量和尚与尼姑的地区，又会因不结婚人数的增加使生育率低一些。

第七，离婚率。在离婚率高的地区，往往生育率就比较低。这是因为在这些地区中，不仅会由于离婚缩短了夫妻共同生活的时间，而且还由于不少夫妻对自己家庭的前景缺乏信心，怕一旦离婚时小孩会成为累赘，所以不愿生孩子。据苏联最近对所有结过婚的乌克兰人的调查，有三分之一的男女在结婚后又离了婚，其中 35% 没有生过孩子，46% 有一个孩子，15% 有两个孩子，仅 4% 才有三个及以上的孩子。

第八，风俗习惯。不同的风俗习惯对生育率变动的影响也是不同的。比如，几内亚的风俗认为生孩子愈多愈好，凡是一对夫妇生了十个孩子，地方上就为他们大庆贺。而西非流行的一种习俗是小孩出生两年后，夫妻仍分居。在西非的语言中，往往用一种动物的名字来形容两个孩子出生间隔很近的妇女，或说这人"很淫"。显然，这种风俗习惯会在某种程度上遏制过高的生育率。在日本，有一种风俗认为"火马年"生的女孩将来要克丈夫，嫁不出去，所以每逢"火马年"，出生婴儿就特别少。如 1966 年正值"火马年"，日本的人口出生率只有 13.7‰，而 1965 年和 1967 年则分别为 18.6‰ 和 19.4‰。

此外，育龄夫妇工作的行业和职业状况、业余社会生活丰富与否、家庭的类型及有否老人或保姆带小孩、居住的地区和住房条件、人工流产是否合法化、法定婚龄的大小、妓女问题、战争、瘟疫等许多社会因素，对育龄妇女生育率的变动也存在着各种错综复杂和程度不一的影响作用。

实行有利于调节生育率变动的社会政策措施

　　既然社会因素对育龄妇女生育率的变动有着各种影响，因此，为了使人口自然变动有利于经济、社会的发展和促进生态平衡，就需要相应地实行各种调节生育率变动的社会政策措施。现在世界上的许多国家和地区除了在经济上采取了许多政策措施，力图调节本国和本地区的生育率变动外，还相继采取了一些社会政策措施。归纳起来，主要有以下几项：

　　第一，建立主管和研究调节全国人口生育率变动的机构，制定和颁布人口法规。60 年代，菲律宾在总统直接领导下成立了人口委员会。该委员会由经济计划部长、教育文化部长、卫生部长、劳工部长、地方发展部长、社会福利和社会服务部长等六位内阁成员参加。下设执行主任和助理执行主任，并设办事处。1969 年 12 月，菲律宾政府批准该委员会提出的有关人口政策方案。1970 年 1 月，开始广泛教育、宣传和推广节制生育的知识和技术，并为节育提供条件和工具。墨西哥政府在 1971 年成立了全国人口委员会，1973 年通过总人口法改变过去鼓励提高人口出生率的政策，1978 年起草了地区性的人口政策。国家和各州都规定了人口出生率、自然增长率和空间分布的定量指标。在有些东欧国家中，不仅建立了国务委员会领导下的国家人口委员会，而且还制定了不少同调节人口目标和政策有关的法律，如税收法、劳动法、住房法、堕胎法、抚养法等等。国家重视，有法可依，这对调节人口变动起了较大的促进作用。

　　第二，加强宣传教育，大造社会舆论。许多国家都以报刊、广播、电视、展览会等各种形式，大力宣传本国的人口政策。法国为了鼓励人口增殖，积极宣传和提倡每个家庭应有三个孩子。德斯坦总统曾大声疾呼："不能繁殖后代的社会是注定要毁灭的社会！"法国家庭妇女事务部长莫尼克·佩尔蒂埃也极力强调"对我们的国家、我国的人口学、我国的生命力和我国的前途来说，需要大家庭"。他们还公布 1980 年为"家庭年"。罗马尼亚为了鼓励妇女多生育，实行一种生育勋章制度，规定授予有五六个孩子的母亲以"母亲奖章"，减少所得税 30%；授予有七、八、九个孩子的母亲以"母亲光荣"勋章，减少所得税 40%；授予有十个孩子的母亲以"英雄母亲"勋章，减少所得税 50%。在泰国，农村及人口开发协会秘书长米柴·维拉瓦迪亚曾经想出了许多富有成效的宣传家庭生育计划的方法。他们除了印刷大量的计划生育宣传品张贴在公共场所外，还在手帕、汗衫、袜子、三角裤、毯子、车票、船票、电影票、自行车后叶上，都印上宣传节育的图案，广为散发。

第三，根据不同要求，给予或取消工资照发的产假。为了提高人口出生率，捷克在 1948 年就规定产假延长到 18 周，产假期间按工资数额多少发给社会保险津贴。1964 年产假延长到 22 周，1968 年产假进一步延长到 26 周。他们甚至规定，凡代替婴儿母亲承担养育照料新生婴儿工作的妇女，也有权享受工资照发的产假。东德则把享受国家保险的妇女的产假分为两部分，产前可得 6 周的怀孕假，产后可得 12 周恢复假。规定她们在休假期间可以得到相当于其纯收入的生活费。新加坡为了控制人口，规定从生第三个孩子起，政府机关和民间企业对产假中的妇女概不发薪。相反，对政府机关的女工作人员在生育或流产 6 个月内做绝育手术，给予享受待遇优厚的休假。

第四，优先安排住房，减少住房租金。苏联、罗马尼亚、阿根廷等国为了鼓励生育，规定优先向多子女的家庭提供住房，而南朝鲜当局为了节制生育，则对母亲年龄在 40 岁以下的两个孩子的家庭及做过绝育手术的妇女优先安排住房。为了提高人口出生率，捷克还规定国家房屋的租金随子女人数的增加而给予不同程度的优待。生第一个孩子时开始减收 5%，生第二个孩子减收 15%，生第三个孩子减收 30%，生第四个孩子减收 50%。他们又规定 30 岁以下的年轻夫妇可向国家申请购买住房和添置家具的贷款。贷款总额可达 3 万克朗，偿还期限最长 10 年，利率只为普通贷款的三分之一左右。并且每生一个孩子，偿还期可顺延一年，特别是当孩子满周岁时，国家可发给一笔偿还贷款的津贴，第一个孩子为 2000 克朗；从第二个孩子起，每个孩子为 4000 克朗。

第五，提前退休，增加退休津贴。捷克规定从 1964 年开始妇女退休年龄按所生子女人数有所区别：无子女者 57 岁退休，有一个孩子者 56 岁退休，有两个孩子者 55 岁退休，有三至四个孩子者 54 岁退休，有五个及以上孩子者 53 岁退休。蒙古则规定有四个及以上孩子的母亲可以提前 5 年退休。斯里兰卡为了鼓励节制生育，规定自 1980 年 10 月 1 日起，凡是 1978 年 1 月以后结婚的、子女不超过两个并自愿做绝育手术的夫妇，在退休时可多拿10% 的退休金。

第六，提倡优生，搞好妇幼保健。日本为了控制人口增长，政府在1948 年批准《优生保护法》，允许进行人工流产和绝育。现在他们提出的口号是"少生少死""良养良育"，把少生与优生并举，对人口从控制"量"扩展到提高"质"，用提高"质"来促进控制"量"。泰国政府在 60 年代开始考虑推行家庭生育计划，降低人口出生率。1970 年 3 月政府支持家庭生育计划的自愿执行。他们从各地挑选助产士到曼谷学习或政府资助各省培训大批人员，然后回农村开展工作。在 1972 年时卫生部只有 9 个训练人员，几年来共训练了 10000 多人。由于他们把妇幼保健和节制生育工作相结合，受到了群众的信任，取得了较好的效果。为了保障婴儿的健康，以使母亲对实行家庭生育计划更有信心，印尼政府在不少村里建立起婴儿保健站，由受过专业训练的医务人员和当地妇女负责本村婴儿的保健工作。印尼全国家庭生育计划协调委员会的人员每个月在保健站举行"婴儿过磅日"活动。母亲把婴儿带到保健站过磅和检查身体，各村都挂一张大图表，记录着每个婴儿的重量。如果孩子体重明显下降，国家便给婴儿提供营养物品和必要的药品，同时也对母亲进行卫生、医疗和婴儿营养方面的教育。

第七，加强人口教育，提高人们的文化科学水平。瑞典从 40 年代就开始在学校中进行性教育。以后国家教育部门专门颁布了关于性教育的教学大纲，性教育的内容涉及解剖学、生理学和性知识。瑞典各级学校都有性教育方面的课程，性教育的内容从小学到大学逐步深入。日本从 70 年代开始强调在小学、中学、大学加强人口学教育。印尼教育部也从 1976 年起在小学和中学进行人口教育。斯里兰卡、巴基斯坦、马来西亚等许多国家都逐渐把提高全体人口、特别是妇女的文化教育水平，作为间接改变妇女多育观念，降低生育率的一项重要措施。

上面所介绍的这些社会政策措施，有的对生育率变动的影响大些，有的对生育率变动的影响小些；有的在较短时期就能影响生育率的变动，有的要经过相当长时期才能使生育率有较明显的变动。现在世界上愈来愈多的国家和地区的经验都表明要有效地调节育龄妇女生育率变动，必须实行包括各种社会政策措施在内的综合措施，把人口发展方案同有关经济和社会的发展方案紧密结合起来。

（本文原载《社会》1983 年第 6 期）

社会因素对人口机械变动的影响

    人口机械变动是指人口在空间上的移动。它主要表现为人口的迁入和迁出的活动，因而也叫人口迁移。人口迁移从不同角度考察，可分为永久性迁移和暂时性迁移，集团迁移和个人迁移，有组织的迁移和无组织的迁移，自愿性迁移和被迫性迁移，国内迁移和国际迁移，城市间迁移、乡村间迁移和城乡间迁移，等等。人口迁移的数量、构成和流向的变化，对迁出地和迁入地的人口构成、人口再分布、人口再生产及经济、社会的发展，具有重大影响。在这一讲中，将着重分析影响人口迁移的各种社会因素，介绍各个国家和地区为了调节人口机械变动所采取的社会政策措施。

影响人口机械变动的主要社会因素

    长时期来，国内外的许多人口学者往往比较注重研究影响人口机械变动的经济因素，忽视对社会因素的研究。虽然在正常情况下，经济因素是影响人口机械变动的主要因素，但社会因素对人口机械变动仍然具有一定的影响作用，甚至有时还成为影响人口机械变动的主要因素。从目前一些资料来看，影响人口机械变动的社会因素主要有以下几个方面：

    第一，战争。大规模的战争对人口迁移影响极大。第二次世界大战中，几百万德国军队从东西两面越过国境外侵。因这次战争而仓促迁移的欧洲人，包括逃亡者、战俘以及被强制迁移的少数民族等，竟超过了 3000 万人。而战局一转，德军的败退和盟军的进驻，又引起了新的迁移。1979 年 12 月，苏联悍然出动八九万军队对享有主权的不结盟国家阿富汗进行武装入侵，并扶持卡尔迈勒政权，镇压和屠杀阿富汗人民。到 1981 年 7 月为止已迫使

400 多万（约占阿富汗全国人口的 20%）正直的阿富汗人背井离乡，沦为难民。据巴基斯坦和伊朗发表的数字，这两个国家的阿富汗难民都分别达到了 200 万。

第二，政治因素。这种因素对人口迁移的影响较大。二次大战后，许多亚非拉国家在政治上相继独立，迫使大批欧洲人（包括殖民主义者）从这些国家迁回本国。1961 年阿尔及利亚有 110 万法国人，1962 年阿尔及利亚独立后陆续遣返，现在只剩 5 万法国人。此外，印度和巴基斯坦独立后，许多英国人也从那里返回本国；印度尼西亚独立后，许多荷兰人又从那里返回本国。在一个国家内，有些正直无辜的人为了躲避当地的政治迫害，往往只身或全家离开原地；相反，也有的罪犯为了逃避当地的法律制裁而潜逃外地。

第三，社会安定状况。一般说来，人们往往愿意从犯罪率高的地区迁往犯罪率低的地区居住。据美国联邦调查局关于报案的犯罪行为的报告，自 1976 年以来，美国的暴力谋杀罪、强奸、抢劫、殴打等罪行增长了 31%；人口在 100 万以上的城市，暴力罪增加了 17%，谋财罪增加了 13%。1980 年冬，美国盖洛普民意测验组织为全国城市联盟等机构进行了一次广泛的调查，结果发现有 36% 的人要离开城市，55% 的人正在考虑搬走，9% 的人还拿不定主意。究其离开城市的原因，在 100 万人口以上的城市中有 49% 的人谈到由于犯罪率高而离开；在 25 万至 100 万人口的城市中有 30% 的人也持同样的看法。由此他们认为，对犯罪的恐惧已成为当前美国人厌倦大城市的一个主要原因。

第四，住房条件。在人们居住问题较突出的情况下，住房条件的好坏对居住困难户的迁移有较大影响。1971 年日本的移民调查表明，影响人们迁移动机的第一位原因是生活环境，这类人占被调查人数的 36.2%，其中希望得到好的居住条件者占压倒的优势。1971 年至 1972 年由东京市政府进行的移民调查表明，因住房条件而迁出东京者占 27.3%。

第五，环境质量。一个地区的环境质量对居住者身体健康严重有害时，人们往往要迁居他处。有的地区存在地方病又很难就地根除，于是人们为了自身和后代的健康全家或集体搬迁。日本在 50 年代中期后，随着经济的迅速发展，大量的农业劳动力涌入东京、大阪、名古屋等大城市。60 年代初县际人口迁移率开始超过了县内人口迁移率。但在 1966 年前后，日本的县际迁移率突然低于县内迁移率，一个重要原因是当时工业密集的城市和港湾由于工业严重污染，多次发生公害病，使迁往城市的人数暂时减少了。

第六，文化教育。一个地区的中小学质量较高，会吸引一部分家庭户迁入，一个地区的高等教育质量较高，则会吸引许多青年远离家乡报名投考。现在莫斯科集中了全苏联 20% 的高等学校在校学生。在这些学生中，来自其它城镇的占 34.5%，来自农村地区的占 12.9%。在有些地区文化教育发展后，又会使许多青年人从农村迁往城市。马来西亚在农村实行普及教育，不少青年受教育后就不愿待在农村，纷纷流入大城市寻找工作。当农村劳动力不足时，又不得不从印尼等国雇人帮助种地。这样，一种迁移又引起了另一种迁移。

第七，婚姻家庭。这个因素对妇女和儿童的迁移影响较大。在女子嫁到丈夫家中的婚姻习俗流行的地区，妇女为婚姻而迁移的比重相当大。比利时在 60 年代进行的一次移民调查表明，26% 的迁移是由婚姻引起的。日本在 1971 年的移民调查也表明，影响人们迁移的第二位原因是家庭因素，占 30.2%，其中婚姻占 22.3%，大部分是女的因结婚迁入条件好的城市。在已婚家庭的迁移中，通常是成年男子先行，当他在一个新的环境中找到比较合适的工作，定居下来后，妻子儿女就随之前往团聚。在 1945 年至 1946 年度迁入美国的移民中，男子以寻求职业为目的者占 41%，女子以寻求职业为目的者占 6%，相反，女子跟随亲人或为家庭团聚而来者占 83%，男子跟随亲人或为家庭团聚而来者只占 38%。

第八，意识形态。人们的思想状况对迁移行为有一定的影响。在我国抗日战争时期，许多革命青年为了抗日救国，不惜冒种种危险，离开大城市，奔赴当时生活条件非常艰苦的延安。在我国 50 年代，也有不少在国外工作的专家，为了把自己的才能贡献给新中国的建设事业，抛弃了国外的优裕物质条件，想方设法返回祖国。此外，"故土难离""叶落归根"的观念对老人的迁移影响也较大。

第九，民族因素。在民族成分比较复杂和民族问题比较突出的地区，这种因素对迁移也有一定影响。二次大战后，有些东欧国家如匈牙利和捷克斯洛伐克、匈牙利和南斯拉夫等为了使本国的民族构成单一化，在两国之间开展了直接交换各自少数民族的活动。

第十，宗教因素。这个因素有时也会影响人口迁移。1947 年印度和巴基斯坦分治时，伊斯兰教徒纷纷离开印度迁往巴基斯坦，而印度教徒则纷纷离开巴基斯坦迁往印度。到 1948 年底巴基斯坦已有 700 多万移民，印度的移民人数也大体相同。这种互相迁移的状况后来又继续了几年，到 1975 年印度共有这类移民 850 多万人。

此外，地区之间在医疗质量、服务设施、交通条件和语言上的差异，人们的风俗习惯、居住年限、文化程度和邻里关系等因素，对人口的迁移也存在着一定的影响。不过在影响人口迁移的诸社会因素中，往往是几种因素同时起作用的，甚至有时几种因素的作用方向完全相反。在这种情况下，就要看哪个因素是主要因素。在不同地区、不同时期和不同的人口群中，影响迁移的主要因素也会有很大差别，因此，要具体确定每次迁移的原因，应该实事求是地进行调查研究，决不能生搬硬套。

实行有利于调节人口机械变动的社会政策措施

鉴于社会因素对人口迁移有各种错综复杂的影响，战后许多国家和地区为了使人口迁移有利于本国的经济和社会发展，实行了一系列调节人口机械变动的社会政策措施。归纳起来，主要有以下几项：

第一，制定全国综合性开发计划，调节人口合理迁移。二次大战后，日本由于盲目的人口迁移加剧了一些地区人口过密和过疏的状况。为了使全国各地均衡发展，日本政府从 60 年代以来先后制定了三次全国综合性开发计划。1962 年制定的第一次开发计划和 1969 年制定的第二次开发计划，目的都是为了调整、分散工业布局和大城市人口，发展经济，保护自然环境。具体办法是抑制东京等三大都市圈的工业发展，开发和建立国土南北两端的工业基地，加速交通建设，加强全国各地的联系。1974 年日本又制定了第三次开发计划，除继续开发、建设边远地区的工业基地外，着重建设综合性的生活环境，以实现全国各地区的平衡发展。具体办法是建立和发展包括地方或市、农村或山区、渔村为一体的定居圈，缩小地区差异，使人们能在本乡土地就业定居。印度尼西亚政府为了解决国内人口分布极不均衡的状况，多次制定全国性的移民计划。1951 年，印尼制定了 1953 年至 1987 年的长期移民计划。以后，移民事务部又具体制定了 1956 年至 1960 年的五年移民计划、1961 年至 1969 年的八年移民计划。从 1969 年开始，印尼在制定第一、二、三个五年发展计划时，都十分重视移民问题，相应制定了各个时期的移民计划和政策措施。尽管由于各种原因使实施后的结果同计划要求差距较大，但制定和贯彻这种移民计划，对于缓解印尼人口分布的不平衡，开发人口稀少地区的经济，还是起了一定作用。据统计，从 1950 年到 1973—1974 年度，经国家组织的移民达 54.2 万人。

第二，提高地区生活质量，增强对人口迁入的吸引力。苏联政府为了更多地吸引各地劳动力到气候严寒的贝加尔至阿穆尔铁路干线地区工作，计划在该地区加快营建住房，实行较高的住房标准。有关部门规定，该地区人均住房面积为 17—19 平方米，高于全苏人均住房面积 12.3 平方米的标准；住房每平方米的造价为 400 卢布，房间中设置壁橱、卫生间，厨房中安装电炉，力求舒适合用。1982 年，保加利亚为了鼓励城市青年到经济不发达的农村安家落户，规定对保证在农村至少居住和工作 10 年的年轻夫妇除了给予 4000 列弗的收入外，还给他们一套住宅或一块自留地，并为他们修建新房提供优惠贷款。全家每年还可有两次免费回家探亲，一年一次免费到东欧其它国家旅行。

第三，缩小城乡差别，鼓励人们留在农村。有些国家通过制定和执行综合农村发展计划，改善农村的经济和生活条件，鼓励人们留在农村。法国在六七十年代农业就业人口急剧减少：1961—1968 年间平均每年以 3.7% 的速度减少，1968—1975 年间平均每年以 5.7% 的速度减少。针对以上情况，法国政府为了制止农村人口大量外流，在 1979 年底建立了农村整治与发展部际基金会，把分散在各个部的援助款项集中在一起使用。政府给山区特别津贴、社会救济金、农村青年安置赠款，帮助有困难的农业生产者改善经济条件。过去洛泽尔省人口密度极低，几乎没有工业，离开省会 30 公里就没有公路，青年纷纷外出谋生，被称为"荒漠区"。现在该省利用高原地带的岩洞修建起许多餐馆和宿营地，开辟了二十几个远足旅游区，把一个小村落布置成原始农场，成功地经营起"绿色旅游业"，1980 年夏接待了 15000 名游客，本地青年已不需远走他乡寻找就业机会。同时，法国地方政府还注意在一些农村拨款新建低租金住宅，翻修旧住宅，办简易电影院，建立乡村文化中心，活动丰富多样，以此来改善农村生活条件，减少人口外流。此外，为了减少农村人口流向城市，斯里兰卡推行了庞大的社会援助和住房计划，缩小城乡之间生活条件的差距；尼日利亚注意加强农村基础设施的建设，如建造装备有与城市相似的水、电和其它设施的住房，提供现代化的农业机器，大力发展农村教育和卫生事业。

第四，积极发展小城镇，疏散大城市人口和截留农村外流人口。罗马尼亚在改造大中城市并限制其扩大的同时，十分重视小城镇的建设。1950年在罗马尼亚有148个城市，66%的工业集中在首都布加勒斯特、布拉索夫等大城市。70年代末全国已发展到365个城市，其中万人以下的小城市有269个。这些新型小城市把周围乡村的农业活动同城市的工业生产结合起来，成为方圆15—20公里范围内农村地区的经济和文化中心。在这些小城市中建设工厂企业和手工业单位，既可以充分利用本地劳动力和提高他们的生产技能，又能解决过去农村人口流向大城市的问题。英国从1946年起开始建设大城市周围的卫星城，至今已发展到第四代。他们早期规划的第一、二代卫星城，因经验不足，布局不合理，存在许多缺陷，对疏散大城市人口收效甚微。60年代起英国在新的规划思想指导下，发展了第三、四代卫星城。这些卫星城比早期的新城规模扩大了，工业由单一化改为多样化，创造了广泛就业的机会，有利于居民特别是妇女就地工作，并注意了现代化交通和生活设施的配套，确保住宅区生活方便、安静和舒适。这样就增强了卫星城的吸引力，对疏散大城市中心区的人口起了促进作用。据统计，伦敦周围城区建设的八个卫星城吸引了市区500多家工厂和40万居民，伦敦市区人口也由1951年的820万下降到1975年的710万。

第五，运用立法手段，防止大城市人口过分拥挤。法国政府为了防止巴黎市区过分拥挤和膨胀，从50年代以来采取了一系列立法和经济措施相结合的办法。1955年宣布禁止在巴黎市区创办新工业，并提倡分散政府和公务机构。1958年宣布现有市内企业的扩建不得超过现有场地面积的10%。1959年宣布禁止建造10000平方米以上的办公大楼，对市中心新建办公大楼征收高税额的"拥挤税"。法国政府采取的这些措施对减轻巴黎市区的人口压力起了一定作用。据估计，在这个时期巴黎先后有30万职工（包括家属在内近 100 万人）迁离市区或在远郊设立的新分支机构中工作。英国政府为了防止伦敦市区人口过于密集，也在 1945 年颁布了《工业重新配置法》，规定凡建筑面积超过 465 平方米的工厂，无论在伦敦市区新建或扩建均需领取许可证。1965 年又颁布了《事务所和工业建设控制法》，规定凡在伦敦市区建立面积超过 270 平方米的事务所也必须领取许可证。

第六，制定和改变移民政策，影响国际人口迁移。南斯拉夫在 1964 年实行经济改革后，工业朝集约化方向发展，国内出现了很多剩余劳动力。同时，战后"补偿时期"出生的婴儿也在此时先后进入劳动年龄。为了解决当时国内一部分劳动力的就业问题，南斯拉夫政府实行了鼓励工人去国外工作的政策。政府与工会同外国当局达成协议，调整招工方法，确保出国工人得到公平的就业条件。这样，使出国工作的南斯拉夫移民人数迅速增加，仅 1965 年移民就从上年的 1.4 万增至 21 万人。近年来澳大利亚政府为了发展本国经济，四处寻求受过专业训练的外国移民。该国驻华盛顿大使馆每月向寻找职业的美国人发表一份新闻公报，向他们介绍澳大利亚的生活。1981 年，美国有 5 万人询问有关向澳大利亚移民的事，其中有 2460 人获得了许可，比 1980 年增加了近 30%。

此外，有的国家和地区还力图通过建立和改善全国性的移民领导管理机构，加强宣传教育，规定部分政府机构带头搬迁疏散、严格控制迁居大城市的户口，限制自由流入大城市人口的就医和上学等措施来影响人口迁移。战后国外所采取的这些影响人口迁移的社会政策措施，尽管有的效果还不够显著，但它可以使我们从中得到启发。正确借鉴国外的经验，全面总结新中国成立 30 多年来在人口迁移方面的经验，更好地制定和完善适合我国国情的调节人口迁移的社会政策措施，正是中国人口社会学者需要研究的一个重大课题。

（本文原载《社会》1984 年第 1 期）

一本出色的《人口社会学》*

　　新出版的桂世勋著《人口社会学》是以人口与社会的相互关系为对象，一般说即是从社会学的观点来研究人口问题。本书明确了研究对象、任务和方法，在马克思主义人口理论指导下，对主要问题作了深刻论述，并阐明了对争论问题的新观点，提出了"人口发展必须同经济和社会发展、环境容量相适应是人类社会共有的人口规律"。本书用相当的篇幅叙述和评价了古今中外的人口社会思想，专节论述了毛泽东的人口社会思想。在这些议论中根据原著（如马尔萨斯的《人口论》）澄清了一些似是而非的引用误解；同时扼要地论述了马克思主义的人口理论。对错误的当代人口社会思想，注意了其著作中仍有某些值得我们借鉴的东西，如对梅多斯等人的《增长的极限》中社会因素的一些可参考的东西。《人口社会学》研究的实际问题非常广泛，诸如对人口与贫穷、就业、饥饿、教育、婚姻、老人、住房和环境污染问题，社会因素对人口变动的影响作了论述。具体分析是全书的一大特点，读后感到对每个人口社会学问题的论述是简明扼要的，没有冗长的社会统计资料。要使人口自然变动控制在 12 亿左右这个最优目标，本书作者提出了有力的分析论证。本书有些论点虽未能充分展开，但预期人口理论工作者和实际工作者将会欢迎这本著作的出版。

　　　　　　　　　　　　　　　　（本文原载《人口研究》1987 年第 2 期）

＊　本文由张乐群著。

四、计划生育

计划生育是一项战略性措施

　　搞好计划生育，有计划地控制人口增长，是我们进行四个现代化建设所面临的一个急需解决的重大问题。毛泽东同志、周恩来同志和华国锋同志对此曾作过一系列重要指示。我国宪法明文规定："国家提倡和推行计划生育。"最近，华国锋同志在五届人大二次会议的《政府工作报告》中又把进一步做好这方面的工作，作为当前我们发展国民经济的十项主要任务之一。他还指出："要订出切实可行的办法，奖励只生一个孩子的夫妇"，"今年我们要力争使全国人口增长率降到千分之十左右"。根据中央的指示精神和本市的实际情况，上海市革命委员会第七届第五次全体会议经过讨论，原则通过了《上海市革命委员会关于计划生育若干问题的试行规定》。决定在继续加强对计划生育的思想教育工作的同时，采取必要的经济措施，鼓励生一胎、限制生三胎。

　　为什么我们党和国家要那么重视计划生育工作呢？对于这个问题，并不是所有的同志包括各级领导干部都认识得很清楚的。有的同志认为，现在全党工作的着重点转移到社会主义现代化建设上来了，生产任务都忙不过来，哪有工夫抓计划生育；有的认为，目前我国财政收入有限，为了奖励生一胎，又要拿出一笔钱来，岂不是增加了国家负担，影响四个现代化建设。这就说明，我们有些同志还不了解在我国目前条件下，控制不控制人口增长，决不仅仅是什么多生少生几个孩子的问题，而是关系到我国社会生产力的发展，关系到四个现代化的实现，关系到建设社会主义的战略性的大问题。

　　马克思主义认为，人口发展与经济发展有着密切的关系，一个国家人口数量的多少，人口密度的大小，人口增长的快慢，能对社会经济的发展起促进或延缓的作用。同样，我国的计划生育控制人口增长的工作搞得好不好，对我国的经济发展，实现四个现代化将能起促进或延缓的作用。人口增长控制得好，便有利于国民经济的发展，有利于加快实现四个现代化的步伐；否则，就会妨碍国民经济的发展，拖四个现代化的后腿。特别是在我国底子薄、人口基数大和自然增长率还比较高的情况下，这种影响作用显得更为突出。

从一个具体工厂来看，不搞好计划生育，就会因孕妇和请产假的人多而影响育龄妇女的出勤率。在农村中，这种影响出勤率的情况，如果比较集中地发生在大忙季节，将对本单位的农业生产影响很大。除了这种"有形"损失外，更有"无形"损失。那就是不抓好计划生育，会过多地分散男女劳动者，特别是二三十岁左右的青年的精力，影响他们的健康，使他们在业余时间不能更多地学习科学文化知识，提高四化建设的本领，从而不利于本单位广泛深入地开展技术革新和技术革命，大幅度地提高劳动生产率。

如果我们把眼光放宽一些，从整个国家来看，国民经济要做到有计划按比例地发展，除了注意安排好各种物质资料生产的比例外，还必须安排好人口增长和物质资料生产增长之间的比例，使人的生产同物的生产相适应。这是因为不管人作为生产者还是消费者，都同物的生产有密切的联系。一方面，人在一定年龄，作为社会劳动力，是进行物质资料生产的要素，它必须同一定的生产资料相结合，才能变为现实的生产力，创造物质财富。我国社会主义公有制的建立为充分和合理地使用劳动力提供了广泛的可能。但是，如果不控制好人口增长，劳动力的增长超过了国民经济发展的需要，那也会给社会主义国家在安排劳动力就业上增加很多困难。劳动力就业不充分，不仅影响了充分发挥人作为生产者在实现四化中的积极作用，而且还会增加社会的负担。所以在努力发展生产、广开就业门路的同时，一定要进一步控制人口增长。另一方面，人活在世界上一天，就要消费各种生活资料，从食品、衣服、住房，一直到文化娱乐场所、交通运输工具等等。在社会主义制度下，满足人民不断增长的物质和文化的需要，是进行社会主义物质资料生产的目的。如果不控制好人口增长，也会影响社会主义扩大再生产的速度和人民生活的逐步改善。因为在一定的国民经济收入的前提下，国家用于新增人口消费所需的资金和物资多了，用于扩大再生产上的生产性积累的资金和物资便会相应减少，这就直接影响到社会主义现代化建设的速度。同时，国家每年生产出来一定数量的消费资料，用于新增人口多了，也会影响现有人口的生活水平的提高，从而出现消费资料总量增加较多而按人口平均占有的消费资料数量却增加不多的状况，不利于进一步调动广大群众的社会主义积极性。反之，控制好人口增长，就可以相对地节省国家用于新增人口消费所需的那部分资金和物资，有利于国家更好地调节积累和消费、生产性积累和非生产性积累的比例关系，增加扩大再生产和改善现有人民生活的资金，加快四化建设的步伐。仅以上海市为例，1971 年至 1978 年的 8 年中，由于控制人口较好，比 1951 年至 1958 年的 8 年中（按本市现在的地域估算）约要少生 220 多万人。如按国家平均花于一个未成年人一年的抚养费用为 600 多元计算，至少可减少国家在这方面的开支 13.2 亿多元。如按每人每年口粮 600 斤计算，可为国家每年节约粮食 13.2 亿多斤，把这些粮食全部加在本市 1100 万人的口粮上，每人每年可增加口粮 120 斤。

如果我们再把眼光放远一些，从长远来看，为了加快实现四化，我们除了要有更加先进的技术装备和生产工艺外，还需要加强对青少年的培养，不断地给国家提供新的有社会主义觉悟和能够掌握现代化生产技能的熟练劳动者。这是提高整个中华民族的科学文化水平，加快实现四化的一个重要任务。人口的增长控制不好，一个家庭生育的子女过多，不利于儿童的健康成长，不利于搞好青少年的家庭教育。而且，每年的新增人口过多所造成的中小学在校学生过多，也会同目前我国教育经费、校舍、设备和师资力量比较少的状况发生矛盾，不利于提高学校教育的质量。因此，控制好人口增长，有利于教养后代，为实现四化培养高质量的劳动者。拿上海市的小学教育来说，由于解放初的盲目生育造成 60 年代的小学生大大增加，1965 年在校学生为 208 万。当时很多小学只能用实行二部制来解决校舍不足的困难，平均每个教师要负担 37 个学生的教学任务。后来抓了计划生育，近几年来小学生减少很多，小学基本上不实行二部制了，有的还改为中学分部。1978 年小学在校学生只有 89 万，每个教师所教的学生数大大下降，这就有利于提高教育质量，使少年儿童在德智体几方面更好地得到全面发展。

由此可见，搞好计划生育，有计划地控制我国人口增长，既有利于充分发挥人作为生产者在实现四化中的积极作用，也可以减轻人作为消费者在实现四化过程中给国家所带来的负担。它对于加快实现四个现代化，增进整个民族的健康和福利，具有重大的战略意义。那种把计划生育同实现四化割裂开来、对立起来的观点，是不对的，应该纠正。当然，采取鼓励生一胎的经济措施，需要国家马上拿出一笔钱来。但这笔钱同国家可以相应减少花在未成年人的培养费用上的开支总额相比，同这些妇女因少生一个小孩而多出勤所多创造的财富相比，却只占一小部分。

这里还应该指出的是，目前我国的人口自然增长率虽然比过去降低了，但是由于人口基数比新中国成立时要大得多，因此，每年人口的绝对增长量仍然是相当可观的。同时，在我国现有人口的年龄结构中，五六十年代出生的人口所占的比重很大。如上海市从 1951 年至 1964 年的 14 年中，每年出生数都在 20 万以上，其中有 4 年出生数还超过了 40 万，这些人现在都将陆续进入婚期和生育期。我国当前人口的这种特点，使控制人口增长的问题显得更加重要和紧迫，值得引起大家的注意。

现在，上海市革命委员会七届五次会议原则通过了《上海市革命委员会关于计划生育若干问题的试行规定》。这将进一步促进本市计划生育工作的开展，有利于切实控制人口的增长。让我们在中央制定的关于"书记挂帅，全党动手，宣传教育，典型引路，群众运动，加强科研，提高技术，措施落实，持之以恒"的计划生育工作方针指引下，采取各种有效措施，把计划生育工作做深、做细、做好，为实现党和国家提出的控制我国人口增长的战略任务，促进国民经济的调整、改革、整顿、提高方针的顺利贯彻而努力。

（本文以"文汇专论"名义发表，原载《文汇报》1979 年 8 月 23 日）

"多子多福"与经济政策

华国锋同志在五届人大二次会议的《政府工作报告》中指出："进一步努力降低人口的增长率，对于加快实现四个现代化，增进整个民族的健康和福利，具有重大的战略意义，丝毫不能放松。"为了切实控制人口的增长，当前特别需要研究制定正确的经济政策，把国家、集体同家庭在控制人口增长方面的物质利益有机地结合起来，促使广大群众更自觉地实行计划生育。本文根据上海地区的调查情况，对这个问题，作一些初步探讨。

"多子多福"思想的存在有其经济原因

人们头脑中的"多子多福""男尊女卑"等思想的存在，对于推行计划生育，控制人口增长妨碍极大。然而对这种思想存在的原因，过去往往简单地把它归结为封建婚姻生育观的流毒，而不大注意我国目前的经济状况和经济政策对其有何影响。其实，这是思想认识上的一种片面性。

诚然，由于社会意识的相对独立性，"多子多福"等封建婚姻生育观，在一部分人中间至今还有很深的影响，并且形成了一种旧的习惯势力。但是，我们还必须看到，在社会主义制度下，家庭不仅是生育下一代人口的单位，而且仍然是消费单位。"各尽所能，按劳分配"原则的实行，不可免地造成各个家庭消费水平的变化，必然会同它在当时所具有的劳动者的数量和质量，以及它所需要养育的小孩、赡养的老人的数量密切相关。所以，在这种经济条件下，要求所有的家庭在决定生儿育女时，完全不考虑对其家庭经济利益的影响，是不现实的。

当前的问题是，我国的城市、特别是广大农村，还不同程度地存在着多生子女、特别是多生儿子的家庭在经济上多得利的现状。它具体表现在以下两个方面：

一是由我国现阶段生产力水平很低、经济技术比较落后所直接造成的经济上的"多子多福"。这点在经济落后的农村社、队中表现得极为明显。在那里，农业劳动生产率很低，集体公益金很少，丧失劳动能力的社员（除五保户外）还不能像城镇职工那样可以享受社会保险，他们的生活费用仍要子女承担。如果子女多，父母养老的生活费用就可以由几个子女分担。同时，经济技术上的落后，很多工作还是简单的手工劳动，也使家庭花于一个劳动力的培养费用很少。据有关部门估算，目前我国每个家庭花于培养一个劳动力的费用，农村只有城市的四分之一，平均每个月只要花 6 元多钱。而且，我国农村有些孩子很小就参加部分劳动，帮助家里增加收入。这种状况，使不少农村育龄夫妇感到现在多生几个小孩负担并不太重，将来自己却可以"老来得福"。此外，我国现在农业技术落后，主要农活还是手工操作，靠拼体力。男劳力一般比女劳力体力强，工分就因此挣得多一些。这也使一些家庭感到生男孩比生女孩在经济上得利多。上海郊县农村流传的所谓"男十分女八分，一养出来定终身"的口头禅，正是这种情况的反映。

我国目前存在的另一种经济上的"多子多福"，主要是由一些不恰当的经济政策造成的。它集中表现在有些地方在分配上搞平均主义，如不管是社员的口粮、柴草、住宅基地和自留地，还是城镇居民的住房等等，都按现有人口平均分配。一个婴儿的基本口粮同强劳力一样多。这样，有些育龄夫妇就通过多生小孩来多分口粮。在城市的住房分配上，很多地方都实行按常住户口人数分配住房的政策，孩子生得多的家庭分到的房子就比较大。这在拆迁住房时表现得尤为突出。上海市有个里委在 1976 年正式开始动员拆迁一批住房，房管部门规定夫妻两人加两个孩子可分到 21 平方米的小套间，夫妻两人有一个孩子只能分 13 平方米的一间。于是造成一些育龄夫妇为分套间而生孩子：有的第一个小孩已十几岁了，本来不打算生第二胎，现在又再生一个；有的小孩只有十几个月大，也急着生第二个；甚至放过近 20 年节育环的也到医院要求取环。就这样，这个里委在 1978 年的出生率由过去的 7‰上升到 11.8‰，计划生育率由过去的 93% 下降到 84%。另外，在我国职工的工资政策上，目前还没有完全建立严格和合理的升等升级的考核制度及相应的工资等级制度。收入分配上存在的技术高低一个样、干好干坏一个样的平均主义倾向，这也会使那些劳动力数量多而质量并不高的家庭总收入多，相反那些劳动力数量少而质量高的家庭总收入却不多；同时也使那些自愿少生子女，把更多的精力用于学习科学技术，为国家多作贡献的育龄夫妇，在劳动报酬上得不到应有的鼓励，相反那些因多生小孩，过多地分散精力而在业务上提高缓慢，对国家贡献少的育龄夫妇却感到在劳动报酬的增加上没有什么影响。这也会间接地造成"多子多福"，不利于控制人口增长。

经济政策要有利于"少子多福"

我国是社会主义国家，公有制的建立使国家、集体和家庭这三者的物质利益在根本上统一起来了。控制我国的人口增长，从它直接关系到四个现代化的实现和中华民族的健康这点来说，不仅有利于国家和集体，也有利于每个家庭。当然这三者之间也存在一定的矛盾，现在的问题就是要通过制定必要的经济政策，来正确处理三者之间的矛盾。对那些造成一些家庭在经济上"多子多福"的政策，凡是马上能改的就改；凡是受到客观条件的限制而不能马上改的，就通过奖励的办法使那些"少子少福"的家庭变成"少子多福"，用经济制裁的办法使那些想要"多子多福"的家庭多子不能"多福"，从而更好地把三者的利益有机地结合起来。

要有效地控制我国人口增长，必须大幅度提高育龄夫妇只生一个小孩的比例（以下简称一胎率）。去年，本市计划生育"晚、少、稀"的符合率已达84.3%，其中市区为90.5%。因此，从长远看，降低出生率的潜力，主要在提高一胎率。

要大幅度提高一胎率，国家需要给独生子女户以一定的物质奖励，如发放独生子女保健费，等等。在目前我国财政收入有限和社队还不富裕的情况下，这样做会不会加重国家和社队集体单位的负担呢？我们感到，只要奖励额适当，不仅不会加重，相反可以减轻其经济负担。这是因为少生一个小孩，国家和集体可以省下用于培养一个未成年人的可观费用。这是一。其次，如每个育龄妇女少生一个小孩，就可以把本来要享受的从怀孕、生育到喂奶的近 100 天公休时间，用来为国家和集体多创造财富。第三，少生一个小孩，如果在城镇就可减少国家的一部分粮贴；如果在农村则生产队在完成国家征购任务后，就可把节省下来的一个人的口粮，按超购价格卖给国家，既为国家多作贡献，又增加了集体收入。第四，这也有利于育龄夫妇在业余时间集中精力学习文化科学知识，为国家和集体多作贡献。所以，仅就以上几笔账来看，给予独生子女户适当的奖励，对国家和集体也是极为有利的。

目前城市中，提高一胎率急需解决的一个问题，是应该迅速采取独生子女户按两个小孩计算的住房分配政策。我国城市中住房紧张的情况是较普遍的，而上海市的住房更紧张。现在有不少家庭反映，如果住房分配政策不改变，你就是奖励我独生子女费几百元钱，我还是宁愿不拿钱而生第二胎的。因此，目前按常住户口计算的住房分配政策非改不可。然而，有的同志担心，目前房子不多，如再照顾独生子女户，岂不更要增加住房的困难？其实，如果不采取鼓励只生一胎的住房分配政策，许多育龄夫妇就会为了分配房子而多生一胎，结果不仅同样会增加住房分配上的困难，而且还会增加 20 多年后的住房需要量。

在广大农村，目前提高一胎率的一个很突出的问题，是应该采取对独生子女户的父母发放年老生活补助费的政策。现在我国广大农村的农业劳动生产率很低，每个农业劳动力全年从集体分得的经济收入很少，如夫妻两人都是独生子女，要负担 7 口人（本人及 4 个老人、1 个小孩）的生活费就非常困难。如果我们现在规定生一个孩子的父母在丧失劳动能力时，每月可凭证领取一定生活补助费，就能消除他们的"后顾之忧"。那么社队能否负担得起这笔费用呢？从一些社队的调查情况来看，现在的独生子女户其父母年龄大多在 30 岁以下，等他们丧失劳动能力时，我国的农业水平已有较大提高，那时社队负担这些费用，应该说是没有困难的。

为了有效地控制我国人口增长，还应该严格控制育龄夫妇生三个以上子女的现象。这也需要制定一些经济政策，从经济上限制和制裁多育的家庭。此外，在分配社员口粮、自留地和住宅基地，安排家庭副业，享受国家或集体的有关福利待遇和困难补助、招工等问题上，也都应制定相应的鼓励生一胎、严格限制多育的政策。

当前，我国很多省市已经或正在考虑制定有利于计划生育的经济政策，中央也在研究制定《计划生育法》。这对于进一步切实控制我国的人口增长，是极其重要的。让我们在实践中不断地总结经验教训，逐步加以完善，为建立一套中国式的控制人口增长的经济政策措施而努力。

（本文原载《解放日报》1979 年 8 月 29 日）

控制人口和经济政策

五届人大二次会议的《政府工作报告》指出："进一步努力降低人口的增长率，对于加快实现四个现代化，增进整个民族的健康和福利，具有重大的战略意义，丝毫不能放松。"为了进一步控制我国的人口增长，最近很多省市都相继制定了各种经济政策，中央有关部门也在研究制定《中华人民共和国计划生育法》，以促使广大群众更自觉地实行计划生育。那么，在我国现阶段为什么必须制定控制人口的经济政策呢？究竟如何确定最优的控制人口的经济政策呢？在贯彻这些经济政策时应该注意哪些问题呢？本文主要根据上海地区的一些调查情况，对上述问题作些初步探讨。

制定控制人口的经济政策的客观依据

关于我国是否需要制定一些经济政策，采取奖惩的办法来控制人口增长的问题，长时期来在理论和实践上都是一个禁区。在我国过去有很多人往往把群众中存在的"多子多福""男尊女卑"等思想简单归结为几千年封建的婚姻生育观的流毒，不去研究我国目前的经济状况和经济政策对这种思想有何影响；对外国采取的一些鼓励或节制生育的经济政策也一概斥之为"资本主义的物质刺激"，不去深入研究其中有哪些合乎科学的方面值得我们借鉴的；对我国地方上、特别是农村社队所制定的那些控制人口增长的政策措施则笼统地作为"强迫命令"的"土政策"予以取消，不去具体研究在这些"土政策"中有哪些是应该加以肯定和推广的有利于计划生育的经济政策。直至 1978 年，国务院计划生育领导小组提出的我国计划生育工作的"三十六字"方针（"书记挂帅，全党动手，宣传教育，典型引路，加强科研，提高技术，措施落实，群众运动，持之以恒"）中，仍没有明确地把制定有利于控制人口的经济政策这方面的内容概括进去。在实践是检验真理的唯一标准问题讨论的推动下，自 1978 年 11 月我国第一届人口理论科学讨论会召开以来，这个禁区逐渐被打破了。现在，不仅广大干部和群众愈来愈感到制定这种经济政策很有必要，而且各地已付诸行动，具体制定了各种有利于控制人口的经济政策和措施。这是我国人口理论研究和计划生育工作上的一大进步。

那么，为什么在我国现阶段还必须制定控制人口的经济政策呢？我们认为，这主要是因为社会主义国家同人民群众的每个家庭在控制人口方面的物质利益上还存在一些矛盾，需要运用经济手段，采取奖惩措施加以正确处理。

众所周知，我国现在是一个发展中的社会主义国家。在社会主义制度下，家庭不仅是生育下一代人口的单位，而且仍然是消费单位。"各尽所能，按劳分配"原则的实行，使每个家庭的劳动者必须也只能根据自己所付出的劳动量，在社会作了各种必要的扣除后，领回与此相当的一部分收入，来抚养家庭的全体成员。从人口的生长过程来看，每个家庭成员都会经历一个从不具备劳动能力的少年儿童，到作为社会劳动力的青壮年，以致最后成了丧失劳动能力的老年人这样三个阶段。在第一和第三两个阶段，基本上是纯粹的消费者；在第二阶段，主要是生产者，同时又是消费者。这就造成社会主义国家中各个家庭消费水平的变化，必然会同它在当时所具有的劳动者的数量和质量，以及它所需要养育的小孩、赡养的老人的数量密切相关。所以，在这种经济条件下，要求我国所有的家庭在决定生儿育女时，完全不考虑对其家庭经济利益的影响，是办不到的，也是不现实的。

当前的问题是，虽然由于无产阶级专政和生产资料公有制的建立，使我们国家同人民群众的家庭之间的物质利益在根本上统一起来了。有计划地控制我国人口增长，从它直接关系到加快四个现代化的实现，关系到中华民族的健康、科学文化水平的提高和国家的繁荣富强这点来说，不仅有利于社会主义国家，而且也有利于人民群众的每个家庭的根本利益和长远利益。只有加快实现四化，才能充分地巩固无产阶级专政，更有效地抵御外敌的侵略，保障每个家庭已经取得的物质利益；才能在生产水平有较大幅度提高的基础上，不断增加每个家庭的物质利益，改善人民的物质和文化生活。但是，在我国现阶段由于各种客观的和主观的原因，使我们的城市、特别是广大农村，还不同程度地存在着多生子女、特别是多生儿子的家庭在经济上多得利的状况，造成国家同每个家庭在控制人口增长方面的物质利益上存在着一些矛盾。这种经济上"多子多福"的情况，具体表现在以下两个方面：

一是由我国现阶段生产力水平很低、经济技术比较落后所直接造成的经济上的"多子多福"。这点在经济落后的社队中表现得极为明显。在那里，农业劳动生产率很低，集体公益金很少，丧失劳动能力的社员（除五保户外）还不能像城镇职工那样可以享受社会保险，他们的生活费用仍要子女承担。如果子女多，父母养老的生活费用就可以由几个子女分担。同时，经济技术上的落后，很多工作还是简单的手工劳动，只要有力气干就行了。这也使家庭花于一个劳动力的培养费用很少。据有关部门估算，目前我国每个家庭花于培养一个劳动力的费用，农村只有城市的四分之一，平均每个月只要花6元多钱。而且，我国农村有些孩子很小就参加部分劳动，帮助家里增加收入。于是，不少农村育龄夫妇感到现在多生几个小孩负担并不太重，但自己却可以老来得福。此外，我国现在农业技术落后，主要农活还是凭体力干的状况，还使生男孩比生女孩在经济上得利多。因为即使实行男女同工同酬的政策，男劳力的体力一般要比女劳力的体力强，所以工分也会挣得多一点（当然还有不少社队至今仍没有实行真正的男女同工同酬，更助长了重男轻女的思想）。上海郊县农村流传的所谓"男十分女八分，一养出来定终生"的口头禅，正是这种情况的反映。

我国目前存在的另一种经济上的"多子多福"，主要是由一些不恰当的经济政策造成的。它集中表现在有些地方在分配上实行了一些平均主义的政策，不管是社员的口粮、柴草、住宅基地和自留地，还是城镇居民的住房等等，都按现有人口平均分配。以社队分配基本口粮为例，不少地方在前一段采取了按人头定粮的办法，一个婴儿的基本口粮同强劳力一样多。这样，在当前口粮供应比较紧的情况下，有些育龄夫妇便通过多生小孩多分口粮来贴补大人或上集市高价出售。上海郊区去年在生产队内部虽然实行了按年龄分等定粮的办法，但县里却按人头统一规定的口粮标准下拨给生产队，结果还是造成了小孩生得多的生产队，社员平均口粮水平就高的状况，于是出现有的多胎妇女怀孕后，全队帮她瞒；有的队长公开对社员讲："啥人养得出小囡尽量养，小囡越多，口粮越高。"真可谓是"集体的多子多福"。在城镇的住房分配上，很多地方都实行按常住户口人数分配住房的政策，孩子生得多的家庭分到的房子就比较大。这在拆迁住房时表现得尤为突出。上海市有个里委在 1976 年正式开始动员拆迁一批住房，房管部门规定夫妻两人加两个孩子可分到 21 平方米的小套间，夫妻两人有一个孩子只能分 13 平方米的一间，于是造成一些育龄夫妇为分套间而生孩子：有的小孩已十几岁，本来不打算生第二胎，现在又再生一个；有的小孩只有十几个月大，也急着生第二个；甚至放过近 20 年节育环的也到医院要求取下。就这样，这个里委在 1978 年的出生率由过去的 7‰ 上升到 11.8‰，计划生育率由过去的 93% 下降到 84%。另外，在我国职工的工资政策上，目前还没有完全建立严格和合理的升等升级的考核制度及相应的工资等级制度，这也会间接地影响"多子多福"，不利于控制人口增长。因为收入分配上存在的技术高低一个样、干好干坏一个样的平均主义倾向，会使那些劳动力数量多而质量并不高的家庭总收入多，相反那些劳动力数量少而质量高的家庭总收入却不多；同时也使那些自愿少生子女，把更多的精力用于学习科学技术，为国家多作贡献的育龄夫妇，在劳动报酬上得不到应有的鼓励，相反那些因多生小孩，过多地分散精力而在业务上提高缓慢，对国家贡献少的育龄夫妇却感到在劳动报酬的增加上没有什么影响。总之，在这种工资政策下，职工家庭的收入并不会因多生子女而减少，也不会因为少生子女而增加。

由此可见，我国目前还不同程度地存在着多生子女，多进收入，多得口粮，多分住房，以至老来得福的实际状况。在家庭仍然是基本的消费单位时，这种现状就会同我国几千年遗留下来的那种"连举数子""不孝有三，无后为大"的封建婚姻生育观错综复杂地交织在一起，使相当多的人至今还存在着"多子多福"的思想，并影响着一部分家庭不能自觉自愿地实行计划生育，特别是积极响应党和国家关于一对夫妇最好只生一个小孩的号召。在这种情况下，如果采取不准超生儿报户口、不发给超生儿口粮、不准超生子女的父母参加劳动等强迫命令的行政办法，就会事与愿违，带来不好的后果，也是社会主义国家所不许可的。因此，在我国现阶段，为了使广大群众能自觉自愿地实行计划生育，就必须在认真做好计划生育的思想教育工作，讲清国家同每个家庭在控制人口方面的根本利益一致性的同时，制定正确的经济政策，采取切实的经济手段来妥善解决两者之间的矛盾，使响应国家计划生育号召的家庭能从物质利益上得到鼓励，使违背国家计划生育号召的家庭从物质利益上受到制裁。

选择最优的控制人口经济政策

为了搞好计划生育工作，我国有些地方在前几年制定过一些包括经济政策在内的"土政策"。据上海市郊宝山县在 1978 年 10 月的初步统计，当时全县 18 个公社 200 多个大队共制定了各种有关控制人口的"土政策"近150 条，其中就有对自觉实行计划生育的产妇及所生小孩进行各种经济补贴，对经过耐心教育仍拒不实行计划生育的育龄夫妇采取扣部分工分等经济政策。自 1979 年以来，全国各地更是制定了许多有利于控制人口的经济政策和措施。同时，现在国外也有不少国家在控制人口增长上采取了许多经济政策和措施。当前我们的迫切任务是，从我国现阶段的实际出发，通过调查研究，总结经验，学习借鉴，在仔细分析比较多种控制人口的经济政策的方案中，选择最优的方案。

那么，怎样来选择确定我国现阶段最优的控制人口的经济政策呢？我们认为，应该研究和考虑以下几个主要原则：

首先，要从科学地确定我国现阶段控制人口的重点出发来制定经济上的奖惩政策。我国是社会主义国家，社会主义制度决定我们要努力创造各种条件，使人民生活幸福美满、健康长寿。因此，要较大幅度地降低我国的人口增长率，使我国的人口增长与国民经济发展相适应，只能采取降低人口出生率的办法。问题是我国现阶段究竟应该采取一对夫妇生育孩子"最好一个，最多两个"，还是"最好不生，最多一个"的方针呢？这实际上是一个我国现阶段控制人口的重点是什么的问题。现在有些同志主张应该采取后一个方针，以使我国人口的绝对减少早日到来。由此他们提出在经济政策上对已婚终身不育而没有子女的夫妇奖励照顾应比独生子女户要多。我们感到从我国当前人口出生的情况来看，最突出的问题是第三胎或三胎以上婴儿的出生数在婴儿出生总数中约占三分之一左右的比例，如果我们能严格控制这种多育的现象，就可使全国人口的出生率下降很多。同时，从长远来看，提高一对夫妇只生一个小孩的比例（以下简称一胎率）对降低出生率的潜力是很大的。以上海为例，全市计划生育"晚、稀、少"的符合率在 1977 年为 83.6%，1978 年为 84.3%，其中超生多育的在市区 1977 年为 342 个，1978 年为 189 个，在郊县 1977 年为 1772 个，1978 年为 1760 个。可是，自 1979 年 9 月试行对独生子女户的奖励政策后，至 10 月上旬统计，全市领取"独生子女证"（小孩在 4—16 足岁）的有 98483 户，相当于上海市 1974 年全年的婴儿出生总数，其中市区 75409 户，郊区 23074 户。如果全国都能大幅度地提高一胎率，无疑对出生率下降的影响将会很大。至于对无子女的老人虽然应该逐步实行社会保险，但不能把"最好不生"作为我们降低出生率的重点。因为一是它不适合我国人民的传统习惯，过分强调可能适得其反；二是如果有生育能力而终身不育的夫妇在社会上的比例过高，也可能会同时带来一些社会问题。所以，我们认为在我国现阶段，还是以实行一对夫妇生育小孩"最好一个，最多两个"的方针为好，控制人口增长的经济政策也应该从这个重点出发，有针对性地采取各种切实措施来保证这个方针的落实。

其次，在实行奖励政策时要正确兼顾国家、农村社队集体同每个家庭在控制人口增长上的经济利益。为了切实控制人口增长，需要采取发放独生子女保健费等奖励措施。然而由于我国现阶段经济比较落后和存在两种形式的公有制经济，对农村社员发放这方面的奖励费用，仍要由其所在的社队支付。因此，实行控制人口的奖励措施不仅涉及国家同职工家庭之间的经济利益，而且涉及农村社队集体同社员家庭之间的经济利益。如果奖励额偏低，就会影响奖励的效果；反之，如果奖励额过高，在目前我国财政收入有限和社队还不富裕的情况下也会增加国家和农村社队集体的困难。所以，应该从我国现阶段的经济状况，包括工资、工分和物价等水平出发，规定恰当数量的奖励额，才能既有利于独生子女及无子女的家庭，又有利于国家和农村社队集体减轻经济负担。比如，拿发放独生子女保健费来说，如孤立地看似乎国家和社队多增加了一笔开支，但从全局来看，只要保健费数量适当，反而可以减轻其经济负担。这是因为少生一个小孩，国家和集体可以省下用于培养一个未成年人的费用。据有关部门估计，培养一个劳动力的费用，在城市国家要花 2000 多元，在城镇国家要花近 1000 元，在农村国家和集体要花

400 元。其次，还因为每个育龄妇女少生一个小孩，就可以把本来要享受的从怀孕、生育到喂奶的近 100 天公休时间，用来为国家和集体多创造财富。上海第十二棉纺厂在 1979 年初曾经算过一笔账，该厂每个职工平均每天要为国家创造净产值近 29 元，如育龄妇女多生一个小孩，就会因产假 56 天和怀孕、喂奶期间照顾公休累计 43 天，而少给国家创造净产值 2871 元。第三，少生一个小孩，如果属于吃商品粮的家庭，就可减少国家的一部分粮贴；如果不属于吃商品粮的家庭，那么生产队在完成国家征购任务后，就可把节省下来的一个人的口粮，按超购价格卖给国家，既为国家多作贡献，又增加了集体收入。如按一个未成年人平均每年要由生产队供应口粮 400 斤，每斤粮食的超购价格与统购价格的差额为 6 分计算，生产队每年就可因少供应一个未成年人的口粮而多增加收入 24 元。第四，育龄夫妇还由于只生一个小孩，有可能在业余时间集中更多的精力学习文化科学知识，为国家和集体多作贡献。所以，仅就以上几笔账来看，给予独生子女户适当的奖励，对国家和集体也是极为有利的。

那么，对独生子女的父母，属于职工和农村社员的，在年老退休时，要不要增发相当于原来劳动收入的 5%（按工资 100% 发退休金的职工除外）的生活补助费呢？我们认为不能"一刀切"。从实际调查的情况来看，对属于农村社员的独生子女的父母，在年老丧失劳动能力时，由社队每月增发相当于原来劳动收入的 5% 的生活补助费，是非常必要的。因为现在我国广大农村的农业劳动生产率很低，每个农业劳动力全年从集体分得的经济收入很少，如夫妻两人都是独生子女，在社队还不可能对丧失劳动能力的老年社员给予较高的福利待遇时，要负担 7 口人（本人及 4 个老人、1 个小孩）的生活费就非常困难。所以，有些农村育龄夫妇感到，生一个小孩"是将来害小辈的事情"。如果我们现在规定生一个孩子的父母在丧失劳动能力时，每月可凭证领取一定生活补助费，就能消除他们的"后顾之忧"，等于给他们发了一张"定心书"。同时，社队也有可能负担得起这笔支出。据南汇县计划生育的先进单位横沔公社在前一段的统计，该公社的独生子女户共 31 家，其中母亲在 35 岁以上的是 1 家，30 岁到 35 岁的是 8 家，其余都在 30 岁以下。可见，实际上社队要在 20 多年后，即本世纪末、下个世纪初才开始逐渐发放独生子女父母的年老生活补助费。到那时，由于农业现代化的实现，社队是完全有可能办到的。至于对属于职工的独生子女父母，在年老退休时，可以不增发工资 5% 的退休金。这是因为在我们的多次调查中，没有发现有的职工由于考虑到退休后不增发退休金影响生活而不愿生一个小孩的事例，相反，根据我国现在的实际情况，一般职工在退休后，还要从经济上接济儿女。在这种情况下，生一个孩子的职工在年老退休后，可能经济上相对地更宽裕一些。而且国家要支出这笔费用也是很可观的。根据我国目前的工资制度和工资水平，职工的平均月工资约 60 元左右，在退休前月工资一般可高于平均月工资。如按退休前月工资 70 元计算，对只生一个孩子的夫妇两人全年增发 5% 的退休金则为 84 元。根据我国目前的职工退休年龄和平均寿命估算，国家要对两个职工增发 15 年的退休金，金额共为 1260 元，约比现在一般省市规定的对独生子女发放保健费总开支多一倍左右。如在我国职工中的一胎率提高到 80% 的话，这笔费用支出的绝对额就相当大了。1979 年上半年，有些省市制定的控制人口的经济政策中并没有列入这项奖励内容，实行效果也不错。而上海市在《关于推行计划生育的若干规定》中，虽然把这项奖励内容加了进去，但由于目前国家和地方财政的困难，以及在现有老年职工中只生一个孩子的占有一定比重，因此，在具体实施细则中只能注明：凡是独生子女在 16 岁以上的职工，在退休后不能领取这项奖励费用。这种规定引起了一部分群众的不满，给实际工作带来了很多困难。所以我们认为，应该取消对领取"独生子女证"的职工在年老退休后增发 5% 的退休金的奖励内容，从国家本来准备用于支付这项费用的钱中，拿出一小部分用于兴办对无子女或子女不在身边的老人的社会福利事业。这样做，既能使国家节省大量开支，又能对控制人口增长起有效的作用。此外，当前在这方面还有一个值得研究的问题是，对那些只生一个孩子的、从事不剥削他人的个体劳动者，是否要在他们年老丧失劳动能力时由国家给予一定的生活补助费？我们感到，由于他们在年老时享受不到像职工那样的退休待遇，因此，完全应该给予相当于一般职工原工资 5% 左右的生活补助费，以资奖励。总之，在确定具体的奖励数额时，我们必须从全局出发，瞻前顾后，既要考虑奖励的效果，又要考虑国家、农村社队集体在目前和长远的支付能力，尽量做到花钱少而控制人口增长的效果却很大。

　　第三，要从实际出发，果断地修改那些对控制人口增长阻碍很大而改革中又不要专门花钱的经济政策。从上海市的调查来看，当前在城镇中阻碍控制人口增长的一个突出问题是居民分房按常住户口人数分配的政策。现在有不少家庭反映："如果住房分配政策不改变，你就是奖励我独生子女费几百元钱，我还是宁愿不拿钱而生第二胎的。"因此，我们认为，在住房的分配上除了应照顾晚婚户，对年大结婚户的住房优先分配外，应该迅速采取独生子女户按两个孩子计算的住房分配政策。然而，有的同志担心，目前房子不多，如再照顾独生子女户，岂不是更要增加住房困难户的数目，扩大供需之间的矛盾吗？这些想法如果孤立地看当然不无道理。但是应当看到，要从根本上解决目前城镇住房供需之间的矛盾，除了主要靠在发展经济的基础上，加快城市住宅的建设速度外，还同降低我国的人口出生率有很大关系。如果我们现在不采取鼓励只生一胎的住房分配政策，许多育龄夫妇就会为了分配房子而多生一胎，结果，不仅同样会增加目前住房分配上的困难，而且还会增加20多年后的住房需要量。拿当前上海市住房的供需情况来看，尽管粉碎"四人帮"以来，我们新建了很多的住宅，解决了相当大一批困难户的住房，但由于20多年前出生的小孩过多，反而使这几年的结婚住房困难户每年有所增加。据统计，1976年尚未解决的结婚住房困难户为17700户，1977年解决了9700多户，可是到年底统计尚未解决的结婚住房困难户却为18700多户；1978年又解决了6800多户，可是到年底统计尚未解决的结婚住房困难户却为20000多户。当然，目前房子没有那么多，要想在几个月甚至一年内解决所有独生子女的住房困难是不现实的。我们要相信这些群众是通情达理的。只要负责住房分配的同志思想明确，认真执行独生子女户按两个孩子计算的分配住房政策，在生产发展和住宅建设速度加快的基础上，分期分批地逐步解决包括独生子女户在内的住房困难，那么一定会对提高城镇的一胎率起很大的促进作用。同时，在住房的分配上还应对在控制人口的经济政策实行以后，由于超生多育而造成的住房困难，一律不予照顾。在农村中，除了必须把基本口粮按人头平均分配的政策改为真正按人分等定量的分配政策外，还必须使自留地和宅基地的分配有利于控制人口。目前正好在农村要重新调整自留地和宅基地，上海郊区有的县在一开始时曾规定：凡是户口在生产队的都给自留地，结果在社员中形成了"多个孩子多分地"的想法，出现了结婚风、生孩风，一些过去实行计划生育少生孩子的群众感到吃亏，有的甚至向妇女干部讨地。所以，为了在农村中切实控制人口，迫切需要在调整自留地和宅基地时，采取对独生子女按两个孩子计算，并对今后超生多育的社员家庭，不再另行增加的分配政策。总之，上述这些经济政策的改变，对控制人口大为有利而又不需要国家和农村社队集体在计划生育上多花一笔钱，我们何乐不为呢？

在这里还有一个需要研究的问题是，劳动部门在招工和安排就业时，对独生子女要不要给予照顾？现在有些地方提出，独生子女只要符合劳动就业和招工条件，劳动部门就应优先安排。我们认为，这种规定同在招工时实行择优录取的方针有矛盾，且易滋长独生子女的"优越感"，不利于对他们的教育。同时，由此还会产生一系列问题：如果对独生子女中学毕业招工要优先安排，那么对考大学或大学毕业分配工作的独生子女要不要优先安排呢？随着今后一胎率的大幅度提高，很多都是独生子女，劳动部门又怎么可能对此都优先安排呢？所以，应以不采取这种政策为好。

第四，在对超生多育户的经济制裁上，要实行惩罚比较重而又不损害妇女和儿童健康的政策措施。为要减少行政命令，杜绝多育，必须制定一些从经济上限制和制裁超生多育户的政策。前一时期有些地方规定：今后超生的费用，包括孕期检查费用，因怀孕引起的反应、安胎、贫血等医疗费用，以及接生和住院等费用都不准报销。产假作事假处理。今后的超生儿不得享受家属统筹医疗、合作医疗或直系亲属劳保医疗待遇，等等。我们感到，这些措施固然也是一种经济制裁，但不利于保护妇女和儿童的健康，同我国的社会主义制度和革命人道主义精神相违背。最好能改为征收多子女费的办法。那么，对今后的超生多育户的这种经济制裁究竟是轻一点好还是比较重一点好呢？有的同志认为，目前我国广大群众收入水平还很低，如果对多育户经济上的制裁比较重，势必会影响这些家庭及其子女的经济生活状况和子女的成长。我们认为，对多育户的经济制裁应以较重一点为好。这是因为在目前我国生产力水平很低的情况下，多生子女多得利的现象比较突出。只有经济制裁重一些，才能使那些原来准备多育而不接受思想教育的育龄夫妇从经济上权衡利弊后，不得不对多育有所顾忌，从而达到既切实地控制住了多育的现象，又制裁不到群众的目的。反之，如果经济制裁太轻，有些育龄夫妇从经济上考虑下来，多子仍然可以多得利，于是宁可交一点多子女费也要多育。这样，不仅不能控制住多育的现象，反而会扩大经济上的制裁面。同时，还应该看到，由于这些家庭多超生一个小孩将会多增加国家和社队集体在培养劳动力方面的一笔开支。所以，经济制裁比较重一点，实际上只是可以更多地减轻国家和集体在这方面的负担，是完全合情合理的。比如，我们规定对今后生育多子女的夫妇双方，如属于职工的，从超生子女出生起，到年满 16 岁止，要交纳其工资的 10%，作为多子女费。假设一对生育多子女的夫妇的月工资都为 60 元，16 年共交纳多子女费为 1304 元，同国家在城市中用于培养一个劳动力的费用 2000 多元相比，还是不能算过多的。

贯彻经济政策时应注意的问题

过去在计划生育工作中，忽视经济政策的作用，无疑是错误的。但是，也必须看到，计划生育实行得好不好，取决于多种因素。从当前来看，为了使我国人口增长率较快地下降，在贯彻控制人口的经济政策时，还应着重注意以下几个问题：

第一，深入地做好有计划地控制我国人口增长的思想教育工作。要使各级领导对计划生育工作充分重视，真正把它放到党的议事日程上来，作为一件大事抓好，要进一步提高从事计划生育工作人员的责任性和主动性，千方百计、任劳任怨地把这项工作做深、做细、做好；要使广大群众在婚姻生育方面正确处理国家、生产单位和家庭的关系，自觉自愿地实行计划生育，都需要我们大力宣传控制人口增长的重大意义，特别是要宣传计划生育同加快实现四化的关系。从 1979 年上半年未制定控制人口的经济政策时，对上海市 8 个区中 10 个街道和 3 个郊县中 4 个公社的 1370 对坚决表示生一胎的育龄夫妇的调查来看，除了少数因本人身体不好、工作地点过远、家里没有老人带小孩或家庭经济非常困难等以外，近 75% 的夫妇是为了响应党和国家提出的一对夫妇最好生一个孩子的号召，使自己有更多的精力搞好工作，给四化多作贡献。所以，当我们制定了有利于计划生育的经济政策后，如果再继续搞好计划生育意义的宣传教育工作，请独生子女户的家长戴大红花，上主席台，贴大红榜，造成一个以一对夫妇生一个孩子为荣的社会新风尚，那么一定能使经济政策发挥更大的威力。同时，还需通过思想教育，使群众正确对待这些经济政策，认识到国家目前财政收入有限，不可能拿出很多钱用于这方面的物质奖励。提倡生育一胎主要是为了替国家挑重担，从根本上有利于加快实现四化。如奖励过多，就不能起到通过减少人口增长而相应增加国家的生产性积累和改善现有人民生活的目的。至于对多育户的经济制裁政策也不是万能的，极少数封建婚姻生育观比较严重的家庭也可能会不顾这些规定，执意多育。因此，我们也需同时通过反复耐心的思想教育和其它方面工作的配合，才能真正见效。

第二，进一步提高计划生育方面的卫生技术工作的质量。奖励一胎和限制多育的经济政策贯彻后，为了做到既控制人口，又尽量减少人工流产，必须进一步宣传好有关医疗卫生知识，提高避孕药具的质量。拿上海市的情况来说，近几年来人工流产的数量比较多。一个妇女人流次数多，不仅影响自己的身体健康，而且对工作也带来一定损失。1978年上海市人流原因的典型调查表明，绝大多数人本身并不愿意生育，主要是由于缺乏节育知识，漏服、漏针、药物失效及放环随访工作不落实等原因造成的。同时，随着一胎率的增加和严格控制多胎，也要求大大提高计划生育的手术质量，尽量消灭后遗症，使更多的育龄夫妇采取稳定性的节育措施和绝育手术，安全有效地实行计划生育。

第三，加强幼儿保健和青少年的教育工作。不少育龄夫妇不愿只生一胎，往往是考虑到"不保险"。特别是农村、山区或水网地区的育龄夫妇，怕小孩生急病、溺死等，就多生几个。因此，要大幅度提高一胎率，除了奖励独生子女的保健费外，还应该进一步发展医疗卫生事业，搞好幼儿保健工作，减少儿童的疾病和溺死等不正常的死亡。上海有个肥料运输社的拖轮队，职工家属常年居住船上，小孩易落水溺死。以前最多时一年淹死22个。后来解决了职工小孩穿救生衣的问题，抓了计划生育工作，多育的现象便大大减少了。从一些社队的经验来看，办好托儿所、幼儿园，提高赤脚医生的医务水平，对实行计划生育是有力的促进。另外，如何教育好独生子女也是值得研究的问题。苏联教育家马卡连柯在《父母必读》一书中，曾经认为"可以举出上百万的例子来证明出身于多子女家庭的儿童所获得的巨大成就。相反的，有成就的独子却是极端稀少。"现在看来，马卡连柯的这种讲法是有片面性的。但在我国的现实生活中，独生子女容易受到父母的溺爱，"成为家庭关注的中心"而养娇,却是存在的。在目前我国青少年的犯罪率中独生子女占的比例也较高。所以,深入开展对独生子女教育问题的研究,进一步提高学校教育质量,引导家长正确地教养好独生子女,对提高一胎率,切实控制人口增长也有重要意义。

第四,要努力搞好对无子女或子女不在身边的老人的社会福利。随着计划生育工作的进一步开展和一胎率的大幅度提高,今后社会上独生子女户将愈来愈多,其中总有一部分独生子女要根据国家的需要,离开父母到外地工作。因此,现在有些育龄夫妇往往怕将来子女不在身边,自己生活比较孤独,年老体弱生活不能自理或卧床生病时无亲人照顾而不愿生一个小孩。为了充分体现社会主义制度的优越性,消除独生子女家长及无子女家长的后顾之忧,国家和农村社队集体在当前就应努力搞好对这些老人的社会福利,建立"敬老院",兴办照料老人生活的服务行业和医院的护理人员制度,等等,并随着国家和集体的经济力量的增强,不断增加这方面的拨款,采取各种方式提高对无子女或子女不在身边的老人的社会福利。

由此可见,要切实控制我国人口的增长,我们不仅要研究制定一套控制人口的经济政策,而且还要做好其它有关的大量工作。让我们在实践中不断地总结经验教训,逐步加以完善,为建立一套中国式的控制人口增长的政策措施,进一步努力降低人口的增长率,加快实现四个现代化而努力。

(本文原载胡焕庸等著《人口研究论文集》第一辑,

华东师范大学出版社 1981 年版)

用人口自然增长率来衡量计划生育
工作的好坏不够科学

近年来，人口自然增长率往往被人们作为衡量各地区计划生育工作开展得好不好的主要指标。《人民日报》在报道某些地区的计划生育工作取得成绩时，经常把该地区的人口自然增长率下降的幅度列为标题，比如，《上海市计划生育工作取得显著成效，人口自然增长率降低到千分之五点零七》(1979年5月21日)，《四川省人口自然增长率大降》(1979年6月9日)，《什邡县取得控制人口的主动权，全县计划生育工作做得深入、细致，人口自然增长率下降到千分之二点四》(1979年8月17日)，《拱墅区人口自然增长率下降到千分之二多》(1980年2月28日)。在介绍我国各省、市计划生育开展情况时，人们也常常按同一时期各省、市人口自然增长率（以下简称"自增率"）的高低分档排队。于是便给人一种印象，似乎哪个地区人口自增率比过去下降，计划生育工作就有成绩；自增率回升了，计划生育工作就差一些。

我们认为，人口自增率作为我国及各地区控制人口增长的主要计划统计指标是可以的，但如果把它当作衡量各地区计划生育工作开展好坏的主要指标，则是不科学的，因为它不能准确反映计划生育工作开展的好坏。

首先，人口自增率的高低同人口死亡率的高低有密切联系，而人口死亡率在一般情况下同计划生育工作开展的好坏无直接关系。所谓人口自增率是在一定时期内人口的自然增长数（即人口出生数减掉人口死亡数）同平均总人口数之比。它的高低不仅同人口出生数的多少或出生率的高低有关，而且同人口死亡数的多少或死亡率的高低有关。某个国家或地区在一定时期内，如果出生率不变，那么死亡率愈高，人口自增率就愈低；反之，人口自增率就愈高。所以，由于死亡率的高低不同的影响，一个国家或地区的出生率高，人口自增率并不一定高；出生率低，人口自增率也不一定低。根据美国人口情报社编制的《一九七九年世界人口资料表》的测算，1979年加蓬的出生率为33‰，比我国的17.9‰。要高得多，可是由于它的死亡率为22‰，比我国的6.2‰高得多，从而使它的自增率为11‰，稍低于我国的11.7‰。同样，1979年南斯拉夫和罗马尼亚的出生率分别为18‰和20‰，比我国高，但由于它们的死亡率分别为8‰和10‰，比我国高，从而使它们的自增率分别9‰和10‰，比我国低。再以新中国成立后我国的人口增长情况为例，1965年我国城市人口的出生率为27.61‰，低于1959年的29.43‰，但由于同期的死亡率从10.92‰。下降到5.89‰，结果反而使同期的人口自增率从18.51‰上升到27.72‰。当然，影响人口死亡率高低的原因是多方面的。从我国现阶段的情况来看，主要有两个因素：一是老年人口年龄组在总人口中的比重大小。在平均寿命相同的条件下，哪个地区老年人口年龄组在该地区总人口的比重愈大，死亡率愈高，从而人口自增率相对愈低一些。我国目前老年人口年龄组在总人口中所占的比重，一般城市比农村要大，大的、老的城市比中小的、新的城市要大。根据我国城市建设研究所测算，1975年我国60多个城市和市辖区，男子在61岁以上、女子在56岁以上的人数占总人口的7.6%；而北京、武汉、天津、广州、杭州、上海等城市，这种老年人口的比重较大，一般达9%左右。由于上述因素而造成的人口自增率的高低，从近期来看，同计划生育工作开展的好坏没有直接关系。二是妇幼保健、医疗卫生，及环境保护等工作开展得好坏。哪个地区这方面工作搞得愈好，人口死亡率愈下降，从而人口自增率相对愈高一些。妇幼保健、医疗卫生等工作虽然不能说完全同计划生育工作无关，但它本身并不等于就是计划生育工作。因此，由第二个因素而造成的人口自增率的高低，也不能反映计划生育工作的好坏。不过值得注意的是，现在我国把优生列为计划生育方针的一个重要内容，今后哪个地区贯彻优生方针愈好，死亡率会相对低一些，结果人口自增率反而相对高一些（或自增率下降速度慢一些）。在这种情况下，把人口自增率高低作为衡量各地区计划生育工作开展好坏的主要指标，就更不科学了。

其次，在死亡率不变的条件下，人口自增率的高低虽然同人口出生率的高低朝同一方向变动，但由于人口出生率的高低不完全取决于计划生育工作开展的好坏，因而人口自增率的高低也不能准确反映计划生育工作的好坏。所谓人口出生率，一般人容易简单化地理解为一定时期内出生人数同平均总人口数之比，其实这个公式应该具体化为一定时期内平均育龄妇女数同平均总人口数之比（即育龄妇女占平均总人口的比例）乘以出生人数同平均育龄妇女人数之比（即育龄妇女生育率）。可见，在人口性别结构比较平衡的情况下，一个地区人口出生率的高低同育龄妇女、特别是进入婚龄生育期的妇女人数在总人口中的比重大小有密切关系。即使每对夫妇都只生一个孩子，如果进入婚育期的妇女比重较大，那么出生人口数就比较多，出生率就比较高。而一个地区每年进入婚育期的妇女人数又取决于 20 年前该地区出生的女孩数及人口机械变动情况。以上海市为例，由于从 1951 年到 1964 年期间每年出生人数都在 20 万以上，特别是 1951 年到 1958 年及 1963 年每年出生人数达 30 万以上（按现在行政范围划分测算），再加上人口机械变动较大，因此，从 1975 年以来尽管上海市计划生育工作有很大进展，但出生人数、出生率及人口自增率仍逐年有所回升。这种回升的情况如下：

年份	人口总数（万人）	出生总数（万人）	出生率（‰）	自增率（‰）	计划生育率（%）
1974 年	1071.89	9.85	9.19	3.36	71.80
1975 年	1075.25	10.14	9.43	3.42	77.55
1976 年	1079.01	11.04	10.24	4.10	80.41
1977 年	1083.86	11.72	10.81	4.31	83.55
1978 年	1092.38	12.36	11.31	5.07	84.28
1979 年	1115.21	13.76	12.34	6.23	87.63

根据上海市人口出生情况的预测，即使完全杜绝三胎，独生子女率市区达到 90%，郊县达到 80%，1985 年人口自增率也只能控制在 4.7‰（注：由于抽样数据中存在一些问题，这个预测数是偏低的），也就是说仍比 1974 年至 1977 年期间每年的人口自增率要高。难道我们能由此得出那时上海市的计划生育工作还不如 1974 年至 1977 年吗？而且我们感到上海市近年来出现的这种人口回升的情况并不是一种个别例外，它具有一定的代表性。从资

料来看，我国目前既存在着少数地区由于计划生育工作的放松而出现人口回升的情况，也存在着少数老的大城市在计划生育工作有很大进展时，年人口出生数、出生率和自增率仍有所回升的情况。后者的造成，固然同大批知识青年离城和回城的机械变动因素有关，但主要的原因还是受到新中国成立后该地区出生高峰的影响。由于我国老的大城市，特别是上海市出生人口的特大高峰比全国出生人口的特大高峰提早了 10 年左右出现，因此，可以预料，在计划生育工作不是放松，而是比过去搞得更好的前提下，目前上海市出现的人口出生率略有回升的情况，仍将在今后 10 年内陆续在全国很多地区程度不同地再现，从而使我国及很多地区在本世纪内的年出生人数、出生率和自增率呈现波浪式下降的趋势。可见，如果我们简单地把年人口自增率，甚至出生率的升降作为衡量一个地区计划生育工作退步或进步的主要指标，是不科学的。

同时，我国各地区在新中国成立后出生人口的高峰期不完全一样，有的出现早，有的出现晚；有的持续时间长，有的持续时间短。比如，新中国成立后全国出生人口的高峰期（以当年出生 2000 万人以上计算）是 1950—1954 年及 1957 年，1962—1975 年。四川省出生人口的高峰期（以当年出生 200 万人以上计算）是 1956—1957 年，1963—1976 年。山东省出生人口的高峰期（以当年出生 180 万人以上计算）是 1954 年、1955 年、1957 年，1962—1966 年，1968—1972 年。再加上各地区人口机械变动情况的不同，因此，现阶段我国各地区每年进入婚龄生育期的妇女人数在该地区总人口中的比重也是不一样的。在这种情况下，如果我们简单地把同一年各地区的人口自增率，甚至出生率的高低作为衡量不同地区计划生育工作开展好坏的主要指标，进行分组排队，也是不科学的。

那么在我国现阶段究竟应该用什么指标才能比较准确地反映各地区计划生育工作的好坏呢？我们认为，主要应看计划生育率和独生子女领证率这两个指标。因为计划生育率反映了该地区晚育一胎，一、二两胎的间隔和少育的基本情况。如果这个地区计划生育工作搞得愈好，早婚生育、密胎和超生三胎及三胎以上情况愈少，计划生育率就愈高。所以，我们用计划生育率的升降来衡量近几年来人口回升的地区，就比较容易分清人口回升的原因是否是由于计划生育工作放松、退步的情况。比如，上海市从 1974 年以来，人口出生数、出生率和自增率有所回升，但同期计划生育率却逐年在提高，从 1974 年的 71.80% 提高到 1979 年的 87.63%（见前面列的统计表），这就表明人口回升并不是计划生育工作退步而造成的。同样，北京市从 1977 年以来也出现人口回升的现象，但同期计划生育率却不断提高。当然，在我国进一步提倡和要求一对夫妇只生一个孩子的形势下，光看计划生育率这个指标就显得不够了，因此，还必须加上独生子女领证率这个指标，一起来反映各地区计划生育工作的开展情况。此外，我们认为，为了衡量各地区计划生育工作的好坏，还应有 4 个辅助指标：年人口出生率、年人口自增率、计划生育手术质量合格率、人工流产率（其中应注明中期引产率）。因为前两个指标可表明某个地区完成国家制定的控制人口增长计划的情况，它同计划生育工作开展的好坏有很大关系。后两个指标对于反映并促进各个地区提高计划生育工作的质量，保护育龄夫妇的健康是很重要的。现在，有些地区计划生育手术的事故还经常出现，这不仅影响了育龄夫妇的健康，不利于计划生育工作的开展，而且影响了生产，加重了国家和集体的经济负担。我国不少地区近几年来人工流产的数量还比较多，少数地区中期引产也占相当比例。这虽然控制了人口出生，但对生产和妇女的健康有一定影响，个别强迫命令严重的甚至不利于巩固和发展安定团结的政治局面。根据一些地区的调查资料，人工流产（包括中期引产）除了同整个国家计划生育的科研工作、避孕药具的质量有关外，有相当部分是由于育龄夫妇缺乏优育的科学知识、计划生育技术指导不当、计划生育工作做得不够深入细致等问题所造成的。所以，为了达到既控制人口增长，又减少人工流产，特别是中期引产的数量，减少计划生育的手术事故，全面提高计划生育工作的质量，我们感到应把计划生育手术质量合格率、人工流产率（其中要注明中期引产率），作为考察各地区计划生育工作好坏的辅助指标。

（本文原载《文汇报》理论部编《理论探讨》1980 年 7 月；后收入胡焕庸等著《人口研究论文集》第一辑，华东师范大学出版社 1981 年版）

控制上海人口的当务之急

上海是我国人口最多的大城市，也是世界上屈指可数的人口在 1000 万以上的特大城市之一。截至 1979 年底，上海市的总人口已由 1949 年的 503 万发展为 1132 万，其中市区由 419 万发展为 591 万（包括 1960 年前市辖区扩大所增加的人口）。新中国成立以来，上海市在控制人口方面虽然取得了一定成绩，从 1964 年至 1979 年全市只增加了 58 万人，市区的人口密度也由 1949 年的每平方公里 5 万人减至 1979 年底的 3.7 万人，但市区的人口密度仍然约为巴黎的 1.8 倍，约为东京的 2.6 倍，约为纽约的 4 倍，约为伦敦的 8.5 倍。[巴黎、东京、纽约、伦敦的人口密度均根据日本《读卖年鉴 (1979 年)》公布的 1976 年统计数] 由于人口过分密集，给城市合理布局、劳动就业、住宅建设、公共交通和城市供应、服务设施等方面增加了许多困难。为了有效地克服这些困难，把上海建设成为现代化的工业、科学技术和对外贸易的基地，必须在搞好城市经济建设，正确处理"骨头"和"肉"的比例关系的同时，进一步控制住上海的人口。

那么，怎样才能进一步控制住上海市的人口呢？我认为，当务之急是应该在今后 10 年内比全国其他地区更加大力提倡一对夫妇只生育一个孩子。这是因为：

首先，从上海市目前的情况看，要通过人口机械变动来大量减少本市总人口是比较困难的。城市人口的变化，一般取决于三个因素：人口的自然变动（即人口出生数与死亡数的变化）、人口的机械变动（即人口迁入数与迁出数的变化）和因市辖区的扩大或缩小而产生的人口变动。市辖区面积的适当扩大，虽然会增加城市的总人口，但往往同时又降低了城市的人口密度，有利于疏散市区人口和城市的合理布局。因此，要控制城市人口，应着眼于控制好城市人口的自然增长和机械增长。新中国成立 30 多年来，上海市在控制人口的机械增长方面是有一定成效的，至 1979 年底，市区迁出人口与迁入人口相抵后，净迁出 100 多万。可是，从目前情况看，尽管我们可以通过在全市范围内自觉调节人口机械变动的办法，采取合理布局、逐步扩散的方针，有计划有步骤地把市中心区的部分工厂企业和居住人口迁移到 12 个卫星城镇去，以降低市中心区的人口密度；也可以通过组织技术力量轮流支援外地建设、同外省市组织联营企业、分配大专院校毕业生和组织劳动力出口等办法，减少甚至迁出本市的一些人口。但要像 1955 年至 1956 年、1958 年至 1962 年、1968 年至 1971 年那样动员市内大批职工、技术人员和知识青年支内、支边、支农，看来不大可能，有的也没有必要。相反，随着各方面政策的进一步落实、照顾夫妻分居等等的需要，在今后 10 年内将有一部分人要陆续迁入上海。这种迁入有可能大于迁出的情况，使当前上海市必须主要靠通过控制人口自然增长的办法来进一步控制住本市人口。

其次，在今后 10 年中上海市将继续存在进入生育年龄的人口高峰。如不有效控制人口自然增长，就将在今后十几年内出现一个人口增长的特大高峰。我国是社会主义国家，社会主义制度决定我们要努力创造各种条件，使人民生活幸福美满，健康长寿。1979 年上海市人口的平均寿命已由 1950 年的男性 42.0 岁、女性 45.6 岁，提高到男性 70.6 岁、女性 75.5 岁。我们希望上海人民的健康水平、平均寿命提得更高。因此，要进一步控制上海市人口的自然增长，只能采取降低人口出生数的办法。然而，在人口性别结构比较平衡的条件下，人口出生数的多少又取决于育龄妇女数和每个育龄妇女生育小孩数这两个因素。由于新中国成立 30 多年中，上海市的人口出生高峰（每年出生数在 20 万以上）在 1951 年至 1964 年，其中有 9 年每年出生人口在 30 万以上（按现在市辖区范围测算），比对我国的人口再生产影响特别大的全国第二次人口出生高峰（每年出生数在 2000 万以上）要早 11 年出现，早 11 年消失，致使本市比全国也要提早 10 年左右出现进入生育年龄的人口高峰。如按晚婚年龄计算，上海市的这次高峰将从 70 年代中期开始，一直延续到 80 年代末结束。再加上人口机械变动的影响，特别是前两年中有 40 多万插队知识青年和农场职工按政策返回上海，其中大部分人都将在这几年中先后结婚和生育，更使初婚和生育的人数在今后几年中显得十分突出。据有关部门对 1979 年底上海市人口年龄构成的推算，现在本市 30 岁以下的人占总人口的比重虽比全国约低 11%，但其中 16 岁至 30 岁的人占总人口的比重却比全国约高 9%。假设上海市区和郊县统差，26 岁至 30 岁的青年都已结婚，并生了一个孩子，25 岁以下的青年都未结婚，那么全市在 1980 年至 1984 年期间平均每年将有 15.3 万对青年结婚，在 1985 年至 1989 年间平均每年将有 13 万对青年结婚。即使每对夫妇都按原来计划生育规定的"晚、稀、少"要求生育两个孩子，那么在今后 10 年中上海平均每年约出生婴儿 29.08 万（不包括现在 30 岁以上的育龄夫妇生育的小孩），为 1979 年全市出生婴儿数的 2.1 倍。可见，在今后 10 多年内，上海市控制人口自然增长问题比全国其他地区更加紧迫。为了使本市现阶段出现的进入生育年龄的人口高峰，不同时变为人口出生的特大高峰，我们必须在今后一段较长时间内，在上海普遍大力提倡一对夫妇只生一个孩子，逐步提高独生子女领证率。

控制好当前上海市的人口，普遍大力提倡一对夫妇只生一个孩子，不只是少生几个孩子的问题，而且是关系到上海市经济建设和改善人民生活的大问题，关系到上海市未来发展的大问题。由于城市人口的发展同经济发展和整个社会生活之间有着错综复杂的密切联系，因而是否在现阶段普遍大力提倡一对夫妇只生一个孩子，将对上海市城市发展的近期、中期和远期产生重大的影响。

从近期看，最突出的是直接影响到上海市用于抚养婴幼儿的资金和物资的数量，影响到妇产科医院和幼托事业的发展规模。在目前我国经济比较落后，财政收入不很宽裕和人口基数很大的情况下，每年新出生的人口过多，必将给国家的财力和物力加重很大负担。据推算，如果上海市在今后 10 年内结婚的每对夫妇都生育两个孩子的话，那么将比每对夫妇市区平均生育 1.1 胎、郊县平均生育 1.3 胎要多出生婴儿约 115.17 万，其中市区约 70.47 万人，郊县城镇约 5.65 万人，郊县农村约 39.05 万人。按我国培养一个婴儿到 16 岁所需的抚养费，在城市国家要支出 2218 元，在城镇国家要支出 974 元，在农村国家和集体要支出 434 元计算，多生这些孩子，国家和集体就要多支出抚养费 17.87 亿元，平均每年达 1.12 亿元，约为 1979 年本市基本建设投资总额的 4.7%。如按每人每年口粮 400 斤计算，要使多生的这些人成长为劳动者，上海郊县农村平均每年就要减少向国家提供商品粮近 1.56 亿斤，相当于 1979 年上海郊县粮食总产量的 3.2%；同时上海市区和郊县城镇平均每年还要多消费商品粮 3.04 亿斤。由于商品粮的购销价格倒挂，再加各种运杂费，多供应这些商品粮，国家一年起码还得多花粮食补贴费 1520 万元。由于上海现在供应的商品粮约有 80% 要靠外地解决，按每列火车运粮 1000 吨计算，平均每年就需要增加 122 列火车给上海运粮。同时，多生了这些孩子，就会相应增加对棉布、棉花、食油、肉、禽、蛋、奶、蔬菜等农副产品和工业消费品的需要量，从而加重农业、轻纺手工业和财贸部门的负担，影响对现有人口供应量的增加。此外，多生这些孩子，也会使全市目前的妇产科医院和托儿所、幼儿园的需要量突然膨胀起来，矛盾更加突出。

从中期看，会直接影响到上海市小学和中等教育发展规模的变化。现在上海市实行的是市区普及中等教育，郊县普及 8 年教育的教育制度。全市每年出生婴儿的多少，将直接影响到 7 年后的小学入学儿童的数量，影响到十二三年后的初中入学少年的数量。由于 1964 年后上海每年出生人数逐步下降，前两年全市小学在校学生比 1965 年减少了近 120 万，小学校数与小学专任教师也都比过去减少了；初中在校学生近年来也开始有所减少，1979 年就比 1978 年减少了 17.5 万学生，初中专任教师也相应减少 5000 多人。可是，如果现在上海市每对夫妇都生两个孩子的话，将会给 10 多年后的中小学教育增加许多困难。以小学教育为例，据 1979 年上海市人口年龄结构的推算，假设市区和郊县统差，26 岁至 30 岁的青年都已生育一个孩子，21 岁至 25 岁的青年还未生育，他们都按原计划生育规定的要求生两个孩子，那么全市在今后 5 年内共出生婴儿约 150.91 万。这部分小孩到 1992 年，便全部进入小学。即使小学仍实行五年制，当时的小学在校学生就等于本市 1979 年的 1.67 倍。如按 1979 年小学校数、专任教师数同小学生数的比例匡算，1992 年上海市小学校数要比 1979 年增加约 2414 所，小学专任教师要增加约 3.19 万人。

从远期看，将直接影响到上海市的新增劳动力就业安排和结婚住房的需要量。目前上海市的劳动就业安排矛盾尖锐和市区居民住房紧张，是尽人皆知的。造成这方面困难的一个重要原因是本市从 50 年代初至 60 年代中期人口出生数过多。以上海市区的劳动就业问题为例，由于本市在 1962 年左右出生人口过多，使市区 1980 年高中应届毕业生达到 18 万多，给目前安排就业增加了不少困难；可是，由于 1965 年左右市区出生人口减少较多，使市区在 1979 年下半年初中二年级的学生只有 6 万。即使这一届学生全部升高中，等到他们高中毕业时也比 1980 年市区的高中毕业生要减少 2 倍。他们除进入大专院校外，剩下不多了，劳动就业安排也比较容易解决。从上海市区在整个 70 年代平均每年出生人口为 4 万的状况中，我们可以预料，在市区人口机械增长没有很大变化的条件下，本世纪 80 年代中期至 90 年代中后期上海市区应届高中毕业生的劳动就业问题将会一直比较缓和。然而，如果现在每对夫妇都生两个孩子，又将使本市的劳动就业问题在本世纪末至下世纪初的 10 多年中重新突出起来。据 1979 年上海市区人口年龄结构的推算，假设市区 26 岁至 30 岁的青年中有 70% 都已生育一个孩子，25 岁以下的青年还未生育，他们都按原计划生育规定的要求生两个孩子，那么在今后 10 年中市区共要出生婴儿约 169.16 万，平均每年约 16.92 万，相当于上海市区 70 年代平均每年出生人数的 4 倍多。拿居民住宅问题来说也是这样，如果出生这么多婴儿，必将大大增加 20 多年后上海市区结婚住房的需要量。即使按每对新婚夫妇需要 30 平方米建筑面积（折成使用面积约为 16.5 平方米）的住宅计算，那时平均每年就需要 253.8 万平方米建筑面积的住宅，相当于 1980 年上海市区住宅竣工面积的 1.4 倍。

此外，当前是否普遍大力提倡一对夫妇只生一个孩子，还将直接引起上海市、特别是市区人口密度的较大变化，影响城市公共交通及工厂企业、商业网点、文化娱乐场所、园林绿化等的合理布局，影响城市企事业单位、社队和居民所需要的电、煤气、自来水的供给程度及排污数量，影响城市的战备和抗御地震等自然灾害。以城市公共交通为例，上海市 1979 年比 1949 年公交线路增加了 171 条（包括市郊，以下同），公交车辆（折成单机车）增加了 4043 辆，但由于目前本市人口密度过大，市区有 5 个区平均每平方公里达 6 万人以上，市区就业人口占总人口的比重比 1952 年提高近一倍，以及与兄弟省市经济协作关系扩大，外来人数的增加，使本市公交每辆车日平均运输乘客数反而增加了 851 人次。市区不少干线上的公交车辆在早晚高峰时间，每平方米站立人数达到 12 人以上（满载标准为 9 人）。这不仅给群众带来极大不便，还容易发生交通事故。在上海市铺设地下铁路尚有困难的情况下，要改变交通过分拥挤的状况，光靠增加公交车辆是不能完全解决问题的，还必须降低人口密度。可是，据 1979 年上海市区人口年龄结构和平均寿命的推算，假设市区 26 岁至 30 岁的青年中有 70% 都已生育一个孩子，25 岁以下的青年还未生育，他们都按原计划生育规定的要求生育两个孩子，那么，撇开人口机械变动的因素，到 1989 年上海市区人口将达到 673 万多，每平方公里的人口密度比 1979 年底还要增加 5000 多人。这将给上海市各方面的建设和居民生活带来更大的压力。

综上所述，现阶段在上海市普遍大力提倡一对夫妇只生一个孩子，不仅十分紧迫，而且具有重要和深远的意义。我们应该努力加强计划生育的思想政治工作，使广大群众，特别是党团员和干部进一步认识现阶段上海人口发展的特点，真正弄清城市人口发展同城市经济发展和社会生活之间的关系、人口发展同加快实现四个现代化的关系，自觉响应党和国家的号召，争做一对夫妇只生一个孩子的模范。

（本文原载《华东师范大学学报》（哲学社会科学版）1981 年第 1 期）

80 年代上海人口出生的宏观控制*

80 年代上海人口出生的回升，是由本市人口年龄构成所决定的必然趋势，然而这一发展趋势将通过"跳跃式"回升还是"平稳式"回升来实现，却是我们可以选择的。探讨和确定上海市人口出生回升的最优模式，搞好人口出生的宏观控制，不仅有利于全市经济和社会的合理发展，而且对于今后全国其他城市将要陆续出现的人口出生正常回升的合理控制具有重要意义。

一、正常回升中的不正常因素

从总体上看，80 年代上海人口出生的回升是一个正常的现象。这是因为新中国成立后上海第一次人口生育高峰期出生的人口，目前已经或即将进入婚育年龄阶段。从出生人口绝对数考察，上海第一次生育高峰是从 1951 年到 1964 年的 14 年间出现的。当时每年的人口出生数都在 20 万以上，其中有 9 年每年出生人数还超过了 30 万（按现在市区所辖范围测算），在那段时期出生的人，现在大致为 18 岁至 32 岁，这正是决定今后几年中人口出生率高低的关键年龄层。据调查，目前上海这部分年龄的女性人口的比例，不仅明显地高于本市其他年龄组女性人口的比例，而且也高于全国同一年龄组女性人口的比例。1978 年全国女性人口中，15 岁至 19 岁年龄组所占比例为 9.84%；20 岁至 24 岁组为 9.38%；25 岁至 29 岁组为 8.36%；30 岁至 34 岁组为 6.28%。而上海根据虹口、南市、嘉定、松江两区、两县 1980 年底的统计数字推算，1978 年全市女性人口中，这 4 个年龄组的女性人口所占比

---

* 本文由桂世勋、史柏年合著。

例分别为 11.29%、13.73%、10.15% 和 6.85%。可见，即使每个育龄妇女婚后只生一个孩子，近年来本市人口出生数的正常回升也要比全国其他地区出现得早和幅度大。

事实上，近年来上海人口出生的回升，也正是在计划生育一胎率逐年提高的情况下出现的。这两年，全国一些地方相继出现人口出生率回升的趋势，其中有的地方是因为放松了计划生育工作，一胎率下降而造成人口出生数的增加；可是上海人口出生率虽然逐年提高，一胎率也同时逐年提高。1977 年到 1981 年的 5 年间，上海郊县出生人口中，一胎率从 63.12% 逐步提高到 83.28%；市区出生的人口中，一胎率从 75.69% 逐步提高到 96.90%，平均每年一胎率递增 5% 以上。这说明本市计划生育工作的成绩是大的，近年来的人口出生回升基本上是正常的、合理的。

然而我们认为，在 80 年代初期上海人口出生正常的回升中，还存在着不正常的因素，其中最主要的表现是：这两年来上海居民初婚年龄出现较大幅度的提前倾向。1981 年《新婚姻法》实施后，有关部门一度放松了提倡适当晚婚的宣传教育，有的青年将法定"最低结婚年龄"与"最佳结婚年龄"相混淆，到法定可以结婚的年龄便纷纷登记结婚，使得年龄较小的青年结婚的比例有较大增加。根据对南市区 1980 年、1981 年结婚登记情况的调查发现，1980 年 23 岁女青年登记结婚数占全部登记结婚数的 1.95%，23 岁以下的女青年基本上没有登记结婚的。而 1981 年 23 岁及 23 岁以下年龄女青年登记结婚的比例提高到 33.66%，其中 20 岁、21 岁女青年登记数也占到 3%。这种初婚年龄提前的现象在郊县更为严重。1981 年有一公社登记结婚女青年中，年仅 20 岁的就占 4%。由于平均初婚年龄的提前，使得上海这几年本来就要出现的结婚高峰来得更高和更早了，呈现结婚人数"跳跃式"增长的情况。1980 年全市登记结婚对数比 1979 年增长了 31%；1981 年比 1980 年又增长了 68%。根据本市 1970 年结婚妇女队列初产的一般分布规律资料看，初婚妇女当年生育的约占 26%，次年生育的约占 51%，因此，这两年结婚人数的"跳跃式"增长必然引起人口出生数的"跳跃式"回升。全市出生人口，1981 年比 1980 年增长了 44.86%，其中 1981 年第四季度的出生人口占全年出生人口的 52%。上海市计划生育部门预计 1982 年还将比 1981 年增长 20% 以上。

二、"跳跃式"回升于国于民都不利

在社会主义制度下，人口再生产作为两种生产的一个方面，必须同国民经济和社会发展的各种计划相适应，而人口出生的"跳跃式"回升，必然会对经济和社会的发展造成严重影响，既不利于国家的合理安排，也不利于在这期间生育婴儿的每个家庭。

首先，它给产科接生工作增加了许多困难，不利于产妇和婴儿的安全与健康。新中国成立 30 多年来，上海市妇产科床位和医师数都有一定增长，1981 年全市县及县以上医院中妇产科床位数比第一次生育高峰期中床位最多的 1963 年增长了 15%；1980 年全市妇产科西医师比第一次生育高峰期医师最多的 1962 年增加了 79%。但是，由于本市郊县的产妇住院接生率从 60 年代中期的三分之一左右提高到 1981 年的 80%；全市产妇住院接生率也由 1975 年的 84.9% 提高到 1981 年的 92.22%，以及产妇的剖腹产率和计划生育手术率的增加，近年来全市产科已愈益感到床位不足、医师不足、婴儿室不足和辅助设施不足。在这种情况下，人口出生数的"跳跃式"回升又大大加剧了供需之间的矛盾。1981 年全市接生婴儿 20 万，尤其是第四季度接生人数达 8 万人，比 1980 年同期增加 80%。为了解决困难，有关部门通过努力，增设了 2000 多张床位，其中有 78% 是临时性加床。由于产科的房间有困难，不得不借用其他科的病床，有的甚至加在走廊或办公室等地方。遇到生育高峰季节，平产产妇的住院天数由五天减为两天或一天，有的医院还出现两个产妇睡一张床的现象。产科医师和其他接生人员严重不足，除了抽调部分其他科室的医务人员支援外，很多产科医师只能加班加点，有的甚至连续工作 20 多小时。婴儿床位不够，就将办公桌等搭成临时铺位。由于婴儿太多太挤，又往往容易引起集体腹泻等感染事故。可以预料，今后一两年中，本市人口出生如果继续"跳跃式"回升的话，产科工作将面临更大的困难。

其次，它将加剧婴儿"入托难"的问题，不利于婴儿的健康成长。婴儿"入托难"是上海地区本来就存在的一个突出矛盾。新中国成立以来各级托儿组织虽然从 1951 年的 355 个增加到 1981 年的 28356 个，受托婴儿从

1951 年的 1.6 万名增加到 1981 年的 58 万多名，但还是满足不了日益增长的入托要求。近年来，政府又通过增加独生子女保健费，增加请别人代养婴儿经费补贴，延长产假或允许产假后长期请事假照顾婴儿，规定新建住宅面积的一定比例用于发展托儿事业等办法缓和了一些矛盾，但如果 80 年代人口出生"跳跃式"回升的问题继续加剧，预计今后几年中，每年要求入托的几个年龄的婴儿数将达 80 多万，到时候托儿设施、保育员队伍、鲜奶供应等都将感到严重不足。

第三，它将给教育事业的合理发展造成新的矛盾，不利于少年儿童和青年接受较好的学校教育。"跳跃式"回升过程中出生的人口，必然会依次通过幼儿园、小学、中学等不同的教育阶段。人口高峰经过各个阶段的时间虽短，但届时每一教育阶段上还是必须配备足够数量的教师和设施，以满足学生的学习要求。从幼儿教育看，自 1986 年开始，本市幼儿园学生将全部是 80 年代高峰期出生的儿童。按这两年人口出生"跳跃式"增长的情况预计，如适龄儿童全部入园，到那时在园幼儿最多的年份将达 40 万至 45 万，将比 1978 年在园幼儿数增加一倍。从小学教育看，当本市一至六年级学生全部为 80 年代高峰期出生的人口时，那将是个高达 130 多万的庞大学生数，将比 1981 年小学在校学生数增加两倍。从中学教育看，70 年代中期后，本市学生数最多时也将近百万，而 1981 年全市中学在校学生数还不到 50 万。要在现有的基础上，在某些年份突然增加那么大的教学能力，就会产生一个新的矛盾：从提高教学质量角度看，解决校舍不足的问题，最好不采取过去那种压缩实验室、活动室以及开设两部制教学的方法；解决师资不足的问题也最好不采取过去那种幼儿、小学、中学教师打通仗，哪儿缺人往哪儿调的"滚筒式"办法，而采取增建校舍、增配合格的师资等办法。但是，从提高经济效益角度看，增加校舍和师资对于满足较长时期的教学需求来说才是合算的。如果增加了相当大的教学能力只是为了应付两三年特大高峰期的教学需求，无疑会造成经济上的巨大浪费，当在校学生的高峰期过后，多余的师资和设备又得重新调整。

最后，"跳跃式"回升还将对物品供应、医疗卫生、高中毕业生考大学的"升学率"和劳动就业等方面问题的有计划发展，产生一系列不利的影响。以近年来上海市录取高校的人数占应届高中毕业生的比例为例，1980

年全市应届高中毕业生达 20.5 万人，尽管高校共录取了 1.63 万，也只占毕业生数的 7.93%；1981 年全市应届高中毕业生减少到 14.2 万多人，高校录取了近 1.29 万人，却占毕业生数的 9.07%；1982 年全市应届高中毕业生由于 60 年代计划生育的成效，尤其是两年前的高中学制由两年改为三年的影响，只有 3.6 万多人，高校录取了 1.15 万人，竟占毕业生数的 31.94%。

可见，本市人口出生的"跳跃式"回升，对医疗卫生、教育、劳动等许多事业的合理发展，提高经济效益是极为不利的。同时，对育龄妇女来说，盲目地挤在"跳跃式"的人口出生高峰中结婚和生育小孩，对本人、特别是孩子的健康成长，接受良好的中、小学教育，争取更多的机会上大学和就业，也是非常不利的。

三、尽可能使人口出生的回升平稳些

近年来上海市计划生育一胎率的提高，对于减缓本市人口出生高峰的回升幅度，起了非常重要的作用，但是，它不能完全避免人口出生"跳跃式"的回升。我们认为，要使 80 年代上海市人口出生"平稳式"地回升，应该在继续普遍提倡和推行一对夫妇只生育一个孩子的前提下，在宏观范围内切实做好以下几项工作：

（一）科学确定上海市区和郊县在今后一个时期内的合理的平均初婚年龄，预测五年平均的年最优结婚控制数。

结婚人数的多少是同未来出生人数的多少直接有关的。上海市近年来的情况表明，在一胎率很高的条件下，哪一年结婚人数多了，往往第二年的出生人数也多了。比如，1980 年结婚对数比 1979 年增长了 31.25%，1981 年出生人数就比 1980 年增长了 44.30%。因此，在继续保持很高的一胎率的前提下，要使今后每年人口出生数的回升平稳些，关键在于未来各年的结婚人数应该尽可能保持在较合理的水平上。

那么，在"六五"期间上海市每年的结婚总数大致应控制在怎样一个最优的水平上呢？鉴于目前本市终身不婚的人数极少的情况，我们在预测"六五"期间每年最优结婚控制数时，主要考虑上海市区和郊县在未来几年中，将要结婚的育龄妇女数和群众可以接受的合理的平均初婚年龄这两个因素。

　　根据 1980 年底虹口、南市和嘉定、松江两区两县分年龄女性人口数及 1980 年底上海市区和郊县女性人口总数推算，1980 年底上海市区和郊县部分年龄组女性人口的情况如表 1。

表 1　1980 年上海市部分年龄组的女性人口数

年龄		16 岁	17 岁	18 岁	19 岁	20—24 岁	25—29 岁	30—34 岁	35—39 岁	合计
妇女数（万）	市区			6.69	6.46	41.36	36.23	22.87	13.14	126.75
	郊县	5.84	8.06	6.06	3.93	28.44	31.32	23.92	17.53	125.10

　　如上表所示，1980 年底上海市区 18 岁至 39 岁女性人口数为 126.75 万；郊县 16 岁至 39 岁女性人口数为 125.10 万。根据上述人口数，再参照上海市第一医学院社会医学与卫生统计教研室和市计划生育办公室部分同志所作的 1979 年底上海市育龄妇女已婚情况的调查数据，测得 1980 年底上海市区 18 岁至 39 岁未婚妇女数为 76.42 万；郊县 16 岁至 39 岁未婚妇女数为 53.27 万（见表 2）。

表 2　1980 年上海市部分年龄组的未婚女性人数

年龄	市区		郊县		年龄	市区		郊县	
	未婚率（%）	未婚数（万）	未婚率（%）	未婚数（万）		未婚率（%）	未婚数（万）	未婚率（%）	未婚数（万）
16 岁			100	5.84	25—29 岁	61.47	22.27	15.73	4.93
17 岁			100	8.06	30—34 岁	12.85	2.94	2.84	0.68
18 岁	100	6.69	99.88	6.05	35—39 岁	3.24	0.43	0.96	0.17
19 岁	100	6.46	99.81	3.92					
20—24 岁	98.09	40.57	83.04	23.62	合计		76.42		53.27

由于上海市区和郊县经济、文化和其他社会因素的差异，已婚妇女的平均初婚年龄一般相差两岁左右。据调查，1970 年至 1974 年间上海市区已婚妇女平均初婚年龄为 25.5 岁，郊县为 23.2 岁；1975 年至 1979 年间则分别提高到 26.8 岁和 24.2 岁。即使在《新婚姻法》实施后的第一年即 1981 年宣传适当晚婚的工作有所放松的情况下，市区妇女平均初婚年龄仍为 24.6 岁，郊县妇女平均初婚年龄也为 23.0 岁。由此我们感到，只要进一步做好适当晚婚的宣传和鼓励，将 1981 年至 1985 年间妇女的平均初婚年龄控制在市区 25 岁、郊县 23.5 岁，是可行的。同时，如果未婚妇女的平均初婚年龄提前 1 岁，5 年中全市结婚总数就会增加 9 万多对；提前 2 岁，5 年中全市结婚总数就会增加近 23 万对（见表 3），这对于正处于出生高峰期的上海人口来说，无疑是个很大的压力。

表 3　1981 年至 1985 年间上海市不同初婚年龄的结婚总数预测

妇女平均初婚年龄	市区结婚总数（万对）	郊县结婚总数（万对）	全市结婚总数（万对）
市区 25 岁郊县 23.5 岁	66.21	36.34	102.55
市区 24 岁郊县 22.5 岁	68.39	43.38	111.77
市区 23 岁郊县 21.5 岁	75.07	50.33	125.40

因此，从有效控制 80 年代上海人口出生的目标出发，1981 年至 1985 年间妇女平均初婚年龄应以规定为市区 25 岁、郊县 23.5 岁为宜。这样，1981 年至 1985 年 5 年间，全市将有 102.55 万对男女结婚，减去 1981 年已经登记结婚的 25 万多对（扣除外地常住户口来沪登记、再婚、复婚等对数），今后 4 年还将有 77 万多对男女结婚，平均每年 19 万对。如果我们仍以市区 25 岁、郊县 23.5 岁的标准计算，从 1986 年到 1990 年的 5 年间，全市将有 55.49 万对男女结婚。但是，考虑到那时候大年龄未婚青年的比例将有较大下降，平均初婚年龄将提前的实际可能性，可以将 1986 年至 1990 年妇女平均初婚年龄都放宽 1 岁，市区为 24 岁，郊县为 22.5 岁，这样，这 5 年中全市还将有 62.36 万对男女结婚，平均每年 12.47 万对。由于前几年本市民政部门登记结婚对数中约有 5% 属于外地来沪登记、再婚和复婚的，故折算成民政部门登记的全部结婚对数将分别为 20 万对和 13 万对左右（见

表 4)。

表 4　上海市每年的最优结婚控制数

	本市初婚对数	民政部门全部登记结婚对数
1982—1985 年	19 万对	20 万对
1986—1990 年	12 万对	13 万对

（二）掌握全年结婚登记分布规律，分季度提供本市实际登记结婚人数的信息。

预测本市今后 5 年平均的最优结婚数后，要进一步具体地对人口出生数进行宏观控制，就需要市民政部门在每个季度及时地汇总和提供全部实际登记结婚人数的信息，与预测的该年的分季度全部登记的最优结婚控制数相对照，并根据实际结婚数是否突破预测控制结婚数的情况采取相应措施。否则，到年底全部汇总时发现实际登记结婚人数大大突破预测的该年最优结婚数时，再抓就晚了。

按照目前上海市经济特点、风俗习惯和气候条件，一年中结婚活动最频繁的一般是在第一季度，其次是第四季度，在二、三季度结婚的相对来说较少。从我们对南市区 1979 年、1980 年、1981 年中登记结婚人口的调查统计（见表 5）表明，全年登记结婚的人口中，第一季度所占比例平均达三分之一；第二、第三季度各占五分之一左右；第四季度占四分之一强。另外，对郊县所作的调查也大致如此。认识掌握了这一规律，我们就可大体推算出今后各年每个季度民政部门全部登记的最优结婚控制数（见表 6）。

表 5　南市区近年来的全年结婚登记分布状况

年份	第一季度	第二季度	第三季度	第四季度
1979 年	29.44%	21.25%	20.82 岁	28.49%
1980 年	29.26%	17.81%	20.07%	32.33%
1981 年	37.84%	22.92%	16.48%	22.76%
三年平均	32.34%	20.67%	19.12%	27.86%

表 6　上海市民政部门每年分季度全部登记的最优结婚控制数

	第一季度	第二季度	第三季度	第四季度
各季度登记结婚数占全年的比重（%）	33	20	20	27
1982—1985 年	6.6 万对	4 万对	4 万对	5.4 万对
1986—1990 年	4.3 万对	2.6 万对	2.6 万对	3.5 万对

我们建议市民政部门今后每个季度末及时汇总一次实际登记结婚的对数，特别要抓住每年第一、二季度的结婚登记数，检查是否突破该年同期的最优结婚控制数。一旦发现突破较多，就应在后几个季度的结婚登记中进一步强调适当晚婚的问题。同时，民政部门也可通过各种途径及时向有关单位及全市居民提供这方面的信息，让有关单位及个人家庭对婚姻活动进行控制和选择，能推迟结婚的便适当推迟一些，尽可能避免出现"跳跃式"的结婚高峰。

（三）在年实际登记结婚数超过最优结婚控制数较多的情况下，应及时做好"新婚晚育"的宣传工作。

在本市人口出生处于正常回升的高峰期中，有计划控制全市每年的结婚总数，其直接目的是为了有计划地控制全市的出生人口数，使其保持在一个比较合理的水平上，尽可能在一段较长时期中平稳地回升。当个别年份的实际登记结婚数比较多地超过了最优结婚控制数时，为了使"跳跃式"的结婚高峰不致转化为"跳跃式"的出生高峰，除了继续巩固和提高一胎率外，还应不失时机地提倡一部分年龄较小的育龄妇女，在自愿的基础上做到"新婚晚育"。从上海市目前的情况来看，也存在着一部分新婚夫妇由于考虑到经济和业务进修等因素而主动实行"新婚晚育"的。同时，从医学角度看，育龄妇女较理想的生育年龄为 25 岁至 28 岁左右。因此，只要计划生育部门和其他有关部门讲清道理，本市还是会有较多的年轻夫妇自觉响应"新婚晚育"的号召，适当推迟半年、一年，甚至两三年后再生育。这样，既有利于全市经济和教育卫生事业的合理发展，又有利于出生婴儿的健康成长。我们感到，在 1981 年上海市已经发生"跳跃式"的结婚高峰的情况下，为了使出生人口尽可能平稳地回升，当务之急是做好"新婚晚育"的补救工作。

综上所述，如何自觉地搞好人口出生的宏观控制，尽可能使 80 年代上海市出生人口平稳地回升，是本市广大群众当前非常关心的问题，也是摆在人口理论工作者和有关实际部门干部面前迫切需要研究解决的问题。我们深感自己对这个问题的研究已经晚了一步，而且还仅仅是开始。我们殷切希望能得到其他同志的批评帮助，使这个问题更完满地得到解决。

（本文原载胡焕庸等著《人口研究论文集》第二辑，
华东师范大学出版社 1983 年版）

上海市的人口老龄化与计划生育

上海市是我国人口老龄化出现最早和发展速度最快的大城市。近年来国外有些人把上海市人口老龄化加剧及养老负担加重的原因归罪于我国的计划生育政策，而我们的有些计划生育部门干部也怕多谈了人口老龄化问题会影响计划生育的开展。因此，正确认识上海市人口老龄化与计划生育的关系，对于我们搞好计划生育工作，减缓人口老龄化的进程，促进人口与经济、社会的协调发展，具有重要意义。

人口老龄化的加剧与计划生育

人口老龄化是指 60 岁或 65 岁及以上老年人口占总人口比重（即老年人口系数）较高的一种发展趋势。1982 年普查时，上海市 65 岁及以上老年人口系数从 1964 年的 3.61% 迅速上升到了 7.43%，成为我国第一个进入老年人口型的大城市。根据我们研究所同我校数学系合作的预测资料并参照上海市其他单位的预测资料，如果撇开今后人口迁移的影响，那么在继续普遍提倡和推行每对夫妇只生一个孩子的政策要求不变的情况下，2000 年上海市 65 岁及以上老年人口系数将达 14% 左右，接近联合国人口司预测的当时法国（14.6%）和日本（14.5%）的水平；其中上海市区将高达 17% 左右，老龄化程度超过当时世界上任何一个国家。

那么上海市的人口老龄化速度为什么会这样快呢？它是不是由计划生育造成的呢？

诚然，上海市人口老龄化的加剧与计划生育是有关的：上海市在 1964—1982 年间如果不实行计划生育，1982 年普查时的总人口数将不是

1186万，而是1586万左右。按1982年全市65岁及以上老年人口88.07万计算，该年的65岁及以上老年人口系数便只有5.55%。可见，实行计划生育的结果，使这个时期上海市65岁及以上老年人口系数上升了1.88个百分点，平均每年多上升了0.10个百分点。

但是，上海市人口老龄化的加剧并不完全是由计划生育造成的，它还同人口迁移和人口死亡状况的变化有密切关系：现阶段上海市人口老龄化之所以加剧，同老年人口数的迅速增长是分不开的：比如，在1964—1982年间，上海市的总人口数只增长了9.64%，而65岁及以上老年人口数却增长了125.70%，年平均递增率为4.63%；在1982—2000年间，根据我们的预测，如目前的计划生育政策要求无重大变化并撇开人口迁移因素的影响，上海市的总人口数将只增长4.38%，而65岁及以上老年人口数将增长100%，年平均递增率为3.93%。

上海市计划生育委员会是1963年成立的，至今只有23年的历史。因此，在2028年前上海市65岁及以上老年人口数的变化，同计划生育是无关的。由于1964—2000年间的65岁及以上老年人都是在1936年前出生的，所以，在这期间因老年人口数的增加而引起的人口老龄化的加剧，理应从上海市30年代中期前的人口出生状况和近百年来的人口迁移、人口死亡状况中去寻找原因。

鉴于目前还无法取得上海市30年代中期前的育龄妇女总和生育率的资料，因此只能以当时的人口出生率来大体反映人口出生状况。据1937年《上海市年鉴》的记载，1935年时上海市"华界"和公共租界因成年男性人口大大多于女性人口及年龄构成不协调等的影响，出生率分别只15.6‰和18.5‰；相反，当时上海市的净迁入人口数却非常可观。在1929—1936年间，上海市人口净迁入（不包括外国人）达96.64万，平均每年净迁入12.08万人。新中国成立初期，上海市区的净迁入人口数也是很多的。如1951—1954年，按当时的行政区划，面积只有82平方公里的上海市区人口净迁入达84.01万，平均每年净迁入21.00万人。其中，大部分是15—34岁的青壮年。可见，上海老市区在1964—2000年间老年人口数的剧增，主要是由50年代中期前人口大规模的迁入及新中国成立以来平均预期寿命的迅速提高造成的。至于现在属于上海市行政区划范围内的非老市区和郊县，在本世纪 30 年代中期前的人口出生率，因缺乏历史资料无法准确断定，但根据 1931—1935 年间江苏省江阴县峭岐镇的平均出生率 44.2‰，可以大体推测当时这些地区的出生率比上海"华界"和公共租界要高得多。因此，这些地区在 1964—2000 年间老年人口数的剧增，还同 30 年代中期前的高出生率有很大的关系。

即使从影响上海市人口老龄化加剧的总人口数变化来看，也不完全是计划生育造成的，它仍同人口迁移和人口死亡状况有密切关系。据统计，1964—1982 年间上海市人口净迁出达 49.66 万，这就大大减慢了 1964—1982 年间总人口数的增长速度，从而促使了人口老龄化的加剧。此外，人口平均预期寿命在一段时期中提高速度的减慢（如上海市区在 1964—1982 年间男女性人口的平均预期寿命只分别提高了 3.59 岁和 3.98 岁），或者在某段时期中死亡率比较高的年龄组人口数特别多时，也会相应地减慢该时期总人口数的增长速度，影响人口老龄化的加剧。

总之，加剧上海市人口老龄化的因素是多方面的，而且在不同时期，各种影响因素的作用方向和作用强度也不是固定不变的。那种把现阶段上海市人口老龄化的加剧笼统地归之于计划生育的观点，是不符合上海市人口变动实际情况的。

人口老龄化的负担与计划生育

人口老龄化的加剧，在客观上会加重社会和家庭的养老负担，影响经济和社会持续稳定地发展。据统计，1983 年上海市全民所有制单位和集体所有制单位支付的职工退职退休金（不包括民政部门支付的退休金）已进一步增加到 42.55 亿元，相当于该年职工工资总额的 20.74%。在上海市的有些老企业中，现在支付的职工退休金数量已超过了职工的工资总额。如果再加上支付给退休职工的医疗费和生活困难补助费，负担将更为严重。

那么上海市人口老龄化的负担同计划生育究竟有什么关系呢？它是不是由计划生育带来的呢？

首先，从老年人口数的增加来考察。现阶段上海市人口老龄化所加重的养老负担，从绝对量来看，是由于老年人口数、特别是退休和离休人员数量的剧增引起的。在社会平均支付给每个退休和离休人员的退休金、离休金和医疗费标准不变的条件下，退休和离休人员愈多，社会所支付的总额便愈大。根据我们的预测，如撇开人口迁移的影响，上海市在1982—2050年间将出现两个65岁及以上老年人口数迅速增长的时期：第一个时期为1982—2000年，年平均递增率为3.93%；第二个时期为2015—2029年，年平均递增率为3.87%。在这68年内，上海市65岁及以上老年人口数的峰值将出现在2029年，达350.24万，比1982年增长2.98倍。从2030年开始，上海市的老年人口数将迅速减少，预计2050年约减少到226.73万，年平均递减2.09%。[①] 上海市未来老年人口数的变化之所以会呈现这种趋势，同实行计划生育息息相关。因为在平均预期寿命很高和不考虑人口迁移影响（或人口迁移率很低）的条件下，某一年进入65岁的老年人口数的多少，主要是由65年前出生婴儿的数量决定的。上海市在2015—2029年间出现65岁及以上老年人口数的迅速增长时期，正是由于1950—1964年间的出生高峰决定的。在1963年前，上海市的生育基本上处于无政府状态，1963年起比较切实地开展了计划生育，但人口出生率还不可能一下子就降到较低水平。因此，1950—1964年间上海市每年的人口出生率都在20‰以上；其中最高的1954年，出生率竟达52.6‰。从1965年开始，上海市每年的出生率都低于20‰；其中最低的1974年，出生率只有9.2‰。在1965—1985年间由于实行计划生育，大大降低了出生率，又使上海市从2030—2050年间出现了65岁及以上老年人口数大幅度减少的局面。由此可见，上海市由于老年人口数的剧增所加重的社会养老负担总额，并不是由计划生育带来的；相反，通过实行计划生育，减少出生人口，可以大大减轻60年或65年后的社会养老负担总额。

其次，从负担系数的变化来考察。实行计划生育，减少出生人口，虽然会使15年后进入劳动年龄的人口数减少，从而相应地提高老年负担系数，但是它从一开始就会促使少年儿童人口数的减少，降低少年儿童负担系数。这样，社会就可以把本来需要用于抚养少年儿童的财力、物力和人力省下一部分，转移到用于老年人口方面去。如果计划生育搞得好，负担少年儿童系数的下降幅度大于负担老年系数的提高幅度，总负担系数还会降低。上海市在1964年普查时老年负担系数虽然只有6.67%，但由于当时0—14岁组的人口数达 457.60 万，负担少年儿童系数为 78.22%，因此，总负担系数高达 84.89%。实行计划生育的结果，1982 年普查时上海市老年负担系数尽管提高到了 9.98%，但由于 0—14 岁组的人口数只有 215.43 万，少年儿童负担系数大幅度下降到 24.41%，致使总负担系数只有 34.39%。根据我们预测，如目前的计划生育政策要求无重大变化并撇开人口迁移因素的影响，2000 年上海市的老年负担系数虽然由于人口老龄化的加剧，将提高到 19.58%，但由于少年儿童负担系数进一步降到 17.99%，总负担系数仍比 1964 年要低 47.32 个百分点（见表 1）。可见，上海市实行计划生育的结果，在 1964—2000 年间人口老龄化加剧的同时，总负担系数反而大幅度下降。这不仅在总体上有利于这个时期上海的经济和社会发展，而且也减轻了上海市每户家庭就业者的经济负担，有利于提高每户家庭的人均生活水平。据统计，1952 年上海市区的职工家庭，平均每一名就业者负担人口（包括就业者本人）为 2.97 人，1982 年下降到 1.62 人，1983 年进一步下降到 1.58 人。在上海郊县农村的社员家庭，1982 年平均每一个劳动力负担人口（包括劳动力本人）也只有 1.47 人，1983 年进一步下降到 1.44 人。同时，由于现在上海市老人中享受职工劳保福利待遇或农村社员养老费用的比例比过去要高得多，因此，每户家庭就业者的实际养老负担比过去要轻得多。

表 1　1964—2000 年上海市人口的年龄构成　　　　单位：%

年份	总负担系数	负担少年儿童系数	负担老年系数
1964	84.89	78.22	6.67
1982	34.39	24.41	9.98
1985	35.65	24.53	11.12
1990	39.53	25.72	13.81
1995	40.77	23.99	16.78
2000	37.57	17.99	19.58

第三，从劳动适龄人口的老化程度来考察。鉴于现阶段我国一般初中毕业生的就业年龄和职工的正常退休年龄等特点，对于我国安排就业和经济、社会发展具有重要意义的劳动适龄人口年龄段为 16—男 59 岁、女 54 岁。因此，在本文中着重考察上海市实行计划生育对这个年龄段人口老化程

度的影响。1964 年普查时，由于新中国成立后上海市出生高峰年生育的大批婴儿尚未进入劳动年龄，故当时 16—29 岁组、30—44 岁组、45—男 59 岁（女 54 岁）组的人口比重较均衡（见表 2）。可是到 1982 年普查时，新中国成立后出生高峰年生育的大批婴儿已成为 16—29 岁组的主要人群，致使该年这个年龄组人口占男 16—59 岁、女 16—54 岁年龄段的比重高达 48.63%，出现劳动适龄人口年轻化的状况。根据我们预测，如目前的计划生育政策要求无重大变化并撇开人口迁移因素的影响，上海市 30—44 岁组占男 16—59 岁、女 16—54 岁年龄段的比重在 1991—1997 年都将超过一半；峰值出现在 1994 年，比重高达 53.05%。到 2000 年，男 45—59 岁、女 45—54 岁组的人口比重虽然比 1982 年提高了 8.96 个百分点，但 30—44 岁组的人口比重仍占 43.94%（见表 2）。可见，实行计划生育后，上海市在人口老龄化加剧的同时，在本世纪内并不会随之出现劳动适龄人口老化的状况。

表 2　1964—2000 年上海市劳动适龄人口的年龄构成　　　　单位：%

年份	16—29 岁组比重	30—44 岁组比重	45—	男 59 岁 女 54 岁	组比重
1964	37.56	41.28			21.16
1982	48.63	29.35			22.02
1985	43.05	36.12			20.83
1990	31.80	48.86			19.34
1995	24.97	52.54			22.49
2000	25.08	43.94			30.98

　　总之，上海市在 20 世纪末人口老龄化所引起的社会养老负担总额的加重，完全是由过去的生育无政府状态带来的。实行计划生育，不仅有利于大大减少下世纪 30 年代后上海市的社会养老负担总额，而且在负担系数和劳动适龄人口的年龄构成上，也是非常有利于本世纪八九十年代上海市的经济和社会发展的。

人口老龄化的减缓与计划生育

　　根据我们的预测，在撇开人口迁移的影响下，2001—2050 年间上海市如果继续贯彻普遍提倡和推行每对夫妇只生一个孩子的政策要求，上海市区和郊县的总和生育率始终保持 1.05 和 1.20，65 岁及以上老年人口系数将会进一步迅速上升，在 2025—2050 年间的 26 年中老年人口系数均超过 30%；其中峰值出现在 2035 年，达 36.14%。这样严重和持久的人口老龄化，将不利于当时上海市的经济和社会发展。

　　那么应该采取一些什么样的措施来减缓下个世纪 20 年代中期后上海市可能出现的严重人口老龄化呢？是不是要在本世纪内就开始改变上海计划生育的具体政策要求呢？

　　我认为鉴于上海市比全国其他省、市、区早出现严重的人口老龄化问题，因此，它完全有必要早于全国其他地区实行每对夫妇最好生育两个孩子的政策要求。但是，在具体确定上海市的计划生育究竟从何时开始进行这个战略性的转变时，我们不能仅仅只从人口自然变动所造成的 50 年或 100 年后的人口年龄构成是否合理去考察，而应该从更广泛的包括人口迁移变动在内的经济和社会影响等各个方面去考察。结合现阶段上海市的实际，我感到至少还应深入研究以下四个方面的问题：

　　第一，上海市计划生育政策要求的重大改变，怎样更有利于经济和社会发展。目前上海市因人口过多的影响，已经存在着许多比较严重的经济和社会问题。1982 年人口普查时，上海市区扣除吴淞和闵行两个边缘区后，人口密度高达每平方公里 4.3 万人，其中有四个区每平方公里竟超过了 6 万人。市区的住房紧张、交通拥挤、环境污染问题，已非常严重。郊县的人多耕地少的矛盾，也十分突出。在这种情况下，我们在考虑通过计划生育减缓严重的人口老龄化时，必须兼顾如何尽可能地减慢上海市的人口自然增长，控制总人口规模。根据我们及上海市其他单位的各种预测资料，在撇开人口迁移的影响下，如果上海市采取在本世纪内坚持普遍提倡每对夫妇只生一个孩子的政策要求，从 2001—2010 年间较快地将总和生育率转为 2，然后一直保持到 2050 年的方案，比采取从 1985 年起逐渐扩大每对夫妇生育两个孩子的照顾面，到 2000 年总和生育率达到 2，然后一直保持到 2050 年的方案，虽然在 2030 年时 65 岁及以上老年人口系数约高 4—6 个百分点，但是在 2000 年时总人口数却减少约 31—42 万，在 2010 年时减少约 50—63 万；而且即使采取前一个方案，65 岁及以上老年人口系数在 2030 年达到 31.52% 后，也会逐渐降下来，到 2045—2050 年时便低于 25%；总负担系数在 2030 年时虽为 79.05%，但仍比 1964 年的 84.89% 要低 5.84 个百分点。同时，还应看到在本世纪末和下世纪初，我国的人均国民生产总值只能达到并稍微超过小康水平，国家的财力和物力还不很宽裕；只有到下世纪中叶，我国才能接近世界发达国家的水平。因此，在 2000 年时上海市总人口少增加三四十万，不仅有利于在空间上减缓治理"膨胀病"的困难，而且可以节省一大笔用于抚养少年儿童的费用，减轻产妇住院、入托、入幼、入学等的压力。

第二，上海市计划生育政策要求的重大改变，对我国其他地区可能会产生什么影响。上海市由于经济和文化水平比较高，以及计划生育基础工作抓得比较好，近年来总和生育率、一孩率和独生子女领证率等均在全国各省、市、区中居领先地位。1984 年，上海市的一孩率和独生子女领证率又分别提高到 98.53% 和 99.15%，多孩率也进一步降到 0.03%；其中市区一孩率和独生子女领证率分别高达 99.48% 和 99.73%，多孩率不到 0.01%。现阶段，全国各地、特别是广大农村，正在努力改进计划生育工作，除人口稀少的少数民族地区外，普遍提倡每对夫妇生育一个孩子，实事求是地适当扩大生育第二孩的照顾面，尽可能杜绝生育第三孩及以上的现象，力争在本世纪末把我国人口控制在 12 亿左右。在这种形势下，如果上海市为了减缓严重的人口老龄化，在本世纪 90 年代中期就开始提倡每对夫妇最好生育两个孩子的政策要求，将会影响全国其他地区育龄夫妇的生育意愿，增加实现 2000 年我国人口发展战略目标的困难。何况目前上海市区有相当一部分育龄夫妇因现在培养一个孩子的费用比五六十年代大大增加，确实也不愿意生育两个孩子，甚至已出现了一些按政策规定可以照顾生育第二孩的育龄夫妇不愿再生育的情况。如果硬要把本世纪末上海市的总和生育率提高到 2 的话，到时不采取包括奖励生育第二孩在内的强有力的综合措施，在上海市根本难以实现。显然，这与我国现阶段计划生育的政策要求也是相违的。

第三，上海市计划生育政策要求的重大改变，如何使计划生育部门干部的工作好做。现在，上海市计划生育部门与全国其他地区一样，正在研究如何合情合理地逐步扩大市镇、特别是农村地区育龄夫妇生育第二孩的照顾面，调查统计扩大各类照顾对象后将对未来上海市的生育状况带来什么影响。这些调查研究对于正确制定计划生育规划，搞好计划生育工作，无疑是十分有益的。但是，如果我们关于扩大生育第二孩照顾面的调查研究，拘泥于上海市在几十年或一百年内完全实现稳态人口，把许多精力耗费在如何使本世纪内上海市每隔两三年总和生育率提高0.1—0.2，将会给计划生育部门干部的工作增加许多麻烦。其实，一个开放型的城市要完全实现稳态人口是不可能的。我们通过计划生育工作，能够在一百多年甚至更长一段时期后，使上海市各个年龄组的人口数不要起伏过大，基本达到稳态发展，已经是很大成绩了。所以，我认为上海市在本世纪内应该继续普遍提倡每对夫妇只生一个孩子，对少数确有实际困难、要求生第二孩的夫妇合情合理地给予照顾，尤其是对郊县农村应适当扩大这种照顾面；等到2005年后上海市新婚夫妇基本上都是独生子女时，再很自然地过渡到双方都是独生子女的夫妇最好生两个孩子的政策要求。这样，计划生育部门干部的工作将会好做得多。而且，到那时我国其他地区也将陆续转为提倡每对夫妇最好生两个孩子，各方面的社会舆论和政策措施将会更有利于上海市计划生育政策要求的重大改变。

第四，在人口迁移和人口流动量较大的上海市，怎样通过人口的合理迁移和流动来减缓严重的人口老龄化。近年来上海市的净迁入人口数虽然不多，但迁移人口总数还是比较多的，比如，1984年总数达17.91万。由于迁入人口与迁出人口的年龄构成不同，这么多人口的迁移，必将影响上海市总人口年龄构成的变化。根据我们预测，假设1982—2000年间上海市区每年的人口迁移按1982—1984年的年平均迁入率和迁出率、1982年和1983年的9项迁入或迁出原因的年平均比率、在抽样调查1964年、1973年、1982年上海市区迁移状况基础上建立的分迁移原因的迁入模式和迁出模式进行变动，那么在继续普遍提倡和推行每对夫妇只生一个孩子的政策要求下，2000年上海市区60岁及以上老年人口系数将不是21.18%，而是18.13%。[②] 显然，这种人口迁移状况是有利于减缓未来上海市老年人口系数的。同时，在当前实行对外开放、对内搞活经济的形势下，上海市的流动人口剧增。据上海市公安部门所作的调查，1984 年底全市外来流动人口已达 102 万，其中滞留（暂住）在上海市的外来流动人口有 81.8 万，而且绝大多数是年纪较轻的。相反，上海市近年来却有不少退休和离休老人奔赴外省市开展技术咨询和人才培训工作，他们的常住户口尽管仍保留在上海，但对减缓上海市实有人口中的老年人口系数还是有一定作用的。因此，为了减缓未来严重的人口老龄化，上海市在今后组织和鼓励人口的合理迁移和流动时，应该更有意识地注重人口年龄构成的合理性。

当然，要正确制定减缓上海市人口老龄化的详细规划，还需要作更多方案的精细比较和大量的科学论证工作。但不管怎么样，我们只有在深入考察和研究上述几方面的问题后，才能确定上海市计划生育长远规划的最佳方案。

【注释】

① 该预测中方案假设 1981 年上海市区和郊县的总和生育率 1.06 和 1.63 保持到 1983 年后逐步均匀下降：1988 年上海市区和郊县的总和生育率分别下降到 1.05 和 1.2，然后一直保持到 2000 年。见桂世勋、杨庆中、胡启迪、马国选、狄菊馨、沈哲宁《1982—2000 年上海市人口自然变动趋势的预测》。

② 见胡启迪、杨庆中、桂世勋、马国选《上海市人口迁移预测模型的初步研究》。

（本文原载《社会科学评论》1986 年第 7 期）

再论上海市人口老龄化与计划生育

上海市是我国人口老龄化出现最早和发展速度最快的大城市。1979 年末，上海市 65 岁及以上老人占总人口的比重已占 7.2%[①]，比全国进入老年型地区约早 21 年；如果不考虑未来人口迁移的影响，上海市 65 岁及以上老人数的峰值将出现在 2029 年[②]，比全国 65 岁及以上老人数的峰值年份约早 11 年[③]，因此，深入研究上海市人口老龄化与计划生育的关系，不仅对上海市搞好计划生育工作，促进人口与经济、社会的协调发展具有重要意义，而且对我国科学地制定人口老龄化的战略对策和计划生育的长远规划也有一定的参考价值。

调整年龄结构与计划生育

目前上海市的人口年龄结构很不合理，呈现"三峰两谷"的现象。按中国 1987 年 1% 人口抽样调查提供的峰值和低谷数据，上海市 54 岁、48 岁、29 岁、12 岁、5 岁的人数之比为 1.00：0.63：2.83：0.65：1.31，特别是上海市区 62 岁、48 岁、29 岁、15 岁、4 岁的人数之比竟为 1.00：0.70：3.11：0.63：1.57。这种极不均匀的人口状态分布，不仅会影响未来老年人口数和人口老龄化进程的不均衡性，而且也会影响未来人口出生数和死亡数的不均衡性。如果上海市区长期贯彻执行每对夫妇只生一个孩子的生育政策，并不考虑 1985 年后人口迁移因素的影响，那么上海市区不仅在"九五"期间平均每年出生人口数将大幅度地减少到不足"七五"期间平均每年出生人口数的一半，在 90 年代后期出现人口自然变动的负增长，而且在下个世纪 20 年代中期 60 岁及以上的老年人口系将超过 40%。

　　为了使上海市区未来的人口年龄结构渐趋合理，减缓下个世纪过于严重的人口老龄化，近年来有些同志提出最好能在"九五"期间将上海市区育龄妇女的总和生育率提高到1.8左右，然后在下个世纪初再逐渐提高到人口更替水平2.1。根据1985年进行的第一期中国深入生育力调查资料，上海市已有1个孩子的在婚育龄妇女即使不考虑政府当前的生育政策，也仍有36%不愿生育两个孩子。因此，按照上述意见，要在"九五"期间使上海市区育龄妇女的总和生育率达到1.8，上海市区就应从1996年起把现在执行的除特殊情况外每对夫妇只生育1个孩子的政策，改为允许每对夫妇可以生育两个孩子的政策。

　　对于这种意见，我并不完全赞同。我认为上海市区应该在"九五"期间继续贯彻现行的生育政策，到下个世纪初基本上都是独生子女通婚时再转为允许每对夫妇可以生育两个孩子的政策，使育龄妇女的总和生育率逐渐回升到1.8—2.1左右。其主要理由有以下两个方面：

　　第一，上海市区在"九五"期间如果改为允许每对夫妇可以生育两个孩子的政策，将不利于计划生育工作的开展。因为从全国来看，"九五"期间仍处于新中国成立后第三次出生高峰期，在城市的市区和城镇中仍然要强调稳定现行的生育政策。但按照上海市现行的有关国家干部和职工、城镇居民中有特殊情况可以照顾生育两个孩子的政策规定，上海市区在"九五"期间可以照顾生育两个孩子的在婚育龄妇女，充其量只能占20%左右。假若那时上海市区允许每对夫妇都可以生育两个孩子，必然要对现行的计划生育政策作重大的修改，在宣传口径、奖惩政策等方面也需随之发生重大变化。而且由于目前北京市、天津市已成为老年型城市，在"八五"期间我国的许多大城市将相继进入老年型城市，因此，如果上海市区在"九五"期间实行允许每对夫妇可以生育两个孩子的政策，将有可能引起其他大城市的连锁反应，并给那时我国广大农村地区的计划生育工作带来很大困难，严重影响本世纪末我国人口发展战略目标的实现。

　　不仅如此，要在"九五"期间使上海市区育龄妇女的总和生育率回升到1.8，增加每年的出生人口数，也会给上海市计划生育工作带来许多麻烦。从计划生育政策的具体实施过程来看，如果简单地规定凡是在1995年后生育第一个孩子的上海市区育龄夫妇都可以生育第二个孩子，那么按照常规间隔四年后再生育第二个孩子，上海市区的总和生育率将要到 1999 年后才能出现明显的回升。所以要真正避免上海市区在"九五"期间出现出生人口的低谷，上海市区至少应规定从 1995 年 3 月开始可以允许生育第一个孩子后间隔三年零两个月的每对夫妇再怀孕生育第二个孩子。不过问题是 1988 年末上海市区领取独生子女证的已婚育龄妇女已经达到 94.30 万，预计在 1995 年前上海市区生育一个孩子后间隔三年零两个月以上的领证已婚育龄妇女将超过 100 万。只要那时有 10% 的领证夫妇要求退掉独生子女证再生育第二个孩子的话，就会给计划生育工作带来很大波动，而且将可能在 1996—1997 年突然出现人口出生的大幅度回升，不利于上海市区未来人口年龄结构的合理发展。相反，如果上海市区在"九五"期间乃至下个世纪初继续贯彻现行的生育政策，那么，由于上海市区在 1980 年已有 22.79 万领证的独生子女，从 1981 年至 1988 年平均每年有 8.9 万新领证的独生子女，占同期出生人数的 89.76%，也会因独生子女通婚后可以照顾生育两个孩子的规定，使上海市区育龄妇女的总和生育率在下个世纪初很快回升到 1.8 左右。

第二，上海市区通过有计划调节人口迁移的办法，完全可以大体填平"九五"期间不改变现行生育政策所出现的年龄低谷。1986 年，我们曾经运用时间最优控制方法及改善人口总数、老年人口系数、负担系数三者峰值的优化方法，探讨了 1987—2000 年上海市较为可行和合理的生育控制方案，指出上海市区在 1996—2010 年间的出生人口低谷，可以通过三种途径来补偿：一是在 2001—2010 年间允许独生子女通婚后生育两个孩子，将上海市区育龄妇女的总和生育率逐渐提高到 2.0；二是上海市区在 1996—2006 年间每年净迁入 3 万左右性别构成比较合理的 20—30 岁左右的人口，或在 1990—2000 年间每年净迁入 3 万左右性别构成比较合理的青少年，增加 1996—2010 年间的出生数；三是上海市区在 2020 年后净迁入 15—20 万 20 多岁的青年，在 20 多年后弥补上海市区因"九五"期间出生人口减少所造成的年龄段低谷。④ 从这几年上海市区的人口迁移情况来看，原来根据上海市区 1985 年人口年龄结构，并不考虑以后的人口迁移因素，预测在"九五"期间继续贯彻现行生育政策将出现的出生人口低谷，完全有可能通过两部分人口迁移来弥补：第一部分人口迁移是上海市区在 1989—1995 年间每年净迁入 2—4 万 16 岁左右的青年。根据 1989 年初上海市制定的有关文件，过去从上海市区赴外地农场和生产队务农的知识青年，凡目前在上海市区有监护人并具备居住条件的，其一个16岁以上的子女可以返回上海市区居住和工作。1989年，在上海市控制人口机械增长机构的安排下，已有近4万名知识青年的子女迁入上海市区。预计近几年中，随着符合上述政策的一批知识青年子女的成长，每年可能会有2—4万名年满16岁的青年返回上海市区。这些青年的迁入，将使上海市区在"九五"期间不改变现行生育政策的前提下，因增加了进入婚育期的男女青年人数，而使每年出生人口数比原来预测的要多五分之一至三分之一。第二部分人口迁移是上海市区在2020年后的一段时期内有计划地净迁入5—10万20多岁的青年。鉴于上海市区在全国的经济、文化及地理位置上的优势，那时每年要净迁入二三万20多岁的青年，看来不会有多大困难。事实上从1985年以来，上海市区每年净迁入5—6万人口，其中大部分是青壮年。当然，2020年后迁入的这部分青年，将使上海市区在"九五"期间出现的出生人口低谷，在向前推进到20—30岁年龄段时再大体填平，也就是说在上海市区未来的年龄结构分布上将保留一段长达20多年的不合理状态，但这样做既可节省上海市区抚养5—10万未成年人口的各种社会费用，又能"择优"引进5—10万更符合上海市区经济和社会发展需要的人才，何乐不为也。

如果再考虑到上海市区的流动人口状况，那么只要我们有计划地加强管理和引导，上海市区实有人口的老龄化进程将会比常住户籍人口的老龄化进程要慢得多。据1988年10月20日上海市进行的流动人口调查资料推算，上海市区的流入人口为81.7万，流出人口为17.0万，净流入上海市区64.7万，约占当时实际居住在上海市区的常住户籍人口总数的9%。在上海市区的流出人口中，60岁及以上老人占35.9%；而在流入上海市区并居住在居民户和集体户的人口中，60岁及以上老年人只占9.7%。可见，上海市区的流动人口对减缓上海市区实有人口中的老年人口系数也是有较大作用的。

总之，上海市是一个开放型的经济比较发达并在国内外有重要影响的特大城市。只要我们有计划地调节好人口迁移和人口流动，那么上海市区即使在下个世纪初将每对夫妇生育一个孩子的政策转为允许每对夫妇可以生育两个孩子的政策，也完全有可能使未来的人口年龄结构渐趋合理，在控制出生人口过快增长的同时，适当减缓人口老龄化的进程。

搞好老年保障与计划生育

目前上海市在养老保障中存在的主要问题，是如何适应人口老龄化迅速发展和在 20 多年中贯彻现行生育政策的要求，搞好老年经济保障和老年劳务保障，妥善解决老年人的经济赡养和生活照顾问题。我们进行的各种人口预测表明，如果不考虑人口迁移因素的影响，那么上海市在下个世纪 20 年代出现的 60 岁及以上老人数、60 岁及以上老年人口系数的峰值年，恰恰是上海市没有贯彻计划生育、盲目出生的全部婴儿进入 60 岁及以上年龄的年份。从下个世纪 20 年代开始，上海市 60 岁及以上老人数渐渐趋于顶峰，而这批老人中的独生子女父母比重也将与日俱增，逐渐成为上海市老人中的主体。因此，搞好上海市的养老保障，不仅有利于促进现阶段计划生育工作的开展，而且也是关系到人口老龄化高峰时大批独生子女父母年老后能否安度晚年的一个重大社会问题。

从搞好老年经济保障，妥善解决老年人的经济赡养问题来看，上海市郊县农村地区特别突出。尽管上海农村的大部分地区在 1986 年已实行了由集体负担退休或养老补贴的制度，享有"五保"待遇的老人占全郊县农村 60 岁及以上老人总数的 0.88%，领取退休金的乡、村企事业单位退休职工占全郊县农村 60 岁及以上老人总数的 10.35%，领取养老补贴的纯务农老人占全郊县农村 60 岁及以上老人总数的 61.52%，享受年终一次性养老补助或对 80 岁及以上给予节日慰问的纯务农老人占全郊县农村 60 岁及以上老人总数的 13.50%，然而在我们于 1986 年 7 月进行的上海郊县 3% 农村老龄人口赡养状况和意愿的抽样调查中，仍发现有 18.84% 的老人对目前的经济收支情况不太满意或很不满意；有 22.79% 的老人希望把解决老人吃穿问题作为最迫切需要解决的老龄问题⑤。

为了搞好上海农村的老年经济保障，当前迫切需要研究和解决的问题是在继续加强尊老、敬老的宣传教育，坚持以家庭养老为主的前提下，如何把现阶段基本上由集体负担农村老人退休金或养老补贴的制度，逐步改为以集体和劳动者个人为主、国家资助为辅的养老保险新体制。近几年来，上海市在少数乡村开展了社会养老保险、金融养老保险、养老储蓄等改革试点，计划生育部门也正在研究进行独生子女父母的养老保险。我认为不管采取哪一种形式，都需要紧紧抓住一个核心问题，那就是要教育和引导青壮年农民（包括大批领取独生子女证的育龄夫妇）趁现在有劳动收入时，适当节余一小部分钱为自己年老后准备养老费用。就上海农村的情况而言，做到这一点，不仅非常必要，而且也完全可能。

从必要性考察，未来上海郊县农村地区60岁及以上老人数的发展极其迅速，而同期劳动年龄人数却在波浪式地减少，将使集体经济不可能长期承担解决农村老人最基本生活费用的责任。据我们预测，在不考虑人口迁移因素的影响下，如果育龄妇女总和生育率按1986—2000年为1.3、2001—2010年为2.0、2011—2080年为2.1变动，那么在1985—2080年间上海郊县农村地区60岁及以上老人数的峰值将出现在2030年，达160.45万，比1986年增长2.0倍。即使在2030年上海郊县农村地区按目前维持一个农村老人最基本的生活费用为每月40元计算，全年需要支付的养老金总额也将达到7.70亿元（按1986年不变价格计算），比1986年上海郊县农村基本上由集体支付的各项养老费用总额要增加11.6倍；而且由于2030年时上海郊县农村地区15—59岁的劳动年龄人数将比1986年要减少54.8万，因此，如果说1986年全郊县农村地区每个劳动年龄人口平均要负担19.28元养老费用的话，那么在2030年平均将要负担293.29元养老费用（按1986年不变价格计算），即每个劳动年龄人口平均负担养老费用将比1986年增加14.2倍。显然，这是农村集体经济难以承受的。

同时，下个世纪初上海郊县农村地区由目前除有实际困难外每对夫妇只生育一个孩子的政策转为允许每对夫妇可以生育两个孩子的政策，也将使依靠子女解决农村老人的经济赡养问题带来很大的困难。上海郊县在1980年已有18.88万领证的独生子女，从1981年至1988年平均每年有6.34万新领证的独生子女，占同期出生人数的82.5%。也就是说，自80年代以来上海郊县领取独生子女证的育龄夫妇占绝大多数。在现阶段，这些领取独生子女证的育龄夫妇一般各自有2—4个兄弟姐妹，他们可以几个人分担老年父母的经济赡养义务，而每对育龄夫妇抚养的子女却只有1个。这种家庭经济负担的代际关系模式可能是"二、二、一"或"一、二、一"。但当现在领取独生子女证的育龄夫妇年老后，由独生子女通婚组成的家庭，不管他们是否同老人住在一起，每对育龄夫妇将要承担赡养 4 个老人的义务，而下面由于生育政策的允许又可能要抚养 2 个孩子，这便使那时家庭经济负担的代际关系模式将变为"四、二、二"，比现在的家庭经济负担要重得多。可见，在下个世纪 20、30 年代后，上海郊县农村的家庭养老要继续像现在那样依靠子女解决，将存在很大的困难。

从可能性考察，现阶段上海郊县农村地区青壮年农民的劳均年纯收入比较高，而其中很多夫妇只有一个子女，这就使这些青壮年农民在满足家庭基本生活需求并有所改善的前提下，有可能拿出一部分钱储存起来，为自己年老后准备养老费用。据统计局城乡抽样调查队的调查资料，1988 年上海郊县农民家庭平均每人每年纯收入达 1300.93 元，为全国农民家庭平均年纯收入的 2.39 倍。如果以目前上海农村人口平均的最基本生活费用为每年 600元（每月 50 元）计算，那么 1988 年上海郊县农民家庭平均每人的年纯收入要比人均最基本生活费标准高 116.8%。在这种情况下，假如不及时加强教育和引导，将会使不少青壮年农民把钱花在请客送礼、铺张浪费，甚至大搞封建迷信活动上。因此，我们从现在起就应不失时机地开展宣传教育，引导独生子女父母把由于响应国家号召少生子女所减少支出的家庭抚养费用，拿出一部分来为自己年老后准备养老费用。

最近，上海市计划生育部门拟将过去发放的独生子女保健费改为独生子女父母奖励费，并准备进行独生子女父母养老保险基金的试点。我感到这是对人口老龄化与计划生育关系认识深化的反映，它将有利于计划生育工作的开展和老年经济保障问题的解决。但是，由于独生子女父母奖励费的金额比较小，如按独生子女父母分开计算，目前每人每月只有 2.5 元，而且最多领取 16 年，如按每人每月始终领取 2.5 元计算，独生子女父母一方 16 年本金累计下来也只有 480 元。尽管在这 16 年中本金可以增值，在 16 年后到独生子女父母退休时还有 20 多年时间可以再增值，可是在物价指数高于一般银行存款利率的情况下，即使加上保值储蓄贴补率，其本金加增值额的总和仍大致相当于原本金的实际值。假设在未来的 35 年间年平均物价指数为10%，那么 35 年后每月拿到的 140.51 元独生子女父母养老金，仍相当于现在 5 元的实际值。只有在银行存款利率大大高于物价指数的情况下，独生子女父母养老基金才会随着增值时间的延长而大大超过本金的实际值。所以，我们在宣传这部分基金对解决独生子女父母年老后经济保障的作用时，又不宜估计过高，它只能在将来独生子女父母领取养老费用时起些补充作用。

从搞好老年劳务保障，妥善解决老年人的生活照顾问题来看，目前上海市尚缺乏深入系统的研究，还没有制定长远的切实可行的战略对策。这主要是因为现阶段上海城乡老人的子女较多，与子女不在一起居住的比重又较低。即使有些老人基本生活不能自理，绝大多数也能得到配偶、居住在一起的子女及并不居住在一起的子女的照顾。据我们在1989年8月15日进行的上海市在家需照顾老人状况和意愿的抽样调查资料分析⑥，在全市被调查的1122位65岁及以上老人中，身边无子女的老人（包括目前无子女及与所有子女不在一起居住的老人）仅占24.9%。尽管在这1122位老人中，基本上听不见或更严重者占8.6%，基本上不能交谈或更严重者占10.6%，大便经常失控或更严重者占11.0%，需要别人喂着吃饭或更严重者占12.6%，基本上看不见或更严重者占13.2%，穿衣服要别人帮着系扣子或更严重者占43.3%，要别人扶着走或更严重者占54.9%，要别人帮助洗澡或更严重者占57.2%。但是在实际需要别人照顾的988位老人中，主要靠配偶照顾的占37.7%，主要靠居住在一起的子女媳婿照顾的占44.8%，主要靠居住在一起的孙辈照顾的占2.8%，主要靠不居住在一起的子女照顾的占1.5%，主要靠不居住在一起的孙辈照顾的占0.3%，主要靠其他人照顾的占0.9%，需要照顾而无人照顾的占2.0%。可见，在这些实际需要照顾的老人中，目前有87.1%是主要靠配偶、子女媳婿及孙辈来解决基本生活照顾问题的。

然而，值得注意的是在下个世纪20年代后上海市大批独生子女父母进入老龄人口的队伍时，身边无子女的老人家庭将会愈来愈多。特别是在下个世纪40年代，上海市区60岁及以上的老人基本上都是独生子女的父母。即使独生子女通婚后全部与老人住在一起，仍将有一半左右的老人身边无子女；何况还有一部分独生子女由于各种原因与双方老人都分开住。因此，估计那时上海市区可能有60%—70%的老人身边无子女，在上海郊县至少也会有30%—40%的老人身边无子女。当这一大批身边无子女的老人到了75岁以上，基本生活自理能力愈来愈差，甚至配偶不幸去世时，上海市究竟如何搞好老年劳务保障，妥善解决老人的生活照顾问题，将是一个迫切需要研究的重大社会问题。

我在 1987 年和 1988 年访问日本时，日本政府官员和老年问题专家一致认为按照目前日本的国力，主要靠老人院来解决老人的生活照顾问题虽然是可以的，但到下个世纪 20 年代 65 岁及以上老人超过总人口五分之一时，再要采取这种办法，日本财政就承受不住了。所以，他们现在非常注意了解中国主要靠家庭及基层社区来养老的办法，研究并采取各种措施支持和鼓励老人住在家中解决生活照顾问题。1988 年，上海市的人均国民生产总值虽然比全国平均水平高 3.1 倍，但只及日本的十五分之一，再加上我国传统的家庭养老习俗和许多老人希望与亲属共享天伦之乐的心情，使上海市更不应该也不可能通过主要靠敬老院、老人公寓来解决今后老人的生活照顾问题。

从我们进行的上海市在家需照顾老人状况和意愿的抽样调查中发现，那些身边无子女的老人除了有 50.2% 主要靠配偶照顾外，还有 18.0% 主要靠不在一起居住的子女孙辈及住在一起的孙辈照顾。也就是说三分之二以上的身边无子女的老人主要是靠配偶、子女孙辈解决生活照顾的。如果老人目前和将来都不可能与子女居住在一起（包括无子女的），那么他们最迫切希望政府妥善解决老人生活照顾的措施是教育子女经常到老人家中帮助照顾，其次是在住房的建造和分配上有利于孙辈与老人居住在一起，帮助照顾；第三是教育孙辈与老人居住在一起帮助照顾。可见，为了妥善解决未来大批身边无子女老人的生活照顾问题，上海市需要研究并采取的一项重要政策措施是在下个世纪初独生子女通婚时提倡每对夫妇最好生育两个孩子，教育并在住房的建造和分配上鼓励已婚独生子女或孙辈，与老人住在一起，帮助解决照顾问题。事实上，当现在的独生子女父母进入 75 岁时，他们的孙辈约为 20 岁至 25 岁左右，已完全有能力照顾老人了。

此外，这些被调查的身边无子女的老人还希望街道、里弄（乡、村）能提供一些"价廉优质"的服务设施和服务项目，以解决家中的生活照顾问题。其中有 16.6% 的老人需要上门检查身体、打针服务项目，有 9.7% 的老人需要饮食服务项目，有 9.4% 的老人需要洗衣服务项目，有 7.6% 的老人需要康复训练服务项目，有 6.9% 的老人需要洗澡服务项目。这些调查数据虽然不能完全代表下个世纪 20、30 年代上海市独生子女父母年老时的意愿，但启示我们应该十分重视基层社区服务网络的建设，积极进行老人迫切需要的各种服务设施和服务项目的试点，为建立中国特色的社区老年服务体系而努力。

　　综上所述，只要我们正确认识上海市人口老龄化的特点与计划生育的关系，把计划生育与人口老龄化的对策有机结合起来配套实施，就一定能促使计划生育工作和老龄工作更加科学化，取得更大的进展。

【注释】

　　① 根据 1979 年末上海市区的全部及郊县 30 个城镇、10 个农村人民公社的统计资料推算而来。

　　② 桂世勋：《上海市的人口老龄化与计划生育》，《社会科学评论》1986 年第 7 期。

　　③ 田雪原、邬沧萍、鲁志强等：《2000 年的中国人口和就业》。

　　④ 杨庆中、桂世勋、胡启迪：《1986—2000 年上海市生育控制方案的探讨》，《南方人口》1987 年第 3 期。

　　⑤ 桂世勋：《上海郊县农村老龄人口赡养状况及建议》，《中国人口科学》1987 年第 2 期。

　　⑥ 负责该项调查并进行数据处理的人主要有李洁萍、桂世勋、陈申芳、马利中、席增衍、周基玉、叶庭等。

（本文原载《人口与经济》1990 年第 2 期）

上海市流入育龄妇女状况调查分析*

　　1988 年 10 月，上海市统计局、公安局、计划生育委员会、城市规划设计院和复旦大学、华东师范大学、上海社会科学院的人口研究所联合进行了一次大规模的上海市流动人口抽样调查，在调查全市流入人口和流出人口一般情况的基础上，又对其中 4744 名流入育龄妇女进行了计划生育状况的补充调查。这次调查不仅为上海市政府及有关部门提供了大量的流动人口基础资料，而且对我们研究如何搞好中国城乡流动人口的计划生育管理也很有启示。

一、调查方法

　　这次上海市流动人口抽样调查的标准时间是 1988 年 10 月 20 日。调查的对象为离开常住户籍所在地，跨越上海市区和上海市郊任何一个县的辖区范围、在流入地居住或逗留 1 天以上（或离开户籍地 1 天以上）的流入和流出人口。

　　上海市流入人口的状况，通过流入人口居住的 4 大系统（即居住在居民户、集体户中的流入人口，住宿在旅馆、招待所、医院中的流入人口，住宿在船上的流入人口，住宿在临时工棚、农贸市场等的流入人口）分别进行调查。上海市流出人口的调查，则通过流出人口居住的居民户、集体户进行调查。在对居住在居民户、集体户中的流动人口调查时，采取分层整群随机抽样的方法，将上海市各街道、乡、镇的居民委员会或村民委员会分为市区

---

*　本文由桂世勋、孙加琪合著。

中心街道、市区一般街道、市区边缘街道、郊县城镇、郊县农场、郊县农村等层，然后分别按 2% 比率确定每层所要抽取的居民委员会或村民委员会的样本单位数（全市共抽 131 个），并用等距抽样的方法抽取具体的调查单位，对其中全部流入人口和流出人口进行个案调查，共计调查流入人口 14367 人，流出人口 6035 人。在对住宿在旅馆、招待所、医院中的流入人口调查时，除采取全面清点人数的方法外，还按市区、郊县分类抽取 2% 的单位，对其中全部流入人口进行个案调查，共计调查流入人口 5319 人。对住宿在船上的流入人口，采取分类全面清点船只及对各类中一部分船只上的流入人口进行个案调查登记相结合的方法，共计调查登记流入人口 2912 人。对住宿在临时工棚、农贸市场等地的流入人口，也采取分类全面清点单位及对各类中的一部分单位的流入人口进行个案调查登记相结合的方法，共调查登记流入人口 605 人。

在调查中，对其中在本地区居住 1 天以上的全部育龄妇女增加了一张有关计划生育状况的调查表。在所调查的 4744 名流入育龄妇女中，居住在居民户、集体户的 3670 人，占 77.4%；住宿在旅馆、招待所、医院的 690 人，占 14.5%；住宿在船上的 372 人，占 7.8%；居住在其它地方的 12 人，占 0.3%。

对这些流入育龄妇女的调查，全部采取由调查员面对面访问，按她们的回答填写调查表的方法。由于当时中国大部分地区都未颁布流动人口计划生育管理办法，许多流入的有配偶育龄妇女没有《计划生育证明》，调查员无法验核她们回答的属于"计划内怀孕"和"计划内生育"是否确实，因而这次调查所取得的有关计划外怀孕和生育的人数可能比实际人数要少些。

二、流入育龄妇女的基本状况

据这次全面清点和抽样调查资料推算，1988 年 10 月 20 日，在上海市居住 1 天以上的流入人口总数为 124.6 万，其中市区为 81.7 万，郊县为 42.9 万。如按他们居住的系统分组，居住在居民户、集体户的有 75.9 万，占 60.9%；住宿在旅馆、招待所、医院的有 20.6 万，占 16.5%；住宿在临时工棚、农贸市场等的有 20.2 万，占 16.2%；住宿在船只上的有 7.9 万，占 6.3%。

当天上海市常住户籍人口中流出 1 天以上的人口总数为 34.4 万，其中市区流出 17.0 万，郊县流出 17.4 万。

在上海市全部流入人口中，流入女性人口约为 36.3 万，她们占流入人口的比率，因居住的系统不同而呈现明显的差别。在居民户、集体户中的占 38.8%，在旅馆、招待所、医院中的占 18.6%，在船只上的约占 22.5%，在临时工棚中的约占 6.3%。在上海市全部流出人口中，流出女性人口为 11.1 万。

在上海市女性流入人口中，育龄妇女约为 23.5 万，她们占流入女性人口的比率也因居住的系统不同而呈现一定的差别。在居民户、集体户中流入育龄妇女占 65.9%，在旅馆、招待所、医院中流入育龄妇女占 69.8%，在船只上流入育龄妇女约占 56.9%，在临时工棚中流入育龄妇女约占 31.6%。在上海市全部流出女性人口中，流出育龄妇女为 5.6 万。

从流入育龄妇女的年龄构成来看，在被调查的 4744 名流入育龄妇女中，15—19 岁组占 19.0%，20—24 岁组占 28.1%，25—29 岁组占 14.9%，30—34 岁组占 14.4%，35—39 岁组占 12.0%，40—44 岁组占 7.0%，45—49 岁组占 4.7%。其中处于和即将处于生育旺盛期的 15—29 岁育龄妇女占流入育龄妇女总数的 62.0%，较 1987 年上海市常住人口的该比例要高 15.8 个百分点。

从流入育龄妇女的婚姻状况来看，未婚的占 42.3%，有配偶的占 57.0%，丧偶的占 0.4%，离婚的占 0.6%。在流入的有配偶育龄妇女中，与丈夫一起住在本地区的达 58.2%，特别是在处于生育旺盛期的 20—29 岁有配偶育龄妇女中，与丈夫一起住在本地区的比例占 79.6%（见表 1）。

表 1　流入有配偶育龄妇女与丈夫同住状况

年龄组	育龄妇女数（人）	有配偶妇女占育龄妇女比重（%）	与丈夫同住妇女占有配偶妇女比重（%）
15—19	900	1.2	90.9
20—24	1331	28.5	84.S
25—29	706	84.7	76.4
33—34	682	95.2	66.9

续表

年龄组	育龄妇女数（人）	有配偶妇女占育龄妇女比重（%）	与丈夫同住妇女占有配偶妇女比重（%）
35—39	569	95.3	61.3
40—44	334	94.3	59.4
45—49	222	95.0	49.3

从流入育龄妇女的文化程度来看，不识字或识字很少的占12.6%，小学程度的占21.4%，初中程度的占47.4%，高中程度的占15.4%，大学肄业或在校的占0.7%，大学程度的占2.4%。值得注意的是，在20—24岁和25—29岁组妇女中，不识字或识字很少的分别占13.9%和20.4%，比1987年上海市常住人口中同年龄组妇女的文盲、半文盲率要高13.1和19.0个百分点。

从流入育龄妇女来本地区前在业或不在业状况来看，在被调查的全部流入育龄妇女中，比重最大的前5位分别是农林牧渔劳动者（占43.4%）、工人（占16.1%）、家务劳动者（占5.6%）、在校学生（占4.5%）和办事人员（占4.0%）。其中农林牧渔劳动者的比重，较1987年上海市常住人口中15—49岁女性农林牧渔劳动者占育龄妇女总数的比重要高35.5个百分点。

从流入原因来看，在被调查的全部流入育龄妇女中，比重最大的前5位分别是从事除手工业劳动、建筑工、保姆外的其他务工（占27.1%）、探亲靠友（占16.8%）、从事手工业劳动（占12.0%）、从事除购销外的其它经商（占8.1%）和购销（占5.4%）（见表2）。

表2　流入育龄妇女的流入原因构成　　　　　　　单位：%

流入原因	调动分配	手工业劳动	保姆	建筑工	其他务工	购销	其他经商	学习培训	务农
15—49岁	0.9	12.0	2.0	2.6	27.1	5.4	8.1	3.1	3.3
20—29岁	0.3	16.9	2.0	3.2	29.1	3.7	8.8	2.8	4.3

开会考察	探亲靠友	婚迁	离退休退职	刑释解教	旅游	治病	中转	其它	
0.9	16.8	2.6	0.1	0.02	4.9	3.2	1.6	5.2	
0.3	11.4	3.9	0	0	5.7	1.6	1.1	4.8	

从流入育龄妇女在本地区居住时间来看，居住1天的占3.0%，2—3天的占10.3%，4天至1个月的占22.5%，1—3个月的占15.0%，3个月至半年的占9.5%，半年至1年的占13.1%，1—3年的占15.0%，3—5年的占5.5%，5年以上的占6.1%。

在上述这些基本情况中，居住在不同系统的流入育龄妇女是存在着明显差别的。居住在居民户、集体户中的流入育龄妇女年龄构成较轻，大部分处于或即将处于生育旺盛期，其中15—24岁的占54.5%；她们的文化程度较低，初中程度的占52.9%；在全部育龄妇女中有配偶的比重虽然较低，只占32.6%，但与丈夫一起居住在本地区的比重却达75.8%；她们来本地区前以农林牧渔劳动者为主，占55.2%；流入原因以经济型为主，从事手工业劳动和其它务工、经商、务农及保姆等项经济活动的占58.2%，不过探亲靠友和婚迁也占相当比重，达24.8%；她们在本地区居住时间一般比较长，居住3个月以上的占59.1%，其中居住1年以上的占育龄妇女总数的31.5%。

住宿在旅馆、招待所中的流入育龄妇女年龄构成相对较老些，大部分已过了生育旺盛期，15—24岁者只占育龄妇女总数的20.4%；她们的文化程度较高，初中及以上的占51.2%；在全部育龄妇女中有配偶的比重较高，达79.6%，但她们与丈夫一起居住在本地区的比重却只有24.4%；她们来本地区前以工人、办事人员、商业人员为主，合计占59.3%；同时经济业务人员和科技人员也分别占7.8%和7.4%；流入原因以社会型和学习型为主，其中因旅游、治病、中转的占44.9%，因学习培训和开会考察的占16.7%，不过从事购销的也占相当比重，达22.3%；她们在本地区居住时间较短，居住1天至1月的占94.8%，其中居住1—3天的占育龄妇女总数的47.0%。

住宿在小型船只上的流入育龄妇女年龄构成相对集中在中间，20—39岁的占83.3%，她们中有2/5仍处于生育旺盛期；她们的文化程度很低，不识字或识字很少的占 57.0%；在全部育龄妇女中有配偶的比重很高，达 90.3%，而且她们与丈夫一起居住在本地区的比重竟占 98.2%；她们来本地区前几乎全是农林牧渔劳动者，占 99.7%；流入原因也以经济型为主，为了搞运输的占 58.9%；她们在本地区居住时间比住宿在旅馆、招待所的要长些，居住 1 天至 1 月的占 57.5%，其中居住 1—3 天的占育龄妇女总数的 27.4%，但居住 1—5 年的也占了 25.0%。

三、对搞好流动人口计划生育管理的启示

（一）从流入育龄妇女计划外生育和计划外怀孕的严重性，看加强流动人口计划生育管理的紧迫性。上海市是中国计划生育工作的先进地区，1988 年全市常住户籍人口中育龄妇女计划外生育数只占出生人口总数的 0.6%，可是这次被调查的育龄妇女在流入本地区居住期间最后一次生育的 490 名婴儿中，属于计划外生育的却有 65 人（其中早育 1 人），占出生人口总数的 13.3%。1988 年上海市常住户籍中育龄妇女计划外生育数只占全市育龄妇女总数的 0.3‰，可是这次被调查的流入育龄妇女在流入本地区居住期间最后一次生育属于计划外生育的，却占全市被调查的流入育龄妇女总数的 13.7‰。由于在流入本地区期间生育过孩子的 514 名育龄妇女中，在流入本地区期间生育过 3 个及以上孩子的占 2.3%，她们在本地区的前一二次生育是否属于计划生育，这次并未进行调查，因而根据上述资料可以断定上海市每 73 名流入育龄妇女中至少有 1 人曾经在流入本地区期间生育过计划外的婴儿。

如果分居住系统，按流入人口个案调查数占流入人口总数的比率进行匡算，那么在 1988 年 10 月 20 日上海市全部流入育龄妇女中，在流入本地区居住期间最后一次生育的计划外婴儿将达 2777 人左右。鉴于被调查的育龄妇女在流入本地区居住期间最后一次生育属于计划外生育的 65 人中，有 17 人是在 1988 年生育的，因此估计在 1988 年 10 月 20 日上海市全部流入育龄妇女中，在 1988 年生育的计划外婴儿总数将为 821 人左右，相当于 1988 年上海市常住户籍人口中育龄妇女全年计划外生育数的 81.9%。实际上，1988 年上海市流入育龄妇女在流入本地区居住期间的计划外生育数肯

定会比上述人数要多得多，但因其中的许多育龄妇女在 1988 年 10 月 20 日时已不在本地区居住，无法作为调查对象，所以也就不知道她们的计划外生育情况。

从被调查的流入育龄妇女的计划外怀孕情况来看，在这次调查时已怀孕的 110 人中，属于计划外怀孕的有 13 人（其中未婚先孕 2 人），占已怀孕总数的 11.8%，占流入育龄妇女总数的 2.7‰。由于在这些被调查的流入育龄妇女中，有少数计划外怀孕的已经上海市或常住户口所在地的计划生育部门干部动员中止了妊娠，因而也可以断定在当时上海市每 370 名流入育龄妇女中至少有 1 名属于计划外怀孕，每 8 名已怀孕的至少有 1 名属于计划外怀孕的。如果分居住系统，按流入人口个案调查数占流入人口总数比率进行框算，那么在 1988 年 10 月 20 日上海市全部流入育龄妇女中，计划外怀孕的将达 673 人。

由此可见，尽管当时上海市部分地区已着手抓了流入育龄妇女的计划生育管理，但是流入育龄妇女的计划外生育和计划外怀孕的情况仍然是相当严重的。在 90 年代这个控制中国人口增长的关键时期，我们只有坚持常住户籍人口（包括流出人口）和流入人口一起抓，加强对流动人口的计划生育管理，才能有效地控制中国的人口增长。

（二）从流入育龄妇女来源地广和暂住户口申报率低，看尽快制定全国统一的流动人口计划生育管理办法的必要性。在被调查的上海市全部流入育龄妇女中，尽管来源地比较集中，从江苏省来的占 33.5%，从浙江省来的占 22.4%，从上海市其它地区来的占 10.6%，从安徽省来的占 10.1%，4 省市合计达 76.6%，可是她们来源地的分布面却十分广泛。无论是居住在居民户、集体户中的还是住宿在旅馆、招待所、医院中的流入育龄妇女，她们的来源地都遍及中国大陆的 28 个省、市、自治区。其中来自江西省、四川省、新疆维吾尔自治区的流入育龄妇女也分别占 3.4%、2.8% 和 2.5%。此外，来自中国香港、澳门、台湾地区及国外的流入育龄妇女也占流入育龄妇女总数的 0.3%。即使从这次被调查的计划外生育的 65 人来看，来源地除上海其它地区外，还涉及 7 个省区（江苏、浙江、安徽，河北、山西、四川、新疆）。同样，从这次被调查的计划外怀孕的 13 人来看，来源地除上海其他地区外，也涉及 6 个省（浙江、江苏、安徽、江西、四川、陕西）。

特别值得注意的是尽管浙江省和江苏省的许多市在当时已颁布了有关流动人口计划生育管理的地方法规，但由于上海市外的绝大部分地区尚无这方面的地方法规可循，因而在这次被调查的流入育龄妇女计划外生育和计划外怀孕中，仍有相当一部分是来自浙江和江苏两省的。即使上海市制定了流动人口计划生育管理的地方法规，如果中国其它许多地区仍没有这方面的相应地方法规，那么上海市在检查这些地区流入已婚有配偶育龄妇女的《计划生育证明》时仍会遇到许多麻烦，而且上海市流往这些地区育龄妇女的计划生育会继续出现"常住户口所在地很难管甚至管不着，暂住地无人管"的状况。所以，为了使常住户口所在地与流入人口暂住地更好地互相配合，加强对流动人口的计划生育管理，必须尽快地制定全国统一的流动人口计划生育管理办法。

同时，从这次流动人口调查中还发现，尽管上海市公安部门在1984年11月就颁布了《上海市外来寄住户口管理试行办法》，1988年6月又进一步颁布了《上海市暂住人口管理协定》，并在每个派出所下都组织了一支协管员队伍，有的还建立了"外来人口管理办公室"，但流入育龄妇女的暂住户口和寄住户口的申报率仍很低。在这次被调查的全部流入育龄妇女中，申报暂住户口和寄住户口的合计为2671人，占56.3%。如按她们的居住系统分组，住宿在旅馆、招待所、医院中的流入育龄妇女的户口申报率达84.9%，居住在居民户、集体户中的户口申报率为56.8%，住宿在船只上的户口申报率只有0.3%。至于在1988年计划外生育的流入育龄妇女的户口申报率只有35.3%，在调查时已计划外怀孕的流入育龄妇女的户口申报率只有30.8%。

当然，根据上海市公安部门的规定，流入人员在本地区暂住1—3天是不需要申报暂住户口的。但居住1—3天的比例在流入育龄妇女中只占13.3%，在1988年计划外生育的育龄妇女中只占5.9%，在调查时已计划外怀孕的妇女中只占7.7%。这样，应报暂住或寄住户口而未申报的比例，在全部流入育龄妇女中约有30.4%，在1988年计划外生育的流入育龄妇女中约有58.8%，在调查时已计划外怀孕的流入育龄妇女中约有61.5%。可见，为了加强公安部门对申报暂住户口和寄住户口的管理，使公安部门能通过办理流入有配偶育龄妇女的暂住户口登记来验核她们的《计划生育证明》，与计划生育及其它有关部门齐抓共管，共同搞好流动人口的计划生育管理，也需要尽快制定全国统一的流动人口计划生育管理办法。

（三）从计划外生育和计划外怀孕的流入育龄妇女的婚姻状况、居住状况等特点，看确定流动人口计划生育管理对象的科学性。在这次被调查的流入育龄妇女中，在本地区居住期间最后一次生育属于计划外生育的并不全是已婚有配偶的育龄妇女，其中年龄在 20 岁以下，属于未婚生育的有 1 人。在调查时已计划外怀孕的也并不全是已婚有配偶的育龄妇女，其中年龄在 20 岁以下属于未婚先孕的有 2 人。在这些计划外生育和计划外怀孕的流入育龄妇女中，与丈夫一起住在本地区的比率也相当高。比如，在 1988 年计划外生育的育龄妇女中，与丈夫一起居住在本地区的占 94.1%；在调查时已计划外怀孕的流入育龄妇女中，与丈夫一起居住在本地区的占 92.3%；分别比流入有配偶育龄妇女与丈夫一起居住在本地区的比率（68.1%）要高 26.0 和 24.2 个百分点。上述情况表明，如果我们把流动人口计划生育管理的对象仅仅局限于流入（或流出）的已婚有配偶育龄妇女的话，不仅会忽视对流动的未婚育龄妇女进行人口与计划生育知识的宣传教育，放松对流动育龄妇女中未婚先孕、未婚生育的管理，而且还会把大量与流动的有配偶育龄妇女实际上居住在一起的男性育龄人口排除在计划生育宣传教育和管理之外。所以，为了切实搞好流动人口的计划生育管理，应该把管理的一般对象扩大为流入（或流出）的育龄人口。

其次，要科学地确定流动人口计划生育管理的对象，还必须实事求是地研究确定育龄人口流入暂住地（或流出常住户口所在地）的时间界限。从这次被调查的计划外生育和计划外怀孕的流入育龄妇女在本地区的居住时间来看，尽管大多数是属于流入本地区后居住 3 个月以上的，但在本地区居住不超过 3 个月的也有一定数量。比如，在调查时已计划外怀孕的流入育龄妇女中，在本地区已居住 2 天至 3 个月的有 5 人，占 38.5%（其中居住 2—3 天的有 1 人，居住 4 天至 1 个月的有 1 人，居住 1—3 月的有 3 人）；在本地区居住 3 个月以上的有 8 人，占 61.5%（其中居住半年至 1 年的有 3 人，居住 1—3 年的有 3 人，居住 3—5 年的有 2 人）。由于不少流入育龄妇女在流出常住户口所在地后，并不是直接流入本地区居住的，她们往往较频繁地在各地转移，从而出现离开常住户口所在地虽然已 3 个月以上，但流入某一地区却不到 3 个月的现象。因此，如果把流动人口计划生育管理的对象在时间上局限于流出（或流入）3 个月以上的育龄人口，不仅不利于搞好对那些频繁地更换流入地的育龄人口的计划生育管理，而且还会被有些想计划外生育的育龄人口钻政策的空子，通过经常变换流入地来逃避计划生育及有关部门的检查。

总之，根据上海市流动人口的调查及许多地区对流动人口计划生育管理的经验，我们认为中国城乡流动人口计划生育管理的对象还是以流入（或流出）1 天以上的育龄人口为宜。至于流入（或流出）3 个月以上（包括拟流入或流出 3 个月以上）的已婚有配偶育龄妇女，可以作为流动人口计划生育管理的重点对象。

当然，具体分析这次被调查的计划外生育和计划外怀孕的流入育龄妇女的其它特点，对科学地确定流动人口计划生育管理的重点对象，也有一定的参考价值。

（四）从流入育龄妇女的人工流产和采取节育措施的情况，看搞好流动人口计划生育经费分配的重要性。在这次被调查的 2706 名流入已婚有配偶育龄妇女中，在本地区居住期间进行过人工流产的有 185 人，占 6.8%。其中有 33 人在本地区累计人工流产 2 次，占流入本地区进行过人工流产总人数的 17.8%；有 11 人在本地区累计人工流产 3 次，占流入本地区进行过人工流产总人数的 5.9%；有 2 人在本地区累计人工流产 4 次，占流入本地区进行过人工流产总人数的 1.1%。总之，在被调查的全部流入已婚有配偶育龄妇女中，在本地区居住期间共进行过人工流产 246 人次。

在这次被调查的全部流入已婚有配偶育龄妇女中，采取女子结扎手术的占 19.1%，放置宫内节育器的占 40.3%，服避孕药的占 11.1%，注射避孕针的占 0.4%，丈夫已采取男子结扎手术的占 1.3%，使用避孕套的占 2.4%，使用外用避孕药的占 0.3%，采取其它避孕措施的占 2.7%，无措施的占 22.4%。从上述数据中可以看到，在这次被调查的全部流入已婚有配偶育龄妇女中，已采取稳定性节育措施的占 60.7%。由于在流入有配偶的育龄妇女中，尚有一部分是可以安排计划生育的，因而真正需要经常获得避孕药具的，一般不会超过流入已婚有配偶育龄妇女的 1/3。

当然，即使在那些需要经常获得避孕药具的流入育龄妇女中，也不是都要暂住地计划生育部门免费供应避孕药具的。在这次被调查的需要经常获得避孕药具的 399 名流入育龄妇女中，由自己购买的占 26.8%，由原单位发放的占 33.1%，由现单位发放的占 26.8%，通过其它途径取得的占 13.3%。所以，真正需要由暂住地计划生育部门免费发放的，大致占需要的 1/2 左右。

由此可见，在那些流入已婚有配偶育龄妇女数量较多、采取稳定性措施比重较低的地区，上级计划生育部门及本地区的地方财政应该适当增加计划生育经费（包括施行人工流产手术经费和免费供应避孕药具经费），以支持这些地区搞好流入人口的计划生育管理工作。同时，这些地区也可通过向流入从事经济活动的育龄人口征收少量计划生育管理费，让流入育龄人口的聘用单位承担一部分计划生育药具费用等来解决流入人口计划生育经费不足的困难。

（本文原载《中国人口科学》1990 年第 6 期）

上海市流动人口的计划生育管理亟待加强

最近批准的《中华人民共和国国民经济和社会发展十年规划和第八个五年计划纲要》，在谈到今后十年内"继续坚定不移地执行计划生育基本国策"时指出："要把工作的重点放在农村和加强对流动人口计划生育管理上"。我认为上海市的计划生育工作虽然取得了很大成绩，成为国内外公认的中国计划生育工作的先进地区，但是在流动人口的计划生育管理上仍存在不少问题，迫切需要引起本市各级党政领导的高度重视，并按照《纲要》的要求，在"八五"期间采取切实有效措施，加强管理。

上海市是我国常住户籍人口最多的城市，也是我国最大的港口和重要的经济、科技、贸易、金融、信息、文化中心。在全国各大城市中，上海市的流动人口也是最多的。由上海市统计局、公安局牵头，市计划生育委员会、复旦大学人口研究所、上海社会科学院人口研究所、华东师范大学人口研究所、市规划设计院联合进行的1988年10月20日上海市流动人口抽样调查表明，当时流入上海市区或郊县某个县并暂住1天以上的人口为124.6万，流出上海市区或郊县某个县1天以上的人口为34.4万，也就是说当时跨越上海市区或郊县某个县的地域，流入和流出1天以上的流动人口总量达159万，相当于1988年末上海市常住户籍人口数的八分之一。

即使按那次抽样调查时流入育龄妇女自己回答的属于计划外生育和计划外怀孕的数据进行推算，从1988年1月1日至1988年10月20日止，流入育龄妇女在上海暂住时计划外生育的婴儿至少821人，相当于1988年上海市常住户籍人口中育龄妇女全年计划外生育数的81.9%；在1988年10月20日上海市全部流入1天以上的育龄妇女中，计划外怀孕的约673人，假如对这些计划外怀孕的流入育龄妇女，不加强计划生育管理，不采取补救措施，又会增加计划外出生婴儿 673 人（详见桂世勋、孙加琪：《上海市流入育龄妇女状况调查分析》，《中国人口科学》1990 年第 6 期）。可见，尽管当时上海市部分地区已着手抓了流入育龄妇女的计划生育管理，但全市流入育龄妇女的计划外生育和计划外怀孕的情况仍然是相当严重的。在 90 年代这个控制我国人口增长的关键时期，如果我们只满足于抓好常住户籍人口的计划生育管理，不加强对流动人口的计划生育管理，那么随着上海市的进一步改革开放及流动人口数量的增加，这方面问题将会更加突出。

从目前上海市的计划生育管理体制来看，基本上沿袭了 60、70 年代形成的以管理常住户籍地的已婚育龄夫妇为对象的体制，与加强流动人口的计划生育管理的要求很不适应。它主要表现在以下几个方面：

（一）在组织管理上，近年来我国各地的经验表明，要搞好流动人口的计划生育管理，比搞好当地不流动的常住户籍人口计划生育管理难度更大，更不能仅仅依靠计划生育部门的努力。它必须在各级人民政府的统一领导下，由计划生育、公安、工商行政管理、劳动、人事、民政、城建、乡镇企业管理、房地产管理、交通运输、卫生等部门分工协作，明确职责，齐抓共管，才能搞好。现在有些省及市已建立了比省及市计划生育委员会更有权威性的省及市计划生育领导小组或流动人口管理（包括户籍、治安、劳动、计划生育、爱国卫生等流动人口综合管理）领导小组。可是，上海市至今仍未建立起一个更有权威性的、能协调包括上述有关部门齐抓共管流动人口计划生育的组织机构。为了理顺体制，减少机构重复设置，我建议上海市可在现有的控制人口增长联席会议制度的基础上，扩大职能和参加成员范围，改建成上海市人口与计划生育工作领导小组或上海市人口与计划生育工作联席会议制度，实施上海市人口自然增长与机械增长一起有计划控制、常住户籍人口与流动人口一齐管理的综合领导职能。此外，据我主持的、由上海市计生委政策法规处干部参加的"我国城乡流动人口计划生育管理研究"课题组初步测算，如按每暂住 3 个月以上的 1 万名流入人口增配 1 名计划生育专职干部的标准，1988 年上海仅暂住在居民户、集体户中已达 3 个月以上的流入人口为 43.56 万，也就是说全市至少要增加 44 名计划生育专职干部才能胜任流入人口的计划生育管理工作。然而现在上海市有关部门在审批各级计划生育管理机构的行政编制和事业编制时仍未考虑加强对流入人口计划生育管理的工作需要。

（二）在宣传教育管理上，近年来我国有些地区已对流入暂住3个月以上的育龄人口（包括企业单位招聘的外来暂住人口、经营个体工商业的外来暂住人口）开展了人口与计划生育基础知识教育。上海市的少数地区及单位虽也开始注意了这个问题，但全市的绝大部分地区至今仍未制定并实施对流入育龄人口进行人口与计划生育基础知识教育的计划，许多地区还未对各级领导干部深入细致地开展重视和加强流入人口计划生育管理的宣传教育。

（三）在计划统计管理上，现在我国有一部分省、自治区及市已实行了对流入暂住3个月以上的务工、经商代耕的育龄妇女验核《计划生育证明》或《未婚证明》的制度，凡没有本地公安部门发放的《暂住证》和常住户籍所在地计划生育部门出具的《计划生育证明》或《未婚证明》的流入育龄妇女，一律不准在本地区招聘或申请营业执照；同时对本地区拟流出3个月以上的育龄妇女也实行了办理出具《计划生育证明》或《未婚证明》的制度。其中少数地区还对流入和流出3个月以上育龄妇女的计划生育情况建册立卡，并对包括管理流动人口在内的计划生育工作实行了考核和奖惩制度。可是，上海市至今仍未建立一套切实可行的流入人口计划生育的统计指标体系及统计表式，也未形成一套较科学的包括考核流入人口计划生育管理成效在内的人口与计划生育目标管理责任制及奖惩办法，全市绝大部分地区至今对流入人口计划生育状况未进行统计，对流入人口计划生育管理成效未进行考核。

（四）在政策法规管理上，目前浙江省、广东省、云南省、青海省，安徽省、陕西省、内蒙古自治区、新疆维吾尔自治区及厦门市、呼和浩特市、兰州市、青岛市、福州市、济南市、重庆市、昆明市、杭州市等均已颁布了专项的流动人口计划生育管理条例，上海市虽然在1987年由计划生育委员会和工商行政管理局批发了《关于加强本市个体户计划生育管理工作的请示》，而且市流动人口计划生育管理条例也已起草，修改多次，但抓抓放放至今仍未提交市人大常委会审议。

（五）在避孕药具管理上，现在我国有些省及市已规定了供应流入育龄夫妇避孕药具的各种渠道及经费来源，可是上海除设立了一些避孕药具零售网点，可供本地常住户籍育龄夫妇提供节育咨询和避孕药具服务在内的避孕药具管理体制，大部分地区和单位仍未妥善解决流入育龄夫妇的节育咨询和避孕药具服务问题。

（六）在财务管理上，近年来我国有些省及市已采取增加地方财政投入和向流入本地区从事经营活动的人员征收流动人口管理费或单项流动人口计划生育管理费等办法，来解决流入人口计划生育经费。可是上海市的计划生育经费至今仍以常住户籍人口的各项计划生育费用开支来分配和计算，不仅地方财政从未考虑对流入人口计划生育管理应追加多少经费，而且在政策上也未明确解决究竟应从现在已经征收的城市建设费中提取一定比例用于流入人口计划生育管理，还是再开征专项流入人口计划生育管理费。现在上海市已向来沪务工经商、从事经营活动，拟在上海暂住 3 个月以上的流入人口每月征收一定数量的城市建设费。据我们在市郊调查了解，在基层派出所收来的这笔费用中，除 15% 由派出所留用，解决外来人口管理办公室工作人员、居委会户口协管员的工作报酬及办公费用外，上交镇或乡政府 4%，上交县政府 4%，上交县公安局 2%，上交市有关部门 75%，主要用于城市基础设施建设。为了加强本市流入人口的计划生育及其他各项管理，我建议可将现在征收的城市建设费改为城市建设和管理费，征收费用的标准拟在现有的基础上增加 10%，用于包括计划生育在内的各项流入人口管理。如果市有关部门认为目前改征条件不成熟，也可考虑先从现在上交市有关部门的 75% 的城市建设费中，扣除 5% 用于流入人口的计划生育管理。

由此可见，上海市在贯彻落实《纲要》提出的加强对流动人口计划生育的管理上，还有许多工作要做。我相信，只要本市党政领导重视，采取切实措施，在"八五"期间，上海市的计划生育工作一定能走上一个新台阶，在流动人口的计划生育管理上也成为全国的先进地区。

（本文原载上海市计划生育委员会、上海人口情报中心编
《人口专家谈上海人口形势》，1991 年 5 月）

加强流动人口计划生育管理

一、正确认识我国流动人口中育龄妇女的生育状况

关于流动人口的界定，至今仍在探讨之中。根据中国的国情及目前的户籍管理制度，我们认为流动人口应指离开常住户籍所在地，跨越一定的辖区范围，在异地居住 1 年以上的人口。目前我国这类人口的数量，尚无精确的统计。据 1990 年全国第四次人口普查资料，在 1990 年 7 月 1 日零时大陆 30 个省、直辖市、自治区（不包括福建省的金门、马祖等岛屿）中，仅离开户口登记地 1 年以上并跨越县、市范围的流入人口，就占总人口（不包括现役军人）的 1.88%，即全国平均每 53 人中就有 1 人属于离开常住户籍所在地 1 年以上并跨越县、市范围的流动人口。

在我国目前十分庞大的流动人口队伍中，育龄妇女的生育状况、特别是计划外生育和计划外怀孕的状况究竟如何呢？在我们课题组① 进行的 1988 年 10 月 20 日上海市流入人口计划生育状况调查、1990 年 10 月 25 日重庆市部分市区流动人口计划生育状况调查、1990 年 10 月 20 日西安市部分市区流动人口计划生育状况调查中发现，即使在这些计划生育工作比较先进的地区，流入育龄妇女的计划外生育和计划外怀孕的情况，仍然是相当严重的。在上海市，被调查的 4744 名流入育龄妇女自 1988 年 1 月 1 日至 10 月 20 日期间，在流入本地所生育的全部婴儿中属于计划外生育的 15.3%，比 1988 年上海市常住户籍人口的计划外生育比例要高 2.5 倍；当时被调查的流入育龄妇女中计划外怀孕者占怀孕总数的 11.8%。重庆市虽然在 1988 年 11 月已颁布了《流动人口和个体工商户计划生育管理暂行办法》，但被调查的 1012 名流入沙坪坝区和江北区的育龄妇女，自 1990 年 1 月 1 日至 10 月

25 日期间，在流入本地所生育的全部婴儿中属于计划外生育的仍占 1.76%，比 1990 年重庆市（包括 12 个郊县在内）常住户籍人口的计划外生育比例还要高 1.8 倍；当时被调查的流入育龄妇女中计划外怀孕者竟占已怀孕总数的 38.5%。西安市虽然已在逐步贯彻落实 1988 年 7 月颁布的《陕西省流动人口计划生育管理办法》，但被调查的 1169 名流入新城区和莲湖区的育龄妇女，自 1990 年 1 月 1 日至 10 月 20 日期间，在流入本地所生育的全部婴儿中属于计划外超生的仍接近 14.0%，比 1990 年西安市区常住户籍人口的计划外超生比例要高 20 倍。需要说明的是，由于至今我国大多数地区仍未实行对流动人口计划生育的有效管理，在我们调查时许多流入有配偶育龄妇女没有《计划生育证明》，调查员无法验核她们回答的计划外生育和计划外怀孕的情况是否确实，因而实际上这些地区流入育龄妇女的计划外生育和计划外怀孕的状况，可能会比上述调查所反映的问题更严重些。

至于我国现阶段流动人口中育龄妇女的生育状况是否也像国外许多国家的迁移流动人口那样，其生育率水平都低于原住地非迁移流动人口中育龄妇女生育率的问题，我们认为不能简单类比，必须从当前我国的具体国情出发进行深入分析。

诚然，我国现阶段的人口流动存在着有利于生育率下降的一面。由于这种流动大多数是由农村流往市镇，流动人口的平均文化程度一般要高于常住户籍所在地的非流动人口，当他们流入市镇暂住后看到当地的婴幼儿死亡率较低，并且在与市镇居民的交往中会不同程度地受到当地居民的生活方式、价值观、婚姻观和生育观的影响，其中有部分育龄妇女还怕早育或多育会妨碍她们在暂住地继续从事收入较高、条件较好的工作，因此有可能逐渐倾向于晚婚晚育、少生优生。但是，流动人口也存在着计划生育难以管理的一面。他们的足迹遍布全国各地，远离常住户籍所在地，许多人从事个体生产和经营活动，有些还没有固定工作地点和住所。加上我国目前市镇仍对流动人口与常住户籍人口采取不同的粮食及副食品供应政策、不同的住房分配政策、不同的入学和就业政策、不同的社会保障政策，因而必然使我国流动人口在价值观、生育观的转变上明显地滞后于迁移人口。特别是我国现阶段实行严格控制人口增长的生育政策，城乡育龄妇女较低的总和生育率并不像许多资本主义国家那样基本上是在经济、文化的影响下自发形成的，而是在自身的经济、文化与国家政策指导、计划生育管理（包括服务，下同）的交互作用下形成的。如果我们对流动人口计划生育管理因难度增加而有所削弱的话，就会使本来并不是为了当"超生游击队"而外出的许多育龄夫妇重新萌生计划外生育的想法，使一些原来就想超生的育龄夫妇趁机外出躲生、抢生。

我们认为从一个地区来看，流出育龄妇女的生育率是否低于她们常住户籍所在地非流出育龄妇女的生育率，主要取决于两个因素：一是流出育龄妇女在暂住地的职业及活动方式构成（而这些往往又与其文化程度有关）。如果这个地区流出育龄妇女大多是在暂住地务工并被企事业单位招聘的，其生育率往往较低；如果这个地区流出育龄妇女大多是在暂住地从事分散的个体生产和经营活动的，如本人或伴随其丈夫外出做木工、泥水匠、裁缝、弹棉、修补、小商贩、饮食服务、运输、捕捞、代耕、养殖等，其生育率往往较高。二是流出育龄妇女的常住户籍所在地对非流出育龄夫妇的计划生育管理与流出育龄夫妇在流出期间所受到的计划生育管理的差异。如果常住户籍所在地对非流出育龄夫妇的计划生育管理本身就很弱，这些育龄妇女生育率很高，那么流出育龄妇女的生育率即使较高，也不一定会比她们高；如果常住户籍所在地对非流出育龄夫妇的计划生育管理很强，而流出育龄夫妇在流出期间却处于计划生育无人管理或基本上无人管理的状况，那么流出育龄妇女的生育率就可能高于她们常住户籍所在地非流出育龄妇女的生育率。前几年我国少数地区对流出人员的计划外生育状况进行了调查。如浙江省萧山市计生委在1983年冬的调查发现，当时计划外出生的孩子中有70%是外出人员所生的[②]；扬州市政府在1987年3月的调查发现，该市兴化县中堡乡在1986年外出超生的占全乡超生总数的73.8%，该市江都县二姜、浦头、嘶马3个乡在1986年仅外出建筑人员超生的就占3个乡超生总数的78.0%[③]；金华市计生委调查发现，1987年上半年外出生育多孩的占全市生育多孩总数的97.8%[④]。我们认为这些资料反映的正是上面所说的后一类情况。

在上述两个因素中，第一个因素是受流出地和流入地的经济发展水平、产业结构、所有制结构及教育发展水平制约的，在短时期内往往不可能发生根本性的变化；但是第二个因素在很大程度上却受到流出地和流入地的计划生育管理状况的制约，特别是受各地对流动人口的计划生育管理制约。可见，在我国现阶段加强对流动人口计划生育的管理，对于促使流动人口中育龄妇女生育率的下降，严格控制我国总人口的增长，具有十分重要的意义。

二、科学区分流动人口计划生育管理的一般对象和重点对象

关于流动人口计划生育的管理对象，在我国各地已颁布的流动人口计划生育管理办法中，存在着较大差别，比较混乱。有的规定为"离开户口所在地，在异地从业、生活的暂住人口"；有的规定为"离开户口常住地，跨地域流动一个月以上的育龄男女"；有的规定为"本市和外出、外来的经商人员、建筑工、临时工、社会闲散人员，以及休长假、停薪留职人员中的育龄夫妇"；有的规定为"外出、外来经商或从事建筑、运输、工副业生产和其他劳务活动的已婚育龄夫妇"；有的规定为"外省、市、县来我市做工、务农、经商、探亲、随夫，居住时间在半年以上者及外出居住、工作，但户口仍在我市的育龄妇女"；有的规定为"常住户口在本市、县（市）而离开本市、县（市）外出和常住户口不在本市、县（市）而从外地来本市、县（市）居住三个月以上的已婚育龄妇女"等。其中的主要分歧表现在四个方面：一是对管理对象年龄、性别和婚姻状况的规定，究竟是指流动人口中全体人口、育龄人口、育龄夫妇、育龄妇女，还是已婚育龄妇女；二是对管理对象在业和不在业状况的规定，究竟是指流动人口中在异地从事各种生产和劳务活动的人员，还是在异地从业、生活的人员；三是对管理对象流动时间的规定，究竟是指流动人口中流出或流入1天以上的人员、1个月以上的人员、3个月以上的人员，还是半年以上的人员；四是对管理对象流动地域范围的规定，究竟是指流动人口中所有的外出和外来人员、跨越市区或县（市）范围的人员，还是跨越乡或街道范围的人员。

我们通过调查研究，认为在流动人口计划生育的管理对象上，应把管理的一般对象与重点对象区别开来。作为流动人口计划生育管理的一般对象，也是流动人口计划生育管理办法的适用对象，它以离开常住户籍所在地、跨越市区或乡的范围，在异地居住1年以上的育龄人口为好，其理由主要有以下几点：

1.流动人口计划生育的管理与对常住户籍人口计划生育的管理一样，

不能仅仅局限于孕后型管理,对一些计划外怀孕的育龄妇女采取补救性措施,而应是广义地全方位管理。它包括计划生育的组织管理、宣传教育管理、计划统计管理、政策法规管理、科研技术管理、避孕药具管理、财务管理等许多方面。这就要求将流动人口计划生育管理的一般对象拓宽到包括流动人口中已婚育龄妇女和未婚育龄妇女、已婚育龄男性人口和未婚育龄男性人口在内的所有育龄人口。

2. 在流入或流出的育龄妇女中,未婚育龄妇女不仅比重相当大,而且计划外怀孕和计划外生育的现象也比较突出。从我们课题组进行的三个城市流动人口计划生育状况的调查资料来看,被调查的流入未婚育龄妇女占流入育龄妇女总数的比重,在上海市为42.3%,在重庆市为38.5%,在西安市(不包括"事实婚姻")为48.1%;特别是重庆市被调查的流入未婚育龄妇女中属于"事实婚姻"的比重,在15—19岁组中为1.7%,在20—24岁组中为5.2%,在25—29岁组中为30.0%;被调查的15—19岁流入育龄妇女怀孕人数占流入育龄妇女计划外怀孕总数的比重,在上海市为15.4%,在重庆市为10.0%(如包括20岁及以上的"事实婚姻"者计划外怀孕人数,将占计划外怀孕总数的40.0%);被调查的15—19岁流入育龄妇女在流入本地期间计划外生育人数占该年流入育龄妇女计划外生育总数的比重,在上海市为5.9%(1988年),重庆市为33.3%(1989年),西安市为14.3%(1990年)。这种情况表明,如果把流动人口计划生育管理的一般对象局限于流入或流出的已婚育龄妇女,不仅会忽视对流入或流出未婚育龄妇女(其中包括一部分"事实婚姻")进行人口与计划生育知识的宣传教育,而且会放松对这些育龄妇女中未婚先孕、未婚生育的管理。所以,为了切实搞好流动人口计划生育的管理,应该在管理的一般对象中包括未婚的育龄妇女。

3. 在流入或流出的已婚有配偶育龄妇女(即通常所说的"已婚育龄妇女",不包括丧偶、离婚的育龄妇女,下同)中,与丈夫一起住在流入地的比重占大多数,丈夫的生育观及对使用避孕措施的态度将会直接影响到这些育龄妇女的生育和节育状况。从3个城市流动人口计划生育状况的调查资料来看,被调查的流入已婚有配偶育龄妇女与丈夫一起住在本地区的比重,在上海市为58.2%;在重庆市(包括"事实婚姻")为83.1%;在西安市(包括"事实婚姻")为89.6%;其中被调查的处于生育旺盛期的20—29岁流入已婚有配偶育龄妇女与丈夫一起住在本地区的比重更大，在上海市为79.6%；在重庆市（包括"事实婚姻"）为86.9%；在西安市（包括"事实婚姻"）为90.7%。在这种情况下，如果把流动人口计划生育管理的一般对象局限于流入或流出的育龄妇女，不包括男性育龄人口，也是不妥当的。不过男性育龄人口的年龄界限比较难定，我们在调查中与实际部门干部讨论后取得了共识，认为其下限年龄以15岁为好，其上限年龄可以模糊一些，在实际工作中可根据其配偶年龄是否已达到49岁来加以确定。

4. 在流入或流出的育龄妇女中，在某一个流入地居住不超过3个月的育龄妇女不仅具有相当数量，而且其中也有一部分是计划外怀孕和计划外生育的。从我们课题组进行的3个城市流动人口计划生育状况的调查资料来看，被调查的流入育龄妇女在本地区居住不超过3个月的比重，在上海市（居住2天至3月）为50.8%；在重庆市（居住1月以上至3月）为31.0%；在西安市（居住1月以上至3月）为24.7%。值得注意的是，上海市调查发现的全部计划外怀孕的流入育龄妇女中，在本地区居住只有2天至3月的竟占38.5%。由于不少流入育龄妇女在流出常住户籍所在地后，并不是直接流入某一个地区居住的。她们往往频繁地在各地转移，从而出现离开常住户籍所在地虽然已超过3个月，但流入某一地区却不到3个月的现象。因此，如果把流动人口计划生育管理的一般对象在时间上局限于流入或流出3个月以上的育龄人口，不仅不利于搞好对那些频繁地更换流入地的育龄人口计划生育的管理，而且还会被有些想计划外生育的育龄人口钻政策的空子，通过经常变换流入地来逃避计划生育及有关部门的管理。

5. 把流动人口计划生育管理一般对象的流动地域范围，规定为跨越市区或乡的范围，主要是为了与我国公安部门规定的迁移人口在迁移地域范围的口径上相一致，因为公安部门也是把跨越市区或乡的范围，并改变常住户籍所在地人口当作迁移人口统计的。此外，由于育龄人口在同一个市区范围内流动、暂住，计划生育部门管理比较方便；而育龄人口在同一个县内不同乡之间流动、暂住，计划生育部门管理比较困难，所以，我们认为这样规定也比较符合加强流动人口计划生育管理的要求。

上述流动人口计划生育管理的一般对象，并不等于管理的重点对象，根据我们的调查研究及一些地区的经验教训，我们认为流动人口计划生育管理的重点对象，以离开常住户籍所在地、跨越市区或乡的范围，流出或流入3个月以上的已婚有配偶育龄妇女为好。这主要是考虑到我国各地有许多流出或流入时间在3个月以下的已婚有配偶育龄妇女，如果对她们每个人都要出具和验核《计划生育证明》，不仅没有必要，而且会增加很多的管理工作量。上海市流动人口计划生育状况的调查资料表明，被调查的流入3个月以上的已婚有配偶育龄妇女只占流入1天以上育龄妇女总数的24.4%。同时，从育龄妇女妊娠的特点及对计划外怀孕采取补救措施的可能性来看，把流出或流入3个月以上的已婚有配偶育龄妇女规定为管理的重点对象，也是比较适宜的。总之，这样规定有利于点面结合，节省流动人口计划生育的管理人员和经费，把力气花在刀刃上，取得较好的效益。

三、全面形成加强流动人口计划生育管理的激励机制

从近几年来各地对流动人口进行计划生育管理的经验教训来看，要有效地加强对我国现阶段流动人口计划生育的管理，减少流动人口中育龄妇女的计划外生育，流动人口的常住户籍所在地与暂住地的有关部门必须密切配合，共同努力。一方面，流动人口的常住户籍所在地对流出育龄人口必须加强计划生育的管理，这是暂住地管好流入育龄人口计划生育的基础。假若流动人口的常住户籍所在地对流出育龄妇女的婚育状况不能如实提供有关证明，暂住地除了从这些流入育龄妇女随身所带的孩子数来判断她是否计划外怀孕或计划外生育外，便很难准确进行判断，从而也就无法确定是否要对她们采取中止妊娠的补救措施或给予计划外生育的处罚；假若流动人口常住户籍所在地对已按当地生育政策生了孩子的已婚育龄妇女不落实稳定可靠的节育措施及如实提供她们的节育状况证明，暂住地就需花很多财力和人力为流入已婚育龄妇女提供避孕药具和落实节育措施。另一方面，流动人口的暂住地对流入人口也必须加强计划生育管理，这是常住户籍所在地管好流出人口计划生育的关键。假若流动人口的暂住地对流入育龄妇女的计划外怀孕和计划外生育熟视无睹、不闻不问，光靠常住户籍所在地去管流出育龄妇女的计划生育，其结果必然劳民伤财，收效甚微，出现如一些沿海地区计划生育干部所说的"远征新（疆）西（藏）兰（州），耗资上千元"的状况。可见，

要切实加强我国城乡流动人口的计划生育管理，降低流动人口中育龄妇女的生育率，必须充分调动各地党政领导及计划生育部门对流出人口和流入人口同时加强计划生育管理的两方面积极性。

然而，我国现行的计划生育管理体制是从六七十年代逐步建立和完善起来的。由于当时我国的流动人口数量较少，流动人口计划生育的管理问题不突出，因此，使这整套的计划生育管理体制始终是以管理常住户籍地的已婚有配偶育龄妇女计划生育为基础的，不管是确定计划生育专职干部的编制数量、制定计划生育统计报表、实行人口与计划生育的目标管理责任制，还是避孕药具的供应，计划生育经费的分配基本上都是以各地的常住户籍人口及其计划生育的状况来考虑的。这样的计划生育管理体制，虽然能在很大程度上激励各地的党政领导及计划生育部门对那些常住户籍在本地的流出人口加强计划生育管理，但却很难激励他们对流入人口加强计划生育的管理。因此，我们感到在我国现行的计划生育管理体制下，要切实加强对流动人口计划生育的管理，就应重点研究如何从思想上、物质上、考核制度上全面形成加强流入人口计划生育管理的激励机制。

在思想方面，要使各地的党政领导及计划生育部门重视流入人口计划生育的管理，一般需要解决三个思想认识问题。一是正确估价流入人口对本地区经济和社会发展的作用，既看到他们的某些消极作用，更看到他们的积极作用。二是牢固树立控制人口增长上的"全国一盘棋"思想，认识到流入育龄妇女的常住户籍虽然不在本地区，她的计划外生育也不一定占本地区的考核指标，但只要计划外多超生一个婴儿，就会增加我国一份人口压力。三是清醒看到不抓好流入人口计划生育的管理将会冲击本地区常住户籍人口计划生育的管理。

在物质方面，要妥善解决各地区流入人口计划生育经费的合理补偿问题。否则，就会出现哪个地区对流入人口计划生育工作做得愈多，花钱赔本也愈多的状况。如果长期不解决好经费的合理补偿问题，就会严重挫伤这些地区搞好流入人口计划生育管理的积极性。据实际调查，流入人口的计划生育经费，主要包括流入人口计划生育的宣传教育、统计建档及行政管理费用、流入人口的避孕药具及节育手术费用、流入人口中独生子女父母的奖励费用、流入人口计划生育管理人员的工资及津贴等开支，为了从物质上保证各地区对流入人口的计划生育进行切实管理，我们认为流入人口的计划生育经费来源，应采取暂住地集资、流出地分担和上级部门适当调整等办法合理解决。

暂住地集资主要表现在各地区向流入人口征收一定的计划生育管理费上。前个时期，我国一些流入人口计划生育管理工作搞得较好的地区，主要靠地方各级财政的补助；只有个别地区实行了对流入人口征收一定数额的"流动人口管理费"（包括一部分计划生育管理费）或专项"流动人口计划生育管理费"。我们认为流入人口计划生育经费主要靠地方财政补助，不利于调动各地区加强流入人口计划生育管理的积极性，而且也是难以为继的。从长远看，暂住地应该按照"取之于民，用之于民"的原则，主要靠向流入人口征收一定的计划生育管理费来解决。在我们进行调查研究的过程中，与各地实际部门的同志展开了深入讨论，大家比较倾向于征收包括流入人口计划生育管理费在内的综合性的"流动人口管理费"，征收的对象可为流入本地暂住 3 个月以上，应领《暂住证》并从事经营活动的人员。因为征收专项"流动人口计划生育管理费"，虽然经费的使用范围明确，但征收对象不易确定。如果向所有流入男性育龄人口征收，就会碰到许多男性育龄人口因未婚或配偶并未同时暂住本地而不愿缴纳计划生育管理费的情况；如果向所有流入未婚育龄妇女征收，又会碰到许多未婚育龄妇女因尚未成婚（包括也没有"事实婚姻"）而不愿缴纳计划生育管理费的情况；如果向所有流入已婚有配偶育龄妇女征收，也会碰到相当一部分已婚育龄妇女因其配偶并未同时暂住本地或已采取了绝育手术而不愿缴纳计划生育管理费，甚至碰到有些来本地探亲（包括探望父母）、靠友、治病的已婚育龄妇女借口经济困难而不交计划生育管理费的情况。同时，流入人口的管理涉及户籍管理、社会治安、劳动就业、工商税务、城乡建设、计划生育、卫生防疫等许多方面，如果计划生育部门单独征收"流动人口计划生育管理费"，在人力上也不太合算。我们在 1989 年调查中发现，深圳市宝安县征收"外来人员管理费"的办法还是比较好的。当时该县各个镇（镇带乡建制）向外来暂住 3 个月以上、领取《暂住证》的务工经商人员每月收取 4 元管理费，代耕务农人员每月收取 2 元管理费。这些管理费收取后，70% 留在镇上，分别给镇派出所、镇劳动管理站、镇计划生育办公室等有关部门聘用工作人员，组建外来人员管理办公室，从事对外来人员的综合管理；30%上交县政府的外来人员管理办公室。当然，各地征收"流动人口管理费"的标准不一定要像宝安县那样，其中的分成比例也可有所差别，但是，由公安、工商行政管理、劳动、计划生育等部门联合起来征收综合性管理费的办法，看来还是可行的。此外，暂住地集资还包括当地政府应从流入人口为暂住地提供的财政收入中按期拨给计划生育部门一定数额的专款，或者从适当增加按常住户籍人口计算的计划生育经费中划出一定比例，作为流入人口计划生育经费的补助；包括当地有关单位聘用流入人口时应负担她们的避孕药具及节育手术费用，独生子女父母的奖励费用；包括当地计划生育部门征收的流入人口计划外生育罚款等。

流出地分担主要表现在各地计划生育部门应负担常住户籍在本地、流往外地后又无用工单位的那些育龄妇女的节育手术费用和独生子女父母的奖励费用上。为了协调常住户籍所在地和暂住地的关系，我们建议各地也应把征收流入人口计划外生育罚款的一部分（一般不超过30%）给予流入人口常住户籍所在地的计划生育部门。上级部门适当调整主要表现在各级计划生育部门应根据下属地区流入人口计划生育管理工作量的不同，适当调整下拨的计划生育经费上。因为流入人口多的地区计划生育部门承担的大量流入人口计划生育管理工作，实际上为这些流入人口常住户籍所在地的计划生育部门排忧解难，也为我国计划生育事业作出了更多贡献，所以上级计划生育部门理应根据责、权、利相结合的原则，参照下属地区在一个时期内流入与流出的人口数量（或拟流入与流出3个月以上的育龄妇女的数量）及实际管理的情况，对下拨的计划生育经费进行适当调整。在考核方面，应把对流入人口计划生育的管理列入各级政府签订的人口与计划生育目标管理责任书中，实行比较科学并切实可行的考核办法。我们感到流入人口计划生育，不仅要纳入各地计划生育的管理范围，而且应列入各级政府签订的人口与计划生育目标管理责任书中，作为考核该地主要负责人政绩的内容之一。我们在进行大量调查研究、设计流入人口计划生育统计指标体系及进行统计工作试点的基础上，拟定了一套流入人口计划生育管理的考核办法。我们认为考核流入人口计划生育管理状况的内容，应包括"指标"考核与"工作"考核两部分，在"指标"考核中，主要考核"本期应领《暂住证》育龄妇女符合计划生育率""本期应领《暂住证》育龄妇女计划外怀孕率""本期应领《暂住证》

育龄妇女计划外怀孕补救率""本期应领《暂住证》已婚有配偶育龄妇女在暂住地落实节育率";在"工作"考核中,主要考核目标岗位责任制是否落实、是否有领导分管和专人负责、有否制定较切实可行的管理办法和实施细则、对需建档立卡的应领《暂住证》育龄妇女是否已建档立卡、是否定期对流入育龄人口进行计划生育宣传教育和优生咨询等活动、避孕药具供应渠道是否畅通、统计有否弄虚作假现象、各项奖惩措施是否兑现、有否计划外生育(包括对不需领《暂住证》的流入育龄妇女采取补救措施及她们的计划外生育状况)等。

在上述流入人口计划生育管理的"指标"考核中,我们引进了"应领《暂住证》育龄妇女""应领《暂住证》已婚有配偶育龄妇女"的概念,并把它作为流入人口计划生育的统计对象及"指标"考核的基础数据。这主要是为了与公共部门规定的凡年龄在16周岁以上(含16周岁)、暂住时间拟超过3个月的流动人口,必须向居住地公安派出所申领《暂住证》的制度相衔接,加强计划生育部门与公安部门的互相配合,节省计划生育部门用于流入人口计划生育统计工作的人力、物力和财力,便于在考核时核查计划生育部门有关流入人口计划生育统计资料的准确性。

关于考核流入人口计划生育管理状况的具体方法,目前在我国个别地区采取的主要有两种:一是单独考,在原有常住户籍人口计划生育工作的百分考核中划出一定的比例,单独考核流入人口计划生育管理的成绩;二是混合考,将流入人口计划生育管理成绩按考核的内容折合在常住人口计划生育工作成绩之中。我们在分析了这两种考核方法的利弊得失后,建议可采取流入人口与常住户籍人口的计划生育管理工作分开单独考与综合评价相结合的方法,对常住户籍人口计划生育的管理工作采用百分考核,对流入人口计划生育的管理工作采用按管理工作量确定附加分的形式进行考核,最后将两项工作的得分加总在一起,作为一个单位计划生育管理工作的最终成绩。这是因为采用上述方法既可综合反映某一地区(或单位)两种人口一起抓的成绩,又可具体反映他们在进行常住户籍人口和流入人口计划生育管理上的各自成绩。而且采用上述方法,也可较准确地反映各个地区(或单位)因外来流入人口的数量不同,特别是流入育龄妇女及流入已婚有配偶育龄妇女的数量不同所存在的流入人口计划生育管理工作量上的差异,使那些流入人口计划生育管理工作量大并确有成效的地区（或单位）能多得一些附加分，多获取一些物质奖励。

此外，在确定各地区计划生育专职干部的编制上，也应该考虑流入人口计划生育管理的工作量。我们参照过去按常住户籍人口的数量来配备计划生育专职干部的标准，建议各级编制管理部门能按每1万应领《暂住证》人口或每0.3万应领《暂住证》的已婚有配偶育龄妇女配备1名计划生育专职干部的标准，适当增加各地计划生育部门的编制数量。

总之，只要我们在现有的计划生育管理体制上，进一步从上述几个方面采取强有力的切实措施，就一定能大大激励各地的党政领导及计划生育部门加强对流出人口与流入人口计划生育管理的积极性。

四、尽快建立各部门齐抓共管的实现机制和具体形式

要搞好流动人口计划生育的管理，单靠计划生育部门的努力是不够的，必须与公安、劳动、人事、工商行政管理、民政、卫生、城市建设、乡镇企业、房地产管理、交通运输等许多部门联合起来齐抓共管。而且即使对流动人口实施管理，也不能仅仅局限于计划生育，应该与户籍管理、社会治安、劳动就业、工商税务、卫生防疫等有机结合起来，由各有关部门互相配合，进行综合管理。根据前个时期一些地方开展流动人口计划生育管理的经验及存在的问题，我们感到要真正促使各部门齐抓共管流动人口的计划生育，除了加强计划生育基本国策教育，增强人口意识外，必须从以下几个方面努力探索并尽快建立促使各部门齐抓共管的实现机制和具体形式。

1. 尽快建立各级政府的人口与计划生育领导小组，从组织上促进各部门制定和落实齐抓共管流动人口计划生育的配套措施。流动人口计划生育的管理不仅十分复杂，在许多地区面广量大，而且又是近年来随着我国经济体制改革的深入才逐渐突出起来的问题。在我国有关部门过去制定的具体管理条例和规定中并没有列入本部门如何实行配套措施，齐抓共管流动人口计划生育的内容。目前有的部门虽然对这些问题有所考虑，但往往由于受到人力和财力的限制，一时还难以付诸行动，在这种情况下，迫切需要从中央到地方尽快建立比现有的计划生育委员会更有权威性的人口与计划生育领导小

组，以便更好地组织协调各有关部门制定有利于加强流动人口计划生育管理的配套措施，切实帮助解决各部门在齐抓共管流动人口计划生育工作中所存在的困难和问题。根据一些地方的经验，人口与计划生育领导小组的组长拟由各级政府的主要领导担任，成员至少应包括公安、劳动、人事、工商行政管理、民政、卫生、城乡建设、计划生育等部门的主要负责人。

2. 尽快制定和颁布流动人口计划生育管理办法，从法规上明确各部门齐抓共管流动人口计划生育的职责。在流动人口计划生育的管理上，计划生育部门主要抓制定流动人口计划生育管理的目标责任制及考核办法，对流动人口开展人口与计划生育基础知识的宣传教育，为拟流出 3 个月以上的已婚有配偶育龄妇女如实出具和认真验核《计划生育证明》（为拟流出 3 个月以上的未婚育龄妇女出具和验核《未婚证明》），定期对流动已婚有配偶育龄妇女进行节育措施和孕情检查，为她们提供优生咨询服务、避孕药具和节育技术服务，动员计划外怀孕者及时采取补救措施，搞好流动人口的计划生育统计，落实流动人口计划生育的奖惩措施，经常与流动已婚有配偶育龄妇女的暂住地（或常住户籍所在地）计划生育部门进行联系等。公安部门主要抓验核申领《暂住证》的已婚有配偶育龄妇女的《计划生育证明》（对申领《暂住证》的未婚育龄妇女要验核《未婚证明》），把她们的有关情况填写在《暂住人口登记表》上，办理审批暂住户口手续，并将没有《计划生育证明》（或《未婚证明》）的应领《暂住证》育龄妇女的情况及时通知本地计划生育部门。工商行政管理部门主要抓验核申请从业执照或换证的外来已婚有配偶育龄妇女的《计划生育证明》（或未婚育龄妇女的《未婚证明》）和《暂住证》，办理审批从业执照手续，并会同个体劳动者协会，加强对外来个体劳动者的计划生育管理。劳动部门和乡镇企业管理部门主要抓验核由企事业单位招聘的外来已婚有配偶育龄妇女的《计划生育证明》（或未婚育龄妇女的《未婚证明》）和《暂住证》，办理招聘审批手续，加强对这部分人的计划生育管理。城乡建设部门主要抓验核外来建筑施工队伍中已婚有配偶育龄妇女的《计划生育证明》（或未婚育龄妇女的《未婚证明》）和《暂住证》，加强对这些单位的计划生育责任制管理。房地产部门主要抓验核租借民房、拟暂住 3 个月以上的已婚有配偶育龄妇女的《计划生育证明》（或未婚育龄妇女的《未婚证明》），加强对房屋出租者的计划生育责任制管理。交通部门会同公安部门、水利部门、水产部门等主要抓验核流动船只中已婚有配偶育龄妇女的《计划生育证明》（或未婚育龄妇女的《未婚证明》），办理审批经营执照手续，加强对船民的计划生育管理。民政部门主要抓外来的流浪、拾荒、乞讨等人员的计划生育管理。卫生部门主要抓定期对流动已婚有配偶育龄妇女进行节育措施和孕情检查，为她们提供优生咨询服务、避孕药具和节育技术服务，对计划外怀孕者施行补救措施。为了使各部门切实履行上述这些职责，各级政府应该尽快制定和颁布《流动人口计划生育管理办法》或包括流动人口计划生育管理在内的《流动人口管理办法》，把各部门齐抓共管流动人口计划生育的职责用法规的形式肯定下来，做到"有法可依"。前个时期，有些地区虽然也颁布了《流动人口计划生育管理办法》，但由于只强调有关部门要互相配合，对各部门如何互相配合的具体职责规定得不够明确，结果造成有关部门在执行《管理办法》时相互推诿，影响了流动人口计划生育管理工作的正常开展。我们认为有关部门应履行的各种具体职责，即使《管理办法》中因篇幅关系不能详细列入的，也应在《管理办法》的"实施细则"中写清楚。根据一些地方的经验，这种《管理办法》最好由各级人民政府颁布，以加强其统一性和权威性。如暂时有困难，那么至少也应由计划生育、公安、工商行政管理、劳动、城乡建设等部门联合发文。

3. 尽快实行有利于促进各部门本职工作的流动人口计划生育管理的配套措施，从利益导向上激励各部门齐抓共管流动人口计划生育的积极性。近几年来，从中央到地方，公安部门都制定和颁布了《暂住人口管理规定》，规定凡年龄在16周岁以上（含16周岁）、暂住时间拟超过3个月的流入人口，必须向居住地公安派出所申领《暂住证》。他们还专门印制了《暂住人口登记表》，设计了暂住人口的"姓名""性别""出生日期""民族""文化程度""原职业""籍贯""身高""体貌特征""身份证号码""常住户口地址""暂住地址""来本地时间""来本地原因""拟住日期""在本地工作单位及地址""户（房）主姓名""与户（房）主关系""登记发证日期""暂住证编号""注销日期及去向""延期日期及期限"等填写项目，要求申领《暂住证》者必须持有合法证件进行登记，并交本人的一寸正面免冠照片。我们感到公安部门实行的这种暂住人口登记制度为计划生育部门搞好对流入拟暂住3个月以上的育龄妇女的计划生育统计、加强对这部分人的计划生育管理提供了很重要的线索和背景资料。如果计划生育部门能与公安部门密切配合，请公安部门在填写《暂住人口登记表》时，把验核应领《暂住证》育龄妇女《计划生育证明》（或《未婚证明》）的主要内容摘抄上去，由计划生育部门再把这方面信息转抄到《流入育龄妇女情况登记表》和《流入人口计划生育登记卡》，并逐户核对，发现有应领《暂住证》而未申领的育龄妇女或已离开本地而未注销《暂住证》的育龄妇女，及时转告公安部门，就能取得既促进公安部门的暂住人口登记工作，又有利于计划生育部门搞好流入人口计划生育统计及其他各项管理工作的双重效益。

根据上述思路，我们为公安部门设计了新的《暂住人口登记表》，在保留原《暂住人口登记表》的全部填写项目的基础上，增加了"婚姻状况"及已婚有配偶育龄妇女需登记填写的"现有子女数（男 × 人；女 × 人）""落实节育措施状况""目前怀孕状况""是否与丈夫一起来本地"等项内容；为计划生育部门设计了《流入育龄妇女情况登记表》《流入人口计划生育登记卡》《流入人口生育情况表》《流入人口节育情况表》《流入人口怀孕及补救情况表》等，并于 1990 年 11 月至 1991 年 1 月间在江苏省常熟市琴南乡的四个村和城东街道正式进行流入育龄妇女计划生育统计工作试点。通过试点，琴南乡计划生育部门发现当地公安部门的《暂住人口登记表》中 1002 名在册育龄妇女，有 104 名属于人已离开本地而未注销暂住户口的，另有 421 名育龄妇女新流入应登记而未登记的；城东街道计划生育部门发现当地公安部门的《暂住人口登记表》中 485 名在册育龄妇女，有 34 名属于人已离开本地而未注销暂住户口的，另有 18 名育龄妇女新流入应登记而未登记的。他们把这些核实后的数据转抄给公安部门，完善了公安部门原来的统计资料，密切了部门之间的协作关系。与此同时，计划生育部门也较准确地掌握了该地区应领《暂住证》育龄妇女计划生育的基本状况，在"两个点"的 1788 名育龄妇女中发现已完成计划生育任务并只有女孩的已婚有配偶育龄妇女 249 人，应落实节育措施而未落实的已婚有配偶育龄妇女 80 人，已落实节育措施而未采取稳定性节育措施的已婚有配偶育龄妇女 47 人，并在这 3 个月中先后落实补救措施 9 人，补救率达 81.8%。可见，只要采取较好的加强流动人口计划生育管理的配套措施，不仅会有利于计划生育部门，而且也会有利于公安部门，充分体现互利原则。此外，有些地方规定，流入育龄妇女如果没有《计划生育证明》(或《未婚证明》),没有《暂住证》,劳动部门就不准单位聘用,工商行政管理部门就不发经营执照,房屋出租者就不准其居住 3 个月以上。凡目前计划外怀孕而未采取补救措施者,凡过去计划外生育而现在又未落实稳定可靠的节育措施和未按规定交纳罚款者,均不能批准在暂住地从事各种经营活动。这些配套措施,同样也有利于计划生育部门和公安部门,起到了较好的互补作用。

4. 尽快组织各部门人员协同进行流动人口的综合管理,从人力上发挥各部门齐抓共管流动人口计划生育的优势。前个时期,我国少数地区开始建立"暂住人口管理办公室""外来人员管理办公室"或"流动人口计划生育管理办公室"等。从这些机构的实际成员来看,不管是综合性的暂住人口管理办公室,还是单一的流动人口计划生育管理办公室,都包括计划生育、公安、工商行政管理、劳动等部门的人员。比如,深圳市宝安县和各个区建立的"外来人员办公室"、山东省济南市天桥区在 12 个街道和北圆镇建立的"暂住人口管理办公室",都是组织了公安、劳动、计划生育等各有关部门人员齐抓共管,集计划生育、户籍管理、社会治安和经营管理于一体,实行全方位的综合管理;福州市建立的"流动人口计划生育管理领导小组"(下设办公室)及"流动人口计划生育管理巡检服务队",也是由计划生育、公安、工商行政管理、建工等部门的人员组成的。实践证明,这种人员构成的优点是可以集中使用力量,有效进行管理。往往组织一次突击性的检查,就可以同时查清流入人口中计划外怀孕、计划外生育、"三无"(无有效身份证明、流入后无正当职业、无固定居所)人员、违法犯罪分子、传染病患者等情况。由公安、劳动、工商行政管理等部门人员配合计划生育部门人员一起抓计划生育,其效果也与计划生育干部单枪匹马去抓大不一样。因此,为了充分发挥各部门齐抓共管流动人口计划生育的人力优势,我们建议在流动人口比较多的地区,应尽快在基层建立"流动人口管理办公室",组织各部门人员协同作战,进行综合治理。

【注释】
① 本课题组由桂世勋任组长,成员有狄菊馨、吴瑞君、黄毓平、陈阳明、张宜霖、杨如阜、孙加琪、樊华、严伟。

② 刘宪康：《领导重视、责任落实，加强对流动人口的计划生育管理》，工作报告。

③ 扬州市计生委：《关于加强流动人口计划生育管理意见的汇报》，工作报告。

④ 袁振湖：《金华市 1987 年上半年计划外出生情况分析》，工作报告。

（本文原载魏津生、盛朗、陶鹰主编《中国
流动人口研究》，人民出版社 2002 年版）

富裕农村地区计划生育综合治理研究

《中共中央、国务院关于加强计划生育工作，严格控制人口增长的决定》指出："实行计划生育是一项庞大的社会工程，全社会各个方面都应重视和支持这项工作。""各部门制定有关社会福利、劳动就业以及其它方面的政策和法规，都要有利于鼓励晚婚晚育、少生优生。"为了更好地贯彻中央的决定，深入了解我国富裕农村地区计划生育综合治理、特别是政策配套方面的经验及问题，提出有关对策建议，我们从1992年初开始，在国家计划生育委员会办公厅的指导下，与江苏省、上海市、浙江省、福建省、广东省的计划生育委员会政策法规处干部一起，合作进行了这项调查研究工作。

鉴于上述5个省、市农村地区经济发展的不平衡，在有些省市贫富差距还比较大，因此，大家首先对当前的富裕农村地区作了界定。参照国家统计局对全国农民家庭基本情况的抽样调查资料，人均年纯收入在1000元以上的农户数占调查总农户数的比重，1990年为15.09%，1991年为19.47%，我们把富裕农村地区的标准规定为人均年纯收入在1000元以上的县（市）、乡、村。

我们认为富裕农村地区虽然在目前全国农村所占比重较小，但它代表着中国农村的未来。特别是这些地区一般都处于改革开放的前沿，他们在计划生育综合治理方面的经验及面临的问题，对于进一步建立和完善社会主义市场经济体制下农村计划生育工作的管理机制，具有较大的启示。

现在，上述5个省、市的计生委计划生育综合治理分课题组已分别写出了很好的调研报告。本文将以笔者在他们的热情帮助下，深入到20多个富裕的乡（镇）、村所进行的调查为基础，就当前如何搞好我国富裕农村地区计划生育的综合治理、特别是政策配套问题作些初步探讨，供国家计划生育委员会领导决策参考。

一、正确看待和采取激励措施与制约措施

为了使我国农村的计划生育工作适应社会主义市场经济体制的要求，无疑应该在继续依靠社会制约机制来控制人口增长的同时，高度重视建立和完善利益导向机制，充分发挥这方面的作用。然而要建立和完善有利于计划生育的利益导向机制，关键在于从当时当地的实际出发，正确地看待和采取激励措施与制约措施。近年来，有些同志认为在建立和完善计划生育的利益导向机制时，应以激励措施为主，尽可能多采取一些激励措施。我认为相对于前一段时期有些农村地区忽视激励措施，单纯依靠收取罚款来制约计划外生育来说，强调这一点无疑是必要和有益的，但是如果把这个观点笼统地作为建立和完善包括富裕农村地区在内的全国计划生育利益导向机制的指导思想，却并不妥当。

首先，在相当一部分富裕农村地区，计划生育工作搞得比较好，有些村近十年来一直没有出现计划外生育。当某个农村地区绝大多数育龄夫妇已实行计划生育后，不仅常常因受益者面广量大而无法推出新的激励措施，就是原来已经规定的有些激励措施也很难兑现。比如，上海市农村自 1989 年以来，计划生育率始终保持在 99% 以上，绝大部分年轻的育龄夫妇都领了《独生子女证》。如果要从责任田和承包任务的分配、农村的个人收入分配、各种税收的征收、各种贷款的发放、各种农业生产资料的供应、农民自理口粮进城镇落户、农业户口转为非农业户口等方面，体现对他们的优惠，就很难办到。甚至原来规定的"乡村企业招工时，在同等条件下，应当优先从独生子女户中招收""领取《独生子女证》的夫妻系农民的，年老丧失劳动能力时，由所在乡（镇）人民政府或者村民委员会给予经济和生活上的照顾"等激励措施也很难真正落实。

其次，目前许多富裕农村地区农民的收入很高，一部分农民的收入已较多地超过当地一般城镇职工的收入。如果要对实行计划生育的夫妇采取经济上补贴性的激励措施，往往要乡（镇）、村投入大量资金，才能具有吸引力。在调查中，不少富裕农村地区的基层干部认为当地的育龄夫妇"胃口"

很大，要给予他们高额奖励实际上做不到。即使对那些计划生育工作的后进地区，现在因为实行计划生育的夫妇数量少可以给予高额奖励的话，如果以后计划生育搞好了，实行计划生育的夫妇数量大大增加了，这种高额奖励的政策难以为继，也会失信于民。

第三，制约措施与激励措施是相对的，有些制约措施本身就蕴含着对实行计划生育者的激励作用。比如，深圳市宝安县横岗镇在推行股份制经济时，把计划生育管理纳入其中。他们规定 1989 年以后不够间隔生育二孩或超生多孩者，除交清罚款外，父母及超生小孩在 5 年或 10 年内均不能享受分红待遇；非婚生育者从办理合法结婚手续起 5 年内父母及所生小孩不能享受分红待遇；未经批准抱养小孩者，按超生相同孩数同等处理。由于他们的分红水平高，全镇平均一年一股分红款达 1900 元，这项制约措施的激励作用就十分显著，它意味着实行计划生育的家庭比计划外超生的家庭累计可以多得 3 万至 6 万元的分红款。同样，广州市郊区沙河镇杨箕村在 1987 年建立股份制合作经济联社后，规定计划外生育第二孩的，要扣除其全家的全部下拨股金分红款及所在生产队全部社员的 30% 下拨股金分红款；未够间隔时间抢生二孩的作计划外超生二孩处理，扣除其全家的全部下拨股金分红款；计划外超生三孩及以上的，则将其全家开除出生产队，不得享受社员待遇。由于该村经营有方，1992 年全村农民人均年纯收入（包括股金分红）达到 12575 元，因而使上述制约措施不仅起了激励育龄夫妇本身实行计划生育的作用，而且也激励了该村各个生产队集体关心计划生育，成为全镇几年来没有出现一名计划外生育的重要原因。

总之，在富裕农村地区建立和完善计划生育利益导向机制时，究竟是以激励措施为主，还是以制约措施为主，应该瞻前顾后，从当时当地的实际需要与可能出发，不能认为激励措施愈多愈好。其实，社会主义市场经济作为市场经济，有一个重要原则，就是效益原则，以尽可能少的投入获得符合市场需要的尽可能多的产出。在适应社会主义市场经济体制的要求，建立和完善计划生育利益导向机制时，也应坚持效益原则。如果某个农村地区在搞好计划生育管理和服务的前提下，现有的激励措施与制约措施已能起到引导当地广大育龄夫妇实行计划生育的效果，那就没有必要再新增加许多激励措施了。

从这次调查富裕农村地区采取的有关计划生育的激励措施与制约措施来看，既有许多好经验，也存在一些需要进一步探讨及改进的问题。其中有以下几点值得引起注意：

（一）在确定需要采取一些专门花钱的计划生育激励措施时，不要都采取由集体"全包"的方式。在调查中，发现有相当一部分富裕的乡（镇）、村，为了鼓励计划生育，往往规定独生子女父母养老保险或二女结扎户养老保险的投保金额全部由集体承担，纯女户福利基金会的本金全部由集体承担，独生子女的入托、入小学费用全部由集体承担，独生子女医药费全部由集体承担等等。最典型的是有一个富裕村，过去在开展独生子女父母和二女结扎户养老保险时，个人要交50元，现在因为富了，改为个人不交，由村出400元、镇出50元、市（县）出50元。我感到上述这种"全包"的方式，不仅多花了集体的钱，而且不利于培养个人的自我保障意识，容易增加一些不必要的浪费。现在国有企事业单位的养老保险、医疗保险已经发现了过去"全包"的弊病，正在向国家、企业和个人三者合理负担的方向改革，因此，目前有些富裕农村地区在上述计划生育激励措施上还没有"全包"的，就不要再走弯路，重蹈覆辙了。

（二）在采取一些不需专门花钱的计划生育激励措施时，也应从当地群众的迫切需要出发，并注意新出台政策的科学性和稳定性。由于我国农村地域极其辽阔，发展很不平衡，各地农民的迫切需求存在着很大差别。在富裕农村调查中发现，现在有些乡（镇）、村土地没有人要，农民不愿多种田，乡政府（如苏州市郊虎丘乡）不得不规定超生子女也分一份责任田，有的还规定抛荒一亩罚款200元。在这些农村如果提出独生子女可以多分一份责任田和口粮田，显然就谈不上有什么激励作用；反之现在有些乡（镇）、村的农民不转为非农业户口的居民，当地规定了二女结扎户可让一个女孩结婚招婿，其丈夫及孩子享受本地农民待遇，对制止纯女户超生就有较大的激励作用。不过从总体上看，富裕农村地区的农民对宅基地的数量还是十分关注的。苏南地区的无锡、武进、常熟、吴江等县（市）从实际出发，规定了宅基地每人20—30平方米（不包括计划外生育的孩子），独生子女可分40—60平方米，对激励农民领取《独生子女证》就起到较好的效果。当然，即使对当地农民迫切关心的问题，如有的农村提出应让独生子女转为非农业户口、独生女儿出嫁后继续保留原来分的责任田和口粮田等，笔者在调查时与一些基层干部讨论后感到比较复杂。一是如果这个乡（镇）或村今后计划生育搞好了，领取《独生子女证》的人数很多，是否都能保证他们转为非农业户口呢？尤其是如果把这个规定上升为全国性的政策，像京、津、沪及苏南农村地区，大批独生子女都转为非农业户口是否会严重影响这些地区的农业发展呢？如果是独生女儿出嫁后仍保留原来分的责任田和口粮田，那么生产队对新嫁到这里来的独生女儿还要不要再分责任田和口粮田呢？如果要分的话，长此以往，生产队要么拿不出耕地来分，要么降低人均分地水准。所以，许多基层干部认为一般的责任田和口粮田的分配应以农民的常住户口为转移，至于对计划生育的政策倾斜可体现在女儿出嫁从夫居、儿子入婿从妻居，不扣宅基地、不收回承包果树等规定上。

（三）在采取一些有利于计划生育的制约措施时，既要考虑到效果大小，又要注意合情合理。为了搞好计划生育，近年来许多富裕农村地区纷纷制定了各种制约措施，对减少计划外生育起了重要作用。如现在有的县在计划生育"一票否决权"的基础上提出并实施了计划生育"一证否办"的制度。他们规定在全县普遍发放《计划生育证》，对应落实而来落实节育措施的、未交清计划外生育费罚款的不予发证，不办外出证明，不办务工许可证，不办个体工商户营业执照，不办驾驶执照，不办子女入幼儿园及小学的注册手续等，从实施效果看，对当地农村的计划生育确实起了重要的促进作用。笔者认为，"一证否办"是当地基层干部的一种探索，无疑应该积极支持，但其中规定的否办子女入园入学注册手续这一条却有待于进一步研究。尽管在调查中了解到这一条规定很有效，而且事实上也没有发生影响小孩正常入学的情况，但笔者总以为这条规定与《义务教育法》相违背，父母违反计划生育不让小孩按时注册，不符合情理，对少年儿童的身心压力大。如果"一证否办"中删除了这条规定，可能会更得人心，推广价值也会更大。

二、自觉重视农村的社会发展

广大农村育龄夫妇生育观的转变及生育水平的下降，虽然归根结底取决于农村经济的发展，但是与农村的教育、医疗卫生及老年保障事业的发展关系极其密切。我国人口学会会长刘铮教授生前指导的博士生李建保同志，在其博士论文中把中国农村生育率转变的道路概括为在经济一定程度发展的基础上计划生育工作与社会发展并举。笔者在评议时认为这是很有见地的创新观点，它符合中国农村生育率转变的实际，揭示了农村生育率转变与社会发展的内在联系。从我国富裕农村地区计划生育的综合治理情况来看，一个重要方面就是社会发展是否与经济发展相协调，社会发展措施是否与计划生育要求相配套。在调查中发现，并不是所有富裕农村的基层领导都重视社会发展的，也不是所有富裕农村的基层领导都认识到搞好社会发展对促进计划生育的重要作用。但是无数事实表明，凡是重视教育、医疗卫生及老年保障等社会发展的富裕农村地区，计划生育工作就容易开展并见效显著；凡是计划生育工作比较差的富裕农村地区，教育、医疗卫生及老年保障等社会发展往往都比较落后。因此，当前摆着我们面前的一项重要任务，就是要大力宣传和推广农村社会发展的先进经验，促进农村的基层干部自觉重视社会发展，使原来不重视的转为重视，使原来不自觉的转为自觉。

近年来，我国的一部分富裕农村地区对社会发展还是相当重视的，并且创造了很多新鲜经验。其中对计划生育促进作用比较大的，主要有以下几个方面：

（一）采取综合措施，积极发展教育事业，提高下一代的文化科学素质。笔者在调查富裕农村地区计划生育综合治理的经验时发现，大多数乡（镇）、村干部并不把发展教育事业作为搞好计划生育的一项重要配套措施进行介绍，有的最多只介绍一些有关如何对独生子女入托、入幼儿园、入小学进行优惠或对计划外超生的孩子采取多收学费的制约措施。然而当直接问起他们在发展教育事业方面的情况时，才感到不少计划生育先进的富裕乡（镇）、村近年来还是采取了许多综合措施、积极发展教育事业的。

首先，乡（镇）、村两级舍得花钱兴建托儿所、幼儿园、小学和中学，现在有些农村幼儿园、小学的校舍及设备，甚至比一般城市里的还要好。比如，福州市郊区台江镇红旗村，仅1992年村里就拨款3万元资助村办小学及幼儿园；江苏省虎丘乡茶花村近年来也新建了村幼儿园、托儿所，配备了3名幼教老师和9名保姆，使全村42名幼儿都能就近入园学习，55名婴幼儿都放进了托儿所。在有些农村，发展幼托事业不仅有利于提高下一代的人口素质，还有利于解除农村育龄夫妇少生孩子的后顾之忧。像广东省东莞市沙田镇，根据地处河网地带，小孩易发生意外的情况，从 1987 年开始在全镇各个管理区（村）陆续办起了 5—6 岁的幼儿班、学前班共 32 个，招收了 1000 多个小孩。由于这些幼儿有专人的看护和施教，家长再不用带着小孩出工，从而有效地消除了非正常死亡的隐患，促进了计划生育工作的开展。

其次，千方百计努力提高农村教师的经济待遇。为了吸引并留住优秀的教师乐意在农村工作，不少富裕的乡（镇）、村都给教师专项补贴，使他们的收入不低于农村的一般干部。比如，东莞市附城镇的小学教师每月收入可达 700 元。有的农村，如福建省莆田县江口镇还利用侨区的优势，吸引海外华侨捐赠 200 多万元，在 10 多所学校建立教育基金会。该镇上后村的后郑小学和上陂小学，各有教育基金 6 万元，每年都拿出几千元利息，主要用于提高教师待遇。每逢教师节、春节，华侨回乡探亲，还给教师发"红包"。

第三，积极探索和建立鼓励青少年奋发学习、不断提高文化科学水平的机制。在有些富裕的乡（镇）、村，已规定了对本地学校的优秀学生颁发奖学金，如考取重点中学或大学，还给予一次性奖励。现在许多乡（镇）、村办企业规定新职工的文化程度必须达到初中毕业，在很大程度上也促使了当地农村青少年努力完成义务教育阶段的学业。特别是少数富裕的乡（镇）近年来开始在乡镇企业职工中实行按学历层次拉开收入档次、乡内自评技术职务等办法，对激励农村青少年奋发学习、努力提高文化科学水平更起了较大作用。比如，苏州市虎丘乡从 1992 年开始在乡镇企业招收职工时实行新的用工和分配办法，规定凡招收来的初中毕业生，要有三年学徒期，第一年拿企业职工平均收入的 30%—40%，第二年拿平均收入的 50% 左右，第三年拿平均收入的 80% 左右；凡招收来的高中或中等技术学校的毕业生，在半年见习期内拿企业职工平均收入的 60%—80%，半年后收入按同工同酬原则决定；凡招收来的中专和大学毕业生，根据专业安排对口岗位，收入除同工同酬外，再给予职务补贴。同时，该乡还在乡镇企业中开展了评定助理技术员、技术员、助理工程师的工作，一经评上，在本乡范围内认可，收入也相应提高。笔者认为上述这些规定的本身虽然属于乡镇企业劳动用工和分配制改革的范畴，但做好后就可取得既有利于提高乡镇企业职工素质，增强竞争能力，又有利于计划生育的双重效益。

（二）加强妇幼保健，发展合作医疗，努力改善农村医疗卫生条件。现在，许多富裕农村地区的基层干部对于做好妇幼保健工作有利于计划生育这一点，是比较明确的。然而对发展合作医疗有利于减轻农民实行计划生育、少生孩子的后顾之忧，还没有形成一个非常清晰的观念。在这次调查中了解到，一些计划生育先进的富裕乡（镇）、村近年来十分重视妇幼保健，有的还积极发展合作医疗。

在加强妇幼保健方面，不少富裕乡（镇）、村已为儿童定期进行检查，注射预防针。如福建省福清市渔溪镇苏田村规定全村 0—7 岁儿童每年进行一次保健检查，独生子女免费，非独生子女每年交 1 元检查费；有些农村，如江苏省太仓县的乡卫生院还设立了"三优服务站"，专门建立"体弱儿童登记簿""疾病缺陷矫治登记簿""新生儿、婴幼儿死亡记录簿""小儿生长监测记录簿"等，把优生优育工作进一步规范化、制度化。对育龄妇女的保健工作，在一些计划生育先进的农村，普遍实行了结合每年两次或三次孕情检查，同时进行妇科检查的制度，发现患妇科疾病的，及时帮助治疗。有的农村，如东莞市沙田镇根据过去当地妇女因条件所限，不得不到受污染的河滩洗澡，造成妇科病发病率高的情况，近年来集资 510 多万元兴建自来水工程，不仅使 16 个管理区（村）人人都饮用上自来水，还使多数农民家庭因此设置了整洁的冲凉房，有效防止了妇科病的发生、传播和蔓延。

在发展合作医疗方面，有些富裕的乡（镇）、村虽然也比较重视，但具体方案各不相同。如广州市郊天河区沙河镇杨箕村规定每个村民一年交 24 元作为合作医疗基金，其余由村补贴。村民到卫生站看病，只需交 2 角钱挂号费；如住院，除自己负担住院费和伙食费外，治疗费可在合作医疗基金中报销。该村仅 1992 年就补贴了 20 多万元。又如江苏省太仓县王秀乡规定每个农民 1 年交 8 元作为合作医疗基金，门诊每一张处方最多只能报销 2.5 元，如果 1 年医药费在 500 元以上的可报销 60%，在 600 元以上的可报销 70%，在 1000 元以上的可报销 80%。全乡根据前两年合作医疗费用的实际开支，确定下一年各村人均要交多少合作医疗基金。笔者感到在合作医疗的交付水平上各地农村理应因地制宜，保留差别，但交付模式应该在深入调查研究、总结各地农村经验、借鉴我国劳保和公费医疗，以及国外医疗保险经验教训的基础上，力求科学和统一。尤其是在目前全国农村合作医疗还不普遍的情况下，应该抓紧研究，提出合理方案，使今后大批新办合作医疗的农村一开始就比较规范。

（三）大力建设各种老年福利设施，开展养老保险，搞好农村老年保障事业。目前大部分富裕农村地区都比较重视老年保障事业，许多基层干部认识到搞好老年保障，不仅有利于社会稳定，提高农民的福利待遇，充分调动劳动者的积极性，而且有利于改变农村中广大育龄夫妇"养儿防老"的传统观念，解除他们实行计划生育的后顾之忧。在有些农村基层干部中唯一不太理解的是既然已经实行了独生子女及其父母或二女结扎户养老保险，为什么还要对全体农民实行养老保险？有的计划生育干部甚至认为对包括超生子女户在内的全体农民实行养老保险，不利于计划生育的开展。可见，在当前建立和完善农村老年保障事业这项计划生育的配套措施时，我们还需要进行一些有针对性的宣传教育工作。

笔者从这次调查中了解到，近年来不少富裕农村地区在老年保障方面有很大进展，提供了一些很好的经验。

首先，多渠道集资兴办老年福利设施，热情地关心"五保"老人及农村其他老人。在一些富裕的乡（镇）、村对农村老人十分关心。东莞市附城镇规定由生产队负责"五保"老人所需的粮食、衣服、水果，镇每月给这些老人60元，管理区（村）每月给这些老人40元。其他农村老人，凡男性年满60岁、女性年满55岁，均由管理区（村）每月发给30—50元生活补贴。该镇的温塘管理区（村）不仅每年免费组织老人外出一日游，还投资25万元建造了一所面积为3500平方米的"万福园"，作为供老人和青少年娱乐活动的场所。特别是蒲田县江口镇，在发动企事业单位和个人捐款的基础上，投资150万元兴建了一所占地33亩的老年人活动中心及敬老院后，又于1991年决定将毗邻的道教东狱观的隔墙拆除，与老年活动中心及敬老院连在一起，让东狱观将群众捐献的一部分钱用于资助老年福利事业。仅1992年该观就资助了50多万元，取得了很好的社会效果。该镇的石东、石西两个村则依托侨乡优势，积极筹集资金，建立石庭老人协会，并利用原黄氏祠堂加以整修，建立老人活动室，使农村老人生活充实愉快。

其次，采取各种形式建立农民的养老保险制度。在一些富裕的乡（镇）、村，除了通过向保险公司投保、向银行存款、建立各种基金会，积极开展独生子女及其父母的养老保险、二女结扎户养老保险外，还建立了农民的退休制度。近年来在江苏省的苏州、无锡、常州地区及上海市郊的嘉定县都进行了农村社会养老保险试点，实行了包括纯务农劳动者在内的社会养老保险，采取"个人交纳为主，集体补贴为辅，国家给予政策扶持"的方式筹集养老保险基金，到年老后再按月领取养老金。他们对现有的农村老人也根据不同情况，发放一定的养老金或养老补贴。笔者认为实行包括全体农民在内的社会养老保险与开展计划生育系列养老保险并不是对立的，两者处于基本保险与补充保险的关系，具有互补性。前者覆盖全体农民，累计投保金额大，领取养老金数额也较多，经过二三十年的储存增值，可以保障农民的基本生活；后者覆盖了实行计划生育较好的一部分农民，累计投保金额较小，领取养老金数额也相应较少，经过几十年的储存增值，可以起到补贴生活费的作用，使实行计划生育较好的农民在年老后的养老金总收入优于其他农民。因此，当前应该积极支持这两类养老保险同时在农村中开展。现在的问题是需要呼吁国家对这两类养老保险基金的增值给予优惠政策，并且争取中国人民保险公司对计划生育系列养老保险尽快制定一个全国统一的、提取管理费比例较低而平均年复利率又较高的实施方案。

三、切实关心基层计划生育干部

农村是计划生育工作的重点和难点。近年来我国农村的计划生育工作能够取得显著成效，与广大农村的计划生育专职和兼职干部长年累月、任劳任怨的辛勤工作分不开。笔者在这次调查中进一步体会到农村基层的计划生育队伍建设不仅非常重要，而且难度也很大。尤其是在建立和完善社会主义市场经济体制的过程中，随着城乡劳务市场的培育和发展，人力资源的流动将逐渐加剧。为了在农村基层建设一支思想好、作风正、懂业务、会管理的计划生育工作从伍，稳定和吸引优秀人才从事计划生育工作，除了加强计划生育基本国策的宣传教育和业务培训，提高计划生育干部队伍的思想素质和业务素质外，必须采取有力措施切实关心农村基层的计划生育专职和兼职干部，改善他们的待遇，真正体现出对他们的关爱。从调查中了解到，在一些计划生育先进的富裕农村地区，并非都较好地解决了提高农村基层计划生育干部待遇的问题。比如，上海市郊县农村所有的计划生育干部至今仍没有计划生育岗位津贴，许多乡（镇）、村一级的计划生育干部收入低于同级干部的收入。相反，在江苏省、浙江省，特别是广东省、福建省，由于近年来各级党政领导的重视，采取了许多有力措施，使农村基层计划生育干部的待遇有了不同程度的提高。

（一）较好地解决了乡（镇）、村计划生育干部的职级问题。现在他们把乡（镇）计划生育办公室主任与乡（镇）的其他办公室主任一样看待，都定为正股级，享受乡（镇）政府的中层干部待遇。在广东省番禺市钟村镇还明确规定，如某个干部原来是副科级的，调入镇计划生育办公室当主任后，仍继续保留原来的干部级别；凡是镇党委、镇人大、镇政府领导召开的部门负责人会议及村干部会议，其他部门负责人参加，计划生育办公室主任也参加；镇政府召开年度表彰大会，计划生育作为一条线也参加，每年给3个先进指标。这样就有利于把镇内的一些工作能力较强的干部，如镇政府办公室主任、武装部长、宣传委员、妇女主任等调到计划生育办公室工作。他们对村一级计划生育负责人，一般规定享受村两委的待遇，有的乡（镇）、村则规定可享受村的副主要干部待遇。

（二）妥善处理了乡（镇）计划生育专职干部在编制和户口上的矛盾。在乡（镇）一级计划生育专职干部中，通常属于行政编制的人数很少，属于事业编制的人数较多。按原来规定，属于事业编制的干部在分配住房及享受许多补贴待遇上比属于行政编制的干部要差。笔者在广州市白云区龙归镇调查时，当地干部说，仅两者在享受职务、住房、水电煤气等补贴方面的不同，每月就要相差80元左右。为了妥善解决这方面的矛盾，有些富裕的乡（镇）通过努力，规定了本乡（镇）的计划生育专职干部，不管属于行政编制还是事业编制，都同样享受行政编制干部的待遇。同时，他们还规定凡是调离计划生育工作岗位的干部，都不能把编制带走。至于乡（镇）计划生育专职干部由农业户口转为非农业户口的问题，近年来在国家计划生育委员会及地方政府的关心和努力下，不少乡（镇）都得到了妥善的解决。

（三）乡（镇）、村、队（组）的计划生育专职和兼职干部的收入有了不同程度的提高。对于乡（镇）计划生育专职干部，除了从优规定职级、允许享受行政编制待遇外，有的地区规定都可向上浮动一级工资，浙江省则规定每年是否浮动一级工资要与其岗位职责、考核相结合，凡浮动一级工资满5年后可作为固定工资计算；有的地区给予岗位津贴（最高不超过每月10元或15元）；有的地区在一般工龄工资基础上又增列了计划生育工龄工资（每年加1元或2元）。对于村计划生育管理员，除了规定负责人可享受村两委或村的副主要干部待遇外，有的地区规定一般兼职干部可享受固定补贴；有的地区则采取聘任制办法，根据其每月在计划生育工作中的实绩给予报酬，如当月不合格就不给报酬，两个月不合格的就解聘。中共福州市委和福州市政府在今年3月下发的《关于加强1993年计划生育工作的意见》中还专门规定，市里每年给村计划生育管理员补助100元（贫困地区补助150元）。对于队（组）计划生育宣传员，除给予误工补贴外，许多地区以岗位责任制形式给予报酬。如福州市郊区台江镇红旗村规定，计划生育宣传员完成当年"包户责任书"上的各项任务，年终由村发给本人奖金200元。此外，乡（镇）、村两级计划生育干部如完成任务好，在年终还可按人口与计划生育目标管理责任书规定拿到较多的奖金；有的还可免费享受乡（镇）、村给他们办的意外伤害保险、养老保险的待遇；有的还可免费参加乡（镇）组织的定期外出旅游活动。

总之，要真正落实对农村基层计划生育干部"高看一等，厚爱一层"，切实提高他们的待遇，尽管与当时当地农村的经济发展和财力有很大关系，但更重要的取决于解决农村基层计划生育干部的实际困难和问题。即使上面暂时还无法解决，如果乡（镇）的党政领导能够下决心，还是可以在较大程度上妥善地得到处理和解决的。当然，这并不是说上面就没有责任。笔者在一些富裕农村地区调查时，基层干部迫切希望国家及省、区、市计划生育委员会能对乡（镇）计划生育服务网络的基本建设、基层计划生育专职干部的劳动保护用品，给予一定补助。

四、努力搞好各部门的协调配合

计划生育是一项庞大的社会系统工程，只有在各级党政一把手亲自抓负总责的前提下，依靠社会各有关部门的互相配合、齐抓共管，才能取得成功。近年来，从中央到地方，各部门对计划生育工作愈来愈重视，一些省、自治区、直辖市及市、县（市）也陆续颁发了《各有关部门在计划生育工作中的职责分工》，进一步明确规定各有关部门的职责，为搞好各部门的协调配合奠定了基础。然而，笔者从这次调查中发现，在计划生育的部门配合上，各地发展还很不平衡。由于各部门所处的地位不同、对有关问题的认识不完全一致，以及具体利益关系上的差异，使某些涉及部门配合的问题至今未得到圆满解决。为了搞好计划生育的综合治理，妥善解决各部门的政策配套及齐抓共管问题，我认为当前应该着重做好以下几方面工作：

（一）切实贯彻落实各级党政一把手亲自抓负总责的决定。近年来中央提出的计划生育工作应由各级党政一把手亲自抓负总责的决定已愈益深入人心，各地也纷纷建立了由党政主要领导干部负责的人口与计划生育领导小组。但是，在有些地区这个决定并未真正落实，一些党政主要领导往往忙于抓经济建设，使计划生育工作中碰到的一些重大问题，包括协调各部门的配合问题，迟迟排不上议事日程，不能得到很好解决。为此，需要规定一些具体措施，以便使党政一把手对计划生育工作做到真抓实管。笔者在这次调查时看到了中共福建省委办公厅、省人民政府办公厅批转的《中共福州市委、福州市人民政府关于各级党政一把手对计划生育工作亲自抓负总责的十条标准》，感到其中有几条要求明确，便于检查，特别值得各地学习借鉴。比如，关于专题研究计划生育工作的例会制度问题，该文件规定党政一把手"亲自主持召开党委和政府例会，专题研究计划生育工作。每年党委和政府至少分别研究两次，形成制度，并切实解决计生工作中存在的实际问题。"又如，关于协调各部门互相配合问题，该文件规定党政一把手"亲自抓计生工作的综合治理。实行党政主要领导与部门负责人签订计生目标管理责任，对涉及各部门的工作要亲自协调，充分发动各方面力量对计生工作实行齐抓共管。"此外，该文件还规定党政"领导班子的每位成员都应与后进地区建立联系点，每年至少要有2—3次亲自深入联系点调查研究"，"保证"计划生育经费"每年人均2元一步到位，并按10%幅度增长"等等。我想如果各级党政一把手都能亲自协调本地区各部门在计划生育工作中的配合问题，政策配套、齐抓共管肯定会做得比现在更好。

（二）各部门在计划生育工作中的职责要明确规定并实行目标管理责任

制。近年来人口与计划生育目标管理责任制，在块块上贯彻执行较好，上年末层层下达责任书，下年初考核检查，奖惩兑现；而在条条上贯彻执行较差，有相当一部分地区至今没有对各部门签订责任书；即使签订了责任书，有些也往往由于党政一把手没有真抓实管、责任目标过于笼统、奖惩措施不落实而流于形式。笔者在调查中发现，浙江省杭州市在这方面抓得比较早、比较好。就拿该市余杭县来说，他们在明确县卫生局、县城建局、县公安局、县民政局、县劳动局、县工商局、县交通局、县教委等部门在计划生育工作中的职责后，将每个部门的具体责任目标按百分制考核的要求细化，规定每个部门实得分在 80 分以上开始给予奖励，所得奖金等于该部门实得分乘以核定分值，主要用于奖励该部门计划生育直接责任人（主要领导人及分管领导）和有关工作人员；如某个部门考评总分在 60 分以下，则扣除该部门主要领导及分管领导年终奖金的 30%。由于这些部门与县政府签订了人口与计划生育目标管理责任书后，具体责任目标比较明确，并且还要接受县政府领导的考核检查，在全县干部大会上公布考核结果，落实奖惩措施，因而有力地促进了他们与县计划生育部门的配合，更好地齐抓共管全县的计划生育工作。

（三）对基层提出的各种政策配套、齐抓共管的要求应实事求是地进行分析并作出恰当的处理。笔者在对富裕农村地区计划生育综合治理问题进行调查时，广泛地听取了许多计划生育干部对各部门政策配套、齐抓共管的意见。我认为他们提出的相当一部分有关计划生育政策配套、齐抓共管的要求，是正确的和必要的。比如，要求国家计划生育委员会趁《中华人民共和国刑法》酝酿修改之机，在妨碍社会管理秩序类的犯罪中增补"破坏计划生育罪"，以便更好地对那些严重破坏计划生育管理秩序的行为追究刑事责任，给予相应的制裁；要求房地产开发明确一家主管部门，以便公安部门和计划生育部门能及时了解批租拆迁、兴建过程中老居民户搬迁过渡、新居民户迁入的情况，加强户籍、治安和计划生育管理；要求各省、区、市在制定《中华人民共和国收养法实施细则》时，增补有关对擅自收养孩子的处罚规定；要求各级工商管理部门对违反计划生育并拒不采取补救措施的个体工商业者、私营经济业主给予停业检查、吊销执照的处分；要求各级宣传部门对计划生育方面的宣传报道，给予支持和收费上的优惠；要求各级卫生部门督促医疗单位严格执行当地物价部门关于计划生育手术收费标准的规定等。对此，我们应该深入研究可行性、可操作性的条文，尽快采纳。但是，也有些要求并不合理，如要求民政部门对未达到晚婚年龄的男女不办理结婚登记证，要求公安部门对未婚生育和计划外超生的孩子不办理户口登记，要求卫生部门对没有《准生证》的产妇不给接生等，我们应该耐心进行解释，并引导大家考虑在不改变原有政策规定的情况下如何改进工作，搞好部门间配合。

　　以上从四个方面探讨了如何搞好我国富裕农村地区计划生育综合治理，特别是政策配套的问题。由于这个问题相当复杂，涉及面又很广，我们的研究仅仅是一个开始，希望能引起实际部门和人口学界的关注，与我们一起深入探讨这个问题，为搞好我国农村的计划生育工作献计献策。

（本文原载张纯元、李宏规、路遇、桂世勋等著《中国农村计划
生育综合治理研究》，山东省新闻出版局，1995 年 7 月）

计划生育的生殖健康效益

计划生育的生殖健康效益是推行计划生育所产生一种宏观社会效益。其中既有因实行计划生育，减少出生人口所衍生的生殖健康效益，也有因在计划生育工作中开展优生优育、妇幼保健而产生的生殖健康效益。过去我国实际部门与学术界对计划生育在减少出生人口数及其相关的经济、社会效益方面的研究比较多，对计划生育的生殖健康效益，特别是因开展优生优育、妇幼保健而带来的生殖健康效益方面的研究比较少。当然，这也与这方面的研究在有关统计数据上比较缺乏、评估方法上还不成熟有一定的关系。为此，本课题组仅以上海市进行个案研究，调查、分析和揭示近十多年来计划生育所取得的生殖健康效益。

一、评估计划生育生殖健康效益的理论框架

生殖健康是近年来国际社会提出的一个新概念。其概念本身经历了一个逐步完善和发展过程。1994 年 4 月，世界卫生组织对生殖健康作了如下定义：生殖健康意味着人们能够进行负责、满意、安全的性生活，具有生殖的能力和有权决定是否、何时、如何生育和控制生育间隔的自由，无论男性还是女性都有获得生育调节有关知识的权利，获得安全、有效、能够承担、可接受的生育调节方法的权利，同时女性有获得优质的医疗卫生服务，使其安全地通过孕产期的权利，夫妇有获得选择最佳受孕时机的权利。1994 年 9 月，开罗国际"人口与发展大会"接受了世界卫生组织对生殖健康所作的这一定义。由此可见，生殖健康涉及生命各阶段的生殖过程、功能及系统。生殖健康的内涵也即是指人们具有生殖调节的能力，妇女能顺利通过孕产期，

分娩的婴儿无异常，夫妇保持健康和谐的性关系。其主要内容除了实行计划生育外，还包括母亲健康、婴儿健康及性健康等部分。从上述生殖健康的概念不难看出，人口生殖健康涉及面广，内容较多，故对人口生殖健康效益的评估需要采用较多的指标。我们课题组从评估指标体系建立的全面性原则出发，根据上海市人口生殖保健工作的现状，结合世界卫生组织对各国生殖健康工作的要求，设计了人口生殖健康效益评估备选指标体系以及影响生殖健康效益的备选指标，以利于衡量计划生育在提高生殖健康水平方面所取得的成绩。

1.构建生殖健康效益的备选评估指标体系

1994年世界卫生组织规定的生殖健康的专门指标共有12项，它们分别是：妇女的地位、计划生育、母亲保健和母亲安全、人工流产、生殖道感染和HIV/AIDS、不育、生殖肿瘤（包括癌症）、母婴营养状况、婴幼儿的存活和健康状况、青少年的生殖健康和性健康状况、性行为和有害的性经历、环境卫生和职业卫生。

根据上述指标要求，结合上海市生殖健康与生殖保健服务工作的实际情况，课题组初步构建以下反映生殖健康效益的备选评估指标体系，它们分别是：死产死胎发生率、围产儿死亡率、新生儿死亡率、婴儿死亡率、出生缺陷儿发生率、妇女生殖道疾病感染率、孕产妇死亡率、不育发生率、15—19岁女性生育率、人工流产率、人流手术质量情况发生率、节育手术并发症发生率、性传播疾病发生率等13项指标。

2.构建影响生殖健康效益的备选指标

从上述生殖健康效益评估指标的动态变化可以反映一个地区不同时期或不同地区同一时期的生殖健康水平的高低。很显然，人口生殖健康的高低是社会、经济、文化，心理等各种因素分别作用或共同作用的结果。在上海市主要是卫生与计划生育部门共同努力的结果，计划生育工作无疑在降低15—19岁女性生育率、减少全体育龄妇女因意外妊娠而导致的人流次数、减少人流节育手术质量情况发生率、减少性传播疾病发生率以及减少出生缺陷儿发生率、减少孕产妇死亡率等多方面起到了不同程度的促进作用。但其影响作用究竟有多大？如何将其量化？这正是本课题所要研究之重点所在，也是研究的一大难点。为充分揭示上海市计划生育工作在提高生殖健康水平中发挥的重要作用,建立生殖健康效益影响指标体系,分析其影响作用就显得尤为重要。根据上海市生殖健康与生殖保健服务工作开展的实际情况,课题组经初步研究后认为,影响上海市生殖健康效益的备选指标大体可包括综合节育率、婚前医学受检率、不孕不育诊治率、产前检查率、妇女病普查率、住院分娩率、产后访视率、母乳喂养率、产后及人流后节育措施落实率、避孕药具方法知晓率、避孕药具来源知晓率等 11 项。

至此,可以初步形成评估人口生殖健康效益的理论框架。我们假设影响生殖健康效益的各种备选指标对反映生殖健康水平的备选指标的影响,大体表现如下(见图 1):

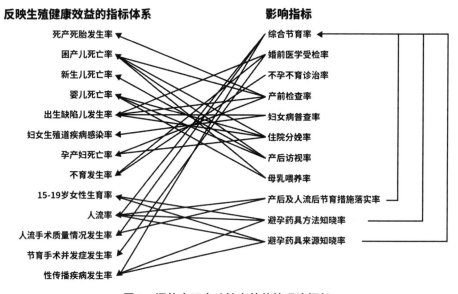

图 1　评估人口生殖健康效益的理论框架

二、生殖健康效益及其影响因素的评估指标筛选

本研究对生殖健康效益评估指标及其影响指标的筛选,主要根据以下原则:

第一,科学性原则。选择的指标是否科学,直接关系到评估结果的可靠程度如何,因此在进行指标筛选时必须坚持科学性原则。

第二，可获得性原则。在评估指标的筛选时，指标数据是否能够通过一定的渠道获取，将直接影响评估结果的正确性，因此在指标筛选时必须坚持指标可获得性原则。

第三，"少而精"原则。为了便于统计评估，指标的选择不宜太多，应选择与评估目的紧密有关的指标，筛选出具有重要性、确定性、敏感性、代表性和独立性的指标。

在明确了以上指标选择的原则之后，我们采用德尔斐（Delphi）法，即专家意见调查法来筛选生殖健康效益评估指标和影响指标。具体方法为：在上海市范围内，聘请了 12 位从事计划生育、人口、妇幼卫生工作和科研的专家，以两轮函询的方式征求其对生殖健康效益的备选评估指标体系以及影响生殖健康效益的备选指标的筛选意见，并根据筛选后保留的各项指标的重要程度给出权重。

课题组在两轮专家函询的基础上，按所选指标的专家人选频率较高与专家对该指标的相对重要性评分的平均值较高的原则，最终筛选到 7 项构成生殖健康效益综合评估指标体系的评估指标（见表 1）及 6 项影响生殖健康效益高低的分析指标（见表 2）。同时，以全体函询专家对各指标评分的均值构成评判矩阵。

表 1　生殖健康效益评估指标体系

指标	权重值（%）
围产儿死亡率	17.5
婴儿死亡率	11.8
出生缺陷儿发生率	5.9
孕产妇死亡率	22.1
人工流产率	17.2
人流手术质量情况发生率	13.5
15—19 岁女性生育率	11.6
合计	100.0

表 2　影响生殖健康效益评估的分析指标

指标	权重值（%）
综合节育率	36.2
婚前医学受检率	18.3
产前检查率	17.1
妇女病普查率	17.6
住院分娩率	14.9
产后访视率	12.7
合计	100.0

三、计划生育对生殖健康效益的影响分析

虽然生殖健康的概念被国际社会所接受还只是近几年的事情，但事实上在上海市由于长期推行计划生育并致力于妇幼保健工作，因此已在生殖保健尤其是育龄妇女和儿童的生殖保健方面取得了令人可喜的成效。为充分反映上海市计划生育在提高生殖健康水平方面所取得的成就，我们通过上海市历史资料的动态对比，以及对参与生殖保健工作的各部门投入的模糊评判，尝试分析计划生育工作的生殖健康效益。下面表 3、表 4 所列为 1985 年以来上海市若干年份的生殖健康效益评估指标值及其影响指标值的统计资料。

表 3　1985—1997 年上海市生殖健康效益评估指标统计数据

指标	1985	1986	1987	1988	1989	1990	1991	1992	1993	1994	1995	1996	1997
围产儿死亡率（‰）	14.73	13.70	13.88	13.94	13.57	11.28	10.61	11.37	10.59	10.25	9.53	9.73	9.20
婴儿死亡率（‰）	13.78	12.98	14.00	13.23	12.42	10.95	11.37	11.42	9.93	10.00	10.10	9.53	6.47
出生缺陷儿发生率（‰）											8.01	8.45	9.04
孕产妇死亡率（1/10 万）	29.38	20.63	27.92	34.83	30.47	23.76	23.42	28.52	27.34	30.29	24.03	22.11	23.10

续表

指标	1985	1986	1987	1988	1989	1990	1991	1992	1993	1994	1995	1996	1997
人工流产率 (‰)	9.65	9.67	9.77	9.83	9.80	8.47	7.56	7.22	6.75	6.89	6.61	6.86	6.70
人流手术质量情况发生率* (1/10万)											11.99	11.91	6.42
15—19岁女性生育率 (‰)	0.1252	0.1135	0.1901	0.2559	0.2768	0.2042	0.2517	0.1448	0.1587	0.1669	0.1726	0.2322	0.1889

* 不包括怀孕3月以内出血200毫升以下者和怀孕3月以上出血300毫升以下者。

资料来源：上海市卫生局编《上海市卫生统计年鉴》及上海市妇幼保健所、国际妇婴保健院、上海市计划生育委员提供的数据。

表4　1985—1997年上海市影响生殖健康效益的分析指标　　单位：%

指标	1985	1986	1987	1988	1989	1990	1991	1992	1993	1994	1995	1996	1997
综合节育率	86.30	86.48	87.52	88.96	90.15	91.62	92.16	92.18	92.35	92.67	92.65	92.39	92.13
婚前医学受检率				97.58	98.2	97.40	91.55	99.02	98.71	98.13	96.12	97.14	95.27
产前检查率	99.86	99.20	98.45	99.92	96.92	97.58	98.20	99.16	99.03	99.77	99.87	99.82	99.94
妇女病普查率	81.60	82.90	85.80	80.60	80.80	98.45	82.44	86.61	81.55	80.50	82.20	84.75	83.45
住院分娩率	99.20	99.54	99.69	99.71	99.74	99.81	99.83	99.78	99.64	99.69	99.76	99.81	99.85
产后访视率	88.37	87.46	86.64	72.11	90.02	93.48	95.49	96.87	97.49	97.83	98.05	97.31	97.70

资料来源：上海市卫生局编《上海市卫生统计年鉴》及上海市妇幼保健所、国际妇婴保健院、上海市计划生育委员提供的数据。

由表3可知，自1985年以来，上海市生殖健康效益从总体上看，处于持续增长态势。其中，围产儿死亡率从1985年的14.73%下降至1997年的 9.20%，降幅达 37.54%；婴儿死亡率从 1985 年的 13.78‰降至 1997 年的 6.47‰，降幅高达 53.05%；孕产妇死亡率从 1985 年的每 10 万人 29.38 例降至 1997 年的每 10 万人 23.10 例，降幅达 21.38%；育龄妇女人流率从 1985 年的 9.65%降至 1997 年的 6.70%，降幅达 30.57%；15—19 岁女性生育率波动较大，从 1985 年的 0.1252‰，波浪式地上升至 1997 年的 0.1889‰。

如果把上海市在 1995 年的婴儿死亡率、孕产妇死亡率、15—19 岁女性生育率与该年人均国内生产总值较接近的泰国、博茨瓦纳、南非、巴西的同类指标相比则要低得多（见表 5）。它在一定程度上表明目前上海的生殖健康水平比上述四个国家要高得多。当然，上面表 3 的统计数据同时还显示，出生缺陷儿发生率在最近的三年中呈小幅上升趋势。我们以为这一现象的产生并非说明上海市在预防出生缺陷儿发生方面的工作今不如昔，咨询专家普遍认为，统计数据的上升主要缘于对新生儿缺陷的检测手段和技术水平的提高。一些以往在新生儿时期无法检测出的残缺和疾病如先天性心脏病，现在凭借先进的医疗仪器就能早期发现。其次，环境质量方面的问题（如空气污染）也会影响出生缺陷儿发生率的上升。此外，过去孕妇遇到胎儿出现兔唇、手指缺损等往往要求医生引产，而现在医院却说服孕妇让胎儿顺利生下来。从上海市近年来市区出生缺陷儿发生率明显高于郊县的情况（1995 年分别为 9.47‰与 5.10‰，1996 年分别为 10.8‰与 4.88‰，1997 年分别为 10.70‰与 5.50‰），也充分说明了上述分析的合理性。

表 5　1995 年上海与若干国家的生殖健康状况比较

地位	上海	泰国	博茨瓦纳	南非	巴西
人均 GDP（美元）	2290	2780	2980	3280	4320
婴儿死亡率（‰）	10.08	30	56	48	42
孕产妇死亡率（/10 万）	24.03	200	250	230	220
5—19 岁妇女生育率（‰）	0.17	51	100	72	73

资料来源：《1996 年上海卫生年鉴》，上海科技出版社 1997 年版；联合国人口基金《1997 年世界人口状况》（中文版），人民教育出版社 1997 年版。

然而同一时期，对影响生殖健康效益的分析指标的统计表明，上海市生殖健康保健工作却并非像人口生殖健康效益那样，呈整体上升态势，相反个别指标处于逐步下降的过程中。如妇女病普查率指标近年来均有不同程度的下降。这一现象的出现使课题组研究人员感到费解，为此特约请计划生育和妇产科方面的部分专家咨询座谈。对此专家们作出了如下解释：上海自50年代起倡导计划生育，经过40多年的努力，人口再生产已从传统的"高出生、低死亡、高增长"类型转变为现代的"低出生、低死亡、低增长"类型。上海市在开展计划生育宣传服务的同时，历来十分重视妇幼保健和计划生育技术指导工作，通过提供有关的生育保健服务，保护育龄群众的生殖健康。迄今为止，这项工作已取得了显著的社会效益。在上海，妇幼保健及计划生育工作已形成三级服务网络，在基层社区这一工作已深入人心，为生殖保健服务工作的进一步推进奠定了相当的基础。自80年代以来，上海市还将某些生殖保健服务工作的影响指标如综合节育率、妇女病普查率纳入了考核范围，作为对企业干部考核的内容之一。但近年来，由于部分大中型国有企业在激烈的市场竞争中经济效益出现滑坡，甚至负债经营，根本无力完成政府规定的某些指标考核任务。以妇女病普查率而言，按规定各企事业单位至少每两年就必须为本单位65岁以下已婚女性职工普查一次，但现在不少企业一拖再拖，有的甚至明言职工的医疗费用尚无力支付，作为以预防为主的妇女病普查只能放置一边了。专家们一致认为，在某些影响指标受市场经济影响有所下降的情况下，上海市生殖健康效益的持续上扬一方面得益于原有妇幼保健较好的工作基础，因为一般来说在一段时期内尽管某些影响指标出现了下降的情况，但生殖健康效益指标仍会惯性地向前提高；另一方面（可能也是最主要的原因）得益于计划生育工作重点的战略转移。自1993年以来，上海市户籍人口的自然变动持续出现负增长，与之相适应上海市计划生育的工作重点从控制人口数量逐步向提高人口素质转移，避孕节育、优生优育、妇幼保健等方面的宣传教育、技术服务、科技工作不断得到加强。

1994年3月，上海市曾在计划生育部门协助下，由桂世勋教授主持进行过街道、乡、镇全部计划生育助理（或负责人）和一般基层计划生育专职干部月工作情况的调查。当时在设计好分类统计表格后，请上述调查对象按家计调查的方法，将该年4月份每天的工作内容及工作时间记录下来，最后通过计算机汇总处理。调查结果发现在被调查的全市555名计划生育助理（或负责人）中，该月内直接用于减少户籍出生人口的工作量占直接用于户籍人口计划生育总工作量的 55.6%，其中动员已婚育龄妇女采取补救措施、落实避孕节育措施（包括陪同去医院）的工作量占 62.5%，动员未婚育龄妇女采取补救措施的工作量占 37.5%；该月直接用于户籍人口优生优育的工作量占直接用于户籍人口计划生育总工作量的 44.4%，其中直接用于优生（包括动员或组织婚前检查、帮助不育排忧、动员胎教、动员组织 B 超检查）的工作量占 52.9%，直接用于优育（包括组织或参与儿童体格检查、参与儿童优育、参与托儿所与幼儿园工作、组织或发动儿童保险）的工作量占 47.1%。在被调查的 344 名一般基层计划生育专职干部中，该月内直接用于减少户籍出生人口的工作量占直接用于户籍人口计划生育总工作量的 50.2%，其中动员已婚育龄妇女采取补救措施、落实避孕节育措施（包括陪同去医院）的工作量占 74.6%，动员未婚育龄妇女采取补救措施的工作量占 25.4%；该月内直接用于户籍人口优生优育的工作量占直接用于户籍人口计划生育总工作量的 49.8%，其中直接用于优生的工作量占 45.3%，直接用于优育的工作量占 54.7%。①

近年来上海市的基层计划生育专职干部又与基层爱国卫生专职干部密切配合，共同做好生殖保健服务工作，努力探索建立以社区为依托的一体化工作载体，以网络为纽带的规范化协调制度，形成专业优势互补的结合机制。基层计划生育干部在婚前期生殖保健服务中主要开展婚恋教育，组织上课，了解教育内容及受教育人数，评估教育效果，加强性健康与性安全的预防教育；在新婚期生殖保健服务中主要开展新婚访问，推荐与社区医生见面，了解生育安排，指导孕前教育和避孕措施，宣传优生优育知识；在孕产期生殖保健服务中配合做好早孕摸底调查，结合落实人口出生计划，督促怀孕 12 周之前到居住所在地的街道医院建立孕妇联系卡，领取"孕产妇健康手册"，开展孕产期保健教育，宣传母乳喂养，在生育后期（包括哺乳期）生殖保健服务中进行避孕指导，对产妇出院至产后 90 天之前，上门随访，提供避孕药具，加强知情选择避孕方法的宣传指导，预防意外妊娠，结合透环和孕情检测开展妇女病防治；在更年期生殖保健服务中开展更年期保健知识宣传教育，使育龄夫妇更好度过更年期。同时，自 1996 年以来上海市还加快了由计划生育部门单独建立的或由计划生育部门与卫生部门共管建立的生殖保健服务机构的建设。据上海市生殖保健服务目标研究课题组的调查，截至 1998 年 7 月，全市已初步建立起区（县）、镇（乡、街道）、村委会（居委会）三级生殖保健服务机构 4869 家，其中区（县）级 75 家，覆盖了全市 20 个区（县）；镇（乡、街道）级 426 家，做到了全市 310 镇（乡、街道）个个都有生殖保健服务机构；村委会（居委会）级 4368 家，覆盖率为 77.8%。在这些服务机构中，99% 以上开设了避孕药具的供应、提供避孕节育知识的宣传和咨询服务，97.6% 提供优生优育服务，95.3% 提供妇幼保健服务，近 40% 的服务机构提供不孕症的咨询服务，34.4% 提供性心理和性生理咨询服务，16.9% 提供防治性病知识咨询服务。上述这些机构自建立以来已先后为 161.6 万人次群众提供了各种生殖保健服务，其中 1997 年接受服务的群众达 70.22 万人次，1998 年 1—7 月达 56.85 万人次。[②] 上述这些工作对于提高综合节育率、婚前医学受检率、产前检查率、妇女病普查率、住院分娩率和产后访视率，都起到了积极作用，从而有效地促进了生殖健康。

为了分析影响指标对评估指标的作用程度，揭示计划生育工作在生殖保健工作领域所作出的成绩，课题组利用 SPSS 软件对所构建的评估指标体系与影响指标之间进行了多元回归分析。由于某些指标的统计数据资料有残缺，故最终选定了 5 项评估指标（围产儿死亡率、婴儿死亡率、孕产妇死亡率、人工流产率及 15—19 岁女性生育率），与 5 项影响指标（综合节育率、产前检查率、产后访视率、妇女病普查率与住院分娩率）进行回归分析。设回归方程为：

$Y = a + b_1 x_1 + b_2 x_2 + \cdots\cdots$（$x_1$ 表示综合节育率，x_2 表示产前检查率，x_3 表示妇女病检查率，x_4 表示住院分娩率，x_5 表示产后检查率）通过计算，得出所有变量的零阶相关矩阵如下（见表 6）：

表 6　综合指标与影响指标 x_1，$x_2 \cdots x_5$ 的零阶相关矩阵

	综合指标	综合节育率（x_1）	产前检查率（x_2）	妇女病检查率（x_3）	住院分娩率（x_4）	产后访视率（x_5）
综合指标	1.000	0.574	−0.101	−0.252	−0.445	−0.776
综合节育率（x_1）	0.574	1.000	0.170	0.130	0.732	0.699
产前检查率（x_2）	0.101	0.017	1.000	−0.402	−0.248	−0.001

续表

	综合指标	综合节育率（x_1）	产前检查率（x_2）	妇女病检查率（x_3）	住院分娩率（x_4）	产后访视率（x_5）
妇女病检查率（x_3）	0.252	0.130	−0.402	1.000	0.291	0.148
住院分娩率（x_4）	0.445	0.732	−0.245	0.291	1.000	0.310
产后访视率（x_5）	0.776	0.699	0.001	0.148	0.310	1.00

注：综合指标是利用专家给出的评估指标的权数，对 5 项评估指标进行综合加权，其计算公式为 $\sum_{i=1}^{5}$ 值 x 权重。

从上表可见，综合指标与产后访视率和综合节育率相关程度显著，表明这两个指标对生殖健康效益的影响程度较大；而与住院分娩率、妇女病检查率、产前检查率相关程度较弱。综合指标与影响指标间的回归分析结果如表 7 所示：

表 7　综合指标与影响指标 $X_1 X_2 \cdots\cdots X_5$ 的回归分析

自变量	系数（B）	Beta（β）	P
综合节育率（x_1）	0.3797	0.55420	0.2515
产前检查率（x_2）	−0.5264	−0.3065	0.2013
妇女病检查率（x_3）	−0.0481	−0.1345	0.5484
住院分娩率（x_4）	−5.7637	−0.5817	0.1332
产后访视率（x_5）	−0.2190	−0.9543	0.0153
截矩值（x_0）	630.0539	—	0.0998

$R = 0.868$，$R^2 = 0.754$，$P = 0.042$

由上表可知，多元测定系数 $R^2 = 0.754$，表明生殖健康效益的 75.4% 的变动可由我们所选定的上述 5 项影响指标的共同作用来解释，且方程具有统计上的显著性（$P = 0.042$）。

由于 β 值的大小，反映着它所对应的每个自变量对因变量变动的作用。较大的 β 系数的绝对值，反映对应的这个自变量在解释因变量的变动时，起着重要的作用。因此从上表中 β 系数的大小变动可以获得各影响指标对于生殖健康效益变化的作用的大小顺序。对生殖健康效益作用较大的是产后访视率，其次为住院分娩率、其余依次为综合节育率，产前检查率和妇女病检查率。

同时，为进一步确定各评估指标的主要影响指标，本子课题组对生殖效益的每一项评估指标与其影响指标进行多元回归分析。凭经验判断，在已选定的 5 项影响指标中，可能对围产儿死亡率起影响作用的指标有：产后访视率、产前检查率和住院分娩率，回归分析结果 $R^2 = 0.9376$，表明因变量 93.76% 的变动可由选定指标来解释，且方程显著性水平高达 0.0019（见表 8）。

表 8　围产儿死亡率与影响指标 X_2，X_4，X_5 回归分析

变量	系数（B）	Beta（β）	P
产前检查率（x_2）	−0.7389	−0.3739	0.0019
住院分娩率（x_4）	−6.2095	−0.5446	0.0002
产后访视率（x_5）	−0.1648	−0.6242	0.0001
截矩值（x_0）	719.1722		0.0001

$R = 0.9683$，$R^2 = 0.9376$，$P = 0.0000$。

由上表可见，围产儿死亡率的变动影响作用由大到小依次为：产后访视率、住院分娩率和产前检查率。

同理，将可能对婴儿死亡率产生影响作用的主要指标确定为产前检查率、住院分娩率和产后访视率。回归分析结果多元测定系数 $R^2 = 0.7648$，表明婴儿死亡率变动的 76.48% 可由选定变量解释，且方程显著性水平达到 0.0034（见表 9）。

表 9　婴儿死亡率与影响指标 X_2、X_4、X_5 的回归分析

变量	系数（B）	Beta（β）	P
产前检查率（x_2）	−0.8536	−0.4035	0.0391
住院分娩率（x_4）	−5.8708	0.4810	0.0231
产后访视率（x_5）	−0.1552	−0.5490	−0.0105

续表

变量	系数（B）	Beta（β）	P
截矩值（x_0）	695.4001	—	0.0127

$R = 0.8745$，$R^2 = 0.7648$，$P = 0.0034$。

由上表可见，婴儿死亡率的变动影响作用由大到小依次为：产后访视率、住院分娩率和产前检查单。

设定可能影响孕产妇死亡率的主要指标包括妇女病检查率、产后访视率、住院分娩率、产前检查率。回归分析结果：$R = 0.5528$，$R^2 = 0.3056$，方程的统计显著性水平较低（见表10）。

表10　孕产妇死亡率与影响指标 X2、X3、X4、X5 的回归分析

变量	系数（B）	Beta（β）	P
产前检查率（x_2）	0.1107	0.2802	0.9339
妇女病检查率（x_3）	−0.2294	−0.2789	0.4243
住院分娩率（x_4）	1.6744	0.0734	0.8273
产后访视率（x_5）	−0.2427	−0.4597	0.1796
截矩值（x_0）	−109.1352	—	0.903

$R = 0.5528$，$R^2 = 0.3056$，$P = 0.5169$。

由上表可见，孕产妇死亡率变动影响作用由大到小依次为：产后访视率、产前检查率、妇女病检查率和住院分娩率。

设定可能影响人工流产率的主要指标包括综合节育率、产后访视率。回归分析结果 $R^2 = 0.8576$，表明人工流产率变动的85.76%可由选定的这2个变量解释，且方程的统计显著性水平较高，达到0.0001（见表11）。

表11　人工流产率与影响指标 X_1、X_5 的回归分析

变量	系数（B）	Beta（β）	P
综合节育率（x_1）	−0.3411	−0.5897	0.0054
产后访视率（x_5）	−0.0781	−0.4122	0.0331

续表

变量	系数（B）	Beta（β）	P
截矩值（x_0）	46.2412	—	0.0001

$R = 0.9261$，$R^2 = 0.8576$，$P = 0.0001$。

由上表可见，人工流产率变动影响作用由大到小依次为综合节育率和产后访视率。

由于在选定的影响指标中，可能对15—19岁女性生育率起影响作用的指标只有一项，即为综合节育率。回归分析结果：$R = 0.2817$，$R^2 = 0.0794$，统计显著性水平不高（见表12）。

表12 15—19岁女性生育率与综合节育率的回归分析

变量	系数（B）	Beta（β）	P
综合节育率（x_1）	0.0059	0.2817	0.3511
截矩值（x_0）	−0.3476	—	0.5426

$R = 0.2817$，$R^2 = 0.0794$，$P = 0.3511$。

从上述多元回归分析结果不难看出，在影响生殖健康效益的主要指标中，综合节育率的影响作用比较显著，它不仅在综合指标影响作用中的排序比较靠前，而且对绝大部分评估指标均有明显的影响作用。

四、计划生育对降低人工流产率的作用

上海市是人工流产率较高的地区。国家统计局在1985年4月进行的第一期中国深入生育力调查资料表明，1983年上海市已婚育龄妇女的人工流产率为11.95%，分别比陕西省的3.83%和河北省的5.09%要高2.1倍和1.3倍。[③]据上海市有关人工流产状况的资料记载，全市育龄妇女人工流产总数从1975年的11.94万例持续增加到1989年的32.19万例，人工流产率则从1985年的9.65%上升到1989年的9.80%。然而在上海市的人工流产者中，属于意外妊娠的比重却很高。据本子课题组组长桂世勋教授于1991年主持

的世界卫生组织资助项目"上海已婚妇女意外妊娠的社会、心理、人口因素调查研究"所提供的资料，在当时被调查的 2765 名进行人工流产的已婚育龄妇女中，因意外妊娠而人工流产的占 96.3%，在政策允许下想生育孩子而妊娠、后因各种个人的原因（如为了优生、怕影响工作、影响学习进修、影响身体、影响出国等）进行人工流产的占 3.4%，想计划外再生育孩子、经劝说后进行人工流产的占 0.4%④。1991 年上海市有关部门统计资料也表明，该年全市人工流产者中主动申请人工流产的占 98.8%，经过劝说后接受人工流产者仅占 1.2%。⑤

为了在人口出生数得到有效控制的情况下，尽可能减少人工流产数和降低人工流产率，上海市计划生育部门在卫生部门、教育部门、民政部门的配合下，自 90 年代初以来通过深入调查研究，从宣传教育、政策管理和技术服务三个方面拟定了具体对策，开展了大量工作，取得了较好成效。全市人工流产数从 1990 年的 28.25 万例迅速减少到 1997 年的 22.20 万例，同期人工流产率也由 8.47% 迅速下降到 6.70%；特别是已婚育龄妇女的人工流产数从 1990 年的 21.05 万例减少到 1997 年的 15.40 万例，同期已婚育龄妇女的人工流产率从 7.85% 下降到 5.98%。

1. 人工流产率下降的生殖健康效益

第一，减少因人流导致的沉重的精神压力。包括减少未婚人流的育龄妇女因害怕社会和公众的歧视、担心家人的责备和医生的冷眼所产生的沉重心理压力，减少已婚育龄妇女因惧怕疼痛、不希望让单位知道、工作离不开、怕休假过多扣发奖金等而产生的精神压力。

第二，减少人流并发症的发生。人流并发症包括术时并发症和术后并发症。术时并发症主要有人流综合反应、子宫穿孔、子宫裂伤、出血量多、流产不全等。术后并发症有妊娠组织滞留、感染、月经失调、子宫颈及子宫管粘连、子宫内膜异位症等，尤其是人流术后使子宫内膜异位症发病率增加，多数专家认为人流吸引术与子宫内膜异位症的发病有明显的相关性。另外，人流对再次妊娠也有一定影响；人流术还可使早产率及晚期流产率增加、产前与产后出血率增加、乳腺疾患发病率增加。多数专家认为，人流并发症的发生与人流次数明显正相关。因此，预防和减少人流并发症的发生，医生的医疗技术水平和责任心固然是一个重要方面，但最主要的还是设法降低人流数量。根据 1990 年、1992 年、1995 年《上海卫生统计年鉴》中"人流手术质量发生率"（见表 13）推算，上海市在 1990—1995 年间由于人流率的下降、人流数量的减少而使人流手术并发症平均每万人发生人数分别比上年减少 66.60 例、45.32 例、31.19 例、1.76 例、0.74 例、9.71 例。

表 13　1990、1992、1995 年上海市人流手术质量发生率（1/10000）

类别		1990 年	1992 年	1995 年
子宫穿孔		1.31	1.37	0.51
空刮		1.13	0.75	0.28
感染		0.85	0.995	0.37
继续妊娠		0.88	1.29	0.93
人流不全		6.90	6.59	4.28
内脏损伤		0.04	0.00	0.05
宫颈撕裂		0.88	0.91	0.00
出血	孕三月以内出血 200 毫升以上者	0.25	0.25	无统计
	孕三月以上出血 300 毫升以上者	1.20	1.20	无统计

资料来源：《上海卫生统计年鉴》1991 年、1993 年、1996 年。

第三，减少妇女生殖道感染的发生。妇女生殖道感染原因很多，如不洁性交、经期卫生习惯差等，但人流是其中一个重要原因，尤其是妇女在医疗条件差、无菌操作不严格的地方进行手术更易引起；而原有生殖器官炎症术前未经治疗或术后感染未及时控制也会导致妇女生殖道感染。生殖道感染可发生于妇女的阴道及宫颈、输卵管、子宫，最终导致盆腔炎、异位妊娠、不孕、宫颈癌及新生儿健康问题，还可增加艾滋病毒感染的危险。因此，降低人工流产率是减少妇女生殖道感染的重要措施。

2. 人工流产率下降的经济效益

人工流产率下降的经济效益是指因人流率的下降、人流例数的减少而节省的人流广义成本和狭义成本。其计算公式如下：

年广义（或狭义）经济效益 ＝ ［当年育龄妇女人数 × 上年育龄妇女人

流率 × 当年每例人流的广义（或狭义）成本]－[当年育龄妇女人数 × 当年育龄妇女人流率 × 当年每例人流广义（或狭义）成本]

其中广义成本包括了做人流前的各项必要的检查费、人流手术费、做人流引发的误工费及必需的营养费等。狭义成本则只包括人流手术前的各项必要的检查费和人流手术费。

据上海市国际妇婴保健院估计，近两年每例人工流产手术的广义成本大约在 1000—1500 元左右，我们取其上下限的平均数 1250 元为 1997 年成本；再以 1250 元为标准，结合上海市卫生局在 1988 年 12 月和 1993 年 3 月制定的《上海市各级医疗卫生机构收费标准》，推算出 1990—1992 年及 1993—1996 年每例人工流产的广义成本。

1997 年每例人流狭义成本费用，根据上海市卫生局于 1997 年 6 月制定的《上海市各级医疗卫生部门收费标准》及上海市国际妇婴保健院收费标准估算；1993—1996 年根据 1997 年的上述标准结合上海市卫生局于 1993 年 3 月制定的《上海市各级医疗卫生部门收费标准》推算；1990—1992 年的每例人流狭义成本费用，根据 1997 年的上述标准结合上海市卫生局于 1988 年 12 月制定的《上海市各级医疗卫生机构收费标准》推算。

据此，可以推算出 1990—1997 年上海市因户籍育龄妇女人工流产率的下降而节省的人流广义成本达 3267.01 万元，其中人流狭义成本为 836.35 万元（见表 14、15）。

表 14　1990—1997 年上海市户籍育龄妇女人流率下降的广义经济效益

单位：万元

年份	年经济效益	年份	年经济效益
1990	466.01	1994	26.65
1991	327.74	1995	472.70
1992	149.15	1996	0
1993	674.69	1997	1150.07

注：1996 年上海市户籍育龄妇女人流率与 1995 年相同，均为 5.59%。

表 15　1990—1997 年上海市户籍育龄妇女人流率下降狭义经济效益

单位：万元

年份	年经济效益	年份	年经济效益
1990	119.30	1994	6.83
1991	83.90	1995	121.01
1992	38.18	1996	0
1993	172.72	1997	294.41

综上所述，课题组通过对上海市的个案研究分析，完全可以得出肯定的结论，即计划生育工作在提高人们的生殖健康效益方面的成效是非常显著的，计划生育的生殖健康效益是整个计划生育效益的一个重要的、不可忽视的组成部分。

【注释】

① 桂世勋：《上海人口负增长下的人口管理对策》，载《上海人口负增长与计划生有》，上海科学技术出版社 1999 年版。

② 上海市生殖保健服务目标研究课题组：《实现上海育龄群众普遍享有生殖保健服务目标的研究课题报告》，1999 年。

③ 高尔生、吴春、张明东：《陕西省、河北省和上海市人工流产分析》，《人口—研究与报导》1988 年第 4 期。

④ 桂世勋：《上海市已婚妇女人工流产原因的初步分析》，载高尔生等编《生殖健康社会科学研究进展》（英文本），中国人口出版社 1997 年版。

⑤ 刘永良、沙神才：《上海市人工流产现状和降低人工流产率的初步对策》，《生殖健康社会科学研究进展》，中国人口出版社 1996 年版。

（本文原载杨魁孚、陈胜利、魏津生主编《中国计划
生育效益与投入》，人民出版社 2000 年版）

上海人口负增长及改善人口管理对策建议

上海市是中国经济和社会发展水平较高的城市，也是世界上人口最多的特大城市之一。1994 年末常住户籍人口达 1298.8 万人。从 1993 年起，上海市在中国各省、自治区、直辖市中率先出现了常住户籍人口自然变动的负增长，该年的全市人口出生率为 6.50‰，死亡率为 7.27‰，自然增长率为 -0.77‰。上海市出现的这种人口自然变动负增长，预计比整个中国出现人口自然变动负增长至少要早 40 年。深入分析上海市的这种人口现象形成原因及其对可持续发展的影响，探讨改善人口管理的对策，不仅对上海人口与经济、社会协调发展具有重要意义，而且对中国其他地区也有一定的参考价值。

长期的低生育率是现阶段出现人口负增长的主要原因

自 1950 年以来，上海市育龄妇女总和生育率的变动大致经历了三个阶段：1950—1958 年为第一阶段，各年的总和生育率均高于 4，在 4.4—6.3 的区间内波动；1959—1970 年为第二阶段，除 1963 年的总和生育率为 4.2 和 1967 年的总和生育率为 1.8 以外，其余各年的总和生育率均在 2.3—3.5 的区间内波动；[1] 1971 年至今为第三阶段，各年的总和生育率均低于 2，在 0.8—2.0 的区间内波动。[2]

在上海市实行较严格地控制人口机械增长的政策下，长达 20 多年的低生育率，必将使 90 年代以至今后很长一段时期内处于生育旺盛期（20—29 岁）的妇女人数比过去大大减少。中国的第三、四次人口普查资料表明，上海市 20—29 岁常住女性人口数在 1982 年时为 144.31 万，1990 年减少到

105.47 万；据我们设计的"中方案"③ 预测，1993 年进一步减少到 91.09 万，2000 年仅 73.09 万，然后在 96.8 万与 64.4 万的区间内波浪式下降，到 2025 年时为 69.51 万。

在上海市现阶段贯彻执行一对夫妻只生育一个孩子的生育政策下，上述处于生育旺盛期妇女人数的大量减少，必然会对出生率的下降带来很大影响。上海社会科学院人口与发展研究所的研究人员曾根据上海市公安局公布的历年人口统计数据和中国 1987 年 1% 人口抽样调查、中国 1990 年人口普查提供的上海市人口数据，计算从 1954—1990 年间各个时期上海市生育水平变化和年龄组育龄妇女比例变动对人口出生率的影响，结果发现在 1987—1990 年间，生育水平变化对出生率的影响只占 33.1%，而年龄组育龄妇女比例变动对出生率的影响竟占 66.9%。④ 事实上，1993 年上海市的总和生育率比 1980 年的 0.87⑤ 要略高些，然而正是由于育龄妇女的年龄构成、特别是处于生育旺盛期妇女人数的重大变化，使该年的出生率仅为 6.5‰，比 1980 年的 12.6‰。减少 6.1 个千分点。可见，现阶段上海市出现的常住户籍人口自然变动负增长，主要是在低生育水平下因处于生育旺盛期妇女人数的大幅度减少而形成的。如果今后几十年内，上海市没有异常的重大因素影响，这种人口自然变动负增长的态势将会长期持续下去。按我们设计的上述"中方案"预测，在 1995—2050 年间上海将基本上呈现常住人口自然变动负增长的态势（见图1）。

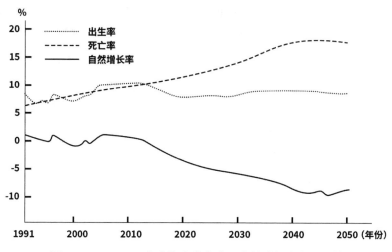

图1　1991—2050 年上海市常住人口自然增长率变化趋势

人口负增长在总体上有利于可持续发展

　　1987 年，世界环境与发展委员会在《我们共同的未来》报告中，将可持续发展定义为"既满足当代人的需要，又不对后代人满足其需要的能力构成危害的发展"。现在国际社会已把实现经济和社会的可持续发展作为全球的目标，我国政府也把实现可持续发展作为现代化建设中的一个重大战略。从总体上考察，上海市常住户籍人口自然变动的持续负增长，对实现可持续发展的正效应是主要的。这主要表现在以下四个方面：

　　1. 有利于减慢未来上海市总人口的增长速度，相对提高按人口平均计算的各项经济和社会发展指标值。1993 年末，上海市常住户籍人口为 1294 万，常住人口为 1349 万。如按上述中方案预测，2050 年时上海市常住人口为 1394.4 万，比 1993 年只增加 45.4 万人，相当于 1982—1990 年这 8 年间上海市常住人口增加总数 148.2 万的 30.6%。未来上海市总人口增长速度的大大减慢，必然有利于相对提高上海市的人均国内生产总值、人均国民收入、人均工农业产品产量、人均居住面积、每万人拥有医生数及医院床位、每万人拥有图书馆及其他各种文化体育设施等，从而有利于上海市更好地实现我国政府提出的第二步和第三步国民经济发展的战略目标。

　　2. 有利于相对降低未来上海市特别是城市化地区过高的人口密度，改善生态环境。1990 年上海市的市区常住户籍人口为 783.5 万，市区人口密度高达每平方公里 22164 人，比广州高 8.0 倍，比北京高 8.6 倍，比天津高 15.6 倍；市区的人均拥有铺装道路面积只有 2.4 平方米，为广州的 64.9%，为北京的 54.5%，为天津的 38.7%；市区的人均公共绿地面积只有 1.2 平方米，为天津的 54.5%，为广州的 30.8%，为北京的 14.5%。[⑥] 要降低上海市城市化地区的人口密度，可以通过扩展城市化地区面积，疏散城市化地区人口等办法，但人口自然变动的负增长也会相对有利于降低上海城市化地区的人口密度，提高城市化地区的人均拥有铺装道路面积、人均公共绿地面积，改善城市生态环境。

　　3. 有利于改善未来上海市的中小学教育条件，提高后备人力资源的文化素质。目前上海市由于受到 80 年代出生高峰期的影响，小学学龄人数大幅度增加，小学学生在读完五年级后不得不进入中学读一年预备班。随着这批儿童年龄的增长，预计1996年后将会出现初中学龄人数的高峰，1999年后将会出现高中学龄人数的高峰。由于过去人口惯性作用的影响，未来上海市各个层次的学龄人数仍会波浪式地变动，然而人口自然变动持续负增长将使下个世纪上海市各个层次的学龄人数在波动中逐渐趋于减少，从而有利于提高按在校学生数计算的教学经费，减少专任教师负担的学生数，更好地改善教育条件，为上海市各项建设事业提供质量更高的人力资源，以适应未来现代化的需要。

4. 有利于减轻未来上海市劳动就业的压力，提高企业的劳动生产率和经济效益。上海市尤其是市区劳动年龄人口过多是影响现阶段国有大中型企业深化改革、提高经济效益的一个重要制约因素。目前上海市仅企业下岗待工的富余人员就有20多万，如果把他们全部推向社会，便会加剧失业问题，影响社会稳定。上海市人口自然变动持续负增长的出现，将会使未来的劳动年龄人口数波浪式地逐渐减少。按照上述"中方案"预测上海市常住人口中男16—59岁、女16—54岁的劳动年龄人口数在逐渐增加到2006年的954.1万后，将会有较大幅度减少，到2050年时只有678.0万，比1990年的852.1万要减少174.1万，从而大大减轻下个世纪上海市的劳动就业压力。

上海市常住户籍人口自然变动的负增长，除了在总体上有利于上海市的可持续发展外，对抑制整个中国人口过快增长，实现可持续发展也具有积极意义。现在大家都感到中国人口太多，给经济发展和人民生活的改善带来了许多困难，希望尽快减慢中国人口的增长速度。如果中国没有像上海市那样一部分省、市在本世纪末和下个世纪10、20年代率先出现人口自然变动的持续负增长，全国就不可能在下个世纪40年代左右出现人口负增长，中国的总人口也不可能在接近16亿时开始下降。

人口负增长对可持续发展带来的负面效应

在一些发达国家，伴随着人口持续低增长或负增长，一般会对可持续发展带来两方面的负面效应：一是人口老龄化加剧及老年负担系数过高的问题；二是劳动力短缺及劳动力老化问题。由于中国在下个世纪前期总人口数仍将较快地增长，在 2005—2050 年间 15—59 岁劳动年龄人口数至少比目前增加 1 亿人，大批农村剩余劳动力还需要转移；由于上海市是中国经济和社会发展水平较高、对外地劳动力有很强吸引力的开放性城市，因此，上海市在今后人口自然变动持续负增长的过程中，可以通过引进本市发展需要的各种人力资源，来弥补本市劳动力资源的短缺，适当减缓未来人口老龄化水平过高、老年负担系数过高及年老的劳动年龄人口比重过大的状况。然而由于那时上海市的经济和社会发展、资源和生态环境难以提供比现在多 1 倍以上的就业岗位及容纳 2000 万人以上的城市基础设施，不可能大批引进外地的人力资源，因此，在未来人口自然变动持续负增长的过程中，仍将呈现人口老龄化迅速发展及老年负担系数过高的问题。如果按我们设计的"低方案"假设在 1995—2050 年间上海市育龄妇女的总和生育率始终保持目前的低水平（市区为 1.01，郊县为 1.10），其他假设条件均与"中方案"一样，那么在未来的 50 多年间上海市的人口自然变动负增长幅度将会进一步加大，其结果是全市总人口数及劳动年龄人口数虽然可以比"中方案"的预测值更少，但是老年人口系数及总负担系数的预测值将要高得多，又会给未来上海市的可持续发展带来另一些较严重的负面效应（见表 1）。

表 1　1990—2050 年上海市人口变动趋势比较

方案	2050 年总人口（万人）	2050 年男 16—59 岁、女 16—54 岁人口（万人）	60 岁及以上老人占总人口比重峰值		15—59 岁人口负担 0—14 岁和 60 岁及以上人口的比值	
			比重（%）	年份	比重（%）	年份
低	1068.96	477.16	43.4	2050	106.1	2050
中	1394.43	678.02	35.1	2031	92.2	2048
差值	−325.47	−200.86	+8.3		+13.9	

值得注意的是，上海市从 1979 年开始通过地方性法规，贯彻执行提倡一对夫妻只生一个孩子的计划生育政策。1980 年末全市领取"独生子女证"的人数仅 36.7 万，1990 年末已达到 181.9 万（不包括 16 岁以上已领"独生子女证"的人数）。[⑦] 我根据预测所得的上海市在 1991—2000 年间出生人口总数，并假设在这些出生婴儿中有 90% 领取了"独生子女证"，估计到

2000 年时上海市的独生子女数累计将超过 270 万，他们的父母将接近 540 万人（扣除一部分过早去世的父母）。同时，在未来上海市的现代化进程中，由于老年人与青年人往往在生活方式、文化修养、价值观念、娱乐爱好、饮食习惯、生活起居等方面存在着较大差异，因此，不仅有相当一部分已婚的青年人，而且还有不少老年人都逐渐希望两代人分开住，但住得近一些。我在 1985 年和 1986 年曾分别主持上海市区和郊县农村的老人状况及意愿调查，当时已经发现希望最好老夫妻俩单独住，儿孙们或有一个子女住得近一些的，在市区老人中占 42.3%，在农村老人中占 28.7%。由于今后人口流动和人口城镇化的加剧，因就业、住房、交通等因素的影响，我估计当上海市的大批独生子女父母进入老年时，其中可能有 60%—70% 的老人身边没有第二代一起居住。如何妥善解决好他们年老后的生活照顾问题，将会成为下个世纪 30、40 年代上海市的一个重大社会问题。⑧ 在未来上海市人口自然变动持续负增长的过程中，靠引进外地人力资源可以解决本市人力资源不足，但不能引进"亲生孩子"，从而难以解决下个世纪上海市老年人数最多时的老人家庭缺人照顾问题。如果我们在下个世纪上半叶大批独生子女通婚后，继续让他们每对夫妻只生育一个孩子，使上海市的总和生育率始终保持在 1.1 左右，那么将会使 21 世纪上半叶全市大部分家庭的代际结构呈现出"四、二、一"的格局，形成连续两代独生子女的状况，给妥善解决未来上海市老年人的生活照顾问题带来更大困难。

改善未来上海市人口管理对策的建议

1. 积极筹建上海市人口委员会，制定综合的人口发展战略和规划

要为上海市在下个世纪建成国际经济、金融、贸易中心之一提供良好的人口环境，不仅要求有一个适度人口规模，还要有高素质的人力资源，合理的人口结构和人口分布。在上海市常住户籍人口自然变动呈现持续负增长的情况下，提高人口素质、搞好外来人口管理、促进城乡人口合理分布、妥善解决人口老龄化问题将进一步突出，迫切需要从大人口观念出发，制定综合的人口发展战略和人口发展规划，调节好全市的人口自然变动、人口机械变动、人口社会变动和人口合理分布。

然而长期以来，上海市有关人口方面的工作却分散在各个政府部门及社会团体管理上。近年来虽然建立了一些权威性较强的协调机构或联席会议制度，如控制人口机械增长联席会议、老龄工作联席会议、外来流动人口管理协调小组等，目前也有些人呼吁建立外来人口管理局，但都局限于搞好某一方面人口问题的综合管理。

为此，我建议成立上海市人口委员会，对整个上海市的人口发展进行全面和综合性的管理。这种人口委员会可以像最近建立的"上海市规划委员会"那样，带有领导小组性质，由市长或常务副市长任主任，由各有关政府主管部门及社会团体的负责人任委员，办公室可附设在市计划委员会或市计划生育委员会下面。它的主要任务是根据本市的经济和社会发展战略，制定广义的人口发展战略和人口发展规划，协调有关人口发展的各项政策措施的配套，综合调节全市各类人口变动，为可持续发展提供一个良好的人口环境。同时，为了赋予计划生育委员会更多的协调人口发展的职能，可考虑将该机构改名为"市人口与计划生育委员会"。

2.改善计划生育工作机制，逐步实现计划生育工作重点的转移

自1963年上海市建立计划生育办公室以来，依靠各级领导重视、各有关部门密切配合、逐渐健全计划生育工作网络、坚持宣传与服务相结合、加强科学化和规范化的管理，在计划生育工作中取得了很大成绩。然而在过去的管理工作中，往往偏重于运用行政、思想教育、经济和法律的手段，强调全方位为育龄夫妇服务不够。在上海市常住户籍人口自然变动出现持续负增长的情况下，由于育龄夫妇的生育观念愈益趋向少生和优生，因此，更有必要和可能将上海市计划生育工作的机制转换到全方位为育龄夫妇服务的基点上，寓综合管理于服务之中。

同时，上海市常住户籍人口自然变动的持续负增长，也使计划生育管理机构在控制人口增长上有更多的主动权，有可能把工作重点逐步从搞好常住户籍人口的计划生育管理和服务，转为加强对外来流动人口的计划生育管理和服务，从有计划调节人口出生，转为促进育龄夫妇的生殖健康。

3.重视人口老龄化的对策研究，切实贯彻允许独生子女婚后可有计划地生育两个孩子的政策

上海市常住户籍人口自然变动持续负增长的过程中，将会使下个世纪

前期人口老龄化的速度加快及老年人口系数不断提高，对上海市的养老保险、老年医疗保险及老年人的生活照顾带来巨大压力。而且在下个世纪20、30年代上海市老年人口数量最多的时期，也是大批独生子女父母进入老年的时期。为了有利于下个世纪上海市的可持续发展，使广大独生子女父母安度晚年，建议上海市政府及有关部门应该进一步重视人口老龄化和老年保障的对策研究，尽快制定跨世纪的老年事业发展规划。

为了使21世纪上海市的老年人口系数和总负担系数不至于过高，为了有利于妥善解决大批独生子女父母年老后的生活照顾问题，应及早研究如何在下个世纪初平稳过渡到允许每对夫妻可以生育两个孩子的对策。我在1983年就撰文提出"可考虑允许独生子女在将来结婚后生两个孩子。这样当现在的独生子女家长达70高龄时，孙子或外孙一辈约为15岁至20岁左右，已可以逐渐照顾老人了。"⑨ 1990年颁布实施的《上海市计划生育条例》已规定了非农业人口"夫妻双方均为独生子女"的农业人口"夫妻一方为独生子女"的，"可以按计划生育第二个孩子"。预计从下个世纪初开始上海市绝大部分年轻人婚后都可生育两个孩子。我们在上述"中方案"预测时所假设的总和生育率参数值，正是通过对现阶段上海城乡育龄夫妇理想子女数的调查，估计在下个世纪初允许独生子女婚后可以生育两个孩子的情况下，上海市总和生育率可能回升的幅度。我们希望这将是一个既有利于控制人口总规模，又有利于使老年人口系数不致过高、老年人生活照顾问题能妥善解决的较为合理的方案。

【注释】

①⑤ 陈胜利、寇尔：《中国各省生育手册（1940—1990）》，中国人口出版社1993年版。

② 姚新武、尹华编：《中国常用人口数据集》，中国人口出版社1994年版。

③ 该预测由周祖根高级统计师具体负责。我们在进行1990—2050年间上海市人口变动趋势预测时，设计的"中方案"假设上海市常住人口中育龄妇女总和生育率从1995年调整为1.3，并保持到2000年，然后逐步提高到2005年的1.67，一直保持到2050年；假设上海市人口的平均预期寿命在1990年的水平上，逐步提高到2050年的市区男性78.2岁、女性80.4岁，郊县男性76.8岁、女性80.0岁；假设上海市常住人口的年净

迁入数（包括离开本县、市 1 年以上人口的年净流入数）在 1994—2010 年间为 8 万、2011—2030 年间为 6.5 万、2031—2050 年间为 5 万。

④ 左学金、张康清、芮政先：《上海人口自然变动负增长的背景研究》，《人口信息》1994 年第 11 期。

⑥ 国家统计局编：《中国统计年鉴（1991）》，中国统计出版社 1991 年版。

⑦ 上海市统计局编：《上海统计年鉴（1991）》，中国统计出版社 1991 年版。

⑧ 桂世勋：《银色浪潮中的一个重大社会问题》，《社会科学》1992 年第 2 期。

⑨ 桂世勋：《未来人口自然变动要有利于社会的发展》，《社会》1983 年第 4 期。

（本文原载《华东师范大学学报》（哲学社会科学版）1996 年第 1 期）

关注大城市低生育水平下的出生人口波动

在 2010 年左右，我国许多大城市在继续稳定低生育水平的前提下，有可能出现年出生人口数比目前翻番的波动态势。它将对这些城市未来的社会发展带来较大的负面影响。深入分析这次出生高峰的成因，清醒认识由此可能带来负面影响的严重性，探讨如何从源头上采取切实措施，尽可能"削峰补谷"，优化未来少年儿童的年龄结构，是许多大城市政府特别是计划生育部门需要密切关注的一个重要的社会问题。

一、未来大城市出生高峰的成因

（一）20 世纪 80 年代出生堆积的"惯性"作用

众所周知，20 世纪 80 年代我国的许多大城市都曾经出现过户籍出生人口数的高峰期。当时由于大批"上山下乡""插队落户"的大龄知识青年按政策返回原户籍所在的大城市，结婚并生育孩子，与这些大城市中的适龄青年正常的结婚生育"叠加"在一起，使这一时期的绝大多数育龄夫妻即使都只生一个孩子，仍出生了大批婴儿。在上海市，1981—1989 年期间，每年户籍人口出生数均在 15 万以上；峰值竟达 21.68 万（1982 年）（见图 1），比 1949—1980 年期间上海市年出生人口数最少的 1974 年（该年出生户籍人口仅 9.85 万）要增加 1.2 倍。天津市在 1981—1990 年期间也出现了出生高峰，每年户籍人口出生数均在 11 万以上；峰值达到 15.89 万（1987 年）（见图 1），比 1949—1980 年期间天津市年出生人口数最少的 1976 年（该年出生户籍人口数仅 9.01 万）要增加 0.8 倍。

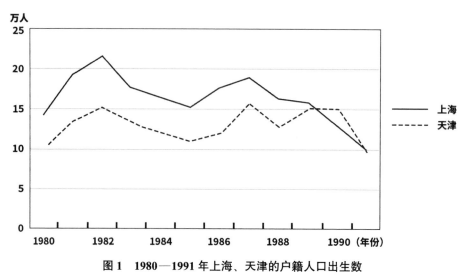

图1 1980—1991年上海、天津的户籍人口出生数

资料来源：上海市统计局编《2000上海统计年鉴》，天津市统计局编《2000天津统计年鉴》，中国统计出版社2000年版。

在大城市婴幼儿死亡率很低的情况下，20世纪80年代出生高峰期生育的女孩绝大部分都将在21世纪初陆续进入生育旺盛期，再加上20世纪90年代以来许多大城市为了"构筑人才高地"，又引进了一部分年轻的大学本科及以上学历的人才，这就使21世纪初的前15年内许多大城市将出现处于生育旺盛期的育龄妇女高峰期。据笔者于2002年主持上海市户籍人口发展趋势的中方案预测，以2000年末上海市户籍人口的分性别年龄人口数为起始值，假设全市户籍育龄妇女总和生育率从2002年的0.85逐渐提高到2005年的1.05、2010年的1.40和2015年的1.5，然后一直保持到2050年；假设净迁入人口数在2002—2010年间平均每年为9万，2011—2030年间平均每年为6万，2031—2050年间平均每年为4万；假设出生时人口平均预期寿命以2002年的男性77.52岁、女性81.17岁逐渐上升到2015年的男性78.38岁、女性82.36岁，再逐渐上升到2050年的男性79.54岁、女性84.47岁。预测结果发现在2000—2015年间，上海市处于生育旺盛期（20—29岁）的户籍育龄妇女数的高峰期（每年超过80万）将出现在2002—2012年，峰值达95.25万（2008年）（见图2），比1996年的67.98万要增加40.1%。在这种情况下，即使每对夫妻都只生育一个孩子，也会出现出生高峰期。

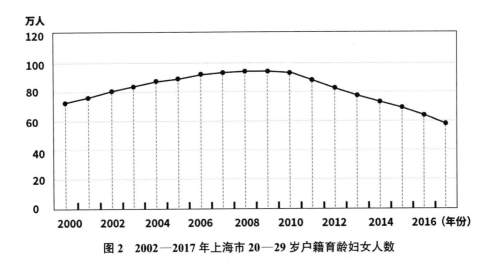

图 2　2002—2017 年上海市 20—29 岁户籍育龄妇女人数

（二）符合政策要求可生二孩的人群大幅增加

现在全国有 27 个省、自治区、直辖市都在有关计划生育条例中规定了夫妻双方均是独生子女的可以有计划生育第二个孩子。根据国家计划生育委员会于 1997 年组织的"全国人口与生殖健康调查"，在被调查的 8016 名城镇常住已婚育龄妇女中，25—29 岁组中的曾生子女数为 0 和 1 个的分别占 19.0% 和 75.0%，30—34 岁组中曾生子女数为 0 和 1 个的分别占 2.1% 和 78.7%。[①] 如果考虑到在城镇常住人口中包括了一部分从农村流入城镇的已婚育龄妇女，她们曾生育过两个子女的情况，笔者估计在 1980 年后生育孩子的全国城镇户籍已婚育龄妇女中，只生 1 个孩子的比例约占该年龄已婚育龄妇女数的 85%。她们所生的独生子女将从 2005 年开始逐渐进入晚婚晚育年龄，在中国大城市中现在新结婚的年轻夫妻双方都是独生子女的比例可能在 70—80% 左右。这表明在 21 世纪初中国大城市符合现行生育政策要求可以有计划生育两个孩子的人数比过去大大增加了。

那么，在这些符合政策要求可生两孩的城市户籍已婚育龄妇女中将有多大比例希望生育两个孩子呢？据上海市计划生育委员会于 1998 年开展的"上海市生殖健康保健服务抽样调查"，在被调查的 9905 名已婚育龄妇女中，如不考虑政策限制因素，希望生两个孩子的占 50.5%，希望生 1 个孩子的占 44.5%，其他意愿的占 5.0%；平均生育意愿为 1.51 个孩子。在被调查的

1000 名已婚男性中，如不考虑政策限制因素，希望生两个孩子的占 63.3%，希望生 1 个孩子的占 31.0%，其他意愿的占 5.7%；平均生育意愿为 1.67 个孩子。② 随着近年来孩子的教育培养费用迅速增加，我们估计在现阶段许多大城市符合政策要求可以生育两个孩子的已婚育龄夫妇最多只有 50% 的育龄妇女实际生育两个孩子。这种育龄妇女终身生育率的回升虽然仍明显低于生育更替水平，但它也会加剧 2005 年后的一段时期内大城市出生人口数的增加。

二、预计出生人数的"大起大落"状况及其负面影响

在 21 世纪初的前 15 年内，由于上述两方面因素的共同作用，中国的许多大城市将有可能出现出生人口数的高峰。而且由于近年来的户籍出生人口数特别少，使未来出生人口数的峰值与低谷值的落差特别大。据笔者主持的上述上海市户籍人口发展趋势预测中方案，未来上海市每年的户籍出生人口数将从 2000 年的 6.95 万逐渐增加到 2005 年的 9.35 万、2010 年的 12.85 万，然后逐渐减少到 2015 年的 11.79 万、2020 年的 9.04 万，2025 年进入低谷，仅 8.03 万。其中 2008—2015 年每年出生人口数均超过 11.5 万人，处于出生人口数高峰期；峰值达 12.93 万（2011 年），比 2001 年的出生人口数 5.76 万要增加 1.2 倍，而 2025 年的出生人口数又比 2011 年减少 38%（见图 3）。在上海市，由于未来人口老龄化程度高，户籍人口的死亡率也相应上

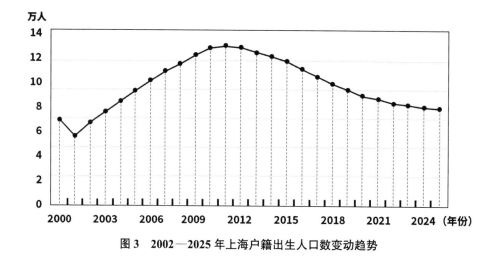

图 3 2002—2025 年上海户籍出生人口数变动趋势

升，因而据上述预测，即使在 2011 年上海市户籍人口出生率回升到 9.2‰，比 2001 年的 4.4‰要高得多，但同期户籍人口死亡率却由 2001 年的 7.1‰上升到 2011 年的 9.1‰，这样 2011 年全市户籍人口自然增长数也只有 1308 人。可见，未来中国大城市出现户籍出生人口数的高峰期，对继续保持人口自然变动负增长或低增长的冲击并不会太大。

未来大城市出生人口数"大起大落"的主要负面影响，除了表现在影响未来城市产科床位需求的"大起大落"以外，还会随着这些出生婴儿的成长，造成若干年后城市托儿所适龄人口数和幼儿园、小学、初中、高中、大学等学龄人口数的"大起大落"。特别是托儿所、幼儿园和中小学，在大城市少年儿童中的普及率很高，如果未来需求人数"大起大落"，将会引起需求高峰时校舍、设备和专任教师的供不应求，影响教育质量的提高，而当需求低谷时造成萎缩和浪费。

从我们上述中方案预测中可以明显看到未来上海市户籍出生人口数的"大起大落"对小学、初中和高中学龄人口数变动的影响。预测结果显示，上海市户籍小学学龄人口数（7—12 岁）将从 2000 年末的 72.99 万减少到 2006 年的 45.63 万，然后逐渐增加到 2021 年的 80.60 万，再减少到 2030 年的 59.10 万；其中"十五"期间平均每年减少 5.33 万，"十一五"期间前 1 年减少 0.73 万，后 4 年平均每年增加 0.47 万，"十二五"期间平均每年增加 3.37 万，"十三五"期间平均每年增加 3.16 万。全市初中学龄人口数（13—15 岁）从 2000 年末的 53.17 万减少到 2011 年的 23.35 万，然后再增加到 2025 年的 41.85 万；其中"十五"期间平均每年减少 3.88 万，"十一五"期间平均每年减少 2.05 万，"十二五"期间前 1 年减少 0.15 万，后 4 年平均每年增加 0.17 万，"十三五"期间平均每年增加 2.03 万。全市高中学龄人口数（16—18 岁）从 2000 年末的 58.97 万减少到 2014 年的 25.04 万，然后逐渐增加到 2028 年的 43.53 万；再逐渐减少到 2043 年的 28.69 万；其中"十五"期间平均每年减少 1.20 万，"十一五"期间平均每年减少 4.79 万，"十二五"期间前 4 年平均每年减少 0.80 万，后 1 年增加 0.63 万，"十三五"期间平均每年增加 0.64 万，"十四五"期间平均每年增加 2.18 万（见图 4）。

这种学龄人口数的"大起大落"对学校教育事业的发展很不利。以上海市的小学教育为例，2000 年末，上海市 7—12 岁的户籍小学学龄人口数

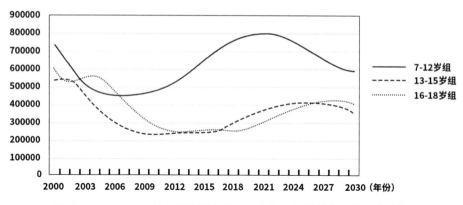

图 4   2002—2030 年上海户籍小学、初中和高中学龄人口数变化趋势

为 72.99 万，全市小学有 1021 所，在校学生数为 78.86 万（包括一小部分外来流动人口中的少年儿童），平均每所小学在校学生为 772 人；全市小学教职员工数为 6.13 万，平均与在校小学生的比例约为 1:12.9；其中专任教师人数为 4.43 万，平均与在校小学生的比例为 1:17.8。与 1980 年以来上海市小学在校学生数最多的 1993 年相比，全市小学减少了 1101 所，教职员工数减少了 1.25 万，专任教师数减少了 1.21 万。[③] 如果上海市在 21 世纪初的前 30 年内户籍小学学龄人口数按上述方案预测的结果"大起大落"地变动，小学在校学生数与户籍小学学龄人口数的比例、全市平均每所小学的在校学生数、平均每名小学教职员工与在校小学生数的比例、平均每名小学专任教师与在校小学生数的比例均保持在 2000 年的水平上，那么就要求上海市的小学数及教职员工数在"十二五"和"十三五"期间必须有一个跳跃式的大发展。按 2020 年末全市户籍小学学龄人口数为 80.04 万计算，那时上海市小学招收的学生数将比 2006 年末增加 75.4%，小学数要从 2006 年的 638 所增加到 2020 年的 1190 所，全市小学教职工数要从 2006 年的 3.83 万增加到 2020 年的 6.72 万；其中专任教师将从 2006 年的 2.77 万增加到 2020 年的 4.86 万。然而在 2021 年后，随着上海市 7—12 岁户籍人口数的迅速减少，预计在 2030 年时上海市小学数又要减少到 879 所，全市小学教职员工数将减少到 4.96 万；其中专任教师数将减少到 3.59 万，严重不利于上海市小学教育事业的平稳与可持续发展。

三、制定"削峰补谷"的综合措施

在 21 世纪的前 15 年内，我国许多大城市出生人口数的回升虽然是不可避免的，出生人口的波动也是必然趋势，然而通过我们的积极努力，组织和引导群众主动参与人口与计划生育工作，一起来"削峰补谷"，尽可能使未来出生人口数的波动幅度小些，减少对社会事业发展的负面影响，也是有可能做到的。为了实现这个目的，我们建议有关的大城市政府特别是计划生育部门应采取以下综合措施：

（一）搞好城市未来出生人口数的滚动预测，密切关注出生人口数的波动趋势

从全国来说，1980—2000 年期间出生人口数的高峰期，是在 1985—1997 年（以每年出生人口数超过 2000 万作为标准），其中 1987 年超过了 2500 万，但是当时我国许多大城市的出生人口高峰期并不都在此期间。而且即使上海、天津的出生人口数高峰期在 20 世纪 80 年代，也不等于当时其他大城市的出生人口数高峰期都一定与上海、天津类同。由于我国各个大城市在 20 世纪 70 年代末、80 年代初发生的"上山下乡""插队落户"知识青年按政策返城的人数及婚育状况不一样，当时他们青少年的年龄结构也不一样，因此，20 世纪 80、90 年代各个大城市出生人口数高峰期的时间跨度与峰值将存在某些差异，他们对 21 世纪初新出生高峰的影响也会有所不同。究竟每个大城市在 21 世纪初的前 15 年内是否会出现出生人口数的高峰？其高峰期从哪年开始至哪年结束？高峰期的峰值有多高？都需要充分利用日常统计资料和"五普"资料，进行科学的人口发展趋势预测。而且由于今后各个城市的人口自然变动和人口机械变动都会发生一些新变化，生育模式、死亡模式和迁移模式也会有所不同，还需要不断地搞好未来人口发展趋势的滚动预测，根据每个大城市的实际情况研究制定应对未来出生人口数波动趋势的综合调控对策。

（二）广泛深入地宣传出生人口数"大起大落"的负面影响，提高广大育龄夫妇积极参与"削峰补谷"的自觉性

对于那些预测表明在 21 世纪初的前 15 年内将有可能出现较大的出生高峰的大城市，计划生育部门应通过各种新闻媒体开展有关出生人口"大起大落"所带来的负面影响的宣传教育。在宣传教育中，要从当前年轻夫妇所关心的切身利益出发，选择本城市历史上曾经出现过的这方面典型事例，在理论与实践的结合上讲清问题。比如，在 20 世纪 80 年代初，我国许多大城市曾经发生过因出生婴儿数大幅增加，产科床位不够，在医院走廊或办公室加床、初生婴儿睡在医院办公桌搭成的临时铺位现象。以后随着这批出生高峰期生育的婴儿逐渐成长，又不得不面临小学五年后转入初中"读预备班""考高中难""考大学难""就业难"等一系列问题，使广大未婚青年和已婚年轻夫妇认识到如果盲目地挤在出生高峰期生育孩子，不仅不利于社会事业的平稳和可持续发展，而且也会影响自己孩子的健康成长，损害小家庭的利益；现在政府提出通过"削峰补谷"，尽可能使未来出生人口数的波动幅度小些的号召，确实代表了广大育龄群众的根本利益，自己理应积极参与，与计划生育部门一起做好这项工作。

（三）向广大年轻夫妇及早预报未来可能出现的出生高峰期，引导他们适当提前或推迟生育

鉴于生育孩子是每个家庭的决策行为，他们并不了解该城市的宏观出生形势，等到孩子生下来再发现处于出生高峰期，已经难以挽回了。因此，为了从源头上减缓未来出生人口数的高峰，每个大城市应该在科学预测的基础上，及早地向那些按现行生育政策要求可以生育一个或两个孩子的年轻夫妇预报本城市未来可能出现的出生高峰期的信息，如预计出生高峰期的时间跨度、年出生数量的增幅等，使其中一部分夫妇适当提前或推迟生育、尽可能避开出生高峰期生育孩子。以上海市为例，近年来市人口和计划生育委员会、有关高校和社科院人口研究机构所作的预测，都表明大约在 2008—2015 年左右将可能出现出生人口数的高峰期，特别是 2010—2013 年更为突出；其中峰值又可能比 2001 年的出生人口数翻一番。假使这个信息能够及早让已婚或准备结婚的年轻育龄群众知道，有一部分夫妇就会考虑在 2010 年前或 2013 年后生育计划内的第一孩或第二孩。我们感到如果在上海市有 1/4 左右的年轻夫妇能把原先准备在 2010—2013 年间生育孩子的计划加以改变，那么就会明显地减缓未来的出生高峰态势，取得"削峰补谷"的良好效益。

（四）在稳定低生育水平的前提下对现行生育政策作些"微调"，让育龄妇女能更自由负责地决定自己的生育行为

我国在很长时期内曾大力提倡晚婚晚育，而且规定生育第二孩与第一孩的间隔时间应在 4 年以上，否则按"无计划生育"处理。我们认为这种规定对于拉长代际的年龄间隔，减少一个世纪内的生育代数，控制我国人口过快增长，具有重要的积极作用，在正常情况下无疑应该继续贯彻执行。但是当我国一些大城市的平均初婚年龄已超过晚婚年龄（如 2000 年上海市常住人口的平均初婚年龄，女性为 23.75 岁，男性为 26.69 岁）④ 的情况下，为了有助于一部分年轻夫妇有可能积极参与"削峰补谷"的计划，适当提前或推迟生育，更自由负责地决定自己的生育行为，我们建议在一些条件成熟的大城市可以对现行生育政策作些"微调"，将生育第二孩与第一孩的间隔时间改为应在两年以上，或者干脆取消有关间隔时间的规定。同时在执行"提倡晚婚晚育"的政策时应给予更大的灵活性，对于有利于减缓未来出生人口高峰的生育行为当事人，可以让他们在符合《婚姻法》规定的最低结婚年龄的条件下有更大的自由度。

【注释】

① 蒋正华主编：《1997 年全国人口与生殖健康调查数据集》，中国人口出版社 2000 年版。

② 上海市计划生育委员会课题组：《未来人口发展与生育政策研究课题研究报告》，1999 年。

③ 上海市统计局编：《2001 上海统计年鉴》，中国统计出版社 2001 年版。

④ 上海市第五次人口普查办公室、上海市统计局编：《上海人口发展报告》，2001 年。

（本文原载《人口研究》2002 年第 5 期）

更多地关爱独生子女夭折或残疾的家庭

在去年 11 月莫斯科人民友谊大学罹难的 11 名中国留学生中有 3 名是 1980 年我国普遍提倡每对夫妻只生一个孩子后出生的，其中有的属于当时领取"独生子女证"的青年。他们的不幸去世，不仅给其家庭带来了无限悲伤和重大损失，也进一步给我国政府和社会提出应该如何更多地关爱独生子女夭折或残疾的家庭这样一个重要社会问题。

其实，这个社会问题在近年来已引起我国政府特别是人口和计划生育部门的重视。在《中华人民共和国人口与计划生育法》中就规定："独生子女发生意外伤残、死亡，其父母不再生育和收养子女的，地方人民政府应当给予必要的帮助。"国家人口和计划生育委员会政策法规司在 2002 年下半年组织有关专家开展的"农村计划生育家庭的养老问题与对策研究"重大课题中，专门有一个子课题是研究如何建立人口和计划生育公益基金，帮助包括独生子女不幸夭折或残疾、父母年龄较大、又不再生育和收养子女的困难家庭养老问题。中国人口福利基金会还为此专门组织各地进行实地调查和测算，有些地区也已建立人口与计划生育公益基金，对上述计划生育的特殊困难家庭制定了帮困措施。

鉴于我国人口基数大，自 1980 年中央公开信发表以来领取"独生子女证"的人数又很多，因此，尽管独生子女夭折或残疾的比例不很高，但绝对数仍相当可观。据中国 1990 年人口普查资料提供的数据，在当时全国 36421.97 万 15—64 岁妇女中，平均每个妇女的活产子女数为 2.10 人，但平均每个妇女的存活子女数却为 1.96 人，也就是说她们活产的子女中有 6.7% 不幸死亡了。中国人民大学翟振武教授根据 1990 年的全国生命表（两性合计），每 1000 个出生婴儿大约有 5.4% 的人在 25 岁之前死亡，12.1% 的人在

55 岁之前死亡的资料，按当时全国累计有 8000 万活产独生子女作为基数，用它分别乘以 25 岁以前和 55 岁以前的死亡概率，推算出全国这么多独生子女家庭中至少有 432 万家庭的孩子在 25 岁前夭折，有 968 万家庭的孩子在 55 岁前夭折的结论（《人口研究》2003 年第 1 期）。当然，自十一届三中全会以来我国的经济和社会事业都取得了很大发展，今后独生子女在 55 岁以前夭折的概率无疑会比 1990 年普查资料提供的死亡概率要低，但不管怎么样我认为全国至少还会有 8%—9% 的独生子女会在 55 岁以前因患疾病或非正常原因而死亡。另外，少数独生子女还会在后天不幸致残。笔者曾根据 1987 年全国残疾人抽样调查的资料计算了 60 岁及以上老年人的残疾状况，在当时被调查的老年人口中，患各类残疾的占 21.9%，其中属于后天致残的又占残疾老人的 62.6%；不过在后天致残的老年人中，比重最大的为听力语言残疾（含综合残疾，占 56.9%）和视力残疾（含综合残疾，占 29.1%），肢体残疾（含综合残疾）只占 11.5%，智力残疾（含综合残疾）和精神病残疾（含综合残疾）仅分别占 2.1% 与 0.4%（《中国人口科学》1999 年第 1 期）。对于年轻的独生子女来说，虽然后天原因导致听力语言残疾和视力残疾的比例不会像老年人那么高，但总会有一小部分后天致残的，而且还有少部分独生子女是因先天遗传因素残疾的，父母按计划生育条例的规定又不能再生育计划内第二个孩了。

　　面对我国城乡这么多响应党和国家计划生育号召，终身只生一个孩子的育龄夫妻，当他们的独生子女夭折或残疾后，我们究竟应该采取哪些符合中国国情、与经济发展水平相适应的关爱措施呢？我认为除了对这些家庭在精神上满腔热情地给予关心和慰藉外，应该区别以下各类情况，实行综合的关爱措施：

　　第一、动员和帮助有条件的夫妇再生育或收养一个孩子。现在有些地方对那些年幼的独生子女不幸夭折、他们的父母完全有条件再生育一个孩子的家庭，不论其经济状况如何，都从人口与计划生育公益基金中给予几百元的一次性经济补偿。笔者感到这种补偿虽然符合情理，而且也远抵不上独生子女父母养育孩子的费用，但在公益基金不是很充裕的情况下应该主要用于补助年龄偏大、不宜再生育又不愿收养孩子、经济特别困难的夫妇。对于符合优生条件，有可能再生育的育龄夫妇，应说服和帮助他们再生育一个健康聪明的小宝宝。当这部分已婚育龄妇女怀孕后，人口和计划生育部门和卫生部门可作为孕产期优质服务的重点对象，给予跟踪式关心、指导和帮助。对于不宜再生育而希望收养孩子的夫妻，在符合《收养法》的规定内，各级人口和计划生育部门应和民政部门密切配合，主动关心和帮助他们收养孩子，使这些孩子德智体美全面发展。

第二，切实保障独生子女不幸夭折或残疾家庭的合法权益。对那些夭折或残疾的独生子女，符合有关赔偿条款和我国于2004年1月1日起施行的《工伤保险条例》规定给付待遇的，人口和计划生育部门应与劳动和社会保障部门，以及其他有关部门主动联系，积极促成这些计划生育家庭得到应有的经济补偿。

第三，对符合农村"五保"供养的家庭应提供不低于当地村民一般生活水平的物质帮助。在1994年国务院发布的《农村五保供养条例》中，规定对农村居民中无法定抚养义务人，或者虽然有法定抚养义务人，但是抚养义务人无抚养能力的、无劳动能力和无生活来源的老年人、残疾人、未成年人，在"吃、穿、住、医、葬方面给予生活照顾和物质帮助"。其中还规定"五保供养的实际标准，不应低于当地村民的一般生活水平"。在党的十六届三中全会通过的《决定》中虽提出要在农村实行"国家救助"，但并未取消《农村五保供养条例》，而且"五保"标准比已实行的农村"低保"标准要高，所以，凡是农村中符合"五保"供养条件的那些独生子女不幸夭折或残疾的家庭，人口和计划生育部门都应与民政部门联系优先落实"五保"供养待遇。

第四，适当提高这些家庭享受最低生活保障的标准。除了在那些尚未实行农村"低保"或虽已实行"低保"但还未做到"应保尽保"的地方，应优先把那些独生子女夭折或残疾、经济特别困难的家庭列入当地"低保"对象并落实待遇外，我建议在已做到最低生活保障制度"应保尽保"的城镇和农村地区可考虑适当提高那些独生子女夭折或严重残疾的家庭享受"低保"待遇的标准：一是对领取"独生子女证"的家庭，独生子女不幸夭折而其父母又不再生育和收养子女的，在计算该家庭的人均收入是否符合"低保"标准时，按家庭总收入除以多加一个人计算；或者在这些家庭享受"低保"待遇时，由人口与计划生育公益基金再补贴给他们比当地"低保"标准高

20%—30% 的补助。二是对领取"独生子女证"的家庭，独生子女患中度或重度残疾、经济又特别困难的，在他们享受"低保"待遇的同时，由人口与计划生育公益基金再补贴给他们比当地"低保"标准高 20% 或 40% 的补助；也可借鉴香港实行综合社会保障援助制度时对家中有伤残程度 50% 或 100% 的人员，适当提高其享受"综援"的家庭人均收入标准的经验，进一步完善我国"低保"制度，对家中有一名中度残疾人员的享受"低保"的家庭人均标准提高 20%，有一名重度残疾人员的享受"低保"的家庭人均标准提高 40%。

第五，从中央到地方多渠道筹资建立人口与计划生育公益基金或开辟其他用于计划生育特殊困难家庭补助的来源。《中共中央、国务院关于加强人口与计划生育工作稳定低生育水平的决定》指出："国家支持建立人口与计划生育公益基金。"现在有些地方已相继建立了地区性的人口与计划生育公益基金，笔者建议应积极创造条件，尽快建立中央和省级人口与计划生育公益基金，中央财政应对中西部贫困地区给予更多支持。该公益基金的来源除由各级财政专项拨款和广泛接受国内外企事业单位、社会团体、个人捐赠外，希望有关部门重新研究修改《有奖募捐社会福利资金管理使用办法》，将社会福利彩票所募捐的部分资金用于支持人口与计划生育公益基金，或者批准发行"人口与计划生育福利彩票"，或者将各级慈善基金会的一部分善款用于关心计划生育特殊困难家庭。

此外，在开展计划生育工作"三结合"项目时，应优先照顾那些独生子女夭折或残疾的经济困难家庭，把这些家庭作为扶贫帮困的重中之重；在已实施对部分生活不能自理的特殊困难的老人，由政府购买服务的地方，可考虑把这部分计划生育特殊困难家庭的老人也列入帮助对象；当这些育龄夫妇将来年老生活不能自理、甚至老伴也不幸去世后，应组织机关事业单位干部和社区志愿者优先与他们"结对子"，关心和帮助他们安度晚年。

（本文原载《人口研究》2004 年第 1 期）

人口政策微调的背后*

在老龄化加速的背景下，上海对计划生育政策进行"微调"，是有其道理的。从科学发展观的角度看，当前也确实需要统筹兼顾，寻求一种既有利于防止人口规模过大、又有利于减缓人口老龄化给社会带来负面影响的最佳结合点。

新闻背景："上海不鼓励夫妇不生孩子，'丁克'家庭不再受奖励，同时取消原先关于生育第二个子女的生育间隔期的规定"。近日，上海市人口和计划生育委员会在向外界公布上海人口发展现状的同时，宣布对计划生育政策进行"微调"。此举再度引起人们对计划生育政策的广泛关注。

主持人：从"提倡一对夫妇只生一个孩子"，到"不鼓励夫妇不生孩子"，这一举动是否真如有些媒体所担忧的那样，有"计生过时论扰乱视听"之嫌？

桂世勋：首先必须注意一点，上海仍将继续贯彻执行计划生育的基本国策，因此，上述举动并不是对计划生育政策的逆反，而是适应上海人口发展新变化从政策上作出的相应调整。自 1993 年至今，上海的人口结构已发生很大变化：户籍人口连续 11 年呈自然变动负增长趋势；另据预测，2010—2020 年期间，上海将出现一个户籍老龄人口的高速发展期，与全国相比，这一高速发展期整整提前了 10 年。目前上海 60 岁及以上的人口年均增 4 万左右；"十一五"期间将年均增长 9 万左右；2010—2020 年间，年均增长将高达 17 万左右，同期户籍老龄人口占总人口比重将从 22% 上升到 33%。这表明，在为人口老龄化高速发展期做好充分准备的问题上，留给上海的时间

　＊　本文由记者杨波采访。

已不多。

在这一背景下，上海对计划生育政策进行"微调"，是有其道理的。从科学发展观的角度看，当前也确实需要统筹兼顾，寻求一种既有利于防止我国人口规模过大、又有利于减缓人口老龄化给社会带来负面影响的最佳结合点。

主持人：问题在于，防止人口规模过大和防范人口老龄化危机二者仿佛一个硬币的正反两面，似乎难以兼顾。有人担心，在严格的计生政策下，超生情况尚不容乐观，更何况"放宽"计生政策的尺度。

桂世勋：我认为二者可以兼顾。中国目前的超生现象主要受制于两方面因素：一是广大农村特别是中西部地区的青少年受教育水平太低；二是小农经济生产方式为传统的"养儿防老"提供了深层次的经济基础，导致所谓"越穷越生，越生越穷"的恶性循环。目前这一超生群体在育龄夫妇中的比例，较之上世纪80年代已下降很多，只要在抓紧抓好计划生育工作的同时，加大农村教育事业的投入，超生状况将会有更大改观。虽然目前我国人口总量增长态势仍比较严峻，但与20世纪末出现的新中国成立后第三次出生高峰相比，情况已有所好转。2000年"五普"资料显示，我国总和生育率（平均每个妇女生育的孩子数）低于1.8。这就为在稳定低生育水平下（即总和生育率低于2.1）对生育政策进行"微调"，兼顾解决老龄问题提供了有利条件。事实上，上海早在1990年就对生育二胎的夫妻条件做了相关规定，这一次的"微调"从实质看并无大的变化。不鼓励不生孩子，更多的是从以人为本、有利于育龄夫妻在年老后得到更好的生活照料和精神慰藉的角度来考虑问题，同时也发出了采取综合措施应对上海提前进入"白发城市"的信号。

主持人：人口提早进入老龄化，而社会保障水平却相对落后，的确是中国城市发展无法绕过的一道坎。在防止人口老龄化方面，国际经验如何？

桂世勋：人口老龄化是21世纪全球面临的重大经济和社会问题，最直接的负面影响是导致社会养老基金的匮乏和养老负担的增加。西方国家对此通常采取的两项对策是：推迟职工退休年龄，以减少可能发生的社会震荡；吸收更多的外来年轻移民，为社会发展注入新的活力。

就城镇而言，在职工基本养老保险方面，如财政不注入、国有资产不划转入养老保险基金，不仅未来城镇职工个人养老账户将面临窘迫局面，而且会导致出现"滚雪球效应"，即本届政府的亏空延转至下一届政府花更多投入去弥补。从全国来看，我们也不可能像西方国家那样，通过大量吸收移民来减缓人口老龄化。因此只能通过适时调整计划生育政策，适当减缓未来老龄化的严重程度，特别是在微观上增强家庭的养老功能。

主持人：与西方发达国家不同的是，我国因为人口基数庞大，而资源禀赋相对有限，因而，每一次与人口政策有关的风吹草动都不可避免地牵动着人们的神经。资料显示：2000年上海常住人口为1640.77万人，人口密度高达2588人/平方公里。计生政策"微调"会不会导致上海人口压力无法承受之重呢？

桂世勋：从目前情况看，上海市人口承载压力主要是由人口迁入和流入形成的机械变动，而非由人口的自然变动所引起。因此，如果确实存在人口承载方面的压力，也并非由计生政策"微调"所引起。

从人口流入角度而言，现在各种限制的"门槛"在逐步拆除。由于城镇化地区在扩大，这意味着上海容纳人口的空间也在扩大。按国家城建部门的规定，城市建设用地的合理规模为每平方公里8000—10000人。理论上看，随着上海市城镇化地域的不断拓展，本市未来可承载的常住人口数可达2000万。关键是目前上海人口在空间分布上很不合理，中心城区人口过于集中，郊区人口则过于分散。因此要研究如何宏观调控房地产开发的结构和布局，将环线内密集的人群更多地向外环线以外疏导，将郊区人口适当集聚，使上海的人口分布更合理，使城市居民的生活质量提高到一个新水平。

（原载《解放日报》2004年9月14日）

中国现行人口政策是否需要调整

2004 年 10 月笔者曾在由中国人口学会、上海市人口和计划生育委员会、上海市人口学会主办的"人口与可持续发展战略国际研讨会"上提出，最好从 2016 年开始调整上海市户籍居民的现行生育政策，普遍允许一对夫妇生育两个孩子。这张"时间表"的开列，引起了国内外的广泛关注，许多新闻媒体竞相报道。在这些报道中，有的介绍并不全面，有的措辞也不很确切。所以，笔者认为有必要直接面对广大读者陈述自己的主要观点。

现行生育政策不等于基本国策

我国现行的生育政策是在 1980 年正式提出的。当时任国务院总理的华国锋在该年 9 月 7 日五届人大三次会议的讲话中谈道：国务院经过认真研究，认为在今后二三十年内，必须在人口问题上采取一个坚决的措施，就是除了在人口稀少的少数民族地区以外，要普遍提倡一对夫妇只生育一个孩子，以便把人口增长率尽快控制住。同年 9 月 25 日中共中央又发布《关于控制我国人口增长问题致全体共产党员、共青团员的公开信》，其中指出"如果不从现在起用三四十年特别是最近二三十年的时间普遍提倡一对夫妇只生育一个孩子，控制人口的增长，按目前一对夫妇平均生 2.2 个孩子计算，我国人口总数在 20 年后将达到 13 亿，在 40 年后将超过 15 亿。"可见，在现行生育政策提出之初，党中央和国务院就认为普遍提倡一对夫妇只生育一个孩子是我国在一定时期内实行的阶段性政策。

另外，还需要指出的是，按照党的十二大通过的政治报告，"实行计划生育，是我国的一项基本国策。"所谓实行计划生育，就是要求从我国实际情况出发有计划地生育，它表现为有时候使人口增长慢一些，有时候使人口零增长或负增长，有时候使人口增长快一些。由此可见，现行的提倡一对夫妇只生育一个孩子的生育政策并不等同于我国实行计划生育的基本国策，调整现行生育政策不等于改变基本国策。

现行生育政策的"双重效应"

我国从 1980 年起实施的普遍提倡一对夫妇只生育一个孩子的政策，并非像国外有些人所理解的是"一胎化"政策。它实际上是一个实行分类指导的生育政策：在城镇，有特殊困难的育龄夫妇可以再生育一个孩子；在农村，允许有实际困难的育龄夫妇（包括现在全国大部分省、自治区允许生育第一胎是女孩的农村夫妇）再生育一个孩子；少数民族在计划生育上可根据实际情况适当放宽要求。从上个世纪 80 年代中期起，我国一些特大城市及各省、自治区又先后对现行生育政策进行了"微调"，如允许夫妻双方都是独生子女的育龄夫妇再生育一个孩子。

我国现行生育政策在实施过程中，正面效应是主要的。它主要表现为有效地抑制了我国人口的过快增长，使新中国成立后第三次人口出生高峰没有出现比第二次人口出生高峰更严重的人口增长态势，使我国 13 亿人口日的到来至少推迟了 4 年。为了考察人口的惯性作用，笔者在 20 世纪 80 年代就把我国每年出生人口超过 2000 万作为出生高峰年。按此标准计算，新中国成立后第二次人口出生高峰期为 1962—1975 年，时间长达 14 年，其中有 10 年的年出生人口数都超过了 2500 万，1963 年我国出生人口甚至达到了 2959 万。如按 1982 年我国第三次人口普查得出的当时全国育龄妇女的生育高峰年龄为 23 岁推算，1962—1975 年出生的女孩将陆续在 1985—1998 年进入生育高峰年龄。然而，由于我国在这个时期实行了普遍提倡一对夫妇只生育一个孩子的政策，并加强了计划生育管理和服务，使新中国成立后第三次人口出生高峰期从 1985 年开始至 1997 年平稳度过，只经历了 13 年，比第二次人口出生高峰期缩短了 1 年。特别是其中只有 1 年人口出生数超过 2500 万（1987 年为 2529 万），比第二次人口出生高峰期减少了 9 年。这大大有利于减轻我国人口过快增长对经济、社会、资源和环境的压力，为我国改革开放，建设小康社会创造了一个相对较好的人口环境。

但是，一项政策不可能总是十全十美，它往往是根据"两利相权取其重，两害相衡取其轻"的原则取舍的。同样，我国现行生育政策也存在一些负面效应，如独生子女不利于孩子的身心健康成长，助长出生人口性别比升高，加剧人口老龄化，削弱家庭养老功能等。特别是随着未来大批独生子女的父母进入老年，养老问题将愈来愈突出。因此，当现行生育政策已实行了25年后，摆在中国政府面前需要考虑的一个重大人口战略问题就是究竟是否需要在2010年后调整这项生育政策？如果需要调整的话，何时调整最为适宜？对此，不少人口学者发表了不同意见，出现了"长期稳定"派与"适时调整"派两种截然不同的观点。在"适时调整"派中又有从2005年起调整和从2010年后调整等不同主张。

寻求一个最佳"结合点"

据2000年第五次人口普查公布的资料，当时我国育龄妇女平均的总和生育率为1.55（个）。后来，有的学者将2000年的总和生育率修正为1.8（个）。现在我国政府要求稳定低生育水平，希望把全国育龄妇女的平均生育水平（即终身生育率）长期控制在2.1个孩子以下。如果我国育龄妇女的总和生育率排除不正常因素的干扰，在21世纪上半叶始终保持在2.1（个）以下，那么各种预测都表明，在本世纪中叶我国总人口不会超过16亿。在我国学者中，大部分都认为这个要求是符合我国基本国情的，应该长期按这个要求去努力。

然而"稳定低生育水平"可以有多种选择方案，只要全国育龄妇女的平均生育水平保持在2.1个孩子以下，都符合稳定低生育水平的要求。我们现在的任务是要在稳定低生育水平的基础上寻求一个既有利于在本世纪中叶我国总人口不突破16亿，又有利于解决未来我国养老问题的结合点。如果我们仅仅从控制总人口规模的角度考察，那无疑是平均生育水平愈低愈好，但如果从适当缓解未来人口老龄化的严重程度，有利于增强家庭养老功能的角度考察，显然是平均生育水平保持在2.0较好。

由于21世纪上半叶我国60岁及以上老年人，都是1990年前出生的婴儿，如果我们现在调整现行生育政策，在宏观上只能影响 21 世纪上半叶老年人在总人口中的比重，也就是只能影响老龄化的程度。据笔者主持的国家社会科学基金重点课题"21 世纪中国人口发展趋势及其对策"所作的多方案预测，假设我国育龄妇女的总和生育率从 2000 年的 1.8（个）逐渐上升到 2015 年的 2.0（个），然后再缓慢降到 2030 年的 1.8（个）并保持不变为"中生育"方案；我国育龄妇女的总和生育率从 2000 年的 1.8（个）逐渐降到 2015 年的 1.7（个）、2030 年的 1.6（个）并保持不变为"低生育"方案，在假设人口平均预期寿命同样变化的条件下，2050 年时 60 岁及以上老年人口占总人口的比重，"中生育"方案比"低生育"方案可减少近 3 个百分点（"中生育"方案为 32.21%，"低生育"方案为 35.16%），平均每 100 个 15—59 岁劳动年龄人口抚养 60 岁及以上老人的比重（即老年抚养系数）可减少 6.4 个百分点（"中生育"方案为 61.00%，"低生育"方案为 67.35%）。

值得注意的是，我国广大农村尤其是中西部农村地区，在未来相当长时期仍将以家庭养老为主，如果只生育 1 个孩子，对父母年老后的经济赡养、生活照顾及精神慰藉将会带来严重影响，大大加重社会的负担，不利于老年人生活质量的提高。在城市中，大部分独生子女的父母在退休时虽然有基本养老金，但生活照顾也将遇到很大困难。正如《公开信》中所讲到的，"实行一对夫妇只生育一个孩子，到四十年后，一些家庭可能会出现老人身边缺人照顾的问题。"

从上海市的情况来看，未来养老问题将更加突出。据笔者主持的"中生育"方案预测，即使假设到 2015 年后调整现行生育政策，并且在未来 50 年内不断加大每年净迁入人口的力度，全市 60 岁及以上户籍老年人口占总人口的比重还将从 2000 年的 18.3% 迅速上升到 2030 年的 36.7%，然后缓慢下降到 2050 年的 36.2%。而且在 1980 年后生育的上海育龄妇女，绝大多数都只生一个孩子，因此，当大批独生子女的父母年老、基本生活不能自理时，将会遇到很大的困难。2004 年，我们与闸北区人口计生委合作开展了"闸北区独生子女父母状况和意愿抽样调查"，在被调查的 991 名 45—59 岁本市户籍的独生子女父母中，认为将来自己最大的养老问题是"患重病时子女抢救和陪夜有很大困难"的高达 82.9%，认为"日常生活严重不能自理时子女难以很好照料自己"的也占到 58.9%。

当然，要解决好我国未来的养老问题，需要采取许多综合措施，但调整现行生育政策，在优生的前提下普遍允许每对夫妇生育两个孩子，使全国育龄妇女的总和生育率从现在的 1.7、1.8（个）左右逐渐回升到 2.0（个），也不失为一项重要措施。

上海现行生育政策调整的"时间表"

上海是中国的上海，上海生育政策的调整既要从本市的实际情况出发，又要考虑未来全国人口变动的态势及对其他地区计划生育工作的影响。笔者认为，从 2016 年开始调整上海市的现行生育政策，普遍允许本市户籍的已婚育龄夫妇可以生育两个孩子较为适宜。其主要理由有三：

有利于未来户籍出生人口数的"削峰填谷"。据笔者主持的上述上海市户籍人口变动趋势预测，本市 20—29 岁处于"生育旺盛期"的户籍育龄妇女人数在 2015—2030 年间将出现"低谷期"，每年人数从 2015 年的 72.82 万迅速减少到 2022 年的 51.05 万，然后再逐渐增加到 2030 年的 67.95 万。如果上海市从 2016 年开始调整现行生育政策，户籍育龄妇女总和生育率即使同升到 1.5（个），也不会使 2016—2025 年间每年户籍出生人口数超过 2008—2015 年出生高峰期的每年出生人口数。同时，按照笔者主持的未来中国人口变动趋势的"中生育"方案预测，在 2005—2015 年间，我国将可能出现新中国成立后第四次人口出生高峰期，即使计划生育工作抓紧抓好，在 10 年内总人口还将增加 1 亿。所以，上海从 2016 年开始调整现行生育政策也有利于避开全国的出生高峰期。

有利于避开全国的劳动年龄人口高峰期。近年来上海市的各种人口预测都表明，全市 15—59 岁户籍劳动年龄人口数将在 2005 年后出现持续负增长。然而从全国来看，笔者主持的上述"中生育"方案预测结果 15—59 岁的劳动年龄人口数从 2005 年起将突破 9 亿，并在 2011 年达到 9.3 亿，直至 2025 年后才减少到 9 亿以下。所以，如果上海从 2016 年开始调整现行生育政策，那么多出生的人口将在 2030 年后逐渐进入劳动年龄，那时我国的劳动年龄人口高峰期已经过去，不会过多增加就业压力。

有利于搞好未来独生子女父母的生活照顾。据第四次人口普查资料推算，上海市的大批独生子女父母将从 2015 年开始陆续进入 60 岁，从 2035 年开始陆续进入 80 岁。在高龄老人中基本生活不能自理的比例明显增高，现在上海已出现低龄老人照顾高龄父母的状况。所以，如果上海从 2016 年开始调整现行生育政策，那么当大批独生子女父母进入高龄时，其中一部分人会有两个 20 岁左右的孙辈，这将有利于对这批独生子女父母进入高龄后的生活照顾及精神慰藉。

（本文原载《社会观察》2005 年第 5 期）

稳定适度低生育水平有利于
解决我国养老问题

　　"六普"结果表明，在 21 世纪头 10 年内我国（指中国大陆，下同）60
岁及以上老年人口数及其占总人口数比例的增长速度均快于上世纪 90 年代
的 10 年。其中 60 岁及以上老年人口数在 1990 年 7 月 1 日至 2000 年 11 月
1 日期间增长 34.6%，在 2000 年 11 月 1 日至 2010 年 11 月 1 日期间增长
36.1%；60 岁及以上老年人口系数在 1990 年 7 月 1 日至 2000 年 11 月 1 日
期间增加 1.88 个百分点，增幅为 21.9%，在 2000 年 11 月 1 日至 2010 年 11
月 1 日期间增加 2.80 个百分点，增幅为 26.8%。[①] 在人口平均预期寿命较高、
新中国建立后第一次、第二次出生高峰期出生的大批婴儿逐步进入老年，以
及持续的低生育水平下，2011—2050 年期间我国将面临老年人口数及其占
总人口数比例迅速增长的态势，对我国的老年经济供养、老年医疗保健、老
年生活照顾等养老问题提出更严峻的挑战。

　　笔者认为要解决 21 世纪我国的养老问题，固然需要提高全社会特别是
各级领导干部的老龄意识和尊老意识，加强老龄工作，健全社会保障制度，
但如果我国能从 2011 年起稳定适度的低生育水平，即在育龄妇女总和生育
率不突破更替水平（即 2.1）的前提下，通过逐步完善现行生育政策及宣传
导向、利益导向的配套，让更多的育龄夫妻符合法律法规可以有计划生育第
二个孩子，使生育水平适度回升，将有利于从宏观和微观两个方面解决未来
的养老问题。

一、稳定适度低生育水平有利于从
宏观上相对减缓老年抚养压力

从宏观上考察，虽然我国未来 60 年内进入老年的人口现在已经在国内出生并存活在各个年龄段内，未来育龄妇女生育水平及人口出生率的变化并不会影响今后 60 年内我国 60 岁及以上老年人口数的变化，然而稳定适度低生育水平，尽可能使未来我国人口老龄化和老年抚养比不至于过高，也是减缓 21 世纪上半叶特别是今后更长时期我国养老问题的重要战略措施。因为我国城镇企业职工基本养老金中的基础养老金（"中人"再加过渡性养老金），主要由用人单位"按照国家规定的本单位职工工资总额的比例缴纳基本养老保险费"支付，"基金出现支付不足时，政府给予补贴"；城镇职工基本医疗保险中的基本医疗保险基金也主要由用人单位按照国家规定的本单位职工工资总额的比例缴纳，而且个人"达到法定退休年龄时累计缴费达到国家规定年限的，退休后不再缴纳基本医疗保险费，按照国家规定享受基本医疗保险待遇"[2] 在未来我国老年人口数及退休人数迅速增长的情况下，如果劳动年龄人口数及在业人口数下降幅度过大，便会使老年抚养比及在业人员赡养率过快上升，大大加重养老保险基金和医疗保险基金的支付压力。

据我主持的国家社会科学基金重点研究项目"21 世纪中国人口发展趋势与对策"所作的 21 世纪中国人口老龄化发展趋势的多方案预测，按假设的修正生育中方案（假设我国育龄妇女总和生育率从 2000 年的修正值 1.8，逐渐上升到 2015 年的 1.9、2020 年的 2.1，然后逐渐下降到 2040 年的 2.0，并一直保持到 2100 年）与生育低方案（假设我国育龄妇女总和生育率从 2000 年的修正值 1.8，逐渐下降到 2015 年的 1.7、2030 年的 1.6，并一直保持到 2100 年）进行比较，在平均预期寿命均按低方案（假设人口平均预期寿命从 2000 年的男性 69.63 岁、女性 73.33 岁，逐渐提高到 2050 年的男性 77 岁、女性 81 岁、2100 年的男性 81 岁、女性 85 岁）变动的条件下，2000—2100 年间我国老年抚养比的差距将会逐渐拉大：其中 15—59 岁劳动年龄人口抚养 60 岁及以上老年人口的老年抚养比，在 2050 年分别为 59.6% 和 67.4%，在 2100 年分别为 60.5% 和 83.2%（见表 1）。

表1　2010—2100 年我国不同生育方案下老年抚养比变化趋势　　单位：%

年份	2010	2020	2030	2040	2050	2100
修正生育中方案	18.8	26.9	41.6	50.3	59.6	60.5
生育低方案	18.8	27.0	42.4	53.4	67.4	83.2
差值（百分点）	＋0.0	－0.1	－0.8	－3.1	－7.8	－22.7

可见，在不突破低生育水平的前提下，逐步完善现行生育政策，使我国育龄妇女的生育水平适度回升，将有利于减缓未来我国老年抚养比的严重程度，相对减轻社会养老保险和社会医疗保险的压力。

二、稳定适度低生育水平有利于在微观上相对减缓家庭养老压力

《中华人民共和国老年人权益保障法》规定："老年人的子女以及其他依法负有赡养义务的人""应当履行对老年人经济上供养、生活上照料和精神上慰藉的义务。""赡养人的配偶应当协助赡养人履行赡养义务。"从老年人的经济供养考察，即使今后我国城乡老年人都能领取养老金了，城镇企业职工的基本养老保险也只能"保基本"；新型农村社会养老保险在相当长时期内还必须"与家庭养老、土地保障、社会救助等其他社会保障政策措施相配套，保障农村居民老年基本生活"③；城镇居民社会养老保险在相当长时期内仍难以保障年老后的基本生活。当老年人患大病时，城镇职工基本医疗保险虽由统筹基金支付大部分医疗费用，仍有相当一部分需要个人自付；至于新型农村合作医疗和城镇居民基本医疗保险，由于个人缴费和政府补助（新农合还规定有条件的集体经济组织给予适当扶持）的标准低，需要个人自付的医疗费用将更多。

从老年人的生活照料考察，随着未来我国老年人口数的迅速增加和老年人口高龄化的不断上升，我国生活不能自理老年人口数的增加速度将会明显快于老年人口数的增加速度。在 1980 年中共中央发布的《公开信》中曾经指出："实行一对夫妇只生育一个孩子，到四十年后，一些家庭可能会出现老人身边缺人照顾的问题。这个问题许多国家都有，我们要注意想办法解

决。"在 2020 年后我国大批第一代独生子女父母将逐渐进入 60 岁，在 2040 年后他们将逐渐进入 80 岁。如果从 2011 年起逐步完善现行生育政策，使我国育龄妇女的生育水平适度回升，那么当 2040 年后我国大批独生子女父母逐渐进入高龄、最需要生活照顾时，他们中相当一部分人已有 2 个 20 多岁的孙辈，可以协助父母亲照顾基本生活不能自理的祖辈；而且当今后第一代独生子女进入高龄时，更多家庭将会有两个子女和三四个孙辈，有利于相对增强家庭养老功能。

可见，在不突破低生育水平的前提下，逐步完善现行生育政策，使我国育龄妇女的生育水平适度回升，将有利于减少未来我国"四、二、一"家庭的比例，从家庭代际结构上增强家庭养老功能，相对减缓平均每个子女对老年父母的经济供养和生活照料等压力。

三、正确认识宏观和微观上将出现的阶段性"老少两头沉"问题

从宏观上考察，在未来完善我国现行生育政策、稳定适度低生育水平的过程中，将会在一定时期内出现"老少两头沉"的问题，即在老年抚养比上升的同时，少儿抚养比也上升，从而出现总抚养比较快上升的状况。据笔者主持的上述多方案预测，按假设的修正生育中方案与生育低方案比较，由于修正生育中方案预测的未来少儿抚养比有所上升，使 15—59 岁劳动年龄人口抚养 0—14 岁少年儿童人口和 60 岁及以上老年人口的总抚养比，较生育低方案在 2020 年时高 3.0 个百分点、在 2030 年时高 4.7 个百分点、在 2040 年时高 3.4 个百分点，然而从本世纪 40 年代末起，由于稳定适度低生育水平下多出生的婴儿更多地进入了 15—59 岁劳动年龄，使总抚养比呈现上升速度逐渐减缓的趋势，在 2050 年时低 0.4 个百分点，2100 年时低 15.3 个百分点（见表 2）。可见，只要从 2011 年起我国继续抓紧抓好计划生育，将育龄妇女总和生育率的回升始终控制在生育更替水平以下，那么在未来 40 年内我国总抚养比的上升幅度就不会太大，特别是在 21 世纪下半叶总抚养比的上升幅度还会相对明显减缓。这再次启示各级党政领导干部在实施稳定适度低生育水平、促进人口长期均衡发展的战略时，不能把视野局限于未

来 20 年、30 年的人口变化，而应该考虑如何有利于 2050 年至 2100 年我国人口的均衡发展。

表 2　2010—2100 年我国不同生育方案下总抚养比变化趋势　　单位：%

年份	2010	2020	2030	2040	2050	2100
修正生育中方案	46.3	57.0	70.2	80.6	91.2	92.0
生育低方案	45.5	54.0	65.5	77.2	91.6	107.3
差值（百分点）	＋0.8	＋3.0	＋4.7	＋3.4	－0.4	－15.3

　　从微观上考察，在未来完善我国现行生育政策、稳定适度低生育水平的过程中，也会使生育两个孩子的家庭在一定时期内出现"老少两头沉"的问题，即在这部分第一代独生子女家庭中出现夫妻两人既要承担赡养双方年老父母的义务，又要承担抚养两个孩子的责任。这也是现阶段不少符合法律法规可以有计划生育第二个孩子的育龄夫妻不想生育两个孩子的重要原因。笔者认为在独生子女的孩子没有从业前，父母生育两个孩子一般比生育一个孩子需要承担更多的抚养费，需要投入更多的养育精力，但从家庭生命历程来看，当他们的孩子从业后，特别是当未来独生子女年老、逐渐失能、失智、身患重病时，又会由于生育两个孩子并相应有较多孙辈而从中受益。

　　总之，上述宏观和微观上的阶段性"老少两头沉"，是从很低生育水平逐渐回升到生育更替水平过程中必然出现的问题，它是我国在一定时期内普遍提倡一对夫妻生育一个孩子政策后必须付出的社会和家庭成本之一。我们一定要从促进未来我国人口长期均衡发展的战略高度，增强稳定适度低生育水平的自觉性和坚定性。

【注释】

　　① 根据国务院人口普查办公室、国家统计局公布的"四普""五普""六普"数据计算而来。

　　②《中华人民共和国社会保险法》，法律出版社 2010 年版。

　　③《国务院关于开展新型农村社会养老保险试点的指导意见》，中国新闻网［北京］，2009 年 9 月 5 日。

（本文原载《人口研究》2011 年第 4 期）

对中央决定中几个亮点的认识

2006 年 12 月 17 日,《中共中央国务院关于全面加强人口和计划生育工作统筹解决人口问题的决定》下发。这是在新形势下指导我国人口和计划生育工作的纲领性文件。把这个《决定》与 2000 年发布的《中共中央国务院关于加强人口与计划生育工作稳定低生育水平的决定》进行对比,可以发现增加了许多"亮点"。现就其中的几个"亮点",谈谈个人的学习体会。

统筹解决好我国的人口问题

在 2000 年发布的中央《决定》中,主要强调"在实现了人口再生产类型的转变之后,人口与计划生育工作的主要任务将转向稳定低生育水平,提高出生人口素质。"然而在这次发布的中央《决定》中则明确指出:"'十一五'时期,人口和计划生育工作进入稳定低生育水平、统筹解决人口问题促进人的全面发展的新阶段"。强调"以人的全面发展统筹解决人口问题,变人口压力为人力资源优势,为经济社会发展提供持久动力,是实现中华民族伟大复兴的战略选择。"

笔者认为这次中央《决定》之所以要强调统筹解决好我国的人口问题,主要是由现阶段及今后很长一个时期内我国人口问题"呈现出前所未有的复杂局面"所决定的。这次中央《决定》不仅指出了"21 世纪上半叶,将迎来总人口、劳动年龄人口和老年人口高峰",而且具体列出了我国当前面临的总人口净增压力、人口素质总体水平不高、劳动年龄人口数量庞大、人口老龄化日益加重、出生人口性别比居高不下、流动迁移人口持续增加、贫困人口结构趋于多元等七个方面的突出人口问题。在我国现阶段,这些人口问题不仅同时并存，而且相互之间存在着错综复杂的影响。比如，人口素质总体水平不高，会影响我国育龄夫妇生育观的转变，不利于稳定低生育水平。而我国生育水平如果高于更替水平，又会过多地增加若干年后接受基础教育的人数，影响按在校学生数计算的人均教育经费、人均教育设施的提高及按每个专任教师计算的平均负担学生数的合理化，不利于人口科学文化素质的提高。又如，稳定低生育水平有利于减少60年后我国进入老年的人数，减轻因老年人口过多引起的基本养老保险、基本医疗保险和长期照料护理的负担总额。但是如果生育水平过低，又会加剧未来人口老龄化的严重程度，削弱未来家庭养老的功能，在我国中西部农村地区主要靠家庭养老的情况下，将会增加社会养老的负担。

　　但是，我们绝不能单从减缓未来人口老龄化、缓解老龄问题来考虑，认为现在就应马上调整现行生育改策，普遍允许一对夫妻生育两个孩子。因为"今后十几年，人口惯性增长势头依然强劲，总人口每年仍将净增800—1000万人"。据我主持的国家社科基金重点项目"21世纪中国人口发展趋势及其对策"所作的修正中方案预测，我国处于生育旺盛期的20—29岁女性人口数将从2005年末的9668万人逐渐增加到2011年末的峰值11047万人，然后逐渐减少到2017年末的9668万人，其中2007—2016年间每年均在1亿人以上。同时，上世纪80年代初出生的大批独生子女在这个时期将进入晚婚晚育期，符合夫妻双方都是独生子女可以再生育第二个孩子条件的人数将明显增加。因此，预计在2008—2015年间我国将出现新中国成立后第四次出生人口高峰（以每年出生人数超过2000万计算），每年出生人数将从2008年的1928万逐渐增加到2012年的2065万，然后再逐渐减少到2015年的1964万，其中2010—2014年间每年出生人数均突破2000万人。与此相应，我国总人口在"十一五"和"十二五"期间，将从2005年末的13.14亿人增加到2015年末的14.10亿人，10年净增0.96亿人，即净增近1亿人。如果我们在"十一五"和"十二五"期间不继续实施现行生育政策，将会加剧新中国成立后第四次出生人口数高峰，使未来各年出生人数波动过大，使我国总人口在2005—2015年间净增1亿多人，不利于人口与经济、社会、资源、环境协调和可持续发展。可见，那种认为现在就应调整现行生育政策的观点，也是不符合这次中央《决定》关于统筹解决人口问题精神的。

标本兼治出生人口性别比问题

在 2000 年发布的中央《决定》中，虽然把"出生婴儿性别比趋向正常"，作为"今后十年人口与计划生育工作的目标"之一，但是对如何治理我国出生人口性别比偏高问题却论述很少，而且比较分散。然而在这次发布的中央《决定》中不仅明确指出："出生人口性别比过高、持续时间过长，必然影响社会稳定，关系到广大人民群众的切身利益。"而且把"综合治理出生人口性别比偏高问题"专门列为一个重要部分，全面系统地加以论述。

我国出生人口性别比从上个世纪 80 年代初开始就出现偏高的迹象。1982 年人口普查揭示，1981 年出生性别比为 108.47（正常值为 103—107）；1990 年人口普查表明，1989 年 1 月 1 日—1990 年 6 月 30 日期间的出生性别比为 111.42；2000 年人口普查表明，1999 年 11 月 1 日—2000 年 10 月 31 日期间的出生性别比为 116.9。上述统计数据尽管不同程度地包含了出生女孩漏报的因素，但我国出生人口性别比呈现的长期持续升高的态势却是一个不争的事实。最近发表的《国家人口发展战略研究报告》指出："到 2020 年，20—45 岁男性将比女性多 3000 万人左右。"对于 2020 年将是 35—45 岁的人来说，在 2007 年时他们已经是 22—32 岁了。也就是说我国出生性别比偏高的累积性失衡效应，不仅在现在的幼儿园、小学、中学学龄人口中出现，而且已经影响到进入婚育年龄的青年男女的性别失衡。只是由于现阶段男女青年平均初婚年龄差的拉大，使这种性别失衡还未显化为婚配失衡而已。然而男女青年平均初婚年龄差并不是可以无限拉大的，一旦爆发出来，将会成为危及我国人口安全和构建和谐社会的一个严重社会问题。因此，胡锦涛总书记在 2004 年中央人口资源环境工作座谈会上就指出："要高度重视出生人口性别比升高的问题，开展必要的专项治理活动"，"力争经过三至五年的努力，使出生人口性别比升高的势头得到遏制"。

我国出生人口性别比持续偏高的原因是多方面的，有各级领导对治理这个问题的重要性、艰巨性和紧迫性认识不足的因素，有经济和社会发展很不平衡、许多地区社会保障制度滞后的因素，有"重男轻女"传统观念影响的因素，有对非医学需要的胎儿性别鉴定和选择性别的人工终止妊娠管理不严、惩处不力的因素。因此，在这次发布的中央文件中强调要综合治理""建立党政负责、部门配合、群众参与的标本兼治工作机制"。笔者认为从"治本"来说，一是要坚持贯彻城乡协调发展、工业反哺农业、城市支援农村的方针，搞好社会主义新农村建设，继续加大中央财政对中西部地区特别是农村地区的支持力度，加快这些地区的经济和社会发展，全面推行农村部分计划生育家庭奖励扶助制度，积极创造条件在广大农村建立和完善最低生活保障、基本养老保险和新型合作医疗等社会保障制度。在现阶段我们还不能很快改变广大农村地区经济落后面貌和实现城乡社会保障全覆盖的情况下，首先应按中央《决定》要求制定有利于女孩健康成长和妇女发展的社会经济政策。二是要以深入开展关爱女孩行动和婚育新风进万家活动为载体、以消除性别歧视为重点，广泛宣传社会主义生育文化，改变"重男轻女"的传统观念。从"治标"来说，在这次中央《决定》中具体提出了加强对各级党政领导综合治理出生人口性别比的过程评估和责任考核；搞好对 B 超检查和人工终止妊娠的管理；运用法律手段严惩非法实施胎儿性别鉴定、选择性别人工终止妊娠和残害妇女儿童等行为；实施举报制度等措施。只要我们按中央《决定》要求，坚持不懈地采取切实措施，就一定能使我国出生人口性别比升高的势头得到遏制，并逐步趋向正常。

按常住人口规模比例配备工作人员

在 2000 年发布的中央《决定》中，对各地配备计划生育工作人员的数量，只是要求"加强计划生育干部队伍建设，落实人员、任务、报酬，从政治上生活上关心爱护计划生育干部"。然而在这次发布的中央《决定》中则明确指出："按照常住人口规模比例配备人口和计划生育工作人员。"同时，在有关不断完善流动人口管理服务体系中，也要求"完善流动人口计划生育管理机构和服务网络，配备必要的社区计划生育专（兼）职人员。"

长期以来，我国对各地计划生育工作人员数量的配备均沿袭计划经济时期按照当地户籍人口规模的一定比例进行核定的办法。这种办法与现阶段我国存在的庞大流动人口规模和"实行以流入地为主的目标管理双向考核"的要求严重不相适应。笔者曾在 1988 年承担国家计生委下达的"我国城乡流动人口计划生育管理研究"课题总报告《关于加强流动人口计划生育管理的几个问题》中，提出"在确定各地区计划生育专职干部的编制上，也应该考虑流入人口计划生育管理的工作量。我们参照过去按常住户籍人口的数量来配备计划生育专职干部的标准，建议各级编制管理部门能按每1万应领《暂住证》人口或每0.3万应领《暂住证》的已婚有配偶育龄妇女配备1名计划生育专职干部的标准，适当增加各地计划生育部门的编制数量。"尽管上述比例是否恰当还可进一步探讨，但希望改变按户籍人口的数量比例配备计划生育专职干部的建议还是符合实际需要和顺乎民意的。在2004年10月召开的全国流动人口计划生育工作会议上，国家人口计生委领导在工作报告中指出："尤其是在流动人口较多的地方，更应该积极争取，设立流动人口计划生育管理和服务机构，并配备必要的专（兼）职工作人员。"从那时的"积极争取"，到这次中央《决定》的明确要求，反映了在我国人口和计划生育工作人员配备原则上取得的一个来之不易的重大突破。

对于如何贯彻落实这次中央《决定》提出的按照常住人口规模比例配备人口和计划生育工作人员的要求，笔者感到主要困难是如何较准确计算各地的常住人口数量和在大批户籍人口流出的经济比较落后、计划生育工作难度较大的地区是否要相应减少人口和计划生育工作人员编制的问题。鉴于国家统计局已要求各地在计算人均地区生产总值时应按常住人口计算，因此，凡是有各级统计部门核定的年平均常住人口数量的地区均可按此标准确定常住人口规模。对于统计部门难以核定年平均常住人口数量的地区（如街道、乡、镇），建议可依据10年一次的人口普查资料和1%人口抽样调查推算资料来确定该地区的常住人口数量；如果在5年间隔期间该地区外来常住流动人口出现较大变化，也可参照当地公安部门统计的暂住人口登记数量，并加上按估计的漏登率计算的漏登人数，扣除按估计的未注销率计算的未注销人数，修正本地区的常住人口规模。对于大批户籍人口流出的经济比较落后、计划生育工作难度较大的地区，可根据实际情况报请上级主管部门批准，暂时仍按当地户籍人口规模比例配备人口和计划生育工作人员。

（本文原载《人口与计划生育》2007年第4期）

关于调整我国现行生育政策的思考

我国现行的生育政策是在 1980 年 9 月正式提出的。当时在中共中央和国务院作出这一重大决策时，曾认为将在今后三四十年特别是二三十年内实施。然而从 1980 年算起，我国实行上述生育政策已经过了 27 年，其间也对生育政策进行过三次大的"微调"。那么对我国现行的生育政策要不要调整、何时调整和如何调整呢？本文将就这些关系到未来我国人口与经济、社会、资源、环境协调和可持续发展的重大问题，关系到我国城乡几亿家庭民生的重大问题，进行较深入的探讨，为中央及有关政府部门决策提供一定的参考。

一、适时调整我国现行生育政策的必要性

1980 年 9 月 7 日，国务院总理华国锋在全国人大五届三次会议的讲话中谈道：国务院经过认真研究，认为在今后二三十年内，必须在人口问题上采取一个坚决的措施，就是除了在人口稀少的少数民族地区以外，要普遍提倡一对夫妇只生育一个孩子，以便把人口增长率尽快控制住。之后中共中央又发布了《关于控制我国人口增长问题致全体共产党员、共青团员的公开信》，指出"如果不从现在起用三四十年特别是最近二三十年的时间普遍提倡一对夫妇只生育一个孩子，控制人口的增长，按目前一对夫妇平均生二点二个孩子计算，我国人口总数在二十年后将达到十三亿，在四十年后将超过十五亿。"可见在现行生育政策提出之初，党中央和国务院就认为普遍提倡一对夫妇只生育一个孩子并不是我国在未来半个世纪甚至更长时期内实行的政策。

众所周知，我国现行生育政策的贯彻实施，对降低我国育龄妇女的生育水平，平稳渡过新中国成立后第三次出生高峰，控制我国总人口过快增长，促进人口与经济、社会、资源、环境的协调和可持续发展，起到了重要的积极作用。然而它的负面影响也随着时间的推移逐渐凸现出来。笔者认为适时调整现行生育政策，普遍允许一对夫妇可以生育两个孩子，将具有以下几方面的重要意义：

1. 有利于在宏观上减缓未来人口老龄化和老年抚养比的严重程度。笔者曾于 1985 年通过对上海市未来人口老龄化的实证研究得出这样的结论，在实行计划生育期间出生的婴儿未成长到老年时，计划生育对人口老龄化的影响，仅仅表现在使总人口数发生变化上。当实行计划生育，降低了育龄妇女的生育水平，减少了每年的出生婴儿数量时，总人口数的增长速度就会随之减慢，甚至出现负增长，从而相对地提高了老年人口占总人口的比重，加快了人口老龄化的速度。然而通过实行计划生育，减少出生人口，可以大大减轻 60 年或 65 年后的社会养老负担总额。

从我主持的国家社会科学基金重点研究项目"21 世纪中国人口发展趋势与对策"所作的 21 世纪中国人口老龄化发展趋势的生育高方案（假设我国妇女总和生育率从 2000 年的修正值 1.8，逐渐上升到 2015 年的 2.1，并一直保持到 2100 年）、生育中方案（假设我国妇女总和生育率从 2000 年的修正值 1.8，逐渐上升到 2015 年的 2.0，然后逐渐下降到 2030 年的 1.8，并一直保持到 2100 年）、生育低方案（假设我国妇女总和生育率从 2000 年的修正值 1.8，逐渐下降到 2015 年的 1.7、2030 年的 1.6，并一直保持到 2100 年）与平均预期寿命低方案（假设人口平均预期寿命从 2000 年的男性 69.63 岁、女性 73.33 岁，逐渐提高到 2050 年的男性 77 岁、女性 81 岁、2100 年的男性 81 岁、女性 85 岁）预测结果来看，只要假设的未来平均预期寿命变动方案和死亡模式都一样，在不同生育方案下都不能改变 2001—2060 年间我国每年 60 岁及以上老人数；至于 2035 年前我国 60 岁及以上老人数迅速增长的人口因素，主要是在人口平均预期寿命较快提高的同时，由新中国成立后第一、二次出生高峰期生育的大批婴儿进入老年期造成的。如果从 1980 年起我国不实行普遍提倡一对夫妇只生育一个孩子的政策，那新中国成立后的第三次出生高峰期有可能比第二次出生高峰期更严重，21 世纪四五十年代

60 岁及以上老人数的增长速度就不可能明显减慢，在 2052 年后也不可能出现我国 60 岁及以上老人数的负增长（见图 1）。

（亿人）

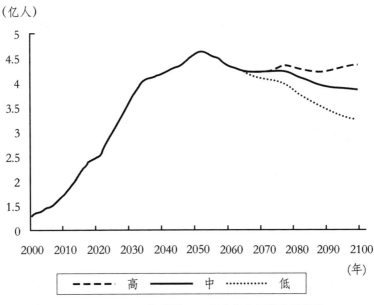

图 1　2000—2100 年我国≥60 岁老年人口数变动趋势

同样，在假设不同生育水平的情况下，2000—2100 年间我国老年人口系数的差距和老年抚养比的差距也将逐渐拉大：高、中、低生育方案下的 60 岁及以上老年人口系数在 2050 年分别为 30.0%、32.2% 和 35.2%，在 2100 年分别为 29.9%、35.6% 和 40.1%；高、中、低生育方案下的 15—59 岁劳动适龄人口抚养 60 岁及以上老年抚养比在 2050 年分别为 57.3%、61.0% 和 67.4%，在 2100 年分别为 56.8%、70.7% 和 83.2%（见图 2）。

可见，在不突破低生育水平的前提下，适时调整现行生育政策，使我国育龄妇女的生育水平适度回升，将有利于减缓未来人口老龄化和老年抚养比的严重程度。

2. 有利于在微观上增强未来家庭养老的功能。从老年人的经济赡养考察，在《中共中央关于完善社会主义市场经济体制若干问题的决定》中指出："农村养老保障以家庭为主，同社区保障、国家救济相结合。"据国家统计局 2005 年对全国 1% 人口抽样调查显示，主要生活来源靠家庭其他成员

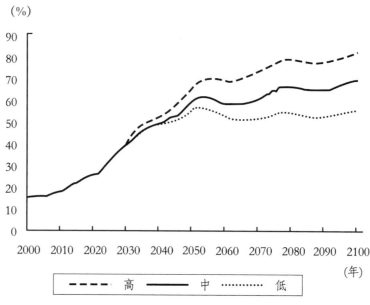

图 2　2000—2100 年我国 ≥60 岁老年抚养系数变动趋势

供养的，在我国 60 岁及以上老年人口中占 47.0%，其中在城镇老年人口中占 37.0%，乡村老年人口中占 54.1%；特别是在乡村 80 岁及以上老年人口中竟占 88.5%。[①]

从老年人的生活照顾考察，据 2005 年全国 1% 人口抽样调查，在我国 60 岁及以上老年人口中，"生活不能自理"的占 15.0%，其中在 60—64 岁组老年人中占 5.0%，在 80 岁及以上组老年人中竟占 39.3%。[②] 随着未来我国老年人口数的迅速增加和老年人口高龄化的不断上升，我国生活不能自理老年人口数的增加速度将明显快于老年人口数的增加速度。在 1980 年中共中央的《公开信》中曾经指出："实行一对夫妇只生育一个孩子，到四十年后，一些家庭可能会出现老人身边缺人照顾的问题。这个问题许多国家都有，我们要注意想办法解决。"

当然，要妥善解决我国未来的养老问题，提高城乡老年人的生活质量，主要应按党的十七大报告要求，在大力发展经济的基础上，"加快建立覆盖城乡居民的社会保障体系"，使"人人享有基本生活保障"；在积极发展以养老服务为重点的社会福利服务的同时，加大对全社会，特别是独生子女的敬老、养老、助老的宣传教育力度。但是，如果能适时调整现行生育政策，普遍允许一对夫妇可以生育两个孩子，也将有利于减少未来我国"四二一"家庭的比例，从家庭代际结构上增强家庭养老功能，相对减轻社会养老的巨大压力。

鉴于我国现在许多农村夫妇（包括进城务工人员）实际上都生了两个孩子，其中还有一部分属于违反政策法规生育的，需征收社会抚养费。但从现实情况看，如果我们把政策放开一些，如果能适时调整现行生育政策，普遍允许一对夫妇生育两个孩子，将有利于今后农村每对夫妇"名正言顺"地生育两个孩子，减轻他们在生育上的经济负担和心理压力，也能增强农村未来家庭养老的功能。此外，以后在我国城乡普遍允许夫妇一方是独生子女的可以生育两个孩子，这种"微调"实际上也将有利于增强未来家庭养老的功能。

3. 有利于未来广大少年儿童的身心健康成长。笔者在 1986 年曾提出：独生子女与非独生子女相比，既有长处，也有短处。这里的关键在于后天的培养和教育要得法。比如，独生子女家庭的经济负担相对要轻些，可能有较充分的经济和物质条件保证孩子身心都得到健康发展，但如果父母不懂教育学和营养学，对孩子一味宠爱，尽给好的吃，食物过于单一，不敢放手让他锻炼，结果往往走向反面，养成独生子女骄娇二气，体质比较单薄，吃不起苦。现在有些人把当前我国一部分独生子女青年中出现的问题笼统归因于现行生育政策，我认为是错误的。由于 1980 年后出生的独生子女正值我国经济转轨、社会转型的变革时期，在改革开放和建设小康社会取得重大进展、综合国力大幅度提升和人民生活显著改善的同时，贫富差距有所拉大、思想道德建设有所放松、奢侈浪费和消极腐败现象较为严重，因此，独生子女和多子女一样，在成长的过程中也必然会受到一些负面影响，出现这样或那样的问题。

不过我们又要看到独生子女在家庭的代际关系中，父母甚至祖辈往往把对小辈的全部感情都集中到这个独生子女或独生孙辈身上，容易产生过分宠爱或教化过度的状况；他们在家庭的代内关系中，由于没有兄弟姊妹，缺乏儿童伙伴和竞争，往往比较任性，不懂得如何关爱别人。而且由于只有一个孩子，父母在教养第一个孩子时的失误也难以在第二个孩子身上弥补。正是从这个意义上讲，适时调整现行生育政策将有利于未来少年儿童的身心健康成长。

4. 有利于抑制未来出生人口性别比持续升高的态势。尽管 20 世纪 80 年代以来我国有关出生人口性别比的普查数据中存在相当部分的女婴漏报因素，但实际的出生人口性别比偏高却是一个不争的事实。而实际出生人口性别比偏高的一个重要原因，是由于经济、社会和精神文化方面的因素，使相当一部分已婚育龄夫妇存在生育男孩的性别偏好。从现行生育政策对实际出生人口性别比偏高的影响来说，只是表现在当政策要求每对夫妇从多育到少育急剧转变时，那些有男孩偏好的已婚夫妻为了在少生前提下又能实现至少生育一个男孩期望而采取了性别选择性流产。

笔者认为调整现行生育政策对抑制未来出生人口性别比持续升高态势的作用，主要表现在两个方面：一是有利于"稀释"出生人口性别比的"浓度"，相对降低出生性别偏高的程度。以农村生育政策为例，如果我们调整了现行生育政策，允许只有一个男孩的夫妇也可以再生育一个孩子，那么他们在生育第二个孩子时往往不会过分追求一定要生男孩。这将使这部分夫妇生育第二孩的性别比有可能趋于正常，从而使全部出生人口的性别比也相应有所降低。二是有利于更多的已婚青年"从妻居"，减缓只有一个女孩的夫妇在生育第二孩时的男孩偏好。同样以农村生育政策为例，如果我们调整了现行生育政策，允许只有一个男孩的夫妻也可以再生育一个孩子，那么在那部分生育两个男孩的家庭中，就有可能将其中一个男孩迁居到女方家中，更多地帮助女方父母解决没有强劳动力的困难，扭转他们对"纯女户"将来女儿都要嫁出去的担忧。

总之，笔者感到要解决我国未来的老龄问题、少年儿童的身心健康成长问题、出生人口性别比问题，都需要"综合治理"。那种过分夸大调整现行生育政策在解决上述问题中作用的观点，是片面的。然而如果我们完全否认调整现行生育政策在解决上述问题中的作用，也是不实事求是的。

二、在 2015 年后调整现行生育政策较为合适

笔者设计的"修正中方案"，是假设在不突破低生育水平下，2015 年后调整现行生育政策的模拟方案：假设我国妇女总和生育率从 2000 年的修正

值 1.8，逐渐上升到 2015 年的 1.9、2020 年的 2.1，然后逐渐下降到 2040 年
的 2.0，并一直保持到 2100 年；人口平均预期寿命从 2000 年的男性 69.63 岁、
女性 73.33 岁，逐渐提高到 2050 年的男性 77 岁、女性 81 岁、2100 年的男
性 81 岁、女性 85 岁。从上述模拟方案的预测结果，可以看到在 2015 年后
调整现行生育政策，普遍允许一对夫妇生育两个孩子，具有以下优点：

1. 有利于在 2015 年后 20—29 岁女性人口数出现较大幅度的波动时，
改善未来出生人口数波动起伏过大的状况。据笔者主持的修正中方案预测，
我国 20—29 岁女性人口数将在 2015 年后出现一个较大幅度的波动期，从
2015 年末的 10560 万人逐渐减少到 2025 年的低谷 7575 万人，然后再逐渐
增加到 2037 年的峰值 8953 万人（见图 3）。如果在 2015 年后调整现行生育
政策，普遍允许一对夫妇生育两个孩子，那么在这以后多出生一部分孩子，
不仅不会加剧新中国成立后第四次出生人口数的高峰，相反还有利于减缓
21 世纪上半叶我国出生人口数的波动过大对教育、就业等社会事业平稳发
展带来的负面影响。

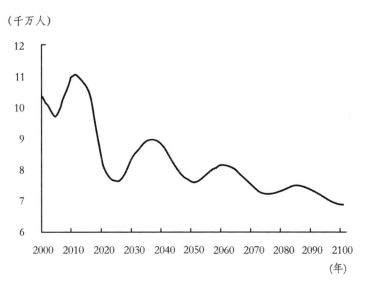

（千万人）

图 3　2000—2100 年我国 20—29 岁女性人口变动趋势（修正中方案）

2. 有利于避开 2005 至 2024 年间的劳动适龄人口高峰期，相对减轻未
来我国的就业压力。据笔者主持的修正中方案预测，在 2005—2024 年的 20
年内我国 15—59 岁劳动适龄人口数均超过 9 亿人（2000 年为 8.33 亿人），

高峰出现在 2011 年，峰值达 9.32 亿人；如果以 16 岁起至男 59 岁、女 54 岁的法定劳动适龄人口数计算，高峰期出现在 2006 年至 2020 年，每年法定劳动适龄人口均超过 8.5 亿人（2000 年为 7.89 亿人）。鉴于在上述高峰期后我国的劳动适龄人口数将呈现波浪式减少的趋势，按上述修正中方案预测，15—59 岁人口数在 2033 年后减少到 8.5 亿人以下，从 16 岁起至男 59 岁、女 54 岁人口数在 2029 年后减少到 8 亿人以下，因此，如果在 2015 年后调整现行生育政策，普遍允许一对夫妇生育两个孩子，那么在这以后多出生一部分孩子，当他们在 16 岁或 18 岁开始进入就业岗位时，我国的劳动适龄人口数已处于明显的负增长时期，不会过分加剧那时的就业压力。

3. 有利于在 2024 年后大批独生子女父母进入高龄时，减缓他们生活照顾的巨大压力。在 2020 年后我国大批独生子女父母将逐渐进入老年，在 2040 年后他们将逐渐进入高龄。如果在 2015 年后调整现行生育政策，普遍允许一对夫妇可以生育两个孩子，那么当 2040 年后我国大批独生子女父母逐渐进入高龄、最需要生活照顾时，他们中相当一部分已有 2 个 20 多岁的孙辈，可以协助父母亲照顾基本生活不能自理的祖辈，相对减轻社会照顾的严重压力。

4. 有利于在 2040 年左右我国总人口数最高不超过 15 亿，21 世纪末总人口数减少到 13 亿。按笔者主持的修正中方案预测，21 世纪我国总人口的高峰将出现在 2039 年，峰值为 14.94 亿人，然后开始负增长，2050 年为 14.67 亿人，2100 年为 12.90 亿人（见图 4）。同时，在 2020 年总人口数 14.45 亿人，不突破《中共中央国务院关于全面加强人口和计划生育工作统筹解决人口问题的决定》所要求的"到 2020 年，人口总量要控制在 14.5 亿人左右，总和生育率稳定在更替水平以下。"可见，只要我们在调整现行生育政策后，继续抓紧抓好计划生育工作，进一步减少违反法律法规的多育，那么我国就能在统筹解决好各种人口经济和社会问题的同时，实现党中央、国务院提出的控制总人口数规模的目标。

5. 有利于与党中央和国务院提出实施现行生育政策时的有关文件精神相吻合。在 1980 年 9 月我国正式提出现行生育政策时，设想在今后三四十年内、特别是二三十年内实施"除了在人口稀少的少数民族地区以外，要普遍提倡一对夫妇只生育一个孩子"的政策。如果我国能在 2015 年后调整现

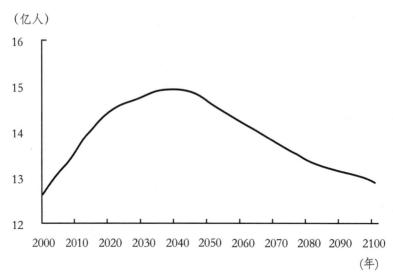

（亿人）

图 4　2000—2100 年我国总人口变动趋势（修正中方案）

行生育政策，那么从 1980 年开始算起，我国实施普遍提倡一对夫妇只生育一个孩子的政策，大致在 35 年左右，与当初党中央和国务院的决策精神相吻合。

三、采取"双轨制"平稳调整现行生育政策的设想

为了尽可能减少从普遍提倡一对夫妇只生育一个孩子的政策转变为普遍允许一对夫妇生育两个孩子政策的社会成本，避免包括一部分已领取"独生子女父母光荣证"而想生育两个孩子的育龄夫妇退证、一部分按现行生育政策要求不能生育两个孩子的育龄夫妇为了想生育第二个孩子而过分推迟结婚或生育等社会震荡，笔者认为最好的办法是采取"新人新办法，老人老办法"的"双轨制"，把某一年（如 1995 年）1 月 1 日及以后出生的女孩作为"新人"，在"十二五"时期之初宣布除医学上认为不宜生育者外，她们婚后都可以有计划生育两个孩子。

与上述政策相配套，把某一年（如 1995 年）前出生的女孩作为"老人"，要求她们在婚后仍继续执行现在各省、自治区、直辖市已规定的一对夫妇可以按条件有计划安排生育（或有）第二孩的生育政策。但在"十一

五""十二五"以至"十三五"期间,各个省、自治区、直辖市也可从当地
实际出发并经国家人口和计划生育委员会批准,进一步对现行生育政策作
"微调",如属于农村居民夫妇一方为独生子女的,均可以有计划安排生育第
二孩;属于城乡居民夫妇一方为独生子女的,也可以有计划安排生育第二孩
等,以使更多的"老人"在条件具备时也可以有计划生育两个孩子。

【注释】

　　①② 国家统计局人口和社会科技统计司:《2005 全国 1% 人口抽样调查资料》,中国
统计出版社 2007 年版。

(本文原载《江苏社会科学》2008 年第 2 期)

实现我国生育水平的适度回升需要"三管齐下"

改革开放30年来，中国的计划生育工作取得了举世瞩目的成绩，我国不仅较平稳地度过了新中国成立后的第三次人口出生高峰，人口再生产类型由"高出生、低死亡、高增长"转向"低出生、低死亡、低增长"，而且育龄妇女的总和生育率也发生了从2.7（庄亚儿、张丽萍，2003），逐渐下降到低于更替水平，再下降到"很低生育率"的历史性转变[①]。尽管近年来有关政府部门和国内外人口学者对当前中国育龄妇女实际生育水平的估计还存在差异，但希望未来我国生育水平适度回升到《中共中央国务院关于全面加强人口和计划生育工作统筹解决人口问题的决定》（以下简称《决定》）要求的"到2020年……总和生育率稳定在更替水平以下"，也就是不超过2.1，已基本形成共识。

那么，未来我国如何才能实现生育水平的适度回升呢？现在国内外有些人口学者认为中国只有立即调整现行生育政策，普遍允许一对夫妇生育两个孩子，才能尽快实现生育水平的回升。笔者感到这种观点有失偏颇。要真正实现我国生育水平的适度回升，需要在生育观念、计划生育利益导向机制、现行生育政策调整上与时俱进，"三管齐下"。

一、在生育观念上与时俱进

我国自20世纪80年代中期以来，各省、自治区和直辖市都陆续对现行生育政策进行了"微调"，制定了城乡居民夫妻双方为独生子女的，都可有计划生育两个孩子的政策，其中还有七个省和直辖市允许农村居民夫妻一方为独生子女的，可以有计划生育两个孩子。那么，为什么我国近年来的人口出生率并没有像有些学者按假设的较低生育方案预测得那样高呢？（见表1）

笔者认为，究其原因，除了城市中一部分符合"微调"政策的夫妻因为考虑到近十多年来培养孩子的费用大幅度提高、年轻人就业竞争激烈、个人工作紧张等因素而不愿生育第二孩以外，主要与相当一部分党政领导干部和育龄夫妻在生育观念上没有按照《决定》的精神与时俱进地转变有关。

表1　2001—2006我国统计出生率与预测出生率的比较　　　　单位：‰

年份	统计出生率①	预测出生率（总和生育率保持1.9方案）②	预测出生率（总和生育率从2000年的1.8逐渐上升至2015年的1.9方案）③
2001	13.38	15.02	14.52
2002	12.86	14.65	14.27
2003	12.41	14.37	14.12
2004	12.29	14.14	14.03
2005	12.40	13.98	14.00
2006	12.09	13.90	14.06

注：①资料来源于中华人民共和国国家统计局：《中国统计年鉴》（2007），中国统计出版社2007年版；②资料来源于蒋正华、张羚广：《中国低生育水平下的人口发展及政策》，见中国人口学会：《第八次全国人口科学讨论会暨会员代表大会论文选》，2002年；③笔者主持的"21世纪中国人口发展趋势"生育修订中方案与低平均预期寿命方案预测结果。

诚然，由于新中国成立后第二次人口出生高峰期的惯性作用，我国为了在20世纪八九十年代不出现比第二次出生高峰期每年出生人数更多、持续时间更长的第三次人口出生高峰期，从1980年开始正式实施了除人口稀少的少数民族地区以外，普遍提倡一对夫妻只生育一个孩子的政策；即使对符合政策可以有计划生育两个孩子的育龄夫妻，也动员他们最好放弃生育第二个孩子，以此作为对国家控制人口数量过快增长，促进人口发展与经济社会发展相适应，与资源利用、生态平衡和环境保护相协调的贡献。

可是时至今日，我国的生育水平已明显地降到更替水平以下，人口老龄化日益加重，社会保障的压力愈来愈大，出生人口性别比居高不下。《决定》也明确指出："'十一五'时期，人口和计划生育工作进入稳定低生育水平、统筹解决人口问题、促进人的全面发展的新阶段。"在这种背景下，我国育龄夫妻究竟是放弃法律法规允许的生育第二个孩子，还是按法律法规有计划生育第二个孩子，更有利于兼顾控制人口数量过快增长与提高人口素质、减缓未来人口老龄化的严重程度、增强未来家庭养老的功能、抑制出生人口性别比继续升高的趋势，为2020年实现全面建成小康社会的奋斗目标创造良好的人口环境，更有利于促进未来我国人口与经济、社会、资源、环境协调和可持续发展呢？如果在生育观念上不能随变化了的客观人口态势而变化，我们的许多党政领导干部仍会像20世纪后期那样，追求本地区育龄妇女总和生育率继续保持低于1.5（通常称为"很低生育率"），甚至低于1.3（通常称为"极低生育率"）的目标，把现阶段本地区有更多育龄夫妻放弃法律法规允许生育第二个孩子的数量作为人口和计划生育工作取得的重要成绩的表现；城乡一部分符合法律法规可以有计划生育两个孩子的育龄夫妻也会继续把放弃生育第二孩，看成是响应党和国家号召，对中华民族子孙后代作贡献。

可见，为了使我国在相当长时期内不突破生育更替水平的前提下，适度提高生育水平，当前迫切需要在全国广泛深入地开展宣传和教育活动，使各级领导干部和广大群众全面认识现阶段我国人口发展呈现的前所未有的复杂形势，科学地把在低生育水平下适度回升与突破低生育水平的"反弹"区别开来，把符合法律法规要求导致的生育水平回升与违反法律法规要求导致的生育水平回升区别开来，真正确立《决定》所要求的"统筹解决人口问题"新理念，改变那种认为育龄夫妻放弃符合法律法规要求生育第二个孩子的数量愈多，便是对中华民族子孙后代贡献愈大的旧观念。

当然，笔者也不同意有的学者的以下说法："人口出生高峰往往导致此后的综合国力的提升。古今中外，盛世的最重要的标志是人口的增长。"如果在今后10年每年出生人口平均超过2500万（印度现在的水平），执政者将因此而功载史册（易富贤，2008）。因为这种观点忽视了不同国家、不同时期人口总量与经济社会发展是否相适应、与资源环境是否相协调的差异，没有具体分析它们的人口总量相对于经济社会发展和资源环境的要求来说是较为合理，还是过多或过少的差异；忽视了中国的基本国情是"人口多，底子薄，人均占有资源相对不足"。殊不知中国在20世纪50年代与60年代的两次人口出生高峰并没有导致此后的综合国力的提升和盛世的出现，相反，恰恰在 1978 年以后我国改革开放的 30 年间，普遍提倡一对夫妇只生育一个孩子、生育水平降到更替水平以下时，中国出现了"盛世"，综合国力大幅提升，人民得到了更多实惠。笔者曾根据《中国统计年鉴》公布的1949—2006 年期间每年年末全国（不包括香港、澳门、台湾地区及福建省金门和马祖等岛屿，下同）总人口数和人口出生率数据，按每年的年平均人口数乘以该年出生率来计算该年出生人口数，发现在上述 58 年内中国每年出生人口数超过 2500 万的仅 11 年：1963—1972 年的 10 年，以及 1987 年。1963—1972 年出生的大批婴儿虽然为 1978 年后中国改革开放提供了大量劳动力，但是如果没有自上世纪 70 年代初以来中国全面推行计划生育、有效控制人口出生数的增长，劳动力再多也不会在 1993 年开始出现长达 36 年左右可获取"人口红利"的机遇期（庄亚儿、王丽萍，2003）。据美国人口咨询局编制的《2007 年世界人口数据表》，中国在 2006 年按购买力平价计算的人均国民收入仅为 7730 美元，而其所列举的美国则高达 44260 美元（美国人口咨询局，2007）。试想在一个按购买力平价计算的人均国民收入还处于世界各国后列、人均耕地面积仅为世界人均值的 1/3、人均淡水资源量仅为世界人均值的23.7%、人均矿产资源价值排在世界各国第80位的中国（秦大河等，2002），如果在今后 10 年每年出生人口平均超过 2500 万的话，尽管会由于人口数量迅速增加而在一定程度上促进未来中国的内需，但又会加剧若干年后的"上学难""就业难""人民生活尽快改善难"，严重影响未来中国有支付能力的内需增长，严重损害资源环境的可持续发展。因此，从中国的特殊国情出发，我国现阶段也只能在不突破生育更替水平的前提下，适度提高生育水平。

二、在计划生育利益导向机制上与时俱进

早在 1957 年，国务院就发出了《关于职工绝育、因病施行人工流产的医药费和休息期间工资待遇问题的通知》，对建立计划生育利益导向机制进行了探索。1980 年，《中共中央关于控制我国人口增长问题致全体共产党员、共青团员的公开信》明确指出："在入托儿所、入学、就医、招工、招生、城市住房和农村住宅基地分配等方面，要照顾独生子女及其家庭。"在

此后的 20 多年中，我国各地先后开展了计划生育"三结合"、计划生育系列保险、"少生快富"扶贫工程和农村部分计划生育家庭奖励扶助制度等试点，将计划生育的奖励政策与帮助计划生育家庭尤其是独生子女户和双女户家庭发展经济、改善生活、提高未来养老保障能力相结合。与此同时，我国也对违反计划生育政策的家庭给予了必要的经济制约，从按规定缴纳超生子女费改为依法征收社会抚养费。上述人口和计划生育利益导向机制的建立和完善，不仅体现了我国党和政府始终关心并尽力帮助缓解为国家控制人口过快增长作出贡献的计划生育家庭的困难，使他们能优先优惠分享改革开放的发展成果，而且也在一定程度上有利于我国城乡更多的育龄夫妻响应党和国家的计划生育号召，成为促使我国育龄妇女生育水平在 20 世纪 90 年代以来下降到更替水平以下的一个重要因素。

但是，随着我国各地对现行生育政策进行"微调"力度的加大，当我们从统筹解决人口问题考虑，希望生育水平适度回升时，上述那些对独生子女家庭的奖励政策又会在生育导向上呈现一些负面效应。据笔者从网上所得信息的不完全统计，近年来我国已有 10 多个省、自治区、直辖市在省级或所辖的部分地（市）、县（市）实施了对农村（少数还包括城镇）自愿放弃二孩生育指标，终生只要一个孩子（或女孩）的家庭给予最低 500 元、最高 4000 元的一次性奖励。上述政策措施在一定程度上也使得现阶段符合法律法规要求可以有计划生育两个孩子的城乡育龄夫妻放弃了生育第二个孩子，从而不利于未来我国育龄妇女生育水平的适度回升，不利于减缓未来人口老龄化的严重程度和增强未来家庭养老的功能，不利于尽可能降低未来年轻一代中独生子女伤残和死亡的比例。

笔者曾经在 1979 年 11 月第二次全国人口科学讨论会的大会上所作的《控制人口和经济政策》学术发言中提出了选择确定我国现阶段最优的控制人口的经济政策"应该研究和考虑的"四个"主要原则"。其中，第一个原则就是"要从科学地确定我国现阶段控制人口的重点出发来制定经济上的奖惩政策"。（桂世勋，1981）如果说在 20 世纪八九十年代我国控制人口的重点是要求尽可能多的城乡育龄夫妻只生育一个孩子的话，那么在 21 世纪特别是"十一五"以后则更希望城乡育龄夫妻按已"微调"的现行生育政策要求生育孩子。为此，笔者认为在未来我国的人口和计划生育利益导向机制上也应与时俱进，探索如何按照中央提出的"统筹解决人口问题"的新理念进一步完善上述利益导向机制，使各地的计划生育奖励政策措施在导向性上与经国家人口和计划生育委员会批准的省级计划生育政策要求相匹配，以有利于在相当长时期内不突破我国生育更替水平的前提下，适度提高生育水平。

现在，广大干部和群众对我国已经建立并要逐步完善的人口和计划生育奖励政策应具有"补偿性"功能（帮助减缓过去响应计划生育号召、作出牺牲的计划生育家庭的困难，特别是独生子女严重伤残或不幸死亡的家庭和确实因计划生育手术质量引起的严重并发症、后遗症的家庭所遇到的困难），取得了共识，但对现阶段这些奖励政策如何正确发挥"导向性"功能的理解尚不一致。笔者感到，未来我国人口和计划生育奖励政策的导向性，应着重体现"三个有利于"：一是有利于按法律法规要求生育；二是有利于提高出生人口素质；三是有利于出生人口性别比趋于正常。

鉴于人口和计划生育的奖励政策在某种程度上带有刚性特点，涉及几亿家庭的切身利益，因此，我们应深入细致地对各地现有的各种人口和计划生育奖励政策的"补偿性"功能和"导向性"功能进行科学梳理。建议各地人口和计划生育部门不宜再新出台直接鼓励符合法律法规要求可以有计划生育两个孩子的城乡育龄夫妻放弃生育第二个孩子的奖励政策；对已经出台的鼓励他们放弃生育第二个孩子的政策，在宣传上要逐渐淡化；应教育广大城乡育龄夫妇确立"统筹解决人口问题"的新理念，引导那些符合法律法规要求可以有计划生育两个孩子的城乡育龄夫妻在放弃生育第二个孩子可以领取一定数额的奖励金与他们按法律法规多生一个子女对父母年老后所尽的经济赡养、生活照料和精神慰藉责任之间进行比较，作出理性的家庭生育决策。同时为使当前实施的人口和计划生育奖励政策在"补偿性"功能和"导向性"功能上完美结合，笔者建议可考虑在今后实施城乡普遍允许夫妻一方为独生子女的可以有计划生育两个孩子的政策后，对新出现的符合该条件育龄夫妻放弃生育第二个孩子的，拟不给他们发放"独生子女父母光荣证"，不给予相应的奖励；或者在今后调整现行生育政策、普遍允许一对夫妻可以有计划生育两个孩子后，对新出现的只生育一个孩子的育龄夫妻，均不给他们发放"独生子女父母光荣证"，不给予相应的奖励。这样做，还有利于将有限的人口和计划生育奖励资金，更多地用于帮助过去响应党和国家计划生育号召，独生子女严重伤残或不幸死亡的家庭和确实因计划生育手术质量引起的严重并发症、后遗症的家庭，提高这些家庭的生活质量。

三、在现行生育政策调整上与时俱进

我国的现行生育政策是在 1980 年 9 月由国务院正式提出并经过以后若干次"微调"形成的。1980 年 9 月 7 日，时任国务院总理的华国锋在五届全国人大三次会议上的讲话中谈道：国务院经过认真研究，认为在今后二、三十年内，必须在人口问题上采取一个坚决的措施，就是除了在人口稀少的少数民族地区以外，要普遍提倡一对夫妇只生育一个孩子，以便把人口增长率尽快控制住。在同年 9 月 25 日发布的《中共中央关于控制我国人口增长问题致全体共产党员、共青团员的公开信》中，又进一步强调了"从现在起用三、四十年特别是最近二、三十年的时间"实行上述生育政策的重大意义。从 1980 年以来，我国各省、自治区、直辖市除了从本地区实际出发对实施现行生育政策的具体办法作了不完全相同的规定外，从全国范围看，曾经有过三次较大的"微调"：第一次是在绝大部分地区规定了农村居民生育第一个孩子是女孩的，可以有计划再生育第二个孩子；第二次是大部分地区规定了夫妻双方均为独生子女的，可以有计划生育两个孩子；第三次是少数地区规定了女方为农村居民的夫妻，夫妻一方为独生子女的（或夫妻一方为农业户口且有一方为独生子女的），可以有计划生育两个孩子。

当前，有些国内外人口学者希望在"十一五"时期内就调整现行生育政策，普遍允许一对夫妻可以有计划生育两个孩子。笔者感到，为了便于党中央、国务院的领导采纳调整现行政策的建议方案，尽可能减少调整现行生育政策的社会成本，避免包括一部分已领取"独生子女父母光荣证"而想生育两个孩子的育龄夫妻退证等社会震荡，以及在开始调整时发生"出生堆积"的现象，并具有较强的可行性和可操作性，最好能在 2009—2010 年期间对现行生育政策进一步作些"微调"，在 2010 年后再择时调整现行生育政策。其中各省、自治区、直辖市可以选择的"微调"方案有三个：一是在均未规定城乡居民中夫妻一方为独生子女的可以有计划生育两个孩子的省级地区，可以制定率先允许农村居民中夫妻一方为独生子女的可以有计划生育两个孩子的政策；二是在已规定农村居民中夫妻一方为独生子女的可以有计划生育两个孩子的省级地区，可以制定允许城镇居民中夫妻一方为独生子女的可以有计划生育两个孩子的政策；三是在均未规定城乡居民中夫妻一方为独生子女的可以有计划生育两个孩子的省级地区，可以制定允许城乡居民中夫妻一方为独生子女的都可以有计划生育两个孩子的政策。

上述三种对我国现行生育政策的"微调"方案，都有利于我国生育水平的适度回升，都体现了在现行生育政策调整上的与时俱进。它不仅有利于现行生育政策调整上的"软着陆"，而且还充分考虑到对现行生育政策"微调"的决策权，即按《中华人民共和国人口与计划生育法》明确的"具体办法由省、自治区、直辖市人民代表大会或者其常务委员会规定"，在"十一五"期间就可以进行。而调整现行生育政策，普遍允许一对夫妻可以生育两个孩子，需要党中央和国务院同意，并经全国人民代表大会常务委员会审议通过。从深入研究和拟定何时调整、如何调整等各种调整方案、充分听取各方意见，到最后决策，还需要一个较长过程，因此，要在"十二五"期间全国普遍实施调整现行生育政策的难度也相当大。

当然，在调整现行生育政策时最好实施"老人老办法，新人新办法"的"双轨制"。即把某一年（如1995年）以前出生的女孩作为"老人"，要求她们按在稳定现行生育政策下进一步"微调"的规定生育；即把某一年（如1995年）1月1日及以后出生的女孩作为"新人"，允许她们中除医学上认为不宜生育者外，婚后都可以有计划生育两个孩子。这样做，可以最大限度地减少调整现行生育政策引起的社会震荡，尽可能减少那时已领取"独生子女父母光荣证"的育龄夫妻要求退证后再生育第二个孩子现象的发生。

【注释】

① 郭志刚认为，我国育龄妇女的总和生育率水平，20世纪80年代在2.5上下浮动，1990年普查显示为2.3；"历史性的转折点出现在1992年，当年全国生育率调查结果首次显示生育率已经显著低于更替水平（1.6左右，各方测算略有出入）。从此之后，十几年来几乎所有全国性人口调查统计均反映生育率处于1.5以下。也就是说，中国目前的情况是'很低生育率'"。

【参考文献】

[1] 桂世勋：《控制人口和经济政策》，见胡焕庸等著《人口研究论文集》，华东师范大学出版社 1981 年版。

[2] 郭志刚：《调查证实中国人口形势已进入低生育率新时代》，《第一财经日报》2008 年 7 月 2 日。

[3] 美国人口咨询局：《2007 年世界人口数据表》（中国人口与发展研究中心编译），2007 年。

[4] 易富贤：《中国人口问题：船大惯性大，调头要趁早》，《中国报道周刊》2008 年 2 月 26 日。

[5] 庄亚儿、张丽萍编著：《1990 年以来中国常用人口数据集》，中国人口出版社 2003 年版。

[6] 秦大河、张坤民、牛文元主编：《中国人口资源环境与可持续发展》，新华出版社 2002 年版。

（本文原载《华东师范大学学报》（哲学社会科学版）2009 年第 4 期）

"单独两孩"应不会形成生育潮*

《中共中央关于全面深化改革若干重大问题的决定》日前发布。其中提出："坚持计划生育的基本国策，启动实施一方是独生子女的夫妇可生育两个孩子的政策，逐步调整完善生育政策，促进人口长期均衡发展。"人口学专家表示，适时完善现行生育政策，普遍允许夫妻一方是独生子女的可以有计划生育两个孩子的举措，将是我国坚持计划生育基本国策、调整完善现行生育政策发展史上的一个重要里程碑。

计划生育意义深远

我国 20 世纪 70 年代倡导"晚、稀、少"，提出"一个不少，两个正好，三个多了"；1980 年开始提倡"一对夫妇只生育一个孩子"；1984 年开始"开小口、堵大口"，此次又启动实施"单独两孩"。我国现行生育政策，是在长期实践中逐渐完善形成的。

必须明确的是，此次中央的决定既提出实施"单独两孩"，又强调"坚持计划生育的基本国策"，专家们认为这并不矛盾。计划生育不是简单意味着控制人口增长，而是强调人口与经济社会发展相适应。

本市人口学界首位获得"中华人口奖"（科学技术奖）的华东师范大学人口学专家桂世勋教授，在接受本报记者采访时说，新中国成立后的第二次出生人口数高峰期发生于 1962 年至 1975 年。长达 14 年时间里，全国每年出生人口数均超过 2000 万，其中有 10 年每年竟超过 2500 万。在上述出生

---

*　本文由记者王蔚采访。

人口数高峰期生育的女孩，进入到 1982 年第三次人口普查揭示的生育峰值年龄 23 岁，即为 1985 年至 1998 年。如果在这个时期我国不果断号召广大育龄夫妻为改变我国总人口数过快增长的状况作贡献，将育龄妇女的生育水平降低到更替水平以下，就可能引发比第二次出生人口数高峰期更大的"出生浪潮"。

事实表明，我国从 1980 年提出在今后二三十年内，除了人口稀少的少数民族地区外，普遍提倡每对夫妻只生一个孩子的计划生育政策，对有效降低我国育龄妇女的生育水平，平稳度过新中国成立后第三次出生高峰，控制我国总人口过快增长，促进人口与经济、社会、资源、环境的协调和可持续发展，都起到了重要的积极作用。

政策"微调"理由充分

早在 2007 年，桂世勋教授就主持了国家社会科学基金重点研究项目"21 世纪中国人口发展趋势与对策"，当时提出"适时适度调整我国现行生育政策的建议"，并报送了国家有关部门。在报告中，他提出按照统筹解决人口问题的要求，对生育政策做出"微调"，并列出了多条理由。

一是有利于积极应对人口老龄化的严峻挑战，增强家庭特别是农村家庭的养老功能。否则，不仅在宏观上会加剧未来人口老龄化的严重程度，更主要的是不利于在微观上改善家庭结构，使很多家庭形成"四（父辈）二（子辈）一（孙辈）"结构。这将严重削弱家庭养老的功能，大大增加社会养老的压力。

二是有利于在 2015 年后当 20 岁至 29 岁女性人口数出现较大低谷时（根据假设的修正生育方案预测，将从 2015 年的 10560 万人逐渐减少到 2025 年的低谷 7575 万人，然后再逐渐增加到 2037 年的峰值 8953 万人），减缓未来出生人口数波动起伏过大的状况。

三是有利于避开 2005 年到 2024 年间的劳动适龄人口数高峰期（2000 年我国 15 岁至 59 岁人口数为 8.33 亿人，根据假设的修正生育方案预测，在 2005 年到 2024 年的 20 年间，我国 15 岁至 59 岁劳动适龄人口数均超过 9 亿人，峰值出现在 2011 年），减轻这一时期的就业压力。如果适时适度调整现行生育政策,那么,当这一部分"多出生"的孩子进入就业岗位时,我国的劳动适龄人口数已处于明显的负增长时期,不会过分加剧那时的就业压力。

四是有利于在 2040 年后大批独生子女父母进入高龄时,减缓他们生活照料的重压。如果适时适度调整现行生育政策,那么,到 2040 年我国大批独生子女父母逐渐进入高龄,正处于最需要照料的阶段,他们中相当一部分已有两个 20 多岁的孙辈,可以协助父母照料好基本生活不能自理的祖辈,相对减轻社会照料的严重压力。

五是有利于实现 2040 年左右我国总人口数最高不超过 15 亿人,21 世纪末总人口数减少到 13 亿人的目标。只要我们在调整现行生育政策后,继续抓紧抓好计划生育工作,进一步减少违反政策法规的多育,就能在统筹解决好各种经济社会问题的同时,保持适当的人口规模。

桂世勋教授在接受采访时还表示,提出适时适度调整现行生育政策,还将有利于子女的身心健康成长,相对减少对独生子女过分宠爱和教化过度的状况;有利于减缓出生人口性别比偏高的状况,使有男孩偏好的家庭在生育第一个男孩后,不会刻意希望再生育一个男孩;有利于降低因只生一个孩子不幸伤残或死亡给家庭带来的高风险。

适时适度平稳调整

1970 年我国出生人口 2739 万人,净增 2321 万人;2012 年出生人口 1635 万人,净增仅 669 万人。我国生育水平稳中有降,人口增长惯性趋弱,劳动年龄人口供给减少,人口老龄化速度加快。生育政策适应形势变化作出调整,是科学的决策。事实上,我国的生育政策一直在调整,今后仍将不断完善。

那么,"单独两孩"放开后,是否会造成人口高峰?专家普遍持否定观点。无论城市还是农村,两个孩子已基本满足人们的生育意愿。而且,随着社会进步,传统"多子多福"的观念已逐渐改变。越来越多人认识到人口素质比数量更重要,会理性规划家庭发展,而不是盲目跟风生育。

对于为什么此次只是提出"启动实施一方是独生子女的夫妇可生育两

个孩子的政策",桂世勋教授说,这是贯彻了适时适度且平稳调整我国现行生育政策的基本思想。他解释,这样逐步完善现行生育政策,将会减缓一下子普遍放开每对夫妻可以生育两个孩子给我国引发的"出生人口堆积",保证全国出生人口数不会突然出现两三年内的大幅度增加,否则将不利于从产科床位到托儿所、幼儿园、小学、初中规模的平稳有序发展。

桂世勋认为,这次党中央高瞻远瞩、审时度势、积极稳妥地果断作出"启动实施一方是独生子女的夫妇可生育两个孩子的政策"决定,将大大加快逐步调整完善我国现行生育政策的进程,使我国有可能在2020年左右调整现行生育政策,普遍允许每对夫妻可以生育两个孩子。

(本文原载《新民晚报》2013年11月18日)

"单独两孩"政策的定位、意义和有序实施

党的十八届三中全会决定"启动实施一方是独生子女的夫妇可生育两个孩子的政策",是对我国现行生育政策逐步调整完善的重大战略部署。本文就启动实施"单独两孩"政策的科学定位、重要意义和有序实施等问题进行探讨。

一、"单独两孩"政策的科学定位

1. "单独两孩"政策不能等同于"单独两胎"政策

迄今为止,计划生育法律法规实施细则中均明确规定:"双胞胎"和"多胞胎"不能算作独生子女。如果我们把中央新政宣传为夫妻一方为独生子女的都可以生育第二胎的话,那是对中央精神的曲解。

2. 实施"单独两孩"政策只是我国现行生育政策逐步调整为"普遍两孩"政策的重要过渡

在 1980 年后,我国各地曾对普遍提倡一对夫妇生育一个孩子的政策进行过三次较大的完善措施:第一次是实施农村地区已婚育龄夫妇生育一个女孩的可以有计划再生育第二个孩子的政策;第二次是实施夫妇双方均为独生子女的可以有计划再生育第二个孩子的政策;第三次是 7 个省、直辖市实施农村地区夫妇一方为独生子女的可以有计划再生育第二个孩子的政策。笔者曾于 2008 年和 2009 年撰文建议,最好在普遍允许一对夫妇可以有计划地生育两个孩子的政策前,各省、自治区、直辖市进一步完善现行生育政策;允许全国所有农村地区夫妇一方为独生子女的可以有计划地生育两个孩子;允许全国所有城镇地区夫妇一方为独生子女的可以有计划生育两个孩子。

3. 调整完善现行生育政策不等于取消计划生育基本国策

1982 年 12 月，我国宪法明确规定"国家推行计划生育，使人口的增长同经济和社会发展计划相适应"。实行计划生育，要求广大育龄群众有计划地生育。即使实施"单独两孩"或今后择时实施"普遍两孩"的政策，除政策规定的特殊情况外也不允许一对夫妇生育三个孩子；在有些初育年龄偏低的地区还要规定可以生育二孩与一孩的合理间隔，或对符合法律法规可以生育两孩的妇女规定再生育第二孩的最低年龄。所以，在党的十八届三中全会的决定中明确指出："坚持计划生育的基本国策"。

二、实施"单独两孩"政策的重要意义

我国现行生育政策的逐步调整完善，其根本目的是有利于在宏观上促进未来人口的长期均衡发展，有利于在微观上促进家庭的幸福和发展。它虽然有利于未来我国经济和社会的良性运行和可持续发展，但对其的作用应实事求是地给予研判。

一是实施"单独两孩"政策是否会使"人口红利期"持续下去？

据笔者主持的"21 世纪我国人口变动趋势的多方案预测"估算，在假设的生育中方案和人口平均预期寿命低方案下，我国在 2005—2024 年间 15—59 岁劳动年龄人口数将始终超过 9 亿（2000 年为 8.33 亿，2011 年后出现负增长）。因此，实施"单独两孩"政策可以避开未来我国劳动年龄人口数的高峰期，增加 2030 年后我国的劳动年龄人口数，但不会使我国的"人口红利期"长期持续下去。

国际社会所称的"人口红利"，是指人口再生产类型从"高出生、低死亡、高自然增长"向"低出生、低死亡、低自然增长"转变的一定阶段出现的劳动年龄人口抚养少年儿童人口和老年人口的比率相对较低，从而为经济较快发展提供的一个机遇。现在许多发达国家的学者通常把 0—14 岁少年儿童人口数加上 65 岁及以上老年人口数后再除以 15—64 岁劳动年龄人口数的比率（即总抚养比）低于 50%，作为一个国家或地区处于"人口红利期"的量化标准。据笔者主持的多方案预测，即使我国育龄妇女的总和生育率回升到 2.0，并长期保持下去，15—64 岁劳动年龄人口的总抚养比

在 2030 年后仍将突破 50%，在 2050 年上升到 66.4%。可见，实施"单独两孩"及适时实施"普遍两孩"政策，可以比不调整完善现行生育政策更有利于 2030 年后我国的经济发展，但却不能使 2030 年后我国"人口红利期"持续下去。

二是实施"单独两孩"政策是否可以解决我国社会养老保险的"空账危机"？

实施"单独两孩"政策可以在 2030 年后多增加一部分在业人口数，从而增加个人及其用人单位缴纳社会养老保险费的总量，更有利于相对减缓未来我国社会养老保险基金的"空账"压力，但要解决社保的"空账危机"，则需要多管齐下，采取综合措施。

我国社会养老保险基金收支缺口的"空账"压力，既与数量庞大的已退休人员在过去在业时个人及其用人单位未缴纳（"老人"）或少缴纳（"中人"）养老保险费而形成的"历史隐性债务"有关，也受到未来我国老年人口数迅速增加和老年抚养比迅速上升的严重影响。根据笔者主持的上述预测，我国在 2013 年底或 2014 年 60 岁及以上老年人口数将超过 2 亿，2025 年将超过 3 亿，2035 年将超过 4 亿；按联合国最新的中位预测，2050 年将达 4.39 亿。试想如果要使我国在 2035 年后 60 岁及以上老年人口数超过 4 亿时，15—59 岁劳动年龄人口抚养 60 岁及以上老年人口的老年抚养比仍保持 2010 年"六普"的 18.15%，那么届时我国的 15—59 岁劳动年龄人口数就必须超过 22 亿，将严重突破我国生态环境的合理人口容量。

三、"单独两孩"政策的有序实施

笔者在 2007 年发表的《关于"稳定现行生育政策"的思考》中曾指出需在实际工作中注意分清两种不同性质的生育水平回升：一种是由于按政策法规可以生育第二个孩子的已婚育龄夫妻数量增加而引起的生育水平回升；另一种是由于违反政策法规超生的人数增加而引起的生育水平的回升。应把各级人口和计划生育部门控制出生人口数量工作的着力点放在促使第一种回升的有序化、避免第二种回升且尽可能促使其降低上，确保未来我国城乡的总体生育水平控制在生育更替水平以下。在实施"单独两孩"政策的过程中，只要各地按中共中央、国务院《关于调整完善生育政策的意见》要求稳妥扎实有序实施，确保生育水平不出现大的波动，按照中央决策部署，加强统筹协调，坚持巩固和加强计划生育基层基础工作，坚持长期形成的计划生育行之有效的工作思路和方法，是完全可以确保调整完善现行生育政策的有序实施。

1. 启动实施"单独两孩"政策选择了我国 20—29 岁育龄妇女数即将大幅度减少的时期

据笔者主持的上述预测，在假设的生育中方案和人口平均预期寿命低方案下，我国 20—29 岁处于生育旺盛期的育龄妇女数将从 2015 年的 1 亿多迅速减少到 2025 年的 7500 多万，平均每年约减少 250 多万。如果我国在这个时期启动实施"单独两孩"政策并考虑在 2020 年左右启动实施"普遍两孩"政策，那么除了在开始实施调整完善现行生育政策的 3 年左右我国出生人口数会有较多增加外，从总体上看不仅不会过多增加 2016—2025 年的出生人口数，而且有利于减缓我国在这个时期出生人口数的大幅度减少，从而有利于未来产科床位、幼儿园、小学、初中、高中等公共服务资源的较平稳发展。

2. 中央决定只讲"启动实施"，没有讲全国各省、自治区、直辖市同时实施"单独两孩"政策

现在国家卫生计生委已明确表示全国各省、自治区、直辖市实施"单独两孩"政策不搞统一"时间表"。在《关于调整完善生育政策的意见》中明确要求"各省（自治区、直辖市）人民政府在全面评估当地人口形势、计划生育工作基础及政策实施风险的情况下，制定单独两孩政策实施方案，报国务院主管部门备案，由省级人民代表大会或其常委会修订地方法律或作出规定，依法组织实施"。同时国家卫生计生委也会多渠道深入了解各地区人口和计划生育形势，搞好启动实施"单独两孩"的分类指导。

3. 全国城乡符合"单独"条件的已婚育龄夫妇并不会都希望生育两个孩子

启动实施"单独两孩"政策，为符合条件的已婚育龄夫妇提供了选择生育一个或两个孩子的机会。当然，现阶段和在今后很长时期内我国确实存在相当一部分符合法律法规可以生育两个孩子的夫妇出于抚养孩子的经济和

非经济成本过高而不愿意生育两个孩子的情况，它在客观上有利于抑制未来出生人口数的较多增加。但笔者认为作为从事人口和计划生育工作的干部在今后贯彻实施"单独两孩"政策时，不能认为这些夫妇放弃生育第二个孩子愈多愈好，应从有利于人口长期均衡发展和提升家庭发展能力出发，引导他们从整个家庭生命历程考虑，生育两个孩子比生育一个孩子对家庭带来的经济和非经济收益，如有利于孩子的身心健康成长，有利于规避只生一个孩子万一不幸伤残和死亡的风险，有利于增强家庭养老功能等，全面理性地作出是否要再生育第二个孩子的决定。

4. 在实施"单独两孩"政策的地区还可以采取滚动式出生人数预报办法，引导符合法律法规希望生育孩子的已婚育龄夫妇适当提前或推迟生育，避开未来的出生人数高峰期

笔者于 2002 年曾指出，我国许多大城市由于 20 世纪 80 年代出生"堆积"的惯性作用与符合政策要求可生二孩的人群大幅增加，在低生育水平下仍有可能在 2010 年左右出现户籍出生人口数大幅增长的波动态势，严重不利于教育、就业等社会事业的平稳和可持续发展；并提出了一系列"削峰补谷"的对策建议，得到了国家人口计生委领导的认可。后来通过上海市人口计生委的积极努力，笔者提出的有关建立滚动式出生数预报制度，让已婚育龄夫妇尽可能避开未来出生高峰年生育孩子等建议，被 2004 年修订的《上海市人口和计划生育条例》采纳。因此，建议各地在正式启动实施"单独两孩"政策时充分估计未来本地区符合"单独两孩"政策的已婚育龄夫妇数及他们的生育状况、生育意愿，以及 2015 年"羊年"对家庭生育的影响，搞好滚动式出生人数预报，减少未来出生人口数波动过大的现象。

（本文原载《人口与计划生育》2014 年第 3 期）

"普遍提倡一孩"政策的探索、
意义及对老龄化影响

"普遍提倡一孩"政策是 1980—2015 年间我国实行的生育政策。它不仅是世界各国中只有中国实行的生育政策，而且也是我国历史上空前绝后实行的生育政策。本文力求以历史唯物主义观点，从我国实行"普遍提倡一孩"政策的艰辛探索中解读其科学内涵，正确评价实行该政策的重大历史意义及对未来人口老龄化的影响。

一、"普遍提倡一孩"政策的艰辛探索

（一）"普遍提倡一孩"政策不是"一胎化"政策

1980 年，党中央和国务院正式决定实行"普遍提倡一孩"的生育政策。时任国务院总理的华国锋在 1980 年 9 月 7 日第五届全国人民代表大会第三次会议的讲话中指出：国务院经过认真研究，认为在今后二三十年内，必须在人口问题上采取一个坚决的措施，就是除了在人口稀少的少数民族地区以外，要普遍提倡一对夫妇只生育一个孩子，以便把人口增长率尽快控制住，争取全国总人口在本世纪末不超过 12 亿。该年 9 月 25 日发布的《中共中央关于控制我国人口增长问题致全体共产党员、共青团员的公开信》中进一步强调"如果不从现在起用三四十年特别是最近二三十年的时间普遍提倡一对夫妇只生育一个孩子，控制人口的增长……将会大大增加实现四个现代化的困难，造成人民的生活很难有多少改善的严重局面。"

然而我国从 1980 年起实行的"普遍提倡一对夫妇只生育一个孩子"政

策，并不像国内外有些人误解的是"普遍实行只生一孩"的"一胎化"政策。回顾我国实行"普遍提倡一孩"政策的历程，为了使该政策在有效控制我国总人口数量过快增长的同时，又符合当时中国经济社会发展比较落后、城乡间发展及养老保障严重不平衡、少数民族情况复杂、许多家庭存在"多子多福"和"重男轻女"的旧生育观念，力求把"普遍提倡一孩"政策建立在更加切合实际的基础上，国家在实施过程中对哪些已婚育龄夫妇可以按政策生育两个孩子，不断进行了探索和完善。

1. 在 1980 年"公开信"中，曾明确提出："某些群众确实有符合政策规定的实际困难，可以同意他们生育两个孩子，但是不能生三个孩子。对于少数民族，按照政策规定，也可以放宽一些。"1982 年 2 月，中共中央、国务院发出的《关于进一步做好计划生育工作的指示》中，则具体表述为：有"特殊情况"的"国家干部和职工、城镇居民"和有"实际困难"的"农村"居民，"经过审批可以有计划地安排"生育两个孩子。在该年 10 月中共中央办公厅、国务院办公厅转发的《全国计划生育工作会议纪要》中，又分别把上述的"特殊情况"细化为"三种情况"；把上述的"实际困难"细化为"七至十种情况"。

2. 1984 年 4 月，中共中央在《批转国家计划生育委员会党组〈关于计划生育工作情况的汇报〉》中，要求"把计划生育政策建立在合情合理、群众拥护、干部好做工作的基础上"，"对农村继续有控制地把口子开得稍大一些"。1988 年 3 月，中共中央政治局常委会讨论国家计划生育委员会《关于计划生育工作汇报提纲》时又更明确指出："农村某些群众确有实际困难，包括独女户，要求生二胎的，经过批准可以间隔几年以后生第二胎"。到上世纪 80 年代末，我国有 16 个省、自治区（河北、山西、内蒙古［仅对汉族居民］、辽宁、吉林、黑龙江、安徽、江西、山东、河南、湖北、湖南、广西、贵州、陕西、甘肃）在农村实行了只有一个女孩的农民可以有计划生育两个孩子的政策；重庆、四川则根据下辖地区的地理条件分类指导，在农村实行上述政策；浙江、福建则根据下辖地区的计划生育工作水平分类指导，实行上述政策。

3. 从 20 世纪 80 年代中期起，在我国 27 个省、自治区和直辖市陆续实行了城乡居民夫妇双方均为独生子女的，都可以有计划生育两个孩子的政策；其中还有 7 个省和直辖市（天津、山西、辽宁、吉林、上海、江苏、安徽）规定农村居民夫妇一方为独生子女的，可以有计划生育两个孩子。

4. 在我国个别省及地区农村实行普遍生育两个孩子的政策。其中包括广东（1998 年前）、海南、云南等省，以及其他一些省的山区、边境地区、沿海渔区。

5. 关于少数民族的生育政策，1984 年 4 月中共中央在《批转国家计划生育委员会党组〈关于计划生育工作情况的汇报〉》中，又具体指出："可以考虑，人口在 1000 万以下的少数民族，允许一对夫妇生育二胎，个别的可以生育三胎，不准生育四胎。"以后新疆维吾尔自治区又规定，"有特殊情况"的少数民族夫妇可以生育四个孩子；西藏自治区则规定，对藏族等少数民族农牧民的生育，不限制胎次。

此外，在我国的山西省翼城县、辽宁省长海县、黑龙江省黑河市、山东省长岛县、甘肃省酒泉地区还开展了农村一对夫妇符合"晚婚晚育加间隔"均可有计划生二胎的计划生育工作试点。

可见，我国实行的"普遍提倡一孩"政策，是实行"分类指导"的政策。它并不普遍规定全国所有育龄夫妇都只能生育一个孩子。当时我国人口学专家曾估计在实行农村独女户可以有计划生育第二孩后，全国可以生两孩的育龄夫妇对数占全国育龄夫妇总对数的 50%。但在上世纪 80、90 年代至本世纪初对法律法规允许可以生育两个孩子的育龄夫妇，我国各地则普遍倡导他们最好为控制我国人口总量的过快增长，放弃生育第二个孩子。直到 2006 年《中共中央国务院关于全面加强人口和计划生育工作统筹解决人口问题的决定》，才明确指出："'十一五'时期，人口和计划生育工作进入稳定低生育水平、统筹解决人口问题、促进人的全面发展的新阶段"。为了更有利于兼顾控制人口数量过快增长与提高人口素质、减缓未来人口老龄化的严重程度、增强未来家庭养老的功能、抑制出生人口性别比继续升高的趋势，促进未来我国人口与经济、社会、资源、环境协调和可持续发展，要求"到 2020 年，人口总量要控制在 14.5 亿人左右，总和生育率稳定在更替水平以下。"2013 年，党的十八届三中全会对"普遍提倡一孩"政策作出逐步调整完善的重大战略部署，决定"启动实施一方是独生子女的夫妇可生育两个孩子的政策"。2015 年 12 月 27 日，全国人大常委会通过了《关于修改〈中华人民共和国人口与计划生育法〉的决定》，明确规定"国家提倡一对夫妻生育两个子女"。2015 年 12 月 31 日发布的《中共中央国务院关于实施全面两孩政策改革完善计划生育服务管理的决定》，宣布我国从 2016 年 1 月 1 日起实施"全面两孩"政策，由此终止了"普遍提倡一孩"政策。

（二）"普遍提倡一孩"政策不是"侵犯人权"政策

人权是涉及社会生活各个方面的广泛、全面、有机的权利体系，是人的人身、政治、经济、社会、文化诸方面权利的总称。它是一个很宽泛的概念，包括人的生存权、发展权、教育权、劳动权、社会保护权、性别平等权、年龄平等权、残疾人保障权、民族平等权、生育权等等。然而其中的生存权和发展权又是首要的基本人权。习近平总书记在 2016 年 12 月 4 日致"纪念《发展权利宣言》通过 30 周年国际研讨会"的贺信中指出："中国坚持把人权的普遍性原则同本国实际相结合，坚持生存权和发展权是首要的基本人权。多年来，中国坚持以人民为中心的发展思想，把增进人民福祉、保障人民当家作主、促进人的全面发展作为发展的出发点和落脚点，有效保障了人民发展权益，走出了一条中国特色人权发展道路。"

我国在 1980 年起实施的"普遍提倡一孩"政策，并不像国内外有些人误解的是"侵犯人权"政策。因为其根本出发点是为了使全体中国人民更好享有和保障生存权和发展权。在《公开信》中，曾开宗明义指出："国务院已经向全国人民发出号召，提倡一对夫妇只生育一个孩子。这是一项关系到四个现代化建设的速度和前途，关系到子孙后代的健康和幸福，符合全国人民长远利益和当前利益的重大措施。"在 2001 年全国人大常委会审议通过的《中华人民共和国人口与计划生育法》中规定"公民生育权利受法律保护，具有依法生育、计划生育的权利。"已故的著名人口学家查瑞传在 1991 年 8 月 9 日《中国人口报》上发表的"计划生育和保障人权"一文中，曾写道："为了全面地维护社会全体成员（包括生育者、被生育者和其他人）更幸福生活的基本人权，必须由能够代表全社会共同利益的国家权力机关和政府负责地来规划人口发展的战略目标、发展方案、阶段要求与个人婚姻生育的行为规范。这样做不是限制了生育者的基本人权，而恰恰是保障了全体社会成员的基本人权。"其实，每对育龄夫妇在作出最好生育几个孩子、生育男孩还是女孩、何时生育时，往往从小家庭的切身利益考虑，不一定符合未来宏观的人口与经济社会发展相协调、人口与资源环境相适应的可持续发展要求，不一定有利于保障全体人民更好享有生存权和发展权。正如从未来我国全面建成社会主义现代化强国，实现中华民族的伟大复兴的总目标出发，现在国家希望每对育龄夫妇都按"全面两孩"政策生育，但许多家庭却不愿生育两个孩子一样，仍需要各级政府按《中华人民共和国人口与计划生育法》要求，编制"人口发展规划，并将其纳入国民经济和社会发展计划"，积极引导并采取有效措施解决许多家庭生育两个孩子的实际困难。

而且从上世纪 80 年代起，为了使广大人民群众更好理解和接受"普通提倡一孩"政策，我国在计划生育运行机制方面也不断进行符合中国国情的探索和完善。早在 1980 年发表的《公开信》中，就提出"计划生育涉及到家家户户的切身利益，一定要把思想工作放在首位，坚持耐心细致的说服教育"，要求"坚决不干强迫命令违法乱纪的事"。1982 年，中共中央办公厅、国务院办公厅转发的《全国计划生育工作会议纪要》中，则进一步提出"计划生育工作必须坚持以思想教育为主，经常工作为主，避孕为主。"1983年，国家计划生育委员会又在山东省荣成县召开全国计划生育工作现场会，总结和介绍该县"三为主"（以宣传教育为主、避孕为主、经常工作为主）的经验，并把它作为我国计划生育工作方针，在全国各地推广。1995 年，李鹏总理在《政府工作报告》中，又提出"要引导农民转变生育观念，把计划生育同脱贫致富、发展经济和建设文明幸福家庭结合起来。"不久我国就把"三结合"（计划生育工作与发展经济、帮助农民勤劳致富奔小康、建设文明幸福家庭相结合），作为综合治理人口问题的主要途径。在 2000 年国家计划生育委员会办公厅印发的《实现计划生育工作思路和工作方法两个转变的主要标志（县以上）》文件中，则进一步提出了实现"两个转变"的要求，强调计划生育工作思路和工作方法由孤立地就计划生育抓计划生育向与经济社会发展紧密结合，向采取综合措施解决人口问题转变；由以社会制约为主向逐步建立利益导向和社会制约相结合，宣传教育、综合服务、科学管理相统一的机制转变。同时，逐步完善有利于实行"普遍提倡一孩"政策的计划生育利益导向机制。在奖励优待政策方面，从给予独生子女保健费、适当延长产假、入托入幼补贴，完善城市住房和农村住宅基地分配，扩展到在计划生育"三结合"和计划生育系列保险中体现对计划生育家庭的奖励、再进一步探索建立农村只有一个子女或两个女孩的夫妇年满60周岁后发放奖励扶助金制度。特别是在计划外生育限制政策方面，1982年2月，在《中共中央、国务院关于进一步做好计划生育工作的指示》中，提出"对于不按计划生育的，要给予适当的经济限制"，并具体规定了经济限制的措施。以后又将各种经济限制措施改为统一征收"社会抚养费"，在2001年12月全国人大常委会通过的《中华人民共和国人口与计划生育法》中，明确规定"对不符合"本法"规定生育子女的公民，应当依法缴纳社会抚养费"。2002年8月，国务院公布了《社会抚养费征收管理办法》，规定社会抚养费的征收标准，以当地城镇居民年人均可支配收入和农村居民年人均纯收入的一定倍数为计征的基本标准，结合当事人的实际收入水平和不符合法律、法规规定生育子女的情况，确定征收数额；授权各省、自治区、直辖市规定社会抚养费的具体征收标准。

二、"普遍提倡一孩"政策的重大历史意义

（一）"普遍提倡一孩"政策有利于我国避免在上世纪最后20年出现更大的出生人口数高峰期

在1949—1979年期间，根据中华人民共和国国家统计局（以下简称"国家统计局"）公布的数据，我国总人口（指中国大陆总人口，不包括香港、澳门、台湾地区及金门、马祖等岛屿的人口，下同）在平均预期寿命较快增高的同时，因每年出生人口数波浪式增多，从5.42亿人迅速增加到9.75亿人。特别是1962年起我国出现了一个空前的出生高峰期。在《公开信》中曾指出："尤其严重的是，我国人口在1963年到1970年这一段时间增加得最快，现在30岁以下的人，约占全国人口总数65%，今后每年平均将有2000多人进入结婚生育期。"为了更直观地了解我国当时面临的史无前例出生高峰状况及其"人口惯性"作用，可把我国每年出生人口数超达2000万人作为"出生人口数高峰年"，那么根据国家统计局编制的历年《中国人口统计年鉴》中每年人口出生率和该年平均总人口数（即上年末总人口数与

本年末总人口数之和，除以2)，将得出我国在1962—1975年间每年出生人口数均超过2000万人，长达14年；其中有10年每年出生人口数超过2500万人（1963年为2954万人，1964年为2729万人，1965年为2704万人，1966年为2578万人，1967年为2563万人，1968年为2757万人，1969年为2715万人，1970年为2736万人，1971年为2567万人，1972年为2566万人）。按照1982年我国第三次人口普查得出的当时全国女性人口的生育高峰年龄为23岁推断，在婴幼儿死亡率很低的情况下，我国受上述出生人口数高峰期的影响，在1985—1998年将出现全国女性进入生育高峰年龄的人口数高峰期。后来《中国统计年鉴2001》公布的数据表明，我国正是在这个时期实行了"普遍提倡一孩"政策，才使上世纪80、90年代我国虽然在1981—1997年间每年出生人口数均超过2000万人，长达17年；但其中只有1年出生人口数超过2500万人（即1987年，出生人口数为2522万人），有效避免了在上世纪最后20年出现比1963—1972年更大的每年出生人口数高峰期。至于1981—1984年我国每年出生人口数之所以超过2000万人，主要是由于1979年后大批年龄较大的上山下乡知识青年按政策返城结婚生育，与正常进入婚育期的育龄夫妇生育叠加在一起，从而引起出生堆积。1988年全国生育节育抽样调查显示，1981年和1982年全国育龄妇女总和生育率分别高达2.61和2.86。

（二）"普遍提倡一孩"政策有利于我国减轻在本世纪上半叶因总人口数过多对经济、社会、资源、环境的压力

根据联合国经济和社会事务部（以下简称"联合国"）发布的《世界人口展望2017修订版》中有关1950—2100年中国人口的历史估计和"中方案"预测（假设育龄妇女总和生育率从2015—2020年的1.63逐渐上升到2045—2050年的1.75、2085—2090年的1.80，并保持到2100年；每年人口净迁移率从2015—2100年始终保持−0.2‰；人口平均预期寿命从2015—2020年的76.48岁逐渐增高到2045—2050年的81.07岁、2095—2100年的87.40岁）数据，计算得出的2015年、2020年、2035年、2050年和2100年的我国总人口数分别为13.97亿人、14.25亿人、14.34亿人、13.64亿人和10.21亿人；峰值出现在2029年（全国老龄办关于国家应对人口老龄化战略研究总报告，以下简称"全国老龄办总报告"），人数达 144157 万人。然而联合国发布的《世界人口展望 2017 修订版》中有关 1915—2100 年印度人口的"中方案"预测数据，2015 年、2020 年、2035 年、2050 年和 2100 年的印度总人口数分别为 13.09 亿人、1383 亿人、15.65 亿人、16.59 亿人和 15.17 亿人，峰值将出现在 2061 年，为 167865.6 万人。可见在上述年份，中国总人口数相当于印度总人口数的比例分别为 1.07∶1、1.03∶1、0.92∶1、0.82∶1 和 0.67∶1；其中从 2024 年起中国总人口数（14.37 亿人）将少于印度总人口数（14.39 亿人）。

21 世纪上半叶我国总人口数的增速明显减慢并转为负增长，将有利于我国减轻本世纪上半叶因总人口数过多对经济、社会、资源、环境的严重压力。比如，2017 年我国的国内生产总值（GDP）为 122427.76 亿美元，在世界各国中排名第 2 位，但由于我国总人口为 13.90 亿人，人均国内生产总值约为 8800 美元，在世界各国和地区中约排在第 72 位。特别是它有效减缓了我国人口数量过多对不可再生资源或难于扩大资源的压力。2016 年末，我国耕地面积约为 13495.66 万公顷（20.24 亿亩），在世界各国和地区中排名第 4 位，但人均耕地面积在世界各国和地区中约排在第 126 位后。我国的淡水资源总量约为 28000 亿立方米，在世界各国和地区中排名第 4 位，但人均淡水资源占有量仅为世界平均水平的 1/4。可见如果我国总人口数在 2050 年减少到 13.64 亿人，将有利于提高我国的人均国内生产总值、人均耕地面积和人均淡水资源占有量。

（三）"普遍提倡一孩"政策有利于我国减缓在本世纪头 30 年因劳动年龄人口数过多对就业的压力

根据联合国的上述历史估计和"中方案"预测，计算得出的 2000 年我国 15—59 岁劳动年龄人口数为 8.37 亿人，在 2005—2024 年始终超过 9 亿人（2005 年为 9.13 亿人，2010 年为 9.46 亿人，2015 年为 9.35 亿人，2020 年为 9.25 亿人，2024 年为 9.07 亿人）；即便到 2032 年仍有 8.41 亿人，超过 2000 年的劳动年龄人口数。试想如果我国在 1980 年后不实行"普遍提倡一孩"政策，那么我国在 2005—2024 年间每年 15—59 岁劳动年龄人口数可能超过 9.5 亿人，将会给我国在这个时期积极稳妥解决就业问题、促进经济发展方式转变带来很大困难，使我国启动"渐进式延迟退休年龄"的时间更向后推。特别值得注意的是我国15—59岁劳动年龄人口数的峰值出现在2011年（联合国公布的上述"中方案"为9.47亿人，2012年减少到9.45亿人；国家统计局公布的为9.41亿人，2012年减少到9.37亿人）。我国之所以能够从2012年起会出现15—59岁劳动年龄人口数的负增长，这也与在实行"普通提倡一孩"政策下1996年后我国每年出生人口数明显减少直接有关。

根据联合国的上述"中方案"预测，计算得出的我国15—29岁年轻劳动年龄人口数将会从2000年的3.24亿人较快减少到2020年的2.60亿人、2035年的2.46亿人和2050年的2.04亿人。这无疑是我国需要高度关注和积极应对的未来劳动年龄人口结构老化问题。然而我国15—59岁劳动年龄人口总数到2050年时虽减少到6.95亿人，但如果在2050年时我国男性和女性人口的法定退休年龄均延迟到65岁，那么根据联合国的上述"中方案"预测，2050年时我国15—64岁劳动年龄人口数仍达8.15亿人，在劳动年龄人口总量上我国不会出现劳动力数量严重短缺的态势。我国已故的著名经济学家和人口学家马寅初在1957年7月5日《人民日报》发表的《新人口论》中曾写道："我深信社会主义愈发展，机械化、自动化必然随之扩大，从前1000个人做的事，机械化、自动化以后，50个人就可以做了（假定到处都是1/20），请问其余950人怎么办？因此，我就考虑到人多，就不能很快地机械化和自动化。我们现在不能搞很多的大型工业，要多搞中、小型工业，其中原因之一，就是因为中、小型工业可以安插好多人。"可见在未来我国人工智能特别是机器人迅速发展的形势下，我国劳动年龄人口数的减少不仅不会严重影响我国经济和社会的发展，相反有利于减缓未来我国发展人工智能与保障16岁至法定退休年龄人口充分就业的矛盾，有利于积极稳妥地处理好实施"渐进式延迟退休年龄"与保障16岁至法定退休年龄人口充分就业的矛盾。可见，我国要解决未来经济和社会发展所需要的劳动力，并不需要像有的学者所建议的"今后20年中国应引进1亿亚非移民"，而应采取切实有效措施引导和鼓励全国育龄夫妇按达到并超过联合国假设的上述育龄归女总和生育率"中方案"生育，使我国育龄妇女总和生育率从2015—2020年的1.63逐渐上升到2045—2050年的1.75，并力求在2020—2050年间超过 1.8。

三、"普遍提倡一孩"政策对人口老龄化及老年照顾的影响

（一）"普遍提倡一孩"政策只是我国在本世纪上半叶人口老龄化快速发展的重要原因之一

我国在本世纪上半叶人口老龄化将快速发展。根据联合国的上述历史估计和"中方案"预测，计算得出的我国 60 岁及以上老年人口数占总人口数的比重（即 60 岁及以上老年人口系数）将从 2000 年的 10.15% 迅速上升到 2020 年的 17.57%、2035 年的 28.54% 和 2050 年的 35.10%，在 50 年间增加 24.95 个百分点。同期我国 65 岁及以上老年人口数占总人口数的比重（即 65 岁及以上老年人口系数）也将从 2000 年的 6.91%（国家统计局公布的普查数据为 6.96%）迅速上升到 2020 年的 12.19%、2035 年的 20.87% 和 2050 年的 26.30%，在 50 年间增加 19.39 个百分点。《公开信》虽然考虑到实行"普遍提倡一孩"政策将引起未来 50 年后我国人口老龄化过高的严重负面影响，把该生育政策定为我国从 1980 年起今后"三四十年特别是最近二三十年"实行的阶段性政策，然而由于当时我国对人口老龄化的研究和认识还不深，因此在《公开信》中曾认为"老化现象最快也得在 40 年以后才会出现。我们完全可以提前采取措施，防止这种现象发生"。现在看来，当时对 2000 年后我国人口老龄化的快速发展认识不足，影响了我国在本世纪初及时调整生育政策，影响了我国及早准备全面应对人口老龄化的各项措施，使如何"积极应对人口老龄化"成为在 2035 年我国基本实现社会主义现代化、2050 年我国建成富强民主文明和谐美丽的社会主义现代化强国，迫切需要重点关注和花大力气综合应对的突出人口问题。

当然，国内外有些人把本世纪我国人口老龄化的迅速发展完全归因于实行"普遍提倡一孩"政策，这是片面的。因为我国在 21 世纪上半叶影响老年人口系数迅速上升的原因，除了我国总人口数从缓慢增加转为负增长外，还受到在我国人口平均预期寿命较快增高下 60 岁及以上老年人口数迅速增加的影响。根据联合国的上述历史估计和"中方案"预测，计算得出的

我国在 1950 年、2000 年、2020 年、2035 年和 2050 年 60 岁及以上老年人口数，分别为 0.41 亿人、1.30 亿人、2.50 亿人、4.09 亿人和 4.79 亿人，其中在上世纪后半叶 50 年中 60 岁及以上老年人口数仅增加 8920 万人，然而在 21 世纪上半叶 50 年中 60 岁及以上老年人口数却将增加 34855 万人。这些新增加的老年人，都是在上世纪 90 年代前出生的。特别是由于 1950—1957 年和 1962—1975 年我国两次出生人口数高峰期的人口惯性作用，引起我国在 21 世纪上半叶已经和将呈现两次 60 岁及以上老年人口数迅速增加的高峰期。根据联合国的上述历史估计和"中方案"数据计算，我国在 2012—2015 年期间每年 60 岁及以上老年人口增加数都超过 800 万；而在 2024—2032 年期间我国将出现连续 9 年每年 60 岁及以上老年人口增加数都超过 1000 万。这个时期进入 60 岁的绝大部分老年人恰恰是我国城乡未普遍实行计划生育时出生的婴儿，由于人口平均预期寿命的提高，他们中大多数都存活到 60 岁及以上。在 21 世纪上半叶我国老年人口迅速增加的情况下，如果要使 2050 年我国 60 岁及以上老年人口系数分别控制在 17.3%（国家统计局公布的 2017 年数据）、20%、25% 的水平，那么以联合国的上述"中方案"预测计算得出的 2050 年我国 60 岁及以上老年人口数 4.79 亿人为基数，届时全国总人口数将要分别多达 27.69 亿人、23.95 亿人、19.16 亿人。显然这也是不可取的，它又会对那时我国的经济、社会、资源和环境都将带来极其沉重的压力。

值得注意的是，我国在本世纪 50 年代中期将开始出现 60 岁及以上老年人口数的减少。根据联合国的上述"中方案"预测数据计算，21 世纪我国 60 岁及以上老年人口数的峰值将出现在 2053 年（人数为 4.85 亿人；全国老龄办总报告为 2053 年，人数为 4.87 亿人），然后进入较缓慢负增长，2100 年将减少到 3.85 亿人；其中 65 岁及以上老年人口数的峰值将出现在 2058 年（为 39540 万人），然后进入较缓慢负增长，2100 年将减少到 3.24 亿人。而我国 60 岁及以上老年人口数的负增长之所以出现在本世纪 50 年代，也是与我国在上世纪 90 年代实行"普遍提倡一孩"政策而减少的出生人口数直接有关。

（二）"普遍提倡一孩"政策对我国在本世纪上半叶老年人口高龄化快速发展的影响很小

我国在本世纪上半叶老年人口高龄化将快速发展。根据联合国的上述历史估计和"中方案"预测，计算得出的我国80岁及以上高龄老年人口数占60岁及以上老年人口数的比重，将从2000年的9.99%上升到2020年的11.01%、2035年的14.25%和2050年的23.18%（全国老龄办总报告为22.3%），在50年间增加13.19个百分点。这也是我们积极应对人口老龄化，在2050年把我国建成富强民主文明和谐美丽的社会主义现代化强国需要重点关注和花大力气综合应对的突出人口问题。现在国内外有些人把本世纪我国老年人口高龄化的迅速发展也简单归因于实行"普遍提倡一孩"政策，这也是片面的。因为我国在21世纪上半叶影响老年人口高龄化迅速上升的原因，除了我国60岁及以上老年人口数在2035年后增速减缓外，还受到在我国人口平均预期寿命较快增高下80岁及以上高龄老年人口数更迅速增加的影响。根据联合国的上述历史估计和"中方案"预测，计算得出的我国80岁及以上高龄老年人口数将从2000年的1302万人迅猛增加到2020年的2325万人、2035年的5830万人和2050年的11101万人（全国老龄办总报告为1亿人），50年内增加了752.61%；其中2031—2033年、2041年、2044—2050年每年增加350万人以上，2046年竟增加558万人。在2050年时进入80岁的高龄老人，是1971年出生的婴儿。可见本世纪上半叶我国80岁及以上高龄老年人都是1972年前我国城乡还未广泛实行计划生育的情况下出生的。这些高龄老年人口数的迅速增加，既受我国人口平均预期寿命较快增高的影响，使1971年及以前出生的婴儿更多地存活到80岁及以上，它是我国经济社会发展及人民健康状况较快改善的表现。同时由于80岁及以上高龄老年人口中失能率、失智率、患病率和丧偶率明显高于60—69岁的低龄老年人口，严重的老年人口高龄化也将大大增加我国在本世纪30、40年代应对人口老龄化的压力和困难。如果深入考察实行"普遍提倡一孩"政策对本世纪上半叶老年人口高龄化的影响，那只是由于上世纪80年代我国出生人口数的减少使本世纪40年代60岁及以上老年人口数增长减慢，从而加剧了80岁及以上高龄老年人口数占60岁及以上老年人口数的比重增高。

值得注意的是，我国在本世纪 70 年代中期将开始出现 80 岁及以上高龄老年人口数的减少。根据联合国的上述"中方案"预测，计算得出的 21 世纪我国 80 岁及以上高龄老年人口数的峰值将出现在 2073 年（为 15423 万人），然后呈现波浪式负增长趋势，2088 年将为 1.33 亿人，2100 年将为 1.44 亿人。而我国 80 岁及以上高龄老年人口数的负增长之所以出现在本世纪 70 年代，也是与我国在上世纪 90 年代实行"普遍提倡一孩"政策而减少的出生人口数直接有关。

（三）"普遍提倡一孩"政策只是我国未来老人身边缺人照顾的重要原因之一

从我国党中央和国务院发布的文件来看，从未讲过并承诺"只生一孩好，国家来养老"。在"公开信"中有关未来"养老"问题，既讲到"将来生产发展了，人民生活改善了，社会福利和社会保险一定会不断增加和改善，可以逐步做到老有所养，使老年人生活有保障"；又讲了"尊敬老人、爱护老人、供养老人，使他们过好晚年，是子女应该担负的责任，也是我们社会的优良传统"。关于实行"普遍提倡一孩"政策对未来养老的困难，在《公开信》中曾明确指出："实行一对夫妇只生一个孩子，到 40 年后，一些家庭可能会出现老人身边缺人照顾的问题。这个问题许多国家都有，我们要注意想办法解决"。现在国内外有些人把我国城乡老年人身边缺人照顾的问题简单归因于实行"普遍提倡一孩"政策，这也是片面的。因为在 2020 年后我国城乡老年人身边缺人照顾的因素，除了生育子女数量减少到 1—2 个外，还受到大批年轻人离开父母迁移或流动到外地（甚至境外）从业的影响。据国家卫生计生委计划生育基层指导司、中国人口与发展研究中心编《人口与计划生育常用数据手册（2016）》公布的"部分年份全国流动人口和人户分离情况"数据，1982 年、1990 年、2000 年、2010 年和 2016 年全国流动人口数分别为 0.12 亿人、0.38 亿人、1.21 亿人、2.21 亿人和 2.45 亿人；流动人口数占全国总人口数的比重分别为 1.14%、3.28%、8.07%、16.48% 和 17.72%。2015 年全国 1%（实际抽样比为 1.55%）人口抽样调查数据表明，该年全国按现住地、迁移原因分的户口登记地在外省人口中，由于"工作就业"原因迁移的人数占 71.18%。另据国家统计局住户调查办公室编《2016

中国住户调查年鉴》，2015 年全国外出农民工为 1.69 亿人，其中"住户中外出农民工"为 1.30 亿人。在上面这些离开户籍所在的乡、镇、街道人口中，虽然有少数是老年人，他们到外出子女家居住、帮助子女、照顾孙辈或异地养老，但大多数是中青年人离开父母外出工作就业，他们中除一部分户口迁入从业地外，大部分户口未迁入但常住在从业地。这就大大加剧了我国老年人、特别是农村老年人子女不在身边的状况。这从 2016 年"民政部摸底调查数据"提供的我国农村留守老年人约有 1600 万左右可以得到佐证。

为了积极稳妥减缓未来我国老年人特别是高龄老年人身边缺人照顾的问题，我们需要"综合施策"：一是高度重视和倡导"终身健康教育"和"终身保健"，抓住 2035 年前我国低龄老年人空前绝后的迅速增长期，鼓励他们以各种方式适度参与社会活动，尽可能降低未来我国老年人口特别是高龄老年人口分性别年龄组的失能率、失智率和患病率，在人口平均预期寿命增高的同时使人口平均预期健康寿命更快增高，提高我国城乡老年人的晚年生活质量和生命质量，从源头上相对甚至绝对减少未来我国需要照顾的老年人口数；二是全面建立和完善对经济困难的失能和失智老年人给予"养老服务补贴"，在总结试点经验基础上建立适合我国国情的"基本照护保险制度"（即"长期护理保险制度"），并积极探索如何将领取《独生子女父母光荣证》的夫妇因独生子女发生意外伤残、死亡而获得的特别扶助金和在实行"普遍提倡一孩"政策期间按规定享受的计划生育家庭老年人奖励扶助金与"养老服务补贴""重度残疾人护理补贴"和"基本照护保险"形成合力，更好保障未来我国城乡失能和失智老人的长期照护问题。三是有效引导和鼓励更多城乡育龄男女按《中华人民共和国人口与计划生育法》关于"国家提倡一对夫妻生育两个子女"的要求，安排自己生育计划，尽量减少终身不婚、终身不能生育和不愿生育孩子的比例，尽快实行家庭自主有计划生育，积极稳妥解决好育龄夫妇生育两个及以上孩子与自身工作压力重的矛盾、育龄夫妇适当延长生育假与用人单位安排工作困难的矛盾、祖辈帮助照顾婴幼儿孙辈与实施"渐进式延迟退休年龄"政策的矛盾，提高未来我国"四、二、二"家庭的比例，使 2040 年后我国 80 岁及以上高龄老年人口数超过 7000 万人、特别是大批独生子女父母逐渐进入高龄、最需要照护时，他们中相当一部分已有两个 20 多岁的孙辈，可以协助父母照顾基本生活不能自理的祖辈，相对减轻那时社会养老服务的严重压力。四是全面实施和完善除超大城市外允许 80 岁及以上高龄老人到子女所在城市落户与引导中青年人返回户籍所在农村创业相结合的双向迁移政策，大力弘扬中华民族孝亲敬老的优良传统，让更多高龄失能和失智老年人与子女就近或一起居住，相互关爱，安度晚年。

（本文原载《人口与计划生育》2018 年第 7 期）

五、人口老龄化

上海人口老龄化预测及其战略对策

上海市是我国人口老龄化出现最早和发展速度最快的城市。对上海市人口老龄化状况进行预测，及时制定解决老龄问题的规划和战略对策，已属刻不容缓。

一、对老龄化的预测：老龄化程度将居世界之首

1982 年普查时，中国大陆 65 岁及以上老人占总人口的比重只有 4.91%，北京市为 5.64%，天津市为 5.54%，而上海市高达 7.43%，成为我国第一个进入老年人口型的城市。根据我们华东师大人口研究所同我校数学系合作的预测资料，并参照了本市其他单位的预测资料，都表明在本世纪末前的 10 多年中，上海市老年人口数量及其比重的增长速度非常迅速。

从上海市 65 岁及以上老年人口数的变动趋势来看，如撇开人口迁移的影响，在 1982 年至 2050 年间本市将出现两个老年人数迅速增长的时期：第一个时期为 1982 年至 2000 年，2000 年全市 65 岁及以上老人数达 176.15 万，比 1982 年的老人数翻一番，年增长率达 3.93%；第二个时期为 2015 年至 2029 年，年增长率达 3.87%。在这 68 年内，上海市 65 岁及以上老人数的峰值将出现在 2029 年，达 350.24 万，比 1982 年增长 2.98 倍。从 2030 年开始，本市的老年人数将逐渐减少，预计 2050 年时约减少到 226.73 万。

如果把 1982 年至 2000 年上海市 65 岁及以上老人数的年增长率与 1980 年至 2000 年间主要发达国家相比，不仅大大高于苏联（1.69%）、美国（1.08%）、法国（0.55%）、英国（0.10%）和西德（—0.05%），而且还高于发达国家中老年人数增长最快的日本（3.03%）。

从上海市 65 岁及以上老年人口占总人口比重的变动趋势来看，如果撇开人口迁移的影响，那么在普遍提倡和推行每对夫妇只生一个孩子的政策不变的情况下，2000 年全市 65 岁及以上老人占总人口比重将达 14% 左右，接近当时法国（14.6%）和日本（14.5%）的水平。其中市区将高达 17% 左右，老龄化程度超过当时世界上任何一个国家；而 2000 年全市男 60 岁、女 55 岁及以上老人占总人口比重将由 1982 年的 14.16% 上升到 20%，即当时每 5 个人中有 1 个达到或超过退休年龄的老人，其中市区将由 1982 年的 15.94% 上升到 2000 年的近 24%。即使上海市从 21 世纪初开始逐步调整计划生育政策，在 2010 年每对夫妇平均生育两个孩子，并一直保持不变，在 2025 年全市 65 岁及以上老人占总人口的比重仍将高达 28.4%，老龄化程度超过当时世界上任何一个国家（2025 年时老龄化程度最高的国家卢森堡也只有 22.5%）。

在未来几十年中，上海市老年人口数量及其比重增长得如此迅速，将对本市经济和社会发展产生极其深刻而广泛的影响，使老有所养、老有所用、老有所学、老有所乐、老有所医等各种老龄问题愈来愈突出。

二、当前老龄工作的重点：致力于老有所用

1982 年，在上海市 136.53 万 60 岁及以上的老年人口中，60—69 岁的老人占 61.64%；特别是其中 60—64 岁的老人又多于 65—69 岁的老人，占老人总数的 35.49%，这意味着目前本市的老年人口中，年纪比较轻的老人占多数。同时，在 60—69 岁这部分年纪较轻的老年人口中，男性所占的比重又比 1964 年普查时要高得多。其中 60—64 岁老人的性别比（指与每 100 名女性人口相对应的男性人口数）由 1964 年普查时的 81.51 上升到 1982 年的 90.02，65—69 岁老人的性别比由 67.15 上升到 85.55。

根据世界各国的调查资料，虽然每个国家老年人口参加劳动的比率存在着很大差异，但对同一个国家来说，由于生理变化的特点，年轻老人的体力状况一般比高龄老人要好得多，精力也相对充沛些，因此，在低年龄组老人中参加劳动的比率相对要高些，而且在同一年龄组的老人中，男性老人参加劳动的比率，往往又比女性老人参加劳动的比率要高些。以 1975 年日本

总理府统计局进行的《国势调查》为例，在当时男性 60 岁老人中参加劳动的比率为 90.2%，65 岁为 76%，70 岁为 54.5%；在当时女性 60 岁老人中参加劳动的比率为 43.8%，65 岁为 30.6%，70 岁为 17.8%。当前，上海市 60 岁及以上老年人口的年龄性别构成中，年纪较轻的老人比重大及男性老人比重上升快的状况，必然使本市解决老有所用问题十分突出。

值得注意的是，70 年代至 80 年代初相当一部分 50 岁左右的职工为解决子女顶替而提前退休，又使近几年来上海市 50—60 岁人口中参加劳动的比率特别低。1982 年普查资料表明，在 45—49 岁组人口中，上海市参加劳动的比率为 90.69%，比全国的 84.8% 要高得多；但在 50—54 岁组人口中，上海市参加劳动的比率只有 67.35%（其中女性人口参加劳动的比率仅为 44.37%），比全国的 72.3% 要低得多；在 55—59 岁组人口中，上海市参加劳动的比率只有 56.33%（其中男性人口参加劳动的比率为 58.06%），比全国的 58.71% 还要低。这就使现阶段全市解决老有所用（包括一部分未到退休年龄的退休人员）的问题更为迫切。据 1984 年我们对上棉 12 厂退休职工再工作意愿的调查，在男 50—69 岁、女 45—64 岁的退休职工中，除了一小部分已在继续工作外，约有近一半的退休职工表示愿意再工作。

当然，上海市许多企业退休职工已经再就业的比例要高于上棉 12 厂，但上述情况表明当前本市愿意并有可能再就业的退休老人数量还是相当可观的。因此，我们在全面重视和妥善解决各种老龄问题的前提下，应该把现阶段本市老龄工作的战略重点放在主要解决老有所用的问题上，热情扶植和鼓励那些年纪比较轻、身体比较健康而又无家务牵挂的老人再工作。

现在有些人鉴于"七五"期间上海市区职工自然减员超过新增劳动力较多的情况，便主张应主要从郊县农业剩余劳动力中进行补充。我认为，除了一些劳动强度较大、退休老人很难胜任的工作需要从市郊招收一部分青年人外，劳动部门应该把"七五"期间补充市区短缺劳动力的主要来源，放在对大批退休职工"人力资源"的再开发上。只要我们采取一些更灵活的、适于老年人要求的政策措施，如积极试点和推广退休老人每天工作 4 小时或 6 小时的劳动制度；对于超过正常退休年龄的再就业老人，在经济待遇上适当优先，其中有较大贡献者应给予重奖；努力发展社会急需而又能充分发挥不同层次的退休老人特长的各类第三产业；积极开办为退休老人再就业创造条件的各种短期专业培训班等等，就一定能使本市的老有所用问题解决得更好。这样做，不仅有利于防止上海市区"膨胀病"的加剧，充分发挥离休干部和退休职工的"余热"，促进本市的经济和社会发展，而且也可以防止退休老人在心理上和生理上的过早衰老，改善部分低收入老人的生活，丰富老有所乐的社会内容。

三、本世纪末的重点：致力于老有所医、老有所养

据我们的预测，如果撇开人口迁移的影响，在 1982—2000 年间上海市各年龄组老人数的增长速度将随年龄组的增大而加快。其中 60—64 岁组老人数的年增长率最低，只有 0.47%；65—69 岁组为 3.32%。70—74 岁组为 3.92%，75—79 岁组为 4.20%，而 80 岁及以上老人数的年增长率竟高达 5.26%。与 1980—2000 年间主要发达国家相比，上海市 80 岁及以上老人数的年增长率不仅大大高于苏联（2.4%）、加拿大（2.2%）、美国（1.48%）、英国（1.3%）、联邦德国（0.6%）和法国（0.24%），而且比日本（3.59%）也高得多。

由于上海市在 1982 年至 2000 年间各年龄组老人增长速度的不同，因此将使本市 60 岁及以上老年人口中的年龄构成发生较大变化。2000 年时，上海市 70 岁及以上老人占全部 60 岁及以上老年人口的比重将由 1982 年的 38.36% 上升到 48.89%，特别是其中 80 岁及以上老人占全部 60 岁及以上老年人口的比重将由 7.91% 迅速上升到 11.88%。

近年来国内外老龄问题的调查资料都表明，老有所医和老有所养（特别是照料老人）的程度往往同老人年龄的增长成正比。比如，日本国民健康调查表明，1978 年日本 55—64 岁组的老人中有病的比率占 199.1‰，65—74 岁组的老人中有病的比率占 384.8‰。日本厚生行政基础调查也表明，1978 年日本 60—64 岁组的老人中卧床不起的比率占 8‰，65—69 岁组的老人中卧床不起的比率占 16‰，70—74 岁组的老人中卧床不起的比率占 32‰，75—79 岁组的老人中卧床不起的比率占 54‰，80 岁及以上老人中卧床不起的比率占 105‰。

由此可见，在本世纪末前的 10 多年内上海市 70 岁及以上老人数比重的

迅速增加，特别是 80 岁及以上的高龄老人比重增加得更快，将意味着本市老有所医和老有所养（特别是照料老人）的问题会愈来愈突出。如按 1978年日本各个年龄组老年人口中有病的比率推算，上海市 65 岁及以上老人中有病的人数将由 1982 年的 29.81 万增加到 2000 年的 60.1 万；如按 1978 年日本各个年龄组老年人口中卧床不起的比率推算，上海市 60 岁及以上老人中卧床不起的人数将由 1982 年的 3.79 万增加到 2000 年的 7.76 万。因此，我认为本世纪末上海市老龄工作的战略重点，应该转移到主要解决老有所医和老有所养等问题上。

为了搞好当前老年人的健康保健和赡养照顾，并对解决今后愈来愈严重的老有所医和老有所养等问题及早做好准备，从现在起本市就应该进一步加强老年医学的研究和老年常见病的防治，大力发展适合我国国情的家庭病床和孤老（包括子女不在身边的老人）包护组，不断探索建立"托老所""家庭老人服务社"的经验，积极巩固和发展以家庭为主、集体和国家共同赡养照顾老人的社会制度和社会风尚。

（本文原载《解放日报》1985 年 7 月 10 日）

日本老龄化对策见闻

一、老人对策室及《对策大纲》

日本是在本世纪 60 年代进入"老年型国家"的，1970 年日本 65 岁及以上老人占总人口的 7.1%。1973 年，总理府总务厅下面设立了老人对策室，现有 12 名工作人员，主要任务是研究和制定全国性老龄化综合对策，协调政府各部门在这方面的工作，并负责进行一些老龄问题的综合调查。

老人对策室室长介绍说：他们之所以要搞老龄化对策，前提是日本老龄化速度非常快，2020 年后将进入"超高龄化社会"。据测算，日本 65 岁及以上老人占总人口的比重将从 1985 年的 10.3% 提高到 2021 年的 23.58%，平均负担一位 65 岁及以上老人的劳动适龄人口数也将从 1985 年的 6.6 人减少到 2.5 人。

1986 年 6 月，日本公布了《长寿社会对策大纲》，内容涉及老人的工作、收入、健康、生活照料、住房等许多方面，中心是强调在"长寿社会"中应调动社会各方面的积极性，发挥每个人的活力，使整个生命过得有意义。

现在日本有愈来愈多的部门关心和考虑老龄问题。在中央政府中，厚生省的老人福利科着重考虑老人的福利问题，厚生省的老人保健部着重考虑老人的保健问题，劳动省的高龄对策部着重考虑老人的工作问题，文部省的社会教育科着重考虑老人的学习问题，建设省着重考虑老人的住房问题。而这些部门之间的综合协调工作，则由总务厅老人对策室承担。

二、注重"老年病"的预防和康复

为了减少老龄化所带来的庞大医疗费支出,日本政府在老人医疗保健对策中,特别注重抓"两头":一是抓好老年常见病的预防,一是抓好老年病人的康复。

1982 年日本颁布的《老人保健法》强调普及预防老年常见病知识的宣传,力求使每个国民能"终生健康",规定对全体 40 岁及以上的国民每年进行一次免费体检,主要检查年老后发病率较高的几个项目。从 1988 年 4 月起,日本进一步加强了对 40 岁及以上国民的防癌检查,除普查胃癌、子宫颈癌外,还要进行肺癌和乳腺癌的检查,这虽然政府要花相当一部分医疗经费,但却有利于更多地减少今后用于老年人医疗费的开支。

三、"欧洲与中国方法的有机结合"

采取什么方法照料好老人的基本生活,是当前日本政府正在探索解决的一个突出老龄问题。过去,日本政府单纯学习英国、瑞典等西欧国家的养老方法,大量兴办各种老人院。1986 年末,日本的特别养护老人院有 1619 所,在院的卧床不起或痴呆老人达 119858 人;养护老人院有 944 所,在院的基本生活尚能自理的老人达 69191 人。

近几年来,日本政府及一些研究机构通过调查和预测,感到采取欧洲的养老方法,国家的负担相当重。所以,现在日本政府转过来学习中国的家庭养老方法,大力提倡和鼓励老人在家中解决基本生活的照料问题。

为了促使更多的老人在家养老,日本政府在各地建立了许多"一日服务中心",每个"中心"约有 4 名工作人员,其中 2 名为护理并帮助老人洗澡的人员、1 名厨师、1 名司机,平均每天为 15—20 位老人服务。当那些在家居住的老人因老伴、子女有事外出而不能照顾其基本生活时,或者因老伴、子女长期照顾而过分劳累,需要适当休整时就将老人暂时送到"一日服务中心"去护理照料一下,照料的时间短则一个白天,长则五六个白天。目前日本每 2—5 万居民有 1 个"一日服务中心",厚生省计划在 1985 年至

1995 年间再新建 3500 多个，将来达到每 1 万居民中有 1 个。

此外，现在日本还开展了一些为在家老人上门服务的项目。比如，有的老人院和"一日服务中心"配备了装有洗澡设备的面包车，开到卧床不起或痴呆老人家中帮助洗澡；有的老人院和"一日服务中心"提供配食服务，将做好的价廉可口饭菜送到老人家中。有的医院、诊所和老人院派护理人员定期到老人家中检查身体，帮助护理，个别市、町、村甚至对那些照顾卧床不起或痴呆老人的家庭每月奖励 1—2 万日元，或给予一些其它补贴。

用日本高龄化社会综合研究中心专务理事、前日本国家统计局局长岛村先生的话来讲，日本的养老方法应该是"欧洲与中国方法的有机结合"。

（本文原载《健康报》1988 年 9 月 8 日）

中国城市老年问题与对策

1990 年末，中国的城市共有 467 个。这些城市的土地面积虽然只占全国总面积的 12.6%，常住户籍人口也只占全国总人口的 29.2%。但是，它们在中国的经济和社会发展中却起着非常重要的作用。1990 年，中国城市地区创造的国内生产总值占全国的 51.2%，社会商品零售总额占全国的 55.8%；该年末中国城市地区的自然科学技术人员数占全国的 63.7%，医生数占全国的 55.9%，普通高等学校在校学生数占全国的 98.7%。

联合国人口司在《世纪转换之际的世界人口》中指出："中国目前正在经历着前所未有的高速老龄化过程。"那么，中国城市的人口老龄化状况究竟如何呢？在本世纪 90 年代及下个世纪上半叶它将面临哪些主要的老年问题呢？中国城市应该采取哪些对策才能较好地解决未来的老年问题呢？本文将就上述问题作些探讨。

一、中国城市老龄化的主要特点

1. 目前中国城市在总体上老年比（指老年人口数与总人口数的比例，下同）仍较低，属于成年型的年龄结构类型。

据中国历次人口普查所取得的全国市（不含市辖县，下同）中常住人口资料，中国城市 65 岁及以上老年比在 1964 年为 2.9%，1982 年为 4.7%，1990 年为 5.6%（见表 1）。

2. 目前中国城市在总体上老年比略低于乡村，但少数特大城市的老年比却较高。

1990 年人口普查资料表明，全国市 65 岁及以上老年比较全国县（不含

表1　1964—1990年中国城市老龄化状况　　　单位：万人、%

年份	城市总人数	60 岁及以上		65 岁及以上	
		人数	老年比	人数	老年比
1964	9374.16	466.93	5.0	271.52	2.9
1982	14525.31	1070.20	7.4	680.21	4.7
1990	33511.16	2913.92	8.7	1860.98	5.6

注：根据1990年人口普查10%计算机提前抽样汇总数据推算而来。

资料来源：根据中国国家统计局、公安部三局编的《中华人民共和国人口统计资料汇编（1949—1985)》第608—611、748—750页和中国国务院人口普查办公室、国家统计局人口统计司编的《中国1990年人口普查10%抽样资料》第99—101页之数据计算而来。

县辖镇，下同）的老年比5.63%要低0.08个百分点，但中国最大城市上海（指市区，下同）65岁及以上的老年比却达10.13%。这主要是因为中国城市，尤其是特大城市的出生率比乡村地区下降时间早、水平低，人口迁入又受到户籍管理政策的限制。

3. 目前中国城市老年群体的年龄结构在总体上还比较年轻，少数特大城市老年群体的高龄化程度虽与总体水平相仿，但高龄老人占总人口比重明显增高。

1990年人口普查资料表明，在全国市65岁及以上老年群体中，65—74岁的少老人占70.2%（占总人口3.9%），75—84岁的老老人占25.9%（占总人口1.4%），85岁及以上的超老人占3.9%（占总人口0.2%）（见表2）；而上海市这三类老人的比例分别为70.1%（占总人口7.1%）、25.9%（占总人口2.6%）和4.0%（占总人口0.4%）。

表2　1990年中国城市分年龄组的老年人口　　　单位：万人、%

年龄组	人数	占 60 岁及以上人口比例	性别比
60—64	1052.94	36.1	107.5
65—69	784.62	26.9	98.5
70—74	522.33	17.9	88.2
75—79	322.22	11.1	76.1

续表

年龄组	人数	占 60 岁及以上人口比例	性别比
80—84	158.96	5.5	59.6
85 +	72.52	2.5	43.6

资料来源：根据中国国务院人口普查办公室、国家统计局人口统计司编的《中国 1990 年人口普查 10% 抽样资料》第 101 页之数据计算而来。

4. 未来半个世纪内中国城市老年人数及老年比将呈现迅速增长的趋势。

由于未来中国城市化的规模和速度，以及人口迁移和人口流动对城市人口年龄性别结构的影响很难准确估计，因此，中国学者至今仍未对未来中国城市人口的老龄化趋势进行预测。据联合国人口司在 1990 年修订的世界人口预测资料，按其中方案计算，中国 65 岁及以上老人数在 1990 年为 6628.4 万，到 2025 年将达 19389.8 万，增长 192.5%，比同期加拿大、日本、美国、法国和英国要快得多（见表 3），中国 65 岁及以上老年比在 1990 年为 5.8%，到 2025 年将达 12.8%，比日本、加拿大、美国、英国也快得多（见表 4）。最近，邬沧萍教授和杜鹏博士以 1990 年人口普查的数据为基数，对 1990—2050 年中国人口发展趋势进行了 6 个方案的预测，按他们认为比较适宜的"方案 1"（假设总和生育率从 1990 年的 2.3 逐步下降到 2000 年的 2.1，再下降到 2010 年的 1.8，此后保持不变；人口平均预期寿命从 1990 年的男性 67.58 岁、女性 70.91 岁，分别增高到 2050 年的 76.0 岁和 80.0 岁），预测结果表明中国 65 岁及以上老人数在 2050 年将达到 30680 万，比 1990 年的 6314.03 万增长 3.9 倍；65 岁及以上老年比在 2050 年将达到 20.4%，比 1990 年的 5.6% 增长 2.7 倍。鉴于中国未来将可能继续执行"控制大城市的规模，合理发展中等城市，积极发展小城市"的城市发展方针，同时随着经济发展及改革开放深化，城市之间的人口流动将会加剧，因此，我认为未来中国城市在总体上常住户籍人口的老年比水平会略高于全国老年比水平，而常住人口的老年比水平将比全国老年比水平稍低些。但不管怎样，未来中国城市老年人数的增长速度将会是相当迅速的，老年比的上升速度也会较快的。

表 3 1990—2025 年部分国家 65 岁及以上老年人数增长速度

单位：万人、%

国别	1990 年	2025 年	增长率
中国	6628.4	19389.8	192.5
美国	3113.3	5929.3	89.2
日本	1448.6	3047.2	110.4
英国	882.1	1159.5	31.4
法国	774.6	1256.3	62.2
加拿大	303.0	677.1	123.5

资料来源：[日] 厚生省人口问题研究所编：《世界人口推计的概要——联合国 1990 年修订的推计》，1991 年 2 月。

表 4 1990—2025 年部分国家 65 岁及以上老年比增长速度　单位：%

国别	1990 年	2025 年	增长率
中国	5.8	12.8	120.7
美国	12.6	19.8	57.1
日本	11.7	23.9	104.3
英国	15.4	19.4	26.0
法国	13.8	20.8	50.7
加拿大	11.4	21.2	86.0

资料来源：[日] 厚生省人口问题研究所编：《世界人口推计的概要——联合国 1990 年修订的推计》，1991 年 2 月。

5. 下个世纪 30—40 年代中国城市老人中只有一个孩子的比重非常高，独生子女父母年老后可能有 60%—70% 与第二代不住在一起。

中国从 1979 年起就大力提倡和推行一对夫妇只生育一个孩子的政策，此后城市中绝大部分年轻夫妇都只有一个孩子。1989 年中国城市领取"独生子女证"的人数已达到 1385.68 万（不包括当时 16 岁以上已领"独生子女证"的人数，下同），占全国领取"独生子女证"总人数的 39.1%。根据 1982 年和 1990 年的人口普查资料，中国育龄妇女的生育高峰年龄在 1981 年为 25 岁、1989 年为 23 岁，因此，预计在下个世纪 30—40 年代中国城市大多数 60 岁及以上老人将是现在的独生子女父母。按照中国的居住习俗，独生子女婚后一般不会把双方的年老父母接来一起住，何况还有一部分独生子女由于各种原因而与双方老人都分开居住，所以，我估计中国城市中独生子女父母年老后将有 60%—70% 与第二代不住在一起。

6. 中国城市在小康生活水平的条件下进入老年型地区，在老年比较高时经济仍未达到中等发达国家水平。

1990 年，当中国城市 65 岁及以上老年比为 5.6% 时，人均国内生产总值只有 540.24 美元（人民币与美元的汇率按 5 比 1 计算）。假设中国城市的人均国内生产总值在本世纪 90 年代翻一番，在下个世纪初的 30 年中再翻一番半，那么估计 2000 年中国城市 65 岁及以上老年比为 7% 左右时，人均国内生产总值为 1080.48 美元；在 2030 年中国城市 65 岁及以上老年比达 15% 左右时，人均国内生产总值也只有 3241.44 美元，即仍未达到中等发达国家的水平。如果与发达国家相比，1990 年瑞士、丹麦、奥地利、英国的 65 岁及以上老年比均为 15%，但 1988 年他们的人均国民生产总值却分别高达 27260 美元、18470 美元、15560 美元和 12800 美元。

二、中国城市面临的主要老年问题

1. 中国城市职工退休年龄过早，既不利于充分发挥老年人力资源的作用，又加重了支付退休金的负担。

在中国城市中，全民和集体所有制单位的职工退休年龄，至今仍基本上沿袭 50 年代颁布的《中华人民共和国劳动保险条例》的规定，一般为男职工年满 60 岁、女职工年满 55 岁、女工人年满 50 岁。从人口平均预期寿命的变化来看，1957 年中国城市人口的平均寿命为男 62.84 岁、女性 62.25 岁，当时规定上述退休年龄还是比较适宜的；但是 1990 年中国人口的平均寿命已增高到男性 67.58 岁、女性 70.91 岁，城市居民的健康状况比过去有了较大改善，在这种情况下上述退休年龄显然过早了。

由于中国城市职工的退休年龄过早，直接影响了老年人口（甚至还有一部分未到老年的人口）劳动参与率的下降。据 1990 年人口普查资料，在中国城市（仅指设区的市所辖的区和不设区的市所辖的街道）中，女性

55—59 岁组人口的劳动参与率为 22.1%，男性 60—64 岁组人口的劳动参与率为 39.3%（见表 5）。

表 5　1990 年中国城市 45 岁及以上年龄组分性别的劳动参与率　　单位：%

年龄组别	总人口	男性人口	女性人口
45—49	87.2	97.1	76.7
50—54	67.2	90.3	42.9
55—59	49.2	73.6	22.1
60—64	26.4	39.3	12.3
65 +	10.9	19.3	3.6

注：因汇总资料的限制，本表中的城市仅为设区的市所辖的区和不设区的市所辖的街道，不是指
　　城市的全部市区。
资料来源：根据中国国务院人口普查办公室、国家统计局人口统计司编的《中国 1990 年人口普查
　　10% 抽样资料》第 97—98、300 页之数据计算而来。

同时，中国城市职工的退休年龄过早，也使退休职工人数大大增加，加重了支付退休金的负担。1980 年末中国的退休职工人数（包括一部分离休职工及少数退职职工，下同）为 816 万，1990 年末达到 2301 万，10 年内增长了 1.8 倍，同期退休职工人数与在职职工人数之比，也由 1：12.8 上升到 1：6.1。随着退休职工人数的迅速增加，支付退休金的负担也愈来愈重。1986 年中国全民所有制单位支付的退休金总额（包括离休金）为 109.4 亿元，1990 年达到 222.4 亿元，增长了 1.0 倍。如果中国城市职工的退休年龄能够适当推迟的话，现在退休职工人数就会相应减少，支付退休金的负担也会相应减轻些。

然而，当前和未来中国的劳动年龄人口数却非常多。据本文前面引用的 1990—2050 年中国人口发展趋势"方案 1"预测结果，全国 15—59 岁人口数，在 1990 年为 7.23 亿，1998 年将突破 8 亿，2007 年将突破 9 亿并一直保持到 2037 年，2050 年仍为 8.49 亿；其间峰值出现在 2021 年，达 9.73 亿。在第三产业比重较低的情况下，为了避免中国城市的失业率，尤其是城市青年失业率过高，保持社会的稳定，在今后较长时期内又很难全面推迟城市职工的退休年龄。

2. 中国城市绝大部分职工的养老保险费用仍完全由国家和企业负担，不能适应未来人口老龄化迅速发展的需要。

1990 年末，中国城镇的在业人口中，除乡村劳动者外，职工及城镇个体劳动者人数为 1.47 亿。其中在全民和集体所有制单位工作的职工人数为 1.39 亿，占职工及城镇个体劳动者总人数的 94.3%。目前，在中国城市全民和集体所有制单位工作的职工，退休金的发放标准仍沿袭 50 年代的有关规定，凡到达正常退休年龄者，工龄满 10 年的，可获得相当于标准工资（仅指职务工资和工龄工资，不包括奖金和岗位津贴）60% 的退休金；工龄满 15 年的，可获得相当于标准工资 70% 的退休金；工龄满 20 年的，可获得相当于标准工资 75% 的退休金，他们的退休金筹集渠道按照现收现付的原则，完全由国家财政和企业负担，职工本人不交纳养老保险费。不同的只是从 1984 年起中国城市中的全民和集体所有制企业实行了退休费用的社会统筹，由参加在一定范围内统筹的企业，每月按本企业在职职工工资总额的一定比例上交统筹费用，再由统筹机构每月拨付给企业实际开支的退休费用（如目前上海市属的每个全民所有制企业提取的退休费用比例为 25.5%），在市属全民企业内部进行统筹；而全民和集体所有制的机关事业单位，职工的退休费用，分别从国家财政拨款和集体企业上交费用中开支，不参加退休费用的社会统筹。

这种养老保险费用的筹集办法，对于保证职工年老后的基本生活，克服每个企业因退休职工与在职职工比重不同而出现的退休费用负担畸重畸轻现象，曾经起了积极作用，但是，由于未来中国城市人口老龄化速度很快，老年抚养比、退休职工人数及退休金负担也会迅速增长。据前面引用的 1990—2050 年中国人口发展趋势"方案 1"预测结果，1990 年全国 60 岁及以上老年抚养比为 13.4%，总人口抚养比为 56.7%；2050 年老年抚养比将上升到 48.5%，总人口抚养比将上升到 76.8%。国家计划委员会曾经进行过 1985—2030 年中国城镇退休职工及退休金增长趋势预测，他们假设 2000 年前平均每年新增职工 360 万，2000 年后每 10 年递减 20 万新增职工；新增职工来自城镇 18 岁青年人口及农村 18—40 岁人口；职工平均退休年龄为男 58 岁、女 53 岁；在职职工的工资总额年平均递增 4%；年人均退休金与年人均工资额的比例由 1985 年的 78% 逐渐下降到 2000 年的 68%、2030

年的 58%。预测结果表明，中国城镇在职职工与退休职工之比，1985 年为7.7：1，2000 年为 4.1：1，2030 年为 1.8：1；全国城镇退休职工的退休金支出总额，1985 年为 142 亿元，2000 年为 464 亿元，2030 年为 2815 亿元，45 年间竟增长 18.8 倍（不包括物价变动因素，下同）；中国城镇退休金支出总额相当于在职职工工资总额的比重，1985 年为 10.4%，2000 年为 16.9%，2030 年为 31.6%。在上海市，1990 年退休金支出总额已相当于在职职工工资总额的 20%，有关部门统计在 2015 年前后，这个比例将突破 40%。

在这种严峻的人口老龄化形势下，中国城市如果继续维持现行的养老保险资金的筹集办法，就很难应付未来"白发浪潮"的冲击，不利于协调退休职工人数高峰期在职职工和退休职工的代际关系，影响社会的稳定和在职职工积极性的充分发挥。

3. 中国城市家庭的小型化和核心化，使老年人的生活照料问题愈来愈突出。

据田雪原教授主持的 1987 年中国 60 岁及以上老年人口抽样调查资料，在被调查的 13963 名城市老人中，生活料理由本人解决的占 86.4%，有些困难的占 9.0%，很困难的占 2.6%，完全不能自理的占 2.0%。在被调查的1867 名需要照料的城市老人中，主要靠子女照料的占 51.7%，主要靠配偶照料的占 39.5%，主要靠亲友照料的占 3.6%，主要靠保姆照料的占 2.3%，主要靠邻居照料的占 1.7%，主要靠社会照料的占 1.2%。可见，目前中国城市老人仍主要靠亲属，特别是子女来解决生活照料问题。

然而，值得注意的是随着中国城市育龄妇女生育水平的迅速下降，特别是 1979 年后城市中领取"独生子女证"人数的大幅度增加，加速了中国城市家庭的小型化和核心化。1990 年人口普查资料表明，中国的市（不含市辖县）平均每个家庭户的人口为 3.67 人，比全国平均水平低 0.29 人。如果把中国的市局限在设区的市所辖的区和不设区的市所辖的街道范围内，按此口径计算，1990 年中国城市的家庭户规模以三人户的比重（占 34.6%）为最高，其次为四人户（占 23.0%），第三是二人户（占 13.9%）；1990 年中国城市的家庭户类型，以二代户（包括其他亲属与非亲属的二代户）的比重（占 67.2%）为最高，其次为三代户（包括其他亲属与非亲属的三代户）（占 16.5%），第三为一对夫妇户（占 8.2%）。到下个世纪 30—40 年代，当中国城市中大部分独生子女的父母逐渐进入 75 岁以上，成为老老人时，他们的生活自理能力愈来愈差，甚至配偶不幸去世，而子女又不住在一起，这将会使老人的生活照料问题非常突出，成为未来中国城市中的一个重大社会问题。

三、中国城市解决老年问题的对策

1.广泛深入地进行有关人口老龄化及其对经济和社会发展影响的宣传，使各级政府官员和广大市民增强老龄意识，进一步认识到未来中国城市老龄化形势的严重性、妥善解决老年问题的战略意义，为迎接下个世纪 20 年代后"白发浪潮"的冲击做好思想上、组织上、经济上和政策措施上的各种准备。

2.在全社会、特别是青少年独生子女中增强家庭价值观念，从幼儿园直至高等学校都要开展尊老、爱老和赡养年老父母的教育，把尊老敬老作为德育教育的一个重要内容，各单位都要把是否尊老敬老作为评选先进、考核干部的一个重要条件。

3.在各个城市尽快建立全市统一的、更有权威性的老年工作领导机构，由一名副市长担任组长，以便更好地组织和协调本市所有与老年工作有关的部门，制定全市老年事业发展规划，采取综合性的解决老年问题的对策。

4.在各个城市尽快制定并切实贯彻老年人保护条例，从法律上保护老年人依法享有的人格尊严和人身自由权、受赡养扶助权、房屋租赁和使用权、财产权、婚姻自主权、从国家和社会获得物质帮助权等。在市民政局建立老年人保护办公室，主管保护条例的执行。

5.利用 90 年代后期和下个世纪初中国城市总人口抚养比较低和城市老年群体中 60—70 岁组年轻老人比重高的有利时机，搞好各项改革，扩大开放，促使国民经济持续协调地迅速发展，为迎接未来的"白发浪潮"奠定较雄厚的物质基础。

6.改革城市中全民和集体所有制单位职工的养老退休金保险制度，养老保险费用由国家、企业和职工个人合理负担。在增加工资的基础上，实行个人交纳一部分养老保险费的办法；在养老保险资金的运行上采取现收现付的社会统筹与部分预筹的基金制相结合的模式。同时，要扩大城市中养老保险的实施范围，逐步覆盖全体城市居民并实行基本养老模式一致的养老保险制度。

7. 在目前城市企事业单位还不具备全面推迟职工退休年龄的情况下，可在一部分急需某一方面熟练技术工人和高级人才的部门、单位试行适当推迟退休年龄的"弹性退休制度"，同时应将身体较好、本人又愿意再工作的退休职工作为第二人力资源，纳入每个城市的经济和社会发展规划，通过加强再工作指导、搞好转业培训、积极发展各种第三产业、实行钟点工作制或半天工作制等办法，鼓励他们多做一些年轻人干不了或不愿干的工作。

8. 根据每个城市未来人力资源供需变化的实际情况，积极研究本市在下个世纪上半叶全面推迟职工退休年龄的最佳时机，采取逐步延长退休年龄的办法，将中国城市男性职工的退休年龄推迟至 65 岁、女性职工的退休年龄推迟至 60 岁。最近，我通过测算 1990—2050 年上海市每年的男 16—59 岁、女 16—54 岁人口数及进入男 60 岁、女 55 岁人口数，提出上海市区从 2010 年左右开始全面推迟职工退休年龄较为适宜，它既不会过多地增加当时社会富余劳动力和失业人员的压力，又有利于适当推迟当时市区的退休人员高峰期，相对减轻社会筹集和支付养老金的压力。

9. 中国城市在现阶段和今后很长时期内解决老年人生活照料问题的模式，应以家庭养老为主，社会养老为辅；而在社会养老中，又应以各种支持老人在家养老的基层社区服务为主，老人入院服务为辅。鉴于中国过去在社会养老上对无子女、无生活来源、无依靠的老人关心较多，对有子女、有生活来源的老人考虑不够的情况，当前各个城市应积极支持和鼓励基层社区的养老服务事业，从各地区老人的实际需要出发，坚持以"雪中送炭"为主，"锦上添花"为辅和先易后难的原则，适度发展饮食、洗衣、洗澡、打扫房间、上门检查身体和打针、咨询、日间托老等基层社区服务项目，支持老人在家养老。同时，要兴建一部分老人护理院，收养需护理老人；现有的城市福利院和基层社区的敬老院也应扩大服务功能，更多地有偿收养有子女的需半护理或全护理的老人，并努力提高护理质量，降低服务成本和收费标准。

10. 在中国城市中不仅要将现行的包括退休职工在内的职工医疗费用由国家和企业负担的办法，改为由国家、企业和个人合理负担的办法，积极发展家庭病床和上门护理服务，加强基层社区医院和红十字卫生站的建设，还要进一步开展老年人常见的脑血管病、慢支肺心病、恶性肿瘤、高血压、心脏病的流行病学调查及衰老机理、老年保健等方面的研究，广泛进行老年健康教育及中青年的预防保健教育，减少老年慢性病的发生和老年医疗费的支出。

11. 在下个世纪初，中国城市中基本上都是独生子女通婚时，应提倡他们每对夫妇最好生育两个孩子。这样做不仅在宏观上可适当减缓未来老龄化的程度，而且在微观上有利于妥善解决独生子女父母年老后的生活照料问题。当现在的独生子女父母进入 70 岁时，他们的两个孙辈约为 15—20 岁左右，其中有一个可与祖父母或外祖父母住在一起，逐渐照顾老人了。

12. 在今后城市的住房建造规格上应以两室户为主，三室户和一室户为辅，并适当多建造些两代成年人吃住分开、能分能合的复合式住房，对那些子女或孙辈的居住地离老人较远的，应在住房分配和工作调动上适当照顾，以利于有一个子女或孙辈与老人一起居住或住得较近些。

（本文原载《华东师范大学学报》（哲学社会科学版）1993 年第 5 期）

21世纪我国养老问题与
人口安全的战略思考

养老问题主要包括老年人的经济供养、医疗保健、长期照护、精神慰藉等问题。在21世纪我国将面临养老问题的严峻挑战。能否妥善解决好这个问题，不仅会严重影响未来我国几亿老年人生活质量的提高，而且还会严重影响老年人与年轻人的代际和谐，严重影响我国经济和社会的协调发展，严重影响我国城乡的协调发展。我们必须从人口安全的高度，及早研究并有效实施应对战略。

一、21世纪我国主要人口因素对养老问题的影响

21世纪我国养老问题面临的严峻挑战，其原因是多方面的。既有经济发展水平较低的因素，又有社会保障体制不完善的因素，还有人口方面的因素。从人口方面的因素考察，除了人口整体素质不高以外，主要有以下几个因素对21世纪养老问题带来严重影响。

（一）21世纪我国老年人口特别是高龄老人数的急剧增加对养老问题的严重影响

在笔者主持的国家社会科学基金重点项目"21世纪中国人口发展趋势及其对策"中，对未来我国人口老龄化的发展趋势进行了多方案预测。该预测以2000年我国"五普"资料为基础数据，在死亡水平高方案中假设出生时人口平均预期寿命从2000年的男性69.63岁、女性73.33岁，分别提高到2050年的男性77岁、女性81岁和2100年的男性81岁、女性85岁；在生

育水平高（I）、中（II）、低（III）方案中，对育龄妇女总和生育率作了如下假设（见表1）：

表1　2000—2100年我国人口老龄化趋势预测中假设的总和生育率变动三个方案

方案	2000 年	2015 年	2030 年	2100 年
I	1.8	2.1	2.1	2.1
II	1.8	2.0	1.8	1.8
III	1.8	1.7	1.6	1.6

注：联合国中位预测为2000年1.83；2005—2010年1.86；2010—2050年1.85。

从上述预测可以概括21世纪我国60岁及以上老人数和80岁及以上高龄老人数变动趋势的几个值得注意的特点：

21世纪我国60岁及以上老人数的峰值将出现在2052年，达4.60亿人，比2000年的1.31亿增长2.51倍。其中2050年为4.58亿人，比2000年增长2.50倍；在2100年时高、中、低生育方案分别为4.34亿人、3.81亿人、3.19亿人，比2000年增长2.31倍、1.91倍和1.44倍（见图1）。

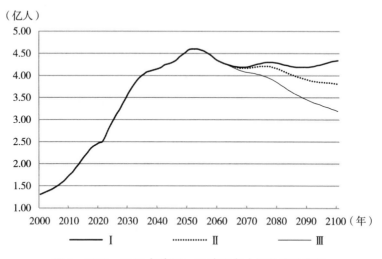

图1　2000—2100年我国≥60岁老年人口数变动趋势

2020—2030年为我国≥60岁及以上老人数空前绝后的高速增长期。在这10年中，老人数至少增加1亿人，增长率至少为40%（见表2）。这主要是由新中国成立后最大的一次出生高峰期——第二次出生高峰期的"惯性"作用造成的。也就是说，是由于 1970 年前我国未普遍实行计划生育造成的。

表 2　2020—2030 年我国老年人口数高速增长期的态势　单位：亿、%

预测方案	2020 年	2030 年	增加数	增长率
笔者预测方案	2.48	3.61	1.13	45.6
联合国中位方案	2.41	3.42	1.01	41.9
杜鹏教授的"双独"方案	2.34	3.40	1.06	45.3

根据生育中方案与生育低方案的预测，在 2000—2080 年间我国高龄老人数的峰值将出现在 2071 年，达 11768 万人，比 2000 年的 1211 万人增长 8.72 倍。其中 2050 年为 10117 万人，比 2000 年增长 7.35 倍；在 2100 年时高、中、低生育方案分别为 12121 万人、11501 万人、10031 万人，比 2000 年增长 9.01 倍、8.50 倍和 7.28 倍（见图 2）。它表明在 21 世纪中我国高龄老人数的增长速度要比老年人口数的增长速度快得多。

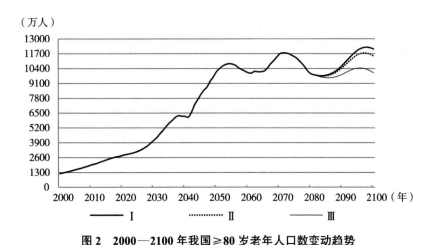

图 2　2000—2100 年我国≥80 岁老年人口数变动趋势

2040—2050 年为我国高龄老人数空前绝后的高速增长期。在这 10 年中，老人数至少增加 3300 万人，增长率至少为 50%（见表 3）。

表3 2040—2050年我国高龄老人数高速增长期的态势 单位：万、%

预测方案	2040年	2050年	增加数	增长率
笔者预测方案	6205	10117	3912	63.0
联合国中位方案	6380	9770	3390	53.1
杜鹏教授的"双独"方案	5673	9250	3577	63.1

以上预测结果表明，21世纪上半叶我国60岁及以上老人数的迅速增长、特别是2020—2030年间的老人数高速增长期，将使未来我国老年人的经济供养、医疗保健、长期护理等的需求总量大大增加。而21世纪我国高龄老人数更迅速地增长，又将使未来我国老年人医疗保健、长期照护等的需求总量更快增加。

以未来我国老年人日常生活需要别人服侍的人数增长为例，按中国老龄科学研究中心于2000年主持的"中国城乡老年人口状况一次性抽样调查"资料，在被调查的全国20个省、自治区、直辖市的20255名城乡老人中，日常生活需要别人服侍的比例，在男性60—64岁组中占2.5%，男性65—69岁组中占4.5%，男性70—74岁组中占6.0%，男性75—79岁组中占9.9%，男性80—84岁组中占13.5%，男性85岁及以上组中占29.8%；在女性60—64岁组中占3.3%，女性65—69岁组中占4.5%，女性70—74岁组中占7.7%，女性75—79岁组中占11.4%，女性80—84岁组中占21.6%，女性85岁及以上组中占33.8%[①]。笔者在假设21世纪我国老年人日常生活需要别人服侍的比例始终不变的前提下，将上述资料分别乘上我们中生育方案预测的2000—2100年相应的分性别和年龄组的老人数，得出2000年我国老年人日常生活需要别人服侍的为905.5万人，2050年为4487.2万人，2100年为4515.1万人（见表4）。与同期我国60岁及以上老人数增长的速度相比，在2050年60岁及以上老人数比2000年增长2.50倍，而同期60岁及以上老人中日常生活需要别人服侍的人数却增长3.96倍；在2100年60岁及以上老人数比2050年减少了16.8%，而同期60岁及以上老人中日常生活需要别人服侍的人数仍增长了0.6%。

表 4　2000—2100 年我国老人中日常生活需服侍的人数　　　单位：万人

年份	人数	年份	人数
2000	905.5	2060	4626.6
2010	1281.3	2070	4608.8
2020	1821.2	2080	4449.7
2030	2675.2	2090	4402.1
2040	3647.6	2100	4515.1
2050	4487.2		

（二）21 世纪我国老年人口系数，老年抚养系数的迅速上升对养老问题的严重影响

按上述假设的生育水平高（I）、中（II）、低（III）方案的预测，可概括 21 世纪我国 60 岁及以上老年人口系数和老年抚养系数变动趋势的几个值得注意的特点：

2050 年我国 60 岁及以上老年人口系数，按高、中、低生育方案分别为 30.0%、32.2%、35.2%，比 2000 年的 10.3% 增加了 19.7、21.9 和 24.9 个百分点；在 2100 年时高、中、低生育方案分别为 29.9%、35.6%、40.1%，比 2000 年增加了 19.6、25.3 和 29.8 个百分点（见图 3）。

2050 年我国 15—59 岁劳动年龄人口抚养 60 岁及以上老年人口的老年抚养系数，按高、中、低生育方案分别为 57.3%、61.0%、67.4%，比 2000 年的 15.7% 增加了 41.6、45.3 和 51.7 个百分点；在 2100 年时高、中、低生育方案分别为 56.8%、70.7%、83.2%，比 2000 年增加了 41.1、55.0 和 67.5 个百分点（见图 4）。

2020—2030 年为我国 60 岁及以上老年人口系数和老年抚养系数的高速上升期。在这 10 年中，按高、中、低生育方案，老年人口系数分别增加 7.1、7.5、8.1 个百分点；老年抚养系数分别增加 13.9、14.3、15.4 个百分点（见表 5）。

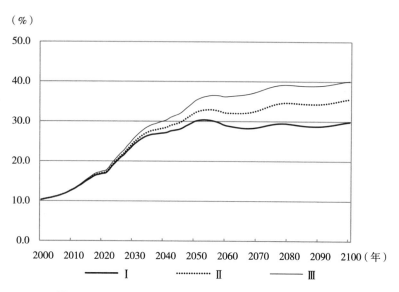

图3 2000—2100年我国≥60岁老年人口系数变动趋势

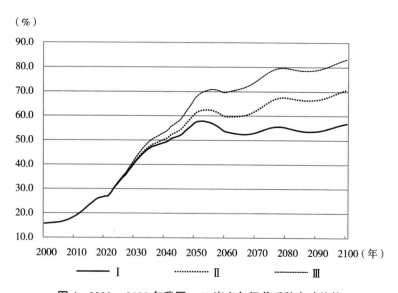

图4 2000—2100年我国≥60岁老年抚养系数变动趋势

表 5　2020—2030 年我国 ≥ 60 岁老年人口系数和
老年抚养系数高速上升期的态势　　　　单位：%

预测方案	老年人口系数		老年抚养系数	
	2020 年	2030 年	2020 年	2030 年
Ⅰ	16.9	24.0	26.9	40.8
Ⅱ	17.1	24.6	26.9	41.2
Ⅲ	17.5	25.6	27.0	42.4

以上预测结果表明，21 世纪上半叶我国老年人口系数、老年抚养系数的上升速度非常快，而 21 世纪下半叶上升速度虽明显趋缓，但仍保持在很高水平上。这就使 21 世纪我国平均每 100 个劳动年龄人口承担老年人的经济供养、医疗保健和长期照护的负担大大加重。在基本养老保险和基本医疗保险方面，则意味着缴费的人数在减少，而领取基本养老金和使用基本医疗保险金的人数却大大增加。

（三）21 世纪我国大批独生子女的父母进入老年特别是高龄后对养老问题的严重影响

自 1980 年以来我国实行除人口稀少的少数民族地区外，普遍提倡一对夫妇生育一个孩子的政策，虽然大大减缓了新中国成立后第三次出生高峰，抑制了我国总人口迅速增长的势头，使我国在 2030 年前出现了一个有利于经济发展的总抚养系数较低的"人口红利"期，然而根据我国"四普"资料，如果假设当时 30 岁及以上妇女仍只有 1 个活产子女的均为独生子女的母亲，那么预计我国约从 2017 年开始将有占同龄人口 30% 以上的独生子女父母进入 60 岁，约从 2037 年开始将有占同龄人口 30% 以上的独生子女父母进入 80 岁。

《中共中央关于完善社会主义市场经济体制若干问题的决定》指出："农村养老保障以家庭为主，同社区保障、国家救济相结合。"可见，随着 21 世纪我国大批独生子女父母进入老年和高龄，我国特别是农村地区，家庭在经济供养、长期照护和精神慰藉方面的功能将有可能明显削弱，从而大大加重社会养老和社区保障的压力。同时，早在 1980 年《中共中央关于控制我国人口增长问题致全体共产党员、共青团员的公开信》中曾指出："实行一对夫妇只生育一个孩子，到四十后，一些家庭可能会出现老人身边缺人照顾的问题。"预计在 2030 年后随着大批独生子女的父母逐渐进入 75 岁，我国城乡老人的长期照护问题将会成为一个严重的社会问题。

（四）21 世纪我国人口城镇化的迅速发展对养老问题的严重影响

21 世纪上半叶，我国人口城镇化将处于迅速发展期，城镇中常住人口占全国总人口的比例有可能从 2000 年的 36%，迅速上升到 2020 年的 60%、2050 年的 70% 以上。农村中大批年轻人流入城镇工作，虽然有利于提高劳均经济收入水平，增强未来农村老人的家庭经济供养能力，但是又会使未来农村老人的长期照护和精神慰藉问题突出起来。如果不尽快解决农民工的养老保险问题，还会留下他们年老后的经济供养隐患。

二、应对 21 世纪我国养老问题的战略思考

为了应对 21 世纪我国养老问题的严峻挑战，除了需进一步增强各级领导的老龄意识及解决养老问题的忧患意识；大力弘扬中华民族尊老、养老、助老的优良传统；抓住 21 世纪头 20 多年的"人口红利"时机，加大人力资本投入，长期保持经济平稳较快发展；完善中国特色的社会保障体系外，我认为在战略上还应特别注意以下几个问题。

（一）既要切实提高未来老年人的社会及社区经济保障水平，又要充分考虑各种经济保障措施的可持续性。

现阶段我国城乡老年人的社会经济保障及社区经济保障水平还很低。在全面建设小康社会的进程中，我们一定要从有利于构建和谐社会的要求出发，切实推进"建立不分年龄人人共享的社会"。随着国家和农村社区的经济发展，要通过各种途径，让老年人与年轻人一起共享经济发展的成果，逐步提高城乡老年人的社会经济保障水平和农村老人的社区经济保障水平。同时，鉴于 21 世纪我国老年人的增长速度非常快，而且老年经济保障又带有刚性的特点，因此，在制定有关老年人的各种社会经济保障和社区经济保障

方案时，一定要瞻前顾后，充分考虑全社会和本社区的长期经济承受能力。防止不切实际地追求高标准和各地区间盲目地互相攀比。比如，上海市于1979 年曾规定领取"独生子女证"的城镇职工在退休后夫妻双方可加发 5%退休金的奖励政策，在 1993 年进行城镇职工养老保险改革时就发现"难以为继"，不得不改为夫妻双方一次性各发放 2300 元补充养老金。

2004 年以来我国各地积极试点"农村部分计划生育奖励扶助制度"，取得了可喜的成效。从现阶段来看，符合"奖励扶助"的对象还不多，尽管人口城镇化会使这部分奖励对象在今后相对减少，然而随着 21 世纪我国农村老年人数量的迅速增加、农村独生子女和两个女孩家庭的比例大幅上升，符合奖励的对象绝对数将会大大增加，财政支付的压力也会不断增大。因此，建议最好把这部分奖励对象的截止时间限制在我国实施普遍提倡一对夫妻只生育一个孩子政策的时期内。如果今后我国的现行生育政策调整为普遍允许每对夫妻可以生育两个孩子，那么对此后农村新出现的独生子女和两个女孩的父母就不宜再继续给予奖励了。

（二）既要建立和完善城乡医疗保健制度，又要加强终身健康教育和终身保健。

在城镇基本医疗保险和农村新型合作医疗中，要进一步借鉴国外经验，研究如何在保障城乡老人基本医疗需求的前提下，建立和完善节省医疗费用的内部和外部机制、运作模式、监管体制。同时，鉴于我国现阶段的疾病谱和死因谱已与 20 世纪 50 年代有很大差别，老年人的常见病和多发病主要是非传染性慢性病，它们又与年轻时的生活方式、饮食习惯有密切关系。因此，为了从源头上减轻未来我国老年医疗保健的费用，有效地降低分性别年龄组的老年人患病率，应高度重视和加强城乡居民的终身健康教育和终身保健。在 21 世纪，我国城乡居民的经济收入将较快增长，就业和工作中的竞争加剧，生活节奏加快，更应吸取发达资本主义国家的教训，从少年儿童起就注意防止包括"肥胖率"大幅上升的现象。

（三）既要积极推进老年社会保障和社区保障，又要高度重视和发挥未来的家庭养老功能。

鉴于 21 世纪我国老年人口数的迅速增加，而人均经济水平又较低，因此，不可能大幅度提高社会和社区养老经济保障的水平，在很长一段时期内还需要个人自养和子女赡养。而且我国也不可能像发达国家那样，使养老机构床位数占 65 岁及以上老人数的比例提高到 5%。当大部分城乡老人的基本生活部分不能自理时，除了发展社区上门服务和托老服务、请人照顾外，主要靠家人照料。特别是丧偶的老人，更需子女给予生活照料和精神慰藉。在我国城镇，即使绝大部分老人可领养老金，但当他们身患大病重病需要治疗、长期卧床不起需要请人照料或入住养老机构时，往往还需子女经济上的补贴。在我国农村，大部分老人还不能领取养老金；"低保"制度不仅水平低，而且在一段时期中还难以普遍建立；土地保障又因自然灾害和市场经济的风险使其功能发挥受到很大影响。因此，许多老人年老体弱时只能主要靠子女赡养。

为了尽可能增强未来家庭养老的功能，我们不仅需要在法律上规定子女赡养父母的义务、加大对年轻人尊老和养老的宣传教育、努力培养孩子成才，而且应在稳定低生育水平下，让那些符合法律规定可以生育 1 个或 2 个孩子的育龄夫妇按法规生育。现在有些地区还在大力奖励那些按现行生育政策可以生育第 2 个孩子的育龄夫妇，放弃生育 2 孩的指标，认为本地区放弃法规允许的 2 孩生育指标的人数愈多，计划生育工作就搞得愈好。他们往往忽视了这样做从长远看又会加重今后农村中家庭养老的困难。在现阶段我国已进入低生育水平，而未来人口老龄化及养老问题又将十分严重的情况下，我感到应在满腔热情地保护地方干部开展计划生育积极性的同时，引导他们把计划生育工作的重点放在搞好生殖健康的优质服务、大力开展关爱女孩行动、进一步减少违反法规的生育上。

（四）既要长期稳定低生育水平，又要研究制定有利于缓解未来养老问题的适度低生育水平变动方案。

近年来联合国及我国各个方面进行的中国人口发展趋势预测都表明，

只要我国育龄妇女的生育水平长期稳定在 2.1 以下，21 世纪我国总人口（不包括香港、澳门和台湾地区）就不会超过 15.5 亿。当前需要研究的问题是，21 世纪我国在长期稳定低生育水平下，究竟对育龄妇女的生育水平宏观调控到 1.7、1.8，还是 2.0 为好？而且在整个 21 世纪的 100 年内，随着我国城乡社会保障水平的提高，如何分阶段地调控生育水平？

据笔者主持的预测，由于新中国成立后第三次出生人口高峰期的"惯性"作用，在 2007—2016 年间我国 20—29 岁育龄妇女数均超过 1 亿，再加上符合可以生育两孩的人群大量增加，预计在 2008—2015 年间很可能出现新中国成立后第四次出生高峰期，因此，我认为我国现行生育政策至少应稳定到 2015 年。

【注释】

① 中国老龄科学研究中心编著：《中国城乡老年人口状况一次性抽样调查数据分析》，中国标准出版社 2003 年版。

【参考文献】

[1] 联合国经济和社会事务署人口司（2003）：《世界人口展望：2002》。

[2] 杜鹏：《中国人口老龄化过程研究》，中国人民大学出版社 1994 年版。

[3] 中国老龄科学研究中心编著：《中国城乡老年人口状况一次性抽样调查数据分析》，中国标准出版社 2003 年版。

（本文原载《人口研究》2005 年增刊）

上海市少子老龄化与可持续发展

上海市是中国最早进入老年型人口地区的省、自治区和直辖市，也是目前中国人口老龄化程度最高的大都市。2004 年末全市 60 岁及以上户籍老人有 260.78 万，占总人口 19.28%；65 岁及以上户籍老人有 201.06 万，占总人口 14.87%。上海市又是育龄妇女生育水平很低的大都市，2003 年全市户籍育龄妇女的总和生育率为 0.64，2004 年为 0.88。21 世纪上半叶这种少子老龄化的问题将更为突出，为此迫切需要研究制定有利于可持续发展的战略。

一、21 世纪上半叶上海市户籍少子老龄化的主要特点

本文之所以不介绍上海市常住人口老龄化的发展趋势，主要考虑以下三方面原因：(1) 外来常住人口中今后究竟有多少人在年老后滞留在上海，取决于很多变数，包括外来从业人员怎样纳入上海市社会保障制度、上海市户籍制度改革等，现在还很难预料；(2) 老龄化对上海市城镇职工基本养老保险、基本医疗保险的影响，还局限在户籍人口；(3) 上海市生育政策的调整只适用于本市户籍人口。

(一) 户籍老年人口数发展迅速，2010—2020 年为 60 岁及以上户籍老人数的高速增长期

据我主持的 2000—2050 年上海市户籍人口老龄化发展趋势的生育中方案与净迁入不断增加的中方案预测（假设总和生育率从 2000 年的 0.825 逐渐上升到 2005 年的 1.05、2010 年的 1.4、2015 年的 1.5，然后保持不变；每

年净迁入人口数在2000—2014年为9万，2015—2034年为11万，2035—2050年为13万），全市60岁及以上户籍老人数在2048年达最高峰，为561.35万，比2000年的241.76万增加1.32倍；在2050年为538.30万，比2000年增加1.23倍。全市65岁及以上户籍老人数在2030年达最高峰，为459.66万，比2000年的187.68万增加1.45倍；在2050年仍为442.06万，比2000年增加1.36倍。其中全市及以上60岁户籍老人数的高速增长期为2010—2020年，10年内增长55.3%，年平均增加17.69万人；比全国60岁及以上老人数的高速增长期（2020—2030年）提前10年。全市65岁及以上户籍老人数的高速增长期为2015—2025年，10年内增长59.9%，年平均增加15.84万人（见图1）。

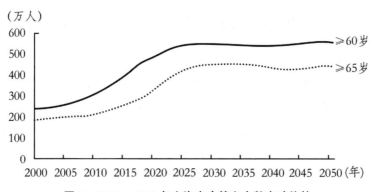

图1　2000—2050年上海市户籍老人数变动趋势

（二）户籍老年人口系数迅速上升，2010—2020年也是60岁及以上老年人口系数的高速上升期

据上述生育中方案与净迁入不断增加的中方案预测，全市60岁及以上户籍老年人口系数在2030年达最高峰，为36.7%，比2000年的18.3%增加了18.4个百分点；经过小幅波动后到2050年仍为36.2%。全市65岁及以上户籍老年人口系数也在2030年达最高峰，为30.4%，比2000年的14.2%增加了16.2个百分点；然后缓慢下降到2050年的28.7%。

其中全市60岁及以上户籍老年人口系数的高速上升期为2010—2020年，10年内由22.8%上升到33.4%，年平均增加1.06个百分点。全市65岁及以上户籍老年人口系数的高速上升期为2015—2025年，10年内由18.2%

上升到 28.1%，年平均增加 0.99 个百分点（见图 2）。

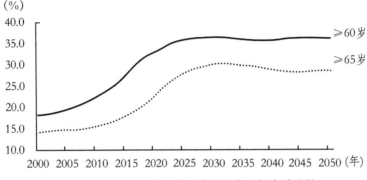

图 2　2000—2050 年上海市户籍老年系数变动趋势

（三）80 岁及以上户籍高龄老人数增长速度更快，人口高龄化愈益严重

据上述生育中方案与净迁入不断增加的中方案预测，全市 80 岁及以上户籍高龄老人数在 2043 年达最高峰，为 179.63 万，比 2000 年的 30.56 万（2004 年末为 40.70 万）增加 4.88 倍；然后缓慢减少到 2050 年的 155.44 万，仍比 2000 年增加 4.09 倍（见图 3）。全市 80 岁及以上户籍高龄老人占总人口比重也在 2043 年达最高峰，为 11.7%，比 2000 年的 2.3%（2004 年末为 3.0%）增加了 9.4 个百分点；然后缓慢下降到 2050 年的 10.1%，仍比 2000 年增加 7.8 个百分点。

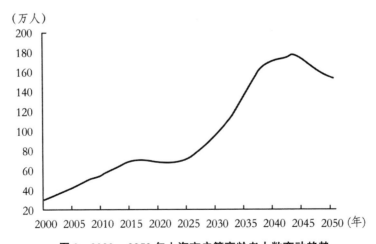

图 3　2000—2050 年上海市户籍高龄老人数变动趋势

（四）平均每对夫妻生育子女数减少，2017 年后大批独生子女父母将逐渐进入老年

上海市自 1979 年以来实行普遍提倡一对夫妻只生育一个孩子的政策，全市户籍育龄妇女的总和生育率从 1971 年的 1.96 减少到 2000 年的 0.9 以下，累计领取"独生子女证"的夫妻超过 230 万对。预计在 2010 年后，即使生育政策允许一对夫妻普遍可以生育二孩，总和生育率最多回升到 1.5 左右。

根据 1990 年第四次人口普查资料，在 30—34 岁组常住育龄妇女中，活产一孩的比率为 87.2%。假设当时 30 岁及以上的育龄妇女活产一孩均为独生子女的母亲，那么意味着 2017 年后全市每年进入 60 岁的户籍人口中，绝大部分将为独生子女的父母（见表 1）。

表 1　1990 年上海市妇女部分年龄组的活产一孩比率　　　　　单位：%

年龄组		全市	市	镇	县
1990 年	2020 年				
25—29	55—59	75.0	65.3	83.7	89.1
30—34	60—64	87.2	88.3	93.3	83.6
35—39	65—69	73.1	87.0	81.0	46.6
40—44	70—74	39.4	59.0	37.0	9.4
45—49	75—79	15.3	24.0	12.9	3.6

（五）经济发展水平还不高，政府财力与老年人的经济承受能力还不强

2004 年上海市按户籍人口计算的人均地区生产总值为 55306 元，约为 6745 美元（按 1 美元相当于 8.2 元人民币计算，下同）。然而据美国人口咨询局编的《2004 年世界人口数据表》，2002 年世界较发达地区按购买力平价计算的人均国民收入已达 23690 美元。2004 年上海市城市居民家庭人均月可支配收入为 1390 元，约为 170 美元；农村居民家庭人均月可支配收入为 611 元，约为 75 美元。2004 年上海市城镇退休人员平均每月领取的基本养老金为 998 元，约为 122 美元；相当于该年城镇职工每月平均工资收入 2033

元的 49.1%。

21 世纪上半叶上海市少子老龄化的严峻态势，使老年人的经济供养、医疗保健、生活照料和精神慰藉问题更为突出，对未来经济和社会的可持续发展将带来极其深刻的影响。

二、上海市应对少子老龄化的战略对策建议

（一）探讨充分发挥少子老龄化的正面效应，尽可能把负面效应转化为正面效应的政策措施

上海市在少子老龄化的进程中，将会出现一段时期总抚养比（即平均每 100 名劳动适龄人口抚养少年儿童人口与老年人口合计数的比率）较低，可以享受"人口红利"的机遇。据我主持的上述预测，上海市按户籍人口计算的"人口红利"期（即"人口视窗"开启的年份）将到 2018 年结束（见图 4）。如果在这个时期能抓住机遇，重视人力资本的投入，提高就业比例，将大大有利于加快经济的发展。

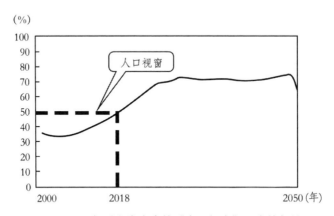

图 4　2000 年后上海市户籍"人口视窗"开启的年份

注：人口视窗开启的年份为 0—14 岁人口数与≥65 岁人口数之和，除以 15—64 岁人口数的比重小于 50% 的年份。

同时，未来上海市老年人口数的迅速增长，将会使最终满足老年人特殊需求的产品和服务突出起来。随着经济发展和人民收入增长，这方面的有

效需求还会不断提升。如果能抓住这个机遇，形成促进内需的新的经济增长点，也将大大有利于加快经济的发展。

（二）实施既有利于更多吸纳年轻人才，又不使未来老龄化水平过高的替代性人口流迁战略

减缓未来上海市人口老龄化严重程度的人口因素，主要取决于实施替代性人口迁移与流动的战略。而且由于上海市的经济发展和收入水平较高、就业机会较多、教育和医疗水平较高等优势，使实施上述战略也有可能。按我主持的上海市户籍人口老龄化发展趋势的生育低方案与净迁入低方案预测（假设总和生育率从2000年的0.825逐渐上升到2005年的0.95、2010年的1.2，然后保持不变；每年净迁入人口数在2000—2014年为6.5万、2015—2034年为5万、2035—2050年为3.5万），那么2050年时上海市户籍60岁及以上老年人口系数将高达46.9%，而按假设的生育中方案与净迁入不断增加的中方案预测，2050年时上海市户籍60岁及以上老年人口系数为36.2%（见图5）。如果上海市在今后能适度吸纳相当一部分外来流动人口，那么2050年时全市按常住人口计算的老年人口系数将会更低些。

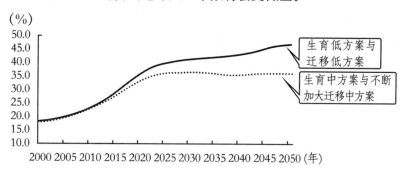

图5 2000—2050年上海市不同预测方案下户籍≥60岁老年人口系数变动趋势

（三）制定既不使未来中国总人口过多，又有利于减缓老龄问题的现行生育政策调整方案

我们既要看到2000—2010年间全国总人口在计划生育工作抓紧抓好的情况下，将会净增1亿对未来经济和社会发展的严重挑战，也要看到2020—2030年间中国≥60岁老人将净增1亿（联合国2002年预测值为1.017

亿，笔者预测值为 1.14 亿）对未来经济和社会发展的严重挑战。我感到大量引进外来流动和迁移人口，虽然可以减缓上海市按常住人口计算的人口老龄化严重程度，但引进不了亲生子女。如果能在 2010 年后选择适当时机调整上海市的现行生育政策，普遍允许一对夫妻可以生育两个孩子，除了有利于适当减缓未来上海市的人口老龄化严重程度外，更重要的是可以增强家庭养老的功能，对搞好家庭照料和精神慰藉，以及城乡困难老人的经济供养，具有重要作用。

根据我主持的上海市户籍人口老龄化发展趋势的生育中方案与净迁入不断增加中方案预测，上海市处于生育旺盛期的户籍 20—29 岁女性人口数，在 2016 年将出现明显的减少趋势，从 2015 年的 72.82 万迅速减少到 2022 年的 51.05 万（见图 6）。因此，我认为上海市的现行生育政策在"十一五""十二五"期间继续稳定，从 2016 年开始调整比较合适。其主要原因如下：

（1）有利于户籍出生人口数的"削峰填谷"，不会因为 2011 年调整现行生育政策而加剧当时的出生人口高峰。

（2）当 2017 年开始大批进入 60 岁的独生子女父母在 2037 年达到高龄，基本生活自理能力愈来愈差时，如约有一半左右家庭有 2 个 20 岁左右的孙辈，就可以更好地协助父母照顾祖辈了。

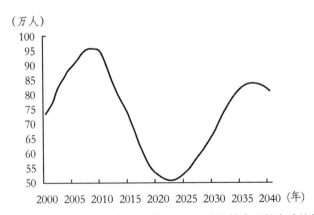

图 6　2000—2040 年上海市户籍 20—29 岁女性人口数变动趋势

（四）寻求既不会加重失业问题，又有利于减缓城镇职工基本养老保险基金压力的推迟职工退休年龄的最佳时机

根据我主持的上述预测，上海市在 2005 年后将出现户籍法定劳动适龄人口数（男 16—59 岁、女 16—54 岁）的负增长。2010—2020 年为户籍法定劳动适龄人口数大幅度减少的时期，10 年内减少 134.63 万（见图 7），如果在这个时期推迟城镇职工的退休年龄将不会加剧失业问题。为了减少那时的社会震荡，建议从 2011 年开始用 5 年时间，首先将全市城镇女工人的退休年龄从 50 岁推迟到 55 岁，与女职员同龄退休。从 2016 年开始考虑是否要将城镇女职工的退休年龄逐渐推迟到 60 岁，是否要适当推迟城镇男职工的退休年龄。

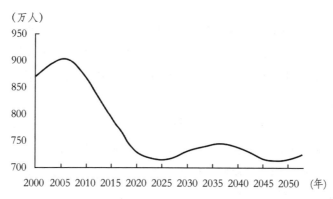

图 7 2000—2050 年上海市户籍法定劳动适龄人口数变动趋势

（五）切实推进以"终身保健"为基础、大病保障为重点的医疗卫生服务体系

2003 年，我主持了上海市老龄科研中心进行的上海市老年人口状况和意愿的跟踪调查。从被调查的城乡 3865 名户籍 60 岁及以上老年人口的主要患病率考察，患病率从高到低的前五位疾病为高血压（45.2%）、骨关节炎（33.0%）、冠心病（29.7%）、老年慢性支气管炎（18.4%）、糖尿病（9.6%）（见表 2）。

表2　2003年上海市 ≥ 60岁城乡老年人的主要患病率　　　　单位：%

疾病种类	全市	城镇	农村
高血压	45.2	50.4	35.4
冠心病	29.7	35.4	18.9
脑中风	6.6	8.4	3.4
糖尿病	9.6	12.8	3.6
老年慢性支气管炎	18.4	19.6	16.0
癌症	2.4	3.1	1.0
前列腺炎	6.8	9.1	2.4
骨关节炎	33.0	32.1	34.6
骨折	7.0	6.5	7.7

由于老年疾病谱的变化，使得实现"健康老龄化"的前提，是重视终身健康教育，加强终身保健。这样做，不仅有利于提高老年人的生活质量和生命质量，而且可以大大节省社会医疗保险的费用，减轻老年人及其家庭的医疗费用负担。

同时，在上海市贫困老人的调查中发现，因病致贫是一个重要原因。有些老人身患大病后不敢治疗。所以，在基本社会医疗保险、劳动者与老年人互助医疗保险、商业性医疗保险中，搞好大病保障，分散风险，应成为今后多层次医疗保险的主要发展方向。

（六）不断完善以居家养老为主，按适度比例加快养老设施发展的生活照料体系

国外经验教训表明，主要依赖养老机构解决老年人的照料问题，是成本高和效果并不好的照护模式。而且不少老年人还因为经济承受能力的限制，无法入住养老院。所以，应该大力提倡居家养老，让生活部分不能自理的老人尽可能生活在家里和熟悉的社区中。政府和社会不仅应该大力发展居家养老的上门服务和社区"日托养老"服务，还应关心和支持对居家老人进行照护的人员，开展短期的"全托养老"服务，让生活不能自理的老人暂时在养老机构中进行照护，帮助主要照护者排忧解难。

2003 年末，上海市民政系统主管的各类养老机构 444 家，床位 37993 张，占全市≥60 岁户籍老人数的 1.5%。如果在 2020 年时上海养老机构的床位数要占当时≥60 岁户籍老人数 496.60 万的 2.0%，那么在 2004—2020 年间全市将要新增养老机构床位 61327 张，平均每年新增 3608 张，比 1998—2003 年间市政府每年提出为市民办实事的新增 2500 张要多 1108 张。2005 年，上海市政府又把当年新增 1 万张养老床位作为政府办实事的项目。这将有利于进一步缓解生活严重不能自理老人入住养老机构的问题。

【参考文献】

[1] 上海市统计局：《2003 年上海市国民经济和社会发展统计公报》，2004 年。

[2] 上海市统计局：《2004 年上海市国民经济和社会发展统计公报》，2005 年。

[3] 美国人口咨询局：《2004 年世界人口数据表》。

（本文原载《市场与人口分析》2005 年第 5 期）

增强应对人口老龄化的自觉性

在中共中央、国务院作出的《关于全面加强人口和计划生育工作统筹解决人口问题的决定》（以下简称《决定》）中，不仅把"人口老龄化日益加重，社会保障面临空前压力"作为"我国人口发展呈现出前所未有的复杂局面"的一个突出表现，而且以"积极应对人口老龄化"为标题，专门用一个部分集中进行论述，全面系统地提出了这方面的任务和要求。这在中央有关人口和计划生育工作的文件中是从未有过的。

中央《决定》如此重视应对人口老龄化问题，首先是从战略上应对21世纪上半叶我国人口老龄化严峻挑战的需要。我国是人口大国，也是世界上老年人口最多的国家，而且老龄化速度快、高龄趋势明显。未来我国人口老龄化呈现的这种态势，将对老年人的收入保障、医疗保障、照料和护理服务、精神文化生活需求带来严峻的挑战，如果处理不当，将严重影响老年人与年轻人之间的代际和谐，严重影响城镇老年人与农村老年人等老年人之间的代内和谐，危及我国人口安全。在2002年由160多个国家的代表团参加的联合国第二届世界老龄大会上，世界卫生组织将过去倡导的"健康老龄化"概念扩展为"积极老龄化"，提交了题为《积极老龄化——政策框架》的建议，认为如果政府、国际组织和民间社团制定"积极老龄化"的政策和计划，促进老年人的健康、参与和保障，国家就能够应对老龄化的挑战。世界卫生组织的这项建议被大会接受，并正式写入了《联合国第二届世界老龄大会政治宣言》中。因此，我们必须立足当前，放眼长远，及早谋划，从我国实际出发借鉴国际社会有关"积极老龄化"的最新理念，研究和制定中国特色的积极应对人口老龄化的对策。

其次，积极应对人口老龄化是党和国家全程关爱响应计划生育号召的育龄夫妇的需要。自实行计划生育以来，我国累计有近 1 亿独生子女。现在有一部分独生子女及双女儿的父母已进入老年。现阶段我国的"少子老龄化"，对现在大多数老人来说虽然他们的子女婚后是"少子"了，然而由于这些老人的"多子"，使他们仍生活在"多子多孙"的环境中，他们的家庭养老困难相对要少些；但是当未来大批独生子女父母进入老年后，那才真正面临由于"少子少孙"引起的家庭养老和社会养老的严重压力。根据笔者主持的 1998 年上海市老年人口状况和意愿抽样调查和 2003 年跟踪调查，即使在平均预期寿命多年居全国之首的上海，在 70—74 岁年龄组的女性老人中也有一半已丧偶。所以，当未来的独生子女父母在 75 岁以上，身患多种老年常见病和多发病，基本生活逐渐不能自理，甚至老伴不幸去世，他们的养老困难便会大大加重。因此，积极应对人口老龄化，实施包括全面推行农村计划生育家庭奖励扶助制度在内的妥善解决我国城乡老年社会保障问题的措施，体现了我们党和国家对为国家控制人口过快增长作出贡献的计划生育家庭负责到底的精神。

第三，积极应对人口老龄化是稳定低生育水平和综合治理出生人口性别比问题的需要。现阶段和在今后很长一段时期内，我国稳定低生育水平、治理出生人口性别比问题的重点和难点在农村，在居住在农村的育龄夫妇和从农村流入城镇的育龄夫妇上。他们中相当一部分人的生育意愿之所以尚未根本转变，甚至有一些人通过非医学需要的胎儿性别鉴定和选择性别的人工终止妊娠，片面追求生育男孩、"多子多福"，其中很重要的一个原因是这些人担心今后的养老问题。在当前我国农村特别是中西部农村地区经济仍比较落后、农村还主要靠家庭养老、绝大部分进入城镇的农民工还未被纳入基本养老保险和基本医疗保险的"安全网"，而土地保障又难以解决他们年老后沉重的养老、医疗、照护负担的情况下，他们往往就想通过多生育子女和生育男孩来化解自己年老后的养老风险。因此，如果我们能够在加快城乡经济和社会发展的基础上，按《决定》的要求，"把逐步建立覆盖城乡居民的养老保障制度作为社会保障体系建设的重点，构建以居家养老为基础、社区服务为依托、机构照料为补充的养老服务体系"，将有利于逐步改变他们的"养儿防老"观念，树立少生优生、生男生女都一样的文明生育观，从而稳定低生育水平，促使出生人口性别比趋于正常。

　　第四，积极应对人口老龄化是搞好流动人口管理服务的需要。现在我国有近 1.5 亿的流动人口，他们的主体是农民和育龄青壮年，主要是从农村流向城镇。这种状况，不仅使我国在很长一个时期内农村的人口老龄化程度比城镇要严重，而且使大批留在农村的老年人身边缺乏年轻子女的照顾和关心。因此，如何积极应对人口老龄化，使更多的农村"留守老人"安度晚年、欢度晚年，既是广大流动人口的赡养义务，也是流出地和流入地政府的责任。同时，目前在许多城镇中，广大年轻的流动人口（主要是农民工）既没有被纳入城镇的基本养老保险，也不参加农村的养老保险，当他们将来进入老年后便会成为更弱势的群体，留下严重的社会隐患。鉴于社会保险的权利与义务之间的对应关系，一个人在不工作后要享受基本养老保险和基本医疗保险的待遇，至少需要在年轻时累计缴纳 10 多年的保险费，因此，如果我们现在不高度重视妥善解决 1 亿多流动人口的老年社会保障问题，将会严重危及我国未来的人口安全和构建社会主义和谐社会。可见，《决定》明确提出"逐步将进城务工人员纳入社会保障体系，保护其合法权益"，是有重大战略意义的。

（本文原载《中国人口报》2007 年 3 月 5 日）

长三角地区人口老龄化发展战略研究

一、长三角地区人口老龄化的主要特点

（一）长三角地区各个城市进入老年型比全国要早 10—20 年

上海市早在 1979 年末 65 岁及以上户籍老年人口占总人口比重就达 7.2%，1982 年普查时 65 岁及以上常住老年人口占总人口比重为 8.5%，已进入老年型城市。1990 年普查时 65 岁及以上常住老年人口占总人口比重，浙江省为 6.82%，江苏省为 6.79%，其中苏州市为 8.07%，扬州市为 6.97%。而全国在 2000 年普查时 65 岁及以上老年人口占总人口比重才达到 6.96%。

（二）长三角地区各个城市的人口老龄化水平比全国至少高 1.5 个百分点

2000 年普查时，长三角地区 65 岁及以上常住老年人口占总人口的比重平均为 9.94%，其中南通市为 12.44%，上海市为 11.40%，泰州市为 10.30%，湖州市为 9.94%，比全国的 6.96% 要高 3—5 个百分点，即使老龄化水平最低的南京市（8.49%），也比全国要高 1.5 个百分点。

（三）长三角地区各个城市 60 岁及以上户籍老年人口数及其占总人口比重的高速发展期比全国约提前 10 年

据笔者主持的中方案预测，在 2010—2020 年，上海市 60 岁及以上户籍老年人口数将增加 174.02 万，增长率达 54.4%，同期 60 岁及以上户籍老年人口占总人口比重将由 22.85% 上升到 34.49%。据苏州市的预测，该市 60 岁及以上户籍老年人口数在上述 10 年内将增加 53.22 万，增长率

为41.2%，同期60岁及以上户籍老年人口占总人口比重将由22.14%上升到30.98%。然而，全国60岁及以上老年人口数及其占总人口比重的高速发展却将出现在2020—2030年。据联合国人口司在2002年所作的中位预测，在2020—2030年，我国60岁及以上老年人口数将增加1.02亿，增长率为42.3%，同期60岁及以上老年人口占总人口比重将由16.83%上升到23.60%。

（四）长三角地区的"少子化"比全国更明显

目前上海市户籍育龄妇女的总和生育率在0.9以下，苏州市和扬州市户籍育龄妇女的总和生育率也不到1.0，然而全国育龄妇女的总和生育率却在1.7左右。

（五）长三角地区的人均经济发展水平虽比全国高得多，但与发达国家相比仍相差甚远

2003年按户籍人口计算的人均地区生产总值，上海市为46717元，约为5692美元；浙江省的6个城市平均为28017元，约为3414美元；江苏省的8个城市平均为25504元，约为3108美元。虽然比全国的人均国内生产总值要高得多，但比世界发达国家的人均国民生产总值超过2万美元仍相差很大。

综上所述，长三角地区人口老龄化迅速发展对经济和社会的严重影响，有可能比全国其他地区早出现10年甚至更长时间。深入研究长三角地区的人口老龄化发展战略，不仅是制定本地区人口发展战略的重要组成部分，而且对制定全国和其他地区人口老龄化发展战略也具有重要的参考价值。

二、对制定长三角地区人口老龄化发展战略的建议

（一）实施既有利于更多吸纳年轻人才，又不使未来老龄化水平过高的替代性人口迁移与流动战略

（1）长三角地区由于经济、文化教育、医疗卫生、人口城镇化和社会

保障水平均明显高于全国平均水平，同时培养孩子的成本又比过去明显提高，不同文化程度的在业人口收入差距也明显拉开，因此，调整现行生育政策对户籍育龄妇女实际生育水平回升的影响十分有限，对减缓21世纪中叶人口老龄化水平的作用也不会很大。

（2）减缓未来长三角地区人口老龄化严重程度的人口因素，主要取决于实施替代性人口迁移与流动的战略。而且由于该地区的经济发展水平较高、外商投资企业较多、高层次与低层次的就业岗位较多、收入水平较高，也使实施上述战略具有可能。在21世纪上半叶，通过适度迁入或流入较多的外来人口，不仅有利于减缓未来人口老龄化的严重程度，尽可能使60岁及以上常住老年人口系数最高不超过三分之一，而且也有利于更多地引进文化素质相对较高的年轻人力资源，特别是海内外优秀的年轻人才。

（3）现阶段长三角地区引进的年轻劳动力在30—40年后将会进入老年，同时由于"子女召唤"的影响，也会使相当一部分原在外地的老年人来长三角地区居住。因此，在实施替代性人口迁移与流动战略时，应不断加大引进外来年轻人力资源的强度。

（二）制定既有利于稳定低生育水平，又有利于减缓老龄问题的现行生育政策调整方案

（1）通过调整现行生育政策，普遍允许一对夫妻可以生育两个孩子，除了有利于减缓未来长三角地区人口老龄化水平外，更重要的是可以增强家庭养老的功能，对搞好家庭照料和精神慰藉，以及城乡困难老人的经济供养，具有较大作用。

（2）鉴于21世纪头10年我国在计划生育抓紧、抓好的前提下，总人口数仍将增加1亿，因此，长三角地区不可能在2010年前调整现行生育政策。从上海市处于生育旺盛期的户籍女性人口数变化趋势考察，在2016年20—29岁女性人口数出现明显减少趋势时，开始调整现行生育政策比较合适。

据笔者主持的上海市户籍人口发展趋势的中方案预测，全市20—29岁户籍女性人口数从2010年的94.79万将逐渐减少到2015年的70.12万、2020年的48.63万、2023年的低谷值46.18万，然后又逐渐增加到2025年的48.44万、2030年的60.51万、2036年的峰值71.45万。如果我们选择上海市在 2016 年后 20—29 岁户籍女性人口数进入明显低谷期调整现行生育政策，即使育龄妇女的总和生育率有所回升，但由于上海市年轻的户籍育龄人群的理想子女数平均为 1.5 左右，因此，不仅不会突破低生育水平，而且对今后全市户籍人口出生数的"削峰填谷"，以及未来上海市基础教育事业的平稳和可持续发展也是有利的。

（3）关于长三角地区中属于江苏省和浙江省管辖的城市，其现行生育政策的调整需具体考察 2010 年后江苏省和浙江省处于生育旺盛期的户籍女性人口数从何时出现明显减少的趋势后，才能决定。

（三）寻求既不会加剧户籍人口的失业问题，又有利于减缓城镇职工基本养老保险基金压力的推迟职工退休年龄的最佳时机

（1）目前长三角地区的城镇企业职工基本养老保险基金，在一部分城市已经出现赤字，预计如果没有财政的投入和国有资产的划拨，大部分城市在今后 5 年内也将陆续出现亏空。适当推迟城镇职工的退休年龄，虽然有利于减缓城镇职工基本养老保险基金的压力，但在现阶段城镇户籍人口失业率较高的情况下，时机不成熟。

（2）2010—2020 年，既是长三角地区 60 岁及以上户籍老年人口数的高速发展期，也是该地区劳动适龄人口数的大幅度减少期。据笔者主持的上海市户籍人口发展趋势的中方案预测，全市男 16—59、女 16—54 岁户籍法定劳动适龄人口数在 2010—2020 年将减少 172.41 万。苏州市户籍人口发展趋势预测也表明，即使假设 2000—2020 年每年净迁入 1 万人，全市 15—59 岁户籍劳动适龄人口数仍将在 2010—2020 年减少 55.85 万。可见，如果从 2011 年开始长三角地区逐渐推迟城镇职工的退休年龄，并不会加剧当地户籍人口的失业问题。

（3）为了尽可能减少社会震荡，建议在 2011 年后用 5 年左右的时间，首先推迟城镇企业女工人的退休年龄。每年推迟 1 岁退休，到 2015 年时使该地区城镇企业女职工的退休年龄推迟到 55 岁，与机关、事业单位的女职员同龄退休。然后再研究从 2016 年开始是否要继续将城镇女职工的退休年龄逐渐推迟到 60 岁，以及是否要适当推迟城镇男职工的退休年龄问题。这样做，不仅能充分利用准老年的女性人力资源，而且可以通过延长他们在职

缴纳基本养老保险费的年限和相对缩短退休后领取基本养老金的年限，减缓城镇职工基本养老保险基金的收支赤字。

（四）构建农村五保供养与农村居民最低生活保障并轨的农村社会救助制度

（1）自 1997 年以来，上海市、浙江省、江苏省在全国率先陆续实行了农村居民的最低生活保障制度，对具有本市（省）户籍的农村居民、家庭人均收入低于当地规定的最低生活保障标准的，由各级地方财政给予物质帮助。尽管农村居民的"低保"标准比城市居民低，而且不同地区的标准也不一样，但它体现了"国家救济"的精神，对于保障处于温饱水平以下的农村居民的最低生活，稳定社会起了重要作用。

（2）随着农村税费改革的深入开展，国务院在 1994 年发布《农村五保供养工作条例》中有关"五保供养所需经费和实物，应当从村提留或者乡统筹费中列支"的规定已难以执行。同时，上述《条例》规定的五保供养对象的一项条件："无法定抚养义务人，或者虽有法定抚养义务人，但是抚养义务人无抚养能力"，在实际施行中仍局限于过去"无子女的"规定，只有对"无子女、无劳动能力、无生活来源"的农村居民，才按《条例》规定给予他们"不应低于村民的一般生活水平"的五保供养标准。显然，这个供养标准高于农村居民的最低生活保障标准。

（3）为了适应农村税费改革和许多集体企业改制的新情况，使农村五保人员的供养不至于因为当地集体经济，特别是村级集体经济的经营状况而受到影响，长三角地区应将农村五保供养制度纳入农村居民最低生活保障制度的体系中。根据近年来集中供养与分散供养的五保人员补助标准相当于农村居民最低生活保障标准的比例，确定对当地"无子女、无劳动能力、无生活来源"的农村居民保障标准应在"低保"标准基础上提高多大比例为宜，并由各级地方财政合理分担其所需经费和实物。

（五）通过开设跨省区的城镇基本医疗保险的"窗口"来促进长三角地区的"异地养老"

（1）随着未来长三角地区人口老龄化与老年人口高龄化的加剧，以及家庭规模小型化，老年人的长期照护问题将会愈来愈突出。在大力倡导居家养老的同时，迫切需要按适度比例加快养老机构的发展，更多地收养生活严重甚至完全不能自理的老人，解决家庭照护的困难。

（2）养老机构的建设，除了主要依靠加快每个大城市辖区内的养老机构发展及合理布局外，还应鼓励长三角地区的"异地养老"。近年来上海、杭州、南京等特大城市的周边地区已经或正在酝酿建设大规模的类似北京"太阳城"的养老机构。他们利用当地的生态环境比大城市好，地价和房价比大城市低，护理人员的工薪比大城市便宜，与沪、杭、宁的交通便捷等优势，希望更多地吸纳特大城市老人入住。

（3）长三角地区"异地养老"的瓶颈在于目前上海、江苏、浙江，甚至省内各个城市的城镇职工基本医疗保险基金的统筹层次较低，有关医疗费用使用的规定不统一。而老年人又是患病率较高，经常需要就诊、服药的群体。因此，长三角地区可在全国率先开设跨省区的城镇基本医疗保险的"窗口"，在养老机构规模大、本城市老人"异地养老"集中的周边地区，建立本城市一级医院和三级医院的分院，按本城市规定的基本医疗保险办法实施诊疗，使"异地养老"的老年人能就近、方便地获得医疗卫生服务。

（本文原载谢玲丽主编《长三角人口发展战略研究》，

复旦大学出版社 2007 年版）

和谐社会需要幸福养老

思想者小传

桂世勋 1940 年 1 月生于上海，1962 年毕业于华东师范大学政教系。自 1976 年以来，长期从事人口学和社会老年学的研究和教学工作。1986 年晋升为教授，并被国家科委批准为国家级有突出贡献的中青年专家。现任华东师大中国现代城市研究中心、人口研究所终身教授，博士生导师，兼任中国社科基金专家评审组成员、国家应对人口老龄化战略研究专家委员会委员、国务院侨办专家委员会委员、中国人民大学人口与发展研究中心学术委员等。在 1988—2007 年期间任国家计生委人口专家委员会委员。个人撰写、主编或参与撰写著作 20 余部，发表论文 180 多篇，其中获省部级优秀成果奖 12 项，2005 年荣获中华人口奖之科学技术奖。

每年的农历九月初九，是我国的重阳节。重阳节亦称"登高节"。在重阳这天，登高除了避祸消灾之外，还有步步高升、登高求寿的含意。1989 年起，我国将重阳定为"老人节"，于是老人们有了自己的节日。近年来，我一直致力于老年社会保障方面的研究。值此重阳节即将来临之际，和大家一起聊聊自己关于老年人社会保障、社会老龄事业发展的思考。

什么是"幸福养老"

人们对"幸福"的探讨从古希腊时期就开始了。但是直到上世纪 60 年代，面对经济迅速增长而民众幸福感未必同步提升的现实，人们开始反思经济发展与生活质量、社会福祉之间的关系，从而引发了对"幸福"的内涵、影响幸福感的因素、幸福感评价的深入探讨。

我认为，"幸福"是人们对自己生活满意或喜爱的一种主观感受。幸福感是由主客观因素共同作用而产生的，个体对自身存在与发展状况的一种积极的心理体验。与此相应，"幸福养老"是老年人对自己生活满意或喜爱的一种主观感受。通俗地讲，幸福养老就是老年人对生活感到快乐、满意。如果作进一步的区分，老年人度过自己的晚年可能有三个不同的层次：苦度晚年、安度晚年、欢度晚年。其中，"欢度晚年"正体现了"幸福养老"的要求。可以说，目前我国绝大部分养老机构基本做到了让入住老人"安度晚年"。但如何使入住老人"欢度晚年"，则应成为今后进一步努力的方向。

那么，究竟如何定义"幸福养老"的具体内涵？我们不妨从评价"幸福养老"的主观感受指标及方法来看。关于"幸福养老"的主观感受评价指标，我们可以从国外创设的《牛津幸福感问卷》及各种《老年人生活满意度问卷》中选取或修改一部分适合中国老年人并能较灵敏反映幸福感的问题，如"我对自己目前的生活很满意"；"我觉得和别人在一起很开心"；"我觉得老人要自己找快乐"；"我觉得很孤单"；"我觉得很紧张害怕"；"我会因为烦恼而睡不着觉"；"我觉得人活着真没有意思"；"我觉得居住在这个地区很幸福"等。然后请参与调查的老年朋友对以上每一个问题作答，在上述每个问题下则可列出七个选择项："经常""较经常""有时""较少""从不""说不清""无法回答"。下一步，可根据被调查者对每个问题的选择，将其中回答"说不清"；"无法回答"的人数扣除后，按明确选择"经常"；"较经常"；"有时"；"较少"；"从不"的人数，进行"五分法"的加权指数化处理。对其中属于消极感受的问题，如"我觉得很孤单"，则对回答"从不"的赋值5分，回答"较少"的赋值4分，回答"有时"的赋值3分，回答"较经常"的赋值2分，回答"经常"的赋值1分，从而计算得出被调查老人总体对上述各个问题主观感受的单项指数平均分值，最后再得出被调查老人总体对"幸福养老"主观感受总指数的平均分值。通过这样一种方法，我们就能比较大致地了解目前老年人的生活状态，了解他们关于幸福的感觉究竟如何。

"幸福养老"意义重大

早在 2002 年党的十六大报告阐述全面建设小康社会的目标时，就提出了实现社会更加和谐的要求。而事实上，要真正成功构建一个社会主义和谐社会，实现民主法治、公平正义、诚信友爱、充满活力、安定有序、人与自然和谐相处的美好愿景，当前和未来我国老年人能否实现"幸福养老"意义重大。具体来说，老年人能否"幸福养老"，对构建社会主义和谐社会的影响主要表现在以下几个方面：

首先，老年人是否幸福，将关系到未来我国三分之一左右的人能否幸福。据测，我国（不包括香港、澳门、台湾地区及福建省的金门、马祖地区，下同）60 岁及以上老年人数将从 2000 年的 1.31 亿迅速增加到 2050 年的 4.58 亿，在 2100 年时仍有 3.81 亿；60 岁及以上老年人占总人口的比例将从 2000 年的 10.3% 迅速上升到 2050 年的 32.2%，在 2100 年时为 35.6%。在上海市，2008 年末 60 岁及以上户籍老人数为 300.51 万，占户籍总人口的 21.6%，到 2020 年，预计该总量将迅速增加到 496.60 万，在 2050 年为 538.30 万。如果未来上海市的人口迁入政策没有很大松动的话，那么全市 60 岁及以上户籍老年人占户籍总人口的比例将迅速上升到 2020 年的 33.4%，在 2050 年时为 36.2%。

其次，老年人是否幸福，将关系到我国的绝大部分家庭能否和谐。2007 年，我国约有 4.08 亿家庭户。众所周知，"家家有老人，人人都会老。"虽然从家庭户来看，并不是所有家庭户中都有老人，也不是所有家庭户中都有年轻人。但是从家庭作为由婚姻、血缘或收养关系所组成的社会生活的基本单位来看，从 2007 年我国人口平均预期寿命为 71.40 岁（其中男性 69.63 岁、女性 73.33 岁）来看，几乎现在的每个年轻人都有 60 岁及 60 岁以上的父辈或祖辈。而如果老年人生活不幸福，将会直接或间接影响到生活在同一个家庭户中的小辈，或虽然生活在不同家庭户、但有直系亲属关系的小辈，与老年人之间的家庭和谐。

况且，我国老年人的许多福祉虽然是他们年轻时为国家建设所作贡献的结果，共享经济社会发展的成果是他们应得的合法权益。但如果我们的福祉政策不合理，福祉水平过高或过低，都会影响到当前乃至今后几十年不工作的老年一代与正在工作的年青一代的和谐相处。即使制定的福祉政策是合理的，如果老年人不能正确看待，也会影响他们的幸福感和满意度，影响老年人与年轻人之间的代际和谐。

此外，现阶段我国老年人的许多福祉在城乡老年人之间，在城镇不同户籍的老年人之间，在机关、事业单位与企业的退休人员之间，在早退休与晚退休的老年人之间，在男性与女性退休人员之间，由于经济社会发展的不平衡、历史上存在的城乡二元福祉体制等原因，存在福祉政策改革不同步、不协调的现状。能否妥善解决好这一课题，同样将影响到老年人之间的代内和谐。

影响"幸福养老"的因素

"积极老龄化"是指人到老年时，为了提高生活质量，使健康、参与和保障的机会尽可能发挥最大效益的过程。它是一个比"健康老龄化"内涵更为广泛的理念。

根据国际社会应对人口老龄化的理念和我国的国情，影响"幸福养老"的主要因素大致可归纳为"5＋1"模式，即五个客观要素——"增进健康长寿""适度参与社会""改善老年福祉""温馨和美家庭""关爱老人社区"；再加一个主观要素——"科学幸福观念"。

首先是"增进健康长寿"。在 1987 年世界卫生大会上，"健康老龄化"的决定因素首次被列为老龄研究项目的主要课题。1993 年，在匈牙利布达佩斯召开的第 15 届国际老年学大会上，"科学要为健康老龄化服务"被确定为会议的主题。1994 年后，"健康老龄化"理念被我国政府和学术界广泛接受，并被作为应对未来我国老龄化的一项重要的战略目标与对策。

"健康老龄化"的含义是指努力改善老年人口群体的躯体健康、心理健康与社会适应能力，使老年人口的平均预期健康寿命的增长速度快于平均预期寿命的提高速度，以不断增大平均预期健康期在老年人口整个剩余生命期中的比重。也就是说，应该在继续提高老年人口平均剩余寿命的同时，不断提高他们不患病的年限。

几千年来，人们长期追求的一个重要目标是"长寿"。我国过去送给小孩的吉祥挂件上常常刻着"长命百岁"。然而现在人们越来越感到长寿虽然与健康有密切关系，但长寿并不等于健康。不健康的长寿不仅给医疗保障和家庭带来很大压力，而且给老年人自身也带来很大痛苦。"健康老龄化"正是针对上述认识而作的理论概括。因此，我们追求的目标应该是健康的长寿。增进健康长寿是促进老年人幸福养老的重要因素。

第二，适度参与社会。除了"健康老龄化"，"积极老龄化"也是被国际社会接受的应对人口老龄化的最新理念。2002 年，世界卫生组织在向联合国第二届世界老龄大会提交的书面建议中指出，"积极老龄化是指人到老年时，为了提高生活质量，使健康、参与和保障的机会尽可能发挥最大效益的过程。"它是一个"比健康老龄化内涵更为广泛"的理念。随后，大会接受了世界卫生组织的建议，在当年通过的《联合国第二届世界老龄大会政治宣言》中指出，"对老年人的认可和对他们充分参与的促进，是积极老龄化的主要内容。"

此处所谓老年人的"参与"，包括从事有收入的工作、参加志愿服务、参与有关文化、教育、体育等社会活动，以及从事非自我服务性的家务劳动、家庭管理和教养儿童等。这不仅意味着老年人"能按照他们的基本人权、能力、需要和爱好"参与社会，也意味着老年人"自愿和量力"地适度参与。而这不仅有利于增进老年人自身的健康，还有利于老年人与更多朋友进行情感互动，继续为社会作贡献。不仅能使自己的生活更充实、心情更愉快，还能更好地体现人生的价值。

第三，改善老年福祉。保障是"积极老龄化"理念中的三个支柱之一，是老年人健康和参与的物质基础。老年人在退休后，随着年龄增长，逐渐丧失劳动能力，经济收入的渠道越来越单一；非传染性慢性病的患病率逐渐上升，有不少老年人还同时患多种疾病；基本生活自理能力也越来越差，需要别人照护的比例不断上升。因此，他们能否随着经济社会的发展，逐步提高福祉水平，对他们能否幸福养老非常重要。

第四，温馨和美家庭。老年人随着年龄增高，往往自身或配偶的病痛也增加，甚至不幸患疑难杂症，不幸丧偶。因此，老年人迫切希望得到家庭的呵护，希望得到老伴的关心，希望小辈常回家看看，并得到他们经济上或照护上、精神上的关爱。他们常常把有一个温馨和美的家庭、有一些孝顺的小辈，作为自身最大的安慰，以及向别人夸耀的"资本"。因此，老年人是否有一个温馨和美的家庭，也成为影响他们能否幸福养老的重要因素。

第五，关爱老年社区。老年人中除很少一部分继续到远离所在社区的地方从事有收入的工作、志愿服务及短期外出旅行外，绝大部分城乡老年人每天的活动空间主要在家里和所在的社区内。最近国际社会在倡导建设"长者友善社区"的研究和试点。为了便于中国老年人和社会各方面人士的理解，我建议最好将名称改为建设"关爱老人社区"。海外学者对建设"关爱老人社区"比较注重硬件设施，如社区的整体规划、交通、房屋、社区参与、公共场所等。我认为建设"关爱老人社区"，还应重视营造老年人与邻里及其他社区居民之间友好相处、礼貌待人、相互关心、热情帮助的软环境。

最后，谈谈影响"幸福养老"的主观要素——科学幸福观念。2003年上海市老年人口状况与意愿跟踪调查发现，在被调查的3865名上海户籍60岁及以上城乡老年人中，人均月平均收入比1998年被调查的3524名老年人有所增加，但他们对整体生活状况非常满意和比较满意的合计比例反而由1998年的63.22%下降到2003年的57.83%。可见，要进一步改变各级涉老部门"只要不断提高老年人的福祉水平，他们的幸福感就会自然增强"的片面观念，倡导有关部门重视研究采取一些老年人喜闻乐见的方法，引导老年人树立科学的幸福养老观念。

幸福养老，人人有责

老龄事业是社会事业的重要组成部分。根据我多年来的研究工作经验，我深切感受到，要促进老龄事业的发展，各级领导和涉老部门不仅要统一思想，树立和增强以"幸福养老"为中心的老龄工作新理念，加快"幸福养老"建设，营造关爱老人的社会环境，还应积极构建和完善有效促进"幸福养老"的社区为老服务网络。对此，政府不妨运用购买服务等方式，组织更多老年人以不同形式参与各种社会活动。此外，我们还要研究政策措施，进一步倡导低龄健康老人、青年学生、少年儿童、在职干部和居民志愿者在社区为老年人进行义务服务，争取在全社会树立"幸福养老，人人有责"的观念。

在促进老龄事业的发展方面，争取政府和社会各方面增加资金的投入固然重要，但最关键的还是应以提高老年人的幸福感作为老龄工作的出发点和落脚点。对于不同地区老龄工作的水平高低和成绩大小，要看在同样多的物质投入下，哪个地区能让更多的老年人感到生活过得更满意、更开心、更幸福。我们应该把工作着力点放在解决广大老年人最关心、最直接、最现实的利益问题上，使各项老龄工作有利于提高不同老年群体的幸福感。

具体来说，例如，针对"空巢"老人尤其是独居老人，我们在进一步落实和完善与高龄独居老人建立结对关爱网的同时，社会舆论导向应强调子女肩负起为年老父母提供赡养照顾和精神慰藉的责任，重塑良好的家庭代际关系。并且，重视和加强城乡"空巢"老人的亲属及所聘用的保姆照顾生活严重不能自理老人的护理知识和技能培训，组织照料经验的交流。为此，我曾建议在上海市已经开展全市养老机构和居家养老服务"双十佳"护理人员评选表彰的基础上，增加评选表彰为居家老人提供照料服务的优秀保姆（包括"钟点保姆"和"全天保姆"），定期开展评选表彰"三十佳"活动。针对健康状况和自理能力差的老人，民政部门应与卫生部门密切合作，大力发展老年人保健和康复护理。针对经济状况差甚至贫病交加而子女赡养又确实困难的老人，除了区财政和街道（镇、乡）加大各种救助和补贴的投入以外，建议通过进一步扩大机关企事业单位和个人慈善捐赠，以及民间组织、志愿者提供物质援助和各种陪伴、照料及精神关爱等方式，提升这部分老人的幸福感。针对一部分老年人就餐困难的问题，推广一些街道比较好的经验，如与学校、养老院、医院、机关的食堂挂钩，或由街道和居委补贴组织部分下岗人员就近为老年人做饭送饭等。此外，积极引导和组织基本生活能自理的"空巢"老人走出家门参与各种社会活动的举措也值得提倡。

除此之外，一方面，我们要进一步增加老龄事业的规划制定、设施增加和服务拓展的社会透明度，加大对各项政策的宣传力度。将老年人对各级领导和涉老部门开展老龄工作的满意度，作为评价老龄工作成效的重要依据并使其制度化，让更多老年人有评价本地区各项老龄工作的满意度和实施之轻重缓急的话语权。另一方面，我们对"幸福养老"的宣传也应注意科学性，使广大老年人树立"提高老年人福祉水平应与经济发展水平、财政承受能力相适应并具有可持续性"的观念，对政府和社会应提供的福祉的期望值要合情合理。

老年朋友们不妨树立广义的"共享社会发展成果"观念。所谓广义的"共享社会发展成果"，不仅包括老年人个人直接获得的养老金、养老补贴或社会救助金水平的提高，还应包括政府及社会直接造福老年人，为提高全体居民生活质量所采取的各种措施，比如投资建设老年福利设施、发展社区为老服务事业、推进尊老社会一条龙服务、制定百岁老人长寿政策，投资改善城市基础设施、实施"安居工程"、治理环境污染、解决"看病贵看病难"等措施。

社会各界应重视采取老年人喜闻乐见的方法，教育和帮助老年人培养积极乐观的生活态度，引导老年人认识个体老化的客观规律，正确面对自己和周围亲属、邻居、朋友所发生的不幸事件，"节哀顺变"，消除不良的心理影响。特别是在老年人或准老年人刚从繁忙的工作中退下来，或老伴不幸去世、知道自已患疑难杂症时，更应做好细致的精神关爱工作。

（本文原载《解放日报》2009 年 10 月 25 日）

老龄化是否意味"人口红利"枯竭

问：上海试水柔性延迟申领养老金的消息发布以来，引发了有关"推迟退休年龄"的热议。有人认为，这再一次表明，随着人口老龄化加速到来，"人口机会窗口"逐渐关闭，"人口红利"将一去不复返，我国的劳动力市场和经济发展面临严峻考验。请问，什么是"人口机会窗口"？老龄化是否意味着"人口红利"枯竭？

——上海广州路陶明

答：所谓"人口红利"，一般是指人口再生产类型从"高出生、低死亡、高自然增长"向"低出生、低死亡、低自然增长"转变时，由于该阶段少年儿童人口数明显减少、老年人口数并不很多、劳动年龄人口数相对或绝对较多，从而出现总抚养比较低、在人口年龄结构上有利于经济发展的状况。

然而，"人口红利"只是为经济的较快发展提供了一个机遇。要将其真正转化为促进经济发展的现实，主要取决于两个因素：一是增加就业岗位，让众多劳动年龄人口成为创造物质财富和精神财富的现实生产力。如果这一时期，许多劳动年龄人口失业，不仅不能促进经济较快发展，相反会严重影响社会稳定。二是加大教育、健康等人力资本的投入，提高劳动年龄人口的文化技能素质和身体健康素质，创造更多的社会效益。特别是延长年轻人或新增劳动力的平均受教育年限，可以取得既减轻该时期就业压力，又提高国民整体素质的"双重效益"。

正是鉴于总抚养比较低只是给经济较快发展提供了一个机会，且其也只是在一段时期处于较低水平，所以学术界也把"人口红利"形象地比喻为"人口机会窗口"。这个窗口在一定时期会"开启"，也会"关闭"。

我国的人口普查表明，从 1953 年到 1964 年，65 岁及以上老年人口数占总人口数的比例由 4.41% 下降到 3.56%，出现了人口年轻化；然而在 1982 年、1990 年、2000 年，我国 65 岁及以上老年人口数占总人口数的比例又上升到 4.91%、5.57%、6.96%，出现了持续的人口老龄化。据国家统计局公布的数据，2009 年该比例进一步上升为 8.5%。

但是，如果按照公认的"人口红利期"量化比较标准（15 岁至 64 岁劳动年龄人口的总抚养比低于 50%）来计算，我国大约在 1990 年（总抚养比为 49.84%）后才开始出现"人口红利期"。2000 年，该总抚养比降为 42.55%；2009 年为 36.89%。据预测，要到 2030 年时，我国的总抚养比才会回升到 50% 以上。由此可见，不能笼统地认为人口老龄化就意味着"人口红利"枯竭，相反在人口老龄化开始的相当一段时期（我国为近 40 年）内，"人口机会窗口"都在开启。

值得注意的是，一个国家或地区劳动年龄人口数出现负增长，并不等于"人口红利期"的结束。我国 15 岁至 64 岁劳动年龄人口数，预计将在 2013 年达到 9.98 亿的峰值后出现负增长，15 岁至 59 岁劳动年龄人口数在 2011 年达到 9.32 亿的峰值后将出现负增长，但我国在此后的近 20 年内仍处于"人口红利期"。现在有观点说在未来 10 年内我国将结束"人口红利期"，是缺乏科学依据的；还有报道说"2030 年中国 65 岁以上人口占比将超过日本，成为全球人口老龄化程度最高的国家"，也是不符合实际情况演变的。据日本国立社会保障人口问题研究所于 2009 年 1 月出版的《人口统计资料集》引用联合国的资料预测，2050 年中国 65 岁及以上老年人口数占总人口数的比例为 23.7%，仍比该年日本的 37.7% 要低得多。

当然，我们也不能盲目乐观。2030 年后，我国人口老龄化程度进一步加重，我国 15 岁至 64 岁劳动年龄人口的总抚养比会进一步上升，人口年龄结构不利于经济较快发展的负面影响将逐步显现。为此，有必要加强应对人口老龄化的战略研究。

另外，需要指出的是，有人担心"人口红利期"结束、"人口机会窗口"关闭后，我国经济将难以持续发展。这种观点过于悲观，也存在片面性，理由如下：

首先，在未来很长一段时期内，我国劳动年龄人口的绝对数仍相当可观。即使育龄妇女的生育水平长期保持在 1.6—1.7（个）左右，2050 年时我国 15 岁至 59 岁劳动年龄人口数仍在 7 亿左右，15 岁至 64 岁劳动年龄人口数还有 8 亿左右。如果从有利于人口长期均衡发展的角度出发，在 2011 年至 2020 年间完善和调整现行生育政策，使未来我国育龄妇女的生育水平保持在 2.0（个）左右，那么 2050 年时我国 15 岁至 59 岁劳动年龄人口数将超过 7.5 亿，15 岁至 64 岁劳动年龄人口数将超过 8.5 亿。只要我们重视并加大人力资本的投入，变人力资源大国为人力资源强国，就有可能在减轻未来就业压力的情况下，从人力资源素质上支撑产业结构调整，使经济长期平稳较快发展。

其次，在未来较长一段时期内，我国的总人口数仍比现在要多。即使育龄妇女的生育水平长期保持在 1.6—1.7（个）左右，那么也要到 2050 年后我国总人口数才能降到 13 亿以下。如果适时完善和调整现行生育政策，那么 2050 年时我国总人口数还会超过 14 亿。十几亿的总人口，仍将提供广阔的国内市场。只要重视并加快经济发展方式的转变，全面建立覆盖城乡居民的养老保障、医疗保障体系，逐步提高城乡居民收入水平，不断增强民众有支付能力的需求，我国经济仍可保持又好又快持续发展。

（本文原载《解放日报》2010 年 11 月 15 日）

长者友善社区建设：一项来自上海的经验研究*

  2007 年 10 月，世界卫生组织（WHO）发布了《全球年龄友好城市指引》（*Global Age-friendly Cities：A Guide*），指出长者友善的（elderly friendly）社区居住环境对老年人继续独立居住和生活在社区中、减少机构化（institutionalization）的重要性，并指出应该采取自下而上（bottom-up）的路径，通过让老年人分析和表达其境况来给政府决策提供信息。[①] 2009 年 3 月，全国老龄办将推进老年人宜居社区建设确定为工作的重中之重[②]，初步确定了宜居社区的评定标准：居住舒适、活动便捷、设施齐全、服务完善、和谐安康、队伍健全，并于 6 月底在北京召开了《全国老年人宜居社区创建指南》座谈会，对该《指南》讨论稿广泛征求意见，争取在 2010 年将老年人宜居社区创建作为老龄工作的一项重要内容在全国启动。上海是中国内地户籍人口老龄化程度最高的城市，也是世界卫生组织 2007 年"全球长者友善城市指引"在中国内地唯一的伙伴城市，2009 年 5—9 月，我们在上海选择了两个社区，进行"长者友善社区环境"调查，希望通过长者友善社区的比较研究，发展一套适合在华人地区使用的小区街道环境评估工具，为未来的老龄政策和老年人宜居社区建设提供启示和参考。

---

 * 本文由桂世勋、徐永德、楼玮群、田青合著。

一、背　景

1. 上海老年人口的基本情况

上海是中国内地老龄化开始最早、老龄化程度最高的城市。截至 2008 年底，上海市 60 岁及以上户籍老年人口 300.57 万人，占户籍总人口的 21.6%；65 岁及以上户籍人口 214.50 万人，占户籍总人口的 15.4%；70 岁及以上户籍人口 160.65 万人，占户籍总人口的 11.5%；80 岁及以上户籍人口 53.44 万人，占户籍总人口的 3.8%，占 60 岁及以上人口的 17.8%。[③] 共有"纯老家庭"[④] 老年人 86.38 万，其中单身独居老人达 18.80 万。[⑤]

2. 有关长者友善社区的政策法规

（1）国家有关长者友善社区的政策

虽然在国家层面明确提出"建设老人宜居社区"是 2009 年的事，但是自 20 世纪 90 年代中期以来，许多政策法规都做出了发展和完善社区服务、改善社区环境的相关规定：1994 年国家计委、民政部等制定的《中国老龄工作七年发展纲要（1994—2000 年）》要求建立国家、社区、家庭、个人相结合的社会养老保障体系，大力发展社区服务业，帮助解决老年人特别是高龄老人和残疾老年人的生活照料问题。1996 年通过的《老年人权益保障法》明确了各级人民政府应当将老年事业纳入国民经济和社会发展计划，逐步增加对老年事业的投入，并鼓励社会各方面投入，使老年事业与经济、社会协调发展。2000 年国务院办公厅《关于加快实现社会福利社会化的意见》要求推进多种所有制形式的社会福利机构建设，确定了各类福利机构数量和集中收养人员数量的增长目标，同时要求城市中普遍建立起社区福利服务设施并开展家庭护理等系列服务项目。2001 年国务院《中国老龄事业发展"十五"计划纲要》要求"大力发展社区老年照料服务"，"初步形成以社区为依托的老年照料服务体系"。同年民政部《"社区老年福利服务星光计划"实施方案》提出在社区兴办方便适用、小型多样、功能配套的社区老年人福利服务设施和活动场所，建立和完善社区老年福利服务网络，"为居家养老提供支持，为社区照料提供载体，为老年人活动提供场所"。2008 年民政部等十部委《关于全面推进居家养老服务工作的意见》强调依托社区，制定居家养老服务发展规划，加大政府投入力度，合理配置资源，加强专业化与志愿者相结合的居家养老服务队伍建设，积极培育和发展居家养老服务组织，为居家的老年人提供生活照料、家政服务、康复护理和精神慰藉等方面的服务。

（2）上海市有关长者友善社区的政策

早在 2001 年上海市民政局就发布了《关于全面开展居家养老服务的意见》，决定大力发展居家养老服务体系，2003 年、2004 年又连续下发了《上海市民政局关于进一步深化居家养老服务试点工作的通知》和《上海市民政局关于进一步推进深化居家养老服务工作的通知》，对继续推进居家养老服务工作做出具体的安排和要求。2006 年市民政局等七部门联合发布了《关于进一步促进本市养老服务事业发展的意见》，规定到 2010 年本市享受社会化养老服务人数应占全市老年人口的 10% 以上，明确了区县政府和街道（乡镇）有责任解决居家养老服务工作经费和安排居家养老服务的工作场所。2008 年《关于全面落实 2008 年市政府养老服务实事项目，进一步推进本市养老服务工作的意见》提出了提高养老服务补贴标准、扩大养老服务补贴受益面、设立社区老年人助餐服务点、扩大社区居家养老服务队伍等十条养老服务扶持政策。同年，市民政局《关于鼓励社区设立老年人助餐服务点的通知》规定了由市、区两级政府对社区老年人助餐服务点进行一次性资助，并对其日常运营给予必要的支持，鼓励社区设立老人助餐服务点。在无障碍设施建设方面，上海市于 2003 年建立了由市建委、民政等 32 个部门组成的无障碍设施建设推进工作联席会议制度，形成了无障碍工作从建设、管理、监督各个环节都有人管的工作格局。2008 年联席会议决定大幅提高无障碍建设标准，到 2010 年将实现公共服务领域和中心城社区无障碍设施服务全覆盖。

（3）上海市有关长者友善社区的政府实事项目

1992 年起，为老服务开始列入上海市政府实事项目，此后的每一年，与老年服务相关的工作都是政府实事项目的重头戏之一。从历年的为老实事项目来看，老年工作的关注点从养老机构改扩建、到社区的长者活动设备设施建设、再到居家养老服务的提供，有一个"由机构到社区，由硬件到软件"的发展过程，反映了上海市为老服务工作重心的转换和为老服务战略选择的变化。

二、社区选择

本次调查选择在长宁区仙霞街道的两个社区进行。长宁区位于上海中心城区西部，2008 年末长宁区 60 岁及以上户籍老年人口为 13.33 万，占全区户籍总人口的 21.72%，老龄化程度高于全市 0.11 个百分点。2008 年长宁区地方财政收入 52.62 亿元，在上海市 19 个区县中位居第七，在 9 个中心城区中位居第五；2007 年人均 GDP 为 13600 美元，在 19 个区县中位居第六，在 9 个中心城区中位居第五。总体来说，长宁区的社会经济在上海中心城区居于中等水平。

仙霞新村街道位于长宁区中部，截至 2008 年末，辖区面积 3.97 平方公里，下设 23 个居委会，共有 2.97 万户居民，户籍人口 7.9 万，实有人口 10 万人左右。从 20 世纪 90 年代中期以来，仙霞街道的人口增长特别是户籍人口增长是比较少的，这主要是由于没有新的可建设用地，居民的导入和工业、商业的增长点设立都受到限制的缘故。随着上海的快速发展和人口的增长，建于 20 世纪的住宅已经不能满足居民的居住要求，有经济能力的人纷纷买房迁出，剩下收入相对较低的居民和老年人，以及部分希望孩子在长宁区受教育的家庭居住于此。目前约有 1/3 的住宅用于出租。整体来看，仙霞街道居民的社会经济水平在长宁区居于中游。

仙霞街道现有 60 岁及以上户籍老年人口 1.78 万人，约占街道户籍总人口的 24.82%。其中独居老人 3773 人，纯老家庭 2540 户，纯老家庭户老人 5180 人，占街道老人总数的 29.08%。入住养老机构的老人占 5.9%。

本次调查选择了一个社会经济状况相对较好的社区（社区 A）和一个相对较差的社区（社区 B），以便进行对比分析。社会经济状况的判定主要是居委会工作人员根据住房条件以及在工作中掌握的大致情况做出的判断。每个社区由毗邻的 2—3 个居委会组成，合计人数在 1 万—1.5 万人左右。社区 A 由两个居委构成，社区 B 由三个居委构成。

三、方　法

本次调查主要采用两种研究方法：一是利用"长者友善小区街道环境评估工具"⑥，在社区中进行实地观察。二是组织目标社区老年人及老龄工作者进行焦点小组座谈，焦点小组座谈在每个社区中举行两次，一次在社区观察之前，一次在社区观察之后。每次焦点小组有 8—10 名社区老年人参加，有 1—3 名社区老龄工作者列席。焦点小组座谈有提前拟定的讨论提纲。观察前的座谈在围绕社区的整体规划、交通、房屋、社区参与、公共场所等方面请老人发表意见和评价之外，也请老人就社区做得好和不好的地方自由发表意见，并提出建议。观察后座谈主要围绕社区观察发现的问题进行交流讨论，并探讨改进的方法和途径。为便于被调查老年人的理解，我们在讨论提纲中把"长者友善社区"改为"关爱老人社区"。对两个社区的观察分别在 2009 年 5 月 20 日和 21 日两天进行。20 日观察的是社区 B 的三个居委，21 日观察的是社区 A 的两个居委。

四、结　果

1. 社区观察的结果

由于仙霞街道的社区（居委）是在相对集中的时间内一次性建成的居住区，所以规划布局上基本上都是以自然道路分割的封闭式住宅小区。小区有围墙，视大小不同，有 1—6 个出入口，通常只有 1—2 个出入口允许机动车通行。总体来说区域内交通相当便捷，地铁二号线和地铁十号线的站点分别位于仙霞地区两翼，多条公交线路构成四通八达的交通网络。

仙霞街道所处的位置没有大型的市级商业中心、市级次商业中心或地区商业中心圈，仅有社区商业。商业及公共服务设施分布在马路沿线，即在社区的外围。也有少部分社区里面有一些小型的商业，如小杂货店、粮油店、便利店、理发店等。建筑形态主要是马路沿线的住宅底层和独立沿街商铺。商业及公共服务设施的类型、规模、形态、功能组合等按照上海市地方标准《社区商业设置规范》的要求，立足社区居民日常生活需要的商品和服务，辅以部分休闲、文化娱乐等综合消费的功能，业态包括菜市场、超市、便利店、餐饮、美容美发、大众沐浴、食杂、面包房、中西药店、书报、音像、汽车维护、休闲、文化娱乐、医疗保健、中介服务、生活用品租赁、维修、废品回收等。银行、超市、邮局等便民利民的生活服务设施根据《上海市文明社区创建管理规定》，布点基本上能保证居民步行15分钟内就可以享受到服务。同时，按规定在社区设立了办理就业、社保、医保等一站式政务服务的社区事务受理中心和社区卫生服务中心。

虽然社区A的居民整体住房条件和社会经济水平高于社区B，但就观察的整体发现而言，两个社区在长者友善方面并没有显示出基于此种差异的区别。相反，社区B由于处于街道的中心区域，相对更靠近上海市内环高架路的中心城区，在生活配套方面甚至较社区A更全面、更方便一些。

在步行环境（马路、行道树、路灯、路缘坡、交通灯信号、人行道缓冲带等）方面，两个社区基本上是一样的。

就社区物理环境来看，道路及建筑标识清晰，街道马路均设有人行道及人行横道，且有清晰的标识，能满足步行通行需求；免费停车位虽然不多，但由于中国老年人通常很少自驾车，所以影响不大；所有十字路口、人行横道两端、从马路上进入所有的小区或单位入口都有路缘坡，便于老人行走或轮椅通行；随着《上海市公共厕所布局规划纲要》的实施，城区公共厕所的建设、整顿和大批免费开放，公共厕所基本能做到布点合理、标识醒目；无障碍设施建设基本上得到普及，而且能够保证通道整洁畅通。

但是也有一些不足之处，首先是人行道上有很多人骑车，影响步行者通行，虽然每条马路都有非机动车道，但还是有很多自行车、助动车甚至摩托车在人行道上行驶，这对于老人的通行安全是很大的威胁；其次，虽然所有小区里都有公共长椅，但是在街道两侧的人行道上却没有供歇憩的椅凳，社区观察时遇见好几位老人携带一种带板凳的拐杖，说明很多老人出行时确实常有坐下来歇息的需要；第三，虽然交通信号灯基本上都有车行和步行时间提示，但有两三个路口通行时间偏短，老人过马路可能会来不及。

2. 焦点小组座谈结果

从焦点小组座谈所得到的情况来看，在社会经济条件不同的两个社区中，老年人对长者友善社区建设方面没有显示出显著差异，两个社区被老人们强调的、得到老人们肯定的和提出的尚需改进之处都比较相近。

（1）老人首肯的因素

为独居老人装了安康通、一键通等紧急求助装置；开展居家养老服务，为低收入不能自理老人提供居家养老服务补贴；居委干部、邻居与独居老人结对关爱；统一安装了（或正在安装）单元门的电子防盗门、单元大门的扶手；每个社区都有健身场所；提供送餐服务、设置了社区老年食堂；70岁及以上的老人在非上下班高峰时间乘坐公共交通免费；每个社区都有老年活动室，有各种活动项目；设立了社区卫生服务中心（一级医院）、社区事务受理中心、社区警务室，已经或正在设立社区卫生服务站、退休后医药费报销点；社区生活设施齐全，日常生活比较方便。

（2）尚需改进之处

在此次调查时，老人们提出的需要改进之处，主要涉及住、行、医三个方面：

住——B社区有一小区摆小摊的小商小贩太多，油烟、噪音、垃圾多，居住环境很差⑦。社区里养狗的人多，有的主人素质不高，让狗到处大小便，很脏；有的狗老是叫，很吵闹；有的人遛狗时狗绳很长或根本不拴绳子，有些老人怕狗，早晚遛狗集中的时间都不敢出门。小区很多房子都出租了，住的人比较杂，感觉不安全。A社区中一小区内有一所小学、两个幼儿园，每天早上和下午接送孩子的车多，造成空气污染、噪声污染，行走不安全，老人们希望学校能直接在马路上开门，反映了很多年没有被采纳⑧。多层住宅没有电梯，不少老人膝关节不好、上下楼梯很累。健身场所都是露天的，下雨老人跑不快，容易被雨淋，希望能在一些健身场所建遮雨棚。

行——很多地铁、人行地道的电梯都只上不下，不少老人膝关节不好、走下去比走上来还困难。上海有些马路很宽，人行绿灯时间短，马路中间又没有"安全岛"，老人过马路不安全。人行道上很多广告牌，还有好多自行车甚至助动车行驶，老人步行怕被车撞。车辆右转时不礼让过马路的行人，或是红灯时停在"斑马线"上，影响老人安全走过马路。

医——社区卫生服务中心（一级医院）看病不方便，医生少，常常要排很久的队，"抄个处方"也要等两三个小时，在二级医院5分钟就好了。社区卫生服务中心（一级医院）有些药配不到，只能到较远的二级、三级医院去看病配药。⑨

总体来说，老人们对社区提供的生活、居住和医疗等软性服务比较重视，而社区物理环境只要不对日常生活形成直接的负面影响，就不会很重视。比如焦点小组座谈中没有老人主动提到街道上没有可供休息的长椅，但是调查人员提及此点后，老人则表示如果路边都有长椅的话出门会更方便。

五、讨论与总结

从社区观察所见和焦点小组座谈所获信息来看，仙霞街道的不同社区，在长者友善方面的基础硬件设置、服务提供和管理体制方面大体上是一样的。街道老龄干部也表示，这些基本上都是上海市或长宁区的统一要求，所以整个区内情形都差不多。

随着上海市人口老龄化程度的加深，发展老龄事业的重要性日益显著，为老年人创设"幸福养老"的社区环境在社会上和各级领导干部中已经逐渐形成共识。特别是 2001 年上海市民政局《关于全面开展居家养老服务的意见》和 2008 年全国十部委《关于全面推进居家养老服务工作的意见》的发布和实施，以及迄今已连续 18 年的为老服务政府实事项目，对老年人生活环境的整体提升起到了重要作用。

同时，上海居委老龄工作的"条块结合"也为建设长者友善社区提供了较好的条件。所谓条块结合，是指在按工作职责分条线管理之外，所有居委干部还对小区的居民进行分块负责。通常是将整个小区按照居委会成员人数分成若干块（有多少位居委干部，就将全部辖区的居民按住址就近分成多少块），每块若干户（通常在 100—200 户左右），每个居委干部负责"一块"，称"块长"。块长要跟居民楼的楼组长（由该楼居民推选的楼中热心居民担任）密切配合，了解每个楼组甚至每个家庭的基本情况，熟悉自己负责的块内人口和家庭户的特点、问题等。居民有什么问题、困难或要求，可以通过楼组长、也可以直接找"块长"反映，块长予以协调解决或在居委工作会议上提出来讨论解决，不能在居委会层面予以解决的则在形成意见后以居委会名义上报街道办事处。这种基层总结经验创造出来的工作模式被称为"条块结合"，在全上海得到推广并发挥了很好的工作效应。

在资源有限的条件下，公共政策的安排会对弱势老人的需要优先做出响应，如为高龄独居老人安装紧急求助装置、为低收入家庭不能自理的老人提供居家养老服务补贴等。另外，老年人普遍反映的需求和面临的问题也会得到反馈和逐步满足与解决，如社区健身场所和送餐服务。座谈显示，这些措施使得老人的居住满意度大为提升。其中有些做法虽然直接受益人群少，但是示范效应明显，如居委工作人员及热心邻居与独居老人的结对关爱，以及为高龄独居老人安装的紧急求助装置，令即使不使用这些服务或设施的老人也有安全感，知道自己如果有需求，就会得到及时的帮助。

除了特别针对老年人群、改善其社区生活环境的措施，还有一些并非专门针对老年人的政策措施，施行之后老年人也从中受益，甚至是主要受益人群。如无障碍设施建设，安装防盗门和单元门扶手，大批建设公共厕所并免费开放，以及将道路号码牌的字号放大等。

也有一些做法是存在争议的，例如，调查的社区有两条马路由于路窄车堵改成了单行道，有些老人觉得这样过马路安全一些，另一些老人则提出这样坐车不方便，因为公共交通来去的站点不在同一条马路的两侧，老人经常需要走较远，甚至有些老人根本就找不到车站了。又如，一些老人觉得小区里最好有一些小的商业点像杂货店、粮油店甚至菜店，这样生活比较方便；另一些则觉得这样社区里太乱，居住环境不好，商业应该全部放在小区外面。这样的争议本身很难判断对错，实际工作中常常会导致决策者更多地从便于管理的角度出发来做出决定，而不是从怎样更有利于建设长者友善社区的角度来考虑。

从街道内部来看，长者友善社区建设方面的差别主要体现在同样的制度框架和服务要求之下的软性差异。如，同样是送餐服务，有的社区就能照顾到不同老人的不同需求（比如某居委为糖尿病人提供无糖、低糖餐），有的社区就做不到；同样有社区健身设施，有的社区有专人定期检查维修，有的社区器材损坏了而缺乏及时维护；老年活动室的活动项目，少的社区只有四五种，多的有十几种，还组织各种专门的活动小组，组织参加社区内外的展示、表演和比赛。这种软性差异与社区居民的社会经济状况有关，它决定了社区居民的需求特点和居委的服务重点，但更主要体现的是居委工作班子的工作能力、方法和态度，以及服务意识。

长宁区老年人自有住房的比例很高，所以关于居住方面，除了"多层住宅没有电梯，上下楼困难"这个一直无法妥善解决的难题之外，老年人反映的需要改进的地方多为软性环境的进一步提升等管理方面的问题。如果将就餐和无障碍通道视为需求刚性较大的、满足正常生活的基本需要的话，则这里提出的宠物问题、小摊贩问题等都属于需求弹性相对较大的、满足舒适生活的提高型需要。

交通与出行方面提到的几点不足，都是上海市普遍存在的状况，并非仙霞街道或长宁区所独有，也很难从街道或区的层面来进行解决。交通灯的设置主要是考虑车行流量，避免产生拥堵，相对来说，较少考虑行人特别是老年人的通行。而车辆抢绿灯、闯红灯和右转不让行人，以及停车压在"斑马线"上，都是积弊已久的陋行，老人们也表示这些问题只能寄望于随着社会发展、人的素质逐步提高来得到解决。

世界卫生组织在《全球长者友善城市指引》中提出了长者友善城市的八个主要方面：室外空间和建筑、交通、房屋、社会参与、尊重与社会融合、公民参与和就业、交流和信息、社区支持和健康服务，并对每个方面提出了具体的核对标准一览表（checklist）。另外，《指引》还特别强调了长者友善社区的一些重要特征，如：有足够的、位置适当、维护良好的公用长椅；有足够的清洁、安全、残疾人便于使用和标志明显的公共厕所；人行道应当有良好的维修和照明；公共建筑物应当充分便利残疾人出入；城市公共汽车司机应当等老年人坐稳之后才开车，公共汽车上应有优先供老年人使用的座位；应当有足够的残疾人专用停车位；社区应当有能适应居民进入老年后需求和能力方面变化的房屋；应提供友好的个人化服务和信息，而不是自动化的应答服务；应当以简单的语言提供便于阅读的书面信息；在居住区附近应当有公用和商业服务与商店，而不是集中在城外；以及应当有尊重和包容老年人的公民文化。

就上述这些重点特征来看，调查社区在有些方面还不能完全达到标准，例如"有能适应居民进入老年后需求和能力方面变化的房屋"，"提供友好的个人化服务和信息"等，但是在调查中老人们却表示对于目前生活的社区感到比较满意。当然这种满意有着多方面的原因，一是近十余年来上海在老龄事业方面得到迅速发展，与过去的纵向比较效应明显；二是老人们都知道长宁区社会事业和老龄工作水平在上海居于中上，在与其他区县的横向比较中觉得自己社区不错；三是当前中国的老年人还很少具有要求国家承担老人福利责任的社会权利意识，而更多的是将政府组织提供的养老服务视为党和政府的好意甚至恩惠，因而易于满足。不过随着经济社会的发展，和目前的准老人——他们普遍有着更高的受教育程度、更强的权利意识和更好的经济能力——进入老年群体，对"长者友善社区"的建设必然会有越来越高的要求。

总的来说，我们认为上海市长宁区仙霞街道被调查的两个社区基本上达到了长者友善社区的要求。但这在很大程度上还是一种感受性的、质性的判断，目前还未有量化的判断。未来的研究可以在现有社区观察工具的基础上，通过焦点小组获取的信息进行指标项的增补筛选，赋予各个指标项的权重，建立起"长者友善社区指数"，以期对一个社区的"长者友善"的程度进行量化评判，并且可以与其他社区进行较为深入的横向比较。

六、建　议

1. 长者友善环境的创设是一个牵涉到老人生活各个方面的系统工程，不能就老龄工作而论老龄工作，需要多部门协调合作。

这一点突出地显示在交通出行方面，无论是老人还是老龄工作者、街道干部，都表示这只能从市级层面上加以解决。通过调整公共场所自动扶梯设置、交通信号灯时间设置，增设马路中心的"安全岛"，加强遵守交通规则的宣传和整顿等具体措施，将长者友善社区的创建落到实处。另外，社区内的幼儿园和学校导致机动车扰民也需要通过老龄工作部门与教育部门的协调才可能得到有效的解决。

2. 应谋求建立直接的老人福利权利和要求的表达机制。

基于中国内地目前的老龄工作架构，社区老人基本上只能通过居委—街道这一个官方渠道反映其意见和需求。而这至少有两方面的弊端：其一，由于居委和街道的工作千头万绪，涉及的利益相关方又极其复杂，常常使得相对弱势的老年群体的要求不能受到足够的重视、得到及时的满足。如社区A内小学和幼儿园扰民，老人反映了多年，没有得到改善。其二，政府对老年福利事务全面介入，老年人什么事情都习惯依赖政府及其派出机构，使在发达国家和地区的老年人照顾、服务中发挥重要作用的非政府组织及志愿者组织缺乏良好的生长土壤。鼓励和扶持有关老年人福利的非政府组织及志愿者组织，一方面可为老年人提供直接参与社会、表达其利益诉求的渠道，一方面也有助于分解目前由政府包揽的很多服务职能，将政府从"全保姆"的角色中解放出来。

3. 在各项为老政策措施落实的过程中，加强对老年人实际满意度的调查，以期不仅使各项工作指标达标，更要注重实际上能切实提高老人的生活质量。

比如，在社区内设置公共长椅，有些椅子只是找个地方安放，并不考虑位置是否合理，从路上走到椅子旁是否方便，坐在椅子上是否舒服等；有个别单元门扶手安装的位置使得老人不能一出门就可以扶到，而是要走几步才够得着，还是不能避免在平台上摔倒的危险。类似这种细节，在政府实事落实的任务表上看不出来，但是却会直接影响老年人在社区的实际生活。建议每年随机抽选若干社区，对上年落实的实事项目在居民中的满意度进行调查，或直接将调查咨询会议开进基层社区，同时还可以直接了解到老人还有哪些迫切需要解决的问题。

4. 老年人的紧急求助装置应更好地适合不同老年人的需要。

调查中了解到，老人的紧急求助系统，有的社区安装了"安康通"，有的则安装了"一键通"。二者的运作模式、技术平台、费用标准等都不一样。无论是从老年人群体的特点来说，还是从服务的运营成本与收益来考虑，为老人提供紧急求助服务都应该更好地适合不同老年人的需要，不能认为紧急求助装置技术越先进、功能越多便越好。"安康通"自 2001 年开始在上海投入运行至今，由于其列入上海市政府每年为市民办实事的项目，第一年的580 元初装费和每月 10 元的服务费都由政府支付，许多独居老人家中都安装了。但从安装第二年起老人每月就要自付 10 元服务费，加上每月 25 元的电话月租费、2—3 元 / 月的电费，给不少低收入的老人增加了负担，因而他们往往就退掉了"安康通"的服务。B 社区某居委试点的"一键通"，对家用电话进行改装，添加 9 个图形键，可以输入 9 个号码，每个键上都有不同的卡通形象，帮助老人分辨记录的是什么号码，老人有需要时只要按一个键，便可以呼出该键所记录的电话号码。其中有个键是通居委会的，平时要求独居老人每天早晚单击键给居委会报平安，居委有电脑自动筛选系统，如果有老人没有如期按键，系统会有提示，居委会便会派人上门探访。由于没有独立的运营公司，没有月服务费，运行成本较低，如试点成功则可以考虑逐步推广。

【注释】

① WHO.Global Age-friendly Cities: A Guide [EB/OL] .http://www.who.int/ageing/.../Global_age_friendly_cities_Guide_English.pdf, p.7.

② 全国老龄工作委员会：《全国老龄办六个部门负责人谈 2009 年工作思路》，http://www.cnca.org.cn/default/iroot1000210000/4028e47d1ff3055501201214e8ad0125.html。

③ 上海市统计局：《上海统计年鉴 2009》，http://www.stats-sh.gov.cn/2003shtj/tjnj/nj09.htm? d1 = 2009tjnj/C0310.htm。

④ 纯老家庭指住户中所有成员皆为 60 岁及以上老年人的家庭。

⑤ 上海市民政局：《2008 年上海市老年人口和老龄事业监测统计信息》，http://www.shmzj.gov.cn/gb/shmzj/node6/node592/node596/userobject1ai22218.html。

⑥ Michael, Y., McGregor, E., Chaudhury, H., Day, K., Mahmood, A.&Sarte, A.F.Revising the Senior Walking Environmental Assessment Tool [J], Preventive Medicine, 2009, 48: 247-249.

⑦ 这个小区是建于 20 世纪 50 年代的工人新村，住房条件差，居民收入水平比较低，有很多居民靠摆小摊的收入维生，因此居委干部也感到很难强行整治。

⑧ 社区观察时特地选择了早上上学的时间去该小区，果然车多人乱，很多老人小心翼翼地避行路边。

⑨ 卫生部门并没有规定社区医院（一级医院）只能用普通药，但是实际上由于服务半径相对较小，而且通常是进行常见病的基本诊疗，所以社区医院配备的药确实品种较少，而且以基本的常备药为主。

（本文原载《人口学刊》2010 年第 4 期）

积极应对人口老龄化，
全面建设老年友好城市

上海市是中国大陆户籍人口老龄化程度最高和未来十多年发展速度最快的特大城市，是世界卫生组织在 2007 年发布《全球老年友好城市指南》的伙伴城市，也是中国大陆近年来开展创建"老年友好城市"和"老年宜居社区"国家级试点最多的特大城市。为了积极应对人口老龄化，上海在发展老龄事业，全面建设老年友好城市方面采取了许多措施，取得了长足进展。

一、上海人口老龄化的主要特点

从上海市户籍人口考察，早在 1979 年末全市 65 岁及以上老年人口数占总人口数的比例已达 7.2%，开始进入老龄化社会；2012 年末全市 60 岁及以上户籍老年人口数为 367.32 万人，占总人口数的 25.7%。

鉴于台北市习惯用 65 岁作为老年人口的起点年龄，下面以此为准介绍上海市户籍人口老龄化的五个主要特点：

（1）老年人口数量很多。2012 年末，上海 65 岁及以上户籍老年人口数为 245.27 万人，仅比台湾地区的 260.02 万人少 14.75 万人，为台北市本地户籍登记的 34.87 万人的 7.0 倍。

（2）人口老龄化程度较高。2012 年末，上海 65 岁及以上户籍老年人口数占户籍总人口数的 17.19%，比台湾地区的 11.15% 高 6.04 个百分点，比台北市本地户籍登记的 13.04% 要高 4.15 个百分点。

（3）人口老龄化速度加快。2015 年至 2025 年为上海 65 岁及以上户籍老年人口数的高速增长期，预计全市 65 岁及以上户籍老年人口数将从 278

万人迅速增加到 473 万人，10 年内增加近百万老年人；如果在此期间户籍迁移政策没有很大松动的话，65 岁及以上户籍老年人口数占户籍总人口数的比例将可能由 19.0% 迅速上升到 30.9%，平均每年上升 1 个百分点，届时将比台湾预计的 20% 要高 10 个百分点。

（4）人口高龄化突出。由于人口变动的惯性作用和人口平均预期寿命的不断增高，在 2000 年到 2012 年间上海 65 岁及以上户籍老年人口数增长了 30.7%，而 80 岁及以上户籍高龄老年人口数竟增长了 119.3%。2012 年末，全市 80 岁及以上户籍高龄老年人口数为 67.03 万人，占全市户籍总人口数的 4.7%，占 65 岁及以上户籍老年人口总数的 27.3%。

（5）家庭小型化显著。目前上海家庭平均人口数已降至 2.49 人，预计 2018 年后全市每年进入 65 岁的户籍老年人中有 80% 以上是独生子女父母，在 2035 年后大批独生子女父母将步入高龄。

人口老龄化和高龄化是上海经济社会发展、医疗水平提高的重要标志，同时也给经济社会的可持续发展带来严峻挑战，对保障和改善民生特别是养老服务体系的完善提出了更高要求。另一方面，人数众多的老年群体所产生的内需拉动，养老产业、家庭服务业和老年用品的积极开发，也为上海全面建设老年友好城市带来动力和机遇。

二、构建完善老年友好城市建设的管理体制、机制和法制

世界卫生组织于 2005 年提出了建设"老年友好城市"的计划，于 2007 年国际老人日发布了《全球老年友好城市指南》。上海不仅是参与世界卫生组织起草《指南》编写调查工作的城市之一，而且上海的浦东新区、长宁区、杨浦区被全国老龄工作委员会办公室批准为国家级老年友好城市创建试点区，上海的黄浦区被批准为国家级老年宜居社区创建试验区，上海的静安区等其他区（县）也在积极开展这方面的创建活动。

世界卫生组织倡导建设"老年友好城市"的目的，就是要适应老年人需要，为老年人安度晚年创造一个安全、舒适、优美、和谐的生存环境，特别是帮助发展中国家在方兴未艾的城市化进程中进行合理的规划。在上海，虽然明确提出创建老年友好城市和老年宜居社区的时间并不长，但实际上市

政府从 20 世纪 80 年代初就开始重视这方面的问题，逐步构建和完善推进老年友好城市建设的管理体制、机制和法制。

1. 强化和完善全市老龄事业的管理体制。早在 1983 年上海就成立了"上海市老龄问题委员会"。2000 年后上海新组建并不断完善了由 1 位市委副书记任主任、1 位副市长任副主任的老龄事业议事协调机构——"上海市老龄工作委员会"，负责全市老龄战略研究和宏观政策的制定；老龄委下设办公室，由市民政局局长任办公室主任。其委员单位有市委组织部、市委宣传部、市文明办、市委老干部局、市高级人民法院、市发展改革委、市经济信息化委、市教委、市科委、市公安局、市民政局、市司法局、市财政局、市人力资源社保局、市建设交通委、市农委、市规划土地资源局、市文广影视局、市卫生局、市人口计生委、市工商局、市统计局、市体育局、市旅游局、市绿化市容局、市住房保障房屋管理局、市总工会、团市委、市妇联、解放日报社、文新集团、文广集团、市老年基金会等 33 个。上海市老龄委不仅明确规定了各委员单位的职责，而且在要求每年各委员单位自查职责落实情况的基础上，委托上海市老年学学会组织有关专家进行"第三方评估"。

2. 制定全市老龄事业发展五年规划。在上世纪 90 年代中期，上海市就制定了《上海市老年事业发展"九五"计划和 2010 年远景目标》。从 2001 年起市政府每五年批准发布《上海市老龄事业发展五年规划》，总结回顾前五年发展状况，分析未来五年面临的形势与挑战，规定未来五年发展的指导思想、基本原则、发展目标、主要任务和保障措施。在上海市人民政府批准发布的《上海市老龄事业发展"十二五"规划》中，把"推进老年友好城市建设"作为 2011 年至 2015 年发展全市老龄事业的一项主要任务。

3. 将推进老龄事业发展的重点工作纳入年度市政府实事项目。上海从上世纪 90 年代初开始每年都将本年度要完成的老龄事业具体任务列入市政府惠民实事项目，并明确进度及负责部门、责任人。在市政府历年列入的实事项目中，包括每年需要完成一定数量的养老机构床位、居家养老服务老人、老年人日间服务中心、社区老年人助餐点、标准化社区老年活动室、社区健身苑和健身点、公园和公共绿地的百姓健身步道、为独居老人安装紧急呼叫系统、旧居住区综合改造、为低保困难老年人家庭提供居室"适老性"改造服务、建立社区服务志愿者组织、培训低龄老年志愿者、为高龄老人提供家庭互助服务、为肿瘤晚期病人提供居家和住院相结合的舒缓疗护（临终关怀）服务、完善公共厕所的设施设备和导向标志等。其中还按上海市养老机构在 2010 年末和 2015 年末床位总量应占当年 60 岁及以上户籍老年人口数 3% 的目标，在 2006 年至 2010 年间每年提出新增养老床位 1 万张，在 2011 年至 2015 年间每年提出新增养老床位 5000 张的实事项目。

4. 制定健全有关老龄事业的地方性法规。早在 1988 年，上海市人大常委会就通过并施行《上海市老年人保护条例》，规定每年重阳节为"本市敬老日"。1994 年由市民政局等 17 个单位联合发布《关于加快发展上海市社区服务业的意见》，并陆续制定了有关改革城乡基本养老保险和医疗保险、开展居家养老服务、鼓励老年人参与社会、设立家庭病床、发展老年教育、倡导社会尊老服务、推进无障碍设施建设、社区为老服务配套设施、老年法律援助等一系列规章。近年来上海市质量技术监督局还发布了上海市地方标准的《社区居家养老服务规范》《老年照护等级评估要求》等文件，最近市政府批准发布本市推进养老机构发展指导意见，《上海市养老机构服务和管理条例》也已正式纳入地方立法计划，有望在近期出台。

5. 实施福利彩票公益金资助社区公益服务项目招投标办法。2009 年，本市发布《上海市民政局关于福利彩票公益金资助项目实施公益招投标意见》，从该年下半年开始启动。这是上海市在中国大陆率先试行的一项推进政府购买服务的举措，它专门从市、区（县）两级福利彩票公益金中安排专项资金，借鉴企业招标的方式，由政府向社会组织购买社会公益服务，并为中标的社会组织提供能力建设。在这些招标项目中，有培训社区低龄老年志愿者为高龄老人提供家庭互助服务项目、为社区低保困难老年人家庭居室提供适老性改造服务项目、为社区无子女或子女在外地的独居老人提供结对关爱服务项目、为肿瘤患者（包括空巢老人患者）及其家属提供心理治疗、康复知识和科学新气功等专业培训项目、为社区有需求的老年居民提供心理健康个案咨询和上门心理服务项目等。仅 2012 年，上海市、区（县）民政局从福利彩票公益金中就安排 1 亿元资金，用于社会公益服务项目创投和招投标。

三、上海市推进老年友好城市建设的初步成效

上海经过 30 年的探索与实践，尤其是近年来加大工作力度，坚持问题导向、需求导向和项目导向，基本形成了覆盖城乡的基本养老保障体系、以社区居家养老服务为主的养老服务格局和社区养老支持系统，构建了服务方式多样化、服务功能多层次、实施主体多元化的上海养老服务模式，初步满足了老年人快速增长的多样化养老服务需求。

1. 改革和完善老年保障制度

（1）改革完善城镇养老保险制度。2012 年末，全市 60 岁及以上户籍老年人领取城镇基本养老金的人数共计 250 万人，初步建立了城镇职工基本养老金的正常调整机制，保障城镇离退休人员的生活水平逐年有所提高。

（2）改革健全农村养老保险制度。本市郊区全部建立了新型农村社会养老保险制度，农民社会养老保险覆盖面不断扩大，并不断提高老年农民养老金标准，完善老年农民养老金托底补贴机制。

（3）改革完善老年医疗保障体系。全市基本形成覆盖所有城乡居民的基本医疗保障体系，城镇所有无医保居民包括老年无保障人群，已全部纳入制度保障的覆盖范围。同时，继续为社区中有需求的独居、重病和高龄老人等提供家庭病床服务，2012 年全市共为老年人开设家庭病床 4.21 万张。并针对老年人突出的需求，试点开展了居家和机构相结合的舒缓疗护服务。

（4）稳步提高老年人社会救助水平。针对城乡低保家庭老年人群、社会孤老等特殊困难老年群体、农村五保对象等，不断提高其保障水平。

2. 制定和完善养老服务格局

（1）强化养老机构建设。从 2005 年以来，市民政局通过深入调研提出了在 2006 年至 2015 年间上海将形成并保持"9073"的养老服务格局目标，即本市 60 岁及以上户籍老年人中 90% 靠家庭自己解决养老服务（包括家庭亲属、雇民间钟点工），7% 居家接受社区上门服务或进社区老年人日间服务中心，3% 入住养老机构接受服务。为了按适度比例加快养老机构发展，上海坚持政府主导、各方参与的资金投入机制，努力提升养老机构的服务水平。2012 年末，全市养老机构共计 631 家，床位总数 10.5 万张，占 60 岁及

以上户籍老年人口数的 2.9%，占 65 岁及以上户籍老年人口数的 4.3%。

（2）提升社区居家养老服务水平。上海全面推进社区居家养老服务建设，在市、区（县）、街道（乡镇）三个层面建立了覆盖全市的社区居家养老服务网络。并依托养老机构、服务网点、家政公司等社区服务资源，拓展"助餐、助浴、助洁、助行、助医、助急"等老年人急需的居家养老服务。2012 年末，全市共有 231 家社区助老服务社、3.2 万名社区居家养老工作人员，为 27.20 万名居家老年人提供社区居家养老服务，其中享受养老服务补贴的 12.60 万人；全市共有社区老年人日间服务中心 313 家，服务人数 1.10 万人。全市还有 492 家社区老年人助餐服务点和 5028 家标准化老年活动室，为老年人提供便捷的生活服务。

（3）试验推广社区居家养老的项目化服务、集约化运作、专业化提升的新模式。2009 年上海实施了《社区居家养老服务规范》地方标准，以规范养老评估和服务补贴制度。2012 年全市开通了养老服务电子地图，实现对服务设施的定位和服务信息的查询，并对服务设施进行评价，为老年人提供更多更好的公共服务资源。

3. 积极引导老年人参与社会并维护老年人合法权益

（1）拓展老年人参与社会的新机制。上海自 2003 年起连续 12 年开展以老年知识分子援助西部建设和对本地区的智力援助活动为标志的"银龄行动"；支持热心且住房条件较好的老年人将自己的家设为睦邻点，开展沟通交流和互助服务；开展低龄老人定期为高龄独居老人提供以互助关爱为主题的志愿服务——"老伙伴"计划。全市成立了上海市老年志愿者总队，注册志愿者 16 万人。志愿服务活动的形式和内容不断拓展，为老年人搭建了参与社会的平台。依托基本覆盖城乡的公共文化设施网络，建成"15 分钟公共文化服务圈"，形成覆盖城乡、资源共享的四级公共文化设施网络结构，便于老年人就近、便捷享受公共文化服务，参与社会发展。

（2）老年教育覆盖面逐年扩大。上海制定老年教育五年发展规划和养老机构远程学习收视点全覆盖三年行动计划，在本市"东、西、南、北"新建四所上海老年大学分校，均衡了市级老年大学布局。2012 年末，本市各类老年教育机构共有 284 个，接受继续教育的老年人总数 60 多万人。

（3）老年维权服务网络基本形成。上海成立了市老年人法律服务中心和区（县）老年人法律援助中心，市、区（县）、街道（乡镇）、居（村）委四级维权服务网络基本形成，普遍开展了创建"老年维权示范岗"活动。本市各区（县）法律援助机构全面建立居委村委法律援助联络点，使老年人不出社区即可获得法律援助。2012 年，全市近千名法律援助律师为老年人提供免费法律服务，全年受理老年人来信、来访、来电总数 5.09 万人次，其中调解处理 4.98 万人次。

四、上海建成老年友好城市建设的展望

当前上海积极响应世界卫生组织的号召，开展"老年友好城市"和"老年宜居社区"的试点工作，研究探索相关的政策措施以及服务和设施等方面的改造。并在总结试点经验的基础上，结合上海地域文化、经济及社会发展的特点，编制了《上海市老年友好城市建设导则》和《上海市老年宜居社区建设细则》，以推动建设的规范化和长效化。

在下一步工作中，上海将把建设老年友好城市与建设"智慧城市"、建设"健康城市"有机结合，把建设老年友好城市与建设"老年宜居社区"、建设"老年温馨家庭"有机结合，聚焦于《全球老年友好城市指南》倡导的户外环境和设施、公共交通和出行、住房建设和安全、社会保障和援助、社会服务和健康、文化教育和娱乐、社会参与和奉献、社会尊重和优待等八大方面，建立"区域互动"的交流机制，将精致、细腻的"海派文化"融入城市建设理念中。同时，我们也希望上海在与台北的合作交流中，进一步借鉴台北市在实施全民"健保"、整合该市社会局与卫生局的老年长期照护服务资源、重视"居家复健"和"社区复健"、推进"机构喘息"、试办"以房养老"（"不动产逆向抵押贷款"）等方面的经验，把上海建设老年友好城市推上一个新台阶。

（桂世勋在 2013 年 7 月 3 日上海市"双城论坛"报告 ［书面稿］）

关于上海市人口老龄化新特点的思考

早在 1979 年末，上海市 65 岁及以上户籍人口就占总人口的 7.2%，开始进入老年型人口；比中国进入老年型人口约早 20 年。我认为在 21 世纪头 20 年的不同时期上海市人口老龄化会呈现若干新特点，它对于上海市从本地区实际出发研究积极应对人口老龄化战略至关重要，对我国其他地区研究积极应对人口老龄化战略也有一定启示。

一、在 2000—2010 年间上海市出现了户籍人口加速老龄化与常住人口具有部分年轻化特征并存的态势

在 2000—2010 年间，上海市 60 岁及以上户籍老年人口系数从 2000 年末的 18.3% 迅速上升到 2010 年末的 23.4%（2011 年末为 24.5%），10 年间上升 5.1 个百分点，10 年增幅为 27.9%；其中 2005 年末为 19.6%，比 2000 年末上升 1.3 个百分点，5 年增幅为 7.1%；2010 年末比 2005 年末上升 3.8 个百分点，5 年增幅为 19.4%。同期上海市 15—59 岁户籍劳动年龄人口抚养 60 岁及以上户籍老年人口的老年抚养比从 2000 年末的 26.1% 迅速上升到 2010 年末的 34.4%（2011 年为 36.6%），10 年间上升 8.3 个百分点，10 年增幅为 31.8%。

然而据上海市统计局对"五普"和"六普"数据的计算，上海市 60 岁及以上常住老年人口系数虽然从 2000 年的 15.0% 上升到 2010 年的 15.1%，10 年间上升 0.1 个百分点，10 年增幅 0.7%；上海市常住人口的年龄中位数虽然从 2000 年的 37.64 岁增加到 2010 年的 37.83 岁，10 年间增加 0.19 岁，10 年增幅 0.5%；但上述两项指标值的增幅都非常小，特别是上海市 65 岁及

以上常住老年人口系数却从 2000 年的 11.46% 下降到 2010 年的 10.12%（比 2010 年重庆市 65 岁及以上常住老年人口系数 11.56% 要低），10 年间降低 1.34 个百分点，10 年降幅为 11.7%；上海市 15—59 岁常住劳动年龄人口抚养 60 岁及以上常住老年人口的老年抚养系数却从 2000 年的 20.6% 下降到 2010 年的 19.8%，10 年间降低 0.8 个百分点，10 年降幅为 3.9%。它表明在 2000—2010 年间上海市常住人口的年龄结构具有部分年轻化的特征。

上述新特点形成的主要原因，是由于在 2000—2010 年的 10 年间上海市户籍总人口数增长较慢，从 2000 年末的 1321.63 万人增加到 2010 年末的 1412.32 万人，10 年间增长 6.9%，而常住总人口数却增长很快，从 2000 年的 1673.77 万人增加到 2010 年的 2301.91 万人，10 年间增长 37.5%。特别是 2000—2010 年间上海市 15—59 岁户籍劳动年龄人口数出现了负增长，而 15—59 岁常住劳动年龄人口数却迅速增长。我在 2002 年主持的 2002—2050 年上海市户籍人口变动趋势生育中方案与净迁入不断增加的中方案预测发现，上海市 15—59 岁户籍劳动年龄人口数有可能从 2005 年开始出现负增长。后来统计数据表明，上海市 15—59 岁户籍劳动年龄人口数在 2006 年后开始出现小幅波浪式负增长，除 2008 年末比 2007 年末回升 0.03% 外，其余各年均呈负增长，2010 年末为 962.27 万人（2011 年为 950.16 万人），比 2006 年末的 980.85 万人减少 18.58 万人；相反上海市 15—59 岁常住劳动年龄人口数却从 2000 年的 1193.92 万人迅速增加到 2010 年的 1756.67 万人，10 年间增长 47.1%。特别是 2010 年上海市 20—34 岁外来常住人口数达到 422.03 万人，占全市该年龄段常住人口数的 57.7%，竟超过了 2010 年 20—34 岁户籍常住年龄人口数。

认识上述特点，有利于我们充分肯定外来常住人口特别是外来常住劳动年龄人口对大幅度推迟未来上海市"人口红利期"机会视窗关闭时间的重大贡献，紧紧抓住"常住人口红利期"的机遇。"人口红利"是指由于人口再生产类型从"高出生、低死亡、高自然增长"向"低出生，低死亡，低自然增长"转变的一定时期中所出现的少年儿童人口数明显减少、老年人口数并不很多、劳动年龄人口数相对或绝对较多，从而使人口总抚养比较低，使经济发展有可能取得比人口总抚养比较高时期更多的收益。然而人口红利只是提供了在人口年龄结构上有利于经济发展的机遇，要将其真正转化为促进经济发展的现实，主要取决于两个因素：一是增加就业岗位，让众多劳动年龄人口成为创造物质财富和精神财富的现实生产力；二是加大教育、健康等人力资本的投入，提高按劳动年龄人口平均计算的人均经济效益和社会效益。我认为在一个人口开放型地区，人口总抚养比的高低，不仅取决于人口自然变动的状况，还取决于人口机械变动的状况。现在一些发达国家为了应对由于本国人口老龄化过于严重引起的人口总抚养比过高的情况，加大了技术移民或劳务输入的力度，实际上就是为了相对甚至绝对地降低本国的人口总抚养比。在我国现有的户籍制度下，如果一个地区的户籍劳动年龄人口大量流出，就会使该地区的常住人口总抚养比高于户籍人口总抚养比；反之一个地区的外来劳动年龄人口大量流入，则会使该地区的常住人口总抚养比低于户籍人口总抚养比。现阶段我国东部沿海地区特别是东部沿海大城市，正是由于中、西部地区大量劳动年龄人口的流入，形成了常住人口总抚养比明显低于户籍人口总抚养比的态势，使现阶段我国中、西部地区本来从人口再生产类型转变中有可能取得更多"人口红利"的机遇让渡给东部地区，使东部地区在同一时期内有可能取得比原来更多的人口红利，以及延长未来有可能取得"人口红利"的时间。

从上海市的情况来看，不仅 2010 年 15—59 岁常住劳动年龄人口抚养 0—14 岁常住少年儿童人口与 60 岁及以上常住老年人口的总抚养比（31.1%），较 2010 年末 15—59 岁户籍劳动年龄人口抚养 0—14 岁户籍少年儿童人口与 60 岁及以上户籍老年人口的总抚养比（46.7%）要低得多，而且未来常住人口有可能获得"人口红利"的时间也比户籍人口长得多。如果以国际上许多学者提出的 15—64 岁劳动年龄人口抚养 0—14 岁少年儿童人口与 65 岁及以上老年人口的总抚养比低于 50% 为"人口红利期"的机会视窗开启的临界值考察，在未来上海市的户籍迁入政策没有很大松动的情况下，上海市"户籍人口红利期"的机会视窗将在 2020 年左右关闭，但上海市"常住人口红利期"的机会视窗则由于外来常住劳动年龄人口的迅速增加，有可能推迟到 2030 年甚至更后才关闭。因此，建议上海市政府及有关部门应进一步营造良好人才发展环境，实施重点人才开发工程，吸引更多高素质外来人才来沪工作；进一步重视对包括农民工在内的外来流动从业人员的职业培训，提高农民工新生代接受义务教育的质量，切实贯彻落实最近国务院办公厅有关"进城务工人员及其他非本地户籍就业人员随迁子女接受义务教育后在当地参加中考和高考"的要求，充分调动未来外来常住从业人员在上海市经济和社会发展中的积极性，把"常住人口红利期"的机遇转化为更好地促进经济发展的现实。

认识上海市人口老龄化的上述特点，也有利于我们更自觉地将上海市的外来从业人员从过去参加"综合保险"调整为参加城镇职工基本养老保险，相对甚至绝对减缓未来上海市城镇职工基本养老保险基金缴费与支付的严重赤字。2010 年度上海市本级财政对社会保险基金补助为 107.8 亿元。我认为上述补助如此之多的一个重要原因，就是上海市从 2002 年 9 月起对外来从业人员实施综合保险，用人单位按其使用外来从业人员的总人数乘以上年度全市职工月平均工资的 60% 为缴费基数，每月为其使用的外来从业人员按缴费基数的 12.5% 缴纳综合保险费（其中用于缴纳"老年补贴"保险费的占缴费基数的 5%），并委托商业人寿保险公司运作和支付。

我于 2004 年发表的《我国城镇外来从业人员养老保险模式研究》中，曾在肯定上海市所作的积极探索的同时，也明确指出："上海模式的缺陷主要在于它不能将城镇企业为外来从业人员缴纳的有关养老保险费作为缓解未来中国城镇基本养老保险基金赤字的一个重要来源。"再加上上海市还规定外来从业人员个人不缴纳综合保险费，因此，该模式"也不是未来我国所有城镇尤其是特大城市可以普遍推广的最佳模式"。2011 年 7 月 1 日起，上海市已根据《社会保险法》的规定将城镇户籍的外来从业人员调整为与上海户籍企业职工一样参加上海市的城镇职工基本养老保险；非城镇户籍的外来从业人员则对其个人缴费基数从 2011 年度为上年度全市职工月平均工资的 40%，通过 5 年过渡到 2015 年度与上海市户籍企业职工一样按规定缴费和计发。这不仅维护了外来从业人员的合法权益，而且有利于上海市相对甚至绝对减轻未来相当长时期内城镇基本养老保险基金的赤字。事实表明，2011 年度上海市本级财政对社会保险基金补助为 100.2 亿元，比 2011 年减少 7.6 亿元。

二、在 2010—2020 年间上海市面临户籍人口老龄化高速 发展与户籍老年人口阶段性低龄化并存的态势

据我主持的上述方案预测结果，全市 60 岁及以上户籍老年人口数在 2010—2020 年间将呈现历史上空前绝后的高速增长，从 2010 年末的 331.02 万人迅速增加到 2020 年末的 500 万人左右，10 年增加约 170 万人，10 年增长约 51.0%；并且不会像全国那样在 2022 年起出现长达 14 年的本世纪第二个更大的 60 岁及以上老年人口数的高峰期；其中上海市 60—69 岁户籍低龄老年人口数将从 2010 年末的 166.69 万人更迅速增加到 2020 年末的 280 万人左右，10 年间增加约 113 万人，10 年增长约 70.0%。如果未来上海市户籍迁入政策没有很大松动的话，全市 60 岁及以上户籍老年人口系数将从 2010 年末的 23.4%迅速上升到 2020 年末的 33%左右，10 年间上升约 9.6 个百分点，10 年增幅约 41%。

然而据我主持的上述方案预测，上海市 80 岁及以上户籍高龄老年人口数在 2010—2020 年却相对缓慢发展，有可能从 2010 年末的 59.83 万人波浪式地增加到 2020 年末的约 69 万人；特别是在 2016 年后有可能出现阶段性的负增长，全市 80 岁及以上户籍高龄老年人口数从 2016 年末的 70.62 万人逐渐减少到 2020 年末的 68.96 万人，然后缓慢增加到 2024 年末的 71.67 万人，开始超过 2016 年末的人数。与此相应，上海市 80 岁及以上户籍高龄老年人口数占 60 岁及以上户籍老年人口数的比例将有可能从 2010 年末的 18.1%下降到 2015 年末的 17.3%、2020 年末的 14.0%、2025 年末的 13.6%，然后再回升到 2030 年末的 17.9%。据最近上海市老龄科研中心和上海社科院人口与发展研究所的预测，上海市 80 岁及以上户籍高龄老年人口数占 60 岁及以上户籍老年人口数的比例，在 2010 年为 17.5%，2015 年为 16.1%，2020 年为 12.8%，2025 年为 12.5%，到 2030 年才回升到 17.5%，与 2010 年的比例持平，这再次印证了我当时作出的在 2010—2020 年间上海市将出现户籍老年人口低龄化的判断。

上述新特点形成的主要原因，是由于上海市在 1962 年后因城市计划生育先于全国农村实施，1966 年后大批城市知识青年上山下乡插队落户又推

迟了年轻人的实际婚育年龄，从而使上海市户籍人口在 1950—1980 年间只出现 50 年代一次出生高峰期，户籍人口出生率从 1963 年的 30.3‰ 迅速下降到 1965 年的 17.0‰、1970 年的 13.9‰、1975 年的 9.4‰，户籍人口出生数也从 1963 年的 32.30 万人迅速减少到 1965 年的 18.57 万人、1970 年的 15.10 万人、1975 年的 10.14 万人；而全国在 1962—1975 年间每年出生人口数均超过 2000 万人，其中有 10 年每年出生人口数竟超过 2500 万人。据我主持的国家社会科学基金重点项目"21 世纪中国人口发展趋势及其对策"中假设的生育修正中方案和人口平均预期寿命低方案预测，在我国人口平均预期寿命不断提高的同时，由于受上述出生人口高峰期的惯性作用影响，全国 60 岁及以上老年人口数将从 2020 年末的 2.48 亿人高速增加到 2030 年末的 3.61 亿人，10 年间增加 1.14 亿人，10 年增长 46.0%。至于上海市在该时期高龄老年人口数之所以会出现负增长，主要与 80 年前的 1937 年 11 月 12 日淞沪会战后上海沦陷，1942 年日本侵略军又"接收租界"，上海市民在日本侵略军占领下一直生活到 1945 年密切相关。

认识上述特点，有利于我们高度重视 2010—2020 年间上海市将出现历史上空前绝后的户籍低龄老年人口数的高速增长期，研究如何更好地倡导和贯彻"积极老龄化"的理念，引导尽可能多的低龄老人以各种方式自愿量力地参与社会。"积极老龄化"是在 2002 年联合国第二届世界老龄大会上被国际社会接受作为应对人口老龄化战略的新理念。在 2001 年，世界卫生组织曾组织撰写印刷了《健康与老龄化》，准备提供该大会讨论用。但经过由世界卫生组织卫生发展中心召开来自 21 个国家的 29 名代表参加的专家小组会议讨论修订，并于 2002 年 4 月经瓦伦西亚国际老年学论坛讨论后，改成《积极老龄化政策框架》的书面建议。世界卫生组织在上述书面建议中指出："积极老龄化是人到老年时，为了提高生活质量，使健康、参与和保障的机会尽可能发挥最大效益的过程"。它是"一个比健康老龄化内涵更为广泛"的理念。并认为"如果政府、国际组织和民间社团制定'积极老龄化'的政策和计划，促进老年人的健康、参与和保障，国家就能够应对老龄化的挑战。现在是制定计划和采取行动的时候了"。2002 年，第二届世界老龄大会接受了世界卫生组织的建议，把"积极老龄化"这个词及其含义正式写入了 2002 年 4 月 12 日通过的《联合国第二届世界老龄大会政治宣言》，指出

"对老年人的认可和对他们充分参与的促进，是积极老龄化的主要内容。"

我把"积极老龄化"解释为是指在人口老龄化的过程中，积极促进老年人口中身心健康、参与社会、获得保障的比例逐渐增大和水平不断提高，从而更有利于经济发展和社会进步，不断提高老年人的生活质量，建立不分年龄人人共享的和谐社会。在"积极老龄化"所包含的健康、参与和保障三个要素中，虽然健康是参与的体质基础，保障是参与的物质基础，但参与是核心，它有利于促进健康和减缓保障支出不断增加的压力，使广大老年人从单纯被抚养的社会群体转变为能以各种方式继续为社会作贡献的积极因素。在世界卫生组织的上述书面建议中，还特别强调"健康只有通过多方面的参与，才能增进和保持"，"老年人健康和继续工作，有助于缓解养老金、收入保障计划以及医疗和社会照料支出不断增加的压力"。

按照世界卫生组织的上述书面建议和《联合国第二届世界老龄大会政治宣言》，"参与"不仅包括老年人从事有收入的工作，而且也包括老年人参加志愿服务和参与社会的文化、教育、体育、政治活动，以及承担"家庭管理和照料儿童"的工作。如果上海市能在2010—2020年间大批60—69岁户籍低龄老年人口迅速增加时，引导他们自愿量力地以各种形式参与社会，那么不仅能使他们继续为社会作贡献，进一步体现人生的价值，提高他们的生活质量，而且有利于减缓老年人自理能力和认知功能的衰退，减轻未来老年人的医疗费用和照料费用等开支，相对减缓国家、社会和家庭在老年医疗和长期照护方面的压力。

认识上述特点，也有利于上海市在未来10年内比2005—2010年间适当减少每年养老机构的新增床位数，加大提高养老机构服务质量和社会效益的力度。2006年，上海市民政局提出到2010年全市要形成"9073"（即90%的老人为家庭养老，7%的老人在社区接受养老服务，3%的老人享受机构养老服务）的养老服务格局目标，使全市60岁及以上老年人口中3%入住养老机构接受服务；并在2005—2010年间通过市政府每年为市民办"实事项目"的形式，要求全市每年新增养老机构床位1万张。经过几年努力，上海市民政部门主管的养老机构床位数从2005年末的4.95万张迅速增加到2010年末的9.78万张，养老机构床位数相当于同年末全市60岁及以上户籍老年人口数的比例也从2005年末的1.9%迅速上升到2010年末的

3.0%。

那么在 2010—2020 年间上海市养老机构床位数发展的目标应如何确定呢？早在 2008 年北京市就提出到 2020 年末养老服务格局目标为"9064"，4% 的 60 岁及以上老年人在机构养老。我在 2008 年就建议上海市不应盲目与北京市攀比，上海市 2020 年养老机构床位数的发展目标最多相当于当时 60 岁及以上户籍老年人口数的 3.5%。其主要理由是在 2010—2020 年间上海市 60 岁及以上户籍老年人口数高速增长过程中将出现户籍老年人口的低龄化；而低龄老年人口生活不能自理的比例又比高龄老年人口生活不能自理的比例要低得多。我当时根据上海市老龄科学研究中心开展并由我主持的 2003 年上海市老年人口状况与意愿跟踪调查中有关老年人自评基本生活自理能力的资料，计算在被调查的 60—64 岁户籍老年人口中，生活部分能自理的占 0.3%，不能自理的占 0.5%，两者合计为 0.8%；而在 80 岁及以上户籍高龄老年人口中生活部分能自理的占 15.6%，不能自理的占 8.9%，两者合计为 24.5%。最近我根据对上海市"六普"10% 的"老年人口健康状况"资料计算，2010 年上海市 60—64 岁常住老年人口中生活不能自理的仅占 0.65%，而在 80 岁及以上常住高龄老年人口中生活不能自理的占 13.11%（见表 1）。因此，2010—2020 年间上海市由于户籍老年人口的低龄化，将使全市 60 岁及以上户籍老年人口中生活不能自理人数的增长速度比 60 岁及以上户籍老年人口数的增长速度要慢得多。这表明在该时期上海市户籍老年人口入住养老机构需求的增长速度将有可能相对减缓。此外，那时上海市除市、区级社会福利院和地处市中心区的养老机构入住率较高外，养老机构在总体上入住率还不高。后来在《上海统计年鉴（2010）》中公布，2009 年末全市 589 个"收养性老年福利机构"的在院人数仅占床位数的 61.4%。因此，上海市也需要在 2011 年后适当减慢养老机构床位数的增加速度，进一步提高养老机构的硬件和软件水平，建设更符合上海市老年人养老服务需求的养老机构。我的上述建议受到上海市民政局领导的重视，在《上海市民政事业发展"十二五"规划》中要求到 2015 年末仍按"9073"的养老服务格局目标实施，在"十二五"期间每年新增养老机构床位数由 2005—2010 年期间的 1 万张减少到 5000 张；同时把民政部门的力量更多地放在关心和支持居家养老的老年人身上，努力开创关爱"90"（即 90%）老年人口的新局面。

表 1　2010 年上海市常住老年人口分年龄组的生活不能自理比例　单位：%

年龄组	合计	60—64	65—69	70—74	75—79
生活不能自理比例	3.71	0.65	1.19	2.32	4.49
年龄组	80—84	85—89	90—94	95—99	100＋
生活不能自理比例	9.06	15.59	27.17	39.67	43.24

资料来源：根据上海市第六次全国人口普查领导小组办公室、上海市统计局编《上海市第六次人口普查数据手册》有关数据计算而来。

三、在 2010—2020 年间上海市面临大批户籍独生子女父母进入老年与他们还处于低龄老年阶段并存的态势

上海市自 1979 年以来实行普遍提倡一对夫妻只生育一个孩子的政策，大批独生子女父母将在"十二五"时期逐渐进入 60 岁。鉴于 1990 年上海市第四次人口普查资料提供了分 1 岁一组的只有 1 个活产子女的常住育龄妇女人数占同龄妇女人数比重的数据（见表 2），如果假设当时 35 岁的妇女仍只有 1 个活产子女的为独生子女的母亲、独生子女母亲的年龄别死亡率与非独生子女母亲的年龄别死亡率差异不大，那么预计上海市从 2015 年开始每年进入 60 岁的女性老年人口中，只有 1 个子女的将超过 80%；如果假设独生子女父亲的年龄别死亡率与非独生子女父亲的年龄别死亡率也差异不大，那么按 1982 年"三普"时男女平均初婚年龄差约为 2 岁推断，上海市从 2013 年开始每年进入 60 岁的男性老年人口中，只有 1 个子女的也将超过 80%。

表 2　1990 年上海市常住人口中只有 1 个活产子女的妇女数占同龄妇女数的比例

年龄		占同龄妇女数的比重（%）	占同龄有活产妇女数的比重（%）	年龄		占同龄妇女数的比重（%）	占同龄有活产妇女数的比重（%）
1990 年	2015 年			1990 年	2015 年		
29	54	83.2	96.5	33	58	87.2	92.9
30	55	86.6	95.8	34	59	86.2	91.1

年龄		占同龄妇女数的比重（%）	占同龄有活产妇女数的比重（%）	年龄		占同龄妇女数的比重（%）	占同龄有活产妇女数的比重（%）
1990 年	2015 年			1990 年	2015 年		
31	56	87.6	95.4	35	60	83.2	87.4
32	57	88.1	94.5	36	61	78.5	82.1

资料来源：根据上海市人口普查办公室编《上海市第四次人口普查资料汇编》有关数据计算而来。

认识上述特点，有利于上海市尽早开展实施"关爱独生子女父母养老工程"，引导他们由"担忧年老后缺人照护的压力"变为"年轻时更重视自身保健的动力"，更加重视自身的终身保健，为 2030 年后上海市大批独生子女父母逐渐进入 80 岁时降低高龄期的患病率、失能率、失智率做好准备，体现党和国家对广大独生子女父母负责到底的全程关爱。在 20 世纪 80 年代，培养孩子的成本比现在低得多，老年保障制度的覆盖面比现在窄得多，养老保险的水平比现在低得多，老年人的照护基本上靠配偶和子女承担，大多数年轻夫妻的生育观念还处于最好生育两个孩子的情况下，广大育龄夫妇响应《中共中央关于控制我国人口增长问题致全体共产党员、共青团员的公开信》号召，为了控制我国人口过快增长做出了牺牲，只生育一个孩子。从家庭生命历程来看，当时独生子女父母最大的牺牲表现在进入老年特别是高龄阶段，身体逐渐衰老，自理能力下降，多种疾病缠身，配偶不幸去世，却得不到多子女多孙辈的经济赡养、生活照护和精神慰藉，有的子女甚至严重伤残或死亡，给独生子女父母带来了终身遗憾和心灵阴影。

从 2011 年我与上海市闸北区人口计生委合作进行的该区 1000 名 50—64 岁独生子女父母调查中发现，他们担心今后的主要养老问题如下：总体上最担心将来遇到的困难，按多项选择的比例由高到低的前三位问题为自己的健康状况（89.8%）、收入和财产状况（37.0%）、子女对自己的赡养和照料（18.3%）；在经济上最担心将来的困难，按多项选择的比例由高到低的前三位问题为支付患大病医疗费用（87.8%）、支付入住养老院费用（46.1%）、支付请保姆或居家养老服务费用（28.0%）；对未来独生子女承担养老责任最担心的问题，按多项选择的比例由高到低的前三位问题为患重病时子女抢救和陪夜有很大困难（66.0%）、经济困难时子女无能力帮助（42.6%）、日常生活严重不能自理时子女难以很好照料自己（38.0%）。

因此，建议上海市政府及有关部门在"十二五"时期独生子女父母开始大批进入老年时尽快实施"关爱独生子女父母养老工程"。除了把进一步提高独生子女赡养老年父母的光荣感和责任感，把大力弘扬中华民族的"孝"文化传统，每两年评选和表彰一次"独生子女孝亲敬老楷模"和开展对幼儿园、中小学独生子女"尊老、敬老、孝顺父母"的教育，组织他们参与高龄独居老人结对关爱实践活动作为实施"关爱独生子女父母养老工程"的重要内容外，应进一步教育和引导独生子女父母清醒地认识到在自己今后由于只生一个孩子，亲属照护资源比现在80岁及以上高龄老年人的"多子多福"明显弱化，更应重视自身的终身保健，将"担忧年老后缺人照护的压力"变为"年轻时更重视自身保健的动力"。同时还要把这种被关爱对象的年龄"前移"，高度重视和加强现在处于中青年期的独生子女父母疾病预防，让他们了解并采取有效措施减少未来老年常见病和多发病的发生，降低未来进入老年后分性别年龄组的患病率、失能率和失智率，取得既有利于提高自己老年期的生活质量和生命质量，又有利于相对甚至绝对减轻配偶、独生子女和社会照护压力的双重效应。

认识上述特点，也有利于上海市从人口长期均衡发展和增强未来家庭养老功能出发，积极引导符合法律法规可以生育两个孩子的已婚夫妻最好生育两个孩子，尽可能提高未来家庭代际结构中"四二二"的比例。在"十二五"时期上海市大批第一代独生子女父母将逐渐进入60岁，在2035年左右他们将逐渐进入80岁。如果从2011年起在现行生育政策许可的范围内，让较多已婚夫妻能生育两个孩子，那么当2035年后大批独生子女父母逐渐进入高龄、最需要长期照护时，他们中更多人会有两个20多岁的孙辈，可以协助父母亲照顾基本生活自理有困难的祖辈。当然，引导符合法律法规可以生育两个孩子的已婚夫妻最好生育两个孩子，还有利于他们子女的身心健康成长，减轻由于只生一个孩子万一严重伤残和死亡给家庭带来的巨大压力。我认为上海市有关部门在"十二五"时期不能满足于在办公室等候审批符合法律法规可生育两个孩子的夫妻递交再生育一个孩子的申请书，而应通过广泛深入宣传，积极引导符合法律法规可以生育两个孩子的育龄夫妻最好能生育两个孩子，进一步提高全市户籍人口中计划内的"四二二"家庭比例。

【参考文献】

[1] 上海市民政局、上海市老龄工作委员会办公室、上海市统计局：《上海市老年人口和老龄事业数据手册》[2]，2011.3；2012.3。

[2] 上海市统计局：《上海常住人口性别年龄结构变化特征分析》，[2011-12-14]，上海统计网站：http://www.stata-sh.gov.cn/。

[3] 胡焕庸主编：《中国人口》（上海分册），中国财政经济出版社1987年版。

[4] 联合国第二届世界老龄大会政治宣言：《积极老龄化政策框架》，熊必俊编著《人口老龄化与可持续发展》，中国大百科全书出版社2002年版。

（本文原载国家应对人口老龄化战略研究总课题组《积极应对人口老龄化战略研讨会文集》，华龄出版社2014年版）

全面两孩政策对积极应对
人口老龄化的影响

2016 年，全面两孩政策的实施引发了学术界多层面的广泛讨论，其中应对人口老龄化亦成为全面两孩政策的一个理论支点。不过也有一些学者认为，实施全面两孩政策对缓解老龄化不会有"太大影响"或"影响有限"。笔者感到，从有利于我国积极应对 21 世纪人口老龄化的影响考察，实施全面两孩政策对从微观上增强我国家庭养老功能的影响要大于从宏观上减缓我国人口老龄化压力的影响；对从宏观上减缓老年抚养比的影响要大于减缓老年人口系数的影响；而且随着时间的推移，其影响的广度和深度将会进一步显现。

一、实施全面两孩政策对减缓 21 世纪
我国老年人口系数的影响

（一）实施全面两孩政策无法从分子效应方面改变未来 60 年或 65 年内我国老年人口迅速增加对老年人口系数的影响

鉴于我国近年来人口国际迁移的数量虽然有较大增加，但相对于《中华人民共和国 2015 年国民经济和社会发展统计公报》（简称"我国 2015 年统计公报"，下同）公布的 2015 年末我国（指"中国大陆"，下同）13.75 亿总人口来说其比例还是很低的状况（国家统计局，2016），笔者认为影响未来我国老年人口系数变化的主要人口因素有三个：一是老年人口数的迅速增加；二是人口平均预期寿命的增高；三是出生人口数的增加。我国从 2016 年

1月1日起实施全面两孩政策，只能使全国城乡育龄妇女的平均终身生育率和每年的总和生育率比过去有所上升，从2016年10月后增加第二孩出生人口数。它虽然会从分母效应方面减缓未来我国老年人口系数的上升幅度，但无法从分子效应方面改变未来60年或65年内我国老年人口数波浪式迅速增加对老年人口系数迅速上升的影响。

笔者为了更直观地考察我国人口出生状况对未来人口变动的惯性作用，曾在1986年著《人口社会学》中将《中国统计年鉴（1984）》公布的历年我国年末总人口数换算成年平均总人口数，乘以同一年份的人口出生率数据，计算了1949—1984年期间我国每年出生人口数，并把1949年以来每年出生人口数超过2000万作为我国出生人口数的高峰年。结果发现我国在1950—1979年期间出现过两次出生人口数的高峰期：第一次为1950—1954年和1957年，时间长达6年，这6年的人口出生率虽然高于30‰，但由于当时总人口数在5.5—6.5亿，所以每年出生人口数均稍多于2000万；第二次为1962—1975年，时间长达14年，其中有10年每年出生人口数超过2500万，特别是1963年我国出生人口数达2959万（桂世勋，1986）。后来笔者又根据《中国统计年鉴（2006）》公布的1979—2000年的有关数据计算了1980—2000年期间我国每年的出生人口数，发现21世纪下半叶我国的第三次出生人口数超过2000万的高峰期为1981—1997年，每年出生人口数超过2000万的时间虽然长达17年，但其中只有1987年出生人口数超过2500万，为2529万。在我国人口平均预期寿命不断增高的情况下，上述三次出生人口数高峰期由于人口惯性作用，将使我国在2010—2060年期间60岁及以上老年人口数呈现三次迅速增加的高峰期。近几年我国老年人口数的迅速增加，只是上世纪50年代我国第一次出生人口数高峰期的惯性作用影响所致，预计我国在2023—2036年期间将会出现每年进入60岁的人口数量更多、时间更长的老年人口数迅速增加期。由于从1980年起我国实施"除人口稀少的少数民族地区外，普遍提倡一对夫妻生育一个孩子"的政策，使1981—1997年人口出生数高峰期中出生人口超过2500万的年份比1962—1975年期间明显减少，因此预计我国在2042—2058年期间进入60岁的人口数迅速增加的势头将比2023—2036年会有所减缓。可见，我国从2016年起实施全面两孩政策即使全国育龄妇女的生育水平上升到接近生育更替水平，也无法改变未来 60 年内我国 60 岁及以上老年人口数和未来 65 年内我国 65 岁及以上老年人口数迅速增加的态势，更何况由人口平均预期寿命和人口平均预期健康期增高而引起的老年人口健康长寿，正是我们所希望的。

（二）实施全面两孩政策对减缓未来我国老年人口系数的影响将会在 21 世纪下半叶进一步显现

据"我国 2015 年统计公报"公布的数据，2015 年末我国 60 岁及以上老年人口数为 2.22 亿，占总人口数的 16.1%；我国 65 岁及以上老年人口数为 1.44 亿，占总人口数的 10.5%。联合国经济和社会事务部人口司曾在 2012 年公布了"老龄化及老年人的指标：世界、地区和国家 2012 和 2050 年"数据，按其预测 2050 年时中国 60 岁及以上老年人口数为 4.39 亿，占总人口数的 33.9%（联合国人口基金纽约总部与国际助老会伦敦总部，2012）。如果要使那时我国 60 岁及以上老年人口系数降低到 25% 的话，那么 2050 年时我国的总人口数必须多达 17.56 亿。显然这是绝大多数中国人都不能接受的。与此相比较，他们预测 2050 年时印度 60 岁及以上老年人口数为 3.23 亿，占总人口数的 19.1%（联合国人口基金纽约总部与国际助老会伦敦总部，2012）；以此推算那时印度的总人口数应为 16.9 亿。如果我国在 2050 年时 60 岁及以上老年人口系数要保持印度当时的水平，那我国总人口数将要高达 22.98 亿。因此，在 2050 年时我国 60 岁及以上老年人口数将超过 4 亿的情况下，我们更不可能通过 2016—2050 年期间大量增加国内出生人口数或吸纳大量国外移民将我国 60 岁及以上老年人口系数降到 2050 年印度的 19.1%，只能通过实施全面两孩政策，相对减缓 2050 年时我国老年人口系数的严重程度。据笔者于 2004 年主持国家社科基金重点项目"21 世纪中国人口发展趋势及其对策"所作的 10 个方案预测，在对 2000 年"五普"所公布的育龄妇女总和生育率及 0—9 岁组的分性别 1 岁一组人口数进行修正的基础上，按假设的人口平均预期寿命"低方案"（从 2000 年的男性 69.63 岁和女性 73.33 岁分别提高到 2050 年的 77 岁和 81 岁、2100 年的 81 岁和 85 岁）情况下，生育率"修正中方案"（假设总和生育率从 2000 年的 1.8 逐渐上升到 2015 年的 1.9，再上升到 2020 年的 2.1，然后降到 2040 年的 2.0，并一直保持到 2100 年）与生育率"低方案"（假设总和生育率从 2000 年的 1.8 逐渐下降到 2015 年的 1.7，再逐渐下降到 2030 年的 1.6，并一直保持到 2100 年）的预测，我国 60 岁及以上老年人口系数在 2050 年分别为 31.2% 和 35.2%，只降低 4.0 个百分点；在 2100 年分别为 31.5% 和 40.1%，将降低 8.6 个百分点；我国 65 岁及以上老年人口系数在 2050 年分别为 23.4% 和 26.4%，只降低 3.0 个百分点；在 2100 年分别为 25.2% 和 32.8%，将降低 7.6 个百分点。可见实施全面两孩政策虽然对减缓 21 世纪上半叶我国老年人口系数的影响较小，但对减缓 21 世纪下半叶我国老年人口系数的影响将逐渐增大。

二、实施全面两孩政策对减缓 21 世纪我国老年抚养比和总抚养比的影响

（一）实施全面两孩政策对减缓 21 世纪我国老年抚养比的影响比减缓老年人口系数更为明显

据笔者对"我国 2015 年统计公报"公布的数据进行计算，2015 年末我国 15—59 岁劳动年龄人口抚养 60 岁及以上老年人口的老年抚养比为 24.0%；我国 15—64 岁劳动年龄人口抚养 65 岁及以上老年人口的老年抚养比为 14.3%。从 2016 年起我国实施全面两孩政策对减缓老年抚养比的影响来看，它会增加 2030 年后我国进入 15 岁的劳动年龄人口数，从而相对减缓此后的 15—59 岁劳动年龄人口抚养 60 岁及以上老年人口或 15—64 岁劳动年龄人口抚养 65 岁及以上老年人口的老年抚养比迅速上升态势。据笔者主持的上述多方案预测，按假设的人口平均预期寿命"低方案"情况下生育率"修正中方案"与生育率"低方案"的预测，我国 15—59 岁劳动年龄人口抚养 60 岁及以上老年人口的老年抚养比在 2050 年分别为 59.6% 和 67.4%，将降低 7.8 个百分点；在 2100 年分别为 60.5% 和 83.2%，将降低 22.7 个百分点；我国 15—64 岁劳动年龄人口抚养 65 岁及以上老年人口的老年抚养比在 2050 年分别为 39.0% 和 43.3%，将降低 4.3 个百分点；在 2100 年分别为 43.1% 和 59.0%，将降低 15.9 个百分点。可见实施全面两孩政策对减缓 21 世纪我国老年抚养比的影响作用发生时间虽然比减缓老年人口系数要晚 15

年，但其影响力度将比减缓 21 世纪我国老年人口系数的影响力度要大；它虽然对减缓 21 世纪上半叶我国老年抚养比的影响还较小，但对减缓 21 世纪下半叶我国老年抚养比的影响却明显增大。

（二）实施全面两孩政策对 21 世纪我国总抚养比的影响将呈现从相对加剧到相对减缓的变化态势

据笔者对"我国 2015 年统计公报"公布的数据进行计算，2015 年末我国 15—59 岁劳动年龄人口抚养 0—14 岁少年儿童人口和 60 岁及以上老年人口的总抚养比为 48.5%；我国 15—64 岁劳动年龄人口抚养 0—14 岁少年儿童人口和 65 岁及以上老年人口的总抚养比为 37.0%。当 2016 年 10 月后多出生的婴儿未成长到 15 岁时及 2031 年后进入劳动年龄的人口数还增加不多的情况下，由于实施全面两孩政策使未来 0—14 岁少年儿童人口数的增加，将会使我国在 2016 年后出现较长时期总抚养比反而加快上升的态势，但从长远看它仍会减缓未来我国总抚养比的上升幅度。据我主持的上述多方案预测，按假设的人口平均预期寿命"低方案"情况下生育率"修正中方案"与生育率"低方案"的预测，我国 15—59 岁劳动年龄人口抚养 0—14 岁少年儿童人口和 60 岁及以上老年人口的总抚养比，在 2050 年分别为 91.2% 和 91.6%，只降低 0.4 个百分点；在 2100 年分别为 92.0% 和 107.3%，将降低 15.3 个百分点；我国 15—64 岁劳动年龄人口抚养 0—14 岁少年儿童人口和 65 岁及以上老年人口的总抚养比，在 2050 年分别为 66.4% 和 64.0%，反而增加 2.4 个百分点；在 2100 年分别为 71.2% 和 79.9%，将降低 8.7 个百分点。可见实施全面两孩政策反而不同程度加快了 21 世纪上半叶我国总抚养比的上升幅度，但对减缓 21 世纪下半叶我国总抚养比的影响却较大。

（三）实施全面两孩政策将会使未来我国"人口红利"的机会视窗提前关闭

笔者曾在 2010 年 11 月 15 日《解放日报》发表了"老龄化是否意味人口红利枯竭"一文，对当时有的学者认为在未来 10 年内甚至当劳动年龄人口数出现负增长时我国将结束"人口红利期"的观点表示异议。在该文中笔者认为："人口红利"，是指人口再生产类型从"高出生、低死亡、高自然增长"向"低出生、低死亡、低自然增长"转变时，由于少年儿童人口数明显减少、老年人口数并不很多、劳动年龄人口数相对或绝对较多，从而出现总抚养率比较低、在人口年龄结构上有利于经济发展的状况。如果按照国际上公认的"人口红利期"量化标准为 15—64 岁劳动年龄人口抚养 0—14 岁少年儿童人口和 65 岁及以上老年人口的总抚养比低于 50% 计算，我国约在 1990 年（总抚养比为 49.84%）后才开始出现"人口红利期"。2000 年，该总抚养比降为 42.55%；2009 年为 36.89%。据笔者主持的生育率"修正中方案"预测，要到 2030 年时，我国的总抚养比才会回升到 50% 以上。由此可见，在进入老年型人口后的相当一段时期内，"人口红利"的机会视窗都在开启。"值得注意的是，一个国家或地区劳动年龄人口数出现负增长，并不等于'人口红利期'的结束。我国 15—64 岁劳动年龄人口数，预计将在 2013 年达到 9.98 亿的峰值后出现负增长，15—59 岁劳动年龄人口数在 2011 年达到 9.32 亿的峰值后将出现负增长，但我国在此后的近 20 年内仍处于'人口红利期'。现在有观点说在未来 10 年内我国将结束'人口红利期'，是缺乏科学依据的。"后来《中华人民共和国 2012 年国民经济和社会发展统计公报》公布了 2012 年我国 15—59 岁劳动年龄人口数开始比上年减少；笔者根据《中华人民共和国 2013 年国民经济和社会发展统计公报》和《中华人民共和国 2014 年国民经济和社会发展统计公报》公布的数据计算 2014 年我国 15—64 岁劳动年龄人口数开始比上年减少，它表明笔者在 2010 年发表的文章中对我国劳动年龄人口数开始出现负增长年份的预计是准确的。至于未来我国"人口红利"机会视窗关闭的年份之所以要到 2030 年左右，主要是因为根据笔者主持的上述预测，我国 15—59 岁劳动年龄人口数在 2011 年达到峰值后呈现缓慢减少的趋势，到 2025 年才减少到 9 亿以下（2000 年"五普"为 8.33 亿）；15—64 岁劳动年龄人口数在 2013 年达到峰值后也呈现缓慢减少的趋势，到 2031 年才减少到 9.8 亿以下（2000 年"五普"为 8.74 亿）；同时我国育龄妇女的总和生育率在 2015 年后又不可能迅速上升到 2.5 至 3.0。

那么从 2016 年起实施全面两孩政策对未来我国"人口红利"机会视窗关闭的时间究竟有何影响呢？据笔者主持的上述多方案预测，按假设的人口平均预期寿命"低方案"情况下生育率"修正中方案"与生育率"低方案"的预测，我国 15—64 岁劳动年龄人口抚养 0—14 岁少年儿童人口和 65 岁及以上老年人口的总抚养比超过 50% 的年份分别为 2030 年和 2033 年，即生育率"修正中方案"比生育率"低方案"会提前 3 年关闭我国"人口红利"的机会视窗。当然，现在看来我国从 2016 年起实施全面两孩政策对育龄妇女总和生育率回升的影响幅度比笔者在 2004 年主持 21 世纪我国人口变动趋势预测所假设的生育率"修正中方案"要较小些，我国"人口红利"的机会视窗关闭的时间可能发生在 2031 年左右，但无论如何其影响提前关闭"人口红利"机会视窗的总趋势将不会改变。可见从 2016 年起实施全面两孩政策不仅不会推迟未来我国"人口红利"的机会视窗关闭时间，反而会使未来我国提前关闭"人口红利"的机会视窗。

鉴于"人口红利"的机会视窗开启只是从人口年龄结构方面为经济的较快发展提供了一个机遇，要将其真正转化为促进经济发展的现实，主要取决于两个因素：一是增加就业岗位，让众多劳动年龄人口成为创造物质财富和精神财富的现实生产力；二是加大教育和健康等人力资本的投入，提高劳动年龄人口的文化技能素质和身体健康素质，创造更多的经济效益和社会效益。在 21 世纪上半叶我国因实施全面两孩政策而提前关闭"人口红利"的机会视窗情况下，我们更要加大人力资本的投入，特别是延长新增劳动力的平均受教育年限，以取得既减轻该时期就业压力，又提高全员劳动生产率、促进创新驱动的"双重效益"。同时，我国也应积极创造条件争取在"十三五"后期"去产能"引起的淘汰过剩和落后产能企业、"下岗职工"就业压力有所减轻的情况下，启动实施"先女后男、小步渐进"的政策，逐渐推迟城镇职工的法定退休年龄，相对减缓未来我国实际从业人员的经济抚养比。

三、实施全面两孩政策对增强未来我国家庭养老功能的影响

（一）有利于从改善家庭代际结构方面增强未来我国家庭养老的功能

关于"居家养老"与"家庭养老"的关系问题，我国学术界早在上世

纪 80 年代就有争议。笔者认为"居家养老"应与"机构养老"相对应，正
如日本沿用的"在宅养老"与"设施养老"一样，它是指老年人养老的场
所；而"家庭养老"则与"社会养老"相对应，它是指养老的经济或人力资
源主要由谁提供。《中华人民共和国老年人权益保障法》规定："老年人养老
以居家为基础，家庭成员应当尊重、关心和照料老年人。"当然，要妥善解
决我国未来的养老问题，提高城乡老年人的生活质量，主要应进一步加强
"尊老、养老、助老"的宣传教育，有效推进"积极老龄化"战略，在大力
发展经济的基础上完善和强化未来我国的基本养老保险、基本医疗保险、社
会福利和社会救助等已有的城乡养老保障制度，探索建立长期护理保险制
度，倡导和鼓励更多的公益性养老服务业发展。但实施全面两孩政策无疑也
将有利于提高未来我国"四、二、二"家庭的比例，从家庭代际结构上增强
家庭养老功能。

（二）有利于 2040 年后我国大批独生子女父母进入高龄时有两个孙辈可协助照顾

据联合国经济和社会事务部人口司在 2012 年公布的"老龄化及老年人
的指标：世界、地区和国家 2012 和 2050 年"数据，中国 80 岁及以上高龄
老年人口数将从 2012 年的 2045 万迅速增加到 2050 年的 9834 万，同期占
60 岁及以上老年人口数的比例将从 11.3% 迅速上升到 22.4%。据笔者主持
的上述多方案预测，按假设的人口平均预期寿命"低方案"情况下生育率
"修正中方案"与生育率"低方案"的预测，我国 80 岁及以上高龄老年人口
数将从 2000 年的 1211 万迅速增加到 2040 年的 6205 万，增长 4.12 倍；同期
占 60 岁及以上老年人口数的比例将从 9.3% 迅速上升到 14.9%；在 2048—
2100 年期间我国 80 岁及以上高龄老年人口数均超过 9000 万，占 60 岁及
以上老年人口数的比例均在 20% 以上。笔者曾根据中国老龄科研中心主持
的"2000 年中国城乡老年人口状况一次性抽样调查"的资料，将他们提供
的城市和乡村老年人分性别和年龄组日常生活需要别人服侍的比例数据，按
2000 年我国"五普"公布的全国城市和乡村的老年人口数比例进行加权处
理，得出当时全国城乡老年人在 60—64 岁组中日常生活需要别人服侍的
比例仅占 2.8%，而在 80—84 岁组中则占 18.1%，在 85 岁及以上组中竟高

达 31.3%。因此，在 21 世纪中后期我国 80 岁及以上高龄老年人口数长期超过 9000 万及其占 60 岁及以上老年人口数比例长期高于 20% 的严峻态势下，将会使那时我国需要照顾的老年人口数大幅增加，而从 2040 年起正是我国大批独生子女父母逐渐进入高龄的阶段。可见从 2016 年起实施全面两孩政策将会使 2040 年后我国大批独生子女父母逐渐进入高龄、最需要照料时，他们中相当一部分已有 2 个 20 多岁的孙辈，可以协助父母照顾基本生活不能自理的祖辈，相对减轻那时社会养老服务的严重压力。

（三）有利于规避与生育政策有关的独生子女不幸死亡和伤残给家庭养老带来的风险

据"我国 2015 年统计公报"公布的数据，2015 年我国的人口平均预期寿命已提高到 76.34 岁。在加强预防青少年儿童因患病及溺水、交通事故、甚至自杀等非正常死亡的情况下，按我国年龄别死亡率和年龄别伤残率计算，仍会有极小部分比率的婴儿在其进入老年尤其是在进入青年前不幸死亡或伤残。实施全面两孩政策使每对夫妇都可以生育两个孩子，万一其中一个子女不幸死亡或伤残，当这对夫妇步入老年后至少还有一个健康的子女可以关心和照顾他们。值得注意的是从 2016 年我国实施全面两孩政策起，对今后新出现的"自愿终身只生育一个子女的夫妇"，国家不发给"独生子女父母光荣证"，也不"按照国家和省、自治区、直辖市有关规定享受独生子女父母奖励"；对他们的独生子女不幸死亡或伤残的，卫生计生部门除提供优质的再生育孩子的技术服务及精神慰藉外，也不再给予计划生育特别扶助金；当他们在农村中年满 60 岁时也不给予计划生育奖励扶助金。如果今后他们的家庭有困难，则由民政、老龄、残联、妇联等部门通过完善健全社会救助、社区服务、残疾人保障及关爱服务体系帮助解决。因此，尽管对每个家庭来说生育两个孩子比生育一个孩子的经济和非经济养育成本要高，但从家庭生命历程来看，生育两个孩子更有利于父母年老、特别是老伴不幸死亡和生活自理能力愈来愈差时安度晚年。建议国家和社会也应从有利于增进中国城乡每个家庭的发展和幸福出发，大力提倡一对夫妇生育两个孩子，切实强化和完善有关配套政策，积极创造条件让我国城乡更多的育龄夫妇在实施全面两孩政策下生育的孩子"养得起"和"养得好"。

【参考文献】

[1] 中华人民共和国国家统计局编：《中华人民共和国 2015 年国民经济和社会发展统计公报》，2016 年 2 月 29 日。

[2] 桂世勋：《人口社会学》，山东人民出版社 1986 年版。

[3] 联合国人口基金纽约总部与国际助老会伦敦总部：《21 世纪人口老龄化：成就与挑战》（中文版），联合国人口基金纽约总部与国际助老会伦敦总部 2012 年版。

（本文原载《人口研究》2016 年第 4 期）

积极老龄化与老年合唱

我也是歌唱爱好者，曾经是华东师大教工合唱团团员，很高兴参加上海交通大学举办的"合唱与老年健康"课题研讨会。关于合唱与老年健康，现在比较多的是从健康老龄化的视角去研究的。本文将从国际社会最新的应对人口老龄化理念——积极老龄化的视角对老年合唱的意义及如何进一步扩大其社会效应作些初步探讨。

一、从"健康老龄化"到"积极老龄化"

1987 年，世界卫生大会首次使用"健康老龄化"这个词，大会将"健康老龄化"的决定因素列为老龄研究项目的主要课题。1990 年，世界卫生组织在丹麦哥本哈根召开的世界老龄大会上进一步把健康老龄化作为应对人口老龄化的一项发展战略。1994 年后，健康老龄化被我国政府和学术界接受，并作为解决我国人口老龄化问题的一项重要的战略目标与对策。

"健康老龄化"包括生理、心理、社会适应状况三个方面，它是指使大多数老年人身心健康，社会适应状况良好，衰老过程延缓，预期寿命提高，人生价值得到充分体现，减少对家庭和社会的依赖程度。"健康老龄化"的最主要标志是指努力改善老年人口群体的躯体与心理健康状况，使老年人口的平均预期健康寿命的增长速度快于平均预期寿命的提高速度，以不断增大平均预期健康期在老年人口整个生命期中的比例。

"积极老龄化"是在 2002 年联合国第二届世界老龄大会上被国际社会接受作为应对人口老龄化战略的新理念。在 2001 年，世界卫生组织曾组织撰写印刷了《健康与老龄化》，准备提供该大会讨论用。但经过由世界卫生组织卫生发展中心召开来自 21 个国家的 29 名代表参加的专家小组会议讨论修订，并于 2002 年 4 月经瓦伦西亚国际老年学论坛讨论后改成《积极老龄化——政策框架》。世界卫生组织在上述书面建议中指出："积极老龄化是人到老年时，为了提高生活质量，使健康、参与和保障的机会尽可能发挥最大效益的过程"。它是"一个比健康老龄化内涵更为广泛"的理念。并认为"如果政府、国际组织和民间社团制定'积极老龄化'的政策和计划，促进老年人的健康、参与和保障，国家就能够应对老龄化的挑战。现在是制定计划和采取行动的时候了"。① 由 158 个国家和地区的代表团参加的第二届世界老龄大会接受了世界卫生组织的建议，把"积极老龄化"这个词及其含义正式写入了 2002 年 4 月 12 日通过的《联合国第二届世界老龄大会政治宣言》，指出"对老年人的认可和对他们充分参与的促进，是积极老龄化的主要的内容"。② 在《国际老龄行动计划 2002》的"行动建议"中，列出了三个优先方向："老年人与发展"，"将健康与幸福带入老年"，"确保建立有利的支助环境"，贯穿了大力推进"积极老龄化"的要求。

我把"积极老龄化"解释为：在人口老龄化的过程中，积极促进老年人口中身心健康、参与社会、获得保障的比例逐渐增大和水平不断提高，从而更有利于经济发展和社会进步，不断提高老年人的生活质量，建立不分年龄人人共享的和谐社会。在"积极老龄化"所包含的健康、参与和保障三个要素中，虽然健康是参与的体质基础，保障是参与的物质基础，但参与是核心，它有利于促进健康和减缓保障支出不断增加的压力，使广大老年人从单纯被抚养的社会群体转变为能以各种方式继续为社会作贡献的积极因素。在世界卫生组织的上述书面建议中，还特别强调"健康只有通过多方面的参与，才能增进和保持"。"老年人健康和继续工作，有助于缓解养老金、收入保障计划以及医疗和社会照料支出不断增加的压力"。③

二、老年合唱是积极老龄化的生动体现

在世界卫生组织的上述书面建议中认为，"'积极'强调的是继续参与社会、经济、文化、精神和公益事务，而不仅仅是体力活动的能力或参加劳动队伍。从工作中退休下来的老年人和那些患病或有残疾的人，能够仍然

是他们家属、亲友、社区和国家的积极贡献者"。它是指老年人"能按照他们的基本人权、能力、需要和爱好，继续以有偿和无偿两种方式为社会作贡献"。④ 在《联合国第二届世界老龄大会政治宣言》中，把"参与"概括为"进入老年的人应该""积极参与他们所在社会的经济、社会、文化和政治生活"。⑤ 在《国际老龄行动计划2002》中又强调"让老年人通过从事有收入的工作和志愿性工作，充分和有效地参与社会的经济、政治和社会生活"。⑥ 可见，国际社会强调的"参与"内涵，不仅包括老年人从事有收入的工作，而且也包括老年人参加志愿服务和参与社会的文化、教育、体育、政治活动，以及承担"家庭管理和照料儿童"的工作。

我认为老年人和已退休但不满60岁的准老年人走出家门参加合唱活动，是"积极老龄化"强调"参与"的一种生动体现。它有如下几方面的效应：

（1）通过参加合唱活动可以陶冶高尚情操，有利于满足老年人自身的精神文化需要。

（2）通过参加合唱活动可以与老年歌友聊天叙旧，有利于加强老年人的人际情感交流。

（3）通过参加合唱活动可以适度增加身体相关部位和器官的活动量，有利于减缓老年人自理能力的衰退。

（4）通过参加合唱活动可以重温年轻时的美好时光和增强记忆能力，有利于减缓老年人认知功能的衰退。

（5）通过参加合唱活动可以创造更多的演出机会，有利于老年人更好地感受继续为社会作贡献的人生价值。

（6）通过参加合唱活动可以减轻未来老年人的医疗费用和照料费用等开支，有利于相对减缓社会和家庭在老年医疗和生活照料方面的压力。

（7）通过参加合唱活动可以增强全社会团结奋进的氛围，有利于促进和谐社会的建设。

值得注意的是，未来上海市老年人口数和高龄老年人口数将呈现迅速增长的态势。从21世纪上半叶上海市60岁及以上户籍老年人口数的变动考察，在2000年末为241.76万人，占户籍总人口数的18.3%；2009年末为315.70万人，占户籍总人口数的22.5%。⑦ 根据我主持的2000—2050年上海市户籍人口老龄化变动趋势生育中方案和净迁入中方案预测，到2020年

末上海市 60 岁及以上户籍老年人口数将达 496.60 万人，占户籍总人口数的
33.4%；其中 2010 年末至 2020 年末将出现上海历史上空前绝后的户籍老年
人口数高速增长期，10 年间 60 岁及以上户籍老年人口数将增加 174.02 万
人，比我主持的 21 世纪中国人口变动趋势修正生育中方案和人口平均预期
寿命低方案预测得到的全国 60 岁及以上老年人口数高速增长期 2020 年末
至 2030 年末（在这 10 年内全国老年人口数至少增加 1 亿人）要提早 10 年。
预计上海市从 2030 年达到 60 岁及以上户籍老年人口数的峰值（547.07 万人）
后将呈现缓慢减少趋势；但到 2050 年末上海市 60 岁及以上户籍老年人口数
仍为 508.68 万人，比 2000 年末增加 1.10 倍，比 2009 年末增加 0.61 倍。

　　从 21 世纪上半叶上海市 80 岁及以上户籍高龄老年人口数的变动考察，
上海市高龄老人在 2000 年末为 30.56 万人，2009 年末为 56.65 万人。根据
我主持的上述中方案预测，全市 80 岁及以上户籍高龄老年人口数在 2031 年
末将超过 100 万人，2037 年末将超过 150 万人，2043 年末为 177 万人；其
中 2030 年末至 2040 年末将处于户籍高龄老年人口数的高速增长期，10 年
间高龄老年人口数将增加 74.35 万人。预计从 2043 年末达到峰值（177.38
万）后，上海市 80 岁及以上户籍高龄老年人口数将呈现缓慢减少趋势；但
到 2050 年末上海市 80 岁及以上户籍高龄老年人口数仍为 151.30 万人，比
2000 年末增加 3.95 倍，比 2009 年末增加 1.67 倍。

　　在 21 世纪上半叶，上海市虽然可以通过增加净迁入人口数或适时调整
现行生育政策、增加户籍出生人口数，来减缓全市户籍人口老龄化的严重程
度，但不能减少未来 40 年内的户籍老年人口数和户籍高龄老年人口数；而
且由于上海市总人口规模受到经济、社会、城市基础设施和生态环境的影
响，不可能无限制膨胀。假设 2020 年末上海市 60 岁及以上户籍老年人口数
为 500 万人，那么要使那时全市户籍老年人口数占户籍总人口数的比例仍
保持在 2006 年末的 20% 的水平，2020 年上海市的户籍总人口数就必须要
达到 2500 万人，比 2009 年末户籍总人口数 1400.70 万人增加近 1100 万人。
如果再加上外来流动人口中常住半年以上的人口数，届时上海市的常住人口
数很可能要接近 3500 万人。显然，这将大大超过那时上海市的合理人口容
量。因此，在未来上海市户籍老年人口数和户籍高龄老年人口数迅速增长的
趋势不能改变的情况下，要相对减缓老年人口数特别是高龄老年人口数大幅

度增加对社会和家庭的压力，提高老年人的生活质量和生命质量，就应该高度重视国际社会倡导的积极老龄化新理念，鼓励老年人特别是低龄老年人千方百计参与包括老年合唱在内的各种社会活动，尽量降低未来老年人口分性别年龄组的患病率、失能率和失智率。

三、进一步扩大老年合唱社会效应的建议

1. 在全社会广泛组织多层次的老年合唱团队，吸引更多老年人和准老年人走出家门参加合唱。

鉴于城镇老年人退休后，除一部分低龄健康老年人继续从事有收入的工作外，大部分老年人不需要像年轻人那样上班工作，他们自己可以支配的闲暇时间多了；而且老年人在基本满足物质生活需求后，精神文化需求将进一步凸现出来。《国际老龄行动计划2002》曾经指出："丧失亲人以及生活发生变化往往可造成各种各样的精神健康失常。"⑧ 老年人在退休、空巢、丧偶、患病、失能的影响下，社会角色和身心健康会发生很大变化，更易产生失落感、孤独感、抑郁感和紧张害怕感。2003年上海市老年人口状况和意愿跟踪调查资料表明，在被调查的上海市城镇2604名60岁及以上户籍居家老年人中，认为自己经常感到孤独的占3.8%，较经常感到孤独的占1.7%，有时感到孤独的占16.2%，不太感到孤独的占17.4%，不感到孤独的占58.6%，无法回答的占2.2%；认为自己经常感到紧张害怕的占3.6%，较经常感到紧张害怕的占2.6%，有时感到紧张害怕的占18.0%，不太感到紧张害怕的占20.3%，不感到紧张害怕的占52.8%，无法回答的占2.6%。然而在被调查的1225名参加社区文娱体育活动或老年学校的上海城镇60岁及以上户籍居家老年人中，回答参加活动后心情比以前更加愉快的占61.9%，心情没什么太大变化的占18.8%，反不如以前开心的占0.1%，无法回答的占19.2%。在上述"心情没什么太大变化"和"无法回答"的被调查老年人中也包括了一部分原来心情就比较愉快的老年人。可见，如果我们能发动组织更多老年人参与合唱等社会活动，必将使他们的闲暇时间更充实，精神文化生活更丰富，有利于增进身心健康。因此，我建议今后我们高校的校级老年合唱团乃至上海市级老年合唱团不仅要搞好自身的建设，不断提高演出水

平，而且应该影响带动本单位的退休教职工和周边社区的老年人，让更多的居家老年人能走出家门，参加不同层次、形式多样的合唱活动。

2. 发动和组织老年合唱团队深入养老院、社区老年人日间照料中心和城乡社区演出，为促进更多老年人预防和减缓失能、失智并欢度晚年作贡献。

现在上海市制定的 2010 年养老服务格局的目标是"9073"。也就是说到 2010 年末，上海市 60 岁及以上户籍老年人中，有 3% 住在养老机构接受照料服务，有 7% 接受社区居家养老上门服务或进社区老年人日间照料中心接受服务，有 90% 仍在家中生活自理或当生活不能自理时由亲属及民间的钟点工、保姆照料。2009 年末，上海市共有养老机构 615 家，床位数为8.99 万张；社区老年人日间照料中心 283 家，为 8000 名老年人提供白天照料服务；社区助老服务社 234 家，为 21.90 万老年人服务。[⑨] 为了使更多的老年人特别是居住在养老机构和到社区老年人日间照料中心的老年人"欢度晚年""幸福养老"，建议老年合唱团队能经常到这些机构去表演。2002 年，我曾作为特邀嘉宾参加了香港老年学会主办的首届世界华人地区长期照护研讨会，当时香港有个社团介绍音乐康复疗法的经验。他们了解有位男性较严重痴呆（最近香港改名为"脑退化症"）老年人在抗日战争期间参加过义勇军，于是便播放《义勇军进行曲》给他听。我们从录像片中看到重复播放数次后，那位老年人听到《义勇军进行曲》时逐渐有了反应。可见，如果老年合唱团分成几个小分队能经常到养老机构演唱住院老年人在年轻时喜欢唱或喜欢听的歌曲，引起他们美好的回忆，不仅有利于住院老年人欢度晚年，而且有利于预防老年人失智或减缓老年痴呆症的发展。当然，有可能的话，我建议上海市每个高校的老年合唱团都可选择几个养老院、老年人日间照料中心设立"×× 老年合唱团演出基地"或"×× 老年合唱团实验基地"，不仅定期到那里演出，还可组织那里的健康状况较好的老年人建立合唱队，指导提高他们的合唱水平，让他们的晚年生活更丰富多彩，进一步感受到社会的温暖。

3. 组织老年合唱团队深入中小学校指导和帮助少年儿童开展合唱活动，与中小学生经常举行"忘年交合唱联谊活动"。

根据香港的经验，组织有爱心和技能的老年人到中小学校开展各种指导和联谊活动，不仅可以发挥老年人的作用，使老年人感到自身的价值，提高老年人的生活质量，还可以转变一部分少年儿童认为老年人是"社会负担"的错觉，培养他们敬老、养老、助老的传统美德。在这次上海世博会上，德国馆专门展示了"多代屋"的经验，他们介绍说："在多代屋中，幼儿园、青少年俱乐部、中老年人的聚会地点以新颖时尚的方式集中到了一起，从而为人们创造了一个本地区居民自由会面、随意交谈的好场所。在这里，不同年龄层和不同文化背景的人们可以轻松地交谈，增进对彼此的了解。"我认为德国的经验以小见大，不仅体现了"积极老龄化"要求让更多老年人自愿、量力地参与各种喜爱社会活动的精神，而且突出了"社区多代参与融合，增强社会凝聚力"的创新理念。因此，建议倡导各个老年合唱团队有计划地定期到中小学校演出或给予指导，也可考虑教会他们唱现在老年人喜爱的歌曲，鼓励他们到养老机构和社区去表演，并进行老年合唱团与少年儿童合唱团联合演出的试点，让更多老年人看到活泼可爱小朋友、青少年的茁壮成长，降低自身的心理年龄，增进彼此的了解和融合。我认为如果有可能的话，上海交通大学老年合唱团最好能与上海交大附中学生共同排练，同台演出，开创中国老年合唱歌会的先河。

【注释】

① 《积极老龄化——政策框架》，见熊必俊编著《人口老龄化与可持续发展》，中国大百科全书出版社 2002 年版。

② 《联合国第二届世界老龄大会政治宣言》，见熊必俊编著《人口老龄化与可持续发展》，中国大百科全书出版社 2002 年版。

③ 《积极老龄化——政策框架》，见熊必俊编著《人口老龄化与可持续发展》，中国大百科全书出版社 2002 年版。

④ 《积极老龄化——政策框架》，见熊必俊编著《人口老龄化与可持续发展》，中国大百科全书出版社 2002 年版。

⑤ 《联合国第二届世界老龄大会政治宣言》，见熊必俊编著《人口老龄化与可持续发展》，中国大百科全书出版社 2002 年版。

⑥ 《国际老龄行动计划 2002》，《老龄问题观察》2002 年第 3 期。

⑦ 上海市民政局、上海市老龄工作委员会办公室、上海市统计局：《2009 年上海市

老年人口和老龄事业监测统计信息》，上海市老龄科学研究中心，2010年。

⑧《国际老龄行动计划2002》，《老龄问题观察》2002年第3期。

⑨ 上海市民政局、上海市老龄工作委员会办公室、上海市统计局：《2009年上海市老年人口和老龄事业监测统计信息》，上海市老龄科学研究中心，2010年。

（本文原载朱润龙主编《合唱与老年健康》，

上海交通大学出版社2011年版）

高度关注低龄老人适度"参与"
对健康老龄化的影响

《中共中央关于制定国民经济和社会发展第十四个五年规划和二〇三五年远景目标的建议》将"实施积极应对人口老龄化"提升到"国家战略"高度，要求从各个方面加强应对老龄化的政策措施。笔者认为，在我国制定国民经济和社会发展第十四个五年规划和二〇三五年远景目标中有关积极应对人口老龄化国家战略时，应特别关注 2021—2035 年我国将出现 60—69 岁低龄老年人口数高峰期的重要特点。本文就 2021—2035 年这一期间我国人口老龄化发展中尚未引起各级政府和社会高度关注的低龄老年人口数将出现的高峰期进行较深入预判，对我国未来健康老龄化中长期规划如何更重视促进老年人以各种方式适度"参与"问题提出建议。

一、未来 20 年我国将面临低龄老年人口数的高峰期

（一）一个尚未引起重视的未来中国人口老龄化重要特点

在较长时期中，我国政府部门和学术界对中国（不包括港澳台地区，下同）在 21 世纪上半叶人口老龄化的特点，一般概括为四个：绝对规模大、发展速度快、高龄化显著、发展不均衡。2017 年发表的《全国老龄办关于应对国家人口老龄化战略研究总报告》，将"波动幅度大"提炼概括为我国人口老龄化的第五个特点，指出"由于过去人口发展不均衡，未来四十年我国将经历三次老年人口增长高峰，其增长数量和比例将呈现出剧烈波动态势，波动幅度超过 50%。这种大起大落的人口发展态势，将对经济社会

协调发展形成剧烈的振荡效应"。同时，该报告还指出：纵观21世纪，我国人口老龄化将呈现出四个重要发展阶段，其中，"2022—2036年"为"急速人口老龄化阶段"。"老年人口数量从2.68亿增至4.23亿，人口老龄化水平从18.5%升至29.1%。此阶段的总人口规模达到峰值并转入负增长，老年人口规模增长最快，老龄问题集中爆发，是我国应对人口老龄化最艰难的阶段。"① 该报告虽然论述了"新中国成立后，我国先后出现了三次生育高峰。在未来40多年内，演化成为三次老年人口增长高峰，推动60岁及以上老年人口达到4.87亿的峰值"，但未具体指出我国在实施"十四五"规划和2035年远景目标期间将出现低龄老年人口数的迅速增长期。

（二）未来低龄老年人口数高峰期源于新中国成立后第二次出生人口数高峰期的惯性作用

长期来国内外学者均用一个国家或地区的年人口出生率（即年出生人口数／年平均总人口数）来判别该国家或地区是否处于出生人口高峰年。笔者虽然认为这种方法有利于科学比较不同国家或地区、同一个国家或地区在不同时期人口出生数量状况的差别，但为了更直观考察新中国成立后的出生人口惯性作用对未来我国进入婚育期女性人口数、低龄老年人口数和高龄老年人口数的影响，笔者曾在1986年著的《人口社会学》中首次用年出生人口数来判别出生人口高峰年，并根据1949—1980年中国每年出生人口数的实际情况，将我国每年出生人口数超过2000万人作为出生人口数高峰年。当时根据国家统计局公布的数据，计算出1949—1980年间我国出现了两次出生人数高峰期：第一次是1950年至1954年和1957年，共有6年，每年出生人数稍多于2000万；第二次是1962年至1975年，时间长达14年，其中有10年每年出生人数都超过了2500万，特别是1963年我国因受经济困难时期过后的补偿生育影响，该年出生婴儿达2959.29万人。② 1980年9月，我国开始实行"除了在人口稀少的少数民族地区以外"，"普遍提倡一对夫妇只生育一个孩子"的政策，使上世纪最后20年在1962年至1975年出生高峰期人口惯性作用影响下，我国不仅没有出现每年出生人数更多、持续时间更长的高峰期，而且使新中国成立后的第三次出生人数高峰期只有10年每年出生人数超过2000万（1982—1991年），其中每年出生人数超过2500万的仅 2 年（1989 年为 2513.77 万，1990 年为 2621.00 万）。

鉴于我国与境外的人口迁移率很低，因此 2020 年至 2060 年期间我国进入 60 岁的老年人基本上均是 1960 年至 2000 年在国内出生的婴儿。在人口平均预期寿命逐渐增高的前提下，我们可以预判，正是受新中国成立后第二次出生人口数高峰期的惯性作用影响，从 2022 年起我国将会出现长达约 14 年的每年进入 60 岁人口数的迅速增长期，从而使我国在 2022 年后将逐渐出现 60—69 岁低龄老年人口数的高峰期。

（三）未来 20 年我国面临低龄老年人口数高峰期的严峻态势

联合国经济和社会事务部（以下简称"联合国"）发布的《世界人口展望 2019 修订版》中有关 2000—2060 年间中国人口数变动"中方案"，假设育龄妇女总和生育率在 2000—2060 年间从 2000—2005 年的 1.61 逐渐上升到 2015—2020 年的 1.69、2045—2050 年的 1.75、2055—2060 年的 1.76；人口平均预期寿命在 2000—2060 年间男性从 70.59 岁逐渐增高到 81.74 岁，女性从 74.09 岁逐渐增高到 84.34 岁；每年人口净迁移率在 2000—2010 年为 - 0.3%，2010—2020 年为 - 0.2%，2020—2025 年为 - 0.3%，2025—2060 年均为 - 0.2%。③ 笔者认为，联合国的上述"中方案"预测中假设的总和生育率参数可能高估中国的实际水平，从而使 2015 年后中国老年人口系数、老年抚养比等预测值偏低，但鉴于 2060 年前中国 60 岁及以上老年人口均是在 2000 年前出生的，因此联合国"中方案"预测的 2060 年前中国分年龄的 60 岁及以上老年人口的绝对数将更符合中国的实际状况。

笔者将上述联合国的"中方案"预测数据加以归并计算后，推算出我国 60—69 岁低龄老年人口数将从 2000 年的 7649.68 万，逐渐增加到 2010 年的 9636.44 万、2020 年的 15166.39 万；其中 2010 年至 2020 年我国 60—69 岁低龄老年人口数较快增长，在 2011 年超过 1.0 亿、2015 年超过 1.3 亿、2020 年超过 1.5 亿，未出现低龄老年人口数的波动起伏期。然而在 2022 年后由于受长达 14 年的新中国成立后第二次出生人口数高峰期的影响，我国从 2023 年起将出现明显的 60—69 岁低龄老年人口数的显著波动起伏期，峰值出现在 2034 年，为 22202.43 万，然后逐渐减少到 2044 年的谷底，为 17739.35 万；从 2024 年至 2033 年每年新增 60—69 岁老年人口数均超过

300万，其中2025年至2031年每年新增超过500万；2027年至2030年每年新增竟超过700万。在2044年后虽然在新中国成立后第三次出生人口数高峰期的影响下，我国又将呈现60—69岁低龄老年人口数的显著波动起伏期，但该高峰期与2022年至2039年的高峰期相比，峰值为21287.36万（2052年），比2034年的峰值要减少915.07万；每年低龄老年人口数均超过2亿的年份只有7年（2049—2055年），比未来20年期间我国有10年（2030年至2039年）每年低龄老年人口数均超过2亿要缩短3年。可见，在2021—2039年我国出现的60—69岁低龄老年人口数高峰期的峰值之高和延续时间之长，既是历史上前所未有的，也是今后不可能再出现的（见表1）。

表1　2021—2060年我国60—69岁老年人口数预测　　　　单位：万人

年份	人数	年份	人数	年份	人数	年份	人数
2021	15386.28	2031	21113.20	2041	18976.03	2051	21164.51
2022	15577.79	2032	21611.23	2042	18404.50	2052	21287.36
2023	15808.28	2033	21997.27	2043	17949.98	2053	21232.29
2024	16172.57	2034	22202.43	2044	17739.35	2054	20998.60
2025	16717.72	2035	22188.74	2045	17839.84	2055	20594.61
2026	17342.27	2036	21881.76	2046	18170.08	2056	19957.08
2027	18121.11	2037	21389.98	2047	18810.22	2057	19150.40
2028	18980.08	2038	20780.29	2048	19610.45	2058	18274.99
2029	19813.90	2039	20153.63	2049	20347.02	2059	17476.93
2030	20552.86	2040	19579.82	2050	20876.58	2060	16843.90

资料来源：根据联合国经济和社会事务部发布的《世界人口展望2019》（修订版）中有关中国人口数变动"中方案"预测数归并计算。

　　值得注意的是，在我国未来人口平均预期寿命平稳增高的背景下，本世纪20—30年代出现的60—69岁低龄老年人口数的高峰期又因人口惯性作用影响，将使我国在本世纪30—40年代出现70—79岁中龄老年人口数的高峰期和本世纪50—60年代出现80岁及以上高龄老年人口数的高峰期（见图1）。据上述联合国的"中方案"预测，中国70—79岁中龄老年人口数在 2038 年至 2052 年将超过 1.5 亿，其中 2041 年至 2047 年将超过 1.7 亿，峰值为 18084.36 万（2045 年）；中国 80 岁及以上高龄老年人口数在 2047 年将超过 1.0 亿，其中 2054 年至 2060 年将超过 1.3 亿，峰值为 13346.06 万（2057 年）。上述中龄老年人口数和高龄老年人口数的高峰期，也将是空前的，给我们实施积极应对人口老龄化的国家战略带来更严峻挑战。

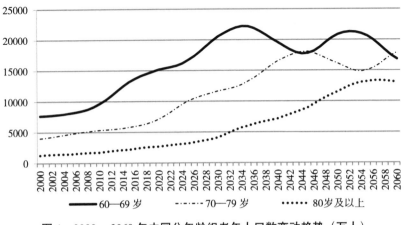

图 1　　2000—2060 年中国分年龄组老年人口数变动趋势（万人）

二、低龄老年人的适度"参与"有利于
增进整个老年期的健康

（一）促进老年人以各种方式"参与"是"积极老龄化"的主要内容

"积极老龄化"是 2002 年联合国第二届世界老龄大会提出并被国际社会接受作为应对人口老龄化战略的新理念。2001 年，世界卫生组织曾组织撰写了《健康与老龄化》，准备供 2002 年联合国第二届世界老龄大会讨论。后经由世界卫生组织卫生发展中心召开的来自 21 个国家 29 名代表参加的专家小组会议讨论修订，并于 2002 年 4 月经瓦伦西亚国际老年学论坛讨论后，将其改名为《积极老龄化——政策框架》。其中指出："积极老龄化是人到老年时，为了提高生活质量，使健康、参与和保障的机会尽可能发挥最

大效益的过程。"它是"一个比健康老龄化内涵更为广泛"的理念。该建议还提出"'积极老龄化'的政策和计划，必须以老年人的权利、需要、喜好和能力为基础。"④ 联合国召开的第二届世界老龄大会接受了世界卫生组织的建议，并在 2002 年 4 月 12 日通过《联合国第二届世界老龄大会政治宣言》。该宣言指出："对老年人的认可和对他们充分参与的促进，是积极老龄化的主要内容。"并把"参与"概括为"进入老年的人应该""积极参与他们所在社会的经济、社会、文化和政治生活"。③ 第二届世界老龄大会通过的《2002 年马德里老龄问题国际行动计划》也强调"让老年人通过从事有收入的工作和志愿性工作，充分和有效地参与社会的经济、政治和社会生活"，并指出"老年人在经济上经常可以做出巨大贡献，更重要的是，可以在孙子辈和其他亲属的教育和照料方面发挥作用"。④ 可见国际社会强调的"参与"内涵，不仅包括老年人从事有收入的工作，而且也包括老年人参加志愿服务和参与的文化、教育、体育、政治活动，以及承担"家庭管理和照料儿童"的工作。在 2021 年 11 月 18 日发布的《中共中央国务院关于加强新时代老龄工作的意见》（以下简称《加强新时代老龄工作意见》）中，将"积极老龄观""社会参与"明确写入"指导思想"，并且在第四大部分"促进老年人社会参与"下又专列了"扩大老年教育资源供给""提升老年文化体育服务质量""鼓励老年人继续发挥作用"三个部分。该文件不仅把老年人"就业"和"以志愿服务形式积极参与基层民主监测、移风易俗、民事调解、文教卫生等活动"列入"社会参与"，而且还将老年人"社会参与"扩展到参加"老年教育""文化""旅游""体育""家庭教育、家风传承"等活动，要求"把老有所为同老有所养结合起来，完善就业、志愿服务、社区治理等政策措施，充分发挥低龄老年人作用。"

（二）倡导老年人适度"参与"有利于增进健康

在《全国老龄办关于国家人口老龄化战略研究总报告》中，虽然将"发展、保障、健康、参与、和谐"作为我国积极应对人口老龄化的"战略方针"，提出了"参与是应对人口老龄化的内在动力"，强调"从战略上降低人口老龄化的影响，扩大老年人的社会参与、相对增加生产性人口，是积极应对人口老龄化的必然选择"，但是，该报告没有明确指出"参与"对促进健康老龄化的重要作用。其实，世界卫生组织早在 2002 年提交的《积极老龄化——政策框架》"导言"中就明确指出："文章从一个广阔的视角，对健康进行了研究，并承认这一事实，即健康只有通过多方面的参与，才能增进和保持。"⑤ 鉴于 2016 年第六十九届世界卫生大会审议通过的《2016—2020 年老龄化与健康的全球战略和行动计划》中强调"健康的老龄化并不仅仅是指没有疾病。对大多数老年人来说，维持功能发挥是最为重要的"，指出功能发挥是"由个人内在能力与相关环境特征以及两者之间的相互作用构成"。笔者认为，重视老年人因个人的"权利、需要、喜好和能力为基础"的各种方式参与虽然不能像医学那样治疗疾病，但它对维持各种功能的发挥，减缓自身的"日常生活活动能力"（ADLs）和"日常工具性生活活动能力"（IADLs）的衰退，促进健康老龄化，更具有重要意义。

近年来世界卫生组织又进一步倡导"促进身体活动"特别是"安全"地活动对健康的重要性。2020 年 11 月 25 日世界卫生组织发布《关于身体活动和久坐行为指南》，强调每个人，不论年龄和能力，都可以进行身体活动，而且每种活动方式都有用。该指南还建议老年人（65 岁或以上）增加强调平衡和协调以及强化肌肉的活动，以帮助防止跌倒和改善健康。⑥ 世界卫生组织总干事谭德塞博士说："积极活动身体对健康和幸福至关重要，它有助于延长寿命，提高生活质量。每种活动都有用，尤其是在我们面对因新冠肺炎疫情而采取的限制措施之际。我们每天都必须安全、创造性地活动。"笔者认为我们所倡导和促进的老年人参与，应该尽可能遵循联合国上述文件要求"能按照他们的基本人权、能力、需要和爱好"的参与，是老年人"自愿和量力"的参与，但是其"底线"应该是"量力"；而且由于每个老年人的年龄、体质、活动能力、患病状况不同，随着年龄增高又会不断变化，参与的类别和强度还必须因人因时而异。因此，我们特别要重视和强调适度"参与"。

（三）低龄老人的适度"参与"对整个老年期健康的重要影响

在全国老龄工作委员会办公室主持的"第四次中国城乡老年人生活状况抽样调查个人问卷（短表）"中，将被调查的 60 岁及以上老年人的"慢性疾病"分别列为"白内障 / 青光眼""高血压""糖尿病""心脑血管疾病（冠

心病 / 心绞痛 / 脑卒中等)""胃病""骨关节病(骨质疏松 / 关节炎 / 风湿 / 椎间盘疾病等)""慢性肺部疾病(慢阻肺 / 气管炎 / 肺气肿等)""哮喘""恶性肿瘤""生殖系统疾病""其他慢性病"。在全国老龄工作委员会办公室(2018)编写的《第四次中国城乡老年人生活状况抽样调查总数据集》(以下简称《抽样调查总数据集》)中,有关"按年龄、性别分的老年人患慢性病的情况"数据表,仅列出了分 5 岁一组(85 岁及以上为一组,下同)"患1 种慢性病""患 2 种慢性病""患 3 种及以上慢性病"的人数及其占被调查的患慢性病人数的比例,未列出患慢性病人数占被调查老年人数的比例。为了较准确了解上述调查所获得的我国 60 岁及以上及其分年龄组的老年人中患各类慢性病(包括患 1—3 种及以上慢性病)的人数占被调查老年人数的比例,笔者以该《抽样调查总数据集》公布的"被调查老年人的年龄性别状况"表中的被调查老年人总数及其分 5 岁一组人数为基数,计算出 2015 年中国被调查 60 岁及以上老年人中患各类慢性病的老年人占被调查的 223601名老年人的 80.0%;如果分年龄组考察,在 60—64 岁组中患各类慢性病的老年人占被调查的 69514 名老年人的 74.1%,在 65—69 岁组中患各类慢性病的老年人占被调查的 53720 名老年人的 79.5%,在 70—74 岁组中患各类慢性病的老年人占被调查的 38082 名老年人的 83.3%,在 75—79 岁组中患各类慢性病的老年人占被调查的 29789 名老年人的 84.9%,在 80—84 岁组中患各类慢性病的老年人占被调查的 20031 名老年人的 85.6%,在 85 岁及以上组中患各类慢性病的老年人占被调查的 12465 名老年人的 84.9%。然而,根据该《抽样调查总数据集》公布的"按年龄、性别分的老年人自理的情况"数据表提供的数据,在被调查的 60 岁及其以上老年人中"完全自理"的占 88.9%,"半失能"的占 10.2%,"失能"的占 0.9%。如果分年龄组考察,在 60—64 岁组中"完全自理"的占 95.6%,"半失能"的占 4.2%,"失能"的占 0.3%;然后,随着年龄组的增高"完全自理"的比例逐渐下降,"半失能"和"失能"的比例逐渐上升,在 85 岁及以上组中"完全自理"的占61.2%,"半失能"的占 34.7%,"失能"的占 4.2%(详见表 2)。[⑦] 以上调查数据不仅启示我们对老年人来说虽然也应努力预防各类慢性病的发生,但从整个生命周期看已经"抓"迟了,而且有许多慢性病还难以治愈。为有效降低未来中国老年人的患病率,应将预防老年期各类慢性病的措施前移,强调

"终身健康教育""终身保健"，从少年儿童起就养成健康的生活方式，同时密切关注饮食安全，有效治理空气、水质、土壤等环境污染对健康的危害，更加牢固地构建城乡生态安全屏障，努力使未来中国60—64岁年龄组人口患各类慢性病的比例降到70%甚至60%以下。但是，对于大多数老年人来说，特别需要高度关注并有可能实现的是在进入老年期后通过各种方式适度"参与"（包括"促进身体活动"），以"维持功能发挥"为重点促进健康老龄化，有效减缓分年龄组的半失能和失能比例的上升，提高老年期生活质量和生命质量。

表2　2015年中国按年龄组分的老年人自评自理状况　　　单位：%

年龄组（岁）	60—64	65—69	70—74	75—79	80—84	85+
完全自理	95.6	93.5	89.8	84.3	75.3	61.2
半失能	4.2	6.0	9.4	14.4	22.6	34.7
失能	0.3	0.4	0.8	1.3	2.0	4.2
总计	100.0	100.0	100.0	100.0	100.0	100.0

注：N=216998人。

资料来源：全国老龄工作委员会办公室（2018）。

未来20年内我国面临低龄老年人口数的高峰期，既是对我们积极应对人口老龄化的一个严峻挑战，也是充分发挥我国低龄老年人"老有所为"作用，促进我国老年人全生命周期健康水平，相对减缓我国家庭、社区、机构照护老年人压力，减轻长期护理保险支付压力的一个极好机遇。如果将联合国"中方案"预测的中国60岁及以上老年人口分5岁一组（85岁及以上为一组）的人口数，按表2中60岁及以上老年人中分年龄组的自评半失能比例和失能比例始终不变推算，那么在2020—2050年期间由于未来中国老年人口数特别是高龄老年人口数的迅速增加，2050年中国半失能老人数将比2020年增加1.68倍，失能老人数将比2020年增加1.92倍；较同期60岁及以上老年人口数增加0.94倍要高得多。如果假设在2050年时中国60岁及以上分年龄组的半失能率均比2020年降低1个百分点、失能率均比2020年降低0.1个百分点，那么按联合国"中方案"预测数据推算，2050全国半失能老年人口数将降低7.9%，失能老年人口数将降低8.3%。可见，如果我国在 2021 年后低龄老年人口数进入空前高峰期时能让更多老年人特别是低龄老年人适度"参与"（包括"促进身体活动"），不仅有利于广大老年人尤其是低龄老人以各种方式对经济和社会发展继续作贡献，而且有利于维持约 2 亿低龄老年人的"功能发挥"，相对降低他们在进入中龄老年期特别是高龄老年期后的半失能率和失能率，有效促进本世纪中叶我国的健康老龄化。

三、将适度"参与"更显著地写入我国
未来健康老龄化中长期规划

2017 年 3 月 9 日，由国家卫生计生委等 13 个部委联合印发的《"十三五"健康老龄化规划》，是我国制定的首个"健康老龄化"五年规划。该规划将"健康老龄化"界定为"即从生命全过程的角度，从生命早期开始，对所有影响健康的因素进行综合、系统的干预，营造有利于老年健康的社会支持和生活环境，以延长健康预期寿命，维护老年人的健康功能，提高老年人的健康水平。"该规划简要概括了我国健康老龄化在"十二五"期间取得的成就和"十三五"时期面临的挑战，提出了"十三五"期间促进我国健康老龄化的指导思想、4 项基本原则、4 个发展目标、9 项主要任务和保障措施，对增进我国"十三五"期间及未来健康老龄化发挥了重要的指导作用。然而笔者认为，该规划未明确列入国际社会倡导的"积极老龄化"战略强调的"参与"理念和措施，仅在主要任务的第 3 点"推动开展老年人心理健康与关怀服务"中提出"加强对老年严重精神障碍患者的社区管理和康复治疗，鼓励老年人积极参与社会活动，促进老年人心理健康"；在主要任务第 14 点"推进老年宜居环境"中提出"建设老年人社会参与支持环境，从与老年健康息息相关的各方面入手，优化'住、行、医、养'等环境，营造安全、便利、舒适、无障碍的老年宜居环境体系"。2022 年 2 月，国家卫生健康委等 15 个部委又联合印发了《"十四五"健康老龄化规划》，不仅在"指导思想"中明确指出"大力推进老龄健康服务供给侧结构性改革，把积极老龄观、健康老龄化理念融入经济社会发展全过程，深入开展健康老龄化促进行动，持续发展和维护老年人健康生活所需要的内在能力，促进实现健康老龄化。"而且在"基本原则"中要求"以老年人健康为中心，提供包括健康教育、预防

保健、疾病诊治、康复护理、长期照护、安宁疗护等在内的老年健康服务。"该规划提出的 4 个发展目标、9 项主要任务和保障措施比《"十三五"健康老龄化规划》更全面和更务实,对增进我国"十四五"期间及未来健康老龄化发挥了重要的指导作用。然而笔者认为,该规划虽然在"主要任务"中要求"引导老年人将'维护机体功能,保持自主生活能力'作为健康目标,树立'自己是健康责任人'的意识,强化'家庭是第一道关口'的观念,促进老年人及其家庭践行健康生活方式。"但未明确写入"积极老龄观"理念强调的"老年人社会参与"及其对老年期健康特别是减缓自身机体功能衰退的重要影响。

鉴于我国省、自治区、直辖市每五年的健康老龄化规划基本按国家规划要求制定,为了在 2020—2035 年期间制定国家"十五五""十六五"健康老龄化规划及《"十四五"健康老龄化规划》实施细则中更显著地补充有关鼓励和促进老年人适度"参与"的重要战略思想和政策措施,笔者提出以下具体建议,供中央及国家卫生和健康委员会决策参考:

第一,在分析未来健康老龄化中长期规划面临的挑战和发展机遇中,建议在"十四五"健康老龄化规划指出的"低龄老年人比重增加"的基础上,进一步强调 2021—2035 年期间我国将出现低龄老年人口数迅速增加的高峰期,2030 年我国 60—69 岁人口数超过 2 亿时的 69 岁老年人正是 2021 年进入 60 岁的,以及老年人适度"参与"(包括"促进身体活动")不够或存在超越自身体能的过度"参与"风险隐患等挑战。

第二,在规范未来健康老龄化中长期规划的基本原则中,建议在继续坚持"十四五"健康老龄化规划提出的"政府主导,全民行动"原则,"倡导个人和家庭积极参与,共同构建老年友好型社会"的同时,增加贯彻"积极老龄观"的"老年人社会参与"精神和世界卫生组织倡导的"促进身体活动"精神,坚持鼓励和引导广大老年人因人而异适度"参与"(包括"促进身体活动")的原则。

第三,在制定未来健康老龄化中长期规划的主要任务中,建议按《加强新时代老龄工作意见》要求,将"鼓励老年人积极参与社会活动"扩展到"完善就业、志愿服务、社区治理等政策措施""探索适合老年人的灵活就业的模式""发挥老年人在家庭教育、家风传承等方面的积极作用""推动扩大老年教育资源供给""组织开展文化体育活动，实现老年人娱乐、健身、文化、学习、消费、交流等方面的结合"；将"十三五"健康老龄化规划鼓励老年人积极参与有利于"促进老年人心理健康"扩展到促进老年人生理健康、心理健康、社会适应能力和减缓自身功能的衰退。同时，在"十三五"规划中要求"切实加强老年健康服务人员队伍建设，尽快培养一批有爱心、懂技术、会管理的老年人健康服务工作者"和"十四五"规划中要求"充分发挥各级老年人体育协会的作用，指导老年人科学健身"；"不断丰富老年人中医健康指导的内容，加强老年人养生保健行为干预和健康指导"的基础上，扩大到对老年人各类"参与"（包括促进身体活动）的安全性、防控过度"参与"风险隐患以及强化旅居养老等监管的措施。

第四，在中央有关部委联合制定未来健康老龄化中长期规划时，《"十三五"健康老龄化规划》由国家卫生计生委、国家发展改革委、教育部、工业和信息化部、民政部、财政部、人力资源社会保障部、国土资源部、住房城乡建设部、国家体育总局、国家中医药局、中国残联、全国老龄办等十三个部门联合制定和印发；《"十四五"健康老龄化规划》调整为由国家卫生健康委、教育部、科技部、工业和信息化部、财政部、人力资源社会保障部、住房城乡建设部、退役军人事务部、市场监管总局、广电总局、国家体育总局、国家医保局、银保监会、国家中医药局、中国残联等十五个部门联合制定和印发。我们建议在制定"十五五"和"十六五"健康老龄化规划时，国家卫生健康委应在联合有关部门制定时保留"十三五"健康老龄化规划中的民政部和全国老龄办，同时增加文化和旅游部。

【注释】

① 李志宏（总报告执笔人）、起草组人员：原新、朱勇、党俊武、吕晓莉、李志宏、李军、姚远、朱俊生、张一鸣：《全国老龄办关于应对国家人口老龄化战略研究总报告》，中国社会福利与养老服务协会，2017 年 9 月 30 日。

② 桂世勋：《人口社会学》，山东人民出版社 1986 年版，第 313—314 页。

③ 联合国经济和社会事务部：《世界人口展望 2019 修订版》，World Population Prospects-Population Division - United Nations。

④ 熊必俊：《人口老龄化与可持续发展》，中国大百科全书出版社 2002 年版，第

331、327、330 页。

⑤ 第二届世界老龄大会：《2002 年马德里老龄问题国际行动计划》，《老龄问题观察》2002 年第 3 期。

⑥ 世界卫生组织：《关于身体活动和久坐行为指南》每种活动都有益健康，《新浪财经》2020 年 11 月 27 日。

⑦ 全国老龄工作委员会办公室：《第四次中国城乡老年人生活状况抽样调查总数据集》，华龄出版社 2018 年版。

（本文原载《华东师范大学学报》（哲学社会科学版）2022 年第 4 期）

中央高校基本科研业务费项目

华东师范大学精品力作培育项目资助
（批准号：2021ECNU—JP001）

桂世勋文集

桂世勋 著

（下）

人民出版社

目　录

六、老年人口状况

七、老年保障

八、养老保险

九、医疗保险

十、老年照护

十一、个人专访

十二、附　录

六、老年人口状况

上海市区老龄人口基本状况和意愿的分析*

　　上海市是我国人口老龄化出现最早和发展速度最快的大城市。1982 年普查时，上海市 60 岁及以上老年人口系数从 1964 年的 6.08% 迅速上升到 11.51%，其中市区从 5.67% 上升到 12.88%。根据最近我校人口研究所与数学系合作进行的预测，如果撇开今后人口迁移的影响，在继续普遍提倡每对夫妇只生一个孩子的政策要求不变的情况下，2000 年上海市 60 岁及以上老年人口系数将为 18.5%，特别是市区将高达 20.7%。

　　那么目前上海市区老龄人口的状况如何呢？他们有哪些想法和要求呢？为了具体了解这方面的情况，给上海市人民政府及有关部门制定老年事业发展规划提供较全面的基础资料，我们在上海市老龄委员会、上海市公安局户政处的支持和协助下，于 1985 年 9 月进行了一次上海市区① 4‰老龄人口状况和意愿的抽样调查。该调查采用多阶段整群机械抽样的方法，共调查了上海市区居住家庭户中的男 55 岁、女 50 岁及以上老龄人口 6715 人，回收调查表 6686 份，回收率为 99.57%。这些老龄人口分布在上海市区 12 个区 60 个街道的 420 个居民小组中。调查时点取 1985 年 6 月 30 日 24 时。调查内容包括老龄人口的性别、年龄、文化程度、婚姻状况、工作情况、经济负担、健康状况、家庭情况、居住方式、兴趣爱好及他们对再工作、居住方式、当前上海市区最迫切需要解决的老龄问题的意愿等 43 个项目近 200 个指标。现在，我们已通过计算机将第一批 20 多万个数据汇总处理完毕。本文就这次调查所取得的上海市区 60 岁及以上老龄人口的基本状况和意愿的资料进行介绍及分析，以便与世界上其他特大城市的老龄人口状况进行比较。

＊ 本文由桂世勋、李立奎、沈哲宁、狄菊馨、顾泉忠、陈阳明、钱方合著。

一、性别、年龄及文化程度构成

在被调查的 3897 名 60 岁及以上的老人中，男性占 47.42%，女性占 52.58%；其中 60—64 岁组人数占 38.47%，65—69 岁组人数占 25.53%，70—74 岁组人数占 19.53%，75—79 岁组人数占 9.06%，80 岁及以上组人数占 7.42%（见表 1）。

表 1　上海市区老龄入口分性别的年龄构成　　单位：%

年龄组别	合计	60—64	65—69	70—74	75—79	≥80
合计	100.00	38.47	25.53	19.53	9.06	7.42
男性	100.00	38.53	25.10	20.08	9.25	7.03
女性	100.00	38.41	25.92	19.03	8.88	7.76

从这些老龄人口的文化程度来看，文盲和半文盲占 42.09%，小学程度占 28.43%，初中程度占 17.00%，高中和中专程度占 7.10%，大专和大学肄业程度占 2.27%，大学本科程度占 3.13%。如果按年龄分组，呈现年龄组愈高的老龄人口，文化程度愈低的趋势。比如，文盲和半文盲的老人在 60—64 岁组中只占 33.76%，在 65—69 岁组中占 43.36%，在 70—74 岁组中占 45.38%，在 75—79 岁组中占 52.25%，在 80 岁及以上组中竟占 60.89%（见表 2）。这种变动趋势符合我国教育事业发展的历史状况。

表 2　上海市区老龄人口分年龄的文化程度构成　　单位：%

年龄组别	合计	文盲、半文盲	小学	初中	高中和中专	大专	大学
60—64	100.00	33.76	29.51	21.56	9.03	2.90	3.23
65—69	100.00	43.36	28.87	17.40	5.94	1.91	2.52
70—74	100.00	45.38	29.66	12.97	6.48	1.66	3.86
75—79	100.00	52.25	26.40	11.24	4.49	2.25	3.37
≥80	100.00	60.89	20.30	8.86	5.54	1.85	2.58

二、工作状况及生活来源

在这些被调查的老龄人口中，已退休的占 75.75%，已离休的占 2.03%，尚未退（离）休的占 3.15%，长期无业的占 19.07%。如果按年龄分组，呈现年龄组愈高的老龄人口，已退休和离休的比重愈小的趋势：已退（离）休的老人在 60—64 岁组中占 84.23%，在 65—69 岁组中占 81.68%，在 70—74 岁组中占 74.93%，在 75—79 岁组中占 67.84%，在 80 岁及以上组中占 47.76%。这种趋势主要并不是由于年龄组愈高的老龄人口中现在仍在工作的比重愈大所造成的，而是由于随着年龄组的提高，长期无业的比重愈大所造成的（见表 3）。特别是在全部长期无业的老人中，女性竟占 92.77%。上述情况反映了我国就业状况的历史变化特点，往往年龄组愈高的女性老人在处于劳动适龄人口阶段时的在业率愈低。

表 3　上海市区老龄人口分年龄的退（离）休状况　　　　　单位：%

年龄组别	合计	已退休	已离休	未退（离）休	长期无业
60—64	100.00	81.84	2.40	6.39	9.38
65—69	100.00	78.85	2.83	1.42	16.90
70—74	100.00	73.99	0.94	0.54	24.53
75—79	100.00	66.08	1.75	0.58	31.58
≥80	100.00	47.39	0.37	1.87	50.37

老人退（离）休后，退（离）休月工资超过 100 元的占 6.03%，在 71—100 元的占 19.95%，在 51—70 元的占 27.04%，在 31—50 元的占 32.39%，在 30 元及以下的占 14.59%。这表明在目前上海市区的退（离）休老人中，尚有近七分之一的人退休月工资在 30 元及以下，如果他们光凭这些收入维持自己目前的生活还是很困难的。值得注意的是，女性老人中退休月工资很低的比重较大，而且由于年龄组愈高的女性老人中退休前工资低及工龄短的比重较大，因此退休月工资很低的比重往往也愈大。比如，女性老人退休月工资在 20 元及以下的，在 60—64 岁组中占 5.50%，在 65—69 岁组中占 13.03%，在 70—74 岁组中占 17.98%，在 75—79 岁组中占 29.76%，

在 80 岁及以上组中占 40.90%。对这些退休月工资很低的老人，除了其中一部分年纪较轻、身体尚好的老人要求通过再工作增加收入外，绝大多数需要靠配偶帮助、子女赡养及政府补助。

目前退（离）休后再工作的老龄人口占全部退（离）休老人的 16.73%。从这些再工作老人在各个已退（离）休老人年龄组中所占的比重来看，在 60—64 岁组中占 22.27%，在 65—69 岁组中占 17.97%，在 70—74 岁组中占 5.22%，在 75—79 岁组中占 3.45%，在 80 岁及以上组中占 2.34%；从这些再工作老人的工作地区分布来看，在上海市区工作的占 83.20%，在上海郊县城镇工作的占 9.40%，在上海郊县农村工作的占 3.00%，在外省的城市、城镇和农村工作的分别占 1.60%、1.00% 和 1.80%；从这些再工作老人每月增加的收入来看，超过 50 元的占 33.83%，在 21—30 元的占 23.77%，在 31—40 元的占 17.13%，在 41—50 元的占 16.06%，在 11—20 元的占 8.78%，在 10 元及以下的占 0.43%。现在看来，已退（离）休的老人再工作后，每月增加的收入在 20 元及以下，显然是偏低了。目前这部分老人为再工作老人的近十分之一，应引起有关部门的重视，尽快研究和解决如何使他们适当增加再工作收入的问题。

在被调查的老龄人口中，1985 年上半年经济来源完全自立的占 64.53%，基本自立的占 12.60%，半自立的占 3.14%，基本靠他人的占 2.20%，完全靠他人的占 17.54%。这表明目前经济来源完全自立和基本自立的老人约为全部老人的四分之三强。如果按年龄分组，呈现年龄组愈高的老龄人口，经济来源完全自立的比重愈低和完全靠他人的比重愈高的趋势（见表 4）。特别是在经济来源完全靠他人的老人中，女性竟占 93.50%。上海市区老龄人口经济来源的这些特点，主要是由老龄人口中过去的就业状况及目前享受退（离）休福利待遇的状况决定的。

表 4 上海市区老龄人口分年龄的经济来源状况   单位：%

年龄组别	合计	完全自立	基本自立	半自立	基本靠他人	完全靠他人
60—64	100.00	75.87	11.56	2.86	1.36	8.35
65—69	100.00	68.06	12.93	2.88	1.92	14.21
70—74	100.00	49.91	16.93	3.11	3.80	26.25

续表

年龄组别	合计	完全自立	基本自立	半自立	基本靠他人	完全靠他人
75—79	100.00	51.79	12.80	4.17	2.68	28.57
≥80	100.00	39.22	7.06	4.31	3.53	45.88

　　从这些老人再工作的意愿来看，不管现在是否已退（离）休的，表示退（离）休后不愿工作的占48.74%，愿意现在就再工作的占38.02%，愿意再工作而暂时不能再工作的占13.24%。也就是说，愿意在退（离）休后再工作的老人为全部老人的二分之一强。如果按年龄分组，呈现年龄组愈高的老龄人口，愿意在退（离）休后再工作的比重愈小的趋势（见表5）。在表示愿意现在就要再工作的老人中，男性占64.60%，女性占35.40%；年龄为60—64岁的占58.96%，65—69岁的占25.70%，70—74岁的占9.92%，75—79岁的占2.82%，80岁及以上的占2.59%；文盲和半文盲的占27.44%，小学程度的占29.59%，初中程度的占23.47%，高中和中专程度的占9.75%，大专和大学肄业程度的占4.76%，大学本科程度的占4.99%。这种情况告诉我们，在研究现阶段解决上海市区老人再工作的对策时，应特别注意开发占愿意现在就要再工作老人半数以上的、文化程度很低的那部分老人的再就业门路；同时还要注意如何安排好占愿意现在就要再工作老人七分之一强的、年龄在70岁及以上的那部分老人的再就业问题。

表5　上海市区老龄人口分性别年龄的再工作意愿　　　　　单位：%

性别	年龄组别	合计	不愿再工作	愿意现在就再工作	愿意但暂时不能再工作
男	60—64	100.00	23.26	62.98	13.76
	65—69	100.00	40.61	46.97	12.42
	70—74	100.00	57.78	28.44	13.78
	75—79	100.00	70.43	15.65	13.91
	≥80	100.00	71.70	20.75	7.55
女	60—64	100.00	45.53	38.52	15.95
	65—69	100.00	62.72	25.44	11.85
	70—74	100.00	73.49	14.46	12.05

性别	年龄组别	合计	不愿再工作	愿意现在就再工作	愿意但暂时不能再工作
	75—79	100.00	79.71	10.14	10.14
	≥80	100.00	74.14	20.70	5.17

三、健康状况及生活自理能力

在被调查的老龄人口中，身体很健康的占 9.74%，较健康的占 63.46%，有病能坚持工作的占 17.39%，重病不能工作的占 9.42%。如果按年龄分组，呈现年龄组愈高的老龄人口健康状况愈差的趋势。比如，重病不能坚持工作的老人在 60—64 岁组中占 5.95%，在 65—69 岁组中占 8.94%，在 70—74 岁组中占 11.47%，在 75—79 岁组中占 18.21%，在 80 岁及以上组中占 14.35%（见表 6）。这表明虽然目前有病（包括有重病）的老人为全部老人的四分之一强，但随着上海市区高年龄组老人数的迅速增长，今后上海市区老有所医的问题将更加突出，有关方面应及早准备，大力开展老年病防治的研究。

表 6　上海市区老龄人口分年龄的健康状况　　　单位：%

年龄组别	合计	很健康	较健康	有病能坚持工作	重病不能工作
60—64	100.00	12.12	63.56	18.37	5.95
65—69	100.00	10.49	63.80	16.78	8.94
70—74	100.00	6.05	62.64	19.85	11.47
75—79	100.00	5.63	61.59	14.57	18.21
≥80	100.00	8.44	66.25	10.97	14.35

从老人的生活起居自理能力来看，完全能自理的占 48.32%，基本能自理的占 38.79%，能半自理的占 10.32%，完全不能自理的占 2.56%。也就是说，目前生活起居完全能自理和基本能自理的老人为全部老人的七分之六弱。如果按年龄分组，呈现年龄组愈高的老龄人口，生活起居自理能力愈差的趋势（见表 7）。在生活起居能半自理的老人中，靠老伴照顾的占 58.28%，

靠子女照顾的占 30.37%，靠亲戚朋友、保姆和社会照顾的分别占 5.52%、4.29% 和 1.53%；在生活起居完全不能自理的老人中，由于相当部分老人及配偶年龄都很大，有的配偶不幸去世，因此靠老伴照顾的比重同能半自理的老人相比要小些，占 48.15%，靠子女照顾的比重相应增大，占 39.51%，靠亲戚朋友、保姆和社会照顾的分别占 6.17%、4.94% 和 1.23%。可见，目前生活起居能半自理和完全不能自理的老人中约有近七分之六是靠老伴和子女照顾的。大力提倡老伴之间互爱互助和子女的尊老敬老，搞好我国传统的家庭养老，仍然是现阶段上海市区解决老有所养（这里主要指照料老人生活起居）的主要途径。

表 7　上海市区老龄人口分性别年龄的生活自理状况　　　　单位：%

性别	年龄组别	合计	完全能自理	基本能自理	能半自理	完全不能自理
男性	60—64	100.00	62.60	29.99	5.60	1.81
	65—69	100.00	51.16	36.43	10.34	2.07
	70—74	100.00	45.89	39.72	13.36	1.03
	75—79	100.00	34.25	39.04	20.54	6.16
	≥80	100.00	38.04	32.61	26.09	3.26
女性	60—64	100.00	57.12	35.76	5.60	1.52
	65—69	100.00	43.81	43.09	11.19	1.90
	70—74	100.00	36.75	49.66	8.94	4.64
	75—79	100.00	24.09	54.75	16.79	4.38
	≥80	100.00	20.87	49.56	21.74	7.83

四、婚姻状况与居住方式

在被调查的老龄人口中，目前有配偶的占 70.39%，丧偶的占 27.41%，离婚的占 1.57%，未婚的占 0.67%。如果按年龄分组，呈现年龄组愈高的老龄人口，有配偶的比重愈小和丧偶的比重愈大的趋势（见表 8）。特别是女性丧偶的在 60—64 岁组中占 23.13%，在 65—69 岁组中占 37.85%；男性丧偶的在 60—64 岁组中占 6.04%，在 65—69 岁组中占 9.70%。因此，关心和解决好当前上海市区老人的婚姻问题，也是一个值得注意的社会问题。

表 8　上海市区老龄人口分年龄的婚姻状况　　　　单位：%

年龄组别	合计	有配偶	丧偶	离婚	未婚
60—64	100.00	83.19	15.01	1.33	0.47
65—69	100.00	73.17	24.72	1.21	0.90
70—74	100.00	61.76	35.48	2.37	0.39
75—79	100.00	49.86	47.31	1.98	0.85
≥80	100.00	41.87	55.36	1.38	1.38

从目前老人的居住方式来看，与已婚儿子（其中包括部分未婚子女）一起住的比重最大，占 34.01%；然后依次是：仅与未婚子女（其中包括仅与未婚孙辈）一起住的占 21.39%，仅与配偶一起住的占 19.01%，与已婚女儿（其中包括部分未婚子女）一起住的占 14.08%，与已婚儿子及已婚女儿一起住的占 4.84%，单独一人住的占 4.18%，仅与非直系亲属一起住的占 2.35%，仅与非亲属一起住的比重最小，只占 0.14%。这表明现在上海市区的老人同子女一起住的约占近四分之三，其中与已婚儿子一起住的占全部老人数的三分之一强。如果按年龄分组，呈现年龄组愈高的老龄人口，与已婚儿子一起住、与已婚女儿一起住、单独一人住及仅与其他非直系亲属一起住等比重愈大的趋势（见表 9）。因此，如何处理好老人与子女的家庭关系、特别是老人与已婚儿子、媳妇的关系，对于解决好上海市区老有所乐、老有所养和老有所住等问题，具有重要意义。此外，如何帮助解决年龄较高的老人单独一人居住所带来的各种困难，也是值得注意的一个问题。

表 9　上海市区老龄人口分年龄的居住方式　　　　单位：%

年龄组别	合计	仅与配偶住	仅与未婚子女或未婚孙辈住	与已婚儿子住	与已婚女儿住	与已婚儿子及已婚女儿住	仅与非直系亲属住	仅与非亲属住	单独一人住
60—64	100.00	19.19	29.62	31.23	11.83	4.27	1.19	0.07	2.59
65—69	100.00	20.34	20.55	32.94	14.83	5.83	1.91	0.21	3.39
70—74	100.00	17.91	14.10	37.89	15.27	5.43	2.94	0.15	6.31

续表

年龄组别	合计	仅与配偶住	仅与未婚子女或未婚孙辈住	与已婚儿子住	与已婚女儿住	与已婚儿子及已婚女儿住	仅与非直系亲属住	仅与非亲属住	单独一人住
75—79	100.00	19.94	11.04	34.97	17.48	4.91	4.91	0.31	6.44
≥80	100.00	14.47	10.21	42.55	16.60	2.55	5.96	0.00	7.66

从这些老人居住方式的意愿来看，表示最好老夫妻俩单独住，儿孙们都住得近一点的比重最大，占32.71%；其次是最好一个已婚儿子及孙辈同住，占26.92%；第三是最好与所有儿女同住，占18.11%；第四是最好与一个已婚女儿及孙辈同住，占12.36%；第五是最好老夫妻俩单独住，有一个子女住近一点，其他无所谓，占9.59%；至于最好老夫妻俩由已婚子女轮流寄养和最好老夫妻俩与非直系亲属同住的，只分别占0.23%和0.08%。上述意愿表明，为了处理好两代人的关系，现在上海市区的许多老人已逐渐倾向于最好两代人分开住但又住得近一点的居住方式。但是，希望保持传统的大家庭的居住方式，在目前上海市区的老人中仍有较大影响。如果按年龄分组，呈现年龄组愈高的老龄人口，最好老夫妻俩单独住的比重愈小和最好与已婚儿子、已婚女儿同住的比重愈大的趋势（见表10）。这反映了不同年龄组的老人对居住方式意愿的社会心理特点：年龄较低的老人由于身体较好、老伴健在，因而比较喜欢与子女分开住，但希望子女又不要住得太远，以便经常来往，而年龄较高的老人由于身体较差、不少老伴已去世，又比较喜欢与子女同住，希望得到子女更多的照顾和安慰。所以，为了处理好老人同子女的家庭关系，应根据老人年龄和心理状况的变化特点，有针对性地采取措施。

表10　上海市区老龄人口分年龄的居住方式意愿　　单位：%

年龄组别	合计	与所有儿女同住	与一个已婚儿子住	与一个已婚女儿住	老夫妻单独住，儿孙近点	老夫妻单独住，一个子女近点	由已婚子女轮流寄养	与非直系亲属同住
60—64	100.00	17.26	21.73	9.02	41.80	9.99	0.19	0.00
65—69	100.00	18.33	24.44	14.16	32.34	10.28	0.30	0.15

续表

年龄组别	合计	与所有儿女同住	与一个已婚儿子住	与一个已婚女儿住	老夫妻单独住，儿孙近点	老夫妻单独住，一个子女近点	由已婚子女轮流寄养	与非直系亲属同住
70—74	100.00	18.94	33.40	12.34	26.38	8.51	0.21	0.21
75—79	100.00	15.67	40.09	19.35	16.13	8.29	0.46	0.00
≥80	100.00	23.35	33.53	16.77	17.37	8.98	0.00	0.00

五、生活满意程度及迫切要求

在被调查的老龄人口中，对现在生活感到很满意的占 29.28%，较满意的占 60.01%，不太满意的占 8.75%，不满意的占 1.96%。也就是说，上海市区约有十分之九的老人对现在的生活很满意和较满意。而且随着老龄人口年龄组的提高，还呈现出老人对生活很满意和较满意的比重略有增大的趋势（见表 11）。这从一个侧面反映了我国社会主义制度的优越性和党的十一届三中全会以来的大好形势。当然，我们也不能忽视还有极少部分老人对现在生活感到不太满意和不满意，特别是在大多数年龄组中，女性老人不满意的比重较男性老人要大些。比如，对现在生活不满意的比重，在男性 60—64 岁组中占 1.76%，在女性 60—64 岁组中却占 2.02%；在男性 65—69 岁组中占 0.99%，在女性 65—69 岁组中却占 2.82%；在男性 70—74 岁组中占 1.58%，在女性 70—74 岁组中却占 2.79%；在男性 80 岁及以上组中占 0.97%，在女性 80 岁及以上组中却占 2.31%；只有在 75—79 岁组中，女性不满意的比重（1.39%）才比男性（2.40%）小一些。因此，如何尽快地改善这部分老人、特别是女性老人的生活状况，提高他们的满意程度，也应该引起上海市区社会各个方面及老人子女的高度重视。

表 11　上海市区老龄人口分年龄的生活满意程度　　　　　　单位：%

年龄组别	合计	很满意	较满意	不太满意	不满意
60—64	100.00	26.52	62.78	8.86	1.89
65—69	100.00	31.03	56.98	10.03	1.96

续表

年龄组别	合计	很满意	较满意	不太满意	不满意
70—74	100.00	28.13	60.78	8.91	2.19
75—79	100.00	34.41	57.56	6.11	1.93
≥80	100.00	34.76	57.08	6.44	1.72

　　在调查中，我们要求老人最多选择三项自己认为当前上海市区最迫切需要解决的老龄问题，从他们对这方面的意愿来看，希望解决老有所医的比重最大，占 25.40%；第二是希望解决老有所乐，占 24.68%；第三是希望解决老有所住，占 19.56%；第四是希望解决老有所养，占 13.73%；第五是希望解决老有所为，占 12.00%；第六是希望解决老有所学，占 3.36%；此外，其他占 1.27%。在上述的老人意愿中，除了人们通常提到的五个"老"（即老有所医、老有所乐、老有所养、老有所为、老有所学）外，又新增了一个老有所住的问题，而且占了近五分之一的比重。这是符合当前上海市区实际情况的，值得引起社会各方面的重视。如果按年龄分组，呈现年龄组愈高的老龄人口，老有所为、老有所学的比重愈小和老有所医、老有所养的比重愈大的趋势（见表 12）。在同一个年龄组中，不同性别老人的意愿差异，主要反映在希望解决老有所为、老有所学及老有所养的迫切程度上。调查表明，绝大多数年龄组的男性老人希望解决老有所为和老有所学的比重明显高于女性老人，而女性老人希望解决老有所养的比重又明显高于男性老人。

表 12　上海市区老龄人口分年龄的解决老龄问题意愿　　　　单位：%

年龄组别	合计	老有所为	老有所养	老有所医	老有所乐	老有所学	老有所住	其他
60—64	100.00	14.48	11.53	22.76	24—44	4.25	21.57	0.97
65—69	100.00	11.58	14.08	25.41	25.90	3.23	18.46	1.34
70—74	100.00	9.52	14.91	28.21	23.99	2.79	19.32	1.26
75—79	100.00	8.94	16.57	29.61	26.63	1.86	13.97	2.42
≥80	100.00	8.19	19.85	29.53	20.60	1.49	18.86	1.49

　　在调查中，我们还要求老人最多选择三件自己认为当前上海市区在为老年人生活服务方面最迫切需要办的实事。从他们对这方面的意愿来看，第一件实事是开办老人门诊，办老人医院，占 25.42%；第二件实事是为老人改善住房条件，占 18.98%；第三件实事是办老年人活动室，占 14.85%；第四件实事是增设供应老人生活用品的商店，占 9.96%；第五件实事是建立退休职工组织，帮助退休职工解决困难，占 7.52%；第六件实事是办养老院，占 5.38%；第七件实事是为老人进行体育锻炼提供活动场地，占 4.61%；第八件实事是办专供老人旅游的服务项目，占 3.20%；此外，还有一些需要办的实事，所占比重都在 3% 以下。如果按年龄分组，呈现年龄组愈高的老龄人口，要求开办老人门诊、办老人医院的比重愈大和要求为老人体育锻炼提供活动场地、办专供老人旅游的服务项目等的比重愈小的趋势（见表 13）。这种变化趋势，反映了老龄人口在生理及生活服务意愿上的年龄差异。希望上海市人民政府及有关部门在制订老年事业发展规划时，不仅应高度重视广大老龄人口共同的迫切要求，而且应根据各个层次老龄人口的不同要求，有针对性地尽快采取切实有效的措施，多为老人办好几件实事。

表 13　上海市区老龄人口分年龄的需办实事意愿　　　　单位：%

年龄组别	合计	办老人活动室	办养老院	开办老人门诊	建立退休职工组织	改善老人住房条件	提供老人锻炼场地	增设老人用品商店	为老人旅游服务	其他各项小计
60—64	100.00	14.59	5.25	22.17	8.50	20.10	4.52	9.11	3.52	12.25
65—69	100.00	14.97	5.57	25.36	8.27	19.22	5.01	9.58	3.32	8.70
70—74	100.00	15.00	5.15	29.18	5.42	18.25	5.24	10.39	2.98	8.40
75—79	100.00	15.69	5.47	30.47	6.02	14.60	3.47	14.23	2.55	7.48
≥80	100.00	14.48	6.13	30.08	5.85	18.66	3.34	10.03	1.95	9.47

　　以上简要介绍和分析了上海市区 4‰ 老龄人口抽样调查的主要结果。这些资料不仅对上海市老龄问题的研究及老年事业的更好发展具有重要的参考

意义，而且已引起国外同行的关注，便于他们切实了解中国特大城市老龄人口的现状，深入开展各种老龄问题的比较研究。

【注释】

① 这次抽样调查是在 1984 年 9 月扩大后的上海市区范围内进行的，其土地面积由原来的 230 平方公里扩大到 340 平方公里。

（本文原载《华东师范大学学报》（哲学社会科学版）1986 年第 3 期）

上海市静安区与东京都特别区
老龄人口对比调查分析

目前，中国人口的老龄化程度虽然比日本要低得多，但中国上海市的老龄化程度却与日本东京都十分接近。据 1987 年 7 月 1 日零时进行的中国 1% 人口抽样调查资料推算，上海市 65 岁及以上老人占总人口 8.5%；而日本总务厅发表的统计资料，1987 年 9 月 15 日东京都 65 岁及以上老人占总人口 9.2%，相差 0.7 个百分点。

为了更好地借鉴日本老龄化对策的经验，深入探索具有中国特色的人口老龄化对策，上海市计划生育委员会与日本高龄化社会综合研究中心商议决定合作开展"上海与东京老龄化问题对比研究"。现将我们于 1987 年 10 月在上海市静安区进行的老龄人口抽样调查① 的部分资料，与 1985 年 7 月 10 日东京都特别区社会福利基础调查（老人的生活实态）的部分资料进行比较分析，具体考察上海市静安区老人状况与东京都特别区老人状况的异同点，以便在此基础上扩大对比研究的广度和深度，进一步有针对性地重点研究我们感兴趣的某些日本老龄化的对策。

一、调查方法及资料来源

上海市静安区地处上海市区中心，是上海市区中一个老龄化水平很高而且不与郊县接壤的行政区。1985 年末，具有静安区常住户口的 60 岁及以上老人达 87610 人，占总人口 17.65%；其中 65 岁及以上老人为 60450 人，占总人口 12.18%。我们这次调查对象是具有静安区常住户口、年龄为 60 岁及以上的老人。调查样本总数为 1849 人，约占我们预测数的 2%。该调查

采用两阶段简单随机抽样的方法，先在静安区 215 个里弄居民委员会中抽取
43 个（地区抽样率为 20%），然后在每个里弄居民委员会中再分别抽取 2—
3 个居民小组，平均每个里弄居民委员会需抽 43 个老人样本。调查时点取
1987 年 9 月 30 日 24 时。调查内容包括老人的基本情况、家庭、工作、经济、
健康、居住、娱乐状况、综合评价和意愿等 86 个项目近 190 个指标。为了
保证调查资料的准确性，我们采取由调查员入户面对面地直接访问老人的调
查方法。在抽到的老人中，因外出探亲、工作、旅游及居住别处等而无法在
上海市区内调查到的共 243 人，以后我们采用随机方法另外补抽了 243 个老
人进行调查。在实际调查的 1849 名 60 岁及以上老人中，调查时正住医院的
2 人，神志不清的 12 人，拒绝调查的 6 人。

　　鉴于日本东京都福利局在 1985 年 7 月 10 日进行"社会福利基础调查"
（老人的生活实态）时，属于"一般调查"的 5075 名老人（约占当时东京都
老人总数 102 万的 0.5%）均为 65 岁及以上。因此，为了便于比较，我们从
静安区调查的 1849 名 60 岁及以上老人资料中，提前汇总处理了 1252 名 65
岁及以上老人的数据，将其中与东京都调查具有可比性的资料提供给日方。
同时，日本高龄化社会综合研究中心的专家[2] 考虑到东京都 23 个特别区的
状况与上海市静安区比较类似，也专门从东京都的全部调查数据中抽出居住
特别区的 3164 名 65 岁及以上老人的有关资料，提供给中方进行对比分析。

二、老人的基本情况

　　在上海静安区被调查的 1252 名 65 岁及以上的老人中，男性有 532 人，
女性 720 人，性别比为 73.9，较东京特别区的性别比 77.0 要低。从各个年
龄组老人的性别比来看，虽然都呈现年龄组愈高的老人性别比愈低的趋势，
但上海静安区的下降速度很快，其中 65—69 岁组的性别比较东京特别区要
高，而 80 岁及以上组的性别比，却低得多（见表 1）。

表 1　老年人口分年龄的性别比

地区[1]	65—69 岁	70—74 岁	75—79 岁	80 岁及以上
上海	81.6	76.2	66.9	58.3

续表

地区①	65—69 岁	70—74 岁	75—79 岁	80 岁及以上
东京	78.6	77.8	77.3	71.1

N = 上海 1252 人，东京 3164 人（以下表除特别注明外，均与此相同）。

① 本文中的所有表格，"上海"均指上海静安区，"东京"均指东京特别区。

在被调查老人的年龄构成方面，虽然都呈现年龄组愈高的老人比重愈低的趋势，但上海静安区的下降速度也较快，其中 65—69 岁组的比重较东京特别区要高，而 80 岁及以上组的比重却低些（见表 2）。

表 2　老年人口的年龄构成

地区	合计	65—69 岁	70—74 岁	75—79 岁	80 岁及以上
上海	100.0	40.2	28.4	17.7	13.7
东京	100.0	36.2	29.7	19.0	15.1

在被调查老人的文化程度构成方面，虽然都呈现年龄组愈高的老人未上过学的比重愈高，女性老人未上过学的比重高而其有大学文化程度的比重低等趋势，但上海静安区老人的文化程度明显偏低，其中未上过学的比重较东京特别区高得多，有高小和初中文化程度的比重较东京特别区低得多。不过值得注意的是上海静安区老人有大学文化程度的比重却较东京特别区稍高些（见表 3），尤其是女性老人中有大学文化程度的占 5.0%，较东京特别区的 1.5% 要高得多。这可能与上海静安区地处繁华闹市中心，高级知识分子、工商企业家、干部居住的比较集中有关，它具有一定的特殊性，而不能代表上海市区老人的普遍状况。

表 3　老年人口的文化程度构成

地区	合计	未上过学	初小	高小	初中	高中	大学	其他	不明
上海	100.0	35.9	19.6	11.4	12.4	10.9	9.7	0.0	0.0
东京	100.0	1.8	22.4	33.5	24.3	8.1	9.5	0.1	0.2

在被调查老人的婚姻状态方面，至今未婚和目前处于离婚状况的比重都是很低的，但上海静安区丧偶的比重较东京特别区要高，而有配偶并同居的比重较东京特别区要低。其原因除了由于上海市人口的平均寿命比东京都约低近3岁以外，可能与上海静安区老人丧偶后再婚较东京特别区要少有关。同时，上海静安区老人中有配偶但分居的比重较东京特别区要高些，也会影响有配偶并同居比重的下降（见表4）。

表4　老年人口的婚姻状况

地区	合计	有配偶并同居	有配偶但分居	丧偶	离婚	未婚	其他
上海	100.0	55.6	2.2	39.1	1.5	1.5	0.1
东京	100.0	58.0	1.7	36.0	2.1	2.0	0.1

在被调查老人的家庭类型方面，虽然老人与有配偶子女及孙辈的家庭比重都占首位，但上海静安这类家庭比重较东京特别区要高得多。不过，老人与无配偶子女（不包括孙辈）的家庭、仅老夫妇二人年龄均在65岁及以上和配偶年龄未满65岁的家庭等占家庭总数的比重，上海静安区较东京特别区要低得多（见表5）。

表5　老年人口的家庭类型

地区	合计	单身	仅老夫妇（均在65岁及以上）	其他只有65岁及以上老人	仅老夫妇（配偶未满65岁）	老人与无配偶子女	老人与有配偶子女	老人与无配偶子女及孙辈	老人与有配偶子女及孙辈	其他	不明
上海	100.0	9.2	9.7	0.2	1.7	9.8	7.2	1.6	50.8	9.7	0.2
东京	100.0	13.4	20.0	0.7	8.1	21.5	3.5	2.2	28.1	2.3	0.0

三、主要结论及启示

第一，上海静安区和东京特别区目前处于丧偶状况的老人比重分别为39.1%和36.0%。在这些老人中，配偶死亡时的年龄分组比重，都呈现"两头低，中间高"的状况，其中配偶在 60—69 岁死亡的年龄组比重均属最高（见表 6）。值得注意的是，在女性丧偶的老人中，丈夫死于 50 岁以下的上海静安区和东京特别区分别占 23.5% 和 30.1%。鉴于上海和东京老人中丈夫年龄一般略大于妻子的特点，可以推断约有 1/4 的丧偶女性在没有度过育龄期时已开始守寡。因此，破除旧的传统观念，关心老人，特别是女性老人的再婚问题，应引起社会的重视。

表 6　丧偶老人的配偶死亡年龄分组状况

地区	合计	未满30 岁	30—39 岁	40—49 岁	50—59 岁	60—69 岁	70—79 岁	80 岁及以上	不明
上海	100.0	0.0	9.8	11.7	15.7	30.7	23.1	7.8	1.2
东京	100.0	3.8	11.3	12.6	19.9	32.0	16.7	2.9	0.8

第二，上海静安区老人中无亲生子女的比重与东京特别区老人中无子女（包括领养子女）的比重都接近 10%，但上海静安区老人中有 5 个及以上亲生子女的比重最高，达 47.5%，而东京特别区有 3 个子女（包括领养子女）的比重最高，占 23.2%（见表 7）。

表 7　老人的子女数状况①

地区	合计	0	1	2	3	4	5 以上	不明
上海	100.0	8.0	9.4	10.2	12.0	12.6	47.5	0.2
东京	100.0	9.3	14.9	21.2	23.2	16.4	15.0	0.0

①上海静安区仅为老人的亲生子女数，而东京特别区包括领养的子女数。

如按不同性别老人的学历分组，有 4 个及以上子女数的比重明显下降的情况，上海静安区出现于高中及以上学历的老人中，而东京特别区则出现于初中及以上学历的老人中（见表 8）。这表明在当代育龄夫妇的文化程度起码要达到初中及以上水平，才能促使生育率较明显地下降。

表8　不同性别和文化程度的老年人口中有4个及以上子女①的比重　单位：%

地区	性别	未上过学	初小	高小	初中	高中	大学
上海	男	61.8	78.0	61.5	68.4	56.2	50.1
	女	62.9	51.1	63.2	63.7	43.8	30.6
东京	男	40.0	39.3	31.1	23.5	23.8	21.1
	女	46.5	37.9	36.5	28.8	18.0	18.5

①上海静安区仅为老人的亲生子女数，而东京特别区包括领养的子女数。

　　第三，上海静安区老人的健康状况在总体上不如东京特别区，但老人中长期卧床的仅占1.8%，较东京特别区的3.1%要低（见表9），特别是80岁及以上老人中长期卧床的比重，前者为4.1%，较后者的10.0%相对说来更低些。这再一次证明了许多日本专家关心和研究上海市老人长期卧床较少的原因是很有必要的。上海市今后更应该深入研究和总结这方面的经验，避免在现代化的过程中出现老人长期卧床的比重也随之较快上升的问题。

表9　老年人口的健康状况

地区	合计	很好	一般	体弱	长期卧床
上海	100.0	7.5	60.0	28.7	1.8
东京	100.0	20.4	52.8	23.7	3.1

　　第四，上海静安区和东京特别区老人中患病者分别占80.6%和58.7%；在过去一年内曾住医院的分别占6.9%和8.2%。在患病老人中，第一、二位的疾病均为高血压和其他循环系统疾病，第三位的疾病在上海静安区为呼吸系统疾病，在东京特别区为筋骨络系统等疾病（见表10）。

表10　患病老人所患疾病状况

地区	合计	恶性肿瘤	内分泌等疾病	神经系统疾病	高血压	其他循环系统疾病	呼吸系统疾病	消化系统疾病	泌尿生殖系统疾病	筋骨络系统等疾病	外伤	其他	不明
上海	100.0	1.4	2.2	10.4	19.5	20.1	13.3	11.5	1.9	11.3	1.5	6.9	0.0

续表

地区	合计	恶性肿瘤	内分泌等疾病	神经系统疾病	高血压	其他循环系统疾病	呼吸系统疾病	消化系统疾病	泌尿生殖系统疾病	筋骨络系统等疾病	外伤	其他	不明
东京	100.0	1.4	5.5	10.4	26.2	17.0	4.4	11.3	2.4	15.6	2.1	3.7	0.1

N＝上海 1009 人，东京 1858 人。

可是，在上海静安区和东京特别区过去一年内曾住医院的老人中，患第一、二、三位疾病的却与上述患病状况不同，均为其他循环系统疾病、消化系统和神经系统疾病。

第五，上海静安区老人中目前仍在工作的比重只占 11.9%，较东京特别区的 29.1% 要低得多。如按老人年龄分组，虽然都呈现年龄组愈高仍在工作的比重愈低的趋势，但两个地区的老人仍在工作的比重差距却愈来愈大。上海静安区仍在工作的老人比重在各年龄组中依次为 20.7%、10.1%、3.6% 和 0.6%；东京特别区这方面的比重则依次为 41.6%、30.5%、18.5% 和 9.8%。这些老人仍在工作的主要原因，属于第一位的都是经济原因，只是上海静安区为补偿生活费的不足占首位，而东京特别区为支付全部生活费占首位。这反映了上海静安区老人享受退休（包括离休）待遇的起点年龄比日本要低，享受面比日本要广，在 65 岁及以上仍工作的老人中相当一部分生活费已由退休金提供。第二位和第三位原因都是对自己健康有益和为使自己的生活更有意义，区别在于东京特别区的这两个原因的排列顺序与上海静安区正相反（见表 11）。

表 11 老年人口仍在工作的主要原因

地区	合计	为支付全部生活费	为补偿生活费不足	需零用钱	对自己健康有益	需交朋友	为使生活更有意义	什么都不干感到寂寞	其他	不明
上海	100.0	2.7	32.2	2.7	22.6	0.0	19.9	12.3	7.6	0.0
东京	100.0	44.0	7.9	2.4	16.5	0.1	18.9	6.1	3.0	1.0

N＝上海 146 人，东京 920 人。

从目前老人是否愿意再就业情况来看，上海静安区愿意再就业的只占
10.1%，也较东京特别区的 19.7% 要低。在这些愿意再就业的老人中，希望
再就业的第二、三位原因差别不大，都是为了使自己生活更有意义和如果什
么都不干感到寂寞，上海静安区与东京特别区的不同只在于位次颠倒了一
下。但是，第一位原因的差别却很大，在上海静安区是为了补偿生活费的不
足，而东京特别区是为了对自己健康有益（见表12）。

表 12　老年人口愿意再就业的主要原因

地区	合计	为支付全部生活费	为补偿生活费不足	需零用钱	对自己健康有益	需交朋友	为使生活更有意义	什么都不干感到寂寞	其他	不明
上海	100.0	0.0	42.5	4.1	12.3	0	17.8	20.5	1.4	1.4
东京	100.0	12.9	9.7	6.1	30.8	1.1	22.6	14.7	1.1	1.1

N＝上海 73 人，东京 279 人。

上海静安区老人中仍在工作的比率及目前不在业的老人中愿意再就业
的比率都比东京特别区要低得多，这就需要进一步调查研究促使东京都老人
继续工作的各种因素，了解这些老人，尤其是 75 岁以上的老人究竟干哪些
较适合他们特点的工作，全面评价老人就业率高的利弊，从而为提高上海市
老人再就业的比率，充分发挥他们的"余热"提出更好的建议。

第六，上海静安区和东京特别区老人中三代人家庭的比重都占首位，
但上海静安区三代人家庭占 49.7%，较东京特别区的 30.2% 要高得多；如果
加上四代人家庭，两者分别为 52.9% 和 30.8%。与此相应的是上海静安区老
人中单身家庭仅占 9.2%，较东京特别区的 13.4% 要低（见表14）。这反映
了目前上海市与东京都老人中大家庭仍占很大比重，特别是上海静安区老人
中大家庭还占了主导地位。

表 14　老年人口家庭的世代状况

地区	合计	单身	仅老夫妇	两代人	三代人	四代人	仅老人与其兄弟姐妹	仅老人与孙辈	其他	不明
上海	100.0	9.2	11.3	16.8	49.7	3.2	0.1	7.5	2.1	0.2

续表

地区	合计	单身	仅老夫妇	两代人	三代人	四代人	仅老人与其兄弟姐妹	仅老人与孙辈	其他	不明
东京	100.0	13.4	28.1	25.4	30.2	0.6	0.7	0.5	1.1	0.0

第七，上海静安区老人所在家庭户（指常住户口属于同一户的家庭）中，只有一间住房的占 50.6%，而东京特别区老人所在家庭户，有 5 间及以上住房的却占 43.8%。但不管两者住房条件差异多大，都呈现住房间数愈多的老人中单身家庭的比重愈低，三代人及以上家庭的比重愈高的趋势。尤其是上海静安区有 4 间、5 间住房的老人中单身家庭和仅老夫妇家庭的比重均为 0.0%，有 3 间住房而老人中单身家庭和仅老夫妇家庭的比重分别为 0.0% 和 1.4%。同时，在上海静安区与子女不在一起居住的老人中，因住房问题而不住在一起的比重占首位，达 43.4%，较东京特别区的 12.4% 要高得多（见表 15）。这反映了目前上海老人中住房间数的多少对家庭世代状况起很大的制约作用。今后如能积极创造条件，逐步改善老人的居住状况，对于上海市保持并扩大家庭养老的比重将起重要作用。

表 15　老人与子女不在一起居住的主要原因

地区	合计	子女住近些，紧急时可得到照顾	分开住比较轻松	老人不想离开住惯的地方	子女因工作关系不与老人住在一起	因住房问题不住在一起	子女结婚后与配偶和父母住在一起	老人与子女的生活、思考方式不同而不住在一起	其他	不明
上海	100.0	5.5	6.6	2.0	8.6	43.4	11.7	6.3	16.0	0.0
东京	100.0	13.1	24.9	4.8	19.9	12.4	7.5	12.0	4.7	0.7

N＝上海 256 人，东京 909 人。

第八，上海静安区和东京特别区的老人家庭中，由老人本人和子女主要负担家庭生活费用的比重都占第一、二位。但上海静安区由子女主要负担家庭生活费用的占 21.7%，较东京特别区的 30.5% 要低。而且上海静安区由子女的配偶主要负担生活费用的仅占 1.5%，较东京特别区的 5.6% 要低得多

（见表16）。

表16 老人家庭生活费用的主要负担者

地区	合计	本人	配偶	老夫妇共同负担	子女	子女的配偶	小辈	其他家庭成员	其他	不明
上海	100.0	46.2	16.4	9.3	21.7	1.5	0.6	0.7	3.5	0.1
东京	100.0	47.2	15.4	0.0	30.5	5.6	0.3	0.8	0.0	0.3

在老人与子女一起居住的家庭中，上海静安区家里的伙食费等生活费用由老人支付大部分、子女支付一部分的比重占首位，为32.4%，而东京特别区由子女全部支付的比重占首位，为32.0%；此外，上海静安区由老人支付一部分，子女支付大部分和老人与子女各支付一半的比重均较东京特别区要低（见表17）。

表17 老人与子女一起居住的家庭生活费用支付状况

地区	合计	老人支付全部	子女支付全部	老人支付一部分，子女支付大部分	老人与子女各支付一半	老人支付大部分，子女支付一部分	老人与子女各自支付	不明
上海	100.0	15.8	20.9	8.9	5.2	32.4	16.9	0.0
东京	100.0	15.1	32.0	15.9	14.0	13.0	8.7	1.2

N＝上海930人，东京1777人。

在这里除了由于东京特别区老人享受退休待遇的比重较上海静安区低得多以外，究竟还有哪些因素促使东京都老人家庭中由子女及其配偶赡养老人的比重较高呢？这是需要进一步调查研究的。上海市应该从中吸取经验，采取适合本国特色的措施，使更多的老人子女及其配偶承担赡养收入较少的老人的义务。

以上简要对比分析了上海静安区与东京特别区老龄人口的状况。我们感到它将有利于中日双方下一步更深入地开展上海市与东京都老龄化问题的对比研究，促进上海市的老龄化对策取得新进展。

【注释】

① 参加这次调查研究和数据处理的主要人员有李洁萍、桂世勋、陈申芳、马利中、席增衍等。

② 日本高龄化社会综合研究中心参加该项对比调查研究的主要人员有前田大作、田中庄司、清水浩昭、冷水丰、岛村史郎、吉田成良、萨摩林康彦等。

（本文原载《中国人口科学》1989 年第 2 期）

上海郊县农村老龄人口赡养状况及建议

　　1985 年末，上海市郊县 60 岁及以上老龄人口已达 57.84 万，其中农村为 52.71 万。根据最近预测，如果撇开今后人口迁移的影响，在继续提倡每对夫妇只生一个孩子并适当扩大二孩照顾面的政策下，整个上海市郊县 60 岁及以上老人到 2000 年将达 82.54 万。为了给上海市政府及有关部门制定老年事业发展规划提供较全面的农村老人状况及意愿的基础资料，我们受上海市老龄问题委员会的委托，于 1986 年 7 月进行了上海市郊县 3‰农村老龄人口赡养状况和意愿的抽样调查。① 广义的农村老龄人口的赡养状况，应该包括他们的经济、医疗、居住、劳务和娱乐等 5 个方面。现就这次调查所取得的上述 5 个方面的主要资料作些初步分析，并提出我们的建议。

一、调查方法

　　这次调查对象是上海郊县农村常住户口、年满 60 岁及以上的老人。调查样本总数为 1581 人，约占目前上海市郊县农村老龄人口的 3‰。该调查采用分层多阶段整群机械抽样的方法。先按市郊各县离市中心区的位置，将上海市郊 10 个县分为三类：近郊县（上海、宝山、嘉定、川沙）；中郊县（南汇、青浦、松江）；远郊县（奉贤、金山、崇明）。然后在每一类县中，又按 1985 年各个行政村发放养老金的不同情况，将几百个村分为四个层次：（1）没有发养老金的村；（2）平均每月发给老人养老金 1—10 元的村；（3）平均每月发给老人养老金 11—20 元的村；（4）平均每月发给老人养老金 21 元及以上的村。最后根据市郊各县提供的上述三类四层次中 1985 年末的老人数，按等距随机抽样的原则，确定从上海市郊 10 个县 20 个乡 20 个村中抽取这次实际调查的对象。调查时点取 1986 年 6 月 30 日 24 时。调查内容包括农村老龄人口的基本情况、经济保障、医疗保障、居住保障、劳务保障、娱乐保障及其对当前上海郊县农村最迫切需要解决的老龄问题的意愿等 66 个项目近 200 个指标。鉴于这次被调查的农村老人文化程度很低，因此我们采取由调查员直接访问，按他们的回答填写调查表的方法，取得资料。在回收的全部调查表中，除个别老人年龄不满 60 岁外，有效调查表 1565 份，占应调查对象的 98.99%。

二、性别、年龄、婚姻状况及文化程度构成

在被调查的 1565 名 60 岁及以上的农村老人中，男性有 620 人，女性有 945 人，性别比为 65.61；其中 60—64 岁组人数占 30.80%，65—69 岁组人数占 26.33%，70—74 岁组人数占 18.98%，75—79 岁组人数占 12.72%，80 岁及以上组人数占 11.18%，从各个年龄组老人的性别比来看，除 60—64 岁组由于相当部分男性老人外出工作，常住户口不在农村，使该年龄组性别比偏低外，一般呈现年龄组愈高性别比愈低的趋势（见表 1）。

表 1　上海农村老龄人口分年龄的性别比

年龄组别	60—64	65—69	70—74	75—79	80 及以上
性别比	77.86	79.91	59.68	50.76	37.80

从这些农村老龄人口的婚姻状况来看，目前有配偶的占 57.77%，丧偶的占 40.94%，离婚的占 0.84%，未婚的占 0.45%。如果按年龄分组，呈现年龄组愈高有配偶的比重愈小和丧偶的比重愈大的趋势（见表 2）。

表 2　上海农村老龄人口分年龄的婚姻状况　　　　单位：%

年龄组别	合计	有配偶	丧偶	离婚	未婚
60—64	100.00	75.26	22.64	1.68	0.42
65—69	100.00	64.71	34.80	0.25	0.25
70—74	100.00	51.52	47.47	0.67	0.34

续表

年龄组别	合计	有配偶	丧偶	离婚	未婚
75—79	100.00	41.24	57.73	0.52	0.52
80 及以上	100.00	22.86	75.43	0.S7	1.14

从这些农村老龄人口的文化程度来看,文盲占 73.39%,半文盲占 13.21%,小学文化程度占 11.34%,初中文化程度占 1.80%,高中文化程度占 0.26%,其中没有一个是中专、大专和大学本科文化程度的。如果按年龄分组,呈现年龄组愈高文化程度愈低的趋势。比如,属于文盲的老人在 60—64 岁组中占 63.81%,在 65—69 岁组中占 71.25%,在 70—74 岁组中占 77.89%,在 75—79 岁组中占 82.32%,在 80 岁及以上组中占 86.86%。这些变动趋势反映了我国过去农村文化教育十分落后的面貌,符合教育事业发展的历史状况。

三、经济状况

在这些被调查的农村老龄人口中,退休(或不分责任田)以前除 2.58% 搞家务外,其余都在业。他们的前 5 位职业依次是农业劳动者(占全部回答该项目老龄人口的 77.12%)、工业劳动者(占 7.47%)、建筑业劳动者(占 2.18%)、林业劳动者(占 1.85%)和副业劳动者(占 1.46%)。而目前则有 66.38% 的农村老人搞家务,其余老人的前 5 位职业依次是农业劳动者(占全部回答该项目老龄人口的 22.53%)、工业劳动者(占 1.84%)、副业劳动者(占 1.48%)、饮食服务业劳动者(占 0.64%)和建筑业劳动者(占 0.56%)。

1985 年,这些农村老龄人口全年的养老金(或退休金)超过 1000 元的占 2.17%,500—999 元的占 5.94%,300—499 元的占 6.39%,200—299 元的占 10.73%,100—199 元的占 29.33%,1—99 元的占 23.00%,没有养老金(或退休金)的占 22.43%。这表明目前上海郊县的农村老人中,还有近一半的人全年养老金收入在 100 元以下。如果按年龄分组,可以发现全年领取养老金 100 元以下的老人,在 65 岁及以上的各个年龄组中一般占 40% 左右，而在 60—64 岁组中竟高达 59.96%。这主要是由于目前上海郊县的许多集体经济还不富裕，一般要等务农老人满 65 岁时才开始发放养老金，因此在 60—64 岁组中，享受不到养老金待遇的竟占 50.41%。

但是，目前许多农村老人的个人收入并不仅仅限于养老金或退休金。如果加上他们从集体得到的其他收入、自己经营家庭副业和其他劳动的纯收入、子女及孙辈的赡养、长辈及亲戚朋友的赠送、国家补助及其他收入等，那么这些被调查的农村老龄人口在 1985 年的个人年总收入就明显增加了。其中超过 1000 元的占 8.88%，在 500—999 元的占 28.69%，在 300—499 元的占 34.76%，在 200—299 元的占 18.98%，在 100—199 元的占 7.54%，在 1—99 元的占 1.15%，没有一个老人无收入。如果按年龄分组，则呈现年龄组愈高的老龄人口，个人年总收入在 500 元及以上的比重愈小的趋势。尤其是 80 岁及以上组的老人，个人年总收入在 200 元以下的比重最大，而年总收入在 500 元及以上的比重最小（见表 3）。

表 3　上海农村老人分年龄的个人总收入　　　　单位：%

年龄组别	合计	100 元以下	100—199 元	200—299 元	300—499 元	500—999 元	1000 元及以上
60—64	100.00	1.45	8.92	13.69	29.05	33.20	13.69
65—69	100.00	0.97	7.28	18.93	29.85	33.50	9.47
70—74	100.00	0.67	3.03	23.57	42.09	24.58	6.06
75—79	100.00	1.01	7.04	21.61	42.21	22.11	6.03
80 及以上	100.00	1.71	12.57	22.86	41.14	19.43	2.29

在被调查的农村老龄人口中，年平均（1985 年）个人总经济支出为 444 元，其中支付口粮 76 元、肉禽蛋等荤食品 76 元、蔬菜 33 元、油盐酱醋 24 元、燃料 18 元、衣着 28 元、住房（包括为子女建房）18 元、医疗 27 元、交通 3 元、旅游 1 元、文化生活费用 6 元、为子女操办婚事 12 元、请客送礼 49 元、帮助子女 8 元、赡养父母 4 元、抽烟 33 元、喝酒 23 元、其他 5 元。如果把 1985 年农村老人全年支付口粮、蔬菜、油盐酱醋、燃料、衣着、住房、医疗、交通的平均个人经济支出，作为维持目前上海郊县一个农村老人最低的基本生活费用的话，那么全年将需 227 元。按 1985 年上海郊县农村

个人年总收入在 200 元以下的老人数计算，约有 8.69% 的农村老人的个人收入不能维持最低的基本生活需要。

在被调查的农村老龄人口中，目前经济生活来源完全自立的占 43.64%，基本自立的占 14.72%，半自立的占 20.39%，基本靠他人的占 10.19%，完全靠他人的占 11.06%。这表明目前经济来源完全自立和基本自立的农村老人约为全部农村老人的五分之三弱。如果按年龄分组，呈现年龄组愈高的老龄人口，经济来源完全自立的比重愈小和完全靠他人的比重愈大的趋势。特别是在经济来源完全靠他人的农村老人中，女性要占 72.29%。上海郊县农村老龄人口经济来源的这些特点，主要是由郊县农村经济发展水平及农村老人目前享受养老金（或退休金）待遇状况决定的。

从农村老人对目前经济收支情况的满意程度来看，很满意的占 17.97%，较满意的占 63.20%，不太满意的占 17.31%，很不满意的占 1.53%。也就是说，上海郊县农村约有五分之四的老人对现在的经济状况很满意和较满意。

四、医疗状况

在这些被调查的农村老龄人口中，1985 年身体很健康的占 20.88%，较健康的占 55.14%，有病能坚持劳动的占 16.14%，重病不能劳动的占 7.84%。如果按年龄分组，除 60—64 岁组由于性别比偏低，女性老人疾病较多外，一般呈现年龄组愈高健康状况愈差的趋势。在农村老龄人口的各种疾病中，居首位的是腰腿痛，占 17.72%；第二位是关节炎，占 13.50%；第三位是气管炎，占 12.56%；第四位是高血压，占 9.39%；第五位是胃病，占 8.67%；第六位是心脏病，占 4.94%。在被调查的农村老龄人口中，1985 年中经常看病的占 21.54%，偶尔看病的占 56.78%，不看病的占 21.68%。如果按年龄分组，经常看病的老人比重，呈现"两头低，中间高"的状况：在 60—64 岁组中占 21.55%，在 65—69 岁组中占 19.03%，在 70—74 岁组中占 27.69%，在 75—79 岁组中占 23.56%，在 80 岁及以上组中占 15.09%。这主要是因为 75 岁及以上的老人，年老体衰，遇有小病，往往不愿到医院去看病，然而老人不愿看病，并不等于他们不需要医疗服务。随着上海郊县高年龄组老人数的迅速增长，今后上海郊县农村老有所医的问题将会更加突出，有关方面应及早准备，大力开展老年病防治的研究。

在 1985 年中，这些农村老人看病所用的医疗费及自己负担的比例，在 60—64 岁组中平均为 51 元（包括不看病的老人，下同），自己负担 33.33%；在 65—69 岁组中平均为 41 元，自己负担 21.95%；在 70—74 岁组中平均为 51 元，自己负担 13.73%；在 75—79 岁组中平均为 40 元，自己负担 37.50%；在 80 岁及以上组中平均为 25 元，自己负担 20.00%。

在 1985 年农村老人自己负担的医疗费中，全年负担 1—10 元的占所有被调查老人数的 23.03%，负担 11—20 元的占 11.13%，负担 21—30 元的占 5.09%，负担 31—40 元的占 2.48%，负担 41—50 元的占 2.80%，负担 51—100 元的占 3.50%，负担 101—200 元的占 1.84%，负担 201—500 元的占 0.70%，负担 500 元以上的占 0.70%。其中自己负担医疗费 100 元以上的，共有 51 位农村老人。在他们自己负担的医疗费中，除了由本人收入支付一部分（有的本人根本无力支付）外，由儿子赡养费支付的比重最大，其次是由老伴支付，第三分别是由女儿赡养费支付和由集体补助（见表 4）。可见，在目前上海郊县农村广泛实行合作医疗的前提下，由家庭解决的医疗费部分，仍是主要的。

从农村老人对目前享受医疗条件的满意程度来看，很满意的占 22.52%，较满意的占 61.39%，不太满意的占 14.11%，很不满意的占 1.99%。也就是说，上海郊县农村约有六分之五的老人对现在的医疗状况很满意和较满意。

表 4　上海农村老人自己负担 100 元以上医疗费的支付状况　　单位：%

支付金额（元）	由本人支付	由老伴支付	由儿子支付	由女儿支付	由亲戚朋友支付	向公家借钱支付	由集体补助
1—10	1.96	0.00	0.00	0.00	1.96	0.00	1.96
11—20	0.00	0.00	1.96	0.00	0.00	0.00	0.00
21—30	0.00	0.00	0.00	1.96	0.00	0.00	1.96
31—40	0.00	0.00	0.00	0.00	0.00	0.00	0.00
41—50	0.00	1.96	1.96	0.00	0.00	0.00	0.00
51—100	3.92	0.00	3.92	0.00	1.96	0.00	0.00
101—200	29.41	3.92	7.84	0.00	0.00	1.96	1.96

续表

支付金额（元）	由本人支付	由老伴支付	由儿子支付	由女儿支付	由亲戚朋友支付	向公家借钱支付	由集体补助
201—500	11.76	9.80	11.76	1.96	0.00	0.00	0.00
500 元以上	11.76	0.00	3.92	1.96	0.00	0.00	0.00

五、居住状况

在被调查的农村老龄人口中，按同一个家庭户口计算，与已婚儿子（其中包括部分未婚子女）一起住的比重最大，占 32.97%；第二位是仅与配偶一起住的，占 32.07%；第三位是单独一人住的，占 21.57%；第四位是与已婚女儿（其中包括部分未婚子女）一起住的，占 8.26%；第五位是仅与未婚子女（其中包括仅与未婚孙辈）一起住的，占 4.03%；此外，仅与非直系亲属一起住的和与已婚儿子及已婚女儿一起住的分别占 0.70% 和 0.38%。如果按年龄分组，呈现年龄组愈高仅与配偶一起住和仅与未婚子女一起住的比重愈小、单独一人住的比重愈大的趋势。

从目前农村老人所在户的住房类型来看，属于二层楼房的占 43.86%，属于较旧平房的占 32.55%，属于新平房的占 13.45%，属于很破旧平房的占 9.75%，属于三层楼房的占 0.39%。这一方面反映了近几年来上海郊县农村经济的发展和住房条件的改善，另一方面也说明了目前上海郊县农村还有约十分之一的老人仍居住在很破旧的平房中，有待逐步改善。

从目前农村老人本人（或夫妻两人）实际住房的人均面积来看，在 10 平方米以上的占 82.30%，在 8—10 平方米的占 11.31%，在 6—7 平方米的占 1.21%，在 4—5 平方米的占 0.32%，在 3 平方米及以下的占 4.85%。这表明目前实际住房人均面积在 8 平方米及以上的农村老人约为全部农村老人的十分之九强，人均面积在 3 平方米及以下住房很困难的农村老人不到全部农村老人的二十分之一。如果按年龄分组，呈现年龄组愈高人均住房面积在 3 平方米及以下的比重愈大的趋势（见表 5）。值得注意的是，对于单独一人居住的农村老人，即使住在人均面积 5 平方米的住房中，也应该属于住房非常困难的老人之列。据调查，在未婚的老人中，人均面积5平方米及以下的占28.57%；在离婚的老人中，人均面积5平方米及以下的占23.08%；在丧偶的老人中，人均面积5平方米及以下的占5.66%。

表5　上海农村老龄人口分年龄的人均住房面积　　单位：%

年龄组别	合计	3平方米及以下	4—5平方米	6—7平方米	8—10平方米	10平方米以上
60—64	100.00	4.15	0.41	1.04	13.28	81.12
65—69	100.00	4.37	0	1.70	10.44	83.50
70—74	100.00	4.71	0	1.68	14.14	79.46
75—79	100.00	5.02	0.50	0.50	10.55	83.42
80及以上	100.00	8.00	1.14	0.57	4.00	86.29

从目前农村老人所在户的住房设施来看，有电灯的占98.40%，有厨房的占39.90%，有自来水的占22.11%，有煤气的占4.35%，有洗澡间的占0.44%。

在这些被调查的农村老龄人口中，对居住状况很满意的占24.98%，较满意的占58.79%，不太满意的占11.55%，很不满意的占4.50%。也就是说，上海郊县农村约有六分之五强的老人对现在的住房状况很满意和较满意。

六、劳务状况

在被调查的农村老龄人口中，生活起居完全能自理的占70.97%，基本能自理的占16.76%，能半自理的占8.61%，完全不能自理的占3.65%。也就是说，目前生活起居完全能自理和基本能自理的农村老人为全部农村老人的七分之六强。如果按年龄分组，呈现年龄组愈高生活起居自理能力愈差的趋势。在生活起居能半自理和完全不能自理的老人中，靠已婚儿子与媳妇照顾的占51.88%，靠老伴照顾的占20.55%，靠已婚女儿与女婿照顾的占14.85%，靠孙辈照顾的占8.24%，靠未婚子女照顾的占1.73%，住"托老所"的占1.02%，无人照顾、靠集体安排人员照顾和靠亲戚朋友照顾的分别占0.92%、0.51%和0.31%。至于有的老人之所以得不到子女的照顾，其原因是多方面的。其中居首位的原因是由于子女工作忙，占44.21%；第二位原因是子女家务重，占29.86%；第三位原因是子女同老人的居住地距离太远，占8.33%；第四位原因是子女工作单位远，占7.18%，真正是由于子女不愿照顾的只占7.18%。可见，目前生活起居能半自理和完全不能自理的农村老人中95%以上是靠老伴和子女照顾的。

在1985年中，农村老人的口粮田主要由已婚儿子与媳妇耕种的比重最大，占44.91%；第二是主要由老人自己耕种的，占27.2%；第三是主要由已婚女儿与女婿耕种的，占12.01%；第四是主要由老伴耕种的，占10.51%；第五是主要由未婚子女耕种的，占2.22%；此外，主要由其他各类人员帮助耕种和无人耕种的分别占2.41%和0.91%。值得注意的是，老人口粮田无人耕种的比重虽然在总体上不到1%，但在80岁及以上年龄组中却占3.01%。

当然，农村老人在家庭中不仅有需要子女照顾的一面，同时他们还有帮助子女进行家务劳动的一面。在被调查的农村老龄人口中，目前承担主要家务的占48.89%，帮助做些家务的占32.06%，很少做家务的占12.93%，不做家务的占6.12%。即使在80岁及以上的高龄老人中，仍有29.03%的老人承担了主要家务，31.61%的老人帮助做些家务。

从农村老人对目前基本生活照料状况的满意程度来看，很满意的占21.75%，较满意的占69.72%，不太满意的占7.57%，很不满意的占0.96%。也就是说，上海郊县农村约有十分之九以上的老人对现在的基本生活照料状况很满意和较满意。

七、娱乐状况

在被调查的农村老龄人口中，目前他们所在户有有线广播的占66.65%，有电视机的占50.29%，有收音机的占37.06%，订报纸的占8.43%，购买图书杂志的占0.58%，上述各项文化娱乐条件都没有的占9.97%。

从现在上海郊县农村老人最喜欢的前五位娱乐活动来看，第一位是看电视，占28.18%；第二位是听广播，占18.49%；第三位是看戏，占9.72%；第四位是闲谈，占8.30%；第五位是看电影，占6.96%。

目前相当一部分农村老人虽然有文化娱乐爱好，但却没有条件享受的原因是多方面的，其中由于没有经济条件的占40.53%，由于没有精力的占35.04%，由于没有空闲时间的占12.31%，由于没有人组织的占7.95%，其他占4.17%。

在这些被调查的农村老龄人口中，对目前自己的文化娱乐生活状况很满意的占18.83%，较满意的占65.38%，不太满意的占13.14%，很不满意的占2.64%。也就是说，上海郊县农村约有六分之五强的老人对现在的文化娱乐生活很满意和较满意。

八、对改善农村老人赡养状况的建议

在调查目前上海郊县农村老龄人口的赡养状况时，我们还全面地征求了老人们的意见。通过对他们的各种意愿的分析，我们感到要进一步改善农村老人的赡养状况，应该在制定上海市老年事业发展规划和开展老龄工作中注意以下几个问题：

第一，根据目前上海郊县农村老龄人口对解决各种赡养问题迫切程度的不同，首先切实抓好他们最迫切希望解决的问题。

在调查中，我们要求农村老人选择三项自己认为最迫切需要解决的问题。从他们的意愿来看，希望解决医疗问题的比重最大，占27.21%；其次是希望解决吃穿问题，占22.79%；第三是希望解决住房问题，占18.83%；第四是希望解决生活照料问题，占13.17%；第五是希望解决再就业问题，占9.25%；第六是希望解决文化娱乐问题，占6.59%；此外，希望解决学点科学文化知识和其他各类问题分别占0.70%和1.46%。在上述意愿中，除了人们通常提到的五个"老"（即老有所养、老有所医、老有所为、老有所乐、老有所学）外，又新增了希望解决老有所住的问题，而且比重很大。与上海市区老人的意愿相比，农村老人希望解决吃穿问题的迫切程度由第四位上升到第二位，而希望解决文化娱乐问题的迫切程度却由第二位下降到第六位。这是符合当前上海郊县农村经济发展水平和农村老人享受养老金（或退休金）待遇实际情况的，值得引起社会各方面的重视。

为了进一步改善农村老人的生活状况，我们还要求老人选择三件自己认为目前上海郊县农村在为老年人生活服务方面最迫切需要办的实事。从这方面的意愿来看，第一件实事是建立和健全乡、村老龄委员会组织，帮助老人解决困难，占 17.81%；第二件实事是开设老人门诊，办老人医院，占 14.79%；第三件实事是加强尊老敬老的宣传教育，占 14.55%；第四件实事是迅速制定保护老人合法权益的法规，占 12.11%；第五件实事是办老年人活动室，占 10.43%；第六件实事是办"敬老院"，占 8.87%；第七件实事是为老人改善住房条件，占 8.60%；第八件实事是办"托老所"，占 4.30%；第九件实事是增设供应老人生活用品商店，占 3.08%；第十件实事是办专供老人旅游的服务项目，占 2.96%；此外，还有一些需要办的实事，所占比重都在 2% 以下。在农村老人要求办的这些实事中，有些并不需要国家花钱，甚至也不要集体花钱。我们希望市政府及有关部门在制订老年事业发展规划和开展老龄工作时，能充分考虑郊县农村老人的迫切要求，分别轻重缓急，尽快采取切实有效的措施，多为农村老人办几件实事。

第二，根据目前上海郊县农村老龄人口对改善各种赡养问题的不同要求，有针对性地采取一系列有效的缓解措施。

关于农村老人的医疗服务问题。为了进一步减轻他们的个人医疗费负担，我们要求被调查的老人选择三项自己认为应采取的措施。从他们的意愿来看，希望对生活较困难的老人增加医疗费补助的比重最大，占 33.73%；其次是希望发展集体工、副业生产，提高合作医疗的补助标准，占 33.47%；第三是希望教育子女尊敬父母，负担老人医疗费，占 13.73%；第四是希望发展经济，让老人子女生活富裕起来，提高负担老人医疗费的能力，占 10.04%；第五是希望帮助老人增加收入，由自己支付一些医药费，占 4.41%；此外，希望对不愿负担老人医疗费的子女采取行政措施的和希望教育子女为老人交纳医疗保险的分别占 2.86% 和 1.76%。在看病问题上，我们也要求被调查的老人选择三项自己认为急需解决的问题。他们感到首要问题是看病交通不便，占 23.84%；第二是老人挂号要排长队，占 21.56%；第三是本乡医务人员服务态度差，占 11.79%；第四是由乡医院转县、市医院看病很难，占 11.38%；第五是医务人员不能定期出诊，占 10.00%；第六是本乡医务人员技术差，占 9.51%；第七是本乡医务人员少，占 6.79%；第八是没有建立家庭病床制度，占 3.84%；第九是本乡医院病床太少，占 1.29%。这就告诉我们，当前农村医疗卫生部门要解决好老人看病问题，除了增加卫生经费、改善医疗设施外，最急需的是改进管理办法，提高医务人员的思想素质和技术素质，发扬全心全意为农村居民，特别是农村老人服务的精神。

关于农村老人的经济收入问题。为了使他们的生活过得更好些，我们要求被调查的老人选择三项自己认为应采取的措施。从他们的意愿来看，希望增加养老金（或退休金）的比重最大，占 37.79%；其次是希望满 60 岁（或不分责任田后）就领养老金，占 20.98%；第三是希望移风易俗，减少老人送礼请客支出，占 14.78%；第四是希望帮助老人从事一些有收入的轻劳动，占 13.23%；第五是制定"老人法"，规定子女出赡养费，占 11.30%。至于希望减轻老人为子女建房的经济负担和为子女操办婚事的经济负担，只分别占 1.17% 和 0.76%。这并不说明在这些老人的子女结婚时，父母负担很轻，而是由于许多农村老人在未满 60 岁前，子女已经结婚，因此，现在就不需要再担忧子女的结婚建房和操办婚事等经济负担了。值得注意的是希望移风易俗，减少老人送礼请客支出的比重，在 1985 年养老金（或退休金）为 100 元以下的老人组中占 12.90%，在 100—199 元组中占 13.48%，在 200—299 元组中占 17.00%，在 300—499 元组中占 22.42%，在 500—999 元组中占 24.24%，在 1000 元及以上组中占 25.00%。可见，为了进一步改善目前农村老人的经济生活，光从提高养老金（或退休金）方面考虑是不够的，而且许多集体单位由于经济条件有限，不可能在短期内迅速提高养老金（或退休金）的发放水平，必须大力提倡勤俭节约，艰苦奋斗的精神，移风易俗，切实减轻农村老人送礼请客的经济负担。

关于农村老人的居住问题。为了进一步改善目前农村老人的居住状况，我们征求了他们对这方面的意见。从他们选择居住方式的意愿看，表示最好与一个已婚儿子及孙辈同住的比重最大，占 45.80%；其次是最好老夫妻俩单独住，儿孙们都住得近一点，占 18.80%；第三是最好与所有儿女同住，占 12.56%；第四是最好老夫妻俩单独住，有一个子女住近一点，其他无所谓，占 9.94%；第五是最好与一个已婚女儿及外孙辈同住，占 6.72%；至于最好老夫妻俩到已婚子女家中轮流居住和最好老夫妻俩与其他亲属同住的，只分别占 2.35% 和 0.13%。这表明希望保持传统大家庭的愿望还是较强烈的，他们特别喜欢与一个已婚的儿子及孙辈同住在一起。因此，教育子女在住房问题上关心和照顾老人就显得十分重要。事实上，在我们要求被调查的老人选择三项自己认为目前急需解决的居住问题时，也证明了这一点。他们感到首要问题是教育子女尊敬父母，将较好的住房让给老人住，占41.77%；第二是教育子女尊敬父母，拿出一些钱来帮助老人改善住房条件，占27.10%；第三是帮助老人从事有收入的轻劳动，积钱来改善自己的住房条件，占12.18%；第四是村里建造一些由老人自筹资金、集体给予补助的"老人公寓"，占9.88%；第五是乡或村组织价格公道、乐意为老人修建住房的服务小组，占9.07%。可见，要进一步解决好目前上海郊县农村老人的居住问题，除了需要集体给予一些切实的帮助外，主要还是应该加强对年青一代进行尊老敬老的教育。

关于农村老人的劳务问题。为了进一步改善农村老人基本生活照料状况，我们要求被调查的老人选择三项自己认为急需解决的问题。从他们的意愿来看，希望教育子女尊敬父母，轮流到老人家中照料的比重最大，占37.10%；其次是希望老人由一家子女照料，其他子女多出些钱，占24.43%；第三是希望教育子女尊敬父母，让老人轮流住在子女家中，占16.16%；第四是希望兴办"敬老院"，让子女不在身边的老人住进去，集体照料，收一部分费用，占14.11%；第五是希望兴办"托老所"，让有子女但基本丧失生活自理能力的老人住进去，集体照料，收一部分费用，占6.65%；此外，希望让子女多出些钱，雇保姆照料老人的只占1.55%。可见，大力提倡子女的尊老敬老，发扬我国家庭养老的传统，仍然是现阶段农村解决老有所养的主要途径。即使由集体兴办一些"敬老院""托老所"，帮助解决老人的生活照料问题，也需要教育子女分担一部分费用。

关于农村老人的娱乐问题。为了进一步改善目前农村老人的文化娱乐状况，我们要求被调查的老人选择三项自己认为急需解决的问题。从他们的意愿来看，希望经常看电影的比重最大，占31.84%；其次是希望每个村办一个老人文化娱乐活动室，占27.17%；第三是希望广播电视中增加一些老人喜欢收看的节目，占17.40%；第四是希望每年组织一、二次老人"一日游"活动，占15.53%；第五是希望多办几个茶馆，占7.79%；此外，希望组织学习打太极拳，做气功的占0.26%。可见，只要我们在文化建设中充分重视并采取一些切实措施，这些要求也是不难满足的。

第三，根据目前上海郊县不同类型的农村老龄人口对赡养问题的满意程度，应特别关心那些对赡养状况很不满意的农村老人。

在被调查的农村老龄人口中，对现在自己总的赡养状况感到很满意的占 23.18%，较满意的占 64.41%，不太满意的占 10.44%，很不满意的占 1.97%，也就是说，上海郊县农村约有八分之七的老人对现在的生活很满意和较满意。

那么，对现在自己的赡养状况很不满意的，究竟是哪些类型的老人呢？我们通过把很不满意的农村老人与他们的各种状况进行交叉分析，发现了以下一些特点：按年龄分组，在 75—79 岁组的老人中很不满意的比重最大，占 3.11%；按性别分组，在女性老人中很不满意的比重最大，占 2.40%；按婚姻状况分组，在有配偶的老人中很不满意的比重最大，占 2.29%；按 1985 年养老金（或退休金）收入分组，在 100 元以下组的老人中很不满意的比重最大，占 11.11%；按经济生活来源分组，在完全靠他人的老人中很不满意的比重最大，占 3.11%；按健康状况分组，在有病能坚持劳动的老人中比重最大，占 5.02%；按基本生活自理状况分组，在完全不能自理的老人中比重最大，占 5.45%，这就告诉我们，在当前上海郊县农村的老龄工作中，特别要关心那些年龄比较大的、养老金（或退休金）收入很少的、经济生活来源完全靠他人的、健康状况比较差的、基本生活完全不能自理的农村女性老人的状况，下大力气改善他们的条件。

以上简要分析了上海郊县农村老龄人口的赡养状况，提出了我们的一些建议。我们相信，通过这个问题的深入调查研究，将会进一步引起市政府及有关部门对农村老龄问题的重视，作出解决农村老龄问题的科学决策。

【注释】

① 本调查由桂世勋负责，参加调查及数据处理的还有李立奎、沈哲宁、狄菊馨、徐明维、陈阳明、葛正民、胡仁喜、许星官等。

（本文原载《中国人口科学》1987 年第 2 期）

中国老年人生命周期调查与研究*

　　中国政府在实行计划生育的同时，也十分重视研究和解决人口老龄化问题。1992 年 8 月，在日本高龄化社会综合研究中心的资助和中国国家计划生育委员会的领导下，中日老年人生命周期调查课题组①在浙江省和上海市进行了老年人生活经历及生活现状的抽样调查，共调查 60 岁及以上城乡老人 1583 人。

　　浙江省和上海市是中国计划生育工作的先进地区，也是中国老龄化程度比较高的地区。1990 年第四次人口普查 10% 抽样汇总资料表明，1989 年这两个地区育龄妇女总和生育率分别为 1.40 和 1.34，1990 年 7 月 1 日零时这两个地区 65 岁及以上老人占总人口比重分别为 6.83% 和 9.38%。在浙江省和上海市开展老年人生活经历及生活现状的调查，深入研究中国老年人生命周期的特点，不仅有利于进一步转变育龄妇女的生育观，而且有利于科学地制定中国老年事业发展规划，为下个世纪 20 年代后中国大批独生子女的父母进入老龄群体做好各项准备工作。

一、调查方法

　　这次调查的标准时点是 1992 年 8 月 1 日零时，调查的合格对象为 60 岁及以上具有浙江省和上海市常住户籍的老年人。

　　这次调查是按调查合格对象 2.5/ 万的比率确定实际调查人数。根据第四次人口普查的有关资料推算，在不考虑 1990 年 7 月 1 日至 1992 年 6 月 30

＊　桂世勋为撰稿人。

日期间的人口迁移和人口流动的情况下，1992 年 7 月 1 日浙江省和上海市常住人口中 60 岁及以上老年人口分别为 430.38 万和 202.92 万。按 2.5/ 万的比率计算，本次实际应调查的老人数为 1583 人，其中浙江省为 1076 人，上海市为 507 人。

这次调查采取分层随机抽样的方法。为了使调查的覆盖面适当集中，并使调查数据汇总后能大致反映浙江省和上海市老年人的总体状况及意愿，我们根据 1990 年人口普查所取得的浙江省和上海市 60 岁及以上老年人口在市（不含市辖县）、镇、县（不含县辖镇）间的性别和年龄组（60—69 岁、70—79 岁、80 岁及以上）的比例，分别在杭州市、宁波市、绍兴市和上海市随机抽取 8 个街道的 520 名老人、4 个镇的 164 名老人、9 个乡的 899 名老人，由调查员入户直接访问，填写调查问卷。

二、调查结果

（一）老年人的基本状况

1.性别年龄构成。在被调查老人中，男性为 759 人，占 47.9%，女性为 824 人，占 52.1%。分性别考察其年龄构成，男性老人在低年龄组的比重要高于女性老人，在高年龄组的比重低于女性老人（见表 1）。

表 1　老年人口分性别的年龄构成　　　　　单位：%

年龄组	60—64	65—69	70—74	75—79	80—84	85＋	合计
男	32.4	31.4	20.2	9.1	5.5	1.5	100.0
女	30.0	26.5	21.2	10.7	8.1	3.4	100.0

学历构成。在被调查老人中，未上过学的占 53.3%，初小学历占 25.0%，高小学历占 9.3%，初中学历占 6.1%，高中学历占 3.0%，大学学历占 3.2%。分性别考察老人的学历构成，女性老人未上过学的占 72.7%，比男性老人未上过学的比重要高得多（见表 2）。

表2　老年人口分性别的学历程度构成　　　　单位：%

学历程度	未上过学	初小	高小	初中	高中	大学	合计
男	32.3	36.2	14.6	8.3	3.6	5.0	100.0
女	72.7	14.7	4.4	4.1	2.5	1.6	100.0

3. 婚姻状况。在被调查老人中，结过婚的占99.1%，从未结婚的占0.9%；在结过婚的1569名老人中，与初婚配偶仍保持婚姻关系的占63.2%，初婚配偶已去世的占34.3%，已与初婚配偶离婚的占2.5%；在初婚配偶已去世或已离婚的577名老人中，未再婚的占81.1%，再婚的占18.9%；在再婚的109名老人中，与再婚配偶仍保持婚姻关系的占62.4%，再婚配偶已去世的占34.9%，与再婚配偶离婚的占2.8%。总之，被调查老人目前的婚姻状况是：从未结过婚的占0.9%；有配偶的占67.0%；丧偶的占31.2%；离婚的占0.9%；女性老人丧偶的占48.8%，高于男性老人；男性老人从未结过婚的占1.6%，比女性老人高得多（见表3）。

表3　老年人口分性别的婚姻状况　　　　单位：%

婚姻状况	从未结过婚	有配偶	丧偶	离婚	合计
男	1.6	85.6	12.1	0.7	100.0
女	0.2	49.8	48.8	1.2	100.0

4. 家庭状况。在被调查老人中，平均家庭规模为3.7人；其中1人户占9.9%，2人户占25.1%，3—5人户占50.2%，6—9人户占14.3%，10人及以上户占0.5%；三代人家庭的比重最高，其次是老夫妇家庭，第三是两代人家庭（见表4）。

表4　老年人口的家庭世代状况　　　　单位：%

单身家庭	仅老夫妇俩	两代人	三代人	四代人	仅老人与兄弟姐妹	仅老人与孙辈	其他	合计
9.9	22.1	18.5	43.6	2.6	0.1	1.6	1.6	100.0

5. 健康状况。按被调查老人自报的健康状况统计，身体健康的占

48.1%；身体不太健康但无病的占 41.0%；生病并有时卧床的占 9.9%；生病并整天卧床的占 0.9%。在各个年龄组中生病并有时卧床的老人占本年龄组老人数的比重，呈现年龄组愈高所占比重也愈高的趋势（见表 5）。

表5　老年人口分年龄组的自报健康状况　　　　　单位：%

健康状况	健康	不太健康但无病	生病并有时卧床	生病并整天卧床	合计
60—64	58.8	33.5	7.1	0.6	100.0
65—69	49.8	41.5	8.3	0.4	100.0
70—74	43.9	42.4	12.2	1.5	100.0
75—79	35.0	51.0	12.7	1.3	100.0
80—84	33.0	50.5	15.6	0.9	100.0
85＋	25.0	52.5	17.5	5.0	100.0

6. 参加劳动状况。在被调查老人中，目前仍参加劳动的占 35.6%，不参加劳动的占 64.4%，基本上呈现年龄组愈高劳动参与率愈低的趋势（见表6）。

表6　老年人口分性别年龄组的劳动参与率　　　　　单位：%

年龄组	60—64	65—69	70—74	75—79	80—84	85＋
男	76.0	59.2	38.6	23.2	19.0	9.1
女	36.0	17.4	9.1	4.5	7.5	0.0

7. 主要收入来源。在被调查老人中，主要收入来源靠自己的养老金比重最高，其次是靠子女赡养，第三是靠自己现在劳动收入（见表7）。在男性老人中，主要靠自己养老金的占 45.7%，高于女性老人（36.3%）；主要靠自己现在劳动收入的占 29.4%，比女性老人（7.6%）高得多；而在女性老人中，主要靠子女们赡养的占 45.9%，大大高于男性老人（22.3%）；主要靠老伴的养老金或参加劳动收入的占 7.4%，也比男性老人（1.2%）高。

表 7　老年人口的主要收入来源　　　　　　　　单位：%

养老金	现在的劳动收入	子女们的赡养	依靠储蓄	领取生活补助	依靠老伴的养老金或参加劳动收入	其他	合计
40.8	18.1	34.6	0.8	0.8	4.4	0.6	100.0

（二）老年人的生命周期

1. 参加劳动期。在被调查的男性老人中，不清楚自己开始参加劳动（不包括家务劳动，下同）时年龄的占 0.1%，扣除这部分人后，男性老人开始参加劳动时的平均年龄为 14.8 岁；男性老人中目前仍参加劳动的占 54.3%，扣除这部分人后，男性老人在退出劳动时的平均年龄为 62.4 岁。可见，男性老人参加劳动期的平均长度至少为 47.6 年。而女性老人从未参加劳动的占 5.7%，不清楚自己开始参加劳动时年龄的占 0.2%，扣除这两部分人后，女性老人开始参加劳动时的平均年龄为 17.9 岁；女性老人中目前仍参加劳动的占 18.4%，扣除这部分及从未参加劳动的，女性老人在退出劳动时的平均年龄为 56.7 岁。可见，女性老人参加劳动期的平均长度至少为 38.8 年。

2. 初婚至初育间隔期。老人的初婚至初育间隔期是指第一次结婚至第一个孩子出生的间隔期，通常称为老年人家庭生命周期的形成阶段。在被调查的男性老人中，从未结过婚的占 1.6%，扣除这部分人后，男性老人初婚时的平均年龄为 24.4 岁；男性老人中没有孩子的占 2.0%，扣除这部分人后，男性老人在第一孩子（包括少数领养的孩子，但不包括配偶再婚时带过来的孩子，下同）出生时的平均年龄为 26.8 岁。女性老人从未结过婚的占 0.2%，扣除这部分人后，女性老人初婚时的平均年龄为 19.7 岁；女性老人中没有孩子的占 0.5%，扣除这部分人后，女性老人在第一个孩子出生时的平均年龄为 22.2 岁。

由于以上数据是分别从随机抽取的男性老人和女性老人调查资料中处理得到的，男女性老人的初婚至初育间隔期平均长度不完全一致，因此，在编制由夫妻双方组成的老年人生命周期图表时，选取了男女性老人初婚至初育间隔期长度的平均值（2.4 年）。这样，在第一个孩子出生时的平均年龄男性老人仍为 26.8 岁，女性老人修正为 22.1 岁。

3. 生育期。老人的生育期是指第一个孩子出生至最后一个孩子出生的时期，通常称为老年人家庭生命周期的扩展阶段。在一般情况下，生育期的平均长度愈长，终身生育的孩子数就愈多。在被调查的男性老人中，扣除没有孩子的，男性老人在最后一个孩子（包括少数领养的孩子，下同）出生时的平均年龄为 37.6 岁，如果从未修正过的男性老人在第一个孩子出生时的平均年龄算起，男性老人的生育期平均长度为 10.8 年。在女性老人中，扣除没有孩子的，其在最后一个孩子出生时的平均年龄为 34.0 岁。如果从未修正过的女性老人在第一个孩子出生时的平均年龄算起，女性老人的生育期平均长度为 11.8 年。

鉴于上述男女老人的生育期平均长度不完全一致，在编制由夫妻双方组成的老年人生命周期图表时，选取了男女性老人生育期长度的平均值（11.3 年）。这样，在最后一个孩子出生时的平均年龄男性老人修正为 38.1 岁，女性老人修正为 33.4 岁。

4. 子女在学期。老人的子女在学期是指第一个孩子开始上小学至最后一个孩子学业结束。在被调查的男性老人中，扣除少数没有孩子及第一个孩子未上学或在上小学前已死亡的，男性老人在第一个孩子开始上小学时的平均年龄为 34.9 岁；在至少有一个孩子的男性老人中，扣除少数最后一个孩子未上学或在学业结束前已死亡的，男性老人在最后一个孩子结束学业时的平均年龄为 53.5 岁。在女性老人中，扣除少数没有孩子及第一个孩子未上学或在上小学前已死亡的，女性老人在第一个孩子开始上小学时的平均年龄为 30.4 岁；在至少有一个孩子的女性老人中，扣除少数最后一个孩子未上学或在学业结束前已死亡的，女性老人在最后一个孩子结束学业时的平均年龄为 49.9 岁。

由于上述男女性老人的第一个孩子出生至第一个孩子开始读小学的平均长度和子女在学期平均长度都不完全一致，因此，在编制由夫妻双方组成的老年人生命周期图表时，选取了男女性老人第一个孩子出生至第一个孩子开始读小学长度的平均值（8.1 年）和子女在学期长度的平均值（19.1 年）。这样，在第一个孩子开始读小学时的平均年龄男性老人仍为 34.9 岁，女性老人修正为 30.2 岁；在最后一个孩子结束学业时的平均年龄男性老人修正为

54.0 岁，女性老人修正为 49.3 岁。

5. 抚养子女期。老人的抚养子女期是指第一个孩子出生至所有孩子都参加劳动的时期，在一般情况下，最后一个孩子结束学业就意味着所有孩子都参加了劳动。根据上述修正后的男性老人（或女性老人）在第一个孩子出生时的平均年龄和最后一个孩子结束学业时的平均年龄，可以得出老人的抚养子女期平均长度为 27.2 年。

6. 子女成家期。老人的子女成家期是指第一个孩子结婚至最后一个孩子结婚的时期。在被调查的至少有一个孩子的男性老人中，扣除少数第一个孩子未婚及在婚前已死亡的，男性老人在第一个孩子结婚时的平均年龄为 50.8 岁；扣除少数最后一个孩子未婚及在婚前已死亡的，男性老人在最后一个孩子结婚时的平均年龄为 61.8 岁。在至少有一个孩子的女性老人中，扣除少数第一个孩子未婚及在婚前已死亡的，女性老人在第一个孩子结婚时的平均年龄为 46.3 岁；扣除少数最后一个孩子未婚及在婚前已死亡的，女性老人在最后一个孩子结婚时的平均年龄为 58.9 岁。

鉴于上述男女性老人的第一个孩子出生至第一个孩子结婚的平均长度和第一个孩子结婚至最后一个孩子结婚的平均长度都不完全一致，在编制由夫妻双方组成的老年人生命周期图表时，选取了男女性老人第一个孩子出生至第一个孩子结婚的平均值（24.0 年）和第一个孩子结婚至最后一个孩子结婚的平均值（11.8 年）。这样，在第一个孩子和最后一个孩子结婚时的平均年龄男性老人分别修正为 50.8 岁和 62.6 岁，女性老人分别修正为 46.1 岁和 57.9 岁。

7. 三代可能同居期。老人的三代可能同居期是指第一个孙子女或外孙子女出生至老人死亡的时期。在一般情况下，它按第一个孩子生育长子女（即长孙出生）至老年人初婚时的平均预期寿命间的长度计算，只是表示三代可能同居的平均最长年限。在被调查的至少有一个孩子的老人中，扣除少数第一个孩子过早死亡、未婚或婚后不育的在长孙出生时的平均年龄男性老人为 52.8 岁；女性老人为 48.2 岁。

鉴于上述男女性老人的第一个孩子出生至长孙出生的平均长度不完全一致，在编制由夫妻双方组成的老年人生命周期图表时，选取了男女性老人第一个孩子出生至长孙出生的平均值（26.1 年）。这样，在长孙出生时的平均年龄男性老人修正为 52.9 岁，女性老人修正为 48.2 岁。

根据 1990 年第四次人口普查所取得的 1989 年浙江省和上海市人口合计的年龄别死亡率资料计算，男女性老人在初婚时的平均预期寿命分别是 73.5 岁和 77.4 岁。由此得出三代可能同居的平均长度最大值男性老人为 20.6 年，女性老人为 29.2 年。

8. 养老期。老人的养老期是指退出劳动至老人死亡的时期。在一般情况下，它按老人退出劳动至老年人初婚时的平均预期寿命间的长度计算。根据上述男女性老人在退出劳动时的平均年龄和初婚时的平均预期寿命，可以得出男性老人养老期的平均长度为 11.1 年，女性老人养老期的平均长度为 20.7 年。

9. 丧偶期。老人的丧偶期是指最后一个配偶死亡至老人死亡的时期，通常也称老年人家庭生命周期的解体阶段。鉴于许多老人的最后一个配偶在调查时还健在，老人的丧偶期只能从男女性老人初婚时平均预期寿命之差计

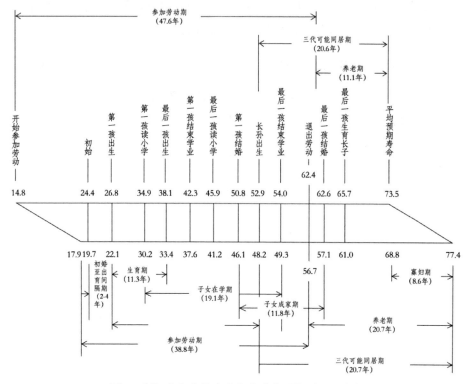

图 1 浙江省和上海市老年人生命周期（1992 年）

算得出。男性老人在初婚时的平均预期寿命为 73.5 岁。由于夫妻之间的平均初婚年龄相差 4.7 年，因此女性老人的丧偶期将从 68.8 岁开始至女性老人在初婚时的平均预期寿命 77.4 岁为止。她们的丧偶期（即寡妇期）平均长度为 8.6 年。

10. 老人的生命周期图。根据上述修正后的各种数据，编制出了 1992 年浙江省和上海市老年人生命周期图（见图 1）。

三、启示与建议

（一）加深认识影响晚婚、晚育和少生的因素

通过调查我们发现，女性老人的文化程度、职业、居住地、出生年代对初婚年龄、初育年龄及生育期长度的影响，具有以下几个特点：

1. 受过学校教育的女性老人，在初婚和第一个孩子出生时的平均年龄较大些，其生育期的平均长度则短些（见表 8）。

表 8　女性老年人分学历、分职业、分居住地、分年龄组的初婚和生育年龄差异

	初婚年龄	初育年龄	生育最后一孩年龄	生育期长度（年）
学历程度				
未上过学	19.1	21.8	34.8	13.0
初小及以上	21.3	23.4	32.0	8.6
职业				
农民	18.9	21.5	34.7	13.2
非农民	20.7	23.0	32.8	9.8
居住地				
乡村	18.9	21.6	34.8	13.2
市与镇	20.8	23.1	33.0	9.9
年龄组				
60—69	19.8	22.2	33.1	10.9
70＋	19.6	22.3	35.3	13.0

2.60 岁前大部分时间为非农民的女性老人，在初婚和第一个孩子出生时的平均年龄较大些，其生育期的平均长度则短些（见表 8）。

3. 现居住地为市、镇的女性老人，在初婚和第一个孩子出生时的平均年龄较大些，其生育期的平均长度则短些（见表 8）。

4. 年龄组较低的女性老人，在初婚时的平均年龄稍大些，她们在第一个孩子出生时的平均年龄虽稍小些，但由于在最后一个孩子出生时的平均年龄较小，仍使其生育期的平均长度较短些（见表 8）。

由此可见，上述几个因素都会不同程度地影响女性老人在初婚、第一个孩子出生和最后一个孩子出生时的平均年龄，影响她们的生育期平均长度。因此，为了进一步转变中国育龄夫妇的生育观，促进晚婚、晚育和少生，应该在实行计划生育的同时，大力发展教育事业，加快发展工业化和第三产业，努力推进城市化。

（二）正确制定妥善解决养老问题的对策

1. 本次调查资料表明，目前中国老人的主要经济收入来源是领取养老金、家庭赡养和本人继续参加劳动的收入；在老人退出劳动后，男性老人平均有接近 11.1 年的养老期，女性老人平均有接近 20.7 年的养老期。为了使他们在这么长的养老期内得到经济上的保障，应该在积极弘扬中华民族传统的尊老和敬老美德，继续提倡在家庭赡养的前提下，改革城镇职工原有的退休制度，扩大城镇居民的养老保险范围，逐步建立农村社会养老保险制度，实行覆盖全社会、由个人和单位共同筹集养老保险基金、国家给予扶持的养老保险新制度。

在这里特别应注意增强年轻一代的自我保障意识。据 1988 年中国国家计划生育委员会主持进行的生育节育抽样调查资料，1986 年中国育龄妇女的平均初婚年龄为 22.14 岁，平均初婚至初育间隔为 1.84 年，平均 1—2 胎生育间隔为 3.25 年。这就意味着目前中国年轻一代的育龄妇女在初婚时的平均年龄比这次被调查的老人提高 2.4 岁、初婚至初育间隔的平均长度缩短 0.6 年的同时，生育期的平均长度大约缩短了将近 8 年。上述变化不仅会相应地缩短抚养子女期的平均长度，而且大大减少了该时期同时抚养子女的人数，使现在的年轻一代在满足家庭基本生活需要并有所改善的前提下有可能从原来的抚养费中节余一部分钱，通过投保、储蓄、购买债券、建房或购房等各种方式为自己年老后准备养老费用。假如现在不及时加强教育和引导，将会使许多育龄夫妇把过去老一辈在将近30年的抚养子女期内花在三四个甚至更多孩子身上的费用全部投在一二个子女身上，其结果既影响了自己将来的养老，又不利于这些小孩子身心的健康成长。

此外，在今后相当长的时期内中国因劳动年龄人数过多而不可能全面推迟职工退休年龄的情况下，为了尽可能在实际上提高老人退出劳动时的平均年龄，相对缩短养老期的平均长度，还应该努力创造条件让年龄不太大、身体比较健康的老年人从事各种力所能及的有收入工作，更多地承担年轻劳动者"不愿干或干不了"的事情，充分发挥老年人力资源的作用。

2.根据本次调查所取得的中国老人初婚时的平均年龄，以及他们在初婚时的平均预期寿命推算，女性老人平均有8.6年的寡妇期。在此期间，老人的生活自理能力将逐渐减弱，以至完全不能自理。他们在生活上的料理只能靠子女和社会帮助解决。

从子女照料来看，虽然现在的中国老人有长达20—30年的三代可能同居期，但在这次被调查的老人中，单身和仅老夫妇俩的家庭就占了32%。而且随着中国大批独生子女的成长，还会有一部分独生子女由于各种原因与双方老人分开住。因此，估计在下个世纪20年代后大批独生子女的父母进入老龄群体时，三代同居的比例将会比现在低得多。

为了使老人在丧偶期内得到服务上的保障，应该在继续提倡并坚持家庭照料为主的前提下，积极建立和健全社区服务网络，从各地区老人的实际需要出发，坚持以"雪中送炭"为主和先易后难的原则，大力发展饮食、洗衣、洗澡、康复训练、上门检查身体和打针、日间托老等社区服务项目，支持老人在家养老。这样既可减轻政府的负担，又能使老人继续生活在熟悉的社区和家庭中，享受天伦之乐。

同时，从目前中国一些城市的养老服务需求来看，已经出现入院照料和护理供不应求的情况，有些子女为了使长期瘫痪在床或患严重老年痴呆症的长辈得到较好的护理，让自己有更多精力投入本职工作，纷纷要求把这些老人送入护理院。为此，也应该因地制宜，在一些地区适当发展照料生活不能自理老人的护理院，并把社会福利院和敬老院的收养对象逐步拓宽到更多地招收有子女的基本生活不能自理的老人，实行非营利的收费服务制度。

【注释】

① 参加该课题组的中方委员有国家计划生育委员会外事司副司长杜祥金（中方顾问），浙江省计划生育委员会主任徐爱光（中方组长），上海市计划生育委员会常务副主任刘永良（中方副组长），华东师范大学人口研究所学术委员会主任桂世勋（中方技术顾问），浙江省计划生育委员会副主任徐八达，上海人口情报中心情报研究室主任马利中；参加该课题组的日方委员有日本大学人口研究所名誉所长黑田俊夫（日方顾问），日本大学法学部教授冈崎阳一（日方顾问），日本高龄化社会综合研究中心专务理事岛村史郎（日方顾问），日本高龄化社会综合研究中心专务理事、事务局长吉田成良（日方组长），流通经济大学教授清水浩昭，东京都老人综合研究所社会福利室主任冷水丰，亚洲经济研究所统计调查部统计计划分析科科长早濑保子，日本高龄化社会综合研究中心总务部长萨摩林康彦。本报告由桂世勋教授执笔；上海人口情报中心主任席臻衍高级工程师和孙浚隆工程师承担了本报告的数据处理工作。

【参考文献】

[1] 苏荣挂、张二力：《中国妇女生育间隔分析》载《人口动态》编辑部编《中国生育节育抽样调查论文集》，1991 年。

（本文原载《中国人口科学》1994 年第 4 期）

中国高龄老人生活质量总体评价研究

一、评价方法及指标筛选

反映老年人口生活质量水平高低的内容涉及面很广，评价指标也很多，有主观评价指标与客观评价指标。1994 年 10 月，中华医学会老年人医学学会流行病学学组会议曾建议从 11 个方面调查及评价老年人生活质量：(1) 健康状况；(2) 生活习惯；(3) 日常生活功能；(4) 家庭和睦；(5) 居住条件；(6) 经济收入；(7) 营养状况；(8) 心理卫生；(9) 社会交往；(10) 生活满意度；(11) 体能检查。他们还建议根据老年人在上述每个方面的不同状况分为"良""中""差"三等，并相应给予"3 分""2 分""1 分"，最后将 11 个方面的得分加起来，总评价总分 30—33 分为"良"，22—29分为"中"，11—21 分为"差"（于普林等，1996）。齐铱（1998）把 20 世纪 70 年代以来西方一些学者评价老年人生活质量所采取的功能多维评价方法归纳为五个基本内容：社会状况、经济状况、躯体健康、精神健康、日常生活功能。郑晓瑛（2001）撰文探讨评价老年人口生活质量的一些问题，对人口预期寿命与健康预期寿命、生理健康的评价、心理健康的评价、日常生活功能的评价和社会完好性的评价等做了概要分析。鉴于《中国高龄老人健康长寿调查数据集（1998）》所提供资料的限制及至今还难以较科学地给出反映老年人口生活质量的各类指标值的权重，本文利用"中国高龄老人健康长寿基础调查"资料拟从郑晓瑛教授提出的有关生理健康、心理健康、日常生活功能和社会完好性等四个方面来评价中国高龄老年人口的生活质量，并采用中华医学会老年医学学会流行病学学组会议建议的分等加权方法进行简单的量化处理。

二、高龄老年人口总体生活质量评价

（一）生理健康。在生理健康方面，具体考察自评健康状况、患慢性病状况和近两年患重病状况三项评价指标。在上述第一项指标的调查中属于"很好"与"好"的、第二项指标的调查中属于"没有"的、第三项指标的调查中属于"没有"的，均归为"良"；在上述第一项指标的调查中属于"一般"的、第二项指标的调查中属于"有，但对生活没有很大影响"的、第三项指标的调查中属于"1次"的，均归为"中"；在上述第一项指标的调查中属于"不好""很不好"及"无法回答"的、第二项指标的调查中属于"有且对生活有很大影响"的、第三项指标的调查中属于"2—10次"与"长期卧床不起"的，均归为"差"（见表1）。

表1　中国高龄老人生理健康状况评价

指标	人数（人）	良（%）	中（%）	差（%）	加权值（分）
自评健康状况	8945	53.95	31.75	14.30	239.65
患慢性病状况	8805	42.89	40.50	16.61	140.50
近两年患重病状况	8885	89.40	4.87	5.73	283.67

根据表1所列的三项指标的加权值得出加权值总分为663.82分，平均等级分为2.21分，约处于中等稍偏上的水平。

（二）心理健康。在心理健康方面，具体考察乐观向上状况、感到孤独状况、感到紧张害怕状况和认知能力四项评价指标。在上述第一项指标中属于"很乐观"与"乐观"的、第二项指标的调查中属于"很不孤独"与"不孤独"的、第三项指标的调查中属于"很不害怕"与"不害怕"的、第四项指标中属于"认知健全"的，均归为"良"；在上述第一项指标的调查中属于"有时乐观"的、第二项指标的调查中属于"有时孤独"的、第三项指标的调查中属于"有时害怕"的、第四项指标的调查中属于"低度认知损伤"的，均归为"中"；在上述第一项指标中属于"不乐观"与"很不乐观"的、在第二项指标的调查中属于"孤独"与"很孤独"的、在第三项指标中属于

"害怕"与"很害怕"的、在第四项指标中属于"中度认知损伤"与"重度认知损伤"的，均归为"差"（见表2）。

表2 中国高龄老人心理健康状况评价

指标	人数（人）	良（%）	中（%）	差（%）	加权值（分）
乐观向上状况	8063	79.01	13.39	7.60	271.41
感到孤独状况	8068	69.17	15.48	15.35	253.82
感到紧张害怕状况	8096	74.06	13.49	12.45	261.61
认知功能	8951	57.14	19.17	23.69	233.45

* 上述3项指标的评价类别中均按扣除"无法回答"者计算。

根据表2所列的四项指标的加权值，得出加权值总分为1020.29分，平均等级分为2.55分，属处于中等偏上的水平。

（三）日常生活功能。在日常生活功能方面，只考察日常生活自理能力一项评价指标。属于"完全自理"的，归为"良"（65.37%）；属于"相对自理"与"相对依赖"的，归为"中"（22.18%）；属于"完全依赖"的，归为"差"（12.46%）。加权值为271.02分，平均等级分为2.53分，属于中等偏上的水平。

（四）社会完好性。在社会完好性方面，我们只考察自评生活状况一项评价指标，属于"很好"与"好"的，归为"良"；属于"一般"的，归为"中"；属于"不好"与"很不好"的，归为"差"。扣除"无法回答"者，加权值为271.02分，平均等级分为2.71分，约处于良等偏下的水平。

（五）综合生活质量。上述中国高龄老年人口总体的生理健康、心理健康、日常生活功能、社会完好性等四个方面综合生活质量的平均等级分2.50分，约处于中等偏上水平。

三、高龄老人中不同构成的生活质量比较

（一）生理健康。从自评健康状况评价指标的加权值考察，男性高龄老人的得分比女性高龄老人高16.8分，80—89岁组老人的得分比90—99岁

组老人高 9.76 分，90—99 岁组老人的得分比 100—105 岁组老人高 19.17 分；城镇高龄老人的得分比农村高龄老人的得分仅高 0.99 分。从患慢性病状况评价指标的加权值考察，男性高龄老人的得分比女性高龄老人高 9.15 分；80—89 岁组老人的得分比 90—99 岁组老人低 0.13 分，90—99 岁组老人的得分比 100—105 岁组老人高 10.72 分；城镇高龄老人的得分比农村高龄老人低 9.76 分。从近两年患重病状况评价指标的加权值考察，男性高龄老人的得分比女性高龄老人高 2.31 分，80—89 岁组老人的得分比 90—99 岁组老人高 2.65 分，90—99 岁组老人的得分比 100—105 岁组老人高 6.98 分；城镇高龄老人的得分比农村高龄老人低 1.67 分（见表 3）。

表 3　中国高龄老人中不同构成的生理健康状况评价　　　　单位：分

构成别	自评健康状况加权值	患慢性病状况加权值	近两年患重病状况加权值	合计
男性老人	249.69	231.71	285.05	766.48
女性老人	232.89	222.59	282.74	738.22
80—89 岁	250.51	228.99	287.07	766.57
90—99 岁	240.72	229.12	284.42	754.26
100—105 岁	221.55	218.40	277.44	717.99
城镇老人	242.47	220.20	282.65	745.32
农村老人	241.48	229.96	284.32	755.76

根据表 3 所列的三项指标的加权值，得出中国男性高龄老人的生理健康评价加权值总分为 766.48 分，平均等级分为 2.55 分，比女性高龄老人的加权值总分 738.22 分及平均等级分 2.46 分要高，中国 90—99 岁组老人的生理健康评价加权值总分为 754.26 分，平均等级分为 2.51 分，比 80—89 岁组老人的加权值总分 766.57 分及平均等级分 2.56 分要低，但比 100—105 岁组老人的加权值总分 717.99 分及平均等级分 2.39 分要高；中国城镇高龄老人的生理健康评价加权值总分为 745.32 分，平均等级分为 2.48 分，比农村老人的加权值总分 766.76 分及平均等级分 2.52 分要低。

心理健康。从乐观向上状况评价指标的加权值考察，男性高龄老人的得分比女性高龄老人高 8.13 分；80—89 岁组老人的得分比 90—99 岁组老人高 3.39 分，90—99 岁组老人的得分比 100—105 岁组老人高 0.98 分；城镇高龄老人的得分比农村高龄老人的得分高 7.72 分。从感到孤独状况评价指标的加权值考察，男性高龄老人的得分比女性高龄老人高 14.35 分；80—89 岁组老人的得分比 90—99 岁组老人高 6.86 分，90—99 岁组老人的得分比 100—105 岁组老人高 7.14 分；城镇高龄老人的得分比农村高龄老人高 4.32 分。从感到紧张害怕状况评价指标的加权值考察，男性高龄老人的得分比女性高龄老人高 16.67 分；80—89 岁组老人的得分比 90—99 岁组老人高 4.12 分，90—99 岁组老人的得分比 100—105 岁组老人高 7.14 分；城镇高龄老人的得分比农村高龄老人高 7.76 分。从认知功能评价指标的加权值考察，男性高龄老人的得分比女性高龄老人高 45.73 分；80—89 岁组老人的得分比 90—99 岁组老人高 39.28 分，90—99 岁组老人的得分比 100—105 岁组老人高 60.65 分；城镇高龄老人的得分比农村高龄老人高 19.25 分（见表 4）。

表 4　中国高龄老人中不同构成的心理健康状况评价　　单位：分

构成别	乐观向上状况加权值	感到孤独状况加权值	感到紧张害怕状况加权值	认知功能加权值	总分
男性老人	276.09	262.08	271.25	260.74	1070.16
女性老人	267.96	247.73	254.58	215.01	985.28
80—89 岁	273.55	259.29	265.53	272.76	1071.13
90—99 岁	270.16	252.43	261.41	233.48	1017.48
100—105 岁	269.18	245.29	254.27	172.83	941.57
城镇老人	276.14	256.44	266.40	245.41	1044.39
农村老人	268.42	252.12	258.64	226.16	1005.34

根据表 4 所列的中国高龄老年人口分性别、分年龄组、分地域的四项指标的加权值，得出中国男性高龄老人的心理健康评价加权值总分为 1070.16 分，平均等级分为 2.68 分，比女性高龄老人的加权值总分 985.28 分及平均等级分 2.46 分要高；中国 90—99 岁组老人的心理健康评价加权值总分为 1017.48 分，平均等级分为 2.54 分，比 80—89 岁组老人的加权值总分 1071.13 分及平均等级分 2.68 分要低，但比 100—105 岁组老人的加权值总

分 941.57 分及平均等级分 2.35 分要高；中国城镇高龄老人的心理健康评价加权值总分为 1044.39 分，平均等级分为 2.61 分，比中国农村高龄老人的加权值总分 1005.34 分及平均等级分 2.51 分要高。

（三）日常生活功能。从日常生活自理能力评价指标的加权值及日常生活功能的平均等级分考察，中国男性高龄老人的加权值得分为 267.46 分，平均等级分为 2.67 分，比女性高龄老人的加权值得分 243.09 分及平均等级分 2.43 分要高；中国 90—99 岁组老人的加权值得分 254.60 分，平均等级分为 2.55 分，比 80—89 岁组老人的加权值得分 279.58 分及平均等级分 2.80 分要低，但比 100—105 岁组老人的加权值得分 209.66 分及平均等级分 2.10 分要高；中国城镇高龄老人的加权值得分为 252.22 分，平均等级分为 2.52 分，比农村高龄老人的加权值得分 253.33 分及平均等级分 2.53 分略低。

（四）社会完好性。从自评生活状况评价指标的加权值及社会完好性的平均等级分考察，中国男性高龄老人的加权值得分为 270.90 分，平均等级分为 2.71 分，比女性高龄老人的得分 271.12 分及平均等级分 2.71 分稍低；中国 90—99 岁组老人的加权值得分为 271.33 分，平均等级分为 2.71 分，比 80—89 岁组老人的加权值得分 269.81 分及平均等级分 2.70 分稍高，比 100—109 岁组老人的得分 272.71 分及平均等级分 2.73 分稍低；中国城镇高龄老人的加权值得分为 275.81 分，平均等级分为 2.76 分，比农村高龄老人的加权值得分 268.04 分及平均等级分 2.68 分要高。

（五）综合生活质量。上述中国男性高龄老年人口的生理健康、心理健康、日常生活功能、社会完好性等 4 个方面的平均等级分合计为 10.61 分，综合生活质量的平均等级分为 2.65 分，比女性高龄老年人口在这 4 个方面的平均等级分合计 10.06 分及综合生活质量的平均等级分 2.52 分要高；90—99 岁组老年人口在这 4 个方面的平均等级分合计为 10.31 分，综合生活质量的平均等级分为 2.58 分，比 80—89 组老年人口在这 4 个方面的平均等级分合计 10.74 分及综合生活质量的平均等级分 2.69 分要低，比 100—105 岁组老年人口在这 4 个方面的平均等级分合计 9.57 分及综合生活质量的平均等级分 2.39 分要高；中国城镇高龄老年人口在这 4 个方面的平均等级分合计为 10.37 分，综合生活质量的平均等级分为 2.59 分，比农村高龄老年人口在这四个方面的平均等级分 10.24 分及综合生活质量 2.56 分要高（见表 5）。

表 5　中国高龄老人中不同构成的综合生活质量评价　　单位：分

构成别	生理健康平均等级分	心理健康平均等级分	日常生活功能平均等级分	社会完好性平均等级分	合计
男性老人	2.55	2.68	2.67	2.71	10.61
女性老人	2.46	2.46	2.43	2.71	10.06
80—89 岁	2.56	2.68	2.8	2.7	10.74
90—99 岁	2.51	2.54	2.55	2.71	10.31
100—105 岁	2.39	2.35	2.1	2.73	9.57
城镇老人	2.48	2.61	2.52	2.76	10.37
农村老人	2.52	2.51	2.53	2.68	10.24

四、讨　论

从综合生活质量看，目前中国高龄老年人口的生理健康及日常生活功能状况相对说来虽然比较差，但他们的心理健康、特别是社会完好性状况（这里主要指自评生活状况）却比较好。这里既有"敬老、养老、助老"的东方传统文化影响较深、家庭代际关系比较和谐及家庭网络功能比较健全、近年来政府和社会对老龄问题愈益重视等因素的作用，也与现阶段大多数中国高龄老人在生活状况方面习惯于与过去进行"纵向"比较，对生活水平的期望值相对比较低，往往"知足常乐"有关。因此，尽管本文中得出的目前中国高龄老年人口社会完好性评价的平均等级分较高，但随着 21 世纪中国城乡开放度的加大，改革中代际收入差距的拉大，家庭养老功能的减弱，要保持并提升这方面的平均等级分，还有许多工作要做。

从总体生理健康状况看，影响目前中国高龄老年人口生理健康的主要因素是患慢性病的比重高，而且在 1/7 强的高龄老人中所患的慢性病对生活有很大影响。因此，为了有效地推进 21 世纪中国的健康老龄化，使老年人口的健康平均预期寿命的增长速度快于平均预期寿命的增长，改善中国高龄老人的生理健康状况，提高他们的生命质量，节省城镇基本医疗保险与农村合作医疗的开支，减轻家庭的医疗费用负担及照料老人的压力，应该大力推广和实施世界卫生组织积极倡导的预防慢性疾病的措施，强化终身健康教育与终身保健观念，从幼年起就养成良好的生活方式和饮食习惯。

从不同构成的综合生活质量看，平均等级分偏低的人群是女性高龄老人、100—105 岁组老人和农村高龄老人。这表明政府、社会和家庭在 21 世纪应该更多地关心和帮助这部分高龄老人。值得注意的是女性高龄老人与男性高龄老人相比，社会完好性评价的平均等级分反而略高，影响女性高龄老人综合生活质量平均等级分偏低的主要因素是日常生活功能、心理健康、生理健康这三方面评价的平均等级分偏低，特别是认知功能及感到孤独状况、感到紧张害怕状况、自评健康状况、患慢性疾病状况等指标的加权值得分落差较大。在不同年龄组的高龄老人中，社会完好性评价的平均等级分随年龄组的增大略有提高，影响 100—105 岁组老人综合生活质量平均等级分偏低的主要因素是日常生活功能、心理健康、生理健康这三方面评价的平均等级分偏低，特别是认知功能、感到孤独状况、感到紧张害怕状况、自评健康状况、患慢性病状况的加权值得分落差较大。农村高龄老人与城镇高龄老人相比，生理健康与日常生活功能评价的平均等级分反而略高，影响农村高龄老人综合生活质量平均等级分偏低的主要因素是心理健康、社会完好性这两方面评价的平均等级分偏低，特别是认知功能、乐观向上状况、感到紧张害怕状况、自评生活状况的加权值得分落差较大。上述情况要求政府、社会和家庭在关心和帮助最脆弱的中国高龄老人群体，应该根据不同人群中影响他们综合生活质量偏低的主要因素，有针对性地制定政策措施。

由于这次中国高龄老人健康长寿调查的主要目的是了解中国高龄老年人口的健康长寿状况及其影响因素，因而对有关高龄老人的社会状况、经济状况等涉及社会完好性方面的内容调查较少，从调查中所得到的这方面指标信息也偏少。这对于我们全面评价中国高龄老年人口的生活质量将带来一定影响。同时，本文所采用的评价方法还比较粗糙，有待今后不断改进和完善。所以，上述分析结论尚有一定局限性，只能大体反映目前中国高龄老年人口的生活质量。笔者认为社会和经济因素对高龄老年人口的健康长寿也有较重要影响，建议在不过多增加调查时间和被调查老人负担的前提下，最好在今后的追踪调查时适当补充有关高龄老人家庭关系、亲属网络、社会交往、经济收入、居住条件等内容。这样做也有利于更全面评价中国高龄老年人口的生活质量。

【参考文献】

[1] 于普林、杨超元、何慧德整理:《老年人生活质量调查内容及评价标准建议(草案)》[M],Chin J Geriatr. Oct.1996.Vol.15.No.5O。

[2] 齐铱:《中国内地和香港地区老年人生活状况和生活质量研究》,北京大学出版社 1998 年版。

[3] 郑晓瑛:《老年人口健康生活质量评价原则的探讨》,《南方人口》2000 年第 1 期。

(本文原载《中国人口科学》2001 年增刊)

老人经济供给"填补"理论研究*

长期以来，一般人总认为老人得到子女的经济帮助总额与其子女的数量是成正比的。中国老龄科学研究中心青年研究人员夏传玲、麻凤利在其《子女数对家庭养老功能的影响》（"中国生育率下降过程中新人口问题及其对策研究学术讨论会"论文，中国人民大学人口学系、中国老龄科学研究中心、国家计划生育委员会联合召开，1994年7月，北戴河）一文中，通过对联合国人口基金资助的P22项目——"中国老年人供养体系研究"调查数据的实证分析，在国内首次明确提出"子女对父母的经济资助并不随子女数的增加而增加"的观点。我们感到他们的观点很新颖、有创见。本文试图从他们的思路切入，进一步构建和验证当代中国老人经济供给"填补"理论的框架，阐明子女数的多少与老人从他们那里得到的净经济供给总量没有太大关系的内在机制及前提条件，并提出妥善解决未来独生子女父母年老后经济供给的对策建议。

一、理论框架

为了便于考察子女对老人的经济供给关系，我们首先把有子女老人得到的全部经济供给分成两大类：一类是从子女那里得到的净经济供给即扣除老人给子女的经济帮助后的子女经济供给；另一类是各种非子女的经济供给，包括本人的养老金收入，参加劳动的净收入，本人所有的储蓄存款的利息收入，本人所有财产的出售或租赁收入，从配偶及子女的亲朋好友那里得

---

* 本文由桂世勋、倪波合著。

到的经济帮助，从政府、单位、社会团体、社区组织那里得到的各种生活补贴收入等。

其次，我们假设许多老人在维持其正常生活所需的金额（包括实物折成的金额，下同）与各种非子女经济供给金额之间存在着程度不等的"缺口"。由于每个老人维持其正常生活所需的金额是因时因地因人而异的，它往往随各地区的经济发展及居民平均生活水平的变化而变化，与每个老人的原有生活水平及其期望改善的目标值有较大关系，因此要确定一个统一的标准是不现实的。在这里只能假定维持老人所在地区居民的中等偏上生活条件，作为老人正常生活水平的标准。从现阶段中国的城乡老人经济供给来看，除了城市中一部分老人的各种非子女经济供给金额等于或高于维持其正常生活所需的金额外，大部分老人特别是农村老人的各种非子女经济供给金额仍然不足以维持其正常生活，需要子女的净经济供给来弥补。

那么，当代中国的年轻一代是按照什么原则来确定对年老父母的净经济供给的数量呢？根据经验判断，我们提出如下的理论假设，即：子女的净经济供给总金额，并不以子女的数量多少为转移，而是大体相当于"填补"年老父母维持正常生活所需的金额与其各种非子女经济供给金额之间的"缺口"。如果一个老人或老夫妻俩的这种"缺口"比较小，他们的子女在净经济供给上的总金额就少些；相反，如果一个老人或老夫妻俩的这种"缺口"比较大，他们的子女在净经济供给上的总金额就多些。至于老人子女数的多少，往往只是在这种需要"填补""缺口"总量既定的情况下，对每个子女各自负担的经济供给金额的多少产生影响。我们把这种老人从子女那里得到的净经济供给总量大体相当于"填补"老人维持其正常生活所需的金额与其各种非经济供给金额之间"缺口"的理论，简称为"老人经济供给'填补'理论"。它可概括成如下的数学公式：

有子女的老人得到的每个子女净经济供给金额≈（老人维持正常生活所需金额－老人非子女经济供给金额）/存活子女数

我们认为上述数学公式要成立，还需要有重要的前提条件，那就是子女要愿意并有可能为年老父母"填"满这个"缺口"。如果由于各种客观和主观的原因，子女不愿意或不可能向父母提供经济帮助，那么老人在经济供给方面存在的"缺口"便难以"填"满，"老人经济供给'填补'理论"的前提条件不成立。

当然，在中国城乡的现实生活中，有一部分城市老人在维持正常生活上根本就不存在所需金额的"缺口"，甚至有些还大有盈余。这部分老人的子女在净经济供给上，有的出现负数，这表明他们的子女实际上是在继续从年老父母那里得到净经济帮助；有的为年老父母"锦上添花"，使他们的生活水平更为优裕。但对当代中国城乡的大部分老人来说，他们从子女那里得到的净经济供给总金额，之所以大体相当于"填补"老人维持正常生活所需的金额与其各种非子女经济供给之间的"缺口"，我们认为与现阶段中国的经济发展水平还比较低及弘扬"尊老爱幼"的传统文化有很大关系。一方面是大多数老人比较体谅小辈，在子女的经济供给上往往不会提出过多的要求，另一方面是大多数中青年人虽比较孝顺父母，但他们自身的经济状况也并不十分宽裕，在承担赡养年老父母的义务时，不可能拿出很多的钱来供养年老父母。

二、实证研究

为了验证"老人经济供给'填补'理论"，我们对由中国老龄科学研究中心主持的联合国人口基金 P22 项目——"中国老年人供养体系研究"课题在上海市的调查资料（以下简称 P22 调查）进行了深入分析。该项目的调查对象为中国城乡 60 岁及以上的老人，调查时点为 1992 年 1 月 1 日零时。上海市一共调查了 1911 位老人，其中有子女的老人为 1887 名，城市地区为 1092 名，农村地区为 795 名。根据 P22 调查资料，我们从以下四个方面来分析验证"老人经济供给'填补'理论"。

（一）老人得到子女的净经济供给总金额与其存活子女数之间的关系

根据 P22 调查数据，上海市每位有子女的老人在 1991 年内得到所有子女的净经济帮助总金额（包括现金和实物，下同）为该年内这位老人得到所有子女经济帮助总金额减去该年内这位老人给所有子女经济帮助总金额。在被调查的城市地区 1092 名有子女的老人中，1991 年内老人得到子女的净经济帮助总金额分组，比重最大的前三组依次为 0 元以下组（占 40.7%）、0

元组（占 23.3%）和 200—600 元组（占 12.2%）；在被调查的农村地区 795
名有子女的老人中，1991 年内老人得到子女的净经济供给总金额分组，比
重最大的前三组依次为 1—100 元组（占 23.3%）、0 元组（占 22.9%）和
200—600 元组（占 21.6%）（见表 1）。经计算，上海市城市地区有子女的老
人在 1991 年内得到子女的净经济帮助总金额与存活子女数之间的相关系数
为 0.0561，相关程度未达到显著水平，两者之间没有明显的相关关系；上海
农村地区有子女的老人在 1991 年内得到子女的净经济帮助总金额与存活子
女数之间的相关系数为 0.0932，相关显著性水平也仅达到 0.01，两者之间呈
现出弱的正相关关系。

表 1　1991 年上海市老人得到子女净经济帮助总金额的分布状况

净经济帮助分组	城市		农村	
	人数	百分比（%）	人数	百分比（%）
0 元以下	444	40.7	99	12.5
0	254	23.3	182	22.9
1—100	84	7.7	185	23.3
100—200	76	7.0	131	16.5
200—600	133	12.2	172	21.6
600—1000	52	4.8	18	2.3
1000 及以上	49	4.5	8	1.0
合计	1092	100.0	795	100.0

（二）老人的非子女经济供给总金额与他们得到的子女净经济供给总金额之间的关系

上海市每位有子女的老人在 1991 年内的非子女经济供给总金额，等于
该年内这位老人的退（离）休金、参加劳动的净收入、非子女的亲属给予的
经济帮助金额、街道和村委会给予的经济帮助金额、国家给予的经济帮助金
额、从银行存款中得到的利息收入、租金收入及其他收入的总和。根据 P22
调查数据，不管是上海城市老人还是农村老人，他们得到子女的净经济帮助
总金额，基本上随他们的非子女经济供给水平的增大而减少，两者之间有

着明显的反向关系（见表 2）。经计算，上海市城市地区有子女的老人的非子女经济供给总金额与他们所得到的子女净经济帮助总金额之间的相关系数为 - 0.3046，农村为 - 0.3002，相关显著性水平均达到 0.001，老年人的非子女经济供给水平与他们得到的子女净经济帮助总金额之间有着显著的负相关关系。

表 2　1991 年上海市老人按非子女经济供给总金额分组得到的子女净经济帮助状况

非子女经济供给分组 （元）	城市 子女净经济帮助（元）	样本数	农村 子女净经济帮助（元）	样本数
≤500	527.1	99	164.3	317
500—1000	683.3	40	169.0	225
1000—2000	4.9	398	3.6	163
2000—3000	- 92.1	304	- 2.7	57
3000—4500	- 435.4	174	- 249.6	24
4500 及以上	- 722.0	77	- 827.1	9
合计（总平均）	- 71.3	1092	97.0	795

（三）老人的非子女部分经济供给抵消生活支出后的总金额与他们得到的子女净经济帮助总金额之间关系

上海市每位有子女的老人得到的非子女部分经济供给抵消生活支出后的金额，等于该年内这位老人的非子女经济供给总金额减去该年内这位老人的非子女经济支出金额。根据 P22 调查数据，上海城市老人每年的非子女经济供给抵消生活支出后的总金额的平均值为 135.2 元，农村为 - 146.1 元，城市老人维持正常生活的经济状况明显好于农村老人。计算上海市被调查老人 1991 年内的非子女部分经济供给抵消生活支出后总金额与他们所得到的子女净经济帮助总金额之间的相关系数，城市为 - 0.2854，农村为 - 0.2531，相关显著性水平均达到 0.001，老人的非子女部分经济供给抵消生活支出后总金额与他们所得到的子女净经济帮助总金额之间，具有较强的负相关关系。

（四）老人的自我评价经济状况与他们所得到的子女净经济供给总金额之间的关系

根据 P22 调查数据，上海市每位老人自我评价的经济状况可分为四类：相当充裕而有余；大致够用；略有一点困难；相当困难。在被调查的城市地区 1092 名有子女的老人中，自认为目前每个月经济状况"大致够用"的老人比重最大（占 58.6%），认为目前经济状况"相当困难"的老人所占比重最小（4.1%）。考察城市不同经济状况的老人所得到的子女净经济帮助，基本上表现为经济状况愈困难，子女给予的净经济帮助总金额也愈多的趋势。在被调查的农村地区 795 名有子女的老人中，认为目前经济状况"大致够用"的老人的比重也最大（占 59.2%），"相当困难"的比重最小（占 6.3%）；考察不同经济状况的农村老人所得到的子女净经济帮助，除经济状况"相当充裕而有余"的农村老人每年是在给其子女净经济帮助外，其余三类自我评价的老人每年也都能从子女处得到净经济帮助，与城市老人不同的是，后三类自我评价的农村老人得到子女的净经济帮助金额与他们的经济状况之间的反向关系仅从平均值看，并不明显（见表 3）。

表 3　上海市不同自我评价经济状况的老年人得到子女净经济帮助状况

单位：元／年

自我评价经济状况	城市			农村		
	总供给水平	子女净帮助	人数	总供给水平	子女净帮助	人数
相当充裕	3503.4	－ 172.7	268	1979.6	－ 113.9	153
大致够用	2401.7	－ 68.7	640	1053.7	152.6	471
略有困难	1931.3	－ 78.9	139	726.3	137.1	121
相当困难	1291.9	518.0	45	626.4	121.3	50
合计（总平均）	2272.2	－ 71.3	1092	976.8	97.0	795

如果我们取老人自认为"大致够用"的总经济供给水平值作为衡量老人维持其正常生活状况的收入水平，那么，上海城市老人维持正常生活水平的年收入大致需要 2401.7 元，农村老人为 1053.7 元。将老人维持正常生活水平所需的经济收入总额减去他们得到的非子女经济供给总金额后的余额，

可以近似作为老年人在维持其正常生活情况下需要子女"填补"的经济收入"缺口"。根据 P22 调查，上海城市老人在维持正常生活情况下需要子女"填补"的经济收入"缺口"平均为 129.5 元，农村老人为 76.9 元，该"缺口"值占维持老人正常生活水平的年收入的比重，城市为 5.4%，农村为 7.3%，农村老人非子女经济供给总额在维持其正常生活情况下需要子女"填补"的"缺口"，相对于城市老人来说要大。计算老人非子女经济供给水平在维持正常生活支出后的"缺口"与他们得到的子女净经济帮助总金额之间的相关系数，城市为 0.3046，农村为 0.3002，两者的相关显著性水平均达到 0.001。由此可见，老年人得到的非子女经济供给总金额在维持其正常生活支出后需要子女"填补"的"缺口"，与他们得到的子女净经济帮助之间呈现出了显著的正相关关系。

从上述四个方面的相关分析中，可以较清晰地看到当前上海城乡有子女老人的非子女经济供给总金额、非子女部分经济供给抵消支出后的总金额以及对应于自我评价经济状况在维持老人正常生活支出后需要子女"填补"的收入"缺口"三者与老人所得到的子女净经济供给总金额之间均存在着较强的相关关系。在一般情况下，城乡老人的非子女经济供给总金额愈少、非子女部分经济供给抵销生活支出后的亏空愈多、老人的非子女经济供给水平在维持其正常生活上的"缺口"愈大，他们所得到的子女净经济供给总金额也会愈多。这表明了我们提出的"老人经济供给'填补'理论"，具有一定的科学性。至于上海市农村地区有子女的老人在 1991 年内得到子女的净经济供给总金额与子女数呈现出的正相关关系以及上海农村地区自认为目前经济状况相当困难的老人得到子女净经济供给平均值并不是最高等情况，表面上看似乎与我们提出的"老人经济供给'填补'理论"相违背。然而，实际情况并非如此。现阶段上海市农村地区相当一部分有子女老人维持正常生活所需的金额与其各种非子女经济供给金额之间的"缺口"还比较大，而他们的子女本身的经济收入又比较低、对父母的净经济供给能力较弱，因而导致所有子女的净经济供给总额尚不能"填补"满年老父母收入上的这个"缺口"。也就是说，现阶段上海农村还不完全具备"老人经济供给'填补'理论"内在机制发生作用的前提条件。

三、对策建议

按照"老人经济供给'填补'理论",老人所得到的子女净经济供给总金额在一般情况下与存活子女数之间没有明显的正相关关系,那么随着今后中国老人存活子女数的减少,尤其是下个世纪 30、40 年代中国大批的独生子女父母进入老年后,他们维持正常生活的经济供给,是否就可以不用担心,高枕无忧了呢?我们认为对此不能盲目乐观,应该未雨绸缪,从现阶段起就应采取切实可行的有效对策努力做好以下三方面的工作:

第一,缩小"填补""缺口"。在今后几十年中,中国的经济在坚持改革开放及建立社会主义市场经济体制的基础上,通过全国人民的勤奋努力,将会有较快的发展。但是由于我国原有的人均经济水平比较低,未来人口老龄化及老年人口高龄化的速度相当快,因此,在城镇职工养老保险制度改革后,有可能会适当降低今后退休职工领取的法定基本养老金实际值在维持其正常生活中的比重,在农村也只能根据经济条件和农民的愿望逐步实行个人储蓄积累式的养老保险。可见,未来几十年的中国老人,为了维持当时的正常生活,还必须采取许多措施增加非子女经济供给总金额,以便尽可能缩小由子女经济供给"填补"的"缺口",减轻其子女特别是独生子女"填补""缺口"的经济压力。

随着我国的经济发展和社会主义市场经济体制的建立,今后将会有相当一部分单位的经济效益更为提高,也会使许多年轻职工的收入进一步增加。我们应该通过广泛宣传,使这些单位的领导及年轻职工清醒地认识到今后我国城镇职工法定的基本养老保险金,只能保障退休职工的基本生活;要使这些职工退休后生活过得好些,就应同时发展单位补充养老保险和个人储蓄型养老保险。应该积极引导这些单位领导改变目前只顾职工的眼前利益,单纯靠多发奖金和实物来增强单位凝聚力、激励职工工作效率的办法,逐步按照兼顾职工的眼前利益与长远利益的新思路,把适当多发奖金、实物与为职工办理单位补充养老保险结合起来,以此增强单位凝聚力,激励职工的工作效率;积极引导年轻职工在现阶段收入比较多的时候,正确处理好个人的眼前利益与长远利益的关系,从少生子女而减少的抚养费支出中,拿出一部分钱来参加个人储蓄型养老保险，为自己年老后生活的改善作准备。在我国广大农村，我们也应该努力创造条件，鼓励有条件的乡、村开展"以个人交纳为主、集体（或单位）补助为辅"的社会养老保险。

为了推进我国城乡的养老保险体制改革，我们建议国家应该花大力气抑制当前的通货膨胀，妥善解决各类养老保险基金的保值和增值问题，对投放到单位补充养老保险和个人储蓄型养老保险的收入给予减免税的优惠政策。

第二，强化"填补"意识。自 1980 年 9 月我国政府明确提出除人口稀少的少数民族地区以外，普遍提倡一对夫妇只生一个孩子的政策以来，全国城乡出生了大批独生子女。1992 年末，全国领取"独生子女证"的人数（不包括 16 岁以上独生子女已领取"独生子女证"的人数）已达 4220 多万，我们估计到本世纪末全国领取"独生子女证"的人数有可能增加到 5000 万。这些独生子女成长的物质条件无疑会比非独生子女优越，但往往容易受到父母及祖辈的过分宠爱，成为家庭中的"小太阳""小皇帝"。他们想得多的是别人应该关心和疼爱自己，而较少考虑自己应该如何关心和帮助别人。他们的成长过程，又正处于我国全面改革和扩大开放的大潮中，生活方式和价值观念都会发生巨大的变化，容易形成以个人利益为中心的价值取向。因此，为了使今后的年轻一代特别是已婚的独生子女夫妇愿意为年老父母"填补"维持正常生活与子女经济供给之间的"缺口"，需要从他们幼年起就加强尊老、爱老和赡养年老父母的教育。

我们建议国家有关部门在制定学前教育和中小学教育大纲、编写各种新教材时应增加尊老敬老的内容，把弘扬中华民族传统的尊老美德作为各类学校进行德育教育的一项重要任务，并且规定中小学生每个学期应该有一定的课余时间参加社区为老服务活动，在实践中培育和增强他们的"爱心"。

第三，增强"填补"能力。根据我们提出的"老人经济供给'填补'理论"，在独生子女愿意并有可能"填满"老人维持正常生活与非子女经济供给之间的"缺口"的前提下，独生子女父母所得到的子女经济供给总金额虽然不会比非独生子女的父母减少很多，但它毕竟会加重独生子女"填补""缺口"的负担，把原来由两个或更多子女来"填补"的责任全部压在一个孩子的肩上。而且，现在我国有些省、市已规定独生子女通婚后可以按计划生育两个子女。预计在下个世纪初我国有一大批独生子女可以生育两个孩子，出现许多"四、二、二"家庭。这种家庭结构模式，有利于在一定程度上改善大批独生子女父母年老后生活照料的困难，缓解这些独生子女年老后身边缺人照顾的问题，但同时又会加重许多已婚独生子女夫妇抚养孩子的负担，相对削弱他们给予年老父母经济供养的能力。

为了增强今后年轻一代特别是已婚独生子女夫妇的"填补"能力，我们建议国家应该进一步重视城乡教育事业的发展，努力提高青少年的科学文化素质，造就一大批跨世纪的优秀人才，在下个世纪充分发挥我国人力资源数量多和质量高的优势，加快经济建设的发展，为那时年轻一代收入的较大幅度增加奠定坚实的物质基础。

以上我们介绍了"老人经济供给'填补'理论"的一些初步构想，希望引起国内外同行的更多关注，在相互切磋和实证研究中进一步完善这一理论。

（本文原载《人口研究》1995 年第 6 期）

老年人参与社会发展的内涵与重要意义

1982 年，老龄问题世界大会通过的《1982 年维也纳老龄问题国际行动计划》指出："政策制定者和研究工作者，以及大众传播媒介和一般公众，可能需要根据本地情况改变其观点，以便认识到今天的老龄问题不仅是保护和照顾年长者和老年人的问题，而且也是年长者和老年人参与和参加的问题。"① 《中华人民共和国老年人权益保障法》则专门设立了一章"参与社会发展"，并明确规定："国家应当为老年人参与社会主义物质文明和精神文明建设创造条件。"那么，究竟如何科学地界定老年人参与社会发展的内涵呢？重视和鼓励老年人积极参与社会发展对于 21 世纪上半叶我国的社会主义建设与老年人自身生活质量的提高又有哪些重要的战略意义呢？本文将就这些问题进行较深入的探讨，以进一步引起政府部门和学术界的重视。

一、科学地界定老年人参与社会发展的内涵

早在 1991 年 1 月，中国老龄问题全国委员会曾在上海召开过全国"老有所为"研讨会，从与会代表对"老有所为"的界定来看，认识并不一致。其中有代表性的观点主要是：老年人"自觉自愿地参与社会发展，对社会作出力所能及的有益贡献的活动"；"凡是老年人进行的发挥其在家庭和社会生活中的作用，有益于自身健康，有益于自身的全面发展，以促进社会财富（物质的、精神的或者文化的）积累的各种活动"；老年人所从事的"具有一定的社会效益和经济效益，创造精神财富或物质财富"的活动；"老年人在自愿和量力的前提下，为国家的稳定和发展，为社会主义的精神文明和物质文明建设继续做贡献"的活动；"老年人或虽未进入老年，但已按照法

定年龄从原有工作岗位上退下之后，又自愿从事有益于社会的活动"等。这些论述，虽然没有直接给"老年人参与社会发展"下定义，但对我们进一步开阔思路，求同存异，科学界定"老年人参与社会发展"的内涵，是十分有益的。

到了1996年，在第八届全国人民代表大会常务委员会第二十一次会议通过的《中华人民共和国老年人权益保障法》的第四章"参与社会发展"中，列举了老年人参与社会发展所从事的一系列活动的内容。它们是："（一）对青少年和儿童进行社会主义、爱国主义、集体主义和艰苦奋斗等优良传统教育；（二）传授文化和科技知识；（三）提供咨询服务；（四）依法参与科技开发和应用；（五）依法从事经营和生产活动；（六）参加志愿服务、兴办社会公益事业；（七）参与维护社会治安、协助调解民间纠纷；（八）参加其他社会活动。"上述法律规定为我们科学地界定"老年人参与社会发展"的内涵提供了基本思路和法律依据。

我们认为，所谓"老年人参与社会发展"，是指老年人参加或从事的有益于社会发展的活动。这个界定具体包含了以下几个方面要点。

第一，这里指的"有益于社会发展"是广义的社会发展，它包括所有有益于第一产业、第二产业与第三产业发展、经济发展与社会发展、资源合理利用与生态环境改善、物质文明建设与精神文明建设的活动。

第二，这里指的"参加或从事"是广义的参与，它在参与活动的动机上包括自愿与受生活所迫的，在参与活动的强度上包括适度、不足与过度的，在参与活动的时间上包括经常与偶然的，在参与活动的形式上包括在业与不在业的，在参与活动的场所上包括不在家与在家的，在参与活动的报酬上包括有酬与无酬的。

第三，这里指的"老年人"是广义的老年人，它包括城镇老年人与农村老年人、已退休的老年人与未退休的老年人、可享受养老金待遇的老年人与不能享受养老金待遇的老年人。鉴于《中华人民共和国老年人权益保障法》规定的"老年人是指六十周岁以上的公民"，因此，我国老年人参与社会发展应是指60岁及以上老年人的参与活动。至于60岁以下的退休人员参与社会发展，应属于准老年人参与社会发展的范畴。

由于老年人参与了这些活动，体现了他们继续为社会发展做贡献，因此，"老年人参与社会发展"与"老有所为"的含义是基本一致的。"老有所为"是"老年人参与社会发展"的目的，而"老年人参与社会发展"则是"老有所为"的实践形式。根据上述界定老年人参与社会发展的含义，在我国现阶段及今后很长一段时期内，应该着重澄清以下几种误解。

一是把老年人参与社会发展与老年人再就业完全等同起来，认为只有老年人从事一定的社会劳动或经营活动并取得劳动报酬或经营收入，才算参与社会发展。持这种观点的人鉴于当前我国城镇失业问题和下岗待业问题十分严重，便不敢理直气壮地宣传和鼓励老年人参与社会发展，其实，这种认识是片面的。老年人再就业是老年人参与社会发展的一种重要形式，但它不一定是主要形式，更谈不上是唯一形式。而且就"老年人再就业"这个提法本身来说，它仅仅是指那些已经从就业岗位退下来的老人再重新就业。在我国广大农村，绝大多数农民进入老年后，仍将继续从事农业劳动，根本不存在"再就业"的问题。因此，如果把老年人参与社会发展完全等同于再就业，实际上就把我国老年人参与社会发展的范围局限在基本上生活在城镇的那些已退休、离休及退职的老年人之内。

二是把老年人参与社会发展与老年人从事的家务劳动完全等同或完全割裂开来。在我国，过去一般人都把家务劳动排除在参与社会发展之外，90年代初以来，有的学者提出老年人从事家务劳动或家务活动应该归于参与社会发展的范围。其理由主要有三点：①在国外家务劳动属于"非市场部门的工作"，计入国民生产总值中。如美国著名经济学家詹姆斯·舒尔茨认为："非市场部门的工作，例如家务劳动，不计入国民收入核算之内，但加在总产出中。"② 国际会议文件认为有益于家庭的活动应属于老有所为的内容，给予支持。如老龄世界问题大会文件中指出"重要的是为老年人制定的各项政策和方案应能使老年人有机会自己发挥其力所能及并有益于家庭和社区的各种作用"③。老年人从事的家务活动有利于巩固家庭养老方式，有利于社会的稳定和发展。否则，"就否认了敬老好儿女金榜奖活动的社会意义和现实意义"，"就等于从社会的重要形式——家庭中，否定老年人的价值。"④

我们感到把老年人从事的家务劳动完全排除在参与社会发展之外，是不妥当的。现在有些国家（如英国、新加坡等）已明确规定对在家照顾亲属的人员，应承认其工作经验，给予工资并提供社会保障。但是如果把他们从事的家务劳动全部归于参与社会发展，也会过滥。事实上在我国一些主张把老年人家务劳动或家务活动纳入"老有所为"或参与社会发展范围的学者，往往是举老年人为子女承担一部分家务活动、照看和教育孙辈的活动。至于有的学者把从未参加社会工作，一直从事家务劳动的老年人为子女做家务，不算作"老有所为"，那只是就文章的特定讨论对象（即只讨论离退休老人的"老有所为"）而言的。因此，我们认为，除了老年人从事的属于自我服务性的家务劳动以外的其他家务劳动，都应该算作老年人参与社会发展的表现，纳入"老有所为"的范围。

三是把老年人参与社会发展与老年人自愿与量力参与社会发展完全等同起来，认为老年人在自觉自愿与量力而行的前提下参与社会发展的活动才算参与社会发展。这种观点把老年人参与社会发展的主观动机、活动强度等因素加进了界定老年人参与社会发展的标准，显然是不合适的。因为按此观点，如果老年人参加或从事的有益于社会发展的活动、特别是有酬的社会劳动或经营活动是非自愿的（如受生活所迫）或超负荷的，就不算参与社会发展了。这样不仅很难对参与社会发展的老年人状况进行科学分析，而且还会低估这方面的人数。我们感到作为政府干预和社会倡导来说，无疑应该强调老年人在自觉自愿和量力而行的情况下参与社会发展，然而提倡和鼓励是一回事，事实又是另一回事。在许多基本养老保险和基本医疗保险还未覆盖到的地区，对于那些生活还比较贫困的老年人来说，要做到参与社会发展完全是自觉自愿与量力而行，实际上是很困难的。

二、老年人参与社会发展对促进社会建设的重要意义

我国城乡居民健康状况的改善及人口平均预期寿命的提高，使现阶段与下个世纪上半叶有更多的人存活到老年期甚至高龄期。也使下个世纪上半叶我国身体比较健康的低龄老人数量迅速增加，成为我国社会主义建设中极为丰富的人力资源。我们以中国人民大学人口研究所杜鹏博士预测的1990—2050年中国人口老龄化发展趋势的方案1为基础，参照中国社会科学院人口研究所主持的1987年中国60岁及以上老年人口抽样调查和中国老龄科学研究中心主持的1992年中国12个省、市60岁及以上老年人供养体

系抽样调查中有关 60—64 岁、65—69 岁组老人的自评健康状况资料，并考虑到下个世纪上半叶老年人的健康状况有所改善的因素，假设在未来 50 年内中国 60—64 岁老年人口自评健康状况属于健康和一般的合计比例为 80%，65—69 岁老年人口自评健康状况属于健康和一般的合计比例为 78%，那么未来中国 60—69 岁身体尚好的老年人数，在 2000 年将为 5971.5 万，相当于该年 15—59 岁人数的 7.3%；到 2050 年时将多达 14967.5 万，相当于该年 15—59 岁人数的 17.6%（见表 1），比联合国人口司预测的 2050 年日本总人口 10954.6 万[⑤] 还要多 36.6%。

表 1　2000—2050 年中国 60—69 岁身体尚好老人数的变动趋势

单位：万人、%

年份	60—64 岁	65—69 岁	合计人数	相当于该年 15—59 岁人数比例
2000	3265.8	2705.7	5971.5	7.3
2010	4549.8	3042.4	7592.2	8.1
2020	5582.5	5385.8	10968.3	11.3
2030	8917.2	6967.8	15885.0	17.3
2040	6778.0	7473.1	14251.1	15.9
2050	8402.7	6564.9	14967.6	17.6

资料来源：根据杜鹏著的《中国人口老龄化过程研究》中的有关预测数据及本文作者设定的参数计算而来。

从宏观上考察，本来老年人都属于社会的被抚养人口。按照杜鹏博士进行的长期预测方案 1 计算，中国 15—59 岁劳动年龄人口抚养 60 岁及以上老年人口的老年抚养系数在 2000 年为 15.6%，2010 年为 17.6%，2020 年为 23.8%，2030 年为 36.5%，2040 年为 42.7%，2050 年为 48.6%。[⑥] 如果在上述估算的 60—69 岁身体尚好的老年人口中，有 60%—70% 的人员参与社会发展，使他们从被抚养人口转为实际的经济活动人口，并妥善处理好老年人参与社会发展与年轻人就业的关系，将会使我国下个世纪上半叶老年经济抚养系数明显低于按 60 岁及以上老年人数计算的老年人口抚养系数，从而更有利于我国社会主义建设事业的发展。

21 世纪上半叶我国的老年人力资源不仅数量多，而且科学文化素质也将会进一步提高。现阶段我国的老年人虽然积累了民主革命和社会主义建设的丰富经验,养成了勤劳、节俭和爱国主义等优良品德,不少人拥有政治、经济、文化、艺术等方面和各类专业技术、知识和管理经验,但由于历史原因,老年人口的总体文化程度还比较低。1990年人口普查资料表明,当时我国60岁及以上老年人口中平均每人受教育年数为1.79年,文盲半文盲比重高达70.45%。[⑦] 随着时间推移,目前我国的中青年人将逐步进入老年,成为21世纪上半叶我国老年人口尤其是低龄老年人口的主体。如果未来我国分文化程度的青壮年年龄别死亡率是基本一致的,那么即使他们的受教育状况在今后几十年内不改变,也会使我国下世纪上半叶老年人口的文化程度有显著的提高(见表2),何况我国现阶段及今后将积极发展义务教育、职业技术教育、普通高等教育与成人教育,因此,21世纪上半叶我国老年人口的科学文化素质将比现在高得多,在掌握计算机、外语及其他高新技术方面也将更能适应当时的经济和社会发展需要。如果我国能在21世纪上半叶进一步重视和充分发挥老年人参与社会发展的作用,将会对推进社会主义的物质文明和精神文明建设起到很大的作用。

表2　1990年中国部分年龄组的文化程度状况　　　　单位:年、%

年龄组	全部进入60岁的年份	平均每人受教育年数	文盲半文盲比重
15—29	2035	7.10	6.10
30—44	2020	5.97	16.21
45—49	2005	3.98	39.61
≥60	1990	1.79	70.45

资料来源:查瑞传主编:《中国第四次全国人口普查资料分析》(下)。

　　特别是高级专业技术人才,他们是我国的社会主义建设中非常宝贵的财富,是实施"科教兴国"战略,推进知识经济的主力军。然而我国现有高级专业技术人员中,有相当一部分是在1966年"文化大革命"前毕业的大学生。按60岁退休的标准,他们将在本世纪末、下世纪初陆续退休。据上海市人事部门统计,1996年全市退离休高级专业技术人员已达到3.58万人。该年末全市在职的高级专业技术人员为6.7万人,而55岁以上的却占

46.4%。按目前的退休制度规定，预计到 2000 年全市退离休高级专业技术人员将达到 6.69 万人。⑧ 这部分老年人与准老年高级人才（有的女高级专家到 55 岁就退休了），在长期的专业技术工作中积累了丰富的经验，有着很深的学术造诣。其中有的是某一研究领域或关键技术公关的带头人，有的是蜚声海内外的高层次专家，而且他们中的许多低龄老人身体健康状况良好，有为国家继续作贡献的强烈愿望。

从全国的情况来看，由于"文化大革命"的严重影响，我国总人口中分年龄组的大学专科及以上、特别是大学本科及以上文化程度比重和在业人口中分年龄组的各类专业技术人员比重明显地存在着"断裂层"。1990 年人口普查资料表明，全国大学专科及以上文化程度的比重，在 60—64 岁组为 10.46‰，在 55—59 岁组为 16.24‰，在 50—54 岁组为 27.47‰，在 45—49 岁组为 23.85‰，在 40—44 岁组为 18.38‰，在 35—39 岁组为 18.19‰，在 30—34 岁组为 20.17‰，在 25—29 岁组为 30.69‰。可见，在 1990 年的 30—44 岁年龄组中存在着大专及以上文化程度比重的低谷区则更加明显（见表 3）。⑨ 1990 年全国在业人口中分年龄组的各类专业技术人员的比重，虽然没有像上述文化程度比重的"断裂层"那样突出，但也是比较明显的：在 60—64 岁组为 2.11%，在 55—59 岁组为 4.42%，在 50—54 岁组为 7.34%，在 45—49 岁组为 7.39%，在 40—44 岁组为 6.25%，在 35—39 岁组为 5.73%，在 30—34 岁组为 6.54%，在 25—29 岁组为 7.23%。中国 1990 年时 45—54 岁年龄段人口到 2005 年时正好处于 60—69 岁的低龄老年人阶段，如何在下个世纪初第十个五年计划和第十一个五年计划期间抓住这个机遇，高度重视并积极开发这部分老年人才资源，对于我国的社会主义建设将至关重要。否则，我国就会在"尊重知识，尊重人才"方面犯下无法弥补的历史性的重大错误。

表 3　1990 年中国部分年龄组的大学文化程度比重　　　　单位：%

年龄组	全部进入 60 岁的年份	大专及以上比重	其中大学本科及以上比重
25—29	2025	30.69	10.90
30—34	2020	20.17	5.07
35—39	2015	18.19	3.41

续表

年龄组	全部进入60岁的年份	大专及以上比重	其中大学本科及以上比重
40—44	2010	18.38	4.14
45—49	2005	23.85	12.57
50—54	2000	27.47	15.47
55—59	1995	16.24	8.09
60—64	1990	10.46	5.38

资料来源：根据国务院人口普查办公室、国家统计局人口统计司编的《中国1990年人口普查资料》有关数据计算而来。

三、老年人参与社会发展对提高自身生活质量的重要意义

随着21世纪上半叶我国老年人口健康状况的进一步改善及平均剩余寿命的不断延长，人们在进入老年后还将度过10、20年甚至更长的晚年生活。由于我国老年人口的构成比较复杂，城镇与农村的老年人在享受基本养老保险、医疗保险的待遇方面差别很大，享受基本养老保险待遇的老年人在领取养老金的数额方面差别很大，低龄与高龄的老年人在健康状况、生活自理能力方面差别很大，文化程度高与文化程度低的老年人在参与社会发展的内容和形式方面差别很大，家庭拖累大与家庭拖累小的老年人在参与社会发展的精力方面差别很大，以及不同老年人对安度晚年的价值取向上的差别，使得老年人在为什么参与社会发展、要不要参与社会发展、能不能参与社会发展、如何参与社会发展等问题上存在着明显的差别。据1987年中国60岁及以上老年人口抽样调查资料，即使在当时中国市、镇的离退休老年人口中，再就业的主要动机也是不一样的。在市离退休老年人口中，属于经济需要而再就业的占34.04%，其次为工作需要，第三为发挥特长，第四为精神寄托；在镇离退休老年人口中，属于工作需要而再就业的占36.55%，其次为经济需要，第三为精神寄托，第四为发挥特长（见表4）。⑩由北京老年病医疗研究中心社会医学部主持的1992年北京市老龄化多维纵向研究基线调查资料则表明，在北京城市和农村中享受退休待遇的老年人中，占首位的再就业动机为精神寄托（占41.9%），其次为经济需要（占29.1%），第三为工

作需要（占 13.8%），第四为发挥特长（占 11.9%），其他占 3.4%；在北京农村不能享受退休待遇的老年人中，占首位的工作（包括下地干活）的动机为经济需要（占 72.5%），其次为精神寄托（占 12.1%），第三为工作需要（占 5.4%），第四为发挥特长（2.9%），其他占 7.0%。⑪

表 4　1987 年中国市、镇离退休老年人口再就业动机　　　单位：%

动机类别	市			镇		
	男性	女性	合计	男性	女性	合计
经济需要	34.49	31.46	34.04	32.14	40.00	32.93
发挥特长	19.13	24.88	19.97	8.48	20.00	9.64
精神寄托	18.25	15.96	17.91	21.43	16.00	20.88
工作需要	28.14	27.70	28.07	37.95	24.00	36.55

资料来源：中国社会科学院人口研究所编：《中国 1987 年 60 岁以上老年人口抽样调查资料》。

　　事实上，在目前我国老年人的主要经济来源中，属于工作收入的仍占相当比重。特别是在广大农村老年人中，绝大多数还不能享受养老保险待遇，他们除了因年老体弱无法参加农业劳动而只能主要依靠子女的经济赡养或社会救助外，大多数人的主要经济来源还是劳动收入。据 1987 年中国 60 岁及以上老年人口抽样调查资料，主要经济来源为劳动收入的，在市老年人口中占 14.59%，在镇老年人口中占 14.74%，而在县老年人口中却占 50.71%。特别是在低龄男性老年人口中，主要经济来源为劳动收入的比重更大（见表 5）。1994 年国家统计局进行的人口变动抽样调查资料表明，我国主要经济来源为劳动收入的在全国老年人口中占 24.97%，其中在市老年人口中占 14.30%，在镇老年人口中占 14.01%，在县老年人口中占 29.18%。⑫ 即使在目前我国城市的离退休人员中，参与有报酬的社会工作，对于改善他们的生活条件，仍然起着重要作用。据北京离退休人才开发中心在 1997 年对进入老年人才市场的 1000 名退休人员问卷调查，每月退休金在 500 元以下的占 39.4%，501—700 元的占 36.4%，701—900 元的占 11.0%，901 元及以上的占 9.7%。也就是说每月退休金在 700 元以下的占 75% 以上。他们认为在目前情况下，这些收入"仅能满足个人一般的生活需要，对于文化娱乐、旅游等有益于身心健康的消费望尘莫及。"如果再参加有报酬的工作，每月工资收入平均大约在 800 元左右，有的达到 1000 多元或几千元。"这笔收入充实到家庭生活，就如注入了强身剂，生活质量明显提高。"⑬

表5　1987 年中国老年人口中主要经济来源为劳动收入的比重　　　单位：%

年龄组别	市			镇			县		
	男性	女性	合计	男性	女性	合计	男性	女性	合计
60—64	25.86	12.51	20.52	27.15	11.27	21.18	75.65	50.56	66.47
65—69	16.52	6.45	12.43	15.47	8.58	12.75	63.71	31.60	51.87
70—74	12.26	6.43	9.79	9.97	8.43	9.32	45.39	17.26	33.35
60 岁及以上合计	18.91	8.50	14.59	18.72	8.93	14.74	62.92	32.50	50.71

资料来源：中国社会科学院人口研究所编：《中国 1987 年 60 岁以上老年人口抽样调查资料》。

从下个世纪上半叶我国城乡老年人口的经济收入与负担的变化趋势来看，既存在着经济发展由小康型逐步过渡到比较富裕型和社会保障体系进一步完善等因素的积极影响，也存在着一些新的比较严重的压力：一是城镇职工基本养老保险的替代率将逐步下降到 60% 左右；二是城镇职工基本医疗保险将坚持"低水平"的原则，对个人全面使用医疗保险统筹基金规定最高顶线。如果遇到疑难杂症，有许多药品还不能在基本医疗保险统筹基金中报销，需要自己负担；三是广大农村尤其是中西部地区农村的经济发展水平还相对比较低，农民的养老保险与合作医疗还很难保障他们年老后的基本生活和医疗需求；四是每对夫妻生育子女数的大幅度减少，将使老年人尤其是农村老人要在较大程度上依靠成年子女经济赡养遇到很大困难。因此，在下个世纪上半叶，我国还会有相当多的老年人为了使自己年老后的生活水平不至于过分下降，以及准备自己与老伴万一日后患疑难杂症时的医疗费用，在领取基本养老金的同时仍希望继续从事有收入的工作。

在我国老年人中，除了一部分参加或从事有报酬的工作外，许多人还参加或从事了各类志愿服务，其服务内容涉及咨询建议、美化环境、帮困助弱、社会安全、文娱体育等许多方面。据上海市民政局社区服务办公室的统计，1996 年末，全市已有志愿服务者队伍 2417 支，志愿服务者人数达 60.4

万，其中退休人员 34.9 万，占 57.8%。从参加志愿服务的老年人来说，他们进行的大量是无偿服务，只有少量属于低酬服务。他们参加或从事志愿服务的主要动机，不是增加个人收入，而是更好地实现自身的价值，使自己的晚年生活更加充实、更加有意义。

总之，在 21 世纪上半叶我国继续积极倡导并努力实现"老有所养、老有所医、老有所为、老有所学、老有所乐"的进程中，鼓励和引导更多的老年人自愿和量力地参与社会发展，可以切实体现"老有所为"，有助于"老有所养"，补充养老金与子女经济供养的不足；有助于"老有所医"，减少疾病的发生；有助于"老有所学"，增进和更新知识；有助于"老有所乐"，丰富和充实晚年生活。

【注释】

① 中国老龄问题全国委员会办公室编：《联合国老龄问题资料汇编》，1993 年 9 月。

② [美] 詹姆斯·舒尔茨：《老年经济学》，熊必俊译，华夏出版社 1990 年版。

③ 中国老龄问题全国委员会办公室编：《联合国老龄问题资料汇编》，1993 年 9 月。

④ 邬沧萍、王高：《论"老有所为"问题及研究方法》，《老龄问题研究》1991 年第 3 期。

⑤ Population division of United Nation：*World Population Prospects*：The 1996 Revision.

⑥ 杜鹏：《中国人口老龄化过程研究》，中国人民大学出版社 1994 年版。

⑦ 查瑞传、曾毅、郭志刚主编：《中国第四次全国人口普查资料分析》（下），高等教育出版社 1996 年版。

⑧ 李正光等：《上海第二次人才资源开发政策研究》，载蔡哲人《构筑上海人才资源高地政策体系研究》，1998 年。

⑨ 国务院人口普查办公室、国家统计局人口统计司编：《中国 1990 年人口普查资料》，中国统计出版社 1993 年版。

⑩ 中国社会科学院人口研究所编：《中国 1987 年 60 岁以上老年人口抽样调查资料》，《中国人口科学》编辑部，1988 年。

⑪ 刘纫兰主编：《北京市老龄化多维纵向研究基线调查数据汇编》，文津出版社 1994 年版。

⑫ 杜鹏、武超:《中国老年人的主要经济来源分析》,见中国老龄协会、中国老年学学会编《中国的养老之路》,中国劳动出版社 1993 年版。

⑬ 张庆真:《积极开发利用老年人才》,《迎接人口老龄化的挑战》,1998 年。

(本文原载中国老年学学会编《老年人的价值与社会共享》,
中国劳动社会保障出版社 2000 年版)

为老年人就业创造新机会

——以上海城市老人为例

上海是中国内地经济最发达、改革开放度最高的特大城市，也是人口老龄化程度最高的地区。据公安部门的统计，1998 年末上海市户籍人口中 60 岁及以上老年人为 235.57 万，占总人口 18.0%。联合国在《2001 年全球解决人口老龄化问题方面的奋斗目标》中指出，各国政府应"制定促进老年人老有所为的国家计划"。在此背景下，本文通过对 1992 年与 1998 年上海市有关调查资料的分析，简要介绍上海城市老年人从事有收入工作的状况，并就 21 世纪初如何为老年人就业创造新机会提出一些对策建议。

一、现阶段上海城市老人的就业状况及再就业意愿

（一）城市老人的在业比例

1992 年进行的上海市老年人供养体系调查资料表明，在被调查的 1112 名 60 岁及以上城市老年人中，可以享受退休金待遇的占 86.1%；在这些可享受退休金待遇的 957 名老年人中，未退休的占 1.1%，退休后再就业的占 22.5%。如果考察 65 岁及以上城市老年人的就业状况，在被调查的 750 名老年人中，可以享受退休待遇的占 80.4%，其中未退休的占 0.8%，退休后再就业的占 13.6%。[1]

最近，上海市老龄科研中心对由笔者 1998 年主持的上海市老年人口状况与意愿综合调查资料进行初步汇总分析，在被调查的 2396 名 60 岁及以

上城市老年人中，可以享受城镇职工基本养老保险待遇的占90.9%；在这些可享受基本养老保险待遇的2179名老年人中，未退休的占0.14%，退休后再就业的占11.9%。如果考察65岁及以上城市老年人的就业状况，在可以享受基本养老保险待遇的1508名老年人（占被调查城市老年人数的87.8%）中，没有未退休的，退休后再就业的占7.8%。上述情况表明，在近年来上海城市失业问题与下岗职工问题比较严重的态势下，城市退休老年人的再就业比重比1992年明显下降。

从1998年进行的调查中还可以看到，目前上海60岁及以上城市老年人的在业比例（指某年龄组的在业人口占该年龄组总人口数比重）为11.3%，其中男性为17.3%，女性为5.5%；65岁及以上城市老年人的在业比例为7.3%，其中男性为11.3%，女性为3.7%。这些老年人的在业比例呈现随年龄组的提高而下降的趋势，女性老年人分年龄组的在业比例较男性老年人同一年龄组的在业比例则要低得多（见表1）。

表1　1998年上海城市老人分性别年龄组的在业比例　　　单位：%

年龄组	合计	男性老人	女性老人
60—64	21.4	30.8	10.7
65—69	12.4	16.9	7.9
70—74	6.7	11.7	1.9
75—79	2.0	2.9	1.2
80—84	1.8	4.6	0.0
>85	0.0	0.0	0.0
总计	11.3	17.3	5.5

N＝1175人（男性老人），1221人（女性老人）。

（二）城市在业老人的职业构成

1992年进行的上海市老年人供养体系调查表明，在被调查的退休后再就业的215名老人中，他们的工作种类主要为行政管理（占24.7%）、专业技术工作（占15.3%）、街道居委会工作（占14.0%）、技术工人（占12.1%）、体力工人（占12.1%）、门卫（占10.2%）。[2]

从 1998 年进行的上海市老年人口状况与意愿综合调查所提供的被调查城市老人在临退休前的职业构成与目前再就业的职业构成中可以看出，已退休的老年人目前再就业的职业构成为服务性工作人员、商业工作人员、办事人员和有关人员、各类专业技术人员的比重较临退休前的同类比重要高得多，而职业为生产工人、运输工人和有关人员、国家机关党群组织及企事业单位负责人的比重较临退休前的同类比重要低得多（见表2）。

表2　1998 年上海 60 岁及以上城市老人退休前后的职业构成比较　单位：%

职业类别	临退休前			目前再就业		
	合计	男性	女性	合计	男性	女性
各类专业技术人员	15.7	18.7	12.2	24.6	26.0	20.3
国家机关党群组织、企事业单位负责人	8.7	13.0	3.9	4.9	4.5	6.3
办事人员和有关人员	9.1	13.0	4.5	12.5	12.5	12.5
商业工作人员	3.9	3.8	4.1	9.5	9.5	9.4
服务性工作人员	6.6	5.2	8.2	17.8	16.0	23.4
农、林、牧、渔劳动者	3.6	2.7	4.5	0.8	1.0	0.0
生产工人、运输工人和有关人员	51.3	42.7	61.1	23.1	25.0	17.2
军人	0.05	0.09	0.0	0.0	0.0	0.0
不便分类的其他劳动者	1.1	0.8	1.5	6.8	5.5	10.9

N＝2164 人（退休前），264 人（目前再就业）。

（三）城市老人的再就业意愿

在 1998 年上海市老年人口状况与意愿综合调查中，对目前没有从事有收入工作的城市老人的再就业意愿进行了调查。当问及他们是否希望再工作时，在回答该问题的 2086 名 60 岁及以上老年人中，迫切希望或较希望再工作的合计占 5.1%；在回答该问题的 1557 名 65 岁及以上老年人中，迫切希望或较希望再工作的合计占 3.0%。其中男性 60 岁及以上城市老年人迫切希望或较希望再工作的比重分别高于女性城市老人同类意愿的 0.5 和 4.2 个百分点（见表3）。

表3　1998年上海城市老人希望再工作的意愿　　　　单位：%

意愿	≥60 岁			≥65 岁		
	合计	男性	女性	合计	男性	女性
迫切希望	0.4	0.7	0.2	0.4	0.7	0.1
较希望	4.7	6.9	2.7	2.6	4.2	1.3
无所谓	6.4	8.0	5.0	5.1	6.6	3.9
不希望	88.5	84.4	92.1	91.9	88.5	94.7

N＝962 人（≥60 岁男性）、1124 人（≥60 岁女性），714 人（≥65 岁男性）、843 人（≥65 岁女性）。

在被调查的迫切希望或较希望再工作的 60 岁及以上城市老年人中，最希望的各类职业比重由高到低依次为服务性工作人员（占 29.6%），各类专业技术人员（占 26.5%），生产工人、运输工人和有关人员（占 13.3%），办事人员和有关人员（占 10.2%），商业工作人员（占 2.0%），不便分类的其他劳动者占 18.4%。其中男性老年人最希望的前三位职业依次为各类专业技术人员（占 31.9%），服务性工作人员（占 26.4%），生产工人、运输工人和有关人员（占 15.3%）；而女性老年人最希望的前三位职业依次为服务性工作人员（占 38.5%），各类专业技术人员（占 11.5%），生产工人、运输工人和有关人员（占 7.7%）。

在被调查的迫切希望或较希望再工作的 60 岁及以上城市老年人中，希望再工作的前三位主要原因依次是为补偿生活费不足（占 51.9%）、为使生活更有意义（占 29.6%）、对自己健康有益（占 9.3%）。其中男性老年人与女性老年人希望再工作的前三位主要原因排序是相同的，差别在于女性老人为补偿生活费不足的比重特别高（见表4）。

表4　1998年上海≥60岁城市老人希望再工作的主要原因　　　　单位：%

主要原因	合计	男性	女性
为支付全部生活费	2.8	4.0	0.0
为补偿生活费不足	51.9	45.3	66.7
贴补子女生活	4.6	4.0	6.0
为使生活更有意义	29.6	34.7	18.2

主要原因	合计	男性	女性
对自己健康有益	9.3	9.3	9.1
其他	1.8	2.6	0.0

N＝75 人（男性），33 人（女性）。

二、为老年人就业创造新机会的对策措施

早在 1988 年 7 月，上海市人大常委会就通过了《上海市老年人保护条例》，其中规定："全社会都应当重视、珍惜老年人的知识、技能和经验，支持老年人参加各类社会活动，发挥老年人专长，为社会服务。"在 1996 年 10 月 1 日起施行的《中华人民共和国老年人权益保障法》中专设一章论述"参与社会发展"。其中规定："国家应当为老年人参与社会主义物质文明和精神文明建设创造条件"，"老年人参加劳动的合法收入受法律保护"。

然而，由于近几年来受城市产业结构的大规模调整与国有大中型企业劳动用工制度的改革，以及大批农村剩余劳动力流入城市的影响，城镇失业人员与下岗职工数量急剧增加。1998 年，中国在各级政府的高度重视和积极努力下，通过多种途径使 609 万名下岗职工实现了再就业，全国城镇从业人员比上年末增加了 471 万人，但该年末城镇登记失业率仍达 3.1%[3]，比 1985 年的 1.8%、1990 年的 2.5%、1995 年的 2.9% 要高。估计 1998 年末中国内地城镇登记失业人数近 600 万，下岗未再就业的人数约 600 万，1999 年新下岗的约 300 万。[4] 在上海市，1990—1998 年累计下岗职工人数超过 150 多万人次；估计 1998 年末下岗未就业的人数约有 16.3 万，城镇登记失业率为 2.9%。[5] 特别是面对 21 世纪上半叶，中国将出现长达 20 年左右的劳动年龄人口高峰期。据联合国人口司与中国一些学者的预测，中国在 2000 年至 2050 年间每年 15—59 岁的劳动年龄人口数量都将超过 8 亿，其中 2007 年至 2030 年间将会超过 9 亿。

为了在 21 世纪上半叶中国处于老年人口数量与劳动年龄人口数量急剧增加的双重压力下，有效地促进城市老年人就业，除了需要进一步提高各级

政府领导和全社会对老年人再工作重要性与紧迫性的认识以外，还应该制定和完善以下政策措施：

（一）积极探索尽可能减轻就业压力的促进老年人再工作战略

首先，大力发展教育事业，相对甚至绝对减少社会劳动力供给。要通过积极发展中专、技校和中高级职业学校，加强从业前的岗位培训，适度发展全日制普通高中和高等教育，进行多层次的成人教育，尽可能使15—59岁的劳动年龄人口中有一部分晚些进入或中途暂时退出社会劳动力的队伍，取得既可较大地减轻就业压力，又能有效提高劳动力科学文化素质的"双重效益"。

其次，搞好所有制结构与产业结构的调整，努力扩大对社会劳动力的需求。在抓好国有大中型企业改革和高新技术产业发展的同时，要鼓励和引导非公有制经济的健康发展，大力促进各类劳动密集型的中小型企业和服务行业发展，以吸纳更多的社会劳动力，取得既有利于社会稳定，又有利于国民经济持续快速健康发展的"双重效益"。

再次，自觉引导和统筹协调老年人的从业活动，不断促进老年人与非老年人在业岗位的优势互补。自80年代以来中国所进行的一系列城市老年人口在业状况调查资料都表明，大部分退休老人所从事的在业岗位往往是许多年轻人"干不了"或"不愿意干"的岗位。而且有些老年管理人员、专业技术人员和技术工人，在企业的发展开拓中起了关键性的作用，他们的再工作可以为年轻人创造更多的就业岗位，为年轻人创造更有利的成长条件。因此，只要我们在21世纪进一步自觉引导和统筹老年人的从业活动，鼓励他们在智力开发与社区服务这两方面多作贡献，把年轻人的就业与退休人员的再工作有机结合起来，必将可以更有效地促进两者的优势互补。

（二）继续对老年经济实体的发展给予政策优惠

在中国，所谓"老年经济实体"是指由各级城镇退休人员管理组织主办，以退休人员为参与主体，以改善退休老人生活为宗旨，经工商行政管理部门和税务部门登记批准的独立核算的经济实体。上海市自1988年创办这种老年经济实体以来，市政府财政局、工商行政管理局、税务局、人事局、民政局等有关部门颁发了一系列有利于企业发展和改善退休人员生活的优惠政策，如老年经济实体自批准创办之日起可享受免征所得税两年的优惠，两年期满后仍可享受其他优惠。据上海市老龄委员会的统计，1998 年末全市老年经济实体共有 664 个，从业人员合计 7615 人，其中聘用老年人 3079 人，占 40.4%；聘用失业人员和下岗职工 2044 人，占 26.8%。该年经营服务总收入为 5.12 亿元，缴纳税金总额为 1359 万元，税后净利润为 1931 万元，其中用于老年福利事业 632 万元。[6] 为了在今后更多地聘用退休老人再工作，我们认为，各级政府不仅要在税收上继续支持老年经济实体的发展，而且还应在提供市场信息、培训从业人员方面加强宏观指导。

（三）采取切实措施，充分发挥老年高级专业技术人才的作用

据上海市人事部门统计，1996 年末全市退休高级专业技术人员已达到 3.58 万人；该年末全市在职的高级专业技术人员为 6.7 万人，而 55 岁以上的要占 46.4%。按目前的退休制度规定，预计到 2000 年全市退休高级专业技术人员将达到 6.69 万人。[7] 这部分老年与准老年高级人才（有的女性高级专家 55 岁退休），在长期的专业技术工作中积累了丰富的经验，有着很深的学术造诣，其中有的还是某一研究领域或关键技术攻关的带头人。而且他们中的许多低龄老人身体健康状况良好，有为社会发展继续贡献的强烈愿望。

然而，近几年来中国许多本来实行高级专家可以延长至 65 岁或 70 岁再办理退离休手续的单位，却逐步把高级专家的退离休年龄提前到 60 岁。究其原因，除了对这部分高级人才的作用认识不足外，还存在两个深层次问题：一是专业技术职务的"评聘分开"至今未得到真正实施，为了让更多的年轻人晋升为高级专业技术人员，便采取"挤牙膏"的方式要年老的高级人才早些办理退休手续，让出聘任岗位。二是现行的城镇基本养老保险制度改革的有关规定不利于各单位适当推迟这部分高级人才的退休年龄。如果单位要推迟一部分高级专业技术人员的退休年龄，就要为他们多支出两笔费用：工资及基本养老保险费。一些单位在经济状况不太好的情况下，就干脆让他们按时退休，由劳动和社会保险部门负责发放基本养老金。

我们认为，随着中国社会主义市场经济体制的逐步建立，以及人事管理制度改革的深入发展，竞争上岗、择优聘用的原则将会得到进一步的贯彻。各级人事部门应该继续抓好"评聘分开"的试点,在总结经验的基础上逐步推开。至于城镇基本养老保险制度改革的某些规定,也应考虑作适当的修改。建议对适当延长高级专家退离休年龄的单位和专家本人,在这些专家的聘用期超过国家统一规定的一般退休年龄以后,单位与个人可免交基本养老保险费;而且在该高级专家今后领取基本养老金的数额上,可根据其推迟领取的年限相应提高标准。

为了搞好第二次人才资源的开发,让更多已退休的高级专业技术人员再工作,上海市自1991年起陆续建立了上海老年科技工作者协会、上海市退(离)休高级专家协会、上海市退休教育工作者协会、上海市老年新闻工作者协会、上海市退休医务工作者协会等社会团体。这些团体应继续积极组织退休的高级专业技术人员为社会发展再作贡献,使他们在参与决策咨询、从事高科技开发、开展人才培训、进行医疗保健咨询、著书立说等方面继续发挥作用。我们建议,上海市还应尽快成立"第二次人才资源开发工作推进委员会"或建立联席会议制度,拟定开发工作规划,组织协调支持各有关老年科技工作者社会团体,制定鼓励老年高级专家发挥作用的政策措施,以加大第二次人才资源开发工作的力度。同时,应积极创造条件建立退离休人才开发服务中心及老年专业技术人员信息库,在现有的人才交流市场中开辟退离休人才交流专场,及时提供全面的优质信息服务,规范人才竞争的市场行为,为老年人才资源特别是高级人才资源的再开发提供合法的权益保障。

(四)选择适当时机,全面推迟城镇职工的退休年龄

中国内地城镇职工的退休年龄是50年代初中期规定的。当时规定工人的退休条件一般是:男性年满60周岁、女性年满50周岁,连续工龄满10年;干部的退休条件一般是:男性年满60周岁、女性年满55周岁,参加革命工作或连续工龄满10年。然而,上海市区的人口平均预期寿命已从1954年的女性63岁、男性61岁,提高到目前的女性78岁、男性74岁。上述退休年龄势必严重影响到50—64岁年龄段的准老年人口和老年人口的在业比例。1990年人口普查资料表明,上海市区50—54岁组的在业比例,男性为96.0%,女性为39.7%;55—59岁组的在业比例,男性为83.5%,女性为16.0%;60—64岁组的在业比例,男性为30.7%,女性为8.6%。[8]

根据复旦大学、华东师范大学、上海社会科学院等单位的人口研究所分别进行的 1995 年至 2050 年上海市户籍人口发展趋势预测，在 2010 年至 2020 年间上海男 16—59 岁、女 16—54 岁的户籍人口数将减少 131—160 万；与此同时，男 60 岁、女 55 岁及以上的户籍人口数将增加 120—150 万。[9] 为此，我们感到尽管那时全国的劳动年龄人口数仍在增加，但上海从 2010 年开始全面推迟城镇职工退休年龄的可能性是存在的。如果在那时开始调整退休年龄，既可使 50—64 岁年龄段人口特别是女性准老年人口和老年人口的在业比例明显提高，同时又不会过多地增加当时城镇社会富余劳动力与失业人口的压力。而且这样做还推迟了上海城镇职工退休高峰，缩短了退休人员领取基本养老金的年限，从而大大减轻筹集城镇职工基本养老保险费与支付养老金方面的压力。当然，在 21 世纪上半叶中国各个省、自治区、直辖市的城镇人口变动情况不完全一样，我们需要从实际出发，因地制宜地捕捉各个地区全面推迟城镇职工退休年龄的最佳时机，决不能在时间上搞"一刀切"。到那时，上海城镇的外来流动人口仍然会有相当数量，关键是要妥善处理好适度吸纳外地流入劳动力与推迟城镇户籍职工退休年龄的关系，不要一出现城镇劳动力供需的缺口，就简单沿袭常规，让外来流入劳动力来弥补。

为了减少 21 世纪上半叶全面推迟中国城镇职工退休年龄时的社会震荡，可考虑采取分步到位的实施方案。上海可从 2011 年开始，男职工每年推迟 1 岁退休，女职员也每年推迟 1 岁退休，女工人则每年推迟 2 岁退休，到 2015 年时达到男职工 65 岁退休、女职工 60 岁退休的目标；再经过若干年后，将男女职工的退休年龄全部推迟到 65 岁。

【参考文献】

[1] [2] 上海市老龄科学研究中心编：《上海市老年人供养体系调查数据汇编》，1996 年。

[3] 中国国家统计局：《中华人民共和国 1998 年国民经济和社会发展统计公报》，《人民日报》1999 年 2 月 27 日。

[4] 杨宜勇：《失业是"地雷阵"，更需持久战》，《科学时报》1999 年 3 月 24 日。

[5] 上海市统计局编：《1999 年上海统计年鉴》，中国统计出版社 1999 年版。

[6] 上海市老龄委员会编：《1998 年度上海老年事业基本情况统计表》。

[7] 李正光等：《上海第二次人才资源开发政策研究》，见蔡哲人《构筑上海人才资源高地政策体系研究》，1998 年。

[8] 上海市人口普查办公室编：《上海市 1990 年人口普查资料》，中国统计出版社1992 年版。

[9] 桂世勋：《上海城镇职工基本养老保险基金的可持续运作》，《上海综合经济》1998 年第 11 期。

（本文原载《华东师范大学学报》（哲学社会科学版）2000 年第 3 期）

上海市老年志愿者的工作状况及改善对策

上海是中国人口老龄化程度最高的特大城市，也是 90 年代开展城市社区服务比较好的地区。据公安部门统计，1998 年末全市 60 岁及以上老年人为 235.57 万，占总人口 18.0%。本文以上海城市老年志愿者参与社区服务为例，反映中国老年人义务工作的状况，并提出有关进一步改善志愿者活动的对策建议。

一、上海老年志愿者活动的发展历程

（一）民间自发的邻里互助

中华民族很早以来就有民间邻里互助的传统。在上海的老城区，有许多石库门房子，往往几户合用一个厨房和晒台。许多老年人长期居住和生活在一个地方，邻居关系比较稳定，彼此交往十分频繁，相互帮助的风气盛行。比如，老年人在家往往主动帮助接送夫妻都是职工的小孩上幼儿园和小学，在他们父母还未下班时代为照管；当突然下雨时，老年人会主动帮助邻居把晾在外面的衣服、被絮收起来；有些邻居回家晚一些，老年人会主动帮他们烧好饭或拣好菜。而当老年人突然生病或遇到其他突发事件，年轻的邻居也会热情帮助；遇到哪一家自来水龙头或电灯坏了，一些有技术的邻居也会主动帮助维修。

（二）民政部门倡导开展邻里互助

70 年代末，上海市闸北区开封街道的各个居民委员会开展了对社会孤老的邻里包护活动。1982年市民政局在全市推广了这一种志愿服务形式，大力扶持建立"孤老包护组"，由3—5名低龄退休老人、社区干部和其他在职职工与某一个孤老结对子，组成包护组，帮助高龄体弱多病的社会孤老解决吃饭、洗衣、洗澡、就医等日常生活的各种困难。后来这种邻里互助又发展到有组织地关心白天家中无成年人的小学生，由一些退休老人和社区干部专人负责帮助接送上学，搭伙包饭。1987年，民政部发出开展社区服务活动的号召后，上海市民政部门又进一步组织各街道开展志愿服务活动。但当时参加者还没有用"志愿服务者"的名称。

（三）开展志愿服务活动纳入市政府工作规划

1992年，上海市政府在为市民办12件实事中，首次把开展志愿服务活动作为社区服务的一项重要内容，要求在全市1000个居民委员会内成立居民志愿队或居民志愿服务者协会。据当时上海市城市经济抽样调查队统计，1992年有52.4%的家庭曾得到居民志愿服务队提供的帮助，对社区志愿服务者队伍的综合评价得分为4.71分（最高分为5分）。到1993年末，全市志愿服务者人数已达50万，志愿服务组织已达3万个（徐中振，1998），其中半数以上是低龄老年人和已退休的准老年人。

（四）志愿服务活动进一步规范化和制度化

从1995年以来，上海市政府及民政部门进一步加强了对志愿服务活动的管理。市民政局在1995年落实市政府实事，建设20个街道（镇）社区服务中心示范点的意见中，要求这些示范点下面的居民委员会全部建立社区服务志愿者队伍，志愿人员占15—65岁人口总数10%以上，居民互助活动经常化、制度化。1996年，上海市民政局根据《全国社区服务示范城区标准》，结合本市情况制定了《上海市社区服务示范区标准》，进一步要求80%以上的志愿者每月参加义务服务活动不低于2小时。到1996年末，全市志愿服务者队伍2417支，志愿服务者人数已达60.4万，其中退休人员34.9万，占57.8%（上海市民政局社区服务办公室，1997）。1997年，上海市成立了志愿者协会，各区也成立了社区服务志愿者协会，街道则成立志愿服务工作委员会，逐渐打破条块分割，形成全市统一的志愿服务者组织和活动机制。

二、上海老年志愿者活动的主要内容及重要意义

（一）老年志愿者活动的主要内容

上海市民参与的志愿服务活动，主要有五大类：（1）美化环境类，如打扫卫生、绿化环境；（2）帮困助弱类，如助老助残、扶贫帮困；（3）社会安全类，如社区治安、调解纠纷；（4）专业技术类，如专业咨询、知识讲座、维修服务；（5）文体活动类，如辅导拳操、组织文娱活动。

据1997年9月进行的上海社区志愿者活动抽样调查提供的资料，在被调查的30个街道60个居民委员会的1488名16岁及以上市民中，56岁及以上市民对志愿者活动的曾经参与率为45.8%，愿意参与率为66.7%，均比其他年龄组的同类比重要高；在他们曾经参与志愿者活动的主要内容上，参与美化环境、社会安全、帮困助弱等志愿服务活动的比重也较高（见表1）（徐中振，1998）。

表1　1997年上海市民分年龄组曾参与志愿者活动的类型　　　　单位：%

年龄组	美化环境	帮困助弱	社会安全	专业技术	文化娱乐和其他
16—25	39.3	31.1	11.5	4.9	13.1
26—35	32.6	34.1	20.9	6.2	6.2
36—45	34.6	36.3	18.7	3.7	6.7
46—55	34.8	33.2	21.4	3.8	6.7
≥56	35.7	27.2	27.4	2.4	7.3

N＝134人（16—25岁），30人（26—35岁），110人（36—45岁），100人（46—55岁），183人（≥56岁）。

资料来源：徐中振主编：《志愿服务与社区发展》。

在中国城市中，老年人参与社区志愿者活动，主要为以下途径：一是担任居民委员会下设的各个工作委员会（如人民调解、治安保卫、公共卫生、民政福利、老年人保护、青少年保护、妇女等工作委员会）的一般委员，义务为居民服务；二是通过参加居民委员会组织的各种志愿服务队组，义务为

居民服务，如"护绿队"在社区绿化地带拔草、浇水，劝阻损坏花草树木的行为；巡逻队在每天晚上 8 时半后摇铃巡逻，提醒居民关好煤气、门窗，收好晾在外面的衣服；宣传组负责办黑板报、布置报架和宣传栏；各种兴趣小组（如歌咏、舞蹈、书法、英语、读书、拳操组）组织居民开展文体活动。三是担任居住所在地的楼组长及宣传员、调解员、治保员、卫生员等，义务为本楼的居民服务。此外，还有些老年人作为分散的"家庭志愿者"，主动为邻居排忧解难，如为安装求助电铃的独居老人处理突发事件、上门谈心、陪看病、临时帮助买菜烧饭、带管小孩等。

（二）老年志愿者活动的重要意义

上海城市老年人通过参与力所能及的志愿者工作，不仅继续为社会贡献，而且有利于老年人充实自身生活，体现人生价值，增进身心健康。

1997 年进行的上海社区志愿者活动抽样调查资料表明，在被调查的 267 名愿意参加志愿者活动的 56 岁及以上居民中，参与动机类型属于"利他型"（指为社区出份力、参与改善社会风气、同情帮助弱者等）的比重在各年龄组中最高，达 79.6%；他们中属于"利己型"（指结交朋友、拓宽社交、丰富人生经历、充分利用闲暇时间、学习新技能、展现个人才能、希望得到他人肯定、为未来发展作准备、寻求新刺激、满足参与乐趣等）的比例占 20.4%（见表 2）（徐中振，1998）。当然，由于每个人的价值观念不同，即使属于"利己型"动机的，也是一种个人自我价值实现。可见，老年人继续参与社会发展，对于实现自身价值，丰富晚年生活，避免失落感和孤独感，提高生活质量和生命质量，具有重要意义。

表 2　1997 年上海市民愿意参加志愿者活动的动机　　　　单位：%

年龄组	"利他型"动机	"利己型"动机
16—25	52.6	43.8
26—35	62.2	37.8
36—45	68.9	31.1
46—55	72.4	27.6
≥56	79.6	20.4

N＝252 人（16—25 岁），65 人（26—35 岁），188 人（36—45 岁），148 人（46—55 岁），267 人（≥56 岁）。

资料来源：徐中振主编：《志愿服务与社区发展》。

最近，笔者到上海市静安寺街道实地访问了几位老年志愿者。其中一位是原上海虹口区中心医院医生孙湘霞，今年 60 多岁。她在刚退休时思想上有失落感，后来听了老年大学老年心理学讲座，从中得到启发。十多年来，她义务为居民提供医学咨询、诊查病情、测量血压、静脉输液、伤口换药；从 1993 年开始还义务为居民讲授老年心理、老年生理及心脑血管的防治知识。她感到现在生活过得很充实，很有意义。另一位是原光明打火机厂装配间工人王素君，今年 70 岁。她从 1997 年开始义务上门为高龄老人剪脚趾甲和扦脚，还主动到附近的社区敬老院、老年活动室服务。有时遇到老夫妻吵架，她就边服务边劝说。现在她的服务对象已有 100 多人，平均每 40 天左右上门服务一次。同时还把服务项目延伸到上门为贫困的老太太剪头发。她感到参与志愿服务后，不仅对自己身体有好处，而且生活得很愉快。

三、改善老年志愿者活动的对策建议

（一）建立和健全动态的志愿服务"双向管理网络"

在区、街道、居民委员会三个层面上，以居民委员会为基础，建立志愿服务的"双向"档案，分别将各个志愿服务者与需要服务者的服务内容、服务时间登记下来，并通过介绍和协调，使两者建立联系，开展志愿服务活动。由于志愿服务者与需要服务者的情况在不断变化，因此除应急需求外，一般应每 3 个月检查调整一次。随着今后上海的区、街道、居民委员会三级电脑管理网络的逐步建立，可充分利用该网络，搞好志愿服务资源与需求的整合及优化配置。

（二）重视和搞好志愿者队伍的培训

目前在上海只有个别社区对志愿者进行过培训，而且培训内容仅限于增强志愿者的光荣感和责任感。为了进一步提高广大志愿者的素质和服务质量，今后应着重从两个方面分期分批开展培训：一是提高思想素质，进行增强社区认同感、深化社区归属感、强化社区参与感、提高社区责任感、弘扬社区奉献感的教育。二是提高业务素质，对志愿者骨干进行志愿服务理论和组织能力的培训，对一般志愿者进行服务技能培训。从现阶段上海的情况看，志愿者队伍在业务上最缺乏的是比较系统和实用的社会工作知识及技能。希望国外特别是香港地区的学者和非政府组织的管理人员能到上海来帮助培训。

（三）完善和增强对志愿者服务的激励机制

1996 年，上海市民政局制定的《上海市社区服务示范居委会考评标准（试行）》中，专门把"对志愿者队伍有激励措施"列入了考核内容。现在上海已开始对志愿者发放《服务手册》，在前言中写道："我们的光荣称号是：上海志愿者。我们永久的使命是：服务他人，奉献社会！"要求每个志愿者将服务的日期、内容、人次、时间记录下来，并由确认者签名。这样做不仅有利于进一步增强志愿者的光荣感和责任感，而且为奖励优秀志愿者提供了一项可靠的基础资料。我们希望这项措施能持之以恒坚持下去。同时，各级政府部门及基层组织每年应对优秀志愿者和先进志愿组织进行评选、表彰，基层社区组织还应通过举办茶话会、组织参观旅游、发放纪念品等活动对所有志愿者的无私奉献表示感谢，使愈来愈多的市民参与志愿服务活动。

【参考文献】

[1] 徐中振主编：《志愿服务与社区发展》，上海三联书店 1998 年版。

[2] 上海市民政局社区服务办公室编：《上海市社区服务文件资料汇编（1995—1996)》，1997 年。

（本文原载《全国老龄工作》1999 年第 6 期）

关注男性人口的健康长寿

近年来国际社会和学术界对老年妇女问题愈来愈重视。在 2001 年 5 月召开的全国首届老年妇女论坛上，与会代表呼吁全社会要时刻关注老年妇女问题。诚然老年妇女是老年人口中人数最多、寿命最高的弱势群体，理应得到全社会的更多关爱。但笔者认为关注男性人口的健康长寿，不仅有利于提高男性老人的生活质量，而且是从源头上关爱老年妇女的带有战略性的重要措施，也应该引起全社会的高度重视。

一、丧偶是影响老年妇女状况恶化的重要因素

老年妇女的经济收入、健康状况、社会地位及生活满意度的恶化，是由多种因素造成的。除了她们受到年龄歧视和性别歧视的"双重歧视"外，丧偶也是影响老年妇女状况恶化、生活质量下降的一个重要因素。1998 年，笔者主持了上海市老龄科学研究中心进行的上海市老年人口状况和意愿的综合调查，采取分层二阶段随机抽样的方法，共调查上海市城乡 60 岁及以上户籍老人 3524 人，抽样比为 1.5‰，回收率为 100%。通过分析这些调查资料表明，被调查的处于丧偶状态的老年妇女在以下几方面明显比有配偶的老年妇女要差。

（一）经济困难比重上升

在被调查的 1222 名上海市 60 岁及以上户籍城镇女性老人中，从未结过婚的占 0.6%，有配偶的占 50.4%，离婚的占 1.1%，丧偶的占 47.9%。在585 名城镇女性丧偶老人中，自评目前的经济状况很困难和较困难的，分别

占 11.6% 与 23.2%，比 616 名城镇女性有配偶老人中上述两项比重分别高 7.1 与 8.6 个百分点；相反，在城镇女性丧偶老人中，自评目前经济状况很宽裕和较宽裕的，分别占 0.2% 与 7.7%，比城镇女性有配偶老人中上述两项比重分别低 0.5 与 6.1 个百分点。为了尽可能排除女性丧偶老人在高年龄组比重较大的影响，我们分年龄组考察丧偶与有配偶的城镇女性老人中自评目前经济状况，同样显示了上述特点（见表 1）。在被调查的上海市 697 名 60 岁及以上户籍农村女性老人中，从未结过婚的占 0.2%，有配偶的占 45.3%，离婚的占 0.3%，丧偶的占 54.2%。在 378 名农村女性丧偶老人中，自评目前的经济状况很困难和较困难的，分别占 7.9% 与 27.3%，比 316 名农村女性有配偶老人中上述两项比重分别高 3.1 与 4.8 个百分点；相反，在农村女性丧偶老人中，自评经济状况很宽裕和较宽裕的，分别占 0.0% 与 5.3%，比农村女性有配偶老人中上述两项比重分别低 0.3 与 1.0 个百分点。

表 1　分年龄组的城镇女性丧偶与有配偶老人自评经济状况　　单位：%

	60—64 岁		65—69 岁		70—74 岁		75—79 岁		≥80 岁		合计	
	丧偶	有配偶	丧偶	有配偶	丧偶	有配偶	丧偶	有配偶	丧偶	有配偶	丧偶	有配偶
很困难	7.3	1.1	7.4	2.0	7.1	5.4	10.3	10.3	23.4	22.6	11.6	4.5
较困难	25.5	8.8	20.8	13.7	19.7	12.4	28.2	25.6	24.1	35.5	23.2	14.6
一般	63.6	72.9	63.1	70.1	59.8	66.7	54.7	52.6	47.4	35.5	57.1	66.2
较宽裕	3.6	14.9	8.7	14.2	13.4	14.7	6.0	11.5	4.4	6.5	7.7	13.8
很宽裕	0.0	2.2	0.0	0.0	0.0	0.0	0.0	0.0	0.7	0.0	0.2	0.7

N＝181 人、55 人（60—64 岁女性有配偶与丧偶老人）；197 人、149 人（65—69 岁女性有配偶与丧偶老人）；129 人、127 人（70—74 岁女性有配偶与丧偶老人）；78 人、117 人（75—79 岁女性有配偶与丧偶老人）；31 人、137 人（80 岁及以上女性有配偶与丧偶老人）。

（二）孤独感比重增大

在被调查的上海市 60 岁及以上户籍城镇女性丧偶老人中，经常感到和较经常感到孤独的，分别占 12.1% 与 8.7%，比城镇女性有配偶老人中上述两项比重分别高 9.8 与 7.2 个百分点；相反，在城镇女性丧偶老人中，不感到和不太感到孤独的合计占 54.4%，比城镇女性有配偶老人中上述两项比重合计低 29.9 个百分点。在被调查的上海市 60 岁及以上户籍农村女性丧偶老人中，经常感到和较经常感到孤独的，分别占 5.3% 与 7.9%，比农村女性有配偶老人中上述两项比重分别高 4.3 与 5.1 个百分点；相反，在农村女性丧偶老人中不感到和不太感到孤独的分别占 40.7% 与 15.3%，比农村女性有配偶老人中上述两项比重分别低 24.2 与 1.2 个百分点（见表 2）。

表 2　女性丧偶与有配偶老人经常感到孤独的状况　　　　单位：%

	城镇女性老人		农村女性老人	
	丧偶	有配偶	丧偶	有配偶
经常感到	12.1	2.3	5.3	1.0
较经常感到	8.7	1.5	7.9	2.8
有时感到	23.8	11.0	29.4	13.9
不太感到	9.4	7.8	15.4	16.5
不感到	45.0	76.4	40.7	64.9
无法回答	1.0	1.0	1.3	0.9

N = 616 人、585 人（城镇女性有配偶与丧偶老人）；316 人、378 人（农村女性有配偶与丧偶老人）。

（三）家庭地位降低

在被调查的上海市 60 岁及以上户籍城镇女性丧偶老人中，个人的事情自己能和较能说了算的分别占 72.5% 与 13.0%，比城镇女性有配偶老人中上述两项比重分别低 4.8 与 0.3 个百分点；相反，在城镇女性丧偶老人中，个人的事情自己不能和不太能说了算的合计占 6.6%，比城镇女性有配偶老人中上述两项比重合计高 2.2 个百分点。在被调查的上海市 60 岁及以上户籍农村女性丧偶老人中，个人的事情自己能和较能说了算的分别占 69.8% 与 13.0%，比农村女性有配偶老人中上述两项比重分别低 4.3 与 2.8 个百分点；相反，在农村女性丧偶老人中，个人的事情自己不能和不太能说了算的分别占 1.3% 与 3.4%，比农村女性有配偶老人中上述两项比重分别低 0.4 与 0.5 个百分点（见表 3）。

表 3　女性丧偶与有配偶老人个人事情自己能说了算的状况　　　单位：%

	城镇女性老人		农村女性老人	
	丧偶	有配偶	丧偶	有配偶
能	72.5	77.3	69.8	74.1
较能	13.0	13.3	13.0	15.8
有时能	6.2	4.4	10.1	5.7
不太能	2.2	2.9	3.4	2.9
不能	4.4	1.5	1.3	0.9
无法回答	1.7	0.6	2.4	0.6

N＝616 人、585 人（城镇女性有配偶与丧偶老人）；316 人、378 人（农村女性有配偶与丧偶老人）。

（四）整体生活满意度下降

在被调查的上海市 60 岁及以上户籍城镇女性丧偶老人中，对自己现在的整体生活状况感到很不满意和不太满意的分别占 1.0% 与 4.3%，比城镇女性有配偶老人中上述两项比重分别高 0.4 与 2.3 个百分点；相反，在城镇女性丧偶老人中，对自己现在的整体生活状况感到非常满意和较满意的分别占 6.8% 与 48.9%，比城镇女性有配偶老人中上述两项比重分别低 3.1 与 8.2 个百分点。在被调查的上海市 60 岁及以上户籍农村女性丧偶老人中，对自己现在的整体生活状况感到很不满意和不太满意的分别占 0.3% 与 3.2%，虽然比农村女性有配偶老人中上述两项比重低 0.06 与 0.8 个百分点，但是在农村女性丧偶老人中，对现在的整体生活状况感到非常满意和较满意的却分别占 5.8% 与 47.1%，比农村女性有配偶老人中上述两项比重低 3.1 与 1.3 个百分点（见表 4）。

表 4　女性丧偶与有配偶老人对现在整体生活状况感到满意的程度　单位：%

	城镇女性老人		农村女性老人	
	丧偶	有配偶	丧偶	有配偶
非常满意	6.8	9.9	5.8	8.9
较满意	48.9	57.1	47.1	48.4
一般	38.1	30.2	44.2	39.2
不太满意	4.3	2.0	2.4	3.2
很不满意	1.0	0.6	0.26	0.32
无法回答	0.9	0.2	0.2	0.0

N＝616 人、585 人（城镇女性有配偶与丧偶老人）；316 人、378 人（农村女性有配偶与丧偶老人）。

二、缩小在人口平均预期寿命上的性别差距

我国在 80 年代以来的几次大规模老年人口抽样调查都表明，城乡 70—74 岁组女性老人中，约有一半以上丧偶。据中国社科院人口研究所田雪原主持的"中国 1987 年 60 岁及以上老年人口抽样调查"，70—74 岁组女性老人丧偶的比率，在市女性老人中为 58.3%，在镇女性老人中为 61.2%，在县女性老人中为 66.8%。[1] 1992 年，中国老龄科学研究中心主持的"中国 12 个省、自治区、直辖市老年人供养体系调查"，也显示 70—74 岁组女性老人丧偶的比率，在城市女性老人中为 51.4%，在农村女性老人中为 58.6%。中国城乡妇女在 70—74 岁组时，丧偶之所以超过一半，我认为主要有两个原因：一是男性人口的平均预期寿命比女性人口要低，1990 年我国男性人口平均预期寿命为 67.7 岁，与女性人口平均预期寿命 70.9 岁相比，要低 3.2 岁 [2]；二是男性人口的平均初婚年龄比女性人口要高，丈夫的年龄一般比妻子的年龄平均约大 2 岁左右。此外，与我国老年妇女丧偶后再婚比率很低也有密切关系。

在上述两个影响女性老人丧偶比率高的因素中，男女婚配年龄的差异主要取决于长期形成的通婚习俗、适婚年龄人群的性别比及择偶观等因素，尽管可以适当引导，但选择配偶的年龄差异纯属个人自由，较难改变。因

此，为了尽可能降低女性老人的分年龄组丧偶比率，我们的着眼点应在继续提高男性人口与女性人口平均预期寿命的同时，努力缩小两性间的人口平均预期寿命的差距。2000 年我国男性人口平均预期寿命为 69 岁，女性人口平均预期寿命为 73 岁，相差 4 岁。与世界上一些发达国家和地区相比，目前我国在人口平均预期寿命上的性别差距还不算太大。据美国人口咨询局的统计资料，在 2000 年，男性人口平均预期寿命比女性人口低 5 岁的国家及地区有：美国（男性为 74 岁，女性为 79 岁）、加拿大（男性为 76 岁，女性为 81 岁）、瑞典（男性为 77 岁，女性为 82 岁）、中国香港（男性为 77 岁，女性为 82 岁）等；男性人口平均预期寿命比女性人口低 6 岁的有：英国（男性 74 岁，女性 80 岁）、德国（男性 74 岁，女性 80 岁）、澳大利亚（男性 76 岁、女性 82 岁）、瑞士（男性 77 岁、女性 83 岁）等；男性人口平均预期寿命比女性人口低 7 岁的有：法国（男性 75 岁，女性 82 岁）、日本（男性 77 岁，女性 84 岁）等；而俄罗斯男性人口平均预期寿命为 61 岁，女性为 73 岁，两者竟相差 12 岁。

值得注意的是，在一个国家和地区内人口平均预期寿命的提高是否必然会引起两性间平均预期寿命差距的拉大呢？鉴于联合国人口司公布的 20 世纪中叶世界各国和地区的分性别人口平均预期寿命资料只有 1950—1955 年间的数据，没有 1950 年的数据，因此，笔者用 1950—1955 年间的数据代表 20 世纪中叶的人口平均预期寿命，与美国人口咨询局公布的 2000 年世界各国和地区的人口平均预期寿命相比，计算出将近 50 年的人口平均预期寿命的增长率。计算结果表明，在上述这些国家和地区中，有些国家（如日本、瑞典、瑞士、英国、法国等）男性人口平均预期寿命的增长率在 20 世纪下半叶确实慢于女性人口平均预期寿命的增长率，使两性间平均预期寿命的差距有所扩大。特别是日本，在 20 世纪后半叶男性人口平均预期寿命的增长率为 24.0%，与女性人口平均预期寿命的增长率 27.5% 相比，减少了 3.5 个百分点，两性间的平均预期寿命的差距从 1950—1955 年间的 3.8 岁扩大到 2000 年的 7 岁。然而也有些国家及地区（如美国、加拿大、澳大利亚、中国香港）男性人口平均预期寿命的增长率在 20 世纪下半叶则快于女性人口平均预期寿命的增长率，使两性间平均预期寿命的差距有所缩小（见表 5）。可见在同时提高男性人口与女性人口平均预期寿命的过程中，两性间平均预期寿命的差距既不会自然而然地缩小；但又有可能通过努力使之逐步缩小。在我国，20世纪下半叶男性人口平均预期寿命的增长率慢于女性人口平均预期寿命的增长率。据统计，1957年我国的人口平均预期寿命为男性53.82岁、女性55.95岁。[3] 在1957—2000年间，男性人口平均预期寿命增长率为28.2%，比同期女性人口平均预期寿命增长率30.5%减少2.3个百分点，两者的平均预期寿命差距从2.1岁扩大到4岁。1953年上海市的人口平均预期寿命为男性58.4岁、女性60.3岁[4]，在1953—2000年间，男性人口平均预期寿命增长率为31.4%，比同期女性人口平均预期寿命增长率34.0%减少了2.6个百分点，两者的平均预期寿命差距从1.9岁扩大到4.1岁。当然，我们并不能笼统地认为分性别的人口平均预期寿命差距的扩大都是坏事，更不能通过人为地降低未来女性人口平均寿命的增长率来相应缩小分性别的人口平均预期寿命的差距，即不能以牺牲女性人口平均预期寿命的提高为代价来缩小分性别的人口平均预期寿命的差距。唯一可取的途径是在努力提高未来女性人口平均预期寿命增长率的同时，尽可能促使未来男性人口平均预期寿命的增长率快于女性人口平均预期寿命的增长率。

表5　20世纪下半叶部分国家和地区分性别平均预期寿命的增长率比较

国家或地区	性别	1950—1955年间平均寿命（岁）(注1)	2000年平均寿命（岁）(注2)	近50年的增长率（%）
日本	男性	62.1	77	24.0
	女性	65.9	84	27.5
瑞典	男性	70.4	77	9.4
	女性	73.3	82	11.9
瑞士	男性	67.0	77	14.9
	女性	71.6	83	15.9
英国	男性	66.4	74	11.4
	女性	71.6	80	11.7
法国	男性	66.4	75	17.7
	女性	71.6	82	18.0

续表

国家或地区	性别	1950—1955 年间平均寿命（岁）[注1]	2000 年平均寿命（岁）[注2]	近 50 年的增长率（%）
美国	男性	66.2	74	11.8
	女性	72.0	79	9.7
加拿大	男性	66.8	76	13.8
	女性	71.6	81	13.1
澳大利亚	男性	66.9	76	13.6
	女性	72.4	82	13.3
中国香港	男性	57.2	77	34.6
	女性	64.9	82	26.3

资料来源：注 1：联合国人口司：《世界人口展望》（1996 年修订版）；注 2：美国人口咨询局编：《2000 年世界人口数据表》，中国人口信息研究中心编译。

三、切实降低男性人口患"致命性"疾病的比率

我国进行的许多老年人口状况调查表明，不管是在城市还是农村，男性老年人口的患病率都比女性老年人口的患病率要低。以 1992 年中国老龄科研中心主持的"中国 12 个省、自治区、直辖市老年人口供养体系调查"资料为例，在被调查的城市男性老人中患病率为 75.60%，比城市女性老人的患病率 80.27% 要低 4.67 个百分点；在被调查的农村男性老人中患病率为 57.34%，比农村女性老人的患病率 63.55% 要低 6.21 个百分点。如果具体考察分年龄组的被调查城乡男性老人与女性老人的患病率，均表明在同一年龄组中，男性老人的患病率比女性老人的患病率要低（见表 6）。中国人民大学研究生王梅曾在其博士论文中根据上述调查资料及 1990 年人口普查资料，计算了 1992 年中国 60 岁及以上老年人口的平均预期健康期，得出当时中国 60 岁老年人口平均预期健康的年限，城市男性老人为 5.95 年，比城市女性老人的 5.03 年要多 0.92 年；农村男性老人为 6.75 年，比农村女性老人的 5.98 年要多 0.77 年。他们分别占其平均预期剩余寿命的 36.5%、26.1%；42.8%、

32.6%。[5]

表 6　1992 年中国 12 个省、区、市分性别年龄的老人患病率　单位：%

	城市老人		农村老人	
	男性	女性	男性	女性
合计	75.60	80.27	57.34	63.55
60—64	72.61	79.62	53.66	62.05
65—69	75.58	80.69	58.61	62.17
70—74	77.95	80.45	59.02	65.97
75—79	79.85	80.36	60.36	67.97
80—84	77.68	82.90	58.72	62.91
85＋	73.08	77.27	60.00	61.14

N＝4766 人（城市男性老人）；5123 人（城市女性老人）；4822 人（农村男性老人）；5372 人（农村女性老人）。

资料来源：中国老龄科研中心编：《中国老年人供养体系调查数据汇编》，华龄出版社 1994 年版。

　　那么为什么中国男性老人的患病率比女性老人低，而平均预期寿命也比女性老人要低呢？从许多有关老年人口患病类别的调查资料中可以看出，男性老人患脑血管病、心血管病和呼吸系统疾病的比率明显高于女性，与此同时，女性老人患骨关节炎、眼科疾病的比率却明显高于男性。如上述"中国老年人口供养体系调查"资料表明，在被调查的 60 岁及以上城市男性老人中患脑溢血、脑血栓的占 3.3%，比女性老人的该项比率要高 2.1 个百分点；在城市男性老人中患高血压、冠心病的占 15.1%，比女性老人中该项比率要高 1.5 个百分点；在城市男性老人中患气管炎、肺气肿、肺心病的占 19.0%，比女性老人中该项比率要高 7.8 个百分点。相反，在被调查的 60 岁及以上城市女性老人中患关节炎的占 19.5%，比男性老人中该项比率要高 6.3 个百分点；在城市女性老人中患骨质增生的占 5.7%，比男性老人中该项比率要高 1.1 个百分点；在城市女性老人中患白内障、青光眼的占 13.9%，比男性老人中该项比率要高 3.8 个百分点。同样，在被调查的分性别的 60 岁及以上农村老人患各类疾病的比率也呈现以上特点（见表 7）。现阶段，我国在这些患病类别中，循环系统疾病、呼吸系统疾病和肿瘤的死亡率都非

常高，上海市 1999 年和 2000 年居民前十位死因中，都显示上述三类疾病的
死亡率均在 100/10 万以上，患其他类疾病的死亡率均在 50/10 万以下。所
以男性人口患病率高的病种，正是死亡率高的疾病，我们把它称为"致命
性"疾病。中国城乡男性老人患非传染的"致命性"疾病的比率比女性老人
要高，而女性老人患"致命性"疾病的比率却比男性老人要低。

表 7　1992 年中国 12 个省、区、市分性别的老人患各类病的比率　单位：%

患病种类	城市老人		农村老人	
	男性	女性	男性	女性
脑溢血、脑血栓	3.3	1.2	3.1	2.3
高血压、冠心病	15.1	13.6	9.5	12.3
气管炎、肺气肿、肺心病	19.0	11.2	26.8	18.7
肠、胃、肝、胆疾病	12.6	12.3	14.6	15.0
糖尿病	1.5	1.6	0.5	0.7
关节炎	13.2	19.5	23.8	26.9
骨质增生	4.6	5.7	2.8	2.9
白内障、青光眼	10.1	13.9	5.0	7.1
恶性肿瘤	1.0	1.0	0.4	0.6

N = 3603 人（城市男性老人）；4112 人（城市女性老人）；2765 人（农村男性老人）；3414 人（农
村女性老人）。

资料来源：中国老龄科研中心编：《中国老年人供养体系调查数据汇编》，华龄出版社 1994 年版。

俗话说"老年的病，中年的债"。为了切实降低男性老人患非传染的
"致命性"疾病的比率，延长他们的平均预期健康期和提高他们的平均预期
寿命，应该深入研究男性老人患"致命性"疾病比率高的影响因素，从而
采取更有针对性的预防措施。从笔者初步掌握的资料来看，可能与以下一
些行为因素有较密切关系：一是男性人口中的吸烟比率较女性人口高，平均
曾吸烟时间较女性人口长；二是男性人口中喝中高度酒的比率较女性人口
高，平均每周喝中高度酒的量较女性人口大，平均曾喝中高度酒的时间较女
性人口长；三是男性人口中工作压力大的比率较女性人口高，从事有毒、有
害、危险工作的比率较女性人口高；四是男性人口中生活起居没有规律的比

率较女性人口高，用于家务劳动从而得到积极休整与四肢活动的时间比女性人口少；五是男性人口中遇到各种困难和挫折时闷在心里的比率较女性人口高，向家人和朋友倾诉、宣泄的比率较女性人口低；六是男性人口中不重视所谓"小毛病"的比率较女性人口高，经常看病的次数较女性人口少。除了吸烟和酗酒的因素以外，究竟上述这些因素是否与男性老人患非传染的"致命性"疾病有关，以及相关程度有多大？究竟还有哪些更深层次的因素导致男性老人患"致命性"疾病？需要医学、心理学与社会科学工作者的密切配合，协作攻关，进行系统深入研究。不过，我认为，从青年时期起改变相当一部分男性人口中存在的不良生活方式、行为习惯、性格特征，正确面对紧张而沉重的工作压力，改善工作条件，及时检查身体，力求早预防、早发现、早治疗、早康复，将有利于有效降低男性老人中非传染的致命性疾病的患病率，促进男性人口的健康长寿，提高男性老人的生活质量和生命质量。

【参考文献】

[1] 中国社会科学院人口研究所编辑部编：《中国 1987 年 60 岁以上老年人口抽样调查资料》，《中国人口科学》，1988 年。

[2] 孙敬之主编：《80 年代中国人口变动分析》，中国财政经济出版社 1996 年版。

[3] 袁永熙主编：《中国人口·总论》，中国财政经济出版社 1991 年版。

[4] 上海市统计局编：《2000 上海统计年鉴》，中国统计出版社 2000 年版。

[5] 王梅：《活得长不等于活得健康》，中国经济出版社 1993 年版。

（本文原载《人口研究》2002 年第 3 期）

中国残疾老人发展趋势及残疾状况研究

一、未来残疾老人增长的严峻态势

在亚太地区发展中国家中，中国人口老龄化的水平是比较高的。中国国家统计局根据 1995 年全国 1% 人口抽样调查资料推算，1995 年末，中国 65 岁及以上老年人口占总人口的 6.65%，达 8091 万人（因资料的限制，不包括香港特别行政区及澳门和台湾地区，下同）。1987 年，中国曾经进行了有史以来第一次大规模的全国残疾人抽样调查，在全国 29 个省、自治区、直辖市中共抽取了 424 个县（市、市辖区）的 3169 个居民委员会和村民委员会，调查了 36.98 万户、157.93 万人。调查总人数占全国总人口数的 1.5‰。调查结果表明，中国分性别年龄组的残疾人数（包括视力、听力语言、智力、肢体、精神病五类残疾和综合残疾人数）占各年龄组人口数的比率明显地呈现"倒金字塔"（见图 1）。

在总体调查人口中，残疾人数占调查人口总数的 4.90%；然而在 60 岁及以上调查人口中，残疾人数却占 21.93%；在 65 岁及以上调查人口中，残疾人数更升至 27.40%。从 60 岁及以上各年龄段考察，除 100 岁及以上男性年龄组外，其余各年龄组分性别的残疾老人数占同年龄组老人数的比率，均随年龄组的增高而上升。在 60—64 岁年龄组中，残疾人数只占该年龄组调查人数的 12.06%，其中男性残疾人数占该年龄组男性调查人数的 11.91%，女性残疾人数占该年龄组女性调查人数的 12.22%。在 85 岁及以上年龄组中，残疾人数竟占该年龄组调查人数的 58.83%，其中男性残疾人数占该年龄组男性调查人数的 58.05%，女性残疾人数占该年龄组女性调查人数的 59.21%（见表 1）。

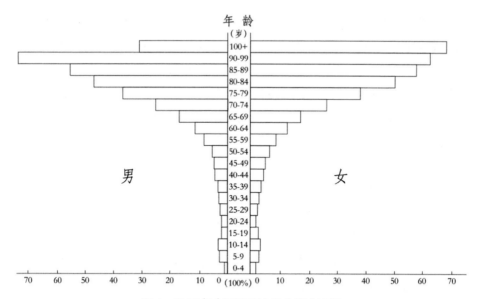

图1　1987年中国残疾人口比率金字塔

表1　1987年中国残疾老人占同年龄组人数比率　　　　　　单位：%

年龄组	男性	女性	合计
总人口	4.85	4.94	4.90
≥60	20.45	23.27	21.93
≥65	25.65	28.89	27.40
60—64	11.91	12.22	12.06
65—69	17.23	17.88	17.56
70—74	25.03	26.41	25.77
75—79	36.23	38.38	37.45
80—84	47.19	50.56	49.29
85＋	58.05	59.21	58.83

注：N＝1579316人（调查总人数），7345人（残疾人总数）；140099人（≥60岁调查人数），
30721人（≥60岁残疾人数）；90095人（≥65岁调查人数），24689人（≥65岁残疾人数）。

　　在中国，由于老年年龄段的各年龄组残疾人比率明显地高于少年儿童
和劳动年龄人口这两个年龄段，致使中国残疾老人在残疾人总数中所占的比
重大大高于人口老龄化水平。1987年中国残疾人抽样调查资料表明，在筛

查出来的 77345 名残疾人中，60 岁及以上残疾老人占 39.7%，65 岁及以上残疾老人占 31.9%。随着 21 世纪上半叶中国人口老龄化和老年人口高龄化态势的进一步加剧，中国残疾老人数量的增加将有可能十分惊人，值得引起政府和社会的高度重视。笔者在假设 1987—2050 年期间中国残疾老人分性别年龄组的比率不变的情况下，根据中国其他学者所作的 1990—2050 年中国人口老龄化发展趋势预测（杜鹏，1994），将其认为比较合适的一个预测方案所测算的 1990—2050 年间中国老年人口分年龄组人口数与分年龄性别比，以及 1987 年中国残疾人抽样调查提供的残疾老人分性别年龄组的比率，预测了 1990—2050 年中国残疾老人数的变化趋势。计算结果发现，在今后半个世纪内，中国如果不采取有效的预防、康复措施，降低分性别年龄组的残疾人比率，那么中国 60 岁及以上的残疾老人数将从 1990 年的 2153 万迅速增加到 2050 年的 11511 万，增长 4.3 倍；同期中国残疾老人数占总人口的比重将从 1.9% 迅速上升到 7.7%，也就是说在 1990 年时中国每 50 人中约有 1 个 60 岁及以上残疾老人，到 2050 年时中国每 13 人中约有 1 个 60 岁及以上残疾老人（见表 2）。届时中国那么多残疾老人，不仅会给政府和社会增加巨大压力，而且也给残疾老人本身及其亲属带来很大痛苦和负担，成为一个重大的社会问题。

表 2　1990—2050 年中国残疾老人数及其占总人口比重变化趋势

年份	≥60 岁老年人口		≥60 岁残疾老人		≥65 岁残疾老人	
	数量（万人）	比重（%）	数量（万人）	比重（%）	数量（万人）	比重（%）
1990	9719	8.6	2153	1.9	1742	1.5
2000	12826	9.8	2973	2.3	2481	1.9
2010	16482	11.8	3866	2.8	3180	2.3
2020	23061	15.6	5340	3.6	4499	3.0
2030	33539	21.9	7817	5.1	6472	4.2
2040	38364	25.1	10030	6.6	9008	5.9
2050	41188	27.4	11511	7.7	10245	6.8
增长率（%）	323.8	218.6	434.7	303.2	488.1	353.3

二、残疾老人的残疾状况与康复需求

（一）残疾类别

在 1987 年中国残疾人抽样调查 30721 名 60 岁及以上残疾老人中，属于听力语言残疾的比重最大，占 46.3%；其次是属于视力残疾的，占 22.6%；三是属于综合残疾（同时有二类及以上残疾，下同）的，占 17.4%；四是属于肢体残疾的，占 10.9%；属于智力残疾与精神病残疾的分别占 1.5% 和 1.3%。然而如果从 60 岁及以上各类残疾老人占同类残疾人总数的比重来看，属于视力残疾的最大，占 61.5%；其次是属于听力语言残疾的，占 53.6%；三是属于综合残疾的，占 53.1%；四是属于肢体残疾的，占 29.5%；五是属于精神病残疾的，占 13.8%；属于智力残疾的只占 3.0%。如果考察年龄在 65 岁及以上的残疾老人，其残疾类别的比重位次与上述 60 岁及以上残疾老人基本一致，差别只是百分比有所不同（见表 3）。

表 3　1987 年中国 65 岁及以上各类残疾老人比重

残疾类别	占残疾老人比重（%）	占同类残疾人比重（%）
视力残疾	22.4	49.0
听力语言残疾	46.6	43.4
智力残疾	1.3	2.1
肢体残疾	9.5	20.7
精神病残疾	1.0	8.3
综合残疾	19.2	47.1
合计	100.0	

注：N＝24689 人（≥65 岁残疾老人总数）；其中 11300 人（视力残疾人总数），26518 人（听力语言残疾人总数），15235 人（智力残疾人总数），11305 人（肢体残疾人总数），2907 人（精神病残疾人总数），10080 人（综合残疾人总数）。

（二）后天致残的原因

在筛查出来的 5601 名年龄在 60 岁及以上后天视力残疾（含综合残疾）的老人中，前三位致残原因依次为白内障（70.4%）、沙眼（8.9%）和青光眼（5.9%）；在筛查出来的 10952 名年龄在 60 岁及以上后天听力语言残疾（含综合残疾）的老人中，前三位致残原因依次为老年性聋（91.5%）、中耳炎（2.4%）、药物中毒（1.1%）；在调查的 401 名年龄在 60 岁及以上后天智力残疾（含综合残疾）的老人中，前三位致残原因依次为老年性痴呆（52.4%）、脑血管病（40.6%）、脑病（2.1%）；在筛查出来的 2204 名年龄在 60 岁及以上的后天肢体残疾（含综合残疾）的老人中，前三位致残原因依次为血管性疾患（51.8%）、除工伤、交通事故外的其他外伤（24.4%）、化脓性感染（1.5%）；在筛查出来的 88 名年龄在 60 岁及以上后天精神病残疾（含综合残疾）的老人中，前三位致残原因依次为脑变性疾病（27.3%）、脑血管病（23.9%）和精神分裂症（18.2%）。如果考察年龄在 65 岁及以上各类残疾（含综合残疾）老人的前三位后天致残原因，其比重位次与上述 60 岁及以上的各类残疾老人完全一致，只是百分比有所不同（见表 4）。

表 4　中国 65 岁及以上各类残疾（含综合残疾）老人后天致残的前三位原因

单位：%

残疾类别	第一位	第二位	第三位
视力残疾	白内障（74.2）	沙眼（7.9）	青光眼（5.1）
听力语言残疾	老年性聋（93.4）	中耳炎（1.9）	药物中毒（0.8）
智力残疾	老年性痴呆（58.0）	脑血管病（35.7）	脑病（2.0）
肢体残疾	血管性疾患（49.9）	除工伤、交通事故外的外伤（28.3）	化脓性感染（1.1）
精神病残疾	脑变性疾病（37.9）	脑血管病（19.0）	精神分裂症（12.1）

（三）中国残疾老人的康复需求

在筛查出来的 10898 名 60 岁及以上视力残疾（含综合残疾）的老人中，康复需求依次为医院治疗（74.3%）、家庭康复（18.9%）和助视器（2.8%），职业训练只占 0.8%；在筛查出来的 18884 名 60 岁及以上听力语言残疾（含综合残疾）的老人中，康复需求依次为助听器（68.8%）、家庭康复（19.9%）和医院治疗（5.6%），职业训练、教育康复只分别占 0.2% 和 0.1%；在筛查出来的 1331 名 60 岁及以上智力残疾（含综合残疾）的老人中，康复需求依次为家庭康复（80.2%）和医院治疗（6.3%），其他占 13.5%；在筛查出来的 4959 名 60 岁及以上肢体残疾（含综合残疾）的老人中，康复需求依次为家庭康复（35.5%）、功能训练（25.5%）和医院治疗（19.2%），安装假肢、配置轮椅、安装矫形器、职业训练只分别占 2.0%、1.5%、1.1% 和 0.1%；在筛查出来的 670 名 60 岁及以上精神病残疾（含综合残疾）的老人中，康复需求依次为家庭康复（53.0%）和医院治疗（42.2%），其他占 4.6%，职业训练只占 0.2%。65 岁及以上各类残疾（含综合残疾）老人的康复需求，比重位次与上述 60 岁及以上的各类残疾老人完全一致，也只是百分比有所不同（见表 5）。

表 5　中国 65 岁及以上各类残疾（含综合残疾）老人的康复需求　单位：%

残疾类别	第一位	第二位	第三位
视力残疾	医院治疗（75.7）	家庭康复（18.3）	助视器（2.3）
听力语言残疾	助听器（69.8）	家庭康复（20.2）	医院治疗（4.5）
智力残疾	家庭康复（79.3）	医院治疗（6.2）	
肢体残疾	家庭康复（37.8）	功能训练（24.4）	医院治疗（18.0）
精神病残疾	家庭康复（59.3）	医院治疗（36.3）	

注：N＝9164 人（视力残疾），15714 人（听力语言残疾），1028 人（智力残疾），3703 人（肢体残疾），435 人（精神病残疾）。

三、解决残疾老人问题的对策

（一）广泛开展未来残疾老人数超前增长严峻态势的宣传教育，提高社会全体成员特别是各级政府部门官员对妥善解决残疾老人问题的严重性、紧迫性和艰巨性的认识。现在中国政府及有关解决老年人问题的部门虽然愈来愈关注未来中国的人口老龄化及老年人口高龄化问题，然而对残疾老人问题还没有引起足够重视，尚未制定有针对性的系统对策。自 90 年代中期以来，中国政府陆续对通过鉴定符合残疾人标准的人员发放了《中华人民共和国残疾人证》（以下简称《残疾人证》），使得 16—59 岁的残疾人基本上已领到了《残疾人证》。然而由于残疾老人面广量大，他们本人及家属认为领取《残疾人证》对处于劳动年龄期的残疾人就业及获得经济帮助用处比较大，对进入老年期后的残疾人往往无多大作用，因此大多数残疾老人都没有申领《残疾人证》。这样，也使中国政府及有关部门很难了解目前残疾老人的数量、状况和需求。所以，笔者建议中国政府及有关部门应尽快研究并制定与各地经济和社会发展状况相适应的优惠政策，对领取《残疾人证》的老人给予比一般老人更多关心和特殊帮助。比如，现在中国的一些大城市对具有该市常住户口、年满 70 岁的老人发放《高龄老人优待证》，老人凭证可在看病、购买车船机票、进入公园、看戏、参观旅游景点和文化设施等方面享受优先或减免费的服务，我们能否考虑对不满 70 岁的持有《残疾人证》的老人提供同样的优惠服务；再如，已建的各种社区康复设施，对一般老人实行低费服务，对持有《残疾人证》的老人能否提供免费服务。同时，在今后制订或修订中国各级老年事业发展中长期计划和残疾人事业发展中长期计划时应进一步重视对残疾老人的关心和帮助，增加有关针对残疾老人需求而采取的比较系统和配套的政策措施。

（二）有重点地系统地开展老年残疾预防工作，有效地降低分性别年龄组的残疾老人比率，争取下个世纪上半叶中国残疾老人数的增长幅度小于老年人口数的增长幅度。1987 年中国残疾人抽样调查资料表明，各类残疾老人的主要后天致残原因与 0—14 岁残疾少年儿童、15—59 岁残疾人员的主要致残原因有很大差异。比如，残疾老人的主要后天致残原因是白内障、青光眼、沙眼、老年性聋、老年性痴呆、脑血管病等等。因此，为了减少或推迟个体老年残疾的发生，应该加强对上述各种疾病的预防和治疗，加强基础医学研究、临床医学研究和行为科学研究，广泛开展国际学术交流，切实改变过去重治疗、轻预防的观念，建立和完善防治并重的卫生服务网络，从年轻时就开始进行上述各种疾病的预防教育，实施终生保健计划。

（三）从各类残疾老人的康复需求出发，在城市和乡村建立完善的以家庭为基础、社区康复站（室）为依托、区县级以上康复综合服务机构为指导的三级康复训练网络，使残疾老人得到就近、便利、实惠的康复医疗及功能训练。1987 年中国残疾人抽样调查资料表明，各类残疾老人的康复需求与 0—14 岁残疾少年儿童，15—59 岁残疾人员的康复需求也有明显不同。比如，这些残疾老人基本上都不需要职业训练、技能教育，对安装假肢和矫形器的需求率也很小，他们的康复需求比较集中在家庭（包括社区）康复和医院治疗，其中听力语言残疾老人对助听器的需求率比较大。在 1987 年调查中，中国 60 岁及以上肢体残疾老人对配置轮椅的需求率只有 1.5%，估计随着今后城乡老人收入水平的提高、家庭住房条件的改善和老年护理院的发展，配置轮椅的需求率也会有较大提高。所以，在中国除了应按残疾老人的康复需求状况变化，增加价廉物美的残疾人用品和用具的生产，提高医院治疗质量，改善服务态度外，特别需要切实改变过去重治疗、轻康复的观念，加强社区服务中心和社区医疗机构的合作，普及残疾老人的家庭康复和社区康复。注重对残疾老人及其亲属进行康复及功能训练的指导，搞好现有的社区服务中心康复室、社区老年活动中心康复室和社区残疾人康复站的整合，利用有限资源充分发挥社区康复的作用。

（四）在充分发挥政府部门主导作用与依靠社会各方面力量积极参与的前提下，加强各级残疾人联合会与老龄协会的合作，为妥善解决中国的残疾老人问题，不断提高残疾老人的生活质量而努力。建议加强中国的各级残疾人联合会与老龄协会的合作，残疾人联合会与老龄协会负责人相互兼职，以便共同研究和制定妥善解决残疾老人问题的对策措施。同时在社区层面上，应在社区民政干部的指导和帮助下，进一步加强社区专兼职残疾人工作者和专兼职老龄干部的合作，以便在开展面向残疾老人的工作上分工合作，优势互补。只要在思想上取得共识，在决策层面、管理层面和社区工作层面上加强合作，中国残疾老人的事业将会更加辉煌。

【参考文献】

[1] 杜鹏：《中国人口老龄化过程研究》，中国人民大学出版社 1994 年版。

（本文原载《中国人口科学》1999 年第 1 期）

七、老年保障

中国老年社会保障与人口控制

1992 年是 90 年代中国进入生育高峰年龄的妇女人口数和处于生育旺盛期的妇女人口数最多的一年。在严峻的人口形势下，为了严格控制中国人口增长，降低育龄妇女生育率，迫切需要努力地切实推进中国老年社会保障事业的发展。

一、全面认识老年社会保障的双重效益

1990 年 7 月 1 日，中国（不包括台湾省和香港、澳门地区，不包括福建省的金门、马祖等岛屿）60 岁及以上老年人口已占总人口 8.59%。据联合国人口司在 1990 年修订的世界人口预测资料，按中方案计算，中国 60 岁及以上老年人口占总人口的比重，在 2000 年为 10.17%，2025 年为 19.10%；在 1990—2025 年间，中国 60 岁及以上老年比将增长 115.09%，比日本快 0.56 倍，比美国快 1.2 倍，比法国快 1.63 倍，比英国快 2.73 倍。在中国经济比较落后的情况下，面对人口老龄化迅速发展的前景，现在中国各级政府已把搞好老年社会保障作为解决未来中国老龄化问题的一项重要对策。

然而，搞好中国老年社会保障还具有另一方面效益，那就是有利于减轻或消除育龄夫妇的"后顾之忧"，进一步改变育龄夫妇希望多生孩子、特别是多生男孩的生育观，降低育龄妇女生育率，减缓中国人口的增长。近年来中国计划生育部门和人口学界，有不少人主张将原来发放的"独生子女保健费"改为主要用于独生子女父母养老的"独生子女父母奖励费"，强调大力开展城乡独生子女户和农村双女户的养老保险，以提高响应国家计划生育号召的育龄夫妇所生育孩子的养老保险效益。这是在认识中国老年社会保障

与人口控制关系上的一个重大进展。

从搞好老年的经济保障，妥善解决老年人的经济赡养问题来看，中国除了应该继续大力开展城乡独生子女户和农村双女户的养老保险外，还应努力推进包括城乡非独生子女户和农村非双女户在内的全民的社会养老保险（包括农村中各种形式的合作养老保险，以下同）。目前中国市镇中个体经济、私营经济及相当一部分"三资"企业还未实行职工养老保险制度，绝大部分农村地区更未建立不同形式的养老保险制度。据中国社会科学院田雪原教授主持完成的《中国1987年60岁以上老年人口抽样调查资料》，在当时被调查的13963名中国城市老人中，无离退休金收入的占42.04%；在当时被调查的3856名中国城镇老人中，无离退休金收入的占52.18%；在当时被调查的18936名中国农村老人中，无退休金收入的竟占96.74%。由于这些数据均包括一部分高龄老人的状况，他们中有的在过去工作时所在单位尚未实行退休养老制度，有的因过去长期操持家务而享受不到退休养老待遇，因此，估计1987年中国市、镇和农村中60—64岁组老人无离退休金收入的比重将要比上述平均数低一二十个百分点。

在这种情况下，对于那些年老后不能享受社会养老保险待遇的育龄夫妇来说，必然要把多生育孩子尤其是生育男孩作为解决自己年老丧失劳动能力后经济生活来源的一个重要途径。正如世界银行发表的《1984年世界发展报告》中所指出的："父母亲指望孩子们在他们丧失劳动能力和年老时赡养他们的理由之一是缺乏别的可靠办法。"80年代中国各地进行的许多生育意愿调查资料也表明，在广大农村地区由于没有实行社会养老保险制度，"养儿防老"往往成为农村育龄妇女希望多育或计划外超生的首位原因。如果中国能在90年代加大改革力度，积极创造条件，在市镇、特别是农村地区努力推进以保障老年基本生活为目标的社会养老保险，就会有效地降低在那些地区生活或在那些单位工作的育龄夫妇生育孩子的养老保险效益，使他们不会因为担心自己年老后的经济生活来源而追求多生育孩子，尤其是生育男孩。实行社会养老保险，有利于人口控制的机制，也会作用于那些已经计划外超生的育龄夫妇，使他们不再因为担心"养儿防老"而变本加厉地继续超生；还会作用于那些目前尚未生育和已经完成生育计划的育龄夫妇，使他们减轻或消除按计划生育孩子在经济上的"后顾之忧"，自觉地响应国家的计划生育号召。

从搞好老年服务保障，妥善解决老年人的生活照顾问题来看，中国应努力推进以基层社区服务为主要形式的社会养老服务。由国际劳工组织主编的《社会保障基础》认为，在建立和发展社会保障制度中，"社会保障补助金和社会服务，可以作为一个问题的两个方面看待"。在美国，社会保障体系就包括"收入保障""服务保障"和"社会援助"三个密切相关的组成部分。美国学者认为，"收入保障"只是为退休者、残疾人提供经济条件，并不能解决所有问题，必须配套发展多种福利设施和服务工作，才能落实"收入保障"，满足退休者和残疾人的各种需求。在日本，社会保障体系则包括"社会保险""社会救济""社会福利"和"公共卫生"四个密切相关的组成部分，其中的"社会福利"就是指为老人、儿童、孤寡家庭和残疾人提供福利服务的制度。对于老人来说，这种"社会福利"，既包括对在家老人服务，派人去老人家里做饭、洗衣及进行其他家庭服务，又包括对住院老人服务，通过提供福利设施，建立各种养老院及老人福利、康复中心等来解决老人的生活照顾问题。可见，社会养老服务也完全应该属于老年社会保障的范畴。

目前中国市镇和农村地区虽然建立了一部分社会福利院、敬老院，逐步重视基层社区服务的工作，但由于现阶段中国城乡老人的子女较多，与子女不在一起居住或与所有子女居住地相隔较远的比重又较低，因此，即使有些老人基本生活不能自理，绝大多数也能得到配偶、居住在一起的子女或就近居住的子女的照顾。据中国社会科学院田雪原教授主持完成的《中国 1987 年 60 岁以上老年人口抽样调查资料》，在当时被调查的 1867 名中国城市受别人照顾的老人中，靠子女照顾的占 51.74%，靠配偶照顾的占 39.48%；在当时被调查的 557 名中国城镇受别人照顾的老人中，靠子女照顾的占 53.86%，靠配偶照顾的占 36.45%；在当时被调查的 3364 名中国农村受别人照顾的老人中，靠子女照顾的占 83.06%，靠配偶照顾的占 13.73%。而且，随着这些受别人照顾老人的年龄增高，因配偶无力照顾或不幸去世，靠子女照顾的比重会不断增大。在上述调查中，80 岁及以上受别人照顾的老人，靠子女照顾的比重，在中国城市占 74.06%，在中国城镇占 69.29%，在中国农村竟占 94.37%。

然而，值得注意的是在下个世纪 20 年代后中国城乡的独生子女父母将陆续进入老龄人口的队伍，身边无子女包括与子女不在一起居住的，或与子女居住地相隔较远的老人家庭将会愈来愈多。特别是在下个世纪 40 年代，中国市镇中 60 岁及以上的人基本上都是独生子女父母，即使独生子女通婚后全部与一方的父母住在一起，仍将有一半左右的老人身边无子女；何况还有相当一部分独生子女由于各种原因而与双方老人都分开居住。因此，估计那时中国市镇可能有 60% 以上的老人身边无子女。同时，在中国那些计划生育搞得比较好的农村地区，即使对生育第一个为女孩的育龄夫妇可以有计划地照顾再生育第二个孩子，那些双女户家庭仍然可能因男方父母希望孩子结婚后住在一起或就近居住而成为身边无子女的家庭；何况在中国人口城镇化过程中还有相当一部分农村青年为了到市镇就业和结婚，远离双亲。因此，估计下个世纪 40 年代，现在计划生育搞得比较好的中国农村地区可能有 35% 以上的老人身边无子女或与他们的居住地相隔较远。当中国城乡这么一大批身边无子女的老人到了 75 岁以上，基本生活自理能力愈来愈差、甚至配偶不幸去世时，如何搞好老年的服务保障，妥善解决响应国家计划生育号召的育龄夫妇年老后的生活照顾问题，将成为那时中国一个非常重要的社会问题。现在，中国城乡的一部分育龄夫妇之所以希望多生育孩子，企求儿女双全，一个重要原因也是考虑到自己年老后的生活照顾问题；而且，随着社会养老保险事业的广泛发展，老年经济保障的逐步解决，老年的服务保障和生活照顾问题将会愈来愈突出。所以，从现在起就努力推进以基层社区服务为主要形式的社会养老服务，弥补家庭养老的不足，不仅可以体现中国政府对妥善解决响应国家计划生育号召的那些育龄夫妇年老后生活照顾问题的负责精神，而且也会有效地降低中国城乡育龄夫妇生育孩子的养老——保险效益，使那些目前尚未生育或已经完成生育计划的育龄夫妇，减轻或消除按计划生育孩子在生活照顾上的"后顾之忧"，自觉地响应国家的计划生育号召。

二、切实搞好中国老年社会保障的建议

第一，抓住有利时机，积极引导城乡的年轻育龄夫妇准备养老费用。现在中国二三十岁的育龄夫妇进入老龄人口队伍时，正好处于中国老龄化高

峰期。由于中国经济比较落后，人口基数又大，即使通过努力奋斗，下个世纪二三十年代的人均国民生产总值也只能上升到2000—3000美元的水平，因此，国家和企业（或集体）不可能把当时那么多老人的养老费用全部包下来，而必须教育和引导中国年轻的育龄夫妇趁自己现在有劳动收入时，适当节余一小部分钱，通过投保、储蓄、购买债券等各种形式为自己年老后准备养老费用。从中国90年代的实际情况看，大部分市镇和相当一部分农村地区的年轻育龄夫妇也完全有可能这样做。因为在今后十年内，中国人民的生活水平将从"温饱型"转为"小康型"，城乡劳动者的平均收入将会有较大提高，而且由于中国现行生育政策的进一步贯彻，市镇中绝大多数年轻育龄夫妇只有一个孩子，农村中的多数年轻育龄夫妇也只有一个男孩或有两个女孩，这就使大部分家庭在满足基本生活需求并有所改善的前提下，有可能拿出一小部分钱来为自己年老后准备养老费用。假如我们在这种情况下不及时加强教育和引导，将会使许多年轻育龄夫妇把原来要抚养两三个孩子的费用花在一两个子女身上，其结果反而不利于这些子女的健康成长，甚至还会助长一些年轻夫妇铺张浪费、参与赌博和封建迷信活动。所以，我们从现在起就应不失时机地开展宣传教育，积极引导城乡的年轻育龄夫妇把由于响应国家号召少生育孩子所减少支出的家庭抚养费用，拿出一部分来为自己年老后准备养老费用。

第二，理顺各种关系，全面形成社会养老保险和各种补充养老保险并存的格局。近年来中国有些地区开办了独生子女父母养老保险，规定独生子女父母如果在25岁时一次性交纳500元养老保险费，60岁后每月就可领取129元养老金。还有些地区把过去发放的"独生子女保健费"改为"独生子女父母奖励费"，引导育龄夫妇把这笔钱用于参加独生子女父母养老保险，逐月投入14年并继续增值，到60岁后再一次性或逐月领取养老金。这些办法有利于控制中国人口和缓解老年经济保障问题，应该继续坚持和发展。但也必须清醒看到这些办法投入本金较少，增值利率不太高，在消费品价格指数较高的情况下，独生子女父母年老后拿到的养老金尚不足以保障他们的基本生活，而只能起贴补生活费用的作用。根据目前我国各地的实际状况，维持一个农村老人温饱的基本生活费用，每月约为30—60元（把消费的实物全部折算成人民币值），维持一个市镇老人温饱的基本生活费用将更多。假设在未来的 35 年间平均消费品物价指数为 6%，那么 35 年后独生子女父母每月拿到 129 元养老金，只相当于现在 16.79 元的实际值，也就是说最多只能解决他们维持当时温饱水平的一半费用。何况独生子女父母养老保险的覆盖面只局限于未来中国城乡的一部分老人。因此，在中国市镇和比较富裕的农村地区，即使目前已经开办了独生子女父母养老保险，也应该继续努力推进以保障老人基本生活为目标的社会养老保险，把独生子女父母养老保险及其他的一些养老保险（如双女户养老保险、女儿户养老保险、计划生育干部养老保险等）作为补充养老保险。鉴于上述一些养老保险的基金筹集，往往都需要企业（或集体）和个人投入一定的保险费，所以各地在开办各种有利于人口控制的养老保险时，一定要瞻前顾后，充分考虑企业（或集体）和个人的承受能力，不要盲目进行攀比，以为开办养老保险的种类愈多工作愈先进。同时，还要过细地研究各种养老保险的交付方案，比较其增值利率及管理费提取比率，择优选用，做到对投保者负责。

第三，国家给予支持，真正确保养老保险基金的优惠增值利率。现在中国城乡开始建立的各种养老保险，其资金的基本运营形式一般采取"现收现付、部分积余"的半资金积累型或完全的资金积累型。在"八五"期间着手进行的全民企事业单位职工退休金制度的改革也将要从过去的现收现付型逐步转为半资金积累型。这样做，不仅可以大大减轻国家在老龄化高峰期的经济压力，有利于社会稳定和国民经济的持续稳定协调发展，而且也是促进消费资金的合理分流，为国家经济建设提供一笔巨大的长期稳定投资的重要手段。因此，在消费品价格指数较高且不稳定的情况下，国家理应对包括社会养老保险基金在内的各种养老保险基金给予优惠的增值利率，以支持老年保障事业的发展，保证长期投保者的经济利益不受损失。据了解，现在农村社会养老保险准备通过国家发行特种债券的形式来保证基金的增值，而市镇职工的社会养老保险还未考虑有效的增值形式。至于保险公司经营的各种养老保险，虽然已作为社会保险免除了经营这部分业务的税收，但迄今还未正式以法律形式加以肯定。我认为解决中国养老保险基金的优惠增值利率问题，已经到了刻不容缓的地步，中央应该承担责任，尽快统筹研究，果断地作出有关决定。即使发行养老保险特种债券，其利率也应略高于同期国库券或国家投资债券的利率。而且还应规定这种债券不得用于抵押，不得作为货币流通，不得进入证券交易市场转让。如果是长期债券，还应考虑债券利率与消费品价格指数适当挂钩，当某个月消费品价格指数接近或高于债券利率时，应给予比消费品价格指数再高出 5%—10%（或高 1—2 个百分点）的利率。

第四，积极创造条件，努力发展以基层社区服务为主要形式的社会养老服务。中国的经济发展水平比较低，国家不可能拿出大量资金来建设社会福利院和老年公寓，接纳许多有子女的基本生活不能自理的老人同时，受中国传统观念的影响，也使许多有子女的老人除万不得已外，一般不太愿意进社会福利院、老年公寓和敬老院；而且不少老人的亲属还感到送老人进社会福利院、老年公寓和敬老院在经济上较难承受。因此，中国的国情决定在社会养老服务的形式上，必须以基层社区服务为主。通过大力发展基层社区的服务中心、老人食堂、托老所、包护组、敬老服务队、家庭病床等各种形式，妥善解决在家老人的生活照顾问题。为了充分发挥基层社区的资源优势，减轻老人家庭的经济负担，提高服务的社会效益和经济效益，除了在基层社区服务对象上应拓宽为以老年为主的综合服务，资金筹集上应拓宽为街道（或乡）、所在企事业单位（包括部队）和被服务者个人共同合理负担，人力资源上应拓宽为以身体健康的低龄退休老人为主的基层社区的全体居民等以外，各级政府还应在政策措施上给予优惠，支持和鼓励基层社区福利性服务事业的发展。当然，这样做并不是说可以忽视社会福利院、老年公寓和敬老院的建设。根据我们的调查，现在一部分有子女的生活严重不能自理的老人，由于子女不住在一起或不就近居住，或因住在一起的子女工作繁忙而力不从心，或因雇请保姆日夜照顾费用昂贵，也逐渐提出希望进社会福利院、护理性的老人公寓和敬老院的要求，看来这种势头在今后市镇中还会不断增长。它要求中国各地的社会福利院、老年公寓和敬老院，应该顺应社会发展的需要，扩大服务功能，有偿招收有子女的需要半护理或全护理的老人，并且努力提高护理质量、降低服务成本和收费标准。

第五，防止片面观念，充分发挥老年社会保障与家庭养老的互补作用。现在有些人认为中国建立了老年社会保障制度后，家庭养老将被社会养老所取代。我认为这种看法存在着一定的片面性，不利于建立具有中国特色的养老制度，不利于加强对全社会、特别是独生子女的尊老、敬老、养老的教育。因为家庭养老应该包括老人从家庭中得到经济赡养、生活照顾和精神慰藉三个方面。在老人的经济赡养上，由于中国经济比较落后，各地的经济发展水平又很不平衡，因此，全国所有地区尤其是还没有解决温饱问题的农村地区，不可能在较短时期内都建立起社会养老保险制度，即使有些比较富裕的农村地区已建立了社会养老保险制度，在今后一二十年内社会经济保障的水平还是很低的，纯务农老人所领取的养老金只能解决维持其温饱的一部分费用。他们要解决温饱问题，还需要靠自己参加一部分力所能及的劳动和子女的经济赡养。至于中国市镇在改革后建立起来的社会养老保险制度和农村在三四十年后的社会养老保险制度，也只能在经济上保障老人的基本生活；如果城乡老人的生活要过得更好些，也需要靠自己年轻时参加补充养老保险（或储蓄、购买债券等）、年老后继续参加一些劳动和子女的经济赡养来逐步实现。在老人的生活照顾上，由于中国在经济并不富裕的情况下出现人口的迅速老龄化，由于传统的家庭养老习惯影响，不可能也不适宜像西欧有些发达国家那样主要通过建立大批养老院来解决老人的生活照顾问题。即使在几十年后中国大批独生子女的父母进入老年期时，其中大多数老人的生活照顾问题，仍然主要靠他们的配偶、子女、媳婿及孙辈来解决，也就是说仍然要以家庭照顾为主。而社会养老服务事业发展的主要目的，是支持老人在家养老，弥补家庭养老的不足。在老人的精神慰藉上，重视和发挥老人参与社会的作用，切实保护老人的合法权益，提高各种社会养老服务的质量，改善社会养老服务人员的态度，密切邻里关系，固然有助于他们晚年精神生活愉快充实，但家庭成员之间的互敬互爱、"天伦之乐"，对老人的精神慰藉具有特殊的非常重要的作用。现在世界上一些发达国家已从解决养老问题的经验教训中体会到家庭是照顾老人的最有效的单位，主张传统家庭解体的趋势必须通过适当的帮助和教育加以制止。何况在我们这样一个具有尊老、敬老传统美德的中国，更应在努力推进老年社会保障事业发展的同时，继续注重家庭养老，通过各种教育渠道加强对全社会、特别是独生子女进行尊敬老人、爱护老人、赡养老人的社会主义精神文明教育，充分发挥老年社会保障与家庭养老的互补作用。

（本文原载《西北人口》1992年第1期；经个别修改后收入彭珮云主编《中国计划生育全书》，中国人口出版社1997年版）

上海市老年保障与可持续发展

一、关于老年保障体系的界定

笔者认为，老年保障体系就其功能而言可以有广义的理解，也可以有狭义的理解。从狭义上考察，老年保障体系仅指保障老年人基本经济收入的一系列互相联系又互相制约的制度、法律和政策措施，如基本养老保险、各种补充养老保险、包括老年社会救济在内的各种老年社会救助、家庭成员和其他亲友资助、个人储蓄积累保障等。从广义上考察，老年保障体系是指能够全方位、多侧面地保障老年人基本生活需要的一系列互相联系又互相制约的制度、法律和政策措施。

广义社会保障体系的内涵，在不同的国家和不同的时期，有不同的理解和规定。由国际劳工组织主编的《社会保障基础》认为，在建立和发展社会保障制度中，"社会保障补助金和社会服务，可以作为一个问题的两个方面看待"。在美国，社会保障体系包括了"收入保障""服务保障"和"社会援助"三个密切相关的组成部分。美国学者认为，"收入保障"只是为退休者、残疾人等提供经济条件，并不能解决所有保障问题，必须配套发展多种福利设施和服务工作，才能落实"收入保障"，满足退休者、残疾人等的基本生活需要。在日本，社会保障体系包括"社会保险""社会救济""社会福利"和"公共卫生"四个密切相关的组成部分。其中的"社会福利"就是指为老年人、儿童、孤寡家庭和残疾人提供福利的制度。对于老年人来说，这种"社会福利"既包括对居家老人服务，派人去老人家里做饭、洗衣及进行其他家务或护理的服务，又包括对住院老人服务，通过提供福利设施，建立各种养老院及老人康复中心等来解决老年人的生活照顾问题。

我国现在把广义的社会保障体系扩展为"社会保险""社会救济""社会福利""优抚安置""社会互助""个人储蓄积累保障"等更广泛的内涵。在 1996 年 3 月 17 日第八届全国人民代表大会第四次会议批准的《中华人民共和国国民经济和社会发展"九五"计划和 2010 年远景目标纲要》中明确指出："加快养老、失业、医疗保险制度改革，初步形成社会保险、社会救济、社会福利、优抚安置和社会互助、个人储蓄积累保障相结合的多层次社会保障制度。"在《中华人民共和国老年人权益保障法》的第三章"社会保障"中，又进一步把广义的老年社会保障体系具体化为与保障老年人基本生活有关的经济收入、医疗保健、居住环境、精神文化生活、福利设施、社区服务、法律援助等一系列内容。

根据我国对广义老年保障体系内涵的上述规定和未来上海市老年保障亟待妥善解决的突出问题，并借鉴国外的经验，笔者认为，建立上海老年社会保障体系及其运行机制应基于广义的老年保障体系而进行，它主要包括老年人的收入保障、医疗保障和服务保障这三个既有区别又密切联系的部分。

二、未来上海市人口老龄化面临的双重挑战

据上海市公安局的统计，1996 年末上海市具有常住户籍的 60 岁及以上老年人达 231.74 万，占全市总人口的 17.8%；其中 80 岁及以上高龄老人为 24.76 万，占全市总人口的 1.9%。

关于未来上海市人口老龄化发展的趋势，上海社会科学院人口与发展研究所、复旦大学人口研究所与上海市计划委员会社会发展处、华东师范大学人口研究所等单位都做过预测（以下分别简称为上海社科院预测、复旦预测、华东师大预测）。由于对未来流动人口的滞留模式还有待做深入研究，因此，在本报告中仅选用了各个单位所做的未来上海市常住户籍人口老龄化变动趋势（含未来人口迁移因素的影响）的预测数据。对有多方案预测的，我们选用了其中的"中方案"预测数据。从上述各个单位的预测数据来看，尽管假设的条件及使用的数学模型有所不同，但基本趋势是相同的。这些预测数据均清晰表明，在未来 30 年左右的时期内，上海市既具有发达国家和地区人口老龄化"高"（老龄化水平高）、"高"（高龄老人比重高）、"少"（子

女少）的特征，又具有发展中国家和地区人口老龄化"快"（老龄化速度快）与"低"（经济发展水平相对比较低）的特征，面临着严峻的双重挑战。

按照联合国人口司在 1994 年所做的"中方案"预测，世界发达地区 60 岁及以上老年人口占总人口的比重将从 1995 年的 18.3% 上升到 2030 年的 27.7%，同期世界发展中地区的比重将从 7.2% 上升到 13.7%；① 而上海市 60 岁及以上老年人口占总人口的比重将从 1996 年的 17.8% 上升到 32.3%（复旦预测）—37.1%（华东师大预测），上海社科院预测为 35.7%，届时比发达地区的老龄化水平还要高。

按照联合国人口司在 1990 年所做的"中方案"预测，世界发达地区 80 岁及以上高龄老人占总人口的比重将从 1995 年的 2.8% 上升到 2025 年的 4.3%，同期世界发展中地区的比重将从 0.6% 上升到 1.1%；② 而上海市 80 岁及以上高龄老人口占总人口的比重则将从 1996 年的 1.9% 上升到 2025 年的 3.5%（复旦预测）—4.0%（华东师大预则），上海社科院未提供数据，届时接近发达国家和地区的高龄化水平。

按照联合国人口基金提供的《1996 年世界人口状况》资料，1996 年世界发达地区的育龄妇女总和生育率为 1.71（个），该年世界欠发达地区为 3.29（个），世界最不发达地区为 5.37（个）；③ 而 1996 年上海市的育龄妇女总和生育率为 0.96（个），即使考虑到下个世纪初本市独生子女结婚后可按政策有计划安排生育第二个孩子的因素，那时的总和生育率估计也大体维持在 1.5—1.6（个）左右，与发达地区的生育水平相比仍要低些，明显地呈现"少子老龄化社会"的特征。

按照联合国人口司在 1994 年所做的"中方案"预测，世界发展中地区 60 岁及以上老年人口占总人口的比重在 1995 年至 2030 年期间将增长 90.3%，同期世界发达地区的比重仅增长 51.4%；④ 而上海市 60 岁及以上老年人口占总人口的比重在 1996—2030 年期间将增长 81.5%（复旦预测）—108.4%（华东师大预测），上海社科院预测为 100.6%，与该时期发展中地区的老龄化发展速度大体相仿。

按照美国人口咨询局编制的《1996 年世界人口数据表》的资料，1994 年世界发达地区的人均国民生产总值为 18130 美元，该年世界欠发达地区的人均国民生产总值为 1090 美元，其中中国的人均国民生产总值为 530 美元；⑤ 而上海市在 1996 年的人均国内生产总值为 2716 美元（按 8.2 元人民币兑换 1 美元计算）。⑥ 尽管上海市在今后几十年内人均国内生产总值会达到比较高的水平，但由于我国在今后半个世纪内仍处于社会主义初级阶段，上海的地方财政收入中很大一部分要上交中央，支持整个国家特别是中西部地区的发展。因此，预计在未来相当长的一段时期内，上海市的人均地方财政支出及城市居民家庭人均年生活费收入、农民家庭人均年纯收入水平仍将与发达国家的人均水平有相当大的差距。

由上可知，上海市在未来人口老龄化过程中面临的这种"双重挑战"是十分严峻的。清醒地认识上述特征，不仅有助于各级政府和全社会进一步增强老龄意识，重视老年事业的发展，而且也要求我们从实际出发，努力探索具有中国特色、上海特点和体现跨世纪时代特征要求的老年保障体系。

三、建立老年保障体系对上海市可持续发展的重要影响

现在，发达国家与发展中国家的人民从各自面临的人口老龄化严峻态势出发，强烈敦促国际社会及本国政府高度重视人口老龄化问题。联合国自 1982 年在维也纳召开老龄问题世界大会并通过《1982 年维也纳老龄问题国际行动计划》以来，紧锣密鼓地呼吁世界各国重视并妥善解决老年保障问题。1990 年，第 45 届联合国大会一致通过决议，确定今后每年的 10 月 1 日为"国际老人节"。1991 年，第 46 届联合国大会通过了《联合国老年人原则》。1992 年，第 47 届联合国大会通过了《联合国关于到 2001 年解决人口老龄化问题的全球目标》及《联合国老龄问题宣言》，并将本世纪的最后一年——1999 年定为"国际老人年"。1997 年 8 月，在澳大利亚召开的第 16 届老年学世界大会又通过了《阿德莱德宣言》，明确指出："在阿德莱德大会期间，我们确认了我们老龄化社会的人类幸福面临的主要问题、威胁和挑战。如果不给以足够的重视，这些问题和挑战将会危及当前以及未来几代人在安全与尊严中颐养天年。"《宣言》还"呼吁国际学术界共同努力，为 21 世纪的老龄化制定出一个研究计划"，并认为"今天的科学研究和老年学实践的进步不仅仅是对今天老年人生活质量的投资，而且也是对下个世纪几代人的投资"。⑦

我们认为，建立上海市的老年保障体系，对未来上海市可持续发展同样具有重要的影响。具体而言，主要表现在以下几个方面：

（一）关系到可持续发展的根本目的能否达到

上海市实现可持续发展的根本目的，在于提高全市城乡居民的生活质量。上海的老年人曾经为当地的经济建设和社会进步作出了巨大贡献，而且有不少老年人至今还在继续通过各种方式为上海建成现代化的国际大都市添砖加瓦。今天上海的辉煌，离不开过去的艰苦创业。因此，搞好老年保障，提高老年人的生活质量，既是上海市实现可持续发展根本目的的客观要求，也是上海市政府和全市人民应尽的社会责任。

在未来上海市人口老龄化不断加剧、老年人口占总人口比重迅速上升的情况下，搞好老年保障对于实现上海市可持续发展的根本目的，将显得愈来愈重要。如果说目前它至少直接关系到全市六分之一居民生活质量能否提高的话，那么在下个世纪 30 年代它将直接关系到上海市三分之一居民的生活质量能否提高。而且老年人生活质量的状况，又会不同程度地影响老年人亲属生活质量的状况。所以，从实现下个世纪上海市可持续发展的根本目的来看，搞好老年保障具有重大的战略意义。

（二）关系到实现可持续发展的经济体制保证

建立比较完善的社会主义市场经济体制，是实现可持续发展特别是经济可持续发展的重要保证。搞好老年保障又是促使经济体制顺利转轨不可或缺的配套改革。江泽民在党的十五大报告中明确指出："积极推进各项配套改革。"其中包括"建立社会保障体系，实行社会统筹和个人账户相结合的养老、医疗保险制度，完善失业保险和社会救济制度，提供最基本的社会保障。"在这些配套改革中，养老保险制度的改革本身，就属于老年保障体系的重要组成部分；医疗保险制度的改革和社会救济制度的完善，在很大程度上也与老年保障体系密切相关。落实这些改革措施，对于改变国有大中型企业特别是那些老企业养老保险和医疗保险负担过重的状况，促使这些企业在市场经济体制下参与平等竞争；对于推进国有大中型企业实施战略性改组，加快放开搞活国有小型企业的步伐，明晰国有企业的产权关系，促进现代企业制度的建立和完善，实行鼓励兼并、规范破产、下岗分流、减员增效和再就业工程，都是十分重要的。

上海在历史上曾经是一个老工业城市，国有企业在第二、三产业中占了很大比重。有不少老的国有企业退休人员数量甚至接近或超过了在职职工的数量。而且随着上海人口老龄化的加剧，现在的大批在业人员将在下个世纪前期陆续退休，进入老年。如果不搞好本市的老年保障，将会严重制约国有企业按照建立现代企业制度的总体要求，形成市场经济运行的体制，阻碍它们成为充满生机和活力的市场竞争主体。可见，上海要在全国率先建立比较完善的社会主义市场经济体制，继续打好国有企业改革的攻坚战，为实现可持续发展提供经济体制保证，必须重视建立和完善包括老年保障在内的社会保障体系。

（三）关系到实现可持续发展的人力资源保证

上海要在下个世纪成为国际经济、金融、贸易中心之一，形成带动长江三角洲和整个长江流域地区经济新飞跃的"龙头"，实现可持续发展，需要培养大批高素质的劳动者和专门人才，需要吸引国内外优秀人才，构筑人才高地，充分发挥高素质的人力资源的优势。

搞好上海市老年保障，提高老年人的生活质量，使广大老年人安度晚年，不仅可以使在业的年轻人对自己年老后的前景充满信心，激励他们更好地为本市的经济和社会发展贡献自己的聪明才智，不仅有利于增强对国内外优秀人才的吸引力，而且还可以减缓年轻人在照料体弱多病、生活不能自理的年老父母及祖辈方面的沉重压力，使他们能有更多精力用于提高业务、不断更新知识和技术，充分发挥人力资源在实现可持续发展中的能动作用。可以预料，随着未来上海市老年人口的急剧增加及大批独生子女的父母进入老年，随着下世纪上半叶上海市经济增长方式的进一步转变、继续推进产业结构的战略性调整及高度重视知识经济的发展，搞好老年保障，对于充分发挥人力资源的作用将显得愈来愈重要。

（四）关系到实现可持续发展的资金投入保证

不断地增加资金投入，是我国实现科教兴国战略，推进经济增长方式由粗放型向集约型转变，提高自然资源和能源的综合利用率，综合治理环境污染，营造良好的文化环境，实现经济、社会、环境可持续发展的重要物质保证。上海是人口和产业高度集聚的特大城市，实现可持续发展不仅受到经济管理体制、人力资源的制约，还受到自然资源与能源、生态环境、产业结构与增长方式、基础设施和城市文化等的制约。要妥善解决这些问题，促进可持续发展，需要采取多方面的措施，其中包括必要的资金投入。

随着未来上海市人口老龄化不断加剧、老年人口数量迅速增加、高龄老人比重日益提高、老年抚养系数扶摇直上，老年收入保障、医疗保障和服务保障的经济压力也愈益加重。然而，在今后半个世纪内我国仍处于社会主义初级阶段，上海地方财政的投入和引进内资、外资的力度将受到本市相对成本比较优势弱化、可批租的土地资源日益减少、周边国家和地区对外资吸引力上升等因素的影响。因此，搞好未来本市的老年保障，继续总结和创造政府重视、各方参与、依托社区、立足家庭这种"少花钱，多办事"的经验，在制定和实施养老保险与医疗保险（包括农村合作医疗）改革方案、发展老年社会福利事业、加强社区为老服务方面，坚持老年保障事业与国民经济发展相协调的原则，正确处理不断提高老年人生活质量与增强国民经济持续快速健康发展后劲的关系，对于在今后避免一些发达国家曾经出现的因老年保障方案不当而引发的财政危机，保证源源不断地为可持续发展提供资金，具有重要的战略意义。而且，我们还可以借鉴国外的经验，通过规范和改革老年保障基金的运作、管理和使用，在力求基金保值、增值的同时，充分发挥其促进本市经济建设的重要作用。

（五）关系到实现可持续发展的社会环境保证

实现可持续发展，需要长期维护安定团结的政治环境与营造良好的文化环境。老年人由于年老体弱，大部分不同程度地丧失了再就业的能力，患病率比年轻人高得多，生活自理能力也愈来愈差。特别是现在上海有一部分老人虽有子女、有原工作单位（包括外地的单位），但因子女残疾、患病、失业、下岗或原工作单位长期亏损，医药费报销困难、退休金不能正常发放等因素，导致生活十分困难。他们迫切需要得到政府、社会、家庭的关心和帮助。同时，在倡导社会公德、职业道德和家庭美德中，很重要的一项内容就是继承和发扬中华民族尊老、敬老、养老的传统美德。如果对老年人的疾苦漠不关心，不能妥善解决，不仅影响良好社会氛围的形成，而且将严重影响社会的安定团结，不利于国民经济持续快速健康发展。可见，发动社会各个方面共同来关心老年人，搞好老年保障，对于维护安定团结的政治环境，营造良好的文化环境，促进上海市的可持续发展，也具有重要的战略意义。

综上所述，搞好老年保障，建立和完善老年保障体系，对于上海市可持续发展的实现至关重要。现在世界上的一些著名城市往往把搞好老年社会保障，改善社会福利，提高居民的生活质量，作为增强城市的知名度和凝聚力，扩大城市国际影响，促进可持续发展的一项重大举措。上海作为社会主义国家中的一个特大城市，要在下个世纪建成举世瞩目的现代化国际大都市，实现以经济繁荣、社会进步、生态和谐为基本特征的可持续发展，更应高度重视并努力搞好老年保障。

【注释】

① 联合国人口司编：《世界人口预测（1994 年修订）》。

② 联合国人口司编：《世界人口预测（1990 年修订）》。

③ 联合国人口基金：《1996 年世界人口状况》。

④ 联合国人口司编：《世界人口预测（1994 年修订）》。

⑤ 美国人口咨询局：《1996 年世界人口数据表》。

⑥ 上海市统计局编：《1997 年上海市统计年鉴》，中国统计出版社 1997 年版。

⑦ 《阿德莱德宣言》，杜鹏译，《中国老龄问题》1997 年第 12 期。

（本文原载《华东师范大学学报》（哲学社会科学版）1999 年第 2 期）

上海市老年保障与构建和谐社会

中共十六届六中全会通过的《中共中央关于构建社会主义和谐社会若干重大问题的决定》，把"社会保障"列为目前影响社会和谐的"比较突出"的矛盾和问题之一；胡锦涛总书记在中共十七大报告中又指出，"社会保障"等方面关系群众切身利益的"问题仍然较多"，强调"我们要高度重视这些问题，继续加以认真解决"，并提出了"加快建立覆盖城乡居民的社会保障体系，保障人民基本生活"，"促进企业、机关、事业单位基本养老保险制度改革，探索建立农村养老保险制度"等要求。可见，包括老年保障在内的社会保障，对我国建设和谐社会具有重大的影响。

上海是我国最早进入老年型人口和目前人口老龄化程度最严重的特大城市。2006 年末，全市 60 岁及以上户籍老人为 275.62 万，占户籍总人口的 20.1%。本文将在介绍该市户籍人口老龄化变动趋势基础上，简要概述近年来上海市采取的一系列有利于构建和谐社会的老年保障措施，剖析现阶段老年保障中仍存在的不和谐因素，并从构建和谐社会出发提出进一步完善上海市老年保障的基本思路。

一、21 世纪上半叶上海市人口老龄化的迅速发展趋势

（一）21 世纪上半叶人口老龄化和高龄化的迅速发展

根据笔者主持的 2000—2050 年上海市户籍人口老龄化发展趋势的生育中方案与净迁入不断增加的中方案（假设总和生育率从 2000 年的 0.825 逐渐上升到 2005 年的 1.05、2010 年的 1.4、2015 年的 1.5，然后保持不变；每

年净迁入人口在 2000—2014 年为 9 万，2015—2034 年为 11 万，2035—2050 年为 13 万）预测结果：全市 60 岁及以上户籍老人数在 2048 年达到最高峰，为 561.35 万，比 2000 年的 241.76 万增加 1.32 倍；在 2050 年则为 538.30 万，比 2000 年增加 1.23 倍。全市 60 岁及以上户籍老人数的高速增长期为 2010—2020 年，10 年内增长 55.3%，年平均增加 17.69 万人；比全国 60 岁及以上老人数的高速增长期提前 10 年。全市 65 岁及以上户籍老人数在 2030 年达到最高峰，为 459.66 万，比 2000 年的 187.68 万增加 1.45 倍；在 2050 年则为 442.06 万，比 2000 年增加 1.36 倍。全市 65 岁及以上户籍老人数的高速增长期为 2015—2025 年，10 年内增长 59.9%，年平均增加 15.84 万人（见图 1）。

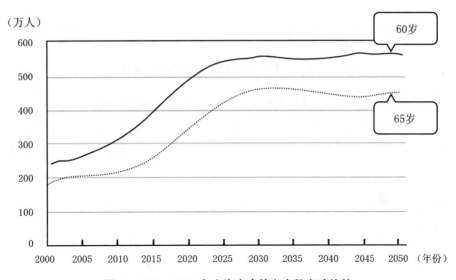

图 1　2000—2050 年上海市户籍老人数变动趋势

上海市 60 岁及以上户籍老年人口系数在 2030 年达到最高峰，为 36.7%，比 2000 年的 18.3% 增加了 18.4 个百分点；经过小波动后到 2050 年仍为 36.2%。全市 60 岁及以上户籍老年人口系数的高速上升期为 2010—2020 年，10 年内由 22.8% 上升到 33.4%，年平均增加 1.06 个百分点。全市 65 岁及以上户籍老年人口系数在 2030 年达到最高峰，为 30.4%，比 2000 年的 14.2% 增加了 16.2 个百分点；然后缓慢下降到 2050 年的 28.7%。全市 65 岁及以上户籍老年人口系数的高速上升期为 2015—2025 年，10 年内由

18.2% 上升到 28.1%，年平均增加 0.99 个百分点（见图 2）。

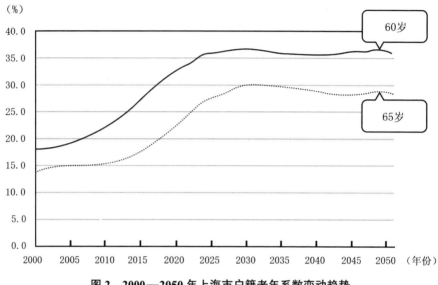

图 2　2000—2050 年上海市户籍老年系数变动趋势

全市 80 岁及以上户籍高龄老人数在 2043 年达到最高峰，为 179.63 万，比 2000 年的 30.56 万增加 4.88 倍；然后缓慢减少到 2050 年的 155.44 万，但仍比 2000 年增加 4.09 倍（见图 3）。其占总人口的比例也在 2043 年达到最

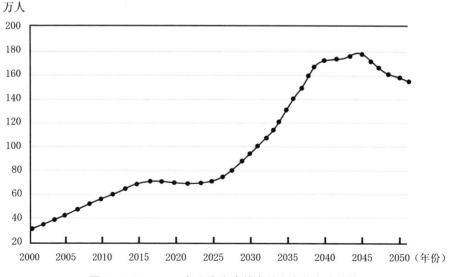

图 3　2000—2050 年上海市户籍高龄老人数变动趋势

高峰，为 11.7%，比 2000 年的 2.3% 增加了 9.4 个百分点；然后缓慢下降到 2050 年的 10.1%，但仍比 2000 年增加 7.8 个百分点。

（二）在未来人口老龄化和高龄化迅速发展态势下构建和谐社会对老年保障的要求

1. 构建和谐社会必须高度重视老年保障问题。按联合国、世界卫生组织及中国公认的 60 岁作为老年人起点的标准，2006 年末上海市户籍人口中老年人已超过 1/5，在 2020 年后的 30 年内这一比例将长期处于 1/3 以上。在 21 世纪上半叶，搞好老年保障不仅关系到占上海户籍人口中 1/5—1/3 老年群体的最关心、最直接、最现实的利益问题，而且关系到他们的子女、孙辈及其他亲属的利益，关系到今后逐渐进入老年的年轻群体的利益。老年保障政策措施是否合理，涉及老年人与年轻人之间、低龄老人与高龄老人之间的代际和谐，涉及老年人的代内（男性老人与女性老人、城镇老人与农村老人、机关事业单位退休老人与企业退休老人、早退休老人与晚退休老人、富裕老人与贫困老人）之间的和谐。

2. 制定老年保障政策措施必须充分注意对构建和谐社会的长效性。现阶段上海研究制定的老年保障措施不仅要考虑满足现在 200 多万 60 岁及以上老年人口的需要，而且要考虑能否满足未来 500 多万 60 岁及以上老年人口的需要；不仅要考虑现在 60 岁及以上老年人口系数在 20%、老年赡养比还不太高时如何有利于代际和谐，而且要考虑能否在未来该系数在 35% 以上、老年赡养比很高时能否有利于代际和谐。发达国家老年保障政策措施的深刻教训启示我们，在人口老龄化初期制定的高水平社会保障政策，即使当时"皆大欢喜"，但随着老龄化加剧、老年人口数量大大增加、劳动适龄人口数量明显减少和经济增长速度减慢，便难以为继。现在无论采取降低老年保障水平或提高从业人员缴纳社会保险费（税）的比例，都会引发代际利益冲突，影响社会的和谐与稳定。因此，在制定完善老年保障政策措施时，一定要按中央有关决定指出的"一切从实际出发，自觉按规律办事，立足当前，着眼长远，量力而行，尽力而为，有重点分步骤地持续推进"。

二、近年来上海市实施的有利于社会和谐的老年保障措施

第一，积极探索适合上海市户籍不同社会群体的养老保险险种。近年来上海市在改革城镇企业职工基本养老保险，并向个体工商户业主和帮工、自由职业者、灵活就业人员扩大基本养老保险覆盖面和继续实施机关事业单位职工退休制度、农村社会养老保险制度的基础上，在2002年实施了小城镇社会保险，为上海市郊区范围内具有本市户籍的被征地人员及其他从业人员的基本养老保险、住院和门诊大病、工伤等基本医疗保险、失业保险、生育保险提供了新的险种（上海市人民政府，2003）。

第二，在城乡户籍老人中实施医疗保障制度。在改革城镇基本医疗保险制度并向退休人员倾斜的基础上，2000年上海市实施强制性的地方附加医疗保险，2001年支持上海市职工保障互助会实施自愿性的"退休职工住院补充医疗互助保障计划"，以尽可能减轻城镇退休人员自负的医疗费用负担。同时，从1997年起上海市不断改革和完善农村合作医疗制度，建立了以区（县）为单位，个人、集体、政府参与的社会统筹的农村合作医疗制度。2007年12月上海市政府又发布了《上海市城镇居民基本医疗保险试行办法》，将未参加城镇职工基本医疗保险、小城镇医疗保险和新型农村合作医疗的本市户籍老人也纳入了城镇居民基本医疗保险。

第三，增加了城镇企业退休人员的基本养老金。2006年8月，上海市对2005年底以前已按城镇养老保险规定办理了退休（职）手续、按照企业办法计发基本养老金（生活费）的人员，先"普加"养老金55元，并按照本人工作年限，每满1年增加1元；但对现月养老金已达4252元及以上人员，此次不增加养老金。其中，对2006年6月底在70周岁及以上、月养老金（生活费）不到2000元的退休（职）人员，在按上述规定增加养老金（生活费）后，再分70—74岁、75—79岁、80岁及以上年龄组，按本人工作年限，每满1年"特加"1—3元，但最高不超过2000元。2007年上海市又在按上述办法"普加"和"特加"基础上，对企业退休人员再"专加"40元／月。

第四，对城乡低收入户籍老人实施全方位的补贴制度。在1998年实施

城乡户籍居民最低生活保障制度的基础上，2006 年上海市实施了对男 70 岁及以上、女 65 岁及以上、月基本养老金低于 750 元的退休人员实行养老金"托底"增长办法，2007 年又把"托底"标准提高到 850 元 / 月；2006 年起实施本市退职人员与退休人员按同样办法增加养老金，并适当提高其养老金水平；2005 年起实施农村老年农民月退养老金低于 75 元的补足 75 元的养老金补贴制度，2007 年又把该标准提高到 85 元 / 月；2004 年起实施将个人自负医疗费负担与个人年收入挂钩的城镇职工基本医疗保险综合减负办法；2007 年起又在城镇"低保"标准中实施"收入豁免政策"，将本市城镇"低保"家庭中退休人员的部分养老收入（现定标准为 110 元）先予以扣除，其余养老收入视作家庭收入计算，以提高这些家庭的实际生活保障水平（《解放日报》，2007）；2003 年起实施为城乡生活不能自理的低收入户籍老人发放居家养老服务券的优惠办法。

第五，对特殊的户籍老年群体给予特殊老年保障照顾。在对城镇领取"独生子女父母光荣证"的退休人员一次性发放 2300 元的基础上，2005 年起上海市实施农村部分计划生育家庭奖励扶助制度，并对独生子女伤残的家庭一次性发放 3000 元补助，对独生子女死亡并不再生育的家庭一次性发放 5000 元补助；2006 年起将年满 70 周岁，在本市居住、生活满 30 年，新中国成立后户籍制度建立起为本市城镇户籍，未纳入基本养老、基本医疗保险制度及未享受征地养老待遇的老年人，纳入社会保障，每月给予 460 元补贴；对 5 万多支内退休回沪定居人员发放生活补助，并纳入"市民社区医疗互助帮困计划"；对城镇 8 万多"一老养一老"人员实施实物补助，并提高职工遗属补助标准（由 162 元 / 月提高到 290 元 / 月）；为高龄或残障、重病的独居老人建立"结对关爱网"。

第六，对外来从业人员实施综合保险。2002 年起上海市实施了外来从业人员（包括非上海户籍的农民工）的综合保险。规定"符合本市就业条件，在本市务工、经商但不具有本市常住户籍的外省、自治区、直辖市的人员"（不包括从事家政服务和从事农业劳动的人员），用人单位以其使用外来从业人员的总人数乘以上年度全市职工月平均工资的 60% 为基数，按12.5% 的比例缴纳综合保险费，为外来从业人员提供老年补贴、工伤保险或意外伤害、住院医疗保险（上海市人民政府，2002）。

三、现阶段老年保障中存在的不和谐因素

第一，城镇早退休人员与晚退休人员的基本养老金差距仍很大。尽管在调整基本养老金时，上海市注意了向早退休人员倾斜，但他们的基本养老金水平仍与近年退休人员的基本养老金水平存在较大的差距。特别是对在机关事业单位中早退休的中级干部和高级知识分子而言，由于上世纪90年代中期以前上海市还没有发放地方职务（岗位）津贴，他们的退休金计发基数未包括这一部分，因而在2006年7月全国增发退休金前，一般在1500—2000元之间，往往得不到社会特别关注，与近年来退休的同级干部的退休金水平差距拉大；而且在2006年7月全国增发机关事业单位退休人员的退休金时，仍未考虑早退休人员与晚退休人员的差别，同级退休人员均按同等数额增发退休金。

第二，近年来企业退休人员与机关事业单位退休人员的基本养老金差距拉大。在城镇企业职工基本养老保险制度改革的同时，机关事业单位职工的退休制度却未进行改革（在上海是退休金计发办法未改变），由于后者的退休金计发基数中包括了地方职务（岗位）津贴，在上世纪90年代中期后上海地方职务（岗位）津贴不断增加的情况下，使同样级别或专业技术职务的机关事业单位退休人员与企业退休人员在基本养老金之间的差距愈来愈大。

第三，在调整工资或地方职务（岗位）津贴前后退休的机关事业单位职工的退休金水平差距较大。由于公务员的退休金仍按本人退休当月的"基础工资和工龄工资的全额计发"，加上以本人退休当月的"职务工资、级别工资"和地方职务（岗位）津贴为基数，按本人工作年限长短确定的"一定比例计发"，因此，如果某年某月调整工资或地方职务（岗位）津贴，那么，刚调整后退休者就比调整前夕退休者的退休金要多，而且这种差别还会长期持续下去。

第四，城镇的女性退休人员与男性退休人员的基本养老金差距拉大。由于城镇职工的法定退休年龄仍为男职工60岁、女职员55岁、女工人50岁，无论是按机关事业单位退休金计发办法，还是按城镇企业基本养老金计

发办法，女性退休人员的基本养老金或退休金水平均低于同样类别和档次的男性退休人员。值得注意的是，在 2005 年 12 月制定的《国务院关于完善企业职工基本养老保险制度的决定》中，对城镇企业职工基本养老金的计发办法做了三项重大改革：一是"从 2006 年 1 月 1 日起，个人账户的规模统一由本人缴费工资的 11% 调整为 8%"；二是在计发退休时"个人账户养老金月标准为个人账户储存额除以计发月数"的前提下，将计发月数改为"根据职工退休时城镇人口平均预期寿命、本人退休年龄、利息等因素确定"；三是在确定"退休时的基础养老金月标准"时，改为"以当地上年度在岗职工月平均工资和本人指数化月平均缴费工资的平均值为基数，缴费每满 1 年发给 1%"。这种计发办法的改革，虽然有利于逐步做实个人账户，有利于消除个人账户养老金的支付亏空，有利于形成职工参保缴费年限长短的激励约束机制，有利于这次改革前后退休人员基本养老金水平的合理衔接，但是，和改革前相比，这次改革却拉大了 2006 年后退休的城镇企业女性退休人员与男性退休人员每月领取基本养老金水平的差距，把女职工法定退休年龄过早对其领取基本养老金的不利影响凸现了出来（桂世勋，2006）。

第五，跨区（县）人户分离的老年人无法获得居家养老服务补贴。现阶段上海市的居家养老服务补贴费用由各区（县）财政承担，它们只给户籍在本区（县）并常住在本区（县）的符合条件的老人发放每月 50—250 元的居家养老服务券。因此，户籍在本区（县）但常住在外区（县）的符合条件的老人，却无法获得居家养老服务补贴。

第六，城镇企业职工基本养老保险个人账户空账严重。近年来上海市城镇企业职工基本养老保险的每年收支均出现几十亿赤字。由于从 1993 年开始就实施城镇职工养老保险制度改革，当时单位缴纳的基本养老保险费的比例较高，因此，目前城镇企业职工基本养老保险基金尚有少量积余，个人养老保险账户还未完全空账。但如不积极采取做实个人账户的有效措施，上海市未来财政转移支付的压力将会加大，从而严重影响未来代际和谐。

第七，城镇养老保险和医疗保险的监督管理还存在很大问题。在较长时期中，上海市城镇基本养老保险基金和基本医疗保险基金运营情况的透明度很差。即使是本市专门从事社会保障研究的专家也不知道上海市城镇职工基本养老保险个人账户的"空账"缺口有多大？有关部门究竟在采取什么措施实施基金保值增值的？这些措施是否违反中央的有关财经纪律？一般老百姓往往认为只要社会保险基金的增值率高就行了。因此，就难以对社会保险基金进行有效的群众监督和社会舆论监督。

四、从构建和谐社会出发完善上海市老年保障的基本思路

第一，尽快构建"逐步做实个人账户"的长效机制。要使上海市城镇企业职工基本养老保险的个人账户逐步由基本空账变为全部实账，不可能靠中央财政的资助，也不能把本届地方政府应尽的责任推给以后各届政府，上海市一定要构建主要由本市地方财政转移支付的长效投入机制。笔者建议，应在对未来上海城镇基本养老保险收支和地方财政收入预测的基础上，确定做实个人账户的阶段性目标，并建立与本市每年地方财政收入或支出的一定比例挂钩的地方财政投入基本养老保险基金的机制。

第二，加快机关事业单位养老保险制度改革。笔者建议，国家在机关和全额拨款的事业单位养老保险改革中，应将现行的退休制度分解为基本养老保险和补充养老保险两大板块。其中，基本养老保险的收费与计发办法与完善后的城镇企业基本养老保险相同；补充养老保险以每个人一生中在机关事业单位工作的最高60个月各类工资（包括地方职务津贴）收入的月平均金额数为基数，按其在机关事业单位工作的年限及职务确定的百分比计发，可在退休时一次性发放或按月发放，由各级财政支付。他们退休后领取的基本养老金和补充养老金相加的养老金收入，原则上不低于其按改革前老办法计发的退休金水平（桂世勋，2004）。

第三，适时推迟城镇职工特别是女职工的退休年龄。最近劳动和社会保障部"透露"，国家将允许身体健康、企业需要的高技能人才推迟5—10年退休，身体健康者可一直推迟到65岁退休。笔者建议，上海市还可考虑符合城乡医院和学校对口支援精神，将身体健康、农村需要的中高级医务人员和教师推迟5—10年退休；同时，建议在2010—2020年间上海市户籍劳动适龄人口数将减少150万时，率先逐步推迟城镇女职工的法定退休年龄，经过5年的逐渐过渡，使2015年时女职员的退休年龄为60岁、女工人的退休年龄为55岁。

第四，对城镇退休早、基本养老金或退休金水平较低的高级职称的退休人员在养老保障待遇上给予更多倾斜。笔者建议，上海市应在对这类高级知识分子的生活质量状况进行调查的基础上，区别不同情况，更多地增加其养老金，或由地方财政和原工作单位给予其特殊养老补贴。

第五，积极开展"完善农保"的试点。上海市是全国最早研究并全面实施农村社会养老保险的地区，但受上世纪90年代后期全国"清理整顿"农保和农村税费改革、乡镇企业改制等的影响，近年来在此方面却基本处于停滞状态。现在全国有些地区已在积极开展"完善农保"的试点，2005年10月无锡市施行了《无锡市农民基本养老保险暂行办法》，将缴费比例提高到各市（县）、区上一年度农民人均纯收入的20%（其中个人缴费为8%，地方各级财政和村集体经济组织缴费12%），并实行社会统筹和个人账户相结合。笔者建议，上海市应尽快研究并开展地方财政扶持农保、个人仍需缴费的"完善农保"试点。

第六，鼓励有条件的企业建立补充养老保险。要缩小城镇企业退休人员与机关事业单位退休人员的养老金差距，除了在经济发展基础上逐步提高城镇企业退休人员的基本养老金水平，使其未来的基本养老金替代率不至于在10多年后降到45%甚至更低以外，笔者建议，上海市还应制定切实可行的减免企业和职工参加补充养老保险的税收优惠政策，实施由企业全体职工或职工代表大会讨论通过本企业补充养老保险方案的民主管理制度，并加强监督管理，防止出现企业只为少数高层管理人员和技术人员办理补充养老保险或使他们的补充养老保险水平与一般工人差距过大的弊病。

第七，妥善解决跨区（县）人户分离的老年人获得居家养老服务补贴的问题。笔者建议，对那些跨区（县）人户分离的老年人，只要他们符合享受居家养老服务补贴条件的，都可以到户口所在的街道（镇）提出申请，经评估合格后由当地发给全市通用的居家养老服务券。当这些老人在常住地接受附近社区助老服务社的居家养老服务后，助老服务社可向发放服务券的区（县）结算现金。

第八，加强对社会保障基金的监管。随着今后上海市个人账户养老保险基金的逐步做实、农村养老保险和小城镇社会保险基金的不断积累、企业年金的发展，社会养老保险基金的储存额将会大大增加，基金运营的安全性和保值增值问题将显得愈来愈重要。为了切实保证社会保险基金纳入社会保障基金财政专户，实行收支两条线管理，搞好基金的保值增值，严禁社会保险基金用于对外贷款、投资基建项目及发放工资、平衡预算，笔者建议，除了加强人大、政协、社会保障行政部门、财政部门、银行、审计部门和社会舆论的监管外，还应提高社会保障基金运营的透明度，使上海市社会保险基金监督管理委员会更具民间色彩，吸收更多的作风正、业务精、利益超脱的学者参与。

【参考文献】

[1] 本报讯：《"收入豁免"让更多困难群体受益》，《解放日报》2007 年 9 月 21 日。

[2] 桂世勋：《改革我国公务员的养老保险制度》，《人口学刊》2004 年第 5 期。

[3] 桂世勋：《关于改革基本养老金计发办法的利与弊》，《市场与人口分析》2006 年第 2 期。

[4] 上海市人民政府：《上海市外来从业人员综合保险暂行办法》，上海市外地劳动力就业管理中心编《上海市外来从业人员综合保险政策》，2002 年。

[5] 上海市人民政府：《上海市小城镇社会保险暂行办法》，上海市劳动和社会保障局编《小城镇社会保险政策选编》（一），2003 年。

（本文原载《华东师范大学学报》（哲学社会科学版）2008 年第 1 期）

21 世纪中国人口特点与
社会保障的可持续发展

长期以来，我国把建立和完善社会保障体系的特点，概括为"广覆盖、保基本、多层次"。温家宝总理在 2008 年《政府工作报告》中，首次把"可持续"加进去，作为中国完善社会保障体系，发展社会保障事业不可或缺的基本要求，明确指出"完善社会保障体系。坚持实行广覆盖、保基本、多层次、可持续的方针。"本文就 21 世纪中国人口特点对社会保障事业可持续发展的影响及在制定中国特色社会保障发展战略时应高度重视可持续发展的问题，作深入探讨。

一、21 世纪中国人口特点对社会保障可持续发展的影响

改革开放 30 年来，中国经济实力明显增强。据国家统计局于 2009 年 1 月 14 日发布的修正公告，2007 年中国国内生产总值为 25.73 万亿元，总量跃居世界各国的第 3 位；全国财政收入达到 5.13 万亿元，为我国现阶段加快推进中国特色社会保障事业，在 2020 年实现"覆盖城乡居民的社会保障体系基本建立，人人享有基本生活保障"的战略目标，提供了较强的物质基础。在研究如何实现这个战略目标并使其具有可持续性等重大问题上，必须充分注意 21 世纪中国人口发展的以下特点：

人口过多，严重影响人均经济发展水平的迅速提高。据笔者主持的国家社会科学基金重点项目"21 世纪中国人口发展趋势及其对策"所进行的多方案人口发展趋势预测，在以 2000 年中国第五次人口普查得到的全国分性别和年龄组人口数的基础上，假设中国育龄妇女的总和生育率按修正中方

案变化（即从 2000 年的修正值 1.8，逐渐提高到 2015 年的 1.9、2020 年的 2.1，然后逐渐下降到 2040 年的 2.0，并保持到 2100 年；中国人口平均预期寿命从 2000 年的男性 69.63 岁、女性 73.33 岁，逐渐上升到 2050 年的男性 77 岁、女性 81 岁，2100 年的男性 81 岁、女性 85 岁），那么中国总人口数在 2020 年时为 14.45 亿，峰值出现在 2039 年，为 14.94 亿，2050 年时仍为 14.67 亿，2100 年为 12.90 亿。其中在 2015—2065 年间总人口数始终超过 14 亿。未来中国人口这么多，不仅使中国要花很大力气，才能在 2020 年时人均国内生产总值比 2000 年翻两番，在 2050 年时比 2020 年的人均国内生产总值翻两番，并使中国要在 2020 年实现 14.5 亿人都享有基本生活保障的目标遇到很大的经济压力，而且这种保障的水平仍将是较低的水平。

人口老龄化发展迅速，严重加大了老年保障的压力。2000 年末中国 60 岁及以上老年人口数为 1.31 亿。按上述修正生育中方案预测结果，2020 年为 2.48 亿，2050 年为 4.58 亿，2100 年仍为 4.07 亿。其中在 2035—2100 年间 60 岁及以上老年人口数始终超过 4 亿。按上述修正生育中方案预测结果，60 岁及以上老年人口系数在 2020 年为 17.1%，2025 年将超过 20%，2048 年超过 30%，2050 年达到 31.2%，2100 年仍达 31.5%。可见在 2046—2100 年间 60 岁及以上老年人口系数始终超过 29%。值得注意的是，在 2020—2030 年间，中国 60 岁及以上老年人口数及其占总人口比例将处于高速增长期，老年人口数从 2.48 亿增加到 3.61 亿，10 年共增加 1.13 亿，增长率为 45.6%；同期 60 岁及以上老年人口系数从 17.1% 迅速上升到 24.4%，10 年共提高 7.3 个百分点。

劳动适龄人口数从过多到迅速减少的变化，对社会保障具有"双重"影响。2000 年末，中国 15—59 岁劳动适龄人口数为 8.33 亿。我国城镇登记失业率在 2000 年末为 3.2%，2007 年末为 4.0%。按上述修正生育中方案预测结果，在 2005—2024 年间，中国 15—59 岁劳动适龄人口数均超过 9 亿，其中峰值出现在 2011 年，为 9.32 亿，2020 年为 9.20 亿。2025 年前中国劳动适龄人口数过多，虽然从人口年龄结构上提供了有利于经济发展并大大增强社会保障物质基础的机遇，但也严重加大了城镇就业压力和推迟城镇职工特别是女工人退休年龄的困难。然而，按上述修正生育中方案预测结果，在 2025—2100 年间，中国 15—59 岁劳动适龄人口数将大幅度减少到 2050 年的 7.67 亿和 2100 年的 6.72 亿，这又加剧了老年抚养系数和总抚养系数的上升。按上述修正生育中方案预测结果，60 岁及以上老年抚养系数在 2012 年超过 20%，2020 年为 26.9%，2030 年超过 40%，2040 年超过 50%，2050 年将达到 59.6%，2100 年为 60.5%。其中 2047—2100 年间老年抚养系数始终超过 55%。同时，2000 年中国 15—59 岁劳动适龄人口抚养 0—14 岁少年儿童人口与 60 岁及以上老年人口的比例（总抚养系数）为52.2%。按上述修正生育中方案预测结果，在 2000—2018 年间该总抚养系数均低于 1990 年 56.7% 的水平；但 2020 年为 57.0%，2030 年将超过 70%，2050 年为 91.2%，2100 年为 91.9%。其中，2046—2100 年间总抚养系数始终超过 85%。

高龄老人数及其占总人口数比例的迅速增长，严重加大了医疗保障和社会福利服务的压力。2000 年末中国 80 岁及以上高龄老年人口数为 1211 万。按上述修正生育中方案预测结果，中国高龄老人在 2020 年为 2798 万，2050年为 1.01 亿，2100 年为 1.14 亿。其中 2050—2100 年间高龄老年人口数始终超过 9700 万。中国 80 岁及以上高龄老年人口数占总人口数的比例也将从2000 年的 1.0% 上升到 2020 年的 1.9%、2050 年的 6.9%、2100 年的 8.9%。其中 2051—2100 年间该比例始终超过 7%。由于目前中国老年人口的患病率在 75—79 岁组最高、老年人口日常生活需别人照料的比例在 85 岁及以上年龄组最高，因此，随着未来中国老年人口的高龄化迅速发展，21 世纪中国老年人口中的患病人数和需别人照料人数将比 60 岁及以上老年人口数的增长速度还要快。这将大大加剧未来我国城乡医疗保险和社会福利服务的压力。

农村经济落后和农村人口比重高，严重影响农村人口社会保障的压力。现阶段我国城市与农村仍基本处于二元经济结构，城市中的现代化工业与农村中技术落后的传统农业同时并存。在 1998—2006 年间，中国城镇居民家庭平均每人年可支配收入从 5425 元增加到 11759.45 元，而农村居民家庭平均每人年纯收入只从 2162 元增加到 3587.04 元。9 年中两者人均收入差距从2.5∶1 扩大到近 3.3∶1（2003 年已为 3.2∶1）。2006 年中国农村人口为 7.37亿，占总人口的 56.1%。按笔者主持的国家社会科学基金重点项目"21 世纪中国人口发展趋势及其对策"所进行的流迁增长比例中方案和中老年流动人口在城镇居住比例中方案的预测结果，2020 年中国常住半年以上的农村人口数为 6.55 亿，占总人口数的 45.2%；2050 年常住半年以上的农村人口数仍为 4.67 亿，占总人口数的 32.9%。

大批农村剩余劳动力流入城镇，加大了农民工社会保障的紧迫性和复杂性。目前中国约有 2.3 亿农民工，其中外出人员约达 1.3 亿。据农业部推算，21 世纪初我国农村劳动力为 4.85 亿，其中约有富余劳动力 1.50 亿。如按上世纪 90 年代城镇化速度推算，我国外出务工经商的农村劳动力在 2010 年为 1.37 亿，2015 年为 1.80 亿，2020 年为 2.32 亿，2030 年为 3.40 亿。未来我国流入城镇工作的农村劳动力不仅数量多，而且工作收入低，从事灵活就业人数多、流动性大。如何在他们工作有收入时妥善解决好基本养老保险、基本医疗保险、工伤保险、生育保险及社会救助、社会福利等问题，并合理地处理好他们在跨社保统筹地区流动从业时的社会保险关系转续问题，任务十分艰巨和复杂。

总之，现阶段研究制定中国特色社会保障发展战略，不能仅仅考虑满足现在 13 亿总人口、1.4 亿 60 岁及以上老年人口、1300 多万 80 岁及以上高龄老年人口、1 亿多外出农民工的社会保障需要，而且要考虑能否按上述修正生育中方案和流迁增长比例中方案预测满足 2015—2065 年间总人口始终超过 14 亿、2035—2100 年间 60 岁及以上老年人口始终超过 4 亿、2050—2100 年间 80 岁及以上高龄老年人口数始终超过 9700 万、2030 年后累计有 3 亿多流入城镇的农村人口的社会保障需要；也不能仅仅考虑现在 60 岁及以上老年人口系数在 13%、15—59 岁劳动适龄人口抚养 60 岁及以上老年人口的比例为 18%、80 岁及以上高龄老年人口占总人口 1% 时如何有利于代际和谐，而且要考虑能否按上述修正生育中方案和流迁增长比例中方案预测在 2046—2100 年间 60 岁及以上老年人口系数始终超过 29%、2047—2100 年间 15—59 岁劳动适龄人口抚养 60 岁及以上老年人口的比例始终超过 55%、2051—2100 年间 80 岁及以上高龄老年人口占总人口的比例始终超过 7%、2050 年农村常住人口数仍占总人口数的 30% 时如何使社会保障制度有利于代际和谐。

二、研究中国特色社会保障可持续发展战略应注意的问题

鉴于 21 世纪中国人口的上述特点，在研究中国特色社会保障发展战略，确定未来社会保障的模式、政府财政支持责任和城乡社会保障水平时，应特别要高度关注社会保障制度的可持续性，注重构建和谐社会的长效性。为了降低在探索社会保障制度改革中的社会成本，避免几十年后发生社会保障方面的严重碰撞和社会震荡，除了现在大家已关注的一些问题以外，还应坚持以下几个原则：

第一，在保障全体城乡居民的基本生活方面，一定要坚持逐步缩小城乡差别的基本原则。对由各级财政负担的我国城乡社会救助，在 2020 年前将力求逐步缩小城乡的救助水平，使广大农村特别是中西部农村地区的救助水平从以解决绝对贫困为主逐步向以解决相对贫困为主过渡。而且在 2020 年前我国城乡居民社会救助最主要的任务是真正做到在"刚性财政"下"应保尽保"，我们还做不到将农村居民的"低保"标准普遍提高到城镇居民的"低保"水平，也难以让所有进城农民工的家庭普遍享受流入地户籍居民"低保"待遇。与此同时，在 2020 年前我国城镇职工的基本养老保险、基本医疗保险与新型农村养老保险、新型农村合作医疗的水平，也将存在一定差别，只能要求由各级财政提供的公共服务资源做到城乡公平，并逐渐加大对农村特别是中西部农村地区社会保障补贴的倾斜力度。

第二，在建立覆盖城乡居民的社会保险体系方面，一定要坚持尽可能促使城乡处于法定劳动年龄并有劳动能力的从业人员参加个人需要缴费的社会保险原则。如果在今后 10 多年中国劳动适龄人口处于高峰期时，不千方百计尽快解决城乡从业人员参加基本养老保险、基本医疗保险等社会保险问题，那么当这一大批劳动者年老后，将会大大加重未来的社会救助压力，给政府财政、社会和家庭带来沉重的养老负担。同时在设计城乡从业人员的基本养老保险和基本医疗保险模式时，除了城乡经济特别困难人员可由政府补贴部分社会保险费外，都不能强调参保对象的特殊性（如公务员、事业单位干部、进城农民工），使处于法定劳动年龄的从业人员个人不缴费就可享受养老保险和医疗保险的待遇。即使对城乡居民中没有被基本养老和医疗社会

保险覆盖的人员，如要纳入基本医疗社会保障，也应坚持"个人缴费，政府补贴"的原则；如要政府对年龄较大的老年人给予养老生活费补贴（如现在有些城市规定对具有本城市户籍、在本城市居住满几十年、年龄在 65 岁以上、不能享受基本养老保险待遇的老人，每月发放几百元生活费补贴），也应明确规定现在还处于法定劳动年龄并有劳动能力的人员，到将来年老时将不给予或少给予这种补贴。至于政府补贴的人均水平，应随着经济发展和各级财政收入提高，并充分考虑未来补贴对象人数及消费品物价指数的变化，由低到高地逐步增加。

第三，在建立覆盖城镇退休人员的基本养老金调整机制方面，一定要坚持长期保持合理的退休人员平均基本养老金与在岗职工平均工资之比的原则。我国在城镇企业职工基本养老保险制度改革中设计的每年平均基本养老金按本地区上年度在岗职工平均工资增长幅度的 40%—60% 进行调整的办法，从长期看必然会出现逐渐低于基本养老金合理替代率的状况。近年来中国政府决定连续 6 年增加城镇企业退休人员特别是企业中早退休的人员和专业技术人员的基本养老金是必要的，也弥补了这方面改革方案的设计缺陷。但这不能代替建立合理的基本养老金调整长效机制，也决不能在社会上引起错觉，认为目前企业退休人员的基本养老金只有与目前机关事业单位退休人员的养老金水平相接近，才有利于构建和谐社会。因为中国机关和事业单位的养老保险制度至今还没有改革，在职人员目前退休的养老金水平实际上包括了相当于"保基本"的企业职工基本养老金，再加上职业年金两大部分。如果把目前尚未改革的机关和事业单位的养老金水平作为企业职工基本养老金调整的参照系，不仅会进一步加重未来中国支付养老保险历史隐性债务的压力，而且也不利于调动未来企业及其职工发展包括企业年金在内的补充养老保险的积极性，不利于推进机关和事业单位养老保险制度的改革。鉴于城镇企业在岗职工的平均工资一般都会随着经济发展水平的提高和消费品物价指数的上升而调整，因此如果将城镇企业退休人员的基本养老金替代率水平定得比较合理，当某个时期城镇企业退休人员的基本养老金实际替代率高于或低于合理的基本养老金替代率时，就可以在今后几年内相应缩小或加大基本养老金的调整幅度。

第四，在推迟城镇职工退休年龄方面，一定要坚持既不使未来城镇失业率过高，又有利于充分发挥人力资源作用、减缓基本养老保险基金支付压力的原则。由于受 20 世纪 50 年代中国城市人口出生高峰期和 20 世纪 90 年代中国城市人口出生数明显减少的影响，在 2010—2020 年间我国许多大中城市有可能出现男 16—59 岁、女 16—54 岁户籍法定劳动年龄人口数明显减少的时期。届时只要我们统筹兼顾，在保持城镇较低失业率的前提下，处理好"小步渐进"地推迟城镇户籍职工特别是女工人的法定退休年龄和适度吸纳农村剩余劳动力的关系，还是有可能在全国劳动适龄人口数的高峰期内选择适当时机开始实施并经过 20 年左右的过渡，将城镇男女职工的退休年龄逐步推迟到 65 岁。如果我们不能抓住这个时机，那么推迟城镇职工特别是女工退休年龄的工作将会拖到本世纪 20 年代中后期再开始实施，从而进一步加重中国城镇基本养老保险基金的压力。

第五，在增强覆盖城乡的社会保障功能方面，一定要坚持充分发挥城乡家庭保障功能和农村土地保障功能的原则。在未来相当长时期内，中国农村的养老保障水平仍较低，需要不同程度地发挥家庭经济赡养的功能，特别是对城乡老年人和残疾人的社会福利服务，面广量大，更需以居家照护为主，入住机构照护为辅；以家庭成员照护为主，社会成员照护（包括社区上门服务和机构照护服务）为辅。同时，尽管近 10 多年来我国广大农村家庭中从事种植业的纯收入在全年家庭总收入的比例在不断下降，但它仍不失为农村居民比城镇居民多拥有的一个基本生活保障支柱。我们在积极推进农村社会保障、搞好社会主义新农村建设、加大各级财政对种植业支持力度的过程中，还应高度重视和采取综合措施帮助农民增强种植业的抗自然灾害和市场风险的能力，切实提高他们从事种植业的纯收入，充分发挥土地保障的功能。

（本文原载《人口与计划生育》2009 年第 3 期）

上海市老年保障体系及其运行机制研究

上海市老龄委员会、上海市老龄科学研究中心、上海市计划委员会社会发展处于 1996 年下半年开始组织进行上海市老年保障体系及其运行机制的研究，其目的是在借鉴国外老年保障事业发展的经验教训和总结上海市老年保障事业已有经验的基础上，积极探索具有中国特色、上海特点、时代特征的老年保障体系及其运行机制，构建切实提高上海市城乡老年人生活质量、与现代化国际大都市相适应的跨世纪老年保障体系及其运行机制的总体框架，提出进一进推进和搞好上海市老年保障事业的若干对策建议，供市政府及有关部门决策参考。现就本课题作的有关未来上海市老年保障体系的目标模式与运行机制的研究，进行简要介绍与分析。

一、关于老年保障体系的界定

我们认为，老年保障体系就其功能而言可以有狭义的理解，也可以有广义的理解。从狭义考察，老年保障体系仅指保障老年人基本经济收入的一系列互相联系又互相制约的制度、法律和政策措施，如基本养老保险、各种补充养老保险、包括老年社会救济在内的各种老年社会救助、家庭成员和其他亲友资助、个人储蓄积累保障、年老后再工作收入等。从广义考察，老年保障体系是指能够全方位、多侧面保障老年人基本生活需要的一系列互相联系又互相制约的制度、法律和政策措施。

广义的社会保障体系的内涵，在不同的国家和不同的时期，有不同的理解和规定。由国际劳工组织主编的《社会保障基础》认为，在建立和发展社会保障制度中，"社会保障补助金和社会服务，可以作为一个问题的两个方面看待"。在美国，社会保障体系包括了"收入保障""服务保障"和"社会援助"三个密切相关的组成部分。美国学者认为，"收入保障"只是为退休者、残疾人等提供经济条件，并不能解决所有保障问题，必须配套发展多种福利设施和服务工作才能落实"收入保障"，满足退休者、残疾人等的基本生活需要。在日本，社会保障体系包括"社会保险""社会救济""社会福利"和"公共卫生"四个密切相关的组成部分。其中的"社会福利"就是指为老年人、儿童、孤寡家庭和残疾人提供福利的制度。对于老年人来说，这种"社会福利"既包括对居家老人服务，派人去老人家里做饭、洗衣及进行其他家务或护理的服务，又包括对住院老人服务，通过提供福利设施，建立各种养老院及老人康复中心等来解决老年人的生活照顾问题。

我国现在把广义的社会保障体系扩展为"社会保险""社会救济""社会福利""优抚安置""社会互助""个人储蓄积累保障"等更广泛的内涵，在1996年3月17日第八届全国人民代表大会第四次会议批准的《中华人民共和国国民经济和社会发展"九五"计划和2010年远景目标纲要》中明确指出："加快养老、失业、医疗保险制度改革，初步形成社会保险、社会救济、社会福利、优抚安置和社会互助、个人储蓄积累保障相结合的多层次社会保障制度。"在《中华人民共和国老年人权益保障法》第三章"社会保障"中，又进一步把广义的老年社会保障体系具体化为与保障老年人基本生活有关的经济收入、医疗保健、居住环境、精神文化生活、福利设施、社区服务、法律援助等一系列内容。

根据我国对广义老年保障体系内涵的上述规定和未来上海市老年保障亟待妥善解决的突出问题，并借鉴国外的经验，我们感到本课题研究的应是广义的老年保障体系，它主要包括老年人的收入保障、医疗保障和服务保障这三个既有区别又密切联系的部分。

二、未来上海市老年保障体系的目标模式

要搞好上海市老年保障，完善老年保障体系，必须科学地确定目标，然后积极创造条件，逐步逼近目标。如果目标定得不科学，完善老年保障体系的各种努力便会偏离正确方向，甚至"帮倒忙"，造成事后的重大损失。

根据我国特别是上海市的实际情况，并借鉴国外的经验教训，我们认为未来本市老年保障体系的目标模式应该充分体现中国特色、上海特点和跨世纪的时代特征。由于搞好老年保障体系，涉及合理确定保障的供养水平、正确构建保障支持系统、改革现行保障管理体制等重要方面，要想用一个目标模式来加以概括，往往非常困难，而且也很难清晰地表示。因此，我们分别从以下三个方面论述未来上海市老年保障体系的目标模式：

1. 未来上海市老年保障供养水平的目标模式——保基本，多层次

我国是一个发展中国家，在今后半个世纪内仍将处于社会主义初级阶段，经济发展滞后于人口老龄化。上海作为中国的经济中心，改革开放的前沿，自 90 年代以来经济发展速度确实比较快，1995 年人均国内生产总值也比全国的人均国内生产总值高 3.0 倍，财政收入占了全国八分之一，然而上海是中国的上海，地方财政收入的相当一部分要上交中央，支持全国特别是中西部地区的发展。面对下个世纪上半叶人口老龄化的高水平、高龄老人比重的高程度及未来 30 年内老龄化发展的高速度，上海不应该也不可能采取过去发达国家实行的高福利的政策。而且由于社会保障供养水平的提高具有刚性的特点，当事先过高的承诺难以为继，被迫降低保障水准时，便会失信于民，引起社会的严重震荡。因此，作为保障每个老年人都能享受的供养标准，只能是保障基本生活需要。当然，老年人基本生活需要的内涵也不是一成不变的，它要随着经济发展和社会进步而逐步丰富、不断提升。在今后上海向国际大都市迈进的过程中，本市老年人在获得最基本的收入保障、医疗保障、服务保障等方面的水平，适当高于我国其他地区也是完全有必要和合理的。

同时，未来上海老年保障供养水平的目标模式，还必须体现多层次的特点。在社会主义初级阶段，我国的分配结构和分配方式，将长期坚持按劳分配为主体、多种分配方式并存的制度，把按劳分配和按生产要素分配结合起来，坚持效率优先、兼顾公平的原则。因此，一部分收入比较高的在业人员可以依法通过缴纳金额比较多的基本养老保险费，在年老后领取较高的基本养老金；通过参加各种补充养老保险及商业性的人寿保险、医疗保险、护理保险、购置房产，持有较多的股票、债券、存款，以及亲属的支援，在年老后享受较高水准的生活待遇、医疗待遇和照料服务。

2. 未来上海市老年保障支持系统的目标模式——政府、社会、单位、家庭、个人相结合

对于我国老年保障支持系统的目标模式，国内学者曾有过不同的表述，有的概括为"国家、家庭和个人相结合"，有的概括为"国家、社会、家庭、个人相结合"，有的概括为"政府、社区、家庭、个人相结合"。我们认为未来上海市老年保障支持系统的目标模式以"政府、社会、单位、家庭、个人相结合"为宜。

首先，作为老年保障支持系统的一个重要支柱，使用"政府"这个概念比"国家"更妥帖，因为政府包括了从中央到地方的各级政府机构。在上海市范围内，它可以包括市区的市、区两级政府与郊县的市、县、镇（乡）三级政府。从老年保障的法律、法规支持系统来看，政府的支持既包括代表国家的中央政府的支持，又包括代表地方的省市一级政府的支持；从老年保障行政管理的支持系统来看，不仅需要由代表国家的中央政府的统一管理，而且也离不开各级地方政府的管理；从由政府承担的那部分老年保障发展计划的支持系统来看，各级老年保障发展计划都可以列入各级政府的总体发展计划，得到各级政府的支持；从老年保障资金的筹措来看，由各级政府分担比仅由中央政府承担更好些。

其次，作为老年保障支持系统的一个重要支柱，使用"社会"这个概念比"社区"更广泛些。诚然"社区"在提供老年保障尤其是其中的老年服务保障、老年医疗保障及老年社会救助方面具有十分重要的作用。但是，在老年保障支持系统中，还有许多本社区以外的社会支持因素在起作用，比如本社区外的各种非政府组织、企事业单位、部队、学校和境内外的个人等的关心和支持，近年来上海市的许多企事业单位、慈善机构、宗教团体、部队、学校和境内外个人对老人"送温暖、献爱心"，开展助养活动等，就是很好的明证。因此，使用"社会"这个概念，既可包括社区内的支持，还可包括社区外的各种社会因素对老年保障的支持。

第三，在老年保障支持系统中的"单位"，是指老年人过去曾经工作过的单位，特别是老人在退休前的原工作单位，以及农村老人所在的镇（乡）、村等集体经济组织。这些单位在缴纳城镇职工基本养老保险社会统筹费、医疗保险的社会统筹费或农村社会养老保险费、合作医疗基金、提取用于支

付务农老人养老补助金的费用方面（不包括由政府拨款支付上述费用的单位），以及建立单位补充养老保险方面，是老年收入保障与医疗保障支持系统中的一个非常重要的支柱。同时，这些单位对老人继续分享单位发展的成果、帮助解决困难、给予精神慰藉，也有重要作用。尤其是农村老人所在的镇（乡）、村集体经济组织，对于加强社区建设，开展为老服务，更具有重要意义。

第四，"家庭"在老年保障支持系统中具有不可替代的重要作用。在城镇中，尽管未来绝大部分老人都可以领取基本养老金，但是家庭成员特别是子女的经济赡养补贴、生活照料和精神慰藉，对于老人安度晚年是非常重要的。在农村中尽管开展了社会养老保险，但是在今后很长一段时期中农村老人所领取的养老金还不足以保障其基本生活需要，因此，家庭在农村老人的收入保障上还将具有更重要的作用。

第五，"个人"在老年保障支持系统中的重要作用，不仅表现在个人在业时所缴纳的城镇职工基本养老保险费或农村社会养老保险费、积极参与个人储蓄性养老保险及商业性人寿保险、年老后再工作及其他一些为自己安度晚年准备的经济来源，而且还包括注重终身保健，从幼年起就养成良好的饮食习惯和生活方式、豁达开朗的性格、坚持适度的体育锻炼等。

总之，根据我国的国情及上海的特点，未来上海市老年保障支持系统将由政府、社会、单位、家庭、个人这五个支柱组成。随着今后经济发展、社会进步及就业模式、家庭结构、居住方式、价值观念的变化，上述五个支柱在老年保障支持系统中的作用强度和作用方式也将会有所变化。不断地寻求这五个支柱因时因地的最佳结合，对于搞好未来上海市老年保障体系将具有重要的战略意义。

3. 未来上海市老年保障管理体制的目标模式——两头统，中间分

关于未来上海市老年保障管理体制的目标模式，从横向考察，决策协调系统层面宜统一，行政管理执行系统层面在适当调整后宜合理分工，资金运营（包括征收、发放及基金如何增值）和监督评估系统层面宜统一；从纵向考察，全市综合性决策协调系统层面宜统一，市、区的有关委、办、局系统宜在适当调整后合理分工，街道、镇（乡）的综合管理宜尽可能统一。

鉴于老年保障体系的内涵十分丰富广泛，它包括城乡养老保险、老年

医疗保险与老年合作医疗保险、老年社会福利、老年社会救助、军人年老后的优抚安置、社会互助、老年合法权益保障等许多方面，其行政主管部门涉及目前上海市社会保险管理局、医疗保险管理局、民政局、卫生局、人事局、劳动局、财政局、教育委员会等许多政府职能部门。要将这些部门的有关处、室全部归并到一个新的委、办、局，实际上是不可能的。而且现在国务院机构改革方案决定成立劳动和社会保障部，虽然改革的力度相当大，但只是将有关社会保险的各个方面统管起来。因此，我们认为上海市可将主管老年保障体系的有关行政部门或者将主管包括老年保障在内的社会保障体系的有关行政部门，按照"能统则统"的原则进行适当调整，使之合理分工。

但是，全市有关老年保障体系或者包括老年保障在内的社会保障体系方面的决策协调工作，宜由一个统一的、综合性的、高层次的机构来负责。这个机构可以采取像市规划委员会那样的虚委制，也可采取建立领导小组或联席会议制度（下设办公室）。同时，有关老年保障体系或者包括老年保障在内的社会保障体系的资金征收、发放及基金如何保值、增值等运营工作，也宜由统一的、网络化的老年保障事业管理中心或者包括老年保障在内的社会保障事业管理中心承担；有关老年保障体系或者包括老年保障在内的社会保障体系的社会监督评估工作，也宜由统一的、吸收政府代表、人大代表、工会代表、有关专家及群众代表参加的老年保障监督委员会或者包括老年保障在内的社会保障监督委员会承担。至于街道、镇（乡）这级，则可从本社区的实际需求出发，通过加强社区建设，优化社区资源配置，扩大社区服务功能，综合开展市、区行政管理部门下达的有关老年保障体系或者包括老年保障在内的社会保障体系的各项工作。

三、未来上海市老年保障体系的运行机制

要搞好上海市老年保障，完善老年保障体系，还必须形成一套良好的运行机制，从内部与外部两个方面来促使未来本市的老年保障体系不断完善和发展。如果缺乏良好的运行机制，就会使未来老年保障体系的发展带有很大的或然性，往往出现老年保障体系的发展随某些领导人员的更替及重视程度的变化而变化。根据我国特别是上海的实际情况及老年保障体系运行的特

点，并借鉴国外的经验教训，我们感到为了保证未来上海市老年保障体系的正常运行和健康发展，应建立五方面的运行机制：

1. 道德维系机制

道德是依靠社会舆论、信心、习惯、传统和教育的力量来调整人们之间关系，以及个人与社会之间关系的行为规范的总和。一定的道德规范不仅是评价人们行为的标准，还对人们的行为起指导作用。中华民族具有敬老、养老的传统美德。要使全社会特别是各级领导干部都来关心和重视老年人的保障，把搞好老年保障体系作为一项具有重大意义的崇高事业，离不开继承和发扬这种传统美德；要使社会各界都主动热情地关心城乡贫困老人，广泛持久深入地开展对贫困老人"送温暖、献爱心"的活动，离不开继承和发扬这种传统美德；要使每个公民都理解和支持政府制定的老年保障法律、法规及各种政策措施所坚持的兼顾效率与公平的原则，自觉地贯彻执行，也离不开继承和发扬这种传统美德；要使广大干部和群众特别是今后大批成长起来的独生子女尊敬和赡养年老父母，把对他们的经济供养、生活照料和精神慰藉看成是自己应尽的义务，更离不开继承和发扬这种传统美德。

上海市在过去举行的市"敬老日"和"国际老人节"庆祝活动，开展的评选"敬老好儿女金榜奖"和"十佳敬老好家庭"、组织"孝敬父母演讲赛"、实施"结对帮困""送温暖、献爱心"等活动，都是通过发挥道德维系机制的作用来推动老年保障事业的生动体现。在今后本市要搞好老年保障体系、全面提高老年人的生活质量，更应在大力倡导社会公德、职业道德和家庭美德中，加强敬老、养老的宣传教育，把中华民族的这种传统美德通过家庭教育、学校教育、社会教育、开展各种群众喜闻乐见的宣传活动一代一代继承和发扬下去。

2. 成果分享机制

在老年保障体系中，狭义的分享经济发展和社会进步成果，主要反映在老年人的收入保障特别是法定的基本养老保险和老年社会救助方面。我国城镇职工在领取基本养老金（原来称为"退休金"）上，长时期来分享成果主要表现在作为计发养老金的基础——本人退休前的标准工资额、随着经济的发展及本人的工作情况而有所增加；以后由于分享成果意识的增强和物价上涨幅度较大，分享成果开始表现在通过各种不定期的行政补贴措施来提高退休人员领取的养老金数额。这种措施虽然有利于退休人员分享成果，但在什么时候提高养老金数额及每次提高多大幅度等问题上具有很大或然性，没有形成一个比较科学的"自动"分享成果的增长机制。现在国务院规定了城镇退休人员养老金的调整与上一年当地在职职工平均工资增长的一定比例挂钩，对于形成基本养老保险的分享机制，搞好城镇老年人的收入保障，具有十分重要的意义。至于在城乡老年社会救助上，分享成果主要表现在城镇老人获得社会救济的标准、城乡居民最低生活保障的标准、农村"五保"老人的保障标准，随着经济发展而有所提高。在上海市，自 1993 年 5 月制定城镇居民最低生活保障线以来，每人每月的标准逐年提高：1993 年为 120 元，1994 年为 135 元，1995 年为 165 元，1996 年为 185 元。1997 年 1 月 1 日起施行的《上海市社会救助办法》虽然提出了本市城乡居民最低生活保障标准的确定，应当参考下列因素：社会人均实际生活水平、维持最低生活水平所必需的费用、物价指数、经济发展水平和财政状况，并指出该标准"应当根据实际情况适时作必要的调整"，但究竟如何进行科学的测算，像城镇职工基本养老金调整那样形成较好的分享成果机制，还有待于进一步探索。

在老年保障体系中，广义的分享经济发展和社会成果，反映在许多方面。其中有的表现在政府及社会直接用于老年保障事业发展的措施，如投资建设老年福利设施、发展社区为老年服务业、推进尊老社会一条龙服务、制定百岁老人长寿政策等；有的表现在政府及社会为提高全体市民生活质量而采取的措施，如投资改善城市基础设施、实施"安居工程"、治理环境污染、加强医疗保健等，它同样有利于本地区老年人分享成果。即使在家庭养老方面，随着近年来上海市经济发展和改革开放力度的增大，年轻在业人员的收入有很大提高，有些甚至超过父辈退休前的收入。这对改变过去本市长期存在的退休老人在经济上净"倒贴"子女的状况，减轻老年人的"养家"负担，起到了积极作用，使老年人从子女收入增加中间接分享了经济发展成果。当然，要全面形成广义分享成果的"自动"增长机制，比较困难。但是，研究建立类似未来本市地方财政用于建设老年福利设施、发展社区为老服务业的年支出额增长幅度，适当高于本地区年国内生产总值或财政收入额增长幅度的机制，是既十分必要，也完全有可能的。

3. 利益激励机制

在社会主义市场经济管理体制下，利益激励机制具有重要导向作用。老年保障体系的发展虽然不像企业那样受利益驱动的支配，但也需要重视和发挥利益激励机制的作用。这是因为在推进城乡基本养老保险及各种补充养老保险方面，只有把今后发放养老金数额的多少与个人缴纳养老保险费的年限和数额有机挂钩，兼顾公平与效率，才能激励广大在业人员投保的积极性；只有加强对养老保险基金的管理，搞好基金的保值、增值，严格防止和依法惩处挪用甚至侵吞基金的各种违法犯罪行为，才能确保投保者的利益，调动他们投保的积极性。尤其是在加快发展各种自愿参加的补充养老保险方面，如果政府能制定一些减免税收的优惠政策，将会大大激励单位和个人参加的积极性。

同时，在推进老年福利事业及社区为老服务业方面，也需要政府制定各种优惠政策，直接鼓励那些微利低偿项目的发展，鼓励境内外单位、团体和个人以各种形式资助这些项目的发展；需要政府通过对各种养老设施的评估定级，规定收取托管费（含床位费）的不同标准，以激励每个养老设施努力改进硬件和软件水平的积极性。近年来上海市民政局等17个部门制定的《关于加快发展社区服务业的意见》与上海市民政局制定的《关于调整本市社会福利院收费标准的通知》，都不同程度地体现了重视利益激励机制的作用。至于在鼓励老年人居家养老和家庭照料老人方面，如何形成比较科学并切实可行的利益激励机制，现在已经引起了本市政府有关部门、专家学者的重视，正在研究对策。

4. 社会监督机制

社会监督是指来自社会各方面的监察、检查、评定、督促。在我国，广义的社会监督包括来自各级人民代表大会及常务委员会、政府部门、党群组织、团体、新闻媒介和个人，以及来自上级机构和机构内部财务部门、审计部门、监事会等的监督。从搞好老年保障体系来看，要加强和完善各类养老保险、社会救助、医疗保险、老年福利设施、社区为老服务业的管理，都离不开经常性的社会监督。特别是在有关老年社会保障的各类基金的管理上，在各类老年福利设施和项目的服务质量上，更需要强化社会监督机制。近年来上海市政府及职能部门已经制定了许多有关老年保障体系规范化管理的文件，拟定了一些定期检查评估这方面管理工作好坏的指标体系，加强了各级行政管理部门自上而下的监督与机构内部监察审计工作。如果能在这个基础上，组建老年保障体系或包括老年保障在内的社会保障体系监督机构，在人员组成上更体现群众性和民间色彩，进一步完善各类评估指标体系及考核评估方法，对于充分发挥社会监督机制，促进本市老年保障事业的发展将具有重要作用。

同时，为了促进上海市的各级政府部门进一步重视和搞好老年保障事业，也需要从城乡的不同情况出发，研究制定这方面的评估指标体系，定期进行评估，发扬先进，鞭策后进，形成良好的社会监督机制。

5. 法律强制机制

法律是拥有立法权的国家机关，依照立法程序制定和颁布、并以国家强制力保证实施的规范性文件。为了搞好老年保障体系，切实保护老年人的合法权益，需要通过制定有关的法律、法规等来规定人们在老年保障中的权利与义务，使老年保障中国家、社会与公民的一些重要的社会关系具有法律关系的性质，并通过国家强制力来保证实施。在我国继续推进政治体制改革、建设社会主义法治国家的过程中，充分发挥法律的规范作用将显得更为重要。1988 年，上海市人民代表大会常务委员会就通过了《上海市老年人保护条例》，规定了任何人不得侵犯老年人依法享有的人格尊严和人身自由权、受赡养扶助权、房屋租赁和使用权、财产权、婚姻自主权、从国家和社会获得物质帮助权以及宪法和法律规定的其他权益。1996 年，全国人民代表大会常务委员会又通过了《中华人民共和国老年人权益保障法》，明确规定国家和社会应当采取措施，健全对老年人的社会保障制度，国家保护老年人依法享有的权益。在老年保障体系方面，城镇职工的基本养老保险和医疗保险，以及上海市农村的社会养老保险，只要属于适用范围的人员都必须参加；本市城乡的社会救助，只要符合条件的人员都可以提出申请，并在核查批准后获得社会救助。这些规定，只有通过法律、法规肯定下来，才能做到有法可依，要求依法办事。同时，为了使未来上海市老年保障体系能够正常运行，也需要把分享成果机制、利益激励机制、社会监督机制中的一部分内容，写入有关法律、法规之中，使其具有法律关系的性质，以保证这些机制作用的发挥。

以上对未来上海市老年保障体系的目标模式与运行机制提出了初步设想。这些设想如果撇开上海市的特殊性，可能对我国其他地区也有一定启示。我们愿意同与会的专家学者包括实际部门工作者一起来继续探索这些问题，共同推进中国老年保障事业的发展。

（本文原载中国老龄协会、中国老年学学会编《中国的养老之路——全国家庭养老与社会化养老服务研讨会论文选集》，中国劳动出版社 1998 年版）

中国人口老龄化和老年保障
60 年回顾及探讨

1949 年以来，中国人口年龄结构经历了"成年型—年轻型—成年型—老年型"的转变，老年保障也经历了从无到有、从城镇扩展到农村、从老年收入保障扩展到老年医疗保障、老年福利服务的变化过程。回顾总结新中国成立 60 年中国人口老龄化与老年保障的变化，探讨未来研究中国人口老龄化及完善中国老年保障体系需注意的问题，具有重要的理论意义和应用价值。

一、中国人口老龄化的 60 年回顾

人口老龄化是指总人口中年轻人口数量相对减少、年长人口数量相对增加而导致的老年人口比例相应增长的动态过程（杜鹏，1994）。据 1953 年中国第一次人口普查，当时中国 60 岁及以上老年人口数为 4153.84 万，60岁及以上老年人口系数为 7.15%；65 岁及以上老年人口数为 2503.83 万，65岁及以上老年人口系数为 4.41%（不包括中国香港、澳门、台湾地区及福建省金门、马祖等岛屿，下同）。如果按照美国人口普查局出版的《人口学方法与资料》一书所用的 4 项有关老龄化程度指标来划分当时中国人口年龄结构类型的话，那么除了老少比 12.16% 呈现年轻型特征（15% 以下）外，0—14 岁人口系数、65 岁及以上老年人口系数、年龄中位数等三项指标值均呈现成年型特征，可见 1953 年普查时中国的人口年龄结构已基本进入成年型。从 1953—1964 年，由于新中国成立后第一次人口出生高峰和三年经济困难时期人口死亡率特别是老年人口死亡率较高的双重影响，中国人口

反而出现了年轻化。据 1964 年中国第二次人口普查，1964 年中国 60 岁及以上老年人口数为 4225.48 万，60 岁及以上老年人口系数为 6.08%；60 岁及以上老年人口数虽然比 1953 年增加了 63.67 万，但 60 岁及以上老年人口系数却比 1953 年减少了 1.19 个百分点；65 岁及以上老年人口数为 2458.33万，65 岁及以上老年人口系数为 3.56%；不仅 65 岁及以上老年人口系数比 1953 年减少了 0.85 个百分点，而且 65 岁及以上老年人口数也比 1953 年减少了 49.29 万。如果按照上述 4 项有关老龄化程度指标来划分当时中国人口年龄结构类型的话，那么除了年龄中位数 20.20 岁仍呈现成年型特征（20—30 岁）外，0—14 岁人口系数、65 岁及以上老年人口系数、老少比等三项指标值均呈现年轻型特征，可见 1964 年普查时中国的人口年龄结构基本上属于年轻型。

　　随着中国人口平均预期寿命的延长，特别是 1970 年后城乡全面实行计划生育，使人口出生率明显下降，中国人口又渐趋老龄化。据中国第三、四、五次人口普查，中国 60 岁及以上老年人口数从 1982 年的 7663.78 万逐步增加到 1990 年的 9696.96 万、2000 年的 13054.29 万，60 岁及以上老年人口系数也从 1982 年的 7.63% 逐渐上升到 1990 年的 8.58%、2000 年的10.46%；中国 65 岁及以上老年人口数从 1982 年的 4927.55 万逐渐增加到1990 年的 6314.03 万、2000 年的 8883.44 万，65 岁及以上老年人口系数也从 1982 年的 4.91% 逐渐上升到 1990 年的 5.57%、2000 年的 6.96%。如果按照上述 4 项有关老龄化程度指标来划分 1982 年和 1990 年普查时中国人口年龄结构类型的话，那么 1982 年除了老少比 14.62% 仍呈现年轻型特征（15%以下）外，0—14 岁人口系数、65 岁及以上老年人口系数、年龄中位数均呈现成年型特征；1990 年除了 0—14 岁人口系数 27.69% 已呈现老年型特征（30% 以下）外，65 岁及以上老年人口系数、老少比、年龄中位数均呈现成年型特征。可见，1982 年和 1990 年普查时中国的人口年龄结构基本上都属于成年型，差别只是在这个时期中国人口逐渐老龄化。如果按照上述 4 项有关老龄化程度指标来划分 2000 年普查时中国人口年龄结构的话，那么除了65 岁及以上老年人口系数 6.96% 仍呈现成年型特征（7% 以下）外，0—14岁人口系数、老少比、年龄中位数均呈现老年型特征。可见 2000 年普查时中国的人口年龄结构已基本上进入老年型（见表 1）。据对国家统计局公布

的抽样调查数据的推算，2007 年末中国 65 岁及以上老年人口系数为 9.36%
（国家统计局编，2008）。

表 1　中国五次人口普查时点的有关人口老龄化数据

普查年份	0—14 岁人口系数（%）	60 岁及以上人口系数（%）	65 岁及以上人口系数（%）	65 岁及以上人口与 0—14 岁人口比（%）	年龄中位数（岁）
1953	36.28	7.15	4.41	12.16	21.70
1964	40.69	6.08	3.56	8.75	20.20
1982	33.59	7.63	4.91	14.62	22.91
1990	27.69	8.58	5.57	20.12	25.25
2000	22.89	10.46	6.96	30.41	30.85

资料来源：(1) 中华人民共和国国家统计局编：《中国统计年鉴 2008》，中国统计出版社 2008 年版；
(2) 1953—1990 年的年龄中位数转引邬沧萍主编的《社会老年学》，中国人民大学出版
社 1999 年版；(3) 1953—2000 年的 60 岁及以上人口系数、2000 年的年龄中位数，根
据历次全国人口普查年龄分布的数据计算而来。

在过去 60 年中，中国的老年抚养比也呈现波浪式上升的态势。据中
国历次普查，15—59 岁劳动年龄人口抚养 60 岁及以上老年人口的比例，
从 1953 年的 12.98% 降到 1964 年的 11.86% 后，又逐渐回升到 1982 年的
13.04%、1990 年的 13.46% 和 2000 年的 15.68%；15—64 岁劳动年龄人口
抚养 65 岁及以上老年人口的比例，从 1953 年的 7.44% 降到 1964 年的 6.39%
后，又逐渐回升到 1982 年的 7.98%、1990 年的 8.35% 和 2000 年的 9.92%。
据国家统计局公布的抽样调查数据，2007 年 65 岁及以上老年抚养比为
12.86%（国家统计局编，2008）。

二、中国老年保障的 60 年回顾

中国老年保障从广义上考察，主要包括老年收入保障、老年医疗保障、
老年服务保障。

（一）城乡老年收入保障的 60 年回顾

中国在 20 世纪 50 年代初制定《中华人民共和国劳动保险条例》的基础上，到 1958 年又颁布了《国务院关于工人、职员退休处理的暂行办法》，先后在企业职工、国家机关和事业单位的职工中实行了退休制度，使符合条件的上述单位职工到达法定退休年龄后可领取养老金。从 1984 年起中国城镇企业职工的养老保险制度开始改革，经历了实行城镇职工社会养老保险费用在同一城市内的社会统筹、在试点的基础上形成全国统一的城镇企业职工养老保险改革的方案、基本养老保险基金实行"收支两条线"、将过去基本养老保险基金在行业统筹的部门全部移交地方管理、进行逐步做实个人账户试点、完善基本养老保险计发办法、推进省级统筹等，建立并逐步完善了由国家、企业与个人共同负担缴费机制、实行社会统筹与个人账户相结合的城镇企业职工基本养老保险制度。

关于农村社会养老保险，中国从 1986 年民政部召开"全国农村基层社会保障工作座谈会"后开始探索。1991 年民政部制定《县级农村社会养老保险基本方案（试行）》，规定了"个人缴纳为主，集体补助为辅，国家予以政策扶持"的筹资模式。2003 年后中国有些地区又开展了以各级财政对参保的农村劳动者给予直接补贴为特征的新型农村养老保险试点，2009 年 8 月国务院召开了新型农村社会养老保险试点工作会议，决定 2009 年先在全国 10% 的县（市、区、旗）进行"新农保"的试点。2009 年 9 月 1 日又颁发了《国务院关于开展新型农村社会养老保险试点的指导意见》。其中规定"新农保"试点的基本原则是"保基本、广覆盖、有弹性、可持续"；凡"年满 16 周岁（不含在校学生）、未参加城镇职工基本养老保险的农村居民，可以在户籍地自愿参加新农保"；试点的任务目标是"探索建立个人缴费、集体补助、政府补贴相结合的新农保制度，实行社会统筹与个人账户相结合，与家庭养老、土地保障、社会救助等其他社会保障政策措施相配套，保障农村居民老年基本生活。"并要求在"2020 年之前基本实现对农村适龄居民的全覆盖"。

对包括城乡老年人在内的生活困难的城镇家庭，中国在 20 世纪 50 年代初开始实施了救济制度。在 20 世纪 50 年代中期农业合作化进程中，各地农村集体经济组织对农村"三无"老人（即无劳动能力、无生活来源、无依无靠的老人）实行了"五保"：保吃、保穿、保住、保医、保葬。1994 年，国务院颁布并实施了《农村五保供养工作条例》，规定对农村"五保"老人的供养"不应低于当地村民的一般生活水平"。2006 年国务院又对该条例进行了修订，明确规定"农村五保供养资金，在地方人民政府财政预算中安排"。

1999 年，国务院在部分省级地区实行城市或城乡居民最低生活保障制度的基础上，颁布并实施了《城市居民最低生活保障条例》，对"持有非农业户口的城市居民，凡共同生活的家庭成员人均收入低于当地居民最低生活保障标准的"，给予"补差"性的收入救助、医疗救助、教育救助和住房救助。从 1994 年起中国各地又开始探索建立包括农村贫穷老年人在内的农村最低生活保障制度，2007 年国务院印发了《关于在全国建立农村最低生活保障制度的通知》，加快了这项制度的建设。

（二）城乡老年医疗保障的 60 年回顾

在城镇老年人的医疗保障方面，中国在 20 世纪 50 年代初制定《中华人民共和国劳动保险条例》，对企业职工实行医疗保险的同时，1952 年又颁布了《关于全国各级人民政府、党派、团体及所属事业单位的国家机关工作人员实行公费医疗预防的指示》，对机关和事业单位职工实行公费医疗。1998 年国务院在总结 1988 年开始试点的经验后，颁布了《关于建立城镇职工基本医疗保险制度的决定》，要求各地按全国基本统一的医保改革方案进行改革，建立基本医疗保险、补充医疗保险、医疗救助相结合；基本医疗保险由用人单位与在职职工共同缴费，退休人员个人不缴费；实行社会统筹与个人账户相结合；在计入个人账户和统筹基金的支付上，明显向退休人员倾斜的城镇职工基本医疗保险制度。

对中国没有医疗保障制度安排的城镇非从业居民（包括一部分不能享受城镇职工基本医疗保险待遇的城镇老年居民），2007 年发布了《国务院关于开展城镇居民基本医疗保险试点的指导意见》，开展了建立自愿参加、个人缴费与政府补贴相结合、以大病统筹为主的城镇居民基本医疗保险制度试点工作。

对包括农村老年人在内的广大农村家庭，从 20 世纪 50 年代中后期起逐步实行了农村合作医疗制度。随着上世纪 80 年代农村集体经济的萎缩，原有的旧农合覆盖面大幅下降。20 世纪 90 年代初中期，部分农村地区对新型农村合作医疗制度进行了探索。1997 年，国务院批转了卫生部等五个部门制定的《关于发展和完善农村合作医疗的若干意见》，在中国农村广泛实行了由政府主导、农民以户为单位自愿参加、个人缴费与政府补贴相结合、社会统筹与个人账户相结合、以大病统筹为主的新农合制度。

2009 年 3 月发布了《中共中央国务院关于深化医药卫生体制改革的意见》以及国务院关于《医药卫生体制改革近期重点实施方案（2009—2011 年）》，明确规定建立覆盖城乡居民的基本医疗卫生制度，为群众提供安全、有效、方便、价廉的医疗卫生服务，实现人人享有基本医疗卫生服务的目标，以及构建中国基本医疗卫生制度的四大体系和保障四大体系有效规范运转的八项支撑。其中直接惠及城乡老年人的，如将关闭破产企业退休人员纳入城镇职工医保或参加城镇居民医保、改进异地养老的退休人员异地就医结算服务、定期为 65 岁以上老年人做健康检查、资助城乡低保家庭成员和五保户参加城镇居民医保或新农合，逐步提高对经济困难家庭成员自负医疗费用的补助标准等。

（三）城乡老年服务保障的 60 年回顾

20 世纪 50 年代中后期起，中国城乡逐步建立养老机构，主要收养城镇的社会孤老和农村的"五保"老年人，为他们提供照料服务。2000 以来，国务院办公厅转发了民政部等 11 个部委《关于加快实现社会福利社会化的意见》（2000），民政部先后发布了《老年人社会福利机构基本规范》（2001）、《关于开展养老服务社会化示范活动的通知》（2005），并从 2001 年起实施"社区老年福利服务星光计划"，全国老龄委办公室等 10 个部委联合发布了《关于全民推进居家养老服务工作的意见》（2008），要求加快推进投资主体多元化、服务对象公众化、服务方式多样化、服务队伍专业化，构建以居家养老为基础、社区服务为依托、机构照料为补充的养老服务体系。

三、有关未来中国人口老龄化及完善
中国老年保障的若干问题探讨

（一）反映中国人口老龄化的统计指标应尽可能以 60 岁为老年人口的起点年龄

关于中国人口老龄化状况的统计指标，现在我国政府有些部门及不少学者往往只使用以 65 岁为老年人口起点年龄的各种统计资料。在《中国统计年鉴 2008》表 3—5 "五次全国人口普查人口基本情况"的各年龄组人口中，仅提供 0—14 岁、15—64 岁、65 岁及以上三个年龄组人口占总人口的百分比值；在《中国统计年鉴 2008》表 3—10 "各地区人口年龄构成和抚养比（2007）"的人口年龄构成中也是如此。笔者认为这不仅不利于我们真实了解中国人口老龄化及其对经济社会的影响状况，而且也是与国际社会的现行口径不接轨的。诚然，在联合国委托法国人口学者皮撒主编并于 1956 年出版的《人口老龄化及其社会经济影响》一书中，曾使用过 "64 岁以上人口在总人口中" 的比例。然而在 1982 年联合国召开的第一届世界老龄大会文件中涉及老年人口划分标准时，却根据世界人口发生的新情况写道："另一种硬性的却比较方便的办法是把 60 岁和 60 岁以上的人统一划为年长人。联合国采用了此一定义，本文件亦用之"（中国老龄问题全国委员会编，1983）。在 1991 年联合国社会发展和人道事务中心发表的《世界人口老龄化的现状》中，也明确指出："本报告中的'老年人'、'老龄人'、'年老人'或'老年'等用词一般系指 60 岁以上年龄组的那部分人口。然而，有时在缺少 60 岁以上年龄组的统计数据时，系指 65 岁及其以上的老年人"（谢联辉、宋玉华，1998）。在 2002 年联合国召开的第二届世界老龄大会上，时任联合国秘书长的安南在开幕词中说道："世界正经历着一个史无前例的人口转变，从现在到 2050 年，老年人口总数将从大约 6 亿增加到 20 亿左右。"他这里讲到的老年人口数，按联合国的中位预测，就是指世界 60 岁及以上人口数。

对于联合国有关老年人口年龄起点的上述变化，邬沧萍和杜鹏曾在合

著的论文《对中国人口老龄化趋势的再认识》中认为"这是由于研究目的及范围的不同而形成的"（邬沧萍、杜鹏，1992）。在杜鹏的博士论文《中国人口老龄化过程研究》（杜鹏，1994）和邬沧萍主编的《社会老年学》（邬沧萍等，1999）中又进一步解释了两个具体原因：一是"以 60 岁为起点来划分老年人口更能反映发展中国家以至全球的人口老龄化情况"；二是"它还有深刻的社会经济意义。"由于当时发展中国家规定的法定退休年龄最高也只是 60 岁，如果把老年人口的年龄起点定在 65 岁，对发展中国家来说，"会缩小老年人口对社会经济的压力"（杜鹏，1994）。而且按中国目前城镇"在业人口的退休年龄"，"以 60 岁划分老年人就已经掩盖了一部分社会对老年人口的经济负担；若再以 65 岁来划分，大批已经退休的老年人口势必仍被当作是生产人口，并由此低估老年人口变化对社会经济的影响"（邬沧萍、杜鹏，1992）。1996 年颁布的《中华人民共和国老年人权益保障法》也明确规定"本法所称老年人是指 60 周岁以上的公民"。笔者完全同意邬沧萍和杜鹏的上述观点，建议中国统计部门在公布反映中国人口老龄化状况的统计数据时，应把 60 岁及以上人口数及其占总人口比例作为必须列入的数据，而在与发达国家的统计数据进行比较或者受资料局限时，才使用 65 岁及以上人口数及其占总人口比例。与此相应，我认为在分析现阶段及今后较长时期内中国劳动年龄人口状况和就业压力时，尽可能使用 15—59 岁人口数据；在分析老年人口抚养比时也尽可能使用 15—59 岁人口抚养 60 岁及以上人口的比例。

（二）展望 21 世纪中国人口老龄化状况的变动趋势

在笔者主持的国家社会科学基金重点项目"21 世纪中国人口发展趋势及其对策"中，对未来我国人口老龄化的发展趋势进行了多方案预测。该预测以 2000 年我国"五普"资料为基础数据，在修正生育中方案中假设育龄妇女总和生育率从 2000 年的修正值 1.8 逐渐提高到 2015 年的 1.9、2020 年的 2.1，然后逐渐下降到 2040 年的 2.0，并保持到 2100 年；在平均寿命低方案中假设人口出生时平均预期寿命从 2000 年的男性 69.63 岁、女性 73.33 岁，分别提高到 2050 年的男性 77 岁、女性 81 岁和 2100 年的男性 81 岁、女性 85 岁。按上述修正生育中方案和平均寿命低方案的预测结果，在 21 世纪的

100 年内中国人口老龄化状况的变动趋势如下：

（1）中国 60 岁及以上老年人数将从 2000 年的 1.31 亿增加到 2020 年的 2.48 亿、2050 的 4.58 亿，2100 年仍为 4.07 亿。其中在 2035—2100 年间 60 岁及以上老年人数始终超过 4 亿。60 岁及以上老年人口系数将从 2000 年的 10.46% 上升到 2020 年的 17.14%、2050 年的 31.19%，2100 年仍为 31.51%。在 2046—2100 年间 60 岁及以上老年人口系数始终超过 29%。其中 2020—2030 年中国 60 岁及以上老年人数及其占总人口的比例将处于高速增长期，老年人数从 2.48 亿增加到 3.61 亿，10 年共增加 1.13 亿，增长率为 45.6%；同期 60 岁及以上老年人口系数从 17.14% 迅速上升到 24.43%，10 年增加了 7.29 个百分点。

（2）中国 15—59 岁劳动年龄人口抚养 60 岁及以上老年人口的老年抚养比将从 2000 年的 15.68% 上升到 2020 年的 26.90%、2050 年的 59.63%，2100 年仍为 60.49%。在 2047—2100 年间老年抚养系数始终超过 55%。其中 2020—2030 年中国 60 岁及以上老年抚养比将处于高速增长期，10 年内老年抚养比从 26.90% 上升到 41.58%，增加了 14.68 个百分点。

（3）中国 80 岁及以上高龄老年人数将从 2000 年的 1211 万增加到 2020 年的 2798 万，2050 年的 1.01 亿，2100 年仍为 1.14 亿。在 2050—2100 年间高龄老年人数始终超过 9700 万。中国 80 岁及以上高龄老年人口占总人口的比例也将从 2000 年的 0.96% 上升到 2020 年的 1.94%、2050 年的 6.90%、2100 年的 8.87%。在 2051—2100 年间该比例始终超过 7%。其中在 2040—2050 年间中国 80 岁及以上老年人数及其占总人口的比例将处于高速增长期，高龄老年人数从 6204.85 万增加到 10117.38 万，10 年共增加 3912.53 万，增长率为 63.06%；高龄老年人口占总人口比例将从 4.15% 迅速上升到 6.90%，10 年增加了 2.75 个百分点。

（三）辩证认识实行计划生育对 21 世纪中国人口老龄化严重程度的影响

关于中国实行计划生育政策对 21 世纪上半叶中国人口老龄化迅速发展是否有影响及影响大小的问题，在现在的干部和学者中仍存在较大分歧。有的认为 21 世纪上半叶中国人口老龄化迅速发展，主要是实行计划生育政策造成的；有的认为 21 世纪上半叶中国人口老龄化迅速发展，与实行计划生育政策关系不太大，甚至不敢承认现行生育政策对人口老龄化的影响。

从笔者主持的 21 世纪中国人口老龄化发展趋势的生育高、中、低方案与平均预期寿命低方案预测结果来看，在假设的不同生育方案下，都不能改变 2001—2060 年间我国每年 60 岁及以上老年人数；21 世纪上半叶中国 60 岁及以上老年人数迅速增长的人口因素，主要是在人口平均预期寿命较快提高的同时，由新中国成立后三次出生人数高峰期生育的大批婴儿进入老年期造成的。尤其是在 2020—2030 年间我国 60 岁及以上老年人数将增加 1.13 亿（其他许多预测均表明在这 10 年间至少增加 1 亿），与 1970 年前中国城乡未普遍实行计划生育引起的新中国成立后第二次出生人数高峰期的"惯性"作用密切相关。在未来总人口数不变或总人口数增长速度既定的情况下，老年人口数的较快增加将会加剧人口老龄化的进程。

然而，在假设不同生育水平的情况下，即使 2060 年前我国 60 岁及以上老年人数的变化都相同，但老年人口系数和老年抚养比仍会有所差别。据笔者假设的生育低方案（总和生育率从 2000 年的 1.8 逐渐下降到 2015 年的 1.7、2030 年的 1.6，并一直保持到 2100 年）和平均寿命低方案预测，中国 60 岁及以上老年人口系数在 2050 年为 35.16%，在 2100 年为 40.14%；中国 15—59 岁劳动适龄人口抚养 60 岁及以上老年人口的老年抚养比在 2050 年为 67.35%，在 2100 年为 83.22%。如果与按假设的上述修正生育中方案和平均寿命低方案预测值相比，同期中国 60 岁及以上老年人口系数分别要增加 3.97 个百分点和 8.63 个百分点，同期中国 15—59 岁劳动适龄人口抚养 60 岁及以上老年人口的老年抚养比分别要增加 7.72 个百分点和 22.73 个百分点。可见，即使在 21 世纪的 100 年内中国育龄妇女的总和生育率始终不超过更替水平，未来的生育水平高低仍会对 21 世纪中国人口老龄化和老年抚养比的严重程度有较明显影响；而且随着年限的延长，这种影响将会逐渐加大。

（四）高度重视未来中国人口老龄化迅速发展对构建中国特色老年保障体系的影响

21 世纪上半叶中国人口老龄化的迅速发展，21 世纪下半叶中国长期存在数量众多的老年人数和高龄老年人数，以及比例很高的老年人口系数、老年抚养比、高龄老年人口系数，要求我们在建立和完善覆盖城乡居民的老年保障体系时，一定要坚持从实际出发"保基本"，筹资标准和待遇标准与经济发展及各方面承受能力相适应的原则；坚持尽可能促使城乡处于法定劳动年龄并有劳动能力的从业人员参加个人需要缴费的社会保险原则；坚持选择适当时机"小步渐进"地推迟城镇户籍职工特别是女工人的法定退休年龄，既不使未来城镇失业率过高，又有利于充分发挥人力资源作用、减缓基本养老保险基金支付压力的原则；坚持逐步增强老年社会保障功能与充分发挥家庭保障功能、农村土地保障功能相结合的原则。现阶段研究构建的中国特色老年保障的模式、机制和水平，应充分考虑到能否满足 2035—2100 年间 60 岁及以上老年人数始终超过 4 亿、2050—2100 年间 80 岁及以上高龄老年人数始终超过 9700 万的社会保障需要；充分考虑到能否在 2046—2100 年间 60 岁及以上老年人口系数始终超过 29%、2047—2100 年间 15—59 岁劳动年龄人口抚养 60 岁及以上老年人口的比例始终超过 55%、2051—2100 年间 80 岁及以上高龄老年人口占总人口的比例始终超过 7% 时能否使社会保障制度具有可持续性和促进和谐社会的长效性。

（本文原载《人口研究》2009 年第 5 期）

关于完善中国慈善事业政策法规的思考

在《中国慈善事业发展指导纲要（2006—2010年）》中，对进一步完善慈善事业政策法规的主要目标作了明确规定，指出"慈善政策法律法规不断完善，初步形成良好的政策和法制环境，基本建立适应慈善事业发展的政策法律体系，依法推进慈善事业的健康发展。"本文将就现阶段中国迫切需要完善的慈善事业政策法规进行较深入分析，探讨切实完善这些政策法规的基本思路。

一、尽快制定中国发展慈善事业的基本法

现阶段中国慈善事业的政策法规，主要有1999年6月第九届全国人大常委会通过的《中华人民共和国公益事业捐赠法》、1998年9月国务院发布的《社会团体登记条例》、1998年10月国务院发布的《民办非企业单位登记管理暂行条例》、2004年3月国务院发布的《基金会管理条例》（自2004年6月1日起施行，1988年9月国务院发布的《基金会管理办法》同时废止）及财政部、民政部、国家税务总局、海关总署等部门制定的有关规章。在这些政策法规中，对包括慈善事业捐赠在内的公益事业捐赠和包括慈善基金会在内的为公益目的而设立的基金会作了界定及分类，制定了鼓励用于公益事业捐赠的措施，规范了捐赠和受赠行为、基金会的设立、非营利社会团体和民办非企业单位的登记以及组织机构和财产的管理使用，强调了监督管理和法律责任。它们从法律和行政规章的高度保证和推动了近年来中国慈善事业的发展。然而目前中国还未制定有关发展慈善事业的基本法律。

2005年，我在参与上海市民政局局长徐麟主编的《中国慈善事业发展

研究》，与彭亮、王裔艳合作撰写其中的一章"政策完善与法规保障"时，曾提出中国应尽快制定"专门用于鼓励和规范慈善事业发展的综合性的《慈善法》或《慈善事业促进法》"[1]。在文中专门列举了英国制定和修改慈善事业基本法律的情况：1601 年颁布了《济贫法》（即《旧济贫法》），1834 年颁布了《济贫法（修正案）》（即《新济贫法》），1872 年颁布了《慈善受托人社团法》，1960 年颁布了《慈善法》，1992 年颁布了经修订的《慈善法》，1993 年又在上述法律基础上修订了《慈善法》。在英国的《慈善法》中，共有 10 章 100 条及 8 个附表。其中第一章为"委员会和公营受托保管人"，第二章为"慈善组织的注册和命名"，第三章为"委员会的情报权"，第四章为"关于财产近似原则的适用和法院及委员会对慈善组织的监督"，第五章为"慈善组织的土地"，第六章为"慈善组织的会计账目、年度报告以及年度报表"，第七章为"慈善受托人社团"，第八章为"慈善公司"，第九章为"杂项规定"，第十章为"附则"。[2]

在今年 3 月，我们很高兴地从新闻媒体上了解到中国的慈善事业基本法律已经进入了立法程序。这部法律现在定名为《中华人民共和国慈善事业促进法》，并已经列入了国务院和全国人民代表大会常务委员会的立法计划中，民政部正在会同国务院相关部门，并联系社会各界专家学者，按计划展开《慈善事业促进法》的起草工作。[3] 我们感到这部慈善事业基本法如果能被全国人民代表大会常务委员会审议通过并颁布实施，将是中国慈善事业发展史上的一个重要里程碑，对加快中国慈善事业的全面发展，规范和提高中国慈善事业的管理和服务水平，健全社会保险、社会救助、社会福利和慈善事业相衔接的社会保障体系，促进社会主义和谐社会的构建，将产生重大而深远的影响。

我们希望这部慈善事业基本法在法律上进一步明确中国慈善组织的法律地位、慈善募捐的主体、慈善募捐的监督机制、慈善事业的主管部门、慈善捐赠活动的程序，明确捐赠人、受赠人和受益人的权利义务，规范慈善事业准入、评估、监管、公益产权界定与转让、投资、退出等行为。它应该为具体制定中国有关促进慈善组织蓬勃发展的政策法规、完善社会慈善捐赠激励机制的政策法规、鼓励慈善义工事业发展的政策法规、加强慈善事业监督管理的政策法规，以及地方发展慈善事业立法，提供基本的法律依据。鉴于中国的慈善事业还处于发展的初级阶段，在有关慈善事业准入、评估、监管、公益产权界定与转让、投资、退出的某些问题上仍需要在今后实践中进一步探索和完善，因此，为了有利于尽快立法，我建议《中华人民共和国慈善事业促进法》可以对涉及发展慈善事业全局并需要在实践中继续探索完善的某些重大问题只作原则规定，待今后在制定《〈中华人民共和国慈善事业促进法〉实施细则》时再加以细化或根据情况不断修订。根据国外的经验，即使慈善事业的基本法也是可以随着客观情况的变化和人们认识的深化而修订的。当然，每次国家法律的修订都需要按严格规范和时间较长的立法程序办理，因此，在起草制定时又应充分考虑《中华人民共和国慈善事业促进法》的稳定性和长效性。

二、尽快完善慈善捐赠税收优惠的政策法规

现阶段我国有关激励社会慈善捐赠的政策法规，主要有《中华人民共和国公益事业捐赠法》《中华人民共和国企业所得税暂行条例》及其细则、《中华人民共和国外商投资企业和外国企业所得税法》及其细则、《中华人民共和国个人所得税法》，国家税务总局颁发的《国家税务总局关于企业等社会力量向中华社会文化发展基金会的公益救济性捐赠税前扣除问题的通知》，财政部和国家税务总局联合颁发的《财政部、国家税务总局关于宋庆龄基金会等6家单位捐赠所得税政策问题的通知》，以及财政部、国家税务总局和海关总署联合颁发的《财政部、国家税务总局和海关总署关于发布〈扶贫、慈善性捐赠物资免征进口税收暂行办法〉的通知》等。

在上述政策法规中，企业向非营利组织捐赠可享受的税收优惠政策主要有以下几方面：

（1）企业所得税的纳税人（金融保险业除外）用于公益、救济性的捐赠，在年度纳税所得额 3% 以内的部分，准予扣除。金融、保险企业用于公益、救济性的捐赠支出在不超过企业当年应纳税所得 1.5% 的标准以内的可以据实扣除，超过部分不予扣除。

（2）企业、事业单位、社会团体等社会力量，通过国家税务总局和民政部批准的为数很少的非营利性的社会团体或国家机关（包括中国红十字

会），向红十字事业、福利性、非营利性的老年服务机构、农村义务教育、公益性青少年活动场所（包括新建）的捐赠，在计算缴纳企业所得税时准予在应纳税所得额中全额扣除。

（3）为支持文化、艺术等事业发展，纳税人通过文化行政管理部门或批准成立的非营利性的公益组织对文化事业的捐赠，纳入公益、救济性捐赠范围，在年度应纳税所得额10%以内的部分，经主管税务机关审核后，可在计算应纳税所得额时予以扣除。

另外，《外商投资企业和外国企业所得税法实施细则》第十九条第八项规定，企业在计算应纳税所得额时，除国家另有规定外，"用于中国境内公益、救济性质以外的捐赠"，不得列为成本、费用和损失。根据这一规定，外商投资企业和外国企业用于中国境内公益、救济性质的捐赠，是可以列为成本、费用，从应纳税所得额中扣除。

在上述政策法规中，个人向教育、社会公益事业、遭受严重自然灾害地区、贫困地区和青少年活动场所等捐赠的，可以在当年应缴纳个人所得税的所得额中得到不同程度扣除，具体如下：

（1）个人将其所得通过中国境内获得批准的为数很少的非营利性社会团体或国家机关向教育和其他社会公益事业以及遭受严重自然灾害地区、贫困地区的捐赠，捐赠额未超过纳税人申报的应纳税所得额30%的部分，可以从应纳税所得额中扣除，超过部分不得扣除。

（2）个人给予红十字事业、农村义务教育（自2001年7月1日起）、公益性青少年活动场所（包括新建）的捐赠，在计算个人所得税时，准予在税前的应纳税所得额中全额扣除。

（3）个体工商户将其所得通过中国境内获得批准的为数很少的非营利性社会团体或国家机关向教育和其他社会公益事业以及遭受严重自然灾害地区、贫困地区的捐赠，捐赠额不超过其应纳税所得额30%的部分可以据实扣除。纳税人直接给受益人的捐赠不得扣除。

（4）对境外捐赠人无偿向中国境内受赠人捐赠的直接用于非营利的扶贫济困、慈善救助等社会慈善和福利事业的物资，可免征进口关税和进口环节增值税。

由此可见，这些政策法规在激励企业和个人进行社会慈善捐赠时仍存在着一些不足之处：捐赠的企业不同或企业与个人捐赠的项目不同，享受税收优惠不同；税收优惠比例过低；对内资企业和外资企业的税收优惠不统一。当前社会反映最强烈的是税收优惠比例过低。企业和个人只有在少数条件下，才能在计算缴纳企业所得税或个人所得税时，准予将捐赠额全额扣除。较多情况下，企业和个人捐赠额分别在年度纳税所得额3%和30%以内的部分，才准予扣除。

在《中国慈善事业发展指导纲要（2006—2010年）》中明确指出："推动慈善捐赠税收优惠政策的调整和完善，充分发挥税收政策的引导作用。"为了完善中国社会慈善捐赠的激励机制，进一步鼓励企业和个人积极参与社会捐赠，近年来中国个别省、市对完善慈善捐赠的税收优惠政策作了某些尝试。比如，北京市财政局和地税局于2004年联合下发了《关于向慈善协会的捐赠所得税税前扣除问题的通知》，规定"向市慈善协会的捐赠，准予在缴纳企业所得税和个人所得税前全额扣除。"在2006年公布的《北京市慈善事业发展情况报告》中，又强调"税务部门要积极落实慈善事业税收优惠政策，依法扩大慈善捐赠税收优惠政策的适用范围"。[4]吉林省地方税务局和吉林省民政厅于2004年6月联合下发了《关于全省慈善会接受社会捐赠有关税收政策的通知》，规定"对企业、事业单位、社会团体和个人向县级以上慈善会的公益、救济性捐赠，准予在缴纳企业所得税和个人所得税前全额扣除。"[5]中共湖南省委办公厅和湖南省人民政府办公厅于2006年4月联合下发了《关于加强和规范慈善工作的通知》，规定"各级慈善组织接收的所有捐赠款物，必须全部用于安老、扶幼、助医、助学、济困、赈灾等慈善救助活动和其他慈善公益事业"，"企业事业单位、社会团体和个人向慈善机构的公益性、救济性捐赠，准予在缴纳企业所得税、个人所得税前全额扣除。"[6]我们希望中央有关部门在规范慈善组织资格、加强慈善组织管理的基础上，应尽快研究制定进一步提高税收优惠比例和允许个人或企业当年超过所得税抵扣比例限额部分跨年度递延抵扣等政策法规。

首先，应扩大企业和个人对一些关系国计民生的公益、救济性捐赠特别是突发性的重大救济捐赠可获得税前全额扣除的范围，并适当提高他们通过财政部和国家税务总局批准的非营利性的公益性社会团体进行一般性慈善捐赠的税收优惠比例。1986年美国《国内收入法典》规定，在一个纳税年度内，慈善捐款的扣除额不能超过该捐款人调整后毛所得的50%，公司不能超过10%。鉴于政策具有社会导向性的特点，因此，我认为中国在完善慈善捐赠的税收优惠政策时，既要考虑对企业和个人慈善捐赠的激励性，充分调动他们捐赠慈善事业的积极性，又不能搞"竭泽而渔"，应该有利于为慈善事业多作贡献的企业和个人的未来发展，保护社会慈善资源的可持续发展，兼顾发展慈善事业与增加税收和财政收入的关系，取得"双赢"的效果，因此，我并不赞同企业和个人的所有慈善捐赠都应在缴纳企业所得税、个人所得税前全额扣除，建议对一般性的慈善捐赠，企业和个人在年度纳税所得金额中扣除的比例最多提高到30%—50%为宜。

其次，应允许个人或企业当年超过所得税抵扣比例限额部分的公益捐赠递延至下一年度进行抵扣。德国的《会计法则》规定，个人捐款超过25565欧元的，从税收角度可以在今后7年内摊销。比如，一个纳税人打算在一年里为某一慈善组织捐赠一笔特别大的款项，如果税收优惠方面允许递延折扣，那么捐赠人就会把这笔捐款全部、一次、及时送到急需的慈善组织手中。如果个人想捐赠一批公开交易的股票或一栋楼房给公益组织，此捐赠可能等于或超过其当年100%的收入。假使没有跨年度递延抵扣的规定，那么他可能基于税收优惠方面的考虑，会选择今年捐赠一部分，明年捐赠一部分。但是，如果允许递延抵扣，他可以在第一年把所有股票或整栋楼房都捐赠出去，然后允许他第一年抵扣一部分价值，第二年甚至第三年再抵扣另一部分价值。可见，允许递延折扣不仅有利于鼓励捐赠人，而且有助于受赠慈善机构一次性获得更多的资源，从而使急需帮助的人们及时获得帮助。

此外，还应积极创造条件通过减免个人遗产税给予优惠。现在许多发达国家和地区在相关遗产税条例中规定，遗产捐赠给慈善机构，可获得税收优惠。英国1984年遗产税法（IHTA）规定，遗产税是对在英国定居的居民生前或死后捐赠的物品征收的税种。遗产税一般由捐赠人而不是受赠人负担，税基为不动产的评估值或是动产在7年内累计创造的价值。遗产税的税率为40%的单一税率，如果捐赠人向慈善团体捐赠，可酌情减免征收遗产税（遗产税法23款）。中国香港特别行政区的《遗产税条例》则规定，为香港的利益捐给和遗给任何认可慈善机构或捐给和遗给香港特别行政区政府作慈善用途的财物、财产，均可获免缴付遗产税。因此，适时开征个人遗产税，对作为慈善捐赠的遗产减免税收，有利于引导富裕阶层承担更多的社会责任，促使更多的社会资源整合，为中国的慈善事业发展多作贡献。

三、尽快规范慈善基金保值增值的政策法规

现阶段我国有关规范慈善组织管理，搞好慈善基金监督的政策法规，主要有《中华人民共和国公益事业捐赠法》《基金会管理条例》《社会团体登记管理条例》《民办非企业单位登记管理暂行条例》等。

在这些法规中，除了规定公益性基金会与其他非营利性社会团体都必须遵守宪法、法律、法规、规章和国家政策，不得危害国家安全、统一和民族团结，不得违背社会公德以外，还强调基金会必须依照章程从事公益活动，应当遵循公开、透明的原则；基金会章程必须明确基金会的公益性质，不得规定使特定自然人、法人或其他组织受益的内容；境外基金会代表机构应当从事符合中国公益事业性质的公益活动等。

为了加强对慈善组织管理人员和财务的监督，规范慈善基金的使用和保值增值，在这些法规中还对公益性基金会的理事和监事资格及其行为作了具体规定。比如，用私人财产设立的非公募基金会，相互间有近亲属关系的理事人数不得超过理事总人数的三分之一；在其他公益性基金会中，具有近亲属关系的不得同时在理事会任职；理事、理事的近亲属和基金会财会人员不得兼任监事；基金会理事遇有个人利益与基金会利益关联时，不得参与相关事宜的决策；基金会理事、监事及其近亲属不得与其所在的基金会有任何交易行为。同时，又对公益性基金会的理事和监事报酬做了明确规定。在基金会领取报酬的理事人数不得超过理事总人数的三分之一；监事和未在基金会担任专职工作的理事不得从基金会获取报酬。公益性社会团体工作人员的工资和办公费用从利息等收入中按照国家规定的标准开支。并且指出："公益性社会团体应当严格遵守国家的有关规定，按照合法、安全、有效的原则，积极实现捐赠财产的保值增值。""基金会应当按照合法、安全、有效的原则实现基金的保值、增值。"

从近年来中国城镇社会保险基金违规查处的深刻教训中启示我们，中国慈善基金的保值增值办法也迫切需要作出具体的法律规范，并进一步加

大对慈善基金的监督管理力度。最近国家审计署发布了 2006 年第 6 号审计结果公告，公布了审计署对 29 个省区市、5 个计划单列市企业职工基本养老保险基金、城镇职工基本医疗保险基金和失业保险基金的审计结果。审计发现的违规问题金额，在 1999 年前发生 23.47 亿元，自 2000 年以来发生了 47.88 亿元，合计 70 多亿元社保基金被违规使用。[7] 上述社保基金出现的问题，主要是基金监管法规不完善；操作不规范、不透明；监管不力。为此，今年 11 月 23 日国务院常务会议指出，社会保险基金必须切实管好、用好，以确保安全完整、保值增值，这是政府的重要责任。社会保险基金是条"高压线"，任何人都不得侵占挪用。目前中国每年募集到的慈善金虽然占国内生产总值的比例很小，但绝对额也不是一个小数。据统计，2005 年全国有基金会 975 个，其中公募基金会为 722 个。这些基金会资产总额超过百亿元，年募集资金 50 多亿元。随着今后公民的慈善理念和企业的社会责任不断增强，慈善事业政策法规的不断完善，各级政府对发展慈善事业的重视并逐步加大对慈善组织财政扶持的力度，慈善组织社会公信度的进一步提高并采取文化娱乐慈善、体育慈善、科技慈善、环保慈善等多种有效的筹款形式，通过慈善晚会、慈善义演、慈善义拍、明星慈善夜、慈善首映礼、慈善笔会等多种形式开展募捐活动，预计未来中央和各地慈善组织的基金将会大大增加。在这种情况下，如何尽快制定具体规范慈善基金保值增值的政策法规，切实有效地加强对慈善组织的法律监督、行政监督、舆论监督、公众监督，进一步完善自律机制和监督管理机制，便显得愈来愈重要。我建议在这方面可考虑采取以下措施：首先，抓紧研究制定《慈善基金管理条例》，具体规范慈善基金的保值增值办法。目前中国在社会保险基金的保值增值中，仅对全国社会保障基金（即由全国社会保障基金理事会负责管理的由国有股减持划入资金及股权资产、中央财政拨入资金、经国务院批准以其他方式筹集的资金及其投资收益形成的由中央政府集中的社会保障基金），规定了基金投资管理须通过公开招标的形式，经该理事会成立的包括足够数量的独立人士参加的专家委员会评审，确定符合条件的若干家商业银行为基金托管人和若干家基金公司为投资管理人，其"投资的范围限于银行存款、买卖国债和其他具有良好流动性的金融工具，包括上市流通的证券投资基金、股票、信用等级在投资级以上的企业债、金融债等有价证券。"其中"划入社保基金的货币资产的投资，按成本计算，应符合下列规定：（一）银行存款和国债投资的比例不得低于50%。其中，银行存款的比例不得低于10%。在一家银行的存款不得高于社保基金银行存款总额的50%。（二）企业债、金融债投资的比例不得高于10%。（三）证券投资基金、股票投资的比例不得高于40%。"[8] 至于省级及以下的社会保险基金的保值增值办法，在1997年颁发的《国务院关于建立统一的企业职工基本养老保险制度的决定》中明确指出："基金结余额，除预留相当于2个月的支付费用外，应全部购买国家债券和存入专户，严格禁止投入其他金融和经营性事业。"

那么慈善基金的结余额如何保值增值呢？能否投资于上市流通的证券投资基金、股票和信用等级在投资级以上的企业债、金融债等有价证券呢？能否直接贷给企业和个人或以银行委托贷款的形式贷给企业和个人呢？能否投资于经营性事业呢？对此中国的政策法规均无明确规定。参照境外的有关法规，一般都允许慈善组织可将资金用于投资或从事经营活动（如将土地出租、开办旅馆和商店等），但规定投资或经营收入不能在捐赠者中进行分配，不能用于慈善组织成员或雇员的任何私利，只能回投到慈善组织并用于符合该慈善组织宗旨的活动。而且当慈善组织从与其宗旨或核心目标无关的投资或经营活动中获利时，这些收入仍需依法纳税。我建议在制定中国慈善基金管理条例时，除要求所有慈善组织的基金运作都应遵循上述原则，并严禁将慈善基金结余额直接贷给企业和个人或以银行委托贷款的形式贷给企业和个人外，考虑到现阶段中国金融市场的状况，对公募慈善基金会和接受政府财政支持或社会捐赠的非公募慈善基金会还应规定其资金结余额只能通过购买国家债券和存入银行专户来保值增值。待今后条件成熟时再适时修订政策法规，像全国社会保障基金那样允许慈善基金结余额按一定比例投资于上市流通的证券投资基金、股票和信用等级在投资级以上的企业债、金融债等有价证券。

其次，在慈善组织及其基金运作的监督管理上应积极引入民间非营利的第三方评估机构。慈善事业社会监督机制主要包括监督者、监督内容、监督方式、受理机关。监督者既包括每位社会公民，也包括行业组织、新闻媒体，以及一些民间非营利评估机构。在美国，除了任何公民都有权查询每一笔捐款的使用，并对其认为行为不当的慈善组织提出检举控诉；任何公民都有权查阅基金会每年上交国税局的表格以外，还有一种专门对基金会进行评估的机构。比如，美国慈善信息局这个民间的非营利机构，就制定了衡量基金会好坏的9条标准，其中包括董事会管理职能、目标、项目、信息、财政资助、资金使用、年度报告、职责、预算。这个机构每年4次公布对全国几百家基金会的测评结果，具有较高的权威性。美国公众往往根据它的公报，决定给哪个基金会捐款。监督内容既包括慈善组织的财务报告、筹款总收入、筹款总支出、资金使用情况等，也包括慈善组织人员变动情况、章程更改情况等。监督方式既包括通过浏览慈善组织主管单位公布的该慈善组织相关信息的网页、慈善组织自己的网页，阅读报刊等刊登的慈善组织相关信息，以及从慈善组织印制的小册子、宣传单、海报、告示等获取的信息。一旦监督者对某个慈善组织的相关信息有疑问时，可向相应的慈善组织询问，慈善组织应及时如实答复。如涉及违反慈善组织章程、滥用捐款等严重问题时，监督者有权向该慈善组织的主管单位和法院揭发。慈善组织的主管单位和法院有权对该慈善组织进行深入调查。[9] 我们认为在中国的慈善事业发展中也可借鉴美国的经验，从试点入手，积极引入民间非营利的第三方机构，让它们在评估和监督慈善组织方面发挥重要作用。这样做，不仅可以节省有关政府部门在这方面的监督管理精力，提高监管机构的专业化程度和监管水平，而且也有利于促进慈善行业的社会公信度，更好规范慈善组织及其基金的运作。

【参考文献】

[1] 徐麟：《中国慈善事业发展研究》，中国社会出版社2005年版。

[2] 英国慈善法 [EB/OL]．(2004-09-16) [2006-11-25] http：//www.worldbank.org.cn/Chinese/Resources/ngolaw.asp? whichpage＝1.

[3] 郭鲲：《民政部开始起草"慈善法"将考核资金使用效果》，《京华时报》2006年3月10日。

[4] 《北京市慈善事业发展情况报告》，(2006-11-23) [2003-11-30] http：//www.chinanpo.gov.cn/web/show Bulltetin.do? id＝22384&dictionid＝1721.

[5] 宋宗合：《吉林规定捐赠可全额免税，尚无制度法规存在隐忧》，《公益时报》2004年9月8日。

[6] 中共湖南省委办公厅、湖南省人民政府办公厅：《关于加强和规范慈善工作的通知》，（2006-04-20）［2006-11-25］http：//www.hncfc.com/zcfg2.asp？id＝690.

[7] 君君：《社保基金的多事之秋》，（2006-12-08）［2006-12-18］http：www.zj.xinhuanet.com.

[8] 财政部、劳动和社会保障部：《全国社会保障基金投资管理暂行办法》，《证券时报》2001 年 12 月 20 日。

[9] 姚俭建、Janet Collins：《美国慈善事业的现状分析：一种比较视角》，《上海交通大学学报》（哲学社会科学版）2003 年第 11 期。

（本文原载《江南大学学报》（人文社会科学版）2007 年第 1 期）

八、养老保险

未来中国养老保险面临的两大压力与对策

中国是世界上老年人口最多的国家，我国国家统计局根据 1995 年全国 1% 人口抽样调查资料推算，1995 年末中国 65 岁及以上老人占总人口 6.65%，达 8091 万人（不包括台湾省、香港、澳门地区，以下同）。未来中国城乡养老保险事业的发展，由于受下个世纪上半叶人口老龄化的迅速发展及中国经济与社会发展的特点等因素的影响，将面临巨大压力，因此，需要积极探索符合中国实际的养老保险对策。

一、未来人口老龄化及养老保险面临的两大压力

由于中国自 70 年代初以来全面开展了计划生育工作，育龄妇女总和生育率从 1970 年的 5.71 降至目前的 2.0 左右，人口出生率从 1970 年的 33.4‰ 降至 1997 年 16.6‰，人口平均预期寿命从 1957 年的男性 55.8 岁、女性 56.0 岁提高到 1997 年的 70.8 岁，使未来中国的人口老龄化速度相当快。

联合国人口司在 80 年代末发表的《世纪转换之际的世界人口》中指出："中国目前正在经历着前所未有的高速老龄化过程。"据该司在 1996 年修订的中方案预测，1995 年中国 60 岁及以上老人占总人口 9.3%，2050 年将上升到 26.2%，同期中国 60 岁及以上老人数将从 1.13 亿增加到 3.97 亿，增长 2.5 倍。[①] 有的中国学者以 1990 年人口普查资料为基础，假设总和生育率从 1990 年的 2.3 逐渐下降到 2000 年的 2.1，再下降到 2010 年的 1.8，且保持到 2050 年；人口平均预期寿命从 1990 年的男性 67.6 岁、女性 70.9 岁提高到 2050 年的男性 76.0 岁和女性 80.0 岁，预测结果发现，中国 60 岁及以上老人在 2015 年突破 2 亿，在 2027 年突破 3 亿，在 2047 年突破 4 亿，到 2050

年达 4.12 亿，比 1990 年的 9720 万增长 3.2 倍；60 岁及以上老年人口占总人口比重在 2050 年为 27.4%，比 1990 年的 8.6% 增长 2.2 倍。其中 75 岁及以上老人数在 2050 年将达 15200 万，比 1990 年的 1870 万增长 7.1 倍；75 岁及以上老人占总人口比重在 2050 年为 10.1%，比 1990 年的 1.6% 增长 5.3 倍（见表 1）。[2]

表 1 1990—2050 年中国老龄化发展趋势

年份	60 岁及以上		65 岁及以上		75 岁及以上	
	人数（万人）	占总人口比重（%）	人数（万人）	占总人口比重（%）	人数（万人）	占总人口比重（%）
1990	9720	8.6	6310	5.6	1870	1.6
2000	12830	9.8	8740	6.7	2810	2.2
2010	16480	11.8	10790	7.7	3890	2.8
2020	23060	15.6	16080	10.9	4830	3.3
2030	33540	21.9	22390	14.6	8000	5.2
2040	38360	25.1	29890	19.6	11270	7.4
2050	41190	27.4	30680	20.4	15200	10.1

资料来源：杜鹏：《中国人口老龄化过程研究》，中国人民大学出版社 1994 年版。

为了在 21 世纪"白发浪潮"到来时妥善解决城乡老年人的收入保障问题，中国面临的巨大压力首先表现在经济发展滞后于人口老龄化，不可能像过去城镇那样完全靠国家和企业（集体经济组织）来保障未来城乡老人的基本生活。

众所周知，中国的人口出生率大幅度降低，并不是像西方工业国家那样由于经济的高度发展而自发形成的。它是在经济有一定程度发展的基础上，主要靠社会发展（包括教育、卫生、社会保障事业的发展）与实行计划生育形成的。这种经济发展滞后于出生率大幅度下降的特点，使得中国的经济发展也滞后于人口老龄化。1995 年，中国的人均国民生产总值为 4754 元，按 8.2 元人民币兑换 1 美元计算，为 580 美元。预计 2000 年中国 65 岁及以上老人占总人口 7% 时，人均国民生产总值约为 800 美元。然而在 1996 年 65 岁及以上老人占总人口 7% 的新加坡、塞舌尔、智利等国家，其 1995 年的人均国民生产总值却分别高达 26730 美元、6620 美元和 4160 美元。③ 预计 2050 年中国 65 岁及以上老人占总人口的比重至少达 18%，可那时的人均国民生产总值也只有 4000 美元，比 1996 年 65 岁及以上老人占总人口 16%—17% 的瑞典、挪威、英国、比利时、意大利的人均国民生产总值要少得多。这些国家在 1995 年的人均国民生产总值分别为 23750 美元、31250 美元、18700 美元、24710 美元和 19020 美元。④

　　中国城镇职工的养老保险制度起步于 50 年代初期。1953 年由中国政府颁发的《中华人民共和国劳动保险条例》规定，国营（现改为"国有"）、公私合营、合作社经营的工矿企业的职工和工人，连续工龄满 10 年的，在年老时可按一定标准领取退休金。1955 年，中国政府又制定了《国家机关工作人员退休处理暂行办法》，使在国家机关和事业单位工作的人员也普遍享受了退休金待遇。在以后的 40 多年中，随着中国城镇职工队伍的不断扩大，特别是退休人员的大量增加，使全国退休人员（包括离休人员和少量退职人员）与在职职工之比愈来愈大。据我国国家统计局统计，全国退（离）休及退职人员数从 1978 年末的 314 万增加到 1996 年末的 3212 万，18 年内增长了 10.2 倍；同期退（离）休及退职人员数与在职职工数之比也由 1：30.3 迅速上升到 1：4.6（见表 2）。而退离休人员的迅速增加及人均退（离）休金的提高，又使退（离）休金总额大大增加。仅国有单位退休人员的退休金（包括离休金和少量退职生活费）支出总额，就从 1986 年的 111.8 亿元迅速增加到 1996 年的 1133.0 亿元，10 年内增长了 9.1 倍（见表 2）。⑤ 如果说在七八十年代，中国城镇依靠国家和企业尚能负担迅速增加的退（离）休金开支的话，那么在 90 年代及今后更长时期内便感到难以为继了，更不要说靠国家、企业（集体经济组织）来承担中国广大农村年老农民的养老费用，保障他们的基本生活。

表 2　1978—1996 年中国退（离）休及退职人员与退（离）休金变化状况

年份	退（离）休及退职人员数（万人）	退（离）休及退职人员与在职职工之比	其中国有单位退（离）休金支出总额（亿元）
1978	314	1：30.3	
1980	816	1：12.8	

续表

年份	退（离）休及退职人员数（万人）	退（离）休及退职人员与在职职工之比	其中国有单位退（离）休金支出总额（亿元）
1985	1637	1：7.5	
1986	1805	1：7.1	111.8
1990	2301	1：6.1	225.9
1995	3094	1：4.8	932.5
1996	3212	1：4.6	1133.0

资料来源：国家统计局编：《中国统计年鉴》（1991年、1997年），中国统计出版社1991、1997年版。

中国在下个世纪妥善解决老年人收入保障所面临的另一巨大压力，表现在家庭规模小型化，不可能像过去农业社会那样完全靠子女的经济赡养来保障未来城乡老人的基本生活。

中国自70年代初以来育龄妇女的总和生育率迅速下降，目前的总和生育率相当于1990年美国和新加坡的水平。值得注意的是，中国政府为了控制人口过快增长，以利于人口与经济、社会、资源、环境的协调发展，决定从1980年开始，在今后二三十年内除了人口稀少的少数民族地区外，普遍提倡一对夫妇生育一个孩子的政策。1984年末，中国领取"独生子女证"的人数为2817万[6]，1994年末达到4324万（不包括16岁以上已领"独生子女证"的人数）[7]，笔者估计到2000年末中国累计至少有5000万人领取"独生子女证"，他们的父母将达到1亿多。尤其是在中国城市中，现在40岁以下的育龄夫妇基本上都只有1个孩子。预计从下个世纪20年代初开始，中国的大批独生子女父母将逐渐进入老年。

在现阶段，中国老年人的子女比较多。1992年2月，由中国老龄科学研究中心主持的全国12个省、直辖市老年人供养体系调查资料表明，当时中国城市老人的平均现有子女数为3.47人，中国农村老人的平均现有子女数为3.70人。[8] 如果说在中国广大农村，特别是经济比较落后的中西部地区农村，现在的大多数老人除了自己继续从事一部分劳动来提供生活费用外，尚可以靠三四个子女的经济赡养来保障自己晚年基本生活的话，那么在下个世纪20年代后，当中国农村老人的经济赡养完全靠一两个孩子来承担时，将会遇到很大的困难。

二、搞好中国养老保险改革的对策

第一，在城镇基本养老保险基金和农村社会养老保险基金的筹集上引入个人缴费机制，并实行不同程度的储存积累。在中国城镇，为了使在下个世纪人口老龄化高峰时不致因退休人员的大量增加、退休金总额的庞大开支，严重加大当时在职职工与企业缴纳养老保险费的负担，在现阶段基本养老保险基金运营形式的改革方面，采取了"现收现付为主、部分储存积累"的方式。这样做，既可保证现有的城镇退休人员继续享受退休待遇，又可在未来退休人员大幅度增加时将现在储存的一部分养老保险基金结余额逐渐补充进去，妥善处理那时的代际经济关系。然而，要切实做到基本养老保险基金在"现收现付"的基础上有部分储存积累，中国城镇养老保险基金的筹集就必须在基本保留原来企业缴费比例及国家为机关事业单位的职工缴费比例的同时，引入个人缴费机制，让每个职工按本人上一年月平均工资收入的一定比例缴纳基本养老保险费。如上海市由于过去是老工业城市，原来的退休人员很多，因此在 1993 年实行城镇职工养老保险制度改革前，每个国有企业都已按职工工资总额的 25.5% 缴纳供全市统筹的职工养老保险费。在这次改革中，经过各种测算，决定企业原来的缴费比例不作变动，而职工则需按本人上一年月平均工资收入为基数，从开始实行的年份起缴 3% 养老保险费，以后每隔 2 年提高 1 个百分点，一直到下世纪初按 8% 的比例缴费时再长期保持不变。1997 年年中，中国城镇的基本养老保险制度已覆盖城镇企业 8758 万职工和 2358 万退休人员。1996 年全国共缴纳基本养老保险基金 1170 多亿元，支出 1030 多亿元，历年结余已达 570 多亿元。[9] 现在，有些学者提出要将记入城镇职工基本养老保险个人账户的金额由"空账"变成"实账"，完全储存积累起来。我认为，根据我国的国情，许多城镇在很长时期内是不可能做到的。因为按照 1997 年颁布的《国务院关于建立统一的企业职工基本养老保险制度的决定》，记入个人账户的金额按个人缴纳养老保险费的工资收入基数的 11% 计算，其中除个人缴费的部分以外，均从企业缴纳的养老保险费中划入。在现阶段我国许多城镇，企业缴纳的基本养老保险费绝大部分都用于支付过去已退休职工的养老金，有些大城市由于近年来退休职工人数的大幅度增加，甚至还要把在职职工个人缴纳的基本养老保险费中的相当部分用来弥补企业缴纳养老保险费后的支付缺额。在这种情况下，记入职工个人账户的金额必然会存在部分"空账"。如果要使记入个人账户中的金额变成完全"实账"，全部储存积累起来的话，那就要进一步提高企业缴纳的基本养老保险费的比例或者在目前就大幅度提高在职职工个人的缴费比例。显然这是不可能的。因此，我认为，许多城镇在很长时期内记入个人基本养老保险账户的金额，主要是为了接受投保者个人的监督，作为计算支付给每个人基本养老金额的一个依据，真正能实际储存积累下来的只能是其中的一部分金额。

在农村社会养老保险基金的筹集上，一开始就采取以劳动者自我缴费积累为主，集体经济组织补助为辅，国家给予政策扶持的模式。投保者个人可根据本人情况自愿选择月缴社会养老保险费的档次（在全国的试行方案中设 2、4、6、8、10、12、14、16、18、20 元十个档次），允许预缴、补缴或变更缴费档次。每个农村集体经济组织可根据其经济状况缴纳社会养老保险费，给每年投保者同等金额的补助。国家的政策扶持，主要表现在允许农村集体经济组织支付集体缴纳养老保险费的部分从纳税前列支。1987 年初，笔者受中国民政部的委托，主持一个课题组在上海郊县农村开展建立社会养老保险制度的研究，并选择了当时嘉定县的南翔镇、马陆乡进行试点。1996年 1 月，上海市人民政府常务会议通过了《上海市农村社会养老保险办法》，于该年 2 月 1 日起施行。1996 年末，上海市农村社会养老保险的投保人数已达 120 万，投保率占全市应投保人数的 81%，全市累计积累基金总额为6.2 亿元；目前已有 14 万名前几年投保的老年农民按月或按季领取了农村养老金。⑩

第二，进一步完善城乡基本养老保险基金的管理，妥善解决养老保险基金的保值和增值问题。中国在今后长时期内实行基本养老保险基金不同程度储存积累的方式，虽然可以在一定程度上缓和下个世纪人口老龄化高峰时期的代际经济矛盾，但是又带来了在今后几十年内基金的巨大结余额能否保值和增值的风险。在 1995 年颁发的《国务院关于深化企业职工养老保险制度改革的通知》中规定："当前，养老保险基金的结余额，除留足两个月的支付费用外，80% 左右应用于购买由国家发行的社会保险基金特种定向债券，任何单位和个人不得自行决定基金的其它用途。"1996 年中国发行了养老保险基金特种定向债券 40 亿元，期限 5 年，年利率为 8.8%，每年支付利息。如果按照中国 1996 年商品零售价格总指数（以上年为 100，下同）106.1 来看，城乡养老保险基金的结余额购买上述特种债券是可以有所增值的。然而，回顾 1987—1996 年中国的商品零售价格总指数变化情况，上涨幅度高于上述特种债券规定的年利率 8.8% 的有 5 年：1988 年（18.5%）、1989 年（17.8%）、1993 年（13.2%）、1994 年（21.7%）、1995 年（14.8%）。[11] 尽管在这些年的银行 5 年期存款的年利率和 3 年期或 5 年期国库券的年利率均比上述特种债券的年利率要高，但比同年的商品零售价格年上涨幅度却要低。而且由于银行存款和国库券是以单利方式计息的，它又掩盖了一部分基金相对于物价上涨的贬值程度。因此，要使中国在今后几十年内养老保险基金特种定向债券的年利率始终高于商品零售价格年上涨幅度，使城乡基本养老保险基金有效地规避通货膨胀风险，仍是一项长期和艰巨的任务。如果一旦今后这种特种债券的年利率低于或稍高于商品零售价格年上涨幅度时，中国政府是否允许基本养老保险基金结余额的一部分可以像国外那样选择其他投资方式呢？

在现阶段影响中国城乡基本养老保险基金保值和增值的因素中，还有许多属于管理不规范的问题。比如，在农村社会养老保险基金的管理上，尽管民政部一再强调县级管理，但实际上许多乡（镇）却把相当一部分养老保险基金结余额截留下来，不通过银行委托贷款，而直接投资于本乡的经济发展。万一投资的企业亏损、破产，岂不是基金的保值都成了问题？据有关部门统计，1995 年中国各级地方政府社会保险机构以借给企业流动资金、委托银行贷款、财政部门借款、社会保险机构搞房地产等方式共挪用保险基金 59.4 亿元，占社会养老保险金积累额的 13.6%。[12] 又如，在一些城镇中让社会保险局为国有企业提前退休的职工发放养老金。由于这些职工比现在中国规定的城镇职工正常退休年龄（男职工为 60 岁，女职员为 55 岁、女工人为 50 岁）又提早了 5 年退休，致使社会保险局不仅减少了收缴养老保险费的金额，还增加了一大笔养老金的支出，从而减少了基金的结余额。当然，并不是说职工不可以提前退休，问题是社会保险管理机构对符合提前领取养老金条件的人员必须有明确界定，同时应通过精算规定提前退休人员领取的养老金标准，使之与正常退休人员在同样的平均剩余寿命下所累计领取的养老金总额大致相当。为了进一步完善中国城乡基本养老保险基金的管理，除了提高养老保险管理机构的管理水平外，当务之急是应根据执行机构与监督机构分设的原则，单独建立社会性的包括养老保险在内的社会保险监督机构，加强对社会保险法规、政策、规划执行情况和基金的收支、营运、管理的监督。

第三，加快发展城乡的各种补充养老保险，大力提倡年轻人为自己将来养老作准备和子女应该履行赡养年老父母的义务。鉴于中国城镇基本养老保险的目标只是保障老年人的基本生活，未来中国城镇基本养老金的目标替代率有可能降到退休前平均收入的 60% 或更低些，而农村社会养老保险因个人缴费额少、集体经济组织补助水准低，在今后相当长时期内农村老人领取的这类养老金又难以达到保障基本生活的目标，所以，为了使未来中国城乡老人的生活水平不至于比原来在业时下降过多，从现在起就应该大力提倡和鼓励各种补充养老保险的发展，使单位补充养老保险、个人储蓄性养老保险，以及包括独生子女父母养老保险在内的各种商业性的人寿保险蓬勃发展起来，形成多层次的保险制度。

从目前中国的补充养老保险发展的情况来看，单位补充养老保险还刚起步。以上海为例，1994 年开始在 9 家企业中试行，至 1996 年末单位补充养老保险虽涉及到工业、建筑、交通运输、商业等国有、集体、股份制和外商投资企业，但只有 144 家，职工仅 12.2 万人，累计缴费约为 1.8 亿元，累计支付养老金约 577 万元。真正属于政府给予免税优惠的个人储蓄性养老保险方案还未颁布。至于商业性的人寿保险，近年来虽然发展很快，但人均交付的寿险保费水平仍非常低。从中国人民保险集团公司的年养老金险保费收入总额来看，1996 年为 365299 万元，比 1985 年的 17650 万元增长了 20.7 倍，但人均年养老金险保费收入仅为 3.0 元。然而，1996 年末全国城乡储蓄存款多达 38520.8 亿元，人均储蓄存款为 3147 元。[13] 可见，在未来中国经济持续、快速、健康发展及城乡居民收入不断增加的前提下，只要增强广大群众的养老意识，适当引导个人资产的投资方向，调整家庭持有金融资产的结构，完全有可能使未来中国的各种补充养老保险发展到一个新台阶。

　　特别是现阶段的许多年轻人，收入比老一辈要高，抚养孩子数又比老一辈要少，他们往往把老一辈花在几个孩子身上的抚养费集中花在自己的独生子女身上，结果孩子养娇了，自己将来的养老补贴费用却没有着落。因此，当前应该通过宣传教育，积极引导中国城乡的大批独生子女父母，趁自己现在年轻有较多收入时，把少生孩子所节省下来的一部分抚养费，投入到各种补充养老保险中去，为提高自己年老后的生活质量作准备。

　　中国是一个具有几千年尊老、敬老传统文化的国家。《中华人民共和国老年人权益保障法》明确规定："老年人的子女以及其他负有赡养义务的人"，"应当履行对老年人经济上供养、生活上照料和精神上慰藉的义务，照顾老年人的特殊需要。"在今后中国的基本养老保险标准不可能定得很高的情况下，除了大力发展补充养老保险外，必须长期坚持社会养老与家庭养老相结合。子女对年老父母的经济赡养，不仅可以补贴老年人的生活费用，还有助于增强两代人的感情，使老年人在充满家庭温馨、享受天伦之乐中愉快地安度晚年。

【注释】

① 联合国人口司：《世界人口预测》（1996 年修订）。

② 杜鹏：《中国人口老龄化过程研究》，中国人民大学出版社 1994 年版。

③④ 美国人口咨询局编：《1996 年世界人口数据表》《1997 年世界人口数据表》。

⑤⑪⑬ 中国国家统计局编：《中国统计年鉴》（1991 年、1997 年），中国统计出版社 1991、1997 年版。

⑥ 中国人口情报资料中心编：《中国人口资料手册》（1985 年），1985 年编辑出版。

⑦ 中国国家统计局人口与就业统计司编：《中国人口统计年鉴》（1995 年），中国统计出版社 1995 年版。

⑧ 中国老龄科学研究中心编：《中国老年人供养体系调查数据汇编》，华龄出版社 1994 年版。

⑨《迎接人口老龄化的重大对策》（社论），《中华老年报》1997 年 8 月 4 日。

⑩《本市农保三项指标居全国之冠》（通讯），《上海老年报》1997 年 2 月 21 日。

⑫ 见《工人日报》1997 年 2 月 18 日。

　　　　　（本文原载《华东师范大学学报》（哲学社会科学版）1998 年第 4 期）

城镇职工养老保险制度改革与人口分析

当前，许多省、自治区、直辖市都在研究城镇职工养老保险制度改革的方案。从上海市已经颁布的《上海市城镇职工养老保险制度改革实施方案》及《上海市城镇职工养老保险办法》来看，取得各种有关人口数据并进行科学分析，对提高我国各省、区、市城镇职工养老保险改革方案的科学性和可行性，具有极其重要的意义。

一、养老保险资金的筹集

上海市城镇职工养老保险制度改革的目标，是建立基本养老保险、单位补充养老保险和个人储蓄养老保险相结合，个人储存与统筹互济相结合，兼有保障和激励效能，并覆盖全社会的养老保险制度，做到基本模式一体化，制度办法科学化，管理方式社会化。在上海市的养老保险改革方案中，基本养老保险的筹资模式与改革前的最大差别，在于实行在职职工个人缴费，由国家、单位和个人三者共同负担养老费用，养老保险基金在现收现付后部分储存积累起来。

上海市城镇职工养老保险制度改革方案，之所以要采取这种新的筹资模式，我认为主要是由于未来人口老龄化的迅速发展及由此引起的城镇职工养老金负担的急剧增加。上海市是 1979 年进入老年型城市的，1979 年末全市 65 岁及以上老人占总人口 7.2%（桂世勋，1990）。1990 年人口普查表明，上海市 60 岁及以上老人数达 189.1 万人，占总人口 14.2%；其中市区（以普查时的行政辖区为准，下同）60 岁及以上老人数为 127.3 万人，占总人口 15.5%。该年末全市退休职工（包括少数离休人员和退职人员）相当于在职职工人数的 31%，当时全市全民企业和大集体企业按照在职职工工资总额的 25.5% 提取社会统筹的退休费用，仍只能做到收支大体平衡。笔者在前几年曾以 1990 年人口普查取得的 1990 年 7 月 1 日上海市区和郊县常住人口分年龄性别的人口数作基数，主持进行了 1990 年至 2050 年上海人口自然变动趋势的多方案预测。其中的"中方案"是在 1989 年上海市区和郊县常住育龄妇女生育模式、市区和郊县常住人口分性别的死亡模式基础上，假设上海市区和郊县的育龄妇女总和生育率分别从 1990 年的 1.14 和 1.2 逐步上升到 2000 年的 1.3，再分别上升到 2004 年的 1.7 和 2.1，然后一直保持到 2050 年；假设上海市区和郊县的分性别人口平均预期寿命在 1990 年至 2000 年间均提高 1 岁，在 2000 年到 2050 年间均提高 2 岁；假设不考虑未来上海市人口迁移和人口流动的状况，按上述方案预测结果，在 1990 年至 2050 年间，上海市 60 岁及以上老人数的峰值将出现在 2026 年，人数达 477.9 万，比 1990 年增长 1.5 倍，60 岁及以上老人占总人口比重的峰值将出现在 2031 年，达 38.5%，比 1990 年增加 24.3 个百分点；其中市区 60 岁及以上老人数的峰值将出现在 2024 年，人数达 306.2 万，比 1990 年增长 1.4 倍，60 岁及以上老人占总人口比重的峰值将出现在 2031 年，达 42.0%，比 1990 年增加 26.5 个百分点。在这种人口变动态势下，如果未来上海市城镇职工养老保险制度依然采取过去的实际上由国家和企业包下来现收现付的筹资模式，必然会在下个世纪 20、30 年代老龄化高峰到来时大大提高企业提取的退休费用社会统筹比率，严重加剧当时在职职工的养老负担和影响企业发展资金的积累。

因此，尽管现阶段我国的通货膨胀比较严重，保留过去的现收现付制可以避免养老保险基金贬值的风险，然而我们在城镇职工养老保险制度改革方案中还是不得不采取扩大个人缴费的集资渠道，实行养老保险基金"以现收现付为主，部分储存积累"的筹资模式。至于在职职工个人缴纳养老保险费的金额，因考虑到目前大多数职工的自我保障意识和经济承受能力较差，现在上海市规定开始实施时按本人上一年度月平均工资收入的 3% 缴纳，今后每隔 2 年增加 1 个百分点，直至提高到 8% 的缴费比例为止。

二、养老保险待遇的享受

长期以来上海市城镇职工享受养老保险的待遇，大体以本人退休前 1 个月的"标准工资"为基数，按职工连续工龄的长短来确定退休金的领取比率。对连续工龄满 20 年及以上的，退休金为本人标准工资的 75%。1986 年后，为了保障和改善退休职工的生活，国家和上海市又通过适当增发退休补贴费、逐步扩大计发退休金的工资基数、提高退休职工最低生活保证数等办法进行调整。

这次养老保险制度改革方案规定，凡本办法实施后参加工作的人员，其退休后的月养老金等于个人养老保险账户储存额除以 120。对本办法实施前参加工作而目前又未退休的，则按照不同情况计发养老金，使个人缴纳养老保险费后领取的养老金不低于未缴纳前的水平。

在上海市城镇职工个人养老保险账户的储存额中，记入以下四部分金额：①个人缴纳的养老保险费；②单位缴纳的养老保险费中按个人缴费基数的一定比例（企业和自收自支的事业单位为 8%，机关、全额预算事业单位为 10%，差额预算单位为 9%）记入的数额；③单位缴纳的养老保险费中按上一年度全市在职人员月平均工资收入的 5% 记入的数额；④记入个人账户储存额的累计利息。在这四部分中，前两部分体现效率原则，对投保年限相同而工资收入不同的职工，退休后给予的养老金也相应有所差别；第三部分体现公平原则，对投保年限相同而工资收入不同的职工，退休后给予的这部分养老金则是相同的。如果某个职工退休后过早死亡，其个人养老保险账户储存额中属于个人缴纳的部分没有领完，可一次性发给他经法定程序认定的继承人；如果某个职工退休后从个人养老保险账户储存额中领取的养老金已全部用完，其养老金仍可按原标准从单位缴纳的养老保险费中用于社会统筹部分支付。

上海市的养老保险新办法还规定，退休人员的养老金每年根据本市上一年度城镇居民消费价格指数上升幅度进行调整，于当年 4 月 1 日开始执行。如果城镇居民消费价格指数比上一年度下降时不作调整。

在上述城镇职工享受养老保险待遇的方案中，虽然规定了在养老保险基金不敷支付时，由地方财政给予补贴，但我认为作为一个较科学及切实可行的办法，应该做到各项收支在动态上大体平衡。这就需要在拟订方案时收集和预测目前及今后几十年中的各种人口数据，包括本地区城镇分性别年龄的人口数、育龄妇女总和生育率、分性别年龄的人口迁移和流动数、分性别年龄的在业率，本地区城镇在职职工在企业、机关、不同经费来源的事业单位的分布及工资收入总额，本地区城镇职工分性别的退休年龄，本地区城镇退休职工的人数及领取的养老金总额，本地区城镇人口分性别年龄的死亡率，本地区城镇职工退休时分性别的平均剩余寿命，并结合其他一些经济数据如养老保险管理费提取率、养老保险基金年增值利率、本地区城镇居民消费价格指数的变化等，进行精算。如果我们收集和预测的各种有关数据不符合实际，即使采用最先进的数学模型和计算工具，仍会使改革方案拟定的城镇职工享受养老保险待遇标准过高或过低，在将来实施时难以为继，带来重大损失。

三、领取养老金的年龄

在上海市城镇职工养老保险制度改革方案中，仍沿用过去规定的退休年龄，以此作为开始领取养老金的年龄。诚然，目前上海市实行的一般男职工年满 60 岁、女工人年满 50 岁、女干部年满 55 岁退休的制度，是 50 年代初规定的。当时上海市人口平均预期寿命只有 50 多岁，然而 1990 年上海市人口平均预期寿命已达到男性 73 岁、女性 77 岁。从现阶段上海城镇职工的健康状况看，完全可以全面推迟职工的退休年龄，把它推迟到男性 65 岁、女性 60 岁。这样做还有利于相对提高退休职工领取养老金的水平，减轻国家和企业的养老金负担。

现在实施的上海市城镇职工养老保险制度改革方案，之所以没有全面推迟职工的退休年龄，我感到主要原因在于未来很长一段时期内上海市城镇劳动年龄人口过多。根据我主持的上述"中方案"预测，上海市区男 16—59 岁、女 16—54 岁的人数在 1990 年至 2008 年间始终保持在 505—527 万幅度内，2000 年为 519.1 万，比 1990 年的 522.3 万仅下降 0.6%。如果全面推迟职工的退休年龄，势必造成许多年轻劳动者失业，使国有企事业单位劳动用工制度改革中出现的富余人员更难安置，严重影响社会的稳定。因此，在 90 年代及下个世纪初上海尚不具备全面推迟城镇职工退休年龄的条件，只能在一部分急需知识和技术层次较高人才的部门和企事业单位试行适当推迟退休年龄的"弹性退休制度"。

不过笔者根据上述预测发现，在 2010 年后上海市区每年男 16—59 岁、女 16—54 岁的人数将出现较快的下降趋势，2020 年只有 342.2 万，比 2010 年的 485.7 万下降 29.5%；同时，上海市区每年男性 60 岁、女性 55 岁的人数尽管在 90 年代呈现波浪式下降趋势，2000 年只有 6.9 万，比 1990 年的 9.7 万下降 28.9%，但在 2010 年至 2019 年间却出现迅速增长的势头，每年人数始终保持在 15—21 万的幅度内。鉴于上述情况，我曾撰文认为上海市区从 2010 年开始全面推迟城镇职工的退休年龄是较为适宜的。它既不会过多地增加市区社会富余劳动力和失业人口的压力，又有利于适当推迟市区退休人员的高峰期，减轻社会筹集和支付养老金的压力（桂世勋，1992）。此观点很快得到了上海市人口普查办公室和上海市统计局的首肯。他们在编写的《上海人口市情（1993）》中写道："从 2010 年开始，考虑到上海劳动力数量将呈现缺乏，另方面退休职工大量增加，社会养老经费负担就会迅速加重。这一阶段适时地推迟职工的退休年龄，将会显得重要。"当然，由于未来人口迁移和人口流动的影响，今后上海市城镇职工全面推迟退休年龄究竟从什么年份开始以及采取什么方法进行调整，还需要作滚动式的预测和深入研究，而且各省、自治区和直辖市的情况又存在很大差异，各地区全面推迟城镇职工退休年龄的最佳时机也可能不一样，但是它表明进行科学的人口分析，对确定合理的退休年龄是至关重要的。

【参考文献】

[1] 桂世勋：《再论上海市人口老龄化与计划生育》，《人口与经济》1990 年第 2 期。

[2] 桂世勋：《90 年代上海人口特点与社会发展的对策》，载《90 年代上海人口》，中国统计出版社 1993 年版。

（本文原载《市场与人口分析》1994 年第 1 期）

上海城镇职工基本养老保险基金的
可持续运作

　　根据人口老龄化发展趋势预测，在未来 30 年左右的时期内，上海市既具有世界发达地区人口老龄化"高"（老龄化程度高）、"高"（高龄老人比重高）、"少"（子女少）的特征，又具有世界发展中地区人口老龄化"快"（老龄化发展速度快）与"低"（经济发展水平相对比较低）的特征，面临着"双重挑战"。在这种态势下，如何确保上海市城镇职工基本养老保险基金运作的可持续性，将成为影响未来上海市经济持续快速健康发展及城镇老年人生活质量不断提高的一个重大经济问题和社会问题。就这个问题谈几点意见：

　　第一，尽快扩大城镇职工基本养老保险的覆盖面。目前上海市城镇参加职工基本养老保险的机关、企业、事业单位（以下简称"单位"），均按本单位上一月全部在职人员工资总额的 23.5% 缴纳基本养老保险费（在原规定的缴纳 25.5% 中，从 1997 年 5 月 1 日起统一将 1 个百分点划转为医疗保险费；今年又将 1 个百分点划转为医疗保险费）。与许多发达国家雇主所负担的养老保险费（或税）相比（美国为雇员工资的 7.65%，英国为 8%，德国为 9.6%），目前上海市城镇企业基本养老保险费用的负担已相当重。如果加上医疗保险、失业保险、工伤保险、生育保险、住房公积金等方面的支出，企业的负担就更为沉重。因此，在今后的基本养老保险费的筹集比例上，除个人缴纳的比例逐步增高到 8% 以外，单位的缴费比例只能贯彻"只减不增"的原则。

　　在单位缴纳基本养老保险费的比例不再增高，城镇职工的工资增长幅度又不太大的前提下，要较大幅度地增加养老保险基金的筹集额，首先应该扩大基本养老保险的覆盖面。现在有些外商投资企业、私营企业采取为非外籍雇员办理商业性人寿保险来替代参加基本养老保险的办法，不仅是一种"错位"，也是一种执法意识不强的表现。可见，在上海城镇内的外商投资企业、私营企业理应按地方法规要求办理基本养老保险登记手续，为其非外籍雇员交纳基本养老保险费。至于要不要为雇员办理商业性人寿保险，纯属补充养老保险的范畴，可由单位自愿决定。鉴于目前上海外商投资企业、私营企业聘用的很大一部分雇员是在《上海市城镇职工养老保险办法》实施前曾参加国有单位工作的，因此，在核定这些雇员的连续工龄时，拟合情合理地把他们原来在国有单位工作的年限计算在内，以消除这批人员参加基本养老保险的顾虑。

第二，进一步搞好各个单位聘用的城镇外来暂住职工的基本养老保险管理。据 1997 年 9 月 16 日进行的上海市第六次流动人口抽样调查资料推算，目前上海各地区流入的经济型人口有 100 多万。如果各个单位均为正式聘用的外来暂住职工（在一般情况下，聘用期在半年以上，就应作为"正式聘用"）办理基本养老保险登记手续，并按规定缴纳养老保险费，那就会大大增加上海基本养老保险基金的筹集额，而且由于大部分外来暂住职工年龄比较轻，其中有许多人员在到达退休年龄前将离开上海城镇，因此，即使他们离开上海城镇的工作单位，到其他城市工作或返回农村劳动时，把储存在他们个人养老保险账户中的全部金额转移出去的话，按今年上海市决定的与全国统一的企业职工基本养老保险制度"并轨"方案计算，在各个单位缴纳的基本养老保险费中，仍至少有 17.5 个百分点可用于社会统筹。可见，明确规定并严格实施上海市城镇内各单位正式聘用的外来暂住职工都应办理基本养老保险登记手续，不仅有利于创造具有上海常住户籍的失业、下岗人员与外来流动人员在劳动力市场上公平竞争的外部环境，而且也是对上海基本养老保险基金筹集的一项极其重要的战略性的支持措施。

为了使相当一部分外来暂住职工在上海城镇工作一段时间后返回流出地区，上海市应积极引导各用人单位对那些技术要求不太高的工种，尽可能采取"对口招工，就地培训，定期聘用，期满轮换"的办法来招收外地劳动力。可优先考虑在这些对口支援地区采用上述办法招收外来劳动力，这样做可以取得既促进对口支援地区的经济发展及当地居民生活水平的提高，又有利于上海市适度增加外地劳动力，使更多的基本养老保险基金沉淀在上海的双重效益。

第三，积极鼓励个人储蓄性养老保险的发展。大部分发达国家法定基本养老金的替代率都在 60% 以下，其中美国、英国、日本、加拿大、荷兰、德国、丹麦等均不到 50%。为了相对减轻我国城镇职工基本养老保险基金的负担，逐步扭转大多数地区基本养老金替代率过高的同时，又不影响未来退休人员的实际生活水平，无疑应在国家政策指导下大力发展各种补充养老保险。上海市乃至全国，除了积极发展单位补充养老保险外，应制定鼓励发展个人储蓄性养老保险的方案。现在不少人认为可以用"发挥商业保险的补充作用"来替代个人储蓄性养老保险。这种考虑欠妥。因为发展商业性人寿保险虽然很重要，但国家并无专门的鼓励措施，很难吸引大多数城镇在职职工特别是年轻职工参加这方面的保险。为了在上海市试行个人储蓄性养老保险，建议可把个人所得税的起征点适当下调，以上海规定的城镇职工最低收入保障线作为开始征收个人所得税的临界点，允许在 60 岁前的人员都可在政府审定的几家银行开列"个人养老储蓄账户"，目前每人每年最多可存入 240 元人民币，国家给予免缴个人收入调节税的待遇。在物价指数比较低的情况下，该免税标准每 5 年调整一次。如个人要在 59 岁前动用这笔储蓄，则可制订相应的经济制约措施。

从现阶段上海城镇的许多年轻职工来看，他们的收入比老一辈要高，平均抚养孩子数比老一辈要少 2.3 个，平均抚养子女期至少比老一辈要短 7 年。目前他们往往把老一辈花在几个孩子身上的抚养费集中花在自己的独生子女身上，独生子女成家后要补贴双方父母一部分赡养费的压力又很大。因此，如果现在政府能对个人储蓄性养老保险采取鼓励措施，并通过宣传积极引导，那么城镇中大批年轻的独生子女父母，还是有可能将减少生孩子所节省下来的一部分抚养费，用于参加个人储蓄性养老保险的。

第四，选择适当时机逐步推迟上海市城镇职工的退休年龄。从下个世纪上半叶中国的劳动年龄人口变动趋势考察，确实面临全国性的劳动年龄人口数的高峰。联合国人口司于 1996 年修订的世界人口预测（中方案）资料表明，在 1995—2050 年间中国每年 15—59 岁劳动年龄人口数将由 7.86 亿波浪式地增加到 8.36 亿，其中 2007—2026 年间每年的劳动年龄人口数均超过 9 亿。然而从上海城镇具有常住户籍的劳动年龄人口数变动趋势来看，却具有特殊性。根据我们及上海社科院、复旦大学等单位所进行的长期人口预测，都显示了在 2010—2020 年间上海市劳动年龄人口数将减少 131—160 万与退休年龄人口数将增加 120—150 万的趋势。为此，我认为上海市区从 2010 年开始全面推迟全民和集体企事业单位干部和职工的退休年龄是较为适宜的。它既不会过多地增加市区社会富余劳动力和待业人口的压力，又有利于适当推迟市区退休人员的高峰期，减轻社会筹集和支付养老金的压力。在下个世纪一二十年代根据各个大城市人口年龄结构变化的特点，适时全国推迟城镇职工退休年龄的可能性是存在的。关键是到那时要妥善处理好适度吸纳外地流入劳动力与推迟城镇户籍职工退休年龄的关系。不要一出现城镇劳动力供需的缺口，就简单地沿袭常规，让外来流入劳动力来弥补。

为了减少 2010 年后全面推迟上海市城镇职工退休年龄时的社会波动，可采取分步到位的实施方案。从 2011 年开始，男职工每年推迟 1 岁退休，女职员也每年推迟 1 岁退休，女工人则每年推迟 2 岁退休，到 2015 年时达到男职工 65 岁退休、女职工 60 岁退休的目标。至于在那时有部分城镇职工希望早几年退休并领取养老金，完全可以借鉴德国、法国、日本等发达国家的经验，规定每提前 1 岁领取养老金，则减发一定比例的养老金额，以确保养老金支付总量的有效控制，大致体现对不同年龄的职工领取养老金的公平原则。

（本文原载《上海综合经济》1998 年第 11 期）

关于研究农村社会养老保险制度的建议

在我国 10 亿人口中，有 8 亿农村人口。解决好未来农村老人的社会养老保险问题，找出适合我国农村情况的养老保险新路子，是当前我国经济体制改革中急需解决的重大社会问题。然而至今我国还没有一个部门对此进行过深入系统的研究。我认为，民政部门过去在解决农村基层的社会保障方面，做了大量工作，积累了许多经验。因此，建议民政部领导能直接抓几个点迅速开展有关农村社会养老保险制度改革的研究，在有条件的省、市、区民政厅（局）也可以抓几个点进行这项研究。

一、改革农村养老制度的必要性和紧迫性

目前，我国农村的养老制度基本上采取养老金费用由集体包下来的办法。农村的社会孤老的养老费用，一般由国家民政部门和集体共同负担，并以集体负担为主；乡镇企业职工的退休工资由本集体企业负担；务农社员的养老金则由乡、村、队三级集体负担。集体经济条件好，可能给务农老人多发一些养老金；集体经济条件差，就少发乃至不发养老金了。这种养老制度，不能很好适应我国农村经济体制改革的新形势，特别是不能适应下个世纪我国农村将出现严重的人口老龄化的状况。

首先，我国的未来人口发展趋势，决定了下个世纪 30 年代中后期将出现老人数的特大高峰，给农村集体养老带来巨大经济压力。

在新中国成立后 30 多年中，曾出现过三次每年出生婴儿超过 2000 万的生育高峰期。第一次高峰期是 1950—1954 年和 1957 年，共 6 年，每年出生婴儿稍微超过 2000 万；第二次高峰期是 1962—1975 年，长达 14 年，其

中有 10 年出生婴儿超过 2500 万，在 1963 年出生婴儿竟多达 2959 万；第三次高峰期是 1981 和 1982 年，共 2 年，每年出生婴儿也稍微超过 2000 万。

在平均预期寿命较高及国际迁移率很低的情况下，某一年出生婴儿多，意味着 60 年后进入老年的人数也多。因此，当我国第二次生育高峰期出生的婴儿全部进入 60 岁后，即 2035—2040 年左右，我国 60 岁及以上老人数将会达到最高峰。据日本小川直宏、齐藤康彦和中国老龄委员会政策研究室么树本、徐勤合作进行的人口预测，在 2040 年前后，我国老人数将达到 3.8 亿，比 1982 年的 7664 万老人增加 3.96 倍。在上海市，我同我校数学系的老师做过 4 次未来人口变化趋势的预测。从最近做的 1985—2050 年人口预测结果看，如果撇开今后人口迁移的影响，上海市区老人数的峰值将出现在 2024 年，比 1985 年末的老人数增加 1.73 倍；而郊县的老人数峰值将出现在 2031 年，比 1985 年末的老人数增加 2.39 倍。

根据我们在前一段进行的上海郊县农村 3‰老龄人口赡养状况和意愿的抽样调查汇总资料，维持目前上海郊县一个务农老人的最基本生活费用（包括口粮、油盐酱醋、副食品、烧柴、衣着、医疗和交通等费用），每月平均为男 25.87 元、女 22.95 元。男女平均，每个老人每月大致 24 元多一点。如这部分费用全部要集体包下来，1985 年为 1.67 亿元，2031 年为 5.64 亿元（假设整个上海郊县全部是务农老人，各项基本生活品的物价也不变）。然而实际上 1985 年集体每月平均负担一个务农老人的养老金只有男 11.38 元、女 9.33 元，男女平均每个老人每月实发养老金大致 10.5 元。如 1985 年按 10.5 元计算，集体共需负担 7287.84 万元；当 2031 年按 24 元计算时，集体负担的养老金总额将比 1985 年增加 6.74 倍。这对未来农村集体养老将带来巨大的经济压力。

因此，为了适应我国农村老人数激剧增加的客观要求，应该在有条件的农村迅速改变目前的养老制度，代之以国家、集体和个人共同负担未来社会养老保险基金的制度。

其次，我国未来计划生育政策的重大变化，决定了下个世纪二三十年代后将出现许多家庭负担被抚养人口数最多的时期，给农村家庭养老带来巨大的经济压力。

我国政府在 1980 年提出普遍提倡每对夫妇只生一个孩子的生育政策时，

曾明确指出这个政策并不是永远不变的，而是在未来二三十年内实行的。因为从全国来说，这个时期正好处于进入婚龄和育龄期的妇女数高峰，提倡每对夫妇只生一个孩子，有利于避免出现新的生育高峰，大大减缓我国总人口的增长速度。但当20多年后我国进入婚龄和育龄期的妇女数转为低谷时，如果再继续普遍提倡每对夫妇只生一个孩子，虽然仍会减慢总人口的增长速度，可是将使我国未来人口的年龄构成很不合理，特别是大大加剧人口严重老化。据韩京清、安万福、于景元在最近作的1982—2100年我国人口预测与控制的资料，如果总和生育率一直维持1.5（个），在2035—2076年我国65岁及以上老人占总人口的比重将始终高于25%，其中2040—2060年将超过28%，2050年左右竟高达30%。相反，如果总和生育率一直维持2.0（个），那么在2040—2080年我国65岁及以上老人占总人口的比重大体可以稳定在23%左右。所以，为了使我国未来的人口年龄结构渐趋合理，老龄化不要过分严重，从下个世纪初起我国很可能要改为提倡每对夫妇最好生两个孩子的生育政策。

这种计划生育政策的重大改变，必将使下个世纪二三十年代后育龄夫妇的家庭经济负担随之发生很大变化。现在，领取独生子女证的每对育龄夫妇，一般各自都有2—4个兄弟姊妹，他们可以几个人分担老人的赡养义务，而每对育龄夫妇抚养的子女却只有一个。这种家庭经济负担的代际关系模式可能是"二、二、一"或"一、二、一"。但当现在领取独生子女证的育龄夫妇进入老年时，由独生子女通婚组成的家庭，不管他们是否同老人住在一起，每对育龄夫妇将要承担赡养4个老人的义务，而下面又要抚养两个孩子。这样，势必使那时家庭经济负担的代际关系模式变为"四、二、二"，比现在的家庭经济负担要重得多。

同时，还要看到下个世纪二三十年代后的这批育龄夫妇，大多数是独生子女。在他们的成长过程中，往往成为家庭的"掌上明珠"，物质生活条件最优裕。因此，当他们这一代在今后上有老、下有小时，常常不易正确处理好维持本人优裕生活条件与承担家庭抚养责任之间的关系、养育子女与赡养老人之间的关系。

可见，在下个世纪二三十年代后，我国农村的家庭养老要继续像现在那样主要靠子女解决，将存在很大困难。所以，我们从现在起除了必须进一步加强对广大独生子女的尊老、敬老教育外，还应深入研究目前的中青年农民如何主要依靠自己的经济力量来解决好将来的家庭养老问题。

第三，在我国经济体制改革中，农村劳动组织形式和分配方式的重大改变，使原来的集体养老和家庭养老发生了很大变化。

在农村经济体制改革前，丧失劳动能力的务农社员的养老金基本上是从生产队的公益金中支付的。当时生产队从全体社员全年创造的纯收入中，以较大的比例提取生产管理费、公积金和公益金，再把一部分公益金用于支付本队的养老金。而实行农业生产责任制后，承包责任田的社员虽然也要按承包的耕地数量，每年上交给集体一定的生产管理费、公积金和公益金，但上交的金额比过去少得多了。因此，在一部分比较富裕的乡或村，迫切要求正确引导社员在保证家庭生活水平逐步提高的前提下，从每年的个人收入中直接交付少量的社会养老保险基金，以便在自己丧失劳动能力后能从国家、集体和个人三方面筹集的社会养老保险基金中，领取一定的养老金。

另外，在农村经济体制改革前，绝大部分 60 岁及以上的务农老人都能参加生产队组织的轻农活，如锄草、拣棉花、管场地等，他们在年终分红时能按劳动工分直接领取自己的一部分现金报酬（已扣除粮草等生活资料费用），由个人自由支配。而实行农业生产责任制后，虽然克服了过去集体经济中存在的瞎指挥和分配上的平均主义，促进了农业生产的发展，但由于大多数 60 岁及以上的务农老人无法承担从播种到收获的全部农活，只能帮助承包责任田的子女进行一些辅助劳动。他们一年劳动下来，家庭户耕种责任田的收入往往都由户主（通常是老人的子女）掌管，而自己反而要向子女讨钱使用。这种劳动组织形式和分配方式的改变，不仅要求我们大力宣传农村老人在家庭中取得自己那部分劳动收入的合法性和合理性，而且也更有必要考虑如何使目前的中青年农民主要依靠自己的力量来解决好将来的家庭养老问题。

当前，60 年代初生育高峰期出生的婴儿，正好刚进入婚育期。我认为，应该从现在经济条件比较富裕的农村，逐步开始实行国家、集体和个人共同负担的社会养老保险制度。如果这种新型的社会养老保险制度实行得愈早，我国农村在下个世纪三四十年代老人数高峰到来时的经济承受能力将愈强，集体和个人为适应这个高峰期的养老需要所交付的年平均社会养老保险基金也可以相对少一些。

二、搞好农村社会养老保险制度改革
必须深入研究的几个具体问题

在我国一部分经济比较富裕的农村，逐步把现在实行的基本上由集体负担养老金费用，改为由国家、集体和个人共同负担养老金费用的社会养老保险制度，既是一件势在必行、利国利民的大好事，又是一个相当复杂的大变革。为了搞好这种改革，真正受到群众拥护，我们应该在大量调查研究和进行多方案的定量分析的基础上，正确解决好以下几个具体问题：

第一，具备什么样经济条件的乡或村，才能进行社会养老保险制度的改革。

一个乡或村，如果目前连养老金都发不出，或每月只能发给 65 岁以上的务农老人 5、6 元养老金，还要它从现在起再拿出一大笔钱来交付未来老人的社会养老保险基金，显然是不可能的。根据我们搜集到的上海郊县 2795 个村在 1985 年发放养老金状况的资料，没有给务农老人发放养老金的有 306 个村，占 10.95%；平均每月发 1—10 元养老金的有 1250 个村，占 44.72%；平均每月发 11—20 元养老金的有 1049 个村，占 37.53%；平均每月发 20 元以上养老金的有 190 个村，占 6.80%。我认为，上海郊县农村社会养老保险制度的改革，首先应该考虑那些每月发放养老金超过 20 元的村。不过从我们这次回收到的 20 份抽样调查的村表来看，有 1 个村虽然每月发放 20 元以上的养老金，但 1985 年的人均收入只有 510 元（其他两个每月发放 20 元以上养老金的村的人均收入分别为 776 元和 864 元），相反有 3 个每月发放 10—12 元养老金的村，1985 年的人均收入在 700 元以上。这说明某一年养老金发放的多少，不仅与各个村的经济富裕程度有关，而且与原来的发放标准及村领导如何确定纯收入的再分配比例有关。

那么，能不能用某一年乡或村的人均收入的多少来确定它是否具备进行社会养老保险制度改革的经济条件呢？看来也不能简单化地划条界限，如某个乡或村在 1985 年的人均收入超过 600 元或 700 元，便算具备试行改革的物质条件了。因为在一个乡、特别是在一个村里，每一户家庭的人均收入

差异是很大的，假使有几家万元户，便可能掩盖相当一部分贫困户，使集体的人均收入仍然很高。同时，某一年乡或村的人均收入也可能带有一定的偶然性，不能准确反映该地区农业生产的抗灾能力和乡镇企业、村办企业经济效益的稳定性和连续性。因此，需要深入研究建立一套什么样的指标体系，才能较好地衡量一个乡或村基本具备了进行社会养老保险制度改革的经济条件。

第二，未来老人的养老金发放标准应该如何确定为好。

在实行新的社会养老保险制度的乡或村，由于社员个人也参加交付社会养老保险基金，那么在他们60岁后领取的养老金标准究竟高些好，还是低些好呢？我认为，考虑到现阶段我国农村集体和大多数农民还比较贫困，特别是社会养老保险基金本身的性质和作用，今后养老金发放标准的高限以等于或略高于当时当地维持一个农村老人最基本的生活费为好。如果少数农民比较富裕，他还可以同时参加保险公司办的个人养老保险、进行个人储蓄、购买债券和股票等，使自己年老后生活得更好些。至于今后养老金发放标准的低限，可以大致为维持当时当地一个农村老人最基本的生活费用的一半。以上海郊县为例，1985年平均每月发给一位务农老人的养老金为10.5元左右，约等于维持老人最基本生活费用的43%（在实行合作医疗的情况下）。这种养老金发放标准虽然很低，然而由于农村中75岁以下的老人一般还能从事一些农副业生产，有点劳动收入，再加上子女的赡养，在目前还是可以大体满足农村老人的最基本生活需要。

当然，即使规定了发放养老金标准的高限和低限的正确原则，它们在今后几十年内也不可能始终固定在某个金额上，因为维持一个农村老人最基本生活需要所包含的内容会逐步变化，他们所需要的最基本生活用品的价格及劳务费用也会不断变化。所以，这就需要深入研究在上述两种因素变化的影响下，如何较准确地测算各个地区在不同时期内维持一个农村老人最基本生活费用的方法。

在养老金发放的标准上，还可考虑要不要使其逐步从低限向高限变动，这样做是否更符合我国农村经济发展的总趋势，有利于正确处理年龄不同、交付养老基金年限不同的社员之间的经济利益。而且由于不同年龄段的务农老人参加农副业生产劳动的状况存在着很大差别，因此，也可考虑要不要把

75 岁以下的务农老人与 75 岁以上的务农老人的养老金发放标准加以区别，对高龄老人适当多发一些养老金。

特别值得注意的是，当务农老人的养老金费用由集体包下来的时候，中青年农民并不会计较万一自己不幸早死，享受不到养老金待遇，或只享受了二三年养老金待遇，集体是否应将这部分自己没有享受到的养老金补发给其家属的问题。可是，在中青年农民个人交付一定的社会养老保险基金后，他们的想法就不一样了。如果简单地规定交付社会养老保险基金的人员一旦死亡，就不能补发给其家属一笔适当金额的话，他便会感到自己吃了亏，不如把现在交付养老保险基金的钱存入银行；但如果将他生前交付的养老保险基金连本带利全部补发给其家属，那么未来长寿老人的养老金又从哪里支付呢？所以，在进行农村社会养老保险制度改革时，应该通过深入调查群众意愿和定量测算，妥善处理好这个关系。

第三，个人和集体交付社会养老保险基金的比例如何确定为好。

在集体经济力量比较雄厚的乡或村，集体交付的按劳动者人数平均计算的社会养老保险基金，理应比劳动者个人交付的比例要高。但两者究竟是"八二开""七三开"，还是"六四开"呢？这就需要同时考虑集体和个人的长期支付能力。现在法国实行的社会保险普通法制，规定雇主应交付工资总额的 8.2%，用于老年保险；领薪人员则交付自己工资收入的 4.8%，用于老年保险，两者比例大致是"七三开"。从上海郊县的情况看，一般乡镇企业职工的全年工资和奖金收入近 1200 元，如果每月交 3 元养老保险基金，全年共 36 元，占个人年收入的 3%，还是有可能的。问题是每个务农社员是否每月都交得出 3 元钱的社会养老保险基金。因为即使在经济比较富裕的乡或村，仍然有少数贫困户。他们如果交不出，能否由集体适当补助一点，代他交付部分养老保险基金。另外，有些乡或村的集体如果目前交付全体劳动者的社会养老保险基金有困难，是否可以考虑先在乡镇企业和村队办企业职工中实行新的社会养老保险制度，等将来经济条件更富裕后，再扩展到在务农劳动者中也实行新的社会养老的保险制度。不过这样一来，可能又会挫伤务农劳动者的生产积极性。因此，这也需要进行深入调查研究。

在劳动者个人交付社会养老保险基金的起止年龄上，如果规定从 20 岁开始交付，那么碰到今后女社员出嫁或男社员到女家落户，离开这个乡或村，过去交付的那部分社会养老保险基金究竟如何处理呢？反之，像现在上海郊县许多农村那样，务农社员到 65 岁后才发养老金，那么 60—64 岁的务农老人还要不要交付社会养老保险基金呢？如果要交，他们的劳动能力下降，责任田也不分，又怎么交得起呢？可见，实事求是地确定个人交付社会养老保险基金的年龄界限，也是一个很重要的问题。

第四，集体企业交付的社会养老保险基金如果在税前列支，国家财政的承受能力究竟如何。

现在农村乡镇企业和村队办企业退休职工的退休金，是从企业纳税以前的盈利中支出的，但各个村发给务农老人的养老金，有很大部分是从这些企业纳税后交给乡、村、队的公益金中开支的。这样，国家从集体企业得到的税收可多些，但农村集体经济的养老负担却加重了。据上海市奉贤县青村乡的匡算，目前全乡务农老人约 1710 人，1985 年发放养老金 18 万元，如把这部分支出从企业的税后列支改为税前列支，集体只要负担 8 万元，而国家将减少税收 10 万元。设想当农村社会养老保险制度改革后，如果乡或村交付全体劳动者的社会养老保险基金，都从企业纳税前的盈利中列支，虽然它可以进一步体现国家也承担一点农村社会养老保险基金的精神，但将会减少国家财政很大一笔税金收入。上海保险公司的同志讲，现在上海郊县农村养老保险业务之所以不能推开，一个重要原因是市财政局只同意在个别乡实行试点，由集体交付的那部分保险基金从企业税前列支。所以，为了搞好农村社会养老保险制度的改革，需要通过深入调查，较准确地测算农村集体企业交付的社会养老保险基金在税前列支将对国家的税收带来多大影响，国家的财政是否承受得住。

第五，社会养老保险基金究竟集中在哪一级为好，如何使它更好地增值。

从进行社会养老保险制度改革的乡或村来说，如果把这笔社会养老保险基金集中在乡一级的社会保障工作委员会，好处是群众看得见，关心得到，而且可以使这笔基金在增值的过程中，直接用于投资开发当地的资源，促进本乡经济的发展。但问题是有些乡的经济管理水平较低，如果这笔基金投资效益不高，增值部分不能弥补物价上涨因素的影响，甚至发生亏本怎么办？现在法国的社会保险普通体制规定保险基金集中在中央，全国设一个总办事处，在总办事处 25 个委员中，有 15 个为被保险人的代表。那么我国农村能否考虑等到这种新的社会养老保险制度的覆盖面较大时，把社会养老保险基金集中到更高一级的社会保障机构中，由他们集中研究如何更好地使其增值的问题，而乡里不必多操心，便能按时拿到高利率的发放养老金总额。不过这笔基金的管理和增值，究竟集中在县一级好、省市区一级好，还是中央一级好，这样做是否会助长官僚主义和浪费，也需要做深入细致的研究。

第六，农村社会养老保险制度的改革是否要与老人合作医疗保险制度的改革同步进行。

现在我国农村合作医疗保险制度的具体办法，在各个乡或村中差别很大。尽管它在一定程度上体现了国家、集体和个人三方面共同负担医疗费用的精神，但集体的负担仍是相当重的。随着我国下个世纪三四十年代农村老人数的激增，也将给集体负担老人医疗费用带来巨大压力。因此，如何进一步改革和完善农村合作医疗保险制度的问题，必然会逐渐摆到议事日程上来。然而，如果农村的合作医疗保险制度的改革与社会养老保险制度的改革同步进行，我国农村也像有些发达资本主义国家实行的老人医疗保险那样，要求他们在年轻时就开始交付一定的老人医疗保险基金，则会造成我国目前农村劳动者个人和集体很重的保险负担，影响农村集体经济的扩大再生产，影响农民现阶段生活的改善。根据国外的一些经验，这两者可以不同步进行，先搞社会养老保险制度，等以后有条件时再搞社会医疗保险制度。至于我国农村究竟如何处理为好，也是在进行社会养老保险制度改革中应该考虑的一个重要问题。

总之，要搞好我国农村社会养老保险制度的改革是一个相当复杂的问题，需要做许多深入细致的调查研究，不要匆匆忙忙地一哄而上，把好事办坏了。即使在个别乡或村进行试点时，也要谨慎从事，不断总结经验教训，妥善处理好解决未来老人的养老问题和现有老人的养老问题之间的关系。我相信，在民政部领导的直接指导和支持下，经过二三年的深入调查研究和试点工作，我国农村一定能在"七五"期间建立起一种新型的社会养老保险制度的雏形。

（本文原载《中国民政》1987 年第 1 期）

上海市农村养老保险新体制的探索

1987年初，我们在上海农村开始探索如何将当时实行的基本上由集体负担农村老人退休金或养老补贴的制度，改为由国家、集体和劳动者个人三者合理负担的制度。通过两年的调查研究，我们初步找到了适合中国农村经济发展水平较高、集体经济力量较强、乡镇企业较发达地区特点的一种养老保险新体制，并将这种新体制在上海郊县南翔镇（镇带乡建制）和马陆乡进行试点，取得了可喜的效果。

本文简要介绍建立农村养老保险新体制的经济社会背景和这种新体制的主要特点。

一、建立农村养老保险新体制的背景

（一）上海农村原有的基本上由集体负担退休金或养老补贴制度的概况

早在本世纪50年代中后期，上海郊县农村就对无子女、无生活来源的老人实行了"五保"（即保吃、保穿、保住、保医、保葬）制度，由国家和集体共同负担他们的养老费用，对乡镇企事业单位退休的农村老人，由各集体单位发放退休金。70年代初，又在个别种植蔬菜的生产大队和生产队试行，由集体从公益金中支付给务农老人部分养老补贴。当时由于绝大多数60岁及以上务农老人都参加生产队统一组织的劳动，如锄草、摘棉花、管场地等，他们在年终分配时能按劳动工分直接领取属于自己的粮食、柴草及现金报酬，因而使这种养老补贴制度的推行并不显得迫切。1978年后，上海郊县农村普遍实行家庭联产承包责任制，鉴于大多数60岁及以上的务农老人无力承担从播种到收获的全部农活，生产队一般不给老人承包责任田。这就使广大务农老人愈来愈希望自己能像全民企业和乡镇集体企业的退休职工一样拿到养老金。于是在上海市政府农业委员会的倡导下，加快了农村养老补贴制度的发展，许多乡和村从乡办和村办企业纳税后上交给乡和村的净利润中支付这笔养老补贴费用。

根据上海郊区各县老龄问题委员会办公室上报材料汇总，1986 年上海郊县农村由国家和集体共同负担养老费用的"五保"老人为 0.47 万人，占60 岁及以上老人总数的 0.88%，共支付养老费用 242.9 万元，平均每人全年领取的养老费用为 516 元；由集体负担退休金的乡、村企事业单位退休老人为 5.53 万人，占 60 岁及以上老人总数的 10.35%，共支付退休金 1569.7 万元，平均每人全年领取的退休金为 284 元；由集体负担养老补贴的务农老人为32.85 万人，占 60 岁及以上老人总数的 61.52%，共支付养老补贴费用 4217万元，平均每人全年领取的养老补贴为 128 元。此外，在该年尚未实行养老补贴制度的乡、村、队中，约有半数对务农老人进行年终一次性养老补助或对 80 岁及以上务农老人进行节日慰问。这部分老人合计为 7.21 万人，占 60岁及以上老人总数的 13.50%，集体共支付养老补助和慰问费用 91.4 万元，平均每人全年只得到 13 元。

（二）上海农村人口老龄化迅速发展的趋势，使建立养老保险新体制十分必要

1986 年末，上海郊县 60 岁及以上老人为 53.4 万人，占总人口 11.7%。据我们预测，在撇开未来人口迁移因素的影响下，如果育龄妇女总和生育率按 1986—2000 年为 1.3、2001—2010 年为 2.0、2011—2080 年为 2.1 变动，那么上海郊县 60 岁及以上老人占总人口比重的峰值将出现在 2029—2033年，年均高达 32.0%，而且在 2017—2058 年、2065—2080 年，老年人口占总人口的比重将始终超过 25%（见图 1）。

从上海郊县农村地区 60 岁及以上老年人口的变化趋势来看，老年人口的峰值将出现在 2030 年，达 160.45 万人，比 1986 年增长 2.0 倍。值得注意的是，1985—1990 年老年人口年均增加 1.38 万，2005—2010 年年均增加3.12 万，2010—2015 年年均增加 5.10 万，2015—2020 年年均增加 4.29 万

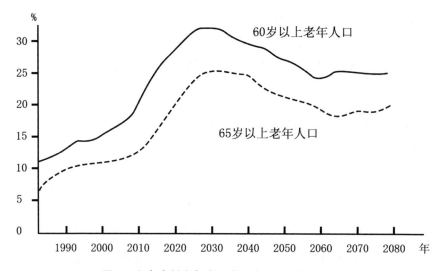

图1 上海农村老年人口占总人口比重变化趋势

（见图2）。可见，即使在2030年上海郊县农村地区按1986年不变价格（1个老人每月40元）计算，全年需要支付的养老金总额也将达到7.70亿元，比1986年由集体支付的各项养老费用总额增加11.6倍。由于同期上海郊县农村地区15—59岁的劳动年龄人口在波浪式地减少（见图2），2030年将比1986年减少54.8万人。如果1986年全郊县农村地区每个劳动年龄人口平均负担养老费用19.28元，那么2030年将要负担293.29元（按1986年不变价格计算），每个劳动年龄人口平均负担养老费用将增加14.2倍。这将使

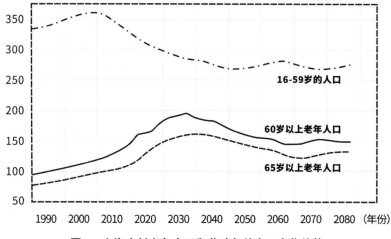

图2 上海农村老年人口和劳动年龄人口变化趋势

原有基本上由集体负担养老费用的制度难以承受。

为了适应未来上海农村地区人口老龄化迅速发展的客观要求，应该在有条件的农村尽快改革目前基本上由集体包下来的养老制度，代之以国家、集体和劳动者个人合理负担的养老保险新体制。

（三）上海农村的经济发展水平较高，为建立养老保险新体制提供了物质基础

在农村建立国家、集体和劳动者个人合理负担的养老保险新体制，经济条件是基础。1986 年，上海郊县农村的人均年纯收入为 822 元，南翔镇为 855 元，马陆乡为 859 元。如果以当时上海农村人口平均最基本的生活费为每年 480 元（每月 40 元）计算，那么 1986 年上海郊县农村地区、南翔镇、马陆乡的人均年纯收入分别比人均最基本生活费标准要多 71.3%、78.1% 和 79.0%。这就使绝大多数农村劳动者在满足自己基本生活需求并使生活有所改善的前提下，有可能拿出一小部分钱来交纳养老保险费，为自己准备养老基金。

同时，1986 年上海郊县农村乡级各类集体经济净收入的平均值为 11875 万元，南翔镇为 18759 万元，马陆乡为 20200 万元；1986 年上海郊县农村的乡级企业和村级企业收入已占分配总收入的 77.9%，南翔镇占 76.6%，马陆乡占 70.6%。这使农村集体企业在保证自身的扩大再生产、改善在职职工的福利待遇、支付目前退休职工及务农老人的养老费用以外，有可能再节余一部分钱为应付人口老龄化高峰准备养老基金。

二、养老保险新体制的主要特点

（一）养老保险金的筹集以集体和个人为主，国家资助为辅

集体负担农村养老金，主要表现在镇或乡所属的各个集体企事业单位（包括乡、村、队的企事业单位及各种联营企业农方），都要统一按全部职工劳动报酬总额的一定比率提取养老保险费，然后在全镇或全乡范围内统一使用。集体部分的提取比率高低，既要考虑本地区人口老龄化的发展对近期和远期养老金总额支付的需求，又要考虑集体企事业单位和国家的承受能力。现在南翔镇和马陆乡经过我们多方案的测算并由上级税务部门批准，确定按全部职工劳动报酬总额的 10% 提取养老保险金。

个人负担农村养老金，主要表现在镇或乡的每一个 25 岁至退休年龄（男 60 岁，女 55 岁）止的农村劳动者，都要按本镇或本乡劳均年纯收入的一定比率交纳养老保险金。根据我们 1987 年 7 月对南翔镇 1242 名 18—59 岁农村居民经济状况和投保意愿的抽样调查，目前暂定为个人每年交纳 60 元养老保险金，大约相当于 1986 年本镇或本乡劳均年纯收入的 4%。对于镇或乡内的极个别贫困户，经镇或乡社会保障工作委员会核准后，由所在村集体或镇、乡民政部门代交个人养老保险金。

国家资助农村养老金，主要表现在减免集体企业纳税上。在原有的农村养老制度中，乡办、村办企业职工的退休金同全民企业一样，作为"企业营业外支出"，在企业向国家交纳所得税前列支；务农老人的养老补贴是在企业扣除所得税后上交给乡、村两级的净利润中支付。现在的新体制规定集体提取的养老保险金全部作为"企业营业外支出"，在税前列支，即国家将集体企业支付给务农老人的那部分养老金免除了所得税。如果现阶段国家对农村集体企业支付给务农老人的那部分养老金免除所得税有困难的话，也可考虑采取对农村养老保险基金的增值给予优惠利率的办法。比如，财政部门对银行运用这笔基金存款所发放贷款的利息收入减免营业税，人民银行对下属银行吸收这笔基金存款看作委托存款，免交存款准备金，从而使银行能给予农村养老保险基金的存款比现行的"保值储蓄"更优惠的利率。

（二）在养老金支付时把集体提取部分的返回和个人交纳部分的返回分开计算

在养老保险资金流动的形式上，新体制实行半资金积累型与资金积累型相结合的形式。对集体提取的养老保险金采取"现收现付，部分积余"的半资金积累型，将当年从集体企事业单位提取的养老保险金的大部分，立即转手支付养老金，其积余部分则储存起来并使其增值，以备今后农村退休人数剧增时使用；对个人交纳的养老保险金采取资金积累型，以每个人在退休前逐年交纳的养老保险金，加上储存期间的增值，支付其老年的养老金。这样，就使每个农村居民都知道，今后退休老人领取的养老金包括两部分：一部分是从集体提取的养老保险金；另一部分是本人过去交纳的养老保险金。比如，南翔镇规定每个务农老人领取的养老金，包括集体给予的"基数"金额（退休年龄至 64 岁的每月 15 元，65 岁及以上的每月 17 元）和个人交纳返回金额（如个人每年始终交 60 元养老保险金，那么交纳 1 年后退休的老人每月只能返回 1 元，交纳 35 年后退休的老人每月能返回 135 元）两个部分。

新体制还规定，在实行新体制前已达到或超过退休年龄的农村老人，虽然个人没有交纳过养老保险金，但仍可享受集体发给的养老金；在实行新体制后陆续退休的农村老人，只有在规定的年龄段内个人交纳了养老保险金，才能同时领取集体发给的养老金。如果个人在交纳养老保险金后不幸过早死亡，将根据其领取养老金的不同情况，有区别地把个人交纳养老保险金的本金增值金额退回给法定继承人。由于每个人的寿命有长短，个人交纳养老保险金的返回部分本身带有某些统筹储存性，因此，南翔镇规定如果投保者在达到退休年龄前死亡，将退回个人交纳的全部本金和 70% 的增值金额，如果投保者在领取养老金 10 年内死亡将退回本人交纳本金及增值金额剩余部分的 50%；如果投保者在领取养老金 10—15 年内死亡，将退回本人交纳本金及增值金额剩余部分的 30%。可见，新体制实际上是一种集体养老保险和强制性的个人养老储蓄的有机结合，具有自我保障和互助相结合的性质。

（三）养老金的支付标准在开始时较低，以后随着农村经济的发展再逐步提高

鉴于上海农村地区的经济发展水平尚不很高，新体制强调在开始实行时的支付养老金标准只能略高于本镇或本乡有养老制度下的平均水平。以南翔镇为例，在原有的养老制度下，1986 年大多数村每月支付务农老人 11 元养老补贴，还有的村每月支付 13 元、15 元、16 元、17 元……其中支付水平最高的村达 28.5 元（男 30 元，女 27 元）。这次在实行新体制时，把全镇支付给各村务农老人的养老金"基数"统一规定为 15 元和 17 元两档。这样，即使大多数村的务农老人领到的养老金比过去有所提高，又使集体按全部职工劳动报酬总额 10% 提取的养老保险金有了较多积余。至于原来有些养老补贴支付水平较高的村，新体制也允许他们可以根据本村上年经济发展的实际情况，加发养老补贴。目前南翔镇有 4 个村给本村每个务农老人每月又加发了 7 元、8 元或 10 元的养老补贴。

据我们在 1987 年 7 月对南翔镇 1242 位 18—59 岁农村居民的抽样调查，当时农村 1 位老人每月最基本生活费用的平均值为 39 元。如果目前上海市农村老人的最基本生活费用按每月 40 元计算，现在南翔镇务农老人每月领取集体给予的养老金"基数"金额，只相当于老人最基本生活费用的38%—43%。也就是说，老人维持最基本生活费用的 60% 左右，还需要靠自己参加部分劳动和子女的经济赡养来解决。

为了使养老金的支付金额能逐步提高到保障农村老人维持最基本的生活水平，新体制除了主要靠今后每年达到退休年龄的农村老人将愈来愈多地领到个人交纳的养老保险金的返回金额外，还将在集体企事业单位提取养老保险金的比率基本不变的条件下，通过积极发展农村集体经济来保证集体给予的养老金"基数"金额标准在扣除物价上涨因素后，仍能逐步提高。我们经过多方案模拟测算后认为，只要积极努力，南翔镇和马陆乡务农老人领到个人返回和集体给予的养老金之和，在 2020 年达到目前每月 40 元的实际值，在 2050 年达到目前每月 60 元的实际值，是完全可能的。

（四）在集体给予务农老人与非务农老人养老金的标准上继续保留适当差别，以后随着农村经济的发展再逐步缩小

上海市农村地区在原有的养老制度下，乡镇企事业单位退休的农村老人领取的退休金明显地高于务农老人领取的养老补贴。我们认为这种差别，主要是由劳动生产率的不同及价格体系不合理造成的，不可能在短时期内消除，因此新体制在规定集体给予务农老人与非务农老人的养老金标准上，仍保留适当差别，使乡镇企事业单位退休的农村老人领取的养老金比务农老人要高些。比如，南翔镇在原有的养老制度下，务农老人大多数每月领取 11 元养老补贴，而乡办和镇办企业的退休老人平均每月要领取 50 元退休金，村办企业的退休老人平均每月要领取 30—40 元退休金。这次实行的新体制则暂定务农老人每月领取养老金"基数"为 15 元或 17 元；村办、队办企业

退休老人每月领取养老金"基数"为 22 元或 25 元，另加工龄补贴（1 年工龄 0.50 元）；乡办、镇办企业退休老人每月领取养老金"基数"为 30 元，另加工龄补贴（1 年工龄 0.50 元）。对于担任过镇或乡管企业副厂长（包括同级干部）及以上的退休人员，每月加发干龄补贴（1 年干龄 0.80 元）；担任过村管干部的退休人员每月加发干龄补贴（1 年干龄 0.70 元）。凡给予干龄补贴的退休人员，就不能领取相应年份的工龄补贴。

我们感到在农村养老保险新体制中，尽管对上述的具体支付标准还可以进一步探讨和完善，但在现阶段保留这种差别，是比较符合中国国情的，在试点过程中也受到广大务农老人和非务农老人的拥护。这种差别只能在今后几十年中，随着集体经济发展水平的不断提高，采取低标准向高标准靠拢的办法，使务农老人与非务农老人领取养老金标准的差距在共同增长的过程中逐步缩小。

对于建立具有中国特色的农村养老保险制度，我们只是进行了初步探索。由于中国幅员辽阔，各地农村的情况千差万别，我们所做的一些探索，只是希望能对今后上海郊县乃至中国其他类似的农村地区进行养老保险制度的改革有所启示。

（本文原载《中国人口科学》1990 年第 2 期）

寻求农村养老保险事业的正确道路

——访桂世勋教授*

据预测，我国在 2000 年左右将进入老年型国家，尔后的 30 多年，60 岁以上老年人口将增加近一倍半，到 2040 年前后达到我国老龄化的高峰时期。如此巨大、迅猛的"白发浪潮"把"养老保险"问题推到了社会的前沿。尤其是在广大的农村，由于经济的落后和发展的不平衡，绝大部分地区至今还未建立养老保险制度。如何解决占全国老人大多数的农村老人的养老保险问题，成为调动广大农民积极性、稳定农村社会、强化农村各项工作的重要契机。目前，农村养老保险已正式提上民政工作日程，寻求农村养老保险改革的正确道路、推进农村养老保险事业的蓬勃发展，成为我们的当务之急。这里，记者采访的知名人口学家桂世勋教授，在 1986 年就提出了"要重视农村养老保险制度的改革"问题。之后，他受民政部委托，带领 40 多人的课题组，从 1987 年初开始在上海市嘉定县的几个乡进行试点。几年来的调查研究和试点论证，他们得出了关于农村养老保险问题的一系列独到见解和建设性意见。

记者： 桂老师，包括你们在嘉定的试点，我国从 80 年代中期开始进行的农村养老保险探索到现在已建立起各种模式，这些模式有异同、有优劣之分吗？

桂世勋： 已经出现的各种模式在养老保险的形式、对象、实行的地域范围、资金的来源和筹集方式、养老金发放的年龄和标准、基金的增值方式和

---

* 本文由《中国社会报》记者撰写。

管理机构等方面都存在着很大的差异。我认为，在试行农村养老保险的初期，差异是难免的，而且由于各地农村经济发展水平和所有制结构不同，也不可能只搞一种养老保险模式。问题是其中有些模式因缺乏经验和科学的测算，在指导思想或具体实施方案上存在着某些偏差，在实践中已暴露出一些弊病，甚至难以为继。

记者： 根据我国的国情和几年来的试行经验，再借鉴国外的有关经验，我们在选择农村养老保险道路时该做何种取舍呢？

桂： 我认为不管采取哪种养老保险模式，都需要注意以下问题：

第一，解决农村老人的生活费用应坚持家庭养老、自我劳动收入和领取养老金三结合的原则。这一原则是由不可能在短期内根本改变农村经济的落后面貌这一现实决定的。

第二，农村养老保险资金的基本运营形式应采取"现收现付、部分积余"的半资金积累型和完全的资金积累型。从现在起，就应积极鼓励有条件的农村集体经济逐渐积余一部分养老基金，并正确引导中青年农民拿出一小部分钱来参加养老保险，否则，很难应付在下个世纪三四十年代到来的老龄化高峰。

第三，养老保险基金的筹集应坚持个人必须交纳和国家扶持为辅的原则。在我们这样一个农业人口占多数、农村经济又比较落后的大国，国家不可能也不应该承担筹集农村养老保险基金的主要责任。在集体经济力量较强的农村，养老保险金应以集体和个人交纳为主；较弱的地方，以个人交纳为主；贫困地区，可试行"劳务养老"的办法。

第四，养老金的领取应贯彻"先尽义务，后享权利"和"互助互济"的原则。个人领取养老金的数额必须与交纳养老保险金的总额和年限相联系，但又必然带有某些统筹储存性，不可能像存款那样将全部本利返回本人。

第五，人均养老金的发放水平应在开始时低些，以后随着经济的发展再逐步提高。如果不能瞻前顾后，充分估计未来人口老龄化的趋势，进行科学的老年负担系数和收支金额的长期预测来确定人均养老金的发放数额，等到养老保险基金入不敷出时再降低人均养老金的数额，就会失信于民。

第六，以乡或县为单位实行养老保险制度的农村地区，如果下属的村或乡之间经济发展水平有差距，在养老保险基金统筹和人均养老金发放水平上，应在村或乡之间保留适当差别。从目前情况看，试行以县为单位的养老保险制度，只能做到在全县范围内实行同一种模式和统一管理，统一的人均养老金发放水平还需经过较长时期的努力后才能实行。

第七，在实行由乡、村两级集体企业交纳数量较多的养老保险金的农村地区，对集体企业退休职工与纯务农老人的养老金发放标准和水平，应保留适当差别，以后随着农村经济的发展再逐步缩小差别。

第八，纯务农老人领取养老金的年龄不宜小于 60 岁。根据中国的平均预期寿命和农村劳动的特点，绝大多数 60 岁以下的男女农民是能胜任农业劳动的。而且适当推迟支付养老金，可以减轻集体经济的养老负担，使数量有限的养老保险基金多增值几年，相对提高纯务农老人每月领取的人均养老金数额。

第九，在实行养老保险制度的农村地区，应加强对养老保险基金收支账目的财务管理。养老保险基金收支账目的财务管理是极为复杂的，应设置专门机构，有专人负责，基层单位有分账，个人有储存和领取卡，每年核对，定期公布。

记者：90 年代是我国农村养老保险事业发展的关键时期，国家应该对此采取一些什么政策呢？

桂：为了有力推进农村养老保险事业的发展，我建议政府采取两项重大扶持措施。其一，允许集体企业将为纯务农劳动者交纳的养老保险金作为企业"营业外支出"，在税前列支。集体企业职工的退休金可以从税前列支，纯务农劳动者的养老保险金也应允许税前列支，否则会严重影响其务农积极性，不利于农业生产的发展。当然，如果税前列支数额较大，会相对减少国家财政收入，影响农村集体企业的扩大再生产能力，因此，在实行农村养老保险制度的过程中，为集体企业规定一个税前提取养老保险金的最高限度，也是必要的。其二，对包括农村养老保险基金在内的全国所有养老基金给予优惠的增值利率。实行新的养老保险制度，不仅可以大大减轻国家在人口老龄化高峰到来时的经济负担，养老保险基金本身又是一种长期稳定的存款，可用于经济建设投资。在消费品价格指数比较高的情况下，为了使这笔基金保值增值，国家应该对养老保险基金开办专项的"增值储蓄"。

　　记者：作为主持农村养老保险工作的民政部门，当前最紧迫的任务是什么呢？

　　桂：由于养老保险具有长期性和稳定性的特点，一旦实施后再要作重大变动相当困难，很容易失信于民。因此，我建议民政部在全面总结前几年各地农村进行养老保险探索经验和借鉴国外经验的基础上，尽快制定《关于中国农村养老保险问题的纲要》。这个《纲要》应从战略高度阐明解决中国农村养老保险问题的重大意义，明确规定建立农村养老保险制度的指导思想、基本原则及有关政策措施，提出可供不同经济发展水平和不同所有制结构的地区选择的几种较为科学的农村养老保险模式，以便增强广大农村干部和群众开展养老保险的自觉性和紧迫性，使今后各地农村在筹建养老保险制度时少走或不走弯路。

（本文原载《中国社会报》1991 年 1 月 25 日）

中国人口老龄化与县级农村
社会养老保险试点

《中华人民共和国国民经济和社会发展十年规划和第八个五年计划纲要》在规定"八五"期间要"努力推进社会保障制度的改革"时指出："在农村，采取积极引导的方针，逐步建立不同形式的老年保障制度。"为了贯彻《纲要》的精神，加强对中国农村社会养老保险事业的领导，有计划有步骤地推进农村老年社会保障制度的建立和发展，经国家民政部批准，全国将有30多个县从1991年下半年开始进行县级农村社会养老保险的试点。

那么，为什么现在中国要努力推进农村社会养老保险事业的发展，进行县级农村社会养老保险的试点呢？在试点过程中又应注意哪些问题呢？本文拟从分析中国人口老龄化的特点出发，对上述问题做些较深入探讨。

尽快建立农村社会养老保险制度的紧迫性

据联合国人口司1990年修订的世界人口预测资料，按中方案计算，尽管2025年中国60岁及以上老人占总人口的比重只有19.10%，比美国、日本、德国、英国、法国、加拿大、苏联等国家的同年水平要低，但在1990年至2025年间中国60岁及以上老人数却将增长185.59%，中国60岁及以上老人占总人口的比重则将增长115.09%，均明显高于上述国家同期的增长速度（见表1、表2）。

表 1　1990—2025 年世界部分国家 60 岁及以上老人数及增长速度

国别	1990 年（万人）	2025 年（万人）	增长率（%）
中国	10115.5	28888.4	185.59
美国	4205.3	7942.5	88.87
日本	2122.5	3807.1	79.37
德国	1581.5	2262.2	43.04
英国	1170.8	1597.5	36.45
法国	1064.0	1644.2	54.53
加拿大	417.0	905.5	117.15
苏联	5255.9	7237.4	37.70

表 2　1990—2025 年世界部分国家 60 岁及以上老年比的增长速度　单位：%

国别	1990 年	2025 年	增长率
中国	8.88	19.10	115.09
美国	16.87	26.49	57.02
日本	17.19	29.86	73.71
德国	20.39	31.90	56.45
英国	20.46	26.78	30.89
法国	18.95	27.23	43.69
加拿大	15.72	28.37	80.47
苏联	14.75	20.55	39.32

在中国的老年人口中，农村老人占大多数。1990 年 7 月 1 日我国第四次人口普查资料表明，全国居住在乡的总人口占全国总人口的 73.77%，加上中国目前农村的老龄化水平又略高于市、镇，因此，估计现在中国农村老人数约占全国老年人口数的 75% 以上。随着今后农村育龄妇女生育率的逐渐下降和大批农村青壮年剩余劳动力不断向市和镇转移，未来中国农村人口老龄化的速度还可能高于整个中国老龄化的发展速度。

然而，目前中国农村经济仍比较落后，发展又很不平衡，绝大多数地区还未建立社会养老保险制度，广大农村老人的生活来源依然主要靠自我劳动收入和子女赡养。据中国社会科学院人口研究所编的《中国 1987 年 60 岁以上老年人口抽样调查资料》，在当时被调查的 18936 名中国农村 60 岁及以上老人中，以退休金为主要经济来源者占 2.71%，以退休金为次要经济来源者占 0.55%，无退休金收入者占 96.74%；在当时被调查的填写主要经济来源的 10874 名中国农村 60 岁及以上老人中，以劳动收入为主要经济来源者占 50.71%，以子女供养为主要经济来源者占 38.07%，以退休金为主要经济来源者占 4.72%。

随着农村经济体制改革的深化，以家庭联产承包为主的责任制将作为中国农村的一项基本制度，在不断完善中长期稳定下来，今后绝大多数农村老人已无法像经济体制改革前那样，通过参加集体经济组织的农活，按劳动工分领取归自己支配的粮食、柴草和现金。同时，随着计划生育工作的深入开展，中国农村独生子女户、双女户家庭比重在 90 年代的逐步上升，也将给未来农村的家庭养老带来较大的困难。在这种情况下，中国广大农民迫切希望尽快建立社会养老保险制度，使自己年老后的基本生活有所保障。

从国外的经验看，如果能在老龄化高峰前二三十年，建立由国家、企业（或集体）、个人共同合理负担的社会养老保险制度，储备数量较多的养老基金，对于应付未来"白发浪潮"的冲击，协调在业劳动年龄人口与老年人口之间的代际关系，增强社会稳定机制，将具有十分重要的意义。何况中国又是经济比较落后，农村人口占大多数，老龄化发展迅速，占世界五分之一人口的社会主义国家。为了加强农业，巩固工农联盟，稳定社会，顺利渡过下个世纪 20—40 年代的老龄化高峰期，必须在本世纪 90 年代，特别是"八五"期间，不失时机地努力推进中国农村社会养老保险事业的发展，逐步建立农村社会养老保险制度。

当前进行县级农村社会养老保险试点的必要性

1986 年至 1988 年间，按照《七五》计划关于"要有步骤地建立起具有中国特色的社会主义的社会保障制度雏形"的精神，在我国 19 个省、市、自治区的 190 多个县（市、区、旗）内，有 800 多个乡、8000 多个村开展了农村社会养老保险的试点。1990 年，山西省左云县和北京市大兴县又进行了县级农村社会养老保险试点的调查，其中左云县的试点方案已在1991年开始实施。

从前几年中国农村一些乡或村进行的社会养老保险试点看，虽然花了很多心血，积累了不少宝贵经验，但普遍感到农村社会养老保险是一项非常复杂的社会系统工程，从调查测算，制定方案，到具体实施，搞好基金管理和保值增值，逐步形成交纳和支付养老保险金的动态平衡机制，是一件难度很大的工作。即使今后民政部颁布了《农村社会养老保险试点基本方案》，要真正因地制宜，做到《纲要》提出的"在农村逐步建立不同形式的养老保险制度"，并且使这种制度不断完善和长期巩固下来，单靠一个乡或一个村的管理能力，也往往难以完全胜任。从左云县的试点经验来看，如果能将农村社会养老保险的试点范围扩大到县（市、区、旗）一级，在县委和县政府的直接领导下，建立县级社会养老保险事业的管理机构，具体部署县内各个乡、村的农村社会养老保险工作，我认为至少比只是局限于乡、村基层社区的试点具有五大优点：一是可以进行更科学的测算和探索适合本地区实际的农村社会养老保险形式；二是可以在全县范围内有计划有步骤地制定由点到面逐步建立农村社会养老保险制度的规划；三是可以加强对本县内已开展农村社会养老保险试点的乡或村进行指导、协调和监督；四是可以在全县统一管理已筹集到的农村社会养老保险基金，更好地使其保值增值；五是可以将农村社会养老保险试点的工作转化为县级政府行为，并使其纳入法制的轨道。

然而，我感到在进行县级农村社会养老保险试点时，在总体上还有几个问题值得引起注意：

第一，选择试点的县，不仅要具备一定的物质基础，要有县民政部门和该县广大群众的积极性，而且县委和县政府的主要领导要有为本县子孙后代造福的战略远见，要对发展农村社会养老保险事业有强烈的历史责任感和现实紧迫感，能够对县级农村社会养老保险试点给予极大的关心和支持。

第二，试点县的领导对农村社会养老保险事业的积极性，主要应该表现在按国务院"慎重决策，精心组织"的要求，努力创造条件，由点到面地搞好试点。要防止片面地把各个试点县建立社会养老保险制度的乡或村的比例高低、推广速度的快慢，作为衡量该县试点工作好坏的主要标准。有些试点县经过很大努力以后，如果仍然由于某些客观条件的制约，到本世纪末，甚至下世纪初才达到县内全部乡或村建立社会养老保险制度，也是无可非议的。

第三，试点县内一般以实行"村本位"，建立县、乡、村三级农村社会养老保险体制为好，但又不要绝对化。如果在乡和村两级集体经济分配总收入中，乡级集体经济占优势，在乡内各个村之间的经济发展水平和个人分配水平差异较小，当地群众又愿意实行"乡本位"的，也可实行"乡本位"，建立县、乡两级农村社会养老保险体制。

第四，试点县内各个乡或村不仅在个人交纳养老保险金和领取养老金的标准上不要强求统一，而且应允许在指导思想端正、不违反基本原则的前提下，某些乡或村采取的社会养老保险具体形式可以因地制宜，有所区别。

不断提高农村社会养老保险试点方案的科学性

最近，我国民政部农村社会养老保险办公室在深入调查研究，总结前一段各地农村开展社会养老保险试点经验的基础上，初步提出了在中国建立农村社会养老保险制度应坚持的一些基本原则。我感到在制定和实施各个乡或村的农村社会养老保险试点的具体方案时，一定要从中国农村经济比较落后、各地的经济发展水平和集体经济力量很不平衡的实际出发，正确理解和因地制宜贯彻好这些基本原则。

1. 正确理解和贯彻以保障农村老人基本生活为目的的原则

所谓保障农村老人的基本生活，在定性上是指解决老人温饱问题，在定量上根据中国目前各地农村不同的物价水准，大致为每个老人每月领取30—60元的养老金收入。由于中国农村的经济发展水平在总体上还较低，大多数农民个人交纳和集体补助养老保险金的数量也很有限，因此就我国大多数农村地区而言，需要经过20多年，甚至更长时期的投保，才能在这些劳动者进入老年时领到相当于现在每月30—60元实际值的养老金。即使在极少数农村地区，现在个人每月有可能交纳20元、30元的养老保险金，也不宜把交费档次规定过高。因为个人交费档次过高，必然会碰到两个问题：一是集体补助的绝对额是否也要增加？如果增加，集体经济有否长期的承受能力？二是即使集体补助额不增加，由于人均养老保险基金过多，保值增值的压力也会增大。

从中国农村老年保障事业的发展方向看，将要长期实行多层次的养老保险体制。在未来农村老人的生活费用来源上，坚持家庭赡养、自我劳动收入和领取养老金三结合的原则；在领取养老金上，又坚持社会养老保险、企业（或集体）补充养老保险和个人补充储蓄养老保险三结合的原则。所以如果现在个人和企业（或集体）比较富裕，完全可以在实行社会养老保险、保障农村老人基本生活的基础上，再搞各种补充养老保险。

2. 正确理解和贯彻个人交纳为主、集体补助为辅的原则

现阶段中国大多数农村地区，乡镇企业不发达，集体经济力量比较弱，对农村老人也没有实行发放退休金或养老补贴的制度，因此在一开始建立农村社会养老保险制度时，就应该坚持个人交纳为主，集体补助为辅的原则。在试点中，如果某个乡或村的年劳均纯收入较低，个人交纳养老保险金绝对额的标准也可定得低些，如果某个乡或村的集体经济状况较好，补助的比例也可稍高些，但是由于中国农村经济发展的不稳定性较严重，一般不宜把集体补助的比例长期定死，可在每三年召开村或乡领导换届选举的村民代表大会或乡人民代表大会时，根据实际情况合理调整。

现在的问题是中国一部分农村地区（主要是东部沿海地区），乡镇企业比较发达，集体经济力量较强，在建立农村社会养老保险制度前，乡或村已对农村老人发放了退休金或养老补贴。如果从试点前个人不交纳养老保险金却可在年老后领取退休金或养老补贴的制度，一下子转为以个人交纳为主、集体补助为辅筹集养老保险基金的制度，往往会使当地农民、特别是40、50岁的农民缺乏心理承受能力。为了妥善解决这些地区新老制度的过渡和衔接问题，在前几年进行的农村社会养老保险试点中，曾经提出了两个办法：一是"台阶式过渡"，以50岁为分界线，对实行试点时年龄在50岁以下的农民采取个人交纳为主，集体补助为辅的办法；对51—59岁的农民采取个人同样交纳、退休后按老制度领取退休金或养老补贴的办法。二是"斜坡式过渡"，把老制度的集体发放部分继续保留，另外增加个人交纳的返回部分，实行"双轨制"，通过逐渐减缓集体发放部分养老金的增长速度（一般低于同期消费品价格指数）和个人交纳养老保险金年限的增加，最后达到

在养老金负担上体现个人交纳为主的目的。前一种办法过渡时间较短，较难处理的是 51—59 岁这批人。由于个人交费年限的不同，在 60 岁后领取养老金的数额上如何有所差别，体现权利与义务的对等；后一种办法过渡比较平稳，但过渡时间较长，具体操作的难度较大。最近我考虑还可采取另一种较简便的过渡办法，即在一个乡或村内的所有不到退休年龄的农村劳动者都按个人交纳为主、集体补助为辅的原则实行统一的社会养老保险制度；如果他们在退休后拿到的由集体补助部分（包括本利）提供的养老金水平低于试点前集体发放的退休金或养老补贴的实际水平，乡或村可采取发放补充养老金的形式，适当给予补贴。

3. 正确理解和贯彻一般从 20 岁开始投保和从 60 岁起领取养老金的原则

在前几年进行的农村社会养老保险试点中，有些地区之所以规定从 25 岁开始投保，主要是考虑到一个乡或村内 20—24 岁年龄的青年因婚姻、就业等因素影响，迁移变动较大，特别是当时农村社会养老保险制度的覆盖面很小，如果不少人在 25 岁前因户口迁移而退保，不仅会增加管理的工作量，而且仍然解决不了养老保险问题。我认为随着今后中国农村社会养老保险制度的覆盖面逐渐扩大，还是有条件把投保起点年龄提前到 20 岁的，这样做也有利于增加养老基金本金部分的积累储存及在优惠利率下增值。但是，我不同意现在有些人提出的规定 20 岁开始投保后，如果投保者退保，一次性只返还保费中的个人交纳部分，就可将过去集体补助给他的部分用于互济，有利于养老基金的运营。因为中国农村长期形成的婚嫁习俗是女青年嫁到男方家中，在今后一个相当时期内，这种习俗不可能发生根本性的变化。如果按上述意见拟定实施方案，无形中就损害了农村中未婚女青年的投保利益，尤其是对晚婚的女青年更为不利。她们从 20 岁开始投保起，在参加劳动的过程中对本乡或村的集体经济发展也作出了贡献。如果在她们嫁到别的乡或村去时，不把这几年中集体补助养老保险金的部分返还给她们，显然是不公平的。而且即使她们丈夫所在的乡或村已建立了农村社会养老保险制度，那里的乡或村也不可能专门给她们发放从其 20 岁起至结婚之日止的集体补助养老保险金。同时，随着今后中国农村商品经济的繁荣、产业结构的变化和人口城镇化的发展，如果规定因迁移而退保的农民不能拿到过去集体补助给他的那部分养老保险金，将不利于中国劳动力在地域上和产业上的合理转移，不利于中国社会养老保险事业的顺利进行，不利于中国城乡经济的迅速发展。

关于现阶段中国农村领取养老金的年龄，一般从 60 岁开始还是比较适宜的。不过在一些乡镇企业比较发达的农村地区，也要注意灵活掌握。因为目前许多乡镇企业规定女职工 50 岁或 55 岁退休。尽管农村与城市不同，刚退休下来的女职工还有一份责任田可种，但如果这个村的责任田已实行由专业大户承包种植的话，那就要考虑这些退休女职工在 60 岁前参加其他有较多收入劳动的可能性。假使某个试点乡或村的许多退休女职工在 60 岁前个人的劳动收入水平比原来在乡镇企业工作时下降很大，而同期乡镇企业又没有给予她们生活补贴，那么就会较严重地影响农村社会养老保险发挥其社会稳定机制的作用。所以，在这种情况下，要么推迟乡镇企业女职工的退休年龄，要么让她们提前领取养老金。当然，在规定乡镇企业女职工从 55 岁起可以领取养老金时，也可借鉴国外的经验，运用经济手段使得从 60 岁开始领取养老金的累计总额能略多于从 55 岁开始领取养老金的累计总额，以引导她们自愿推迟到 60 岁开始领取养老金。按此方法，某些农村地区还可根据实际情况，引导一部分农民自愿推迟到 65 岁开始领取养老金。

4. 正确理解和贯彻乡镇企业职工、纯务农劳动者和农村其他在业人员一体化的原则

所谓"一体化"的原则，是指在实行农村社会养老保险试点时，应尽可能把乡镇企业职工、纯务农劳动者和农村其他在业人员的未来养老保险问题一起考虑进去，制定一揽子投保办法。过去有些农村在养老保险试点时，强调当地乡镇企业的经济实力不够，只搞了乡镇企业职工的养老保险。我感到这样做不是很妥当。因为中国农村乡镇企业的资金最早是从纯务农劳动者交给集体的公积金中转化而来的；在乡镇企业发展的过程中，务农家庭往往又把文化素质较高、身强力壮的劳动力支援了乡镇企业，剩下的那些纯务农劳动者还要为本乡或本村承担完成国家下达的、收购价格偏低的粮食和主要经济作物的收购任务。可见，纯务农劳动者理应分享乡镇企业"营业外支出"中用于养老保险的一部分集体补助。如果某个试点乡或村的乡镇企业经济实力确实不够强的话，也完全可以通过实行个人少交纳、集体少补助的办法，先把纯务农劳动者一起包括进来，等将来农村经济发展和乡镇企业力量

壮大时，再逐步提高个人交纳档次和集体补助金额。

至于乡镇企业职工和纯务农劳动者在交纳养老保险金的标准上，在集体补助的标准上，以及在年老后领取养老金的标准上是否需要统一的问题，我感到主要取决于进行农村社会养老保险试点前这个乡或村是否已对乡镇企业退休职工发放退休金和对纯务农老人发放养老补贴，以及发放人均退休金与人均养老补贴的标准是否一样。如果在试点前对他们都未发放退休金或养老补贴，或者对他们发放的人均退休金与人均养老补贴的标准都一样，那么在该乡或村建立农村社会养老保险制度时，就应该对乡镇企业职工和纯务农劳动者实行统一的个人交费、集体补助和年老后领取养老金的标准。反之，如果在试点前对乡镇企业退休职工发放的人均退休金标准明显高于对纯务农老人发放的人均养老补贴标准，那么在该乡或村建立农村社会养老保险制度时，可考虑采取两种办法进行处理。一是在对乡镇企业职工和纯务农劳动者实行统一的个人交费、集体补助和年老后领取养老金的标准的基础上，由乡镇企业再给企业退休职工酌情发放补充养老金；二是对乡镇企业职工和纯务农劳动者实行不同的集体补助标准，在他们年老后领取养老金的标准上继续保留适当差别，以后随着农村经济的发展和集体经济力量的壮大，通过逐渐提高对纯务农劳动者给予集体补助的标准，使纯务农老人与乡镇企业退休职工领取养老金标准的差距在共同增长的过程中逐步缩小，以至于最后完全统一。

切实体现国家对农村社会养老保险事业的扶持性

为了在 90 年代、特别是"八五"期间有力地推进中国农村老年社会保障制度的建立和发展，我建议国家应对农村社会养老保险事业采取两项重大的扶持措施：

第一项是允许乡镇企业补助给纯务农劳动者的养老保险金，作为企业"营业外支出"，在交纳所得税前列支。诚然，中国纯务农劳动者生产的农副产品与社会主义国家的关系，是一种商品交换关系。但是城镇集体企业、农村乡镇企业生产的工业品与社会主义国家的关系，也是一种商品交换关系。长期以来这些集体企业职工的退休金可以从企业交纳所得税前的"营业外支出"中列支，那么广大纯务农劳动者的养老金理所当然地也应在税前列支。何况在中国不合理的工农业产品价格体系还不可能完全改变的情况下，纯务农劳动者的经济利益在农副产品出售过程中已经受到了损失，如果再继续让集体补助给他们的养老保险金从乡镇企业扣除所得税后上交给乡、村两级的净利润中支付，必然会严重影响其务农的积极性，不利于农业生产的发展。所以，为了稳定农业，加强农业，充分调动广大纯务农劳动者的积极性，国家应该允许乡镇企业补助的全部养老保险金都在税前列支。从上海郊县部分农村试行社会养老保险制度的情况看，尽管这些乡所属的各个企业都按全体在职职工计税工资总额的10%在税前提取集体补助的养老保险金，可是由于该乡的集体企业应交所得税的收入继续呈较快增长趋势，因而他们实际交纳给国家的所得税总额仍比过去要多得多。当然，如果税前列支数额过大，也会相对减少国家的一大笔财政收入，影响农村乡镇企业的扩大再生产能力，所以在进行农村社会养老保险试点时，为乡镇企业规定一个税前提取补助养老保险金的最高限度（一般最好不超过企业全体在职职工计税工资总额的10%—12%），也是必要的。

现在，中国有些乡镇企业很不发达的农村地区，已经采取或准备采取"劳务养老""资源养老"的办法，由村提供一定数量的责任田或山地、果园、鱼塘、海涂、家禽饲养场、牧场等作为"养老基地"，组织本村青壮年农民每年参加若干天的"义务劳动"，取得一定的经营收入，或者承包给某些专业户，让他们每年上交一定的经营收入，以此作为集体补助养老保险金的来源。我认为在这些农村地区，国家即使同意税前列支的扶持措施，他们仍然享受不到实惠，因而建议国家考虑对这些地区完全用于农村社会养老保险事业的经营收入，采取给予减免税的扶持措施。

第二项是对包括农村社会养老保险基金在内的全国所有社会养老保险基金给予优惠的增值利率。中国农村社会养老保险制度拟采取个人交纳和集体补助相结合的积累储存养老保险基金的基本模式，这不仅可以大大减轻国家在人口老龄化高峰期的经济压力，加强农业、巩固工农联盟和稳定社会，而且也是促进消费资金的合理分流，为国家经济建设提供一笔巨大的长期稳定投资的重要手段。在消费品价格指数还比较高且不稳定的情况下，国家应该对社会养老保险基金给予优惠的增值利率，以保证长期投保者的经济利益不受损失。在具体操作上，可考虑在下面的两种办法中加以选择：一种办法是发行具有优惠增值利率的特种债券。如果这种债券的期限与国库券或国家发行的其他投资债券相同的话，那么其债券利率应该略高于国库券或国家发行的其他投资债券利率，到期一次还本付息，不计复利。同时，国家还应规定这种债券不得用于抵押，不得作为货币流通，不得进入证券交易市场转让。不过由于债券通常是不记名、不挂失的，因此在特种债券的保管上将存在一定的风险。另一种办法是开办专项的"增值储蓄"，其利率应略高于银行相同期限的定期存款利率。在消费品价格指数接近或高于银行存款利率的情况下，应给予比消费品价格指数更高的优惠存款利率，它的具体计算方法可采取从本金存入时起，逐月按比当时消费品价格指数高 5%—10% 的利率计算，直至取出时为止。开办专项"增值储蓄"的优点在于可以记名和挂失，便于保管，但国家在确保增值利率上要承担较大的风险。

　　总之，要搞好中国县级农村社会养老保险的试点，是一项非常复杂的难度很大的工作，还有许多问题需要进一步探索。我们相信，在中国民政部的领导下，通过 30 多个县进行县级农村社会养老保险试点的实践，一定能使中国农村社会养老保险事业取得重大进展，并将为繁荣和发展中国乃至世界的人口科学作出贡献。

（本文原载《人口与经济》1991 年第 6 期）

长江三角洲地区农村养老模式研究

中国是农村人口占大多数的发展中国家，新中国建立后长期实行城乡二元社会保障结构。在人民生活总体上已达到小康水平、开始实施现代化建设"第三步"战略部署的进程中，中国应如何构建具有中国特色的农村养老模式，妥善解决 21 世纪上半叶农村的养老问题，是一个迫切需要研究解决的重大社会问题。1999 年 6 月至 2001 年 12 月，由江苏省老年学学会、浙江省老龄科研中心和上海市老龄科研中心联合组成课题组①，开展"长江三角洲地区农村养老模式研究"。其目的是通过深入了解长江三角洲地区农村老人的养老状况与意愿，探索构建和完善中国经济发展水平较高、集体经济力量较强、人口老龄化程度较严重的农村地区的养老模式，为江苏省、浙江省、上海市政府及有关部门制定未来农村老龄事业发展战略提供有重要参考价值的基础资料和咨询建议，以进一步改进当地老龄工作，不断提高农村老年人的生活质量。同时也为中国其他农村地区今后更好地解决养老问题提供带有前瞻性的思路。

调查方法与资料来源

本课题研究采取全面调查、抽样调查、专题调查和实地考察相结合的调查方法。课题组经过多次了解和协商，按 1998 年该乡（镇）农村居民人均年纯收入略高于本省市地处长江三角洲地区同类指标值平均水平的要求，分别确定三个乡（镇）作为重点调查点。它们是江苏省太仓市的归庄镇、浙江省海宁市的周王庙镇、上海市嘉定区的江桥镇。这三个镇在 1999 年末的户籍农业人口分别为 15402 人、21634 人和 8454 人，全镇 60 岁及以上老年人口占总人口比重分别为 24.0%、16.1% 和 14.7%，全镇 65 岁及以上老年人口占总人口比重分别为 18.7%、12.0% 和 10.7%；三个镇在 1999 年的镇地方财政收入分别为 2049 万元、2900 万元和 6113 万元，农民人均年纯收入分别为 5317 元、5053 元和 6894 元。

1. 全面调查。在这三个乡（镇）中分别收集 1999 年的全面统计资料，填写《"长江三角洲地区农村养老模式研究"课题农村社区调查表》，内容包括每个乡（镇）所在县（市、区）的社会经济状况，该乡（镇）的环境、人口、社会经济、医疗、社会保障等状况。在此基础上分别介绍江苏省太仓市、浙江省海宁市、上海市嘉定区的农村经济社会与人口老龄化发展的概况。

2. 抽样调查。在这三个乡（镇）中采取两阶段分层抽样的方法各抽取 500 名 1999 年 2 月 28 日年满 60 岁及以上、具有本镇农业户口、目前居住在农村的老年人。从每个乡（镇）中按等距随机抽样的方法，先抽取下属至少 5 个备选的村委会；然后从第 1 个备选的村委会开始将符合这次调查合格对象要求的所有老年人的姓名、性别、出生年月、家庭住址等填入《长江三角洲地区农村老人的养老状况及意愿调查合格对象名册》（以下简称《名册》）；再从填入《名册》的老年人中按每个家庭户只选 1 名拟调查老人的要求，在有 2 个及以上合格对象的家庭户中根据国际通行的《随机表》选取 1 名拟调查老人。为了使有限的样本能较全面地反映上述三个乡（镇）农村老人的总体状况，我们又按 1999 年末这三个乡（镇）的分性别和年龄组（60—69 岁、70—79 岁、80 岁及以上）老人数的比例分别分配到各地的 500 个样本中（见表 1）。

表 1 长江三角洲三个调查点的样本分配方案　　　　单位：人

年龄分组	性别分组	调查点名称			合计
		归庄镇	周王庙镇	江桥镇	
60—69 岁	男	112	129	89	330
	女	127	130	152	409
70—79 岁	男	82	87	71	240
	女	108	101	133	342

年龄分组	性别分组	调查点名称			合计
		归庄镇	周王庙镇	江桥镇	
80 岁及以上	男	22	17	17	56
	女	49	36	38	123
合计		500	500	500	1500

对上述随机抽到的 1500 名拟调查老人，采取上门访问的方法，由调查员根据被访老人的回答填写《"长江三角洲地区农村老人的养老状况及意愿"调查问卷（主表）》（以下简称《问卷主表》）。《问卷主表》的内容共分六个部分：（1）个人和家庭的基本状况；（2）经济供养状况；（3）医疗保健状况；（4）生活照顾状况；（5）精神慰藉状况；（6）总体感受和要求。调查员在访问拟调查老人时，如该老人目前最基本的日常活动功能（ADL）10 项评分总计在 85 分及以下，则再访问其主要照顾者，填写《"长江三角洲地区农村老人的养老状况及意愿"调查问卷（附表）》（以下简称《问卷附表》）。《问卷附表》的内容包括被访老人主要照顾者个人的基本状况及其照顾老人的情况、今后继续照顾老人的意愿、提供目前被调查老人有否异常行为的信息等。在这次问卷抽样调查中，共调查填写《问卷主表》的老人 1500 名、填写《问卷附表》的主要照顾者 50 名。

3.专题调查。在江苏省、浙江省、上海市地处长江三角洲地区的农村，选择现阶段农村养老中的重点、难点和热点问题，开展专项调查研究。其中包括江苏省太仓市创建健康老龄化社会调查、浙江省湖州市湖东村农村小康生活模式调查、浙江省海盐县农村老人家庭养老状况调查、上海市嘉定区农村社会养老保险实施情况调查、上海市嘉定区江桥镇农村老人合作医疗发展状况调查、浙江省海宁市马桥镇老年医疗保障和服务状况调查、江苏省太仓市农村养老机构发展状况调查、上海市嘉定区农村社区为老服务发展状况调查、浙江省萧山市农村老年教育发展状况调查、江苏省江阴市农村老人参与社会发展状况调查、江苏省太仓市归庄镇老龄工作发展状况调查等。

4.实地考察。课题组成员在上海市、江苏省、浙江省召开工作会议期间实地参观考察了上海市嘉定区南翔镇敬老院和江桥镇社区老年活动中心、江苏省太仓市农村居民住宅区、浙江省海宁市社会福利中心和湖州市南浔镇久安老年公寓、久安老年文化公园。

被调查农村老人的基本情况和生活质量状况

在江苏省太仓市归庄镇、浙江省海宁市周王庙镇和上海市嘉定区江桥镇所调查的 1500 名居住当地农村的 60 岁及以上老人中，目前个人的基本情况和生活质量状况具有以下主要特征：

1. 在性别与年龄构成方面，女性老人比重近五分之三，60—69 岁组老人比重近一半。在被调查的 1500 名农村老人中，男性老人占 41.8%，女性老人占 58.2%，性别比为 71.8。从被调查的年龄结构考察，60—64 岁组占 25.8%，65—69 岁组占 23.5%，70—74 岁组占 23.1%，75—79 岁组占 15.7%，80—84 岁组占 8.3%，85 岁及以上组占 3.7%。

2. 文化程度构成方面，不识字或识字很少的比重近四分之三。在被调查的 1500 名农村老人中，不识字或识字很少的占 73.8%，小学文化程度的占 23.9%，初中或技校文化程度的占 1.9%，高中或中专文化程度的占 0.3%，大学专科及以上文化程度的占 0.1%。

3. 在婚姻状况构成方面，有配偶的比重超过一半。在被调查的 1500 名农村老人中，从未结过婚的占 0.8%，初婚并有配偶的占 53.2%，再婚并有配偶的占 1.7%，丧偶的占 43.6%，离婚的占 0.7%。

4. 在现有子女数（包括领养）的构成方面，有 3 个孩子及以上的比重近四分之三。在被调查的 1500 名农村老人中，目前没有子女的占 0.8%，有 1 个子女的占 7.3%，有 2 个子女的占 19.8%，有 3 个子女的占 34.4%，有 4 个子女的占 21.7%，有 5 个子女的占 10.4%，有 6 个及以上子女的占 5.6%。

5. 在居住场所构成方面，居住在家中的比重高达 99%。在被调查的 1500 名农村老人中，目前居住在家中的占 98.9%，原住家中、目前暂住医院的占 0.1%，目前住在社区敬老院的占 0.6%，其他占 0.3%。

6. 在居住方式构成方面，"空巢"家庭的比重超过七分之一。在被调查的 1500 名农村老人中，独居的占 3.7%，仅老夫妇俩居住的占 11.5%，老人仅与子辈同住的占 4.5%，老人与子辈及孙辈同住的占 78.7%，其他占 1.6%。

7. 在目前从事有收入劳动构成方面，仍从事有收入劳动的比重近五分之二，其中从事农业劳动的近四分之三。在被调查的 1500 名农村老人中，目前仍从事有收入劳动的占 39.3%，不从事有收入劳动的占 60.7%。在从事有收入劳动的 589 人中，从事农业劳动的占 73.7%，从事环境清洁卫生工作的占 5.6%，从事工业生产和运输工作的占 5.6%，从事门卫工作的占 5.3%，从事商业工作的占 3.2%，从事其他服务性工作的占 3.1%，其他占 3.5%。

8. 在自评目前经济状况构成方面，很宽裕和较宽裕的比重占三分之一，较困难和很困难的比重近八分之一。在被调查的 1500 名农村老人中，自评目前经济状况很宽裕的占 6.7%，较宽裕的占 26.6%，一般的占 54.0%，较困难的占 11.1%，很困难的占 1.6%。

9. 在自评目前健康状况构成方面，很好和较好的比重超过一半，不太好和不好的比重超过七分之一。在被调查的 1500 名农村老人中，自评目前健康状况很好的占 23.3%，较好的占 31.9%，一般的占 30.0%，不太好的占 12.3%，不好的占 2.5%。

10. 在目前最基本的日常活动自理能力构成方面，较严重不能自理的比重近三十分之一。在被调查的 1500 名农村老人中，用最基本的日常活动功能量表（ADL）进行测试，在吃饭、穿衣、上下床、室内走动、洗脸刷牙、上厕所、洗澡、上下楼梯、小便是否失禁、大便是否失禁等 10 个方面，全部没有困难和问题（100 分）的占 88.7%，稍有困难和问题（90—95 分）的占 8.0%，有较多困难和问题、较严重不能自理（85 分及以下）的占 3.3%。

11. 在目前一般的日常活动自理能力构成方面，较严重不能自理的比重超过八分之一。在被调查的 1500 名农村老人中，用一般的日常活动功能量表（IADL）进行测试，在做饭、洗衣、打扫卫生、服药、剪指（趾）甲、管理钱物、打电话、雨天外出、购物、看病等 10 个方面，全部没有困难（100 分）的占 45.8%，稍有困难（90—95 分）的占 41.3%，有较多困难（85 分及以下）的占 12.9%。

12. 在心理健康状况构成方面，不感到孤独的比重近四分之三，不感到紧张、害怕的比重超过五分之四。在被调查的 1500 名农村老人中，不感到孤独的占 72.9%，有时感到孤独的占 18.3%，经常感到孤独的占 2.5%，讲不清的占 0.1%，无法回答的占 6.2%；不感到紧张、害怕的占 81.8%，有时感到紧张、害怕的占 9.8%，经常感到紧张、害怕的占 1.0%，讲不清的占 0.3%，无法回答的占 7.1%。

13. 在自评目前个人爱好满足程度构成方面，完全能满足的比重超过五分之三。在被调查的 1500 名农村老人中，自评目前个人爱好完全能满足的占 63.3%，部分能满足的占 25.1%，不能满足的占 3.2%，无爱好的占 7.5%，无法回答的占 0.9%。

14. 在自评晚辈孝顺状况构成方面，很孝顺和较孝顺的比重为十分之七。在被调查的 1500 名农村老人中，自评晚辈很孝顺的占 30.3%，较孝顺的占 39.7%，一般的占 26.0%，不太孝顺的占 2.2%，不孝顺的占 0.4%，讲不清的占 0.2%，无法回答的占 1.2%。

15. 在目前有否独立卧室状况构成方面，有独立卧室的比重超过 98%，其中居住面积在 20 平方米以上的比重超过一半。在被调查的 1500 名农村老人中，目前有独立卧室的占 98.5%，没有独立卧室的占 1.5%；在有独立卧室的 1477 名老人中，居住面积在 10 平方米及以下的占 1.2%，11—20 平方米的占 42.7%，21—40 平方米的占 54.8%，41 平方米及以上的占 1.3%。

16. 在自评目前总的生活状况满意程度构成方面，非常满意和较满意的比重超过五分之三，不太满意和很不满意的比重近五十分之一。在被调查的 1500 名农村老人中，对目前总的生活状况感到非常满意的占 13.8%，较满意的占 50.6%，一般的占 32.7%，不太满意的占 1.5%，很不满意的占 0.3%，讲不清的占 0.3%，无法回答的占 0.8%。

现阶段长江三角洲地区农村养老模式的主要特点

在现阶段长江三角洲地区农村中，尽管由于各地的经济发展水平、集体经济实力、社会保障和老龄事业状况存在着差异，但是农村的养老模式已不同于传统农业社会单纯的"家庭养老"模式。我们在这次调查中发现，现阶段长江三角洲地区农村养老模式有以下四方面特点：

1. 从农村老人的经济供养考察，已在传统的家庭供养与个人自养基础上逐少增加了养老金或养老补贴收入；对生活困难的农村老人也在 20 世纪 50 年代中期起实行的"五保"措施基础上逐步增加了实行最低生活保障制度。

在江苏省、浙江省和上海市三个乡（镇）被调查的 1500 名居住当地农村的 60 岁及以上老人中，在 1999 年 3 月至 2000 年 2 月底的个人纯收入构成中，按比重由高到低排序的前五位主要纯收入来源，依次为主要靠子女及孙辈赡养费（占 50.9%）、主要靠自己劳动收入（占 22.9%）、主要靠养老金或养老补贴（占 15.0%）、主要靠配偶及其他亲属补贴（占 5.1%）、主要靠股票、债券、储蓄等金融投资收入（占 1.5%）；在回答第二位纯收入来源的 1340 名农村老人中，按比重由高到低排序的前五位纯收入来源，依次为养老金或养老补贴（占 35.2%）、子女及孙辈赡养费（占 27.1%）、配偶及其他亲属补贴（占 13.3%）、自己劳动收入（占 11.4%）、股票、债券、储蓄等金融投资收入（占 3.9%）（见表 2）。可见，在目前长江三角洲地区的 1500 名被调查农村老人中，第一、二位年纯收入来源为养老金或养老补贴的合计为 696 人，已占 46.4%。如果加上目前领取养老金或养老补贴金额少，还够不上个人第一、二位收入来源的老人数，其比例将会更高。

表 2　目前农村老人年纯收入的来源构成状况　　　　单位：%

收入来源	主要收入来源	第二位收入来源
养老金或养老补贴	15.0	35.2
自己劳动收入	22.9	11.4
房屋出租收入	0.4	0.6
集体给慰问费	0.1	2.5
集体经济股金分红	0	0.1
股票、债券、储蓄收入	1.5	3.9
子女及孙辈赡养费	50.9	27.1
配偶及其他亲属补贴	5.1	13.3
社会救助	0.5	2.5
其他收入	3.6	3.4

N＝1500 人（主要收入来源）；第二位收入来源（1340 人）。

在长江三角洲地区，现阶段农村老人的养老金或养老补贴收入，主要来自以下几个途径：一是 20 世纪 80 年代初以来农村乡镇企业（包括村办企业）迅速发展，许多农村劳动者进入乡镇企业工作，现在有一部分已退休并领取养老金；二是自20世纪80年代后期起一些乡（镇）实行了"以个人缴纳积累为主，集体补助和互济为辅，国家予以扶持"的农村社会养老保险制度。特别是在上海，1996年市政府发布了《上海市农村社会养老保险办法》，进一步完善了农村社会养老保险制度。最早参加农村社会养老保险的一部分年龄较大的劳动者现在已满60岁并领取养老金。在这次调查的三个乡（镇）中，1999年末参加农村养老保险的人数占应参加人数的比例分别为64.5%（归庄镇）、42.8%（周王庙镇）和100.0%（江桥镇），已领取农村养老保险的人数分别为790人（归庄镇）、4人（周王庙镇）和1930人（江桥镇）；三是许多乡（镇）和村从集体经济收入或土地、房屋有偿使用收入中，拿出一部分作为"养老补贴金"发给农村老人。在这次调查的三个乡（镇）中，1999年乡（镇）政府每月发给每位老人的平均养老补贴分别为2元（归庄镇）、70元（周王庙镇）和237元（江桥镇），村集体每月发给每位老人的平均养老补贴分别为5元（归庄镇）、10元（周王庙镇）和190元（江桥镇）；四是一部分乡（镇）和村采取"集体与个人共同缴费"的方式为农村劳动者投保了商业性人寿保险（包括农村居民人寿保险、独生子女父母或两女户父母养老保险），其中有些人现在已年老并开始领取养老金。

此外，在新中国建立后，政府对农村中生活特别困难的人员（包括老人）进行救济。从20世纪50年代中期起又对农村中无劳动能力、无收入来源、无子女供养或子女无供养能力的，主要由农村集体提供"五保"（保吃、保住、保穿、保医、保葬）。在1994年1月国务院发布的《农村五保供养工作条例》中规定，提供"五保"所需经费和实物从"村提留或者乡统筹经费中列支"、从"集体经费项目或集体企业上缴利润中列支"。在这次调查的三个乡（镇）中，1999年末"五保"老人数分别为12人（归庄镇）、38人（周主庙镇）和1人（江桥镇），1999年县、乡（镇）或村给每位未入住敬老院的"五保"老人补助的零用钱分别为15元（归庄镇）、70元（周王庙镇）和280元（江桥镇）。20世纪90年代中期起随着长江三角洲地区经济的发展、各级地方政府财力的增强和农村集体经济收入的提高，农村陆续开始实行最低生活保障制度，比如上海市政府于1996年11月发布的《上海市社会救助办法》中就规定："凡是本市户籍的城乡居民"，在其个人或者家庭人均生活水平低于最低生活保障标准时，可获得社会救助。1997年，上海市的农村居民最低生活保障标准为近郊家庭人均年纯收入1700元、远郊1500元、海岛1300元，其经费的主要来源为"各级人民政府的财政拨款和单位的自有资金"。浙江省政府于2001年颁布了《浙江省最低生活保障办法》，对本省户籍的农村居民也实行最低生活保障制度，规定最高标准为家庭人均月收入195元，最低标准为50元。江苏省的农村也在2001年普遍实行了最低生活保障制度。在这次调查的三个乡（镇）所在的县（市、区）中，1999年的农村居民最低生活保障标准分别为家庭人均纯收入每月100元（太仓市）、100元（海宁市）和183.3元（嘉定区）。尽管现阶段长江三角洲地区农村的最低生活保障标准比城市低，但在进一步提高农民社会救助标准、保障贫困农民的最基本生活上已发挥了重要作用。

2. 从农村老人的医疗保健考察，已在传统的完全靠家庭负担医疗费用基础上逐步转向由各级政府、集体经济和家庭合理分担医疗费用的农村合作医疗制度、大病风险医疗保险制度。

在江苏省、浙江省和上海市三个乡（镇）被调查的1500名居住当地农村的60岁及以上老人中，回答自己所在的村目前有合作医疗的占99.5%，无合作医疗的仅占0.5%；回答自己参加农村合作医疗的占71.3%，未参加农村合作医疗的占28.7%；在未参加农村合作医疗的430名老人中，可享受公费医疗、劳保医疗、亲属半费报销等待遇的占7.4%；完全自费的农村老人占被调查老人总数的26.9%。在被调查的参加农村合作医疗并回答个人在过去一年缴纳过合作医疗费的1052名农村老人中，在1999年个人缴纳合作医疗费100元的占2.5%，80元的占42.5%，50元的占0.2%，45元的占34.0%，5元的占16.9%，3元的占3.9%。在被调查的在过去一年内报销过医疗费（包括合作医疗）的503名农村老人中，1999年报销医疗费50元及以下的占62.0%，51—300元的占22.7%，301—2000元的占12.5%，2000元以上的占2.8%。可见，在目前长江三角洲地区农村合作医疗制度较普及，大部分农村老人都参加了合作医疗，他们患病所发生的医疗费中有一部分可从合作医疗基金中报销。

从20世纪50年代后期起，长江三角洲地区的一些农村就陆续建立合作医疗制度，在20世纪70年代末、80年代初许多地方经过整顿进一步规范化。

农村合作医疗基金大部分在村一级统筹，也有少数在乡（镇）一级统筹，实行"以支定筹""现收现付"的办法，主要由农村居民个人（以家庭为单位参加）与村集体缴纳合作医疗费，乡（镇）政府财政一般按投保人数给予适当补贴。在条件较好的县（市、区），县级财政也给予一些补贴。当参加合作医疗的农村居民（包括老人）患病时，就可根据其所花的医疗费金额，按所在村或乡（镇）规定的报销比例，从合作医疗基金中报销一部分。这样，便在一定程度上减轻了农民家庭的医疗费负担，使许多农村老人能及时看病，较好地得到治疗。在这次调查的三个乡（镇）中，都已实行农村合作医疗制度，1999 年末参加合作医疗的人数占应参加人数的比例分别为 97.6%（归庄镇）、64.1%（周王庙镇）和 97.6%（江桥镇），1999 年共支付合作医疗补助金分别为 64 万元（归庄镇）、18.5 万元（周王庙镇）和 111.4 万元（江桥镇）。

　　近年来在长江三角洲一些经济发展水平较高、地方政府又十分重视农村居民（包括老人）医疗保健的农村地区，还建立了农村大病风险医疗保险制度。在乡（镇）和县（市、区）两级建立大病风险基金，主要由同级政府财政拨款，一般规定当地户籍的居民全年累计住院医疗费在 5000 元以上的，可按不同比例报销一部分。对全年住院医疗费报销超过规定最高限额的特别困难的人员，将再根据其个人及家庭情况给予适当补助。农村大病风险医疗保险制度的实施，体现了政府对农村医疗保健的关心和财政支持，它可以在更大范围内分散住院高额医疗费发生的风险，有效地减少农村老人家庭中因病致贫状况。

　　3. 从农村老人的生活照料考察，已在传统的居家照料基础上稍增加了入住养老院的照料；对居家生活不能自理的老人，也在家庭成员照料的基础上稍增加了社区服务机构工作人员的照料。

　　在江苏省、浙江省和上海市三个乡（镇）被调查的 1500 名居住当地农村的 60 岁及以上老人中，目前住在社区敬老院养老的占 0.6%；当 1500 名被调查老人回答目前希望最好在哪里养老时，扣除讲不清和无法回答的 14 人后，希望在社区敬老院养老的也只占 1.2%，比目前住在社区敬老院养老的比例仅增加 0.6 个百分点。在被调查的最基本的日常活动能力（ADL）有点困难或很困难的 167 名老人中，按得到各类人员帮助的比重由高到低排序，前五位依次为儿子（占 58.1%）、儿媳（占 34.1%）、配偶（占 32.3%）、女儿（占 28.1%）、孙辈（占 20.4%）；其中得到养老机构工作人员帮助的占 2.4%，得到社区服务机构工作人员帮助的仅占 1.2%。在被调查的一般的日常活动能力（IADL）有点困难、很困难或虽无困难但由别人照顾的 1436 名老人中，按得到各类人员帮助的比重由高到低排序，前五位依次为儿子（占 61.0）、配偶（占 44.0）、儿媳（占 34.7）、女儿（占 25.8）、孙辈（占 19.8）；其中得到养老机构工作人员帮助的占 0.7%，得到社区服务机构工作人员帮助的仅占 0.1%（见表 3）。可见，目前长江三角洲地区农村老人的照料场所及其照料者，基本上沿袭传统的居家养老和家庭照料，只有极少数农村老人住在养老院接受养老机构工作人员照料，极少数农村老人住在家中接受社区服务机构工作人员照料。

表 3　目前农村老人生活照料上得到帮助的人将比重　　　　单位：%

帮助者	在最基本日常活动上帮助	在一般日常活动上帮助
配偶	32.3	44.0
儿子	58.1	61.0
儿媳	34.1	34.7
女儿	28.1	25.8
女婿	7.2	10.4
孙辈	20.4	19.8
其他亲属	1.2	2.1
保姆	1.2	0.1
朋友	1.2	0.4
邻居	0.6	1.5
社区服务机构工作人员	1.2	0.1
养老机构工作人员	2.4	0.7
其他	0	0
无人帮助	1.2	1.7

N＝167 人（最基本日常活动得到帮助的老人）；1436 人（一般日常活动得到帮助的老人）。

长江三角洲地区的农村敬老院最早建立于 1958 年，中途曾出现过大的波折，自 20 世纪 70 年代末以来有了较快发展，目前许多乡（镇）都有 1 所敬老院。在这次调查的三个乡（镇）中都已建立敬老院，其中江桥镇有 2 所敬老院；1999 年末敬老院的床位数分别为 15 张（归庄镇）、42 张（周王庙镇）和 110 张（江桥镇），入住老人数分别为 10 人（归庄镇）、31 人（周王庙镇）和 110 人（江桥镇）。在有些农村还建立了一些条件较好的老年公寓，并采取更易为入住老人接受的运作方式。然而在现阶段交通较方便、设施较好的农村敬老院或老年公寓中，有相当一部分入住的老人是附近城市或城镇的老人；农村老人除无子女的孤老以外，极少愿意住到敬老院或老年公寓中。在这次被调查的目前希望最好在家中养老的 1467 名农村老人中，按他们希望在家养老的各种原因比重由高到低排序，前七位依次为不愿意离开家人（占 94.0%）、不愿意离开现在所居住的地方（占 87.5%）、目前自己生活还能自理（占 50.3%）、住养老院不自由（占 33.3%）、养老院照顾不如家里好（占 32.0%）、无力支付养老院的费用（占 20.0%）、怕别人讲子女不孝顺（占 17.2%）。至于社区上门服务或办日间"托老所"服务，目前长江三角洲地区的农村还很少，所以农村居家老人绝大部分仍靠配偶、子女及孙辈照料。

4. 从农村老人的精神文化生活考察，已在传统的享受家庭天伦之乐基础上逐步增加了参加社区老年活动室、老年学校等活动。

在江苏省、浙江省和上海市三个乡（镇）被调查的 1500 名居住当地农村的 60 岁及以上老人中，回答自己所在的村目前有老年活动室的占 69.9%，没有老年活动室的占 22.9%，不知道有否老年活动室的占 4.8%，无法回答的占 2.3%；每周 3 次及以上到老年活动室去活动的占 10.7%，每周 1—2 次到老年活动室去活动的占 2.9%，每月 2—3 次到老年活动室去活动的占 1.9%，每月 1 次到老年活动室去活动的占 3.9%，更少或从未去过、没有老年活动室可去的占 80.5%，无法回答的占 0.1%。在被调查的 1500 名农村老人中，回答自己所在的村目前有老年学校（包括电视大学，下同）的占 17.1%，没有老年学校的占 60.7%，不知道有否老年学校的占 18.8%，无法回答的占 2.9%；在过去半年内参加过老年学校学习的占 4.6%；未参加过老年学校、没有老年学校可学习的占 95.4%；在被调查的过去半年内参加过老年学校学习的 68 名农村老人中，主要学习老年人权益保障法的占 85.3%，主要学习健康知识的占 14.7%。可见，在长江三角洲地区的农村中，已有不少村建立了老年活动室，也有些村开办了老年学校。在这次调查的三个乡（镇）中，1999 年末老年活动中心（站、室）分别为 1 个（归庄镇）、2 个（周王庙镇）和 16 个（江桥镇），其中江桥镇还建立了老年学校 11 个，1999 年下半年有 458 名老人参加了老年学校的学习。尽管目前农村老年活动室还不普遍，老年学校更少，农村老人经常参加老年活动室活动和参加老年学校学习的人数还较少，但是在他们精神文化生活的活动场所和活动内容上已开始有了新拓展。

　　综上所述，长江三角洲地区的农村养老模式既不同于传统农业社会的养老模式，又区别于目前中国城镇的养老模式。在现阶段长江三角洲地区的农村中，农村养老资源的支持系统模式可概括为"以家庭养老为主，以个人自养、集体补助、政府支持为辅"。其中的"家庭养老"包括家庭成员（不管是否居住在一起）对老人的经济赡养、生活照料和精神慰藉。尽管长江三角洲地区不少农村都实行了社会养老保险或参加商业性人寿保险，有的还参加了独生子女或两女户父母养老保险，但由于个人与集体缴纳的保险费金额比较少，投保的时间还不长，所以在今后很长一段时期中，农村老人所领取的养老金还不足以保障其基本生活需要，因此家庭在农村老人的经济供养中还将起主要作用。"个人自养"包括老人在年轻时参加有收入劳动的积蓄（金钱、证券和房产）、缴纳农村社会养老保险费或商业性人寿保险费、年老后继续从事力所能及的有收入劳动、属于个人使用的承包责任田与自留地的收入（自己耕种、转包给别人耕种及其他形式的土地使用权转让收入）、注重终身保健与保持豁达开朗乐观的心态、参与志愿者服务及文体活动；"集体补助"包括农村老人所在的乡（镇）、村集体经济组织对本地区农村劳动者缴纳农村社会养老保险费或商业性人寿保险费、独生子女或两女户父母养老保险费的补贴、对农村合作医疗基金及大病风险医疗保险基金的补贴、发放给农村老人的养老补贴金、发放给农村"五保"老人和最低生活保障标准以下的老人的救助金、对乡（镇）卫生院及村卫生室建设的资金投入、对农村敬老院或老年公寓及"托老所"建设的资金投入、对农村社区上门服务及老年活动设施建设的资金投入；"政府支持"包括各级政府特别是县（市、区）和乡（镇）两级政府把发展农村老龄事业纳入当地的经济和社会发展计划、对农村老年福利事业的优惠政策、允许农村集体经济用于社会养老保险费或其他商业性人寿保险费补贴金额的"税前列支"、对农村合作医疗基金及大病风险医疗保险基金的补贴、对乡（镇）卫生院及村卫生室建设的资助、对农村社会福利院（一般为县级）及社区敬老院或老年公寓建设的资助等。当然，即使在长江三角洲地区的农村，由于现阶段各个县（市、区）、乡（镇）和村的经济发展水平、集体经济实力、政府地方财政收入、农民人均年纯收入、原有的老龄事业基础、对农村老龄工作重视程度等的不同，使农村养老资源的四个支柱——"家庭""个人""集体""政府"在相互结合的紧密程度、发挥作用的强弱、对农村老人保障水平高低方面都会存在着若干差异，而且随着今后经济和社会的发展也会有所变化。

推进农村养老事业发展的对策建议

从 21 世纪开始，中国将进入全面建设小康社会，加快推进社会主义现代化的新阶段。长江三角洲地区的农村也将按照江泽民总书记在 1998 年考察时提出的要求，高度重视农业和农村工作，继续深化农村改革，加快发展农业生产力，建设发达农业，争取率先基本实现农业现代化。为了在 21 世纪上半叶继续推进长江三角洲地区农村养老事业，我们建议江苏省、浙江省、上海市政府及有关部门应积极贯彻执行《中共中央、国务院关于加强老龄工作的决定》和《中国老龄事业发展"十五"计划纲要（2001—2005）》，重视研究并切实制定以下对策：

1. 加强农村敬老、养老、助老的宣传教育，把尊老敬老教育纳入农村学前教育和中小学教育计划。在这次被调查的 1500 名农村老人中，有 82.6% 认为"加强尊老敬老的宣传教育"是当前政府和社会应在关心农村老年人方面做的一项实事，而且这也是他们目前最关心的第三位问题。地处长江三角洲的上海农村和苏南农村，由于现行生育政策的规定，目前农村中绝大部分中青年夫妻都只有 1 个孩子，在浙江的杭嘉湖地区农村中独生子女或两女户的比例也很高。从 21 世纪 20 年代起这些农村中大批独生子女或两女户的父母将陆续进入老年，随着城市化进程的加快、大量农村年轻人迁入或流入城市，农村地区的老龄化程度将比城市明显增高，农村老人特别是高龄老人的家庭养老问题将会更加突出。为了进一步搞好农村家庭养老，除了继续倡导赡养人之间签订"家庭赡养协议"外，应高度重视对农村独生子女和两女户孩子的尊老、敬老教育，"从娃娃抓起"。近年来上海市老龄科研中心专门组织专家和教师编写了幼儿园、小学尊老敬老教育大纲和教材，并在浦东新区试点，取得了很好效果；今年又将组织开展中学尊老敬老教育试点研究。我们希望教育部门采纳，不仅在城市地区的学校教育中推广，而且在长江三角洲地区的农村学前教育与中小学教育中进行试点和推广。

2. 坚持和完善现行的农村养老保险，采取多种形式养老保险相结合的办法。在这次被调查的 1500 名农村老人中，有 64.4% 认为"进一步解决好老年人的养老金问题"是当前政府和社会应在关心农村老年人方面做的一项实事，而且这也是他们目前最关心的首位问题。目前长江三角洲地区的大部分农村已开展了各种形式的养老保险。我们感到在农村居民维持基本生活后有积余、乡（镇）及村集体经济有可能适当补贴的情况下，都应积极开展养老保险，引导农村劳动者将年轻时的一部分收入积累起来用于日后养老，开展比不开展要好。而且对已开展多年的现行养老保险制度应继续坚持并加以完善，不宜轻易变动。由劳动和社会保障部门主管的农村社会养老保险，是非营利的实行个人账户的完全积累型养老保险，应尽快由县级承办机构集中统一管理，在保证正常支付和安全的条件下增值运营。对借转、挪用和侵占基金的行为要严肃处理，对贷给企业坏账的资金应尽快由县（市、区）及乡（镇）主管部门清理并拟定补偿方案。由保险公司经营的商业性人寿保险，虽属于营利性的养老保险，至今国家对它们经营这部分储蓄性养老保险仍无优惠政策，但管理规范、风险小。各地农村究竟开展哪一种养老保险，可根据当地实际情况自行决定。现在长江三角洲地区的有些农村，年轻人到当地城镇或村的外商投资企业、民营企业工作，参加了城镇职工基本养老保险或商业性人寿保险，对减轻农村集体经济缴纳养老保险费补贴的负担，保障他们年老后的基本生活，不失为一种很好的办法，应支持和鼓励。至于独生子女或两女户父母养老保险，是一种补充养老保险，在有条件的农村也应积极开展。对目前流入城市务工的农村户籍的劳动者，在许多地方尚未纳入任何养老保险系统，他们年老后相当大部分仍可能居住在农村养老。劳动和社会保障部门应及早研究并实施将他们纳入城镇职工基本养老保险系统或商业性人寿保险系统，妥善解决劳动者在城乡之间流动时各类养老保险系统衔接的方案。

3. 搞好农村集体经济补贴的可持续运作，防止盲目攀比。在长江三角洲地区，现阶段乡（镇）和村两级集体经济都不同程度地投入资金，支持养老保险或养老补贴、合作医疗、养老设施及其他老年福利事业的发展。各个乡（镇）和村究竟在哪些方面投入、投入金额多大，既与当地乡（镇）政府和村级领导对老龄事业重视程度有关，但归根到底又取决于当地农村经济发展的水平。鉴于对缴纳农村养老保险费的补贴或发放养老补贴金、对农村合作医疗和大病风险医疗保险基金的补贴等都带有刚性特点，而集体经济的发展在市场经济体制下又会遇到很大风险，同时又面临集体经济企业转为股份制企业或私营企业、农村实行"费改税"并相应取消"村提留"及"乡统筹费"的改革，因此乡（镇）和村应深入研究应对措施，大力发展集体经济，在集体经济的补贴水平方面瞻前顾后，留有余地，搞好可持续运作。避免由于互相盲目攀比、片面追求高标准而使集体经济的补贴难以为继，失信于民。

4. 关心农村老人从事的有收入劳动，帮助他们增强抗风险能力。在这次被调查的 1500 名农村老人中，有 40.7% 认为"为老年人从事有收入的劳动提供帮助"是当前政府和社会应在关心农村老年人方面做的一项实事，而且这也是他们目前最关心的第四位问题。现阶段长江三角洲地区农村，如果承包田和自留地由当地农户耕种的话，很大部分任务由老年人承担。在市场经济条件下，从事农业的风险不仅来自自然界，而且更来自市场上的供求变化。不少农民因不了解市场信息或在某些市场信息误导下竞相生产上年市场上供不应求的农副产品，结果造成生产出来的农副产品一下子严重供过于求，带来很大经济损失。还有许多农村老人对传统作物的栽培技术很有经验，却不了解目前市场上很受欢迎的一些新农副产品的栽培技术，也往往影响他们的经济效益。所以，当地各级政府及有关部门应关心农民特别是农村老人从事的种植业，给予热情指导和帮助，及时向他们提供市场上瞬息万变的农副产品供求信息，举办各类培训班，切实提高他们正确分析市场信息的能力和现代化的栽培技术，增强抗风险的能力。

5. 从为农村的中老年群体普查高血压入手，普及终身健康教育知识并增强终身保健观念。在这次被调查的 1500 名农村老人中，按他们目前所患的经医生确诊过的疾病比重由高到低排序，前五位依次为高血压（占 20.5%）、骨关节炎（占 15.7%）、老年慢性支气管炎（占 12.7%）、肠胃病（占 9.5%）和冠心病（占 5.7%）；他们对自己目前的健康状况不太满意的占 9.3%，很不满意的占 2.7%。影响长江三角洲地区农村老人健康状况的这些疾病，绝大部分属于非传染性慢性病，其成因与中青年时期抽烟、酗酒、不良的饮食习惯和生活方式密切相关。特别像高血压等疾病，只要发现早、及时服药，还是能有效控制的。然而由于过去农村中很多居民从未量过血压，根本不知道自己是否患高血压病。1999 年嘉定区江桥镇对 35 岁以上的农村居民首次进行高血压普查，共检查 5044 人，发现高血压患病率达 25.5%。此后各村卫生室便从合作医疗基金中免费对上述各类患者施治，并根据其严重程度定期查血压，加强了治疗和监测措施。我们认为检查高血压很简便，所花费用极少，发现后又可注意控制，因此建议在长江三角洲乃至全国农村，每年对中老年人开展一次以检查高血压为主的普查。同时，在农村中普及终身健康知识，使广大农村居民从幼年起就重视终身保健，减少老年常见病的发病率，取得既促进健康又节省合作医疗基金及家庭医疗费开支的双重效益。

6. 按农村生活严重不能自理老人患病的特点，开展对家庭主要照顾者的护理知识培训。在这次被调查的 50 名主要照顾生活严重不能自理老人的人员中，除 3 名敬老院工作人员、1 名保姆外，其余都是被照顾老人的家庭成员。从调查中发现，能经常观察被照顾老人健康状况的占 66.0%，有时观察的占 30.0%，不太注意和不注意观察的均占 2.0%；但是学习过很多老年护理知识的仅占 2.0%，学习过一部分老年护理知识的占 4.0%，学习过很少老年护理知识的占 18.0%，没有学习过老年护理知识的竟占 76.0%。在长江三角洲地区的农村老人，目前绝大多数居家养老，他们即使生活严重不能自理，甚至长期卧床不起，也希望在家接受亲属的生活照顾。鉴于那些生活不能自理的农村老人，所患的疾病有较大差别，对他们护理的要求及饮食的安排也不完全一样，所以，各个村应建立本村生活严重不能自理老人的健康档案，根据他们所患疾病的不同类别，有针对性地组织在家提供照顾的人员进行护理知识培训。培训内容包括如何合理安排饮食和生活起居、预防或减缓被照顾老人疾病的加重，如何开展有助于机体功能改善和增强基本生活自理能力的康复训练，如何在老人产生"厌世"情绪时进行心理疏导，如何在突发险情时及早通知卫生部门抢救等。

7. 在2001年前就允许农村夫妻一方为独生子女的可以有计划生育两个孩子，鼓励孙辈协助父母照顾老人。在上海市，目前已规定农业人口中夫妻一方为独生子女的可有计划生育两个孩子，我们希望江苏省、浙江省也能尽快制定这方面的生育政策。这样，长江三角洲地区的农村由于独生子女的比例很高（上海市郊县［区］、苏南地区）或比较高（浙江省杭嘉湖地区），今后绝大部分农村年轻夫妻都可按政策生育两个孩子，预计从2007年开始就会有相当多的计划内二孩出生。由于长江三角洲地区农村人口平均预期寿命的提高和老人健康状况、生活自理能力的改善，许多农村老人往往在75岁甚至80岁以上才出现基本生活较严重不能自理的情况，那时他们的孙辈已经20—30岁，因此在家庭中孙辈的照料作用将明显提高。在这次调查中发现孙辈对农村居家老人照料的比重已列居第五位。可见，在继续稳定低生育水平（指低于生育更替水平）的前提下，如果农村中有较多的年轻夫妻按政策生育两个孩子，他们长大后既可协助独生子女或两女户父母照顾祖辈，又有利于妥善解决独生子女父母年老后的生活照顾问题。

8. 扩展农村社区老年活动室的服务对象和服务功能，充分发挥社区老年活动设施的作用。在这次被调查的1500名农村老人中，有34.2%认为"在邻近多开办老人活动室"是当前政府和社会应在关心农村老年人方面做的一项实事，而且这也是他们目前最关心的第六位问题。目前长江三角洲地区的一部分农村已建立了村级老年活动室，在丰富农村老人的精神文化生活方面发挥了积极作用。但我们也发现有些老年活动室的服务对象仅限于农村健康老人，服务功能往往限于为农村老人提供饮茶聊天、看电视、下棋打牌、阅读报刊及开展文化娱乐活动等方面，开放的时间也不长，未能充分发挥社区老年活动设施的作用。我们认为在长江三角洲地区农村中除了应积极创造条件更多地开办社区老年活动设施外，可考虑将现有的农村老年活动室逐步扩展为农村社区老年综合服务室或农村社区服务分中心（农村社区服务中心可在乡［镇］一级建立）。农村社区老年综合服务室的服务对象，既可以是农村健康老人，也可包括行动不便、甚至卧床不起的农村老人；其服务功能除了现有的内容外，也可逐步增加举办包括老年护理知识在内的各种专题讲座、开设日间"托老所"、组织各种上门为老年人服务活动等。鉴于村级社区服务机构资源的限制，农村社区老年综合服务室也可在首先满足农村老人服务需要的前提下向所有农村居民开放。如果定位为农村社区服务中心或分中心，就可更"名正言顺"地向包括老人在内的所有农村居民提供服务了。

以上介绍了现阶段长江三角洲地区农村老人的生活质量概况，对长江三角洲地区农村养老模式的特点进行了探讨，并提出了推进农村养老事业发展的一些对策建议。我们希望本课题的研究能进一步引起各级政府部门和社会各界的重视，更多地关心农村的养老问题，为构建具有中国特色的农村养老模式，提高 21 世纪中国农村老人的生活质量而不懈努力。

【注释】

① 总课题组组长桂世勋（上海市老龄科学研究中心副主任），副组长黄雪行（浙江省老年学学会会长）、姜宗濂（江苏省老年学学会副会长）；分课题组组长：朱即明（上海市老年学学会秘书长）、黄雪行、姜宗濂；课题组成员有王先益、牛飚、胡丁捷、屠培根、何锦浩、杨惠林、俞解民、沈惠球、夏海勇、唐仲勋、吴谅谅、姚引妹、郅玉玲、马庆堃、金岭、彭亮等 20 多人。

（本文原载《上海老龄科学》2002 年第 2 期）

完善我国新型农村社会养老保险的思考

我国新型农村社会养老保险自 2009 年试点以来，已经取得了很大成绩。就养老保险制度的覆盖面而言，2011 年 7 月国家试点已扩大到全国 60% 县（市、区、旗）的农村地区，2012 年将覆盖全国农村地区。它体现了党和国家对农村养老以及努力改善农村民生问题的高度重视。笔者认为，在新农保的试点将要覆盖全国农村地区以前，认真总结近年来的试点经验，进一步完善《国务院关于开展新型农村社会养老保险试点的指导意见》（国发〔2009〕32 号，以下简称《指导意见》），对于促进城乡统筹协调发展，积极推动新型农村社会养老保险试点工作的深入，具有重要的现实意义和深远的历史意义。本文将对如何尽快完善新型农村社会养老保险问题进行深入探讨，提出四项对策建议，供有关部门决策参考。

一、对选择较高档次标准缴费的，如何"给予适当鼓励"

《指导意见》指出："参加新农保的农村居民应当按规定缴纳养老保险费。缴费标准目前设为每年 100 元、200 元、300 元、400 元、500 元五个档次，地方可以根据实际情况增设缴费档次。参保人自主选择档次缴费，多缴多得。""地方政府应当对参保人缴费给予补贴，补贴标准不低于每人每年 30 元；对选择较高档次标准缴费的，可给予适当鼓励，具体标准和办法由省（区、市）人民政府确定。"那么，对于选择较高档次标准缴费的参保人，地方政府究竟应该如何"给予适当鼓励"呢？

在近年来各地的试点中，地方政府一般通过对参保人选择较高缴费档次的，实施梯度型补贴绝对金额的办法来体现适当鼓励。其中，较多的采取以最低补贴标准 30 元 / 年为基数，参保人每提高一个档次缴费的，地方政府增加补贴 5 元 / 年的办法：即对每年缴费为 100 元的，补贴 30 元 / 年；对每年缴费为 200 元的，补贴 35 元 / 年；对每年缴费为 300 元的，补贴 40 元 / 年；对每年缴费为 400 元的，补贴 45 元 / 年；对每年缴费为 500 元的，补贴 50 元 / 年。《四川省新型农村社会养老保险试点实施办法》则规定："对选择 300 元缴费档次缴费的，地方政府每人每年增加补贴 5 元（即补贴 35 元 / 年，笔者注），对选择 400 元缴费档次缴费的，地方政府每人每年增加补贴 10 元（即补贴 40 元 / 年，笔者注），对选择 500 元缴费档次缴费的，地方政府每人每年增加补贴 15 元（即补贴 45 元 / 年，笔者注）。"上述办法的优点是补贴标准简单明白，鼓励了有条件的农村居民选择较高档次缴费。然而值得注意的是，地方政府对参保人缴费补贴 30 元 / 年只是目前中央规定的最低标准，有些地区经济发展水平较高、地方政府财力较强，可以提高每年补贴的最低标准；同时，今后国家也会根据经济发展和居民消费价格指数（CPI）变动等情况，调整地方政府对参保人缴费补贴的最低标准。如按现在有些地方试点中实施的对参保人每提高一个档次缴费的，地方政府增加补贴 5 元 / 年的办法，那么，当政府将最低补贴标准提高到 40 元 / 年、50 元 / 年或更多时，对参保人每提高一个档次缴费的，地方政府又需要重新考虑究竟是增加 6 元 / 年、6.5 元 / 年还是 7 元 / 年更合理呢？因此笔者认为，从有利于形成"适当鼓励"的长效机制来看，最好在完善新型农村社会养老保险试点中将对选择较高档次缴费者增加补贴标准，由现在规定的绝对金额改为相当于当地最低缴费补贴标准的一定百分比。

另外，《指导意见》还规定："国家依据农村居民人均纯收入增长等情况适时调整缴费标准"，"地方可以根据实际情况增设缴费档次"。现在也有一些试点地区已增设了个人缴费档次，如在福建省政府发布的《关于开展新型农村社会养老保险试点工作的实施意见》中规定，"个人缴费标准目前设定为每年 100—1200 元，以每 100 元为一个缴费档次"。如果按上述对参保人每提高一个档次缴费的，地方政府增加补贴 5 元 / 年的办法，那么，对缴纳 1200 元 / 年的参保人，地方政府将要补贴 85 元 / 年。虽然从绝对金额看，地方政府对个人缴费 1200 元 / 年的补贴并不多，平均每月仅 7.08 元，但相对于选择最低缴费档次的参保人来看，其补贴差距却过大：地方政府对缴纳

1200 元/年的参保人给予的补贴比对缴费 100 元/年的参保人给予的补贴竟要高 1.83 倍。所以笔者建议，为了适当缩小增加补贴的幅度，最好采取每提高一个档次缴费的，按最低补贴标准的 10% 增加补贴的办法。这样做既有利于"适当鼓励"有条件的参保人选择较高档次标准缴费，提高其年老后的保障水平，又不至于因地方政府对参保人选择不同缴费档次给予不同补贴而过分扩大农村居民年老后的贫富差距。

二、对累计缴费超过 15 年的，如何"适当加发基础养老金"

《指导意见》指出："中央确定的基础养老金标准为每人每月 55 元。地方政府可以根据实际情况提高基础养老金标准，对于长期缴费的农村居民，可适当加发基础养老金，提高和加发部分的资金由地方政府支出。""要引导中青年农民积极参保、长期缴费，多缴多得。具体办法由省（区、市）人民政府规定。"那么，对于缴费累计超过 15 年的农村居民如何"适当加发基础养老金"呢？由于上述《指导意见》规定的"适当加发基础养老金"的合理机制较难确定，再加上要求"提高和加发部分的资金由地方政府支出"，因此，至今在各地政府特别是中西部财力较弱的地方政府制定的有关开展新型农村社会养老保险试点工作的实施意见中基本上都只重申了"指导意见"的条文，未作具体规定。这对激励年轻的农村居民自愿参加新型农村社会养老保险十分不利，必须尽快研究解决。

关于累计缴费超过 15 年后如何适当加发基础养老金的问题，在 2005 年发布的《国务院关于完善企业职工基本养老保险制度的决定》（国发〔2005〕38 号）中虽然提出了"退休时的基础养老金月标准以当地上年度在岗职工月平均工资和本人指数化月平均缴费工资的平均值为基数，缴费每满 1 年发给 1%"，但笔者认为，上述精神不适合新型农村社会养老保险。这主要是因为城镇企业职工基本养老保险中基础养老金的筹资渠道与新型农村社会养老保险中基础养老金的筹资渠道不同。在城镇企业职工基本养老保险中，对于有单位聘用的职工，用人单位将按聘用职工本人缴费工资的 20% 左右缴纳基本养老保险费并记入社会统筹基金，在职职工多参保一年，其聘用单位就必须为其多缴费一年；对于无雇工的个体工商户、未在用人单位参加基本养老保险的非全日制从业人员以及其他灵活就业人员参加基本养老保险的，个人必须按当地上年度在岗职工平均工资的20%缴纳包括记入个人账户8%的基本养老保险费（即他们每年大部分缴费金额记入社会统筹基金），个人多参保一年，就必须多缴费一年；只有当基本养老保险基金出现支付不足时，政府才给予补贴。然而，在新型农村社会养老保险中，其基础养老金完全由国家和地方政府的公共财政负担，其加发部分按"指导意见"规定将全部由地方政府支出。

笔者建议，最好参照2000年发布的《国务院关于印发完善城镇社会保障体系试点方案的通知》（国发〔2000〕42号）中有关"职工达到法定退休年龄且个人缴费满15年的，基础养老年金月标准为省（自治区、直辖市）或市（地）上年度职工月平均工资的20%，以后缴费每满一年增加一定比例的基础养老金，总体水平控制在30%左右"的精神，对参加新型农村社会养老保险累计缴费超过15年的，以后每满一年可以在中央确定的基础养老金标准（目前为55元/月）及当地政府提高基础养老金部分的基础上加发2%。这样，如果从20岁开始从事有收入劳动并不间断缴费，到60岁时累计缴费满40年，领取的基础养老金约相当于累计缴费满15年所领取的基础养老金的150%。同时，考虑到中西部地区地方政府财力较弱，建议中央财政可考虑对中部和西部地区各省（自治区、直辖市）因累计缴费超过15年而加发的基础养老金，分别给予30%和50%的补贴。

三、个人账户养老保险基金如何保值增值

《指导意见》指出："新农保基金纳入社会保障基金财政专户，实行收支两条线管理，单独记账、核算，按有关规定实现保值增值。试点阶段，新农保基金暂实行县级管理，随着试点扩大和推开，逐步提高管理层次；有条件的地方也可直接实行省级管理。"其中，将新型农村社会养老保险与城镇企业职工基本养老保险、城镇居民社会养老保险的经办机构分开，单独由各地农村社会保险经办机构实施包括基金保值增值运营在内的管理。笔者认为，新型农村社会养老保险中个人账户养老保险基金的保值增值运营不当，不仅严重影响基金的安全性，而且会使参保人个人账户基金在增值利率低于居民

消费价格指数（CPI）的情况下贬值，甚至在不同程度上抵消地方政府每年对参保人缴费给予的补贴金额。这个问题如不妥善解决，也会严重影响农村居民自愿参加新型农村社会养老保险的积极性。

1992年民政部发布的《关于印发〈县级农村社会养老保险基本方案（试行）〉的通知》（民办发〔1992〕2号）曾规定："县（市）成立农村社会养老保险事业管理处（隶属民政局），为非营利性的事业机构，经办农村社会养老保险的具体业务，管理养老保险基金"；在当时民政部向中财办社会保障改革专题组的报告《农村社会养老保险基本方案（试行）》中，则更具体写明："各级民政部门所属的农村社会保险事业管理机构为农村社会养老保险的经办机构，负责农村社会养老保险资金的筹集、运营、管理和给付，以及登记、建档等日常事务工作。"对此，笔者认为，当时规定农村社会养老保险基金的保值增值运营，之所以由农村社会保险事业管理机构负责，与那时农村社会养老保险管理机构隶属于民政部门、城镇企业职工基本养老保险管理机构隶属于劳动部门有关。现在新型农村社会养老保险已隶属于人力资源和社会保障部门管理，各级人力资源和社会保障部门将履行对新型农村社会养老保险基金的监管职责，制定完善新型农村社会养老保险各项业务管理规章制度等，使新型农村社会养老保险的个人账户养老保险基金完全有可能与城镇企业职工基本养老保险基金一起由社会保险经办机构分账管理、统一运营。

特别是现阶段各地负责城镇企业职工基本养老保险、城镇职工基本医疗保险和失业保险等基金保值增值运营的社会保险经办机构愈益完善和规范，尽管目前城镇企业职工基本养老保险的个人账户基金存入银行部分也存在实际上的负利率状况，但城镇企业职工并不因担心其保值增值问题而不满强制性个人缴费办法；《中华人民共和国社会保险法》也规定，"省、自治区、直辖市人民政府根据实际情况，可以将城镇居民社会养老保险和新型农村社会养老保险合并实施"；而且，现在我国已有部分地区（如北京市、重庆市、天津市、浙江省及杭州市、郑州市、泰州市、芜湖市、包头市等）实施了城乡居民社会养老保险，对包括新型农村社会养老保险在内的城乡居民社会养老保险，均统一由区（县）社会养老保险经办机构管理营运，因此笔者建议，新型农村社会养老保险基金除了按规定纳入社会保障基金财政专户，实行收支两条线管理，单独记账、核算，基金结余额除了预留相当于两个月的支付费用外，最好委托省级社会保险经办机构运营，与城镇企业职工基本养老保险、城镇居民社会养老保险的个人账户基金一并在分账管理、严禁相互挤占或挪用的前提下，按国家的有关规定统一投资运营，实现保值增值。

四、60岁时个人账户全部储存额的平均计发月数如何确定

对于农村参保居民60岁时个人账户全部储存额的平均计发月数是否应与现行城镇企业职工基本养老保险同年龄的个人账户全部储存额平均计发月数相同，也是值得探讨的一个重要问题。《指导意见》指出："个人账户养老金的月计发标准为个人账户全部储存额除以139（与现行城镇职工基本养老保险个人账户养老金计发系数相同）"。众所周知，在2005年发布的《国务院关于完善企业职工基本养老保险制度的决定》（国发〔2005〕38号）中曾指出："个人账户养老金月标准为个人账户储存额除以计发月数，计发月数根据职工退休时城镇人口平均预期寿命、本人退休年龄、利息等因素确定。"按当时国务院文件所附的"个人账户养老金计发月数表"，如城镇职工退休年龄为50岁、55岁、60岁、65岁、70岁的，个人账户养老金计发月数分别为195、170、139、101、56个月。

然而，我国在相当长时期内农村人口出生时的平均预期寿命或农村人口60岁时的平均预期剩余寿命，将会低于城镇人口出生时的平均预期寿命或城镇人口60岁时的平均预期剩余寿命。鉴于全国第六次人口普查有关城镇常住人口和农村常住人口的年龄别死亡率尚未公布，我们现在还无法计算2010年我国城镇人口和农村人口出生时的平均预期寿命。如按我国第五次人口普查资料计算所得的2000年我国人口出生时平均预期寿命考察，全国（不包括香港、澳门、台湾地区及福建省的金门、马祖等岛屿）为71.40岁，其中城镇常住人口平均预期寿命为75.21岁，农村常住人口平均预期寿命为69.55岁。[①] 也就是说，在2000年时我国农村常住人口平均预期寿命，相当于该年城镇常住人口平均预期寿命的92.47%，比城镇常住人口平均预期寿命要低5.66岁。假使按此比例折算，新型农村社会养老保险个人账户养老金的月计发标准应为个人账户全部储存额除以129个月。笔者认为，在农村

居民参加新型农村社会养老保险时个人缴费金额比城镇企业职工少得多，即使得到地方政府的补贴，但到 60 岁时的个人账户储存额水平仍将比城镇企业职工低很多的情况下，如果再让他们到 60 岁时与城镇企业职工一样将个人账户储存额除以 139 个月，每月领取的个人账户养老金将会更少，这显然是不科学和不公平的。我们也不能以新型农村社会养老保险个人账户储存额按现行计发办法将会出现入不抵支的情况为由反对适度下调平均计发月数，因为这种情况在城镇企业职工基本养老保险中也会出现。因此，建议中央有关部门应尽快根据第六次人口普查即将公布的详细资料，计算 2010 年我国农村常住人口出生时平均预期寿命与城镇常住人口出生时平均预期寿命的比例，尤其是 2010 年农村常住人口 60 岁时的平均预期剩余寿命与城镇常住人口 60 岁时的平均预期剩余寿命的比例，适当下调新型农村社会养老保险个人账户全部储存额的平均计发月数；同时，国家也可考虑建立形成今后每 10 年按全国人口普查的最新数据调整一次那时新进入 60 岁的城镇企业职工基本养老保险（包括那时新进入领取基本养老金年龄的女职工）、城镇居民社会养老保险和新型农村社会养老保险个人账户全部储存额平均计发月数的新机制。

【注释】

① 新华社：《最新统计：我国十年人均增寿 2.85 岁，寿命达 71 岁》，转引自中国网，2002 年 9 月 26 日。

（本文原载《华东师范大学学报》（哲学社会科学版）2012 年第 1 期）

尽快解决城乡养老保险的衔接问题

现在许多文章在论述我国养老保险问题时，几乎都是把城镇职工的养老保险与农村劳动者的养老保险分别考察，很少研究我国城乡养老保险的衔接问题。我认为随着社会主义市场经济体制的逐步建立和我国城乡劳动年龄人口流动的不断加剧，这个问题将会愈益突出，迫切需要尽快解决。本文试图从我国的具体国情出发，探讨构建城乡养老保险衔接的思路和方案，供有关政府部门决策参考。

一、城镇职工养老保险扩大覆盖面的必然趋势

近年来我国部分地区率先开展了城镇职工养老保险制度的改革，改革的目标是建立基本养老保险、单位补充养老保险和个人储蓄养老保险相结合的养老保险体系；实行基本养老保险金由单位、个人和国家合理负担，社会统筹和个人账户相结合，兼有保障和激励效能，并覆盖全社会的养老保险制度。

在这些地区颁布的养老保险制度改革方案中，都把养老保险的实施范围从原来仅仅局限于城镇党政机关、全民所有制和集体所有制企事业单位的职工，扩展到外商投资企业的中方职工、私营企业主及其雇员、个体工商户及其帮手等，有的还把"职工"的范围明确地拓宽到包括固定工、合同制工人、临时工在内的所有干部和工人。

那么，在城镇职工养老保险扩大覆盖面时，是否应该包含城镇党政机关、企事业单位所聘用的农民合同工和临时工呢？对此，目前已经开展城镇职工养老保险制度改革的地区很不统一。有的包含了，有的未包含；有的外

商投资企业单位包含了，其他企事业单位未包含；有的把常住户口在本地区农村的农民工包含了，从其他地区来的农民工未包含。我认为按照建立和完善社会主义市场经济体制的要求，这个问题迟早非解决不可。

首先，它是培育和发展统一、开放、竞争、有序的劳动力市场的需要。在《中共中央关于建立社会主义市场经济体制若干问题的决定》中，把发展劳动力市场列为当前培育市场体系的一个重点，并明确指出："鼓励和引导农村剩余劳动力逐步向非农产业转移和地区间的有序流动。"我国农村劳动年龄人口在今后一二十年内将呈现迅速增长的趋势，农村剩余劳动力数量极其庞大。他们除了"离土不离乡"，就地向非农产业转移外，还会有很大一部分向城镇中的非农产业转移。如果我们在城镇职工养老保险制度的改革中，只考虑常住户口在城镇职工的养老保险，把城镇党政机关、企事业单位聘用的农民工的养老保险排除在外，必然使进入城镇劳动力市场的各类劳动者处于不平等的竞争地位，不利于人力资源在城乡间的有序流动，难以充分发挥市场机制在人力资源配制中的基础性作用。

其次，它是保障广大农民工切身利益的需要。由于我国农村在相当长时期内经济比较落后，使城乡养老保险的办法不得不有所区别，除了少数"五保户"以外，农村老人在养老金方面很难得到国家的经济资助；加上现阶段工农业产品价格剪刀差的扩大，又使农民的经济利益受到了不同程度的损害。现在，他们中的一大批人流入城镇，被城镇的党政机关、企事业单位所聘用，与常住户口在城镇的职工同样为聘用单位作出了贡献，创造了财富，提供了服务，企事业单位理应从他们聘用期内必要劳动所实现的价值转移或提供劳务的收入中提出一小部分为其交纳养老保险金。如果城镇职工养老保险制度改革后仍把这一大批农民合同工和临时工的养老保险排除在外，必然会严重损害农民工的切身利益，从而挫伤他们的劳动积极性。

第三，它是企业在相对平等的条件下参与竞争的需要。在城镇职工养老保险制度改革中，实行本地区城镇党政机关、企事业单位养老保险金社会统筹的办法，从根本上改变了退休人员与在职职工比率差异很大的城镇新老企业在养老金负担上畸轻畸重的状况，有利于城镇中各个企业在市场经济体制下参与平等竞争。然而近年来随着深化改革、扩大开放，以及城镇常住户口中新增劳动力的就业压力有所减缓、相当一部分城镇劳动力流向效益好和待遇高的单位谋职的变化趋势，城镇中的一些劳动强度大、待遇低的行业，如纺织、运输、建筑、环卫、建材等逐渐招收了大批农民合同工和临时工；城镇中的许多外商投资企业也利用年轻的农民工"肯吃苦、好管理、工薪低"的特点，雇佣他们从事不需要较高文化素质的装配工作和服务工作，以得到"成本低、负担小、经济效益快"的实惠，于是就形成了城镇中各个单位在聘用农民合同工和临时工数量及比重上的很大差异。在这种情况下，如果城镇职工养老保险制度改革时不考虑农民合同工和临时工的养老保险，聘用农民工的单位在交纳养老保险统筹金时不含聘用农民工的部分，或者外商投资企业单位包含了，其他企事业单位未包含，仍然会使聘用农民工及实行养老保险情况不同的企业在参与市场竞争中处于不平等的地位，从而影响市场机制作用的充分发挥。

可见，在建立和完善社会主义市场经济体制的过程中，在农村剩余劳动力愈来愈多地流入城镇的态势下，城镇职工养老保险将迟早要覆盖到广大的农民合同工和临时工，以至于暂住城镇从事个体经济活动并取得合法营业执照的农民。这是市场经济体制的内在要求和必然趋势。

二、建立全国统一的个人养老保险账户

我国人力资源充裕，既是经济发展的优势，也使就业压力十分沉重。在市场经济的大潮中，城乡劳动力市场上的竞争将更为激烈。尽管目前在我国城镇就业的农民工数量极其庞大，但其中相当一部分将有可能在今后仍然返回农村参加劳动。这主要是因为：

第一，城镇中的部分企事业单位，特别是许多外商投资企业，为了源源不断地使用身强力壮、精力充沛的年轻劳动力，往往只聘用 16—25 岁的农民工。一旦这些农民工年龄较大或结婚成家，就辞退另聘。与此相应，许多从农村来的年轻农民，尤其是女青年，也趁自己尚未成家、没有牵挂时，到城镇闯几年，见见世面，学些手艺，积点钱准备嫁妆，如果在城镇找不到合适的配偶，就返回农村结婚成家，参加劳动。

第二，城镇中的有些企业因经营不善、效率降低而压缩业务，辞退聘用的农民工；个别企业甚至在竞争中破产，解散聘用的包括农民工在内的全

体职工。在这些被辞退解聘的农民工中，也有不少因个人的素质不高或年龄偏大，在城镇中找不到新的聘用单位及其他的就业门路，不得不返回农村参加劳动。

第三，城镇中的相当一部分国有企事业单位职工过多，人浮于事。在优化劳动力结构、精简职工中推行提前待退休制度，年龄偏大的农民工也像常住户口在城镇的职工那样，提前被解聘。如果他们在城镇找不到合适的新工作，也将在四五十岁时返回农村参加劳动。

第四，有些农村地区经济发展很快，乡镇企业效益好、待遇高，甚至出现当地农民的收入反而超过城镇职工收入的情况。这不仅使过去从这些地区流到城镇工作的农民重新被"拉回"老家，而且也吸引了一大批从其他农村流入城镇工作的农民到这些地区谋生。

第五，在经济发展的过程中由于国家宏观调控的因素，在某一段时期内有可能调整产业政策，压缩城镇的基本建设规模，使大批农民工返回农村参加劳动。据有关部门统计，1989 年因我国经济上的治理整顿，从城市返回农村的劳动力竟达 170 万人。

鉴于上述情况，在城镇职工养老保险制度改革中，除了扩大覆盖面外，还必须考虑当大批农民工由于各种主客观原因从城镇返回农村参加劳动后其养老保险关系如何合理转移的问题。我感到这里的关键是建立全国统一的个人养老保险账户。

《中共中央关于建立社会主义经济体制若干问题的决定》指出："城镇职工养老和医疗保险金由单位和个人共同负担，实行社会统筹和个人账户相结合。"现在一些率先开展城镇职工养老保险制度改革的地区，在方案中虽然也规定了要建立职工个人的养老保险账户，明确提出职工离开本地区时可以在社会保险机构办理养老保险关系的转移登记，将记入本人养老保险账户的储存金额带走，但具体内容却有较大差别，不利于今后建立全国统一的个人养老保险账户。它突出表现在以下两个方面：一是个人养老保险账户究竟采用什么号码。现在有的地区采用国家技术监督局颁布的社会保障号码，有的地区采用"中华人民共和国居民身份证"号码。我认为居民身份证是新中国成立以来由最高立法机关通过，发给个人的唯一全国通行的法定证件，具有体积小，便于携带；登记项目简单，全国统一编码，一人一号；防伪性能强，难以伪造等优点，用身份证号码作为个人养老保险账户的号码，较为适宜。当然，由于居民身份证必须由居住在中华人民共和国境内的年满 16 周岁的中国公民才能领取，如果把居民身份证号码作为包括医疗保险在内的各类社会保险或社会保障的号码，还需作进一步研究和技术处理，以适应 16 周岁以下的中国公民享受医疗保险的需求。如果今后我国实行出生证制度，把出生证号码与居民身份证号码统一起来，对 16 周岁以下的中国公民颁发《中华人民共和国公民出生证》，这个问题就可得到妥善解决了。二是记入个人养老保险账户的应该是哪些金额。现在有的地区规定只是将个人交纳的养老保险金的本息记入个人账户，有的地区规定将个人交纳的养老保险金与单位交纳的养老保险统筹金的一部分，连本带息记入个人账户。我认为仅仅将个人交纳养老保险金的本息记入个人账户，意味着今后一旦需要转移个人养老保险关系时，不能把单位从其个人必要劳动所实现的价值转移或提供劳务的收入中提取的养老保险金带走一分钱。这种管理办法虽然简便易行，但不尽合理。看来比较稳妥的办法是应将单位交纳的养老保险金的一部分，也记入个人账户。至于这部分提取的方法及比率，应考虑兼有保障和激励的效能，并视各地区未来退休人员的变化趋势及养老保险社会统筹率的高低而定。

今年我国大部分省、区、市的城镇养老保险制度改革方案将陆续出台，我建议国家有关部门应尽快地加强宏观指导，在上述两个问题上取得共识，制定全国统一的个人养老保险账户号码和基本模式大体一致的方案，以有利于全国劳动力在各省、区、市间的有序流动，有利于农民工从城镇返回农村后养老保险关系的合理转移。

三、搞好农村的养老保险储存基金管理

从 80 年代中后期以来，我国少数农村地区开展了农民养老保险的试点。现在民政部负责进行的全国县级农村社会养老保险试点，其目标是在有条件的农村，根据农民自愿，采用养老保险金由个人交纳为主、集体补助为辅、国家予以政策扶持和自助为主、互济为辅的办法，实行个人储蓄积累养老保险，以保障年老后的基本生活。为了加强试点乡（镇）、村的领导和农民养老保险储存基金保值、增值及收付的管理，民政部要求这些乡（镇）、村所

在的县（市）人民政府设立农村社会养老保险基金管理委员会，实施对养老保险基金管理的指导和监督；并相应成立县（市）农村社会养老保险事业管理处，经办农村社会养老保险的具体业务，管理养老保险基金。

在已经实行农村社会养老保险的乡（镇）、村，由于个人交纳的养老保险金和集体补贴的养老保险金都记入个人账户，因此，城乡养老保险的衔接及农民在城乡间流动时养老保险关系的转移，比较容易解决。当在农村投保的农民流入城镇谋生时，可根据本人意愿，将记入农村社会养老保险个人账户的养老保险金本息转入城镇聘用单位的个人账户，或者继续保留在农村，由县（市）级农村社会养老保险事业管理处为其代为管理，保值、增值。当在城镇投保的农民工返回农村劳动时，可根据本人意愿，将记入城镇个人养老保险职工账户的养老保险金本息转入乡（镇）、村的个人账户，由县（市）农村社会养老保险事业管理处保值、增值，或者在转入后再参加本乡（镇）、村的农村社会养老保险，继续储存积累起来。如果本人所在的乡（镇）村尚未实行农村社会养老保险，而县（市）已经建立了农村社会养老保险事业管理处，从城镇回乡的农民工也可将记入城镇职工养老保险个人账户的养老保险金本息转入本人所在县（市）的农村社会养老保险事业管理处代为管理，保值、增值，待所在乡（镇）、村实行社会养老保险后再继续投保，一并储存积累在个人账户上。为了便于城乡养老保险关系转移的管理，建议民政部尽快地加强宏观指导，将农村社会养老保险个人账户的号码与城镇职工养老保险个人账户的号码衔接起来，采用全国统一的个人养老保险账户号码。

由于现阶段我国大部分农村地区的经济还比较落后，许多农民家庭在解决温饱的基础上只是略有节余，有些至今还未摘掉"贫困户"的帽子，因此尽管全国已有24个省、区、市颁发了有关实行农村社会养老保险的办法，但至今多数县（市）尚未建立县级农村社会养老保险管理机构。在这种情况下，要妥善解决农民工从城镇返回农村后的养老保险关系转移问题，我认为可采取以下方案：一是在参加城镇职工养老保险的农民工返回农村数量较多的县（市），可在当地农村开展社会养老保险试点前，先行成立县级农村社会养老保险基金管理委员会及农村社会养老保险事业管理处。当地农民工从城镇回乡后，可到县（市）农村社会保险事业管理处办理养老保险关系的转移手续，将记入城镇职工养老保险个人账户的养老保险金本息让他们代为管理，保值、增值。二是在参加城镇职工养老保险的农民工返回农村数量较少、近期内又不可能开展农村社会养老保险试点的县（市），当地农民工从城镇回乡时，可暂时将其个人养老保险账户留在原来投保城镇的社会保险管理机构，请他们代为保值、增值。待农民工所在的县（市）建立了县级农村社会养老保险管理机构后，再办理养老保险关系的转移手续。

　　以上就如何尽快解决我国城乡养老保险的衔接问题进行了初步探讨。我希望这个问题能引起我国有关政府部门及学术界的关注，群策群力寻求妥善解决的切实办法，为建立中国特色的养老保险制度而努力。

（本文原载《人口研究》1994 年第 2 期）

关于改革基本养老金计发办法的利与弊

一、计发办法改革的主要内容

在 2005 年颁发的《国务院关于完善企业职工养老保险制度的决定》中，对城镇企业职工基本养老金的计发办法作了三项重大改革：一是"从 2006 年 1 月 1 日起，个人账户的规模统一由本人缴费工资的 11% 调整为 8%，全部由个人缴费形成，单位缴费不再划入个人账户"；二是在计发退休时"个人账户养老金月标准为个人账户储存额除以计发月数"的前提下，将过去规定的计发月数统一为"120"，改为"根据职工退休时城镇人口平均预期寿命、本人退休年龄、利息等因素确定"；三是在计发"退休时的基础养老金月标准"时，将过去规定的"为省、自治区、直辖市或地（市）上年度职工月平均工资的 20%"①，改为"以当地上年度在岗职工月平均工资和本人指数化月平均缴费工资的平均值为基数，缴费每满 1 年发给 1%"。新《决定》还要求"各省、自治区、直辖市人民政府要按照待遇水平合理衔接、新老政策平稳过渡的原则，在认真测算的基础上，制定具体的过渡办法，并报劳动保障部、财政部备案。"

二、计发办法改革的积极作用

第一，有利于逐步做实个人账户。做实城镇企业职工基本养老保险中的个人账户，使这部分基本养老保险基金积累起来，是应付未来我国人口老龄化迅速发展和进入重度老龄化阶段的重要举措，也是实现企业职工基本养老保险可持续发展的重要保证。然而由于我国城镇企业职工基本养老金支付上的历史隐性债务十分沉重，20世纪90年代企业职工养老保险制度改革以来财政对基本养老保险基金的注入较少和国有资产变现划拨到基本养老保险基金的部分更少，再加上在1997年发布的《国务院关于建立统一的企业职工基本养老保险制度的决定》中虽然强调了"基本养老保险基金实行收支两条线管理，要保证专款专用，全部用于职工养老保险，严禁挤占挪用和挥霍浪费"，但未明确规定基本养老保险基金中的社会统筹部分与个人账户部分不能混用，因此，使我国许多地区将个人账户储存额也用于支付退休人员的基本养老金，从而出现了"空账"或"基本空账"的情况。新《决定》将2005年后的个人账户规模由本人缴费工资的11%调整为8%，减少了3个百分点，必然会减轻今后各级财政和国有资产变现划拨为逐步做实个人账户的经济负担，有利于逐步使各个地区的个人账户由现在的"空账""基本空账"变为"实账"。

第二，有利于消除个人账户养老金的支付亏空。按《国务院关于建立统一的企业职工基本养老保险制度的决定》，我国城镇企业职工中符合到达法定退休年龄时可领取基本养老金的人员，在退休后所领取的"个人账户养老金的月标准为本人账户储存额除以120"，而且"职工或退休人员死亡，个人账户中的个人缴费部分可以继承"。我认为上述规定，未充分考虑我国城镇人口的平均预期寿命比农村人口的平均预期寿命要高、未来我国城镇人口的平均预期寿命还会有进一步增高的趋势、城镇企业职工法定退休年龄时的平均剩余寿命加上其0岁至法定退休年龄前1年的年份要明显高于他们出生时的平均预期寿命、未来个人账户养老保险基金的增值率不可能长期保持在20世纪90年代中期我国城乡居民1年期整存整取的年利率因通货膨胀的影响而达到2位数的高水平（1993年7月11日至1996年4月30日期间年利率为10.98%）等因素，因此，使未来我国城镇企业职工在个人账户养老金的支付上存在相当大的亏空风险。这不仅严重影响了今后各级财政在个人账户做实后仍需承担弥补个人账户养老金支付亏空的压力，而且造成哪个地区"现在基本养老保险扩面愈大，将来个人账户养老金的支付亏空愈多"的状况。新《决定》将领取个人账户养老金的月标准改为本人退休时个人账户储存额除以"根据职工退休时城镇人口平均预期寿命、本人退休年龄、利息等因素确定"的计发月数，实际上就是要求城镇企业职工在退休后领取的个人账户养老金部分仅限于自己个人账户养老金的全部本金和增值利息之和。不管你在退休时选择"存本取息""本息分摊"或其他符合当地劳动社保部门规定的领取方式，只要你的个人账户养老金储存额（包括本金和退休前后的增值利息）全部领完了，就不能再领个人账户养老金了。上述改革，将使各地个人账户全部成为"实账"后，基本消除了未来城镇企业职工个人账户养老金的支付亏空。

第三，有利于形成职工参保缴费的激励约束机制。按《国务院关于建立统一的企业职工基本养老保险制度的决定》，在"本决定实施前参加工作、实施后退休且个人缴费和视同缴费年限累计满 15 年的人员"和"本决定实施后参加工作的职工、个人缴费年限累计满 15 年"的人员，其"退休时的基础养老金月标准为省、自治区、直辖市或地（市）上年度职工月平均工资的 20%"。如果你的缴费年限（含视同缴费年限，下同）累计超过了 20 年、30 年，在退休时领取的基础养老金月标准仍与刚满 15 年的人员一样。显然，这种计发办法挫伤了城镇企业职工在个人缴费年限满 15 年后继续参保缴费的积极性。尽管有些地区的劳动社保部门也曾经考虑过如果该企业职工在个人缴费年限累计满 15 年后终止参保缴费，但又未到法定退休年龄时，将其今后退休时领取的基础养老金的计发基数按本人终止参保缴费年份的当地上一年度职工月平均工资计算，以此鼓励职工尽可能将个人参保缴费的行为一直延续到退休前。但是这种办法在计算基础养老金的月标准时较为复杂，而且如果该职工在未到法定退休年龄时中断过若干年，到临退休前几年再参保缴费，其退休时领取的基础养老金月标准更难以合理确定。新《决定》在继续保留城镇企业职工在退休时个人账户储存额随本人参保缴费金额的多少和累计缴费年份的长短而变动的激励约束机制的同时，又从基础养老金月标准上规定了"缴费每满 1 年发给 1%"，形成了城镇企业职工领取基础养老金多少随本人参保缴费累计年限的增加而提高、上不封顶的激励约束机制，有利于进一步调动企业职工在缴费年限满 15 年后继续参保缴费的积极性。

第四，有利于改革前后退休人员基本养老金水平的合理衔接。鉴于新《决定》从 2006 年起将城镇企业职工个人账户的规模统一由本人缴费工资的 11% 调整为 8%，使今后退休的职工个人账户储存额相应减少，而且在他们退休时计发个人账户养老金月标准时所除以的"计发月数"通常也会比过去规定的"120"要增加，因此，必然会造成改革后退休的人员领取个人账户养老金月标准比按改革前计发办法明显减少的情况。为了使城镇企业改革后退休的人员在领取基本养老金的总体水平上适当高于改革前的水平，便于新老政策的平稳过渡，新《决定》通过将计发基础养老金月标准从原来规定的乘以"20%"改为"缴费每满1年发给1%"，使那些缴费年限累计在30年、40年的企业职工在退休后所领取的基础养老金可以比改革前明显增加，以此弥补他们领取个人账户养老金的减少部分。

三、计发办法改革的弊端

我感到新《决定》对基本养老金计发办法改革的弊端，主要表现在拉大了改革后退休的城镇企业女性退休人员与男性退休人员每月领取基本养老金水平的差距。

在这次基本养老金计发办法改革前，我国城镇企业女性退休人员领取的基本养老金水平，虽然由于她们的法定退休年龄比男性低、个人缴费年限累计比男性短，再加上女性职工的月平均缴费工资一般比男性职工少，使她们在退休时个人账户储存额一般比男性要少，但是只要她们缴费年限累计满15年，其领取的基础养老金水平与男性退休人员是相同的。而且由于企业女职员和女工人的法定退休年龄分别为55岁与50岁，比男职工早5年与10年；她们在法定退休年龄时的平均剩余寿命又比男职工长得多，使她们除了在平均领取基础养老金的年份上比男职工要长、平均一生中领取基础养老金的总量比男职工多以外，还在个人账户养老金月标准按退休时的个人账户储存额除以120个月后，即使本人个人账户的本金和增值利息全部用完了，也仍能继续领取至去世，因此，她们平均一生中领取个人账户养老金的总量也不一定比男职工少很多。

然而在这次计发办法改革后，企业女职员特别是女工人因法定退休年龄比男职工低，不仅使她们在退休时个人账户储存额一般比男职工要少，而且她们退休后个人账户养老金计发月数比男职工明显增加了。按《中国劳动保障报》在刊载《决定》时的附件"个人账户养老金计发月数表"[②]，如女工人50岁退休，其计发月数为195个月，比过去规定的"120"要增加75

个月；女职员 55 岁退休，其计发月数为 170 个月，比过去规定的"120"要增加 50 个月；男职工 60 岁退休，其计发月数为 139 个月，比过去规定的"120"只增加 19 个月。这就进一步拉大了企业女职员特别是女工人与男职工在退休后每月领取的个人账户养老金水平的差距。同时，计发办法改革后女职工退休时每月领取的基础养老金水平虽然比改革前会提高，但因女职员特别是女工人的法定退休年龄比男职工低，她们的缴费年限累计比男职工少，所以，按"缴费每满 1 年发给 1%"的办法计发基础养老金，又会使企业女职员特别是女工人在退休后每月领取的基础养老金水平较男职工要低得多。可见，这次计发办法改革后尽管在按缴费年限的长短来计发基础养老金月标准上体现了公平，在按退休时个人账户储存额来领取本人退休后个人账户养老金的总量上体现了公平，但由于企业女职员特别是女工人的法定退休年龄比男职工低、她们在退休时平均剩余寿命比男职工长，又在事实上拉大了企业女性退休人员与男性退休人员每月领取基本养老金水平的差距。

我认为缩小上述差距的根本途径，是在切实保障女性与男性具有同等的受教育机会和真正实行男女同工同酬的前提下，积极创造条件，逐步推迟城镇企业女职员特别是女工人的法定退休年龄。新《决定》提出的基本养老金计发办法改革方案贯彻执行后，将会使我国城镇企业女职工从自身养老利益出发更迫切要求推迟她们的法定退休年龄。根据笔者主持的未来人口发展趋势的多方案预测，在 2005—2025 年间我国 15—59 岁劳动年龄人口数始终超过 9 亿的情况下，我国许多城市的 15—59 岁户籍劳动年龄人口数将会不同程度地出现较大幅度减少的态势。比如，上海市各个单位和专家预测都表明 15—59 岁的户籍劳动年龄人口数在 2005 年后将出现负增长，在 2010—2020 年间将大幅度减少，因此，我曾撰文建议上海市在 2010 年后可考虑通过每年推迟 1 岁的办法，首先逐步推迟城镇女工人和女职员的法定退休年龄。[③] 我希望各个省、自治区、直辖市的劳动和社保部门能在本地区中长期人口预测和未来城镇就业态势分析的基础上，寻求推迟本地区城镇女工人和女职员法定退休年龄的最佳时机，取得有利于充分发挥年老女职工的人力资源、有利于减缓城镇职工基本养老保险基金收支亏空和有利于缩小女性与男性退休人员每月领取基本养老金水平差距，又不会加剧城镇失业问题的"三重效益"。

【注释】

①《社会保障现行法规选编（1949—2000）》，中国劳动社会保障出版社 2000 年版，第 110—113 页。

②《国务院关于完善企业职工基本养老保险制度的决定》，《中国劳动保障报》2005 年 12 月 15 日。

③桂世勋：《上海市少子老龄化与可持续发展》，《市场与人口分析》2005 年第 5 期。

（本文原载《市场与人口分析》2006 年第 2 期）

日本与中国的年金

年金通常是指采取社会保险方式提供的收入保障。日本的年金包括老年年金、残疾年金、遗属年金等方面，其中主要是老年年金。在本文中我们将简要介绍老年年金的一般理论，论述日本与中国的老年年金制度及其历史演变，并对 21 世纪面临的挑战进行分析。这对于中日两国相互了解和借鉴对方的经验，进一步搞好老年年金制度的改革，提高老年人的生活质量，促进社会稳定和经济可持续发展，将具有重要现实意义和深远的历史意义。

一、老年年金理论概述

（一）老年年金的含义与重要意义

老年年金是指在政府立法规定的范围内，对达到一定年龄的老年人或准老年人，由国家或社会为其提供社会保险补偿，以保障基本生活需要的制度。它最初起源于欧洲，法国于 1673 年建立了世界上最古老的保险之一——法国海员老年年金制度，奥地利和比利时分别于 1854 年和 1868 年实施了矿山劳动者老年年金制度，此外当时欧洲的有些国家还在铁路、烟草、酒类等官营事业中建立了老年年金制度。德国于 1889 年制定的《老年、残疾、死亡保险法》，以全体劳动者为对象，并在世界上首次实施强制加入的规定，成为现代老年年金制度诞生的标志。在这以后的 100 多年中，老年年金制度在世界上各个发达国家和大部分发展中国家相继建立，经历了起步、发展和改革三个阶段。截至 1997 年末，全世界已有 166 个国家和地区建立了老年年金制度，在当时被统计的 173 个国家和地区中占 96.0%（SSA，

1997 年)。①

建立老年年金制度具有以下几方面重要意义：（1）保障因年老丧失劳动能力的社会成员的基本生活，有利于提高老年人的生活质量，使他们安度晚年；有利于解除在职社会劳动者的后顾之忧，发挥其工作积极性；有利于减轻子女对年老父母的经济负担，改善家庭的代际关系。（2）调节社会上不同收入工作者年老后领取的养老金水平，有利于相对减缓社会上贫穷老人与富裕老人之间的矛盾，体现兼顾效率与公平的原则，促进社会稳定。（3）保证社会劳动者队伍连续不断的、正常的新陈代谢，有利于年老体衰、工作效率下降的劳动者安心退休，为新成长起来的年轻劳动者提供必要的工作岗位；有利于提高社会劳动者队伍的整体素质和工作效率，使之保持旺盛的生命力。（4）扩大因年老丧失工作能力的那部分人群的有效需求，有利于推动"银发产业"，繁荣"银发市场"；同时，老年年金中的储备积累基金又是一项数量可观的较稳定的中长期投资，有利于促进经济建设的发展。

（二）老年年金的筹集或融资方式

1. 现收现付制

它以近期横向收付平衡原则为指导，通过同一时期正在工作的一代人缴纳养老保险费或税金来支付已经退休的一代人的养老金。这种筹集方式的优点是简便易行，可依支付养老金的需求增长及时调整缴费或征税比例，保持收支大体平衡，也可以避免长期筹资方式所遇到的因物价上涨引起的基金贬值危机。其缺点是没有必要的储备积累，随着人口老龄化加剧及养老保险基金供需缺口的加大，缴费或征税比例会不断上升，使雇主、雇员和政府的负担加重，激化代际矛盾，甚至出现支付危机。

2. 预筹积累制（又称"基金积累制"）

它以远期纵向收付平衡原则为指导，通过每个养老金计划参加者在工作期间把一部分收入缴纳养老保险费或税金，由基金积累并增值后供其退休后养老使用。这种筹资方式的优点是在未来人口老龄化加剧的情况下可分散养老金支付的风险，雇主、雇员和政府负担较轻，在支付养老金期间每年仍留有相当数量用于长期投资的储备积累基金。其缺点是在开始实施后的相当一段时期内难以提供因年老丧失工作能力的那部分人员的养老金，保证他们的基本生活需要，同时在通货膨胀的条件下有可能面临积累基金贬值危险。

3. 部分积累制（又称"混合制"）

它将现收现付制与预筹积累制结合起来，在养老金的筹集或融资上，一部分采取现收现付方式，将现阶段正在工作的一代人缴纳养老保险费或税金的相当部分用于支付已经退休的一代人的养老金（或弥补各级政府财政拨款的不足）；另一部分采取预筹积累方式，将现阶段正在工作的一代人缴纳养老保险费或税金的一部分储存积累起来，作为这代人年老退休时领取养老金的部分来源。这种筹集方式的优点是兼取现收现付制和预筹积累制两者之长，而且这两者之间的比例还可根据不同国家和不同时期的经济发展，老年年金供需情况的变化进行调整。它特别适用于人口老龄化进程快、从现收现付制向预筹积累制过渡的国家和地区，有利于减缓未来支付养老金高峰时的代际矛盾，相对减轻那时雇主、雇员和政府的经济压力。其缺点是在一个较长时期内会加重正在工作的一代人缴纳养老保险费或税金的压力，需要各级政府财政给予支持，同时还存在部分积累的基金有可能贬值的危险。

（三）老年年金的给付或供给标准

1. 工资比例制（又称"所得比例型""收入关联制"）

它以保障过去在职时的工资收入为指导，其老年年金给付标准是以被保险人在退休前某一时期的平均工资收入或某一时点上的绝对工资收入为基数，根据老年年金领取者的资格条件的不同，乘以一定的百分比而确定的。其中的工资收入基数，又分为工资总收入和标准工资收入两种；计发老年年金的百分比也有固定、累退和累进三种方式。此外，对老年年金给付的工资收入基数，一些国家还规定有最高和最低的界限，超过最高界限者不作为计发基数，低于最低界限者则给予保证性的给付。

2. 均一制（又称"绝对金额制""一律定额型"）

它以保障退休后的基本生活为指导，其老年年金给付标准不以被保险人退休前的工资收入为计算基数，而是规定某些统一的资格条件，如缴纳养老保险费或税金的期限和数量（不管被保险人的工资收入多少，均按同一绝对额缴纳养老保险费或税金）、就业年限（或工龄长短）等。凡符合规定条件者，均按同一的绝对额标准给付老年年金。

3. 混合制（又称"二阶层型"）

它以保障过去在职时的生活水准为指导，将工资比例制与均一制结合起来，在老年年金给付标准上，一部分采取均一制的方式，保障所有老年年金领取者的最低生活水准，另一部分采取工资比例制的方式，使退休前不同工资收入的人员所领取的老年年金绝对额，又存在一定的差别。这种给付标准，较好地兼顾了公平与效率，不仅提高了退休老人的基本生活保障水准，而且在有些国家中通过将过去全部由政府负担改为本人定额筹资与政府负担相结合的方式，扩大了老年年金的筹资渠道，更能适合推行"全民皆保险、皆年金"。

（四）制定和改革老年年金制度的基本原则

1. 老年年金的给付水平应与社会经济发展的承受能力相适应

鉴于老年年金的给付水平具有刚性增长的特点，因此，在确定一个国家或地区的老年年金平均给付水平时，应在保障老年人的最低生活需求基础上，充分考虑未来人口老龄化发展及人口平均预期寿命提高所引起的缴纳养老保险费或税金的人数锐减与领取老年年金人数的迅速增加、领取年限的延长，清醒估计未来经济增长波动性对老年年金供需的深刻影响，由低到高逐步上升，并寻求老年年金给付水平与社会经济发展承受能力长期适应的方案，尽可能避免出现因开始时保障水平的基线定得过高而难以为继的状况。

2. 老年年金的给付待遇应兼顾公平与效率，坚持权利与义务的基本对等

鉴于退休前的在职人员工资收入及缴纳养老保险费或税金的绝对额存在着较大差异，即使在有些国家个人每年缴纳养老保险费或税金的绝对额相同，但每个人缴纳的年限也会有所区别，因此，在确定老年年金的给付待遇时，既应避免各个老年人之间的高低悬殊，又应适当体现差别，激励人们在职时多挣工资，多为老年年金筹资作贡献。

3. 老年年金给付水平的调整应适当体现退休人员分享社会发展的成果

鉴于社会经济的发展、在职人员实际工资收入和消费水平的提高，因此，退休人员领取的老年年金数额也应有所增加。这是对他们在退休前几十年中为社会经济发展作出贡献的肯定，也是消除社会各个成员共享发展成果

上年龄歧视的必然要求。如果退休人员领取的名义或实际老年年金数额长期不变，将会扩大在职人员和退休人员的收入差距，激化代际矛盾，影响社会稳定和经济可持续发展。

二、日本的老年年金制度

现阶段日本老年年金制度的体系包括三个层次。第一层次为国民年金（或称"基础年金"），1998 年 3 月末全日本参加国民年金的人数为 7034 万人，其中民间工薪人员 3347 万人，公务员等 534 万人，家庭妇女 1195 万人，个体经营者等 1959 万人；第二层次为以行业为基础的公共老年年金，1998 年 3 月末全日本参加该层次老年年金的人数为 3881 万人，其中民间工薪人员参加的保健年金 3347 万人，公务员等参加的共济年金 534 万人；第三层次为私有老年年金，1998 年 3 月末全日本参加该层次老年年金的人数为 2364 万人（日本总务厅，1999）。[2]

（一）以行业为基础的七大公共老年年金制度

1. 厚生年金

1941 年，日本政府制定了《劳动者年金保险法》，1944 年又改为《厚生年金保险法》，由厚生省管理。被保险对象为一般民间私营企业、事业单位的工薪人员及其家属。由工薪者个人与雇主分别缴纳一定比例的保险费，政府承担该类老年年金给付费的 20%（其中井下工人为 25%）。

2. 船员保险制度

它是根据 1939 年颁布的《船员保险法》建立的，由厚生省管理。该法规定，载重量在 5 吨以上船舶的船员必须强行加入船员保险。由船员个人与船主分别缴纳一定比例的保险费，政府承担该项老年年金给付费的 25%。

3. 矿业年金基金制度

它是根据 1967 年颁布的《煤炭矿业年金基金法》建立的一项特殊年金制度，被保险对象为在日本所有矿业主组成的法人团体内工作的矿业劳动者。该项基金除一部分来自被保险者缴纳的保险费外，大部分按上一年的采矿数量向各矿业主征收。

4.国家公务员共济组合

它是根据 1958 年颁布的《国家公务员共济组合法》建立的，由大藏省管理，被保险对象为国家公务员、国铁职员、国立电信电话公司职员、烟草产业职员及其家属。由公务员及职员个人缴纳一定比例的保险费，政府承担老年年金给付费的 15.85%（其中国铁共济组合由国铁负担）。

5.地方公务员共济组合

它是根据 1962 年颁布的《地方公务员共济组合法》建立的，由自治省管理，被保险对象为地方公务员。由地方公务员个人缴纳一定比例的保险费，政府承担老年年金给付费的 15.85%。

6.私立学校教职员共济组合

它是根据 1953 年颁布的《私立学校教职员共济组合法》建立的，由文部省管理，被保险对象为私立学校教职员。由教职员个人和学校分别缴纳一定比例的保险费，政府承担老年年金给付费的 18%（其他定额补助）。

7.农林渔业团体职员共济组合

它是根据 1958 年颁布的《农林渔业团体职员共济组合法》建立的，由农林水产省管理，被保险对象为农业协同组合、森林组合、渔业组合等团体的行政工作人员及其他职员。由职员个人缴纳一定比例的保险费，政府承担老年年金给付费的 18%（其他定额补助）。

上述七大类老年年金制度的建立，对保障日本各个行业在职人员退休后的基本生活、促进日本社会稳定和经济发展曾经起到了重要作用。然而，随着日本人口老龄化的加剧和老年年金支付压力的加重，这种以行业为基础建立的老年年金制度的弊病也逐渐显露出来。它主要表现在以下三个方面：

首先，各类老年年金制度完全分立，只按纵向关系独立存在，很可能因产业结构、就业结构变化陷入支付危机，严重影响该系统退休人员的收入保障。如 1982 年 3 月，日本"国铁共济年金"的老年年金领取者人数竟占投保者总数的 58.7%，陷入难以维持的困境。

其次，各类老年年金制度间无统一的老年年金给付标准，差别较大，而且政府承担的各类制度老年年金给付费的比例也不一样，由于攀比引起了人们对老年年金制度不公平、不信任的心理。

第三，工薪阶层的配偶只作为上述各类老年年金制度的自愿加入者，如在没有参加投保的情况下发生残疾或离婚，则无法保障个人的基本生活。

（二）1984 年进行的公共老年年金制度改革

日本的《国民年金法》颁布于 1959 年，正式实行于 1961 年。该法内容分为总则、保险者资格和加入方法、个人缴纳保险费标准、老龄基础年金等部分，原则上规定缴纳时间为 25 年，年满 65 岁后，可根据缴纳保险费数额和缴纳年限领取相应的年金。但是，对一部分由于种种原因加入年金保险时间短的老人，政府采取援助措施，专门设置了老龄基础年金，作为补助津贴。缴纳保险费额规定有最低限和最高限，如果生活水准在贫困线以下者，可以享受减免措施。还规定年金实施浮动制，它随着通货膨胀的比例自动上浮。该项年金是由政府直接管理的，国家承担国民年金事业的事务费用和负担部分年金给付费用，同时强调个人的负担义务。在 20 世纪六七十年代，国民年金的实施，把过去尚未被七大老年年金制度纳入被保险对象的农民、小手工业者及其家属，全部列入国民年金制度之内，扩大了老年年金的覆盖面，使日本开始进入了全体国民都能享受年金保险的时代。

为了适应未来日本人口老龄化急剧发展和社会经济发生的巨大变化，克服过去七大类老年年金制度的弊病，确保 21 世纪超老龄化社会老年年金制度的公平化、一元化和稳定化，日本国会于 1984 年 2 月 24 日批准了政府提出的《修改国民年金法等部分内容的法案》，决定对日本老年年金制度予以全面改革，并计划在 1995 年完成对公共老年年金制度的一元化改革。这次全面改革的要点如下：

1. 使国民年金朝着适用于全体国民的方向发展，逐步实现日本年金制度的一元化

在这次改革中，日本引入了国民基础年金体系，把国民年金作为所有 20—60 岁在日本拥有居住权的国民都必须参加的"基础年金"，使厚生年金等行业性年金制度作为在"基础年金"之上再按报酬比例给付一定数额老年年金的补充部分。这样使过去或今后参加行业年金保险的公职人员，同时参加国民基础年金，让他们可以获得某项行业年金和国民年金两重老年年金；使公职人员以外的社会成员也一律参加并享有国民年金。此外，对过去的七大类行业年金制度进行合并调整，形成国民年金、厚生年金、船员保险、共

济年金四大块（现改为国民年金、保健年金、共济年金三大块），归国家统一进行管理。

目前，日本企业职工和公务员参加均含有国民年金在内的厚生年金或共济年金时，需按个人收入的 17.35% 缴纳保险费，由雇主和雇员分别负担一半；个体经营者、无业人员等仅参加国民年金保险，每人每月需交纳 1.33万日元。在国民年金中，政府承担年金给付费的三分之一。

2. 使年金的支付水平与在职人员的收入水平相平衡，以此减轻未来第二、第三代人的负担

随着年金制度的长期实施及平均预期寿命的延长，年金投保期的年限出现了延长趋势。如果按照过去规定的老年年金支付标准，以在职人员投保 40 年计算，其退休后领取的老年年金数额将超过在职人员工资的 80% 以上，这样势必带来代与代之间收入水平的逆差，出现新的不公平。在这次改革中，适当调整了老年年金的给付水准，规定参加国民基础年金投保期满 40 年者，自 65 岁开始平均每月领取国民老年年金 5 万日元（1 年为 60万元）。如投保期不满 40 年（规定最低投保期 25 年）或投保期间有"免缴保险费"经历（如在以后个人经济好转时也未补缴），65 岁后领取的老年年金将相应减少，在这段免缴时间内只作每月交纳三分之一保险费计领老年年金。同时，对在 65 岁前领取者采取减额支付方法，如 60 岁至未满 61岁起付，减额 42%；61 岁至未满 62 岁起付，减额 35%；62 岁至未满 63 岁起付，减额 28%；63 岁至未满 64 岁起付，减额 20%；64 岁至未满 65 岁起付，减额 11%。对 65 岁后推迟领取者则采用增额支付方法，如 66 岁起付，增额 12%；67 岁起付，增额 26%；68 岁起付，增额 43%；69 岁起付，增额64%；70 岁起付，增额 86%。这样，就较好兼顾了公平与效率的关系。

3. 要求参加各项年金保险者的配偶也加入国民年金保险，使在职人员的配偶（主要是妻子）年老后也能领取老年年金，保障其基本生活

过去的年金制度以家庭作为单位给付，把作为家庭主妇的妻子的老年年金包括在丈夫的年金部分内。如果妻子与丈夫离婚，妻子就会丧失获取老年年金的权利。另外，如果妻子也一直参加工作的话，她也要按家庭为单位参加年金保险，多缴保险费，夫妇两人退休之后则可领到 4 个人的老年年金，出现重复给付的问题。在这次改革中，以个人为单位投保，这样妻子即

使离婚，也会得到一定的老年年金保障，还避免了重复缴纳和重复给付的问题。

（三）2000 年进行的公共老年年金制度改革

近年来，随着日本人口出生率的下降和老龄人口的增加，人口老龄化问题日趋严重，特别是面对 21 世纪初前 20 多年人口老龄化的急剧发展，以及公共年金基金用于参与经济振兴、投资公益项目的回报率较低，现行的老年年金制度又将受到严峻挑战。据日本总务厅提供的数据，截至 1998 年 10 月 1 日，日本 65 岁及以上老年人口已达 2051 万，占总人口的 16.2%。厚生省预测，2015 年日本 65 岁及以上老年人口将增加到 3188 万，占总人口的 25.2%；2025 年日本 65 岁及以上老年人口将多达 3312 万，占总人口的 27.4%（日本总务厅，1999）。③ 目前日本领取公共老年年金的人数 2080 万，预计到 2025 年将增加到 3350 万，而同期缴纳年金保险费的人数将从现在的 6970 万减少到 6000 万，届时平均每 1.8 名缴费者将负担 1 名领取老年年金者（新华社，2000）。④ 日本在 1998 年发表的《白皮书》认为，到 2025 年，要想使政府的补贴保持在目前的水平，雇主与雇员缴纳的公共年金保险费就可能要从目前相当于工资收入的 17.6% 增加到 34.3%。显然，如果不进一步实行有效的改革，日本现行的公共老年年金制度将无法承受，难以为继。

为了稳定未来日本老年年金的财源，保证所有国民老有所养，努力维护社会稳定，促进经济发展，日本国会众议院在 2000 年 3 月 28 日的全体会议上通过了《厚生年金保险法》《国民年金法》等 7 部有关老年年金制度改革的法案，大幅度修改缴纳老年年金保险费和领取老年年金的制度。这些法律从 2000 年 4 月 1 日开始分项目、分阶段付诸实施。这次大规模改革的要点如下：

1. 开源方面

首先，将按月工资收取老年年金保险费改为按年收入收取，也就是将雇主与雇员缴纳一定比例保险费的计算基数从在职人员个人的月工资改为个人的年收入。在日本，一些企业职工的年中、年末奖金数额很大，有的相当于本人 6 个月的工资，现在改为按年收入收取保险费，将大幅度增加雇主与雇员缴纳的保险费收入。

其次，设立青年学生的老年年金保险费补交制度。按过去规定，没有收入的 20 岁以上的青年学生可以向地方政府申请减免老年年金保险费，现在则改为向地方政府申请在就业后 10 年内补缴。

第三，延长收取老年年金保险费的年龄。按过去规定，60 岁以上的就业者无须缴纳老年年金保险费，现在则规定即使 65 岁至 70 岁的就业者也必须缴纳老年年金保险费，并根据收入情况削减他们在工作期间领取的老年年金数额。

第四，增加政府对老年年金的负担。按过去规定，政府承担作为"基础年金"的国民年金给付费的三分之一，现在则提高到二分之一以上。

第五，将取消对老年年金基金运作规模的限制，将这部分基金在资金市场自主投资，并允许企业以股票实物向厚生年金基金出资。

2. 节流方面

首先，将老年人领取的除国民年金外的其余作为补充年金的厚生年金、共济年金等报酬年金部分削减 5%。

其次，将逐步把除国民年金外的保健年金、共济年金等领取老年年金的年龄从目前的 60 岁推迟到 65 岁（法国《回声报》，2000）。[⑤]

（四）私有老年年金

日本的私有老年年金包括企业老年年金、个体经营者老年年金、个人老年年金和财产形成老年年金等。这些老年年金与公共老年年金之间的最大区别在于不具有强制性，政府只是通过减免税来鼓励发展，而不从财政收入中承担年金给付费用。

企业老年年金制度不具有强制性，其基金业务委托人寿保险公司、信托银行等负责管理。它包括合格退职养老金与老龄保健养老金两类。合格退职养老金制度根据 1962 年颁布的《法人税法》设立，由国税厅主管，实施主体为企业雇主。参加该项养老金制度的企业规模必须在 15 人以上、500 人以下。雇主从企业开支中缴纳保险费，雇员在年终所得中税前扣除社会保险费。该项养老金在雇员退职时一次付给。1998 年 3 月末，日本全国有 1043 万人参加合格退职养老金制度；老龄保健老年年金基金根据 1966 年颁布的《保健养老金保险法》设立，由厚生省主管，实施主体为保健养老金基金（公家法人）。参加该项保险的企业规模必须在 500 人以上。雇主从企业开支中缴纳保险费，雇员在年终所得中扣除社会保险费，在法律规定的目标付给标准以内不征税。1998 年 3 月末，日本全国有 1225 万工薪人员参加保健养老金基金制度，其人数相当于全国民间工薪人员总数的三分之一。

其次为个体经营者老年年金。每个个体经营者都可自愿参加国民年金基金，缴纳保险费的上限为每月 6.8 万日元，这部分保险费全额可从个人所得税计征基数中扣除。1998 年 3 月末，日本全国有 96 万人参加（日本总务厅，1999）。⑥

第三为个人老年年金、财产形成老年年金。其中的个人老年年金也是自愿参加的，在个人缴纳的保险费中每年可有 5 万日元从个人所得税计征基数中扣除；财产形成老年年金属于劳动者财产形成老年年金储蓄制度，它可从工资中先行扣除，本金在 550 万日元内的运用收入（与住宅财产合计）可免于征税（山下阳久，2000）。⑦

三、中国的老年年金制度

（一）20 世纪 50 年代开始实行的老年年金制度

20 世纪 50 年代初，中国（未包括香港、澳门、台湾地区及金门、马祖等岛屿，下同）是一个经济十分落后的农业大国。1952 年，中国的人均国民收入仅为 103.5 元（人民币，下同），人均工农业总产值仅为 142.4 元，农村人口占 87.5%，城乡居民的年消费水平只有 76 元。从那时开始，中国长期沿袭的是城乡二元结构的老年年金制度。

1. 中国城市职工的老年年金制度

1950 年 3 月，中央人民政府政务院（后改为"国务院"）财政经济委员会发布了《退休人员处理办法》。1951 年 2 月，政务院公布了《中华人民共和国劳动保险条例》，并于 1953 年 1 月公布了修正的该条例，规定国营（现改为"国有"）、公私合营、合作社经营的工厂、矿场及其附属单位与业务管理机关，铁路、航运、邮电各企业单位，基本建设单位及建筑公司的职员和工人，在年老时，可按一定条件和标准，享受领取退休金待遇。1955 年 12

月，国务院制定了《国家机关工作人员退休处理暂行办法》，从此主要集中在中国城市的企业单位、事业单位和国家机关的职工，普遍实行了退休养老办法。1958 年 2 月，经全国人民代表大会常务委员会批准，国务院公布了《关于工人、职员退休处理的暂行规定》，又把上述部门职工的退休养老办法统一起来。1978 年 5 月，国务院又制定了《关于工人退休、退职的暂行办法》，对过去的退休养老办法作了一些修改，提高了退休金标准。同年，国务院还制定了《关于安置老弱病残干部的暂行办法》，放宽了老干部离职休养（即"离休"）的条件。

根据上面所列的有关职工享受退休待遇的规定，中国城市长期沿袭的职工老年年金制度的主要内容如下：

（1）凡是全民所有制企业单位、事业单位和国家机关的正式职员、工人，都可在年老后按一定条件和标准享受退休待遇，领取退休金（即"老年年金"）。城市中集体所有制企业的正式职员和工人，也可参照国家规定，享受退休待遇。

（2）上述职工享受退休待遇的条件，主要取决于本人的职业、年龄、连续工作年限及身体状况。工人的退休条件，一般是男性年满 60 周岁、女性年满 50 周岁，连续工龄满 10 年。干部的退休条件，一般是男性年满 60 周岁、女性年满 55 周岁，参加革命工作或连续工龄满 10 年。至于从事井下、高空、高温、特别繁重体力劳动或其他有害身体健康工作的工人，以及完全丧失劳动或工作能力的职工，可提前退休。

（3）符合享受退休待遇条件的职工，领取退休金的数额主要取决于本人退休前一个月的标准工资和连续工作年限。所谓标准工资，是指职工完成国家法定的工作时间和劳动定额后，按照工资等级和工资标准领取的工资，它不包括奖金、除工龄津贴外的其他津贴、补贴等收入。凡符合享受退休待遇条件的职工，连续工龄满 10 年的，可领取相当于本人退休前一个月标准工资 60% 的退休金；连续工龄满 15 年的，可领取相当于本人退休前一个月标准工资 70% 的退休金；连续工龄满 20 年的，可领取相当于本人退休前一个月标准工资 75% 的退休金，直至本人死亡为止。

（4）退休费用的筹集，全部由国家财政和企业（或集体）包下来，现收现付，实报实销，在职职工个人不缴纳养老保险费。一般情况下，企业单位的退休费用由企业从税前列支的营业外支出项目中开支；全民所有制事业单位和国家机关的退休费用由国家财政拨款；集体所有制事业单位的退休费用，由所属集体单位从企业税后上缴利润中开支。

此外，在中国城市中，凡是无子女、无依无靠、无生活来源（包括不能享受退休和退职待遇）的"社会孤老"，由国家从社会救济款中给予救济，使其生活水平不低于当地群众的一般生活水准。

鉴于中国城市职工实行退休养老保险制度较早，因此，在目前城市中除90岁及以上老人享受退休待遇的比重较低外，大多数老人均能领取退休金。

2. 中国农村劳动者的老年年金制度

自20世纪60年代中期以来的很长时期中，中国农村除了极少数的国家机关工作人员、国营农场（现改为"国有农场"）职工可以享受退休待遇外，广大农民不能领取养老金。国家和集体只对农村中无子女、无依无靠、无收入来源的孤老给予救济、实行"五保"（即保吃、保穿、保住、保医、保葬）制度。

70年代末，中国农村的社队企业（后改为"乡镇企业"）崛起。在一些较富裕的农村，随着乡镇企业的不断发展，愈来愈多的农民成了乡镇企业的劳动者。乡镇企业由于缺乏经验，基本上把全民所有制企业沿袭的退休养老办法照搬过来，不同的只是退休金发放水平较低而已。同时，在极少数富裕农村地区，乡和村也开始从乡办企业和村办企业上缴的税后净利润中拿出一部分钱，给纯务农老人发放养老补贴。

3. 原有老年年金制度的主要问题

中国长期沿袭的这种老年年金制度，虽然对于保障城市中广大职工年老后的基本生活、促进社会安定起到过积极作用，但是，随着中国的改革开放，逐步建立社会主义市场经济体制，特别是人口迅速老龄化，原来的一套老年年金制度的弊病逐渐明显地暴露出来：

（1）养老金费用全部由国家和企业（集体）负担，现收现付，没有基金积累的办法，不能适应未来人口迅速老龄化的要求。

（2）养老保险制度覆盖面过窄，不能适应深化改革、扩大开放及多种所有制经济并存、城乡经济协调发展的要求。

（3）计发养老金的办法不够合理，不能适应工资制度改革、劳动就业
制度改革的要求。

（4）退休年龄过早，不能适应充分发挥老年与准老年人力资源和相对
减轻养老金负担的要求。

（5）基本的养老保险由劳动、人事、民政等部门分别管理，政策上协
调不够，不能适应养老保险社会化的要求。

（二）20世纪80年代中期以来城镇老年年金制度的改革

1. 中国城镇企业老年年金制度改革的三个阶段

第一阶段：1984—1990年。中国城镇企业职工的老年年金制度改革从
1984年开始，当时全国各地开展了职工老年年金保险费用由原来的各个企
业自行负担改为在同一个城市内实行社会统筹的试点。试点要求在同一个城
市内，不管每个企业的在职职工与退休人员的比重差别多大，都应按该城市
统一规定的提取老年年金保险费用比例（即老年年金保险费用占本企业职工
的工资总额比例），由企业以在职职工工资总额为基数，在税前列支，上缴
给政府管理部门，在全市城镇企业的退休人员发放老年年金时统筹使用。这
样就从根本上改变了新企业与老企业由于退休人员数量的不同而造成的支付
老年年金负担畸轻畸重的状况，使那些老企业大大减轻了老年年金负担，有
利于经济的发展。截至1999年末，全国参加基本老年年金保险费用社会统
筹的城镇在职职工已达到9502万人，退休人员（包括享受离休待遇的人员）
已达到2984万人，社会统筹的覆盖范围逐步扩大到城镇各类企业的职工及
个体劳动者（劳动和社会保障部、国家统计局，2000）。[⑧] 此外，国务院于
1986年还颁布了《国营企业实行劳动合同制暂行规定》，决定国有企业今后
新招工人全部实行劳动合同制，并在这些职工中开始推行个人缴纳老年年金
保险费的制度。这便从组织上和机制上为后来普遍实行老年年金保险费用由
国家、企业和职工个人三方负担作了准备。

第二阶段：1991—1997年。1991年，国务院颁布了《国务院关于企业
职工老年年金保险制度改革的决定》，提出在城镇企业中建立多层次的老年
年金保险制度，基本老年年金保险费用由国家、企业和职工个人三方共同负
担，基本老年年金基金实行社会统筹和部分积累。1994年，国务院召开了

全国城镇职工老年年金制度改革试点工作会议，并于 1995 年发出了《国务院关于深化企业职工老年年金制度改革的通知》，提出了基本老年年金实行社会统筹与建立个人账户相结合的两个供全国各地选择的方案，其中一个方案社会统筹部分比例大些，另一个方案则比例小些。1997 年，国务院在总结全国各地城镇职工老年年金制度改革的基础上，颁布了《关于建立统一的企业职工基本老年年金制度的决定》，提出了"三统一"：统一企业和个人缴费比例，统一个人账户的计入比例，统一基本老年年金计发办法。

第三阶段：1998 年—　。1998 年 7 月，中国政府召开了老年年金和再就业服务中心建设会议，提出用 3 年时间在省一级实行城镇企业基本老年年金基金的社会统筹；并从当年 9 月起实行城镇企业基本老年年金保险费的收缴与年金的支付分开的制度，即使某些企业由于各种原因未按时足额缴纳老年年金保险费，这些企业的退休人员仍可在银行等机构按时领取足额的老年年金；从当年 9 月起基本老年年金实行行业（如全国邮电系统、铁路系统等）统筹的部门全部移交地方管理，由这些部门下属企业所在的城市主管基本老年年金机构在当地收缴基本老年年金保险费，支付基本老年年金。

到 1999 年末，中国城镇企业参加基本老年年金保险的职工为 8859 万人，领取基本老年年金的退休人员（包括享受离休待遇的人员，下同）为 2864 万人；全国有 29 个省、自治区、直辖市实现了基本老年年金基金的省级统筹或建立了省级调剂金制度；1403 万退休人员实行了基本老年年金社会化发放，社会化发放率达 47%（劳动和社会保障部、国家统计局，2000）。⑨

2. 现阶段城镇企业老年年金制度改革的主要内容

（1）在老年年金体系上，建立多层次的老年年金体系：基本老年年金、企业补充老年年金、个人储蓄性老年年金或商业性人寿保险。其中基本老年年金属于法定的带有强制性的以保障基本生活为目标的社会保险制度；其他层次的老年年金属于自愿参加的补充性的年金制度。

（2）基本老年年金的覆盖面，不仅包括城镇中的国有企业和集体企业的职工，而且进一步扩大到城镇中的外商投资企业、私营企业的职工，以及城镇个体工商户业主及其帮工。

（3）在基本老年年金保险费用的承担上，引入了个人缴费机制，由国家、企业与个人共同负担老年年金费用。其中企业缴纳的基本老年年金保险费，一般不得超过本企业员工工资（包括工资、奖金、津贴、补贴等收入之和）收入总额的20%；在职职工缴纳的基本老年年金保险费，在1997年时不得低于本人上一年度月平均工资收入的4%，从1998年起每2年提高1个百分点，最终达到8%，退休人员则不需缴纳基本老年年金保险费；在基本老年年金的基金发生困难时，各级政府财政将予以支持。

（4）在基本老年年金基金的构成上，实行社会统筹与个人账户相结合。其中近期目标是在2000年左右基本老年年金基金实行省级或省授权的地区社会统筹。计入职工个人账户的金额为在职职工个人工资收入总额的11%，除职工个人缴纳的基本老年年金保险费全部计入个人账户外，企业缴纳的基本老年年金保险费的一小部分也用于划入个人账户。职工调动时，个人账户全部随同转移，职工或退休人员死亡，个人账户中的个人缴费部分可以继承；企业缴纳的基本老年年金保险费的大部分则用于社会统筹，支付已经退休人员的基本老年年金。

（5）在基本老年年金的支付上，凡在基本老年年金制度改革后参加年金保险并累计缴费满15年的，退休后按基础老年年金（月标准为上一年度当地职工月平均工资的20%）加个人账户老年年金（月标准为本人老年年金账户储存额除以120）计发。如在基本老年年金制度改革前已参加工作，1998年1月1日后退休的人员，其基本老年年金则按基础老年年金加个人账户老年年金，再加过渡性老年年金计发；至于在基本老年年金制度改革前已退休的人员，其基本老年年金仍按原办法计发。

（6）在基本老年年金的调整办法上，每年4月按上一年度当地职工平均工资收入增长率的40%—60%调整基本老年年金的平均增长幅度。在某个地区进行具体调整时，对基本老年年金水平较高的退休人员增幅小些，对基本老年年金水平较低的退休人员增幅大些，以有利于适当缩小差别。在有些城市（如上海）又规定了该地区老年年金的最低标准，其调整幅度将更大些。

（7）老年年金的管理机构，由1997年建立的劳动和社会保障部主管，并将原来由民政部主管的农村社会老年年金和卫生部主管的城镇职工医疗保险，全部归劳动和社会保障部主管。各地在劳动和社会保障部门的领导下，建立市（或省）社会保险事业基金结算管理中心及区（或市、县）社会保险事业管理中心，统一经办基本老年年金、基本医疗保险、失业保险的业务，负责征集、管理和支付各项社会保险基金，管理个人老年年金账户，做好有关服务工作。

（三）农村社会老年年金制度的逐步建立

1. 试点过程

1986 年，民政部在江苏省沙洲县（现改为张家港市）召开农村社会保障工作座谈会，笔者应邀在会上作了"关于研究农村社会养老保险制度的建议"学术发言。1987 年初，在民政部委托下，由笔者主持课题组在上海嘉定县（现改为嘉定区）南翔镇、马陆乡（现改为马陆镇）进行了中国经济发展水平较高、集体经济力量较强、乡镇企业较发达的农村地区建立农村社会老年年金制度的试点。同时，在中国农村的其他一些地区也开展了这方面的试点工作。1990 年 2 月，民政部成立农村社会养老保险办公室，并于该年在山西省和山东省的一些农村地区开展由县级管理基金的农村社会老年年金保险试点工作。1992 年 1 月，民政部颁发了《县级农村社会养老保险基本方案（试行)》，在全国更多的农村地区试点。

2. 指导思想和基本原则

建立农村社会老年年金制度，要从中国农村的实际出发，以保障农村老年人基本生活为目的；坚持资金个人缴纳为主、集体补助为辅、国家予以政策扶持；坚持自助为主、互济为辅；坚持社会老年年金保险与家庭养老相结合；坚持农村务农、务工、经商等各类人员社会老年年金制度一体化的方向，由点到面，逐步发展。

3. 保险对象及资金筹集

当时规定，农村社会老年年金制度的保险对象为非城镇户口、不由国家供应商品粮的农村人口（包括纯务农的农民、乡镇企业职工、私营企业职工、民办教师、乡镇招聘干部、个体工商业者、农村外出流动人口等）。凡年龄在 20 岁至 60 岁的上述对象都可自愿参加并缴纳老年年金保险费，月缴费标准设 2、4、6、8、10、12、14、16、18、20 元 10 个档次，每个人可根据自己经济状况选择，也可调整缴费档次、预交或补交。集体则根据其经济状况予以适当补助，主要从乡镇企业利润和集体积累中支付。国家主要通过对乡镇企业支付集体补助部分的金额予以税前列支，从政策上给予扶持。每个投保者都设立一个个人年金账户，个人的缴费、集体的补助及本金增值部分均记在个人账户内。

4. 领取办法

领取老年年金从 60 岁后开始，根据缴费的标准、年限确定支付标准。如投保人在缴费期间身亡，个人缴纳的全部本息退给其法定继承人或指定受益人；如投保人领取老年年金不足 10 年身亡者，个人账户内老年年金余额也可退给其法定继承人或指定受益人；如投保人的个人账户内的储存额已领完的，其老年年金可从已领取 10 年老年年金后较早去世的那些投保者个人账户储存额中调剂，也可从集体或单位缴纳的用于社会统筹部分的老年年金保险费支付，直至去世。

5. 管理机构

县级以上政府设立农村社会老年年金保险基金管理委员会，实施对该基金管理的指导和监督。县（市）成立农村社会老年年金保险事业管理处（当时隶属民政局，现改为隶属劳动和社会保障局），为非营利性的事业单位，经办具体业务，管理老年年金的基金。乡镇设立代办站或招聘代办员，负责收取保险费、支付年金、登记建账及其他日常工作。

到 1999 年末，中国 31 个省、自治区和直辖市 76% 的乡镇开展了农村社会老年年金保险工作，参加农村社会老年年金保险的农村人口达 8000 万人（劳动和社会保障部、国家统计局，2000）。[10]

（四）进一步完善中国城镇职工老年年金制度的设想

中国城镇职工老年年金制度的改革方案，在实际执行中遇到的最大问题是许多省、自治区、直辖市的基本老年年金基金将面临严重赤字的挑战。在 1998 年，中国有 21 个省、自治区、直辖市出现了当年单位和个人缴纳的基本老年年金保险费用于当年发放基本老年年金后收不抵支，赤字达 42 亿元，其余各个地区当年收支相抵后盈余 27.6 亿元。到 1998 年底，除天津、青海、西藏的基本老年年金基金历年累计起来已无结余外，其余省、自治区、直辖市历年累计起来虽然积余约 582 亿元，其中广东、浙江、江苏、上海的结余占总结余的 45%（韩凤，1999），⑪ 但如果不采取新的切实措施，那么随着城镇退休人员的增加也将会在今后 5 年或较长一段时间后出现累计基金额的赤字。

从趋势来看，中国未来老年人口数的迅速增加在 21 世纪上半叶已成定局。据联合国进行的预测，不管是中方案、高方案，还是低方案，65 岁及以上人口数均从 2000 年的 8551 万迅速增加到 2050 年的 29100 多万，在未来 50 年内增长 2.4 倍。至于 65 岁及以上老年人口占总人口的比重虽然可因人口出生率或人口的国际净迁入率的变化而变化，但由于未来中国的人口出生率的提高将受到总人口规模过大的巨大压力，人口的国际净迁入率又难以提高，因此，在未来 50 年内仍将呈现迅速上升的趋势。联合国中方案预测，中国 65 岁及以上老年人口占总人口比重将从 2000 年的 6.7% 上升到 2050 年的 19.2%。

在如此迅速的人口老龄化压力下，中国究竟如何减缓城镇职工基本老年年金基金的严重赤字、进一步完善改革方案呢？对此，近年来中国的一些学者提出了各种建议和设想。归纳起来有以下几方面：

1. 进一步扩大城镇职工基本老年年金实施的覆盖面

城镇职工基本老年年金制度不仅应该包括具有城镇户口并在城镇国有企业、集体企业、外商投资企业、私营企业工作的职工、城镇个体工商户业主及其从业人员、城镇自由职业者，还应包括这些企业中聘用的外来农民合同工和临时工，在城镇领取私营企业、个体工商户营业执照的外来流动人员。这样可扩大缴纳城镇基本老年年金保险费的单位和个人，增加基本老年年金基金的投入。

2. 将国有资产变成现金的一部分转化为城镇职工基本老年年金基金

在国有企业改革中，有的企业从市中心区搬迁到郊区，可将转让土地、厂房所得的一部分收入注入基本老年年金基金；有的中小企业出售、租赁给集体或个人时，也可将所得的一部分收入注入基本老年年金基金；还可从国家控股的股份制企业中划出一部分国有股作为基本老年年金基金的投入。

3. 各级财政应给城镇职工基本老年年金基金专项拨款

地方财政不应等到本地区城镇基本老年年金基金累计额出现赤字时才给予专项拨款，而应在上述老年年金基金中计入个人账户部分出现一定比例的亏空（即"空账"）时，就提前拨款注入基本老年年金基金。同时，对由政府聘用并为其单位缴纳基本老年年金保险费的国家公务员和部分事业单位工作人员，其基本老年年金待遇高于一般企业职工，政府应为之缴纳较高的基本老年年金的统筹费用或另外出资建立公务员老年年金。

4. 以增加税收的形式补贴城镇职工基本老年年金基金

可在已开征或今后要开征的某些税种（如个人收入调节税、高消费税、利息税、财产继承税等）的收入中划出一定比例用于补贴包括社会老年年金在内的各项社会保障费用，也可在现有税种上征收附加税专项用于这方面补贴。

5. 采取安全有效及灵活的方式提高城镇职工基本老年年金基金增值率

在保证城镇基本老年年金基金安全性的前提下，可通过科学合理的投资组合和降低管理费用来提高这部分基金的增值率。除了允许城镇基本老年年金基金的大部分积余额购买国家发行的债券、存入银行外，可考虑在加强金融市场规范管理和监督的基础上，成立若干家由政府、金融机构和个人持股的专门的基金管理公司并鼓励公平竞争，将基金积余额中的小部分通过招标委托其中的某几家公司进行投资操作，以提高基金回报率。

6. 在积极发展城镇补充老年年金的同时适当降低基本老年年金的替代率

现阶段不少地区的城镇职工基本老年年金的替代率（指该地区城镇退休人员的平均基本老年年金相当于城镇在职职工平均工资收入的比例）约为70%—80%，明显偏高。为了在逐步降低基本老年年金替代率的同时，使城镇退休人员的收入水平不至于明显下降，就应积极发展单位补充老年年金、个人储蓄性老年年金和商业性人寿保险，并采取减免税收的办法给予鼓励。

7. 选择适当时机全面推迟城镇职工的法定退休年龄

在21世纪上半叶，中国城乡的劳动年龄人口数量尽管比目前要多得多，但一些城市的户籍劳动年龄人口数量将在2010—2020年出现急剧减少的态势。因而这些城市可利用上述有利时机，通过5年左右的时间逐步将城镇男性职工的法定退休年龄推迟到65岁，城镇女性职工的法定退休年龄推迟到60岁。这样就可增加在职职工及其单位为其缴纳基本老年年金保险费的年限，相应减少退休人员领取基本老年年金的年限。

8. 建立更具有民间色彩的城镇基本老年年金的监督机构

为了抵制来自有关部门某些不利于城镇职工基本老年年金制度正常实施的决定，仅靠地方政府的劳动和社会保障部门、财政部门、审计部门的监督是远远不够的。应尽快在各地建立主要由参加社会保险的单位代表、在职人员和退休人员代表、有关专家组成的社会监督机构，对包括城镇基本老年年金和基本医疗保险在内的社会保险基金加强监督，使其运行更科学、更规范。

【注释】

① SSA: Social Security Programs Throughout the World 1997.

②③ 日本总务厅编：《高龄社会白书》（平成十年版），1998 年版。

④ 新华社：《日本大幅修改养老金制度》，2000 年 3 月 29 日。

⑤《日本人被迫依靠自己》，法国《回声报》2000 年 3 月 22 日。

⑥ 日本总务厅编：《高龄社会白书》（平成十一年版），1999 年版。

⑦ ［日］山下阳久：《日本老年年金制度》，2000 年 7 月 11 日。

⑧⑨⑩ 中国劳动和社会保障部、国家统计局：《1999 年度劳动和社会保障事业发展统计公报》，《中国劳动报》2000 年 6 月 15 日。

⑪ 韩凤：《中国老年年金基金管理状况》，中国老年年金制度改革国际研讨班，1999 年 7 月。

（本文原载原口俊道、陆留弟、黄泽民主编《中日经济、社会、文化比较研究》，华东师范大学出版社 2001 年版）

我国城镇外来从业人员养老保险模式研究

在社会主义市场经济体制下，我国城镇中居住着大量户籍在农村的外来流动人口。我国第五次人口普查资料表明，2000年中国（不包括香港、澳门、台湾地区和福建省的金门、马祖等岛屿，下同）有1.44亿人离开户籍所在地半年以上、居住在其他乡镇或街道内，其中居住地与户籍所在地不在同一个省、自治区和直辖市的达4241.9万人[1]。在我国这么多外来流动人口中，大部分是离开农村户籍所在地，流入城镇从业的人员。

鉴于我国长期存在的城乡二元社会保障结构，现阶段流入城镇从业的大批农村人口不仅无法享受该城镇居民的最低生活保障待遇，而且至今绝大部分仍被排除在城镇职工基本养老保险、基本医疗保险和生育保险等社会保险制度以外。为了实现全面建设小康社会的战略目标，切实提高我国城镇外来流动人口的生活质量，缓解未来人口老龄化的迅速发展对城镇职工基本养老保险基金的严重负面影响，迫切需要探索和构建具有中国特色的城镇外来从业人员纳入基本养老保险的模式。本文将就如何构建我国城镇外来从业人员的养老保险模式问题进行深入分析和探讨。

一、深圳与上海的探索

关于城镇中从业的外来流动人口是否要纳入城镇职工的基本养老保险问题，在1997年发布的《国务院关于建立统一的企业职工基本养老保险制度的决定》和2000年发布的《国务院关于印发完善城镇社会保障体系试点方案的通知》中均未明确规定；在2003年中国共产党第十六届三中全会通过的《中共中央关于完善社会主义市场经济体制若干问题的决定》中也只是原则指出："将城镇从业人员纳入基本养老保险。"并未指出这里的"城镇从业人员"究竟是城镇户籍从业人员还是包括城镇外来从业人员在内的所有在城镇从业的人员。近年来我国的少数城市对构建外来从业人员的养老保险模式进行了探索，其中最有代表性的是深圳和上海。

1. 深圳特区的探索

2000 年 12 月，深圳市人民代表大会常务委员会通过了修改后的《深圳经济特区企业员工社会养老保险条例》，把在特区内企业工作的外来员工的养老保险纳入当地城镇企业（包括企业化管理的事业单位、民办非企业单位）职工的基本养老保险制度。

该《条例》规定"非本市户籍的员工"与深圳市户籍的员工一样，按员工个人缴费工资的 13% 缴纳基本养老保险费，其中员工个人按本人缴费工资的 5% 缴纳，企业按员工个人缴费工资的 8% 缴纳；他们计入个人账户的比例与本市户籍的员工相同，为个人缴费工资的 11%。他们与 1992 年 8 月 1 日以后参加工作的深圳市户籍的员工一样必须在达到国家规定的退休年龄前实际缴费年限累计满 15 年，才能在退休后享受基本养老保险待遇，按月领取由基础性养老金与个人账户养老金构成的基本养老金；他们如果达到国家规定的退休年龄但累计缴费不满 15 年，或在退休前调出、辞工离开深圳特区，那么个人账户积累额将全部转入当地社会保险机构或全部退还本人。

至于"非本市户籍的员工"与 1992 年 8 月 1 日以后参加工作的深圳市户籍的员工在享受养老保险待遇上的差别，仅表现在他们不能领取"地方补充养老金"或一次性生活费。在深圳特区，企业还要按员工缴费工资的 1% 强制缴纳地方补充养老保险费，凡深圳市户籍的员工累计缴费满 15 年的，在退休时可同时享受地方补充养老保险待遇；如果深圳市户籍的员工达到国家规定退休年龄但累计缴费未满 15 年的，在退休后除与"非本市户籍的员工"一样一次性领取其个人账户积累额外，还能从基本养老保险基金中领取一次性生活费，其支付标准为缴费年限每满 1 年，支付给该员工 1 个月的退休时深圳市上年度城镇企业职工月平均工资。

2. 上海市的探索

2002 年 4 月，上海市人民政府常务会议通过了《上海市外来从业人员综合保险暂行办法》(同年 9 月 1 日起施行),把外来从业人员的"老年补贴"与工伤(或者意外伤害)、住院医疗纳入综合保险,实行与本市户籍职工不同的养老保险制度。

该《办法》规定"符合本市就业条件,在本市务工、经商但不具有本市常住户籍的外省、自治区、直辖市的人员"(不包括从事家政服务和从事农业劳动的人员),用人单位以其使用外来从业人员的总人数乘以上年度全市职工月平均工资的 60% 为基数,按 12.5% 的比例缴纳综合保险费(其中外地施工企业的缴费比例为 7.5%);无单位的外来从业人员以上年度全市职工月平均工资的 60% 为基数,也按 12.5% 的比例缴纳综合保险费。在实际操作中,按 7.5% 缴纳的综合保险费用于工伤(或者意外伤害)和住院医疗保险,按 5% 缴纳的综合保险费用于"老年补贴",分别委托两家商业人寿保险公司和两家商业财产保险公司运作和支付,其中"老年补贴"由中国人寿保险公司上海分公司运作和支付。

在享受"老年补贴"待遇方面,《办法》规定除外地施工企业的外来从业人员外,用人单位和无单位的外来从业人员连续缴费满 1 年的,外来从业人员可以获得一份"老年补贴"凭证,其额度为用人单位或本人实际缴费基数的 5%。当他们在男年满 60 周岁、女年满 50 周岁时,可以凭历年的"老年补贴"保单到中国人寿保险公司在各地的经营网点一次性兑现老年补贴。据报导,在 2002 年 9 月缴费至 2003 年 8 月底满 12 个月的,全市共有 14.16 万名外来从业人员,每份"老年补贴"保单金额为 554.3 元;在 2002 年 10 月缴费至 2003 年 9 月底满 12 个月的,全市共有 7.6 万名外来从业人员,每份"老年补贴"保单金额为 558.6 元 [2]。

二、对深圳与上海模式的评价

我认为深圳与上海在外来流动人口养老保障方面的探索都具有积极的创新意义,但各有利弊。如果要在全国推广,还值得进一步深入研究。

1. 对深圳特区模式的评价

从深圳的模式来看,外来流动人口在深圳经济特区的企业工作,建立劳动关系后,便与深圳市户籍的员工一样,由企业和个人缴纳基本养老保险费，按规定享受基本养老保险待遇。其优点主要有以下几方面：（1）使外来流动人口在参加和享受基本养老保险方面获得了"市民待遇"，切实保护了他们的正当权益；（2）使企业在聘用外来流动人口与本地户籍人口的基本养老保险负担上大体相同，有利于形成城乡劳动者平等竞争就业的机制；（3）使缴纳城镇企业职工基本养老保险费的人群大大增加，有利于减缓城镇户籍人口"少子老龄化"给基本养老保险基金收支动态平衡带来的负面影响。

　　当然，由于在城镇从业的外来劳动者工作的流动性比较大，即使在同一个城市也经常变更工作单位，因此必然加重当地社会保险经办机构的业务管理工作量。值得注意的是深圳特区作为一个从20世纪80年代起新兴的特大城市，现阶段城镇企业职工的赡养率（即离退休人员数占在职职工人数的比例）还较低，基本养老保险基金承担偿还历史隐性债务的压力较轻，所以企业缴纳基本养老保险费的比例仅为8%，明显低于1997年《国务院关于建立统一的企业职工基本养老保险制度的决定》所规定的"企业缴纳基本养老保险费的比例，一般不得超过企业工资总额的20%"。从我国绝大多数特大城市来看，目前城镇企业缴纳的基本养老保险费一般都在本企业上年度职工平均工资总额的18%—20%。特别是上海市，在1993年刚进行城镇企业职工基本养老保险改革时该比例高达25.5%，近年来将其中的2个百分点转加到基本医疗保险费上、1个百分点转加到失业保险费上、0.5个百分点转为生育保险费后，该比例仍达22%；如果加上上海市城镇企业为每个员工缴纳的基本医疗保险费（10%）、地方附加医疗保险费（2%）、失业保险费（2%）和生育保险费（0.5%），合计相当于上年度该企业职工平均工资总额的36.5%。可见，在现阶段我国绝大多数特大城市的城镇企业为本地户籍职工缴纳的基本养老保险费比例大大高于深圳特区、全国还未普遍规定各大城市的企业均要为非本市户籍的员工缴纳与本市户籍员工同样比例的基本养老保险费的情况下，即使少数特大城市采用深圳特区的养老保险模式，必然会大大提高这些城市中企业的用工成本，从而不利于吸引更多的市外企业前来投资，因此，我认为深圳特区施行的上述模式至少在现阶段还难以在全国城镇中普遍推广。

　　2. 对上海模式的评价

　　从上海的模式来看，外来流动人口在上海市从业（不包括从事家政服务和从事农业劳动的人员），用人单位应为其缴纳包括老年补贴、工伤（或者意外伤害）保险和住院医疗保险在内的综合保险费。其优点主要有以下几方面：（1）把外来从业人员最关心和迫切希望解决的工伤（或者意外伤害）、大病住院和养老问题集中在一起，通过施行综合保险给予一揽子帮助；（2）在一定程度上减缓了外来从业人员的困难，较好保护了他们的正当权益；（3）使用人单位在解决外来从业人员的养老、医疗和工伤等保障方面的负担较轻，相对降低了企业的用工成本，也有利于相对改善投资环境；（4）政府只制定有关政策和加强监管，不必担心这部分保险基金运营过程中入不敷出的问题，各级地方财政也不承担保险基金不敷支付时给予补贴的责任；（5）扩大了有关商业保险公司地区分公司的业务，有利于促进商业保险公司的发展。

上海模式的缺陷主要在于它不能将城镇企业为外来从业人员缴纳的有关养老保险费作为缓解未来中国城镇基本养老保险基金赤字的一个重要来源，无法帮助偿还我国在支付城镇退休人员基本养老金方面的历史隐性债务。在 20 世纪 90 年代前我国城镇企业工作的职工和退休人员，由于长期实行"现收现付"的养老保险基金筹集模式，使我国的养老保险基金没有积存。随着我国城镇户籍人口老龄化的逐步加剧，按现在实行的"现收现付与部分积累相结合"的养老保险基金筹集模式，不仅使城镇企业每年缴纳的基本养老保险费难以承担当年支付大批退休人员基本养老金的重负，而且使个人账户中在职职工个人每年缴纳的基金养老保险费也无法完全积存起来，造成许多地区出现城镇基本养老保险基金收不抵支的财务危机。劳动和社会保障部的资料表明，我国在 1997 年有 5 个省级地区出现城镇企业职工基本养老保险基金收不抵支，1998 年扩大到 21 个省级地区，1999 年又达到 25 个省级地区；2000 年基金赤字 400 亿元（扣除财政补贴）[3]。据原劳动部社会保险研究所的测算，2000 年我国城镇企业职工的赡养率为 21.7%，2010 年为 30%，2032 年达 50%，2045 年超过 55%；如果将个人账户从"空账""半空账"变为"实账"，实现积累并与社会统筹基金分开管理，城镇企业职工基本养老保险的统筹基金在未来 25 年间将出现收不抵支的总缺口高达 1.8 万亿元，平均每年缺口 717 亿元 [4]。

当然，要解决未来我国城镇企业职工基本养老保险基金的庞大赤字，需要采取综合措施，包括增加中央和地方各级财政的补贴、划拨部分国有资产、选择适当时机全面推迟城镇职工的法定退休年龄、扩大城镇户籍从业人员参加基本养老保险的覆盖面、规范参保单位的工资基数管理、搞好基本养老保险基金的运营等，但是把我国城镇数量众多的外来从业人员纳入城镇企业职工基本养老保险，也无疑是一项重要的战略措施。据农业部调查推算，目前全国外出务工农民已超过 9400 万[5]；按照目前中国的城镇化速度，农业部估计全国进城农民工人数在 2010 年为 1.37 亿，2015 年为 1.80 亿，2020 年为 2.32 亿，2030 年为 3.40 亿[6]。他们中除了有愈来愈多的人转为城镇居民户籍外，还有相当数量的人仍会以外来流动人口的形式在城镇从业。如果未来我国城镇能把这么多外来从业人员纳入城镇企业职工基本养老保险，必然会极大地增加城镇用人单位缴纳基本养老保险费的金额，弥补由于城镇户籍从业人员数量相对甚至绝对减少而带来的基金收入总量的减少。

按照我于 2002 年主持的未来上海市户籍人口老龄化发展趋势预测，即使假设总和生育率从 2000 年的 0.825 逐渐上升到 2015 年的 1.5，然后一直保持到 2050 年；净迁入人数为 2000—2010 年每年 11 万，2011—2030 年每年 13 万，2031—2050 年每年 15 万；人口出生时平均预期寿命从 2000 年的男性 76.8 岁、女性 80.60 岁逐渐增高到 2050 年的男性 80.0 岁、女性 84.6 岁，上海市户籍 15—59 岁劳动适龄人口数或男 16—59 岁、女 16—54 岁法定劳动年龄人口数从 2005 年后都将出现负增长，在 2020 年时分别比 2000 年减少 118.69 万和 148.98 万；而同期上海市户籍 60 岁及以上老年人口数或男60 岁、女 55 岁及以上人口数却分别增加了 254.84 万和 281.84 万，比 2000年的老人数均增长 1 倍多（见表 1）。

表 1　2000—2050 年上海市户籍老年人口数与劳动适龄人口数变动趋势

单位：万人

年份	按 60 岁划分		按目前法定退休年龄划分	
	≥60 岁人数	15—59 岁人数	≥男 60 岁、女 55 岁人数	男 16—59、女 16—54 岁人数
2000	241.76	915.41	275.31	873.84
2005	267.15	967.58	317.07	904.59

年份	按60岁划分		按目前法定退休年龄划分	
	≥60岁人数	15—59岁人数	≥男60岁、女55岁人数	男16—59、女16—54岁人数
2010	319.73	938.73	391.12	859.49
2015	407.18	869.31	484.45	783.42
2020	496.60	769.72	557.15	724.86
2025	544.41	778.72	591.76	716.34
2030	555.66	793.58	600.04	734.91
2035	549.90	810.46	602.27	746.19
2040	547.79	805.81	609.75	732.44
2045	557.37	784.92	615.36	714.40
2050	558.30	781.39	599.46	725.86

可见，在未来我国特大城市面临的户籍人口老龄化愈来愈严重的态势下，把大量城镇外来从业人员纳入城镇企业职工基本养老保险，不仅有利于解决未来中国农村家庭养老的压力，而且对缓解城镇户籍职工基本养老保险基金的赤字也具有重要和深远的意义。此外，上海模式规定的凡有用工单位的只要用工单位缴纳综合保险费的筹资方式，也不利于增强被用工单位聘用的外来从业人员的自我保障意识；随着今后上海市户籍制度的深入改革及城镇外来从业人员自身条件的变化，要及时将取得上海城镇户籍或到外省市城镇工作的外来从业人员的养老保险关系从商业性的"老年补贴"转到社会基本养老保险，又比较复杂和麻烦。总之，我认为现阶段上海施行的外来从业人员综合保险模式，也不是未来我国所有城镇尤其是特大城市可以普遍推广的最佳模式。

三、未来养老保险模式的设想

按照中国共产党第十六次全国代表大会提出的在21世纪头20年内全面建设小康社会的目标和城乡统筹协调发展的方针，我认为在2020年及今后更长时期，我国城镇外来流动人口中从业人员基本养老保险的目标模式应该与城镇户籍从业人员的基本养老保险模式相同。在全国所有城镇普遍施行外来从业人员的基本养老保险制度，不管外来从业人员被城镇用人单位聘用，还是在城镇从业的个体工商户业主及其雇工、自由职业者、灵活就业人员，都同当地城镇户籍从业人员一样，按所在省区或全国的统一规定缴纳基本养老保险费，享受基本养老保险待遇；其中属于基本养老金的基础部分，则实行全国统筹。现阶段应积极创造条件，争取从 2006 年我国国民经济和社会发展第十一个五年计划起在全国普遍强制施行城镇外来从业人员与城镇户籍从业人员的养老保险模式统一、缴费基数与享受标准有别、在城乡流动中关系便于衔接的城镇外来从业人员过渡性基本养老保险方案。其主要特点有以下几方面：

1. 在城镇外来从业人员参加城镇基本养老保险的对象上，拟参照《上海市外来从业人员综合保险暂行办法》，规定为符合本城镇就业条件，在本城镇务工、经商但不具有本城镇常住户籍的外地人员。它包括被本城镇单位聘用、建立劳动关系的外来从业人员与经本城镇工商行政管理部门或劳动保障部门批准的无单位的外来从业人员，但暂不包括从事家政服务和从事农业劳动的外来从业人员。

2. 在基本养老保险的资金筹集模式上，由用人单位与个人共同缴纳基本养老保险费。他们的缴费比例，应与城镇户籍从业人员相同。现阶段可按各市级地区的规定施行，在实行省级基本养老保险基金统筹后应按各省级地区的规定施行。

3. 在基本养老保险费的缴纳金额上，实行"低门槛准入"的原则。起步阶段可考虑外来从业人员的用人单位及其个人缴纳基本养老保险费的基数低于本城镇户籍从业人员，有用人单位的按上年度该外来从业人员月平均工资的 50% 为基数，无用人单位的按上年度本城市或本省职工月平均工资的 30% 为基数。

4. 在基本养老保险基金的构成上，实行社会统筹与个人账户相结合。目前可按本城镇规定的城镇户籍从业人员一样的比例（在试点地区为个人缴费基数的 8%，在其他地区仍为 11%）计入个人养老保险账户，但外来从业人员的个人账户一开始就应按"实账"要求操作；用人单位缴纳的基本养老保险费的大部分或全部都用于社会统筹，支付已经退休人员的基本养老金。如外来从业人员离开本城镇，个人账户储存额全部随同转移或发给本人；如本人不幸死亡，个人账户中的储存额可以继承。

5. 在基本养老保险金的支付上，实行权利与义务对应的"低标准享受"的原则。城镇外来从业人员累计缴满 15 年基本养老保险费的，在他们年满60 岁后除每月可领取个人养老保险账户储存额除以 180（相当于 15 年）的个人账户养老金外，每月还可按本城镇户籍退休人员计发基础养老金的 50%领取自己的那份基础养老金。

6. 在基本养老金的调整办法上，每年 4 月参照上年度当地职工平均工资收入增长率和城镇居民消费品价格指数的变动，调整外来从业人员的基本养老金的平均增长幅度。

上述过渡性基本养老保险方案的主要优点，首先在于城镇用人单位为外来从业人员缴纳基本养老保险费的负担比为本城镇户籍从业人员的缴费负担明显减轻，这不仅是由于缴费基数标准的降低，而且还因为大部分外来从业人员从事企业的操作工作或服务性工作，他们的工资水平比本城镇户籍从业人员要低得多；其次，外来从业人员缴纳基本养老保险费的实际金额比当地城镇户籍从业人员要明显减少，有利于他们在较低工资收入下扣除缴纳的社会保险费后还有相对较多的实领工资收入；第三，如果一部分外来从业人员在城镇累计缴纳基本养老保险费不满 15 年而离开本城镇的，转移或发给本人的只是个人账户的本金和利息储存额，用人单位为其缴纳的大部分或全部基本养老保险费则可沉淀下来，有利于增强本城镇偿还历史隐性债务的经济能力；第四，这种过渡性方案在一定程度上克服了现行城镇职工基本养老保险制度在计发退休人员月领个人账户养老金额时明显偏高（只将个人账户养老金储存额除以 120 个月）的弊病，而且即使女性外来从业人员按目前的城镇女工人的法定退休年龄，在 50 岁退休后回农村，还可继续从事有收入的农副业生产，因此将她们开始领取基本养老金的年龄推迟到 60 岁，也较为合理；第五，鉴于这种过渡性方案是在全国各个城镇普遍强制实施的，因而有利于消除现阶段不少地方政府领导担心如果本地先实行城镇外来从业人员的基本养老保险，便会增加当地的用工成本，影响吸引"外资"力度的顾虑；最后，由于这种过渡性基本养老保险方案的模式与现阶段我国城镇户籍从业人员的模式相同，只是在缴纳基本养老保险费的基数与领取基础养老金的基数上有所降低，因此，只要随今后我国经济的发展逐步提高基数标准，便很容易在条件具备时施行不分户籍的城镇从业人员完全一样的基本养老保险制度。

【参考文献】

[1] 国务院人口普查办公室：《中国 2000 年人口普查资料》，中国统计出版社 2002 年版。

[2]《上海：外来从业人员可领老年补贴金》，《中国老年报》2003 年 10 月 17 日。

[3] 何平：《企业职工基本养老保险社会统筹与个人账户相结合模式比较分析》，中国财政部、美国林肯国民集团《社会保障制度及其基金管理：全球共同的话题——社会保障基金管理国际研讨会论文集》，现代出版社 1998 年版。

[4] 何平：《中国养老保险基金测算报告》，北京大学光华管理学院《社会保障制度与养老基金管理国际研讨会会议文集》，2001 年。

[5] 王春正：《我国外出务工农民逾 9400 万》，《解放日报》2003 年 10 月 26 日。

[6] 中国劳动和社会保障部农村社会保险司：《农村社会养老保险工作的有关数据》，2003 年。

（本文原载《市场与人口分析》2004 年第 4 期）

农民工的社会保障

我国的社会保障体系，主要包括社会保险、社会救助、社会福利和社会优抚；在社会保险中，又包括社会养老保险、社会医疗保险、失业保险、工伤保险、生育保险。从现有的党中央和国务院发布的文件看，在国务院于2003年4月发布的《工伤保险条例》中规定"中华人民共和国境内的各类企业、有雇工的个体工商户应当依照本条例规定参加工伤保险，为本单位全部职工或者雇工缴纳工伤保险费。"在国务院于1999年1月发布的《失业保险条例》中规定"城镇企业事业单位招用的农民合同制工人本人不缴纳失业保险费"，他们"连续工作满1年，本单位并已缴纳失业保险费，劳动合同期满未续订或者提前解除劳动合同的，由社会保险经办机构根据其工作时间长短，为其支付一次性生活补助。补助的办法和标准由省、自治区、直辖市人民政府规定。"可见，现有的全国性法规只明确规定在各类企业及个体工商户工作的农民工可依法享受工伤保险待遇，在城镇企事业单位工作的农民工可依法领取失业时的一次性生活补助。

那么，究竟应该如何解决农民工的社会保障问题呢？现在有些学者提出农民工应与城镇户籍职工一样，参加城镇的各种社会保险和享受城镇居民的社会救助、社会福利待遇；有些学者提出他们可参加户籍所在地农村的养老保险和新型合作医疗；有些学者则提出应设计一套符合农民工特点和需要的社会保险方案。我认为在我国全面建设小康社会和构建和谐社会的进程中，应该以全面、协调和可持续的科学发展观为指导，积极稳妥地解决我国面广量大的农民工的社会保障问题。

首先，应坚持从中国国情出发，按"先易后难"的原则逐步把农民工纳入城镇的各项社会保障制度。解决农民工的社会保障，既要满腔热情，积极推进，又要充分考虑我国现有的经济发展水平和长期存在的城乡二元经济结构、社会保障结构对解决 1 亿多农民工社会保障的制约作用及深刻影响。以农民工享受城镇居民的最低生活保障待遇为例，由于"低保"制度的资金来源和流向是单向性的，享受"低保"待遇的居民并不需要像参加社会保险那样先缴纳费或税，因此，在我国现阶段大部分农村地区尚未实施"低保"制度，即使实施"低保"制度的农村地区其"低保"水平仍明显低于城镇，而且各地城镇实施"低保"制度的经费还只能"由地方政府列入财政预算"的情况下，如果我国哪个城市把农民工一下子纳入该市城镇居民的"低保"范围，那么大批中西部农村家庭就会流进来，这个城市的地方财政将难以承受。所以，把农民工纳入城镇的"低保"制度不是想不想的问题，而是在我国现有的经济发展水平和财政体制下能不能的问题。

从当前及未来我国经济发展的情况、各项社会保障制度自身的特点和农民工的需要来看，我认为在"十一五"期间应在农民工已有的工伤保险和失业时领取一次性生活补助的基础上，尽快研究制定农民工参加城镇基本养老保险和生育保险办法；在"十二五"期间制定农民工参加城镇基本医疗保险办法；当"十三五"及今后更长时期条件成熟时，再最终实施农民工及其在城镇家属享受城镇居民最低生活保障待遇的办法。由于农民工中有相当部分在城镇灵活就业，情况比较复杂，他们如何参加城镇的社会保险还有待于参照正在完善的城镇户籍居民中从事灵活就业人员的社会保险办法。现阶段，我们只能先研究制定由企事业单位聘用或城镇个体工商户业主雇用，并依法形成劳动关系的那部分农民工的社会保障办法。

其次，当前应在部分地区探索建立农民工养老保险的基础上，抓紧研究制定全国统一的农民工养老保险办法。鉴于参加城镇职工的基本养老保险是参加城镇基本医疗保险和生育保险的前提和基础，而且在实行"现收现付为主，部分积累"的筹资模式时，参加养老保险又需要一个长期缴纳养老保险费、积累个人养老保险账户储存额的过渡期，因此，迫切需要在我国老年人口数高速增长期（2020—2030）来临之前，及早制定全国统一的农民工或包括农民工在内的城镇外来从业人员的养老保险方案。

从 20 世纪 90 年代末起，我国部分地区先后进行了这方面的积极探索，归纳起来主要有"深圳特区模式""北京模式"和"上海模式"。所谓"深圳特区模式"，是指 2000 年 12 月深圳市人大常委会通过的修改后的《深圳经济特区企业员工基本养老保险条例》规定的方案，其主要特点是企业农民工与当地城镇户籍的企业职工"按同样办法缴纳城镇企业基本养老保险费，按同样办法计发基本养老金"。现在浙江省、郑州市等也基本上实施这一模式。所谓"北京模式"，是指 2001 年 8 月北京市劳动和社会保障局发布的《北京市农民工养老保险暂行办法》规定的方案，其主要特点是企业、党政机关、事业单位及城镇个体工商户与之形成劳动关系的农民工同当地城镇户籍的企业职工，"按同样比例但不同基数（农民工以上年度全市职工月最低工资标准为基数）缴纳城镇企业基本养老保险费，按不同办法计发基本养老金（农民工的基础养老金按其累计缴费年限满 12 个月及以后每满 1 年的不同比例领取）"。所谓"上海模式"，是指 2002 年 4 月上海市政府常务会议通过的《上海市外来从业人员综合保险暂行办法》规定的方案，其主要特点是国家机关、社会团体、企业、事业单位、个体经济组织使用的外来从业人员（包括农民工，但不包括从事家政服务和农业劳动的人员，下同）和无单位的外来从业人员与当地城镇户籍企业职工"按不同办法缴纳养老保险费（用人单位以其使用的外来从业人员的总人数乘以上年度全市职工月平均工资的 60% 为基数，按 12.5% 缴纳综合保险费，其中 5 个百分点用于'老年补贴'），按不同办法计发养老金（委托商业人寿保险公司运作和支付，每连续缴费满 1 年可获 1 份'老年补贴'凭证，在其年满法定退休年龄时再凭证一次性兑现'老年补贴'）"。现在成都市也基本上实施这一模式。

我感到上述三种模式在城镇农民工养老保险方面的探索都具有积极的创新意义，但各有利弊。如果现在不抓紧总结各地的探索经验，尽快制定全国统一的农民工或包括农民工在内的城镇外来从业人员养老保险的方案，等过几年后再把各地不同的养老模式统一起来，将会花费沉重的改革成本。

我认为在 2020 年及今后更长时期，我国农民工的基本养老保险目标模式应该与城镇户籍从业人员的基本养老保险方案相同。在"十一五"期间应积极创造条件制定与城镇户籍从业人员的养老保险模式统一、缴费基数与享受标准有别、在城乡流动中关系便于衔接的全国农民工过渡性基本养老保险方案。在研究制定该过渡性方案时，特别需要注意以下三点：一是全国普遍强制实施，不要使那些施行农民工养老保险的地区因劳务成本的增加而不利于吸引更多的投资进入；二是对农民工实行"低门槛准入，低标准享受"的原则，采取降低用人单位和个人缴纳基本养老保险费的基数、降低计发基础养老金的基数的办法，便于在今后条件成熟时逐渐提高基数，最终与城镇户籍从业人员的基本养老保险方案完全接轨；三是尽可能弥补目前城镇企业职工基本养老保险方案设计时的制度缺陷，如对养老保险基金增值率的估计过于乐观，将个人账户养老金按每个人到达法定退休年龄时个人养老保险账户储存额除以 120 计发；由于现阶段失业问题突出，对城镇女工人发放基本养老金的年龄仍沿袭 20 世纪 50 年代的年满 50 岁等，不要拖到今后完善城镇职工基本养老保险制度后再来修改农民工的过渡性养老保险方案，从而加剧基金收支亏空。

第三，对现阶段农民工的医疗保险，除个别地区探索建立城镇农民工住院医疗保险外，在已实行新型农村合作医疗制度的地区，可引导流入城镇的农民工参加户籍所在地的新型农村合作医疗。当他们在城镇工作和生活需就近住院治疗时，应在医疗费用报销上给予方便。近年来我国不少地区都在建立新型农村合作医疗制度，它是政府组织、支持，农民自愿参加，政府和个人共同出资，以大病统筹为主的一项互助共济的医疗保障制度。今年 7 月我到浙江省绍兴市进行调研时，当地干部就向我介绍外出农民工参加绍兴市农村新型合作医疗制度的情况。我感到在我国还未制定实施农民工参加城镇职工医疗保险的统一方案时，绍兴市的做法为其他地区解决农民工医疗保障问题提供了一条切实可行的途径。

此外，有关农民工享受城镇的社会福利问题，有的社会福利如城镇建立的社区公共文化、体育设施（包括图书馆及阅览室、文化馆、社区服务中心、户外健身点），城镇居民的生殖健康服务，企业职工的防暑降温措施等，农民工也已根据自己的需要，不同程度地得到共享。然而有的城镇福利，如对低收入者提供经济适用房、廉租房，企业给予职工的生活困难补助，农民工子弟就读城镇的公办小学和初中学校，享受义务教育待遇等，还需继续努力争取，逐步解决。

（本文原载《人口研究》2005 年第 4 期）

中国城市"农民工"养老保险的探索及建议

在中国城市中居住着大量户籍在农村并在城市从业的劳动者。据第五次全国人口普查资料，2000年中国（不包括香港、澳门、台湾地区和福建省的金门、马祖等岛屿，下同）有1.44亿人离开户籍所在地半年以上、居住在其他乡镇或街道内。[①] 据统计，目前全国约有1亿多"农民工"在城镇打工谋生。在未来中国城市化进程中还将有大批"农民工"常住城市，从事第二、第三产业的工作，他们是城市外来从业人员中数量最多、工作条件最差、收入最低的一个社会群体。如何解决好数以亿计的城市"农民工"的养老保险问题，不仅是中国全面建设小康社会、构建和谐社会的迫切要求，也是坚持城乡统筹发展的一项重大战略性任务。

一、三种代表性模式简述

关于城市中从业的"农民工"是否要纳入城镇职工的基本养老保险问题，在1997年《国务院关于建立统一的企业职工基本养老保险制度的决定》和2000年《国务院关于印发完善城镇社会保障体系试点方案的通知》中均未明确规定；在2003年中共十六届三中全会通过的《中共中央关于完善社会主义市场经济体制若干问题的决定》中也只是原则指出："将城镇从业人员纳入基本养老保险"，但并未说明"城镇从业人员"究竟是城镇户籍从业人员，还是包括城镇外来从业人员在内的所有在城镇从业的人员。近年来我国的少数城市对"农民工"的养老保险模式进行了探索，其中最有代表性的是深圳特区、北京和上海3种模式。

（一）深圳特区模式

2000 年 12 月，深圳市人大常委会通过了修改后的《深圳经济特区企业员工社会养老保险条例》，把在特区内企业工作的外来员工的养老保险纳入当地城镇企业（包括企业化管理的事业单位、民办非企业单位）职工的基本养老保险制度。该条例规定，"非本市户籍的员工"与深圳市户籍的员工一样，按员工个人缴费工资的 13% 缴纳基本养老保险费，其中员工个人按本人缴费工资的 5% 缴纳，企业按员工个人缴费工资的 8% 缴纳；他们计入个人账户的比例与本市户籍的员工相同，为个人缴费工资的 11%。与 1992年 8 月 1 日以后参加工作的深圳市户籍的员工一样，他们必须在达到法定的退休年龄前实际缴费年限累计满 15 年，才能在退休后享受基本养老保险待遇，按月领取由基础性养老金与个人账户养老金构成的基本养老金；如果达到国家规定的退休年龄但累计缴费不满 15 年，或在退休前调出、辞工离开深圳特区，则个人账户积累额将随其全部转入当地社会保险机构或全部退还本人。

郑州市政府在 2004 年发布的《关于农村劳动力转移就业后参加我市社会养老保险工作的实施意见》，也属于深圳特区模式。该意见规定，"国有企业、城镇集体企业、外商投资企业、城镇私营企业、实行企业化管理的事业单位招（聘）用的农民工，按照政府规定的当地国有企业和职工统一的社会养老保险费缴费比例缴纳基本养老保险费"，"城镇个体工商户招（聘）用的农民工，按照政府规定的个体工商户雇主和雇员的社会养老保险费缴费比例缴纳基本养老保险费"。当他们"达到国家法定退休年龄时，可申请办理退休手续，依法享受城镇企业职工社会养老保险待遇"。与深圳特区的规定不同的是，郑州市增加了"农民工参保缴费后，在达到国家法定退休年龄时，若个人缴费累计不满 15 年的"，可以"延缓申请办理退休手续，继续缴纳社会养老保险费，但延长时间最长不超过 5 年"。

（二）北京模式

北京市劳动和社会保障局在 2001 年 8 月发布的《北京市农民工养老保险暂行办法》规定："凡本市行政区域内的国有企业、城镇集体企业、外商及港、澳、台商投资企业、城镇私营企业和其他城镇企业，党政机关、事业单位、社会团体，民办非企业单位，城镇个体工商户（以下统称：用人单位）和与之形成劳动关系、具有本市或外埠农村户口的劳动者（简称：农民工），应当依法参加养老保险，缴纳养老保险费。"用人单位应自招用农民工之月起，必须与其签订劳动合同，并为其办理参加养老保险手续。"用人单位与农民工本人都以"上一年本市职工月最低工资标准"为基数，单位"按招用的农民工人数按月"缴纳19%，个人在2001年缴纳7%，最终达到8%；并按农民工缴费工资基数的11%计入个人养老保险账户。在其到达法定退休年龄时，"基本养老金暂按享受一次性养老待遇处理"。其待遇由两部分组成：一为个人账户存储额及利息；二为"按其累计缴费年限，累计缴费满12个月（第一个缴费年度），发给1个月相应缴费年度的本市职工最低工资的平均数，以后累计缴费年限每满一年，以此为基数，增发0.1个月相应缴费年度的本市职工最低工资的平均数"。

（三）上海模式

2002年4月，上海市人民政府常务会议通过了《上海市外来从业人员综合保险暂行办法》（同年9月1日起实施），把外来从业人员的"老年补贴"与工伤（或者意外伤害）、住院医疗纳入综合保险，实行与本市户籍职工不同的养老保险制度。该办法规定，"符合本市就业条件，在本市务工、经商但不具有本市常住户籍的外省、自治区、直辖市的人员"（不包括从事家政服务和从事农业劳动的人员），用人单位以其使用外来从业人员的总人数乘以上年度全市职工月平均工资的60%为基数，按12.5%的比例缴纳综合保险费（其中外地施工企业的缴费比例为7.5%）；无单位的外来从业人员以上年度全市职工月平均工资的60%为基数，也按12.5%的比例缴纳综合保险费。在实际操作中，按7.5%缴纳的综合保险费用于工伤（或者意外伤害）和住院医疗保险，按5%缴纳的综合保险费用于"老年补贴"，两者分别委托一家商业人寿保险公司、一家商业财产保险公司运作和支付，其中"老年补贴"由中国人寿保险公司上海分公司运作和支付。

在享受"老年补贴"待遇方面，该办法规定，除外地施工企业的外来从业人员外，用人单位和无单位的外来从业人员连续缴费满1年的，可以获得一份"老年补贴"凭证,其额度为本人实际缴费基数的 5%。当他们在男年满 60 周岁、女年满 50 周岁时,可以凭历年的"老年补贴"保单到中国人寿保险公司在各地的经营网点一次性兑现老年补贴。据报道,在 2002 年 9 月缴费至 2003 年 8 月底满 12 个月的,全市共有 14.16 万名外来从业人员参保,每份"老年补贴"保单金额为 554.3 元;在 2002 年 10 月缴费至 2003 年 9 月底满 12 个月的,全市共有 7.6 万名外来从业人员参保,每份"老年补贴"保单金额为 558.6 元。[②]

成都市政府在 2003 年初发布的《成都市非城镇户籍从业人员综合社会保险暂行办法》(同年 3 月 1 日起实施)也基本上属于上海模式。该办法规定,"本办法所称非城镇户籍从业人员综合社会保险,包括工伤补偿或意外伤害补偿、住院医疗费报销和老年补贴三项待遇"。不同的只在于,成都市的"综合保险费的缴费基数,可根据非城镇户籍从业人员的收入情况",按上一年职工平均工资的 60%、70%、80%、90%、100%、120%、150%、200%"数额之一确定"。缴费比例提高到 20%,其中个人承担 5.5%;而且"征收的综合保险费由市社会保险经办机构专户储存,集中管理"。成都市社会保险经办机构按缴费基数的 8% 为其建立老年补贴个人账户,在他们到达法定退休年龄时一次性发给老年补贴,标准为"个人账户累计储存额 + 本人综合保险年平均缴费基数 × 本人累计缴费年限数 ×0.6%"。

二、对三种模式的评价

笔者认为,上述三种模式在城市"农民工"养老保险方面的探索都具有积极的创新意义,但各有利弊;如果要在全国推广,还值得进一步深入研究。

(一)对深圳特区模式的评价

就深圳特区模式而言,"农民工"在城市的企业工作,形成劳动关系后,便与当地户籍的员工一样,由企业和个人缴纳基本养老保险费,按规定享受基本养老保险待遇。其优点主要有以下几方面:(1)使"农民工"在参加和享受城镇企业基本养老保险方面获得了"市民待遇",切实保护了他们的正当权益；（2）使企业在聘用外来流动人口与本地户籍人口的基本养老保险负担上大体相同，有利于形成城乡劳动者平等竞争的就业机制；（3）使缴纳城镇企业职工基本养老保险费的人群大大增加，有利于减缓未来城镇户籍人口"少子老龄化"给基本养老保险基金收支动态平衡带来的负面影响。

当然，由于在城镇从业的"农民工"的工作流动性比较大，即使在同一个城市内，他们也经常变更工作单位，因此，在此模式下当地社会保险经办机构的业务管理工作量必然大大增加。值得注意的是，深圳特区作为一个从20世纪80年代开始崛起的特大城市，现阶段城镇企业职工的赡养率（即离退休人员数占在职职工人数的比例）还较低，基本养老保险基金承担偿还历史隐性债务的压力较轻，所以企业缴纳基本养老保险费的费率仅为8%，明显偏低。1997年《国务院关于建立统一的企业职工基本养老保险制度的决定》规定，"企业缴纳基本养老保险费的比例，一般不得超过企业工资总额的20%"。从我国绝大多数城市来看，目前城镇企业缴纳的基本养老保险费一般为本企业上年度职工平均工资总额的18%—20%。在现阶段我国绝大多数城市的城镇企业为本地户籍职工缴纳的基本养老保险费的费率大大高于深圳特区、全国还未普遍规定各个城市的企业均要为"农民工"缴纳与本市户籍员工同样比例的基本养老保险费的情况下，如果少数大城市采用深圳特区、郑州市的养老保险模式，必然会大大提高这些城市中企业的用工成本，从而不利于吸引更多的市外企业前来投资。因此，深圳特区模式至少在现阶段还难以在全国城市中普遍推广。

（二）对北京模式的评价

就北京模式而言，"农民工"在城市的企业、机关、事业单位及城镇个体工商户工作，形成劳动关系后，也可纳入当地城镇企业的基本养老保险。其优点主要有以下几方面：（1）使"农民工"在参加和享受城镇企业基本养老保险方面获得了"准市民待遇"，在较大程度上保护了他们的正当权益；（2）缴费基数低，减轻了用人单位和"农民工"个人的缴费负担，体现了"低门槛准入，低标准享受"；（3）以上一年当地职工月最低工资标准为缴费基数，有利于将在当地企业、机关、事业单位及城镇个体工商户工作的"农民工"，按统一的基数缴纳基本养老保险费；（4）将企业为"农民工"缴纳的基本养老保险费的统筹部分与为当地户籍城镇职工缴纳的基本养老保险费的统筹部分"打统账",有利于相对减轻未来基本养老保险基金的亏空程度。

然而,北京模式的不足之处是,企业为农民工缴纳的基本养老保险费基数与为本市户籍城镇职工缴纳的基本养老保险费基数之间缺乏有机联系,而农民工与本市户籍城镇职工计发基本养老金的办法又不同,从而不利于将来条件成熟时两者的"对接"、使"农民工"与当地城镇户籍职工按同一模式参加基本养老保险。

(三)对上海模式的评价

就上海模式而言,"农民工"在上海市城镇从业(不包括从事家政服务和从事农业劳动的人员),形成劳动关系,可享受包括老年补贴、工伤(或者意外伤害)保险和住院医疗保险在内的综合保险待遇。其优点主要有以下几方面:(1)把外来从业人员最关心和迫切希望解决的工伤(或者意外伤害)、大病住院和养老问题集中在一起,通过实行综合保险给予一揽子帮助,在一定程度上减缓了外来从业人员的困难,较好保护了他们的正当权益;(2)用人单位在解决外来从业人员的养老、医疗和工伤等保障方面的负担较轻,相对降低了企业的用工成本,也有利于相对改善投资环境;(3)政府只制定有关政策并对保险公司等各方面加强监管,不必担心这部分保险基金运营过程中入不敷出的问题,各级地方财政也不承担保险基金不敷支付时给予补贴的责任;(4)扩大了有关商业保险公司各地分公司的业务,有利于促进商业保险公司的发展。

上海模式的不足之处主要在于,它不能将城镇企业为"农民工"缴纳的有关养老保险费作为缓解未来中国城镇基本养老保险基金缺口的一个重要来源,无法帮助偿还我国在支付城镇退休人员基本养老金方面的历史隐性债务。在20世纪90年代以前,由于长期实行"现收现付"的养老保险基金筹集模式,我国的养老保险基金几乎没有积存。随着我国城镇户籍人口老龄化的逐步加剧,在现行的"现收现付与部分积累相结合"的养老保险基金筹集模式下,城镇企业每年缴纳的基本养老保险费不仅难以承担当年支付大批退休人员基本养老金的重负,而且使个人账户中在职职工个人每年缴纳的基本养老保险费也无法完全积存起来,造成许多地区出现城镇基本养老保险基金收不抵支的财务危机。据劳动和社会保障部在 2005 年初向国务院递交的关于中国城镇基本养老金缺口的报告，预测未来 30 年中国养老金的缺口将高达 6 万多亿元。如果中国社会保障制度转轨平稳成功，在已经做实个人账户的前提下，未来的第 28 年将成为养老金支付高峰的"拐点"，此后养老金缺口将逐步被填平，并可能出现总体盈余。③ 当然，要填补未来我国城镇企业职工基本养老保险基金的庞大缺口，需要采取综合措施，包括增加中央和地方各级财政的补贴、划拨部分国有资产、选择适当时机全面推迟城镇职工的法定退休年龄、扩大城镇户籍从业人员参加基本养老保险的覆盖面、规范参保单位的工资基数管理、搞好基本养老保险基金的运营等。值得一提的是，把我国城镇数量众多的"农民工"纳入城镇企业职工基本养老保险，无疑也是一项重要的战略措施。按照目前中国的城镇化速度，农业部估计全国进城"农民工"人数在 2010 年为 1.37 亿，2015 年为 1.80 亿，2020 年为 2.32 亿，2030 年为 3.40 亿。④ 显然，城镇用工单位为数以亿计的"农民工"缴纳基本养老保险费，将是一笔庞大的养老保险基金来源。因此，在未来我国大城市面临户籍人口老龄化愈来愈严重的态势下，把大量城镇"农民工"纳入城镇企业职工基本养老保险，不仅有利于解决未来中国农村家庭养老的压力，而且对填补城镇户籍职工基本养老保险基金的缺口也具有重要和深远的意义。而上海模式在此方面显然是存在缺陷的。

此外，上海模式规定的只要求用工单位缴纳综合保险费的筹资方式，也不利于增强被用工单位聘用的"农民工"的自我保障意识；随着今后户籍制度的深入改革及一部分"农民工"自身条件的变化，要及时将取得上海城镇户籍或到外省市城镇工作的"农民工"的养老保险关系从商业性的"老年补贴"转到社会基本养老保险又比较复杂和麻烦。因此，现阶段上海、成都的"农民工"综合保险模式也不是未来我国所有城市可普遍推广的最佳模式。

三、关于我国未来养老保险模式的建议

按照中共十六大提出的在 21 世纪头 20 年内全面建设小康社会的目标和落实"以人为本"的科学发展观的要求，笔者认为，在 2020 年及以后更

长时期，我国城镇"农民工"基本养老保险的目标模式应该与城镇户籍从业人员的基本养老保险模式相同。在全国所有城镇普遍实行包括"农民工"在内的外来从业人员的基本养老保险制度，不管"农民工"被城镇用人单位聘用，还是在城镇从业的个体工商户业主及其雇工、自由职业者、灵活就业人员，都同当地城镇户籍从业人员一样，按所在省区或全国的统一规定缴纳基本养老保险费，享受基本养老保险待遇；其中属于基本养老金的基础部分，则实行全国统筹。

现阶段应积极创造条件，争取在我国国民经济和社会发展第十一个五年计划期间，在全国普遍强制实行城镇"农民工"与城镇户籍从业人员的养老保险模式统一、缴费基数与享受标准有别、在城乡流动中关系便于衔接的城镇"农民工"过渡性基本养老保险方案。其主要特点有以下几方面：

第一，在城镇"农民工"参加城镇基本养老保险的对象上，拟参照《北京市农民工养老保险暂行办法》，规定为凡本市行政区域内的国有企业、城镇集体企业、外商及港、澳、台商投资企业和其他城镇企业，党政机关、事业单位、社会团体，民办非企业单位，城镇个体工商户和与之形成劳动关系、具有本市和外埠农村户口的劳动者。它包括被本城镇单位聘用、形成劳动关系的"农民工"与经本城镇工商行政管理部门或劳动保障部门批准的无单位的"农民工"。

第二，在基本养老保险的资金筹集模式上，由用人单位与个人共同缴纳基本养老保险费。"农民工"的缴费比例，应与城镇户籍从业人员相同，现阶段可按各市级地区的规定实行，在实行省级基本养老保险基金统筹后应按各省级地区的规定实行。

第三，在基本养老保险费的缴纳金额上，对"农民工"实行"低门槛准入"的原则。"农民工"的用人单位及其个人缴纳基本养老保险费的基数可低于本城镇户籍从业人员，有用人单位的按上年度本单位"农民工"月平均工资的50%为基数，无用人单位的按上年度本城市或本省职工月平均工资的30%为基数。

第四，在基本养老保险基金的构成上，实行社会统筹与个人账户相结合。在计入个人养老保险账户的比例上，"农民工"一开始就按个人缴费基数的8%实施，并且个人账户按"实账"要求操作；用人单位缴纳的基本养老保险费全部用于社会统筹，支付已经退休人员的基本养老金和未来退休人员的基础养老金。如"农民工"离开本城市，个人账户储存额全部随同转移或发给本人；如本人不幸死亡，个人账户中本人缴费的储存额可以继承。

第五，在基本养老保险金的支付上，实行权利与义务对应的"低标准享受"的原则。城镇"农民工"累计缴满15年基本养老保险费的，在他们年满60岁（不分男女）后除每月可领取个人养老保险账户储存额除以180（相当于15年）的个人账户养老金外，每月还可以自己60岁时上年度本城市或本省职工月平均工资的10%（即比当地户籍从业人员的基础养老金减半）领取自己的那份基础养老金；对累计缴费超过15年的，每多缴费1年，今后退休时领取的基础养老金增加0.5个百分点。

第六，在基本养老金的调整办法上，每年4月参照上年度当地职工平均工资收入增长率和城镇居民消费品价格指数的变动，调整"农民工"的基本养老金的平均增长幅度。

上述过渡性基本养老保险方案的主要优点是：（1）城镇用人单位为"农民工"缴纳基本养老保险费的负担比为本城镇户籍从业人员的缴费负担明显减轻，这不仅是由于缴费基数标准的降低，而且还因为绝大部分"农民工"从事企业的操作工作或服务性工作，他们的工资水平比本城镇户籍从业人员要低得多；（2）"农民工"个人缴纳基本养老保险费的实际金额比当地城镇户籍从业人员要明显减少，有利于他们在较低工资收入下扣除缴纳的社会保险费后还有相对较多的实领工资收入；（3）如果一部分"农民工"在城镇累计缴纳基本养老保险费不满15年而离开本城镇的，转移或发给本人的只是个人账户的本金和利息储存额，用人单位为其缴纳的大部分或全部基本养老保险费则可沉淀下来，有利于增强本城镇偿还历史隐性债务的经济能力；（4）这种过渡性方案在一定程度上克服了现行城镇职工基本养老保险制度将单位缴纳的一部分基本养老保险费计入个人养老保险账户、在计发退休人员月领个人账户养老金额时明显偏高（只将其到达法定退休年龄时个人账户养老金储存额除以120个月）等弊病，而且即使女性"农民工"在50岁时回农村，还可继续从事有收入的农副业生产，因此将她们开始领取基本养老金的年龄推迟到60岁，也较为合理；（5）鉴于这种过渡性方案是在全国各个城镇普遍强制实施的，因而有利于消除现阶段不少地方政府领导担心如果本

地先实行城镇"农民工"的基本养老保险，便会增加当地的用工成本，影响
吸引"外资"力度的顾虑；（6）由于这种过渡性基本养老保险方案的模式与
现阶段我国城镇户籍从业人员的模式相同，只是在缴纳基本养老保险费的基
数与领取基础养老金的比例上有所降低，因此，只要随今后我国经济的发展
逐步提高其基数标准，便很容易在条件具备时实行不分户籍的城镇从业人员
完全一样的基本养老保险制度。

【注释】

① 国务院人口普查办公室：《中国 2000 年人口普查资料》，中国统计出版社
2002 年版。

② 《外来从业人员可领老年补贴金》，《中国老年报》2003 年 10 月 17 日。

③ 杨琳：《中国养老金缺口 30 年难以化解　填补缺口需整体规划》，《瞭望》2005
年 4 月 5 日。

④ 中国劳动和社会保障部农村社会保险司：《农村社会养老保险工作的有关数据》，
2003 年。

（本文原载《华东师范大学学报》（哲学社会科学版）2005 年
第 5 期；后稍作修改收入郑功成等著《中国农民工问题
与社会保护》，人民出版社 2007 年版）

加快推进流动就业人员
参加各类社会养老保险

2005 年全国 1% 人口抽样调查数据显示，我国流动人口已高达 1.47 亿，占总人口的 11.28%。2010 年 6 月，国家人口计生委发布了《中国流动人口发展状况报告》。该报告显示，2009 年我国流动人口已达到 2.11 亿，报告预计在未来二三十年，我国流动人口数的增速将逐步放缓，但规模仍将不断增加。然而，我国大多数流动就业人员至今仍未参加任何一种社会养老保险。据国家人口计生委于 2009 年 7 月启动的重点地区流动人口监测试点调查，流动人口参加养老保险的比例为 22.7%；其中，农业流动人口参保比例均远低于非农业流动人口。

在今年中央电视台春节晚会上，"旭日阳刚"两位农民工演唱的《春天里》，有一段歌词："如果有一天，我老无所依，请把我留在春天的时光里；如果有一天我悄然离去，请把我埋在春天里。"笔者听后为之动情，深感我们研究社会保障的学者在农民工的养老保险方面没有尽到应有的社会责任。笔者认为，解决包括大批农民工在内的流动就业人员的"老有所依"问题已刻不容缓，中央及国家有关部门在"十二五"时期应高度重视流动就业人员参加社会养老保险问题，采取更有效并切实可行的措施，争取全国流动就业人员中参加各类社会养老保险的比例在"十二五"期末达到 70%；在 2020 年达到"全覆盖"。

一、"十二五"是我国应对未来老年人高峰期养老保障的关键时期

2010年2月国家统计局在发表的《中华人民共和国2009年国民经济和社会发展统计公报》中公布，2009年末我国60岁及以上老年人口数为1.67亿，60岁及以上老年人口系数为12.5%，15—59岁劳动年龄人口数为9.21亿，15—59岁劳动年龄人口抚养60岁及以上老年人口的老年抚养比为18.1%（不包括香港、澳门、台湾地区和福建省的金门、马祖地区，下同）。据笔者主持的国家社会科学基金重点项目"21世纪中国人口发展趋势及其对策"所进行的修正生育中方案和人口平均预期寿命低方案预测，我国60岁及以上老年人口数将从2000年末的1.31亿迅速增加，在2014年末超过2亿、2025年末超过3亿、2035年末超过4亿；其中2021年至2030年为我国60岁及以上老年人口数空前绝后的高速增长期，10年内将净增1.13亿。按上述修正生育中方案预测结果，我国15—59岁劳动年龄人口数将从2000年的8.33亿迅速增加到2011年的峰值9.32亿，然后开始缓慢负增长，但在2005—2024年间均超过9亿；其中在2008—2014年间均超过9.20亿，是我国15—59岁劳动年龄人口数高峰期。

鉴于我国城乡劳动者参加养老保险并缴费的时间越长，他们在年老后领取的社会养老金越多，而且在城镇职工基本养老保险中还规定至少必须累计缴费满15年才能在退休后领取养老金，因此，如果我国在2020年前特别是"十二五"时期不千方百计尽快解决包括农民工在内的流动就业人员参加社会养老保险问题，那么当这一大批劳动者年老后，不仅会使他们的基本生活得不到保障，而且会大大加重未来的社会救助压力，给政府财政、社会和家庭带来沉重的养老负担。

二、"十二五"时期我国已基本具备加快推进流动就业人员参加社会养老保险的制度性条件

（一）"十二五"期间我国已实施城镇企业职工基本养老保险关系转移接续办法

国务院办公厅转发并于 2010 年 1 月 1 日起施行的《城镇企业职工基本养老保险关系转移接续暂行办法》，规定了凡参加城镇企业职工基本养老保险的所有人员（包括外来流动从业人员）的基本养老保险关系可在跨省就业时随同转移；除了转移个人账户以外，统筹基金"以本人 1998 年 1 月 1 日后各年度实际缴费工资为基数，按 12% 的总和转移"。上述办法较好地维护了包括外来流动就业人员在内的参加城镇企业职工基本养老保险人员在跨统筹地区就业时的养老保险权益，提高了他们参加城镇企业职工基本养老保险的积极性，极大地方便了人口流动过程中养老保险关系的转移接续。

（二）"十二五"期末我国新型农村社会养老保险制度将覆盖所有农村地区

2009 年 8 月，国务院召开了新型农村社会养老保险试点工作会议，决定 2009 年先在全国 10% 的县（市、区、旗）进行"新农保"的试点。2010 年，温家宝总理在《政府工作报告》中又提出该年"新农保"的"试点范围扩大到 23% 的县"。在《中共中央关于制定国民经济和社会发展第十二个五年规划的建议》中，又把我国新型农村社会养老保险全覆盖的时间提前了 5 年，提出了在"十二五"期间"实现新型农村社会养老保险制度全覆盖"的目标。按《国务院关于开展新型农村社会养老保险试点的指导意见》，新农保的参保对象为"年满 16 周岁（不含在校学生）、未参加城镇职工基本养老保险的农村居民"，他们"可以在户籍地自愿参加新农保"。参保人在缴纳社会养老保险费时，可获得政府补贴，有条件的村集体也会给予补助；对符合领取条件的参保人，政府再全额补贴新农保基础养老金。

（三）近年来我国部分省、市进行了建立城乡居民养老保险制度的探索

自 2008 年以来，我国部分地区制定了有关本地区户籍城乡居民养老保险办法。其中，较有代表性的有北京市、重庆市、天津市、浙江省及郑州市、泰州市、芜湖市、包头市、杭州市等政府发布的城乡居民养老保险办法。从上述地区实施的城乡居民养老保险办法看，尽管还需要进一步完善并逐渐形成全国大体统一的城乡居民养老保险个人缴费办法和政府补贴办法，但其实行个人账户与基础养老金相结合，规定个人缴费的标准均较低，并可自主选择不同档次，而且将新型农村居民养老保险实行的地方财政补贴扩大为对本地区户籍城乡居民的补贴。这样既解决了本地区户籍城镇居民与户籍农村居民在能否享受地方政府养老补贴待遇方面存在的矛盾，又扩大了本地区基本养老保险的覆盖面。

三、流动就业人员参加社会养老保险拟采取"强制参保与自愿选保相结合"的办法

在我国基本养老保险制度的改革中，各地对包括农民工在内的流动就业人员养老保险问题虽然进行了有益探索，出现了"深圳特区模式""北京模式""上海模式""杭州模式"等，但至今全国仍未达成共识，形成统一的外来流动就业人员养老保险模式。有关部门曾设想对于稳定就业（从事正规就业、建立劳动关系及事实劳动关系 5 年以上或签订无固定期限劳动合同）的农民工，可以纳入现行的城镇企业职工基本养老保险制度；对于不稳定就业（签订短期合同、频繁流动以及从事各种灵活就业）的农民工，则引入完全实行个人养老保险账户的过渡性办法。

笔者根据《中华人民共和国社会保险法》的精神及我国新型农村社会养老保险制度、城乡居民养老保险制度的发展趋势，建议对包括农民工在内的流动就业人员参加社会养老保险最好采取"强制参保与自愿选保"相结合的办法。对其中有用人单位并建立劳动关系的流动从业人员，应严格按照《中华人民共和国社会保险法》中规定的"用人单位应当自行申报、按时足额缴纳社会保险费，非因不可抗力等法定事由不得缓缴、减免。职工应当缴纳的社

会保险费由用人单位代扣代缴，用人单位应当按月将缴纳社会保险费的明细
情况告知本人。"笔者认为在"十二五"期间人力资源和社会保障部门应加
强执法监督力度，与强制企业对本单位聘用并建立劳动关系的本地户籍职工
缴纳基本养老保险费一样，强制要求用人单位为本单位聘用并建立劳动关系
的外来流动就业人员按规定缴纳基本养老保险费。同时，企业在面对"民工
荒""招工难"时，也不能仅仅考虑增加包括农民工在内的外来流动劳动力工
资的办法，而应首先依法为他们缴纳包括基本养老保险费在内的社会保险费。

　　然而，对城镇无用人单位的流动就业人员（包括大量灵活就业的农民
工），如果要强制他们参加流入地的城镇企业职工基本养老保险的话，由于他
们无用人单位为其缴纳基本养老保险费，因此就需要由个人以就业地上年度
在岗职工平均工资至少 60% 为基数，按约 20% 的比例缴纳基本养老保险费。
据国家统计局发布的数据显示，2007 年全国城镇单位在岗职工年平均工资为
24932 元，2008 年全国城镇单位在岗职工年平均工资为 29229 元；2010 年 7 月，
国家统计局明确将"城镇单位在岗职工平均工资"改称为"城镇非私营单位
在岗职工年平均工资"，2009 年全国城镇非私营单位在岗职工年平均工资为
32736 元。如以 60% 为缴费基数，按 20% 缴纳基本养老保险费，无用人单位
的流动就业人员个人需缴纳的基本养老保险费 1 年为 3928.32 元，平均每月
为 327.36 元。这并不是所有无用人单位的流动就业人员都能承受的。假使
加上他们要缴纳的城镇职工基本医疗保险费，个人缴纳社会保险费的负担就
更大。现阶段实施的新型农村社会养老保险或城乡居民养老保险，虽然强化
了附加在不同地区户籍上的福祉，但随着今后全国各地新农保在农村适龄居
民中的全覆盖和城乡居民养老保险制度的普遍实施，它将使那些在城镇无用
人单位的流动就业人员，可以根据自身经济收入和缴纳养老保险费的能力，
自愿选择究竟是参加流入地的城镇职工基本养老保险，还是参加户籍所在地
的新型农村社会养老保险或城乡居民基本养老保险。当他们以后需要改变参
加社会养老保险的类别时，再按统一办法转换接续。总之，在"十二五"时
期我国应该大张旗鼓地宣传引导更多包括大量灵活就业的农民工在内的城镇
无用人单位的流动就业人员参加适合自身情况的社会养老保险，让他们懂得
早参加社会养老保险，对自己解决"老无所依"更有利。

（本文原载《人民网》2011 年 3 月 9 日）

尽快解决城市外来流动从业人员的
养老保险模式及关系转续问题

　　在我国改革开放 30 年中，大批外来流动人口流入城市从业，与城市户籍从业人员一样为城市的经济和社会发展做出了很大贡献。他们不仅人数众多，而且情况比较复杂：有农村户籍并从农村前往城市从业的人员，也有具有城市户籍从其他城市前往某个城市从业的人员；有居住某个城市不足半年的非该城市户籍从业人员，也有在该城市已居住半年以上甚至几年、十几年的非该城市户籍从业人员；有在某个城市中被单位聘用并形成劳动合同关系的非该城市户籍从业人员，也有灵活就业的非该城市户籍从业人员；有在某个城市从事比较稳定工作的非该城市户籍人员，也有在该城市中从事不太稳定工作的非该城市户籍人员。

　　近年来我国一些城市虽然对解决外来流动从业人员的基本养老保险问题做过各种积极探索，但不仅在基本养老保险模式上仍呈现"碎片化"的特点，而且外来流动从业人员参加各种养老保险的比率仍很低。特别是当城市外来流动从业人员跨越城镇企业职工基本养老保险统筹范围流动从业时，更凸现出我国城镇企业职工基本养老保险制度设计中的缺陷，从一个侧面表明我国有关城市基本养老保险的某些规定仍远不能适应保障外来流动从业人员年老后基本生活的需要。我认为要妥善解决城市外来流动从业人员的养老保险问题，除了提高各级领导干部特别是人力资源和社会保障部门干部对解决这个问题的重要性、紧迫性的认识外，当前需要尽快确定全国统一的流动从业人员养老保险模式和妥善解决他们养老保险关系的跨地区转续问题。

一、我国城市外来流动从业人员的基本养老保险模式不宜长期呈现"碎片化"的特点

在 2005 年前，我国一些城市对外来流动从业人员的养老保险问题已进行了积极探索。当时我按其试行的不同养老保险模式，将其中有代表性并影响较大的归为三类：一是以 2000 年深圳市人大常委会通过的修改后的《深圳经济特区企业员工社会养老保险条例》和 2004 年郑州市政府发布的《关于农村劳动力转移就业后参加我市社会养老保险工作的实施意见》为代表的缴费及计发办法与本地城镇户籍企业职工完全相同的基本养老保险模式。二是以 2001 年北京市劳动和社会保障局发布的《北京市农民工养老保险暂行办法》为代表的与本地城镇户籍企业职工基本养老保险模式大体相同、低缴费基数和低计发水平的养老保险模式。三是以 2002 年上海市政府常务会议通过的《上海市外来从业人员综合保险暂行办法》和 2003 年成都市政府发布的《成都市非城镇户籍从业人员综合社会保险暂行办法》为代表的缴费及计发办法与本地城镇户籍企业职工完全不同的"老年补贴＋工伤（或者意外伤害）＋住院医疗"的综合保险模式。

我曾在 2005 年撰文指出，尽管相当一部分农民工存在着收入低、流动频繁、工作不稳定等特点，但没有必要把农民工从城市外来流动从业人员中分离出来，单独建立一个农民工的基本养老保险制度，而且我国也不宜长期并存包括农民工在内的城市外来流动从业人员的多种基本养老保险模式。我建议"在 2020 年及以后更长时期，我国城镇'农民工'基本养老保险的目标模式应该与城镇户籍从业人员的基本养老保险模式相同。……其中属于基本养老金的基础部分，则实行全国统筹。""现阶段应积极创造条件，争取在我国国民经济和社会发展第十一个五年计划期间，在全国普遍强制实行城镇'农民工'与城镇户籍从业人员的养老保险模式统一、缴费基数与享受标准有别、在城乡流动中关系便于衔接的城镇'农民工'过渡性基本养老保险方案。"[①] 2006 年 11 月，杭州市政府办公厅发布了《杭州市农民工基本养老保险低标准缴费低标准享受试行办法》。该《办法》规定，"符合参加杭州职工基本养老保险条件的各类企业中收入偏低的农民工可自愿申请按'双低办

法'参保缴费。"用人单位和农民工个人的缴费基数均与杭州市城镇企业职工基本养老保险统一规定的缴费基数相同，但农民工个人的缴费比例由一般的 8% 降低到 5%，用人单位的缴费比例由一般的 20% 降低到 14%。与此相应，在这部分"低标准缴费"的农民工到达法定退休年龄并累计缴费满 15年时，他们领取的基础养老金月标准也"按职工基本养老保险统一办法计算后乘以计发系数确定"，与所领的个人账户养老金一起"低标准享受"。

2006 年，中国农民工问题研究总报告起草组在发表的《中国农民工问题研究总报告》中也提出了如何建立适合农民工特点的过渡性养老保险办法。该《总报告》认为这种制度框架的要点主要有"低水平起步，实行低费率、低保障待遇"；"缴费由用人单位和农民工双方负担，以用人单位缴纳为主"；"为农民工建立个人账户，全部缴费进入个人账户，不搞社会统筹"。然而在该《总报告》中又指出："国家鼓励有条件的地区和企业一步到位，直接将农民工纳入城镇职工基本养老保险。要研究农民工养老保险与城镇职工基本养老保险的衔接办法。当农民工在城市稳定就业（如连续就业和参加农民工养老保险 5 年以上）后，可根据自愿原则将个人账户转入城镇职工养老保险体系。"② 我感到上述《总报告》把"完全积累型的个人账户养老金模式"作为农民工过渡性养老保险办法，虽然对于保障那些在城市从业时间较短、今后仍将回到农村养老的农民工的合法权益，无疑具有积极意义，但是如果其中一部分农民工在城市转为稳定就业人员或取得城镇户籍后，却会由于这种过渡性养老保险办法在参加养老保险的年限计算和用人单位缴费的转换上与城镇企业职工基本养老保险模式不匹配，因此将会大大增加转入到城镇企业职工基本养老保险体制的难度。

二、城市外来流动从业人员的基本养老保险模式应与新型农村基本养老保险的目标模式大体相符

所谓新型农村养老保险制度与过去的农村社会养老保险制度的最大区别，在于政府明确了对农村养老保险资金的投入责任，加大了各级财政的投入力度，采取了"个人缴费、政府补贴、有条件的村集体经济组织提供补助"的筹资模式。近年来我国各地在建立新型农村社会养老保险时，也对其

模式进行了积极探索。按其试行的不同养老保险模式，我将其中有代表性的归为三类：一是以 2007 年马鞍山市政府施行的《马鞍山市新型农村社会养老保险暂行办法》为代表的由个人缴费、集体补助、政府补贴构成的完全积累型的个人账户养老金模式。二是以 2007 年宁波市政府发布的《浙江省宁波市人民政府关于建立新型农村养老保险制度的意见》为代表的由个人缴费、政府补贴、集体补助构成的个人账户养老金加政府统筹托底的养老保险模式。三是以 2007 年北京市政府审议通过的《北京市新型农村社会养老保险试行办法》（2008 年 1 月 1 日起施行）为代表的由个人缴费、集体补助构成的个人账户养老金和由政府补贴构成的基础养老金模式。

我认为在上述各种新型农村基本养老保险模式的探索中，北京市试行的模式较适宜作为未来我国新型农村基本养老保险的目标模式。因为这种模式与我国城镇企业职工的基本养老保险采取社会统筹与个人账户相结合，按基础养老金和个人账户养老金合计发放基本养老金的模式基本一致，便于劳动者在城乡间流动从业时养老保险关系的转续，而且由政府补贴的基础养老金部分灵活性较大，可以适合不同经济发展水平的农村地区推广实施。所以，建议我国城市外来流动从业人员的基本养老保险模式也应与类似目前北京实施的新型农村社会养老保险模式大体相符，便于从农村流入城市的从业人员既可按个人意愿参加流入地的城镇企业职工基本养老保险，也可参加流出地的新型农村基本养老保险，还可视其参加情况实施分段计算办法，在年老后同时领取两方面的基本养老金。

三、城市外来流动从业人员在不同城市间流动时基本养老保险关系合理转续方案的建议

在 1997 年《国务院关于建立统一的企业职工基本养老保险制度的决定》中，曾规定"职工调动时，个人账户全部随同转移。"在 2000 年《国务院关于印发完善城镇社会保障体系试点方案的通知》中，则进一步指出："职工跨统筹范围流动时，个人账户随同转移。"鉴于目前我国城镇企业职工基本养老保险的统筹层次低，大多属于县（市）级统筹，因此，当各地按上述两个国务院文件的规定，施行城市外来流动从业人员跨统筹范围流动从业只能

带走个人账户养老金的政策措施时，不仅加剧了城市外来流动从业人员在原从业地区与他们在临退休前从业地区之间基本养老保险统筹基金收支分配的严重不平衡，使原从业地区由于许多外来流动从业人员流出，企业所缴纳的基本养老保险费大量沉淀下来，临退休前从业地区由于要负责发放外来流动从业人员退休至去世期间的全部基础养老金，将面临空前的支付压力，而且也使许多较频繁流动从业的外来流动从业人员心有余悸，生怕他们临退休前的从业地区或户籍所在地发不出比个人账户养老金要多得多的基础养老金，于是不愿在现从业地区参加城镇企业职工基本养老保险，不愿在流动从业时办理转移续保的手续。

为了妥善解决各统筹地区的基本养老保险统筹基金分配的严重不合理状况，切实保障城市外来流动从业人员无论在何地退休都能按规定及时拿到足额的基本养老金，我认为在我国尚未把城镇企业职工基本养老保险基金的统筹层次提高到全国统筹以前，如果要让城市外来流动从业人员在跨统筹范围流动从业时把单位因聘用他而缴纳的基本养老保险费全部加到其个人账户储存额上转入新工作地或让其本人带走，不太可行。因为我国城镇企业职工基本养老保险的筹资模式是"现收现付，部分积累"。其中部分积累主要体现在由个人缴费而形成的"个人账户基金"上，现收现付则主要体现在由企业缴费而形成的"社会统筹基金"上。我国政府在完善城镇企业职工基本养老保险方案时，之所以规定企业依法缴纳基本养老保险费的"比例一般为企业工资总额的 20% 左右，目前高于 20% 的地区，可暂维持不变。企业缴费部分不再划入个人账户，全部纳入社会统筹基金，并以省（自治区、直辖市）为单位进行调剂。"[③] 主要是因为在 1997 年底全国已退休的城镇企业退休人员数量很多；如果再加上在 1998 年后即将退休的职工，其数量更多，需要我国城镇企业通过缴纳较高比例的基本养老保险费，承担偿还数额巨大的"养老保险历史隐性债务"的主要责任。因此，严格地说我们不能把企业按聘用人员工资的较高比例缴纳的基本养老保险费看成是用于为聘用人员未来发放基础养老金而缴纳的保险费。如果我们现在让大量外来流动从业人员跨统筹范围流动从业时"带走"企业按聘用他们缴纳的全部基本养老保险费，既不符合我国构建城镇企业基本养老保险筹资模式的初衷，还将会严重加大未来较长时期内我国基本养老保险基金的收支缺口。

在城市外来流动从业人员跨统筹范围流动从业的基本养老保险关系转续的方案上，我建议人力资源和社会保障部应采取"发放缴费凭证""提高缴纳专项调剂金比例""退休后分段计发"的综合性转续措施。首先，国家应统一印制城镇外来流动从业人员跨统筹范围流动从业的基本养老保险缴费凭证，除注明每个流动从业人员姓名、性别、出生年月、身份证号码和在该地区从业期间个人养老金的缴费基数、缴费比例、累计缴费额、转续关系时个人养老保险账户储存额以外，还需注明用人单位在聘用该人员期间所缴纳的基本养老保险费的基数、比例、月数及累计缴费金额。在当地社会保险经办机构为每个参保的外来流动从业人员办理基本养老保险关系转续时，出具盖有公章具有法律效力的上述证明。并积极创造条件，制作全国统一的"社会保障卡"，将上述信息输入他们个人持有的"社会保障卡"内。

其次，为了避免城市外来流动从业人员跨统筹范围流动从业前原从业地区将当地企业缴纳的基本养老保险费全部沉淀下来并都用于发放本地区退休人员的养老金，推卸未来所需承担的支付流出从业人员退休后基础养老金责任，国家应加大对统筹地区征收基本养老保险关系跨地区转续的调剂金力度。可考虑在各省原来规定的按当地每年企业职工缴费工资总额或按征缴的基本养老保险基金总额的一定比例（大多为1%）提取调剂金的基础上，再按企业在聘用每一名外来流动从业人员跨统筹地区流动从业前累计缴纳的基本养老保险费的一定比例（如20%），上缴调剂金。在实行县（市）级统筹地区，如该外来流动从业人员在本省（自治区、直辖市，下同）内流动从业，就需向该省社会保险经办机构缴纳调剂金；如该外来流动从业人员跨省流动从业，就需向外省社会保险经办机构或全国社会保险基金理事会下设的经办机构缴纳调剂金。

第三，当城市外来流动从业人员到达法定退休年龄，其累计缴纳基本养老保险费的年限符合国家规定时，在其向最后参保地申领基本养老金时，该地区的社会保险经办机构除了向他发放个人账户养老金外，还应按他在整个从业周期中曾经在各地参加城镇外来流动从业人员基本养老保险时单位缴纳基本养老保险费的情况，分段计算每个从业地区应发基础养老金（"中人"再加"过渡性养老金"）的数额，并先从调剂金中支付，如不够时再由有关地区社会保险经办机构从该地区的社会统筹基金中支付。

【注释】

① 桂世勋：《中国城市"农民工"养老保险的探索及建议》，《华东师范大学学报》2005 年第 5 期。

② 中国农民工问题研究总报告起草组：《中国农民工问题研究总报告》，《改革》2006 年第 5 期。

③ 《国务院关于印发完善城镇社会保障体系试点方案的通知》，2000 年 12 月 25 日。

（本文原载《人口与发展》2009 年第 3 期）

改革我国公务员的养老保险制度

2003 年中国共产党第十六届三中全会通过的《中共中央关于完善社会主义市场经济体制若干问题的决定》中，要求我们"积极探索机关和事业单位社会保障制度改革"，我认为其中最重要和难度最大的是机关公务员的养老保险制度改革。本文将在介绍我国现行的公务员养老保险制度的基础上，阐述该制度存在的主要问题，探讨改革我国公务员养老保险制度的总体目标和基本思路。

一、现行的公务员养老保险制度概况

早在 1951 年政务院公布的《中华人民共和国劳动保险条例》（1953 年进行了修改）中就规定，国家机关工作人员的劳动保险由人事部门管理，其退休金为标准工资的 50%—60%。随着我国国民经济的好转，国务院于 1955 年又颁布了《关于国家机关工作人员退休处理暂行办法》，对国家机关及其所属事业单位的干部享受退休待遇的条件及标准作了较具体的规定。1958 年，全国人大常委会又通过了《国务院关于工人、职员退休处理的暂行规定》，第一次把我国工人和干部的退休待遇统一规定在一个文件之中。在"文化大革命"期间，虽然没有明确废除退休制度，但退休工作体系、工作制度受到严重冲击，退休制度基本上停止执行，致使政府干部该退未退者达 60 多万人（卫兴华等，1994）。

1978 年，国务院发布了《关于安置老弱病残干部的暂行办法》。1980 年，国务院发布了《关于老干部离职休养的暂行规定》。1993 年，国务院发布了《国家公务员暂行条例》，国务院办公厅则发布了《机关工作人员工资制度改革实施办法》。鉴于自 1991 年国务院颁布《关于企业职工养老保险制度改革的决定》以来，我国城镇职工的养老保险制度改革均未包括国家机关和事业单位的职工，因此，我国现行国家机关公务员的养老保险制度仍继续按《国家公务员暂行条例》等文件的规定执行。

根据上述文件规定，我国国家机关职工可分为公务员与工人（包括技术工人和普通工人）两类。在公务员中，除少数属于 1949 年 10 月 1 日前"参加革命工作"的干部可享受离休待遇外，大部分则享受退休待遇。有关公务员享受退休待遇的规定，主要有以下几方面内容：

1. 公务员的退休条件（即领取养老金的条件）

①男性年满 60 周岁、女性年满 55 周岁，或者"丧失工作能力的"，"应当退休"。

②男性年满 55 周岁、女性年满 50 周岁，且工作年限满 20 年的；或者工作年限满 30 年的，"本人提出要求，经任免机关批准，可以提前退休"。

2. 公务员退休后享受养老金的待遇

①"基础工资和工龄工资按本人原标准（即退休当月的标准，下同）的全额计发"。

②"职务工资和级别工资按本人原标准的一定比例计发。"其中工作满 35 年的，该两项工资之和按 88% 计发；工作满 30 年不满 35 年的，该两项工资之和按 82% 计发；工作满 20 年不满 30 年的，该两项工资之和按 75% 计发。

③地方职务（岗位）津贴（指 20 世纪 90 年代以来各地政府加发的标准不等的地方职务津贴或岗位津贴）也按本人原标准的一定比例计发。其计发比例与职务工资和级别工资之和的比例相同。

3. 公务员养老金的调整

在 1993 年国务院办公厅的文件中只对该年 9 月 30 日前已办理离退休手续和已达到离退休年龄的人员，规定"离退休前有职务的"，"退休人员按照同职务在职人员平均增资额的 90% 增加退休费"；"离退休前无职务的离退休人员增加离退休费的办法，由各省、自治区、直辖市人民政府根据本地区实际情况制定"。

二、目前公务员养老保险制度存在的问题

1. 加剧了公务员与城镇企业职工在领取养老金方面的矛盾，不利于国家机关与企业之间人才的有序流动。

在社会主义市场经济体制下，近年来国家机关在精简公务员，不少事业单位已经或将要转制为城镇企业；国家机关、事业单位与城镇企业之间的人员流动也逐渐频繁。国务院总理朱镕基曾在 2000 年全国社会保障工作会议讲话中指出："为了有利于政府机关和企业之间人员流动，现已明确，公务员转入企业工作的，执行企业职工的基本养老保险制度；企业职工调入机关的，执行机关的基本养老保险制度。这方面职工养老保险关系的衔接和退休时待遇计发的具体办法，有关部门要抓紧研究制定。"

众所周知，从 1997 年以来，我国城镇企业基本养老保险制度改革前参加工作并在改革后退休的人员（俗称"中人"），按《国务院关于建立统一的企业职工基本养老保险制度的决定》要求，基本养老金包括基础养老金（按当地城镇上年度在职职工月平均工资的 20% 计算）、个人账户养老金（按本人退休时个人养老金账户储存额除以 120 计算）、过渡性养老金（由工龄性补偿养老金和过渡性补贴养老金两部分组成）；而目前我国绝大部分地区公务员本人不缴纳养老保险费，但他们退休后每月领取的养老金则是按其退休当月的基础工资、工龄工资、职务工资、级别工作和地方职务（岗位）津贴的一定比例计算的。由于计发办法不同，公务员的平均养老金水平比企业职工的平均基本养老金水平要高得多。据劳动和社会保障部统计，2001 年全国机关退休公务员的人均月领养老金为 964.17 元，比全国城镇企业退休人员的人均月领基本养老金 531.08 元要高 81.5%。

鉴于公务员在科学文化素质方面较企业职工要高些，以及为了稳定公务员的队伍，他们在工资收入及退休后养老金待遇上理应较高于企业职工。问题是如果按公务员转入企业工作的，执行企业职工的基本养老保险制度的规定，那么在国家机关已经工作了 20—30 年的那些公务员，就会因为转入企业工作，按改革后的企业职工退休待遇计发，而比在国家机关工作退休后的养老金减少了一大半。难怪有些年纪大、工龄长的公务员不愿到企业工作

甚至提出到企业工作后应保留公务员退休待遇的要求。相反，那些在企业工作几十年的干部，如果按企业职工调入机关的，执行机关的基本养老保险制度的规定，也会由于最后几年调入国家机关任公务员，而使他们在退休后计发养老金时，比继续在企业工作至退休要领取多得多的养老金。显然，这种计发办法实际上是不利于国家机关与企业之间有序流动的。

2. 加剧了公务员内部在领取养老金方面的矛盾，不利于公务员的"能上能下"及在不同地区之间的有序流动。

在社会主义市场经济体制下，公务员将根据自己的工作能力和工作实绩竞聘上岗，"能上能下"。即使他们继续在国家机关工作，也很难保证每个公务员的职务在退休时都比以前要高，可是当他们退休后计发养老金时，其中有较大一部分是按本人退休当月的职务工资和地方职务（岗位）津贴的一定比例计算的。这种"一锤子定音"的计发养老金办法，对那些在职期间职务曾经"上下波动"过的公务员也是不合理的，它不利于干部的"能上能下"。

其次，在经济发展水平相差很大的地区，由于地方财力的悬殊，致使各地在加发地方职务（岗位）津贴的次数与幅度上存在较大差别。尽管在我国中西部经济落后的地区，居民消费品物价水平可能会比东部沿海地区低些，中央也会对这些地区的地方财政给予支持，但那里公务员所领取的地方职务（岗位）津贴却比东部沿海地区要少得多，从而使他们在退休时计发养老金的基数也相应减少。这种状况将使公务员从在职及退休后的待遇考虑，希望从中西部经济落后地区流到东部沿海地区工作，而不愿从东部沿海地区流到中西部经济落后地区工作（除短期对口支援、保留东部沿海地区待遇并能获得加发经济补贴者外），严重影响我国中西部地区的开发。

值得注意的是，国家对全国公务员的职务工资和级别工资的调整，各地政府对当地公务员的地方职务（岗位）津贴的调整，往往存在着较大的偶然性。有的年份加发了，有的年份不加发；有的年份加发的幅度大些，有的年份加发的幅度小些。虽然中央及地方政府在作出上述决策时，通常会考虑经济发展和财政收支的状况，而且当在职公务员加发工资收入时已退休的公务员的养老金也会相应有所增加，但退休公务员养老金的增加幅度往往低于在职公务员工资收入增加的幅度。这样，当按公务员退休当月工资收入的一定比例计发养老金时，势必引起工资收入调整幅度较大年份前后退休的公务员之间的矛盾。比如，我国在 2003 年增加的地方职务（岗位）津贴从 2003 年 1 月份开始算起，在 2003 年调整国家职务工资和级别工资的标准从 2003 年 7 月份开始算起，在 2003 年增加一级的级别工资从 2003 年 10 月份开始算起，使在 2002 年退休的公务员与 2003 年退休的公务员之间、在 2003 年上半年退休的公务员与 2003 年下半年退休的公务员之间、在 2003 年 10 月份前后退休的公务员之间，领取的养老金存在较大的差别，明显不合理。

此外，按现行政策规定，女性公务员的退休年龄比男性公务员要早 5 年，而工作年限满 35 年的公务员才能按照本人退休当月职务工资、级别工资、地方职务（岗位）津贴的 88% 计发，这又引起不同性别的退休公务员之间的矛盾。

3. 在公务员的养老金由当地城镇职工基本养老保险基金支付的地区，加重了基本养老保险基金的负担。

党的十六届三中全会通过的《中共中央关于完善社会主义市场经济体制若干问题的决定》指出："完善企业职工基本养老保险制度，坚持社会统筹与个人账户相结合，逐步做实个人账户。"在 20 世纪 90 年代中后期，我国少数地区实行了国家机关公务员与企业职工每年按同样比例缴纳城镇职工基本养老保险费、退休公务员与企业退休人员按同样比例和原则调整基本养老金、他们的基本养老金都从当地城镇职工基本养老保险基金中支付的办法。然而，由于公务员退休后的养老金计发办法与企业退休人员不同，他们的人均养老金水平明显高于企业退休人员，这就使本来已捉襟见肘的城镇职工基本养老保险基金更加入不敷出，不利于逐步做实个人账户。

而且按上述办法，当地退休公务员在每个财政年度与企业退休人员依照同样比例和原则调整基本养老金后，如遇到当年或以后国家制定的退休公务员养老金调整方案，这些地区的劳动和社会保障部门又不得不与人事部门商量，在按国家规定增加退休公务员的养老金额内扣除其前几年与企业退休人员一样调高的基本养老金部分，再决定每个退休公务员应加发的养老金，并从地方财政中支出。这种计算和支付办法，不仅操作比较复杂，还会引起退休公务员的误解，增加不必要的矛盾。

三、改革公务员养老保险制度的对策建议

我认为改革我国国家机关享受退休待遇公务员养老保险制度的总体目标，应坚持以人为本，全面、协调和可持续的发展观为指导，从有利于建立稳定和高素质的公务员队伍、有利于国家机关与事业单位、城镇企业之间人员的有序流动、有利于我国各地区公务员的有序流动出发，建立与社会主义市场经济体制和经济发展水平相适应、与城镇企业职工多层次的养老保险模式基本统一、标准形式有所差别、计发办法较为合理、关系便于衔接转移的社会保障制度。其改革的基本思路主要包括以下几个要点：

1.将目前国家机关公务员的养老保险制度分为基本养老保险与补充养老保险两个层次。其中的基本养老保险与当地城镇企业职工的基本养老保险一样，各个机关以上年度本单位职工月平均工资收入总额为基数，与当地企业相同比例缴纳基本养老保险费，每个在职公务员也以上年度本人月平均工资收入为基数，与当地企业在职职工个人的相同比例缴纳基本养老保险费；公务员退休后计发基本养老金的办法也分别参照当地企业退休的"老人""中人""新人"的计发办法，从基本养老保险基金中支付。在公务员基本养老保险制度上与当地企业唯一不同的是，各个机关缴纳的基本养老保险费是由各级政府财政转移支付的。

2.退休公务员每月领取的补充养老金（也可称"公务员养老补贴"），以每个人一生中担任公务员期间的最高60个月工资性收入的月平均金额为基数，按每个人担任公务员的月数及所做的特殊贡献确定的百分比，在退休后按月计发，由各级政府财政转移支付。在美国，规定公务员退休金与本人退休前3年的平均工资和服务年限挂钩；新加坡也按公务员退休前3年平均月工资的一定比例，乘以任职月数确定其退休金。我考虑在中国每届公务员最长任期为4年，如由于工作不佳、竞聘失败或年龄条件等因素影响，该级别干部可能任期只有一届就下来了，而且有些公务员未到退休年龄就可能因工作需要或本人意愿而离开国家机关，所以用每个公务员一生中最高5年的月平均工资性收入作为基数，比按其退休前3年或一生中最高3年的月平均工资性收入作基数，可更好反映该公务员工作的状况。

3.从 2006 年我国国民经济和社会发展第十一个五年计划开始，女性公务员按一次性推迟或 1 年推迟 1 岁退休年龄的办法，与男性公务员的退休年龄统一起来。也可考虑与公办高等学校女性副教授及以上专业技术职务人员的退休年龄推迟到 60 岁一样，先推迟相当于副处级及以上现职女性公务员的退休年龄，然后在条件成熟时再逐渐推迟所有女性公务员的退休年龄。

4.公务员退休后领取的基本养老金和补充养老金相加的养老金总额，原则上不低于每个公务员按改革前老办法计发的养老金水平。因为即使按现行的公务员养老金计发办法，我国公务员退休后领取的养老金也只相当于在职时全部收入的 60%—70% 左右，而目前多数国家将公务员养老金水平大体控制在退休前工资的 75%，所以我认为上述标准也是比较适宜的。

5.退休公务员养老金的调整办法也分两种，他们领取的基本养老金按当地城镇企业退休人员每年基本养老金调整的比例和原则进行调整；他们领取的补充养老金则按国家在每次增加在职公务员工资时所做的相应规定进行调整。

上述国家机关公务员养老保险制度改革的总体目标和基本思路，既有利于吸引优秀人才到各级政府部门任职，稳定公务员的队伍，避免公务员养老保险改革引起的思想波动和社会震荡，又有利于国家机关、事业单位与城镇企业之间人员的有序流动，优化人才资源的合理配置。至于退休公务员领取的养老金水平明显高于城镇企业退休人员养老金水平的状况，在一定历史时期内是很难避免的。今年 5 月 1 日起，我国实行了《企业年金试行办法》，参加企业年金缴费的企业职工，退休后将在依法领取基本养老金之外，又能一次或定期领取到一笔属于补充养老金性质的收入。只要国家财政和税务部门尽快颁布企业年金的优惠政策，积极鼓励有条件的企业发展企业年金和商业人寿保险等各种单位补充养老保险，我相信经过 10 多年甚至更长时期的努力，企业职工退休后领取的基本养老金和补充养老金的合计额将会逐渐接近条件相仿的退休公务员养老金水平。事实上，近年来一些效益好的企业高层管理人员和专业技术人员，已经通过参加各种商业人寿保险的办法，使他们退休后的收入大大超过本人所领取的基本养老金水平。

【参考文献】

[1] 卫兴华:《中国社会保障制度研究》,中国人民大学出版社 1994 年版。

[2] 国家统计局人口和社会科技统计司、劳动和社会保障部规划统计司:《中国劳动统计年鉴(2002)》,中国统计出版社 2002 年版。

[3] 康士勇、冯文英:《社会保障现行法规选编(1949—2000)》,中国劳动社会保障出版社 2000 年版。

[4] 李光正等:《上海市老年保障体系及其运行机制研究》,上海科学技术文献出版社 1998 年版。

(本文原载《人口学刊》2004 年第 5 期)

改革我国事业单位职工养老保险制度的思考

2008 年十一届全国人大一次会议上的《政府工作报告》在谈及"推进社会保险制度改革"时，曾经提出"探索事业单位基本养老保险制度改革"。不久，国务院决定在山西省、上海市、浙江省、广东省、重庆市先期开展事业单位职工基本养老保险制度的改革试点。然而，迄今为止，这项工作进展缓慢，仍未取得重大突破。有鉴于此，本文将着重分析当前我国事业单位职工养老保险制度改革试点遇到困难的主要原因，探讨国务院印发的《事业单位工作人员养老保险制度改革试点方案》未解决的深层次问题，并提出搞好我国事业单位职工养老保险制度改革的对策建议。

一、事业单位的界定及其养老保险改革试点引发"提早退休"热议的原因所在

（一）我国事业单位的界定

1952 年，在《政务院关于全国各级人民政府、党派、团体及所属事业单位的国家工作人员实行公费医疗预防的指示》中，就已明确使用了"事业单位"概念。我国的事业单位，按照 1958 年 4 月劳动部发布试行的《国务院关于工人、职员退休处理暂行规定实施细则（草案）》的界定，是指"包括由国家预算的事业费开支的农业、林业、水利、地质、气象、测绘、文化、教育、卫生、科学研究等单位"。2004 年 6 月，国务院在修订发布的《事业单位登记管理暂行条例》（1998 年 10 月 25 日国务院发布，并根据 2004 年 6 月 27 日《国务院关于修改〈事业单位登记管理暂行条例〉的决定》

修订）中，鉴于我国事业单位构成的复杂状况和分类改革后的要求，又明确规定："本条例所称事业单位，是指国家为了社会公益目的，由国家机关举办或者其他组织利用国有资产举办的，从事教育、科技、文化、卫生等活动的社会服务组织。"

在 2005 年 4 月中央编办同意批转国家事业单位登记管理局制定的《事业单位登记管理暂行条例实施细则》中，进一步将其具体化为："本细则所称事业单位，是指国家为了社会公益目的，由国家机关举办或者其他组织利用国有资产举办的，从事教育、科研、文化、卫生、体育、新闻出版、广播电视、社会福利、救助减灾、统计调查、技术推广与实验、公用设施管理、物资仓储、监测、勘探与勘察、测绘、检验检测与鉴定、法律服务、资源管理事务、质量技术监督事务、知识产权事务、公证与认证、信息与咨询、人才交流、就业服务、机关后勤服务等活动的社会服务组织。"

（二）广东省试点引发"提早退休"热议的主要原因

2008 年 2 月 29 日，国务院常务会议决定山西、上海、浙江、广东、重庆 5 省市先期开展事业单位职工养老保险制度的改革试点工作，与事业单位分类改革配套推进。同年 3 月，又发布了《国务院关于印发事业单位工作人员养老保险制度改革试点方案的通知》（国发〔2008〕10 号），同意实施由当时劳动和社会保障部、财政部、人事部制订的《事业单位工作人员养老保险制度改革试点方案》（以下简称《改革试点方案》）。

广东是全国事业单位分类改革的试点省（市）之一。2007 年，广东省编办出台了《广东省事业单位分类改革试点指导意见》，确定在佛山市、交通和环保领域以及省直原依（参）照公务员管理的事业单位进行改革试点。2008 年，按照中央的部署和要求，广东省编办在深入调查研究、广泛听取意见的基础上，会同广东省人事厅、财政厅、劳动保障厅等部门拟订了《广东省事业单位分类改革实施意见（征求意见稿）》（以下简称《征求意见稿》），拟于 2009 年在广东省推进事业单位分类改革。该《征求意见稿》尽管明确指出事业单位职工养老保险制度改革的新办法将遵循"保障待遇水平不下降""老人老办法、新人新制度"等原则，但也规定了"截至 2008 年12 月 31 日，凡工作年限满 30 年的；或男年满 55 周岁 / 女年满 50 周岁（女工人年满 45 周岁）且工作年限满 20 年的，经本人申请，按人事管理权限和程序报同级政府人事部门批准后，可办理提前退休手续。个别接近上述年龄，且工作年限满 20 年，因身体或其他特殊原因不能坚持正常工作的，经报同级政府人事部门批准可办理提前退休手续"（陈红艳、于杨，2008）。当广东省将《征求意见稿》于 2008 年 11 月书面征求该省直属有关部门和部分事业单位的意见时，部分符合上述提前退休条件的公办高校教师就纷纷提出拟申请"提早退休"的要求，引起了媒体和网友的热议。不久广东省政府相关负责人宣布：经广泛听取各方意见，在新修订的《广东省事业单位分类改革实施意见（征求意见稿)》中，已删除了事业单位工作人员可申请提前退休的内容（张勇，2009）。

其实，上述《征求意见稿》规定的可办理提前退休手续的条件，只是沿用了 1993 年 10 月 1 日起施行的《国家公务员暂行条例》和 2006 年 1 月 1 日起施行的《中华人民共和国公务员法》中的有关规定。《国家公务员暂行条例》规定："国家公务员符合下列条件之一的，本人提出要求，经任免机关批准，可以提前退休：（一）男年满五十五周岁，女年满五十周岁，且工作年限满二十年的；（二）工作年限满三十年的。"《中华人民共和国公务员法》则规定："公务员符合下列条件之一的，本人自愿提出申请，经任免机关批准，可以提前退休：（一）工作年限满三十年的；（二）距国家规定的退休年龄不足五年，且工作年限满二十年的；（三）符合国家规定的可以提前退休的其他情形的。"

那么，为什么我国以往有关公务员可申请提前退休的规定，并未引起许多公务员要求提前退休的情况，而广东省在上述《征求意见稿》中的同样规定，却引发了该省高校一些 50 岁上下的教授和副教授想申请"提早退休"的热议呢？笔者认为，其主要原因不是广东省《征求意见稿》中规定了可提前退休的条件，而在于其未统筹解决好事业单位职工养老保险制度改革与公务员养老保险制度改革及其与城镇企业职工基本养老保险制度的相互关系，以及改革前后事业单位退休人员养老金水平应如何平稳过渡的问题。

二、国务院印发《改革试点方案》中的主要内容及未解决"平稳衔接"的深层次问题

在我国事业单位分类改革后，除了将主要承担行政职能的事业单位中的小部分（主要指目前实行"参照公务员法管理"并具有行政执法权的事业单位）转为行政机关纳入我国公务员养老保险制度；将主要从事生产经营活动的事业单位转为企业纳入我国城镇企业职工基本养老保险制度以外，由财政全额供款并主要从事公益服务的事业单位将施行新的事业单位职工养老保险制度。在国务院同意印发的《改革试点方案》中，对"改革的适用范围"，也明确规定了"本方案适用于分类改革后从事公益服务的事业单位及其工作人员"。

（一）事业单位职工养老保险制度改革试点方案与城镇企业职工基本养老保险制度的相同之处

《改革试点方案》强调，改革后的事业单位工作人员的养老保险制度，与城镇企业职工基本养老保险制度建立多层次的养老保险体系相仿，将"逐步建立起独立于事业单位之外，资金来源多渠道、保障方式多层次、管理服务社会化的养老保险体系"。其中有关"改革的主要内容"，有以下四点与2005年发布的《国务院关于完善企业职工基本养老保险制度的决定》是相同的：

1. "实行社会统筹与个人账户相结合的基本养老保险制度"。"基本养老保险费由单位和个人共同负担，单位缴纳基本养老保险费的比例，一般不超过单位工资总额的20%"；"个人缴纳基本养老保险费的比例为本人缴费工资的8%"，"个人工资超过当地在岗职工平均工资300%以上的部分，不计入个人缴费工资基数；低于当地在岗职工平均工资60%的，按当地在岗职工平均工资的60%计算个人缴费工资基数"。"按本人缴费工资8%的数额建立基本养老保险个人账户，全部由个人缴费形成"，"参保人员死亡的，其个人账户中的储存余额可以继承"。

2. "基本养老金的计发办法"。"本方案实施后参加工作、个人缴费年限

（含视同缴费年限，下同）累计满 15 年的人员，退休后按月发给基本养老
金。基本养老金由基础养老金和个人账户养老金组成，退休时的基础养老金
月标准以当地上年度在岗职工月平均工资和本人指数化月平均缴费工资的平
均值为基数，缴费每满 1 年发给 1%。个人账户养老金月标准为个人账户储
存额除以计发月数，计发月数根据本人退休时城镇人口平均预期寿命、本人
退休年龄、利息等因素确定。"

3."建立基本养老金正常调整机制"。"根据职工工资增长和物价变动等
情况，国务院统筹考虑事业单位退休人员的基本养老金调整。"

4."逐步实行省级统筹"。"具备条件的试点省（市）可从改革开始即实
行省级统筹；暂不具备条件的，可实行与企业职工基本养老保险相同的统筹
层次。"

上述试点规定有利于从制度上改变我国事业单位工作人员与城镇企业
职工退休后养老保险模式的明显差异，有利于相对减缓未来各级财政预算支
付的事业单位工作人员养老保险的压力，有利于从业人员在事业单位与企业
之间流动时基本养老保险关系的转续。

**（二）事业单位职工养老保险制度改革试点方案未解决"平稳衔接"的
深层次难点问题**

据全国人大常委会法制工作委员会行政法室提供的资料显示，由于机
关事业单位和企业实行不同的退休养老制度，待遇计发办法和调整机制不
同，资金渠道不同，待遇差距问题越来越突出，到 2006 年底，与全国平均
水平相比，机关事业单位退休人员的养老金高出企业退休人员两倍多，随着
津贴补贴改革的到位，待遇差距还将进一步扩大（李恺萌，2008）。对此，
在《国务院关于印发事业单位工作人员养老保险制度改革试点方案的通知》
中明确指出，应"妥善处理好改革前后退休人员待遇水平的平稳衔接，确
保试点工作顺利进行"。然而，从《改革试点方案》规定的试点内容看，笔
者估计很可能希望通过以下两个办法或其中的一个办法来妥善处理好这个
问题：

1.试图通过对事业单位工作人员的"中人"加发"过渡性养老金"来
解决平稳衔接问题。《改革试点方案》规定："本方案实施前参加工作、实施

后退休且个人缴费年限累计满 15 年的人员，按照合理衔接、平稳过渡的原则，在发给基础养老金和个人账户养老金的基础上，再发给过渡性养老金。具体标准由各试点省（市）人民政府确定，并报劳动保障部、财政部备案。"

其实，在城镇企业职工基本养老保险制度改革中，也规定了企业中改革实施前参加工作、改革实施后退休的人员（即"中人"），如个人缴费（包括"视同缴费"）年限累计满 15 年的，在他们退休后除了发给基础养老金和个人账户养老金外，还发给"过渡性养老金"。当时加发"过渡性养老金"的目的，是为了解决属于"中人"的企业职工有若干年"视同缴费"但实际个人没有缴费对他们退休后领取个人账户养老金的影响，弥补这部分人退休时基本养老保险个人账户储存额的不足。那么，对事业单位的"中人"加发"过渡性养老金"，究竟是与对城镇企业的"中人"加发"过渡性养老金"的作用相同，还是主要为了解决事业单位改革前后退休人员待遇水平的平稳衔接问题呢？对于这样一个重大问题，《改革试点方案》未作明确规定。

笔者认为，如果对事业单位的"中人"加发"过渡性养老金"的目的与企业相同的话，就势必使事业单位改革后退休的工作人员与事业单位改革前退休的工作人员在领取的养老金水平上形成很大落差，难以处理好事业单位改革前后退休人员待遇水平的平稳衔接；反之，如果对事业单位的"中人"加发"过渡性养老金"的目的与企业不同，主要是为了解决事业单位改革前后退休人员待遇水平的平稳衔接问题，那么就会在很长时期内继续保持事业单位工作人员退休后领取的基本养老金明显高于企业职工退休后领取的基本养老金的状况，而且也很难说改革后事业单位退休人员领取的是"保基本"的基本养老金。

2. 试图通过建立事业单位工作人员的"职业年金制度"来解决平稳衔接问题。《改革试点方案》规定："为建立多层次的养老保险体系，提高事业单位工作人员退休后的生活水平，增强事业单位的人才竞争能力，在参加基本养老保险的基础上，事业单位建立工作人员职业年金制度。具体办法由劳动保障部会同财政部、人事部制定。"

其实，事业单位中建立的"职业年金制度"，与企业中建立的"企业年金制度"是互相对应的。问题在于职业年金是否与企业年金一样，都实施自愿投保原则呢？而且事业单位缴纳的职业年金保险费是否与企业年金一样，都由单位自筹资金呢？如果事业单位养老保险制度改革后，"中人"退休后领取基本养老金（包括基础养老金、个人账户养老金、过渡性养老金）的水平与现行企业"中人"退休领取的基本养老金（包括基础养老金、个人账户养老金、过渡性养老金）的水平大体相仿，那么要使事业单位改革后退休的工作人员与事业单位改革前退休的工作人员在领取的养老金水平上不出现很大落差，就需要把事业单位的"中人"过去未缴纳职业年金保险费的年限"视同缴费"，通过给他们加发职业年金来解决事业单位改革前后退休人员待遇水平的平稳衔接问题。对于这样一个重大问题，《改革试点方案》也未作明确规定。

笔者认为，在分类改革后从事公益服务的事业单位，其职业年金的筹资渠道应与城镇企业的企业年金筹资渠道有所区别。它们的"单位缴费"应根据事业单位所隶属的主管部门层次，由各级政府部门财政预算列支。如果事业单位的职业年金与企业一样从自筹资金中缴纳，将会影响分类改革后事业单位保持"社会公益服务"的性质。

为了使事业单位职工养老保险制度改革后退休的人员与改革前退休的人员在养老保险待遇水平上不至于出现很大落差，同时又有利于促进改革后事业单位职业年金的发展，笔者建议，在明确"基本养老金＋职业年金"为我国事业单位职工养老保险制度改革的目标模式的前提下，应在改革后对"中人"采取"基本养老金＋职业年金＋过渡性退休津贴（或称过渡性生活补贴，下同）"的过渡性模式。其中的"过渡性退休津贴"，可考虑按"中人"退休前若干年（如两年或三年）的月平均工资性收入，乘上本人在事业单位参加工作至事业单位职工养老保险制度改革开始实施前的年数（即事业单位职工养老保险制度改革前的工龄，如本人曾在企业或机关工作过一段时间的，可按照劳动保障部、财政部、人事部、中央编办《关于在机关事业单位与企业之间流动时社会保险关系处理意见的通知》精神折算工龄），再乘上"过渡性退休津贴"系数加以确定。

笔者在提出对事业单位的"中人"计发"过渡性退休津贴"时，之所以不用本人在事业单位参加工作至其退休时的年数，而用本人在事业单位参加工作至事业单位养老保险制度改革开始实施前的年数，是希望在改革后逐年减少今后"中人"退休时计发的"过渡性退休津贴"金额，从而增强每个事业单位从其养老保险制度改革实施起参加职业年金的内在动力，通过事业单位工作人员在职时单位和个人缴纳职业年金保险费，在退休后领取职业年金，来弥补他们在今后退休时逐年减发"过渡性退休津贴"的缺口，使其在退休后领取的"基本养老金＋职业年金＋过渡性退休津贴"总额不低于比他早退休的同类人员领取的养老金水平。与此同时，国家也应通过择时提高企业退休人员的基本养老金水平，特别是积极引导和鼓励城镇企业及其职工参加企业年金保险，使今后更多的企业职工在退休后领取的"基本养老金＋企业年金"总额逐渐接近事业单位同类工作人员退休后领取的养老金总额。

三、事业单位职工养老保险制度改革试点最好与公务员养老保险制度改革试点同步进行

事业单位职工养老保险制度改革试点的成功与否，关系到如何按照全面落实科学发展观和构建社会主义和谐社会的要求，统筹协调事业单位工作人员与公务员、企业职工的养老保险待遇的重大问题，统筹协调改革前后退休的事业单位工作人员养老保险待遇的重大问题。在设计事业单位职工养老保险制度改革方案和部署事业单位职工养老保险制度改革试点的同时，应该高度关注以下三个问题：

第一，事业单位工作人员养老保险制度的改革，将直接影响我国的科教兴国战略是否能得到有效实施。即使按在目前中国尚未完成分类改革的3000万事业单位工作人员计算，教育、卫生和农技服务人员三项相加，占总数的3/4（杨琳、董瑞丰，2008）。他们的工资及退休后的养老保险待遇，将直接关系到这些单位能否吸引并稳定优秀的工作人员队伍，能否充分调动他们为全面建设小康社会、实现中华民族伟大复兴而努力的积极性。

第二，事业单位工作人员养老保险制度的改革，将直接影响《中华人民共和国教师法》和《中华人民共和国义务教育法》的有关规定是否能得到很好实施。在目前我国的3000万事业单位工作人员中，属于教育系统的占一半左右（杨琳、董瑞丰，2008）。在1993年10月31日由全国人大常务委员会会议通过并于1994年1月1日起施行的《中华人民共和国教师法》中明确规定："教师的平均工资水平应当不低于或者高于国家公务员的平均工

资水平，并逐步提高。""教师退休或者退职后，享受国家规定的退休或者退职待遇。县级以上地方人民政府可以适当提高长期从事教育教学工作的中小学退休教师的退休金比例。"在 2006 年全国人大修订通过的《中华人民共和国义务教育法》中也规定了从事义务教育的"教师的平均工资水平应当不低于当地公务员的平均工资水平"。可见，根据上述两个法律的有关条款精神，对属于事业单位工作人员的教师特别是从事义务教育的教师，也不可能使他们退休后的平均养老保险待遇明显低于公务员退休后的平均养老保险待遇。

第三，现阶段事业单位工作人员与公务员在作为计发退休后养老金基数的收入结构上比较类同。现阶段我国除全国义务教育学校从 2009 年 1 月 1 日起实施绩效工资外，其他事业单位工作人员的收入，仍主要包括国家规定的工资（岗位工资和薪级工资）、所在地区规定的职岗津贴、本单位的岗位津贴或补贴；其中前两部分在现阶段均作为计发退休后养老金基数的工资性收入。现阶段我国公务员的工资性收入，在已实施"阳光工资"的地区也主要包括国家规定的工资（职务工资、级别工资）、所在地区规定的公务员津贴和补贴（工作性津贴、生活性补贴、改革性补贴）；其中国家规定的工资和所在地区的部分津贴补贴在现阶段也作为计发退休后养老金基数的工资性收入。

因此，笔者认为，我国未来事业单位职工养老保险制度改革的目标模式应与未来公务员养老保险制度改革的目标模式大体相同或完全相同，采取"基本养老金＋职业年金"的模式，其中基本养老金包括基础养老金、个人账户养老金（"中人"再加"过渡性养老金"）；不管是事业单位工作人员还是公务员，基本养老保险费的缴纳办法与基本养老金的计发办法，均应与城镇企业职工的基本养老保险一样，不宜搞特殊化。差别在于事业单位和公务员所在单位缴纳的基本养老保险费，不像企业那样由本单位自筹、从税前列支，而是由各级财政负担；在于事业单位和公务员中的"中人"在退休后加发由各级财政负担的"过渡性退休津贴"。至于职业年金，与企业年金相对应，属于单位补充养老保险，但在这方面对事业单位工作人员和公务员而言，不仅单位的平均缴费比例可以比企业的平均缴费比例适当高些，而且其单位缴费的资金也应由各级财政负担；在事业单位工作人员和公务员退休后领取职业年金时，由于其单位和个人缴费的比例均比企业高，因此职业年金的平均水平将高于企业年金的平均水平，而公务员退休后领取的平均职业年金水平又可略高于事业单位工作人员退休后领取的平均职业年金水平。总之，事业单位人员在养老保险制度改革后领取的基本养老金加职业年金合计的养老金水平，不宜与未来公务员在养老保险制度改革后领取的基本养老金加职业年金合计的养老金水平相差太大。为顺利推进我国事业单位工作人员养老保险制度改革，减少改革的社会成本，建议我国事业单位工作人员养老保险制度的改革试点，最好在公务员养老保险制度改革方案已明朗情况下，与公务员养老保险制度的改革试点同步进行。

【参考文献】

[1] 陈红艳、于杨：《广东省事业单位养老保险改革实施办法》，《新快报》2008年12月21日。

[2] 张勇：《"广东事业单位工作人员可提前退休"是误解》，《广州日报》2009年12月21日。

[3] 国务院：《事业单位工作人员养老保险制度改革试点方案》，中国劳动咨询网，2008年3月14日。

[4] 李恺萌：《事业单位退休待遇高企业2倍，待遇差距仍在加大》，人民网，2008年12月22日。

[5] 杨琳、董瑞丰：《专家解析机构改革：事业单位将被分成三类》，中国新闻网，2008年3月17日。

（本文原载《华东师范大学学报》(哲学社会科学版) 2010年第3期)

关于我国事业单位养老保险制度改革前后平稳衔接的建议

在我国事业单位分类改革后，除了将主要承担行政职能的事业单位中的小部分（主要指目前实行"参照公务员管理"并具有行政执法权的事业单位）转为行政机关，纳入我国公务员养老保险制度；将主要从事生产经营活动的事业单位转为企业，纳入我国城镇企业职工养老保险制度以外，由财政全额供款并主要从事公益服务的事业单位将施行新的事业单位养老保险制度。在国务院同意印发的《事业单位工作人员养老保险制度改革试点方案》中，对"改革的适用范围"，也明确规定了"本方案适用于分类改革后从事公益服务的事业单位及其工作人员"。

在上述《改革试点方案》中，强调了改革后的事业单位工作人员的养老保险制度，与城镇企业职工养老保险制度建立多层次的养老保险体系相仿，"逐步建立起独立于事业单位之外，资金来源多渠道、保障方式多层次、管理服务社会化的养老保险体系"。其中有关"实行社会统筹与个人账户相结合的基本养老保险制度""基本养老金的计发办法""建立基本养老金正常调整机制""逐步实行省级统筹"等改革内容与 2005 年发布的《国务院关于完善企业职工基本养老保险制度的决定》精神是一致的。它有利于从制度上改变我国事业单位工作人员与城镇企业职工退休后养老保险模式的明显差异，有利于相对减缓未来各级财政预算支付的事业单位工作人员养老保险的压力，有利于从业人员在事业单位与企业之间流动时基本养老保险关系的转续。然而，从上述《改革试点方案》规定的试点内容看，还难以解决《国务院关于印发事业单位工作人员养老保险制度改革试点方案的通知》中明确要求的"妥善处理好改革前后退休人员待遇水平的平稳衔接"问题。笔者认为

《改革试点方案》想通过对事业单位工作人员的"中人"加发"过渡性养老金"，或者建立事业单位工作人员的"职业年金"制度来解决平稳衔接问题，都不太具有可行性。

首先，《改革试点方案》规定："本方案实施前参加工作、实施后退休且个人缴费年限累计满15年的人员，按照合理衔接、平稳过渡的原则，在发给基础养老金和个人账户养老金的基础上，再发给过渡性养老金。具体标准由各试点省（市）人民政府确定，并报劳动保障部、财政部备案。"

笔者认为在城镇企业职工基本养老保险制度改革中，也规定了企业中改革实施前参加工作、改革实施后退休的人员（即"中人"），如个人缴费（包括"视同缴费"）年限累计满15年的，在他们退休后除了发给基础养老金和个人账户养老金外，还发给"过渡性养老金"。当时加发"过渡性养老金"的目的，是为了解决属于"中人"的企业职工有若干年"视同缴费"但实际个人没有缴费对他们退休后领取个人账户养老金的影响，弥补这部分人退休时基本养老保险个人账户储存额的不足。那么事业单位的"中人"加发"过渡性养老金"，究竟是与城镇企业的"中人"加发"过渡性养老金"的作用相同，还是主要为了解决事业单位改革前后退休人员待遇水平的平稳衔接问题呢？对于这样一个重大问题，《改革试点方案》未作明确规定。

如果事业单位"中人"加发"过渡性养老金"的目的与企业相同的话，就势必使事业单位改革后退休的工作人员与事业单位改革前退休的工作人员在领取的养老金水平上形成很大落差，难以处理好事业单位改革前后退休人员待遇水平的平稳衔接；反之，如果事业单位"中人"加发"过渡性养老金"的目的与企业不同，主要是为了解决事业单位改革前后退休人员待遇水平的平稳衔接问题，那就会在很长时期内继续保持事业单位工作人员退休后领取的基础养老金明显高于企业职工退休后领取的基本养老金状况，而且也很难说改革后事业单位退休人员领取的是"保基本"的基本养老金。

其次，《改革试点方案》规定："为建立多层次的养老保险体系，提高事业单位工作人员退休后的生活水平，增强事业单位的人才竞争能力，在参加基本养老保险的基础上，事业单位建立工作人员职业年金制度。具体办法由劳动保障部会同财政部、人事部制定。"笔者认为事业单位中建立的"职业年金"制度，与企业中建立的"企业年金"制度是互相对应的。问题是"职业年金"是否与"企业年金"一样，都实施自愿投保原则呢？而且单位缴纳的职业年金保险费是否与"企业年金"一样，都由单位自筹资金呢？如果事业单位养老保险制度改革后，"中人"退休后领取基本养老金（包括基础养老金、个人账户养老金、过渡性养老金）的水平与现行企业"中人"退休领取的基本养老金（包括基础养老金、个人账户养老金、过渡性养老金）的水平大体相仿，那么要使事业单位改革后退休的工作人员与事业单位改革前退休后的工作人员在领取的养老金水平上不出现很大落差，就需要把事业单位的"中人"过去未缴纳职业年金保险费的年限"视同缴费"，通过给他们加发"职业年金"来解决事业单位改革前后退休人员待遇水平的平稳衔接问题。对于这样一个重大问题，《改革试点方案》也未作明确规定。

在分类改革后从事公益服务的事业单位，其"职业年金"的筹资渠道应与城镇企业的"企业年金"筹资渠道有所区别。它们的"单位缴费"应根据事业单位所隶属的主管部门层次，由各级政府部门财政预算列支。如果事业单位的"职业年金"与企业一样从自筹资金中缴纳，将会影响分类改革后事业单位保持"社会公益服务"的性质。

为了使事业单位养老保险制度改革后退休的人员与改革前退休的人员在养老保险待遇水平上不至于出现很大落差，同时又有利于促进改革后事业单位"职业年金"的发展，建议在明确"基本养老金＋职业年金"为我国事业单位养老保险制度改革的目标模式的前提下，应在改革后对"中人"采取"基本养老金＋职业年金＋过渡性退休津贴（或称'过渡性生活补贴'，下同）"的过渡性模式。其中的"过渡性退休津贴"，可考虑按"中人"退休前若干年（如2年或3年）的月平均工资性收入，乘上过渡性退休津贴系数，再乘上本人在事业单位参加工作至事业单位养老保险制度改革开始实施前的年数（即事业单位养老保险制度改革前的工龄），如本人曾在企业或机关工作过一段时间的，可按照原劳动保障部、财政部、人事部、中央编办《关于职工在机关事业单位与企业之间流动时社会保险关系处理意见的通知》（劳社部发〔2001〕13号精神折算工龄）计算确定。笔者在提出对事业单位的"中人"增发"过渡性退休津贴"时，之所以不用本人在事业单位参加工作至其退休时的年数，而用本人在事业单位参加工作至事业单位养老保险制度改革开始实施前的年数，是希望在改革后逐年减少今后"中人"退休时计发的过渡性退休津贴金额，从而增强每个事业单位从其养老保险制度改革实施起参加"职业年金"的内在动力，通过事业单位工作人员在职时单位和个人缴纳"职业年金"保险费，在退休后领取"职业年金"，来弥补他们在今后退休时逐年减发"过渡性退休津贴"的缺口，使其在退休后领取的"基本养老金＋职业年金＋过渡性退休津贴"总额不低于比他早退休的同类人员领取的养老金水平。与此同时，国家也应通过择时提高企业退休人员的基本养老金水平，特别是积极引导和鼓励城镇企业及其职工参加"企业年金"保险，使今后更多的企业职工在退休后领取的"基本养老金＋企业年金"总额逐渐接近事业单位同类工作人员退休后领取的养老金总额。

（本文原载《人民网》2010 年 3 月 3 日）

关于改革公务员养老保险制度的再思考

2004 年，笔者曾经发表了《改革我国公务员的养老保险制度》（见《人口学刊》2004 年第 5 期），在介绍我国现行的公务员养老保险制度的基础上，阐述了该制度存在的主要问题，探讨了改革我国公务员养老保险制度的总体目标和基本思路。2010 年，笔者在发表的《关于改革我国事业单位养老保险制度的思考》（见《华东师范大学学报》（哲学社会科学版）2010 年第 3 期）中，又明确提出并从三个方面论证了"事业单位职工养老保险制度改革试点最好与公务员养老保险制度改革试点同步进行"的建议。

鉴于 2010 年 10 月《中共中央关于制定国民经济和社会发展第十二个五年规划的建议》中再次提出"推动机关事业单位养老保险制度改革"、温家宝总理在今年《政府工作报告》有关 2011 年的工作中指出要"积极推进机关和事业单位养老保险制度改革"，笔者就当前我国在探索公务员（包括参照公务员法管理的工作人员，下同）养老保险制度改革中有争议或尚未确定的几个问题，发表个人的看法和建议。

一、公务员养老金与企业退休人员养老金
待遇差别过大的形成原因

近年来有关公务员及事业单位工作人员退休后领取的养老金与企业职工退休后领取的基本养老金差别过大已形成社会共识。这不仅引起了企业职工及退休人员的不满，使中央下决心连续 7 年较大幅度提高企业退休人员的基本养老金水平，而且也成为机关和事业单位养老保险制度改革的一个难点。

对于上述差别过大的形成原因，现在人们往往都归于我国企业从上个世纪 90 年代开始进行了养老保险制度的改革，而机关和事业单位的养老保险制度至今仍未实施改革。笔者认为除了这一根本的制度性原因外，还有一个重要原因是从 1993 年开始我国各地都先后连续几年较大幅度增加了机关和事业单位工作人员的地方职务津贴，并在计发公务员和事业单位工作人员退休时养老金的基数中占了相当大的比例。这也造成了早退休与晚退休的公务员、事业单位工作人员在养老金待遇上的较大差别，并大大增加了现阶段机关和事业单位养老保险制度改革中妥善处理好改革前后退休人员待遇水平平稳衔接的难度。可见，如果我国在上个世纪 90 年代时机关和事业单位的养老保险制度与企业的养老保险制度同步改革，就不会遇到像现在那么大的困难，而且可以预见机关和事业单位的养老保险制度改革愈推迟，改革的成本将会更大。

二、公务员在基本养老保险的办法上是否应有别于企业和事业单位

在《中华人民共和国社会保险法》的有关基本养老保险中规定，"公务员和参照公务员法管理的工作人员养老保险的办法由国务院规定。"这便给人们留下一个悬念：公务员的养老保险制度改革后，其基本养老保险费的缴纳和基本养老金的计发办法，可以与企业的基本养老保险和事业单位改革后的基本养老保险不一样。

笔者在《改革我国公务员的养老保险制度》中就提出"将目前国家机关公务员的养老保险制度分为基本养老保险与补充养老保险两个层次。其中的基本养老保险与当地城镇企业职工的基本养老保险一样"。在《关于改革我国事业单位养老保险制度的思考》中又指出"我国未来事业单位养老保险制度改革的目标模式应与未来公务员养老保险制度改革的目标模式大体相同或完全相同，采取'基本养老金＋职业年金'的模式"；"不管是事业单位工作人员还是公务员，基本养老保险费的缴纳办法与基本养老金的计发办法，均应与城镇企业职工的基本养老保险一样，不宜搞'特殊化'，差别在于事业单位和公务员所在单位缴纳的基本养老保险费，不像企业那样由本单位自

筹、从税前列支，而是由各级财政负担。"笔者感到这样做不仅能更好地体现公务员与企业、事业单位工作人员在基本养老保险上的社会公平，而且也有利于形成一个规范的养老保险制度，便于劳动者在跨机关、事业、企业单位和跨社会保险统筹地区就业时养老保险关系的接续。

三、改革前后退休的公务员养老保险待遇水平如何平稳衔接

2010 年，深圳市政府颁布了《深圳市行政机关聘任制公务员社会养老保障试行办法》，规定"聘任制公务员退休待遇通过参加社会基本养老保险、地方补充养老保险和职业年金制度予以保障。职业年金制度是指聘任制公务员在参加社会基本养老保险、地方补充养老保险的基础上，政府为保障其退休待遇所建立的补充养老保障制度。""各行政机关将本单位聘任制公务员职业年金缴费列入年度部门预算，按月划缴至聘任制公务员职业年金个人账户。"现在也有些学者主张通过建立由财政全额承担的"职业年金"制度，解决机关养老保险制度改革前后退休的公务员在养老保险待遇上的平稳衔接问题。

笔者认为深圳的"试行办法"对探索公务员的养老保险制度改革虽然具有积极意义，但仍未妥善解决公务员中的"中人"（即在养老保险制度改革前参加工作、在改革后退休的人员）在养老保险待遇上的平稳衔接问题。因为深圳市从 2010 年以来才对招考录用的公务员全部实行聘用制，而把此前已任职的公务员则作为"委任制公务员"，不在该"试行办法"适用范围内。而且他们规定的职业年金全部由财政承担、个人一点不缴费的办法，也不利于减轻政府在公务员养老保险中的负担，不符合补充养老保险发展的方向。为了使公务员养老保险制度改革后退休的人员与改革前退休的人员在养老保险待遇水平上不至于出现很大落差，同时又有利于促进改革后行政机关"职业年金"的发展，笔者建议在明确"基本养老金＋职业年金"为我国机关养老保险制度改革的目标模式前提下，应在改革后对公务员中的"中人"采取"基本养老金＋职业年金＋过渡性退休津贴"（或称"过渡性生活补贴"，下同）的过渡性模式。其中的"过渡性退休津贴"，可考虑按"中人"退休前若干年（如 2 年或 3 年）的月平均工资性收入，乘上本人在机关

参加工作至养老保险制度改革开始实施前的年数（即机关养老保险制度改革前担任公务员的年限），再乘上过渡性退休津贴系数加以确定。如本人曾在企业或事业单位工作过一段时间的，可按照劳动保障部、财政部、人事部、中央编办《关于职工在机关事业单位与企业之间流动时社会保险关系处理意见的通知》（劳社部发〔2001〕13 号）精神折算工龄。这样便能逐年减少今后"中人"在退休时计发的过渡性退休津贴金额，从而增强每个公务员从其养老保险制度改革实施起参加"职业年金"的内在动力，通过公务员在职时机关和个人共同缴纳"职业年金"保险费，在退休后领取"职业年金"，来弥补他们在今后退休时减发"过渡性退休津贴"的缺口，使其在退休后领取的"基本养老金＋职业年金＋过渡性退休津贴"总额不低于比他早退休的同类人员领取的养老金水平。同时引导和鼓励企业发展企业年金、事业单位发展职业年金，逐渐缩小未来企业退休人员、事业单位退休人员与退休公务员在养老保险待遇上的差距。

（本文原载《人民网》2011 年 10 月 17 日）

改革机关和事业单位养老保险制度刻不容缓

关于我国改革机关和事业单位的养老保险制度，自党的十七大报告提出"促进企业、机关、事业单位基本养老保险制度改革"以来，在党的十八大报告中再一次明确指出"改革和完善企业和机关事业单位社会保险制度"。本文将从"增强公平性"的视角简要阐述改革机关和事业单位养老保险制度的紧迫性，指出搞好机关和事业单位养老保险制度改革的关键，建议力争在"十三五"初全国机关和事业单位普遍实施新的养老保险制度。

一、改革机关和事业单位的养老保险制度是现阶段我国
增强社会养老保险制度公平性的"重中之重"

在党的十八大报告中，不仅进一步强调了"再分配更加注重公平""加快健全以税收、社会保障、转移支付为主要手段的再分配调节机制"，而且首次把"增强公平性"作为我国全面建成覆盖城乡居民社会保障体系的重点。笔者认为在现阶段中国社会养老保险制度中，最需要增强公平性的就是改革机关和事业单位的养老保险制度。因为现在我国城镇企业的职工，除用人单位需要按上年度本单位职工月平均工资总额的约20%缴纳基本养老保险费以外，职工个人也必须按上年度本人月平均工资收入（如个人月平均工资收入超过上年度在岗职工月平均工资收入300%的，以300%为缴费基数）的8%，累计缴满（包括部分"视同缴费"）15年及以上的养老保险费，才能在达到法定退休年龄后领取基本养老金；无用人单位的城镇从业人员，则个人需要至少以上年度本地区在岗职工月平均工资收入的60%为基数，按约20%的比例累计缴满15年及以上的养老保险费，才能在达到法定退休年龄后领取基本养老金。而现在我国机关和事业单位的工作人员却可以在在职时个人不缴纳养老保险费，当工作满规定年限并达到法定退休年龄后领取养老金。同时，由于现在我国机关和事业单位退休人员与城镇企业退休人员计发养老金的办法截然不同，以及从上世纪90年代中期起我国各地都在机关和事业单位实施并大幅度提高地方职务（岗位）津贴，并将国家规定的工资收入和地方岗位津贴相加作为按比例计发养老金的基数，从而逐渐扩大了机关和事业单位退休人员与城镇企业退休人员在养老金水平上的差距，使现阶段退休的机关和事业单位工作人员养老金水平比城镇企业的同类退休人员基本养老金水平要高1倍左右。

上述不公平的状况，由于直接涉及事业单位工作人员特别是各级党政机关公务员收入再分配利益格局的重新调整，影响他们的既得利益，再加上设计改革方案的复杂性，因而成为我国社会养老保险制度改革的"难点"，迟迟难以改变。如果从1998年1月我国对城镇企业职工实施统一的基本养老保险制度改革（在一开始起步时个人按4%的比例缴费）算起，已经延续15年了；如果从2005年国务院总理的《政府工作报告》提出要"研究制定机关事业单位养老保障制度改革方案"，到2013年2月5日发布的《国务院批转发展改革委等部门关于深化收入分配制度改革若干意见的通知》中再次提出要"研究推进公务员养老保险制度改革"，也已经过去8年了。其实，从某种意义来看，机关养老保险制度改革由于不涉及"分类改革"的前提要求，不需要在事业单位养老保险制度改革后才启动。在2012年发布的《中共中央国务院关于分类推进事业单位改革的指导意见》中，明确给出了事业单位改革的时间表：从2011年起至2015年，完成事业单位分类，承担行政职能事业单位和从事生产经营活动事业单位的改革基本完成，从事公益服务事业单位在人事管理、收入分配、社会保险、财税政策和机构编制等方面改革取得明显进展。到2020年，要建立起事业单位管理体制和运行机制。笔者认为只要党中央和国务院高度重视机关和事业单位养老保险制度的改革，把这项改革作为现阶段增强我国社会养老保险制度公平性的"重中之重"，我国完全有可能在"十二五"的后3年全面总结事业单位养老保险制度改革试点的经验，充分听取各方意见，抓紧搞好机关和事业单位养老保险制度改革的"顶层设计"方案及事业单位分类改革，力争在"十三五"初全国机关和事业单位普遍实施新的养老保险制度。

二、在机关和事业单位养老保险制度改革后实行"个人两项缴费"和构建"过渡性退休补贴与职业年金消长互补机制"是增强公平性的关键

关于机关和事业单位工作人员是否应与城镇企业职工一样在养老保险制度改革后由个人缴纳基本养老保险费的问题,上海市是我国最早进行改革探索的省级地区。在上世纪 90 年代初上海市政府有关部门征求我们专家意见时,大家都认为机关和事业单位会很快与城镇企业一样进行养老保险制度的改革,一致同意机关和事业单位的工作人员应与城镇企业职工按相同办法由个人缴纳基本养老保险费。1993 年上海市人民政府印发的《上海市城镇职工养老保险制度改革实施方案》中,就明确规定了"本市党政机关和全民所有制、集体所有制企业、事业单位的职工,股份制企业的职工,外商投资企业的中国职工,中央各部和外省市在沪单位的职工,在沪部队企业的职工,以及这些单位已退休的人员,均按本方案进行改革。""计算个人缴费额的工资收入,是指按国家统计局规定列入工资总额统计的项目,包括工资、奖金、津贴、补贴等收入之和。未列入工资总额统计的其他收入,不作为个人缴费的基数。""个人缴费的比例,改革起步时,职工按本人上一年月平均工资收入的 3% 缴费。"以后上海市又按 1997 年《国务院关于建立统一的企业职工基本养老保险制度决定》的要求,每两年提高 1 个百分点,在个人缴纳基本养老保险费的比例达到 8% 后长期保持至今。

近年来,上海市按 2008 年国务院决定在山西省、上海市、浙江省、广东省、重庆市先期开展事业单位基本养老保险制度改革试点的要求,从 2011 年 1 月起对全市事业单位退休人员养老保险金的支付办法进行了改革试点。鉴于上海市的试点方案不仅对事业单位退休人员中的"中人"(指改革前参加工作、改革后退休的人员)的养老金支付办法进行了改革,而且对事业单位退休人员中的"老人"(指改革前退休的人员)的养老金支付办法也进行了改革,计算方法比较复杂,至今仍未公布,因此,笔者只能从上海市事业单位退休人员的实际感受中粗略介绍改革试点方案的框架:改革后上

海市每个事业单位退休人员的养老收入均分为基本养老金和"生活补贴"两部分。其中基本养老金部分与上海市同类企业职工领取的基本养老金水平基本一致，由上海市社会养老保险统筹基金支付；"生活补贴"部分则按个人在事业单位退休时与工资对应的行政职务或专业技术职务的级别确定不同补贴金额标准，并在发放"生活补贴"时扣除过去从原单位领取的"共享费"等，根据事业单位属于"财政全额拨款""财政差额拨款""自收自支"的不同情况，主要由每个事业单位从主管政府部门财政中全额或按一定的差额比例转移支付（至于属"自收自支"的事业单位，"生活补贴"则由本单位支付）。笔者认为上述改革试点方案，较好地解决了事业单位退休人员在基本养老金待遇方面与城镇企业职工的基本养老金"并轨"问题，积极稳妥地处理了事业单位退休人员中的"中人"在改革前后"待遇水平的平稳衔接"问题，缩小了事业单位早退休与晚退休的"老人"在养老收入上的不合理差距。从前阶段上海市一些事业单位已退休的"中人"和"老人"的反响看，主要意见是担心今后"抚恤金"因计发基数不包括"生活补贴"而引起支付绝对金额明显减少。

　　然而，值得注意的是，在上海市进行的事业单位养老保险制度改革试点中未见到有关构建"'生活补贴'与职业年金消长互补机制"的"影踪"。笔者曾经在《关于改革我国事业单位养老保险制度的思考》（《华东师范大学学报》（哲学社会科学版）2010年第3期）和《关于改革公务员养老保险制度的再思考》（人民网，2011年10月17日）中，指出国务院同意印发的《事业单位工作人员养老保险制度改革试点方案》未解决"妥善处理好改革前后退休人员待遇水平的平稳衔接"这个深层次问题，建议在机关和事业单位养老保险制度改革后对"中人"实施"过渡性退休津贴"（或称"过渡性生活补贴"，下同）措施，可考虑按"中人"退休前若干年的月平均工资性收入，乘上本人在机关或事业单位参加工作至养老保险制度改革开始实施前的年数，以及过渡性退休津贴系数加以确定。这样随着今后机关和事业单位"中人"退休时计发的月过渡性退休津贴金额逐年减少，可增强每个机关和事业单位在职人员从其养老保险制度改革实施起参加"职业年金"的内在动力，通过他们在职时单位和个人缴纳"职业年金"保险费，在退休后领取"职业年金"，来弥补其今后退休时逐年减发"过渡性退休津贴"的缺口，使他们在退休后领取的"基本养老金＋职业年金＋过渡性退休津贴"总额不低于比他们早退休的同类人员领取的养老收入水平。与此同时，国家也应通过择时提高企业退休人员的基本养老金水平，特别是积极引导和鼓励城镇企业及其职工参加"企业年金"保险，使今后更多的企业职工在退休后领取的"基本养老金＋企业年金"总额逐渐接近机关和事业单位同类工作人员退休后领取的养老收入总额。

如果在现阶段我国事业单位养老保险制度改革试点后不尽快推进职业年金，在职人员个人不缴纳职业年金保险费，今后退休人员的养老收入在较长时期内仍限于"基本养老金"＋"生活补贴"这两部分，那么即使在试点中妥善解决了事业单位退休人员在改革前后养老待遇水平的平稳衔接，但实际上仍存在事业单位养老保险制度与城镇企业职工养老保险制度的"不公平"。2012年10月，国务院办公厅已印发了"分类推进事业单位改革配套文件之九"：《事业单位职业年金试行办法》；在2013年2月《国务院批转发展改革委等部门关于深化收入分配制度改革若干意见的通知》中，也明确要求"发展企业年金和职业年金"。为了切实增强我国机关和事业单位养老保险制度与城镇企业养老保险制度的公平性，笔者建议在我国机关和事业单位养老保险制度改革方案中，应该实行"个人两项缴费"：在职人员既缴纳基本养老保险费，又缴纳职业年金保险费；应该构建"过渡性退休补贴与职业年金消长互补机制"，使今后退休的机关和事业单位人员的养老收入，除基本养老金外的补充养老金中，"过渡性退休津贴"或"生活补贴"的份额逐渐减少，"职业年金"的份额逐渐增加。当然，笔者也注意到了《事业单位职业年金试行办法》中写入的"职业年金的税收政策由国务院财政税务主管部门另行制定"。希望国务院财政税务主管部门尽快制定激励职业年金与企业年金加快发展并体现两者"公平性"的税收政策，解决"职业年金"实施的"瓶颈"。

（本文原载《人民网》2013年3月5日）

退休制度：寻求代际公平与就业压力的平衡*

主持人：记者　柳森

嘉宾：桂世勋（华东师范大学人口研究所终身教授、中国社会保险学会常务理事）

新闻背景：当"金融海啸"扑面而来，人们无不感到丝丝凉意。与此同时，它也前所未有地加剧了大家对各自"收入""就业""养老"等问题的关切。也许正因如此，日前当一则有关"延迟退休"的学术会议新闻跃入公众视野，立刻引起了较大关注。

柳森：事实上，公众对近年来被数度热议的"晚退"话题并不陌生。然而与以往有所不同的是，此次讨论中，人们大多并不否认"晚退"具有缓解下一代养老压力的深远意义，但纷纷坦言，在金融海啸迎面而来、企业与员工大多忙着"抱团过冬"、共克时艰的当下提"晚退"，多少有些让人难以接受。

桂世勋：我也认为，现在并不是一个讨论退休年龄的恰当时机。一方面，在全球金融危机对我国实体经济的影响日益显现的当下，保民生、促就业无疑是所有问题中的重中之重。另一方面，这些年，我国劳动适龄人口比重尚处上升区间，加上下岗失业人员众多，而农村剩余劳动力还在不断地因市场所需向城市转移，城镇就业压力恐怕一时难缓。在这样的现状下实行"晚退"，不仅条件还不成熟，且难获认同。

但尽管如此，若为整个社会的长远发展考虑，又不得不说，当前及早在政策层面展开对"晚退"问题的审慎研究，已不再"为时过早"。这在理

＊ 本文由记者柳森采访。

论学术界是大多数人的共识。

柳森：也就是说，尽管现在推行"晚退"的条件尚不成熟，但对此议题展开研究、讨论却应及早入手。

桂世勋：的确如此，这也是现实情况提出的迫切要求。越来越多的预测和研究表明，在未来 20 到 30 年间，我国将正式由"人口红利期"转而进入"人口亏损期"。而与此同时，伴随着劳动适龄人口数量明显下降的，不仅有老龄人口的不断上升，还有人均预期寿命和人力资本周期的"双延长"。换句话说就是，一方面，人们平均领取基本养老金的年限正不断增加，但另一方面，由于教育水平的提高，大家的平均工作及缴纳基本养老金的年限却降低不少。照此趋势看，如果我们不尽早在社会保障上做足准备，那么到时整个社会的家庭养老压力都将承受重负。

更何况，一方面，与很多国家不同，我国还须直面社会基本养老金"历史隐性欠账"问题；另一方面，养老金具有福利发展的刚性，如果不及时完善现行养老金收缴平衡机制，不仅很难提高我们的下一代乃至子孙后代的退休生活质量，而且一旦未来缴费率愈来愈高，还可能影响企业雇佣职员依法缴纳养老金的积极性。

所以，我们必须及早想办法在未来人口老龄化和代际公平之间找到平衡点。而且，一个社会民生政策的出台往往需要充分的研判、论证与讨论。以美国为例，他们从 2000 年开始实施的将领取全额退休金的年龄从 65 岁推迟到 67 岁的决策，就是在上世纪 80 年代里根总统任期内作出的。

柳森：那么，究竟能否在代际公平、社会可持续发展与种种现实困难之间找到利益的平衡点？

桂世勋：找到平衡的办法是有的，那就是找准契机，在明确更合理的最低退休年龄的基础上，研究建立将养老金水平与工作服务年份密切挂钩的弹性退休制度。

而之所以要强调"弹性"，第一，可以最大程度上确保制度本身的公平性。在一个更合理的基本养老金缴付机制上，真正形成依法积极缴纳者多得、提前退休者少得、延长退休者多得的公平局面。第二，充分考虑到不同劳动者、劳动群体之间的差异。允许一些健康欠佳者、特殊工种从业者在达到最低退休年龄时，按个人意愿适当提前退休。同时也创造条件，让一些因社会、工作需要且身体健康的从业者（比如高级专家、技师等），在达到法定最低退休年龄后，适当延迟退休、继续发挥余热服务社会。

此外，也是整个弹性退休制度最核心的部分，那就是"小步渐进"。也就是说，通过在 10 年甚至可能更长的时间内、每隔 1 年推迟几个月退休的过渡期的办法，逐步推进退休年龄的调整。这样不仅可以在每一次具体调整前，给社会各界留足准备和适应相关变化的时间，还能将延迟退休可能给就业带来的影响降到最小。20 世纪 70 年代，日本的法定退休年龄为 55 岁。后来，到 80 年代，提高到男性 60 岁、女性 56 岁。90 年代初，又逐渐把退休年龄提高到男性 65 岁、女性 60 岁。这正是遵循了以上多方策略下的典型案例。

柳森：在时机上，我们该如何选择呢？毕竟，城镇劳动人口过剩下的就业压力仍是绕不过去的时代课题。而金融海啸的到来，一定程度上，也增加了未来种种可能风险或考验的不确定性。

桂世勋：据预测，我国 15—59 岁劳动适龄人口数将从 2000 年的 8.33 亿迅速增加到 2011 年的峰值 9.32 亿后，开始出现缓慢的负增长，在 2024 年后减少到 9 亿以下，在 2045 年后减少到 8 亿以下。同时，我国许多城市的户籍劳动适龄人口数也将可能在 2010—2025 年期间，出现类似上海市那样"劳动适龄人口呈负增长且减少幅度较大"的趋势。上述人口变动趋势的出现，无疑在使我国老年人口抚养比迅速上升的同时，也为我国在不加剧就业压力前提下逐步推迟退休年龄提供了可能。

也就是说，从全国来看，从 2020 年左右开始，"小步渐进"地扩大执行延迟退休的人群范围是较为可行的。而此时恰逢我国经济结构调整、产业升级期，新的就业机会的出现和因技术革新而不断提高的劳动生产率、不断降低的劳动强度，都可能为在促进就业的同时实现"人尽其用、老有所为"创造更好的条件。

（本文原载《解放日报》2008 年 12 月 8 日）

我国人口老龄化与养老保险

联合国前秘书长安南于 2002 年 4 月 8 日在西班牙马德里召开的第二届世界老龄大会开幕式讲话中指出："世界正经历着一个史无前例的人口转变，从现在到 2050 年，老年人口总数将从大约 6 亿增加到 20 亿左右。"由于老年人口越来越多，以致挑战将越来越复杂。我们需要现在就开始为此做准备。我们必须设计一个适应 21 世纪需要的老龄问题行动计划。"2010 年 10 月，在《中共中央关于制定国民经济和社会发展第十二个五年规划的建议》中，要求在"十二五"期间"坚持广覆盖、保基本、多层次、可持续方针，加快推进覆盖城乡居民的社会保障体系建设。"并强调"发展企业年金和职业年金，发挥商业保险补充性作用。"

一、21 世纪上半叶我国人口老龄化对养老保险压力的多侧面分析

（一）人口老龄化及老年人口的年龄起点

人口老龄化是指老年人口数占总人口数的比例（即老年人口系数）不断增大的变化趋势。1956 年，联合国委托法国人口学者皮撒主编出版了《人口老龄化及其社会经济影响》一书，曾使用过"64 岁以上人口在总人口中"的比例这一指标。在 1982 年联合国召开的第一届世界老龄大会文件中涉及老年人口划分标准时，根据世界发展中国家人口老龄化发展的新情况写道："另一种硬性的却比较方便的办法是把 60 岁和 60 岁以上的人统一划为年长人。联合国采用了此一定义，本文亦用之。"在本文开头引用安南所讲的

21 世纪上半叶世界老年人口数变化时，按联合国的中位预测，就是指世界 60 岁及以上人口数。我国城镇职工的法定退休年龄从 20 世纪 50 年代以来长期沿袭男职工 60 岁、女职员 55 岁、女工人 50 岁的标准。在今后一段时期内可能会逐渐推迟，但要达到男性职工与女性职工都在 65 岁同龄退休，看来至少需要 20—30 年。现在有些学者经常把 65 岁作为我国老年人的年龄起点，把 15—64 岁作为劳动年龄人口，将会高估我国现阶段城乡劳动年龄人口的数量及其缴纳基本养老保险费的总量，低估我国老年人口数对养老保险金支付的极大压力。因此，笔者在 2009 年《人口研究》第 5 期上撰写的《中国人口老龄化和老年保障六十年回顾及探讨》一文中呼吁国家统计局应发布我国每年 60 岁及以上老年人口数及 15—59 岁人口数，使人们对中国人口老龄化状况及其影响有一个更符合国情的认识。

（二）21 世纪上半叶我国老年人口数、老年人口系数及老年抚养比迅速发展的态势

据 2010 年 2 月国家统计局发表的《中华人民共和国 2009 年国民经济和社会发展统计公报》，2009 年末我国 60 岁及以上老年人口数为 1.67 亿，60 岁及以上老年人口系数为 12.5%，15—59 岁劳动年龄人口数为 9.21 亿，15—59 岁劳动年龄人口抚养 60 岁及以上老年人口的老年抚养比为 18.1%（不包括香港、澳门、台湾地区和福建省的金门、马祖地区，下同）。21 世纪上半叶，由于我国人口平均预期寿命不断增高和 1950—1957 年与 1962—1975 年两次出生人口数高峰期的人口惯性作用，我国 60 岁及以上老年人口数将呈现迅速增长的态势。据笔者主持的国家社会科学基金重点项目"21 世纪中国人口发展趋势及其对策"所进行的多方案人口发展趋势预测，在经过对 2000 年中国第五次人口普查得到的全国分性别和年龄组人口数低年龄组修正的基础上，假设中国育龄妇女的总和生育率从 2000 年的修正值 1.8，逐渐提高到 2015 年的 1.9、2020 年的 2.1，然后逐渐下降到 2040 年的 2.0，并保持到 2100 年（以下简称"修正生育中方案"）；中国人口平均预期寿命从 2000 年的男性 69.63 岁、女性 73.33 岁，逐渐上升到 2050 年的男性 77 岁、女性 81 岁，2100 年的男性 81 岁、女性 85 岁，那么我国 60 岁及以上老年人口数将从 2000 年末的 1.31 亿迅速增加到 2050 年末的 4.58 亿，50 年内增长 2.50 倍；其中在 2014 年末超过 2 亿、2025 年末超过 3 亿、2035 年末超过 4 亿，到 2052 年末达到峰值（4.60 亿）后开始缓慢减少，2100 年末仍为 4.07 亿。

在 21 世纪上半叶我国 60 岁及以上老年人口数迅速增长的同时，由于从上世纪 70 年代初以来全面实施计划生育，在有效控制出生人口数和总人口数过快增长的同时，也使老年人口系数迅速上升。按上述修正生育中方案预测的结果，我国 60 岁及以上老年人口系数将从 2000 年末的 10.3% 迅速上升到 2050 年末的 31.2%，50 年内增加 20.9 个百分点；其中 2025 年末超过 20%、2048 年末超过 30%，到 2100 年末仍达 31.5%。与此相应，按上述修正生育中方案预测的结果，我国 15—59 岁劳动年龄人口的老年抚养比将从 2000 年末的 15.7% 波浪式上升到 2050 年末的 59.6%，50 年内增加 43.9 个百分点；其中在 2012 年末超过 20%、2023 年末超过 30%、2030 年末超过 40%、2040 年末超过 50%，到 2100 年仍为 60.5%。这种人口老龄化变动趋势表明，21 世纪上半叶我国城乡养老保险全覆盖后领取养老金的人数将会大幅度增加，而缴纳养老保险费的人数将会明显减少。

（三）未来我国的"高龄化""少子化"和"城市化"，将使人口老龄化的挑战更为严峻和复杂

在 21 世纪上半叶我国人口老龄化迅速发展的进程中，又伴随着高龄人口数及其占总人口数比例的迅速发展、育龄妇女生育水平长期偏低和大批农村年轻人向城镇流动迁移的变动，将导致出现以下三种情况：

1."高龄化"。按上述修正生育中方案预测的结果，我国 80 岁及以上高龄老年人口数将从 2000 年末的 1211 万迅速增加到 2050 年末的 1.01 亿，50 年内增长 7.34 倍；其中在 2034 年末超过 5000 万、2045 年末超过 8000 万，2100 年末为 1.14 亿。我国 80 岁及以上高龄老年人口占总人口的比例将从 2000 年的 1.0% 迅速上升到 2050 年的 6.9%，50 年内增加 5.9 个百分点。人口高龄化的加剧，使未来老年人口中患病和失能、失智老人的比例有可能大幅上升，不仅会严重加大企业和政府在基本医疗保险方面的经济负担，而且也会明显增加老年人在医疗和照料方面的支出，从而要求更多地增加个人的基本养老金及各种补充养老金收入。

2. "少子化"。据中国老龄科研中心主持的"中国城乡老年人口状况一次性抽样调查",在被调查的 60 岁及以上老年人中,2000 年平均现有子女数(包括收养子女)为 4.0 个;其中在城市老年人中平均现有子女数为 3.6 个,在农村老年人中平均现有子女数为 4.4 个。预计我国从 2017 年后进入 60 岁的老年人中,全国城乡平均至少有 30% 为独生子女的父母亲,特别是在城市中 80% 以上老年人为独生子女的父母亲。这种"少子化"的趋势,将明显减弱未来家庭经济赡养功能,使更多老年人依赖个人的基本养老金及各种补充养老金收入。

3. 城市化。2009 年末我国城镇人口为 6.22 亿,占总人口的 46.6%,比 1978 年末的 17.9% 提高了 28.7 个百分点,31 年间年均增加了 0.93 个百分点。据国务院于 2008 年印发的《全国土地利用总体规划纲要(2006—2020 年)》,预计"到 2010 年和 2020 年,城镇化率将分别达到 48% 和 58%"。20 世纪 80 年代中期以来,我国农村中大批年轻人流迁到城镇工作,在大量减少农村剩余劳动力、增加农村居民家庭人均经济收入的同时,也加大了我国解决流动从业人员养老保险全覆盖的难度,加剧了我国农村老年人的"空巢化"及其患病、失能、失智后生活照料的困难。据中国老龄科研中心主持的"中国城乡老年人口状况一次性抽样调查"和"中国城乡老年人口状况追踪调查",在被调查的 60 岁及以上农村老年人中,生活在"空巢家庭"(指独居和仅老年夫妇家庭)中的比例,2000 年为 32.9%,2006 年上升到 42.4%。

二、我国在城乡养老保险制度改革中取得的主要成绩

(一)关于城镇职工社会养老保险

我国在 20 世纪 50 年代初制定《中华人民共和国劳动保险条例》的基础上,1958 年又颁布了《国务院关于工人、职员退休处理的暂行办法》,先后在企业职工、国家机关和事业单位的职工中实行了退休制度,使符合条件的上述单位职工到达法定退休年龄后可领取养老金。从 1984 年起我国开始对城镇企业职工养老保险制度进行改革,并逐步建立和完善了由国家、企业与个人共同负担缴费机制、实行社会统筹与个人账户相结合的城镇企业职工基

本养老保险制度，之后，国家又提出了形成基本养老保险、企业补充养老保险、商业养老保险的多层次养老保险体系的要求。其间经历了城镇职工社会养老保险费用在同一城市内的实施社会统筹、在试点基础上形成全国统一的城镇企业职工养老保险改革的方案、基本养老保险基金实行"收支两条线"、将过去基本养老保险基金在行业统筹的部门全部移交地方管理，以及采取逐步做实个人账户试点、完善基本养老保险计发办法、推进省级统筹等重大措施。在《中共中央关于制定国民经济和社会发展第十二个五年规划的建议》中，又进一步提出了在"十二五"期间"实现基础养老金全国统筹"的目标。

（二）关于农村社会养老保险

我国从 1986 年民政部召开"全国农村基层社会保障工作座谈会"后开始探索农村社会养老保险，1991 年民政部制定了《县级农村社会养老保险基本方案（试行）》，试行"个人缴纳为主，集体补助为辅，国家予以政策扶持"的筹资模式。2003 年后我国部分地区又开展了以各级财政对参保的农村劳动者给予直接补贴为特征的新型农村养老保险探索。2009 年 8 月，国务院召开了新型农村社会养老保险试点工作会议，决定当年先在全国 10%的县（市、区、旗）进行"新农保"的试点，同年 9 月 1 日又颁发了《国务院关于开展新型农村社会养老保险试点的指导意见》。其中规定"新农保"试点的基本原则是"保基本、广覆盖、有弹性、可持续"；规定凡"年满 16周岁（不含在校学生）、未参加城镇职工基本养老保险的农村居民，可以在户籍地自愿参加新农保"；试点的任务目标是"探索建立个人缴费、集体补助、政府补贴相结合的新农保制度，实行社会统筹与个人账户相结合，与家庭养老、土地保障、社会救助等其他社会保障政策措施相配套，保障农村居民老年基本生活。"并要求在"2020 年之前基本实现对农村适龄居民的全覆盖"。2010 年国务院又决定在全国增加 13%的县（市、区、旗）进行"新农保"的试点（2 年累计为 23%）。在《中共中央关于制定国民经济和社会发展第十二个五年规划的建议》中，又把我国新型农村社会养老保险全覆盖的时间提前了 5 年，提出了在"十二五"期间"实现新型农村社会养老保险制度全覆盖"的目标。

（三）关于城镇居民社会养老保险

我国部分地区从 2008 年起进行了城乡居民养老保险制度的探索，把本地区新型农村社会养老保险办法扩展到具有本地区户籍、年满 16 周岁以上未参加或不能享受机关事业单位和城镇企业养老保险的所有城镇居民。其中较有代表性的北京市、重庆市、天津市、浙江省及郑州市、泰州市、芜湖市、包头市、杭州市等政府均发布了城乡居民养老保险办法。这些办法与国务院颁发的新型农村社会养老保险试点方案相似，实行个人账户与基础养老金相结合，个人缴费、集体补助与政府补贴相结合的制度模式。尽管这些办法还需要进一步完善，逐渐形成全国大体统一的个人缴费办法和政府补贴办法，但其个人缴费标准较低，且可自主选择不同档次又能同时不同程度地得到政府补贴的设计确实很好。既解决了本市（省）户籍城乡居民在能否享受地方政府养老补贴待遇方面存在的矛盾，又扩大了本地区基本养老保险的覆盖面，有利于加快推进我国覆盖城乡居民的社会养老保险体系建设。现在《中华人民共和国社会保险法》已认可"省、自治区、直辖市人民政府根据实际情况，可以将城镇居民社会养老保险和新型农村社会养老保险合并实施"的做法。

（四）关于跨统筹地区从业人员的基本养老保险关系转移接续

国务院办公厅于 2009 年 12 月转发了人力资源和社会保障部、财政部联合制定的《城镇企业职工基本养老保险关系转移接续暂行办法》，并从 2010 年 1 月 1 日起施行。该《暂行办法》规定，凡参加城镇企业职工基本养老保险的所有人员（包括外来流动从业人员）的基本养老保险关系可在跨省就业时随同转移；除了转移个人账户以外，统筹基金"以本人 1998 年 1 月 1 日后各年度实际缴费工资为基数，按 12% 的总和转移"。国家将"建立全国县级以上社保经办机构联系方式信息库"，"加快建立全国统一的基本养老保险参保缴费信息查询服务系统，发行全国通用的社会保障卡"。这样便较好地维护了包括外来流动从业人员在内的参加城镇企业职工基本养老保险人员在跨统筹地区就业时的养老保险权益，提高了他们参加城镇企业职工基本养老保险的积极性，极大地方便了人口流动过程中养老保险关系的转移接续。

三、推进和完善未来我国城乡养老
保险体系建设的若干对策建议

（一）在进行机关事业单位养老保险制度改革方面，既要力求基本养老保险模式与城镇企业统一，又要解决好改革前后退休人员待遇水平的平稳衔接问题

关于我国基本养老保险制度的改革，虽然在《中华人民共和国国民经济和社会发展第十一个五年规划纲要》中已明确提出了"推进机关事业单位养老保险制度改革"的要求，但至今我国仍未对机关事业单位工作人员的退休养老制度进行改革；2008年，国务院曾印发《事业单位工作人员养老保险制度改革试点方案》，决定在山西省、上海市、浙江省、广东省、重庆市进行试点，但由于试点方案仅较多地考虑了事业单位基本养老保险模式与城镇企业相统一的问题，并未解决"妥善处理好改革前后退休人员待遇水平的平稳衔接"的深层次问题，致使我国事业单位养老保险制度改革试点的进程被推迟。但最近在《中共中央关于制定国民经济和社会发展第十二个五年规划的建议》中，又重新提出在"十二五"期间"推动机关事业单位养老保险制度改革"的问题。对此，笔者认为，无论是机关还是事业单位的工作人员，在基本养老保险模式上应该与城镇企业职工一样，按同样比例缴纳基本养老保险费，按同样办法计发基础养老金和个人账户养老金（"中人"再加"过渡性养老金"），而所不同的则应体现在补充养老保险上，如企业发展"企业年金"，机关事业单位则可发展"职业年金"。为了有利于机关事业单位改革前后退休人员待遇水平的平稳衔接，笔者建议，在机关事业单位养老保险制度改革后对"中人"（即改革前已参加工作、改革后退休的人员）加发"过渡性退休津贴"，按"中人"退休前若干年的月平均工资性收入，乘上本人在机关事业单位参加工作至改革开始实施前的年数，再乘上过渡性退休津贴系数加以确定，以便于在今后机关事业单位改革后"中人"退休时计发的过渡性退休津贴金额逐年减少，从而增强每个机关事业单位工作人员从其养老保险制度改革实施起参加"职业年金"的内在动力，通过机关事业单位工作人员在职时单位和个人缴纳"职业年金"保险费，在退休后领取"职业年金"，来弥补他们在今后退休时逐年减发"过渡性退休津贴"的缺口，使其在退休后领取的"基本养老金＋职业年金＋过渡性退休津贴"总额与比他早退休的同类人员领取的养老金水平不出现较大落差。与此同时，国家也应通过择时提高企业退休人员的基本养老金水平，特别是积极引导和鼓励城镇企业及其职工参加"企业年金"保险，使今后更多的企业职工在退休后领取的"基本养老金＋企业年金"总额逐渐接近机关事业单位同类工作人员退休后领取的养老金总额。

（二）在促进包括农民工在内的流动从业人员社会养老保险方面，既要加大强制用人单位为所有建立劳动关系的聘用人员缴纳基本养老保险费的执法力度，又要引导与聘用单位未建立劳动关系和无用人单位的流动从业人员自愿选择参加适合自己情况的各类社会养老保险

在我国基本养老保险制度的改革中，各地对包括农民工在内的流动从业人员养老保险问题虽然进行了有益探索，出现了"深圳特区模式""北京模式""上海模式""杭州模式"等，但至今全国仍未达成共识，形成统一的外来流动从业人员养老保险模式。据 2010 年国家人口和计划生育委员会发布的首部《中国流动人口发展报告》，2009 年我国流动人口数量达到 2.11 亿；报告预计在未来二三十年，我国流动人口数的增速将逐步放缓，但规模仍将不断扩大。笔者认为，如果我国现在不千方百计地解决好包括农民工在内的流动从业人员参加社会养老保险的问题，那么当这一大批劳动者年老后，他们生活质量的提高就将会受到严重影响，会大大加重未来社会救助的压力，给政府财政、社会和家庭带来沉重的养老负担。为此，笔者建议，对包括农民工在内的流动从业人员应按"强制参保与自愿选保"相结合的原则，力争在"十二五"期末积极引导全国大多数流动从业人员参加各类社会养老保险。对其中有用人单位并建立劳动关系的流动从业人员，应严格按照《中华人民共和国社会保险法》中规定的"用人单位应当自行申报、按时足额缴纳社会保险费，非因不可抗力等法定事由不得缓缴、减免。职工应当缴纳的社会保险费由用人单位代扣代缴，用人单位应当按月将缴纳社会保险费的明细情况告知本人。"并加强执法监督力度，强制要求用人单位为本单位聘用并建立劳动关系的外来流动从业人员按规定缴纳基本养老保险费。但是，对于城镇与聘用单位未建立劳动关系和无用人单位的流动从业人员（包括大量灵活就业的农民工），如果也强制要求他们参加流入地的城镇企业职工基本养老保险的话，那就不太现实了。由于他们无用人单位为其缴纳基本养老保险费，因此就需要由个人至少以从业地上年度在岗职工平均工资的60%为基数，按约20%的比例缴纳基本养老保险费。显然，这并不是所有无用人单位的流动从业人员都能承受的。他们中许多人迫切希望能参加个人缴纳养老保险费较少并能获得政府补贴的其他社会养老保险。鉴于近年来我国开展的新型农村社会养老保险试点和部分城市实施的城乡居民社会养老保险今后将在全国各地普及的实际，因此，对大批在城镇无用人单位的包括农民工在内的流动从业人员，可以容许他们根据自身经济收入和缴纳养老保险费的能力，自愿选择究竟是参加流入地的城镇企业职工基本养老保险，还是参加户籍所在地的新型农村社会养老保险或城乡居民社会养老保险。

（三）在发展多层次养老保险体系方面，既要坚持基本养老保险"保基本"的合理替代率，又要制定完善激励企业年金、职业年金和商业养老保险发展的政策措施

鉴于基本养老金的刚性特点及发达国家实施养老保险的经验教训，我国在现阶段发展多层次养老保险体系、研究制定城镇职工基本养老金的合理替代率时，不能只考虑 2010 年我国 GDP 总量已超过日本，成为世界第二经济体的情况，还应考虑到我国人均 GDP 根据国际货币基金等国际组织数据，至今仍在世界各国中排在第 100 位左右，在很长时期内我国仍处于社会主义初级阶段的实际；不能只考虑到满足我国现在 1 亿多 60 岁及以上老年人领取各类养老金的需要，还应考虑能否满足 2035—2100 年间我国 60 岁及以上老年人始终超过 4 亿时领取各类养老金的需要；不能只考虑到现在 15—59 岁劳动年龄人口的老年抚养比为 18% 时如何有利于代际和谐，还应考虑在 2047—2100 年间 15—59 岁劳动年龄人口的老年抚养比始终超过 55% 时能否有利于代际和谐的问题。我国在城镇企业职工基本养老保险制度改革中，曾提出过退休人员的人均基本养老金应相当于在岗职工人均工资性收入 50% 左右的合理替代率，也提出过每年平均基本养老金按本地区上年度在岗职工平均工资增长幅度的 40%—60% 进行调整的办法。近年来，国家考虑到企业退休人员与机关事业单位退休人员的养老待遇差距较大及通货膨胀等因素，已连续 7 年较大幅度地增加了城镇企业退休人员特别是早退休人员和专业技术人员的基本养老金。这是完全必要的，但它不能代替建立合理的调整基本养老金的长效机制，也决不能使人们产生这样的错觉，认为企业退休人员的基本养老金只有与机关事业单位的退休金水平基本持平，才有利于构建和谐社会。因为我国机关事业单位的养老保险制度至今还没有改革，21 世纪以来退休的人员在计发养老金基数时，均包括其退休当月工资性收入中占较大比例的地方岗位津贴部分，致使他们按 85%—90% 比例计发的退休金水平实际上高于了"保基本"的标准。如果把目前尚未改革的机关事业单位的退休待遇水平作为企业职工基本养老金调整的参照目标，不仅会大大加重支付养老金历史隐性债务的压力，而且也不利于调动企业及其职工参加包括企业年金和商业养老保险在内的多层次养老保险的积极性。笔者认为，坚持基本养老金"保基本"的合理替代率是实现养老保险体系"多层次"的必要条件，但不是充分条件。要使我国的企业年金（包括今后要试行的职业年金，下同）和商业养老保险发展兴旺，还需要制定完善激励企业年金和商业养老保险发展的政策措施。其中，包括企业在制定为其工作人员购买企业年金和商业养老保险方案时必须坚持公平、公正、合理、透明的原则，只要由单位提供部分保费的，均应充分听取全体职工及职工代表大会的意见，接受上级行政主管部门和上级工会的监督；政府有关部门应联合制定对企业年金更优惠、更公平和更具操作性的政策措施，联合制定完善商业人寿保险公司和其他金融机构经营商业养老保险业务给予减免营业税和所得税的政策措施，联合制定参加企业年金或购买商业养老保险的个人每年向其账户缴费免征个人所得税的上限和未到年老时提前领取补征个人所得税及罚款的政策措施，使企业年金和商业养老保险在保证基金安全的前提下，提高专业化理财水平，真正发挥对基本养老保险的补充作用。

（本文原载《中国商业保险》2011 年第 1 期）

九、医疗保险

人口老龄化与改革医疗收费办法

医疗经费不足，医疗卫生机构入不敷出，是影响当前上海市卫生事业发展的一个重要原因。为了促进上海市卫生事业的迅速发展，必须在经济体制改革的过程中，及早研究改革医疗收费办法的问题。

一、从未来人口发展的"三化"趋势看改革的必要性

自 1982 年 10 月起，上海市全面推行了"两种收费"办法，除了对自费病人的检查费、手术费、材料费等继续按原标准收费外，对公费医疗和劳保医疗则按当时的成本（不含工资）进行收费。这样做对于弥补医疗机构的亏损，改善为病人服务的物质条件，提高医疗科学水平，曾经起了一定的积极作用。然而，由于近年来医疗上所需的原材料、器械设备、消耗材料和劳务费用的价格普遍调整，医院本身按规定开支的福利性补贴不断增加，使医疗卫生经费仍严重不足。据有关部门统计，1985 年全市医疗卫生机构的费用在扣除国家财政补贴后，仍亏本 8000 万元左右。

面对上海市医疗机构存在的这种收不抵支、经费严重不足的状况，有的同志认为我国的医疗机构是福利事业，应采取亏损全部由国家财政包下来的办法，亏多少补多少。我认为这种办法不仅不符合我国经济体制改革的要求，不利于增强医疗机构的活力和充分调动医务人员的积极性，而且也不能很好适应未来半个世纪内本市人口老龄化愈来愈严重的状况。

众所周知，1985 年末，上海市 60 岁及以上老人数为 157.99 万，占总人口的 13.0%，是我国人口老龄化水平最高的一个省、市、区。根据我们最近所做的 1985 年至 2050 年上海市人口自然变动趋势的预测，如果撇开未来人

口迁移的影响，在本世纪内继续贯彻普遍提倡每对夫妇只生育一个孩子的政策，从下个世纪初再逐步转为提倡每对夫妇最好生育两个孩子的政策，那么2000年全市老人数将比1985年增长46.60%，占总人口的18.4%；2026年老人数将达到顶峰，比1985年增长190.92%；2030年老人数占总人口的比重将最大，高达37.9%。

特别是伴随着人口老龄化的加剧，上海市还将出现老年人口高龄化和劳动年龄人口老化的趋势。根据上述预测，2000年上海市80岁及以上高龄老人数将比1985年增长118.99%，占60岁及以上老人的比重也将由1985年的8.5%上升到12.7%；2043年高龄老人数将达到顶峰，比1985年增长891.13%，高龄老人数也将占60岁及以上老人的35.8%。同时，2000年上海市年老的劳动年龄人口（男45—59岁、女45—54岁人口）数将比1985年增长57.23%，占按国内标准计算的全部劳动年龄人口（男16—59岁、女16—54岁人口）的比重也将由1985年的20.5%上升到32.2%；2005年本市年老的劳动年龄人口数将达到顶峰，比1985年增长101.60%；2010年这部分人口数占整个劳动年龄人口的比重将最大，高达44.5%。

在未来的半个世纪内，上海市人口发展呈现的"三化"趋势（即总人口老龄化、老年人口高龄化、劳动年龄人口老化），必然会大大增加本市就医的人次和医疗费用的总开支。如分别按近两年中取得的上海市区4‰老龄人口和上海郊县农村3‰老龄人口基本状况的抽样调查资料进行推算，2000年上海市区的总人口数虽比1985年增长3.65%（不包括人口迁移因素的影响），但同期有病的老人数却增长53.22%，其中有重病的老人数将增长68.51%；2000年上海郊县总人口数虽比1985年增长3.32%（不包括人口迁移因素的影响），但同期郊县农村有病的老人数却增长44.22%，其中有重病的老人数将增长50.21%。可见，在医疗成本费用得不到合理补偿的条件下，医疗卫生机构防治疾病人数的大量增加，便意味着出现更加巨大的亏损。由于我国经济还很不发达，如果要国家财政长期把愈来愈大的亏损全部包下来，必然难以为继，甚至可能超出国家经济实力所能承受的程度。

上海市的人口老龄化比全国早一二十年，碰到人口老龄化所带来的经济和社会问题也比其他地区要早得多，因此上海市理应把退休职工的医疗保险以至于整个医疗收费办法的改革问题尽早提到议事日程上来，广泛发动各方面的同志，群策群力，总结各种试点经验，深入进行多方案的研究。

二、改革医疗收费办法的远期目标及过渡措施

改革我国医疗收费办法的远期目标，应该是实行社会医疗保险，由国家、企业（或集体）、个人三者共同承担医疗费用，医疗机构按保本微利的原则定价收费，国家则向医疗机构征收低税率的所得税、调节税和奖金税等税收。

为什么医疗收费办法改革的远期目标必须按保本微利的原则定价收费呢？这是因为我国的医疗卫生事业虽然是福利事业，应该把社会效益放在首位，努力提高医务人员的职业道德，但由于社会主义经济是公有制基础上的有计划的商品经济，医疗机构向社会购买医疗设备、药品器材、燃料及需要修理、运输劳务时必须遵循价值规律，按其社会必要劳动量所决定的价格来付款，因此，我们的医疗机构提供的医疗劳务也要考虑经济效益，遵循价值规律的要求，承认医务人员在提供医疗劳务时新创造的经济效益必然大于医务人员本身的劳务费。即使我们做到了按成本（包括医务人员工资）计算医疗收费标准，仍然还没有完全实现价值规律的要求。而且医疗收费标准如果只限于保本，那医疗机构所消耗的物化劳动和活劳动，只能得到最低限度的补偿，医疗卫生单位只能维持简单再生产，不利于增强医疗机构搞活的内在动力和外在压力，不利于增强它们的自我改造、自我发展和开展社会主义竞争的能力，不利于充分调动广大医务人员的社会主义积极性。

当然，要完全实现上述目标，需要逐步创造条件，包括经济的高度发展、劳动者收入水平的较大提高和人们观念的更新。这就必须经过长时期的努力。在目前，我们只能采取一些符合远期目标方向的过渡性措施。根据前一段的各种试点，在本市医疗收费办法的改革中，可以逐步采取以下几项小改小革的过渡性措施：

第一，逐步实行按经常变化的成本价格（不含工资），定期调整劳保和公费的医疗收费标准。考虑到目前企业和地方财政的承受能力，也可采取分步走的办法，先按当前的实际成本价格（不含工资）与原来的医疗收费价格差额的40%—50%加价，然后再逐步提高加价的比率，最后完全按当时的

实际成本价格（不含工资）收费。

第二，逐步实行劳保公费医疗费的社会统筹，妥善解决企事业单位因退休职工与在职职工的比例不同而引起的医疗费负担悬殊的状况。现在上海市不少老的企事业单位退休职工很多，有的甚至已超过在职职工数。前一时期，全民所有制或集体所有制内部各个单位实行的退休金社会统筹的办法，只解决了各单位在退休金负担上的悬殊问题，没有解决它们在医疗费负担上的悬殊问题。据有关部门测算，上海市平均每个在职职工的年医疗费用约为60元，而平均每个退休职工的年医疗费用却要100元左右。因此，目前一些退休职工多的老企事业单位已深切感到医疗费负担十分沉重，影响本单位的发展和在职职工福利待遇的改善，强烈要求尽快实行劳保公费医疗费的社会统筹。

第三，除老幼自费医疗者在较长时期内仍维持原收费标准外，对20—59岁的自费医疗者逐步提高自费的收费标准。因为20—59岁的自费医疗者中绝大多数是有一定收入的劳动者，其中有些人的收入还是相当可观的。即使按照医疗费用的实际成本价格（不含工资）收费，对他们仍是有利的。不过鉴于目前上海市的自费医疗收费标准与劳保公费医疗的收费标准差额较大，也可考虑采取分步走的办法，先按劳保公费医疗收费标准的70%—80%收费，然后再逐步提高。

第四，逐步完善和推广上海市有些单位在前个时期实行的将一部分劳保公费门诊医药费发给职工本人，实际医药费超过备用金部分由个人自付10%的试点经验。在完善的过程中，可考虑对个人自付的医药费比率，实行逐步递减的收费办法，即实际医药费超过备用金少的，个人自付的比率高些；反之，个人自付的比率低些。比如，每月医药费超过备用金50元以内的，个人自付15%；超过备用金50—200元的，50元以上部分个人自付10%；超过备用金200—500元的，200元以上部分个人自付8%；超过备用金500元的，500元以上部分个人自付5%。这样做，既可体现职工个人负担一部分医药费的精神，减少劳保公费医疗中的浪费，又能照顾一部分重病职工的经济困难。

第五，继续扩大和发展按质论价的医疗收费办法。现在上海市已有许多医院开设了专科门诊和特色门诊，收取个人自付的较高门诊费。这种办法符合社会主义商品经济按质论价的原则，有利于充分发挥各家医院的优势，适当增加医疗机构及高层次医务人员的经济收入，较好地为一些疑难杂症的病人提供医疗服务，深受广大医务人员和居民的欢迎。今后应该在不断提高医疗服务质量的前提下，进一步加以推广。当个人负担一部分医疗费用的办法普遍实行后，还可考虑将市级、区（县）级、地段（乡）级医院的医疗收费标准适当拉开差距，以更好地体现按质论价的原则，使各级医院都得到合理的发展。

（本文原载《社会》1987 年第 4 期）

中国老年人的健康状况及
医疗保险改革新思路

中国是世界人口大国，也是老年人众多的大国。1990年人口普查表明，中国60岁及以上老人数为9719万（不包括香港、澳门、台湾地区及金门、马祖等岛屿的老人数，下同），占世界60岁及以上老人总数的19.9%；中国65岁及以上老人数为6314万，占世界65岁及以上老人总数的19.3%。由于老年人的健康状况在总体上要比年轻人差得多，老年人的医疗费用在人均水平上要比年轻人高得多，因此，面临未来中国人口老龄化迅速发展的态势，深入了解中国目前城乡老年医疗保险的状况，全面探讨城乡医疗保险改革的新思路，不仅对妥善解决中国的"老有所医"问题具有重要意义，而且对世界上老龄化程度较高的国家研究制定在保证老年人基本医疗需求的前提下节省社会医疗费负担的方案，也有较大的启示。

一、中国老年人的健康状况

据1987年中国社会科学院人口研究所主持进行的中国60岁及以上老年人口抽样调查，按加权汇总的全国老年人口自报的健康状况，良好的占16.3%，较好的占28.3%，一般的占27.9%，较差的占17.6%，很差的占9.3%，不详的占0.7%；如果考察65岁及以上老人，自报健康状况较差和很差的，在城市老人总数中占28.7%，在镇老人总数中占30.9%，在农村老人总数中占25.6%（见表1）。

表1　1987年中国老年人自报健康状况　　　　　单位：%

类别	60 岁及以上老人			65 岁及以上老人		
	城市	镇	农村	城市	镇	农村
合计	100.0	100.0	100.0	100.0	100.0	100.0
良好	15.0	13.5	17.5	14.6	14.0	17.0
较好	30.6	32.4	26.3	31.2	32.0	26.6
一般	25.2	23.4	30.0	24.6	22.4	29.9
较差	17.9	18.7	17.2	17.5	18.5	17.0
很差	10.6	11.4	8.2	11.2	12.4	8.6
不详	0.6	0.6	0.8	0.8	0.7	0.9

N（60 岁及以上老人）＝13963 人（城市）；3856 人（镇）；13936 人（农村）。

N（65 岁及以上老人）＝8233 人（城市）；2399 人（镇）；12326 人（农村）。

资料来源：中国社会科学院人口研究所编：《中国 1987 年 60 岁及以上老年人口抽样调查资料》，《中国人口科学》编辑部 1988 年出版，第 275—278 页。

　　1993 年，有的中国学者根据 1990 年中国第四次人口普查资料和中国老龄科学研究中心主持进行的 1992 年中国 12 个省、自治区、直辖市老年人供养体系调查资料，计算了 1992 年中国 60 岁及以上老人的平均预期带病期。所谓平均预期带病期，是指在老年人的平均剩余寿命中，身体伴有各种慢性病的那一段时间。它是通过将老年人口的年龄别带病率与生命表中相应的生存人年数相乘计算得到的。如果考察 60 岁及以上老人，城市男性老人的平均预期带病期为 12.25 年，占 60 岁平均剩余寿命 16.30 年的 75.2%；城市女性老人的平均预期带病期为 15.11 年，占 60 岁平均剩余寿命 19.26 年的 78.5%；农村男性老人的平均预期带病期为 9.00 年，占 60 岁平均剩余寿命 15.77 年的 57.1%；农村女性老人的平均预期带病期为 11.45 年，占 60 岁平均剩余寿命 18.36 年的 62.4%。[1] 可见，目前中国 60 岁及以上老人，在其存活的年限内平均至少有一半时间是患有各种慢性病的。

　　从目前中国老人所患的主要慢性病来看，前四位的是心血管疾病（高血压、冠心病），呼吸系统疾病（气管炎、肺气肿、肺心病），关节炎和消化系统疾病（肠、胃、肝、胆疾病）。据上述 1992 年中国 12 个省、自治区、直辖市老年人供养体系调查资料，60 岁及以上老人的前四位疾病，在城市中依次为心血管疾病、呼吸系统疾病、关节炎和消化系统疾病；在农村中依次为呼吸系统疾病、关节炎、消化系统疾病和心血管疾病（见表2）。

表2　1992年中国部分地区老年人的前四位疾病　　　　单位：%

疾病分类	60岁及以上老人		65岁及以上老人	
	城市	农村	城市	农村
心血管疾病	22.0①	14.9④	24.1①	15.3③
呼吸系统疾病	16.7②	25.3①	19.5②	26.1①
消化系统疾病	14.5④	15.9③	14.8④	14.7④
关节炎	15.5③	22.6②	17.0③	22.4②

N（60岁及以上老人）=12920人（城市）；7898人（农村）。
N（65岁及以上老人）=7709人（城市）；5549人（农村）。
资料来源：中国老龄科学研究中心：《中国老年人供养体系调查数据汇编》，第473—479页。

二、中国老年人的医疗保险状况及存在问题

在中国，除对城乡的无子女、无依无靠、无生活来源的老人由政府和集体给予包括"保医"在内的"五保"（保吃、保穿、保住、保医、保葬）外，自20世纪50年代初以来长期沿袭城市和农村二元结构的医疗保险制度。

1. 城市中老人医疗保险制度的沿革

1951年，中国政务院（后改为国务院，下同）发布了《中华人民共和国劳动保险条例》，确定在全民所有制企业、较大规模的集体所有制企业中的在职职工和退休职工，患病、负伤、生育时的诊疗费、手术费、住院费、药费、检查费、接生费等，全部由企业支付；由这些企业职工供养的直系亲属（本人不是退休职工）患病时，在企业医院或特约医院中治疗，其手术费和药费可由企业负担二分之一。上述劳动保险医疗经费按各企业职工工资总额的一定比例，与职工福利基金合并提取，由本企业行政部门自行管理。这种提取比例，经过不断调整，在1969年11月后规定为工资总额的11%，称为"职工福利基金"，主要用于支付本企业职工（包括退休职工）的医疗费用、本企业职工供养的直系亲属的半费医疗补助费、本企业保健站医务人员

的工资及本企业职工的福利费。由于职工劳保医疗费用不断上升，1978年
后又规定企业的职工劳保医疗费用还可从本企业交纳所得税后的赢利中提取
的福利基金开支。

1952年，中国政务院又发布了《关于全国各级人民政府、党派、团体
及所属事业单位的国家工作人员实行公费医疗预防的指示》，确定在党政机
关及所属事业单位（如全民所有制的教育、卫生、体育、文化艺术、科研单
位）的在职职工和退休职工，患病、负伤、生育时的诊疗费、手术费、住院
费、药费、检查费、接生费等，全部由国家负担。上述公费医疗经费来自中
央和地方财政拨款，由各级卫生部门统筹使用，归各级政府建立的公费医疗
预防实施管理委员会及其下设的办公室负责管理。由于公费医疗费用不断
上升，卫生部和财政部于1960年首次规定了公费医疗人员的自费药品，在
1965年又规定公费医疗人员看病的挂号费自理。1982年以来，中国有不少
地区还相继开展了对公费医疗制度的改革。

1987年中国60岁及以上老年人口抽样调查资料表明，当时城市老年人
中可享受全部劳保、公费医疗及"五保"待遇（即公费）的合计占51.2%，
可享受半劳保医疗待遇（即半自费）的占22.1%，不能享受劳保和公费医
疗待遇（即自费）的占26.7%；如果考察城市中65岁及以上老人，可享受
全部劳保、公费医疗及"五保"待遇的合计占43.8%，可享受半劳保医疗
待遇的占24.6%，不能享受劳保和公费医疗待遇的占31.6%。从1992年中
国12个省、自治区、直辖市老年人供养体系调查资料中看到，在被调查的
9889名城市60岁及以上老人中，1991年平均每人看病、住院、买药所花的
医药费为508元；其中实际花费过医药费的有8106人，他们医药费的主要
承担者按比重大小依次为国有企业（占31.8%）、国家机关及事业单位（占
20.0%）、老人自己（占17.6%）、集体企业（占13.7%）、子女（占10.1%）、
配偶（占4.9%）、街道及居委会（占0.4%）、其他亲属（占0.3%）；此外，
其他占0.9%，说不清的占0.5%。可见，目前我国城市中约有三分之二的老
人主要由企业和各级财政承担医药费。

2. 农村中老人医疗保险制度的沿革

在中国农村，只有全民所有制农场职工（包括退休职工）和属于党政
机关工作人员的一些乡干部（包括退休干部），可按规定享受劳保或公费医

疗待遇。广大农民始终排除在劳保和公费医疗制度之外。20 世纪 50 年代后期，中国的一部分农村相继建立了合作医疗制度。这是一种以互助互济为基础，依靠集体经济和群众筹资举办的粗放型的集资医疗保健制度。合作医疗基金的筹集方式，大多数是集体与个人各承担一部分，一般个人承担比例在 20%—60% 左右。合作医疗基金额每人每年约 10 元左右，大多数村规定参加合作医疗的农民在村卫生室看病的门诊药品费可全部报销，在乡卫生院及县、市医院看病、住院所需的医疗费用报销比例根据村的集体经济水平而定，一般医药费可报销 50%—70%。70 年代末、80 年代初，在中国农村经济体制急剧变革的过程中，由于集体的公共积累下降、管理制度不健全及卫生行政部门未及时加强引导，全国大多数农村地区的合作医疗制度纷纷解体，重新恢复了自费医疗。

据 1987 年中国 60 岁及以上老年人口抽样调查，当时农村老年人中可享受全部劳保、公费医疗及"五保"待遇（即公费）的占 2.2%，可享受合作医疗待遇（即半自费）的占 3.1%，自费的占 94.7%；如果考察农村中 65 岁及以上老人，可享受全部劳保、公费医疗及"五保"待遇的占 1.8%，可享受合作医疗待遇的占 3.1%，自费的占 95.1%。1992 年中国 12 个省、自治区、直辖市老年人供养体系调查资料表明，在被调查的 10194 名农村 60 岁及以上老人中，1991 年平均每人看病、住院、买药所花的医药费为 198 元；其中实际花费过医药费的有 6369 人，他们医药费的主要承担者按比重大小依次为子女（占 44.5%）、老人自己（占 35.4%）、配偶（占 8.0%）、乡及村委会（占 3.5%）、国有企业（占 2.7%）、国家机关及事业单位（占 1.6%）、其他亲属（占 1.2%）、集体工业企业（占 1.0%）；此外，其他占 0.5%，说不清的占 1.6%。可见，在目前我国农村中仍有九分之八的老人主要由家庭承担医药费。

3. 城乡老人医疗保险制度存在的问题

中国长期实行的上述劳保医疗、公费医疗及合作医疗的制度，对满足国有企业和城市集体企业的职工及其供养的直系亲属、国家机关及其所属的事业单位职工、参加合作医疗的农民的基本医疗保健需求，免除他们的后顾之忧，促进经济发展和社会的稳定，曾经起到了极其重要的作用。然而，随着在职职工特别是退休职工人数的大幅度增加，高档新药品的问世、高新医疗设备和新技术的应用，以及医药生产、销售单位和医疗单位的经营方式变革，这种制度的弊端也愈来愈明显，出现了以下一些主要问题：

（1）医疗费支出迅速增长，国家和企业负担沉重。以 1986—1990 年时期为例，按当年价格计算，中国的国民生产总值增长 82.4%，而全民所有制单位在职职工的劳保和公费医疗卫生费支出却增长 92.8%，全民所有制单位退休职工（包括享受离休待遇的职工和提前退职的职工，下同）的劳保和公费医疗卫生费支出竟增长 294.3%。[2] 同期上海的国民生产总值增长 51.7%，而全市在职职工劳保和公费医疗卫生费支出却增长 180.9%，全市退休职工的劳保和公费医疗卫生费支出竟增长 264.5%。[3]

（2）缺乏经济制约机制，医疗费用浪费很大。劳保和公费医疗费用由企业和国家全部负担的办法，刺激医疗高消费，使享受这些待遇的人员缺乏费用意识，在就诊时常常要求医生多开药、开好药，使用最高档的医疗设备进行检查；医院为多赚钱、医生为讨好病人，也常常不顾是否确有必要，盲目开大处方、人情方，同意用最高档的医疗设备给病人进行检查，从而助长了医药供应单位热衷于生产、进口、供应高档医疗用品和药品，医疗单位竞相购置高档医疗设备和药品，造成医疗费用和药品的大量浪费。

（3）劳保医疗资金分散，难以发挥企业间的互济作用。根据中国国家统计局提供的资料计算所得，1990 年中国全民所有制单位退休职工按人口平均的年劳保和公费医疗卫生费支出为 381.0 元，比在职职工按人口平均的年劳保和公费医疗卫生费支出 160.1 元要增加 1.38 倍。[4] 由于各个企业的职工年龄结构、退休职工与在职职工的比例有很大差别，经济效益各不相同，而劳保医疗费用至今仍不能在企业间调剂使用，所以，必然造成各个企业特别是新老企业在劳保医疗费用负担上畸重畸轻，使不少经济效益较低、退休职工比重很大的老企业不堪负担劳保医疗费用，甚至无力支付本企业退休职工的大病医疗费。

（4）农村合作医疗制度覆盖面窄，管理不够科学。80 年代末，中国 94% 的农村行政村均无合作医疗制度，[5] 就是在极少数继续坚持合作医疗制度的农村，管理上也存在不少缺陷，如一些村的主要干部明知合作医疗基金额不够，也不敢适当提高农民个人的自付金额，从而使村集体的经济负担愈来愈重；不少村规定了参加合作医疗的农民在村卫生室看病的门诊药品费可全部报销，又加重了村集体的医疗费用负担和助长了药品的浪费；对参加合作医疗的农民大病医疗费报销，始终缺乏一个比较科学和合情合理的办法。据 1988 年统计，上海市 10 个郊县三分之一以上村卫生室的合作医疗基金出现亏空。[6]

三、中国老年人医疗保险改革的新思路

1992 年 5 月，中国政府决定在国务院领导下，由国家体制改革委员会、卫生部、劳动部、财政部、人事部、医药事业管理局、物价管理局和全国总工会组成职工医疗制度改革小组。该小组的日常工作由国家体制改革委员会抓全面情况，并进行综合研究，卫生部负责研究公费医疗改革方案，劳动部负责劳保医疗改革方案。此外，卫生部还负责研究建立和完善农村的医疗保险制度方案。近年来中国正在积极进行城乡医疗保险制度改革的试点。我认为要搞好中国城乡居民特别是老年人的医疗保险制度改革，需要从我国的国情出发，采取综合措施，其中包括逐步引入个人医疗消费机制，建立不同范围统筹的城乡医疗保险基金，努力扩大城乡医疗保险覆盖面，健全医疗保险管理体制，完善医疗管理制度，提高社会化管理程度等。现阶段应该主要做好以下几方面的工作：

1. 医疗保险基金的筹集应由国家、单位（或集体）和个人三方面合理负担，并在不同范围内统筹使用。鉴于目前中国经济发展比较落后，过去长期沿袭的城乡医疗保险二元结构的格局又不可能在短期内根本改变，所以，在医疗保险基金的筹集渠道和统筹使用范围上仍将保留城乡差别。城镇职工的医疗保险基金筹集时，由单位缴费的那部分，有的是从各级政府财政预算拨款中转入的，有的是从企业本身的职工福利费和劳动保险费中提取的。为了改变各个企业在职工特别是退休职工医疗费负担上畸重畸轻的状况，保障职工的基本医疗需求，体现国家和各单位在医疗保险费用上的合理负担，并有利于城镇劳动力的社会流动，必须冲破职工劳保医疗费用不能在企业间互相调剂的限制，而像职工养老保险那样，实行社会统筹。城镇职工医疗保险统筹的范围一般拟以同一个城市为宜。城镇职工个人缴纳的医疗保险费在改革起步时可低一些，前一段有的省、市已规定每个在职职工交纳个人工资总

额的 1%，今后可随经济发展、工资增长及各城市实际支出的职工医疗费增加的情况逐步提高。至于退休职工，可免缴医疗保险费。在农村，除"五保"老人的医疗费用主要由各级政府民政部门负担外，合作医疗基金的筹集在现阶段只能由集体（或单位）和个人负担。它可遵循"以支定筹、略有结余"的原则，以家庭户为单位，按村或乡人均纯收入的一定比例及每户人数的多少缴纳医疗保险费（如有的农村规定每人交纳乡人均纯收入的 1%—2%）。农村老人仍需由本人或亲属交纳医疗保险费，然后在本村或乡的范围内统筹使用。

2. 合理规定医疗保险的用药范围和药品数量，从严控制高新仪器检查对象。在药品报销制度上，现在有些省、自治区、直辖市卫生部门已从现阶段药品更新换代的实际情况出发，制定劳保和公费医疗保险用药范围的规定，对超出用药范围的西药和中成药，如蜂王浆、鹿茸精、人参、补脑汁、六合维生素、桂圆膏、银耳、莲心、虎骨木瓜酒等等，不予报销。农村合作医疗也可参照上述规定并结合本乡、村的支付能力适当加以调整。在一次门诊处开出的药品数量上，有的已规定急性病限 3 天药，一般慢性病限 7 天药，结核病等特殊慢性病最多 1 个月的药。对费用昂贵的高新仪器检查，也规定应严格掌握指征，不得随便使用；通过一般检查已明确诊断而再用高新仪器检查的，检查费用不予报销。

3. 享受医疗保险的个人仍应负担一定比例的医疗费用。在个人负担医疗费用的比例上，一般为负担住院医疗费的比例低于负担门诊医疗费的比例，退休职工负担医疗费的比例低于在职职工负担医疗费的比例。如有的省规定门诊医疗费，在职职工个人负担 10%，退休职工个人负担 7%；住院医疗费，在职职工个人负担 5%，退休职工个人负担 3%；高新仪器的检查、治疗费一次在 200 元以上的，在职职工个人负担 15%，退休职工个人负担 10%。至于有的地方规定某一年个人负担的医疗费超过上一年该地区职工平均工资的 8% 或 10% 者，其超过部分可全部由职工医疗保险基金支付，我认为不很妥当，仍易助长个人负担医疗费超过规定比例的那部分职工过度消费医疗资源，因此建议可改为采取累减个人负担医疗费率的办法。比如，退休职工个人负担住院医疗费，一般为 3%。如某个退休职工个人负担的年医疗费为上年该地区职工平均工资的 8%—20% 时，超过 8% 部分的住院医疗费，个人只需负担 2.5%；如个人负担的年医疗费为上年该地区职工平均工资的 20%—50% 时，超过 20% 部分的住院医疗费，个人只需负担 2%；如个人负担的医疗费为上年该地区职工平均工资的 50%—100% 时，超过 50% 部分的住院医疗费，个人只需负担 1.5%；如个人负担的医疗费为上年该地区职工平均工资的 100% 以上时，超过 100% 部分的住院医疗费，个人只需负担 1%。也可考虑建立职工个人医疗账户，把单位缴纳医疗保险费用的一部分和职工个人缴纳的全部医疗保险费用，记入个人医疗账户。当职工的医疗费用在个人医疗账户中不足支付时，除由社会统筹医疗保险基金支付外，个人仍要负担一定比例的医疗费，其比例也可随医疗费用的增加而降低。在目前中国农村，由于合作医疗基金数额不多，除根据就诊或住院的医疗单位级别（村、乡、县及以上）、门诊还是住院、个人全年医疗费的数额，相应规定个人负担医疗费的不同比例外，一般都规定参加者全年医疗费超过一定数额（如有的乡规定 3000 元）后，其超过部分全部由个人负担；对其中因患大病重病而造成生活困难者，再根据合作医疗的经济可能，在年终酌情给予补助。至于对那些在医学上已确诊为脑死亡的病人，医院无法治疗，完全靠机器或药物来维持生命的，如病人家属仍要求抢救，则应考虑较多地提高个人负担的住院医疗费比例，以减轻医疗保险基金的开支。

4. 加强和完善医疗单位、医药生产及销售单位的管理。参加各种医疗保险的人员，应持有关证件到指定的医疗单位就医。为了促使医疗单位提高医疗质量，改善服务态度，可让参加医疗保险的人员到定点的几个同级医院就医。高新仪器的检查和转高一级医疗单位就医，应根据病情需要，由主治医师以上人员申请，经过主任或分管院长同意并加盖医院公章。医疗单位要贯彻"因病施治、合理用药"的原则，严格按医疗保险规定范围开药方。违者将根据情节轻重，受到批评、行政处分和经济处罚。在调整医疗服务价格的基础上，要逐步实行医疗服务和销售药品分开核算，允许病人持处方到医院外的医药商店去购药。医药生产单位和销售单位要端正经营方针，加强医药用品质量的管理，严禁乱涨价。政府有关部门与各级医疗保险管理机构也应互相配合，在药品的购销范围、医药用品的质量、医疗收费标准、药品销售价格、经费开支范围、医疗费报销等方面，加强对医疗单位、医药生产和销售单位的监督检查。当前应充分重视对上述管理制度及奖惩办法的研究，适当增加监督检查人员的配备。

　　5.逐步扩大城乡医疗保险覆盖面，提高社会化管理程度。为了贯彻实施"2000年人人享有卫生保健"的战略目标，保障广大农民、特别是农村老人的基本医疗需求，应该引导农民的消费结构向合理化、健康化发展，教育农民从劳动收入中合理分流一部分用于自身健康投资并发扬互济精神，逐步恢复和建立更加科学的农村合作医疗制度。在建立这种合作医疗制度时，要因地制宜，量力而行，适应本地区社会经济发展水平和群众的意愿；要经过试点，有计划有步骤地推广；要搞好经济管理和医疗技术管理，管好和用好合作医疗基金。在城市中，由于深化改革、扩大开放，私有经济、外资经济得到较快发展，也需研究如何在这些企业的职工中开展医疗保险。在逐步扩大城乡医疗保险覆盖面的进程中，还应该积极创造条件建立城乡统一的医疗保险管理机构。现在，中国有些省、自治区、直辖市已建立社会保险局或社会保障局，目前的主要职能是负责管理社会养老保险。在今后条件具备时应把医疗保险纳入社会保险局或社会保障局的管理职能之中，在局下面专门设立管理城乡医疗保险的部门。

　　以上对中国老年人健康状况及医疗保险改革作了简要的介绍和探讨。我感到在提高老年人的健康水平和节省医疗费负担上，还有一个重要措施就是切实贯彻预防为主的方针，全方位开展预防保健工作。在继续做好预防传染病的同时，应重视对老年人常见的高血压、冠心病、肺心病、恶性肿瘤、关节炎和肠胃病的防治。

　　要加强对处于老年前期的中年人的健康检查和预防保健工作，从少年儿童时期就开始养成少抽烟或不抽烟，不酗酒，低盐、低糖、合理营养的饮食习惯和健康的生活方式。这样做，可以较多地缩短60岁及以上老人的平均预期带病期，既有利于提高中国老年人的生活质量，减少老年人的痛苦和减轻老年人家属的负担，而且还有利于大大节省老年医疗保险基金的开支。现在这个问题已逐步引起了一些人口老龄化程度较高的发达国家的重视，并采取了"终生保健"的系列措施，值得我们很好借鉴。

【参考文献】

　　[1] 王梅：《老年人口健康和医疗保障研究》，中国人民大学出版社1993年版。

[2] 国家统计局编:《中国统计年鉴（1987）》《中国统计年鉴（1991)》,分别由中国统计出版社 1987、1991 年版。

[3][4] 上海市统计局编:《上海统计年鉴（1987）》《上海统计年鉴（1991)》,上海人民出版社 1987 年版、中国统计出版社 1991 年版。

[5] 罗益勤:《我国农村实行健康保险问题的探讨》,载中国农村医疗保健制度研究课题组编《中国农村医疗保健制度研究》,上海科学技术出版社 1991 年版。

[6]《上海社会保障问题研究》课题组:《当今社会保障》,上海社会科学院出版社 1989 年版。

（本文原载《华东师范大学学报》（哲学社会科学版）1995 年第 2 期）

完善养老保险和医疗保险的社会政策探讨

　　社会政策是各级政府制定的关于社会工作的基本方针和行动准则，它的功能是通过社会工作解决和预防社会问题，保障及改善人民生活，缓解社会矛盾，促进经济发展和社会稳定。在 21 世纪上半叶，中国将面临人口老龄化迅速发展的趋势，如何搞好未来中国几亿老年人的养老保险和医疗保险，保障他们的基本需求，对于提高老年人的生活质量，促进社会稳定，实现可持续发展，将具有重大的战略意义。本文试图立足当前，面向未来，具体探讨进一步完善中国城镇养老保险和老年医疗保险的若干社会政策，供政府部门决策参考。

一、城镇养老保险和医疗保险改革及其面临的挑战

（一）80 年代中期以来的主要改革

　　从 20 世纪 80 年代中期起，中国对城镇企业的养老保险制度和医疗保险制度开始进行了一系列重大改革，主要采取了以下几项改革措施：

　　1. 在保险体系上，将原来单一的养老保险和医疗保险改为多层次的养老保险和医疗保险体系：基本保险、企业补充保险、个人储蓄性保险或商业保险。

　　2. 在基本保险的覆盖面上，将原来主要限于城镇国有企业和集体企业及职工改为城镇所有企业（包括国有企业、集体企业、外商投资企业、私营企业等）及职工，以至城镇个体工商户及其帮工。

　　3. 在基本保险费用的承担上，将原来全部由企业负担改为个人也要负

担一部分。

4.在基本保险基金的构成上，将原来的劳动保险基金（存于企业工会银行账户内）、劳动保险调剂金（存于省级工会或产业工会全国委员会银行账户内）、劳动保险总基金（存于全国总工会银行账户内）相结合改为社会统筹与个人账户相结合。

中国对城镇养老保险和医疗保险制度的这些改革，有利于相对减轻企业和政府的负担，分散个人和企业在养老和医疗方面的风险，减缓退休人员与在职职工之间的代际矛盾，更好地保障城镇退休人员在基本生活和基本医疗方面的需求，促进经济发展和社会稳定。

（二）面临的挑战

1999年末，中国60岁及以上老年人口已达1.26亿，占总人口比例超过10%，进入了老年型社会。按照联合国预测，2050年中国60岁及以上老年人口将增加到3.97亿，占总人口26.2%。[1]面对21世纪上半叶中国人口老龄化如此迅速发展的态势，这种挑战仍然是非常严峻的，对企业、个人和政府的经济压力也将是十分沉重的。

首先，对企业来讲，缴费种类繁多，不堪重负。按照国务院规定，企业要为其职工缴纳的基本养老保险费和基本医疗保险费两者相加相当于本企业在职职工工资总额的26%左右。如果再加上企业缴纳的失业保险费、工伤保险费、生育保险费和住房公积金，估计至少需支出相当于本企业在职职工工资总额的1/3。何况在基本医疗保险负担上，国务院还规定随着经济发展，企业缴费率还可作相应调整。在一些城市中，医疗费用除统筹基金支付、个人账户支付或由个人自付外，企业还要负担相当一部分。比如，按目前上海的规定，退休人员一次性住院医疗费在起付线（一级医院为1500元，二级医院为2000元，三级医院为2500元）以下部分，退休前所在企业至少负担96%；在起付线以上部分，退休前所在企业至少负担11.25%；退休人员在家庭病床和门诊部分项目（肿瘤化疗、放疗及重症尿毒症透析治疗）的医疗费用，退休前所在企业负担25%；退休人员的一般门诊和急诊医疗费用，退休前所在企业负担35%—45%。

其次，对个人来讲，缴费日益增多，负担沉重。按照国务院规定的在职职工缴纳基本养老保险费和基本医疗保险费，两者相加相当于本人工资收入的 10%。如果再加上个人缴纳的失业保险费，估计在职职工至少需支出本人工资收入的 11%。退休人员虽然不要缴纳基本养老保险费、基本医疗保险费和失业保险费，而且在个人账户的计入金额和个人负担医疗费的比例上还给予适当照顾。但是由于年老多病，医药费用开支大，贵重药品不能报销，医疗统筹基金规定最高支付限额，企业补充医疗保险和商业医疗保险还未发展，使他们个人在医疗费用上的负担仍然很重。

第三，对政府来讲，承担补贴责任，捉襟见肘。政府财政除了按照有关规定为国家机关和全额拨款的事业单位的职工和离退休人员提供各种社会保障外，在城镇职工基本养老保险基金发生困难时还要予以支持。现在全国的大部分省、自治区，城镇职工的基本养老保险基金入不抵支，甚至个人账户在完全"空账"中运转，要保证退休人员的基本养老金按时足额发放，中央和地方财政的压力已相当大了；当人口老龄化高峰来临时，这种压力将更加巨大。据预测，到 2033 年，中国城镇 60 岁及以上人口数占总人口数的比例将达到 22.06% 这一最高值，届时养老费用相当于工资总额的 39.27%。[2]如果那时城镇企业和在职职工个人缴纳基本养老保险费的比例合计仍占职工工资收入 28%，历年基本养老保险基金没有积余的话，政府财政将要支出相当于城镇职工工资总额 11.27% 的金额，才能弥补当年基本养老保险基金的"赤字"。

二、完善中国养老保险和医疗保险的政策建议

（一）在城镇基本养老保险和基本医疗保险扩大覆盖面时，应包括在本城镇中被聘用或领取私营、个体工商业营业执照的外来常住劳动适龄人员

按国务院文件规定，城镇企业职工基本养老保险制度适用城镇各类企业职工和个人劳动者；城镇职工基本医疗保险制度适用城镇所有用人单位及其职工，其中所指的企业包括国有企业、集体企业、外商投资企业、私营企业等，至于乡镇企业及其职工、城镇个体经济组织业主及其从业人员是否参加基本医疗保险，由各省、自治区、直辖市人民政府决定。然而对城镇企业

的职工是否包括聘用的外来农民合同工和临时工，城镇个体经济组织业主及其从业人员中是否包括外来流动人员，却未作明确规定。现在全国各省、自治区、直辖市颁布的改革方案中，仅有少数地区把城镇基本养老保险和基本医疗保险的适用范围扩大到城镇企业聘用的外来农民合同工和临时工及在本城镇领取私营、个体工商业执照的外来流动人员，大部分地区则未把这些对象加进去。我们感到按照建立和完善社会主义市场经济体制、创造各类劳动者平等竞争就业和各个企业平等竞争经营的条件、保障广大外来民工切身利益的要求，城镇职工基本养老保险和基本医疗保险的制度理应覆盖到在本城镇常住（指暂住半年以上）的广大农民合同工和临时工，以及常住本城镇从事个体经济活动并取得合法营业执照的外来农村人口，而且把覆盖面扩大到这部分人群，也有利于增加缴费人数和扩大基金来源。因为即使按国务院规定，职工调动时，基本养老保险的个人账户储存额可全部随同转移，当这些农民合同工和临时工离开本城镇时，聘用单位为他们缴纳的大部分未划入个人账户的基本养老保险费就会沉淀下来，继续用于社会统筹；当作为私营企业主和个体经济组织业主的外来农村人口离开本城镇时，他们个人缴纳的相当一部分未划入个人账户的基本养老保险费也会沉淀下来，继续用于社会统筹。同样道理，把基本医疗保险的覆盖面扩大到这部分人群，也有利于增加缴费人数和扩大基金来源，相对增强医疗保险统筹基金支付本城镇户籍老年人口医疗费用的能力。

（二）各级地方财政不应在本城镇基本养老保险基金累计储存额出现赤字时才开始补贴

对于城镇基本养老保险，改革方案都承诺在基金发生困难时，由同级财政予以支持，然而对怎样才算基金发生困难需要财政支持却未作明确规定。我们认为，不能等到某个统筹地区单位和个人累计缴纳的基本养老保险费及其增值额用于支付当年基本养老金出现赤字时，也就是基本养老保险基金累计储存额的平均空账率（即一个地区全部个人账户中累计应记入的储存额减去实际存在的累计储存额，再除以累计应记入的储存额）升到一定比例时，就开始注入地方财政的专项拨款。以上海为例，如不拓宽其他筹资渠道，从1999年起将会连续出现当年单位和个人缴纳的基本养老保险费支付当年基本养老金的赤字，而且当年收支相抵后的赤字还会愈来愈严重。但由于 1993 年实行新的城镇养老保险改革方案至 1997 年期间积存的基本养老保险基金较多，因此，预计要再过几年才会出现基金累计储存额的亏空。假使上海市在"十五"计划期间不考虑注入一定的地方财政给予支持的话，就会大大加重"十一五"计划期间的地方财政负担，严重影响经济的可持续发展。同时，在基本养老保险基金的使用上，国务院并未像基本医疗保险基金那样明确规定"要划定各自的支付范围，分别核算，不得互相挤占"，而是混在一起使用的。当社会统筹部分的基金支付基本养老金不够时，便首先从个人账户储存额中弥补。因此，可以从一个地区个人账户累计应记入储存额的平均空账率的高低，考察该地区基本养老保险基金发生困难的程度。根据现阶段中国的实际情况，我们建议当某个城镇基本养老保险基金社会统筹地区内个人账户累计应记入储存额的平均空账率高于 50% 时，就应该亮"黄牌"予以警告；当个人账户累计应记入储存额的平均空账率达到 70% 时，同级地方财政就应该开始予以支持，使之至少不高于 70%。

（三）各省、自治区、直辖市应抓住 21 世纪城镇户籍劳动适龄人口大幅度减少的时机，全面推迟领取基本养老金的年龄

20 世纪 50 年代中国曾规定城镇职工退休并领取养老金的年龄为男职工 60 岁，女职员 55 岁，女工人 50 岁。在 90 年代进行城镇养老保险制度改革时，虽然城镇人口的平均预期寿命比 50 年代提高了很多，从职工健康状况来看完全可以全面推迟退休年龄，但考虑到现阶段城镇失业和下岗待工问题相当严重，因此在国务院及全国各地的改革方案中对城镇职工退休并领取基本养老金的年龄均未作新的规定。我们认为，尽管 21 世纪上半叶中国 15—59 岁的劳动适龄人口数还将比现在增加很多，按联合国预测，2000 年为 8.31 亿，2010 年为 9.27 亿，2020 年为 9.34 亿，2030 年为 8.88 亿，2040 年为 8.65 亿，2050 年为 8.36 亿，[3] 然而据复旦大学、华东师范大学、上海社会科学院三个单位的人口研究所分别作的预测，在 2010—2020 年间上海市男 16—59 岁、女 16—54 岁的户籍人口数将减少 131—160 万，同期男 60 岁、女 55 岁及以上的户籍人口数将增加 120—150 万；[4] 北京的学者在预测 1996—2025 年北京市常住人口发展趋势时，也显示在 2010—2020 年间

北京市 15—59 岁人口数将减少 94 万，同期 60 岁及以上老年人口数将增加 121 万。[5] 为此，我们感到像上海、北京等特大城市存在着从 2010 年开始全面推迟城镇职工退休年龄的契机。如果在那时开始用 5 年时间逐步推迟城镇职工的退休年龄，把男职工推迟到 65 岁退休、女职工推迟到 60 岁退休，那么就能使这些城市在不过多地增加当时城镇户籍社会富余劳动力与失业人口压力的情况下，推迟城镇职工的退休高峰，延长在职职工及其单位缴纳基本养老保险费的年限，缩短退休人员领取基本养老金的年限，从而大大减少这些城市基本养老保险基金收支相抵后的赤字。当然，在 21 世纪上半叶每一个省级基本养老保险基金社会统筹地区的城镇人口年龄结构变化情况不完全一样，需要从实际出发因地制宜地捕捉各个地区全面推迟城镇退休年龄的最佳时机。到那时，中国城镇的外来流动人口仍然会有相当数量，关键是要妥善处理好适度吸纳外地流入劳动力与推迟城镇户籍职工退休年龄的关系。不要一出现城镇劳动力供需的缺口就简单沿袭常规，让外来流入劳动力弥补。

（四）改变基本医疗保险统筹基金只能支付医疗费用的规定，划出一小部分预防疾病

按国务院文件规定，城镇职工基本医疗保险统筹基金只能支付缴费单位职工起付标准以上、最高支付限额以下的医疗费用，不能用于包括健康检查在内的预防开支。我们感到现阶段和 21 世纪上半叶老年人口的疾病谱与 20 世纪五六十年代相比已发生很大变化，表现为慢性非传染性疾病率高，并以高血压、冠心病、慢性支气管炎、关节炎等为主。其中的许多慢性病与抽烟、酗酒、高盐、高糖、不合理的营养及生活方式有关。因此，为了切实推进健康老龄化，使老年期常见病、多发病的隐患"早发现、早预防、早治疗"，增强自我保健意识，提高健康水平，节省包括城镇职工基本医疗保险统筹基金在内的医疗资源，建议除加强终身健康教育和终身保健外，城镇职工从 45 岁起直至去世（包括已退休人员）每年进行一次健康检查，主要检查一些与年老后发病率较密切相关的项目。经费拟采取各级地方财政拨一点、医疗保险统筹基金支付一点、单位与个人出一点的方式来筹集。有条件的单位还可自筹经费，在上述基本检查项目以外再增加若干检查项目，如心电图检查、B 超检查等。这样做虽然会增加城镇职工基本医疗保险统筹基金的一部分开支，但从长远来讲可降低慢性病的发病率或减轻慢性病的发病程度，大大节省城镇职工基本医疗保险统筹基金用于医疗费用的开支。同时，也有利于大大提高城镇职工、特别是退休人员的生命质量，减轻个人及其家庭的医疗费用负担和亲属照顾的压力。

（五）改变退休人员基本医疗保险费用的相当部分由其退休前所在单位承担的规定，尽快建立单位补贴医疗费用调剂基金

现在有些城市为了减轻城镇在职职工和退休人员的个人医疗费用负担，在城镇职工基本医疗保险改革方案中规定，除医疗统筹基金支付以外的医疗费用，由所在单位负担大部分，个人负担小部分。这种规定对于退休人员来说，无疑是指其退休前所在单位，这样就加重了那些退休人员数量多、甚至超过在职职工人数的企业（主要是老的国有大中型企业和街道集体企业）的医疗费用负担，同时还使现有的城镇单位怕背过多负担医疗费用的包袱而不愿招收年龄较大的下岗职工和失业人员，不利于妥善解决这部分人员的再就业问题。我们认为在城镇基本医疗保险方面如果要继续实施所在单位除缴纳基本医疗保险费外还应负担在职职工和退休人员一部分医疗费用的话，建议在基本医疗保险基金统筹地区范围内设立单位补贴医疗费用调剂基金，让每个单位按上年职工工资总额的一定比例（如0.5%—1.0%）交纳补贴医疗费用调剂金，以利于分散单位承担的补贴医疗保险风险，改变各个单位在补贴医疗保险费用上畸重畸轻的状况，把在职职工和退休人员的医疗费用补贴由每个所在单位或退休前所在单位"统包"变为由所有单位合理分担。

（六）在城镇基本医疗保险实行个人账户与使用统筹基金"封顶"的同时，应积极支持和鼓励补充保险的发展

按照国务院文件规定，医疗保险统筹基金应确定起付标准和最高支付限额，起付标准以下的医疗费用，从个人账户中支付或由个人自付；起付标准以上、最高支付限额以下的医疗费用，个人也要负担一定比例；超过最高支付限额的医疗费用，可以通过商业医疗保险等途径解决。按照东方文化传统，中国的许多老年人都希望在自己离开人间时给后代留下一些遗产，而不愿让后代为自己背债，因此往往在自己退休前和退休后省吃俭用储存一笔

钱，以备支付年老后万一患疑难杂症或长期卧床不起时的医疗费用和护理费用。鉴于目前 60 岁及以上老人的患病率较高，医疗费、特别是药费和检查费用的价格又比较贵，一般商业医疗保险机构往往不愿承担 60 岁及以上老年人的补充医疗保险或对 60 岁及以上老年人收取很高的投保费用，现在中国城镇中许多接近退休的在职职工和已退休人员最担心的问题是当自己身患重病、医疗费用超过医疗保险统筹基金规定的最高支付限额后怎么办。尽管目前有些城市在基本医疗保险方案中已经或将要实行"老人老办法、中人中办法、新人新办法"的医疗费用合理分担办法，但看来医疗保险统筹基金支付限额不"封顶"是不可能的，最多对"老人"的"封顶"标准适当提高。在这种情况下，迫切需要抓紧研究切实可行的分散超过基本医疗保险统筹基金支付限额后的风险办法。上海市职工保障互助会是由市总工会主管、经市民政局审核批准的社团法人机构。自 1994 年 12 月成立至 1999 年 4 月，该互助会的基层会员单位已涉及全市 106 个区、县、局（产业）工会组织下属的 1.1 万多家，参加的个人会员为 198.4 万，占全市职工总数的 44%；会员缴纳的互助补充保障基金为 10 亿元，加上 4 年多的基金增值，总资产已达 11.4 亿元。从 1998 年 7 月起，该互助会在市政府医疗保险局的支持下，推出了"特种重病团体互助医疗保障计划"，参加的个人会员每年只需缴纳 20 元，连续缴 3 年（或一次性缴纳 60 元），当发生尿毒症、恶性肿瘤、重型肝炎、心脏瓣膜或心脏冠状动脉血管旁路手术时，可得到 8000—10000 元的互助医疗保障金。这种互助会的特点是以基层工会为单位集体参加，个人缴费少，互助医疗保障金比较多，使特种重病的补偿风险分散到所有入会的在职职工和退休人员身上，体现代际互助互济精神，因而受到广大群众欢迎。我们认为，只要申办手续合法，加强基金管理，这种互助会值得在其他城市推广。同时，建议政府还应该对单位和个人参加商业补充医疗保险给予减免税收的优惠，对开办这项业务的商业保险公司给予减税的优惠待遇，鼓励更多的城镇居民、特别是退休人员参加商业补充医疗保险。

（七）个人所得税的起征点应适当下移，对参加补充养老保险和补充医疗保险的个人给予减免税优惠

按照目前中国规定的个人所得税起征点，个人收入在城市居民最低生活保障标准以上的大部分人都不需要交纳个人所得税。这样就很难通过减免个人所得税的办法来鼓励城镇在职职工积极参加补充养老保险和补充医疗保险，鼓励退休的再就业人员积极参加补充医疗保险。因此，我们认为，应该将个人所得税的起征点下移到超过城市居民最低生活保障标准的收入部分，并且将个人收入在新旧起征点中间的人员缴纳个人所得税的比率适当降低。同时，对个人投保参加各种补充养老保险和补充医疗保险的人员规定减免个人所得税的比率，以及每年享受减免税的最高投保限额。

（八）尽快建立更具民间色彩的社会保险基金监督组织，增强基本养老保险与基本医疗保险基金运行的安全性及可持续性

在国务院的文件中，都规定了要健全城镇基本养老保险基金、基本医疗保险基金的管理和监督机制，在有关建立城镇职工基本医疗保险制度的决定中更明确提出统筹地区应设立由政府有关部门代表、用人单位代表、医疗机构代表、工会代表和有关专家参加的医疗保险基金监督组织，加强对基本医疗保险基金的社会监督。前一时期，中国的各级劳动和社会保障部门、财政部门、审计部门都逐步加强了对城镇基本养老保险基金和基本医疗保险基金的管理，然而许多地方至今尚未设立社会监督组织。这不仅不利于确保城镇基本养老保险和基本医疗保险基金的安全运营和有效增值，特别是不利于抵制来自上级或同级党政负责人做出的有关这些基金不合理运营的决定。比如，各地的改革方案对正常退休并领取基本养老金的年龄都有明确规定，但有些地方的领导却单纯从减缓城镇失业问题考虑，允许许多职工提前退休，而且也未相应地规定提前退休需减发的基本养老金比例，结果使这些提前退休的人员及其单位少缴了几年基本养老保险费，个人又多领了几年的基本养老金，加剧了当地基本养老保险基金正常运营的困难。又如，中央有关部门明确规定了城镇基本养老金的正常调整机制，每年4月按上年当地职工平均工资增长率的40%—60%，调整平均基本养老金，如果不按这个规定要求增发过多的基本养老金，也会影响各地基本养老保险基金的正常运行。因此，我们建议，应尽快在各个统筹地区建立更具有民间色彩的包括基本养老保险和基本医疗保险在内的城镇社会保险基金的社会监督机构，让更多的投保单位代表、工会代表和有关专家参加，使城镇社会保险基金的运行更科学、更规范、更有效。

【参考文献】

[1][2] 李铁映：《建立有中国特色的社会保障制度》，《中国社会保障全书》，中国计划出版社 1998 年版。

[3] 联合国经济信息与政策分析部：《世界人口预测（1996 年）修订》。

[4] 桂世勋：《上海城镇职工基本养老保险基金的可持续运作》，《上海综合经济》1998 年第 11 期。

[5] 刘宝成主编：《迎接人口老龄化挑战的战略构想》，北京市老龄协会，1998 年。

（本文原载《中国青年政治学院学报》2000 年第 5 期）

十、老年照护

银色浪潮中的一个重大社会问题

——关于独生子女父母年老后生活照顾问题的对策与建议

上海市是中国最大的工商业中心和港口，也是世界上人口最多的大城市之一，同时还是中国人口老龄化出现最早和发展速度最快的大城市。1979年末，上海市 65 岁及以上老人占总人口的比重已达 7.2%，比中国（不包括香港、澳门、台湾地区及金门、马祖等岛屿，下同）进入老年型地区约早21 年。1990 年年中，中国 65 岁及以上老年比只有 5.58%，而上海市已上升到 9.38%。特别是上海市已婚育龄妇女领取"独生子女证"的比率在中国各个省、直辖市、自治区中又是最高的，1989 年中国的比率只有 18.10%，而上海市却为 64.93%，比北京市高 11.14 个百分点，比天津市高 16.71 个百分点。因此，深入研究上海市在人口老龄化迅速发展的趋势下独生子女父母年老后的生活照顾问题，不仅对上海市妥善解决今后老年人的生活照顾问题具有十分重要意义，而且对国内外学者了解和探讨 21 世纪上半叶中国的照顾老年人问题也具有典型意义。

不容忽视的特殊老年群体

上海市人口老龄化的发展速度是相当快的。根据中国人口普查的资料，从 1982 年年中至 1990 年年中的 8 年间，上海市总人口增长了 12.5%，而 60岁及以上老年人口却增长了 38.5%，65 岁及以上老年人口增长了 42.1%，80岁及以上高龄老人竟增长了 59.0%。最近，我们根据中国第四次人口普查提供的 1990 年上海市分性别年龄人口数、1989 年上海市年龄别生育率和分性别的年龄别死亡率等资料，对 1990—2050 年间上海市人口老龄化趋势进行了预测。在不考虑未来人口迁移的影响下，假定上海市区育龄妇女总和生育率按 1990—1994 年由 1.14 上升到 1.20、1995—1999 年由 1.20 上升到 1.30，2000—2004 年由 1.30 上升到 1.70、2005—2050 年始终为 1.70，上海郊县育龄妇女总和生育率按 1990—1994 年由 1.20 上升到 1.25，1995—1999 年由 1.25 上升到 1.30、2000—2004 年由 1.30 上升到 2.10、2005—2050 年始终为 2.10，再假定上海市平均预期寿命在 1990—2000 年间提高 1 岁、在 2000—2050 年间提高 2 岁，那么至 2000 年上海市 60 岁及以上老人将达 237.9 万，占总人口的 17.9%，65 岁及以上老人将达 182.0 万，占总人口的 13.7%。预计在 1990—2050 年间，上海市 60 岁及以上老人数的峰值将出现在 2026 年，人数达 477.9 万，比 1990 年增加 1.5 倍，那时 60 岁及以上老年比将达 37.9%；上海市 65 岁及以上老人数的峰值将出现在 2030 年，人数达 389.2 万，比 1990 年增加 2.1 倍，那时 65 岁及以上老年比将达 31.7%（见表 1）。

在未来上海市人口老龄化迅速发展的过程中，有一个特殊的老年群体值得引起高度重视，那就是只有独生子女的老人群体。据上海社会科学院人口研究所于 1986 年 11 月对上海市 3201 名 60 岁及以上老人进行的抽样调查，在当时被调查的 1767 名 60 岁及以上的女性老人中只生育过 1 个孩子的占 8.94%。

表 1　1990—2050 年上海老龄化变动趋势

年份	60 岁及以上老人		65 岁及以上老人	
	人数（万）	占总人口比重（%）	人数（万）	占总人口比重（%）
1990[①]	189.1	14.2	125.1	9.4
2000	237.9	17.9	182.0	13.7
2010	280.1	21.0	191.4	14.3
2020	434.0	33.2	283.8	21.7
2030	476.6	38.8	389.2	31.7
2040	397.4	35.3	335.4	29.7
2050	351.0	34.9	273.7	27.2

资料来源：① 《上海统计年鉴（1991）》，上海统计出版社 1991 年版。

然而自 1979 年中国政府为了控制人口过快增长而大力提倡每对夫妇只生育一个孩子的政策以来，上海市领取"独生子女证"的已婚育龄妇女数迅速增加。据上海市计划生育部门统计，1980 年全市领取"独生子女证"的已婚育龄妇女仅为 36.67 万人，1990 年全市领取"独生子女证"的已婚育龄妇女（不包括独生子女在 16 岁以上的已婚育龄妇女）已达 181.94 万人（见表 2）。如按我们上述预测方案，上海市在 1991—2000 年间将出生婴儿99.22 万人，即使其中只有 90% 的已婚育龄妇女领取了"独生子女证"，那么 90 年代上海市领取"独生子女证"的已婚育龄妇女将新增加 89.30 万人。也就是说，2000 年上海市独生子女数将超过 270 万人，他们的父母将接近540 万人（扣除一部分过早去世的父母）。上海市计划生育部门曾测算，近几年全市独生子女父母中约有 12 万人陆续进入退休年龄（按男 60 岁、女55 岁计算，以下同），到 2000 年将有 60 万人左右进入退休年龄。鉴于上海市育龄妇女的生育峰值年龄在 1981 年为 27 岁，1989 年为 23 岁，因此，我们估计 2035 年时上海市 60 岁及以上老人中大多数是只有独生子女的老人，他们的人数将多达 300 万左右。在那么庞大的只有独生子女的老人群体中，即使他们的独生子女通婚后全部与老人住在一起，仍将有一半左右的老人身边无子女一起居住；何况还有一部分独生子女在通婚后由于各种原因而与双方老人都分开住。因此，估计在那时上海市 300 万左右的只有独生子女的老人中，约有 60%—70% 的老人（即 180—210 万人）身边无子女一起居住。当这批老人到了 75 岁以上，基本生活自理能力愈来愈差，甚至配偶不幸死亡，如何妥善解决好他们的生活照顾问题，将会成为未来上海市的一个重大社会问题。

表 2　1980—1991 年上海市已领"独生子女证"的已婚育龄妇女人数[①]

年份	已领证人数	年份	已领证人数
1980	36.67	1986	132.93
1981	54.79	1987	147.03
1982	77.03	1988	158.93
1983	94.87	1989	171.13
1984	109.73	1990	181.94

年份	已领证人数	年份	已领证人数
1985	118.56		

注 ①：该表中 1985—1990 年的数字不包括独生子女在 16 岁以上的已领 "独生子女证" 的已婚育龄妇女人数。

解决独生子女父母照顾问题的对策

1990 年末，上海市各级社会福利院和敬老院拥有床位总数为 8954 张，仅占全市 65 岁及以上老人数的 0.7%。由于中国的经济发展水平较低，人口又过多，即使经过很大努力，在下个世纪 30 年代人均国民生产总值也只有 3000 美元左右，国家不可能拿出大量资金来建造各种老人养护院，收养那时大批年老的独生子女父母。同时，中国传统观念的影响，也使那时大部分独生子女的父母出于精神上和经济上的考虑，不太愿意进各种老人养护院。据我们在 1989 年 8 月 15 日进行的上海市在家需照顾老人状况和意愿抽样调查，在被调查的 994 名老人中，有 184 名老人只有 1 个子女。他们在选择 "当前社会在妥善解决老年人生活照顾问题上最迫切需要做的第一件实事" 时，只有 10.9% 的人认为应多办些敬老院和老人康复护理机构。因此，我认为今后上海市解决独生子女父母年老后生活照顾问题的基本模式，应以家庭养老为主，社会养老为辅；而在社会养老中，又应以各种支持老人在家养老的基层社区服务为主，老人入院服务为辅。

为了按照上述养老模式搞好今后大批独生子女父母年老后的生活照顾，我建议上海市政府及有关部门应采取以下对策：

第一，在全社会、特别是青少年独生子女中坚持不懈地加强尊老、爱老和赡养年老父母的教育，在制定学前教育和中小学教育大纲、编写各种新教材时应增加尊老敬老的内容，从幼儿园到高等学校都要把尊老敬老作为德育的一个重要内容，各单位也要把尊老敬老作为评选先进、考核干部和职工的一个重要条件。据上述抽样调查得知，184 名只有 1 个子女的老人在选择 "当前社会在妥善解决老年人生活照顾问题上最迫切需要做的第一件实事"

时，比重最高的就是加强尊老敬老的宣传教育（占22.8%）；特别是在被调查的196名与子女不住在一起的老人（其中75.0%的老人有2个及以上的子女）中，除15名因身体不好无法回答和3名未表态者外，希望政府教育子女经常到老人家中帮助照顾的占31.5%，希望政府教育孙辈与老人居住一起帮助照顾的占7.9%，希望政府教育子女为解决老人照顾问题多拿些钱给父母的占5.6%。

第二，在下个世纪初大批独生子女进入婚育年龄时，允许并提倡他们婚后每对夫妇生育两个孩子，对那些与子女居住地相隔较远或子女不幸过早死亡的老人，应积极鼓励他们的孙辈与老人一起居住或与老人住得较近些，主动承担照顾老人的责任。据上述我们进行的上海市在家需照顾老人状况和意愿抽样调查，当我们问196名与子女不住在一起的老人，"如目前和将来都不可能与子女居住在一起，那么希望最好怎样解决自己的生活照顾问题"时，除15名因身体不好无法回答和4名未表态者外，他们的第一位意愿是希望与孙辈居住在一起，由孙辈帮助照顾（占53.7%）。

第三，在今后市区住房建造规格上应以两室户为主，三室户和一室户为辅，并适当多建造些两代成年人吃住分开、能分能合的复合式住房，对那些子女或孙辈的居住地离老人较远的，应在住房分配和工作调动上适当照顾，以利于有一个子女或孙辈与老人一起居住或住得较近些。也是根据上述抽样调查，当我们问196名与子女不住在一起的老人，"如目前和将来都不可能与子女居住在一起，那么希望政府怎样妥善解决老人的照顾"时，除身体不好回答者和不表态者，178名老人的第二位意愿是希望政府在住房的建造和分配上有利于孙辈与老人居住在一起，帮助照顾（占19.1%）。

第四，从各个基层社区在家老人的实际需要出发，适度发展饮食、洗衣、洗澡、康复训练、上门检查身体和打针、日间托老等社区为老服务项目，支持老人在家养老。各级政府也应扶持和鼓励基层社区福利性的养老服务事业的发展。据上述同样调查，在184名只有1个子女的老人家庭中，明确表示如果街道（或乡）兴办了为老人服务项目，有17.4%的家庭想利用上门检查身体和打针服务项目，有10.3%的家庭想利用洗衣服务项目，有9.2%的家庭想利用饮食服务项目，有7.6%的家庭想利用洗澡服务项目，有2.7%的家庭想利用康复训练项目。至于这些只有1个子女的老人对基层社区办"托老所"的需求,在能回答的 163 名老人中占 4.9%,而在他们的 154 名主要照顾者中很想利用的占 7.8%,较想利用的占 10.4%。

第五,各级社会福利院、街道(或乡)的敬老院要顺应老人及照顾者的需要,扩大服务功能,从原来主要无偿收养无子女、无收入来源的社会孤老,转为更多地有偿收养有子女的需半护理或全护理的老人,并努力提高护理质量,降低服务成本和收费标准,以弥补家庭养老的不足,有利于他们的子女把更多的精力用于工作。据上述同样调查,在回答"是否想利用敬老院解决老人全护理问题"的 154 名只有 1 个子女的老人的主要照顾者中,有 11.0% 的人明确表示很想利用,有 7.1% 的人表示较想利用;特别是在其中 8 名卧床不起、大小便失禁老人的主要照顾者中,有 12.5% 的人明确表示很想利用,有 12.5% 的人表示较想利用。

以上对如何妥善解决未来上海市独生子女父母年老后的生活照顾问题提出了一些初步的对策建议,我们希望这个问题能引起政府和社会的进一步重视以及国内外学者的兴趣,共同探讨更符合中国国情的对策。

(本文原载《社会科学》1992 年第 2 期)

上海市在家需照顾的老人状况及对策建议

随着上海市人口老龄化的加剧、城乡养老保险事业的发展和家庭户规模的缩小，妥善解决上海老人的生活照顾问题，在"老有所养"中将会愈来愈突出，成为包括老人在内的全社会关注的重大社会问题。那么，当前上海市在家需照顾老人的状况如何呢？在解决老人的生活照顾问题上应怎样处理好家庭养老与社会养老的关系呢？政府及有关部门在这方面应采取哪些主要对策呢？本文根据我们在 1989 年 8 月进行的上海市在家需照顾老人状况和意愿抽样调查资料，对此作了较深入的探讨。

一、当前在家需照顾的老人数量已相当可观

在日本，对需照顾老人的标准有明确的规定。他们认为凡是目前的身体状况至少属于以下一项的老人，才属于需照顾老人：(1) 正常的讲话声（包括已使用助听器的）基本听不见或更严重者；(2) 正常情况下（包括已戴眼镜的）看不清距离 1 米左右的对象或更严重者；(3) 勉强能与别人交谈或更严重者；(4) 一步一步走得很慢或更严重者；(5) 要别人喂着吃饭或更严重者；(6) 穿衣时要别人帮着系扣子或更严重者；(7) 洗澡时要别人帮着洗一部分（如帮助擦背）或更严重者；(8) 大小便经常来不及控制而外泄或更严重者；(9) 离床时间较长但活动少或更严重者。

我们为了与日本东京都调查的需照顾老人状况进行比较，在这次进行上海市在家需照顾老人状况和意愿的调查中，规定了 1989 年 8 月 15 日 24 时 65 岁及以上具有上海市常住居民户口（不包括住在社会福利院、敬老院、老人公寓的）、目前身体状况至少属于上述一项的老年人，为调查的合格

对象。

这次调查采取分层随机抽样的方法，将上海市按离市中心距离的远近分成七个层次，在每一层中随机抽取一个街道（或乡镇）作为调查点。它们分别是静安区延中街道、闸北区共和新路街道、普陀区东新路街道、宝山区淞南乡、青浦县练塘乡、金山县亭新乡、松江县松江镇。在每个调查点中，调查员先到公安派出所摘抄本地区 65 岁及以上具有上海市常住居民户口的老人情况；然后按需照顾老人的标准，通过向基层干部、卫生员了解及登门访问的办法；确定本地区属于调查合格对象的老人名单；最后再在这些调查合格对象中随机抽取一定比例的老人，作为这次正式调查对象。

从我们这次在 7 个调查点了解的在家（包括住在医院的）并符合需照顾老人标准的人数占 65 岁及以上老人总数的比例来看东新路街道最低，只有4.21%；延中街道最高，达 9.00%；7 个调查点平均为 7.19%。如果按第四次人口普查资料提供的上海市常住本县、市，户口在本县、市；户籍在本地，但已离开本县、市一年以上的人口计算，1990 年年中具有上海市常住户口的总人数为 1278.98 万。假设 1990 年年中上海市常住户口中 65 岁及以上老年比为 9.24%，当时上海市在家并符合需照顾老人标准的人数占 65 岁及以上老人总数的比例与我们调查的 7 个点的平均比例也大致相当，为 7.19%，那么 1990 年年中具有上海市常住户口的 65 岁及以上在家需照顾老人约 8.5万人。

由于在各年龄组中需照顾老人的比重会随年龄组的增高而上升，因此可以预料，随着今后上海市人口老龄化的进一步加剧，老年人口数的迅速增加及高龄老人比重的不断上升，上海市需照顾老人数的增加速度，不仅会大大快于总人口数的增加速度，还会快于老年人口数的增加速度。

二、家庭养老仍是照顾老人的主要方式

1989 年末，上海市各级社会福利院和敬老院拥有床位总数为 8699 张，仅占全市 60 岁及以上老人数的 0.5% 左右。即使将这些床位全部用于安置全市 65 岁及以上需照顾老人，也只能解决 1/10 需照顾老人的问题。因此，目前上海市绝大多数需照顾老人仍居住在家中，主要靠家庭成员照顾他们的

日常生活。

从我们这次调查上海城乡 65 岁及以上需照顾的 994 名老人的情况来看，80 岁及以上老人占 37.8%，仅与配偶一起居住的占 46.4%，与子女或孙辈一起居住的占 77.3%，与子女或孙辈邻居的占 3.4%，与子女或孙辈的居住地相隔较远的占 15.7%，无子女的占 3.6%，单独居住而无子女或离子女孙辈居住地较远的占 8.3%。

在被调查的全部老人中，半卧床不起的占 38.9%，基本上卧床不起和完全卧床不起的占 30.3%；已卧床 1—2 年的占 11.2%，已卧床 3—4 年的占 7.9%，已卧床 5—9 年的占 10.9%，已卧床 10 年以上的占 77.0%。在已卧床 3 年以上的 264 名老人中，因脑溢血造成卧床的占 36.4%，因高血压造成卧床的占 17.0%，因老衰而卧床的占 14.8%，因事故骨折造成卧床的占 12.9%，因心脏病造成卧床的占 9.5%。

在被调查的全部老人中，除自己认为目前尚不需要别人照顾的 63 名老人外，目前需要照顾的老人共为 931 人。在这 931 名老人中，主要照顾者为老人配偶的占 38.1%，主要照顾者为儿子的占 17.7%，主要照顾者为女儿的占 16.4%，主要照顾者为儿媳的占 10.5%，主要照顾者为保姆的占 8.6%，主要照顾者为家庭成员以外的亲戚的占 3.0%，主要照顾者为孙辈的占 2.9%，目前没有人照顾的占 1.5%。这表明在目前需要照顾的老人中，有 6/7 的老人主要靠家庭成员照顾。

在被调查的 917 名主要照顾者中，每天照顾老人的时间：几乎为全部时间的占 28.0%，半天多些的占 22.4%，2—3 小时的占 23.1%，需要时一下的占 26.4%。照顾老人的内容：帮助日常购物的占 67.0%，帮助烧饭烧菜的占 48.8%，帮助洗衣服的占 47.9%，帮助打扫房间的占 42.0%，帮助饭后收拾洗碗的占 41.0%，陪同外出的占 34.9%，帮助洗澡的占 34.7%，帮助穿换衣服的占 32.3%，帮助铺叠被褥的占 30.7%，帮助大小便的占 14.2%，单独为老人准备饮食的占 13.2%，喂饭喂汤的占 9.2%。

尽管这些主要照顾者在照顾老人方面花费了很多精力，但他们中间仍有 75.4% 的人表示很愿意继续照顾老人，有 20.1% 的人表示较愿意继续照顾老人。尤其是在主要照顾老人的 812 名家庭成员中，表示很愿意继续照顾老人的占 77.8%，表示较愿意继续照顾老人的占 18.8%，两者合起来竟占

96.6%。

当然，这并不意味着上海市就不需要进一步发展和完善社会养老的设施和服务。在我们调查的994名需照顾老人中，除131名老人因身体不好无法回答外，其余的863名老人在选择"当前社会在妥善解决老年人生活照顾问题上最迫切需要做的第一件实事"时，有13.1%的老人认为应多办些收费便宜的"家庭病床"，有9.2%的老人认为应多办些收费便宜的老人康复护理机构，有6.5%的老人认为应多办些供应价廉可口饭菜的"老人食堂"，有4.2%的老人认为应就近多办些敬老院，有2.9%的老人认为应多办些"托老所"，有2.7%的老人认为应组织些收费便宜的中青年护理人员上门护理，有2.4%的老人认为应多组织些收费便宜的身体较好的老人上门帮助照顾。同时，在我们调查的主要照顾老人的812名家庭成员中，有12.2%的人很想利用敬老院解决老人的全护理问题，有11.2%的人较想利用敬老院解决老人的全护理问题；有7.1%的人很想利用"老人食堂"帮助解决老人吃饭问题，有8.4%的人较想利用"老人食堂"帮助解决老人吃饭问题；有7.0%的人很想利用"托老所"帮助照顾，有9.2%的人较想利用"托老所"帮助照顾；有4.9%的人很想利用医院帮助照顾，有6.5%的人较想利用医院帮助照顾。可见，有针对性地适度发展各种社会养老的设施和服务，对于支持需照顾老人在家养老，弥补家庭养老的不足，建立具有中国特色的养老保障体系，也是具有重要意义的。

三、搞好老人生活照顾的对策建议

根据我们的调查并借鉴国外养老保障的经验教训，我认为上海市在现阶段及今后很长时期内解决老人生活照顾问题的模式，应以家庭养老为主，社会养老为辅；而在社会养老中，又应以各种支持老人在家养老的基层社区服务为主，老人入院服务为辅。为了按照上述养老模式进一步搞好上海城乡老人的生活照顾，特提出以下几项对策建议，供政府及有关部门决策参考。

第一，在全社会、特别是青少年独生子女中坚持不懈地加强尊老、爱老和赡养年老父母的教育，在制定学前教育和中小学教育大纲、编写各种新教材时，应增加尊老敬老的内容，从幼儿园到高等学校都要把尊老敬老作为德育的一个重要内容，各单位也要把尊老敬老作为评选先进、考核干部和职工的一个重要条件。在我们这次调查中，被调查的全部老人认为，当前社会在妥善解决老年人生活照顾问题上，最迫切需要做的第一件实事是加强尊老敬老的宣传教育（占 22.4%）；特别是其中的 232 名身边无子女老人（包括子女不与老人住在一起的），希望政府教育子女经常到老人家中帮助照顾的占 24.6%，希望政府教育孙辈与老人居住一起帮助照顾的占 7.3%，希望政府教育子女为解决老人照顾问题多拿些钱给父母的占 4.3%。

第二，在家庭养老中应着重研究如何改善婆媳关系，适当提高儿媳照顾公婆的比例，不仅要在评选"五好家庭"时把"婆媳关系好"作为一个重要条件，而且应单独评选"好婆媳""好媳妇"，并通过电视、广播、报刊等各种新闻媒介，经常开展这方面的宣传教育活动。在我们这次调查中，老人主要靠儿媳照顾的比例只占 10.5%，比东京都调查的老人主要靠儿媳照顾的比例（30.0%）要低 19.5 个百分点；而老人由儿媳协助照顾的比例仅为 7.1%。这种状况固然与上海市家庭中儿媳地位的提高，以及儿媳在业率和全天工作的比重较东京都都要高有密切关系，但也反映了上海市在婆媳关系上还存在着某些问题。而且现在 65 岁及以上老人的儿媳，一般年龄都已超过 40 岁，她们受到的传统教育往往比年轻一代要多些。因此，如果我们在宣传教育上对搞好婆媳关系重视不够的话，那么它将在下个世纪上海老人生活照顾中成为一个更加突出的社会问题。

第三，在下个世纪初大批独生子女开始进入婚育年龄时，允许并提倡他们婚后每对夫妇生育两个孩子，对那些与子女居住地相隔较远或子女不幸过早死亡的老人，应积极鼓励他们的孙辈与老人一起居住或与老人住得较近些，主动承担照顾老人的责任。在我们这次调查中，身边有子女的需要照顾的老人主要靠孙辈照顾的只占 1.2%，而身边无子女的需要照顾的老人主要靠孙辈照顾的却占 8.8%；有协助照顾者的身边有子女老人由孙辈协助照顾的只占 10.9%，而有协助照顾者的身边无子女老人由孙辈协助照顾的却占 19.3%。特别是当我们问那些身边无子女的老人，"如目前和将来都不可能与子女居住在一起（包括无子女的），那么希望最好怎样解决自己的生活照顾问题"时，除 16 名因身体不好无法回答者和 4 名未表态者外，212 名老人的第一位意愿是希望与孙辈居住在一起，由他们帮助照顾，占 46.2%。

第四，在今后市区住房建造规格上，应以两室户为主，三室户和一室户为辅，并适当多建造些两代成年人吃住分开、能分能合的复合式住房，对那些子女或孙辈的居住地离老人较远的，应在住房分配和工作调动上适当照顾，以利于有一个子女或孙辈与老人一起居住或住得较近些。在我们这次调查中，问那些身边无子女的老人，"如目前和将来都不可能与子女居住在一起（包括无子女的），那么希望政府怎样妥善解决老人的照顾问题"时，除身体不好无法回答者和不表态者外，212 名老人的第二位意愿是，希望政府在住房的建造和分配上有利于孙辈与老人居住在一起，帮助照顾，占16.0%。

第五，从各地区老人的实际需要出发，适度发展饮食、洗衣、洗澡、康复训练、上门检查身体和打针、咨询、日间托老等基层社区服务项目，支持老人在家养老。各级政府也应在政策措施上给予优惠，扶持和鼓励基层社区福利性的养老服务事业的发展。在我们这次调查中，被调查的老人家庭明确表示如果街道（或乡）兴办了为老服务项目，有22.9%的家庭想利用上门检查身体和打针服务项目，有11.3%的家庭想利用洗衣服务项目，有9.6%的家庭想利用饮食服务项目，有8.5%的家庭想利用洗澡服务项目，有6.5%的家庭想利用康复训练项目。至于对基层社区办"托老所"的需求，在能回答的需照顾老人中占2.9%，而在主要照顾者中很想利用的却占7.0%。

第六，各级社会福利院、街道（或乡）敬老院要顺应老人及照顾者的需要，扩大服务功能，更多地收养需半护理或全护理的老人，并努力提高护理质量，降低服务成本和收费标准。在我们这次调查中，回答"是否想利用敬老院解决老人全护理问题"的855 名主要照顾者，有8.1%的人明确表示很想利用；特别是在照顾卧床不起、大小便失禁老人的主要照顾者中，有13.3%的人明确表示很想利用，有8.0%的人表示较想利用。

以上对如何进一步搞好上海市老人的生活照顾问题提出了初步建议，希望能有助于上海市老龄事业发展规划的制定，有助于更好地建立具有中国特色的养老保障体系。

（本文原载李德鸿主编《老人与家庭——老龄问题与老年学论文集》，上海科学普及出版社 1992 年版）

老龄人口的非正规照料

  上海市是目前中国户籍人口老龄化程度最高的省级地区。2008 年末，全市 60 岁及以上户籍老人数为 300.57 万，占户籍总人口的 21.6%；65 岁及以上户籍老人数为 214.50 万，占户籍总人口的 15.4%，比 2008 年年中美国 65 岁及以上老人占总人口 13% 还要高 2 个百分点。据笔者主持的 2000—2050 年上海市人口老龄化趋势的生育中方案和净迁入人口数的中方案预测，上海市户籍 65 岁及以上老人数在 2014 年将超过 250 万，2018 年将超过 300 万，2024 年将超过 400 万，2030 年为 454 万；上海市 65 岁及以上户籍老年人口占户籍总人口的比例在 2017 年将超过 20%，2026 年将超过 30%。特别是上海市 80 岁及以上户籍老人数，在 2008 年末为 53.44 万，2031 年将超过 100 万，2037 年将超过 150 万；上海市 80 岁及以上户籍老人占户籍总人口的比例在 2008 年末为 3.8%，2024 年将超过 5%，2028 年将超过 6%，2032 年将超过 8%，2035 年将超过 10%。

  未来上海市户籍人口老龄化尤其是人口高龄化的迅速发展，对本市户籍老年人的照料需求提出了严峻挑战。据上海市老龄科研中心进行的 2003 年上海市老年人口状况与意愿跟踪调查资料，在被调查的 3068 名 65 岁及以上户籍老人中，自评基本生活能自理的占 91.7%，基本生活部分能自理的占 5.3%，基本生活不能自理的占 3.0%，合计基本生活自理有困难的占 8.3%。在假设 2000—2050 年期间上海市 65 岁及以上户籍老人分性别 5 岁一组（80 岁及以上为一组）的自评基本生活部分能自理和不能自理的比例始终保持 2003 年上海市老年人口状况与意愿跟踪调查所取得数据的基础上，按上述未来上海市 65 岁及以上户籍老人中分性别年龄组的人口数进行推算，在上海市 65 岁及以上户籍老人中需照料人数在 2000 年为 15.20 万，2050 年时将为49.41万。可见，2050年上海市65岁及以上户籍老人数比2000年将增加1.18倍，而同期基本生活自理困难的65岁及以上户籍老人数将增加2.25倍。

为了妥善解决上海市老年人的生活照料问题，上海市加快了养老机构及其床位数、居家养老服务（包括上门服务和老年人日间照料服务中心）的建设，希望在2010年末形成"9073"的养老格局，即本市60岁及以上户籍老人在那时有90%在家中受到亲属和保姆等照料，7%由居家养老服务机构提供照料，3%入住养老机构接受照料。如果在2010年末上海市养老机构的床位数超过10万张，虽然占当时本市60岁及以上户籍老人数的3.1%左右，但却占当时本市65岁及以上户籍老人数的4.6%，将逐渐接近美国的养老机构床位数占65岁及以上老人数的6%左右。即使实现上述目标，上海市绝大部分老年人仍生活在家中，当他们生活自理有困难时，主要接受配偶、子女媳婿、孙辈和民间保姆（包括钟点保姆、全天提供照料保姆）等非正规照料资源的照顾。2003年上海市老年人口状况与意愿跟踪调查也表明，在最基本日常活动能力（ADL）95分及以下（满分为100分）的60岁及以上户籍居家老人中，主要帮助者为配偶的占28.2%，为子女及孙辈的占52.8%，为保姆的占9.0%。

其次，即使本地户籍的低收入并生活自理有困难老人，享受了居家养老服务优惠，现在每月最多补贴500元，按8元/小时计算，平均每天也只有2小时由居家养老服务人员上门服务，其余时间仍要靠非正规服务人员来照料。同时，随着人口平均预期寿命和平均预期健康期的延长，尽管现阶段需照料老人的孩子大多只生育1个子女，但这些老人由于过去生育和存活的孩子约在3—5个左右，因此，尚处于"多子多孙"的状况。当他们的基本生活部分不能自理时，也有可能由亲属提供非正规照料服务。为了增强上海市非正规照料服务人员对生活自理困难老人的照料功能，提高家庭照料的质量，除了大力弘扬中华"孝"文化的优良传统，形成"尊老、敬老、养老"的社会氛围以外，笔者建议上海市有关部门应尽快编写《老年人家庭照料手册》，让社区通过开办讲座、培训、上门指导和组织主要照料者的交流活动，使老人亲属和民间保姆掌握帮助基本生活较严重不能自理老人起床、穿衣、进食、大小便的技能，帮助老人进行个性化的简易康复训练的技能，帮助患不同疾病的老人安排饮食起居和实施简易护理的方法，对流露出厌世情绪的老人进行心理疏导的方法，在老人晚间突发疾病时采取紧急抢救的措施等。最近，上海市在开展评选市级、区县级"双十佳"为老服务明星的活动，笔者认为上海市应把该活动扩大为"叁十佳"，不仅评选出养老机构和社区居家养老服务的优秀服务员，而且应评选出为居家老人服务的民间保姆中的优秀代表。

（本文原载《文汇报》2009 年 5 月 23 日）

未来中国老年人的家庭与社区照顾模式研究

中国是世界上的人口大国，也是世界上老年人最多的国家。1990 年全国第四次人口普查表明，中国 60 岁及以上老人数为 9720 万，占世界 60 岁及以上老人总数的 19.9%；中国 65 岁及以上老人数为 6310 万，占世界 65 岁及以上老人总数的 19.3%。

那么，在这样一个老年人口大国中，如何建立比较合理的养老模式，妥善解决未来老人的生活照顾问题呢？本文将结合近年来中国一些调查资料对此作较深入的探索。

一、未来中国老龄化的主要特点

1. 在未来半个世纪中人口老龄化的速度相当快。目前中国老龄化的水平较低。1990 年，60 岁及以上老人占总人口 8.6%，65 岁及以上老人占总人口 5.6%，人口年龄结构还处于成年型，然而由于中国自 70 年代初以来全面开展了计划生育工作，育龄妇女总和生育率由五六十年代的 5.78（常崇煊，1992 年）降至目前的 2.2 左右，人口出生率由 1970 年的 33.4‰降至目前的 20‰左右，以及人口平均预期寿命由 1975 年的男性 55.8 岁、女性 56.0 岁（袁永熙，1991 年）上升到 1990 年的男性 67.6 岁，女性 70.9 岁，使未来中国的人口老龄化速度加快。

联合国人口司在 80 年代末发表的《世纪转换之际的世界人口》中指出："中国目前正在经历着前所未有的高速老龄化过程。"据该司在 1990 年修订的中方案预测，2000 年中国 65 岁及以上老人总数占总人口 7.0%，2025 年将达 12.8%（日本厚生省人口问题研究所，1991）。最近，有的中国学者以

1990 年人口普查数据为基础，对 1990—2050 中国人口发展趋势进行了 6 个方案的预测，按他们认为比较适宜的方案 1（假设总和生育率从 1990 年的 2.3 逐步下降到 2000 年的 2.1，再下降到 2010 年的 1.8，此后保持不变，人口平均预测寿命从 1990 年的男性 67.58 岁，女性 70.91 岁，分别增长到 2050 年的 76.0 岁和 80.0 岁），预测结果表明中国 65 岁及以上老人数在 2050 将达到 30680 万，比 1990 年增长 3.9 倍；65 岁及以上老人占总人口的比重在 2050 年将达到 20.4%，比 1990 年增长 2.7 倍（杜鹏，1994）。根据近年来中国许多学者进行的各种长期人口发展趋势预测估计，中国 65 岁及以上老人占总人口的比重由 7% 上升到 14% 约需 30 年的时间，而法国为 115 年，瑞典为 85 年，美国为 70 年，英国和德国均为 45 年，日本为 24 年（日本厚生省人口问题研究所，1972）。

2. 未来老年人口高龄化的速度快于总人口老龄化的速度。在未来中国人口老龄化迅速发展的过程中，75 岁及以上老人数的增长更为迅速，据上述预测，中国 75 岁及以上老人数在 2050 年将达到 15200 万，比 1990 年的 1870 万增长 7.1 倍。由于老年人口中高龄老人数的增长速度快于老年人口数的增长速度，致使 75 岁及以上老人占 65 岁及以上老人总数的比重也将由 1990 年的 29.5% 上升到 2050 年的 49.5%。

3. 在经济发展水平较低的情况下出现人口迅速老龄化。由于中国是在经济发展水平较低的情况下，主要依靠社会发展、宣传教育和实行计划生育政策促使生育率迅速下降的，因此，预计中国在 2000 年左右进入老年型国家时经济发展仅达到小康水平，在 2050 年 65 岁及以上老人占总人口的 20% 时经济发展也只是相当于中等发达国家的水平。

4. 在下个世纪三四十年代将有大批独生子女的父母进入老年群体。由于中国从 1979 年开始实行提倡一对夫妇只生育一个孩子的政策，1989 年末，中国领取"独生子女证"的人数（不包括 16 岁以上人数）为 3550 万，其中城市地区为 2350 万，农村为 1200 万（中国人口情报研究中心，1991），笔者估计本世纪末中国领取"独生子女证"的人数有可能增加到 5000 万左右。这些独生子女的父母将从下个世纪 20 年代开始陆续进入老年，预计到三四十年代时比重将接近 1/3。

二、未来中国老年人生活照顾仍应以家庭为主

目前，绝大多数生活自理有困难的老人在家里养老，主要由配偶和子女照顾。据 1987 年中国人口抽样调查资料，在被调查的 65 岁及以上受到生活照顾的老人中，城市老人靠配偶照顾的占 34.7%，靠子女照顾的占 55.9%；城镇老人靠配偶照顾的占 31%，靠子女照顾的占 58.4%；农村老人靠配偶照顾的占 9.4%，靠子女照顾的占 87.6%（中国社会科学院人口研究所，1988）。1989 年 8 月，上海市在家需照顾老人状况和意愿抽样调查，在被调查的 994 名 65 岁及以上城乡老人中，半卧床不起的占 38.9%，基本和完全卧床不起的占 30.3%；已卧床 1—2 年的占 11.2%，3—4 年占 7.9%，5—9 年的占 10.9%，10 年及以上的占 7.7%。在目前需要照顾的 931 名被调查老人中，主要照顾者为配偶的占 38.1%，儿子占 17.7%，女儿占 16.4%，儿媳占 10.5%，保姆占 8.6%，家庭成员以外的亲戚的占 3.0%，孙辈的占 2.9%，无人照顾的占 1.5%，这表明在目前需要照顾的上海城乡老人中，有 6/7 的老人主要靠家庭成员照顾（桂世勋，1992）。

在未来半个世纪中，由于中国的人口老龄化速度相当快，特别是高龄老人占老年人口总数的比重不断上升，将使中国城乡需要照顾的老年人数量大大增加，然而当时中国的经济发展水平仍较低，国家不可能拿出大量资金来建造各种老人院；许多老人也因经济上还不十分宽裕，不可能大批进收费的老人院。尤其是中国传统观念的影响，更使老人大多希望由家庭成员来照顾，享受天伦之乐。

1992 年 8 月，在浙江省、上海市对老年人生活经历及生活现状的抽样调查，共调查了 60 岁及以上城乡老人 1583 人。当问被调查老人"在今后生活不能自理时，希望得到谁的照顾"时，比重最高的前三位意愿依次是儿子（32.8%）、配偶（30.8%）、女儿（18.3%）。其中城市老人比重最高的前三位意愿是配偶（35.1%）、女儿（23.7%）、儿子（19.6%）；农村老人比重最高的前三位意愿是儿子（42.8%）、配偶（27.5%）、女儿（14.2%）。

那么，在下个世纪三四十年代，当中国大批独生子女的父母进入老年，甚至有相当一部分超过了 75 岁，生活自理能力愈来愈差时，如何实现以家

庭成员照顾为主的养老模式呢？我认为除了继续坚持依靠配偶和加强对独生子女进行尊老、敬老教育，鼓励他们乐于照顾老年父母外，应该大力提倡独生子女父母的孙辈分担照顾老人的社会风尚。据 1989 年 8 月进行的上海市在家需照顾老人状况和意愿调查，身边有子女主要靠孙辈照顾的虽然只占 1.2%，但身边无子女，主要靠孙辈照顾的却占 8.8%；有协助照顾者的身边有子女老人中，由孙辈协助照顾的占 10.9%；有协助照顾者的身边无子女者，由孙辈协助照顾的竟占 19.3%。特别是当我们问 196 名与子女不住在一起的老人，"如目前和将来都不可能与子女居住在一起，那么希望最好怎样解决自己的生活照顾问题"时，除 19 名未表态者外，他们的第一位意愿是希望和孙辈居住在一起，由孙辈帮助照顾占了 53.7%（桂世勋，1992），可见，在今后解决中国独生子女父母年老后的照顾问题中，孙辈的作用决不能低估。

我在 1983 年就撰文提出"可考虑允许独生子女在将来结婚后生两个孩子，这样当现在的独生子女家长达 70 高龄时，孙子或外孙一辈约 15 岁至 20 岁左右，已可以逐渐照顾老人了。"现在，上海市、天津市、辽宁省、陕西省、安徽省、山东省、福建省、广西壮族自治区都已规定了夫妇双方为独生子女的，可以生育两个孩子，预计从下个世纪初开始中国许多年轻的育龄夫妇婚后都可生育两个孩子，这样，当今后大批独生子女父母进入老年时，就会有仅祖孙两代组成的"隔代家庭"，成为解决未来中国家庭养老的一种重要补充模式。

为了搞好未来中国老人的家庭照顾，还应在理论上把"家庭成员照顾"与"家庭户成员照顾"区别开来。由于老年人与青年人在生活方式、价值观念、娱乐爱好、饮食习惯等方面存在较大差异，"三代同堂"往往增加两代成年人之间的矛盾，尤其是婆媳关系较难处理好，还不如子女与父母分开住，但住得近一些，有困难可及时帮助，两代人的关系反而比较融洽。1985年和 1986 年，笔者曾分别主持了上海市区与郊县农村的老年人口状况及意愿的抽样调查，结果发现老人希望最好夫妻俩单独住，儿孙辈住得近一些的比重，在市区老人中占首位（42.3%），在农村老人中占第二位（28.7%）。因此，我认为今后在中国不宜过分强调"三代同堂"，而应积极为实现已婚成年子女与年老父母住得近一些，由他们多照顾老人的模式创造条件。与此相适应，在今后城市住房建设规格上，也应以两室户为主，三室户和一室户为辅，并适当多建造些两代成年人吃住分开、能分能合的复合式住房（桂世勋，1992）。

三、搞好社区照顾老年人的服务设施和项目

在解决未来中国老人的生活照顾问题中，强调家庭成员照顾为主，并不等于否定社区服务。从中国的实践来看，在各种社会帮助照顾老年人的措施中，社区服务最受欢迎，这是因为社区服务不仅能充分依靠各种社会力量，减轻政府的社会福利负担，而且可以使各种照顾老年人的服务网点深入基层，为老人提供方便；而且收费比较便宜，并可以使老人继续生活在过去熟悉的社区中，与家庭成员及邻居保持联系，得到精神上的安慰；使老人的成年子女有更多的精力投身于事业，可以改善社区中的人际关系和社会风尚，提高社会的精神文明程度。

在未来半个世纪中，由于中国经济发展水平较低，在照顾老人的各种社区服务设施和项目中，只能实行由个人缴费服务为主的模式。除了少数"社会孤老""五保老人"，由各级政府及所在集体提供全部服务费外，其他老人均需由个人缴纳服务费，然而那时相当一部分老人是独生子女的父母；即使非独生子女父母，大多也只有两个孩子。要一二个子女负担老人的服务费，难度比较大。因此，从现在起就要增加中国年轻一代的自我养老意识。现在的年轻一代在满足家庭基本生活需要并有所改善的前提下结余一部分钱，通过投保、储蓄、购买债券等各种方式为自己年老后准备养老费用。

为了提高照顾老人的社区服务质量，降低服务成本，根据中国的国情，应该建立以低龄退休人员为主体的服务队伍模式（桂世勋，1993）。1990年中国15岁至64岁的劳动年龄人口为75700万，近年来中国学者的各种预测表明，2000年将超过84000万，在2015年后的20年间将始终超过100000万。这就使城镇及乡镇企业职工在今后很长一段时期内不可能全面推迟本世纪50年代规定的男职工60岁、女干部55岁、女工人50岁退休的年龄界限。如果在社区服务中能把一部分低龄的身体比较健康又愿意为老人服务的退休人员组织起来，经过必要的培训，作为照顾老人的基本队伍，不仅有利于充

分发挥这部分人力资源的作用，而且对搞好社区服务也具有重要意义，因为他们即将或已进入老年，比年轻人容易体会那些生活不能自理老人的疾苦，服务态度比较热情和耐心；因为他们本身已可领取养老金，社区服务机构不仅不需要为他们交纳养老保险社会统筹费，而且支付的薪金也可比聘用年轻人来得便宜。当然，社区服务机构的有些管理工作和照顾老人的服务项目，并不是退休人员都能胜任的。所以，还应从实际需要出发，适当吸收年轻的专职管理人员和服务人员，以及广大的在职志愿服务人员，进行合理组合。

【参考文献】

[1] 常崇煊主编：《当代中国的计划生育事业》，当代中国出版社 1992 年版。

[2] 日本厚生省人口问题研究所，研究资料，267 号，1991 年。

[3] 杜鹏：《中国人口老龄化过程研究》，中国人民大学出版社 1994 年版。

[4] 中国社会科学院人口研究所编：《中国 1987 年 60 岁及以上老年人口抽样调查资料》，《中国人口科学》编辑部，1988 年。

[5] 桂世勋：《上海市在家需照顾的老人状况及对策建议》，载《老人与家庭》，上海科学普及出版社 1992 年版。

（本文原载《南方人口》1995 年第 2 期）

双职工家庭的养老服务系列化研究

在过去很长时期内，城市双职工家庭的养老服务问题都未列入中国内地政府及社会团体兴办的社会福利事业项目中。传统的观念认为养老服务问题只存在于那些无子女或子女不在身边的老人家庭，而居住在双职工家庭中的老人一般可依靠成年小辈解决基本生活的照料问题，不需要借助社会福利事业。政府的责任只是大力建造以收养无子女、无收入来源、无依无靠的社会孤老为主的社会福利院及敬老院，组织和扶持照顾这些社会孤老的"包护组"，或者在户口政策和工作调动上尽量帮助身边无子女的老人，让他们的一个小辈由外地调入，以解决这部分老人的后顾之忧。

80年代后期，中国内地城市开辟了社区服务的新领域，双职工家庭的养老服务问题才逐渐引起人们的关注。目前在政府官员、社会团体负责人中的一些有识之士已取得了以下几点共识：第一，中国内地的双职工家庭同样存在着养老服务问题，有的甚至非常严重，迫切希望政府和社会团体给予帮助；第二，解决好双职工家庭的养老服务问题，不仅有利于这些家庭的老人安度晚年，而且有利于这些双职工把更多的精力投入本职工作，推进中国内地的现代化建设；第三，中国内地城市大力提倡每对夫妇只生一个孩子的生育政策，虽然遏制了人口的过快增长，但是使未来双职工家庭养老服务问题更为突出，必须从现在起就抓紧构建解决这些问题的框架，并使这项社会福利事业不断完善和发展。

当前需要进一步研究和解决的问题是探索双职工家庭养老服务需求的特点，建立符合中国内地城市特点的双职工家庭养老服务系列化模型，正确分清和理顺政府与社会团体在解决这个问题上的职责分工，使社会福利事业实现社会化。

在与老人一起居住的双职工家庭中，尽管养老服务也是由于老人基本生活不能自理而引起的，然而这种养老服务要形成对社会福利事业的需求，首先取决于照料老人工作所具有的"全天候"性、长期性和沉重性。由我主持的 1989 年上海市在家需照顾老人状况和意愿抽样调查资料表明，在被调查的 994 名 65 岁及以上老人中，半卧床不起的占 38.9%，基本上卧床不起和完全卧床不起的占 30.3%；已卧床 1—2 年的占 11.2%，已卧床 3—4 年的占 7.9%，已卧床 5—9 年的占 10.9%，已卧床 10 年以上的占 7.7%。在被调查的 917 名主要照顾者中每天照顾老人的时间，几乎为全部时间的占 28.0%，半天多些的占 22.4%，2—3 小时的占 23.1%，需要时照顾一下的占 26.4%；他们照顾老人的内容，帮助日常购物的占 67.0%，帮助烧饭烧菜的占 48.8%，帮助洗衣服的占 47.9%，帮助打扫房间的占 42.0%，帮助饭后收拾洗碗的占 41.0%，陪同外出的占 34.9%，帮助洗澡的占 34.7%，帮助穿换衣服的占 32.3%，帮助铺叠被褥的占 30.7%，帮助大小便的占 14.2%，单独为老人准备饮食的占 13.2%，喂饭喂汤的占 9.2%。显然，在双职工家庭中，帮助日常购物、帮助洗衣服、帮助打扫房间、帮助洗澡、帮助穿换衣服、帮助铺叠被褥等非"全天候"性的服务，一般都可由家庭内部成员帮助解决。只有当老人需要由别人烧饭烧菜、喂饭喂汤、帮助大小便，甚至完全卧床不起，大小便失禁时，双职工因白天外出工作，无法"全天候"照料，才会萌发希望得到社会帮助的意念。特别是在老人长期卧床不起，照料工作旷日持久，照料负担极为沉重时，双职工家庭的这种愿望更为强烈。当然，这种养老服务的需求要从潜在的需求转变为现实的需求，还与双职工家庭需照料老人的配偶是否健在并能否帮助照料、双职工本人的健康状况及业余时间有多少精力可帮助照料、双职工家庭的经济状况及住房条件、社会提供各种养老服务的服务质量和收费标准等因素有密切关系。

鉴于本世纪 90 年代和下个世纪初，中国内地城市的经济发展水平还比较低，政府和社会团体不可能拿出大量资金来建造大批社会福利院、敬老院和老人护理院；许多双职工家庭的经济收入（包括需照料老人本身的养老金收入）还比较少，不可能拿出较多钱来支付需照料老人进社会福利院、敬老院和老人护理院的费用；加上中国传统观念的影响，使大部分双职工家庭的需照料老人除万不得已外，一般不太愿意进社会福利院、敬老院和老人护理院。因此，中国内地双职工家庭养老服务系列化模型的总体框架，必然以支持需照料老人在家养老的基层社区服务为主体形式，以接纳需照料老人入院服务为辅助形式。在前一种形式中，老人由家庭中的亲属主要照料，由基层社区服务协助照料；在后一种形式中，老人已离开家庭，由社会福利院、敬老院和老人护理院的工作人员给予全部照料，家庭中的亲属只是经常去探望而已。至于协助照料在家老人的基层社区服务，又可分为上门服务和日间入所（托老所）服务两种方式。由于上门服务具有服务项目灵活多样和费用较少、不必每天接送老人、不需占用较多的房屋设施等优点，所以，在这两种方式中，应以上门服务为主体形式，以日间入所服务为辅助形式。通过提供社区服务，妥善解决双职工外出工作、家中又无其他人员照料时老人的饮食、护理、陪送看病等问题，以弥补家庭养老的不足（见图1）。

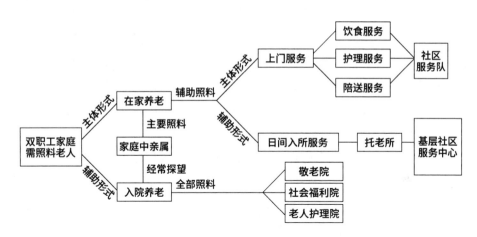

图1 中国内地双职工家庭养老服务系列模型简图

在上述双职工家庭的养老服务系列化模型中，政府与社会团体究竟应该扮演什么社会角色，承担哪些职责呢？我认为要正确分清和理顺政府与社会团体在解决双职工家庭养老服务上的职责分工，关键是必须从建立社会主义市场经济体制的总体目标出发，打破过去中国内地城市长期沿袭的社会福利事业由政府包办和部门分割的体制，切实贯彻社会福利社会化的方针。

首先，在管理上应体现社会化原则，采取各种养老服务设施及项目分别由属于民政部门的国有事业单位、街道及居民委员会、社会团体、私人直接经营管理的办法。各级政府的管理职能主要是统筹规划，制定政策，组织协调和检查监督。政府部门应该研究和制定包括解决双职工家庭养老服务在内的社会福利事业总体规划,并将其分步实施的要求纳入政府年度工作计划及每年为市民办实事的内容,实行目标管理。对民办的各种养老服务设施及项目,政府要搞好协调,给予优惠,制定规范化的合格标准,提出服务质量要求和指导性的收费标准,定期进行检查。对不合格的,应限期整顿,直至勒令停办。

其次,在资金来源上应体现社会化原则,采取照料服务费(包括入院养老的床位费、伙食费)一般由老人及其亲属负担,养老设施的基本建设费主要由社会团体分担,政府提供优惠政策和扶持措施的办法。对社会孤老,仍由政府与社会团体共同帮助解决生活费和照料服务费。对其他老人中确实家庭无法照料而经济又很困难、不能承担全部照料服务费的,可从社会团体及企业捐赠、社会福利有奖募捐的部分收入组成的养老基金中给予适当补贴。近年来中国内地的许多社会团体及企业拿出了大笔款项赞助电视台的某个节目、奖励优秀运动员、支持某项社会活动,但对养老事业的捐赠却很少。今后政府和新闻媒介应鼓励社会团体、企业及个人直接捐赠,独资或合资兴办养老服务设施,并希望香港地区的一些社会团体能在上海浦东新区及中国内地的其他地区独资或合资开办养老服务分中心。

第三,在服务对象上应体现社会化原则,采取积极发展以照料老人为主的全民性综合社区服务和扩大原有的各种养老服务设施功能的办法。政府要加强指导,抓好典型,总结服务对象社会化的经验,及时推广。在基层社区服务的对象上,应逐步覆盖到社区中所有要求社会予以帮助的需照料老人、残疾人、儿童及其他人员;即使养老服务项目,除了考虑独居老人和仅老夫妇家庭的需要外,还要考虑双职工家庭的养老服务需要,根据社会需要开展综合性服务,以提高规模经济效益。在社会福利院和敬老院的招收对象上,应从原来主要招收社会孤老逐步拓宽到更多地招收子女不在身边的老人和双职工家庭的老人,从原来主要招收基本生活能自理的老人逐步转为主要招收需照料老人,实行收费服务。那种把老人护理院作为"临终关怀"性质的护理院,将招收对象局限于患有"不治之症"、濒临死亡的老人的设想,既不能满足社会上因各种原因要求入院照料的老人需要,又容易造成住院老人及其家属的沉重心理负担,所以,除作为研究"临终关怀"问题需要的个别试点单位外，应把老人护理院的招收对象扩展到社会上一切需要入院照料的老人。

第四，在服务队伍上应体现社会化原则，采取以退休人员为主体的各种管理人员和服务人员合理组合的办法。政府的职责是统筹规划，通过高等院校、中等专业学校和职业学校，搞好管理人员的培训，并发挥社会团体对一般服务人员进行短期培训的作用。在中国内地城市，由于劳动年龄人数过多，在今后很长时期内将呈现不断增长的趋势，以及经济体制改革后经营集约化程度的提高，因此，50年代规定的职工退休年龄不仅在90年代和下个世纪初很难推迟，而且目前又出现了一部分提前待退休的人员。1990年人口普查10%提前汇总资料表明，中国内地城市女性人口的劳动参与率，45—49岁组为76.7%，50—54岁组为42.9%，55—59岁组为22.1%。如果能把其中一部分退休人员组织起来，经过必要的培训，作为养老服务的基本队伍，数量就非常可观。它不仅可以充分发挥这部分人力资源的社会作用，增加他们退休后的收入，而且也有利于提高服务质量，降低服务收费标准，减轻被照料老人及其亲属的心理负担和经济负担。当然，由于有的管理工作和养老服务项目，并不是退休人员都能胜任的，所以，还应从实际需要出发，适当吸收年轻的专职管理人员和服务人员，以及广大的在职志愿服务人员，进行合理组合。

（本文原载香港社会服务联会编《中国内地及香港社会
福利发展第二次研讨会报告书》，1995年2月）

21 世纪上半叶上海老人照料问题研究

环顾世界各国，无论是发展中国家还是发达国家，老人照料问题始终是老龄问题中的一个极为重要并带有普遍性的问题。上海作为中国最早进入老年型人口的特大城市，在 21 世纪上半叶的老人照料问题上将具有哪些特点呢？我们现在应该为那时妥善解决老人照料问题采取哪些战略措施呢？本文将就上述问题作前瞻性的研究和分析，以引起全社会尤其是上海市政府及有关部门领导重视。

21 世纪上半叶上海老人照料问题的严峻态势

为了具体了解下个世纪上半叶上海市人口老龄化及老年人口高龄化对老人照料问题的影响，最近我们分别对户籍人口与常住人口进行了高、中、低三个方案的预测。由于流动人口数量的变化很难控制，其中有相当部分流入人口到年老后又可能返回流出地，因此在这里仅分析未来上海市户籍人口的变化状况。

我们假设上海市户籍人口中育龄妇女的总和生育率在 1995—2000 年间均保持目前的水平，市区为 0.91，郊县为 1.08；在 2001—2010 年间，低方案逐步上升到市区 1.3、郊县 1.4，中方案逐步上升到市区 1.6、郊县 1.7，高方案逐步上升到市区 2.08、郊县 2.09，接近生育更替水平；在 2011—2050 年间，低、中、高方案的生育水平都稳定在 2010 年的水平上。至于平均预期寿命和净迁移人数的变动，在上述三个方案中均假设为从目前水平逐步提高到 2050 年的市区男性 78.2 岁、女性 80.4 岁，郊县男性 76.8 岁、女性 80.0 岁；年净迁入数在 1996—2010 年为 6.5 万、2011—2030 年为 4 万、

2031—2050 年为 2 万。

预测结果表明，在 1995—2050 年上海市人口老龄化将呈现以下一些主要特点：

——不同总和生育率水平下，上海户籍人口中 60 岁及以上老人占总人口比重会有较明显的差异。低方案的老年比最高达 42.7%（2050），中方案为 37.1%（2031），高方案为 34.0%（2030）。

——60 岁及以上老人数的增加数量将由慢转快，然后转入缓慢的负增长。按"中方案"预测，上海市 60 岁及以上户籍人口的年平均增加数量，1995—2000 年仅 2.29 万，2000—2005 年仅 2.54 万，2005—2010 年为 8.12 万，2010—2015 年为 15.35 万，2015—2020 年竟多达 16.26 万，2020—2025 年下降至 7.89 万，2025—2030 年为 −0.09 万，2030—2035 年为 −4.54 万，2035—2040 年为 −5.54 万，2040—2045 年为 −2.00 万，2045—2050 年为 −2.51 万。

——80 岁及以上的高龄老人数的增长幅度比 60 岁及以上老人数的增长幅度要大得多。按"中方案"预测，上海市 60 岁及以上户籍人口数量的峰值为 489.34 万（2026），比 1995 年的 226.83 万增长 1.16 倍；然而全市 80 岁及以上户籍人口数量的峰值为 131.15 万（2043），竟比 1995 年的 23.01 万增长 4.7 倍。

——80 岁及以上的高龄老人占总人口的比重上升幅度快，最高时将超过 10%。按"中方案"预测，上海市 80 岁及以上户籍人口占总人口的比重在 1995 年仅为 1.8%，在 2038—2046 年均高达 10% 及以上；其中峰值出现在 2043 年，竟达 10.9%。

按一般常规，老年人口中生活不能自理的比重随年龄组的增高而上升。1995 年上海市人口普查办公室和上海市老龄委员会在该年 10 月 1 日进行 1% 人口抽样调查时，对上海市区 3000 名 60 岁及以上老人同时开展了《上海市区老年人口综合调查》。调查结果汇总处理后发现，在被调查的 1330 名男性老人中，生活能部分自理（即部分不能自理，下同）的占 6.5%，其中在 60—64 岁组的老人中仅有 2.9% 生活能部分自理，而在 85 岁及以上组中竟高达 28.6%；生活不能自理的占 3.5%，其中在 60—64 岁组的老人中仅有 1.6% 生活不能自理，而在 85 岁及以上组中竟高达 19.0%。在被调查的 1670

名女性老人中，生活能部分自理的占 7.4%，其中在 60—64 岁组的老人中仅有 2.7% 生活能部分自理，而在 85 岁及以上组中竟高达 28.6%；生活不能自理的占 3.4%，其中在 60—64 岁组的老人中仅有 0.8% 生活不能自理，而在 85 岁及以上组中竟高达 26.2%。我们把上述抽样调查所取得的上海市区分性别的每个年龄组老人中能部分自理、不能自理的比重，分别与前面介绍的"中方案"预测的每年上海市区分性别的各个年龄组老人数相乘，得出假设未来上海市区老人自理状况保持在 1995 年水平时能部分自理、不能自理人数的变动趋势（见图 1）。从中发现在 1995—2050 年，上海市区 60 岁及以上户籍人口数量的峰值为 372.10 万（2025），比 1995 年的 177.97 万增长 1.09倍；然而市区能部分自理老人数量的峰值为 39.60 万（2039），比 1995 年的 13.14 万增长 2.01 倍，市区不能自理老人数量的峰值为 24.03 万（2043），比 1995 年的 6.83 万增长 2.52 倍。

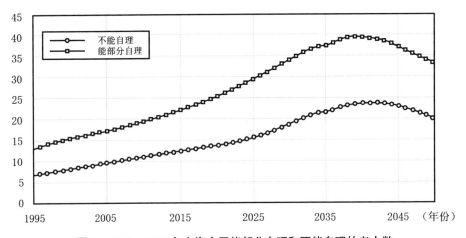

图 1　1995—2050 年上海市区能部分自理和不能自理的老人数

同样，老年人口中希望与子女居住和希望住在社会养老设施的比重也随年龄组的增高而上升。上海市人口普查办公室与上海市老龄委员会在 1995 年进行的《上海市区老年人口综合调查》所取得的"养老居住意愿"资料也再次证明了这一趋势（见表 1）。

表 1　1995 年上海市区分年龄组的养老居住意愿　　　单位：%

年龄组	男性			女性		
	希望单独居住	希望与子女居住	希望住社会设施	希望单独居住	希望与子女居住	希望住社会设施
60—64	66.4	29.3	4.3	58.6	38.6	2.8
65—69	64.1	34.2	1.7	60.7	37.4	1.9
70—74	62.4	34.7	2.9	52.9	44.6	2.5
75—79	62.1	34.9	3.0	45.8	51.2	3.0
80—84	47，5	49.2	3.3	35.0	62.0	3.0
85＋	40.0	55.0	5.0	31.0	61.9	7.1
合计	63.0	34.0	3.0	54.3	43.1	2.6

我们假设未来上海市区老人分年龄性别的养老居住意愿不变，把上述抽样调查所取得的上海市区分性别的每个年龄组老人希望单独居住、与子女居住、住在社会设施的比重分别与前面介绍的"中方案"预测的每年上海市区分性别的各个年龄组老人数相乘，发现在 1995—2050 年上海市区希望与子女居住的老人数的峰值为 151.25 万（2033），比 1995 年的 69.95 万增长 1.16 倍；希望住在社会设施的老人数的峰值为 11.09 万（2043），比 1995 年的 5.18 万增长 1.14 倍（见表 2）。

表 2　1995—2050 年上海市区户籍老人居住类型推算　　　单位：%

年份	希望单独居住	希望与子女居住	希望住社会设施
1995	102.84	69.95	5.18
2000	105.08	74.60	5.30
2010	123.05	89.59	6.90
2020	200.43	134.71	10.38
2030	205.54	150.79	10.77
2040	172.54	143.84	10.74
2050	173.62	134.08	10.40
峰值年	2024	2033	2043

续表

年份	希望单独居住	希望与子女居住	希望住社会设施
数量	215.40	151.25	11.09
增长倍数①	1.09	1.16	1.14

注①：指峰值年人数比 1995 年人数增长几倍。

然而，在下个世纪 30、40 年代，上海市 75 岁及以上的老人大多数是现在的独生子女父母。1990 年我国第四次人口普查所得的上海市妇女分年龄组的活产 1 孩人数资料表明，当时全市 25—39 岁组妇女的活产 1 孩比率在 73% 以上，其中 30—34 岁组妇女的活产 1 孩比率高达 87.2%；在"市"范围内由于育龄妇女的结婚和生育的年龄相对要大些，因此当时 25—29 岁组妇女的活产 1 孩比率仅 65.3%，但 30—34 岁、35—39 岁组妇女的活产 1 孩比率均在 87% 及以上（按人口普查的第二口径数据计算），预计在当时 25—29 岁组妇女的年龄推移到 30—34 岁组（即经过 5 年）后，活产 1 孩的比率也会上升到 85% 以上（见表 3）。可见，到 2040 年，当这么一大批独生子女父母进入 75—89 岁组时，那时的老人希望与子女一起居住，藉以得到子女的更好照料，将会遇到较大困难。尤其是在独生子女需要同时照料双方年老父母时，更会感到力不从心。由此，将会对社区上门服务照料和社会设施照料产生面广量大的需求。

表 3　1990 年上海市妇女部分年龄组的活产 1 孩比率　　　单位：%

年龄组		全市	市①	镇	县
1990 年	2040 年				
25—29	75—79	75.0	65.3	83.7	89.7
30—34	80—84	87.2	88.3	93.3	83.6
35—39	85—89	73.1	87.0	81.0	46.6
40—44	90—94	39.4	59.0	37.0	9.4
45—49	95—99	15.3	24.0	12.9	3.3

注①：表中的"市""镇""县"按 1990 年人口普查的第二口径数据计算。

解决 21 世纪上半叶上海老人照料问题的战略措施

为了妥善解决好下个世纪上海老人的照料问题，我建议各级政府、社会、家庭和个人从现在起就要高度重视，花大力气采取以下几项战略措施：

第一，深入研究影响老年慢性病发病率及生活不能自理比率变动的生理、心理和社会因素，加强终生健康教育和终生保健，有效地缩短老年人的平均带病期及生活不能自理期。我国学者王梅曾根据第四次人口普查资料和中国老龄科研中心主持进行的 1992 年中国 12 个省、自治区、直辖市老年人供养体系调查资料，计算了 1992 年中国 60 岁及以上老人的平均预期带病期。所谓平均预期带病期，是指在老年人平均剩余寿命中，身体伴有各种慢性病的那一段时间。它是通过将老年人口的分年龄带病率与生命表中相应的生存人年数相乘计算得到的。她计算得出我国 60 岁及以上老人的平均预期带病期，城市男性为 12.25 年，占该年龄预期寿命 16.30 年的 75.2%；城市女性为 15.11 年，占该年龄预期寿命 19.26 年的 78.5%；农村男性为 9.00 年，占该年龄预期寿命 15.77 年的 57.1%；农村女性为 11.45 年，占该年龄预期寿命 18.36 年的 62.4%（王梅，1993）。现代医学研究表明，老年人的许多慢性病与抽烟、酗酒、高盐、高糖、不合理的营养及生活方式有关。1996 年 8 月 23 日，美国总统克林顿宣布"吸烟是美国人民面临最严重的公众健康问题"。他批准由食品暨药物管理局管制香烟的销售，并颁布严格管制香烟销售和广告的法规，规定购买烟草商品时，要求年龄 27 岁以下者出示有照片的身份证明，销售香烟给 18 岁以下者均属违法；除了禁止儿童出入的场所外，禁止以自动贩卖机出售香烟；禁止免费赠送香烟；禁止在学校和游乐场 1000 英尺内树立香烟广告牌；禁止销售或赠送有香烟或烟草产品的名字或商标的运动帽、休闲袋等物品。因此，为了在下个世纪我国老年人平均预期寿命逐步延长的同时，相对甚至绝对地缩短平均带病期及生活不能自理期，减缓照料老人的压力，不仅要加强老年医学的研究，在成人教育（包括老年教育）中加强健康教育，提高中老年人的自我保健能力，而且要从少年儿童时期就开始进行这方面的教育，使他们在少年儿童起就逐渐养成不抽烟、不酗酒、低盐、低糖、合理营养及健康的生活方式。

第二，组织编写尊老、敬老、赡养年老长辈的系列教材，在小学、中学普遍开设包括为老年人服务的社区服务课程，从儿童时期起就加强对独生子女进行这方面的教育。1994年末，我国领取"独生子女证"的人数已达4323.9万人，我预计到本世纪末全国累计领取"独生子女证"的人数有可能增加到5000万左右。上海市在1980年领取"独生子女证"的人数仅为36.7万人，1990年增加到181.9万（不包括16岁及以上已领"独生子女证"的人数），我预计本世纪末全市累计领取"独生子女证"的人数将超过270万人。在我国（包括上海市）今后的老人照料模式仍以老人在家照料为主、入院照料为辅的情况下，要搞好下个世纪30、40年代上海市老人的照料，必须加强对独生子女的教育。邓小平同志曾经讲过"计算机要从娃娃抓起"，我认为"尊老教育也要从娃娃抓起"。现在的相当一部分独生子女在家里被当作"小皇帝""小太阳"，父母往往只关心他们的文化课考试成绩及是否考上重点学校，这就使许多独生子女往往只知道要人家关心，而想不到要去关心别人，长此以往将会成为下个世纪妥善解决我国养老问题的一大隐患。在香港地区，已经拍摄了给中小学生观看的尊老敬老录像片，而且还广泛组织中学生利用周末开展义务"卖旗"活动，参与筹集包括老年福利事业在内的社会福利资金。近年来浦东新区一些中学也进行了开设包括为老年人服务的社区服务课程试点。我想只要上海市的教育部门高度重视并精心组织，经过二三年的努力，一定能够编写出适合少年儿童特点的尊老、敬老、赡养年老长辈的系列教材。我也希望上海的宣传部门能组织影视单位拍摄一些有关这方面内容的卡通片、童话片。

第三，深入研究和鼓励推进个人储蓄性养老保险及各种人寿保险，教育和引导独生子女父母把少生孩子所节省的一部分抚养费用，作为自己年老后的照料费。在下个世纪上半叶甚至更长时期内，我国除了少数"社会孤老""五保老人"的社会照料费用由各级政府及所在集体提供外，绝大多数老人的社会照料费用，不管是入住社会养老设施还是在家接受上门服务照料，均需由个人或其亲属负担，然而那时相当一部分老人是独生子女的父母，要一对独生子女补贴双方年老父母的照料费用，势必难度很大。现在上海市的许多老人护理院已经反映，如果老人只有一两个子女，要补足老人住院的床位费、护理费、伙食费等开支，非常不容易。因此，从现在起就要增强年轻一代特别是独生子女父母的自我养老意识。引导他们趁现在年富力强、收入较多而抚养子女人数又比老一代减少的情况下，节省一部分钱参加个人储蓄性养老保险及各种人寿保险。近年来德国已实行护理保险，日本也将在明年实行护理保险。在美国，加利福尼亚州开办的护理保险，规定投保者缴纳一定保险费后，当生活不能自理时，无论是入院照料、在家请人照料，还是由亲属照料，每月都可以根据投保金额多少、投保时间长短和投保者生活不能自理的程度，得到一笔护理津贴。我认为上海市应该尽快推出类似国外护理保险的可行性方案，政府给予投保者和承办该险种的保险公司一定的优惠，扶持和鼓励其迅速发展。

第四，建立和完善社区为老服务网络，充分利用社区的各种资源，搞好各类社区服务项目的整合，努力开展老年群体自助活动，有效支持家庭养老。在解决下个世纪老人的生活照料中，强调家庭成员照料为主，并不等于否定社会照料。从我国的实践来看，在各种社会帮助照料老人的措施中，社区为老服务最受欢迎。因为它不仅能充分依靠各种社会力量，减轻政府的社会福利负担，而且可以使各种照料老人的服务网点深入基层，为老人及其亲属提供方便；不仅收费比较便宜，而且可以使老人继续生活在过去熟悉的周围环境中，与家庭成员及邻居经常保持联系，更好得到精神上的安慰；不仅使老人的成年子女有更多精力投身本职工作，而且可以改善社区中的人际关系和社会风尚，提高社区的精神文明程度。日本在 80 年代后期决定对老人福利法、老人保健法、社会福利事业法、社会福利医疗事业团体法等 8 种与福利相关的法律进行部分修改，其中一个重要内容就是明确家庭福利服务在社会福利事业中所处的地位，强化家庭福利服务支援体制。1989 年日本政府制定《老年人保健福利十年计划》时，也强调积极发展社区福利服务，支持老人在家养老。因此，我认为上海市在土地大量批租、居民住宅区成片动迁改造的情况下，更应保持和发扬过去"石库门"房子邻里间互相关心、互相帮助的优良传统，重视社区建设，积极开展各种社区为老服务项目。同时，在社区服务中还应注意充分发挥那些低龄的身体比较健康又愿意照料老人的退休人员的作用，把他们组织起来，经过必要的培训，形成社区为老服务的基本队伍。由于他们即将或已进入老年，往往比年轻人容易体会那些生活不能自理老人的疾苦，服务态度比较热情和耐心；由于他们本身已可领取养老金，社区服务机构不仅不需要为他们交纳社会养老保险费，而且支付的薪金也可比聘用年轻人略低些；由于他们刚退休不久，通过参与力所能及的社区服务，不仅可以增加收入，改善生活，而且有利于他们的身心健康，延缓衰老。

第五，在深入调查研究基础上，科学制定本市养老设施发展的长期规划，使各类养老设施的硬件和软件建设标准，逐步与国际大都市的要求相适应。我国的养老设施主要包括社会福利院、老年护理院、敬老院、老年公寓等。在上海市由于这些设施分别属于民政、卫生、退休职工管理委员会等部门主管，基建投资和日常经费也来自不同渠道，因此，要摸清情况、科学制定下个世纪上半叶全市养老设施发展规划，需要进行深入调查研究，从未来老人及其家属的入院需求与多渠道集资的财力许可等两方面考虑。香港原来规定要求每 1000 名 60 岁及以上老人设立 11 张护理安老院床位和 10 张安老院床位，1994 年 8 月发表的《老人服务工作小组报告书》中修订为每 1000 名 65 岁及以上老人设立 16 张护理安老院床位和 15 张安老院床位。而且在《报告书》中还对入院准则、雇用员工的配置、保健员的训练课程目标和内容等提出了具体的建议。与香港地区的养老设施相比，上海市在床位数量发展规模和硬件、软件的建设标准方面，还有很大距离。鉴于上海市的经济发展水平及现有的养老设施状况，我认为首先应在软件上下功夫，按照国际大都市的要求，努力提高各类养老设施的管理水平，搞好相应的所需员工配置，强化各类人员的培训，建立定期的严格评估制度，使本市养老院的管理和服务水准尽快接近并达到国际一流水平。至于各类养老设施的硬件则要注意先进性与层次性相结合，现阶段只能少量高层次，与国际大都市的要求相适应，更多的是中等层次和较低层次，以满足不同收入层次要求入院的老人需要。但低层次设施在设计和建造时应留有发展余地，以便今后改建和扩建时逐步上档次。

（本文原载冯贵山主编《迈向 21 世纪老龄问题探讨》，
中国文联出版公司 1997 年版）

21 世纪上海城市老人家庭护理需求与对策

上海市是中国人口老龄化程度最高的城市。2000 年末，全市户籍总人口达 1322 万，其中 60 岁及以上老年人口为 242 万，占总人口 18.3%；65 岁及以上老年人口为 188 万，占总人口 14.2%。本文以 1998 年上海市老年人口状况和意愿综合调查为依据，具体介绍居住在家中的城市 65 岁及以上老人的生活自理能力及家庭护理的特点，考察 21 世纪上半叶上海城市老人家庭护理的需求，以提出城市老人家庭护理建议，改进我国城市老人家庭护理工作。

一、目前城市老人家庭护理的主要特点

（一）低龄老人占三分之二，生活不能自理的老人比重较低。

1998 年，上海市老龄科学研究中心进行了上海市老年人口状况和意愿综合调查，抽样比为 1.5‰。其中被调查的城市 65 岁及以上老人为 1717 人，性别比为 90.4（以女性老人为 100）。从年龄结构考察，低龄老人比重高，65—74 岁组老人占 67.9%，75—84 岁组老人占 27.3%，85 岁及以上组老人占 4.8%。老人自评基本生活自理能力状况反映，能自理的占 79.9%，部分能自理的占 13.2%，不能自理的占 6.9%。经基本生活自理能力（ADL）量表测试，总分为 100 分的占 82.8%，90—95 分的占 11.7%，55—85 分的占 3.0%，50 分及以下的占 2.5%；经从事家务能力（IADL）量表测试，总分为 100 分的占 61.5%，90—95 分的占 15.0%，55—85 分的占 15.3%，50 分及以下的占 8.2%（见表1）。

表1　1998年上海城市老人分年龄性别的 ADL 与 IADL　　总分（%）

	性别	ADL（总分）				IADL（总分）			
		≤50	55—85	90—95	100	≤50	55—85	90—95	100
65—74岁	男	1.0	1.6	7.4	90.0	3.3	8.3	12.1	76.3
	女	2.0	1.4	7.0	89.6	4.1	11.1	16.2	68.6
	小计	1.5	1.5	7.2	89.8	3.7	9.7	14.2	72.4
75+岁	男	3.0	5.1	19.9	72.0	12.7	22.5	17.8	47.0
	女	5.4	7.3	22.2	65.2	21.5	30.4	16.1	32.0
	小计	4.3	6.3	21.2	68.1	17.8	27.0	16.8	38.4
合计		2.5	3.0	11.7	82.8	8.2	15.3	15.0	61.5

（二）现有子女数在3个及以上的超过十分之七，"空巢家庭"占三分之一。

在上述被调查的上海城市老人中，现有子女数为0的占1.8%，为1个的占10.7%，为2个的占13.9%，为3个的占22.1%，为4个的占23.9%，为5个及以上的占27.6%；其中现有子女数在3个及以上的超过十分之七。从家庭类型考察，独居老人占7.5%，仅老夫妻两人居住的占26.1%，也就是说有三分之一的老人居住在"空巢家庭"中。

（三）有的老人与其分开居住的子女较近，大部分能经常联系。

在被调查的上海城市老人中，虽然有1572名老人目前与1个或若干个子女分开居住，但离老人的住地最近的子女与其住在同一个居民委员会的占26.1%；住在同一个街道，但不同居民委员会的占16.1%；住在同一个区，但不同街道的占21.9%；住在上海，但不同区（县）的占31%；住在中国大陆，但在上海市以外的占3.2%；住在中国大陆以外的占1.5%（讲不清的占0.2%）。在这些与老人分开居住的所有子女中，有1个每周1次以上来看望老人或通电话、写信等联系的占31.4%，有2个每周1次以上联系的占21.1%，有3个每周1次以上联系的占14.6%，有4个每周1次以上联系的占7.1%，有5个每周1次以上联系的占2.6%，有6个及更多子女每周1次以上联系的占1.4%。

（四）老人自评健康状况不好与不太好的超过三分之一，患高血压与冠心病的比重较高。

在被调查的上海城市老人中，自评健康状况很好的占 3.6%，较好的占 18.6%，一般的占 40.7%，不太好的占 29.5%，不好的占 7.6%（含无法回答的 0.6%），其中不太好与不好的合计为 37.1%。在经医生确诊过的患病率中，患高血压的比率最高，达 37.7%，患冠心病的比率为 32.6%，患骨关节炎的比率为 28.2%，患老年慢性支气管炎的比率为 22.4%，患糖尿病的比率为 7.6%，患前列腺炎的比率为 6.8%（在男性老人中为 14.5%），患脑中风的比率为 6.5%，患癌症的比率为 2.3%。

（五）大部分老人认知功能良好，心理状况也较好。

在被调查的上海城市老人中，经认知量表（SPMSQ）测试，总分为 10 分的占 73.9%，7—9 分的占 21.4%，4—6 分的占 3.1%；1—3 分的占 1.5%，0 分的为 0.2%。他们在是否经常感到紧张与害怕方面，不感到的占 60.5%，不太感到的占 9.3%，有时感到的占 21.4%，较经常感到的占 4.0%，经常感到的占 4.8%（不包括无法回答的 18 人）；他们在是否经常觉得孤独方面，不觉得的占 65.1%，不太觉得的占 9.0%，有时觉得的占 15.4%，较经常觉得的占 4.4%，经常觉得的占 6.1%（不包括无法回答的 16 人）；他们在自己的事情自己能否说了算方面，能的占 75.0%，较能的占 14.0%，有时能的占 5.1%，不太能的占 3.0%，不能的占 2.9%（不包括无法回答的 24 人）；他们在是否觉得自己越老越不中用方面，不觉得的占 33.0%，不太觉得的占 8.1%，有时觉得的占 26.7%，较觉得的占 11.9%，觉得的占 20.3%（不包括无法回答的 23 人）；他们在是否认为现在与年轻时一样快活方面，觉得比年轻时更快活的占 31.0%，觉得与年轻时一样快活的占 29.6%，觉得不如年轻时快活的占 39.4%（不包括无法回答的 84 人）。

（六）生活严重不能自理的老人主要照顾者大部分为配偶、已婚儿子和已婚女儿。

在被调查的 1717 名上海城市老人中，属于 ADL 总分在 85 分及以下、认知功能（SPMSQ）测试总分在 5 分及以下、目前基本听不清或更严重的、目前看不清相隔 1 米左右的人是谁或更严重的老人共有 111 人。他们的主要照顾者为自己配偶的占 36.9%，为已婚儿子的占 21.6%，为已婚女儿的占 17.1%，为儿媳的占 7.2%，为女性孙辈的占 4.5%，为保姆与其他亲戚的分别占 2.7%，为未婚儿子、女婿、男性孙辈的分别占 1.8%，为未婚女儿的占 0.9%，其他占 1.7%。其中与被照顾老人住在同一个家庭户的占 91.9%，不住在同一个家庭户的占 8.1%。

（七）主要照顾者每天需照顾老人在 8 小时以上的超过三分之一，已照顾老人 5 年以上的也超过三分之一。

在上述 111 名主要照顾者中，目前每天需照顾老人的时间在 12 小时及以上的占 20.2%，在 8—12 小时的占 15.5%，在 4—8 小时的占 27.3%，在 2—4 小时的占 18.2%，在 2 小时及以下的占 14.5%，其他占 4.5%。他们已照顾老人的时间在 1 年及以下的占 19.8%，在 1—3 年的占 27.9%，在 3—5 年的占 16.2%，在 5—10 年的占 22.5%，在 10—15 年的占 3.6%，在 15—20 年的占 6.3%，在 20 年以上的占 3.6%。

（八）主要照顾者对被护理老人健康状况经常观察的占绝大多数，不太学习与不学习护理知识的超过一半。

在上述 111 名主要照顾者中，经常观察被护理老人健康状况的占 82.9%，有时观察的占 13.5%，不大观察的为 0，不观察的占 3.6%。他们中学习很多有关护理知识的占 4.5%，学习一部分的占 36.9%，不太学习的占 23.4%，不学习的占 35.1%。他们中很注意培养被护理老人生活兴趣的占 15.3%，有时注意的占 28.8%，不太注意的占 14.4%，不注意的占 20.7%，因老人健康状况很坏，无法培养生活兴趣的占 20.7%。

（九）主要照顾者健康状况不太好与不好的超过五分之一，感到护理负担较重与很重的占五分之一。

在上述 111 名主要照顾者中，目前从事有收入工作的占 36.9%，不工作的占 63.1%；身体健康状况好的占 11.7%，较好的占 28.8%，一般的占 36.9%，不太好的占 19.8%，不好的占 2.7%。他们中对护理被调查老人不感到负担的占 44.1%，感到有些负担的占 34.2%，感到负担较重的占 9.9%，感到负担很重的占 11.7%。他们中很想继续护理的占 74.8%，较想继续护理的占 21.6%，不太想继续护理的占 2.7%，不想继续护理的占 0.9%。

（十）主要照顾者中有一小部分希望社会帮助解决老人护理问题。

在上述 111 名主要照顾者中，目前很希望社区派遣服务员上门帮助护理的占 11.7%，较希望的占 17.1%，不太希望的占 18.0%，不希望的占 51.4%

（拒答与无法回答的各占 0.9%，下同）；目前很想利用"托老所"帮助护理的占 7.2%，较想利用的占 11.7%，不太想利用的占 12.6%，不想利用的占 66.7%；目前很想利用社区敬老院解决老人护理问题的占 4.5%，较想利用的占 13.5%，不太想利用的占 12.6%，不想利用的占 67.6%；目前很想利用社会福利院解决老人护理问题的占 3.6%，较想利用的占 13.5%，不太想利用的占 17.1%，不想利用的占 64.0%；目前很想利用老年护理医院解决老人护理问题的占 2.7%，较想利用的占 16.2%，不太想利用的占 14.4%，不想利用的占 64.9%。他们中目前很想雇保姆帮助护理的占 11.7%，较想雇的占 10.8%，不太想雇的占 12.6%，不想雇的占 61.3%，拒答与无法回答的分别占 0.9% 和 2.7%。

二、21 世纪上半叶城市老人家庭护理的需求将急剧增加

（一）在未来人口老龄化迅速发展过程中，老年人口高龄化的速度将更快，生活不能自理老人数的增长速度将快于老年人数的增长。

在上述被调查的 1717 名上海城市老人中，65—69 岁组老人自评生活不能自理的占 1.5%，部分能自理的占 3.3%；80 岁及以上组老人自评生活不能自理的占 11.3%，部分能自理的占 17.3%。可见，未来上海市老年人口特别是高龄老人的迅速增加，必将使老人护理服务的需求大大增加。

（二）在"少子化"和家庭规模小型化过程中，未来子女护理压力加大；"空巢家庭"中的独居老人家庭比重逐渐上升。

上海市出现的上述变化，使未来步入老年的大批独生子女父母由现在老人的"多子少孙"变成"少子少孙"。这不仅大大加重了那时子女对老年父母护理的压力，而且也促使"空巢家庭"中的独居老人家庭比重上升，对社区老年护理服务的需求将进一步加大。预计 21 世纪 30、40 年代大批独生子女的父母进入老年后，"空巢家庭"的比重将超过 60%。

（三）在现代化和市中心城区人口向外扩散过程中，未来老年人的子女工作节奏将加快、分开居住的距离将拉大。

现阶段上海大多数城市老人因子女多，即使分开住，至少与其中一个子女住得还较近。我们估计 21 世纪 20、30 年代后，随着城市现代化发展，

老年人的子女工作节奏将进一步加快，更难以护理老年父母。而且由于中心城区人口向外扩散，人口流动的加剧，大多数老年人与子女住所的距离将会比现在远得多。一旦居住在家中的老年人生活不能自理，便会更多地寄希望于社区老年护理服务站的支援。

（四）在东方传统文化影响和老年人经济承受能力较低的情况下，大多数老人希望在家接受护理服务。

在上述被调查的 1696 名上海城市 65 岁及以上并明确表态的老人中，目前希望最好在家养老的占 96.8%，希望最好入住养老机构的占 3.2%。同时，该项调查资料还表明，1998 年上半年上海 65 岁及以上城市老人的年平均收入为 7742.88 元人民币；月平均收入为 645.24 元人民币，其中 500 元及以下的占 38.8%。除了社会孤老（城市中无子女、无基本养老金、无其他生活来源的老人）外，多数老人如果自己过去没有较多积蓄或子女不给予较多资助，光凭自己的养老金基本收入要入住养老机构便相当困难。因此，许多城市老人在生活部分不能自理时，便希望在自己家里依靠亲属护理和社区上门护理服务（或钟点保姆）、社区"托老所"等解决生活上的困难。

（五）在未来相当长时期内养老机构的发展还远远不能满足老年人的需求。

据上海市民政福利事业管理处统计，1999 年末全市民政系统养老机构 406 家，床位 24237 张；另据原上海市老龄委员会事业发展部统计，1999 年末全市卫生系统共有老年护理医院 35 家，床位 2840 张。两个系统合计养老机构床位数为 27077 张，仅占全市 60 岁及以上老人数的 1.14%，占全市 65 岁及以上老人数的 1.49%。特别是卧床不起的老人及其家属迫切需要的养护类床位数的比重小，严重供不应求。此外，现阶段上海市相当一部分养老机构硬件设施还较差，服务水准不高，康复训练、心理疏导服务更未引起重视。

三、推进城市老人家庭护理服务的建议

（一）以居家护理为主，入院护理为辅。

未来上海城市老人护理服务应以居家老人护理服务为主，社区养老机

构（如敬老院、老年护理医院）护理服务为辅；在为居家老人护理服务方面，又应以上门护理服务为主，"托老所"（即日间护理中心）护理服务为辅。社区上门护理服务的内容应包括家务型服务和护理型服务两大类，其服务对象除了具有有效需求的健康人群和一部分长期卧床不起、需全天候护理的人员外，主要是生活部分不能自理、尚不需要全天候护理的老人。社区上门护理服务和"托老所"护理服务的主要作用是支持家庭成员护理，弥补他们护理的不足，减轻他们护理的负担。除了在平时协助亲属护理好居家老年人外，还应在照料老年人的亲属需要休整几天时代替他们护理好老年人。今后上海城市养老机构的主要服务对象应是收养生活严重和完全不能自理、需全天候护理的老年人，全社会应积极创造条件、提供机会让绝大部分生活部分不能自理的老人尽可能住在家里，接受亲属和社区上门护理服务和"托老所"护理服务。

（二）将补救性服务延伸到预防性服务和发展性服务。

未来上海城市老人家庭护理服务的职能，不能像目前那样基本上局限在补救性服务方面，而应同时开展预防性和发展性服务。不管是家庭成员护理服务，还是社区上门护理服务与"托老所"护理服务，都应对被护理老人有针对性地进行预防非传染性慢性病加重及相应保健知识的宣传，指导开展有助于机体功能改善和增强基本生活自理能力的康复训练，并辅以必要的心理疏导。同时，还应从幼年起加强终身健康教育，实施终身保健措施，提高未来老年人的健康水平，减轻家庭护理压力。

（三）倡导已退休的低龄健康老年人及准老年人参与家庭护理服务。

未来上海城市老人家庭护理服务的人力资源，除了由处于法定劳动年龄的中青年提供外，还应充分重视和发挥城镇已退休的低龄健康老人及准老人（包括医务工作者）的作用。一般来说他们比年轻人对被护理老人更热心、细心和耐心，有更多的共同语言，吸收他们参与力所能及的老年护理服务，既有利于促进其身心健康，体现人生价值、互相帮助，又有利于增加其收入，改善生活（除提供志愿者服务以外）。而且由于他们已经退休，社区老年人护理服务的管理部门不需要专门为其缴纳基本养老保险费、基本医疗保险费和失业保险费，从而节省成本，降低服务收费标准。

（四）加强对提供老人家庭护理服务人员的培训。

未来上海城市老人家庭护理服务的人员，不仅要充满爱心，遵守职业道德规范，而且应掌握基本的保健、护理、康复知识和技能，了解各种现代化家用电器设备的性能和使用方法，善于对被护理老人进行心理疏导。因此，必须尽快拟定社区上门护理服务员（也可分为家务型服务员与护理型服务员两大类）、"托老所"护理服务员的培训计划，编写培训教材，按应知与应会的要求进行培训，对考核合格者发给上岗证书。至于老人护理服务管理部门负责人，应由具备社会工作专业大专或护士专业及以上学历、事业心强、有一定管理经验的人员担任。此外，还应针对护理不同类型生活不能自理老人的家庭成员需要，举办预防、保健、护理、康复专题讲座，免费发放护理和急救知识资料。

（五）搞好民政福利服务资源与卫生保健服务资源的整合。

未来上海城市老人家庭护理服务的管理和培训，不能局限于民政部门，应该促进民政部门与卫生部门相互沟通，有机结合，在社区层面搞好民政福利服务资源与卫生保健服务资源的整合。同时，要充分发挥市级、区级养老机构与综合性医院对社区上门护理服务、"托老所"护理服务的指导和辐射作用，促进社区居家养老服务中心与社区卫生服务中心的密切合作，促进上门生活护理服务与设置家庭病床服务的密切合作，全方位地搞好居家老人的护理，使有限的资源发挥最大的社会效益。

（六）政府应给予必要的资金投入和制定优惠政策。

未来上海城市老人家庭护理服务的资金来源，不能单纯依靠服务收费，而应得到政府在财力和政策上的扶持。由于相当一部分具有本市常住户口的上门护理服务员、"托老所"护理服务员尚未达到法定退休年龄，老人护理服务的管理部门需要把为他们缴纳基本养老保险费、基本医疗保险费和失业保险费计入服务成本；如果再加上一定比例的管理费，便会使社区提供的老年护理服务收费标准明显高于钟点保姆。在居家老人及其亲属经济承受能力较差的情况下，就难以聘用社区组织的上门护理服务员。因此，为了尽可能降低社区护理服务上门护理的收费标准，真正形成一个新的重要产业，除了管理部门要精打细算，在不减少服务人员合理收入的前提下努力降低成本外，政府应该通过专项财政拨款和发行民政福利彩票的收入，对那些非营利的为老人家庭护理服务的单位给予资金上的支持，并减免税收，同时对其使用的房屋、水、电、煤气（或天然气）等收费标准给予政策优惠；对那些经济困难或对社会有特殊贡献的老人给予接受家庭护理的经济补贴。

（本文原载《人口与计划生育》2002 年第 2 期）

临终关怀：如何真正落到实处*

解放观点：本市今年将积极推广闸北、杨浦为癌症晚期患者提供临终关怀的做法和经验，拟在全市18个区（县）都确立一所社区卫生服务中心内专门设立"舒缓疗护"病区，配备专职医护人员，专门接诊收住癌症晚期患者。这项已被列入2012年市政府实事项目之一的举措一出台，引起了社会各界对"临终关怀"的关注。曾有业内人士认为，"在当下的社会发展语境下，临终关怀从理念落实为被社会普遍接受的公共服务，需要一个过程和扎实推进"。您怎么看？

桂世勋：最近大家对"临终关怀"的议题很关注，不少对它还不是很了解的朋友，往往会带着略带神秘感或崇敬感的语气。其实，大可不必。这是一个跟我们的生活结合得很紧密的领域。

临终关怀的理念认为，临终，也是生活。它的核心命题是，当人生走到了最后一程，怎样去度过，怎样去照顾，才是有尊严、有质量的。其根本意义在于，通过运用心理支持和慰藉的方法、安宁护理的手段，最大限度地减少生命垂危者及其家属的心理负担和生理痛苦，让弥留之际的病人尽可能安适、坦然地告别人生。可以说，临终关怀事业，是一个社会的经济社会发展达到一定水平后的产物。它随近代医学的发展而兴起，也是对人类医学再认识后的产物。和传统医学"救治""疗愈"的目标不同，临终关怀的目标是"优死"。

当然，临终关怀事业的推进，的确是一个过程，需要扎实推进。之所以需要一个过程，并不是因为其理念过于超前、高深，理解起来不易，而是

---

* 本文由记者柳森采访。

由于其服务的对象本身的特殊性。这项工作真的要做好，需要十分细致的工作。在制度设计上，也需要很多"看远一步""看深一步"的考量。

解放观点：您特别强调，这项工作需要"十分细致"。能具体阐释一下吗？

桂世勋：这一点，从临终关怀机构的命名上可见一斑。临终关怀这个概念，首先是在英国提出来的。1967年，英国建立了世界上第一个临终关怀机构，叫圣克里斯多安息所。随后，这项事业在发达国家有所发展。1977年，美国成立了全国性的临终关怀组织。在我国，1988年，第一个中美合作兴办的临终关怀研究中心在天津医学院建立。同年，上海设立了我国第一家临终关怀机构，是由上海市退休人员管理委员会筹建的。当时，关于这个机构的命名，专门组织了一次研讨。我也参加了这次讨论。

起初，考虑到该机构在国内属于首创，想借鉴国外直接将"临终关怀"这个概念体现在机构名称中的做法进行命名。但与会专家对此纷纷提出疑虑：在中国人既有的观念中，大家对"临终关怀"这个概念还是有点忌讳的。不少人觉得，似乎把病人送进这样一个机构，就已经"被判死刑"。无论是病人本身，还是家属，在感情上很可能一时接受不了。但病人对于临终阶段有别于"医治"的护理的需求又是实实在在的。怎么办？最终经过再三斟酌，大家还是决定命名中尽量淡化临终关怀的概念，取名为"上海市退休职工南汇护理院"。

这次市政府办实事，明确了相关服务的"临终关怀"之实，但在名称上，提的是"舒缓疗护病区"。在已经开展临终关怀服务有17年之久的闸北区临汾社区卫生服务中心，也是采用了"安宁病床"的提法。可以想见，这背后都有细密的考虑。

解放观点：联想到如今老龄社会与"少子化"家庭的现状，以及还有大量老年慢性病晚期病人也需要此类疗护，不少专业人士预见，在不远的未来，本市"临终关怀"服务方面的供需矛盾将越来越凸显，其服务人群将不仅限于癌症晚期病人。对于这种供需矛盾，有什么缓解的办法吗？

桂世勋：首先，要把现阶段出台的举措这件好事先办好。比如，在闸北、杨浦已有经验的基础上，无论是市一级还是区一级政府，能否酌情在财政上加大支持、适当分摊压力。又如，2011年上海市民政局推出了居家养老服务补贴跨区转接。这项政策创新所覆盖到的问题，在"舒缓疗护"费用结算、报销上也可能遇到。那么，我们在这次举措出台伊始，是不是也能努力先行一步，尽量把诸如此类的问题做一通盘考量。再如，"舒缓病区"适用资格如何界定，登记审核如何做到公平公正，都是不容忽视的问题。如果我们一开始就"想远一步"，会为以后的工作打下更扎实的基础。

其次，如何提供"居家和住院相结合"的临终关怀服务，也是未来有待做实的一件事。事实上，即便在美国，临终关怀服务的重点也是放在为家庭照料提供社会支持上的，提倡尽量不把病人送到临终关怀医院。他们始终认为，家庭是老年人走完人生最后这段路最好的归宿。如果能建设好以社区服务为核心的社会支持系统，而不是进入养老机构、护理机构，老人就可以尽可能在原本熟悉的环境中生活。这对政府来说，可以减轻财政负担。对于病人和家属而言，也不失为一种以人为本的选择。

考虑到我们的现实基础，我建议不妨在现有的"上海社区家庭病床"基础上增设一类，开设专门针对临终关怀需求的家庭病床。这样一来，对于服务本身所具有的临终关怀属性，医护人员和家人都可以心照不宣，对病人本人则可以尽量淡化甚至模糊化处理"临终关怀"的概念，尽可能减轻其对这类服务在心理上的恐惧感、压力感。

要做好以上这项工作，来自社会的外部支持不可或缺。在这方面，我们不仅要关注对专业医护人员的培训，也不能忽视对临终关怀服务对象的亲属的关怀和指导。在这样一个阶段，他们不仅需要心理上的支持，又因为他们是病人最直接频繁接触的对象，他们需要、也渴望知道自己如何才能做得更好。从这个角度而言，临终关怀事业，不仅要求医者严格遵守职业道德，尊重病者及其家人的隐私，也需要时刻具有高度的伦理敏感。

解放观点：说到伦理敏感，可不可以说，不仅是对临终关怀从业者的要求，也是对整个社会的文明进步的呼唤。如果不是对生命、对人道主义有更深体认，很多人恐怕也未必一下子就能认同"优死"这一理念。

桂世勋：没错。比如，如今"轻养厚葬"的观念在我们身边就依然比较普遍。但是这样的观念本身是无法用简单绝对的对或错去判断的。

我们今天开始展开一些关于"临终关怀"或"安宁护理"的介绍和讨论，不是说，要推崇它，绝对肯定它。更重要的，也是希望借助这些讨论，引起更多人对于生命质量的关注，对于生老病死更多、更全面的思考。临终的过程，因人而异。但绝大多数人都会需要一根"拐杖"，才能走得更平稳、更安详。这根"拐杖"，可以是家人、社会不离不弃的支持与关爱，也可以是对死亡本身的安然接纳。今天的倡导，无论如何不能过早不切实际地超脱于我们的传统文化和现实国情，但开展类似的教育还是十分必要的。

（本文原载《解放日报》2012 年 3 月 17 日）

上海城市社区为老服务资源整合研究

搞好包括社区为老服务在内的社会福利服务资源的整合，是国际社会总结世界各国几十年来开展社会福利服务的经验教训所得出的一个重要理念。本文将在实地调查的基础上，就近年来上海城市社区为老服务资源整合的成绩及其存在问题进行较系统的分析，提出进一步搞好城市社区为老服务资源整合的对策建议。

一、现阶段上海城市社区可供整合的为老服务资源

香港学者阮曾媛琪曾认为，在社会福利服务中，"整合是指把不同的部分结合之后变成一个新的整体，而其中的每个组成部分在结合的过程中也必须做出某种程度的改变或适应，并与其他组成部分共同变化成为一个与原本的质素截然不同的新整体。"[①] 笔者认为，整合是一个含义很宽泛的概念，它应指把各个具有内在联系的部分有机组合起来的行为。至于组合的结果，有可能使各有关部分发生深刻变化，成为一个"与原本的质素截然不同的新整体"，也可能只是各有关部分的外部联合，而并未发生内在质的变化。

社区为老服务资源的整合是指把各种有利于满足本社区老年人需求的服务资源（如物力、人力、财力、技术、信息等）有机组合起来的行为。这些资源的所有权或管理权、使用权可以是属于政府及有关部门的，也可以是属于企事业单位或非政府机构的；它的性质可以是非营利的，也可以是营利的；它的服务对象可以仅限本社区老年人，也可以是包括老年人在内的本社区全体居民和所有位于本社区单位的人员。现阶段上海城市社区的为老服务资源分属于街道和居委会两个层面。按这些资源主要服务对象的需求状况，

可将其分为三大类。

第一类：主要满足生活基本能自理老人需求的服务资源。这类资源包括：（1）民政系统主管的社区服务中心（街道）及社区服务分中心；（2）老龄系统主管的老年活动中心（街道）及老年活动室；（3）教育系统主管的老年学校（街道）及老年分校（教学点）；（4）文化系统主管的社区文化中心或图书馆（街道）及文化室或图书室；（5）体育系统主管的健身苑（街道）及健身点；（6）退休职工管理系统主管的老年经济实体、退休职工活动室（部分街道）；（7）宣传部精神文明建设办公室主管的社区老年志愿服务团体。此外，还有位于一部分街道辖区内的由上海市老干部局主管的市、区级老干部活动中心和老干部大学，由人事局主管的市、区级退休干部活动中心（室），由民政局主管的市、区级社区服务中心和军队离退休干部活动中心，由残疾人联合会主管的市、区级残疾人活动中心，由退休职工管理委员会主管的市、区级退休职工活动中心和退休职工大学及分校，由教育局主管的市、区级老年大学及分校，由文化局主管的市、区级文化馆和图书馆，以及由体育局主管的市、区级运动场所。

第二类：主要满足生活较严重不能自理老人需求的服务资源。这类资源包括：（1）民政系统主管的敬老院（街道）及社会办养老院、老年日间护理中心（托老所）、居家养老服务中心、社区家政服务和"安康通"等紧急援助服务；（2）卫生系统主管的家庭病床、老年护理院（部分街道）；（3）退休职工管理系统主管的老年护理院（部分街道）。此外，还有位于一部分街道辖区内的由民政局主管的市、区级社会福利院。

第三类：为满足所有老人需求的服务资源。这类资源包括：（1）民政系统主管的社区事务受理中心、社会救助管理所及有关老年人申领社会救助的信息、社区服务信息网（街道）和包括老年人在内的婚姻介绍机构（部分街道）；（2）老龄系统主管的社区老年人基本信息（部分街道）；（3）司法系统与民政系统联合主管的社区老年人法律咨询服务室（街道）及有关老年人合法权益受侵的信息；（4）卫生系统主管的社区卫生服务中心（街道）及有关老年人健康档案的信息、卫生室（服务点）和家庭保健医生制度（部分街道）；（5）劳动和社会保障系统与医疗保险管理系统联合主管的街道社会保障服务中心及有关老年人领取基本养老保险、享受基本医疗保险的信息；

（6）科委系统主管的科普画廊和科学知识讲座；（7）人口和计划生育系统主管的包括老年人在内的社区生殖健康服务室；（8）由宣传部精神文明建设办公室主管的社区志愿为老服务团队；（9）由警署（或公安派出所）掌握的包括老年人在内的社区常住户籍人口基本状况及出生、死亡、迁移的信息，外来暂住人口的基本状况及出生、死亡、流动的信息。此外，还有位于街道辖区内的由卫生局主管的市、区级医院、各系统医院、专科医院及老年医院，由退休职工管理委员会、老龄工作委员会办公室、慈善基金会单独或联合主管的老年公寓，由民政局与老龄工作委员会办公室等联合主管的市、区级老年人法律咨询服务中心（老年人法律援助中心），由司法局主管的律师义务法律咨询站，由民政局主管的包括老年人在内的市级婚姻介绍中心，由老龄工作委员会主管的爱心助老特色基地、市级老龄事业发展中心、市级老龄科学研究中心及老龄科研中心网站、区级老龄科学研究分中心。

二、近年来上海城市社区为老服务资源整合的成绩及不足

从我们实地调查的结果看，近年来上海市在城市社区为老服务资源的整合中做了不少努力，取得了较大成绩，同时，也存在一定的不足之处。

（一）整合的成绩

1. 在管理体制方面的整合。在街道层面上，上海市许多街道都建立了老龄工作委员会及其办公室。以南京东路街道为例，街道老龄工作委员会的主任由街道办事处主任担任，委员有街道的组织科科长、宣传科科长、综合治理科科长、群文科科长、民政科科长、警署政委、社区卫生服务中心副主任、新厦物业公司（在原街道房管所基础上改制组建起来的物业管理公司）书记、工会负责人、团工委副书记和妇联负责人等。街道老龄工作委员会办公室设在民政科内，由街道民政科科长任办公室主任。该街道规定，老龄工作委员会每年开 3 次工作会议，各委员单位在老龄工作委员会的框架内以协调会议制度的形式开展工作。在南京东路街道还建立了街道养老机构联席会议制度，由街道敬老院、老年日间护理中心（托老所）、居家养老服务中心等机构负责人参加；建立了街道老年人维权联席会议制度，由街道司法科、

民政科、警署、新厦物业公司、妇联等部门和单位负责人参加。在居民委员会层面上，曹阳路街道的每个居委会都建立了老龄工作领导小组，组长由居委会主任担任，副组长由社区民警和民政主任担任，领导小组成员还有老年协会会员、社区志愿者、党员积极分子和楼组长的代表。在城市街道及居委会，建立这样一些机制，不仅加强了基层老龄工作的管理力量，而且为搞好社区为老服务资源的整合提供了一个更具权威性和协调功能的平台。

2. 在硬件资源方面的整合。华阳街道把街道便民利民设施、社区服务中心、敬老院和托老所建在同一幢楼内，其中一楼为一般居民服务，二楼大部分为社区活动中心，走过一个过道为托老所，三四楼为敬老院；在社区服务中心内又有可供老年人活动的场所。这样不仅大大方便了社区老年人来参加活动和接受照料服务，增强了社区居民的认同感和亲和力，而且也提高了社区硬件资源的综合利用效益。南京东路街道通过与辖区内的"军民共建"单位协商，使用武警俱乐部作为托老所的场地，建立"军晖托老所"，同时武警战士又义务承担老人的接送，定期帮助做清扫工作。在老年教育方面，南京东路街道还利用位于本社区的商业职业学校、九年一贯制学校和小学等全日制学校的教室资源、教师资源，通过"共建"方式在周六、周日开设社区学校，其中85%的学生是社区老年人。最近虹口区则专门做出决定，要求全区各教育小区至少有一所学校在双休日向本街道的老年学校提供上课教室和设施，实行资源共享。[1] 此外，南京东路街道将托老所交给敬老院托管，由敬老院为托老所的老人提供诸如送饭服务。潍坊街道则将托老所附设在社区卫生服务中心，交由该中心负责管理。至于居家养老服务中心或社区家政服务、上门为老年人送饭等，更多的是附设在敬老院、社区服务中心或老年活动中心内。

3. 在人力资源方面的整合。潍坊街道的敬老院与社区卫生服务中心加强合作，对口挂钩，每周二请社区卫生服务中心派出一名家庭病床医生到敬老院坐堂看病，敬老院则派工作人员到社区卫生服务中心办理集体挂号和配药；每年还请社区卫生服务中心的医务人员为入住敬老院的老人进行一次体检；定期请社区卫生服务中心的1名心理医生到敬老院为老人开展心理护理。南京东路街道则请社区卫生服务中心、老年护理院的医务人员帮助培训在机构中或上门照料老人的护工。为了提高街道敬老院的管理水平和服务质量，潍坊街道采取"托管"形式，将街道敬老院托管给浦东新区社会福利院，街道敬老院的领导任命和考核均由社会福利院负责，敬老院院长每月参加社会福利院的院务会议，敬老院的财务也归社会福利院管理。

鼓励和组织位于本社区学校的学生参与社区为老服务活动，也是整合社区为老服务人力资源的重要内容。以潍坊街道为例，在社区为老年人服务中，一般由3—4名中学生组成"中学生志愿者服务小组"，与1位作为服务对象的老年人结对子，并由每个服务小组根据服务对象的特点和需求，认真设计服务方案。在开展服务过程中，学校建立了"中学生社会实践鉴定书"，作为平时考核的依据，并进入学生档案；各居委会也建立了中学生社会实践月点评制度。[2] 这种"结对子"服务活动不仅促进了被服务老年人的身心健康，而且也培养了中学生特别是大批独生子女的爱心，强化了社区尊老、养老和助老的氛围。

我们这次调查的街道都建立了老年协会（或老年志愿服务协会、老年志愿者服务团）。这些老年社团在街道党委、办事处主管和支持下，积极组织社区老年志愿者开展老年文化、教育、体育、维权、帮困和参与社会发展等活动，有的还不定期编印了《老协简讯》，成为整合社区老年人力资源的重要形式。

4. 在财力资源方面的整合。社区为老服务的经费主要包括老年服务设施建设经费、为老服务人员经费和开展老年活动经费。鉴于街道和居民委员会层面上的各种老年服务设施及项目，分别属于市、区、街道三级和不同系统主管，因此，其经费也来自不同渠道。长期以来社区为老服务的一些重大项目（如新建和改建、扩建服务设施，举办重大的老龄活动等）和为老服务人员的经费筹措，一般通过各个系统的年度财政或非财政支出预算申请报批后获得，也有一部分是由民政福利彩票和体育彩票、各种慈善基金会和位于社区的机关、企事业单位、社区居民捐赠的。2001年，上海市民政局在对生活不能自理的社会救济孤老等8类对象，接受居家养老服务进行"政府购买服务"试点的基础上，制定了《上海市居家养老服务补贴资金来源和使用方案》。该方案规定上述对象每人每月100—200元的补贴标准；市、区（县）、街道（镇）按1:1:1补贴资金的来源。这就在社区对特殊老年人群居家养老服务的补贴资金来源方面进行了整合，初步形成了市、区、街道三级合理分担的补贴机制。2002年10月，长宁区明确要求街道（镇）按每位老人每年不少于10元的标准落实老年活动经费，区财政也按此同比匹配。这项规定对于整合区公共财政和街道经济在社区老年人经常性活动经费的财力投入资源，形成按辖区内每年户籍老年人数来确定投入资金总额的机制，具有重要意义。

（二）整合的不足

然而，现阶段上海城市社区为老服务资源的整合工作尚处于探索阶段，各个街道发展还不平衡。各个区和街道虽做了一些整合资源的探索，但并没有对这方面的经验加以很好总结，尚未形成科学化、规范化、系列化的整合目标和具体实施方案。上海市有关涉老部门至今还未制定有关搞好社区为老服务资源整合的指导性文件。即使在一些整合社区为老服务资源工作做得较好的街道，仍有不少资源迫切需要整合。我们在调查中发现，有关社区老年人状况的信息资源，除街道老龄工作委员会办公室掌握一部分外，街道的警署（公安派出所）、社会保障服务中心、社会救助管理所和社区卫生服务中心都分别掌握了一些重要信息。上述部门在采集、更新信息时均"各自为战"，而且除警署把每年本街道新增加和删除的户籍老年人口信息提供给街道老龄办外，其余许多涉老信息资源互不通气，未能充分发挥应有的作用。另外，在社区为老服务硬件资源方面，如何统筹协调，合理使用，搞好社区服务中心与老年活动中心、社区文化中心等设施之间的整合，也需做深入调研；在社区为老服务人力资源方面，如何使为同一位卧床不起老人服务的家庭病床医务人员、家庭保健医生与居家养老服务人员或民间保姆之间加强沟通，拟定全方位的护养计划，也存在着很大的整合空间。同时，影响整合城市社区为老服务资源的观念、体制、机制等深层次问题还未很好解决，需要进一步改进或完善。

三、上海城市社区为老服务资源进一步整合的对策建议

按规定，居民委员会作为城市居民自我管理、自我教育、自我服务的基层群众性自治组织，虽然要承担包括"公共服务"在内的六大任务，但由

于其能够管理和协调的为老服务资源较少，许多为社区老年人服务的资源如街道社区服务中心、老年活动中心、敬老院、社区卫生服务中心、老年护理院、街道社会保障服务中心等均属于街道层面上的资源，而且居委会的主任、副主任和委员总共仅5—9人，力量也比较弱，因此，我们认为要合理和有效地进一步搞好城市社区为老服务资源的整合，应由街道办事处牵头，在街道区域范围内统筹规划，加强协调，建立和完善社区为老服务网络。

（一）进一步整合社区为老服务的信息资源

掌握社区老年人的特征及其需求信息，是搞好为老服务的出发点和基础。我们建议全市各街道老龄工作委员会办公室应尽快建立本街道户籍老年人的基本信息库，其中所含的必具项目拟包括老年人的姓名、身份证号码（已包括老年人的性别和出生日期）、民族、文化程度、婚姻状况、是否常住、家庭住址、联系电话、经济状况及金额（可分为养老金、离休金、养老补贴、低保、遗属补贴、本人无收入、其他，如属领取养老金或养老补贴的，需填上年12月份的金额）、家庭类型（可分为独居、仅老夫妻居住、与子女居住、其他）、重大疾病、有无残疾（可按"居民健康档案"的分类，分为无残、听力残、言语残、肢体残、智力残、眼残、精神残）、日常生活能力（可按"居民健康档案"的分类，分为完全正常、功能下降、有明显障碍）、医疗待遇、参与状况（可分为未离退休或仍在工作、再就业、仅志愿服务、其他）、是否有子女、联系人姓名及电话。老年人基本信息库的机动项目，可由各街道根据采集并定期更新信息的需要与可能而增设。上述必具项目信息资源的入口，应充分利用警署（公安派出所）提供的本街道每年新增加（新进入60岁、迁入）和删除（死亡、迁出）户籍老人的状况及居民委员会从警署"居民户口簿"内摘抄的身份证号码、民族、婚姻状况、文化程度、家庭类型等信息；利用街道社会保障服务中心管理的"中华人民共和国社会保障卡"中提供的老人领取基本养老金、享受基本医疗保险和社会救助等信息；利用社区卫生服务中心管理的"上海市居民家庭健康档案"中提供的老人目前主要疾病、有无残疾、日常生活能力评价等信息。为了使上述各项信息资源共享成为可能，应以老人的身份证号码为依据进行网络传输及查询。

经过上述整合，街道老龄办可以很方便、快速地从本街道户籍老年人的基本信息库中了解全街道目前社会孤老（无子女、无基本养老金的老人）、独居老人、残疾老人、生活部分不能自理老人（在日常生活能力中"功能下降"的老人）、生活严重不能自理老人（在日常生活能力中"有明显障碍"的老人）、享受"低保"的老人、90岁及以上的老人数量及其基本状况，以便较细致地研究制定社区为各类老年人服务的政策措施，开展更具个性化的服务。

在我们调查中发现，一些已建立"老年人基本情况数据库"的街道感到定期更新信息的工作量太大。我们认为，为了使本街道户籍老年人的基本信息库及"健康档案"等不会成为"死库""死档案"，除了必具项目应少而精、讲究实效外，应在定期更新信息（如老年人的健在子女数、家庭类型、是否常住、主要疾病、有无残疾、日常生活能力、参与状况）时，由各居委会组织老年协会会员或位于本街道辖区内的高级中学学生、居住在本居委会的大学生、高中学生进行入户访问。我们建议上述信息至少每2年更新一次。考虑到老年人中人户分离的现象较为严重，因此，采集和更新信息的重点对象应为常住本街道的户籍老人。在今后检查评估各街道户籍老年人基本信息库的质量时，对不常住本街道的户籍老人信息缺损拟不加追究。至于老年人经济状况信息的更新可由街道社会保障服务中心传输。此外，各街道户籍老年人基本信息库中的信息，还应在每年1月份根据警署提供的本街道上年户籍老人变动情况信息修改后，下载到软盘中，保存一式两份的每年年底信息，以备今后查询和开展动态比较研究。

（二）进一步整合社区为老服务的硬件资源

我们建议，现阶段街道社区服务中心、社区文化中心（文化站）应与老年活动中心在服务对象、服务项目内容安排上加强沟通，有所分工与侧重；从长远发展来看，街道可考虑逐步将上述两个或三个中心的设施合而为一，建立更具规模、更规范的"街道居民活动中心"，并将社区老年人作为主要服务对象，或者建立"街道老年活动中心"，在满足社区老年人活动需要的前提下向全体社区居民开放；也可考虑在合而为一的街道居民活动中心的设施门前同时悬挂"社区服务中心""社区文化中心（文化站）""老年活动中心"等几块牌子；还可考虑老年活动室向居委会全体居民开放，或者改名为"居民活动室"。

鉴于长期以来上海城市中许多社会福利服务设施的布局规划往往是按市、区、街道、居委会四个层面设计的，同类福利服务统一要求每个区、每个街道、每个居委会必须有至少一个不同级别和规模的设施；而从空间分布来看，同类市级、区级福利设施的选址不可能是架空的，它总是位于某个街道辖区内，而每个街道的该类福利服务设施也总是位于该街道的某个居委会辖区内，我们建议，上海在街道老年活动中心所在的居委会，拟不设老年活动室，而改由街道与所在居委共建老年活动中心。按同样原则，在市级或区级社区服务中心所在的街道，街道也可不设社区服务中心，而改由市或区与所在街道共建市级或区级社区服务中心。我们将在本课题后续研究中，选择属于上述情况的 2—3 个街道进行试点，深入研究如何"共建"的方案，以推动进一步搞好社区为老服务硬件资源的整合。

在上海市实施"星光计划"一期、二期工程中，都积极倡导居家养老服务中心附设在街道敬老院内。我们建议，居家养老服务中心、老年日间护理中心（托老所）应尽可能附设在敬老院或老年护理院、社区服务中心、老年活动中心、老年活动室等机构内，充分利用这些机构的多功能活动场地、康复设施、餐饮设施和图书资料；在那些床位尚有空余的敬老院、老年公寓或老年护理院，还可考虑专门辟出一小部分床位，轮流收住需"全托"几天的生活不能自理的居家老年人，让这些老人的主要照顾者适当"休整"一下，从而获得支持居家养老与提高养老机构经济收入的双重效益。

（三）进一步整合社区为老服务的人力资源

社区为老服务人力资源是社区为老服务的第一资源，在现阶段各街道财力有限及很不平衡、大多数老年人经济承受能力还较弱的情况下，搞好社区为老服务人力资源的整合，提高人力资源的服务质量，显得更为重要。

我们建议，现阶段应加强街道社区服务中心、老年活动中心及老年活动室、敬老院的服务人员与社区卫生服务中心及红十字卫生室（分站）、老年护理院的医护人员的沟通和合作，举办增强社区敬老、养老、助老的氛围，防治各种老年常见病与多发病，提高照料生活不能自理老年人的技巧等讲座和开展个性化咨询服务；加强街道社区服务中心、老年活动中心及老年活动室的服务人员与街道社会保障服务中心、社区老年人法律服务中心的服务人员的沟通和合作，举办搞好老年社会保障、维护老年人合法权益等讲座和开展个性化咨询服务；加强家庭病床的医务人员、家庭保健医生与居家养老服务中心的服务人员、在家照料老人的亲属或民间保姆的沟通和合作，商讨如何相互配合改善为同一位身患重病、生活不能自理的居家老人服务的措施。同时，还应发动和组织协调街道及居委干部、社区老年协会会员、社区居民中的志愿服务人员与驻该区域单位的职工、大中小学学生、部队战士，建立与高龄独居老人特别是社会孤老、退休孤老"结对子"服务网络。

（四）进一步整合社区为老服务的财力资源

鉴于近年来上海市在市、区两级财政和街道经济的支持下较好地解决了社区老年服务设施建设经费、社区为老服务人员经费来源，而不少社区老年人经常性活动经费的拨付渠道及机制尚未理顺的状况，我们建议，每个街道应尽快把社区为老服务的各类项目分成应由公共财政及街道经济全额补贴的适应社区全体老年人共同性消费的公共服务项目（如法律、保健、社保知识讲座及咨询、户外健身、图书阅览、棋牌、求助热线等），由公共财政及街道经济差额补贴的适应社区某些弱势老年群体消费需求并可分解到个人的准公共服务项目（如为政策规定的某些半自理和不能自理老人支付一部分购买居家护理服务或托老服务费用），由经营者自负盈亏的适应社区老年人社会生活需要并可分解到个人、收支基本持平或微利的收费服务项目（如一般的家政服务、出诊服务、图书或有声读物租借、餐饮服务、家电修理、老年学校、舞会等）等三大类，并从本街道老年人服务需求出发，确定未来每大类及其各小类项目的合理运营规模，计算每个财政年度需公共财政及街道经济全额或差额补贴的资金强度。

要从市级、区级公共财政和街道经济中得到本街道老年人经常性活动经费，固然可以通过每年的财政预算向市、区两级政府和街道办事处申请，但我们认为，这种方式具有较大的或然性，往往受到某些领导人员的更替及其对社区为老服务重视程度的影响。因此，最好能建立一种市级、区级财政和街道经济每年投入本街道老年人经常性活动经费的机制。我们建议，市、区两级公共财政对社区为老服务经常性活动经费的投入最好能与辖区内的户籍老人数及年人均标准挂钩，在"十五"的最后两年和"十一五"期间市级公共财政按户籍老人年人均 5 元、区级公共财政按户籍老人年人均 10 元的标准计算。2002 年末本市户籍老年人口数为 249.49 万，按笔者于 2002 年主持的上海市户籍老年人口数发展趋势的中方案预测，2005 年为 269.22 万，2010 年为 325.63 万。如果市级公共财政按当时户籍老人年人均 5 元的标准投入社区为老服务经常性活动经费，那么在 2005 年为 1346.10 万元，在 2010 年则为 1628.15 万元。这项投入与上海第一期"星光计划"（2001 年 4 月至 2002 年 4 月）的实施总共投入 8 亿元资金和物资相比并不算多，但意义却很大。它促进了本市老龄工作重心的下移，有利于社区为老服务设施和项目的良性运行，并切实提高社区老年人的生活服务质量；而且在全国各省、自治区、直辖市中也开创了省级公共财政在社区为老服务经常性活动经费方面建立正常投入机制的先河，将为改变我国各地在社区老年福利服务上"重设施建设，轻良性运行"的状况作出历史性的重大贡献。

关于各个街道对社区为老服务经常性活动经费的投入，是否要与本区公共财政投入一样按户籍老人年人均标准同比落实的问题，我们认为，应根据各个街道经济收入的状况而有所区别。如果在某个区下属的所有街道的经济收入水平都很高，相互间的差别又不大，完全可与区公共财政投入的标准同比落实；如果在某个区下属的所有街道的经济收入水平均较低，相互间的差别也不大，那就都按低于区公共财政投入的标准同比落实；如果在某个区下属的各个街道的经济收入水平高低相差较大，就可不必强求标准的统一，甚至对有些经济收入水平较低的街道可与年经济收入的一定比例挂钩，适当减少街道经济的投入金额，而区公共财政则应对主要由于客观原因导致经济收入水平较低的街道适当倾斜。

（五）推进有利于社区为老服务资源整合的观念、体制和机制创新

在观念创新上，应教育各级领导干部和各个系统的领导干部充分认识社区为老服务资源整合的重要性和紧迫性，在整合社区为老服务资源的过程中，不要患得患失，斤斤计较部门利益。只要这种服务资源的整合有利于切实改善社区老年人的生活质量，有利于真正提高为老服务资源的使用效率，

就应该在国际社会所倡导的先进理念指导下树立"不求我有，但求我用"的观念，积极进行整合社区为老服务资源的探索和试点。

在体制创新上，应进一步完善有利于社区为老服务资源整合中充分调动一切积极因素的体制。目前上海市各个街道都已建立了老龄工作委员会，但它作为街道层面上主管老龄工作的议事协调机构，其组成人员的代表性还不够广泛。考虑到中国自上到下的老龄工作委员会体制的组成格局，以及目前上海市"街道、乡镇辖区内平均入驻企业 2000 余家"等状况[3]，我们建议在街道层面建立老龄工作咨询委员会，主要吸收本街道居民或位于街道辖区内单位中热心老龄工作、有一定社会影响和活动能力的人员如街道老年协会会长、社区服务中心主任、社区老年活动中心主任、街道敬老院院长、社区卫生服务中心的医生，街道居民中的人民代表、政协委员、老干部代表、老归侨代表、老劳模、专家教授，位于街道辖区内的机关、医院、学校的代表、企业总经理、部队领导等参加，由街道老龄工作委员会办公室主任担任该咨询委员会的秘书长，以便更好地调动社区为老服务的各种积极因素，有效地促进社区为老服务资源的整合。

同时，在街道老龄工作委员会委员中，最好还能增加与社区老年人的社会保险密切相关的劳动科科长（或街道社会保障服务中心主任）、与社区老年人的生殖健康和人口规划有关的街道人口和计划生育办公室主任、街道老龄工作咨询委员会主任（或街道老龄协会会长），以便更好地履行议事协调的职责，加强与街道老龄工作咨询委员会的沟通，进一步增强社会为老服务资源整合的功能。鉴于现阶段街道民政科长的工作任务重、头绪多，很难把大量精力投入到社区为老服务工作，而街道的老龄干部又必须征得民政科长同意后才能开展老龄工作，这不仅影响了决策效率，而且还增加了管理成本，我们建议，各个街道拟单独设立老龄工作科，由老龄工作科科长担任街道老龄工作委员会办公室主任。

在机制创新上，应努力探索并尽快形成在整合社区为老服务资源中被整合的各个部门、单位及人员能取得"双赢"或"多赢"的机制。我们建议，在本课题的后续研究中开展有关上海城市社区为老服务评估指标体系的研究，在具体设计评估指标和评估方法时应使社区为老服务资源整合得好的街道及有关部门取得较高的总分，激励这些街道及提供社区为老服务的部门、单位及人员更积极地参与资源整合，在资源投入不变甚至减少的条件下使被服务的老年人获得更多的实惠，使他们的满意度更高。

【注释】

① 该观点由阮曾媛琪在《社会服务整合化的意义及展望》一文中提出。转引自许贤发《整合和参与——社会福利服务的规划和实施》，香港社会服务联会《内地与香港社会福利发展第三次研讨会》，第 17 页。

【参考文献】

[1]《虹口：老年教育目标新定》，《上海老年报》2003 年 4 月 9 日。

[2] 浦东新区潍坊新村街道办事处、上海市洋泾高级中学编：《参与·奉献——潍坊社区中学生社区服务探索与实践》，1998 年，第 11—14 页。

[3]《安全监督员护社区内企业》，《新闻晨报》2003 年 6 月 20 日。

（本文原载《华东师范大学学报》（哲学社会科学版）2004 年第 1 期）

合理调整养老机构的功能结构

　　随着我国人口老龄化和老年人口高龄化进程的加快，各级政府和社会各界在强调生活不能自理老人尽可能居家养老，充分发挥家庭照料和社区上门照料服务的同时，对增加养老机构的床位数量和提高养老机构服务质量也愈来愈重视。现在，除了各级政府加大了新建和改扩建养老机构的投入、海内外热心于社会公益事业的个人和团体投资新建养老机构外，一些房地产开发商已经或正准备把空置的商品房改建为养老机构或投资新建养老机构，有些地方也已经或正准备把多余的托儿所、小学校舍改建成养老机构，有些经济效益滑坡、甚至严重亏损企业还考虑将旧厂房改建成养老机构。特别是在2000 年 4 月国务院办公厅转发民政部等 11 个部门联合制定的《关于加快实现社会福利社会化的意见书》，明确规定了一系列包括对社会办养老机构在内的社会福利事业的扶持优惠政策后，预计在近几年内我国各类养老机构将会有较快的发展。在这种情况下，笔者感到迫切需要高度重视研究并合理调整养老机构的功能结构，加强正确的宏观指导和调控，减少乃至避免发展的盲目性。

养老机构的功能分类及其意义

　　养老机构的功能分类，是指根据每个养老机构的收养老人所需帮助和照料的程度，对照料功能进行科学分类。在美国，根据养老机构的不同功能将其分成三类：第一类为技术护理照顾型养老机构，主要收养需要 24 小时精心医疗照顾但又不需要医院所提供的经常性医疗服务的老人；第二类为中级护理照顾型养老机构，主要收养没有严重疾病，需要 24 小监护和护理但又不需要技术护理照顾的老人；第三类为一般照顾型养老机构，主要收养需要提供膳舍和个人帮助但不需要医疗服务及 24 小时生活护理服务的老人。① 在香港地区，1994 年制定的《安老院规例》根据养老机构的不同功能也将其分成三类：第一类为"高度照顾安老院"，主要收养"体弱而且身体机能消失或减退，以至在日常起居方面需要专人照顾料理，但不需要高度专业的医疗或护理"的年满 60 岁的老人；第二类为"中度照顾安老院"，主要收养"有能力保持个人卫生，但在处理有关清洁、烹饪、洗衣、购物的家居工作及其他家务方面，有一定程度的困难"的年满 60 岁的老人；第三类为"低度照顾安老院"，主要收养"有能力保持个人卫生，也有能力处理有关清洁、烹饪、洗衣、购物的家居工作及其他事务"的年满 60 岁的老人。至于那些"需要高度的专业医疗"或"护理"的老人，则属于附设在医院内的"疗养院"收养的对象。香港社会福利署安老院牌照事务处在 1995 年 4 月制定的《安老院实务守则》中又对"混合式安老院"的分类作了具体规定。所谓"混合式安老院"，是指那些"为其住客提供超过一类照顾"的安老院。在划分混合式安老院的种类时，"应采用按宿位数目较多的一类服务划分的方法"。如果在一个安老院内两类床位数目相同，"则该院舍将依提供较高照顾的一种服务分类"；如果在一个安老院内同时提供三类服务，则"可将中度照顾宿位加低度照顾宿位的总数和高度照顾宿位的数目互相比较，并按占较多宿位数目的服务划分为高度照顾安老院或中度照顾安老院"。②

国外及香港地区之所以要评估界定每个养老机构的功能属于哪一类，主要目的是便于政府主管部门依法对养老机构进行有效监管，"确保住客的利益获得保障"。因为不同功能的养老机构在硬件的配备、工作人员的配置、医疗设备及物资（如步行辅助器、轮椅、便椅）等要求上是不一样的。比如，日本厚生省规定养护老人院与特别养护老人院必须配备的设施有所不同：养护老人院必须配备"集会室"，而特别养护老人院则不需配备"集会室"，但又必须配备"护士室""功能恢复训练室""看护材料室"；在每一居室收养的人员及人均居住面积上，养护老人院"原则上不超过 4 人"，"被收容者人均居住面积（贮藏设施除外）应在 3.3 平方米以上"，而特别养护老人院"原则上在 8 人以下"，"被收容者人均居住面积（贮藏设施除外）应在 4.95 平方米以上"；在浴室与厕所的设施上，特别养护老人院"除一般浴缸外，要设立适当的特别浴缸，以便于需要看护者入浴"，"被看护者用厕所，要设立电铃或相应的呼叫设备，同时要适于身体残疾者使用。"③香港地区的《安老院实务守则》规定，低度照顾安老院不需要雇用护理员、保健员、护士；中度照顾安老院不需要雇用护理员，但需雇用保健员或护士；高度照顾安老院则必须雇用护理员、保健员或护士。而且不同类别的安老院，按收养人数配置的保健员或护士人数也不一样。此外，还规定"高度照顾安老院及中度照顾安老院""在下午 6 时至上午 7 时期间，须有 2 名员工当值"（即值夜班），"该 2 名员工可以是主管、助理员、护理员、保健员或护士"。

从目前我国养老机构的功能来看，除属于卫生部门主管的老年护理医院（也称老年护理院）与民政部门主管的老年公寓在收养的老人需照料程度上有明显差别外，一般的社会福利院、敬老院均未进行功能定位，其收养的老人涵盖从基本生活能自理的一直到长期卧床不起、甚至需要"临终关怀"的。这些养老机构只是在机构内部按收养老人需照料程度的不同，分成专门护理、一级护理、二级护理、三级护理等几类，实行分部或分区管理，尚无专门收养需专门护理和一级护理的养老机构。

借鉴海外经验，并考虑到现阶段我国民政部门拟定的有关收养人员分级护理标准及分级护理提供服务项目和内容等规章，我们建议，未来我国的养老机构不论其院名有何不同，不论其所有制性质有何差别，均可按主要收养老人需要照料的级别不同分为三类：（1）重度护理养老院，以需要一级护理与专门护理的老人为收养对象的养老院；（2）中度护理养老院，以需要二级护理的老人为收养对象的养老院；（3）轻度护理养老院，以需要三级护理或不需要护理的老人为收养对象的养老院。在 21 世纪初，国家民政部社会福利司应尽快进行调查研究和试点，拟定这三类养老机构在设施、工作人员配置等方面不同要求的规章，各养老机构应根据本单位的实际条件及收养老人情况向政府主管部门申报养老院类别，经主管部门评估审核合格后，发给养老院类别证书。对于那些类似香港地区"混合式安老院"的养老机构，其具体分类可参照香港地区《安老院实务守则》规定的原则处理，也可对这些混合式养老院内部的各部或各区功能进行定位，核定"重度护理部""中度护理部""轻度护理部"的床位数，并按不同的设施、工作人员配置等要求具体落实。如果今后某个单一型养老机构要改变其功能类别或某个混合式养老机构要改变其不同功能的床位数比例，应重新向政府部门提出申请，接受评估审核。

逐步提高收养需重度护理老人的比重

鉴于目前我国尚未将社会福利院、敬老院按功能进行分类，同时又缺乏各类养老机构所设置的不同功能床位数的全国性调查统计资料，因此，我们只能通过个别地区收住老人护理级别的比例，大致估计我国养老机构的功能结构现状。据上海市民政福利事业管理处 1999 年对全市 4000 位养老机构收养老人（包括少量成年智残对象）的基本情况进行的抽样调查，属于专门护理的老人占 19%，一级护理的老人占 29%，二级护理的老人占 23%，三级护理的老人占 29%，④ 也就是说收养需重度护理的老人数占收养老人总数的 48%。考虑到上海市的城市社会孤老和农村"五保"老人比重较低，在近年来又开始注意了加快发展收养卧床不起老人的床位、适当控制老年公寓的发展等因素，笔者估计目前我国大部分地区各类养老机构收养老人总数中属于需重度护理（包括专门护理和一级护理）的老人约占 40% 左右。

我们认为，有些老人虽然基本生活能自理，但由于家中住房条件较差、无子女或与子女相处不太融洽，希望入住养老机构，对此理应受到热情欢迎；只要当地老人需要，老年公寓也应有所发展。然而在我国经济发展水平还较低，明显滞后于老龄化的情况下，应考虑把有限的资源用于老人及其家属最急需解决的照料困难上。根据国内一些地区的调查，老人及其家属在照料上最需要社会帮助的阶段，是当老人长期卧床不起或精神严重衰退，需要提供全天候的基本生活照料的时候。现在我国一些服务质量较好的养老机构，床位最紧张的也是收养这些需重度护理老人的类型。老人家属在登记床位后往往要等候很长的一段时间，才能把老人送进养老机构入住。而且这类床位的空缺取决于已入住养老机构老人的去世，因此等候时间究竟有多长又是一个"未知数"。在香港地区，截止到 2000 年 1 月 1 日，在主要受政府资助并由非营利的非政府组织管理的系统中，护理安老院床位总数已有 8992张，比安老院床位总数 7098 张要多近 2000 张，如果再加上疗养院和护养院的床位 2833 张，将超过近 5000 张。⑤ 但是护理安老院和疗养院、护养院的床位仍然严重供不应求，不少符合收养条件的老人常常在登记后要等 2 年左右才能入住。在我国内地，鼓励家庭照料，大力发展社区上门照料服务，主要目的是为了解决面广量大的基本生活部分不能自理的需轻度和中度护理老人的照料问题，尽可能让这些老人居家养老；至于需要全天候给予基本生活照料的重度护理老人，依靠社区上门照料服务或雇民间钟点保姆是难以满足其需求的，如果要请全天上门服务的家政员或雇民间全天保姆来照料老人，不仅费用昂贵，而且与老人不住在一起的家属还会有所顾虑。因此，在 21世纪上半叶我国应重点发展收养需重度护理老人的机构及其床位，提高这类床位在我国及各地养老机构床位总数中的比例，使之逐渐上升到 70% 左右。

如果在下个世纪初我国新建和改扩建养老机构时，忽视了上述的功能结构合理调整的话，很可能在二三十年后会出现类似 20 世纪后半叶荷兰的情况。荷兰政府在 20 世纪 50 年代末至 70 年代初曾作出决策，修建大批养老院，让老人们退休后不久就搬到那里，居住在一起，把自己的房屋腾出来给年轻一代居住。然而，由于那个时候建造的养老院是作为"住房设施"建造的，而不是作为"照料设施"建造的，所以随着 20 世纪 70 年代以来更多的年老体弱的老人入住养老院，原来入住养老院的第一代、第二代老人的身体状况也因年龄增高日益衰老，老年精神病患者增加，使入住养老院的老人越来越多地需要大量的护理照顾。在这种情况下，荷兰政府不得不花"几十亿几十亿"的钱将这些养老院改建成"照料设施"型建筑。荷兰的社会福利专家明确提出"历史的教训：五六十年代不应该建造那些'养老院'，至少数目不应该那么多。如果我们当时就进行更大的努力建立起更完善的照料服务体系，我们应该可以节省很多很多钱。"⑥

按"持续照顾"理念发展养老机构

"持续照顾"是 20 世纪 90 年代国际社会针对长期以来各种老年照料服务机构和项目相互分割，使得老年人在健康状况和生活自理能力逐步下降的过程中不断变更养老场所的状况而提出的新理念。它的含义是尽可能使需要不同程度照料的老年人能长期居住在熟悉的环境中，获得良好的照顾服务。在许多发达国家及一些经济发展水平较高的发展中国家或地区，长期以来把养老机构分成完全独立的一般养老院、需要特别生活护理的养老院和需要专业医疗护理并带有"临终关怀"性质的养老院，功能分得过细并互相独立，而且把养老机构与社区上门为老人服务又割裂开来，自成系统。这种照料老人的模式虽然对提高各类养老机构的专业化水平，确保服务质量，加强政府对养老机构的监督管理有利，但却增加了被照料老人的困难，往往使他们随着健康状况和生活自理能力的变化，不得不搬迁几次养老场所，办理几次登记入住手续，重新认识和熟悉周围的环境、建立亲密的人际关系。于是，近年来国际社会从"以人为本"的原则出发，根据大部分老年人，无论居住在家中或养老机构中，都希望在健康状况和自理能力变化时，依然可以在熟悉的环境中继续居住的愿望，提出了政府应制定鼓励及帮助老年人在其熟悉的居住环境中得到持续照顾的政策措施。

按照"持续照顾"的理念，我们认为，应在养老机构按功能进行分类的基础上，以尽可能使老年人减少搬迁养老场所的新思路来规划发展21世纪上半叶我国的养老机构。笔者建议，未来我国城乡的大多数社会福利院和敬老院在功能上应逐渐归并为两类：一类为复合型养老机构，类似香港地区的"混合式养老院"，其中设立"轻度护理部""中度护理部""重度护理部"，同时按规定配备相应的硬件与软件，分别收养基本生活自理能力程度不同的老人。在这类养老机构中，既可让入住时基本生活能自理的老人一直在某个机构内住到生活完全不能自理，直至需要"临终关怀"而最后去世，唯一需要他们变更的只是将床位及个人物品从这个养老机构的"轻度护理部"搬到"中度护理部""重度护理部"；也可直接收养基本生活严重不能自理或完全不能自理、需一级或专门护理的老人，让他们入住"重度护理部"。另一类为单一型的重度护理养老机构，收养基本生活严重或完全不能自理、需一级或专门护理，而家属及社区上门服务又无法给予良好的全天候照料的老人，让他们入住后一直住到需要"临终关怀"而最后去世。

近年来我国很多地区建立了一批老年公寓，现在不少地区还在规划新建老年公寓。我们认为，从老年公寓本身的功能定位来看，它应是收住基本生活能自理的老人，而且在一般情况下每个老人或老夫妇俩都有一室或一室一厅的独立房间。从某种意义上说，老人居住在老年公寓也是居家养老，他们在需要时可以接受社区上门照料服务或雇佣民间保姆，只不过与一般的居家养老不同之处在于它是老年人集中居住的场所，在一幢楼中往往设有许多老人分别居住的独立房间，并配备供居住老人共同使用的文化娱乐设施、康复设施、食堂、洗衣房等；而且这些老人又都属于"空巢家庭"，他们的子女及孙辈不住在老年公寓中。在美国，许多老年公寓是为62岁以上，能自行走动，低收入或领取"老年津贴"的体健老人提供的居住活动场所。由于发达国家政府对低收入老人入住老年公寓有较多补助，因此，在这些国家中老年公寓的数量相对比较多。然而，我国的老年公寓管理机构需要通过收取入住老人缴纳的购房或租房费等来自负盈亏，在一般情况下政府不给予其财政补助，所以，经济条件差的体健老人往往住不起老年公寓；另一方面，经济条件较好、本人又有较宽畅住房的体健老人一般又不愿住老年公寓；同时，当入住老年公寓的老人基本生活严重不能自理时，由于得不到像重度护理养老院那样的全天候照料，又不得不搬出老年公寓。据此，笔者认为，在21世纪上半叶我国的老年公寓需求量不会很大，不宜盲目发展。同时，按"持续照顾"的理念，建议在已经建成或今后新建的老年公寓中附设"护理部"，按需中度或重度护理的需求配备必要的硬件和软件，使那些入住老年公寓的老人在基本生活部分不能自理或严重不能自理时，仍能继续居住在老年公寓。

当前，我国各地都在制定《老年事业发展的"十五"计划和到2010年规划纲要》，我们希望在此类纲要中不仅要规定到2005年、2010年时养老机构的床位总数及其占60岁及以上老人数的比例，而且能提出按功能划分的收养重度护理的老人床位数比例，并对新建和改扩建养老机构加强宏观指导和调控；希望民间人士在投资养老机构前，重视并搞好对新建养老机构的规模、功能及档次、区位的调查研究和论证，使21世纪上半叶我国养老机构按适当比例迅速、健康地发展。

【注释】

① ［美］莱·安妮·贝斯弗拉格：《美国的老人照顾体系》，《'99上海老年人照顾体系国际研讨会大会论文提要汇编》，1999年。

② 香港社会福利署：《安老院实务守则》，（香港）政府印务局，1995年。

③ 日本厚生省令第33号：《修改关于养护老人院及特别养护老人院的设备与经营的

标准》，1984 年。

　　④ 上海市民政福利事业管理处：《上海市民政福利事业发展报告书》（1999）。

　　⑤ 关锐煊、庄明莲：《香港安老服务政策研究》，2000 年。

　　⑥ ［荷兰］热内・方斯劳伊斯：《荷兰"照顾体系"的发展（1950—2000)》，《'99上海老年人照顾体系国际研讨会大会论文提要汇编》，1999 年。

　　（本文原载《华东师范大学学报》（哲学社会科学版）2001 年第 4 期）

过于追求床位数并非科学养老*

"目前您希望最好在哪里养老？""目前您希望住在家中养老，而今后当您的健康状况和生活自理能力愈来愈差时，您希望住在哪里？"……昨天下午，我国著名人口学家、华东师范大学终身教授桂世勋在社会保障发展战略国际学术研讨会上说，老人们选择"社会养老机构"的年龄差异很大，因此，在合理制定未来我国养老机构床位数增长目标时，要综合考量不同年龄段老人的不同需求。

区分不同意愿

担任上海市老年学学会副会长的桂世勋，主持开展了"上海市老年人口状况和意愿跟踪调查"。结果发现，在60岁以上老年人群中，"目前就希望入住养老机构"的仅占3.5%，表示"目前希望在家，今后生活不能自理时再入住"的占9.2%。桂教授说，在反映老人入住养老机构的需求时，不能笼统将即时的意愿与长远意愿简单叠加在一起，从而误导合理制定中长期养老机构的战略目标。

比较要讲科学

社会上一直流行一种说法，即我国养老机构床位总数仅占全国60岁以上老年人口的1.59%，不仅低于发达国家5%至7%的比例，也低于一些发

---

* 本文由记者王蔚采访。

展中国家2%至3%的水平。对此，桂世勋教授持不同意见。他说，按我国第六次人口普查数据折算，如果未来中国大陆养老机构床位数能达到占60岁及以上老年人口数的3.5%，则相当于占65岁及以上老年人口数的5.2%，在数量上已与一般发达国家养老机构床位数的占比基本持平；如果我国养老机构床位数能达到占60岁及以上老年人口数的4%，则已相当于占65岁及以上老年人口数的6.0%，已明显超过一般发达国家水平。我国如果不加区分地与发达国家按65岁老年人口数计算的养老机构床位数比例作比较，既不科学，也会严重影响我国合理制定战略目标。

减慢床位增速

"众所周知，不同年龄段的老年人需要长期照护的比例存在较大差异。"桂教授说，上海80岁及以上户籍高龄老年人口数将从2010年末的59.83万人，缓慢增加到2020年末的约69万人；其中在2016年后，80岁及以上人口还有可能出现阶段性的负增长。据测算，本市80岁及以上户籍高龄老年人口占60岁及以上户籍老年人口数的比例，在2020年末时约为13.97%，比2010年末的18.07%减少许多，也就是说，未来上海将呈现户籍老年人口低龄化态势。

在桂教授看来，既然上海老年人口的低龄化已成趋势，其中60—64岁常住人口中生活不能自理的仅占0.65%，因此，过于追求养老机构的床位数并非科学之举。而且，目前本市养老机构在总体上入住率还不高，以后需要适当减慢养老机构床位数的增长速度，进一步提高养老机构的硬件和软件水平。

目前社会上还有一种舆论认为"靠80后、90后养老是靠不住的"。桂世勋教授认为这种观点相当片面。他说，养老包括经济赡养、生活照料和精神慰藉，独生子女能够承担部分养老责任，能经常给予父母精神上的慰藉，在父母病重、丧偶、卧床不起时，来自子女的心灵陪伴尤为重要。

（本文原载《新民晚报》2014年11月2日）

关于养老机构内设医疗机构的思考

在 2019 年 3 月 29 日发布的《国务院办公厅关于推进养老服务发展的意见》中，明确要求"破除发展障碍，健全市场机制，持续完善居家为基础、社区为依托、机构为补充、医养相结合的养老服务体系"，并且提出"对养老机构内设诊所、卫生所（室）、医务室、护理站，取消行政审批，实行备案管理。开展区域卫生规划时要为养老机构举办或内设医疗机构留出空间。"在未来中国内地养老机构推进"医养结合"、内设医疗机构按"放管服"改革要求将会更好发展的形势下，第九届华夏养老院院长联谊会的主题定为"准确把握养老服务机构的医养结合"，具有重要现实意义和深远历史意义。它将有利于引领中国内地的养老机构更好借鉴中国香港、澳门、台湾地区经验和总结内地的实践，探索符合中国内地实际情况的"医养结合"模式。

养老机构内设医疗机构是养老机构推进"医养结合"的重要举措。本文将针对近年来我国内地为了推进各地区的"医养结合"所制定的养老机构内设医疗机构规划和政府办实事的要求，较深入探讨中国内地的养老机构应如何借鉴中国香港、澳门、台湾地区和国外在养老机构内设医疗机构方面的经验，尽可能减少由于误解而"一哄而起"的损失。

一、养老机构内设医疗机构只是养老机构
推进"医养结合"的一种模式

早在 2012 年 10 月，笔者到上海市浦东新区市南养老院调研时，该院院长就向笔者介绍"医养结合"模式的情况和体会。当时该养老院入住老人 206 人，平均年龄 83.6 岁；其中专护老人 144 人，在专护老人中患有不同程

度失智症的 56 人。该院职工总人数 72 名，其中医生 3 人、护士 2 人、护理员 45 人，均持证上岗。全院入住老人的疾病分类，包括患有高血压病、脑梗及伴有后遗症、心脏病、失智症、老慢支及哮喘病、糖尿病、肾病、痛风等。据该院保健站在 2012 年 1—9 月业务统计，门诊数 5831 人次，处方6475 张，补液 1870 人次，胰岛素注射 5925 人次，吸氧 490 小时，膀胱冲洗 90 人次，进药品总金额 86.53 万元。该院内设医疗机构的主要体会是：大大减轻了入住老人及家属去医院配常用药品、补液、膀胱冲洗等往返奔波；基本做到小病治疗（包括头痛发热、伤风感冒）不出院门就能解决；自行在阳光医药平台采购药品后的加成率收入、治疗费等的医疗收入基本解决了医护人员的劳动报酬，减轻了该院经济压力。

回顾近年来中国内地在实施养老机构内设医疗机构时制定的有关规定，仍存在着较大差异，有的也不尽合理。比如：在上海市，2015—2017 年制定的市政府要完成的与人民生活密切相关实事项目中，连续 3 年提出每年"新增 50 家养老机构设置医疗机构"。当时要求全市有一定规模（一般为150 张以上床位）的养老机构均设置医疗机构（与医疗机构邻近设置、整合设置的除外）。[1] 在北京市，规定"新建 200 张及以上床位的养老机构，应建设配套的内设医疗机构"。[2] 在浙江省，提出 100 张床位及以上的护理型养老机构和助养型养老机构，应单独设置护理站（医务室），条件具备的养老机构可申请开办老年病医院、康复医院、护理院、中医医院、安宁疗护机构等。[3] 在青海省，规定 50 张及以上床位的养老机构要设置护理站或卫生站；100 张床位及以上的养老机构要设置医务室或护理站，条件具备的可申请设立医院。[4]

笔者认为养老机构推进"医养结合"有多种模式，内设医疗机构只是其中一种模式；其他包括养老机构与周边的公办或民办医疗机构签订合作协议，请医疗机构定期派医生到养老机构巡诊；养老机构与具有体检服务的医疗机构签订合作协议，每年为入住的 65 岁及以上老人进行健康检查，互联互通入住老人的电子健康档案；养老机构与周边二级、三级医疗机构签订合作协议，开通预约就诊绿色通道；养老机构与三级医疗机构签订合作协议，探索面向养老机构的远程医疗；区位偏僻的养老机构与最快车程至少需要半小时以上的急救中心签订协议，在入住老人突发疾病时立即送往抢救；养老

机构与医疗机构联网，开通医保直接刷卡结算；养老机构聘请护理康复专长
的医疗机构定期帮助培训护理人员等。

值得注意的是，在一个省级地区内，养老机构的情况存在较大差异，
我们不能简单根据养老机构的床位数来确定是否应内设医疗机构；即使有的
养老机构功能定位为护理型机构或者规定了护理区床位的数量，但也有可能
在较长一段时期内护理型床位空置率很高；而且养老机构还有公办公营、公
建民营、民办民营（包括境外投资或经营）的差别；非营利性与营利性的差
别；还会存在内设医疗机构设置过早过大而引起养老机构严重亏损，政府是
否承担经济责任等复杂情况。

因此，笔者认为现在中国内地取消养老机构内设医疗机构的行政审批
制度，也是吸取前一段在经济结构上某些行业出现严重"产能过剩"的深刻
教训，它将有利于每个养老机构根据市场需求和自身的实际情况决定是否
需要在现时内设医疗机构及究竟设置哪类医疗机构，避免各地政府因追求
"政绩"而盲目攀比或"瞎指挥"。据上海市民政局、上海市老龄工作委员会
办公室、上海市统计局发布的《上海市老年人口和老龄事业监测统计信息
(2017)》资料，2017年末上海市养老机构内部设立医疗机构数共计283家，
占养老机构总数的40.3%；同时上海市养老机构与医疗机构签约数共计536
家，占养老机构总数的76.2%。

二、养老机构内设医疗机构并不都要求聘用全职医生

养老机构内设的医疗机构，在《上海市养老机构设置医疗机构申请指
南》中指出："可以设置护理院、门诊部、医务室、护理站四种类型"；在
《青海省养老机构设置医疗机构工作指南》中指出：可分为"护理院、护理
站、门诊部、医务室、卫生站、康复医院、疗养院七种类型"。

按2017年6月12日国家卫生和计划生育委员会下发的《医疗机构基本
标准（试行）》2017版（以下简称《标准》）规定，在上述养老机构内设的
各类医疗机构中，除了护理站和卫生站以外，都必须配备"医师"（见表1）：

表1　养老机构内必须配备医师的医疗机构

医疗机构类型	配备医师要求
护理院（20张床位以上）	至少有1名专职或兼职的具有主治医师以上职称的医师
门诊部（综合）	至少有5名医师，其中有1名具有副主任医师以上职称的医师；每临床科室至少有1名医师
医务室	至少有1名取得医师资格后从事5年以上临床工作的医师
康复医院（20张床位以上）	至少有1名具有主治医师以上职称的医师
疗养院（100张床位以上）	至少有6名具有主治医师以上职称的医师，其中具有副主任医师以上职称的医师不少于2名

资料来源：国家卫计委下发《医疗机构基本标准（试行）》2017年版。

在上述《标准》中，对养老机构内设"护理站"的定位为"由护理人员组成的，在一定社区范围内，为长期卧床患者、老人和婴幼儿、残疾人、临终患者、绝症晚期和其他需要护理服务者提供基础护理、专科护理、根据医嘱进行处置、临终护理、消毒隔离技术指导、营养指导、社区康复指导、心理咨询、卫生宣教和其他护理服务的医疗机构。"它对人员配备要求为"至少有3名具有护士以上职称的护士，其中有1名具有主管护师以上职称的护士；至少有1名康复治疗士；至少有2名护理员。"至于对养老机构内设"卫生站"的人员配备，也只要求"至少有1名护士负责业务工作。"[5]可见即使养老机构内设医疗机构，也并不都要求配置全职医生。

借鉴中国香港、台湾地区和美国、日本对收住重度失能老人的养老机构配置医护人员的经验，均未要求必须配置全职医生。香港地区在《安老院规例》《安老院实务守则》中规定"中度照顾安老院"和"高度照顾安老院"必须雇用"护理员、保健员或护士"；"在下午6时至上午7时期间，须有2名员工当值"，"这2名员工可以是主管、助理员、护理员、保健员或护士"。笔者又请教香港东华三院负责安老服务发展的陈丽英主任，她讲香港不是按养老机构床位数量来决定是否必须聘用医生，而是按养老机构牌照类型而要求不同的医护人力资源配套。如护养院牌照就要求有24小时护士值班，聘请医生一般要求每周来2次，每次来半天；这些医生一般为全科医生，费用是养老机构直接给医生的。另外由政府医院派来的外展专科医生，约2个月来1次。由于药房不是政府资助项目，所以护理院内很少有设药房的。

台湾地区在《老人福利机构设立标准》中规定老人"疗养机构"（以疗养罹患长期慢性疾病或瘫痪老人为目的），必须有"复健室"，在按入住老人数配置的工作人员中必须配备"复健人员"。笔者又请教台湾长期照护专业协会周丽华理事长，她讲台湾收住严重失能或失智的大型养老机构必须特约医生每月到机构巡诊，次数看入住老人数多少和需求而定。日本厚生省规定收养中度、重度失能老人的"特别养护老人院"，必须配备"护士室""功能恢复训练室""看护材料室"。笔者又请教日本健康福祉协力研究所所长赵林博士，她讲日本规定特别养护老人院除护士室外，还应有医生室（或医务室）；其中医生按每 100 张床位配置 1 名标准安排，要求每周必须保证医生查 1 次房，但医生可以是兼职或全职的，每周来几天根据养老机构与医生的合同而定。关于美国收住重度失能的大型养老机构是否必须聘用全职医生的问题，笔者请教了美国纽约市老年局管理和计划分析署工作的狄菊馨博士，她讲美国的护理院需配置医生，有些护理院也聘用全职的医生，但大部分护理院是与当地社区内独立的私人医生签有合同，请他们做兼职医生。这些医生定期来护理院访问看病，负责住院老人的治疗或评估是否要送医院治疗等。根据 ZipRecruiter 网站的最新纪录（2019 年 5 月），在美国护理院全职工作的医生平均年收入为 86871 美元。许多这类医生会在多个护理院兼任医疗主任职务以便补充收入。他们多数是内科医师，一般每月在 1 个护理院工作 6—10 小时，每小时平均收入为 130 美元。当医生为入住患病老人开好处方后，护理院内专门管理药品的注册护士会代患病老人到外面实体药房或网上药房取药并管理病人服药，这些费用都已包括在老人住院费用中，护理院不另外向老人收取护士代拿药的费用。

现在上海市床位数在 150 张及以上、附近没有三级医院的养老机构，虽然已全部内设了医疗机构，但其中相当部分的养老机构根据实际需要和节省开支并未聘用全职医生。因此，笔者认为中国内地的养老机构即使准备或已经内设医疗机构的，都可从自身特点和实际需要出发考虑是否应聘用全职医生。如不准备聘用全职医生，完全可以选择内设"护理站"或"卫生站"，通过聘用每周来几个半天或几天的兼职医生，达到为入住老人提供一般常见病、多发病诊疗的目的。

三、养老机构推进"医养结合"的目标应是
"养老机构与医疗机构密切合作"

在 2019 年 3 月 29 日发布的《国务院办公厅关于推进养老服务发展的意见》中要求"提升医养结合服务能力"时，就强调"促进现有医疗卫生机构和养老机构合作，发挥互补优势"。在《上海 2019 民政工作要点》中也明确指出："深化医养结合工作，支持各类医疗卫生机构与养老机构以多种形式开展合作。"

笔者认为这首先是由于我国的养老机构与医疗卫生机构存在以下三个方面的明显不同：（1）在承担的主要任务方面不同，前者主要是为生活自理有困难的老年人提供照护服务，后者主要是为所有人提供以促进健康为中心的预防疾病、治疗疾病和病后康复服务；（2）在业务主管部门方面不同，前者由民政部门主管，后者由卫生和健康委员会主管；（3）在资金筹集和支付系统方面不同，前者主要通过实施长期护理保险"保基本"及实施养老服务补贴、"五保供养"来"兜底线"，后者主要通过实施基本医疗保险及大病保险"保基本"及实施"医疗救助"来"兜底线"。因此，我们在积极倡导和推进养老机构的"医养结合"时，实际上是要求每个养老机构从各自功能定位和入住老人的失能、失智、患病情况等实际出发，采取多种模式加强与医疗机构的紧密合作，而不是简单"替代""合并"。

特别是要清醒看到我国将长期处于社会主义初级阶段，发展不平衡不充分的一些突出问题尚未解决。随着未来我国人口老龄化和老年人口高龄化的加剧，我国基本医疗保险将面临严重的基金支付压力和医务人力资源压力，养老机构在减缓入住老人"看病难"时应力求更合理使用基本医疗保险基金和医护人力资源。同时，也要看到即使养老机构规模大、入住严重失能、失智和患病老人比例高，也不可能通过内设医疗机构及配置昂贵的检查设备来解决老人诊断"疑难杂症"、治疗各类专科疾病的问题。现阶段我国许多养老机构收费贵，相当一部分中低收入的失能、失智、患病老人住不起；还有不少养老机构入住率较低，只能采取吸纳大批基本生活能自理老人入住和"旅居养老"等方式弥补经济困境。因此，中国内地的养老机构在内

设医疗机构问题上一定要从每个养老机构的实际出发谨慎决策,仔细研究如何减少养老服务资源和医疗卫生资源的浪费,以更小的经济投入获得更大的社会效益,有利于让更多中重度失能、失智的中低收入老人在国家逐步完善长期护理保障制度及有关政策的支持下住得起、住得好、喜欢住,在保障他们"安度晚年"的基础上力争"欢度晚年"。

【参考文献】

[1] 上海市民政局关于印发《关于全面推进本市医养结合发展的若干意见》的通知(沪民福发〔2015〕19号),2015年8月4日。

[2] 北京市卫计委、市民政局等多部门联合发布《关于推进医疗卫生与养老服务相结合的实施意见》,养老院符合条件可纳入医保定点,北青网2016年12月14日。

[3] 浙江省人民政府办公厅转发省卫生计生委等部门《关于推进医疗卫生与养老服务相结合实施意见的通知》,2017年2月22日。

[4] 青海省卫生计生委、省民政厅共同印发《青海省养老机构设置医疗机构工作指南》,转引丹丹2018年8月17日。

[5] 国家卫计委下发《医疗机构基本标准(试行)》2017版,百度文库2018年6月29日。

(本文在《养老院长》2019年第4—5期刊载时略有删改)

中国高龄老人长期护理问题的思考

从全球范围来看，如果说 20 世纪是人口数量过快增长的世纪，那么 21 世纪将是人口老龄化的世纪。随着老年人口数量及其占总人口比重的迅速增长，发达国家和发展中国家都将面临面广量大、旷日持久的老年人长期护理需求的严峻挑战。特别是在老年人口高龄化的态势下，这个问题将更加突出。本文主要运用"中国高龄老人健康长寿研究"课题组在 2000 年开展的中国高龄老人健康长寿跟踪调查的资料，对 21 世纪中国高龄老年人口长期护理需求的变动趋势进行测算，并就制定符合中国特色高龄老人长期护理的战略提出若干建议。

一、21 世纪中国高龄老年人口的变动趋势

为了考察 21 世纪中国高龄老人的变动趋势，我们将联合国人口司在 2002 年修订的 2000—2050 年中国人口发展趋势的中位预测值（简称方案 1）（联合国经济和社会事务署人口司，2003）、杜鹏（2003）在 2002 年所做的 2000—2050 年中国人口老龄化发展趋势"夫妻双方都是独生子女可以生育二孩"的方案预测值（简称方案 2）和笔者所主持的 2000—2100 年中国发展趋势的"高死亡率、中生育率"方案预测值（简称方案 3）进行比较。在这 3 个预测方案中，选择的主要参数都以 2000 年中国进行的"五普"资料为基础数据。对于 2000 年中国育龄妇女的总和生育率，3 个预测方案均对"五普"数据做了修正，将其提高到 1.8 左右，然后分别进行假设（见表 1）。对于 21 世纪中国 0 岁组人口平均预期寿命提高的状况，3 个预测方案分别进行了假设（见表 2）。

表1　2000—2100年中国育龄妇女总和生育率的假设　　　单位：岁

方案	2000	2005	2010	2015	2030	2050	2100
1	1.83^1	1.86^2	1.85^3	1.85^4	1.85^5	1.85^6	
2	1.8	1.8	2.0				
3	1.8			2.0	1.8	1.8	1.8

注：1为2000—2005年均值；2为2005—2010年均值；3为2010—2015年均值；4为2015—2030年均值；5为2030—2045年均值，6为2045—2050年均值。

表2　2000—2100年中国0岁组人口平均预期寿命的假设　　　单位：个

方案	2000		2050		2100	
	男	女	男	女	男	女
1	71.0	73.3	76.7	79.7		
	(2000—2005)		(2045—2050)			
2	69.63	73.33	77.6	81.1		
3	69.63	73.33	77	81	81	85

（一）21世纪中国高龄老年人口数的变动趋势

上述3个预测方案表明，中国总人口数将从2000年的12.67亿（方案2、3）—12.75亿（方案1）波浪式变动至2050年的13.95亿（方案1）—14.85亿（方案2），其中方案3为14.21亿；在21世纪前50年的峰值为14.51亿（方案1，2030）—15.07亿（方案2，2040），其中方案3的峰值为14.73亿（2036）；2050年比2000年增长9.4%（方案1）—17.2%（方案2），其中方案3为12.1%。据方案3预测，2100年时中国总人口数将减少到10.69亿。至于中国60岁及以上老年人口数将从2000年的1.29亿（方案1）—1.31亿（方案3），其中方案2为1.30亿，不断增加到2050年的4.18亿（方案1）—4.58亿（方案3），其中方案2为4.35亿；在21世纪前50年增长224.8%（方案1）—250.5%（方案3），其中方案2为234.6%。据方案3预测，2100年时中国60岁及以上老年人口数将达3.81亿；在21世纪100年内的峰值为4.60亿（2052）。中国65岁及以上老年人口数将从2000

年的 0.87 亿（方案 1）—0.89 亿（方案 3），其中方案 2 为 0.88 亿，不断增加到 2050 年的 3.19 亿（方案 1）—3.43 亿（方案 3），其中方案 2 为 3.22 亿；在 21 世纪前 50 年增长 264.9%（方案 2）—286.6%（方案 3），其中方案 1 为 265.7%。据方案 3 预测，2100 年时中国 65 岁及以上老年人口数仍达 3.06 亿；在 21 世纪 100 年内的峰值为 3.66 亿（2056）。

　　值得注意的是 21 世纪中国 80 岁及以上高龄老年人口数的增长速度，不仅大大快于总人口数的增长速度，而且比老年人口数的增长速度也快得多（见图 1）。上述 3 个预测方案表明，中国 80 岁及以上高龄老年人口数将从 2000 年的 1140 万（方案 1）—1211 万（方案 3），其中方案 2 为 1200 万，不断增加到 2050 年的 9250 万（方案 1）—10117 万（方案 3），其中方案 2 为 9770 万；在 21 世纪前 50 年的增长率为 670.8%（方案 2）—757.2%（方案 1），其中方案 3 为 735.2%。据方案 3 预测，2100 年将波浪式增加到 11501 万；在 21 世纪 100 年内的峰值为 11768 万（2071）。

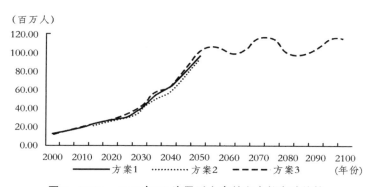

图 1　2000—2100 年 80 岁及以上高龄老人数变动趋势

　　如果具体考察 21 世纪中国高龄老年人口数每 5 年的增长状况，那么增长速度最快的是 2030—2035 年，在这 5 年内将增长 36.6%（方案 2）—38.8%（方案 1），其中方案 3 为 37.1%；增加高龄老年人口数最多的是 2045—2050 年，在这 5 年内将增加 1898 万（方案 2）—2007 万（方案 3），其中方案 1 为 1913 万。据方案 3 预测，在 2050—2100 年间高龄老年人口数每 5 年的增长速度最快的是 2065—2070 年，在这 5 年内增长率为 14.9%（见表 3）。

表 3 2000—2100 年 80 岁及以上人口数每 5 年的增长率   单位：%

方案	2000—2005	2005—2010	2010—2015	2015—2020	2020—2025	2025—2030	2030—2035	2035—2040	2040—2045	2045—2050	2050—2100年的最高增长率
1	28.1	24.5	24.2	17.5	15.5	28.4	38.8	16.9	23.1	24.4	
2	23.3	22.5	20.0	16.0	13.4	29.3	36.6	12.2	29.6	25.8	
3	28.9	26.6	22.2	15.9	13.1	29.8	37.1	10.2	30.7	24.7	14.9*

注：* 为 2065—2070 年。

（二）21 世纪中国高龄老人占总人口比例的变动趋势

上述 3 个预测方案表明，中国 80 岁及以上高龄人口数占总人口数的比例将从 2000 年的 0.9% 不断上升到 2050 年的 6.2%（方案 2）—7.1%（方案 3），其中方案 1 为 7.0%；在 21 世纪前 50 年增加 5.3（方案 2）—6.2 个百分点（方案 3），其中方案 1 为 6.1 个百分点。据方案 3 预测，2100 年中国 80 岁及以上高龄老年人口数占总人口的比例将上升到 10.8%；在 21 世纪后 50 年则增加 3.7 个百分点（见表 4）。可见 2000 年中国平均每 100 人中有 1 个 80 岁及以上高龄老人，2050 年平均每 16 个人中有 1 个 80 岁及以上高龄老人，2100 年平均每 10 个人中有 1 个 80 岁及以上高龄老人。

表 4 2000—2100 年 80 岁及以上人口占总人口的比例   单位：%

方案	2000	2010	2020	2030	2040	2050	2060	2070	2080	2090	2100
1	0.9	1.3	1.9	2.7	4.4	7.0					
2	0.9	1.3	1.7	2.5	3.8	6.2					
3	0.9	1.4	1.9	2.8	4.2	7.1	7.5	9.2	8.3	9.3	10.8

二、21 世纪中国高龄老年人口长期护理需求的变动趋势

为了考察 21 世纪中国高龄老年人口长期护理需求的变动趋势，笔者分别将"中国高龄老人健康长寿研究"课题组在 2000 年进行跟踪调查所得的中国分性别与 5 岁一组（其中 100 岁及以上的归为一组）的高龄老人在各类

最基本生活方面需长期护理的比例（假设在整个 21 世纪保持不变），乘以方案 1 和方案 3 预测所得的 21 世纪各年的分性别与 5 岁一组人口数（因方案 2 的报告未列出 80 岁及以上高龄老年人口数，所以无法作为测算基数），得出 2000—2100 年中国 80 岁及以上高龄老年人口中各类需长期护理的人数变动趋势。根据以上测算结果，中国 80 岁及以上高龄老人中吃饭需要部分帮助和完全帮助的合计人数将从 2000 年的 59.2 万（方案 1）—63.30 万（方案 3），分别增加到 2050 年的 553.60 万（方案 3）—675.03 万（方案 1）、2100 年的 711.36 万（方案 3）（见表 5）。能穿衣但不能穿鞋和需人帮助找衣穿的合计人数将从 2000 年的 78.50 万（方案 1）—84.56 万（方案 3），分别增加到 2050 年的 742.08 万（方案 3）—771.14 万（方案 1）、2100 年的 964.18 万（方案 3）（见表 6）。室内活动需要帮助和卧床不起的合计人数将从 2000 年的 69.80 万（方案 1）—74.90 万（方案 3），分别增加到 2050 年的 654.10 万（方案 3）—684.98 万（方案 1）、2100 年的 851.24 万（方案 3）（见表 7）。上厕所需要帮助和卧床不起的合计人数将从 2000 年的 86.27 万（方案 1）—92.97 万（方案 3），分别增加到 2050 年的 815.71 万（方案 3）—849.81 万（方案 1）、2100 年的 1064.09 万（方案 3）（见表 8）。

表 5　2000—2100 年吃饭需要帮助的高龄老人人数　　　　单位：万人

方案	需帮助程度	2000	2025	2050	2075	2100
1	部分帮助	44.38	131.75	433.90		
	完全帮助	14.64	42.93	141.13		
	合计	59.02	174.69	575.03		
3	部分帮助	47.61	131.25	416.89	518.61	537.51
	完全帮助	15.69	42.89	136.61	168.37	173.85
	合计	63.30	174.14	553.50	686.98	711.36

表 6　2000—2100 年穿衣需帮助的高龄老人人数　　　　单位：万人

方案	需帮助程度	2000	2025	2050	2075	2100
1	能穿衣但不能穿鞋	18.83	54.66	179.71		
	需人帮助找衣穿	59.68	179.56	591.43		

续表

方案	需帮助程度	2000	2025	2050	2075	2100
	合计	78.50	234.21	771.14		
3	能穿衣但不能穿鞋	20.05	54.38	173.11	210.26	217.24
	需人帮助找衣穿	64.51	179.80	568.97	717.95	746.94
	合计	84.56	234.18	724.08	928.21	964.18

表7　2000—2100年室内活动需帮助的高龄老人人数　　单位：万人

方案	需帮助程度	2000	2025	2050	2075	2100
1	部分帮助	46.87	139.37	458.49		
	卧床不起	22.94	68.61	226.49		
	合计	69.80	207.97	684.98		
3	部分帮助	50.41	139.48	439.99	578.86	572.24
	卧床不起	24.49	67.64	214.11	268.13	279.00
	合计	74.90	207.13	654.10	816.98	851.24

表8　2000—2100年上厕需帮助的高龄老人人数　　单位：万人

方案	需帮助程度	2000	2025	2050	2075	2100
1	部分帮助	59.33	179.19	591.50		
	卧床不起	26.94	78.72	258.31		
	合供	86.27	257.91	849.81		
3	部分帮助	64.37	179.86	569.21	720.37	750.50
	卧床不起	28.60	77.95	246.49	302.05	313.59
	合计	92.97	257.81	815.71	1022.42	1064.09

　　洗澡时某一部位需要帮助和两个及以上部位需帮助的合计人数将从2000年的199.64万（方案1）—213.87万（方案3），分别增加到2050年的1849.68万（方案3）—1881.31万（方案1）、2100年的2319.51万（方案3）（见表9）。大小便偶尔失禁和大小便不能控制的合计人数将从2000年的58.98万（方案1）—63.49万（方案3），分别增加到2050年的547.64万（方

案 3）—552.41 万（方案 1）、2100 年的 679.56 万（方案 3）（见表 10）。

表 9　2000—2100 年洗澡需帮助的高龄老人人数　　　　单位：万人

需帮助程度	2000	2025	2050	2075	2100
方案 1					
某一部位需帮助	91.24	258.33	834.03		
两个或以上部位需帮助	108.40	319.56	1047.27		
合计	199.64	577.89	1881.31		
方案 3					
某一部位需帮助	97.66	263.06	838.64	998.78	1020.72
两个或以上部位需帮助	116.22	319.69	1011.05	1251.32	1298.79
合计	213.87	582.75	1849.68	2250.10	2319.51

表 10　2000—2100 年大小便失禁的高龄老人　　　　单位：人数

需帮助程度	2000	2025	2050	2075	2100
方案 1					
偶尔失禁	49.01	142.07	465.14		
不能控制	9.97	27.10	87.27		
合计	58.98	169.17	552.41		
方案 3					
偶尔失禁	52.93	144.56	459.17	558.46	577.79
不能控制	10.55	27.57	88.47	100.67	101.77
合计	63.49	172.13	547.64	659.13	679.56

　　鉴于"中国高龄老人健康长寿研究"课题组在对 1998 年高龄老人健康长寿观测服务调查中取得的吃饭、穿衣、室内活动、上厕所、洗澡和大小便失禁等 6 项数据归并处理为"日常生活自理能力"时，将上述 6 项均无须帮助归为"完全自理"；将上述 6 项中的任何 1 项需帮助，或者洗澡需要帮助和其余 5 项中的任何 1 项需要帮助归为"相对自理"；将洗澡和穿衣需要帮

助以及其余 4 项中任 1 项需要帮助，或者洗澡、穿衣、上厕所需要帮助以及其余 3 项中任何 1 项需要帮助归为"相对依赖"；将上述 6 项的其他各种组合归为"完全依赖"。因此，我们在把 2000 年跟踪调查的原始数据归并为"完全自理""相对自理""相对依赖"和"完全依赖"时，也按他们的归并原则处理，从而得出 2000 年中国高龄老年人口分性别与 5 岁一组的日常生活自理能力状况。笔者认为按课题组对"相对自理"的归并处理界定，属于这一类的高龄老人，仍应作为需长期护理的对象，于是我们将 2000 年调查所得的中国分性别与 5 岁一组（其中 100 岁及以上的归为一组）的高龄老年人口处于"相对自理""相对依赖"和"完全依赖"的比例，也乘以方案 1 和方案 3 预测所得的 21 世纪各年的中国 80 岁及以上高龄老年人口中需长期护理的人数变动趋势数据。在 2000 年时，中国高龄老年人口中需长期护理的人数为 239.19 万（方案 1）—256.39 万（方案 3），到 2050 年时将增加到 2216.57 万（方案 3）—2248.92 万（方案 1），到 2100 年时还将进一步增加到 2775.94 万（方案 3）（见表 11、图 2）；在 21 世纪前 50 年的增长率为764.5%（方案 3）—840.2%（方案 1），在 21 世纪后 50 年的增长率为 25.2%（方案 3）。

表 11　2000—2100 年需长期护理的高龄老人人数　　　　单位：万人

不能自理程度	2000	2025	2050	2075	2100
方案 1					
相对自理	136.46	389.07	1256.78		
相对依赖	23.77	70.33	230.48		
完全依赖	78.96	231.98	761.66		
合计	239.19	691.38	2248.92		
方案 3					
相对自理	145.85	394.55	1253.17	1504.45	1543.32
相对依赖	25.47	70.25	221.80	275.27	286.15
完全依赖	85.07	233.63	741.61	913.80	946.47
合计	256.39	698.43	2216.57	2693.52	2775.94

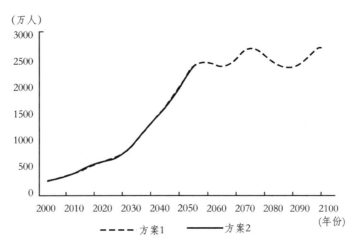

图2　2000—2100 年高龄老人需长期护理人数变动趋势

三、21 世纪中国高龄老年人口长期护理的战略

　　面对 21 世纪中国高龄老年人口中需长期护理的人数急剧增长的态势，我们应该在全面、协调、可持续科学发展观的指导下，尽快制定和完善具有中国特色的 21 世纪高龄老年人口长期护理的战略。在这些战略中，除了要进一步提高各级领导干部和全社会的老龄意识和养老意识、加快为解决未来严重的养老问题奠定更雄厚的物质基础、不断完善城乡社会保险和社会救助改革方案以外，我们认为还应着重关注并妥善解决以下一些问题。

（一）切实抓好预防和康复，尽可能降低未来高龄老人需长期护理比例

　　随着人口平均预期寿命的提高，中国存活到 80 岁及以上的人口将愈来愈多。在 21 世纪中国高龄老人人数迅速增长的同时，要使需长期护理人数的增长速度有所减慢，就必须积极推进健康老龄化，降低未来高龄老年人口中分性别与年龄组的日常生活不能自理和患严重疾病的比例。这就需要从源头上尽快制定有效促进全民终身健康教育和终身保健的措施，在少年儿童时期就养成不抽烟、不酗酒、低盐、低糖、营养合理等良好的饮食习惯和生活方式，延长进入高龄后老人的平均预期健康期和平均预期生活自理期。

　　我们在 1998 年进行的中国高龄老人健康长寿调查中发现，有不少高龄

老人因病或意外事故卧床休息、治疗时，因未及时注意康复训练，结果引起腿部肌肉萎缩，导致长期卧床不起，不仅严重影响本人的生命质量，而且需要全天候护理。因此，建议社区家庭病床医务小组、养老院、老年公寓和日间护理中心都应把帮助老人进行康复训练纳入医疗服务的有机组成部分。同时，应加快发展职业治疗师和物理治疗师的培养，为照料老人的家政服务员、民间保姆、家庭成员开设康复知识和技巧的讲座，使被照料的老年人尽可能由躺在床上变为坐起来，由坐起来变为站起来，由站起来变为走起来。

（二）完善城乡医疗保障体系，尽快建立对 40 岁及以上公民定期进行健康检查的制度

中国高龄老人健康长寿调查资料表明，高龄老人患脑血管疾病、癌症、糖尿病、心脏病、支气管炎、高血压、白内障和青光眼等非传染性慢性疾病对生活妨碍程度相当大。笔者（2000）曾对上海市近郊嘉定区江桥镇进行调查，了解到该镇于 1999 年 6 月在镇财政和村行政经费资助下，检查了 5044 名 35 岁以上农村居民的血压，结果查出高血压患者 1284 人，其中临界高血压患者 580 人，轻度患者 480 人，中、重度患者 224 人。这次调查之后，不仅跟进了对患者的施治措施，而且也促使患者改善饮食习惯，提高了防病意识。因此，我们建议尽快从机关和事业单位职工到企业职工、从干部到工人、从城市到农村，实施由城乡医疗保障基金出资，对 40 岁以上人口每年或每两年进行一次基本健康检查，使疾病早预防、早发现、早治疗。至于有条件的单位，还可采取单位与个人合理负担的办法，在上述基本检查项目中再增加若干检查项目。现阶段中国城镇职工的基本医疗保险制度没有基金用于职工的定期健康检查，此规定看起来似乎节省了医疗保险费用，实际上却提高了今后中老年人的患病率，加重了病情发展，大大增加了医疗保险费用的开支。2003 年，北京市建立了新型农村合作医疗制度，规定农民大病医疗统筹资金可以用于由该办事机构组织的人员体检费用。当然，可能由于资金限制，它只允许参加农民大病医疗统筹的人员，在年度内未报销医药费用的，才可安排进行常规性体检，对 60 岁及以上人员每年体检 1 次，60 岁及下人员每两年体检 1 次（袁祖君，2003）。但不管怎样，它在中国开创了医疗保险资金可用于支持健康体检的先河。

（三）积极倡导高龄老人居家养老，搞好民政福利服务与卫生保健服务的资源整合

在中国 80 岁及以上高龄老人中，绝大部分属于"室内活动的老年人"。当他们在做饭、洗衣、打扫房间、外出购物和看病等方面遇到困难，甚至最基本生活也不能自理时，家庭与社区应积极采取各种方式提供帮助，让他们尽可能继续生活在家里和熟悉的社区中。笔者认为，21 世纪中国对高龄居家老人的长期护理服务和培训，不能完全局限于民政部门，应促进民政部门与卫生部门的沟通与结合，在社区层面搞好民政福利服务资源与卫生保健服务资源的整合。要充分发挥民政部门主管的县（市、区）级养老机构与卫生部门主管的综合性医院对社区上门照护服务、日间护理中心、社区养老机构的指导和辐射作用，促进社区服务中心、敬老院、日间护理中心与社区卫生服务中心、老年护理医院的密切合作，促进居家养老服务与家庭病床服务的密切合作，全方位地搞好居家老人服务，使有限资源发挥最大的经济效益和社会效益。

（四）在 2010 年后调整中国的现行生育政策，普遍允许每对夫妻可以生育两个孩子

据中国高龄老人健康长寿调查，在高龄老人生病时的主要照料者中，"子女、孙子女或其配偶"占的比例接近 80%。随着 21 世纪中国人口平均预期寿命的提高、80 岁及以上高龄老年人口数的急剧增加和愈来愈多的独生子女父母进入高龄，让属于低龄老人的独生子女为生活严重不能自理的高龄老人提供长期护理将会遇到很大困难，迫切需要 30、40 岁的年轻人协助护理，处理护理中的突发事件。

鉴于中国成功地实施了计划生育，目前育龄妇女的总和生育率已降到1.8 以下，总人口的迅速增长得到了有效控制，人们的生育观在经济社会发展的基础上发生了较大转变，子女的教育培养费用比过去大大增加。在这些情况下，笔者建议在 2010 年后根据各省区 20—29 岁育龄妇女进入低谷期的时间来调整现行的生育政策，普遍允许每对夫妻可以生育两个孩子，以便将 21 世纪中叶中国总人口规模控制在 16 亿以内与有利于解决中国的老龄问

题有机结合起来。同时，应把现阶段控制人口数量增长的重点放在减少违反政策的"超生"上，不宜继续鼓励大批已婚夫妇放弃按政策可以生育第二孩的行为，人为地加重今后家庭养老的压力。

（五）按适度比例加快养老机构发展，逐渐增大收养生活严重不能自理老人的床位比例

2000 年末，中国共有老年人福利机构 5.1 万多家，床位总数合计 104.2 万张（贾晓九，2002），为 60 岁及以上老人数的 0.80%、65 岁及以上老人数的 1.17%、80 岁及以上高龄老人数的 8.60%。而 2000 年 80 岁及以上高龄老人中属于最基本生活"相对依赖"与"完全依赖"的人数合计就达 110 万左右。即使 2050 年时中国各类养老机构的床位数占 80 岁及以上高龄老人中属于最基本生活"相对依赖"与"完全依赖"人数的 2/3，也需 650 万张（约占 2050 年 60 岁及以上老人数的 1.5%，65 岁及以上老人数的 1.9%）。为了达到上述目标，中国就应在 21 世纪上半叶加快养老机构的发展，平均每年增加 11 万张床位。我们建议今后中国养老机构的主要照护对象，应是收养基本生活严重和完全不能自理、需全天候护理的老人。在新建、改建或扩建养老机构时，要逐渐增大收养生活严重不能自理老人的床位比例，帮助家庭解决长期护理中最需要社会支援的困难。

【参考文献】

[1] 联合国经济和社会事务署人口司：《世界人口展望：2002 年》，2003 年。

[2] 杜鹏：《中国人口老龄化过程研究》，中国人民大学出版社 1994 年版。

[3] "中国高龄老人健康长寿研究"课题组：《中国高龄老人健康长寿调查数据集》，北京大学出版社 2000 年版。

[4] 桂世勋：《老龄化的新挑战与搞好老年保障》，载《发展优势：蕴藏于人口活力之中》，上海文化出版社 2000 年版。

[5] 袁祖君：《农民看病将能报销》，《北京青年报》2003 年 7 月 12 日。

[6] 贾晓九：《关于中国老年社会福利事业的现状与发展思路》，载《中国社会福利与社会进步报告》，社会科学文献出版社 2002 年版。

（本文原载《中国人口科学》2004 年增刊）

谁来照护高龄老人

——华东师范大学人口研究所教授谈高龄老人的照护*

记者有一位担任老龄办主任多年的朋友，她虽将本地区的老龄工作搞得有声有色，但说起自己老父亲来却是一脸的无奈。原来她父亲已80多岁高龄，老人家常年卧床不起且要定期更换导尿管。家里一直找不到合适的护理人员，且社区医生又不会换导尿管，不得已他们只得让只需养病不需要治疗的老父亲躺在医院里，每月支付着3000多元的高额医疗费。

老父亲的遭遇引出了一个高龄老人长期照护的问题。以往我们常说的是"照料"，可是现在学术界根据高龄老人的实际需求却更多地提及"照护"，因为"照料"指的是生活方面的照顾料理，而"照护"却涵盖了生活照料和医疗护理两层意思。

高龄老年人口增长提速

"中国高龄老人健康长寿研究"课题组在1998年进行了高龄老人健康长寿观测服务调查，在2000年又进行了追踪调查。根据这两次调查提供的数据，我国高龄老人在最基本生活方面需要长期护理的比例超过1/3。根据推算，高龄老年人口中最基本生活需长期护理的人数，在2025年将超过690万，在2050年将超过2200万，在2075年将超过2600万，在2100年将超过2700万。

---

* 本文由记者蓝青采访。

另外值得注意的是，在 2030 年，我国大批独生子女的父母开始进入高龄。现在的老人一般有多个子女，他们照护所需的人力和费用可以由子女们分担，可是未来的老年人尤其是独生子女的父母，他们的照护由谁来承担呢？由此，华东师范大学人口研究所教授、博士生导师桂世勋认为，如果不及早采取应对措施，将会犯严重的战略性错误。

身为上海市政府特聘的决策咨询研究专家，从事多年老年科学研究的桂世勋有着强烈的责任感。在前不久北京大学召开的"中国高龄老人健康与社会经济发展"研讨会上，他提出了一个完整的 21 世纪中国内地高龄老年人口长期照护的战略构想，得到了与会专家的认同。会后，就此问题桂教授接受了记者的采访。

抓好预防与康复降低需长期照护比例

桂世勋教授认为，我们首先要切实抓好预防与康复两头，尽可能降低高龄老人需长期照护的比例。为此应从源头上尽快制定促进全民终身健康教育和终身保健的措施，在少年儿童时期就开始实施，提高进入高龄后的平均预期健康期和平均预期生活自理期。

"中国高龄老人健康长寿调查"发现，有不少高龄老人因病或意外事故卧床休息、治疗时，因未及时注意康复训练，结果引起腿部肌肉萎缩，导致长期卧床不起，由此需要全天候的长期照护。因此，桂世勋认为，社区家庭病床医务小组、养老院、老年公寓和日间护理中心都应将帮助老人进行康复训练纳入医疗服务的有机组成部分。同时，应加快发展职业治疗师和物理治疗师的培养，为照料老人的家政服务员、民间保姆、家庭成员开设康复知识和技巧的讲座，使被照料的老人尽可能由躺在床上变为坐起来，由坐起来变为站起来，由站起来变为走起来。

现阶段我国大陆城镇职工的基本医疗保险制度并没有对职工的定期健康检查费用进行报销，这实际上提高了中老年人的患病率，增加了后期治疗费用。因此，桂世勋教授建议由社会医疗保障基金出资，对 40 岁以上公民每年或每两年进行一次基本健康检查，使疾病早发现、早预防、早治疗。

整合民政福利服务与卫生保健服务的资源

居家养老仍是我国老年人养老的主要方式，当他们在做饭、洗衣、打扫房间、外出购物和看病等方面遇到困难时，家庭与社区应积极采取各种方式提供帮助，让他们尽可能继续生活在家里和社区熟悉的环境中。因此，桂世勋教授认为，我们对高龄老人的照护和人员的培训，不能完全局限于民政部门，而是应促进民政部门与卫生部门有机结合，在社区层面搞好民政福利服务资源与卫生保健服务资源的整合。

要充分发挥民政部门主管的各级养老院与卫生部门主管的综合性医院对社区上门照护服务、日间护理中心、社区养老机构的指导和辐射作用，促进社区服务中心、养老院、日间护理中心与社区卫生服务中心、老年护理医院的密切合作，促进居家养老服务与家庭病床服务的密切合作，全方位搞好居家老人服务，使有限资源发挥最大的经济效益和社会效益。

（本文原载《中国老年报》2004 年 6 月 15 日）

构建广义的老年人照料体系

——以上海为例

上海市是中国最早进入老年型人口的特大城市。1979 年末上海市 65 岁及以上户籍老人占户籍总人口的 7.2%，进入了老年型人口地区，比全国约早 21 年。2006 年末上海市 60 岁及以上户籍老人为 275.62 万，占户籍总人口的 20.1%；65 岁及以上户籍老人为 207.58 万，占户籍总人口的 15.2%。[①] 据 2005 年中国 1% 人口抽样调查资料推算，上海市 65 岁及以上常住老人为 212.49 万，占常住总人口的 11.9%。[②]

一、21 世纪上半叶上海市老年照料需求面临的严峻挑战

1. 2005—2050 年人口老龄化和高龄化的迅速发展

鉴于未来上海市的外来常住人口究竟有多少在年老后继续在本市常住，取决于很多变数，包括外来从业人员今后怎样纳入上海市的社会保障制度，上海市今后的户籍制度改革和生活水平的变化等，现在还很难预料，因此，本文只分析由笔者主持的 2000—2050 年上海市户籍人口老龄化变动趋势生育中方案和净迁入逐渐减少中方案的预测结果。作为开放型的区域人口预测系统，其结构由预测主系统与生育子系统、死亡子系统、迁移子系统组成。该预测主系统采用的是人口发展平衡方程，通过年龄递推方法，计算出未来每一年分性别的 1 岁一组人口数，然后根据预测需要，汇总组成各项人口数据。上述预测方案以 2000 年 12 月 31 日上海市户籍人口分性别的 0—100 岁以上人口数为预测起始年的基础数据，假设总和生育率从 2000 年的 0.825

逐渐上升到 2005 年的 1.05、2010 年的 1.4、2015 年的 1.5，然后保持不变；人口平均预期寿命从 2000 年的男性 76.8 岁、女性 80.8 岁逐渐上升到 2050 年的男性 79.5 岁、女性 84.5 岁；每年净迁入人口数在 2000—2014 年为 9 万人，2015—2034 年为 7 万人，2035—2050 年为 5 万人。

据上述方案预测，上海市 60 岁及以上户籍老人数，在 2005 年末为 266.37 万，2009 年将超过 300 万，2015 年将超过 400 万，2021 年将超过 500 万，2030 年为 547 万（峰值），2050 年为 509 万。上海市 65 岁及以上户籍老人数，在 2005 年末为 203.67 万，2014 年将超过 250 万，2018 年将超过 300 万，2024 年将超过 400 万，2030 年为 454 万（峰值），2050 年为 410 万。

上海市 60 岁及以上户籍老年人口系数，2005 年末为 19.6%，2006 年将超过 20%，2013 年将超过 25%，2017 年将超过 30%，2021 年将超过 35%，2041 年将超过 40%，2049 年为 41.96%（峰值），2050 年为 41.86%。上海市 65 岁及以上户籍老年人口系数，2005 年末为 15.0%，2017 年将超过 20%，2026 年将超过 30%，2050 年为 33.8%（峰值）。

上海市 80 岁及以上户籍老人数，2005 年为 43.77 万，2008 年将超过 50 万，2012 年将超过 60 万，2015 年将超过 70 万，2027 年将超过 80 万，2029 年将超过 90 万，2031 年将超过 100 万，2037 年将超过 150 万，2043 年为 177 万（峰值），2050 年为 151 万。上海市 80 岁及以上户籍老人占总人口比重，2005 年为 3.2%，2009 年将超过 4%，2024 年将超过 5%，2028 年将超过 6%，2030 年将超过 7%，2032 年将超过 8%，2034 年将超过 9%，2035 年将超过 10%，2036 年将超过 11%，2038 年将超过 12%，2040 年将超过 13%，2043 年为 13.7%（峰值），2050 年为 12.5%。

2. 2005—2050 年老年照料需求的迅速增长

据笔者主持的 2003 年上海市老年人口状况与意愿跟踪调查资料，在被调查的 3865 名 60 岁及以上户籍老人中，自评基本生活能自理的占 93.3%，基本生活部分能自理的占 4.2%，基本生活不能自理的占 2.5%，合计基本生活自理有困难的占 6.7%；在被调查的 3068 名 65 岁及以上户籍老人中，自评基本生活能自理的占 91.7%，基本生活部分能自理的占 5.3%，基本生活不能自理的占 3.0%，合计基本生活自理有困难的占 8.3%。如果分性别和年龄组考察，在男性 60—64 岁组中，自评基本生活部分能自理和不能自理的合计为 1.0%，而在男性 80 岁及以上组中，自评基本生活部分能自理和不能自理的合计为 21.8%；在女性 60—64 岁组中，自评基本生活部分能自理和不能自理的合计为 0.6%，而在女性 80 岁及以上组中，自评基本生活部分能自理和不能自理的合计为 26.1%（见表 1）。③

表 1 2003 年上海市老人自评生活能否自理的比例　　单位：%

自理能力＼年龄	60—64	65—69	70—74	75—79	80+
男性					
能自理	99.0	97.6	94.1	93.0	78.2
部分能自理	0.5	1.0	3.0	4.0	15.0
不能自理	0.5	1.4	2.9	3.0	6.8
女性					
能自理	99.4	97.7	95.6	90.3	73.9
部分能自理	0.1	2.1	2.2	7.8	15.9
不能自理	0.5	0.2	2.2	1.9	10.2

资料来源：根据上海市老龄科学研究中心"小康社会老年人生活质量的治疗体系研究"课题组。2003 年上海市老年人口状况与意愿跟踪调查、1998 年上海市老年人口状况与意愿调查数据汇编 [Z]，提供数据计算而得。

我们在假设 2000—2050 年上海市 60 岁及以上户籍老人分性别 5 岁一组（80 岁及以上为一组）的自评基本生活部分能自理和不能自理的比例始终保持笔者主持的"2003 年上海市老年人口状况与意愿跟踪调查"所取得数据的基础上，按上述未来上海市 60 岁及以上户籍老人中分性别年龄组的人口数进行推算，估计了 2005—2050 年上海市 60 岁及以上户籍老人中需照料人数的变动趋势（见表 2、表 3）。

表 2 2000—2050 年上海市 60 岁及以上户籍老人生活自理困难的人数　　单位：万人

自理能力＼年份	2000	2005	2010	2015	2020	2025	2030	2035	2040	2045	2050
部分能自理	9.77	12.21	14.54	16.72	18.43	21.77	27.21	33.06	35.93	34.61	31.62

续表

自理能力 ＼ 年份	2000	2005	2010	2015	2020	2025	2030	2035	2040	2045	2050
不能自理	5.84	7.30	8.54	10.12	11.38	13.25	16.01	18.91	20.62	20.08	18.53
合计	15.61	19.51	23.08	26.84	29.81	35.02	43.22	51.97	56.55	54.69	50.15

表3　2000—2050年上海市65岁及以上户籍老人生活自理困难的人数
单位：万人

自理能力 ＼ 年份	2000	2005	2010	2015	2020	2025	2030	2035	2040	2045	2050
部分能自理	9.63	12.05	14.29	16.36	18.05	21.47	26.97	32.84	35.69	34.33	31.37
不能自理	5.57	6.98	8.04	9.41	10.62	12.66	15.54	18.48	20.13	19.53	18.04
合计	15.20	19.03	22.33	25.77	28.67	34.13	42.51	51.32	55.82	53.86	49.41

2050年上海市60岁及以上户籍老人数比2005年将增加0.91倍，而同期基本生活自理困难的60岁及以上户籍老人数将增加1.57倍。2050年上海市65岁及以上户籍老人数比2005年将增加1.01倍，而同期基本生活自理困难的65岁及以上户籍老人数将增加1.60倍。

3."少子化"使家庭照料功能严重弱化

上海市自1979年以来实行普遍提倡一对夫妻只生育一个孩子的政策，全市户籍育龄妇女的总和生育率从1971年的1.96下降到2000年的0.96，累计领取"独生子女证"的夫妻超过230万对。2004年上海市总和生育率为0.88，预计在2015年后，即使生育政策允许一对夫妻普遍可以生育两个孩子，总和生育率最多回升到1.5左右。

如果假设1990年普查时上海市常住人口中30岁及以上妇女仍只有1个活产子女的均为独生子女的母亲，那么根据1990年上海市常住人口中只有1个活产子女的妇女数占同龄妇女数的比例（见表4），可以预计上海市从2015年开始进入60岁的女性人口中，有80%以上的人只有1个子女；从2035年开始进入80岁的女性人口中，也有80%以上的人只有1个子女。

表4 上海市只有1个活产子女的妇女数占同龄妇女数的比例 单位：%

1990 年（岁）	2020 年（岁）	占同龄妇女数 %	占同龄有活产妇女数 %	1990 年（岁）	2020 年（岁）	占同龄妇女数 %	占同龄有活产妇女数 %
29	59	83.2	96.5	33	63	87.2	92.9
30	60	86.6	95.8	34	64	86.2	91.1
31	61	87.6	95.4	35	65	83.2	87.4
32	62	88.1	94.5	36	66	78.5	82.1

资料来源：据上海市人口普查办公室：《上海市第四次人口普查资料汇编》提供数据计算而得。

二、广义老年人照料体系的框架设计

1. 广义老年人照料体系不仅指为老年人提供的正规照料服务，还应包括为老年人提供的非正规照料服务

在老年人照料体系中，过去人们关注较多的是正规或正式照料体系，即由政府、非政府组织和私人机构为老年人提供的照料服务，如机构照料服务、社区上门照料服务、社区日间照料服务（即"托老所"照料服务）。

鉴于在世界各国特别是发展中国家，老年人的照料服务大多数是由非正规或非正式支持系统提供的，即由亲属（包括配偶、子女及其他亲属）、邻居、朋友、民间保姆（包括钟点保姆和全保姆）等提供的照料服务。特别是当老年人部分基本生活不能自理时，或者正规照料服务尚未较好开展时，便更多地依靠非正规照料服务。上海市老年人口状况与意愿跟踪调查资料表明，在最基本日常活动能力（ADL）未满分（即95分及以下）的60岁及以上户籍居家老人中，主要帮助者为配偶的占28.2%，为子女及孙辈的占52.8%，为保姆的占9.0%，为社区服务机构工作人员的占0.5%，为养老机构工作人员的占0.7%（见表5）。④

表5 2003年上海市60岁及以上居家生活自理有困难老人的主要照料者 单位：%

困难类别 \ 主要照料者	配偶	儿子	女儿	儿媳	女婿	孙辈	其他亲属	邻居	朋友	保姆	社区服务机构工作人口	养老机构工作人员	其他	无人帮助
ADL*	28.2	28.5	19.7	3.5	0.2	0.9	0.7	0.2	0.0	9.0	0.5	0.7	1.4	6.5

续表

困难 类别 ＼ 主要 照料者	配偶	儿子	女儿	儿媳	女婿	孙辈	其他 亲属	邻居	朋友	保姆	社区服 务机构 工作 人口	养老 机构 工作 人员	其他	无人 帮助
IADL**	28.3	35.1	19.0	4.4	0.5	1.3	0.4	0.5	0.1	5.7	1.0	0.4	1.0	2.3

*N = 565 人（ADL 为满分者）；**N = 1346 人（IADL 为满分者）。

从上海市 60 岁及以上户籍老人在养老机构接受正规照料的情况看，2005 年末上海市民政系统主管的各类养老机构床位数约为 5 万张，该年末卫生系统主管的老年护理医院床位数约为 0.2 万张，两者合计 5.2 万张床位，约占全市 60 岁及以上户籍老人数的 2.0%；约占全市 65 岁及以上户籍老人数的 2.6%。

2. 广义老年人照料体系不仅指为基本生活自理有困难的老人提供补救性照料服务，还应包括为减慢老年人基本生活自理能力的衰退提供预防性和发展性的服务

在老年人照料体系中，过去人们关注较多的是当老年人基本生活自理有困难时，如何为他们提供优质的照料服务，如搞好养老机构的硬件和软件建设，增加社区上门照料服务和日间照料服务的网点和培训服务人员，改进对各种照料服务的监管和评估方法等。鉴于老年人基本生活自理能力的衰退速度受到参与社会活动状况、自身健康状况、治疗康复状况和环境等因素的影响，因此，如果能有意识提供相关的预防性服务和发展性服务（如康复），就有可能使未来老年人中分性别和年龄组的生活自理有困难的比例逐渐下降，相对甚至绝对地减少未来需照料老年人的总人数和总强度。

假设上海市户籍老人在 21 世纪上半叶分性别与年龄组的部分能自理和不能自理的比例均比 2003 年的调查数据下降 10%，那么 2050 年时全市需长期照护的 60 岁及以上户籍老人将为 45.14 万，比不减慢要少 5.01 万。假使这 5 万老人中有 1/3 入住养老机构，按新增每 1 张床位需投入 10 万元人民币计算，便可节省近 17 亿元投资；按每个家庭需每月缴纳 1000 元人民币入住费计算，则 1 年可节省这些家庭缴纳的入住费 2 亿元。特别是可以提高这 5 万老年人的生活质量，减轻社会和家庭的照料压力。

从笔者主持的 1998 年和 2003 年上海市老年人口状况与意愿调查资料来看，在 2003 年调查时共跟踪到 1998 年调查的上海市 60 岁及以上 1959 位户籍老人中，参加老年活动室活动的老人，比不参加老年活动室活动的老人，其最基本日常活动能力（ADL）的人均得分值下降幅度较小；参加志愿服务的老人比不参加志愿服务的老人，其最基本日常活动能力（ADL）的人均得分值下降幅度也较小（表 6）。

表 6　上海市不同活动状况户籍老人 ADL 分值的变化

活动状况　人均 ADL 分值	1998 年	2003 年	2003 年较 1998 年下降百分点
1998 年参加老年活动室活动状况 *			
参加	99.71	98.26	1.45
未参加	98.59	95.61	2.98
2003 年参加志愿服务状况 **			
参加	99.88	99.42	0.46
未参加	98.69	95.66	3.03

*N＝273 人（参加），1413 人（未参加）；**N＝206 人，1753 人（未参加）。

综上所述，狭义的老年人照料体系是为基本生活自理有困难的老人提供补偿性正规照料服务的体系；广义的老年人照料体系则是对与老年人基本生活自理能力有关的问题提供预防性、补偿性、发展性的正规与非正规照料服务的体系（见图 1）。

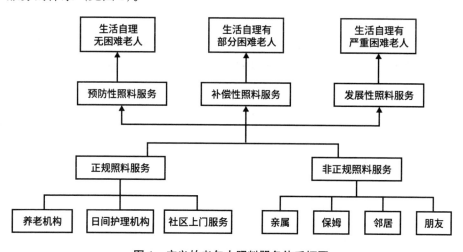

图 1　广义的老年人照料服务体系框图

三、完善上海市广义老年人照料体系的对策思路

为了搞好未来上海市老年人的照料服务，不断提高老年人的生活质量和生命质量，除了各级党政领导和全社会要进一步增强老龄意识，提高对构建广义老年人照料体系重要意义的认识，发扬敬老、养老、助老的社会风尚，按适度比例加快养老机构的发展，搞好社区居家养老上门照料服务和老年人日间照料服务等以外，我认为还应高度重视并切实采取以下对策：

1. 在"积极老龄化"理念指导下，从参与、健康、保障三个方面搞好预防性服务

2002年，世界卫生组织在第二届世界老龄大会上提交的《积极老龄化——理论框架》建议中指出："如果政府、国际组织和民间社团制定'积极老龄化'的政策和计划，促进老年人的健康、参与和保障，国家就能够应对老龄化的挑战。现在是制定计划和采取行动的时候了。"[5]

鉴于老年人参与社会活动有利于减慢基本生活自理能力的衰退，因此，社区应千方百计引导和鼓励老年人走出家门，按自愿和量力的原则参与各种社会活动；同时社区老年活动室的建设要进一步改变"重硬件，轻软件"的倾向，把开展活动的丰富多样、老人参加活动的广度和深度，作为评估机构先进与否及经费补助奖励的重要指标。

鉴于老年人的身心健康有利于减慢基本生活自理能力的衰退，因此，应从源头上尽快制定促进全民终身健康教育和终身保健的措施，在少年儿童时期就开始实施，以减少将来进入老年后的常见病和多发病；同时增强老年人的自我保健意识，以提高老年人的平均预期健康期和平均预期生活自理期。

鉴于经济状况很困难和较困难的老年人，往往平均生活自理能力衰退得较快，因此，应进一步搞好"低保"老人、低收入老人的社会救助和居家养老服务补贴。特别是对符合居家养老服务补贴的跨区（县）人户分离老人，要尽快制定让他们到户籍所在社区申请评估并核准领取"服务券"，可以在全市（包括常住的社区）使用的措施。

2. 重视和加强对生活自理有困难老人的康复训练，切实推进发展性服务

在中国高龄老人健康长寿调查中发现，有不少高龄老人因病或意外事故卧床休息、治疗时，因未及时注意康复训练，结果引起腿部肌肉萎缩，导

致长期卧床不起，不仅严重影响本人的生命质量，而且需要全天候的照料。因此，建议社区家庭病床医务小组、养老院、老年公寓和老年人日间照料中心都应把帮助老人进行康复训练作为长期照护的有机组成部分。同时，应加快发展职业治疗师和物理治疗师的培养，为照料老人的家政服务员、民间保姆、家庭成员开设康复知识和技巧的讲座，使被照料老年人尽可能由原先躺在床上变为坐起来，由坐起来变为站起来，由站起来变为走起来。

3. 支持和关心非正规照料服务，增强他们的照料功能

大力发展机构养老、居家养老服务和老年人日间照料中心，固然是弥补非正规照料服务弱化的有效措施，但不可能完全替代非正规照料服务。即使老人享受居家养老服务补贴，现在每月最多补贴 250 元，按 7 元 / 小时计算，平均每天只有 1.19 小时由居家养老服务人员上门服务，其余时间仍要靠非正规服务人员来照料。同时，随着人口平均预期寿命和平均预期健康期的延长，在"少子化"的初期和中期，尽管现阶段需照料老人的孩子生育子女数已大大减少，但这些老人由于过去生育和存活孩子多，尚处于"多子多孙"的状况。当老人的基本生活部分不能自理时，仍有可能由亲属提供非正规照料服务。

为了增强非正规照料服务人员对生活自理困难老人的照料功能，提高家庭照料的质量，应尽快编写《老年人家庭照料手册》，让社区通过开办讲座、进行培训、上门指导和组织主要照料者的交流活动，使老人亲属和民间保姆掌握以下方法和技能：（1）如何帮助生活较严重不能自理老人起床、穿衣、进食、大小便的技能；（2）如何帮助老人进行个性化的简易康复训练的技能；（3）如何帮助患不同疾病的老人安排饮食起居和实施简易护理的方法；（4）如何对流露出厌世情绪的老人进行心理疏导的方法；（5）如何在老人晚间突发疾病时采取紧急抢救的措施等。

4. 积极倡导生活部分能自理的老人居家照料，搞好民政福利服务与卫生保健服务的资源整合

老年人的照料服务，不仅是生活照料，还伴随着护理，因而也可称为照护服务。现在上海市卫生部门正在社区推广预防、保健、医疗、康复、健康教育、计划生育"六位一体"的服务。建议民政部门应与卫生部门加强沟通，有机结合，在社区层面搞好民政福利服务资源与卫生保健服务资源的整合，创造老年人照料服务的新经验。要充分发挥民政部门主管的县（市、

区）级养老机构与卫生部门主管的综合性医院对社区上门照料服务、老年人日间照料中心、社区养老机构的指导和辐射作用，促进社区服务中心、敬老院、日间护理中心与社区卫生服务中心、老年护理医院的密切合作，促进居家养老服务与家庭病床服务的密切合作，全方位地搞好居家老人的正规与非正规照料服务，使有限资源发挥最大的经济效益和社会效益。

【注释】

① 上海市民政局、上海市老龄工作委员会办公室、上海市统计局：《2006 年上海市老年人口和老龄事业监测统计信息》，2007 年 3 月。

② 上海市统计局：《2005 年上海市 1% 人口抽样调查主要数据公报》，2006 年 3 月 17 日。

③④ 上海市老龄科学研究中心"小康社会老年人生活质量的指标体系研究"课题组：《2003 年上海市老年人口状况与意愿跟踪调查、1998 年上海市老年人口状况与意愿调查数据汇编》，2005 年。

⑤ 世界卫生组织：《积极老龄化—政策框架》，转引自熊必俊编著《人口老龄化与可持续发展》，中国大百科全书出版社 2002 年版。

【参考文献】

[1] 袁志刚：《养老保险经济学》，上海人民出版社 2005 年版。

[2] 李绍光：《深化社会保障改革的经济学分析》，中国人民大学出版社 2006 年版。

[3] 世界银行：《老年保障——中国的养老金体制改革》，中国财政经济出版社 1998 年版。

[4] 穆怀中、柳清瑞等：《中国养老保险制度改革关键问题研究》，中国劳动社会保障出版社 2006 年版。

[5] 张明：《养老社会保险制度改革中的转制成本与隐性债务》，《合作经济与科技》2004 年第 14 期。

[6] Robert Holzman，Financing the Transition to Multipilar，World Bank Social Protection Discusion Paper Series，No.9809，December 1998.

[7] Robert Holzman /Robert Palacios/Asta Zviniene，Implicit Pension Debt：Isues，Measurement and Scope in International Perspective，The World Bank Social Protection Discusion Paper Series，No.0403，March 2004.

（本文原载《人口与发展》2008 年第 3 期）

宾馆要为高龄老人提供紧急呼叫装置*

著名导演谢晋追悼会当天晚上，上海华东师范大学终身教授、上海市老龄科学研究中心副主任桂世勋在电话中对记者说，谢导的不幸去世，给国家和人民带来了很大的悲痛和难以弥补的损失，举国上下都在追思这位可敬的长者。他在悲痛之余，想到了上海 50 多万高龄老人外出旅游、探访亲友的问题，提醒儿女要注意千万不要让老人单独外出，并建议有关宾馆要为老人提供紧急呼叫装置。

桂教授说，这种紧急呼叫设施叫作"电话拨号防盗报警器"，是去年 1 月他在承担"无锡市人口老龄化问题与对策研究"课题，到无锡市北塘区北大街街道南尖社区调研时，当地社区干部向他介绍的。这个社区为"空巢老人"安装了这种"报警器"，并将其直接与老人家中的电话机连线。在"报警器"中可录入老人的几句需紧急求助的话，并设置老人认为首要应通过电话告知的亲属或邻居的电话号码，最多可设 8 个电话号码。如老人遇到突发事件，只要按一下遥控器，设置的第一个电话号码就会自动拨出去，如对方电话铃响了几次无人接听，设置的第二个电话号码便会接着拨出去……直至对方有人接听。接听者可听到报警器播出的老人求助录音，以便确定采取何种应急措施。

据介绍，老人遥控器与"报警器"的距离在相隔 300—400 米内，都能有效反应。这种"电话拨号防盗报警器"每台价格 300 多元，而且不收服务费，完全可以在那些只需紧急呼叫功能的单身独居老人家中推广应用。著名导演谢晋不幸在宾馆去世后，桂教授十分悲痛。因此想到了无锡的成功

---

* 本文由记者许少明采访。

经验。

　　桂教授建议道，80 岁以上高龄老人及有较严重心脑血管疾病的人员在外出入住宾馆时，最好有人陪同入住同一房间；如果单独住在一个房间，建议在有条件的宾馆中都能添置类似"电话拨号防盗报警器"的设施，设置好宾馆值班人员的电话号码，为高龄老人及有这方面需要的入住宾客临时安装在客房内，提供免费服务。

（本文原载《上海老年报》2011 年 4 月 7 日）

上海市人口老龄化与养老服务体系建设

养老服务是社会保障的重要组成部分，无论是发达国家还是发展中国家，老年人在去世前一般都会出现时间或长或短的生活自理困难的状况。如何使他们获得必要的养老服务，是保障老年人晚年基本生活，提高他们生活和生命质量的重要因素。

一、上海市人口老龄化对养老服务的严峻挑战

关于老年人口的年龄起点，联合国早在 1982 年召开"第一届世界老龄大会"文件中根据世界人口发生的新情况写道："另一种硬性的却比较方便的办法是把 60 岁和 60 岁以上的人统一划为年长人。联合国采用了此一定义，本文件亦用之。"笔者考虑到日本至今仍把 65 岁作为老年人口的起点年龄，在分析 21 世纪上半叶上海市人口老龄化趋势及其对养老服务需求时，为便于与日本比较，也使用 65 岁及以上老年人口的数据。

1.上海市是中国最早进入老年型人口的省、自治区和直辖市，也是目前中国人口老龄化程度最高的大都市。早在 1979 年末，上海市 65 岁及以上户籍老年人口数占户籍总人口数的比例已达 7.2%，开始进入老年型城市；比中国按 65 岁及以上老年人口数占总人口数的比例超过 7%、进入老年型国家（2000 年末）要早 21 年（不包括中国的香港、澳门、台湾地区及福建省金门、马祖等岛屿，下同），但与日本 1970 年进入老年型国家相比要迟 9年。2010 年末，上海市 60 岁及以上户籍老年人口数为 331.02 万，占户籍总人口数的 23.4%，比 2010 年普查所得的全国 13.26% 要高 10.14 个百分点；上海市 65 岁及以上户籍老年人口数为 226.49 万，占户籍总人口的 16.0%，

比 2010 年普查所得的全国 8.87% 要高 7.13 个百分点，但比日本 2010 年的 22.6% 要低 6.6 个百分点。

2.2025 年前上海市 65 岁及以上户籍人口老龄化发展迅速。据我主持的 2000—2050 年上海市户籍人口老龄化发展趋势的生育中方案与净迁入不断增加的中方案（假设总和生育率从 2000 年的 0.825 逐渐上升到 2005 年的 1.05、2010 年的 1.4、2015 年的 1.5，然后保持不变；每年净迁入人口数在 2000—2014 年为 9 万，2015—2034 年为 11 万，2035—2050 年为 13 万）预测结果，全市 65 岁及以上户籍老年人口数在 2030 年达最高峰，为 459.66 万，比 2000 年的 187.68 万增加 1.45 倍；然后缓慢减少到 2050 年的 442.06 万，仍比 2000 年增加 1.35 倍。全市 65 岁及以上户籍老年人口系数在 2030 年达最高峰，为 30.4%，比 2000 年的 14.2% 增加 16.2 个百分点；然后缓慢下降到 2050 年的 28.7%（日本为 37.8%），仍比 2000 年增加 14.5 个百分点。2016—2025 年是上海市 65 岁及以上户籍老年人口数及老年人口系数的高速增长期，10 年内 65 岁及以上户籍老年人口数将增长 59.9%；如果未来上海市户籍政策没有很大松动的话，同期 65 岁及以上户籍老年人口系数将从 18.2% 上升到 28.1%。

3. 2030 年后上海市 80 岁及以上户籍人口高龄化的加剧，将使养老服务的需求增长速度明显快于老年人口数的增长速度。2010 年末，上海市 80 岁及以上户籍高龄老年人口数为 59.83 万，占户籍总人口的 4.2%。上海市 80 岁及以上户籍高龄老年人口数及其占总人口比例在 2031—2040 年将出现高速发展期，在 2043 年达最高峰，人数为 179.63 万，比例为 11.7%；然后缓慢减少到 2050 年的 155.44 万，比例为 10.1%。

据 2003 年上海市老龄科研中心进行的上海市老年人口状况与意愿跟踪调查资料，在被调查的 3068 名 65 岁及以上户籍老人中，自评基本生活能自理的占 91.7%，基本生活部分能自理的占 5.3%，基本生活不能自理的占 3.0%，合计基本生活自理有困难的占 8.3%。如果分性别和年龄组考察，在男性 65—69 岁组中，自评基本生活部分能自理和不能自理的合计为 2.4%，而在男性 80 岁及以上组中，自评基本生活部分能自理和不能自理的合计为 21.8%；在女性 65—69 岁组中，自评基本生活部分能自理和不能自理的合计为 2.3%，而在女性 80 岁及以上组中，自评基本生活部分能自理和不能自理的合计为 26.1%。在假设 2000—2050 年上海市 65 岁及以上户籍老人分性别 5 岁一组（80 岁及以上为一组）的自评基本生活部分能自理和不能自理的比例始终保持 2003 年上海市老年人口状况与意愿跟踪调查所取得数据的基础上，按上述预测方案所得的未来上海市 65 岁及以上户籍老人中分性别年龄组的人口数进行推算，在上海市 65 岁及以上户籍老人中基本生活自理有困难的人数在 2000 年为 15.20 万，2050 年时将为 49.41 万。可见，2050 年上海市 65 岁及以上户籍老人数比 2000 年将增加 1.35 倍，而同期基本生活自理有困难的 65 岁及以上户籍老人数将增加 2.25 倍（见表 1）。

表 1　2000—2050 年上海市≥65 岁户籍生活自理有困难老人数　单位：万人

自理能力	2000 年	2005 年	2010 年	2015 年	2020 年	2025 年
部分能自理	9.63	12.05	14.29	16.36	18.05	21.47
不能自理	5.57	6.98	8.04	9.41	10.62	12.66
合计	15.20	19.03	22.33	25.77	28.67	34.13
自理能力	2030 年	2035 年	2040 年	2045 年	2050 年	
部分能自理	26.97	32.84	35.69	34.33	31.37	
不能自理	15.54	18.48	20.13	19.53	18.04	
合计	42.51	51.32	55.82	53.86	49.41	

资料来源：根据上海市老龄科学研究中心老龄音像资料馆《2003 年上海市老年人口状况与意愿跟踪调查数据汇编》中的有关数据计算而得。

2015 年后上海市进入 60 岁的户籍女性老人中有 85% 以上为独生子女母亲。上海市自 1979 年以来实行普遍提倡一对夫妻只生育一个孩子的政策，全市户籍育龄妇女的总和生育率从 1971 年的 1.96 减少到 2000 年的 0.9 以下，2003 年达到谷底 0.64，2010 年仍低于 1.0。自 1980 年以来，上海市累计领取"独生子女父母光荣证"（原为"独生子女证"）的夫妻超过 500 万多对。根据 1990 年第四次人口普查资料，在 30—34 岁组常住育龄妇女中，活产 1 孩的比率均超过 85%。假设当时 30 岁及以上的育龄妇女活产 1 孩均为独生子女的母亲，预计 2015 年后上海市每年进入 60 岁的户籍女性老人中，85% 以上均为独生子女母亲（见表 2），它将使未来家庭亲属提供的养老服务面临很大困难。

表 2 1990 年上海市只有 1 个活产子女的妇女数占同龄妇女数的比例

年龄		占同龄妇	占同龄有活	年龄		占同龄妇	占同龄有活
1990	2015	女数 %	产妇女数 %	1990	2015	女数 %	产妇女数 %
29	54	83.2	96.5	33	58	87.2	92.9
30	55	86.6	95.8	34	59	86.2	91.1
31	56	87.6	95.4	35	60	83.2	87.4
32	57	88.1	94.5	36	61	78.5	82.1

资料来源：根据上海市人口普查办公室、上海市统计局《上海市 1990 年人口普查资料》中的有关数据计算而得。

二、近年来上海市养老服务体系建设的新进展

2006 年 12 月《中共中央国务院关于稳定低生育水平统筹解决人口问题的决定》中指出："构建和完善以居家养老为基础、社区服务为依托、机构照料为补充的养老服务体系。"上海市民政局在全国各省、自治区、直辖市中率先结合上海市情，把中央提出的上述建设养老服务体系要求加以量化，提出到 2010 年全市将形成"9073"的养老服务格局目标，即要求上海市 60 岁及以上户籍老年人口中，90% 靠家庭自己（包括依靠亲属、雇用民间钟点工及全天保姆）解决养老服务，7% 居家接受社区上门服务或进社区日间服务中心，3% 入住养老机构接受服务。

1. 机构养老服务的新进展

为了搞好机构养老服务，上海市政府早在 1998 年就发布了《上海市养老机构管理办法》，并于 2010 年发布了修正管理办法。2005—2010 年，上海市政府加快了养老机构的建设，通过每年为市民办"实事项目"的形式要求全市每年新增养老机构床位 1 万张，同时地方财政又对养老机构新增床位及运行费用实施补贴政策。据统计，全市民政部门主管的养老机构从 2005 年末的 474 家增加到 2010 年末的 625 家，增长 31.9%；同期养老机构床位数从 49529 张增加到 97841 张，增长 97.5%。到 2010 年末，上海市民政部门主管的养老机构床位数相当于 60 岁及以上户籍老年人口数的 3%。

2. 社区居家养老服务的新进展

从 2000 年起，上海市在全国率先开展了社区居家养老服务。它是以家庭为核心、以社区为依托，依靠专业化的服务，为生活自理困难的居家老年人通过上门或日托，提供以生活照料等为主要内容的社会化服务。上海市推进社区居家养老服务的原则为先城镇、后农村；个人自费购买服务与政府补贴服务相结合；政府推动与市场化运作相结合；为老人服务与推进再就业相结合。

在开展社区居家养老服务中，上海市以"政府购买服务"形式，为经济困难且生活自理困难的老人提供养老服务补贴，从 2004 年起又以发放"居家养老服务券"的形式兑现。对 60 岁及以上生活自理有困难、家庭人均收入属于"低保""低收入"（"低收入"一般指家庭人均收入在最低生活保障标准以上、在最低生活保障标准 150% 及以下）的上海市户籍城乡居民，在 2003 年时提供的养老服务补贴为每人每月一般最高不超过 200 元；从 2009 年 7 月 1 日起，上海市将经评估照料等级为轻度的居家养老服务补贴标准提高到人均 300 元 / 月，中度的再加养老服务专项护理补贴合计为 400 元 / 月，重度的再加养老服务专项护理补贴合计为 500 元 / 月。从 2009 年 7 月 1 日起，又对上海市城镇户籍 80 岁及以上高龄老年人而本人不属于"低保""低收入"家庭、但月养老金低于上海市城镇企业上年度月平均养老金（2010 年标准为 1502 元 / 月）、独居或生活在"纯老家庭户"中的（家庭户中全部都是 60 岁及以上老年人，不包括住在家中的全天保姆，下同），经评估需要生活照料者，也可以按养老服务补贴和养老服务专项护理补贴标准的 50% 获得补贴。上海市还规定老人进社区老年人日间服务中心时，服务券可用作缴费。当评定为"中度"和"重度"照料等级的老人入住养老机构时，服务券可用作缴费。如，该老人入住养老院需缴费 1500 元 / 月，他可获服务券 500 元 / 月，自己只要另付 1000 元 / 月。

为了更科学、更准确地评估老年人的生活自理状况，确定其照料等级，上海市民政局从 2006 年起开展了为期两年由欧盟资助的"上海老年人照料评估体系"项目，制定了评估老年人生活自理能力的表式，并在区级层面建立区（县）居家养老指导和评估中心。在《上海市养老服务需求评估表》中，有关"评估表参数项目"有如下 6 项：生活自理能力；认知能力；情绪能力；视觉能力；社会生活环境；重大疾病。2010年1月，上海市质量技术监督局和上海市民政局还发布了上海市地方标准《社区居家养老服务规范》。

据统计，上海市社区居家养老服务月服务人数从2005年的5.5万增加到2010年的25.2万，增长358.2%；其中获得政府给予的居家养老服务补贴老年人从2005年的3.9万增加到2010年的13.0万人，增长233.3%。上海市社区老年人日间服务机构（即"托老所"）从2005年末的83家增加到2010年末的303家，增长265.1%；同期日托老年人数从2108人增加到9000人，增长326.9%。

此外，从2008年起上海市又以政府补贴形式全面建立社区老年人助餐服务点，开展为老年人送餐上门服务。2009年末，上海市共计339家，比上年增长56.9%；受益人数共计3.40万人，比上年增长78.9%。

3. 对"纯老家庭户"开展结对关爱的新进展

从2004年起，上海市在对"纯老家庭户"进行全面调查的基础上，建立了"纯老家庭户老年人信息库"，要求每年更新一次信息，市级信息库统计截止期为当年年底。上海市各区重视构建对"纯老家庭户"特别是独居老人的"结对"关爱网，如虹口区的"关爱网"，杨浦区的"关爱夕阳工程"，闸北区的"三网合一"（安全网、方便网、温馨网），浦东新区的"五星助老网"（家庭、居委会的老年协会、社区志愿者、老人退休前的工作单位或社区单位、居委会的居家养老服务分中心）等。据统计，上海市在结对关爱工作方面，受到每天问候服务的老人数从2006年的11.13万人增加到2010年的17.48万人，增长57.1%；同期受到每月1次以上精神慰藉服务的老人数从14.88万人增加到24.57万人，增长65.1%；同期受到应急救助服务的老人数从3.13万人增加到6.77万人，增长116.3%。

三、搞好上海市养老服务体系建设的对策建议

早在1982年联合国召开的第一届世界老龄大会通过的《维也纳国际行动计划》中，国际社会总结世界发达国家几十年来解决养老服务问题的经验教训后指出："应努力发展家庭照料，提供必要的优质保健和社会服务，以便使老年人能够在他们各自所在社区中尽可能长久地独立生活。""社会福利

服务应把倡导、促进和保持年长人尽可能在社区里并为社区发挥积极而有用的作用作为其目标。"在 2002 年联合国召开的第二届世界老龄大会通过的《国际老龄行动计划 2002》中又指出："过去二十年，社区照顾和就地养老已成为许多政府的政策目标。"2010 年，《中共中央关于制定国民经济和社会发展第十二个五年规划的建议》中指出："积极应对人口老龄化，注重发挥家庭和社区功能，优先发展社会养老服务，培育壮大老龄服务事业和产业。"笔者认为，要进一步搞好上海市的养老服务体系建设，应该在上述理念和要求指引下，着重注意以下几个问题：

1. 按适度比例增加养老机构的床位数

上海市在 2010 年末已实现"9073"养老服务格局的目标，到 2020 年末全市养老机构的床位数究竟应相当于那时 60 岁及以上户籍老人数的百分之多少为好呢？北京市已提出到 2020 年末全市将形成"9064"的养老服务格局目标，即要求到那时北京市 60 岁及以上户籍老年人口中，4% 入住养老机构接受服务。笔者认为每个地区在制定养老机构床位数的中长期发展目标时，应因地制宜，注重适度比例，切忌盲目攀比，陷入"养老机构床位数比例越高越好"的误区。北京市提出的上述目标并不适用于上海，建议上海市在 2020 年养老机构床位数的发展目标，最多相当于当时全市 60 岁及以上户籍老年人口数的 3.5%。

其主要理由有两个：一是在 2011—2020 年，上海市 60 岁及以上户籍老年人口数将处于空前绝后的高速增长期，而生活自理困难比例较高的 80 岁及以上户籍高龄老年人口数在这个时期却呈现缓慢增长态势。据笔者主持的上述方案预测，2020 年末全市 80 岁及以上户籍高龄老年人口数为 68.96 万，比 2010 年末仅增加 9.13 万，平均每年增加 0.91 万，较 2005 年末至 2010 年末平均每年实际增加 3.21 万要少得多；从全市 80 岁及以上户籍高龄老年人口数占 60 岁及以上户籍老年人口数的比例来看，按上述方案预测，2020 年末上海市该比例为 13.97%，比 2010 年末的 18.07% 要减少 4.10 个百分点，也就是说在这个时期上海市将呈现户籍老年人口低龄化态势。上述情况意味着在 2011—2020 年，上海市户籍老年人口中生活自理有困难人数的增长速度，将会比 60 岁及以上户籍老年人口数的增长速度要慢；二是目前上海市养老机构在总体上入住率还不高。除市、区级社会福利院和地处市中心区的养老机构入住率很高外，2009年末全市589个"收养性老年福利机构"的在院人数仅占床位数的61.4%。因此，上海市也需要在2011年后适当减慢养老机构床位数的增加速度，进一步提高养老机构的硬件和软件水平，建设更符合上海市老年人养老服务需求的养老机构。

2. 完善养老服务优惠政策

近年来上海市对60岁及以上经评估照料等级相同的"低保""低收入"户籍城乡居民，均给予相同的居家养老服务补贴（包括照料等级为中度和重度的加发养老服务专项护理补贴），未对"低收入"家庭人均可支配收入的差别进行细分，给予差别化的养老服务补贴。其实，上海市对"低保"家庭发放低保金时，是按国家统一规定的"补差"原则实施的。因此，笔者建议最好将生活自理有困难、但家庭人均收入属于"低收入"的老人享受居家养老服务补贴的标准，再细分成几个不同档次。比如，高于"低保"20%以内的，可享受同样照料等级的居家养老服务补贴100%；高于"低保"21%—40%的，可享受同样照料等级的居家养老服务补贴75%；高于"低保"41%—50%的，可享受同样照料等级的居家养老服务补贴50%。

同时，还应考虑对可以获得政府居家养老服务补贴但属于不同照料等级的居家老人在入住养老机构时给予不同标准的补贴。现在上海市规定了当评定为"中度"和"重度"照料等级的老人入住养老机构时，服务券可用作缴费。笔者建议为了鼓励属于中度照料等级的老人尽可能居家接受照料，可考虑他们入住养老机构，只能享受每月70%的补贴待遇。同时逐步创造条件，对已入住养老机构并符合享受居家养老服务补贴的需中度或重度照料的老人，也规定与上述相同的差别化补贴待遇。

3. 加强对居家接受亲属或民间保姆（包括钟点工）照顾的支持

居家接受亲属照顾是养老服务的基础，特别是对于轻度和中度失能、失智的老人来说更是如此。而雇用民间保姆（包括钟点工）照顾居家老人，又是现阶段及今后很长时期内上海市解决失能、失智老人照顾问题的重要形式。因为即使本地城乡户籍的低收入并生活自理有困难老人，享受了居家养老服务补贴，现在每月最多补贴500元，按10元/小时计算，平均每天也只有1.7小时由居家养老服务人员上门服务，其余大部分时间仍要靠配偶、子女和民间保姆（包括钟点工）来照顾。

《国际老龄行动计划 2002》指出："非正规护理人员也需要得到关于照顾老年人的信息和基本培训。"为了增强上海市非正规照料服务人员对生活自理困难老人的照顾功能，提高家庭照料的质量，除了大力弘扬中华"孝"文化的优良传统，形成"尊老、敬老、养老"的社会氛围以外，笔者建议上海市有关部门应尽快编写《老年人家庭照顾手册》，让社区通过开办讲座、进行培训、上门指导和组织主要照顾者的交流活动，使老人亲属和民间保姆（包括钟点工）掌握帮助基本生活较严重不能自理老人起床、穿衣、进食、大小便的技能，帮助老人进行个性化的简易康复训练的技能，帮助患不同疾病的老人安排饮食起居和实施简易护理的方法，对流露出厌世情绪的老人进行心理疏导的方法，在老人晚间突发疾病时采取紧急抢救的措施等。

现在上海市已开展多届"孝亲敬老楷模""孝亲敬老之星"的评选和表彰活动，笔者建议在今后评选中应留出一定比例（至少10%）用于表彰"80后"的独生子女。从 2001 年以来，上海市每隔 2 年举行一次养老机构服务人员"十佳服务明星"（从 2007 年起扩展为养老机构服务人员和居家养老服务人员"双十佳服务明星"）的评选和表彰活动。该项活动由市民政局和新民晚报社主办，市社会福利行业协会和上海老年报社承办。笔者建议上海市应积极创造条件，开展"叁十佳服务明星"的评选和表彰活动，增加对优秀民间保姆（包括钟点工）的表彰。近期可先在部分街道开展评选优秀民间保姆（包括钟点工）的试点，以提高她们的社会地位，激发她们更好照顾老年人的积极性。

现在上海市虽然建立了许多社区老年人日间服务中心，开展了"日间托老"的业务，但至今仍未开展"短期全托服务"（即中国台湾地区所称的"机构喘息服务"）。最近上海市浦东新区潍坊街道提出"十二五"期间要开展"喘息服务"。笔者希望上海市有更多社区在"十二五"期间开展"短期全托服务"，在目前入住率较低的养老机构或今后新建、改扩建的养老机构中，专门拿出一小部分床位（如 10—20 张）用于收住短期（一般为几天到半个月）全托服务的失能、失智老人，让长年累月照顾老人的亲属减缓体力和心理压力，得到适当休整。

4. 重视对老年人心灵的精神关爱

《国际老龄行动计划 2002》指出："对老年人的有效照顾需要综合考虑

身体、心理、社会、精神和环境因素。"近年来，海外学者已提出在养老服务中应实施"身、心、灵"的全人关怀。笔者2008年曾经提出老年人度过晚年有三个不同层次：苦度晚年、安度晚年、欢度晚年。我们要使老年人特别是失能、失智、患病老年人欢度晚年，就应在养老服务中高度重视对他们心灵的精神关爱。

2010年笔者受香港东华三院安老服务部的委托，与香港大学秀圃老年研究中心合作进行了香港和上海老年人的灵性研究。在上海的问卷调查中，当我们问被调查老年人"目前最希望政府和社区在关心老人本身的精神生活方面所做的事情"（可以不选，但最多选5项）时，有约3/4的老人（144人）选择了所列17项中的至少1项。经处理得出选择每1项的人数占作选择人数的百分比，其中有不少属于老人内心深处的问题值得我们关注。比如，解除长者的苦闷和烦恼（54.9%）；引导长者知足常乐（47.9%）；教会长者善待自己（45.8%）；开导长者正确面对疑难杂症（43.1%）；帮助长者了解生命意义（34.0%）；指导长者处理好过去的恩恩怨怨（15.3%）；开导长者面对亲属和好朋友的不幸去世（13.2%）；开导长者坦然面对生死（11.1%）；帮助长者写好遗嘱（11.1%）等。可见要使老年人欢度晚年，上海市在机构养老服务、社区居家养老服务、家庭亲属照顾中，还有许多属于老年人心灵的精神关爱工作，有待做深、做细、做实。

【参考文献】

[1] 中国老龄问题全国委员会编：《老龄问题研究——老龄问题世界大会资料辑录》，中国对外翻译出版公司1983年版。

[2] 联合国：《国际老龄行动计划2002》，《老龄问题观察》2002年第3期。

[3] 日本国立社会保障人口问题研究所：《人口统计资料集》，2011年。

[4] 上海市民政局、上海市老龄工作委员会办公室、上海市统计局：《上海市老年人口和老龄事业数据手册》，2011年。

（本文原载《上海金融学院学报》2011年第4期）

中国式养老，求解"精神危机"*

解放观点：老龄化是"十二五"期间上海将面临的突出问题。不仅户籍人口中，每四人中就有一个 60 岁及以上的老人；而且，随着高龄老人的较快增加和纯老家庭数量的急剧增加，无论家庭还是社会的照料压力都将日益凸显。不过有意思的是，在上海一些老龄化程度高的老社区，出现了居民自发凑份子成立"楼道基金"，为一栋楼里的老人们送关爱、提供各种志愿服务的新鲜事。对居民们的这种主动，您怎么看？

桂世勋："楼道基金"兼具应急性的经济帮困和服务性功能，实际上这是一种群众间的邻里互助形式。在市场经济涤荡多年的当下社会，应当充分肯定。作为社会保障的一种补充形式，对居家养老也确有帮助。但开展这种互助需要具备基本条件：首先，邻里之间要非常熟悉友好，彼此信得过；其次，管理一定要公正透明规范，包括"基金"如何筹集、由谁管、怎么管、怎样使用、怎样保值增值。只有这样，才具有可持续性并可作为经验推广开来。

近年来世界卫生组织和全国老龄办倡议要建立"老年宜居社区"（香港称"长者友善社区"）。营造一个对长者友善的社区氛围，对于老年人继续在熟悉的社区环境中独立生活和接受照料、减少机构化具有重要意义。我们看到"楼道基金"这个案例，实际上是以楼道为单位，在更小的范围内对构建长者友善社区进行实践创新。其经验值得我们继续跟踪、总结，帮它进一步科学化、制度化、常态化。就像居委会改选一样，未来"楼道基金"有可能成为居民约定俗成的一种最基层的自治互助组织，在居家养老、社区服务中

---

* 本文由记者支玲琳采访。

发挥重要作用。

　　解放观点：都说传统的邻里关系，已经被一把"铁将军"、一道防盗门隔绝在了城市之外。但"楼道基金"的出现，不仅让我们看到"石库门"邻里关系的回归，更看到和谐的邻里关系对居家养老、社区服务其实是一项非常重要的资源。

　　桂世勋：美国学者在 20 多年前就发表了这样的文章：新的社区改善了人们的居住条件，但却疏远了彼此间的邻里关系。邻居家到底有几个人，有什么困难，甚至完全都不知道。现代人的孤独感，远甚从前。上海市老龄科研中心进行的 2008 年上海市户籍老年人口状况与意愿跟踪调查也反映了这一点，今天上海的老年人可以享受全覆盖的医疗保险，健康状况满意程度比以前是提高了，但老年人的孤独感比例有所上升，在子辈、孙辈与老年人的情感交流及沟通方面感到满意的比例有所下降。这其实也提醒我们一点：解决养老问题不仅要从社会保障层面、硬件设施层面加大力度，同时也要注意从精神层面、人间关爱层面下功夫。

　　1989 年，我到日本三形市访问，看到他们为城市里 120 位单身独居老年人安装了一个叫"充满爱的电铃"。这个电铃，一头接在老人家中，一头接在热心的邻居家里。后来我提出上海也可以安装这种电铃，虽然它功能简单，但花钱少、可以密切邻里关系、应对突发事件。尤其是高龄独居老人，一旦有突发情况，邻居便能成为第一时间可以伸出援手的人。在我的倡议下，上海市政府作为实事项目曾先后给 3000 多位老人安装了这样的求助电铃。贵报当时还刊载了《装了一个铃，救了一条命》的报道。但随着技术先进的"安康通"发展，满足老年人多样化需求的功能增加，邻里互助的功能却淡化了。它又引发了我们对新型邻里关系的思考。在这一点上，我想可以从"楼道基金"中得到启示。只要我们的居委会积极创造条件让每栋楼内的居民相互熟悉，由户主民主推选的楼组长为主，建立完善类似"楼道基金"的互助关爱网，推选公道、热心、身体较好的邻居参与管理，那么就有可能使老年人每天都感受到"看得见、摸得着"的温暖。当然，如果有可能，最好让年轻的邻居也一起参与。

　　解放观点：为什么要特别强调年轻人的参与呢？

　　桂世勋：举个例子。去年我在仙霞街道老年人社区服务中心做调研，不少老年人向我叹苦经："现在生活样样好，就是电视看不到。"对于很多老年人来讲，晚上最主要的娱乐活动就是看电视。但是因为刚安装的数字电视操作比较复杂，有时候老人一不小心按错键，节目就没法看了。这种对年轻人来讲是很简单的事情，但到高龄老年人那里，却成了难题。其实从居委会来讲，完全可以通过倡导同一栋楼居住的年轻人发扬邻里互助精神，让年轻的邻居志愿者帮助老人解决问题。

国外早已开始这方面的实践。2010 年上海世博会德国馆里展示的"多代屋项目"，将幼儿园、青少年俱乐部、老年人的聚会地点，创造性地集中在一栋楼内。它所强调的，就是少儿、中青年要加强对老人的交流和关心，这样既抚慰了老人，也让孩子们从小就培养起一种尊老敬老的意识。这也启示我们：在上海一些老的社区楼组，即便目前还做不到建立类似"楼道基金"这样的互助模式，那么不妨从相互关心、突发事件救急做起。到 2020 年，上海户籍人口中，每三个人中就将有一个 60 岁及以上的老人。通过老中青少的多代融合，不仅仅是为今天的老年人送去温暖，也是为明天的自己播撒幸福的种子。

解放观点：此前有调查声称，99% 的 80 后都无法赡养父母。在未来 5 到 10 年里，80 后独生子女的父母们将渐渐步入退休行列。80 后的养老之困，已经日益显现。因此，强调发扬邻里互助、动员社区力量、强调多代融合，其实也是适应了未来养老模式的嬗变。

桂世勋：我们和香港大学一起，走访了部分社区老人，发现尽管上海老龄化程度很高，但目前上海四五十岁的中年人对父母的照顾总体上是比较好的。但是 80 以后的独生子女，如众星捧月般长大，习惯了被照顾。这对于一个人的成长来说，是一种缺失。这一代人如何赡养老年父母，将需要未雨绸缪，研究对策。我的建议是，对于 80 后来讲，养老不要成为一个突然降临的事情，最好有一个循序渐进、耳濡目染的过程。包括教育孩子平时怎样尊敬爷爷奶奶；碰到一些突发事件，能马上陪父母把祖辈送医院、轮流陪夜，这些都是值得提倡的。再比如，上海每年评选孝亲敬老楷模，不妨注意留一两个名额给 80 以后的年轻人，表彰肯定他们如何在力所能及的情况下，以新一代的方式孝敬父辈、祖辈。

然而今天的养老，早已不是等待接受照料的概念。如果有自理能力，还是要尽量引导老年人走出家门，本着自愿、量力的原则参与包括志愿服务、帮助别人在内的各种社会活动。按照世界卫生组织对"积极老龄化"的理解，这样不仅有利于老年人提高生活质量，还可以降低未来老年人口中分性别、年龄组的失能率、失智率和患病率，有利于减轻政府、社会、家庭照顾老年人的压力。我的学生狄菊馨博士在纽约市政府老年局任研究员，她最近回来探亲时告诉我，现在美国社区中心正在做的一件事情是，调查本社区里有哪些老年人基本生活能自理但从来不走出家门，去了解他们为什么不走出家门、他们的兴趣爱好是什么，研究怎么引导他们参与社区活动。而且美国已经关注到战后"婴儿潮"这批人进入老年以后，价值观、经济收入、兴趣爱好都已经发生很大变化，研究社区活动如何更好地适应他们的需求。其实上海也是如此，最近五六年及未来十年内退休的老年人，无论养老保障水平还是文化程度都比过去有明显提高。怎样让我们的老年人也以"积极老龄化"的心态欢度晚年，我们在这方面的研究、实践还任重道远。

（本文原载《解放日报》2011 年 4 月 7 日）

应对老龄化的养老服务政策需要理性思考

笔者在主持国家社会科学基金重大项目"未来十年我国城市老年人口居家养老保障体系研究"时提出：应建立和完善我国广义居家养老保障体系，它包括收入保障、医疗保障、服务保障、参与保障、环境保障。随着我国基本养老保障、基本医疗保障的制度全覆盖，随着我国人口老龄化、老年人口高龄化的迅速发展和年龄别失能和失智率的上升，我国老年人的服务保障需求进一步凸显，迫切需要深入研究应对人口老龄化的养老服务政策。本文将就如何加强理性思考，完善当前我国的几个重大养老服务政策问题进行探讨。

一、关于基本养老服务的目标

（一）媒体报道实现"人人享有基本养老服务目标"时间表的失误

早在 2011 年 3 月 8 日，新华网报道民政部负责人在"十一届全国人大四次会议新闻发布会"上表示"2015 年末初步实现养老服务全覆盖，2.15 亿老年人将享受到更加完善的养老服务"时，就把标题写成《民政部："十二五"基本实现人人享有养老服务》[1]。

2013 年 9 月 13 日，《中国政府网》公布的《国务院关于加快发展养老服务业的若干意见》（国发〔2013〕35 号），曾在"基本原则"中提出"以政府为主导，发挥社会力量作用，着力保障特殊困难老年人的养老服务需求，确保人人享有基本养老服务。"[2] 然而《中国改革报》于 2013 年 9 月 17 日发表的《确保人人享有基本养老服务——〈关于加快发展养老服务业的若干意见〉解读》中，却把它写成"《意见》提出，为了满足老年人日益增长的养老服务需求，我国将从国情出发，在政府保障基本和充分发挥社会力量的主体作用下，到 2020 年，全面建成以居家为基础、社区为依托、机构为支撑的，功能完善、规模适度、覆盖城乡的养老服务体系，确保人人享有基本养老服务。"[3] 于是在媒体的误导下，我国有些地方政府也提出 2020 年实现"人人享有基本养老服务"。比如，《山东省人民政府关于加快发展养老服务业的意见》（鲁政发 [2014] 11 号）中，规定的发展目标为"到 2020 年，全面建成以居家为基础、社区为依托、机构为支撑，功能完善、规模适度、覆盖城乡的养老服务体系，使全省老年人实现老有所养。"[4] 2016 年 7 月 20日《北京日报》在报道北京市政府常务会议审议通过《关于贯彻落实〈北京市居家养老服务条例〉的实施意见》时写道："本市力争用三至五年，实现人人享有基本居家养老服务。"[5] 有的地方政府则在到 2020 年的工作目标中规定"生活照料、医疗护理、精神慰藉、紧急救援等基本养老服务覆盖所有居家老年人。"[6]

（二）区分广义与狭义的"基本养老服务"概念

笔者认为基本养老服务有广义与狭义之分。从广义的基本养老服务来看，它包括老年生活照料、老年产品用品、老年健康服务、老年体育健身、老年文化娱乐、老年教育、老年宜居社区、老年维权、老年金融服务、老年旅游等养老服务；而狭义的基本养老服务则仅指为老年人提供生活照料、康复护理、精神慰藉、紧急救援等基本照护服务。

对于广义的基本养老服务，我们很难科学和准确地界定如何才算"确保人人享有基本养老服务"，然而从狭义的基本养老服务考察，"确保人人享有基本养老服务"主要是指当老年人失能、失智，生活自理有困难时能获得亲属和社会提供的基本照护服务。从我国现阶段的情况看，不仅离实施养老服务补贴的制度全覆盖相差较远，而且在已实施养老服务补贴制度的地区也仅局限于对家庭人均收入处于最低生活保障线（有的地区扩大到"低收入" [一般指高于"低保"标准的 50%] 或"低保边缘"）的失能、失智老人给予很少的服务补贴。至于家庭人均收入高于"低收入"的失能、失智老人，即使亲属照护有困难，也无法获得社会基本养老服务。笔者认为按中共中央和我国政府现在已作出的解决"人人享有基本养老服务"的制度安排，就是积极稳妥地推进"长期护理保险制度"，在全国城乡实现"长期护理保险"的制度全覆盖和参保人员全覆盖。只有当我国实施"长期护理保险"全覆盖之时，才是"人人享有基本养老服务"之日。

（三）力争在"十四五"期间实现"长期护理保险"的制度全覆盖和参保人员全覆盖

在 2016 年 3 月 16 日第十二届全国人大第四次会议通过的《中华人民共和国国民经济和社会发展第十三个五年规划纲要》中，要求在"十三五"期间"探索建立长期护理保险制度，开展长期护理保险试点。"笔者在 2016 年 2 月 21 日第二届全国社会保障学术大会的"医疗保险与护理保险分论坛"上所做的"搞好长期护理保险试点方案的建议"发言中，首次提出我国各地区在设计长期护理社会保险制度试点方案时应充分考虑到城镇居民人均可支配收入特别是农村居民人均纯收入的水平还较低、在相当长一段时期内将实施城镇职工基本养老保险与城乡居民基本养老保险的"双轨制"和职工基本医疗保险与城乡居民基本医疗保险的"双轨制"，而且城乡居民基本医疗保险是自愿参保的，政府补助又占较大比例。因此，需深入研究是否要把长期护理保险的"双轨制"作为过渡方案，并积极创造条件逐步缩小缴费和待遇差距，以致最后并轨。此外，由于城乡居民基本医疗保险的参保对象为"本行政辖区内不属于职工基本医保参保范围的城乡居民"，它包括城乡所有少年儿童和中小学生（含托幼机构儿童）、高校大学生。这部分人群虽然也面临患病的风险，愿意缴纳基本医疗保险费，但要他们自愿缴纳长期护理保险费的难度就相当大。因此，在探索建立"长期护理保险制度"时是否要把参保范围包括这部分人群，也是一个需要深入研究解决的复杂问题。

在 2016 年 6 月 27 日人力资源和社会保障部办公厅给河北、吉林、黑龙江、上海、江苏、浙江、安徽、江西、山东、湖北、广东、重庆、四川省（市）人社厅（局），新疆生产建设兵团人社局下发的《关于开展长期护理保险制度试点的指导意见》中，把原来设想的"推行城乡一体化的长期护理保险制度"，改为要求"试点阶段，长期护理保险制度原则上主要覆盖职工基本医疗保险参保人群。试点地区可根据自身实际，随制度探索完善，综合平衡资金筹集和保障需要等因素，合理确定参保范围并逐步扩大。"可见要将我国长期护理保险制度的试点进一步覆盖城乡居民基本医疗保险参保人群，最快也要到"十三五"后期；笔者预计我国要实现"长期护理保险"的制度全覆盖和参保人员全覆盖，"确保人人享有基本养老服务"，最乐观的估计也将在"十四五"期间。

二、关于机构养老的定位

（一）机构养老在养老服务体系中定位的不同表述

早在 2006 年 12 月发布的《中共中央国务院关于全面加强人口和计划生育工作统筹解决人口问题的决定》中，就明确提出了"构建以居家养老为基础、社区服务为依托、机构照料为补充的养老服务体系"。

然而在 2011 年 9 月国务院颁发的《中国老龄事业发展"十二五"规划》、2011 年 12 月国务院办公厅颁发的《社会养老服务建设规划（2011—2015年)》(国办发〔2011〕60 号)、2013 年 9 月《国务院关于加快发展养老服务业的若干意见》(国发〔2013〕35 号)，均表述为"建立以居家为基础、社区为依托、机构为支撑的养老服务体系"，将机构养老在养老服务体系中定位为"支撑"。在 2015 年 4 月 24 日第十二届全国人大常委会第十四次会议通过的修订《中华人民共和国老年人权益保障法》中，仍坚持"国家建立和完善以居家为基础、社区为依托、机构为支撑的社会养老服务体系。"[7]

但在 2015 年 10 月 29 日中共十八届五中全会通过的《中共中央关于制定国民经济和社会发展第十三个五年规划的建议》中，又把机构养老在养老服务体系中的定位改为"机构为补充"[8]，提出"建设以居家为基础、社区为依托、机构为补充的多层次养老服务体系"。于是在 2016 年 3 月 16 日第十二届全国人大第四次会议通过的《中华人民共和国国民经济和社会发展第十三个五年规划纲要》中也规定"建立以居家为基础、社区为依托、机构为补充的多层次养老服务体系"。[9]

可见近 10 年来我国的重要文件将机构养老在养老服务体系中的定位表述，经历了"机构为补充"—"机构为支撑"—"机构为补充"的变化。那么上述的不同表述是否存在互相排斥的关系呢？

（二）"机构为补充"是从提供养老服务的数量上对养老机构定位

笔者认为"机构为补充"是对养老机构在养老服务体系中的数量定位。笔者在 1995 年发表的《未来中国老年人的家庭与社区照顾模式》一文中，就通过论证提出："未来中国老年人的照顾模式应以在家养老为主，入院养老为辅；而对在家养老的老人，又应以亲属照顾为主，社区服务为辅。"[10] 2012 年，笔者在申请国家社科基金重大项目"未来十年我国城市老年人口居家养老保障体系研究"时指出，机构养老是相对于居家养老而言的。即使今后我国养老机构床位数达到占 60 岁及以上老年人口数的 5%，我国 95% 的 60 岁及以上老年人仍居住在家中接受亲属、民间钟点工（包括居住在被照顾老人家中的全职保姆）和社区上门或"托老"服务。可见机构养老在为老人提供照护服务的数量比例方面只是"补充"。

2006 年上海市民政局在我国各省、自治区、直辖市中率先提出到 2010 年全市将形成"9073"的养老服务格局目标（即要求上海市 60 岁及以上户籍老年人口中，90% 靠家庭自己解决养老服务，7% 居家接受社区上门服务或进老年人日间服务中心，3% 入住养老机构接受服务）。为了实现养老机构床位数占全市 60 岁及以上户籍老年人口数 3% 的目标，在 2005 年至 2010 年通过市政府每年为市民办实事的形式，要求全市每年新增养老机构床位 1 万张。然而 2008 年北京市提出到 2020 年末养老服务格局目标为"9064"，其中 4% 的 60 岁及以上老年人在机构养老。笔者在 2008 年向上海市民政局分管老龄工作的领导建议：上海市不应盲目与北京市攀比，在 2020 年末也不宜将机构养老的比例定为 4%。其主要理由是根据笔者主持的预测，在 2010—2020 年间上海市 60 岁及以上户籍老人数将呈现空前绝后的高速增长，2020 年末将超过 500 万，比 2010 年末的 331 万约增长 50% 以上；而同期 80 岁及以上户籍高龄老人数及其比重却较慢增长，特别是在 2017—2023 年间可能会出现较明显的阶段性户籍老年人口低龄化现象。此外，那时上海市除市、区级社会福利院和地处市中心区的养老机构入住率较高外，养老机构在总体上入住率还不高。上海市也需要在 2011 年后适当减慢养老机构床位数的增加速度，进一步提高养老机构的硬件和软件水平，建设更符合上海市老年人养老服务需求的养老机构。

笔者当时的建议受到上海市民政局领导的重视，在《上海市民政事业发展"十二五"规划》中要求：到2015年末仍按"9073"的养老服务格局目标实施，在"十二五"期间每年新增养老机构床位数减少到5000张。在2014年10月批准的《上海市养老设施布局专项规划》中，将2020年末全市养老机构床位数（包括卫生计生委主管的老年护理床位）发展目标规定为占60岁及以上户籍老年人口数的3.75%（其中护理床位数占60岁及以上户籍老年人口数的1.5%），仍低于北京市的4%目标。

近年来上海市的统计资料已显示，2014年上海市80岁及以上户籍高龄老年人口数的年增长率为5.27%，比60岁及以上户籍老年人口数的年增长率6.80%要低；年末全市80岁及以上户籍高龄老年人口数占60岁及以上户籍老年人口数的比例为18.2%，比2013年的18.5%要低0.3个百分点。2015年上海市80岁及以上户籍高龄老年人口数的年增长率为3.60%，比60岁及以上户籍老年人口数的年增长率5.30%要低；年末全市80岁及以上户籍高龄老年人口数占60岁及以上户籍老年人口数的比例为17.9%，比2014年的18.2%又低0.3个百分点。[11] 可见从2014年起上海市已开始出现了缓慢的户籍老年人口低龄化趋势。值得注意的是，据上述2015年末公布的统计数据，上海市在该年末75—79岁组户籍老年人口数为44.22万人，比80—84岁组户籍老年人口数44.25万人略少些。这意味着如果在"十三五"期间上海市80—84岁户籍高龄老年人口数没有明显的净迁入情况下，由于"十二五"期末全市75—79岁户籍老年人在未来5年中有一部分不幸去世，到"十三五"期末全市80—84岁户籍老年人口数将比2015年末有所减少，呈现80—84岁户籍高龄老年人口数的负增长态势。

现在我国有些地区在全国养老机构总体上入住率还低于50%的情况下，提出到2020年每千名60岁及以上户籍老年人拥有养老机构的床位数不少于45张或达到50张。笔者认为我国在"十三五"规划纲要中重申"机构为补充"，正是为了要求各地更重视搞好居家养老和社区为老服务，努力改善养老机构的硬件和软件水平，有效提高养老机构的入住率，不要盲目攀比机构养老床位数在整个养老服务格局中的比例。

（三）"机构为支撑"是从提供养老服务的功能上对养老机构定位

笔者认为"机构为支撑"是对养老机构在养老服务体系中的功能定位。鉴于我国的国情和海外开展养老服务的经验教训，养老服务中最困难、家庭最需要的是当老年人健康状况愈来愈差、部分甚至严重失能或失智后如何妥善解决好他们的长期照护问题。强调"机构为支撑"的主旨正是要求养老机构在生活自理有困难的居家老人依靠家庭亲属及其他非正规服务已难以或无法承担长期照护责任、社区提供的上门服务和日间托老服务也无法依托时，为妥善解决这些老人最困难和最需要的养老服务，提高他们的生活质量和生命质量，给予"支撑"。

近年来我国有的地方政府在制定的《关于加快发展养老服务业的实施意见》中片面强调"加快高端养老社区建设，满足老年人多层次养老需求"。[12] 有相当一部分主要由社会资本投资新建或正在筹建的养老服务机构，由于他们对老年人长期照护的特点和实际需求了解不够，对国外及我国香港、澳门、台湾地区在养老服务业发展中有关"就地养老""持续照护""规模适度""多代融合"等经验了解不够，因此在设计和建造中往往"贪大求高"，未考虑如何更多吸纳部分甚至严重失能或失智的老年人，更好地帮助解决他们的长期照护问题；也未周密考虑当现在入住的生活能自理老年人经过几年、十几年逐渐失能或失智后如何更好地帮助解决他们的长期照护问题，充分发挥机构在养老服务体系中的"支撑"作用。有的地方政府虽然在养老机构的日常运营补助额中规定，对达到本地区"养老机构规范化建设基本标准"的非营利性民办养老机构，按实际入住床位，分别给予全护理、半护理、自理床位差别化的日常运营补助，但对新建养老机构给予一次性补助额时却不区分全护理、半护理、自理的床位。近年来我国已经出现一部分床位在 500 张甚至 1000 张以上的养老机构入住率不到 30%，只能靠发展"旅居养老"、吸收大批生活能自理老年人短期入住来弥补经营亏损的案例。

笔者认为强调机构养老在养老服务体系中的"支撑"作用并不错。各级民政部门和老龄部门迫切需要让社会资本深切了解在构建养老服务体系中"机构为支撑"的真正含义和要求，在投资决策前深入搞好市场调查，避免为获取政府对养老服务业特别是"非营利"（《中华人民共和国老年人权益保障法》在 2015 年修订时将其改为"公益性")养老服务机构的扶持政策而一哄而起的盲目投资行为。建议在银行贷款和土地使用的审核中应将兴建的养老机构是否有利于充分发挥养老服务中的"支撑"作用,作为不可或缺的必要条件;建议已经建成和今后新建扩建的养老机构应进一步了解老年人及其家庭对长期照护的真实需求,尽可能提高收住中度和重度失能、失智老人的床位比例,促进养老机构与医疗机构的紧密合作,增设短期全托的"机构喘息"服务项目,强化对家庭和社区养老服务的辐射功能。

三、关于养老服务的补贴政策

(一)现阶段我国各地实施的养老服务补贴政策还存在较明显差异

近年来我国各地在实施养老服务补贴政策措施中作了许多探索,对应对人口老龄化、保障和改善民生具有积极意义。然而在实施养老服务补贴政策措施中也存在着较明显的差异,主要表现在以下六个方面:(1)是否把"经济困难"作为给予养老服务补贴的必要条件,以及如何界定经济困难的标准;(2)是否把"生活自理困难"作为给予养老服务补贴的必要条件,以及如何根据生活自理困难程度给予不同补贴;(3)是否把"家庭居住方式"作为给予养老服务补贴的必要条件,以及如何界定"无子女照顾家庭"和"空巢家庭";(4)是否对本地区户籍的农村老人也给予养老服务补贴;(5)是否对本地区户籍的计划生育困难(特别是"失独"和"残独"[指独生子女不幸伤残])家庭老人给予养老服务补贴;(6)养老服务补贴的资金来源是否仅限于地方财政补贴。

在 2012 年 7 月第八届中国老年学学科建设研讨会上,笔者作了"关于完善我国老年福利政策的思考"发言,对当时北京、浙江、江苏、广东在实施户籍老人高龄津贴(称"老年券""尊老金""健康补贴""基本生活补贴"等)时不考虑 80 岁及以上老年人的经济收入和失能状况的政策表示异议,并提出这些地区如何逐渐淡出的建议。笔者当时向上海市民政局分管老龄工作的领导建议:上海在 2009 年已制定了全市 80 岁及以上、本人月收入高于本市城乡低收入家庭标准、低于本市上一年度城镇企业退休人员月平均基本养老金的户籍高龄老人，给予经评估同样照护等级的低保老人50%的养老服务补贴（包括养老服务专项护理补贴）的政策，不要学北京的不分80岁及以上高龄老人的经济收入状况均发放高龄津贴的政策。

2012年12月全国人大常委会修订的《中华人民共和国老年人权益保障法》中则明确规定："国家鼓励地方建立八十周岁以上低收入老年人高龄津贴制度。"在2016年3月16日《中华人民共和国国民经济和社会发展第十三个五年规划纲要》中也明确要求"全面建立针对经济困难高龄、失能老年人的补贴制度。"这意味着国家对上述地区实施的给所有本地80岁及以上城乡户籍老人发放高龄津贴或所有失能老年人发放养老服务补贴并不鼓励。然而由于高龄津贴或养老服务补贴等带有刚性的特点，政策一经出台后要降低或取消部分受惠老人的待遇往往会引起较强烈的社会反响，所以有些地方政府也不得不继续沿用下去。比如，北京市从2015年1月1日起把原来的"养老券"改成了"养老助残卡"，将符合条件的北京户籍城乡重残人员也列入了每月发放100元补贴的对象。但是要取消已实施的北京户籍城乡80岁及以上中高收入人员的高龄津贴难度却很大。

（二）进一步完善养老服务补贴政策的建议

在2015年5月第十一届中国老年学学科建设研讨会上，我作了"关于搞好我国老年人养老服务补贴制度顶层设计的思考"发言。在充分肯定2014年9月财政部、民政部、全国老龄办联合下发的《财政部民政部全国老龄办关于建立健全经济困难的高龄、失能等老年人补贴制度的通知》中12项规定对搞好我国老年人养老服务补贴制度顶层设计重要意义的基础上，又提出了四项建议。笔者把它主要概括为确保一个"底线"、实施三个"梯度"、制定全国统一的失能状况评估标准、中央给予专项"均衡性"财力支持。

1. 确保一个"底线"：从全国来说，对经评估为失能或失智的"低保"老人，不管是否城镇或农村的居民、是否在哪里常住，都应该积极创造条件，按规定给予全额养老服务补贴。

2. 实施三个"梯度"：一是对不同失能程度的老人经评估至少应分轻度、中度、重度三个等级，给予有差别的养老服务补贴；二是对已把"低收入"

失能老人作为给予养老服务补贴的地区至少应分属于"低保"、高于"低保"而低于"低收入"两个等级,给予有差别的养老服务补贴;三是对经评估为轻度失能的符合给予养老服务补贴经济条件的老人,应分"居家""入院"两类,给予有差别的养老服务补贴。

上海市从 2015 年 9 月 1 日起对上海市养老服务补贴政策作了部分调整,在继续实施经评估为不同失能等级的本市户籍老年人给予不同养老服务补贴的基础上,将经评估为同一个失能等级的不同收入老年人享受养老服务补贴的标准适当拉开:(1)城乡"低保"家庭中老年人,享受全额养老服务补贴;(2)城乡高于"低保"标准但低于"低收入"标准(比上海市最低生活保障标准高 50%)的家庭中老年人,享受 80% 的养老服务补贴;(3)80 周岁及以上、家庭人均收入高于本市城乡"低收入"家庭标准,但本人月收入低于本市上一年度城镇企业退休人员月平均养老金的老年人,仍按 2009年 7 月 1 日起的规定享受 50% 的养老服务补贴;(4)上述(2)(3)类对象中,无子女或 90 周岁及以上高龄的老年人,在以上待遇的基础上再叠加享受 20% 的养老服务补贴。

3. 制定全国统一的失能失智状况评估标准。在 2013 年 9 月 9 日颁发的《国务院关于加快发展养老服务业的若干意见》中指出:"各地要加快建立养老服务评估机制。"建议中央有关部门应尽快组织专家总结包括上海市在内的各地已实施或正在完善老年人失能失智等级评估标准的经验,研究制定全国统一的城乡老年人失能失智等级的评估标准。

4. 中央应对各地养老服务补贴给予专项"均衡性"财力支持。建议借鉴我国实施新型农村社会养老保险制度时中央财政对中西部地区按中央确定的基础养老金标准全额补助,对东部地区给予 50% 的补助的规定,深入研究制定中央财政和国家层面的福利彩票公益金对我国东中西部地区特别是农村地区按中央确定的养老服务基本补贴标准给予不同比例的补助。笔者在 2014 年到四川省和广东省的民政厅调研时,发现经济发展水平较低的县(市)迫切希望省财政对其实施养老服务补贴给予更多支持;经济发展水平较低的省级地区则迫切希望中央财政对其实施养老服务补贴给予更多支持。针对上述"通知"中未提及中央财政对中西部地区实施养老服务补贴给予资金支持的情况,建议在全国城乡"经济困难"的老年人失能等级按统一评估标准进行评估的基础上，中央财政和福利彩票公益金应规定对各地属于"低保"的失能、失智老年人，通过"均衡性"转移支付给予我国人均经济发展水平和人均财政收入较低而"低保"老人数量又较多的省级地区不同比例的养老服务补贴资金补助。

（三）从长远看应将养老服务补贴制度纳入长期护理保险制度的顶层设计框架中

在我国决定探索建立长期护理保险制度前，许多地区已实施了"养老服务补贴制度"（原称为"居家养老服务补贴制度"）。该制度由民政部门创建和主管，主要是通过制定"社会救助"或"社会福利"政策，给予本地户籍居民中家庭人均收入处于"低保"或"低收入"而基本生活自理又有困难的居家老人，为他们提供以生活照料为主的差别化公益性社区居家上门照护服务或老年人日间服务中心服务。早在2001年，上海市民政局就发布了《关于全面开展居家养老服务的意见》。从2004年起上海市又规定以服务券的形式提供服务费补贴或优惠。在上海市，用于居家养老上门服务的项目主要有：送餐、洗衣、居室清洁、个人卫生、擦身助浴、陪诊、康复理疗等，简称为"六助"（"助餐""助浴""助洁""助急""助行""助医"）。以后上海市又规定当评定为"中度"和"重度"照料等级的老人入住养老机构时，服务券可用作缴费。现在我国有些地区则把当地户籍老人获得的养老服务补贴金额直接转入该老人入住的养老机构，也有些地区把服务券兑成现金发给老人，由老人自己缴给养老机构。鉴于现阶段我国各地实施的"居家养老服务补贴"已可作为中度或重度失能老年人入住养老机构的补贴费用，因此，在近期我国民政部发布的一些有关养老服务的重要文件中，将该项补贴改称为"养老服务补贴"。

然而我国在"十三五"期间准备探索建立并进行试点的长期护理保险制度，其主旨也是为基本生活自理有困难的老年人提供以生活照料和护理为主的服务。从德国、日本、韩国实施长期护理保险的经验看，他们在提供基本养老服务方面，全国都实施一个提供长期照护的制度，而且规定每个参加长期护理保险的人员都按全国统一制定的失能失智测评表进行评估，将基本生活自理能力状况从轻度至重度分为若干等级，提供差别化的照护服务。

比如，德国在1995年刚实施"长期护理保险"时将失能等级分为3个，从2008年起又增加了"0级"和"极高强度护理"2个等级。日本在2000年刚实施"介护保险"时将失能等级分为5个，从2005年4月1日起又增加了"要协助1级"和"要协助2级"；但从2017年4月1日开始为了减轻介护保险支出负担，又改为由地方政府开展对评估为上述2个照护预防等级者加强照护预防性活动，而不由介护保险提供服务费用。韩国在2008年刚实施"长期疗养保险"时将失能等级分为3个，从2014年7月1日起又将原来的第三等级分为三、四两个等级，并新设了第五等级（痴呆特别等级）。因此，从长远看我国必然要将民政部门主管的养老服务补贴制度和人社部门主管的长期护理保险制度加以整合。

笔者认为现在我国各地区实施的养老服务补贴制度，基本上是限于当地户籍60岁及以上"双困"（经济困难与生活自理困难）老人，主要或全部用于为他们提供基本生活照护服务的。而我国要探索建立的长期护理保险制度则将我国城乡60岁及以上老人和60岁以下的参保人员全部作为长期护理保险的被保险对象，当他们失能失智时经评估符合规定等级的，提供相应的长期照护服务，其覆盖受益人群远远超过养老服务补贴的人群，其提供照护服务的人力资源数量也远远超过为养老服务补贴者提供照护服务的数量。同时长期护理保险制度还规定对经济困难的参保对象，可视不同情况由各级财政给予资助，减免其长期护理保险费。因此，在整合上述两种提供基本养老服务的制度时理应将我国已实施的养老服务补贴制度纳入未来将要实施的长期护理保险制度顶层设计框架中。建议在我国已实施养老服务补贴的地区经评估可获不同等级补贴的"双困"老人在参加基本护理保险时个人缴纳的保险费和个人经评估接受照护服务时承担的一定比例费用，最好从他们应得的养老服务补贴费中划转，如有缺额再由个人补足。

【参考文献】

[1]《民政部："十二五"基本实现人人享有养老服务》，《新华网》，2011年3月8日。

[2]《国务院关于加快发展养老服务业的若干意见》，《中国政府网》，2013年9月13日。

[3]《确保人人享有基本养老服务——〈关于加快发展养老服务业的若干意见〉解

读》,《中国改革报》2013 年 9 月 17 日。

[4] 山东省人民政府办公厅:《山东省人民政府关于加快发展养老服务业的若干意见》,2014 年 6 月 17 日。

[5]《本市力争三至五年实现人人享有基本居家养老服务》,《北京日报》2016 年 7 月 20 日。

[6] 厦门市人民政府办公厅:《厦门市人民政府关于印发加快发展养老服务业实施意见的通知》,2014 年 5 月 9 日。

[7]《中华人民共和国老年人权益保障法》,法律出版社 2015 年版,第 5 页。

[8]《中共中央关于制定国民经济和社会发展第十三个五年规划的建议》,人民出版社 2015 年版,第 11—38 页。

[9]《中华人民共和国国民经济和社会发展第十三个五年规划纲要》,人民出版社 2016 年版,第 162 页。

[10] 桂世勋:《未来中国老年人的家庭与社区照顾模式研究》,《南方人口》1995 年第 2 期。

[11] 上海市民政局、上海市老龄工作委员会办公室、上海市统计局:《上海市老年人口和老龄事业数据手册(2015)》,2016 年 3 月。

[12] 杭州市人民政府:《杭州市人民政府关于加快养老服务业改革与发展的意见》,2014 年 11 月 26 日。

(本文原载《华东师范大学学报》(哲学社会科学版) 2017 年第 4 期)

独居老人广义居家养老保障状况
及其精准关爱

—— 基于中国大城市城区 70 岁及以上独居老人的问卷调查

2017 年 2 目 28 日国务院印发的《"十三五"国家老龄事业发展和养老体系建设规划》(国发〔2017〕13 号)专门提出了关爱城乡独居老人问题,要求"支持城乡社区定期上门巡访独居、空巢老年人家庭,帮助老年人解决实际困难"[①]。2013 年 11 月至 2015 年 5 月,由笔者主持的国家社科基金重大项目"未来十年我国城市老年人口居家养老保障体系研究"课题组,在民政部及有关省厅、高校支持下,选择成都市、呼和浩特市、大连市、广州市、上海市,开展了"中国大城市城区 70 岁及以上独居老人状况和需求调查"。

独居老人是"居家养老"中最困难的老年群体,70 岁及以上的独居老人又是独居老人中更困难的群体。开展以 70 岁及以上独居老人为对象的全国性较大规模样本问卷调查,全面深入了解他们的广义居家养老保障状况和需求,在我国尚属首次。鉴于课题研究的要求及经费的限制,我们这次的调查对象仅限于 5 个大城市的城区 70 岁及以上独居老人。搞好这次调查,对于深入了解中国城市 70 岁及以上独居老人在广义居家养老保障(收入保障、医疗保障、服务保障、参与保障、环境保障)的状况和需求,向中央有关部委和所调查城市政府部门提出精准关爱独居老人的对策建议,具有重要意义。

一、调查方法、调查内容和被调查老人基本情况

（一）调查方法

本次调查对象为实际调查时年满 70 岁及以上并常住本地区半年以上的独居老年人（以晚间睡觉仅 1 位老年人为准）。

调查采取四阶段随机抽样方法。第一阶段：在每个城市的市区（或主城区）选取有代表性的 4 个行政区；第二阶段：在每个选取的行政区中，从其下辖代表该行政区中等居住水平的街道中随机抽取 2 个街道（上海为 1 个街道）；第三阶段：在每个抽到的街道中，从其下辖代表该街道中等居住水平的居委中随机抽取 2 个居委；第四阶段：在每个抽到的居委中，按习惯的门牌号从前到后抽取 50 名（上海为 100 名）70 岁及以上独居老人。如某个抽到的街道中 70 岁及以上独居老人总计不到 100 人（上海为不到 200 人），可从其他居委多抽取相应数量的合格对象。

本次调查问卷包括"初选问卷""短表"和"长表"。其中调查"短表"与"长表"的问卷编号相同，只是短表内容（共 13 页）比长表内容（共 24 页）相对较少，前者适合于认知能力较差的老人回答。对被调查老人在回答"初选问卷"中认知功能量表时总分≤5 分的（满分为 10 分，分数越高表示认知功能越好），则调查"短表"；总分≥6 分的，便转为调查"长表"。如被调查老人是聋哑人或无法回答上述认知功能量表中任何问题的（除手语外），则不予调查。

（二）调查内容

本次调查问卷"短表"和"长表"的内容，主要涵盖被调查老人的个人基本情况；经济收入和参与有收入工作状况；身心健康状况和看病过程中遇到的最大困难；生活自理状况和照顾服务需求；家庭设施状况和居住内外环境改造需求；兴趣爱好和参与社区文化体育活动状况；社会支持和参与志愿服务状况；总体感受和当前最迫切需要政府、社会关心解决的问题等方面。

本次调查经过数据清理和补调查，有效问卷为3363份（其中"长表"的有效问卷为2801份；"短表"的有效问卷为562份）。我们将填写"短表"的有效问卷数据和填写"长表"的有效问卷中对应"短表"相同问题的数据一并汇总，共获得3363个样本的有关"短表"的数据。

本文的研究分析除专门指明填写"长表"的独居老人信息外，均依据上述汇总有关"短表"的数据，将其中属于"不需回答""缺失"及"拒答"扣除后的计算结果。

（三）被调查老人基本情况

在被调查并回答的城区70岁及以上独居老人中，从性别和年龄构成考察，男性占31.0%，女性占69.0%；70—74岁的占28.2%，75—79岁的占31.8%，80—84岁的占26.2%，85岁及以上的占13.8%（见表1）。从现居住地是否为户籍所在地和户口性质考察，现居住地为户籍所在地的占86.0%，现居住地不是户籍所在地的占14.0%；非农业户口的占94.5%，农业户口的占5.5%。从文化程度考察，不识字或识字很少的占25.6%，小学程度的占31.2%，初中程度的占20.4%，高中/技校/中职的占14.3%，大学专科的占5.6%，大学本科及以上的占2.9%。从婚姻状况考察，从未结婚的占3.2%，有配偶的占18.2%，离婚的占4.5%，丧偶的占74.1%。从现有子女（包括领养子女）数考察，无子女的占3.5%，有1个子女的占12.0%，有2个子女的占29.1%，有3个子女的占30.5%，有4个子女的占15.5%，有5个及以上子女的占9.4%。

表1　城区独居老人分性别的年龄构成　　　　　　　单位：%

性别	年龄分组				总计
	70—74 岁	75—79 岁	80—84 岁	85 岁及以上	
男	31.4	30.5	23.3	14.8	100.0
女	26.7	32.3	27.7	13.3	100.0
总计	28.2	31.8	26.2	13.8	100.0

注：N=3363人（男性为1043人，女性为2320人）。

二、城区 70 岁及以上独居老人的广义居家养老保障状况

（一）被调查独居老人的收入保障状况

在被调查并回答的城区 70 岁及以上独居老人中，目前（退休后）的养老保障待遇（最多选 3 项）分别是：享受城镇职工基本养老保险的占 61.9%，享受城镇居民基本养老保险的占 25.1%，享受高龄纳保或高龄津贴的占 12.9%，享受社会救助的占 4.2%，享受企业补充养老保险的占 2.7%，享受商业养老保险的占 1.8%，享受其他保险的占 2.7%，不能享受任何养老待遇的占 4.0%。

在被调查并回答的独居老人中，自评目前经济状况很宽裕的占 4.7%，较宽裕的占 23.5%，一般的占 52.8%，较困难的占 14.8%，很困难的占 4.2%。

在被调查并回答的独居老人中，将来生活中最担心的前四位经济困难（最多选 3 项）由高到低依次是：患大病的医疗费用（自费部分）（82.7%），食品 / 衣服 / 日用品等日常开支（37.0%），入住养老院的费用（36.8%），请保姆或居家养老服务员的费用（21.2%）（见表 2）。

表 2　城区独居老人分年龄组的将来生活中最担心的经济困难

将来最担心的经济困难类别	选择状况（最多选 3 项）	年龄分组				总计
		70—74 岁	75—79 岁	80—84 岁	85 岁及以上	
请保姆或居家养老服务员的费用	选择人数	199	204	189	117	709
	占同年龄组 %	21.1%	19.3%	21.5%	25.4%	21.2%
患大病的医疗费用（自费部分）	选择人数	812	894	698	356	2760
	占同年龄组 %	86.1%	84.7%	79.3%	77.4%	82.7%
入住养老院的费用	选择人数	388	397	293	152	1230
	占同年龄组 %	41.1%	37.6%	33.3%	33.0%	36.8%

续表

将来最担心的经济困难类别	选择状况（最多选 3 项）	年龄分组				总计
		70—74岁	75—79岁	80—84岁	85 岁及以上	
食品／衣服／日用品等日常开支	选择人数	372	382	319	162	1235
	占同年龄组 %	39.4%	36.2%	36.3%	35.2%	37.0%
买保健品或康复器材的费用	选择人数	97	102	70	21	290
	占同年龄组 %	10.3%	9.7%	8.0%	4.6%	8.7%
旅游费用	选择人数	17	10	5	1	33
	占同年龄组 %	1.8%	0.9%	0.6%	0.2%	1.0%
子女患病或残疾的抚养费用	选择人数	40	41	37	22	140
	占同年龄组 %	4.2%	3.9%	4.2%	4.8%	4.2%
其他	选择人数	23	32	33	22	110
	占同年龄组 %	2.4%	3.0%	3.8%	4.8%	3.3%
无困难	选择人数	27	44	52	29	152
	占同年龄组 %	2.9%	4.2%	5.9%	6.3%	4.6%
总计	填写人数	943	1056	880	460	3339
	占总人数 %	28.2%	31.6%	26.4%	13.8%	100.0%

注：N＝3339 人。

（二）被调查独居老人的医疗保障状况

在被调查并回答的城区 70 岁及以上独居老人中，享受干部保健医疗待遇的占 4.7%，享受城镇职工基本医疗保险待遇的占 56.4%，享受城镇居民基本医疗保险待遇的占 27.9%，享受亲属半费报销待遇的占 0.8%，获医疗救助的占 1.9%，完全自费的占 6.8%，其他占 1.5%。

在被调查并回答的独居老人中，看病时无困难的占 41.5%；在有困难的老人中，看病过程中遇到的前三位最大困难（最多选 3 项）由高到低依次是：没有足够钱看病（26.9%），无法独自外出看病（24.6%），外出交通不便（14.8%）（见表 3）。

表3 城区独居老人分年龄组的看病中遇到的最大困难

看病中遇到的最大困难类别	选择状况（最多选3项）	年龄分组				总计
		70—74岁	75—79岁	80—84岁	85岁及以上	
没有足够的钱看病	选择人数	152	170	154	82	558
	占同年龄组%	30.4%	28.6%	24.3%	23.7%	26.9%
无法独自外出看病	选择人数	82	137	165	126	510
	占同年龄组%	16.4%	23.1%	26.0%	36.4%	24.6%
外出交通不便	选择人数	65	86	99	57	307
	占同年龄组%	13.0%	14.5%	15.6%	16.5%	14.8%
医疗设施太差	选择人数	15	9	25	13	62
	占同年龄组%	3.0%	1.5%	3.9%	3.8%	3.0%
医院床位不足	选择人数	13	24	28	10	75
	占同年龄组%	2.6%	4.0%	4.4%	2.9%	3.6%
医疗水平不高	选择人数	23	21	25	19	88
	占同年龄组%	4.6%	3.5%	3.9%	5.5%	4.2%
专家难以预约	选择人数	43	42	44	22	151
	占同年龄组%	8.6%	7.1%	6.9%	6.4%	7.3%
医务人员服务态度不好	选择人数	20	24	20	9	73
	占同年龄组%	4.0%	4.0%	3.2%	2.6%	3.5%
其他	选择人数	24	29	27	12	92
	占同年龄组%	4.8%	4.9%	4.3%	3.5%	4.4%
总计	填写人数	500	594	634	346	2074
	占总人数%	24.1%	28.6%	30.6%	16.7%	100.0%

注：N=2074人。

（三）调查独居老人的服务保障状况

在被调查并回答的城区70岁及以上独居老人中，自评基本生活能自理的占74.8%，部分能自理的占23.1%，完全不能自理的占1.9%，无法回答的占0.2%。

在被调查并回答的目前生活自理有困难独居老人中，最主要照顾者的比例由高到低依次是：女儿占 40.2%，儿子占 37.7%，钟点工占 8.3%，全天保姆占 3.3%，其他亲属占 2.7%，儿媳占 2.6%，社区居家养老服务员占1.7%，孙子女（或外孙子女）占 0.8%，邻居占 0.7%，女婿占 0.5%，朋友占 0.3%；另外，其他占 0.9%，无人帮助的占 0.3%（见表4）。最主要照顾者照顾被调查独居老人的年份，1 年及以下的占 13.8%，2—3 年的占 22.9%，4—5 年的占 17.4%，6—10 年的占 22.4%，11 年及以上的占 23.5%；他们在最近 3 个月内平均每天需照顾独居老人的时间，1 小时及以下的占 44.9%，2—3 小时的占 34.0%，4—7 小时的占 10.8%，8 小时及以上的占 10.3%。被调查独居老人中，认为最主要照顾者的照护知识和技巧完全能满足自己需要的占 31.7%，基本能满足的占 60.5%，勉强能满足的占 6.5%，大部分不能满足的占 1.1%，完全不能满足的占 0.2%。

在被调查并回答的独居老人中，正在或已经接受由社区提供的居家养老上门服务的占 7.6%，到老年日间服务中心的占 1.0%，接受 1 周左右全托服务的占 0.1%，接受老年助餐服务的占 2.0%，接受家庭保健医生服务的占 0.8%。

在被调查并回答的独居老人中，目前希望在家养老，由自己或亲属照顾的占 78.4%；希望在家养老，由保姆或社区工作人员上门照顾的占 6.6%；希望在家养老，但白天到老年日间服务中心的占 1.3%；希望入住养老机构的占 7.9%；其他占 0.5%，无法回答的占 5.3%。然而在被调查并回答的独居老人中，目前自己及其家人每月最多能承受入住养老机构的总费用，1000元以下的占 20.0%，1000—1499 元的占 22.5%，1500—1999 元的占 19.4%，2000—2999 元的占 24.8%，3000—3999 元的占 9.7%，4000—4999 元的占1.5%，5000 元及以上的占 2.1%。

表 4　城区生活自理有困难独居老人分年龄组的最主要照顾者

最主要照顾者的身份类别	选择状况	年龄分组				总计
		70—74岁	75—79岁	80—84岁	85 岁及以上	
儿子	选择人数	266	314	295	154	1029
	占同年龄组 %	35.7%	37.3%	40.3%	37.6%	37.7%

续表

最主要照顾者的身份类别	选择状况	年龄分组				总计
		70—74岁	75—79岁	80—84岁	85岁及以上	
女儿	选择人数	283	349	303	161	1096
	占同年龄组 %	38.0%	41.5%	41.4%	39.3%	40.2%
儿媳	选择人数	14	23	25	10	72
	占同年龄组 %	1.9%	2.7%	3.4%	2.4%	2.6%
女婿	选择人数	8	3	1	3	15
	占同年龄组 %	1.1%	0.4%	0.1%	0.7%	0.5%
孙子女（或外孙子女）	选择人数	0	4	11	6	21
	占同年龄组 %	0.0%	0.5%	1.5%	1.5%	0.8%
其他亲属	选择人数	26	24	15	9	74
	占同年龄组 %	3.5%	2.9%	2.0%	2.2%	2.7%
朋友	选择人数	3	3	0	1	7
	占同年龄组 %	0.4%	0.4%	0.0%	0.2%	0.3%
邻居	选择人数	6	4	5	4	19
	占同年龄组 %	0.8%	0.5%	0.7%	1.0%	0.7%
钟点工	选择人数	106	84	22	14	226
	占同年龄组 %	14.2%	10.0%	3.0%	3.4%	8.3%
全天保姆	选择人数	14	17	27	33	91
	占同年龄组 %	1.9%	2.0%	3.7%	8.0%	3.3%
社区居家养老服务员	选择人数	15	8	16	8	47
	占同年龄组 %	2.0%	1.0%	2.2%	2.0%	1.7%
其他	选择人数	2	6	10	6	24
	占同年龄组 %	0.3%	0.7%	1.4%	1.5%	0.9%
无人帮助	选择人数	2	2	2	1	7
	占同年龄组 %	0.3%	0.2%	0.3%	0.2%	0.3%
总计	填写人数	745	841	732	410	2728
	占总人数 %	27.3%	30.8%	26.8%	15.0%	100.0%

注：N＝2728人。

（四）被调查独居老人的参与保障状况

在被调查并回答"长表"的 2801 名 70 岁及以上独居老人中，仍在从事有收入工作的占 3.7%（尚未退休的占 0.7%，已退休但目前仍从事有收入工作的占 3.0%）；如分年龄组考察仍在从事有收入工作的比例，在 70—74 岁组中占 5.4%，在 75—79 岁组中占 3.5%，在 80—84 岁组中占 3.0%，在 85 岁及以上组中占 1.8%。

在被调查并回答的城区 70 岁及以上独居老人中，在最近 3 个月内参加过社区或居民活动中心活动的占 18.5%，参加过老年活动室或中心活动的占 18.5%，参加过社区文化中心或文化室活动的占 11.2%，参加过各类老年学校学习的占 4.5%，参加过户外或室内健身点锻炼的占 31.5%（见表 5）。被调查独居老人参与上述社区活动后心情比以前更加愉快的占 38.4%，心情没什么太大变化的占 13.3%，反不如以前开心的占 0.3%，无法回答的占 48.0%。

在被调查并回答的独居老人中，在最近 3 个月内参加过志愿服务活动的占 7.5%；如分年龄组考察在最近 3 个月内参加过志愿服务活动的比例，在 70—74 岁组中参加过的占 14.1%，在 75—79 岁组中参加过的占 7.9%，在 80—84 岁组中参加过的占 3.3%，在 85 岁及以上组中参加过的占 1.6%。在被调查并回答的最近 3 个月内参加过志愿服务活动的独居老人中，平均每周参加志愿服务活动的时间，2 小时及以下的占 63.0%，3—5 小时的占 18.5%，6—10 小时的占 4.1%，11—15 小时的占 2.9%，16—20 小时的占 2.1%，21—25 小时的占 1.2%，26 小时及以上的占 1.2%，记不清的占 7.0%；参加志愿服务活动的类别比例由高到低依次是：属于社会安全保卫的占 38.8%，属于美化清洁环境的占 25.6%，属于组织文体活动的占 15.4%，属于帮困助弱服务的占 11.9%，属于专业技能咨询的占 2.2%，属于其他的占 6.1%。

表 5　城区独居老人分年龄组的最近 3 个月内参加过社区文体活动的情况

参加过社区文体活动的类别	选择状况（每项单选）	年龄分组				总计
		70—74 岁	75—79 岁	80—84 岁	85 岁及以上	
社区或居民活动中心	参加人数	233	203	120	60	616
	占同年龄组 %	24.7%	19.2%	13.7%	13.2%	18.5%

续表

参加过社区文体活动的类别	选择状况（每项单选）	年龄分组				总计
		70—74岁	75—79岁	80—84岁	85岁及以上	
老年活动室或中心	参加人数	221	197	130	69	617
	占同年龄组%	23.5%	18.6%	14.8%	15.2%	18.5%
社区文化中心或文化室	参加人数	139	124	74	33	370
	占同年龄组%	14.8%	11.8%	8.5%	7.3%	11.2%
各类老年学校	参加人数	59	41	37	13	150
	占同年龄组%	6.3%	3.9%	4.3%	2.9%	4.5%
户外或室内健身点	参加人数	407	378	195	63	1043
	占同年龄组%	43.3%	35.9%	22.5%	14.1%	31.5%

注：N＝3335（社区或居民活动中心）；3328人（老年活动室或中心）；3310人（社区文化中心或文化室）；3306人（各类老年学校）；3306人（户外或室内健身点）。

（五）被调查独居老人的环境保障状况

在被调查并回答的城区70岁及以上独居老人中，居住在多层住宅的占72.6%，居住在高层住宅的占8.2%，居住在花园住宅的占0.9%，居住在普通旧式房（如四合院、石库门房等）的占14.7%，居住在农村两三层楼房的占0.8%，居住在平房的占1.9%，居住在简易搭建房的占0.2%，其他的占0.7%；住房面积在30平方米及以下的占13.6%，在31—50平方米的占30.7%，在51—70平方米的占33.1%，在70平方米以上的占22.6%。

在被调查并回答的独居老人中，对于比较担心因居住条件或设施差而引起的安全问题类别（最多选3项），不担心的占11.2%，担心因居住条件或设施差而引起的安全问题比例由高到低依次是：担心突发疾病无法告知别人的占55.7%，担心突然滑倒或绊倒的占18.5%，担心入室盗窃等财产安全问题的占7.7%，担心家中电器、煤气使用意外等的占5.0%，担心其他的占4.8%，无法回答的占0.1%。在被调查并回答的独居老人中，认为自己的住宅楼部位不需要改造的占60.0%；认为如果对自己的住宅楼进行改造，最需改善的前 5 个部位（最多选 3 项）比例由高到低依次是：卫生间占 18.4%，楼梯占 14.4%，厨房占 10.9%，楼栋入口占 8.5%，过道占 5.3%；认为自己的住宅楼内容不需要改造的占 39.1%；认为如果对自己的住宅楼进行改造，最需改造的内容（最多选 3 项）比例由高到低依次是：安装监控与求助设备占 21.9%，改善灯光与照明占 14.6%，安装扶手占 13.0%，加装电梯占 9.4%，设置轮椅通道占 6.7%，消除地面高差占 5.5%，增加阳台占 4.7%，改造现有电梯占 1.5%，其他占 8.4%（见表 6）。

表 6　城区独居老人分年龄组的认为住宅楼最需改造内容

最需改造内容的类别	选择状况（最多选 3 项）	年龄分组				总计
		70—74岁	75—79岁	80—84岁	85 岁及以上	
设置轮椅通道	选择人数	48	71	73	29	221
	占同年龄组 %	5.2%	6.7%	8.3%	6.3%	6.7%
加装电梯	选择人数	100	86	80	47	313
	占同年龄组 %	10.8%	8.2%	9.1%	10.2%	9.4%
改造现有电梯	选择人数	16	13	14	7	50
	占同年龄组 %	1.7%	1.2%	1.6%	1.5%	1.5%
安装扶手	选择人数	102	125	135	70	432
	占同年龄组 %	11.0%	11.9%	15.4%	15.2%	13.0%
增加阳台	选择人数	45	50	44	17	156
	占同年龄组 %	4.8%	4.7%	5.0%	3.7%	4.7%
改善灯光与照明	选择人数	157	152	116	58	483
	占同年龄组 %	16.9%	14.4%	13.3%	12.6%	14.6%
安装监控与求助设备	选择人数	269	272	129	58	728
	占同年龄组 %	28.9%	25.8%	14.7%	12.6%	21.9%
消除地面高差	选择人数	59	40	56	29	184
	占同年龄组 %	6.3%	3.8%	6.4%	6.3%	5.5%
其他	选择人数	77	88	87	26	278
	占同年龄组 %	8.3%	8.4%	9.9%	5.7%	8.4%

续表

最需改造内容的类别	选择状况（最多选 3 项）	年龄分组				总计
		70—74岁	75—79岁	80—84岁	85 岁及以上	
不需要	选择人数	320	403	374	216	1313
	占同年龄组 %	34.4%	38.3%	42.7%	47.0%	39.6%
总计	填写人数	930	1053	875	460	3318
	占总人数 %	28.0%	31.7%	26.4%	13.9%	100.0%

注：N＝3318 人。

（六）独居老人对目前生活状况的满意度及其当前最迫切需要政府和社会关心解决的老年人问题

在被调查并回答的城区 70 岁及以上独居老人中，对目前生活状况很满意的占 19.9%，比较满意的占 49.0%，一般的占 25.0%，不太满意的占 3.7%，不满意的占 1.6%，无法回答的占 0.8%。

在被调查并回答的独居老人中，认为当前最迫切需要政府和社会关心解决的老年人问题（最多选 5 项）比例最高的前 10 位依次为：解决好"看病贵"和"看病难"问题（57.4%），进一步解决好老年人的养老金问题（41.7%），切实保障老年人的合法权益（24.0%），增加社区上门照料老人服务（16.7%），多开展"结对关爱"活动（16.5%），加强尊老敬老的宣传教育（15.5%），安装不收费和低收费的紧急求助设施（15.4%），多办些养老机构（15.0%），为老年人从事有收入的工作提供帮助（14.6%），改善老年人居室条件（包括室内装扶手、铺设防滑地砖等）（11.7%）（见表 7）。

表 7　城区独居老人分年龄组的认为当前最迫切需要政府和社会关心解决的老年人问题

当前最迫切需要关心解决的老年人问题类别	选择状况（最多选 5 项）	年龄分组				总计
		70—74岁	75—79岁	80—84岁	85 岁及以上	
加强尊老敬老的宣传教育	选择人数	183	141	134	57	515
	占同年龄组 %	19.7%	13.3%	15.3%	12.4%	15.5%

续表

当前最迫切需要关心解决的老年人问题类别	选择状况（最多选5项）	年龄分组				总计
		70—74岁	75—79岁	80—84岁	85岁及以上	
切实保障老年人的合法权益	选择人数	227	254	201	116	798
	占同年龄组%	24.4%	24.0%	22.9%	25.2%	24.0%
为老年人从事有收入的工作提供帮助	选择人数	204	205	61	15	485
	占同年龄组%	22.0%	19.4%	6.9%	3.3%	14.6%
进一步解决好老年人的养老金问题	选择人数	442	475	321	148	1386
	占同年龄组%	47.6%	44.9%	36.6%	32.2%	41.7%
多开展"结对关爱"活动	选择人数	195	215	97	42	549
	占同年龄组%	21.0%	20.3%	11.0%	9.1%	16.5%
解决好"看病贵"和"看病难"问题	选择人数	559	608	507	235	1909
	占同年龄组%	60.2%	57.5%	57.7%	51.1%	57.4%
改善医务人员的服务态度	选择人数	122	120	87	49	378
	占同年龄组%	13.1%	11.4%	9.9%	10.7%	11.4%
多办些日间老年服务中心（白天"托老所"）	选择人数	52	67	61	36	216
	占同年龄组%	5.6%	6.3%	6.9%	7.8%	6.5%
多办些1周左右的全托服务	选择人数	29	20	34	12	95
	占同年龄组%	3.1%	1.9%	3.9%	2.6%	2.9%
多办些养老机构	选择人数	144	153	127	75	499
	占同年龄组%	15.5%	14.5%	14.5%	16.3%	15.0%
开设并搞好老年助餐服务	选择人数	55	54	57	35	201
	占同年龄组%	5.9%	5.1%	6.5%	7.6%	6.0%
增加社区上门照料老人服务	选择人数	116	162	174	102	554
	占同年龄组%	12.5%	15.3%	19.8%	22.2%	16.7%

续表

当前最迫切需要关心解决的老年人问题类别	选择状况（最多选5项）	年龄分组				总计
		70—74岁	75—79岁	80—84岁	85岁及以上	
安装不收费或低收费的紧急求助设施	选择人数	140	153	135	85	513
	占同年龄组%	15.1%	14.5%	15.4%	18.5%	15.4%
改善老年人居室条件（包括室内装扶手、铺设防滑地砖等）	选择人数	103	128	99	60	390
	占同年龄组%	11.1%	12.1%	11.3%	13.0%	11.7%
改善老年人的室外环境（包括无障碍设施改造、尽可能安装电梯等）	选择人数	82	115	90	52	339
	占同年龄组%	8.8%	10.9%	10.3%	11.3%	10.2%
丰富老年活动室的活动项目	选择人数	92	95	72	28	287
	占同年龄组%	9.9%	9.0%	8.2%	6.1%	8.6%
积极办好各类老年学校	选择人数	25	16	11	11	63
	占同年龄组%	2.7%	1.5%	1.3%	2.4%	1.9%
其他	选择人数	26	41	35	24	126
	占同年龄组%	2.8%	3.9%	4.0%	5.2%	3.8%
无法回答	选择人数	48	68	80	48	244
	占同年龄组%	5.2%	6.4%	9.1%	10.4%	7.3%
总计	填写人数	929	1057	878	460	3324
	占总人数%	27.9%	31.8%	26.4%	13.8%	100.0%

注：N＝3324人。

三、精准关爱我国城区独居老人的对策建议

（一）强化"精准关爱"的理念

从我们这次进行的中国大城市城区 70 岁及以上独居老人调查中发现，即使是独居老人，也可以细分为不同性别、不同年龄、不同婚姻状况、不同子女数、不同收入水平、不同健康状况、不同自理能力、不同参与频率、不同家居环境等特点的独居老人；他们的特点不同，对关爱类别的迫切需求也不同。笔者认为，要搞好对独居老人的关爱工作，切实帮助解决他们的实际困难，应该强化"精准关爱"的理念。笔者借鉴市场营销学有关从不同消费者的特点和需求出发，确定营销方供给侧如何提供差别化的营销服务和策略，并进一步反馈给物质产品和服务供应商搞好供给侧改革，提升有效供给，改善服务质量的"市场细分"理念（菲利普·科特勒，1990），建议政府和社会应从不同独居老人的特点和迫切需求出发进行需求细分，研究提供关爱方应如何对独居老人制定差别化的关爱服务和策略。

（二）精准筛选独居老人中的重点关爱人群

我们在这次对独居老人调查中发现，除了要把经济困难、高龄、重病、基本生活严重不能自理的独居老人作为重点关爱对象外，还应把其中的无配偶、无子女或没有一个子女与老人就近居住、居家环境差的独居老人作为"重中之重"的关爱对象。

比如，在这次被调查并回答的城区 70 岁及以上独居老人中，从未结婚的占 3.2%，有配偶的占 18.2%，离婚的占 4.5%，丧偶的占 74.1%；在男性独居老人中丧偶的占 57.8%，在女性独居老人中丧偶的占 81.4%。值得注意的是，在丧偶的独居老人中不仅经常感到孤独的比例较有配偶的独居老人高（分别为 18.1% 与 14.9%），而且迫切需要安装不收费和低收费的紧急求助设施的比例也较有配偶的独居老人高（分别为 16.5% 与 11.7%）；将来生活中最担心的经济困难（最多选 3 项）为食品/衣服/日用品等日常开支的比例也较有配偶的独居老人高（分别为 6.2% 和 4.5%），为入住养老院费用的比

例也较有配偶的独居老人高（分别为 5.7% 与 3.8%）。

（三）精准确定不同需求独居老人的关爱措施

我们在这次对独居老人调查中还发现，不同特点的老年人对关爱需求的迫切程度也不同。比如，在自评目前经济状况很困难和较困难的独居老人中，解决好"看病贵"和"看病难"问题的比例更高（分别为 78.9% 和 66.1%），进一步解决好老年人养老金问题的比例更高（分别为 66.9% 和 54.3%），为老年人从事有收入的工作提供帮助的比例较高（分别为 36.1% 和 19.8%）；在自评目前经济状况很困难的独居老人中，多开展"结对关爱"活动和安装不收费和低收费的紧急求助设施的比例也较高（分别为 32.3% 和 18.8%）。

又如，随着独居老人最基本生活能力由强到弱，担心将来请保姆或居家养老服务员的费用的比例逐渐上升：在完全能自理（100 分）的独居老人中占 9.8%，在基本能自理（85—95 分）的独居老人中占 15.7%，在只能半自理（65—80 分）的独居老人中占 18.3%，在严重不能自理（60 分及以下）的独居老人中占 19.8%；然而他们中对改善居室条件需求的比例却呈现倒"U"形分布（依次为 11.8%、11.7%、14.8%、7.7%）。笔者认为，这主要是因为严重不能自理的独居老人长期卧床、无法独自在居室内行走和洗澡，而改善居室条件又要增加个人的开支，因此他们对厨房、卫生间、客厅的"适老性"改造（如装扶手、防滑、消除地面高差等）需求明显比仍能在居室内行走的基本能自理、只能半自理老人要低。

（四）精准构建高龄体弱独居老人的全天候多重应急呼叫网络

我们在这次对独居老人调查中还发现，在被调查并回答的独居老人中，对于比较担心因居住条件或设施差而引起的安全问题类别（最多选 3 项），比例最高的是担心突发疾病无法告知别人（占 55.7%）；认为如果对自己的住宅楼进行改造，最需改造内容（最多选 3 项）中，比例最高的是安装监控与求助设备（占 21.9%）。笔者认为在《"十三五"国家老龄事业发展和养老体系建设规划》中提出"支持城乡社区定期上门巡访独居老年人"是重要的，但还远不能满足独居老人特别是高龄体弱独居老人遇到危及生命的突发事件的需要。现在上海市在全面实施"老伙伴"计划时，要求社区低龄老人对结对关爱的高龄老人特别是高龄独居老人"每天一次问候"（上海市民政局，2016）。这虽然比平时没有人问候要好，避免了独居老人不幸去世几天都无人知晓的情况发生，但仍无法对独居老人突发危及生命的事件给予紧急救助。笔者在1987年后曾多次应日本高龄化社会综合研究中心的邀请，开展合作研究并考察日本各地的社区为老服务政策措施。1990年笔者就借鉴日本山形市政府福利部为120位单身独居老人在邻居家安装"充满爱的电铃"的经验，在上海市提出为本市有需求的独居老人免费安装"求助电铃"的建议，被上海市政府采纳并列入1992年和1993年市政府要办的与人民生活密切相关的实事内容（桂世勋，1996）。当时全市总共为3000多位独居老人安装了"求助电铃"，如老人发生意外事件，只要一拉电铃，热心的邻居就会在第一时间获悉并采取应急措施。《解放日报》曾在1992年4月4日专门刊载《求助电铃真管用，救了孤老一条命》的文章，报道了上海市虹口区虹镇街道一位89岁孤老太陈美英因烤火取暖不慎内衣着火，靠求助电铃及时通知邻居赶来抢救一事。笔者建议，我国各地应把独居老人中的高龄体弱（特别是突发心脑血管疾病及跌倒高风险）老人筛选出来，精准构建全天候多重应急呼叫网络，既要充分发挥"安康通""一键通"及实时视频、人工智能手表、人工智能手杖等智慧养老设施的意外告警功能，在独居老人突发事件时尽快告知包括他们就近居住子女孙辈在内的其他亲属、朋友和社区志愿者，还应大力倡导通过安装"无线门铃"与热心邻居结对连接。它既可密切邻里关系，有利于倡导"孝亲敬老"的社会风尚，又能在第一时间迅速帮助处理独居老人的突发事件。

（五）精准推进符合大多数独居老人有效需求的机构养老

在被调查并回答的独居老人中，目前自己及其家人每月最多能承受入住养老机构总费用在3000元以下的比例为86.7%，特别是每月最多能承受入住养老机构总费用在1500元以下的竟占42.5%。笔者认为，被调查的独居老人之所以对自己及其家人每月能承受入住养老机构的总费用标准回答较低，除了一部分独居老人养老金收入及其子女收入确实较低外，还受到下面两个主要因素的影响：一是担心自己今后没有钱看病。由于老人对未来自己是否会患大病很难预料，对自己在临终前抢救的医药费究竟需要多少也难以预计，而且中国的文化传统使许多老人不愿意让子女为了给自己治病背一大笔债，因此他们需要留一部分积蓄"防一防"，用于支付自己未来的医药费，不可能把自己的养老金及积蓄全部用于支付入住养老机构费用；二是相当一部分老人还不可能"以房养老"。在我国一二线城市中房价虽然比过去涨了许多，但一部分独居老人还有配偶，他们的子女还希望继承房产，所以这些独居老人入住养老机构后仍不能"租房养老""卖房养老"。为了提高我国中度和重度失能失智独居老人入住养老机构接受照护的有效需求，笔者认为，我国应在试点基础上进一步完善长期护理保险制度（人力资源和社会保障部办公厅，2016），通过长期护理保险对经评估符合享受中度和重度等级待遇的参保老人支付一部分入住机构的照护费用，提高包括独居老人在内的参保老人的有效需求，使个人每月养老金在 3000 元以下、中度和重度失能失智老人能住得起中等水平的养老机构。值得注意的是，除了"低保"老人（包括农村"五保"老人和城镇"三无"老人）由政府"托底"提供其入住的公益性养老机构外，近年来我国部分城市新建的一些养老机构"贪大求高"（桂世勋，2017），一般的每月收费均在 5000 元以上，有的还需要老人在入住时支付至少几十万元的"定金"（或"会员费"）。笔者建议，民政部门在制定养老机构发展规划和新增床位费补贴、入住床位运行费补贴方面，应积极引导和鼓励发展中档水平的养老机构。

（六）在社区层面尽快建立"独居老人信息库"

早在 2004 年初，上海市老龄工作委员会办公室就发布了《关于进一步开展独居老人结对关心工作调查的通知》。2004 年 3—7 月，上海市老龄科学研究中心会同各区（县）老龄工作委员会办公室开展了对全市"纯老家庭户"中老年人的全面调查。所谓"纯老家庭户"，即家庭成员中均是 60 岁及以上老人的家庭户。它包括独居老人户、仅老夫妇二人共同生活户、两代及以上老人共同生活户、其他均是老人的户，以及老人与残疾子女同住户。当时设计的调查问卷主要内容有：（1）老人所在区（县）、街道（乡镇）、居（村）委会；（2）姓名；（3）身份证号码；（4）户籍情况；（5）性别；（6）出生年月；（7）婚姻状况；（8）文化程度；（9）健康状况；（10）生活自理程度；

（11）子女居住范围；（12）居住情况及与其他同住老年人之间的关系；（13）居住人口数；（14）经济收入来源；（15）享受各种救助情况；（16）对所列服务（每天问候服务、每月1次及以上精神慰藉服务、紧急援助服务、生活照料服务等）是否有需求；（17）对上述服务的需求是否已经落实；（18）该老人是否已落实结对关心人员；（19）老人家庭住址和电话；（20）老人突发事件联系人姓名和电话；（21）老人结对关心人员姓名和电话。在开展问卷调查的基础上，把有关资料录入计算机，在各区（县）、街道（镇）、居（村）委会全部建立了"一人一表（卡）"的包括独居老人在内的纯老家庭户老年人信息库；要求每年更新一次信息，每年统计的标准时点为12月31日。全市纯老家庭户老年人信息库设在上海市老龄科学研究中心（老龄音像资料馆）。2004年调查结果显示，上海市户籍独居老人为16.99万人（包括子女都不在上海的独居老人0.43万人），占全市户籍老年人总数的6.50%（"上海市纯老家庭老年人关爱工作情况的调查"课题组，2005）；2017年末上海市户籍独居老人为32.18万人，比2004年增加了89.4%，占全市户籍老年人口总数的6.65%（上海市民政局等，2018）。

笔者认为，上述包括独居老人在内的纯老家庭户信息库，最好能增加以下调查信息：您目前患有经医生诊断的疾病吗（最多填3项）？您在最近半年内参加过哪些社会活动（从事有收入工作，参加志愿服务，到附近活动室活动，参加老年学校学习，参加健身活动，其他活动）？您经常感到孤独吗？您经常感到紧张害怕吗？通过信息的交叉分析，相关部门很快就能查询到本街道或居委会究竟有多少年龄在80岁及以上、基本生活不能自理的独居老人；有多少患高血压或心脏病、糖尿病的独居老人；有多少基本生活不能自理、子女都在上海市外常住、结对关心人员还没有落实的独居老人；有多少身体很好、较好和一般的低龄独居老人在最近半年内均不参加社会活动的。这样，就便于社区采取个性化的精准关爱措施。同时，笔者建议，我国各地区应依托社区综合服务设施和社区公共服务综合信息平台，尽快建立"独居老人信息库"，并在保障网络安全前提下与"老年人健康档案信息库""残疾人信息库""计划生育特别扶助对象信息库""社会救助人员信息库""享受养老服务补贴人员信息库""困难残疾人生活补贴信息库""重度残疾人护理补贴信息库""长期护理保险参保人员失能、失智等级评估信息库"

等相关信息系统互联互通、信息共享，以便于社区对独居老人更好地采取个性化的精准关爱措施。

【注释】

① 《国务院关于印发"十三五"国家老龄事业发展和养老体系建设规划的通知》，新华网，2017 年 3 目 6 日。

【参考文献】

[1] 菲利普·科特勒：《市场营销管理：分析、计划与控制》（第 5 版），上海人民出版社 1990 年版。

[2] 桂世勋主编：《独生子女父母年老后的照顾问题——上海与东京老龄化对比研究》，华东师范大学出版社 1996 年版；桂世勋：《应对老龄化的养老服务政策需要理性思考》，《华东师范大学学报》（哲学社会科学版）2017 年第 4 期。

[3] 人力资源和社会保障部办公厅：《关于开展长期护理保险制度试点的指导意见》，医疗保险司，2016 年 7 月 8 日。

[4] "上海市纯老家庭老年人关爱工作情况的调查"课题组：《上海市纯老家庭老年人关爱工作情况的调查资料汇编》，上海市老龄科学研究中心老龄音像资料馆，2005 年 1 月。

[5] 上海市民政局：《"老伙伴"计划——为高龄老人提供家庭互助服务》，上海市综合为老服务平台，2016 年 10 月 3 日；上海市民政局、上海市老龄工作委员会办公室、上海市统计局：《上海市老年人口和老龄事业数据手册（2017）》，2018 年。

（本文原载《华东师范大学学报》（哲学社会科学版）2019 年第 3 期）

长期护理保险试点中需注意的几个问题

在《中华人民共和国国民经济和社会发展第十三个五年规划纲要》中，要求"探索建立长期护理保险制度，开展长期护理保险试点"。笔者主持的国家社科基金重大项目"未来十年我国城市老年人口居家养老保障体系研究"中，有一个研究目标就是"设计我国从 2016 年起开展长期护理社会保险制度的试点方案"。2016 年 6 月，《人力资源社会保障部办公厅关于开展长期护理保险制度试点的指导意见》（人社厅发〔2016〕80 号）（以下简称"指导意见"）中，要求我国长期护理保险制度试点的 15 个城市"利用 1—2 年试点时间，积累经验，力争在'十三五'期间，基本形成适应我国社会主义市场经济体制的长期护理保险制度政策框架。"为了搞好我国长期护理保险制度试点，当务之急是应该具体了解和仔细比较近年来各地实施的试点方案，借鉴已实施长期护理保险国家的经验教训，从中国的基本国情出发深入研究和探讨长期护理保险制度试点中的积极探索和需注意的问题。本文将着重探讨我国近年来长期护理保险试点中五个需注意的问题。

一、参加本地基本医疗保险的非本地户籍职工 应如何纳入长期护理保险的参保范围

在 2016 年 6 月"指导意见"公布前，"青岛方案"和"南通方案"均把长期护理保险的参保范围覆盖本地户籍参加职工基本医保和城乡居民基本医保的参保人员。当时人们往往把长期护理保险的参保范围实施"城乡一体化"作为现阶段的最佳模式。

笔者在 2016 年 2 月第二届"中国社会保障学术大会护理保险分论坛"

发言中明确提出：鉴于较长一段时期内我国的基本养老保险、基本医疗保险均实行"双轨制"，城镇职工与城乡居民的缴费标准和待遇标准存在显著差异的情况，建议现阶段我国最好也实施长期护理保险的"双轨制"，分别构建职工长期护理保险制度和城乡居民长期护理保险制度，对这两种不同的参保对象在缴费标准（包括用人单位缴费或政府补助）和享受待遇方面规定差别化政策，基金分开运营和分账管理。并将其作为过渡方案，积极创造条件逐步缩小缴费和待遇差距，最后实现并轨。不久在"指导意见"中，也明确提出"试点阶段，长期护理保险制度原则上主要覆盖职工基本医疗保险参保人群。试点地区可根据自身实际，随制度探索完善，综合平衡资金筹集和保障需要等因素，合理确定参保范围并逐步扩大"。现在"承德方案""成都方案""安庆方案""荆门方案""新疆方案""广州方案""上饶方案""宁波方案""重庆方案"均规定先行启动职工长期护理保险的试点。

据中华人民共和国人力资源和社会保障部部长尹蔚民介绍，2016年中国城镇职工（笔者注：指城镇企业职工）基本养老保险月平均待遇水平已超过2300元，城乡居民基本养老保险月平均待遇水平已超过120元。[①] 笔者认为在党的十九大报告中提出的中国新时代社会主要矛盾是人民日益增长的美好生活需要和不平衡不充分的发展之间的矛盾情况下，由于城镇职工及退休人员与城乡居民及年满60岁人员个人缴纳的长期护理保险费差异大，更应在长期护理保险中实行缴费与待遇差别化的"双轨制"。如果我国把参加职工基本照护保险与参加城乡居民基本照护保险的人员，经评估属于同一个失能失智等级的给予提供相同时间或金额的照护服务，其后果要么明显拉低享受待遇的标准，严重挫伤参加职工基本照护保险人员的积极性；要么大幅度增加政府财政对参加城乡居民基本照护保险人员的补助标准，从而严重影响长期照护保险制度的可持续发展。在2018年4月1日起正式实施的青岛市"新型长期护理保险制度"中，已改为参加职工基本医疗保险的参保人同步参加职工长期护理保险，参加居民基本医疗保险的参保人同步参加居民长期护理保险；而且对这两类长期护理保险的参保人员在资金筹集和基本生活照料是否纳入护理保障范围、个人报销比例方面均制定了差别化政策。所以，笔者从贯彻党中央提出的"稳中求进"工作总基调及社会保险应坚持参保者权利与义务基本对等原则出发，认为只要我国基本医疗保险制度还存在

"双轨制"的情况下，长期护理保险制度仍应实施缴费与待遇差别化的"双轨制"。

在2016年"指导意见"发布后制定的长期护理保险试点方案中，虽未明确规定长护险的参保范围及享受待遇对象限于本地户籍参加当地基本医疗保险的人员，但实际上都把参加当地职工基本医疗保险的非本地户籍人员排除在长期护理保险之外。因此，也没有深层次考虑如何解决非本地户籍职工在跨省级地区流动从业时个人和用人单位缴纳的长期护理保险费应如何合理转移的问题。笔者在2016年10月第13届世界华人地区长期照护研讨会上作了"我国非本地户籍职工纳入长期护理保险试点参保范围的制度设计"发言，指出参加本地职工基本医疗保险的非本地户籍职工应纳入长期护理保险制度试点的参保范围，与当地户籍职工一样缴纳长期护理保险费及享受长期护理保险待遇，并分析了非本地户籍职工纳入长期护理保险试点参保范围后，当他们跨省级地区流动从业时个人及用人单位为其缴纳的保险费应如何接续转移的模式。笔者从未来我国参加职工长期护理保险的非本地户籍职工占比高、流动性大、单位为在职职工缴费率低及不为已退休人员缴费、长期护理服务需求主要发生在"全生命周期"的最后阶段、中央财政投入大量均衡性转移支付难度大等特点出发，建议最好借鉴我国现行职工基本养老保险为代表的个人缴费全部进入个人账户，在参保人员跨省流动转移从业地区时，原用人单位为其缴费的一定比例也随同转入新从业地区统筹基金的转移接续模式的思路，将我国参加职工长期护理保险人员个人缴纳长期护理保险费的一半计入个人账户，一半作为统筹基金；当其从业地跨省级地区流动变更时，省级社保部门除将其个人账户储存额随同转移外，应将其个人累计缴纳作为统筹基金的全部与该用人单位为职工累计缴纳长期护理保险费的至少60%转到他新从业的省级社保部门长期护理保险统筹基金中，并希望在国家层面尽快研究制定方案。会后中国老年学与老年医学学会副会长杜鹏教授将笔者的上述论文推荐给《社会建设》杂志，在2017年第1期发表。他在该期杂志"主持人语"中，评价"该研究大胆创新，积极探索对现有制度的改革与整合，对于我国长期护理保险制度的建设具有重要的启发意义。"②当然，建立长期护理保险的个人账户也存在基金保值增值的风险。笔者建议为了应对未来各地长期护理保险基金由于参保人员跨省级地区流动从业的转移支付压力，也可考虑实施"调剂金"制度。各省级地区长期护理保险经办机构应预估当地的非本地户籍职工未来跨省级地区流动从业态势，从长期护理保险基金中预留一定比例的"调剂准备金"。

二、参加城镇职工长期护理保险的退休人员应如何缴纳长期护理保险费

在"指导意见"中，未明确规定参加城镇职工基本医疗保险的退休人员纳入长期护理保险的参保范围后是否要缴纳长期护理保险费。在这次各地试点的方案中，绝大部分方案要求参加城镇职工长期护理保险的退休人员必须缴纳长期护理保险费。笔者认为这项规定带有刚性特点，而且城乡居民基本医疗保险中也规定 60 岁及以上老人个人需要缴纳医疗保险费，所以长期护理保险的试点方案作出该项规定值得肯定。

但各地试点方案对他们缴纳的长期护理保险费是否应该有所差别存在不同规定。"南通方案""安庆方案""上饶方案""杭州（以桐庐县为例）方案"均规定包括城镇退休人员在内的长期护理保险的参保人员，个人每人每年按一定金额（如 30 元、40 元）缴纳长期护理保险费。"宁波方案"规定退休人员以本市城乡居民上年可支配收入的 0.1% 缴纳。"成都方案"则规定退休人员以城镇职工基本医疗保险个人账户划入基数为缴费基数，按每人每月 0.3% 的费率从个人账户中按月划拨；财政补贴也以退休人员城镇职工基本医疗保险个人账户划入基数为缴费基数，按每人每月 0.1% 的费率按年度进行补助。

笔者认为鉴于很长时期内我国机关事业单位与企业的退休人员"社会养老金"（特指我国城镇企业养老保险制度改革后企业退休人员所领的基本养老金，我国机关事业单位养老保险制度改革后机关事业单位退休人员所领的实际包括基本养老金和"生活补贴"两部分养老金，但不包括"企业年金"和"职业年金"）存在较大差别，而且至今他们仍不缴纳基本医疗保险费的情况，建议参加职工长期护理保险的城镇机关事业单位和企业退休人员最好以个人每月领取的"社会养老金"收入为基数，按同样比例缴纳长期护理保险费；如果个人月领"社会养老金"超过当地城镇职工月平均"社会养

老金"的 300%，则以当地城镇职工月平均"社会养老金"的 300% 作为其缴纳长期护理保险费的基数。比如，参加城镇职工长期护理保险的退休人员都按每月领取的"社会养老金"的 0.5% 缴纳长期护理保险费，那么月领养老金 2000 元的退休人员每月需缴纳长期护理保险费为 10 元，而月领养老金 5000 元的退休人员每月则需缴纳长期护理保险费 25 元。当然，德国的长期护理保险考虑退休人员因没有用人单位为其缴纳长期护理保险费，所以规定他们需缴纳在职雇员个人和雇主合计的缴费比例。笔者感到这不符合中国情况，退休人员从现在基本医疗保险费不缴变为长期护理保险费要缴"双份"也难以接受，建议我国退休人员个人长期护理保险的月缴费比例最好与在职职工（或 40 岁及以上职工）个人长期护理保险的缴费占其月工资的比例基本相同。

三、参加城乡居民基本医疗保险的人员应如何确定纳入长期护理保险参保范围的年龄段

"南通方案"规定参加城乡居民基本医疗保险的人员应全部纳入长期护理保险的参保范围，但未成年人（含在校学生）由政府全额补助，个人无须缴纳。"上海方案"则规定参保对象分为两类，第一类为参加本市职工基本医疗保险的人员；第二类为参加本市城乡居民基本医疗保险的 60 周岁及以上的人员。凡参加居民医疗保险年满 60 周岁、在集中登记缴费期内完成缴费且享受居民医疗保险待遇的，经老年照护统一需求评估达到二至六级且在评估有效期内的，可在长期护理保险参保年度内按规定享受长期护理保险待遇。笔者认为"上海方案"未把参加城乡居民基本医疗保险的 60 周岁以下参保人员纳入长期护理保险参保范围，他们不缴纳长期护理保险费，这将使参加本市城乡居民基本医疗保险的 60 周岁及以上失能失智人员享受长期护理保险待遇的资金，主要由职工基本医疗保险统筹基金划转或职工缴纳的长期护理保险费、政府对城乡居民长期护理保险的补助来承担。这不仅不合理，而且也不具有可持续性。

笔者在 2017 年 2 月第三届"中国社会保障学术大会护理保险分论坛"上建议最好把参加城乡居民基本医疗保险的 20 岁及以上参保人员纳入长期

护理保险参保范围，其主要理由是我国的基本医疗保险是"全民参保"。其中城乡基本医疗保险的参保对象就规定"在本行政区域内不属于职工基本医疗保险范围的城乡居民"，其中包括婴幼儿、中小学生（含托幼机构儿童）和高校大学生。考虑到未成年人的患病风险，许多家庭愿意为这部分亲属缴纳基本医疗保险费，但未成年人中发生需要长期照护的风险极低，而且我国对未成年的残疾人有专项法律给予保护，因此如果把参加城乡居民基本医疗保险的未成年人也纳入长期护理保险的参保范围，许多家庭很可能就不愿意为这部分亲属缴纳长期护理保险费。然而如果将我国长期护理保险的参保对象按日本的介护保险那样限于 40 岁及以上居住者，但各级财政又不可能像日本那样由中央、都道府县、市町村三级财政合计承担全国长期护理保险全部运营费用的 45%（日本规定除个人承担照护服务费的 10% 外，各级政府的税收与长期护理保险收费各承担一半），就会大大加重 40 岁及以上参保者及其用人单位的缴费负担。据国家社科基金重大项目课题组成员李强副教授进行的 2015—2050 年我国分年龄组的人口变动趋势预测，2020 年全国 60 岁及以上人口数为 2.47 亿，40 岁及以上人口数为 6.83 亿，20 岁及以上人口数为 10.87 亿；2030 年全国 60 岁及以上人口数为 3.58 亿，40 岁及以上人口数为 7.89 亿，20 岁及以上人口数为 11.10 亿；2050 年全国 60 岁及以上人口数为 4.83 亿，40 岁及以上人口数为 7.94 亿，20 岁及以上人口数为 10.78 亿。可见如果我国把参加长期护理保险的起始年龄定为 20 岁而不是 40 岁，那么在 2020 年就会增加 4.04 亿人，在 2030 年就会增加 3.21 亿人，在 2050 年就会增加 2.84 亿人。即使在 2020—2050 年间我国由于总人口数特别是年轻劳动年龄人口数的波浪式减少，增加的人数呈相对减少的趋势，但增加的绝对数仍超过 2.5 亿人。这样不仅可以将实施长期护理保险的互济费用分摊给更多参保人，而且也有利于减轻参保者个人及其用人单位的缴费负担，减轻财政对长期护理保险的补助压力。

鉴于上海市规定的城乡居民基本医疗保险的缴费年龄段划分将"超过 18 岁、不满 60 岁人员"归为一档，2017 年上海市 19—59 岁的参保人员个人缴费为 720 元/年，政府补助为 2180 元/年，合计为 2900 元/年；而我国其他地区凡规定城乡居民基本医疗保险缴费年龄段划分的一般都将 18—59 岁归为一档，所以笔者建议最好把参加城乡居民基本医疗保险的 18 岁及以上参保人员纳入长期护理保险参保范围。

四、在长期护理保险享受待遇中应如何
合理确定支付的条件和项目

　　笔者认为在部分长期护理保险试点方案中存在两个误解，一是将"经过不少于 6 个月的治疗"作为能否享受长期护理保险待遇的必要条件。"南通方案"最先规定因年老、疾病、伤残导致失能，经过不少于 6 个月的治疗，符合《日常生活活动能力评定表》重度失能标准，生活不能自理、需要长期照护的参保人员，享受照护保险待遇。以后"安庆方案""上饶方案""承德方案""宁波方案""杭州（以桐庐县为例）方案"均把"必须经过不少于 6 个月的治疗"作为参加长期护理保险的重度失能人员能否享受长期照护待遇必要条件。在"荆门方案"中则改成因年老、疾病、伤残等原因长年卧床或经过不少于 6 个月的治疗；"苏州方案"又改成因年老经过一段时间治疗。

　　其实，长期护理与短期的治疗性护理是不同的。在德国《社会法典》中规定的可享受长护险的护理人群界定较科学，它是指那些因身体、智力或精神上的疾病或残疾而无法完成日常生活所需反复进行的平常事务，且预期时间超过 6 个月，需要显著或更大量护理帮助的人群。[③] 笔者将其简要概括为因年老、疾病、伤残等原因基本生活自理有困难，已经或预期超过 6 个月而需要照护的参加长期护理保险人员。只要符合上述条件，即使参保对象因年老体衰而未经过不少于 6 个月的治疗，经评估属于长期护理保险规定的失能失智的，也可支付照护待遇。

　　二是将"床位费"作为长期护理保险的享受待遇项目。"长春方案""南通方案""广州方案""安庆方案"均规定长期护理保险的保障项目包括入住机构的床位费。

　　借鉴国外经验，德国的长期护理保险自实施以来就规定不支付住院床位费，对护理等级为三级的，不管护理机构上门服务还是短期护理、半住院护理、住院护理，长护险每月支付的最高偿付金额都相同；日本的介护保险虽然规定同一失能等级的居家接受照护与入住机构照护的最高偿付金额有所差别，但明确规定介护保险只支付入住机构照护服务费的 80%—90%，床位费、餐饮费、日常生活费均由个人承担，介护保险不支付。④

现在为体现长期护理保险支付待遇鼓励居家接受照护的原则，"成都方案"规定按条件可以在机构进行长期照护的，其定额支付标准按照失能等级对应照护费用的 70% 进行确定；在居家进行长期照护的，其定额支付标准按照失能等级对应照护费用的 75% 进行确定。"荆门方案"规定非全日居家护理和全日居家护理的，长护险基金支付 80%；养老机构护理的，长护险基金支付 75%；医院护理的，长护险基金支付 70%。"上海方案"除了规定参保人员在评估期内发生的符合规定的养老机构照护的服务费用，长期护理保险基金的支付水平为 85%，参保人员在评估期内发生的社区居家照护的服务费用，长期护理保险基金的支付水平为 90% 以外，还规定对于等级为五级或六级接受居家照护服务的老人，连续接受居家照护服务 1 个月以上 6 个月（含）以下的，由其自主选择，在规定的每周 7 小时服务时间的基础上，每月增加 1 小时的服务时间，或者获得 40 元现金补助；连续接受居家照护服务 6 个月以上的，由其自主选择，在规定的每周 7 小时服务时间的基础上，每月增加 2 小时的服务时间，或者获得 80 元现金补助。笔者认为如果我国未来长期护理保险的保障项目均包括床位费，那么不仅会大大加重长期护理保险基金的支付压力，而且由于居家照护不需支付床位费，很可能长期护理保险基金对评估为同样等级的失能失智老人在机构接受照护的总费用支出会明显高于在居家接受照护的总费用支出，从而反过来会鼓励更多失能、失智老人入住机构接受照护。

五、在长期护理保险享受待遇评估中应如何设计全国统一的"少而精"评估调查表

我国大多数试点地区对长期护理保险参保人员的失能等级评估，基本采用国际通行的"日常生活活动能力评定量表"。2014 年，上海市卫生计生委牵头，将原来分散在卫生、医保和民政的老年照护评估标准进行整合完善，制定了《上海市老年照护统一需求评估调查表》。该评估表比较全面精细，但不足之处是为了兼顾养老服务补贴、医疗机构护理床位、长期护理保

险等多方面待遇支付准入要求，评估内容涉及面较广，包括三大部分 71 个问题，构建了 6 个失能等级的评估标准。在"上海方案"（部分区试点）中规定，试点阶段评估 1 个老人需 240 元，在 2018 年 1 月 1 日起实施的全市试点方案中评估费虽然有所减少，但仍为 200 元。2017 年青岛市又制定了《青岛市长期护理保险失智老人失智状况评估量表》，用于评估参加长期护理保险的 60 岁及以上老人失智等级。

笔者认为在长期护理保险评估失能失智等级上至少应分为轻度、中度、重度三个失能失智等级。每个等级既包括因失能需长期照护的参保人，也包括因失智需长期照护的参保人。在上海市制定的老年照护统一需求评估表有关"调查对象及其家庭情况"的 29 个问题中，至少有 14 个问题在评估长期护理保险待遇能否享受及享受哪个等级时，不需要被评估对象回答。比如，"现在是否为民政部门认定的低保低收入人群"；"是否为'失独'家庭"；"文化程度"；"主要经济来源"；"现住场所"；"家属人员"；"和谁在一起居住"；"居住楼层"；"楼层有无电梯"；"室内有无台阶"；"室内有无扶手"；"厕所"；"洗浴设备"；"最近 3 个月，居住地址是否改变"；"在过去的 1 个月，不支付费用的照护情况"；"在过去的 1 个月，要支付费用的照护情况（不包括陪伴时间）"。如果在评估长期护理保险待遇时不问申请老人这些问题，就可节省调查时间和评估成本。借鉴日本经验，他们将失能等级评估表的项目从 2000 年时的 100 多个精简到 2006 年的 85 个、再精简到 2009 年的 74 个。[⑤] 建议中央有关部门应尽快在借鉴国外经验和总结各试点地区制定的长期护理保险失能失智等级评估表的基础上，制定符合长期护理保险待遇支付要求的全国城乡统一的"少而精"失能失智等级评估表。至于这些失能失智老人如何根据个人及家庭的不同情况使用好长期护理保险支付的照护费，可借鉴日本的介护保险在社区设立"介护服务协助经理"的经验，在社区建立由家庭医生、民政助理（或居家养老服务中心管理人员）、社区社工等约 3 人组成的"社区长照服务指导小组"，再具体了解本社区享受长期护理保险待遇的每个失能失智老人的个人及其家庭情况，提出更有针对性的有效使用照护服务的建议。

【参考文献】

[1] 人社部部长尹蔚民：《医保覆盖超 13 亿人实现全民医保》，中国网，2017 年 10 月 22 日。

[2] 杜鹏：《主持人语》，《社会建设》2017 年第 1 期。

[3] 姚玲珍：《德国社会保障制度》，上海人民出版社 2011 年版。

[4]［5］赵林、多田罗浩三、桂世勋主编：《日本如何应对超高龄社会——医疗保健·社会保障对策》，知识产权出版社 2014 年版。

（本文原载《人口与健康》2019 年第 4 期）

非本地户籍职工纳入长期护理保险试点
参保范围的制度设计

2016 年 6 月 27 日人力资源社会保障部办公厅下发的《关于开展长期护理保险制度试点的指导意见》（人社厅发〔2016〕80 号）（以下简称"指导意见"）中，要求"试点阶段，长期护理保险制度原则上主要覆盖职工基本医疗保险参保人群。试点地区可根据自身实际，随制度探索完善，综合平衡资金筹集和保障需要等因素，合理确定参保范围并逐步扩大。"本文就我国城市在进行长期护理保险制度试点时应如何从基本国情出发积极稳妥地把参加本地区基本医疗保险的非本地户籍职工纳入长期护理保险参保范围的制度设计问题进行探讨。

一、参加职工基本医疗保险的非本地户籍职工纳入长期护理保险制度试点参保范围的重要性和紧迫性

（一）适应我国参加职工基本医疗保险的非本地户籍职工面广量大的迫切需要

2014 年末我国参加城镇职工基本医疗保险的为 28296.0 万人，其中退休人员 7254.8 万人 [1]。由此推算，该年末全国城镇在职职工参加城镇职工基本医疗保险的达 21041.2 万人。在我国各地参加城镇职工基本医疗保险的在职职工中，既有本地户籍的在职职工，也有非本地户籍的在职职工，其中包括大量从农村流入但未取得从业地城市户籍的职工（即"农民工"）。2014 年我国农民工总数为 27395 万，其中外出农民工 16821 万，本地农民

工 10574 万。[2]

从近年来我国已开展的有关长期护理社会保险制度探索试点看，无论是山东省青岛市于 2012 年 7 月 1 日开始试点的"长期医疗护理保险制度"、上海市于 2013 年开始试点的"高龄老人医疗护理保障计划"，还是吉林省长春市于 2015 年 5 月 1 日开始试点的"失能人员医疗护理保险"、江苏省南通市于 2016 年 1 月 1 日开始试点的"基本照护保险制度"，其参保范围和待遇支付的对象均限于本地户籍人员。

"试点阶段，长期护理保险制度原则上主要覆盖职工基本医疗保险参保人群"，没有明确讲在长期护理保险试点阶段参保范围只限于各试点地区参加职工基本医疗保险的当地户籍人员。因此，要将长期护理保险制度覆盖职工基本医疗保险的参保人群，必然要求覆盖参加当地职工基本医疗保险的大批包括"农民工"在内的非户籍人员。

（二）将用人单位缴纳的基本医疗保险"统筹基金结余部分划转"作为长期护理保险筹资途径之一的迫切需要

近年来在我国已开展长期护理保险试点的有些地区，不同程度地将包括非本地户籍职工的用人单位为其缴纳的基本医疗保险统筹基金结余部分，划转一部分作为当地长期护理保险基金的筹资途径之一，但该基金仅给予参加长期护理保险的符合待遇支付条件的本地户籍职工支付护理服务费用。"试点阶段，可通过优化职工医保统账结构、划转职工医保统筹基金结余、调剂职工医保费率等途径筹集资金。"[3] 其中把"划转职工医保统筹基金结余"也作为筹集长期护理保险资金的一个途径。

笔者认为如果我国进行长期护理保险试点时把参保范围仅限于参加本地区基本医疗保险的当地户籍职工，在长期护理保险的资金筹集中将包含用人单位为非当地户籍职工缴纳的职工基本医保统筹基金结余中划转一部分，但在长期护理保险的待遇支付中又把非当地户籍职工排除在外，是有失公平的。因此，我国必须从坚持长期护理保险制度顶层设计方案的公平性，尽快研究解决这个重大问题。

（三）搞好长期护理保险不同统筹地区基金收支合理平衡的迫切需要

鉴于我国现在只有 60 岁及以上老年人口分性别年龄组失能失智占比的统计资料，缺乏 60 岁以下人口分性别年龄组失能失智占比的统计资料，笔者参考了中国台湾地区"卫生福利机构"在 2010 年开展"国民长期照护需要调查"得到的 5 岁及以上人口分年龄组失能率资料，他们将"最基本的日常生活自理能力量表（ADLs）[均能自理为 100 分]"得分在 70 分及以下或者 ADLs 得分在 70 分以上但认知功能测试有障碍，或者 ADLs 得分在 70 分以上但"一般的日常生活自理能力量表（IADLs）"测试有障碍，或者 ADLs 得分在 70 分以上但 IADLs 和认知功能测试均有障碍，作为"失能"的标准，发现 20—24 岁组和 25—29 岁组失能率均为 1%，55—59 岁组为 2.2%；而 70—74 岁组为 10.7%，75—79 岁组为 18.1%，80—84 组为 32.0%，85 岁及以上组竟高达 62.4%。

在我国相当长时期内户籍人口城镇化率不高的情况下，在城镇从业的非城镇户籍人员大部分参加了从业地的城镇职工基本医疗保险，用人单位也给他们缴纳了基本医疗保险费；如果今后他们参加了从业地的长期护理保险，主要用于年老后失能失智的照护需求，那么当他们流动到其他省、自治区、直辖市从业，在那里退休后回户籍所在地或者不是主要从业并缴纳长期护理保险费的地区养老，虽然他们个人仍然要按在职时工资收入或退休后养老金的一定比例继续缴纳长期护理保险费，但要该省、自治区、直辖市社会保险经办机构在他们失能失智后从长期护理保险统筹基金中支付符合规定的长期护理费用，就会给这些地区长期护理保险基金带来不堪负担的严重压力。

二、非本地户籍职工纳入长期护理保险参保
范围可供选择的三种资金运营模式

（一）以日本为代表的由中央财政给予各地区均衡性转移补助的现收现付模式

日本于 1997 年正式通过并从 2000 年 4 月 1 日起实施的《介护保险法》

规定，介护保险的运营费用，除获得介护保险提供服务的个人承担 10%
外，剩下的 90% 由政府的税收与介护保险收费两部分构成，各占一半。尽
管其中税收部分由中央政府、省级政府（都、道、府、县）、地方基层政
府（市、町、村）按一定比例承担，具体承担比例根据机构养老支付费与
居家养老支付费的不同而有所区别（机构养老的比例为中央政府 20%、省
级政府 17.5%、地方政府 12.5%；居家养老的比例为中央政府 25%、省级政
府 12.5%、地方政府 12.5%），但中央政府把承担介护服务费用中的 5% 作为
"调整交付金"（包括"普通调整交付金"和"特别调整交付金"），用于因老
年人口比重大（要照护的危险性高）、介护保险费收费额（或财政收入）少，
以及自然灾害等所导致的保险费收入减少的社区之间的财政调整补助，以缩
小地区之间的贫困差距。[4] 其中的"普通调整交付金"按各地方政府辖区内
的 75 岁及以上"后期老人"在 65 岁及以上老年人口中占比、65 岁及以上
老年人口平均收入来计算中央政府财政应给予各地方政府长期护理保险费用
的不同比例补助。如 2002 年度日本中央政府的"普通调整交付金"给地方
政府介护服务费用补助分别为该年度介护服务费用总支出 90% 中的 3%、5%
和 11%。[5] 至于"特别调整交付金"则是中央政府给予某些地方政府因地
震、水灾、火山喷火等灾害而影响介护服务费用支付困难的补助。

（二）以我国现行职工基本医疗保险为代表的个人缴费全部进入个人账户、用人单位缴费的一定比例也转入个人账户的统账结合模式

早在 1998 年颁发的《国务院关于建立城镇职工基本医疗保险制度的决
定》（国发〔1998〕44 号）中就规定："用人单位缴费率控制在职工工资总
额的 6% 左右，职工缴费率一般为本人工资收入的 2%。""职工个人缴纳的
基本医疗保险费全部计入个人账户。用人单位缴纳的基本医疗保险费分为两
部分，一部分用于建立统筹基金，一部分划入个人账户。划入个人账户的比
例一般为用人单位缴费的 30% 左右，具体比例由统筹地区根据个人账户的
支付范围和职工年龄等因素确定。"

以上海市为例，在 2013 年 12 月 1 日起实施的《上海市职工基本医疗保
险办法》（沪府令［2013］8 号）中就规定："在职职工个人应当按照其缴费
基数 2% 的比例，缴纳基本医疗保险费。""用人单位应当按照其缴费基数 9%

的比例，缴纳基本医疗保险费，并按照其缴费基数 2% 的比例，缴纳地方附加医疗保险费。"同时又规定："在职职工缴纳的基本医疗保险费，全部计入本人医疗账户。""用人单位缴纳的基本医疗保险费的 30% 左右计入个人医疗账户。""用人单位缴纳的基本医疗保险计入个人医疗账户的标准，按照不同年龄段有所区别。在职职工的年龄段划分为：34 岁及以下的；35 岁至 44 岁的；45 岁及以上的。退休人员的年龄段划分为：退休至 74 岁及以下的；75 岁及以上的。"该《办法》还规定："用人单位缴纳的基本医疗保险费计入个人医疗账户的具体标准及其调整，由市人力资源社会保障局会同有关部门研究、论证并报市人民政府同意后公布执行。"

2016 年，上海市对不同年龄段的在职职工和退休人员，规定了单位全年计入个人账户的金额：34 岁及以下的在职职工为 140 元；35 岁至 44 岁的在职职工为 280 元；45 岁及以上的在职职工为 420 元；退休至 74 岁及以下的退休人员为 1120 元；75 岁及以上的退休人员为 1260 元。

（三）以我国现行职工基本养老保险为代表的个人缴费全部进入个人账户、在参保人员跨省流动转移从业地区时原用人单位为其缴费的一定比例也随同转入新从业地区统筹基金的统账结合模式

2000 年 12 月颁发的《国务院关于印发完善城镇社会保障体系试点方案的通知》（国发 [2000] 42 号）中规定："职工依法缴纳基本养老保险费，缴费比例为本人缴费工资的 8%，并全部计入个人账户。""企业依法缴纳基本养老保险费，缴费比例一般为企业工资总额的 20% 左右。""职工跨统筹范围流动时，个人账户随同转移。"

2009 年 12 月颁发并从 2010 年 1 月 1 日起施行的《国务院办公厅关于转发人力资源社会保障部财政部城镇企业职工基本养老保险关系转移接续暂行办法的通知》（国办发 [2009] 66 号）中规定："参加城镇企业职工基本养老保险的所有人员，包括农民工"在"跨省流动就业转移基本养老保险关系时"，"1998 年 1 月 1 日后按计入个人账户的全部储存额计算转移。""统筹基金（单位缴费）：以本人 1998 年 1 月 1 日后各年度实际缴费工资为基数，按 12% 的总和转移，参保缴费不足 1 年的，按实际缴费月数计算转移。"[6]上述规定表明，如果用人单位以某个职工各年度实际缴费工资基数的 20%，

为其每年度缴纳基本养老保险费时，那么当该职工从业地跨省、自治区、直辖市流动变更时，省级社保部门就应转移其基本养老保险关系，将该用人单位为其累计缴纳基本养老保险费的60%（即［12/20］×100%）转到他新从业的省级社保部门统筹基金中。

三、非本地户籍职工纳入长期护理保险试点参保范围的资金运营模式筛选

（一）上述第一种资金运营模式要中央财政在长期护理保险中投入大量均衡性转移支付金额将难以实现

笔者认为上述第一种资金运营模式虽然因实施"现收现付"模式，在长期护理保险基金统筹协调、互助共济方面力度很大，并极大减轻了基金保值增值的压力，但鉴于我国地域辽阔，在老年人口规模庞大、东中西部和城乡之间经济发展水平、地方政府财政收入差距相当大的情况下，如果非本地户籍职工跨省级地区流动从业数量大、他们年轻时缴纳长期护理保险费与年老失能失智时需提供护理服务不在同一个省级地区，又不能将个人缴纳的全部长期护理保险费和用人单位为其缴纳的大部分长期护理保险费随同转移，那么我国中央财政必须投入比日本高得多的均衡性转移支付金额，才能保持各省级地区长期护理保险基金收支的基本平衡。这在我国要实现的难度将很大。

（二）上述第二种资金运营模式会严重减弱长期护理保险基金的互助共济力度

在我国各地实施职工基本医疗保险的具体办法中，规定用人单位为每个职工缴纳基本医疗保险费的比例一般为该职工缴费基数的6%—8%，即使按缴费金额的30%计入个人医疗账户，仍有相当于该职工缴费基数的4.2%—5.6%的基本医疗保险费用于互助共济的统筹基金。然而长期护理保险的缴费，按德国（除萨克森州雇主缴纳的比例较低外）、日本、韩国的规定，雇主与雇员缴费的比例相同；其中德国将雇主与雇员缴纳的护理保险费

占个人工资收入的合计比例从 1995 年 1 月 1 日刚实施时的 1% 逐步提高到目前的 2.35%。按我国现在情况，职工和用人单位缴纳的长期护理保险费占其缴费工资基数的比例最多分别缴纳 1.0%—1.5% 左右。如果将用人单位缴纳的长期护理保险费的 30% 左右也计入个人长期护理账户，那么计入长期护理保险的统筹基金只有相当于职工个人缴费基数的 0.7%—1.05%。这将会明显减弱长期护理保险费用的统筹协调、互助共济力度，最后又不得不提高用人单位缴纳长期护理保险费的比例，加重单位的用工成本。所以，笔者认为上述第二种资金运营模式也是不可取的。

（三）我国长期护理保险制度试点最好参照上述第三种模式的思路

鉴于我国的职工基本医疗保险始终未要求把基本医疗保险统筹基金实行全国统筹作为改革完善的目标，在"指导意见"中也未提及中央财政应对各地长期护理保险基金给予均衡性转移支付；从未来我国参加职工长期护理保险的非本地户籍职工占比高、流动性大、单位为在职职工缴费率低及不为已退休人员缴费、长期护理服务需求主要发生在"全生命周期"的最后阶段、中央财政投入大量均衡性转移支付难度大等特点出发，笔者建议我国各地区在研究设计将参加本地区职工基本医疗保险的人员（不管是否本地户籍）全部纳入职工长期护理保险试点方案时，最好参照上述第三种模式的思路，将我国参加职工长期护理保险人员个人缴纳长期护理保险费的一半计入个人账户，一半作为统筹基金；当其从业地跨省级地区流动变更时，省级社保部门除将其个人账户储存额随同转移外，应将其个人累计缴纳作为统筹基金的全部与该用人单位为职工累计缴纳长期护理保险费的至少 60% 转到他新从业的省级社保部门长期护理保险统筹基金中。

笔者认为，如果我国实施长期护理保险试点时采用上述资金运营模式，虽然会加大长期护理保险资金运营管理的工作量，增加个人账户资金保值增值的难度，但它不仅有利于把参加职工基本医疗保险的非本地户籍职工纳入长期护理保险的参保范围，而且有利于提高年轻职工参加长期护理保险的积极性，有利于今后将长期护理保险参保范围扩展到参加城乡居民基本医疗保险的参保人群。

【参考文献】

[1]《中国统计年鉴》（2015），中华人民共和国统计局网站，http：//www.stats.gov. cn/tjsj/ndsj/。

[2] 中华人民共和国国家统计局住户调查办公室：《2015 中国住户调查年鉴》，中国统计局出版社 2015 年版。

[3] 国家统计局：《2015 年农民工监测调查报告》，中华人民共和国国家统计局网站，http：//www.stats.gov.cn/tjsj/zxfb/201604/t20160428_1349713.html，2016 年 4 月 28 日。

[4][5] 赵林、[日] 多田罗浩三、桂世勋：《日本如何应对超高龄社会——医疗保健·社会保障对策》，知识产权出版社 2014 年版。

[6] 中华人民共和国人力资源和社会保障部网站，国务院办公厅关于转发人力资源社会保障部财政部城镇企业职工基本养老保险关系转移接续暂行办法的通知，2009 年 12 月 28 日。

（本文原载《社会建设》2017 年第 1 期）

志愿服务：时间银行养老的悖论与破解

在 2019 年 3 月 29 日印发的《国务院办公厅关于推进养老服务发展的意见》（国办发〔2019〕5 号）中，要求"大力培养志愿者队伍，加快建立志愿服务记录制度，积极探索'学生社区志愿服务计学分''时间银行'等做法，保护志愿者合法权益"（以下简称"国务院办公厅文件"），这是对我们研究并开展"时间银行"试点的肯定和鼓励。广义居家养老保障体系包括居家老人的收入保障、医疗保障、服务保障、参与保障、环境保障。关于我国居家养老服务方面开展"时间银行"的研究和试点，既涉及居家养老服务保障中非正式服务的补充保障问题，也涉及鼓励包括低龄较健康老人在内的参与保障问题。时间银行具有重要意义，但可行性、可操作性和可持续性等方面存在不少困难。笔者将就养老服务"时间银行"是否属于"志愿服务"的范畴，特别是如何借鉴我国志愿服务的有关经验，探索符合中国国情的养老服务"时间银行"进行探讨。

"时间银行"不属于"志愿服务"范畴

我国的志愿服务活动是伴随着改革开放而逐渐发展壮大的。1993 年底，共青团中央开始组织实施中国青年志愿者行动。为了保障志愿者、志愿服务组织、志愿服务对象的合法权益，鼓励和规范志愿服务，发展志愿服务事业，培育和践行社会主义核心价值观，促进社会文明进步，国务院曾于 2017 年 8 月 22 日发布了《志愿服务条例》，并自 2017 年 12 月 1 日起开始施行。

在该《条例》第二条中，明确规定"本条例所称志愿服务，是指志愿者、志愿服务组织和其他组织自愿、无偿向社会或者他人提供的公益服务"。然而，"时间银行"提供的养老服务虽然是一种自愿的公益服务，但它并不是"无偿"服务。服务提供者与一般"家政服务员""养老护理员"的区别，只是不要求提供的养老服务采取即时型货币支付的方式，而是采取延迟型劳务支付的方式。可见，采取"时间银行"方式提供的养老服务不属于"志愿服务"范畴。即使现在我国有些地区将通过"时间银行"的模式提供服务的人员称为"志愿者"，从他们并不是"无偿"提供服务来看，也不属于国际社会公认的提供"志愿服务"的"志愿者"。与此同时，"时间银行"也不能与"学生社区志愿服务计学分"相提并论。因为"计学分"只是对学生参与社区志愿服务的肯定和表彰，也不要求对所计"学分"给予货币或劳务的回报。

就此而言，上述"国务院办公厅文件"将"时间银行"作为"志愿服务"，把采取"时间银行"提供养老服务的人员归为"志愿者"，要求"加快建立志愿服务记录制度""保护志愿者合法权益"，其用意是好的，但不符合国务院发布的《志愿服务条例》规定。

开展养老服务"时间银行"的"难点"和"堵点"

笔者认为"时间银行"的含义较宽泛，应不限于"邻里"间的互助，最好把我国现在探索的"时间银行"具体定名为"养老服务'时间银行'"。

上世纪 90 年代后期，在笔者兼任上海市老龄科学研究中心副主任时，中心研究人员曾对上海市静安区和杨浦区的个别街道进行养老服务"时间银行"试点做调研，设计了在全市范围内进行养老服务"时间银行"试点的方案：设想上海市成立统一的养老服务"时间银行"管理中心，聘用专职管理人员，同时建立"时间银行数据库"，所有信息保存备份。

根据马克思在《资本论》中讲到"复杂劳动等于倍加的简单劳动"的观点，笔者曾提议在试点方案中将为居家老人提供的养老服务项目分成两类：一类为一般性的生活照顾服务，如帮助烧饭、打扫卫生等；另一类为较复杂或繁重的生活照顾服务，如帮助洗澡等。在"时间银行"的服务小时计算上应有所差别，以便今后兑现服务时间更加公平、合理。时任上海市民政局领导认为一次性拨款 200 万—300 万元支持养老服务"时间银行"试点没问题，不过，时间银行涉及今后几十年的管理运营，要确保几十年后兑现现阶段提供的服务难度太大了。基于开展养老服务"时间银行"的"难点"和"堵点"，考虑到今后几十年内上海市开展养老服务"时间银行"试点的主管部门相关领导会不断更换、聘用专职管理人员及管理经费难以保证、许多提供服务人员和获得服务回报老人的常住地因拆迁旧房和购置新房可能有很大变化，将会严重影响"时间银行"的长期可持续性，当时设计的试点方案并没有付诸实践。

今年 3 月，笔者在我国香港大学秀圃老年研究中心访学期间，专门到香港社会福利署就近年来香港养老服务新进展进行调研。我国香港地区非常重视推动"义工"为老服务，许多公务员利用自己每年的假期参与"义工"活动。政府每年也给予"长者地区中心"和"长者邻舍中心"组织"义工"服务相应的专项活动费用。但对"义工"个人来说，只有当每次服务时间超过4 小时才给予 30 元港币的餐费补贴。关于养老服务"时间银行"，香港个别很小的地方也曾尝试进行探索，但究竟把哪些养老服务归于"时间银行"提供的服务，以及如何对各种养老服务进行合理换算并在今后兑换非常复杂，目前并没有实质性推进。

时间银行的构建应借鉴志愿服务的经验

为了在探索养老服务"时间银行"时克服"难点"、打通"堵点"，笔者建议依托我国现有的志愿服务组织和信息系统，充分借鉴志愿服务的有关经验。

其一，这样有利于解决地区试点和未来全国推广实施的领导体制。国务院在施行的《志愿服务条例》中已明确规定，"国家地方精神文明建设指导机构建立志愿服务工作协调机制，加强对志愿服务工作的统筹规划、协调指导、督促检查和经验推广"。"国务院民政部门负责全国志愿服务行政管理工作；县级以上地方人民政府民政部门负责本行政区域内志愿服务行政管理工作"。

其二，这样有利于规范地区试点和未来全国推广实施的信息系统。国务院在《志愿服务条例》中已明确规定，"志愿者可以将其身份信息、服务技能、服务时间、联系方式等个人基本信息，通过国务院民政部门指定的志愿服务信息系统自行注册，也可以通过志愿服务组织进行注册。志愿者提供的个人基本信息应当真实、准确、完整"。由中央文明办、民政部和共青团中央组织有关单位制定的《志愿服务信息系统基本规范》（MZ/T 061 2015）作为行业标准，已在 2015 年 8 月批准发布，也要求"将全国志愿者队伍建设信息系统升级改造为全国志愿服务信息系统，提供给各地区、各部门和志愿服务组织无偿使用"。

其三，这样有利于保障地区试点和未来全国推广实施的资金来源。国务院在施行的《志愿服务条例》中已明确规定，"县级以上人民政府应当将志愿服务事业纳入国民经济和社会发展规划，合理安排志愿服务所需资金，促进广覆盖、多层次、宽领域开展志愿服务"。同时还规定，"各级人民政府及其有关部门可以依法通过购买服务等方式，支持志愿服务运营管理，并依照国家有关规定向社会公开购买服务的项目目录、服务标准、资金预算等相关情况"。

其四，这样有利于落实地区试点和未来全国推广实施的法律责任。国务院在施行的《志愿服务条例》中同时明确规定，"任何组织和个人发现志愿服务组织有违法行为，可以向民政部门、其他有关部门或者志愿服务行业组织投诉、举报。民政部门、其他有关部门或者志愿服务行业组织接到投诉、举报，应当及时调查处理；对无权处理的，应当告知投诉人、举报人向有权处理的部门或者行业组织投诉、举报"。

现在我国已建立了"中国志愿者服务联合会"，在网上不断公布完善"项目区域""服务类别""项目状态""报名范围""服务对象"等信息。"上海志愿者网"也在网上分列了"求助者"（寻求志愿者帮助、注册成为志愿者、社区志愿服务中心）；"志愿者"（实名注册、在线培训、参加志愿团体、参加志愿项目、记录时间、下载志愿服务证书）；"志愿团队"（团体注册、发布志愿项目、招募志愿者、评价志愿者）。比如，"绿康时间银行"APP正是"通过移动互联网将公益组织的需求与志愿者（自愿提供服务者）进行精准对接"，具体规定"时间赋予者（需求方）一般为个体自然人，提出某项具体需求，该需求由其所属的组织统一收集、筛选与管理，并在平台提出志愿服务需求，在志愿者提供服务之后，赋予志愿服务时间以价值。时间储存者（供应方）一般为个体自然人，以自己的时间、知识、技能、特长、体力、爱心等从事志愿服务，该自然人必须归属某个，或某多个平台注册组织进行统一认证与管理。接下来该自然人通过报名并规范地参加某项志愿活动，以获得可用于储存和兑换的时间货币，实现价值"。

时间银行对接养老服务保障的可操作性

鉴于养老服务"时间银行"的性质和特点，以及与"养老志愿服务"仍存在一些显著差别，笔者建议在全面开启养老服务"时间银行"试点前，应从我国现行及未来有可能实施养老服务保障的实际出发，深入研究以下问题：

其一，如何合理制定养老服务"时间银行"提供服务的项目及制定"养老服务标准时间换算表"。自21世纪初以来，上海市在全国率先实施养老服务补贴政策，对本地户籍"双困老人"（经济困难和生活自理困难老人）提供居家上门服务的项目，主要包括"六助"：助餐、助浴、助洁、助急、助行、助医。从2018年1月1日起，上海市在全市范围内开展了长期护理保险的试点。其中规定了长护险服务项目分为"基本生活照料类"共27个服务项目，以及"常用临床护理类"共15个项目。同时规定评估失能等级为二至三级的每周服务3次，失能等级为四级的每周服务5次，失能等级为五至六级的每周服务7次；每次均为1小时。

笔者认为养老服务"时间银行"提供的上门服务项目，最好是生活自理有困难、居家老人迫切需要、而上海市长护险试点又未列入"基本生活照料类"项目的，如烧饭烧菜、打扫房间、陪同就医等；以及上海市长护险试点已列入"基本生活照料类"项目、但仍不能满足居家失能老人需要的，如"沐浴""温水擦浴（实际为擦身——笔者注）""协助进食"等。至于长护险列入的"常用临床护理类"项目，由于专业性很强，一般不宜列入养老服务"时间银行"的服务项目；而陪聊、讲故事、教书画等服务项目，最好列入志愿服务项目。同时，鉴于养老服务"时间银行"提供的服务与志愿服务不同，需要在今后兑换，应研究并制定"时间银行"提供养老服务的不同项目，如何根据服务强度和难度合理折算为"时间银行"规定的标准小时数（比如，可以将实际提供的每小时各项服务折算为标准小时数的 0.8 小时、1 小时、1.2 小时）。在现阶段还难以制定科学、合理、统一的"养老服务标准时间换算表"时，笔者建议应向养老服务提供者明确说明今后兑现服务时间时将会进行标准时间换算的方式，现阶段先具体记录他们提供服务的时间和具体项目。

其二，如何合理确定养老服务"时间银行"的首批被服务对象。"时间银行"对首批被服务对象提供的服务是无偿或低费的（如每小时服务价格为当地长护险规定养老护理员单价的较低比例）；而家庭经济状况在中等偏上收入和较高收入的居家老人，即使生活自理有困难，也完全可以聘用钟点工、住家保姆等家政服务员解决自身的养老服务问题。

因此，笔者认为养老服务"时间银行"最好将首批被服务对象确定为"中等偏下收入"（家庭人均收入在当地"低保"标准的 200% 以下）且生活自理有困难的 80 岁及以上居家老人（其中首批被服务对象的年龄，还可根据当地服务供需情况进行调整）。为了更加准确地评估希望获得"时间银行"提供首批服务的老人经济状况和生活自理困难状况，笔者建议简便易行方法可以是依托上海市民政局救济救灾处系统，评估首批老人的家庭人均收入状况；依托上海市长护险服务对象信息库，核查该老人是否可享受长护险提供服务（即失能等级评估为二至六级）。

其三，如何合理确定养老服务"时间银行"提供服务的首批对象是无偿还是低费用的。现在我国各地开展养老服务"时间银行"试点时，一般不向提供服务的首批对象收取服务费，有的地区由地方政府财政支持建立"担保基金"，用于"时间银行"试点中的管理费用，提供双方的人身意外伤害保险费，以及今后万一发生不能兑付养老服务"时间银行"提供者服务时的开支。

笔者认为要保障养老服务"时间银行"的公平性、有效性和可持续性，除了地方财政支持及鼓励慈善捐赠外，还应通过向"时间银行"提供服务的首批对象收取"较低"服务费来建立"时间银行公益基金"，用以支付"管理费""保险费"和"补偿费"。上海市从 21 世纪初起，对家庭人均可支配收入（或人均纯收入）处于"低保"和"低收入"（一般为高于低保标准，但不超过低保标准150%）的生活自理有困难（包括轻度、中度、重能失能）老人，给予养老服务补贴；2016 年 9 月 1 日起，又规定处于同一失能等级的"低收入"老人领取的养老服务补贴为"低保"老人的80%。因此，笔者建议在养老服务"时间银行"为首批对象提供服务时，最好以上海市长护险试点规定的"养老护理员"每小时服务价格 40 元作为基数，对"低保""低收入""中等偏下收入"的首批服务老人分别按 10%、20%、30% 的比例收取服务费（即每小时收取 4 元、8 元、12 元服务费）。

其四，如何合理制定"时间银行"的被服务对象和提供服务人员发生意外风险防范措施。这包括明确针对哪类提供服务人员和被服务对象，必须购买相应的人身意外伤害保险，以及由谁承担保险费。

笔者建议应在重视和加强对养老服务"时间银行"供需双方人员进行预防意外风险的培训基础上，先对平均每月提供服务时间较多、提供项目（如帮助洗澡）意外风险较大、提供服务人员年龄较高或体质较弱的服务人员，由"时间银行公益基金"为其购买人身意外伤害保险。

（本文原载《探索与争鸣》2019 年第 8 期）

十一、个人专访

一个理论工作者的责任感

——访人口研究所副所长桂世勋*

  1981年暑假，在闹市区一条弄堂里，经常可以看到一位中年人坐在一只小凳子上就着一张方桌在奋笔疾书，身上汗水淋淋也顾不上抹一把，从神情看得出，他正在写一篇重要的文章。这就是本文的主人公、我校人口研究所副所长桂世勋同志。天气炎热，居住条件差，使他顾不得大学讲师的身份，从斗室移到这小天地来。此时他正在写一篇《关于近年来投机倒把走私活动的情况和我们的建议》的调查报告，这是他和另一些同志合作的调查报告，准备上书给有关领导部门。这篇调查报告问世于中央决定大张旗鼓打击经济犯罪活动的前半年，受到了汪道涵市长的赞扬，中央书记处政策研究室领导也给予充分肯定。

  桂世勋同志自1978年来，在报刊、电台、电视台和内部文件上发表了人口学和经济学方面的论文、研究报告及译文50余篇，出版了合写书籍6本，较好地完成了国务院有关部委、市政府办公厅等部门下达的多项研究课题。鉴于他在社会科学理论研究和应用研究上取得了较突出成绩，最近学校决定给他晋升工资一级。作者采访他时，他谦虚地说："不要写我，还是写其他同志，我们所的名誉所长和所长对我的工作帮助很大，有些论文和课题也是与其他同志合作完成的……"。尽管他不愿多谈自己，但从有案可查的篇篇科研成果中，作者看到了一个知识分子在科研道路上所撒下的晶莹汗水；看到了一个理论工作者对党对人民的高度责任感。

桂世勋同志于 1962 年政教系毕业留校任教，主要从事政治经济学的教学和研究工作，1976 年开始兼搞人口经济学和人口社会学的教学和研究工作。十一届三中全会以来，他针对"四化"建设中出现的新问题，从理论和实践上提出了不少新的见解。毋庸置疑这需要走出书斋，进行大量艰苦的调查研究，甚至有时还要担点风险，但一个理论工作者的责任心促使他去这样做。他常常讲："我是党和人民一手培养起来的，在我们成长过程中，许多干部和老师花了大量心血。今天，我的研究工作也应该对党对人民负责，而决不能为了个人得失去迎合某些人的口味。"现在，这些新的见解经受住了时间的考验，在社会主义建设中起了实际的作用，这难道不值得赞扬吗？

人们记忆犹新，在开展真理标准讨论时，上海空气比较沉闷。市社联首先冲破这种不正常的局面，于 1978 年 9 月召开了"理论与实践问题座谈会"，桂世勋同志在会上列举了大量事实，说明实践是检验经济理论和经济改革是否正确的唯一标准，对"两个凡是"观点进行了有力的驳斥。此后，他又冲破了我国理论和实践上的一些禁区，在 1978 年、1979 年写了《奖金要与企业的经济活动成果相联系》《资本主义活动与社会主义经济中的漏洞》（与别人合作）、《控制人口和经济政策》等论文，深入地分析了当时我国在奖金制度、经济管理和控制人口经济政策上出现的新问题，提出了较好建议。《控制人口和经济政策》一文，于 1983 年被译成日文，刊载在《当代精神》杂志上。日本厚生省人口研究所的一位主任研究官著文称他是"年青的政治经济学家"，并认为这篇论文是"今天中国有代表性的人口学家的五篇论文"之一。

1981 年 1 月，桂世勋参加全国第三次人口科学讨论会。他针对当时有些人对于毛泽东同志的思想全盘肯定和全盘否定的两种倾向，写了《毛泽东同志的人口思想初探》，在国内第一次全面论述了毛泽东同志的人口思想发展过程，指出毛泽东同志的人口思想经历了一个逐步形成和发展的曲折过程，其中个别论点并不完全正确。开始，某些理论刊物感到"吃不准"，不敢刊登这篇文章。不久，《中共中央关于建国以来党的若干历史问题的决议》发表，事实证明桂世勋同志的观点和内容是符合《决议》基本精神的。这个刊物随即来信要求刊载这篇文章。中国人民大学人口所一位副教授在评论这篇文章时曾写道："论文的重要意义和价值在于它是第一篇系统阐述毛泽东人口思想的文章，而且态度鲜明，观点明确。这既是正确对待真理，对待科学的态度，也是尊重革命前辈的正确态度。"

1982年初，桂世勋同志和其他同志合写了《怎样稳定上海市场物价的调查报告》，对当时本市有关部门领导认为1981年上海物价基本稳定的观点提出不同看法，用大量调查材料说明该年上海的物价"是比较普遍地呈现上涨趋势"，并提出了许多比较切实可行的措施。汪道涵同志高度评价了这份调查报告，市政府把它上报国务院有关部门，市物价部门也将报告作为业务学习的资料。为了使人口科学的研究更直接地为"四化"建设服务，桂世勋用了大量精力注重人口学的应用研究。他于1981年、1982年写的《八十年代上海人口特点与人口普查》《八十年代上海人口出生的宏观调节》《从上海市区人口发展的特点看住宅问题》《"六五"期间上海市区人口机械增长预测》等论文和研究报告，在人口经济、人口社会及大城市人口机械变动中期预测方法上作了一些开创性研究，发挥了较好的社会经济效益，被作为"人口咨询研究"成果的重要组成部分，获得了市高校文科优秀科研成果一等奖。1983年以后，他又与其他同志合作完成了《关于1982—2000年上海市人口自然变动趋势的预测报告》《分县的近期人口区划定量计算的初步研究》《上海市区住房特点及住房建设战略》《新技术革命和上海的人口问题》《上海人口预测模型研究》和《上海市区人口迁移的特点和对策》等研究成果。

由于近几年他在学术上取得了一些成绩，受到了有关部门的重视。上海市政府办公厅邀请他参加市长办公（扩大）会议，审议《上海市城市发展总体规划》等重要文件。上海经济研究中心聘请他任特约研究人员，上海市科委请他为探讨上海科技发展战略，确定发展重点的重要研究课题的咨询专家。目前，他除了协助程潞教授处理人口所的工作外，还参加两项"六五"国家重点项目、两项"六五"上海市重点项目、两项市科委重点项目的研究，并在撰写《人口社会学》专著……他手上的工作实在太多了。但是为了对人民负责，把人口研究所搞上去，他把晚上和节假日的时间几乎全用在工作上了。他感到这是一个党和人民培养起来的理论工作者应尽的责任。

（本文原载《华东师范大学校报》1984年11月20日）

实事求是　勇于创新

——记桂世勋教授*

　　我国人口学家桂世勋是浙江省吴兴县人，1940 年出生于上海市。1962 年以各门课程全优的成绩毕业于华东师范大学政治教育系，留校后长期担任政治经济学、《资本论》选读、马克思主义政治经济学原著选读等课程的教学工作。1976 年开始从事人口理论和人口问题的教学及研究工作，先后参加了第一次至第五次全国人口科学讨论会。现为华东师范大学人口研究所学术委员会主任、教授，兼任中国人口学会理事、国家计划生育委员会人口专家委员会委员、民政部社会福利与社会进步研究所特约研究员、上海市社会科学学会联合会常务委员、国际劳工组织亚洲人力资源开发网中国网上海分网主席团主席、上海市人口学会副会长、上海市计划生育协会副会长等 10 多个社会职务。

　　他专长人口经济和人口社会问题研究。1978 年以来，桂世勋单独或与他人合写了人口学和经济学方面的 17 本著作和 80 多篇论文、调查报告、研究报告，为中央和上海市有关部门正确决策提供了有价值的咨询建议。其中有 5 篇论文和研究报告作为"人口咨询"的重要组成部分获得"上海市高校哲学社会科学优秀成果一等奖"，3 篇论文和调查报告获得"上海市哲学社会科学联合会优秀论文奖""上海市经济学会经济科学特级优秀奖"，2 篇论文获得"上海市哲学社会科学论文奖"，他著的《人口社会学》也被选入

*　本文由朱宝树撰写。

《全国高校人口学研究优秀成果汇编》。1986 年 12 月，他被国家科委批准为"国家级有突出贡献的专家"。

桂世勋在学术研究中的一个显著特点，是有较强的事业心和理论勇气，敢于坚持实事求是的科学态度。他经常讲："我是党和人民一手培养起来的，在我的成长过程中，许多干部和老师花了大量心血。今天，我的研究工作也应该对党对人民负责，而决不能为了个人得失去迎合某些人的口味。"早在 1978 年 9 月刚开展真理标准讨论时，上海空气一度比较沉闷，他就在上海市社联召开的"理论与实践问题座谈会"上，列举大量事实，说明实践的检验是经济理论和经济改革是否正确的唯一标准，批判了"两个凡是"的错误观点。1979 年 11 月，他在第二次全国人口科学讨论会上提交了《控制人口与经济政策》的论文，否定了长期以来把制定控制人口的经济政策斥之为"修正主义物质刺激"的错误观点，从理论上概括了我国现阶段制定控制人口的经济政策的客观依据在于"社会主义国家同人民群众的每个家庭在控制人口方面的物质利益上还存在着一些矛盾，需要运用经济手段采取奖惩措施加以正确处理"，提出了选择最优控制人口的经济政策的四条基本原则。1983 年该论文近 12000 字全部被译成日文转载于《当代精神》第 190号，日本厚生省人口研究所主任研究官若林敬子把这篇论文作为"今天中国有代表性的人口学家的五篇论文"之一，并认为该文"从经济学方面充分地有说服力地给我们说明，为什么在农村中多子多福"，其中提出了一些"值得注目"的建议。1981 年 1 月，他在第三次全国人口科学讨论会上提交了《毛泽东同志的人口思想初探》的论文，不同意当时有些人对毛泽东同志的人口思想全盘肯定或全盘否定的两种倾向，全面论述了毛泽东同志的人口思想发展过程，指出毛泽东同志的人口思想"经历了一个逐步形成和发展的曲折过程，其中个别论点并不完全正确"。该文虽然因为成稿于《中共中央关于建国以来党的若干历史问题的决议》发表之前，而未收入《第三次全国人口科学讨论会论文集》，但却受到了人口学界同行的赞赏。中国人民大学查瑞传副教授在评论该文时写道："论文的重要意义和价值在于它是第一篇系统阐述毛泽东同志人口思想的文章，而且态度鲜明，观点明确。这既是正确对待真理，对待科学的态度，也是尊重革命前辈的正确态度。"1983 年初，他执笔写了《完整地理解马克思的相对人口过剩学说》的论文，不同意长期以来许多人认为相对人口过剩是资本主义社会特有现象的观点，系统地论述了马恩关于相对人口过剩的思想，指出了在社会主义社会出现相对人口过剩的可能性及两种不同社会制度下相对人口过剩的本质区别。该文的主要观点被《光明日报》和《新华文摘》作了介绍。1984年11月，他在全国大城市人口问题和对策讨论会上，作了《在新形势下大城市人口规模仍然要控制》的学术发言，不同意当时中央有关部门负责人认为"限制大城市人口，必然限制大城市经济和社会的发展"的观点，论述了在经济改革的新形势下控制我国大城市人口规模的必要性及如何采取更灵活的综合措施因地制宜地控制好大城市的人口规模，并代表上海小组参加起草和修改会议给万里、田纪云副总理的报告。国务院领导同志阅后批示："完全赞成这个讨论会的结论及建议。"1986年6月，他在出版的《人口社会学》中，既充分肯定了马寅初《新人口论》是"符合马克思主义人口理论和我国国情的卓识远见"，又具体指出其中个别说法带有片面性；同样，书中在批判马尔萨斯人口原理时，又根据马尔萨斯《人口论》原著澄清了我国长期以来存在的一些似是而非的引用误解。

为了使人口科学的研究更直接地为"四化"建设服务，桂世勋用了大量精力注重人口学的应用研究。早在80年代初，他就受中国人民银行委托，对影响"六五"期间我国缝纫机、自行车需求量变动的人口参数进行了预测，为国家计委制定"六五"生产计划，压缩内销产品的生产规模、减少浪费提供了重要依据。以后他又单独或与别人合作完成了《八十年代上海人口特点与人口普查》《八十年代上海人口出生的宏观调节》《1987—2000年上海市生育控制方案的探讨》《"六五"期间上海市区人口机械增长预测》《上海市区人口迁移的特点和对策》《上海市区人口迁移预测模型的研究》《从上海市区人口发展的特点看住宅问题》《1983—1990年上海市解决居住困难户住房所需人口参数的预测》《上海市区住房特点及住房发展战略》《制定上海市科技发展长远规划所需人口参数的预测》《新技术革命与上海市人口问题》《分县的近期人口区划定量计算的初步研究》《上海市人口老龄化预测及其战略对策》《人口老龄化与改革医疗收费办法》《1979—1983年上海高校中高级职称中年知识分子死亡的社会经济原因》等研究成果。

桂世勋在学术研究中还善于与社会上各有关实际部门干部、研究人员合作共事，一起进行探索和创新。比如，他于 1987 年联合了上海市民政局、市老龄问题委员会、市农委、上海市嘉定县委政策研究室、县民政局、县老龄委员会、县税务局和上海市其他四所高校的研究人员组成课题组，进行了为期两年的上海农村养老保险制度改革的研究，并将研究成果运用于南翔镇和马陆乡的改革试点，取得了可喜的成果。1988 年初，他在与上海市统计局、市公安局、上海社科院人口所、复旦大学人口所等单位的同志负责组织全市流动人口抽样调查时，提出过去我国许多调查把流入人口数作为流动人口数公布不够科学，不利于预测该地区实有人口数，建议本次调查应同时调查流入人口与流出人口的状况，并能同市计划生育部门希望调查全市流入育龄妇女生育节育状况结合起来，以便减少不必要的重复劳动。1989 年初，他作为上海市计划生育委员会聘请的技术专家，在与日本高龄化社会总合研究中心合作进行《上海市与东京都老龄化问题对比研究》的过程中，建议计划生育部门应借鉴日本的经验教训，重点研究如何妥善解决未来独生子女父母年老后的生活照顾问题，并设计了上海市在家需照顾老人状况和意愿的抽样调查。1989 年末，他又在主持一个博士点基金项目中，与上海市老龄问题委员会研究组、市民政局、长宁区老龄委员会一起，选择江苏路街道开展建立社区上门为老人服务设施的试点研究工作。

目前，桂世勋还与邬沧萍教授、张志良副教授负责国家教委 P04 项目课题"我国改革开放中出现的最新人口问题调查研究"，主持国家计划生育委员会委托的课题"我国城乡流功人口计划生育管理研究"。我们希望他在今后的研究工作中取得更丰硕的成果，为繁荣和发展中国人口科学作出新贡献。

（作者单位：华东师范大学）

（本文原载《南方人口》1990 年第 2 期）

人口学研究不会出现大萎缩、大衰退*

一、背　景

为中国人口学在 70 年代末复兴立下汗马功劳的"复兴者"，如今已是人口学界的前辈，他们大多数已过花甲之年，并"退居二线"，华东师范大学人口研究所的桂世勋教授可能是一个例外。作为一位仍活跃于人口学界且很"忙"的中年学者，他以其介入人口学研究的时间之早和骄人的成就而跻身于前辈之列，成为一位"年轻的前辈"。

桂世勋教授是 1976 年开始从事人口学研究的。那时，人口学还是一块禁区。踏入禁区，使他成为一个成绩斐然的人口学者，也使他成为在全国为数并不多的参加了从第一届到第五届全国人口科学讨论会的学者。他是人口学研究复兴和中兴的见证人和重要参与者。

介入人口学研究之前，他是华东师范大学政治教育系的教师，担任政治经济学、《资本论》选读、马克思主义政治经济学原著选读等课程的教学工作。这一背景，与当时许多"转行"研究人口学的学者是相似的。从1962 年大学毕业到 1976 年"转行"，他在经济学领域浸淫了 14 年，这可能是他"转行"后很快结出累累硕果的基础。

从事人口学研究的十几年间，桂世勋教授单独或与他人合作发表了 17本著作和 90 多篇论文（调查报告、研究报告）。他的专著《人口社会学》是国内第一部人口社会学的著作，被选入《全国高校人口学研究优秀成果汇

---

* 本文由朱国宏撰写。

编》。他有 5 篇论文和研究报告作为"人口咨询"的重要组成部分获得"上海市高校哲学社会科学优秀成果一等奖";有 3 篇论文、调查报告和 1 本著作获得"上海市哲学社会科学联合会优秀论文奖""上海市经济学会经济科学特级优秀奖""上海市经济学会经济科学优秀著作奖";有 2 篇论文获得"上海市哲学社会科学论文奖"。

丰硕的研究成果使他破格晋升为教授,也使他在 1986 年被批准为"国家级有突出贡献的中青年专家",1991 年获国务院颁发的政府特殊津贴。目前,他除了担任华东师范大学人口研究所的教授和学术委员会主任,还有许多"头衔":他是国家计划生育委员会人口专家委员会委员、中国老龄科学研究中心老年人口专业委员会委员、中国人民大学人口学系兼职教授、上海市社会科学学会联合会常务委员、国际劳工组织亚洲人力资源开发网上海分网主席团主席、中国人口学会理事、上海人口学会副会长、上海计划生育协会副会长、"台湾财团法人促进中国现代化学术研究基金会"第一届董事会研究委员等。

桂世勋教授的研究十分注重应用性,这可以从他承担的一系列研究课题中看出。他先后单独或合作主持承担研究的课题有"'六五'期间全国自行车、缝纫机产销调查预测所需的人口参数研究""1982—2000 年上海科技发展规划所需人口参数的预测""1983—1990 年上海市解决住房困难户所需人口参数的预测""新技术革命与上海社会发展对策""上海人口综合研究""上海市区老年人口状况和意愿调查研究""上海郊县农村老人赡养状况和意愿调查研究""上海郊县农村养老保险制度改革""中国流动人口计划生育管理""中国富裕农村地区计划生育综合治理研究""上海市与东京都老龄化问题对比研究"(中日合作项目)、"浙江省和上海市老年人生命周期调查研究"(中日合作项目)、"20 世纪上海人口变迁与计划生育"(中美合作项目)、"中国改革开放中出现的最新人口问题调查研究"(联合国人口基金资助项目)、"上海市已婚女意外妊娠的社会、心理、人口因素研究"(世界卫生组织资助项目)等等。他的这些应用性研究重视为现实服务、为政府制定有关政策服务,因而其研究成果多为有关部门所接受,并受到褒扬。除了研究,桂世勋教授还担任了人口所研究生的教学工作。自 1981 年起,他先后给 5 名博士研究生和 50 多名硕士研究生讲授人口经济专题研究和人口社会专题研究。

1988—1989 年，他指导了荷兰高级进修生月克思调查和撰写论文《中国农村改革前后的经济发展与生育行为变化》。1992 年，他应美国伊利诺斯大学社会学系和老龄研究中心、加拿大维多利亚大学地理系和亚洲与太平洋学系的邀请，作了有关中国人口政策、中国老年问题及对策、21 世纪中国人口与教育的讲演；今年 10 月，他应日本船舶振兴会、笹川医学医疗研究财团和读卖新闻社的邀请，在第四届国际老年保健研讨会上作关于中国老年人照顾问题及对策建议的学术报告。出生于 1940 年的桂世勋教授，已届知天命之年。1996 年，年富力强的他被华东师范大学任命为国际商学院院长，对他来说，这绝不是对经济学研究的一次简单回归，而可能是他作为学者的又一次升华。

作为笔者就读大学的邻校，华东师大并不遥远，自然地在学习人口社会学课程时就知道了桂世勋教授的大名。但有缘面见并倾听他的学术报告，却是在大学毕业之后。他身材修长、精悍，为人却极为热情、诚恳。多次在学术讨论会上聚首、讨教，使笔者与桂教授厮熟如故。日前电约对话事，适值他作为中国大陆社会科学学者交流访问团成员赴台归来，连称很忙之余，还是爽快地答应了下来。依约对话，有了这一期对话稿。

二、选择人口学

朱：据我所知，许多"转行"搞人口的学者大多在 70 年代末 80 年代初才"转"的，您为什么在 1976 年就开始了呢？有什么特别重要的契机吗？

桂：其实是非常偶然的，不过偶然之中有必然。70 年代中期，我给工农兵学员讲授《资本论》选读，常常要涉及对马尔萨斯"过剩人口"理论的评述。1975 年末，上海市计划生育办公室的一位干部到我家来，邀请我到南市区作关于马克思主义人口理论的报告，要求讲清我国实行计划生育的指导思想不是马尔萨斯人口论。1976 年 1 月，我在南市区的一个大教堂内讲课，从此开始了我的人口教学与研究生涯。

朱：您认为促使您下决心研究人口有没有什么人直接或间接地影响您？如有，当时情形怎样？

桂：促使我下决心研究人口是在 1978 年 11 月参加全国第一次人口科学

讨论会上。当时有一位新华社记者要写"内参"，反映中国人口学研究的情况，邀请我参加一个小型座谈会。在会上我们算了一下，作为世界人口最多的国家，当时只有不到20人专职从事人口研究。这对我的震动很大，决心跻身于专职研究人口的行列。由于这次会是中国人民大学人口研究所承办的，刘铮、邬沧萍、查瑞传等老师都参加了，他们学术造诣深，平易近人，对我帮助很大，所以，我很感谢人大人口所，很感谢这些人口学界的良师益友。

朱：在您的治学道路上，您觉得谁对您的影响最大？您最服膺的学者是谁？

桂：对我的治学道路影响最大的学者，实在讲不上来。不过我有句座右铭："虚心学习，勇于创新，持之以恒，必见成效。"我喜欢学习老师、挚友及周围一切人的长处，在博采众长的基础上努力形成"勤奋严谨，求实创新，秉直耿言"的治学风格。

朱：您最喜欢读的是哪部书（著作）？您认为哪部书对您的为人治学有重要影响？

桂：我最喜欢读的是《资本论》。透过《资本论》的字里行间，我可以学习马克思不为名利、不随波逐流的高尚品性，学习马克思勤奋严谨、求实创新的治学态度。

朱：除了研究和教学，您最主要的兴趣爱好是什么？

桂：听音乐，特别是听轻音乐及自己在青少年时代熟悉的歌曲。有时写作太累了，我就边听音乐边写作。乐声不仅没有干扰我的创作思维，反而促使我精神振奋，不知疲倦地勤奋写作。

三、关于他的研究

朱：您撰写的第一篇人口学论文题目是什么？发表在什么地方？

桂：我写的第一篇人口学论文是《计划生育是一项战略性措施》，被《文汇报》作为"文汇专论"发表在该报1979年8月23日。当天上海人民广播电台在早新闻节目中就播放了该文提要。

朱：您做的第一个人口课题是什么？结果怎么样？

桂：我主持的第一个人口课题是关于我国自行车缝纫机需求量的预测。这是中国人民银行上海市分行虹口区办事处委托搞的。当时我们通过对我国城乡不同年龄组的人口数、家庭户数、不同地理环境（如平原、河网地区、丘陵、山区）下人口分布及自行车和缝纫机的保有量、更新率等资料的收集和分析，作出了须大量压缩生产量的预测。后被中央采纳，作为制定《国民经济"六五"计划》中主要工业产品产量的一项重要依据，对制止我国自行车和缝纫机盲目生产起了一定作用。

朱：在研究人口之前，您做过哪些研究工作？

桂：做过政治经济学社会主义部分、资本主义经济危机问题的研究，在上海电视台播讲了"《论十大关系》丰富了马克思主义理论宝库"（1977年5月4日），在《解放日报》发表了几乎一个版面的长文章《奖金要与企业的经济活动成果相联系》（1978年12月9日），与朱彤书老师合作在我校学报上发表了《推倒诬蔑不实之词，发展社会主义商品经济》（1978年第1期），参加编写了《资本主义经济危机问题解答》（上海人民出版社1975年版）等。

朱：您从事的人口研究大多是应用性研究。能谈谈您为什么这么注重应用研究吗？

桂：我并不否认基础研究，包括理论研究对正确决策的重要性，但我更喜欢应用研究，因为从事人口方面的应用研究，可以有机会更多地接近实际部门干部和广大群众，可以使自己的研究课题更符合群众中迫切需要解决的实际问题，可以使自己的研究成果更直接地影响领导部门的正确决策，为人民办些实事和好事。

朱：您的许多应用研究成果为实际部门所采纳，能举例谈谈吗？

桂：我的有些应用研究成果确实被实际部门所采纳，如关于农村对社会养老保险的概念界定、未来老人和现在老人养老保险的一体化、纯务农劳动者和乡镇企业职工养老保险差别的缩小等建议，关于流动人口计划生育管理的对象及某些办法的建议，关于为独居老人安装求助电铃的建议等。但还有许多的应用研究成果只能说对实际部门的决策产生较大影响或为他们决策提供重要的基础资料，如我在1979年11月全国第二次人口科学讨论会上提交的《控制人口与经济政策》的论文（并在大会上作了专题发言）中，提出并论证了对城市里的独生子女父母年老后，双方各加发5%退休金的规定，将来会增加国家和企业很大的负担。如果不加这条奖励措施，并不会影响独生子女领证率的提高。后来许多省、自治区、直辖市制定计划生育奖励政策时就没有写这一条，避免了今后支付的困难。

四、关于人口学者

朱：根据您的体会，一个学者应当具备哪些素质？最重要的是什么？

桂：一个学者应该具备的素质很多，如对本研究领域新鲜事物的敏锐洞察力，敢于坚持真理和修正错误的实事求是态度，善于与别人合作共事的豁达品性，在学术上不断进取的拼搏精神等等。但最重要的是坚持实事求是的科学态度。

朱：从资格上说您是人口学研究的前辈；但从年龄上说，您又属于承上启下的中年代。能谈谈您对人口学研究队伍的看法吗？

桂：在本世纪90年代和下个世纪初，直接参与中国人口学复兴的这一代学者都将陆续退休，未来中国人口科学发展的希望在现在的中青年一代身上。从目前情况来看，老的一代与中青年一代人口学者各有自己的长处和优势，应该互相取长补短，加强合作研究。老的一代要乐于提携中青年学者，中青年一代也要尊重老年学者。

朱：您对年轻一代学者有何评论？有什么期望吗？

桂：现在年轻一代学者成长的外部环境比我们年轻时要好得多，可以有更多时间搞业务，可以更畅所欲言地陈述崭新见解，可以更方便地与境外同行进行学术交流和合作研究。由于历史原因，他们在人口学方面定量研究的基础比我们年轻时打得好，他们的英语水平比我们年轻时也高得多。然而现在为数并不少的年轻一代学者在马克思主义理论素养及对中国国情的了解、各类政策的研究方面相对薄弱一些。这往往会影响他们理论研究的兴趣和应用研究成果的可行性、可操作性。所以，我希望他们能在上述几方面有所加强，不断积累，青出于蓝而胜于蓝。

五、关于中国的人口学发展

朱：您是我国人口社会学第一部著作的作者，作为人口社会学的开拓者，您对人口社会学的进展有何看法？要是现在重写人口社会学，您觉得您的著作会有哪些方面发生变化？

桂：近年来应用人口社会学发展较快，特别是结合我国的国情研究社会因素对生育和迁移流动的影响，有了很大进展。这对各级领导热衷于抓经济建设、重视利益导向机制时注意社会发展及社会因素的配套，具有重要意义。如果现在重写人口社会学，我想扩充人口与社会结构、社区发展、家庭变迁之间相互关系及其变化规律的篇幅，增强有关人口与社会关系的定量分析技术内容，把近年来国内外人口社会学的最新研究成果尽可能多地概括进去。

朱：由人口社会学扩及中国的人口学发展，您对这十几年的变化有何评价？

桂：我曾在《中国人口科学》1988 年第 6 期发表过一篇短文：《马克思主义人口理论研究的八大进展》。限于当时杂志编辑部的要求，只能写三四千字，但我认为自己是很用心写的，把从 1978 年以来直接参与中国人口学的理论研究作了简要概括。我认为中国人口学研究在过去十几年的变化是非常了不起的。这种变化大体可以分成两段。从总体上看，前段侧重理论研究，后段侧重应用研究；在理论研究上，前段侧重马克思主义人口理论及中国化的研究，后段侧重于西方人口理论的引进及评述；在应用研究上，前段侧重于个人或几个人的联合研究，后段侧重于在全国范围内组成调查网络进行研究。

朱：在您看来，中国人口学研究的薄弱环节在什么地方？应怎样弥补？

桂：我认为当前中国人口学研究的薄弱环节是：在重视应用研究的同时对理论研究有所忽视，尤其是没有花大力气研究如何在马克思主义实事求是的科学态度指导下，博采东西方人口理论之所长把国内外的实践经验上升到理论，形成一系列能指导我国社会主义市场经济体制下人口发展与经济、社会的发展相适应，与资源利用、环境保护相协调的人口理论。这项研究属于人口学的基础研究，要取得重大突破，并产生深远的国际影响，是很不容易的。我希望在 90 年代中后期中国政府能重视和资助上述研究，集中国内一批高水平的老、中、青人口学家协作攻关。

朱：中国人口学这十几年间的空前繁荣得力于联合国人口基金的资助，有人认为如果下一周期人口基金不再资助的话，人口学研究可能面临大萎缩大衰退。您怎么看？

桂：从现在掌握的信息看，联合国人口基金在下个周期继续资助中国大学人口学研究与培训项目的可能性还是很大的，只是资助的金额将可能减少。这种变化虽然会给中国高校人口研究机构带来一定困难，但压力可以变动力，它可以促使高校人口学者发奋图强，使自己的研究课题更适合各级政府及有关部门的需要、更适合企业家的需要，并努力争取国外感兴趣、能资助、对国内发展很有意义并不涉及保密问题的重大课题。我认为在 90 年代中后期中国人口学研究人员会减少，但人口学研究不会出现大萎缩、大衰退。相反，很可能出现队伍更精干、研究成果的质量更上乘的局面。

（本文原载《人口》1993 年第 3 期）

面对跨世纪的难题

——访国家计生委人口专家委员会委员、华东师范大学教授桂世勋 *

"从宏观政策和具体措施上，提出平稳度过上海和全国老年人口高峰的思路和办法，是我近年来一直思考的问题和课题研究的主要内容。"一见面，桂教授就直奔主题。

今年 57 岁的桂世勋，是国家计生委人口专家委员会委员、华东师大教授。桂教授 1962 年毕业于华东师范大学，1976 年开始从事人口学教学与研究。他的主要研究方向是人口经济、人口社会和老年社会保障。在专业理论研究中擅长应用研究，出版了这方面的主要代表著作就有十多本，由他担任主持或作为主要承担者的研究成果分别获得 3 项部、委级优秀著作二等奖，6 项市级优秀成果奖。他先后到美国、加拿大、日本等国和香港地区进行合作研究和讲演。由于在人口学领域的突出贡献，1986 年 1 月他由讲师被破格晋升为教授，同年 12 月又被国家人事部批准为国家级有突出贡献的中青年专家，1988 年至今一直担任国家计生委人口专家委员会委员，1997 年又被聘为中国老龄协会专家委员会委员。

将调查中发现的重大问题作为研究课题，又从调查研究中归纳出有关的政策思路和建议，提供给政府部门作为决策参考，是桂教授人口理论应用研究和政策研究活动中体现出来的一个鲜明特点。80 年代以来，桂教授的思路越来越在这样一个课题上聚焦：下个世纪老龄人口高峰时期的养老问题

＊ 本文由记者周世忠采访。

和老年生活照料问题。显然，这是一个跨世纪的难题，也是广大育龄夫妇最关心的问题。他在预测研究中发现，到下世纪的二三十年代，上海的老龄化将达到高峰，平均每三个人中就将有一位 60 岁以上的老人，届时将会出现一对年轻夫妇需要照料双方四位老人的严峻局面。

循着这一思路，他主持或设计了一系列国内的和与日本等国合作的老年问题大型调查项目。在此过程中，他先后在《上海市老龄化与计划生育》《再论上海市老龄化与计划生育》《独生子女父母年老后生活照料问题》《中国老年人生命周期调查与研究》《未来中国老年人的家庭与社区照顾模式研究》《世纪转换之际的中国人口与教育》等课题报告或论文中，较系统地提出了在学校教育中增加子女尊老、敬老和终身保健教育的内容，延长预期健康寿命；鼓励成年人勤俭持家，把节约的钱用于养老储蓄和养老保险，增强未来家庭自我养老能力；在农村实行自己出一点、集体投一点、国家扶一点的养老金办法；重视发挥社区为老年人服务事业对老年人失能、失智的预防和康复功能，适度发展护理型养老设施等较为系统的政策性建议。这些建议绝大多数都被有关部门采纳，有的已经实行，有的被吸收进有关政策或文件，对国家和地方人口与老年政策的制定产生了积极的影响。

实事求是、秉直耿言；深入基层、尊重别人，是桂教授在治学和调查研究活动中一贯的主张和坚持的作风。事实上，他的很多观点一开始并不能马上引起有关部门的重视，也为一些同志所不理解。但他只要认为这些观点和建议对国家和人民的长远利益有利，他就敢于坚持，不看风使舵。在开展各项调查研究活动中，桂教授还注意把抽样调查和个案调查结合起来，迈开双腿，到基层去，到实际部门去听意见，开座谈会。全年用于这方面的时间就要占整个实际工作时间的三分之一左右。对为调查出过力的同志，对提供了资料和其他便利的部门和单位，他根据不同情况或在调查报告中署上有关人员的名字，或在文中、文后注明，在注释中提及或加以感谢。

在上海，凡与桂教授合作过的同志，都成了他的好朋友。一些单位和部门在开展人口与老龄问题的研究和教育中，也爱找他去做报告。他们说，为了迎接下世纪老年高峰的挑战，更好地解决老年生活照料这一跨世纪的难题，我们要和桂教授这样的专家一起努力！

（本文原载《中国人口报》1997 年 7 月 28 日）

中华人口奖后面的学者故事

——对华东师范大学桂世勋教授的专访*

时间：2005 年 3 月 18 日。

地点：上海，华东师范大学。

采访对象：华东师范大学教授桂世勋。1962 年毕业于华东师范大学政治教育系，之后留校担任政治经济学教师。1976 年，当时的上海市南市区计划生育办公室邀请桂世勋教授作关于马克思主义人口理论的报告，兼批判马尔萨斯的人口论。因为这样一个契机，桂世勋教授开始涉足人口学领域，并产生强烈的兴趣。由于历史原因，当时人口学研究在我国尚处于恢复、起步阶段，桂世勋教授的研究全凭顽强的自学，在大量深入研读前人著述的同时，紧紧抓住我国在人口与计划生育方面所面临的热点与难点问题，进行深入细致的调查研究。在实践中学习和提高，是桂世勋教授成功的重要标志。随着研究的不断深入，他发现人口问题对我国的经济社会发展具有重大而深远的影响，是一门极具研究价值且应用前景广阔的综合性学科。于是，1978 年后他开始把主要精力投入人口经济学研究，之后又逐步拓展到人口社会学、老年保障学等。1986 年因其在人口学领域的突出贡献，被华东师范大学破格从讲师晋升为教授，同年报国家科委批准为国家级有突出贡献的中青年专家；1991 年获国务院颁发的政府特殊津贴；1995 年被中国人民大学批准为人口学专业兼职博士生导师；2000 年被国务院学位委员会批准主持华东师范大学人口学专业博士点。从 20 世纪 80 年代后期至今，他一直担任国

* 本文由记者陶鹰采访。

家人口计生委人口专家委员会委员，曾任中国老龄协会专家委员会委员，现任国务院侨办专家委员会委员，上海市政府特聘决策咨询研究专家、上海市政协人口资源环境建设委员会特邀委员、上海市人口学会会长、上海市老年学会副会长、上海市老龄科学研究中心副主任、华东师范大学人口研究所教授、博士生导师，国家哲学社会科学研究人口学学科规划（评审组）成员、中国人民大学人口与发展研究中心学术委员。

　　桂世勋教授在人口科学研究中一贯坚持实事求是的科学态度，勤于钻研，勇于创新，在人口学研究方面成绩斐然，为中央及上海市有关政府部门的重要决策提供了一系列有价值的咨询建议。正是由于坚持实事求是的科学研究态度，在经历了近30年的艰苦探索和辛勤奉献之后，桂世勋教授于2005年1月荣膺第五届"中华人口奖"科学技术奖。这份荣誉对他而言，当之无愧。

　　在人口流动和人口迁移研究方面，除主编、副主编了多部论文集外，还在国内外刊物上发表了一系列重要论文，对我国流动人口计划生育管理的必要性和紧迫性作了适合国情的深入分析，提出了实施综合管理的体制和机制的建议，被前国家计生委彭珮云主任充分肯定；在人口老龄化和老年保障研究方面，在国内外发表论文30多篇，内容涉及社区为老服务模式及资源整合、养老机构的发展及结构调整、城镇外来从业人员和公务员的养老保险问题等等。其中在1987年深入上海两个乡主持开展了建立农村养老保险制度的研究和试点，被上海市政府采纳，在上海农村普遍推广，成为1999年国务院发文要求"清理整顿"农村养老保险中继续保留和发展的典型；在人口与计划生育研究方面，除撰写了大量具有相当学术水平的论文外，在1983年提出并论证应考虑将来独生子女结婚后允许生育两个孩子的观点产生了较大的影响，其科学性与正确性已为今天的社会实践所证明。2000年，受上海市人口计生委委托，从"大人口"的视角出发，执笔撰写了《上海市人口发展"十五"计划和到2015年长期规划纲要》，2002年、2004年分别主持完成了江苏省苏州市、扬州市人口发展战略研究课题，撰写了总报告；特别是在2002年，最早提出关注大城市低生育水平下的出生人口波动，实施"削峰填谷"综合措施的建议，受到国家人口计生委张维庆主任的重视，并被上海市采纳；在人口科学教材建设方面，1986年撰写出版了国内最早的高等院校人口学教材《人口社会学》，填补了这一学科在国内的空白。

采访近镜头：2005年3月18日，华东师范大学正沐浴着"烟花三月"的融融春光，刚从国外讲学归来的桂世勋教授，一如其认真严谨的治学风范，准时到达文科大楼，接受本刊的采访。

记者：作为我国人口学界的资深学者，请谈谈您获得"中华人口奖"的心情和体会。

桂教授：这次获奖，更加体会到党和国家对人口科学工作者的关心和重视，尤其是在"中华人口奖"里面专设了科学技术奖，充分体现了这一点。对我来说，我只是中国人口科学众多学者中的普通一员。尽管从1976年到现在时间比较长，但和其他学者相比，做得还很不够。这个奖励不仅是对我的鼓励，也是对广大同仁的鼓励。借此机会，我要感谢各位同仁、学者、各实际部门干部对我的帮助，因为我很多的思想营养来自于他们，许多工作是合作进行的，取得这样的成绩与他们的关心和支持是分不开的。

记者：请谈谈您几十年来的学术历程，特别是在人口和计划生育研究方面所取得的主要成就。

桂教授：作为一名人口科学研究者，必须非常注意科学性，任何决策建议都必须建立在实事求是的基础之上，要敢于对领导和领导层讲真话，讲冷静清醒的话，要有敢于冒风险的精神，要有社会责任感，要将今后人口领域可能会遇到哪些重大问题提请领导注意并做好准备。因此，早在20世纪70年代后期，我就提出制定控制人口的经济政策建议，认为除了经济发展水平外，还应该考虑经济政策是否有利于计划生育政策？强调"要从实际出发，果断地修改那些对控制人口增长阻碍很大而改革中又不要专门花钱的经济政策。"但经济因素又不是万能的，影响生育的因素是多方面的，因而需要采取综合措施促进计划生育工作。1983年，我曾撰文提出，为了减轻2020年之后的社会负担，妥善解决好独生子女家长年老后的照顾问题，除了要积极发展社会福利事业、高度重视对独生子女的尊老、敬老教育外，还可考虑允许独生子女在将来结婚后生育两个孩子。另外，针对新中国成立后第四次出生高峰的到来，首先提出在低生育水平下大城市出生人口的波动问题，建议要削峰填谷、宏观调控、综合治理、滚动预测，有条件地修改二孩间隔。

记者："中华人口奖"对于一位人口学界的资深学者意味着什么？

桂教授：这个奖实际上是对我过去成绩的肯定，对自己在以前的研究中敢于坚持实事求是、求真务实科学精神的肯定。今后的研究工作还任重而道远，尤其是当前面临诸多重大人口与计划生育的研究课题，都在等待着我们广大学者去努力。这个奖激励我在有生之年继续努力，把毕生精力献给人口与计划生育事业，为人口与计划生育研究工作多作贡献。对于我来讲，现在重要的并不在于多写一篇文章或是少写一篇文章，关键是使自己的研究在重大的人口和计划生育决策中能发挥更大的参考价值。

记者：从人口学者的角度来看，您认为今后一段时期我国人口与计划生育工作的关键问题是什么？应该怎么解决？

桂教授：今后一段时期我国的人口与计划生育工作有很多重要问题要抓，除了中央领导明确指出的各种问题外，我个人认为还有两个问题需要深入研究：一是在稳定低生育水平的前提下，应如何把握人口出生的一个合理的"度"；二是在坚持我国东、中、西部协调发展的前提下，应如何把握人口分布的一个合理的"度"。这两个问题都带有全局性，它们解决得好不好，关系到我国人口与经济、社会、资源、环境的协调发展和可持续发展。而要深入研究这两个"度"，关键是在稳定低生育水平的前提下，怎样寻找一个既有利于控制总人口规模不是很大，又有利于解决未来严峻的老龄问题的结合点；在人口迁移流动和人口城镇化中，怎样从东、中、西部的实际出发，促使中、西部地区人口向东部有序转移，注意合理容量。

后记：

一如其严谨朴素的文风和治学态度一样，桂世勋教授朴素简洁、不事张扬地结束了关于自己的话题。实际上，在他所获得的人口大奖后面，还隐含着许多特别值得一提的故事：

在流动人口计划生育管理问题上：针对改革开放以来我国出现的大量人口流动及其给计划生育管理带来的各种问题，桂教授在深入实地做了大量调查研究之后，主编了《中国流动人口计划生育管理研究》一书，在总报告中，他既反对把流动人口通通视为"超生游击队"，也不同意简单地将我国流动育龄妇女与国外迁移流动育龄妇女进行类比，而是从现阶段我国的具体国情出发阐述了人口流动存在着有利于生育率下降与难以有效实施计划生育管理的双重效应。而流出育龄妇女的生育率是否低于她们原住地非流出育龄妇女的生育率，"在很大程度上却受到流出地和流入地的计划生育管理状况的制约，特别是受各地对流动人口计划生育管理的制约"。据此，他提出了应该确立流出地的管理是"基础"，流入地的管理是"关键"的观念，并进一步提出应该将流动人口中计划生育的一般对象与重点对象区别开来，从思想上、物质上和考核上全面形成流入地加强对流动人口计划生育管理的激励机制，尽快建立有利于各部门齐抓共管流动人口计划生育的体制、机制和组织形式等建议。这一成果得到了时任国家计生委主任彭珮云的充分肯定和鼓励，认为这些"研究结果对我们做好这方面工作很有帮助"。

在稳定低生育水平与调节未来出生人口问题上：进入21世纪，"我国计划生育的主要任务是稳定低生育水平"这一观念日渐成为人们的共识，但对低生育水平下还可能发生什么问题，如何进一步搞好计划生育宏观调控考虑得相对较少。针对这种情况，桂世勋教授通过对未来上海市出生人口数变动趋势的实证研究，发现在本世纪最初的15年里，我国一些大城市的户籍出生人口数有可能像上海市那样，在低生育水平下出现大幅度波动的情况，并对未来社会事业的平稳发展带来较为严重的负面影响。于是，他撰写了《关注大城市低生育水平下的出生人口波动》一文，并在2002年第八次全国人口科学讨论会专题组上做了发言。文章指出，由于20世纪80年代出生"堆积"的惯性作用与符合政策要求可生二孩的人群大幅增加，低生育水平下仍有可能在2010年左右出现户籍出生人口数比目前大幅增长的波动态势，并给社会和社会资源配置带来一系列负面影响，"严重不利于社会事业的平稳和可持续发展"。据此，桂教授提出要"搞好城市未来出生人口数的滚动预测，密切关注出生人口数的波动态势"，"广泛深入地宣传出生人口数'大起大落'的负面影响，提高广大育龄夫妇积极参与'削峰填谷'的自觉性"，"向广大年轻夫妇及早预报未来可能出现的出生高峰期，引导他们适当提前或推迟生育"。翌年，新颁布的《上海市人口与计划生育条例》将"市人口和计划生育行政管理部门应当根据本市人口出生变动趋势，向社会公布人口出生预报信息。公民可以根据人口出生预报信息，结合家庭实际，选择生育时间和生育间隔"内容写入。

此外，在应对我国人口老龄化的严峻挑战和促进老年保障方面，桂教授还进行了多项研究，并为政府部门提供了种种有价值的决策咨询建议。比如，1986 年受民政部委托，主持了上海农村社会养老保险研究，并在基层乡镇进行试点，主编了《上海农村养老保险制度改革》一书，在各相关部门和各方学者的协助下，构建起"个人缴费为主、集体补助为辅、政府给予政策扶持"的农村社会养老保险模式，不久在全市推广；1986 年，桂教授在其撰写的《上海市老年保障体系及其运行机制研究》的总报告和《各类养老设施发展规模及结构研究》分报告中，通过对不同预测方案的分析研究，提出了"按适度比例加快养老设施发展"的建议，这个建议被上海市政府采纳，从 1998 年至今，上海市政府在每年为市民办实事的清单中，都将"为全市养老机构新增 2500 张床位"作为一项任务纳入；1991 年，借鉴日本经验，建议为上海市单身独居老人免费安装"求助电铃"，这一建议不仅被上海市政府及时采纳，目前已被推广到其他城市。

（本文原载《人口与计划生育》2005 年第 6 期）

学者气质　师者风范

——访"中华人口奖"得主桂世勋教授*

采访桂世勋教授之前，就对他的和蔼可亲有所耳闻。他刚刚从日本讲学归来，记者就急急打去了电话约采访时间。旅途的劳累还未尽退去，电话那头他的声音依旧是十分的亲切。听说要报道他，桂教授竟连连谢绝，"不用宣传我了"。但在记者的一再要求下，他的心终于软了下来。于是一个午后，记者与他相遇。第一面，就被他睿智与深邃所吸引。

政教系走出的人口学专家

在今年 1 月人民大会堂举行的第五届"中华人口奖"颁奖大会上，我校资源与环境学院人口研究所桂世勋教授获得了我国人口领域最高奖——"中华人口奖"。众所周知，桂教授是人口学界的资深专家，但是知道他是政教系毕业的人并不多。

1958 年桂教授进入我校政教系学习，1962 年毕业后留校一直担任政治经济学教师。大学时代的他是从图书馆中"泡"过来的，四年里做了厚厚几叠的读书笔记。因每次都是图书馆最晚走的人，没多久管理员就认识了他。大学时从政教系老师的身上，他也学到了很多理论知识和研究方法，当然更多的是治学态度。这些都对他之后的学术科研打下了坚实的基础。

进入人口学研究领域还多少有些偶然。18 世纪末西方学者马尔萨斯提

---

* 本文由记者张欣采访。

出资本主义社会底层民众失业、贫困的原因是因为人口增殖太快。他把社会问题完全归结于人口多，而对制度弊端却避而不谈。1976 年，当时上海市南市区计划生育委员会办公室邀请桂教授做报告宣传马克思主义人口理论，批判西方马尔萨斯的人口论。因这样一个机会，桂教授开始介入人口学领域。在这之前他在上海经济学界已经小有名气。但随着对人口学研究的深入，桂教授发现人口问题对我国长期发展有着重大影响。1978 年后他就开始把主要精力放在了人口经济学的研究上，之后才又转向人口社会学、老年保障学。1982 年他撰写的《人口社会学讲座》在《社会》杂志连载，不久他的第一部人口学专著《人口社会学》作为高校教材由山东人民出版社出版。当时人口学是没有"科班出身"的，桂教授的研究全靠自学。一方面是研读前人著作，另一方面则是紧抓党和国家在人口学上最关心的问题进行深入的调查研究，通过调研来形成自己的想法。深入实际，从实践中吸取养分，是桂教授成功的一大原因。

秉直耿言的学者气质

谈及自己的学术历程，桂教授更强调的是对党、对国家、对人民负责。要负责就得敢于讲真话，不能领导说好就好，也不能人云亦云。"秉直耿言"是熟悉他的人对他的评价。

1979 年上海市为推行计划生育，曾规定领取独生子女证的职工退休时夫妻双方各加发 5% 的退休金。在充分分析论证的基础上，桂教授就于该年末召开的第二次全国人口科学讨论会上撰文提出了"难以为继"的反对意见。2004 年 10 月上海召开了"人口与可持续发展战略国际研讨会"。在计划生育取得巨大成效的背景下，桂教授又"不合时宜"地指出：我们在看到计划生育成就的同时，还必须看到老龄化的迅速发展，应从可持续发展战略高度寻找既有利于控制人口总量，又有利于解决老龄问题的结合点。经过充分的研究论证，会上桂教授还提出应把上海普遍放开二胎政策的时间定在2016 年。这些都显现了桂教授"能言""敢言"的学者气质。

桂教授坦言一个人的看法不一定绝对正确，但是作为一名学者必须敢于提出自己的见解，为政府提供决策参考。

"伤其十指，不如断其一指"是桂教授的治学理念。桂教授认为学术研究一定要突出重点，把有创新意义的问题做深做透。在应用研究上，要抓住决策者还未引起重视或感到束手无策的课题做新做实。这样的研究才有可能填补学术空白，才有可能被决策部门采纳，更好地发挥研究成果的价值。桂教授最忌讳研究做得"面面俱到"，泛泛而谈。

只有抓住关键问题，才会有所突破，不痛不痒的问题谈都不要谈。在桂教授眼中集中精力"断其一指"远远胜于"伤其十指"。

学生眼中的慈父严师

桂教授最大一个业余爱好就是唱歌。学生时代桂教授就喜欢唱歌，当时还参加过系里的文工团。下乡时还常把政府的一些政策法规配在乡间民歌中歌唱，以老百姓喜闻乐见的方式宣传国家的方针。工作后他还曾参加过教工合唱团。桂教授觉得唱歌一方面可以陶冶性情，另一方面还可以融洽师生关系。

教授的学生中有些是外地的，也有些家庭经济条件不好，他总会利用一些机会和他们谈心，尽可能地使他们感到温馨。每到逢年过节都会把学生叫到他家里去一起吃饭、唱歌。特别是唱歌，拉近了桂教授和学生们的距离。一点都没有老师的架子，学生们都愿意向他吐露心声。这种亲切感正是"言传身教"的基础。

一方面他很和蔼可亲，另一方面他对学生要求又是十分严格。研究生们论文答辩最怕遇到的就是他，因为任何一个标点、措辞、数据，桂教授都一丝不苟。他带的研究生王裔艳在自己学位论文的后记中写道："整理了三年的课题资料，发现先生给我的每份课题成文上，都用三种不同色的笔作了修改。不论是初稿，修改稿，还是定稿，每稿必改"。在桂教授严谨的背后，我们更是看到了他对学生沉甸甸的爱。

几十年前马寅初等老一辈学人曾在人口学上取得了辉煌的成就，但因为特殊的历史原因，新中国成立后人口学研究成为禁区。桂世勋等人则是上世纪70年代我国恢复人口学研究以来的首批专家。如果说马寅初等先贤是人口学上的第一代学人，那么桂世勋等专家则是当之无愧的第二代学人。他们一方面"为往圣继绝学",另一方面又在不断地发展人口学,在当前的中国环境下,用自己的研究为社会做着贡献。

桂世勋:我校人口研究所教授、博士生导师;国家哲学社会科学研究人口学学科规划(评审组)成员、国家人口和计划生育委员会人口专家委员会委员、国务院侨办专家咨询委员会委员、中国人民大学人口与发展研究中心学术委员;上海市人民政府决策咨询研究专家,上海市政协人口资源环境专业委员会特邀委员、上海市人口学会会长、上海市老年学学会副会长、上海市老龄科学研究中心副主任。1962年毕业于我校政教系。1986年因在人口学领域的突出贡献,从讲师破格晋升为教授,同年被国家科委批准为国家级有突出贡献的中青年专家。单独或与人合作发表著作20部,论文150多篇,主持完成国内外研究项目50多项。自1987年以来,被邀请到美国、加拿大、英国、日本、新加坡、泰国、韩国及我国香港、台湾地区等讲学、合作研究、参加国际会议并作学术报告等40多次。

(本文原载《华东师范大学校报》2005年3月18日)

探索人口老龄化的应对方略

——中国老年学家桂世勋教授侧记*

　　编者按：上海市是我国最早进入老龄社会的城市，上海的今天就是中国的明天。研究和解决上海的老龄问题，可以看成是应对未来中国人口老龄化挑战的预演。藉此，多年以来，桂世勋教授立足上海，着眼全国，围绕中国人口发展的基本态势，就人口问题、老龄问题进行了深入的调查研究，提出了一系列理论观点和政策建议，为国家在人口和老龄问题上的决策提供了较重要的参考，成为当代我国老年学和老龄科学研究事业的开拓者之一。梳理桂教授在这方面所做的探索，对激励更多中青年学者献身我国老龄问题研究事业，对进一步深化应对我国人口老龄化的战略研究，有一定借鉴和启示。

一、生　平

　　桂世勋 1940 年生于上海，1962 年毕业于华东师范大学政治教育系，1986 年从讲师破格晋升为教授，被批准为国家级有突出贡献的中青年专家，现任华东师范大学人口研究所终身教授、国家哲学社会科学研究人口学学科规划（评审组）成员、中国社会保险学会常务理事，曾任国家计划生育委员会人口专家委员会委员、中国老龄协会专家委员会委员等 20 多个职务。桂教授从事学术研究 30 年来，主要研究方向为人口问题和老龄问题。他前后主持和承担了几十项重大科研课题，其中涉及老龄问题的研究课题有 30 余

---

　* 本文由党俊武、肖文印撰写。

项；单独或与别人合作撰写、主编、副主编学术著作 20 余部、论文 150 余篇。他提出的许多政策建议，成为上海市政府乃至中央有关部门的重要决策依据，产生了广泛而深远的影响。2005 年，桂世勋教授被授予我国人口学研究领域的最高奖项——"中华人口奖"（科学技术奖）。

桂教授认为，一个学者应该有强烈的社会责任感，对国家、民族和社会负责。要做到这一点，既要紧密联系社会现实，又要秉直耿言，敢于讲真话。他长期生活在上海，理论研究的重心也是上海的人口问题和老龄问题，他提出的理论和政策建议既针对现实，更具有前瞻意义。

二、关于人口问题和人口政策

桂世勋教授很早就开始思考我国的人口问题。1986 年，他的第一部人口学专著——《人口社会学》出版，被费孝通先生誉为"中国应用社会学方面的一个可喜尝试"。此后，他的主要注意力集中在我国尤其是上海市的人口数量和结构问题上，并受有关部门的委托，多次主持上海以及江苏、浙江等省一些地市的人口发展战略研究，提出了一系列理论观点和政策建议，为制定相应的人口政策提供科学依据。

1."削峰补谷"理论

"削峰补谷"理论是 2002 年桂教授在《关注大城市低生育水平下的人口波动》一文中提出的。他根据上海户籍人口变动趋势的预测数据，具体分析了出生人口波动引起的未来出生人数"大起大落"的状况及其对社会发展带来的重大负面影响。建议计生部门应在稳定低生育水平的同时，密切关注未来大城市户籍人口出生数的波动态势，加强未来出生人口波动的预测和预报，并建议对现行生育政策作些"微调"，因地制宜地搞好未来出生人口"削峰补谷"的宏观调控，引导年轻育龄夫妇通过适当提前或推迟生育，减缓未来城市户籍出生人数的波动。2005 年，他进一步提出，最好在 2015 年后中国 20—29 岁育龄妇女数出现较大幅度减少后调整现行生育政策，在优生的前提下，普遍允许每对夫妇生育两个孩子，使全国育龄妇女的总和生育率逐渐回升到 2.0，努力实现人口的平稳更替。

2. "少子老龄化"理论

"少子老龄化"是桂教授对上海市户籍人口特点的高度概括。针对这一特点，他从实施可持续发展战略高度，建议有关部门注重发挥少子老龄化的正面效应。同时出台相应政策，尽可能把其负面效应转化为正面效应：采取既有利于更多吸纳年轻人才，又不使未来老龄化水平过高的替代性人口流迁战略；制定既不使未来中国总人口过多，又有利于减缓老龄问题的现行生育政策调整方案；寻求既不会加重失业问题，又有利于减缓城镇职工基本养老保险基金压力的推迟职工退休年龄的最佳时机；切实推进以"终身保健"为基础、大病保障为重点的医疗卫生服务体系建设；不断完善以居家养老为主，按适度比例加快养老设施发展的生活照护体系。

3. 统筹制定人口发展战略

桂教授对中国人口增长与经济可持续发展进行了长期的深入研究和思考，分析了人口增长对经济可持续发展的影响，提出要统筹制定人口发展战略，正确处理两个方面的关系，即控制人口数量与妥善解决人口老龄化问题的关系，控制人口数量增长与全面提高人口素质的关系。建议全面制定 21世纪中国人口发展战略及长远规划，为实现经济可持续发展提供良好的人口环境。

4. 逐步调整现行生育政策

上个世纪八九十年代，桂教授先后发表《上海市人口老龄化与计划生育》和《再论上海市人口老龄化与计划生育》，论述了计划生育与人口老龄化之间的关系，建议调整现行生育政策，使人口年龄结构渐趋合理。新世纪初，他进一步指出，我国将进入出生人口数、劳动适龄人口数高峰期和老年人口数高速增长期。这种人口重大变动错综复杂地交织在一起的状况，迫切需要对现行生育政策进行战略调整。同时现行生育政策实施过程中出现的一些负面效应，如不利于孩子的身心健康成长，助长出生人口性别比升高，加剧人口老龄化，削弱家庭养老功能等，也应通过调整现行生育政策予以减缓。他强调，现行的提倡一对夫妇只生育一个孩子的生育政策并不等同于实行计划生育的基本国策，调整现行生育政策不等于改变基本国策，澄清了人们在生育政策上的模糊认识。

桂教授建议，在 2010 年前后，应实施调整现行生育政策的"软着陆"

方案，在有条件的省级地区进一步对该政策进行"微调"，允许农村和城镇居民中夫妇一方为独生子女的，可以有计划生育两个孩子；在2015年左右普遍允许一对夫妇生育两个孩子，以利于改善未来出生人口数波动起伏过大的状况，以利于避开15—59岁劳动适龄人口数的高峰期，以利于在2040年后减缓大批独生子女父母进入高龄时生活照顾的巨大压力。

三、关于应对人口老龄化的战略思考

面对汹涌而来的"银色"浪潮，桂教授强调要站在科学发展观和构建和谐社会的高度，未雨绸缪，抓住有利时机，着力从战略上应对。

1.倡导积极老龄化

桂教授是积极老龄化的倡导者。他强调，在老龄社会条件下，倡导积极老龄化，无论对于生命个体的晚年幸福还是保证整个社会的健康有序发展，都具有重要意义。他建议在国民教育中应该增加有关预防老年慢性病的知识，不仅要在成人教育（包括老年教育）中加强健康教育、提高老年人的自我保健能力，而且要从少年儿童时期就开始进行这方面的教育，使他们在幼年起就逐渐养成不抽烟、不酗酒、低盐、低糖、合理营养及健康的生活方式。唯此，才能从源头上降低应对人口老龄化的社会经济成本。

桂教授认为，提倡"老有所为"，有利于推动积极老龄化，促进经济发展和社会稳定。随着平均预期健康期的不断延长，老年群体中蕴藏着丰富的人力资源。桂教授建议出台相关政策，为老年人继续参与社会提供条件，根据本人意愿，帮助身体尚好的准老人和低龄老人再就业或从事志愿服务工作，充分发挥他们的作用。比如，在推行居家养老服务中，鼓励和提倡低龄老人关心照顾高龄老人，健康老人关心照顾失能、半失能老人，不仅充实了老年人的晚年生活，也可以大大降低养老成本。

2.着力发展适应人口老龄化要求的养老保险

中国在人口老龄化迅速发展的进程中，城乡老年人的收入保障将面临两大压力：经济发展滞后于人口老龄化与家庭规模小型化。要有效化解这两大压力，妥善解决城乡老年人的收入保障，必须采取积极措施，在养老保险改革上花大工夫，下大力气。

　　桂教授认为，在养老保险基金的筹集上，应当引入个人缴费机制，并实行不同程度的储存积累；加强基本养老保险基金的管理，尽快建立社会性的监督机构，切实解决养老保险基金的保值和增值问题；加快发展城乡的单位补充养老保险、个人储蓄性养老保险和商业性人寿保险；提倡年轻人在抚养子女少的情况下，节省一部分钱为自己将来养老做准备。

　　在城镇，他强调要尽快扩大城镇职工基本养老保险的覆盖面，确保保险基金的可持续运作，积极鼓励个人储蓄性养老保险的发展，同时还要搞好外来暂住职工的基本养老保险管理。

　　在农村，他于上个世纪80年代后期主持上海农村社会养老保险试点时，强调养老保险费的筹集应以个人缴纳和集体补助为主，国家给予"税前列支"的政策扶持；他在比较近年来各地探索新型农村基本养老保险模式的基础上，主张最好将北京市试行的由个人缴费、集体补助构成个人账户养老金和政府补贴构成的基础养老金模式作为目标模式。在探索制定现阶段农村计划生育家庭养老保险方案时，他建议要把视野扩展到探索建立逐步覆盖农村全体居民、以保障基本生活为目标的养老保险制度的大框架下，研究农村计划生育家庭养老保险的科学定位及与相关制度的衔接问题。

　　在深入分析深圳特区模式、北京模式、上海模式的基础上，他对城镇外来从业人员和城市农民工的养老保险模式也做了进一步的研究探索，提出构建我国城镇外来从业人员和城市农民工基本养老保险的目标模式和过渡方案的建议：在全国城镇普遍强制实行外来从业人员和农民工与当地户籍从业人员养老保险模式统一、缴费基数与享受标准有别、在城乡流动中关系便于衔接的过渡性基本养老保险方案。

　　3. 构建中国特色的老年人照护体系

　　在积极老龄化理念指导下，桂教授以上海市为例，提出要构建广义的老年人照护体系：从参与、健康、保障三个方面搞好预防性服务；重视和加强对生活自理有困难老人的康复训练，切实推进发展性服务；支持和关心非正规照护服务，增强其照护功能；积极倡导生活部分能自理的老人居家养老，搞好民政福利服务与卫生保健服务的资源整合。预防胜于治疗，为减轻老年照护的沉重压力，桂教授还建议尽快在全国建立40岁以上人口定期健康检查制度。

4. 全方位整合为老服务资源

近年来，我国各类为老服务机构迅速发展，加强为老服务资源整合，提高资源利用效益日益显得迫切和必要。桂教授认为，要重视研究并合理调整养老机构的功能结构，加强宏观指导和调控，按适度比例加快养老机构的发展，逐步提高收养需重度护理老人的床位比例，把有限的资源用于老人及其家属最急需解决的照护困难上。在规划发展21世纪上半叶我国养老机构的功能类别时，要坚持"持续照顾"的理念，尽可能使老年人在逐渐丧失生活自理能力的过程中减少搬迁养老场所。应进一步搞好社区为老服务的信息资源、硬件资源、人力资源、财力资源等方面的整合，切实推进有利于社区为老服务资源整合的观念创新、体制创新和机制创新。

5. 重视养老保障的可持续性

2009年，桂教授在《二十一世纪中国人口特点与社会保障的可持续发展》一文中，系统分析了21世纪中国人口特点对社会保障可持续发展的影响，认为在研究中国特色社会保障发展战略，确定未来社会保障的模式、政府财政支持责任和城乡社会保障水平时，应高度关注社会保障制度的可持续性，注重构建和谐社会的长效性。为此，他提出以下几项原则：要坚持逐步缩小城乡差别的原则；要坚持尽可能促使城乡从业人员参加个人需要缴费的社会保险的原则；要坚持长期保持合理的退休人员平均基本养老金与在岗职工平均工资之比的原则；要坚持充分发挥城乡家庭保障功能和农村土地保障功能的原则。

对于养老政策制定者，桂教授建议应树立可持续的意识，否则一旦政策在长期执行中遇到困难，就会失信于民。1979年，上海市为顺利推行现行生育政策，规定领取独生子女证的职工在退休时，夫妻双方各加发5%的退休金。桂教授在全国研讨会上提出了不同意见，认为这种规定在未来执行中会日益增大财政压力，从长远来看将"难以为继"。后来的事实证明了他的预见。1993年上海进行城镇职工养老保险制度改革后，不得不对原规定进行"变通"，改为独生子女父母退休后，各一次性发放养老补贴奖励费2300元。

6. 关注男性人口的健康长寿

在全社会普遍关注女性老人生存处境的时候，桂教授通过实证研究，发现女性老人的经济状况和在家庭中的地位明显下降，孤独感大大增强，大多发生在丧偶之后。由此他强调，关注男性人口的健康长寿是从源头上关心女性老人的一项重要战略措施。桂教授发现女性老人患病率虽然比男性老人高，但男性老人患致命性疾病的患病率却比女性老人高。他建议改变男性老人抽烟酗酒的习惯，增强男性老人的保健意识，疏解他们的心理压力，鼓励男性积极参与家务活动。

四、殷切期望

家家有老人，人人都会老。桂教授认为，为当下的老年人服务，也就是为自己的未来奠定基础。老龄工作者应当对老龄事业抱有满腔热情，要有"老吾老以及人之老"的思想境界。应有积极入世的精神，有为老年群体服务、为政府决策"补台"的责任意识。

社会理论的生命力在于能指导社会实践。从事老年学研究的学者，应该与实际部门干部优势互补，协作攻关，深入现实生活，善于取长补短，不断修正自己的观点，不能想当然，更不应该固执己见。桂教授希望青年学者和老龄工作者多关注基层，基层有着丰富的有待提炼推广的创新火花和取之不尽的创新潜能。

（本文原载《中国社会工作》总第 17 期，2009 年 7 月）

桂树不言，下自成蹊

——我的导师桂世勋先生*

上海就是这样，冬天刺骨冷，夏天糟心热，最苦是梅雨，最忆是人间四月天，十月桂子香。时光飞逝，不知不觉进入华东师大人口所已经十年，认识桂世勋先生也有十年了。

十年之前的四月天，上海的校园花红柳绿。我和先生原本的初次见面却因我的疏忽——记错日期而推迟到翌日夜间。惶恐不已的我，心惊胆战地推开了中江路桂先生家早已虚掩以待的大门，叠声致歉。清瘦的桂先生迎面走来，一把拽住我的手，微笑道，来了就好，来了就好……

然后给我一一介绍笑容可掬的朱宝树老师和温文尔雅的丁金宏老师。感觉面试进程不是很理想，具体的问题也模糊得和当晚的月晕一样，只记得朱先生不停大笑，桂先生则不时微笑，而丁先生长时间微笑不语。快快地等了几个月，居然中奖似的收到了录取通知书和桂先生语重心长的来电："要继续加强基本理论和研究方法，尤其是定量研究方面……"

从此，就在酷暑中来了上海，看到了许多由陌生到熟知的先生——严峻的骆克任先生、和蔼的吴瑞君先生、神秘的张善余先生、和煦的高向东先生以及继续温雅的丁金宏先生和热情的朱宝树先生，听到了许多新鲜的讲演。当然，印象最深刻的是略带上海口音，清瘦且外冷内热的桂世勋先生。

先生每次来所里都拎着重重的黑色皮包或者公文夹，并总是在包里或夹里翻找资料，不管是在办公室、在走廊还是在电梯里。然后不时有人喊，

---

* 本文由张水辉撰写。

先生，您的电话来了，先生有人找您。他似乎总是在高速而有序运转，即使额头渗出汗，也是一直浅浅地微笑，头发一丝不乱地穿梭于各个办公室和教室。

先生上课没有教材，也好像没有特别系统的讲义，但一开口就条理清楚，纲举目张，相关资料手到擒来，委实叫人钦佩。就在我们如坐过山车一样过了几周后的一天，先生突然叫大家把笔记交出来。当时我就傻眼了，汗颜无比。

先生说："我的板书不清楚，还是讲得不清楚？"

"都不是，"我讷讷地说。

"其他老师的上课笔记，做了吗？"

"有的多一点，有的少一点，"我搪塞着。

"好记性还是不如烂笔头，虽然你的记性不错，笔记总归还是要记一点的，多多少少有一点好处，以后你就明白了。"先生炯炯地注视着我。

此后，我每门课都多多少少做了些笔记，至今还有好几本黑色笔记静静地躺在书架的玻璃橱窗里面。偶尔整理的时候，也不经意地翻开这些熟悉笔记，上课的情景又历历在目。

先生的笔迹较为清峻，一笔一画甚是清晰。而我写字则鬼画桃符，信马由缰。好几次先生审读我的笔记或作业，不时大力推敲原文为何。有的作业，时间久了，连我自己辨认都较为费力。他不但用红笔圈读，还将疏漏之处一一订正，但并无责言。几番内疚后，我每次都交打印稿给他。

不多久后，先生也开始带着我们去参加各种会议，开展相关调研和走访。坦言之，这些大大小小的会议和调研，有的委实有趣，有的委实无趣，有的简直是折磨或者纯粹浪费时间。但先生每次总是正装前往，每次与会前都一丝不苟地准备好相关资料，每次发言都是精心准备，做到言之有理、言之有物。私下问他，有的会可以不去，有的会可以不重视的，不要每次都这样全力以赴，那也太累了。先生正颜道，有的会不能不去，有的会不能不讲。既然决定了都要去，那就要去讲得有道理，有依据，不能敷衍了事，否则就不如不去。

有一次，有位与会人士的发言实在是冗长无味，空洞无物。很多人都开始抓耳挠腮或者左顾右盼，先生还是保持微倾注视，不时还记录下来。会后，我问先生记了什么，有什么好记的。先生娓娓道，有些数据还是有用的，废话里面也许还有有用的信息，并且人家发言的时候，要有礼貌。果然先生会后从该发言中似乎淘出了一些有益之物。后来，我也学会了在别人发言时，保持记录。当然还是不能和先生相比，我更多的时候是随手乱画，以礼貌地打发时间。礼貌是养成的习惯，变废为宝则是浸淫多年的功力。

第二年的十月，先生带我去内蒙古做课题。先生贵为课题组组长，却一直尊老爱幼，对课题组的成员，不管是政府成员还是知名学者，不管是老年还是青年，上上下下都极为关照，一视同仁。从北京北站出发时，暴雨中狼狈进站，先生二话不说，脚套两只塑料袋，卷起裤管，走得很是从容。上车后，我一直抱怨北站的破旧不堪和管理落后。先生笑言，今天雨确实不小，北站看来是真的要重修一下。到达赤峰，有一天突遇大雪，气温急降。我午后到处找先生未果，不多时先生回来了，笑嘻嘻地递给我一条羊毛裤，说快穿上，别冻坏了。原来先生路过市场，进去给我买羊毛裤去了。我不知道说啥，赶紧换了出来。回上海后，这条羊毛裤一直没有怎么穿，后来有一次给父亲瞧一眼，他在灯光下，看了又看，讷讷地说，这是条好毛裤啊，先生是个好人啊。

论文开题时，先生在百忙之中和我多次辛苦交流。写作期间，先生不管是在港澳地区还是在日加，都不时提醒我要注意身体，掌控进度和注意最新研究进展，并且每次都是强调身体第一。论文前几章的第一稿，居然还是先生夹着厚厚的打印稿，在日本的国际会议期间，一一批阅的。并且说，此后每个月要送给他看一回。我拿回来打开看时，很是吃了一惊，同时也感到一种不安和感激。原来论文已经从头到末，都用红笔、蓝笔等精心添改过了。既有纲领性意见和框架性修改，还增加了许多脱漏和疏忽的地方，甚至连文法的错误，也都一一细心订正。

等到不得不定稿时，先生幽幽地说，也只有这样了，以后再继续打磨吧。定量那一块还是有点问题，看来你一直没有很上心。站在旁边的我，不敢接腔。先生叹了口气说，不过你文笔还是不错，没有让我费很大的力气。然后，先生叫我找了支钢笔，在旁边的纸板上比划了几下，然后重重地签了名，对我笑了笑说，这是你的成果了。

唯一让我略微安心的是，我工作找得还是比较顺利。如期答辩和毕业后，就在现在的单位待了下来。先生还是非常关心我的工作、教学和科研。每次教师节或者新年去先生家拜访，或者先生组织我们出来小聚的时候，先生都再三告诫我，你教学和工作都不错，还是要端正研究态度，坚定研究方向。

后来，我上了副高职称。先生得知后很是高兴，眼睛眉毛都弯了，笑道，要继续努力。

师母劝道，你呀，每次都谈工作，谈学习，弄得大家压力都很大，以后大家都不敢亲近你了……

先生笑道，是不是怪我无暇顾及家事？等我忙过这一阵子，就好啦……

师母嗔道，你别哄我了，你一会又要去书房了。你们要帮我劝劝桂老师，要注意身体啊，都快70了，还每天没日没夜地忙……

突然，我感觉先生似乎也有点老态了。走路好像慢了一点，耳朵听力也下降不少。近年来，我每次和他说话，都要凑过去，声音要说得很大。但先生眼睛还是炯炯有神，写字打字不见费力。

前两年，先生终于开始关心我的终身大事，拉着我的手说，工作重要，家庭也很重要，看到合适的就别错过了……

先生七十大寿的那年，我们几个在上海的学生一起给他简单庆祝了一下。先生极为欣慰，几天前就念叨着，那天更是一直笑得和孩子一样，一直坚持说要回请我们。

去年我外派欧洲，春意料峭中去和先生辞行。一进门，先生就双手紧紧地拉住我，给我仔仔细细整了整衣服领子，说要多穿点，别冻坏了，最近师母腿脚也不是很灵活，我们大家都要注意身体。然后一直将我牵到餐桌，师母笑意盈盈地在灯下精心整理果盘和糕点，说快过来，先生正念叨你呢，快来吃点水果……

十年之后的十月天，想必上海的校园秋意喜人。俗事缠身，无法参加人口所的所庆，也无法面会桂先生、师母和所里的其他先生。在吴瑞君先生的督促下，匆促起笔，完成这篇早应该完成的小文，以表寸心。

（本文原载华东师范大学人口研究所《传承三十年》，2011年）

不忘教育初心，培养责任担当

——专访桂世勋教授*

　　我校终身教授桂世勋今年81岁，他"生在抗日战争时期，长在红旗下"。1950年加入少先队，1954年10月30日加入青年团，1983年10月9日加入中国共产党。桂世勋认为，党员应按《中国共产党章程》要求，"必须全心全意为人民服务"。以方志敏、刘胡兰、江竹筠等为代表的无数革命先烈为中国人民解放事业前仆后继的献身精神，对他的一生产生了重要影响。

一、响应号召，投身师范

　　"跟党走，做共产主义事业接班人，为祖国和人民的需要优异勤奋工作一辈子。"少年时代的桂世勋，已经有了这样的理想目标。

　　1952年，他以优异成绩考取了上海市公立虹口中学。从初中三年级开始，桂世勋就担任班级青年团组织委员，逐渐培养关心周围同学的品德和锻炼自己的组织协调能力。1958年，虹口中学团委书记召集10多名将毕业的团干部开会，希望他们积极响应党和国家关于"加强师范教育"的号召。桂世勋填写报考大学的六个志愿全部是师范院校，最后以第一志愿被华东师范大学政治教育系录取，其高考总分在同届160余名学生中名列前茅。

　　华东师大政教系老师们的辛勤教育培养，使他学会了终身受益的科学

---

　　* 本文由程成、丁玉婷等撰写。

学习和治学方法。他说："教哲学的老师，培养了我的坚持实事求是、辩证思维学风；教经济学的老师，培养了我的咬文嚼字、推敲概念习惯；教国际共产主义运动史的老师，培养了我的研读重要文件、发现探索新变化能力；教中共党史的老师，培养了我的不忘建党初心、重视研究中国基本国情品质。"

作为政治教育系的学子，桂世勋在大学阶段就立下了勉励终身的座右铭："虚心学习，勇于创新，持之以恒，必见成效"。他深情回忆在大学一年级时，主讲中共党史的王爱玲老师担任班主任并亲切教他们如何记课堂笔记的情况——她要求学生在课堂笔记本的每页都留一部分空档，将课外阅读的有关内容摘记补充在旁边，还组织学生交流课堂笔记。对本专业的主课，桂世勋还利用课余时间到阅览室有针对性地查阅大量文献资料，将老师讲的重要概念、原因分析和推论，与摘抄的课外阅读资料梳理比较后，重新标在听课笔记上，通过深入思考将前人智慧更好内化为自己的知识。

坚持一丝不苟的态度和自我反思的习惯，求学当如是，做人亦当如是。"学了就要学好；事情不做则已，做了就要做到最好。错误必须消失在呈现给别人之前。"在老师的教育培养和同学的关心帮助下，严格的自我要求和勤奋的学习态度成就了桂世勋大学阶段各门功课全优的成绩，为他今后的发展打下了良好基础。大学期间，桂世勋还一直担任班级学习委员。课余担任"小老师"的经历，培养了他关心集体、团结友爱的品质。

1962 年，即将毕业的桂世勋填写的毕业分配志愿全部是到外地工作。后因系领导改变分配方案，他才留在华东师范大学政治教育系担任政治经济学教师。

二、求实创造，为人师表

从学生到老师，桂世勋的身份发生了转变，但其认真踏实、强调理解和创新的品质与风格却从未被动摇。

重视教学，是华东师大的校风之一，也是桂世勋在教师生涯中不曾懈怠的行为准则。作为老师，他时刻不忘一名人民教师应有的素质与担当——"要有一桶水，才能够给学生一杯最好的水"。

自身的求学与工作经历使桂世勋认识到，好的课堂教学"不是躺在书本上讲课，而是站在书本上讲课"。即使最好的教材，他也不照本宣科式的讲解，而是在熟练掌握教学内容的基础上，结合相关的最新研究成果，介绍该教材出版后学界的创新之处，分析教材中有争议或可进一步推敲的内容，引导学生进行思考，培养和启发其创新思维。从上世纪80年代直至2010年70岁退休，他每讲一门课时都要求听讲学生思考三个问题：一是听课后哪些有启发；二是哪些老师没讲清楚，怎样讲更好；三是老师讲的哪些内容的正确性是有待商榷的。

然而，除了自身的知识储备与研究水平，对待教学的态度同样不可忽视。"一个老师要上好课，有两条是必须具备的——一个就是你水平高，第二条就是认真"。桂世勋认为，所谓认真，就是要爱学生，珍惜学生的时间。因此，即使是再熟悉的课程，他也会在上课的前一天晚上认真备课到深夜，以最新的内容与思考对其进行补充调整，使课堂内容更加完善。

求事实，正作风，同样是作为园丁的他对于华东师大的认同。不驰于空想，不骛于虚声。华东师大的教师和学生力求不讲空话和大话，应在心怀天下的同时坚持实事求是的态度，脚踏实地，接上地气，为所关切的社会问题拿出切实的解决方案。这是桂世勋的育人理念，也是华东师大生生不息的校风传承。

三、为国为民，勇于创新

服从安排，扎根讲台，桂世勋在教学的每一个环节精益求精；结合工作，发挥专长，他以服务国民社会为宗旨开拓学术创新空间。

桂世勋在大学时代确立的座右铭贯穿他学术生涯的始终；学生时代的不偏科，也让他不惧学术方向的探索与调整。

1976年，他受上海市南市区（现已并入黄浦区）计划生育办公室一位负责人的邀请，利用教堂场地给老百姓讲中国计划生育政策与马尔萨斯人口论的区别。这次讲演，成为桂世勋接触人口学的契机。1978年，他在赴京参加第四次按劳分配理论讨论会时适逢召开第一次全国人口科学讨论会，他随即又参加了该会议，认识了当时中国人民大学专职从事人口学研究的几位著名学者，与他们建立了已长达 40 多年的真诚学术情谊。由此，桂世勋结合政治经济学的求学与工作背景，以人口经济学为切入点，逐步将研究领域拓展到人口社会学、老年社会学和社会保障学。

尽管科研方向的转变并非易事，但凭借踏实严谨的态度，桂世勋得以将每一步走得扎实而精彩。给复旦大学分校讲授人口社会学时，国内尚无这方面教材，他便查阅多方资料，仔细钻研，将授课讲稿结集出版为《人口社会学》一书。对此，费孝通评价为"中国应用社会学方面的一个可喜尝试"。而研究重点的每一次调整，都源于他对国家和人民需要的敏锐洞察和深切关怀。

在我国老年保障问题日益凸显的社会大背景下，桂世勋于 1986 年就对农村养老保险问题积极探索，通过与有关政府部门、5 个高校研究人员长达两年的通力合作，为我国如何建立农村社会养老保险新体制提供了具有较高参考价值的建议。针对 2008 年国务院印发的《事业单位工作人员养老保险制度改革试点方案》在"妥善处理好改革前后退休人员待遇水平的平稳衔接"上仍然存在的不足，桂世勋在 2010—2012 年连续发表了《关于改革我国事业单位养老保险制度的思考》等 4 篇文章，提出了推动事业单位养老保险制度改革的试点最好与公务员养老保险制度的改革试点同步进行；机关事业单位应实行"在职人员个人两项缴费"和构建"过渡性退休补贴与职业年金消长互补机制"的建议。

不慕权势，不随波逐流，桂世勋在学术研究的道路上力求将国家与社会的利益放在第一位，以勇于创新的品质不断开拓，也以"自以为非"的精神时刻反思，以学术利民，以学术利社会。

四　抓住机遇，借鉴拓展

"我一生获得的荣誉是较多的。我认为自己获得较多荣誉的原因，是遇上了党的改革开放好时光，同时也与华东师大及从中央到地方的各级领导的关心提携、我的老师教育培养、同事的热情帮助、学生的积极支持和自己的长期勤奋拼搏有密切关系。"

桂世勋从 1981 年起先后担任华东师范大学人口研究室副主任、人口研究所副所长和所长、国际商学院院长，1986 年从讲师破格晋升为教授，并被国家科委批准为国家级有突出贡献的中青年专家，1991 年获国务院颁发的政府特殊津贴，2005 年获中国人口领域的最高奖项——"中华人口奖"（科学技术奖），2006 年被评为国家二级教授，2008 年被聘为我校终身教授，2010 年获中国老年学学会颁发的中国老年学杰出贡献奖。晋升时间的极大缩短和个人学术成就得到的肯定，离不开"尊重知识，尊重人才"的背景，也离不开党中央对于破格培养年轻人才的政策倡导和国务院"为了表彰您为发展我国……事业做出的突出贡献"决定颁发政府特殊津贴、高校教师延聘等政策利好。

当然，"机遇是重要的，但抓住机遇则要靠自己坚持不懈的长期努力"。从个人的经历出发，桂世勋鼓励青年拼搏奋斗，并保持开放的学习心态。

作为学者，桂世勋曾应邀赴美国、日本、加拿大、英国、芬兰、泰国、新加坡、韩国及中国香港、澳门、台湾地区讲学、合作研究、参加学术会议 50 多次。赴境外讲学交流时，他既注重展示自己较高的学术水平，为祖国和华东师大争光，又有针对性地学习和借鉴境外的经验教训，以促进我国有关事业的发展。

1989 年，桂世勋赴日本合作研究期间偶然发现山形市政府为 120 位独居老人安装"充满爱的电铃"经验，深感小物件之大功用。回国之后，他立即向上海市有关部门提出为本市有需求的独居老人免费安装"求助电铃"的建议。该建议被上海市政府采纳并明确列入 1992 年和 1993 年要办的与人民生活密切相关的实事内容；《解放日报》在 1992 年 4 月 4 日还专门刊发了"求助电铃真管用，救了孤老一条命"的报道。

处处留心，时时思考，桂世勋于时代东风中实现自我价值，也以本土化的实践行动积极借鉴先进成果，增进社会福祉。

五、寄语后辈，筑梦未来

2010 年，桂世勋从教学与科研岗位上退休，却并未停止对后辈的关怀。

作为资深学者和华东师范大学社会发展学院关工委副主任，桂世勋密切关注社发院学生学习的发展需求与困境，并提倡青年人与老年人形成双向关爱。通过调查，他发现学生们在写论文方面的困难，便在教师中选择老中青三位代表，分享交流相关经验和心得；他引导结对学生主动关注老一辈的困境，深入调查了 2017 年师大一村 38 位老人（其中 8 位为我校高龄离退休教职工）无法到附近食堂用餐、希望送餐上门的需求，便与师大一村居委会和学校老龄办联手打通了这个"堵点"。

2020 年，桂世勋被上海市教委关工委评为"上海市教育系统关心下一代工作先进工作者"，其倡导的"精准关心"和"孝亲敬老"两个品牌也不断激发新的社会影响。

回顾往日，展望未来，桂世勋希望我校青年学子们在习近平新时代中国特色社会主义思想指导下，热爱祖国、热爱中国共产党，珍惜在华东师范大学读本科或研究生的美好学习时光；刻苦学习，培养胸怀大志、实事求是、勇于创新的品德；增强分析和解决问题、适应新时代发展需要的能力，为自己一生发展打好扎实的基础，为实现我国第二个百年目标作出更大贡献。

此谆谆教诲，必铭刻于后辈之心。

（本文原载华东师范大学社会发展学院《读懂百年
风华优秀征文展播》2021 年 6 月 29 日）

十二、附　录

附录1：桂世勋的任职

校内的职务及兼职

华东师范大学政治教育系政治经济学教研室助教（1962年10月—1978年9月；其间曾在1968年1月至1968年8月借调到华东师范大学第一附属中学任政治课教师，在1969年1月至1970年9月借调到上海人民出版社哲学编辑室任编辑）

华东师范大学政治教育系政治经济学教研室讲师（1978年1月—1984年12月）

华东师范大学人口研究室副主任（1981年11月—1983年5月）

华东师范大学人口研究所副所长（1983年6月—1989年2月）

华东师范大学人口研究所教授（1986年1月—　　）

华东师范大学人口研究所学术委员会主任（1989年3月—1997年12月）

华东师范大学第四、五届学术委员会委员（1992年2月—1997年12月）

中共华东师范大学第九届党委委员（1993年3月—2000年2月）

华东师范大学国际商学院院长（1993年3月—1997年7月）

华东师范大学电子信息应用学院副院长（1993年3月—1997年7月）

华东师范大学教育管理学院、国家教育委员会华东教育管理干部培训中心、国家教委中学校长培训中心兼职教授（1996年1月—1997年12月）

华东师范大学人口研究所所长（1998年1月—2001年6月）

华东师范大学社会学研究中心副主任（2000年6月）

华东师范大学人口学专业博士点建设负责人（2001年7月）

华东师范大学国家二级教授（2006 年 7 月—　　）

华东师范大学终身教授（2008 年 3 月—　　）

华东师范大学社会发展学院关心下一代工作委员会副主任（2009 年 1
月—　　）

华东师范大学国际移民与侨务政策研究中心名誉主任（2011 年 4 月）

华东师范大学中国老龄协会老龄科研基地主任（2020 年 12 月—　　）

校外的兼任职务

上海经济研究中心特约研究员（1982 年 11 月—1984 年 10 月）

上海高校文科评奖专家（1983 年 10 月—1984 年 10 月）

上海经济研究中心、上海市人民政府经济体制改革办公室特约研究员
（1985 年 1 月—1986 年 12 月）

上海人口情报中心技术咨询委员会副主任（1985 年 4 月—1986 年 12 月）

上海市人口学会副会长（1984 年 7 月—1986 年 12 月）

上海市城市科学研究会理事（1985 年 4 月—1986 年 12 月）

陕西省社会科学院《社会科学评论》杂志特约评论员（1985 年 6 月—
1986 年 12 月）

中国计划生育协会上海分会理事（1985 年 9 月—1986 年 12 月）

《人口》杂志编辑委员会委员（1985 年 1 月）

南京市计划生育管理干部学院人口社会学兼职教授（1985 年 9 月—
1990 年 3 月）

中国人口学会理事（1985 年 11 月—2009 年）

上海市老年学学会理事（1985 年 12 月—2021 年 11 月）

上海市哲学社会科学优秀成果评奖委员会经济学（应用研究）组评审
委员（1985 年 12 月）

1986 年度上海市科学技术进步奖科技管理咨询专业评审组成员（1986
年 10 月）

国家计划生育委员会第一至第五届人口专家委员会委员（1988 年 7 月—
2002 年 12 月）

上海市计划生育协会副会长（1988 年 10 月—1986 年 12 月）

上海市社会科学联合会委员（1988 年 10 月—1989 年 9 月）

民政部社福利与社会进步研究所特约研究员（1989 年 7 月）

上海市社会科学联合会常务委员会委员（1989 年 10 月—1989 年 9 月）

上海科技咨询协会理事会理事（1990 年 3 月）

南京市计划生育管理干部学院人口学特邀教授（1990 年 4 月）

上海家庭报社编委（1990 年 12 月—1991 年 11 月）

中国老龄科研中心老年人口专业委员会委员（1991 年 10 月）

上海市黄浦区计划生育协会理事会顾问（1991 年 10 月）

上海人口情报中心《人口信息》杂志顾问（1992 年 1 月）

上海市哲学社会科学"十五"规划学科评审组成员（1991 年 11 月）

上海市计划生育干部教学委员会顾问（1992 年 1 月）

上海公共行政与人力资源研究所特约研究员（1992 年 9 月）

国家计划生育委员会机关刊物《人口与计划生育》杂志编委（1992 年 10 月）

上海市突出贡献专家协会首批会员（1993 年 2 月）

中国人民大学人口研究所兼职教授（1993 年 2 月）

上海市老龄科学研究中心学术委员会委员（1993 年 3 月）

中国太平洋保险公司上海分公司咨询委员会委员（1993 年 4 月）

上海市浦东新区教育培训中心教授（1993 年 5 月）

台湾省财团法人促进中国现代化学术研究基金会第一届董事会研究员（1993 年 5 月—1994 年 4 月）

上海市浦东新区社区服务行业协会顾问（1993 年 9 月）

中国社会学会社会发展与社会保障研究会常务理事（1993 年 12 月）

上海市静安区计划生育协会理事会顾问（1994 年 3 月）

上海市哲学社会科学优秀成果（1986.1—1993.12）评奖学科评审组成员兼人口学、社会学及综合学科组召集人（1994 年 4 月）

上海市外来流动人口管理研究中心特约研究员（1994 年 7 月—1998 年 6 月）

中国人民大学人口研究所主办《人口研究》杂志专家委员会委员

（1994 年 9 月）

上海市工运研究会工运理论政策学科委员会专家（1994 年 11 月）

《中国老年学》杂志编委（1994 年 8 月—1997 年 7 月）

《市场与人口分析》杂志编委（1994 年）

中国人民大学人口学专业兼职博士生导师（1995 年 1）

《辞海》编辑委员会委员、人口学分科主编（1996 年 1 月—　　）

上海市老年学学会副会长（1996 年 1 月—2021 年 11 月）

上海市老龄科学研究中心副主任（1996 年 3 月—2010 年 1 月）

上海市哲学社会科学优秀成果（1994—1995）评奖复审社会学、人口学学科组成员（1996 年 11 月）

上海市哲学社会科学"九五"规划课题社会学学科评审组专家（1996 年 11 月）

中国老龄协会专家委员会委员（1997 年 3 月）

教育部社会科学研究与思想政治工作司长江流域发展研究院兼职教授（1997 年 6 月—1999 年 2 月）

教育部"跨世纪优秀人才培养计划（人文社会科学）"社会学学科组专家评审组成员（1997 年 7 月）

日本高龄化社会总合研究中心东亚地区老龄化研究委员会委员（1997 年）

国家哲学社会科学"九五""十五""十一五""十二五"规划人口学学科规划小组（学科评审组）成员（1998 年 4 月—2013 年 12 月）

上海市人民政府研究室、上海市人民政府发展研究中心（1999 年—2000 年）上海市决策咨询研究专家（1999 年 1 月—2000 年 12 月）

上海市卫生改革与发展专家咨询组成员（1999 年 3 月—2001 年 2 月）

上海市人民政府上海市"十五"规划工作咨询专家（1999 年 9 月—2001 年 8 月）

上海新世纪人力资源研究所顾问（2000 年 2 月—2002 年 1 月）

《中国人口与发展丛书》编辑委员会委员（2000 年 5 月）

加拿大维多利亚大学老龄中心客座研究员（2000 年 6 月—2002 年 6 月）

"人口世界"网站专家组成员（顾问）（2000 年 7 月—2001 年 6 月）

教育部重点研究基地—中国人民大学人口与发展研究中心学术委员会委员（2000 年 11 月—2003 年 10 月）

上海市人民政府决策咨询研究专家（2001 年 1 月—2002 年 12 月）

上海市哲学社会科学"十五"规划社会学、人口学学科评审组成员（2001 年 7 月）

上海市人口学会第五届会长（2001 年 8 月）

上海市干部人口理论教育专家小组成员（2001 年 12 月）

上海市老龄科学研究中心静安分中心顾问（2002 年 4 月）

《大辞海》人口学分科主编（2002 年 9 月—　　）

世界华人地区长期照护联会副会长（2005 年 11 月—　　）

上海劳动保障学会研究部社会保障研究会顾问（2003 年 3 月）

上海市浦东新区人口和计划生育委员会专家咨询团成员（2003 年 8 月—2006 年 3 月）

国务院侨务办公室第一、二、三届专家咨询委员会委员（2004 年 9 月—2013 年 8 月）

国家人口与计划生育委员会第六届人口专家委员会委员（2003 年 12 月—2007 年 12 月）

上海市人民政府侨务办公室专家咨询小组专家（2005 年 8 月—2007 年 12 月）

国家人口和计划生育委员会优秀论文和调研报告评审委员会委员（2006 年 1 月）

上海市民政局民政专家咨询委员会成员（2006 年 1 月—2007 年 12 月）

上海市浦东新区人口和计划生育委员会人口研究咨询委员会副主任（2006 年 4 月）

国务院侨务理论研究上海基地、上海侨务理论研究中心顾问（2007 年 1 月）

上海市海外交流协会常务理事（2007 年 9 月）

中国人民大学残疾人事业发展研究院首届学术委员会委员兼研究员（2007 年 12 月）

上海市人民政府侨务办公室专家咨询委员会委员（2008 年 1 月）

浙江省湖州市人民政府第一届人口发展研究专家委员会委员（2008 年 5 月）

上海市闵行区人口和计划生育委员会专家咨询小组组长（2008 年 5 月）

无锡市人口和计划生育委员会人口与发展专家咨询委员会委员（2008 年 12 月—2011 年 12 月）

上海市长宁区老龄工作委员会"幸福养老"指标体系中期评估专家组成员（2009 年 6 月）

中国社会保障三十人论坛成员（2009 年 9 月—2011 年 3 月）

上海市人口和计划生育委员会人口与发展专家咨询委员会专家顾问（2010 年 7 月）

中国社会保障三十人论坛荣誉成员（2011 年 4 月—2015 年 1 月）

上海市老年基金会研究咨询委员会委员（2012 年 3 月）

中国社会保障学会荣誉理事（2015 年 2 月—　　）

中国老年学和老年医学学会理事（2017 年 11 月—　　）

国际养老院院长协会顾问（2018 年 11 月—　　）

青岛市第一届医疗保障专家指导委员会委员（2019 年 11 月—2022 年 10 月）

上海市老年学学会顾问（2021 年 12 月—　　）

附录 2：独著、合著、主编或副主编的著作目录

1.《资本论》第一卷难题解答（黄强华、桂世勋、朱彤书编著，辽宁人民出版社 1982 年版）

2. 人口社会学（桂世勋著，山东人民出版社 1986 年版）

3. 中国人口（上海分册）（主编胡焕庸，副主编潘纪一、张开敏、桂世勋，中国财政经济出版社 1987 年版）

4. 上海农村养老保险制度改革（主编桂世勋，副主编胡增耆、葛正民、叶祖成，华东师范大学出版社 1989 年版）

5. 上海流动人口（主编张开敏，副主编郑桂珍、桂世勋，中国统计出版社 1989 年版）

6. 改革开放与人口发展（主编邬沧萍，副主编桂世勋、张志良、刘庆相，辽宁大学出版社 1990 年版）

7. 中国流动人口计划生育管理研究（主编桂世勋，华东师范大学出版社 1992 年版）

8. 上海市浦东新区 90 年代社会保障发展规划研究（主编马伊里、吴铎、桂世勋，上海社会科学院出版社 1995 年版）

9. 人口与我们（桂世勋、张宜霖编著，上海科技教育出版社 1995 年版）

10. 中国人口研究丛书（主编桂世勋，包括"独生子女父母年老后的照顾问题"[主编桂世勋，副主编李洁萍]；"开发扶贫与环境移民"[主编张志良]；"中国农村社区生育文化"[主编彭希哲、戴星翼]；"人口老龄化过程中的中国老年人"[邬沧萍、杜鹏著]；"从离土到离乡——上海农村劳动力转移研究"[主编朱宝树]；"中国独生子女研究"[主编〈美〉范丹妮]；"中国

经济开发区外来人口研究"[主编邬沧萍，副主编桂世勋、张志良]；"人口垂直分布规律和我国山区人口合理再分布研究"[主编张善余]；"区域人口城镇化问题研究"[李南、李树茁著]。华东师范大学出版社 1996 年版)

11. 改革开放中出现的最新人口问题（主编邬沧萍，副主编桂世勋、张志良，高等教育出版社 1996 年版）

12. 上海市老年人口地图集（编纂委员会主任冯贵山，编纂委员会第一副主任兼编辑部主任桂世勋，上海科学技术出版社 1997 年版）

13. 上海市老年保障体系及其运行机制研究（课题组长冯贵山，第一副组长桂世勋，上海科技文献出版社 1998 年版）

14. 迈向 21 世纪老龄问题国际研讨会论文集（主编冯贵山，副主编桂世勋、倪成才、朱即明，上海科学技术文献出版社 1998 年版）

15. 华裔老人问题研究（主编齐铱，副主编卓宝莲、桂世勋、陆斌，香港汉川中国专业管理中心，1999 年）

16. 老人与发展研讨会论文集（主编沈振新，副主编桂世勋、倪成才、朱即明，上海科学技术文献出版社 1999 年版）

17. 发展优势：蕴藏于人口活力之中（课题组长佘国平，第一副组长桂世勋，上海文化出版社 2000 年版）

18. 上海与香港社会政策比较研究（主编桂世勋、黄黎若莲，华东师范大学出版社 2003 年版）

19. 提高新世纪老年人生活质量研究（主编沈振新，副主编桂世勋、朱即明、孙鹏镖，华龄出版社 2003 年版）

20. 中国长江三角洲地区农村养老模式研究（主编桂世勋，副主编黄雪行、姜宗濂、朱即明，华龄出版社 2003 年版）

21. 日本如何应对超高龄社会——医疗保健·社会保障对策（主编赵林、多田罗浩三、桂世勋，知识产权出版社 2014 年版）

附录3：主持或与境外合作完成的研究课题目录

1. 未来十年我国城市老年人口居家养老保障体系研究（国家社会科学基金重大项目，2012年）

2. 中国未来区域经济社会发展中差别人口战略研究（教育部人文社会科学重点研究基地重大项目，2005年）

3. 21世纪中国人口的发展趋势及其对策（国家社会科学基金重点项目，2002年）

4. 社会主义市场经济体制下的养老保险研究（国家社会科学基金项目，1993年）

5. 上海农村养老保险制度的改革（民政部课题，1987年）

6. 改革开放中的最新人口问题（邬沧萍、桂世勋、张志良，国家教育委员会联合国人口基金P04项目，1989年）

7. 城乡老年妇女社会支持和社会参与的社区干预研究（中国老龄协会联合国人口基金第五周期援华老龄项目，2005年）

8. 中国21世纪上半叶老龄化问题国家政策研究（中国老龄协会项目，1999年）

9. 上海人口负增长与人口对策研究（国家计划生育委员会课题，1994年）

10. 完善我国流动人口计划生育管理研究（国家计划生育委员会课题，1999年）

11. 农村计划生育夫妇养老经济保障方式研究（国家计划生育委员会课题，2002年）

12. 我国东部地区人口与计划生育形势分析（国家卫生和计划生育委员会基层指导司课题，2015 年）

13. 研究外国移民法规，搞好华侨亲属移民服务（国务院侨务办公室课题，1999 年）

14. 新移民对未来中国的影响及加强工作的思考（国务院侨务办公室课题，2000 年）

15. 华侨华人在华投资和捐赠教育事业权益保护（国务院侨务办公室课题，2002 年）

16. 华侨在国内权益保护的法规模拟（国务院侨务办公室课题，2004 年）

17. 新华侨华人与华裔新生代研究（国务院侨务办公室课题，2008 年）

18. 上海人口老龄化与老年保障体系研究（上海市哲学社会科学规划办公室课题，1996 年）

19. 上海老龄化发展趋势、影响及对策研究（上海市人民政府发展研究中心课题，2001 年）

20. 关于编制上海市科技长远规划中人口参数的预测（上海市科学技术委员会课题，1983 年）

21. 上海人口与发展报告（上海市科学技术委员会课题，1999 年）

22. 上海市人口发展"十五"计划和到 2015 年长期规划纲要（上海市计划生育委员会课题，2000 年）

23. 上海市改善人口年龄结构的综合调控政策研究（上海市计划生育委员会课题，2001 年）

24. 中国慈善事业的政策体系研究（上海市民政局课题，2005 年）

25. 上海市侨界民营企业发展战略（上海市侨务办公室课题，1998 年）

26. 上海市人口老龄化与提高老年人生活质量的对策研究（上海市中国工程院院士咨询与学术活动中心课题，2009 年）

27. 完善上海居家失能老人亲属照顾的支持政策研究（上海高校智库内涵建设计划战略项目，2016 年）

28. 上海市老年人口状况和意愿综合调查（上海市老龄科学研究中心课题，1998 年）

29. 长江三角洲地区农村养老模式研究（上海市老龄科学研究中心课题，2000 年）

30. 上海市老年人居家养老与社区服务系列研究（上海市老龄科学研究中心课题，2000 年）

31. 上海市老龄化发展趋势预测（上海市老龄科学研究中心课题，2000 年）

32. 社会为老服务资源整合研究（上海市老龄科学研究中心课题，2002 年）

33. 农村助老帮困制度研究（上海市老龄科学研究中心课题，2004 年）

34. 上海郊区养老机构资源充分利用研究（上海市老龄科学研究中心课题，2006 年）

35. 长宁区适度人口规模研究（上海市长宁区计划生育委员会课题，2001 年）

36. 长宁区人口年龄结构变化趋势对社会事业发展的影响（上海市长宁区人口和计划生育委员会课题，2002 年）

37. 长宁区"幸福养老"项目终期评估万人调查（上海市长宁区民政局课题，2010 年）

38. 浦东新区居民生活质量评价指标体系研究（上海市浦东新区劳动和社会保障局课题，2006 年）

39. 宝山区适度人口规模和调控对策（上海市宝山区人口和计划生育委员会课题，2002 年）

40. 普陀区人口发展战略研究（上海市普陀区人口和计划生育委员会课题，2004 年）

41. 闸北区人口老龄化问题研究（上海市闸北区人口和计划生育委员会课题，2004 年）

42. 上海市闸北区老年人口变动和养老应对措施再研究（上海市闸北区人口和计划生育委员会课题，2011 年）

43. 社区人口管理与信息资源整合（上海市徐汇区人口和计划生育委员会课题，2004 年）

44. 闵行区常住人口出生缺陷发生的主要影响因素及一级干预试点扩面

方案设计（上海市闵行区人口和计划生育委员会课题，2009 年）

45. 上海市虹口区人口变动对公共服务资源合理配置的影响（上海市虹口区人口和计划生育委员会课题，2012 年）

46. 21 世纪初苏州市人口发展战略研究（江苏省计划生育委员会课题，2001 年）

47. 扬州市 21 世纪前 20 年人口发展战略研究（扬州市政府重点课题，2003 年）

48. 徐州市人口发展战略研究（徐州市人口和计划生育委员会课题，2005 年）

49. 无锡市人口老龄化问题与对策研究（无锡市人口和计划生育委员会课题，2006 年）

50. 无锡市"十二五"人口发展规划研究（无锡市人口和计划生育委员会课题，2009 年）

51. 绍兴市劳动适龄人口科学文化素质现状与对策研究（绍兴市人口和计划生育委员会课题，2006 年）

52. 绍兴市老年人口发展趋势与对策（绍兴市人口和计划生育委员会课题，2006 年）

53. 绍兴市生育力调查研究（绍兴市人口和计划生育委员会课题，2008 年）

54. 常州市"十二五"基本养老服务体系建设规划（常州市民政局课题，2009 年）

55. 常熟市人口年龄结构变动对社会事业的影响（常熟市计划生育委员会课题，2002 年）

56. 普惠制背景下计划生育优先优惠政策研究（苏州市吴中区人口和计划生育局课题，2008 年）

57. 慈溪市人口与计划生育事业"十二五"规划（慈溪市人口和计划生育局课题，2010 年）

58. 江阴市人口调控战略研究（江阴市人口和计划生育局课题，2008 年）

59. 江阴市计划生育事业发展"十二五"规划（江阴市人口和计划生育

局课题，2010 年）

60. 昆山市人口发展"十三五"规划（昆山市政府计划委员会课题，2015 年）

61. 上海已婚育龄妇女非自愿妊娠因素研究（世界卫生组织项目，2005 年）

62. 20 世纪上海人口变迁与计划生育（美国加州大学伯克利分校东亚研究院合作项目，1992 年）

63. 中美两国老年人家庭护理比较研究（环太平洋基金会资助，美国加州大学旧金山分校老龄与健康研究所合作项目，2002 年）

64. 上海与温哥华城市老年人在家长期护理比较研究（加拿大维多利亚大学老龄中心合作项目，1998 年）

65. 上海与维多利亚脆弱老人的主要照顾者状况和意愿比较研究（加拿大维多利亚大学老龄中心合作项目，2000 年）

66. 上海城市老年妇女状况研究（日本亚洲妇女交流·研究论坛合作项目，2000 年）

67. 中国大陆家庭政策与妇女运动（日本亚洲妇女交流·研究论坛合作项目，2008 年）

68. 中老年人终身参与社会意识的中日比较研究（日本九州大学合作项目，2005 年）

69. 日本与中国老年宜居社区研究（日本大阪府立大学合作项目，2008 年）

70. 中国老年人的居家养老服务需求和意识调查（日本大阪府立大学合作项目，2008 年）

71. 中国老年人在新城区中适应状况的综合研究（香港大学合作项目，1997 年）

72. 上海市长者友善社区调查（香港大学合作项目，2009 年）

73. 上海银发市场研究报告（香港大学合作项目，2010 年）

74. 上海市高龄体弱老人的主要家庭照顾者支援需求状况及其对香港的启示（香港大学合作项目，2009 年）

75. 上海市高龄体弱老人状况与主要照顾者需求跟踪调查（香港大学合

作项目，2013 年）

76. 上海市高龄体弱老人状况及其主要照顾者需求跟踪调查（香港大学合作项目，2016 年）

77. 社会政策的挑战——香港与上海比较研究（香港城市大学合作项目，1998 年）

78. 老年人住养老院舍决策研究（香港城市大学合作项目，1998 年）

79. 香港与上海中老年人失眠情况比较研究（香港城市大学合作项目，2007 年）

80. 上海市老年人的灵性研究（香港东华三院合作项目，2010 年）

附录 4：有关政治、经济的论文和讲座目录

1. 中国共产党坚持无产阶级国际主义（学习新党章讲话材料第十讲，《支部生活》1970 年第 24 期）

2. 资产阶级革命和资本主义制度的建立（"社会发展史讲座"第十五讲，《文汇报》1973 年 7 月 2 日）

3. 《论十大关系》丰富了马克思主义理论宝库（"学习《论十大关系》体会"第十五讲，上海电视台播讲，1977 年 5 月 4 日）

4. 学习"关于农业机械化问题的一封信"的体会（《干部学习文选辅导讲座》第七讲，上海人民广播电台播讲，1978 年 9 月 20 日、21 日、22 日）

5. 奖金要与企业的经济活动成果相联系（《解放日报》1978 年 12 月 9 日）

6. 分析好，大有益——怎样认识社会主义制度的优越性（《文汇报》1979 年 4 月 24 日）

7. 价值规律与计划价格（"社会主义社会的商品生产与价值规律"第八讲，上海人民广播电台播讲，1979 年 11 月 5 日）

8. 集市贸易是社会主义商业的必要补充（"社会主义社会的商品生产与价值规律"第八讲，上海人民广播电台播讲，1979 年 11 月 7 日）

9. 也要注意产品的"社会效果"（《解放日报》1980 年 7 月 23 日）

10. 论价值规律在全民所有制企业生产中的调节作用（桂世勋、顾雪生、许耀均，上海市社会科学学会联合会编《社联通讯》1980 年增刊）

11. 实现社会主义生产目的的途径、形式和条件（《华东师范大学学报》(哲学社会科学版) 1981 年第 2 期）

12. 认真算账，是做好经济工作的前提（《关于做好经济建设工作的几个问题》第八讲，上海人民广播电台播讲，1981 年 6 月 3 日、4 日）

13. 从新的实际出发掌握马克思主义（《政治教育》1986 年第 3 期）

附录5：有关移民和侨务政策的论文目录

1. 关于中国侨务理论系统的初步概括和梳理（《侨务工作研究》2010 年第 6 期）

2. 海外华侨华人及其对祖（籍）国的贡献（载丘进主编《华侨华人研究报告（2011）》，社会科学文献出版社 2011 年版）

3. 新华侨华人和华裔新生代之研究（桂世勋、吴瑞君、华宵颖等，《侨务工作研究》2009 年第 6 期）

4. 上海市海外侨胞的人才优势及其作用发挥的思考（载国务院侨务办公室政研司编《"中国和平发展与海外华侨华人"研讨会论文集》，2006 年3 月）

5. 上海市归侨侨眷中困难群体的关爱需求及对策研究（桂世勋、卢艳梅，载《上海侨务》2009 年第 2 期）

附录6：在境外发表的外文论文目录

1. 控制人口和经济政策（日文），（载若林敬子主编《当代精神》190号，1983年5月1日）

2. 上海市区老年人的状况和意愿及其需求：基于初步统计分析（英文）（桂世勋、李立奎、沈哲宁、狄菊馨、顾泉忠、陈阳明、钱方，美国 *Journal of Cross Cultural Gerontology* 1987年第2期）

3. 一份来自中国大陆的报告：上海郊区农村老人的现状和意愿（英文），（美国 *Journal of Cross Cultural Gerontology* 1988年第3期）

4. 上海市老龄化概况（日文），（载日本高龄化社会综合研究中心编《高龄化：区域社会与高龄化对策特辑》，1990年春季［5月刊]）

5. 上海城市迁移，1950—1988：趋势和特点（英文），（桂世勋、刘宪，美国 *Population and Development Review* 1992年第3期）

6. 中国老年人的照顾问题及对策研究（日文），（载日本船舶振兴会、笹川医学医疗研究财团、读卖新闻社编《第四届国际老年保健研讨会报告集》，日本童梦出版株式会社，1994年版）

7. 独生子女老人的照料问题及对策建议（英文），（载 G.Harry Stopp 主编 *International Perspectiveson Healthcareforthe Elderly*，美国纽约皮脱朗出版公司1994年版）

8. 上海人口负增长：对规划的意义（英文），（载黎全恩、周乃晟主编《中国的龙头城市：上海》，西方地理出版文集第34卷，加拿大维多利亚大学地理系，西方地理出版社1998年版）

9. 中国一孩家庭的老人照顾问题与对策研究（日文），（日本《国际社会学研究所研究纪要》第6号，1998年3月15日）

10. 上海市的人口老龄化与老年事业（日文），（载东亚高龄化问题研究委员会编《城市的少子高龄化与高龄化社会对策》，日本高龄化社会总合研究中心，1998 年 2 月）

11. 上海已婚妇女人工流产的影响因素（英文），（载 Mundigo and Indriso 主编 *Abortion in the Developing World*，伦敦 Zed 图书公司、新德里 Vistaar 1999 年版）

12. 21 世纪中国家庭演变与老人照顾（英文），（载 Sung-JaeChoi 等主编 *Gerontological Approachesto Carefor The Agedin The 21st Century*，韩国老年学会联合会 2000 年版）

13. 上海市女性高龄者的生活状况与意愿研究（日文）（桂世勋、刘晶，载李秀英编著《上海市女性高龄者生活状况的访问调查》，日本亚洲妇女交流·研究论坛 2001 年版）

14. 中国一孩家庭的老人照顾：问题与对策（英文）（载 Iris Chi 等主编 *Elderly Chinesein Pacific Rim Countries Social Support and Integration*，香港大学出版社 2001 年版）

15. 为居家老人提供上门社区照顾服务的重要性和作用（英文）（美国 *Chinese Sociology and Anthropology* 2001 年冬季刊，总第 34 卷第 2 期）

16. 日本与中国的年金（日文）（载日本鹿儿岛国际大学地域总合研究所编《日中的经济·社会·文化》，日本经济评论社 2001 年版）

17. 80 岁以上后期高龄者的长期护理需求与对策（日文）（载若林敬子编著《中国人口问题现状》，日本"米内露屋"书房株式会社 2006 年版）

18. 中国高龄者的年金制度（日文）（日本《公共卫生》总第 77 卷第 6 号，2013 年 6 月 15 日）

附录 7：获得的奖项目录

一、个人获得的综合性荣誉和奖项目录

1. 个人被国家科学技术委员会批准为"中青年有突出贡献专家"（1986年）；后由人事部颁发《中青年有突出贡献专家证书》（1990年）

2. 个人获国务院"为了表彰您为发展我国高等教育事业做出的突出贡献"而颁发的《政府特殊津贴证书》（1991年）

3. 个人获曾宪梓教育基金会颁发的"一九九三年高等师范院校教师奖"三等奖《奖励证书》（1993年）

4. 个人获华东师范大学颁发的"对学科建设和发展作出突出成绩和贡献"的《荣誉证书》（2001年）

5. 个人获由中共中央宣传部、国家人口和计划生育委员会、科学技术部、人事部、中国计划生育协会、中国人口福利基金会联合颁发的"中华人口奖"（科学技术奖）（2005年）

6. 个人获中国老年学学会颁发的"中国老年学奖——杰出贡献奖"（2010年）

二、个人或作为第一获奖者获省部级优秀成果奖的论著目录

1.《中国人口研究丛书》（主编），获国家计生委和中国人口学会联合颁发的第二届中国人口科学优秀成果（著作类）一等奖（1998年）

2.《上海农村养老保险制度改革》（桂世勋等），获上海市哲学社会科学优秀成果（著作类）二等奖（1994年）

3.《中国流动人口计划生育管理研究》（主编），获国家计生委和中国人口学会联合颁发的首届中国人口科学优秀成果（著作类）二等奖（1994 年）

4.《毛泽东同志的人口思想初探》，获上海市哲学社会科学论文奖（1986 年）

5.《尽快解决城乡养老保险的衔接问题》，获上海市哲学社会科学优秀成果（论文类）三等奖（1996 年）

6.《中国残疾老人发展趋势及残疾状况研究》，获上海市哲学社会科学优秀成果（论文类）三等奖（2000 年）

7.《上海市老年保障体系及其运行机制研究》，获国家计生委和中国人口学会联合颁发的中国人口科学优秀成果（论文类）二等奖（2002 年）

8.《合理调整养老机构的功能结构》，获上海市哲学社会科学优秀成果（论文类）三等奖（2004 年）

9.《关注大城市低生育水平下的出生人口波动》，获上海市哲学社会科学优秀成果（论文类）二等奖（2004 年）

10.《关注大城市低生育水平下的出生人口波动（领导参阅件)》，获上海市人民政府颁发的上海市决策咨询研究成果三等奖（2004 年）

11.《关于华侨在国内权益保护法规模拟的研究报告》（课题主持人），获国务院侨办课题研究优秀成果二等奖（2006 年）

12.《中国高龄老人长期护理问题的思考》，获国家人口计生委和中国人口学会联合颁发的中国人口科学优秀成果（论文类）二等奖（2007 年）

13.《关于改革我国事业单位养老保险制度的思考》，获国家人口计生委和中国人口学会联合颁发的中国人口科学优秀成果（论文类）二等奖（2010 年）

14.《新华侨华人及华裔新生代研究》（课题主持人），获国务院侨办课题研究优秀成果二等奖（2011 年）

15.《应对老龄化的养老服务政策需要理性思考》，获国家卫健委和中国人口学会联合颁发的中国人口科学优秀成果（论文类）二等奖（2018 年）

16.《在扩大长护险试点前尽快总结近年来初步经验》，获国家卫健委和中国人口学会联合颁发的中国人口科学优秀成果（报告类）二等奖（2022 年）

三、个人作为主要参与者获省部级优秀成果奖的论著目录

1. 由我作为人口学分科主编参与编纂的《辞海》（1999 年新版），获上海市哲学社会科学优秀成果特等奖（2000 年）

2. 由邬沧萍主编，桂世勋、张志良任副主编的《改革开放中出现的最新人口问题》著作，作为邬沧萍等主编的《转变中的中国人口与发展系列》之六，获国家计生委和中国人口学会联合颁发的中国人口科学优秀成果（著作类）一等奖（1998 年）

3. 由胡焕庸主编，潘纪一、张开敏、桂世勋任副主编的《中国人口（上海分册)》，作为孙敬之主编的《中国人口丛书》之一，获国家教委颁发的全国高等学校人文社会科学研究优秀成果（著作类）二等奖（1995 年）

4. 由我作为第四作者的《浦东新区九十年代社会保障发展规划》，获上海市人民政府颁发的上海市决策咨询研究成果奖三等奖（2001 年）

5. 由我作为第三作者的《90 年代上海人口问题综合研究》，获上海市哲学社会科学优秀成果（论文类）二等奖（1996 年）

6. 由我作为主要参加者的《上海市人口负增长与人口管理对策研究》，获国家计生委科学技术进步奖二等奖（1996 年）

7. 由我作为第二作者并主持撰写总报告的《上海新移民的现状及改善工作建议》，获上海市人民政府颁发的决策咨询研究成果奖政策建议奖（1997 年）

8. 由我作为编纂委员会第一副主任的《上海市老年人口地图集》，获国家计生委和中国人口学会联合颁发的中国人口科学优秀成果奖（调查报告类）二等奖（1998 年）

9. 由我作为第二作者的《上海人口与经济社会协调发展研究》，获上海市人民政府颁发的上海市决策咨询研究成果奖二等奖（2001 年）